中國青銅器辭典

修訂版

陳佩芬 編著　　丁一民 修訂

第一册

青銅器論述·青銅器分類·青銅器器名

青銅器紋飾·青銅器銘文及釋文

上海辭書出版社

中 國 青 銅 器 辭 典

作者簡介

陳佩芬(1935.4.12—2013.11.10)

1935年出生，浙江鄞縣人。1952年始任職于上海博物館，歷任上海博物館徵集編目組組長、研究員、青銅研究部主任、副館長。主要從事中國青銅器、簡牘研究與鑒定工作。曾擔任上海市文物管理委員會上海市文物鑒定委員會委員、上海市文物管理委員會上海出境文物鑒定委員會委員、上海市文物管理委員會上海市文物博物館專業高級技術職務職稱評審委員會委員、江蘇省館藏文物定級委員會委員、上海大學文物考古研究中心顧問、保利藝術博物館顧問、上海鐘鼎藝術品鑒定有限公司高級顧問。1990年起任國家文物鑒定委員會委員。1993年起享受國務院政府特殊津貼。1994年被復旦大學文物博物館學院聘爲兼職教授。1998年被法國總統授予法蘭西共和國國家功勛勛章。

主要學術專著：

《商周青銅器紋飾》 文物出版社1984年

《上海博物館藏青銅鏡》 上海書畫出版社1987年

《認識古代青銅器》 臺灣藝術家出版社1995年

《中國古代青銅器》 美國菲利普威爾遜有限公司出版1995年

《李蔭軒所藏中國青銅器》 加拿大出版1996年

《殷墟以外的商代晚期青銅器》 文物出版社1998年

《中國歷代銅鏡》 文物出版社1998年

《中國青銅器全集》(第四卷) 文物出版社1998年

《中國青銅器全集》(第十六卷) 文物出版社1998年

《夏商周青銅器研究—上海博物館藏品》(全六册) 上海古籍出版社2004年

《馬承源文博論集》 上海古籍出版社2007年

《中國青銅器辭典》(全六册) 上海辭書出版社2013年

修訂説明

陳佩芬先生花費八年時間編著的《中國青銅器辭典》，自2013年由上海辭書出版社出版發行以來，在文博領域和社會各界乃至海外同行中反響熱烈，受到文博專業人員與業余愛好者的一致好評，多次應各方要求重印。

近十年來，全國文物、博物館工作取得很大進展，各地不斷發現和出土青銅器，研究成果不斷創新。爲能及時反映文博事業的新成就，使這套《中國青銅器辭典》更加完善，更好地滿足各界需求，上海辭書出版社與我商量計劃對辭典重新進行修訂重印。因陳佩芬先生于2013年不幸過世，此前我也全程參與了《中國青銅器辭典》的編撰工作，對此書各方面情況都非常瞭解，故我從2019年始對原有辭典作修訂工作。本次修訂，除補充部分新器外，對原辭典中各地考古研究所藏青銅器劃歸博物館藏品部分作了修訂。另對各地新建博物館及部分博物館館名更名作了調整。對原辭典中有誤之處作了更正。

《中國青銅器辭典(修訂版)》的出版，是又一次與上海辭書出版社合作。出版社的秦志華先生、祝雲賽女士等爲這套書的再版付出了辛勤的努力。在此感謝與各位的通力合作，十年再版，告慰先人。

丁一民

2022年元月10日

凡例

一、 本書共收詞目約2830條，圖片約2900幅。

二、 本書所收青銅器，主要爲夏、商、周時代器物，有少量器物一直延伸至漢代；某些屬於系列的器物（如銅鏡）可至清代。

三、 本書按青銅器論述，青銅器分類，青銅器器名，青銅器紋飾，青銅器銘文及釋文，重要青銅器，青銅器鑄造技術，出土青銅器主要遺址、墓葬和窖藏，金石學家，青銅器書目等大類編排。全部詞目一般按邏輯順序或朝代、時間順序編排。"重要青銅器"大類，分飪食器、酒器、水器、樂器、兵器、度量衡、日用器和雜器等類。

四、 青銅器收藏單位名稱，參考2010年國際博物館協會第二十二屆大會暨第二十五屆全體會議名單録製。

五、 本書列有總目録及各册分類詞目表，書末附詞目筆畫索引。

六、 本書重要青銅器絶大部份均附圖片，力求實用、清晰。

前言

中國青銅時代是古代社會文明的重要標誌，它是在等級森嚴的貴族社會中崇尚禮制的特殊產物。青銅器主要用於祭神享祖、禮儀交往和宴饗賓客，也可作爲陪葬用。不同身份的貴族，可以鑄造並使用與他們地位相稱的禮器。

中國的青銅時代自公元前二千年左右形成，歷經夏、商、西周和春秋時代，大約十五個世紀，公元前5世紀—前3世紀，是早期的鐵器時代，這時中國青銅器鑄造業仍在繼續發展。在這漫長的時間裏，古人曾留下十餘萬件青銅器，其豐富的藝術造型、精湛的特殊紋樣、具有優美書法藝術的銘辭和獨特完美的鑄造技術，體現了勞動者的智慧結晶，從而使中國古代青銅器成爲世界上無與倫比的文化藝術遺産。

我的一生工作都與青銅器相關。1952年進入上海博物館，早期是承擔文物編目工作，以後在蔣大沂先生和馬承源先生指導下，參加了青銅器的徵集、陳列和研究工作，爲此積累了一些資料。20世紀80年代初曾在復旦大學、上海大學任教，在各地爲培訓班作專題講座，當時就用以前收集的資料作爲教材，達到較好的效果。很多學員一面做記録，一面又要拍攝圖像，很辛苦，多次提出建議，希望我將這些資料編寫成書。但在職時終日忙忙碌碌，無法静下心來做一些資料編輯工作。2005年我年届七十，辦理了退休手續，在退休前是履行使命，爲了盡責，要做必須做的事，而在退休後就可以做自己想做和喜歡做的事了，於是着手籌劃編寫一本《中國青銅器辭典》。

編寫《中國青銅器辭典》，前人已爲我做了很多工作，如馬承源先生主編、主持的《中國青銅器》、《中國文物精華大辭典 · 青銅卷》、《中國青銅器全集》十六卷，曹瑋先生主編的《周原出土青銅器》十卷和《陝北出土青銅器》五册，故宫博物院編的《故宫青銅器》，陳芳妹先生編的《故宫商代青銅禮器圖録》，《保利藏金》編輯委員會編的《保利藏金》以及全國各地考古發掘報告等（詳見本書“青銅器書目”部份），本人在編寫中參考了以上書籍，並使用了某些圖像，對此，謹向這些書籍的諸位主編和作者表示敬意和感謝。

青銅器鑄造是一門專門的學問，專業性很强，本書的第七大類“青銅器鑄造技術”是由譚德睿先生完成的。他原是上海博物館研究員，負責科學實驗室工作，現任中國傳統工藝研究會會長、中國工藝美術學會金屬藝術委員會副會長、中國科學技術考古學會常務理事等職，並在北京科技大學冶金學院任兼職教授。他平時工作很忙，還抽出時間，撰寫關於商周時代青銅器的鑄造、鑄件種類、内外範料的作用、各種不同的鑄造方法等方面的内容，圖文並茂，可使讀者加深對青銅器的瞭解。

本書的圖片拍攝工作主要是由上海鐘鼎藝術品鑒定有限公司丁一民先生完成的。因爲他平時愛好青銅器，所以對經手的每一幅圖片都耐心細緻、嚴肅認真地對待，反復修正圖片底板，突出器物的形象。當找到另一幅更好的圖片，爲了力求完美，就不厭其煩地再予重拍，使本書的圖片質量大爲提高。

上海辭書出版社的康萍女士、柴敏先生和祝雲賽、楊月英女士爲本書的出版付出了大量精力。康萍女士曾編輯過很多大型辭書，她説《中國青銅器辭典》是最複雜、最辛苦的一本。多少日子的相處，使我對她的細心、認真、一絲不苟的工作作風非常敬佩。憑她的敬業精神，任何事都會做得更好。美術編輯姜明先生，爲本書設計了從未有過的辭書形式，使中國古代青銅器呈現光輝的形象。

感謝以上各位的共同合作，使本書得以順利出版。

全國各地尚在不斷發現和出土青銅器，研究成果也在不斷創新。中國古代青銅器藝術豐富燦爛，本書對有些器物的認識還可繼續商榷。由於辭書編輯涉及較廣，本人水平有限，不妥之處難免，疏忽呆滯之筆亦存，舛謬和不當之處，恭請廣大專家、學者和讀者不吝賜教。

陳佩芬

2013年5月

總目録

分類詞目表

青銅器論述

青銅器分類

青銅器器名

青銅器紋飾

青銅器銘文及釋文

青銅器論述

中國青銅時代

在人類技術發展的階段中，廣泛地鑄造和使用青銅兵器、工具的時代，在考古學上被稱爲“青銅時代”。它介於銅石並用時代和鐵器時代之間。中國的青銅時代以大量使用青銅生産工具、兵器和禮器爲特徵，自公元前兩千年左右形成，經夏、商、西周和春秋時代大約十五個世紀，與古代中國奴隸制的産生、發展和衰亡相始終。青銅器是中國古代文明的重要標誌。在商末周初，青銅器冶鑄業作爲生産力發展的標誌達到高峰。春秋晚期是初期的鐵器時代，但是鐵器時代的到來，並没有立即導致青銅工藝的衰退，相反，由於戰國時代生産技術的普遍提高，使青銅器鑄造技術有了新的發展。直至漢代，青銅鑄造工藝仍然呈現出美麗的餘暉。

青銅禮器

指青銅時代以鐘、鼎爲主的宗廟彝器。即商周時代奴隸主貴族在祭祀、喪葬、朝覲、征伐和宴飲、婚媾等各種禮儀場合所使用的青銅器皿，用來表現貴族的威儀。《禮記·樂記》：“簠、簋、俎、豆，制度文章，禮之器也。”在商周時代，用青銅鑄造的飪食器、酒器和盥水器、樂器等，都是當時的禮器。在西周時代，青銅禮器中鼎和簋最爲重要，以成套數量的多寡作爲區别尊卑等級的標誌。一些特殊的禮器如鼎，還可作爲權力的象徵。《公羊傳·桓公二年》載：“宋始以不義取之，故謂之郜鼎。”何休注：“天子九鼎，諸侯七，卿大夫五，元士三也。”

青銅器藝術

中國傳統造型藝術之一。青銅器是用銅、錫、鉛的合金鑄造而成。青銅器藝術即指青銅器的各種造型和裝飾紋樣及其整套鑄造工藝所形成的藝術特色。具體包括器物的各種造型藝術、各種紋飾、各種裝飾藝術和銘文的書法藝術等。這使青銅器不僅具有生活用品的實用價值，而且具有陳設欣賞的藝術價值。因此它既是精美的藝術品，更是當時奴隸主貴族殿堂中不可或缺的禮器。青銅器使用數量的多寡，體現了貴族之間森嚴的等級制度及其尊卑關係。中國進入青銅文化的文明時期，大約在公元前18世紀，當時夏王朝的青銅鑄造手工業已能生産造型複雜的青銅器，如酒器爵、斝、盉和少量的食器鼎、鬲，還發現有青銅工具、武器和樂器。夏代的青銅牌飾和兵器上已出現用緑松石鑲嵌的紋飾，但在一般的容器上，僅有幾何形綫條或圓點狀突起的連珠紋，多數器物不施紋樣。它標誌着中國以使用青銅禮器爲特徵的青銅時代的開端。公元前16世紀到公元前11世紀是商王朝統治時期，這期間青銅器的特點，可分爲商代早中期和晚期兩個階段：商代早中期青銅器以酒器爲主，有爵、角、觚、斝、盉、壺等，也有一些飪食器，如鼎、鬲、甗、簋，以及水器盤等。多數青銅器只是禮儀場合陳設的工藝品或道具，真正日常生活使用的器物很少。器物上裝飾的紋樣，大多以動物紋和獸面紋爲主，有濃重的原始性的抽象意趣。商代晚期和西周早期是中國青銅器的鼎盛時期，器物還是以酒器爲主，除前期已見過的器形外，增加了觶、卣、方彝、觥、罍、獸形尊等，飪食器增加了豆、盂等器，樂器除鈴外，還有鐃、鐘等。在紋飾方面，以各種獸面紋、龍紋和鳳鳥紋爲主題，風格莊嚴神秘。這一時期的青銅器，大多鑄有銘文，有僅記器主族名和被祭人名的，也有包含豐富政治内容的，如記載西周王室的政治方略、祭典訓誥、征伐方國、賞賜册命等。西周晚期到春秋早期一百多年間，是青銅器禮制變革和紋樣藝術變形的時期，青銅器的風格已從精巧華麗發展到樸實厚重。在器形方面，酒器的數量大幅減少，角、觶、觚等器形已完全消失，食器的數量有明顯增加，並出現了一些新穎的式樣，如盨、簠、敦、鋪等。在紋飾方面，不再以獸面紋爲主，而是流行龍紋、鳳鳥紋及其變形、抽象的形式。在青銅器上鑄銘文的風氣大盛，長篇銘文的内容有頌揚祖德及記述世襲官職、土地交换、訴訟、戰事等，稱頌先人之美，記載自己功績而傳至子孫。春秋晚期，青銅器隨着社會經濟的高漲，再度出現興盛的局面。除各種變形紋飾做得極其工細華麗外，交龍紋成爲這一時期主要紋飾，有的器物上附飾的主體物象，更爲生動形象。戰國時代，青銅器裝飾内容基本上消除了宗教思想的影響，走向純工藝裝飾的方向，複雜的幾何紋和金、銀、紅銅、緑松石等鑲嵌紋飾的青銅器大量出現，同時上層貴族禮儀活動的場面、人類自身的形象都在青銅器上有所表現。到了公元前3世紀，青銅器藝術的道路發展到了它最後的階段，從此，青銅器不再爲少數人所專有，而成爲尋常百姓的日常生活用品了。

青銅器紋飾

指青銅器上的裝飾紋樣。出土的夏代器物較少，所見紋飾簡單，表現方法比較原始、隨意。大致有實心連珠紋、雲雷紋、網格紋、火紋等，主要以幾何形紋爲主。但有一些長方形牌飾上，不僅有變形獸面紋的動物形象，還鑲嵌緑松石，非常精美，這是吸收了新石器時代各種文化後，經過長期融合、選擇而産生的。商代青銅器上的紋飾，大多以對稱的規律來構圖，以獸面紋爲主。商代早中期的獸面紋，尚屬變形階段，有的僅用簡略的雙目來表示，也有用勾曲的單綫或粗綫構成體軀的。自商代中期起，獸面紋兩側有時有龍紋或鳥紋作爲配置。商代晚期是青銅器紋飾發展的高峰時期，獸面紋有各種不同的角，其兩側有比較明確的龍紋和鳥紋作爲配置，而且作爲主紋的獸面紋和地紋（雷紋）有明顯的區别。除獸面紋外，還有龍紋、鳳鳥紋、各種動物紋和幾何形紋。西周早期的紋飾與商代晚期基本相同，但出現了卷體獸紋這一新的形式。西周中期則主要是鳳鳥紋，而且紋飾變化很多，裝飾極爲華麗。龍紋的變化也很大，除了頭部的勾喙外，鳳鳥紋與龍紋很難分辨。西周中晚期青銅器上的紋飾大多變形，流行了六百年左右的獸面紋逐漸被淘汰，偶爾出現，也失去了過去莊嚴、神秘的色彩。龍紋和鳳鳥紋則以卷體爲主。其他的有幾何形紋，也有鱗紋、波曲紋、雲雷紋組成的斜角雲紋、曲折雷紋、黼紋。此外，動物形的變形紋，有獸體目紋、獸目交連紋等。春秋、戰國時代是古代青銅器紋飾發展的最後階段。春秋時代王權旁落，禮崩樂壞，各諸侯國所鑄青銅器紋飾和工藝水平潦草粗率。到春秋晚期，鑄造技術有了提高，紋飾多采用印模反復印製，技術上可以精益求精，並且産量增多。青銅器的使用範圍擴大，逐漸成爲日常生活用品。戰國時代的特點是借助鑄造工藝以外的技術，主要是開發青銅器表面的加工工藝，如鑲嵌金銀絲、金銀片、紅銅、緑松石、寶石等，使青銅器光彩奪目。其精緻、注重細節之處，使青銅器製作呈現出最後的燦爛和光輝。

青銅器銘文

又名“金文”、“鐘鼎文”。自商代到春秋時代的銘文，一般是鑄成的，戰國和秦漢時代的銘文，大多是刻成或鑿成的。商代早期青銅器上發現有個别銘文。商代中晚期，特别是晚期，由於鑄造技術的發展，鑄銘也逐漸興盛，但一般僅有幾個字，標明器主族氏，少數器物上也有幾十字的銘文。西周時代青銅器上銘文逐步發展，銘文的性質、内容、形式、數量和書體方面都有很大變化，内容涉及歷代君王事迹、祭典訓誥、宴饗田獵、征伐方國、賞賜册命、奴隸買賣、土地轉讓、刑事訴訟、盟誓契約以及家史、婚媾等，是反映當時社會政治、經濟、軍事、法制、禮儀情况的重要資料。春秋時代周室東遷，五霸各自爲政，銘文表現出隨意性，内容多爲聯姻、誇耀祖先之類。戰國時代隨着奴隸社會的衰落，封建地主階級興起，加上簡册書帛通行，所以這一時期青銅器銘文長篇大作更爲少見，銘文在格式、體例、刻鑄方法、書法藝術等方面都起了很大變化。戰國中期以後，銘刻轉到“物勒工名，以考其誠”的作用上。銘文記載鑄造作坊、職官、工師、工匠名，以及器物放置地點、容量和重量等。商周青銅器銘文書體，一般稱爲“大篆”或“籀書”，也有稱爲“古籀”的，已經成爲一種成熟的書法藝術。

中國早期銅器

據考古發掘資料，陝西西安半坡和臨潼姜寨兩處仰韶文化遺址先後出土過質地不純的黄銅片和黄銅管。甘肅東鄉林家和永登蔣家坪兩處馬家窑文化遺址均出土過青銅小刀。在稍晚一些的齊家文化遺址中，甘肅武威皇娘娘臺出土過紅銅、青銅的裝飾品和小鑄件，青海貴南尕馬臺出土的青銅鏡，係合範鑄造。在龍山文化遺址中，山東膠縣（今膠州）三里河發現兩段銅鋅合金的錐，栖霞楊家圈出土一段殘銅錐，諸城呈子和長島縣北長山島店子均發現銅片。河南鄭州西郊董砦曾出土銅片。登封王城崗窖穴内出土青銅器殘片，可能是鬶或斝的殘片。山西襄汾陶寺的龍山文化遺址墓葬内出土一件銅鈴。這些紅銅、黄銅、青銅器物的出土，對於探索青銅器的起源，提供了重要的實物資料。

二里頭文化

自1956年起，考古工作者發現了一種早於二里岡文化、晚於河南龍山文化的新型文化，因發現於河南偃師二里頭遺址，故稱。其分佈範圍較廣，以河南偃師爲中心，北至晉南，西至陝西東部，東至豫東，南至湖北，均有二里頭文化遺存發現，範圍大致相當於夏王朝的近畿地區和周圍的方國部落。偃師二里頭遺址根據地層可以分爲四期，對其所屬時代，學者有兩種不同觀點：一種觀點認爲河南龍山文化晚期和偃師二里頭文化一、二期，分别屬於夏文化的早期、晚期階段，二里頭文化的三、四期，則屬於商代早期；另一種觀點則認爲二里頭文化全屬夏文化。後者的理由有四點：一、從二里頭四期地層叠壓關係看，用放射性碳素測定的數據爲公元前1900年—公元前1600年，均在夏代紀年之内；二、二里頭四期遺存均早於鄭州商城，鄭州商城是湯都之亳，所以二里頭文化應爲夏文化；三、從偃師的地理環境來看，這一區域是有夏之都，與傳説夏人活動的遺迹比較一致；四、二里頭所出土的青銅器大多在第三期，與鄭州二里岡出土的青銅器形制特徵差異較大，而且更爲原始。所以這是一種早於鄭州二里岡文化、晚於河南龍山文化的新型文化。大多數學者認爲二里頭出土的青銅器是夏代晚期青銅器。

夏代晚期青銅器

中國進入青銅文化的文明時期，大約在公元前20世紀，當時夏王朝已擁有青銅鑄造的手工業，能生産造型複雜的青銅器，標誌着中國以使用青銅禮器爲特徵的青銅時代的開端。這一時期青銅器上的紋飾，主要有變形獸面紋、實心連珠紋、火紋、網格紋、弦紋等。從出土青銅器分析，有以下幾個特點：一、器形主要模仿陶器，也有造型精巧、設計新穎的形式；二、青銅器的鑄造，已使用陶質塊範法，對比較複雜的器形使用多次合範法澆鑄而成；三、青銅器除鑄造外，還進行第二次加工，如鑲嵌緑松石；四、出土的容器基本是酒器，有斟酒器、飲酒器、盛酒器等多種用途，這爲商代青銅器以酒器爲主奠定了初步基礎。在牌飾上已出現變形的獸面紋，故不能排除禮器上出現動物紋的可能。二里頭遺址發現銅渣、陶範和坩堝殘片，表明所出之器爲當地鑄造。夏代晚期的青銅器，有較高的設計水平和鑄造水平。

二里岡文化

以河南鄭州二里岡爲代表的文化。因最初發現於二里岡而得名。北到北京附近的潮白河流域，西到陝西扶風的渭河中游一帶，東到山東曲阜的泗河流域和淄河附近的青州以及豫東的永城地區，南到湖北長江北岸的黄陂和江西贛水流域的清江、新干一帶，都發現有二里岡商文化遺址，其中不少地方出土過青銅器。青銅器出土地點主要集中在鄭州附近，此外尚有河南新密、登封、滎陽、中牟、新鄭、偃師、輝縣、林州、獲嘉、武陟、孟州、舞陽、項城、柘城，以及陝西銅川、子長、岐山、清澗、綏德，山西平陸、垣曲，山東濟南，湖北黄坡，江西新淦、清江等地。二里岡商文化延續時期很長，可分爲較早的二里岡下層(相當於商代早期)和稍晚的二里岡上層(相當於商代中期)。

商代早期青銅器

鄭州二里岡商城及其附近的南關外爲商代早期青銅器主要出土地，此外紫荆山、白家莊等地出土青銅器也比較集中。出土的器物有酒器（爵、觚、斝、盉、尊、罍等）、飪食器（鼎、扁足鼎、鬲、簋等）、兵器（戈、矛、鏃等）、生産工具（斧、钁、斨、鑿、錛、錐、刀、魚鈎等）。青銅器上的紋飾有獸面紋、連珠紋、幾何形紋、雲雷紋、弦紋等。這一時期的青銅器有些器形與夏代晚期相同，但已有明顯的變化和改進。獸面紋是這一時期的主體紋飾，以粗獷的勾曲回旋的綫條構成，除獸目外，其餘綫條並不具體表現獸面的各個部位，紋飾皆爲平雕。這一時期的青銅器具有獨特的造型，如鼎、鬲等器的三足，必有一耳與一足成垂直綫，在視覺上有不平衡感。鼎、斝等的柱足或錐足和器腹相通，這是由於當時還没有掌握封閉範芯的澆鑄技術。方形器的形制巨大，容器部分作正方深斗形。爵均爲扁體平底，三足細而短，流狹而長，柱作彎鈎狀。觚、尊、罍、瓿等的圈足皆有十字形大孔，稍晚的則在圈足上設大方孔，或留有數道缺口，盉的管流置於頂端。器内的口部似有加厚的唇邊，而器壁較薄。經測定，商代早期青銅器的合金成分含銅量在67%—91%之間，含錫量在3.5%—13.64%之間，含鉛量在0.1%—24.76%之間，成分不甚穩定。這一時期的青銅器主要是用陶質塊範法鑄成的。

商代中期青銅器

河南鄭州二里岡上層出土的青銅器，一般稱爲商代中期青銅器。此外，安徽阜南肥西、河北藁城臺西、湖北黄陂盤龍城、北京平穀劉河、河南靈寶東橋，以及陝西漢中城固、洋縣等地都出土過商代中期青銅器。出土的器物有酒器(爵、觚、斝、尊、壺、罍、瓿、高足杯等)、飪食器：鼎、大方鼎、扁足鼎、鬲、四足鬲、甗、簋；水器(盤等)。青銅器上的紋飾有獸面紋、變形龍紋、鳥紋、龍虎紋、斜角雷紋、乳釘雷紋、目雷紋，還有高浮雕的羊首、牛首、龍虎紋等。商代中期的青銅器工藝已趨向成熟，能鑄造大器，如大方鼎、龍虎尊等。瓿、提梁壺、高足杯、盤等都是新穎的器形，器壁較爲厚重。在紋飾方面仍以獸面紋爲主，但原來粗獷的綫條已變得較細而密集，還采用了高浮雕作爲附飾，獸面紋兩側開始配置小獸或小鳥。器物上偶爾出現銘文，多是單字，爲作器者的族氏徽記。鄭州二里岡據放射性碳素斷代，年代爲公元前1500年左右，早於安陽殷墟，這一發現對研究商代中期青銅器的特徵具有重要的意義。

商代晚期青銅器

指以殷墟出土器物爲代表的青銅器。殷墟是商代晚期從盤庚到帝辛時期都城的遺址，共二百七十餘年的建都歷史，商亡國後淪爲廢墟，後稱“殷墟”。殷墟位於河南安陽西北郊，以小屯村和侯家莊爲中心，總面積在三十平方公里。經多年發掘得知，小屯村是殷商宫殿、宗廟所在地。武官村北爲殷商王陵區，規模宏大。在苗圃北地、小屯村及孝民屯有密集的鑄銅遺址。在大司空村和北辛莊發掘到製骨作坊，小屯村西北有製玉作坊。殷墟的青銅器大多出自墓葬，在洹河北岸只分佈在侯家莊、武官村和大司空村等少數村落，洹河南岸則在孝民屯、戚家莊、梅園莊、劉家莊、郭家莊、高樓莊、後崗、苗圃北地、薛家莊、王裕口、花園莊和小屯村等地，這些地點都有隨葬青銅器的墓地。殷墟經過八十年的考古發掘，獲得了極其豐富的社會經濟、文化藝術和軍事方面的資料，出土的大量商代晚期青銅器鑄造精湛，種類繁多，造型奇巧，紋飾瑰麗，集中體現了這一時期青銅器的鑄造水平和藝術成就，成爲中國青銅文化鼎盛時期的標誌。根據殷墟出土青銅器的坑位和地層及其他遺跡，殷墟青銅器大體上可分爲早、中、晚三期。早期相當於盤庚至武丁前段，有提梁或無提梁的卣、矮體圓肩的瓿、方爵、方卣、甗等爲新出現的器類和器形。組合形式爲爵、斝、觚、鼎、瓿的五器組合，或以尊、罍代替瓿。紋飾上出現了由雷紋爲地的滿花獸面紋，一些器物上凸起的犧首和扉棱裝飾，更富於立體感。中期爲自武丁後期至文丁，器類有大的發展。橢圓形壺、鴞卣、兕觥和盂是最富時代特徵的器物。方形器仍在發展，以長方槽形方鼎爲代表。器物組合仍以爵、斝、觚爲核心。器形上亦有顯著變化：出現圓腹、圜底的斝、爵；觚的腹部鼓出，呈三節體，胎質均較爲厚重。紋飾繁縟，出現三層花，以獸面紋爲主的動物紋樣空前發展。器上開始出現較短的銘文。殷墟中期是殷商青銅器的極盛時期，許多重器都是這一時期的作品。晚期爲帝乙、帝辛時，新出現的器類較少，器形有較大發展：大口有肩尊被無肩尊所取代；無耳簋多不行用，代之以雙耳簋；器物組合的器類較多。紋飾有若干變化，獸面紋峻深鋭利的雕刻手法趨向圓渾。出現較長篇幅的記事銘文。殷墟出土的青銅器對西周時代青銅藝術的發展、演變具有重要影響。

西周早期青銅器

西周早期指西周武王滅商至昭王時期。從西周早期的考古發掘品和流傳於世的器物來看，在器形和紋飾方面，基本承襲了商的遺風，但也有自己的特色。西周早期青銅禮制以食器爲主，武王滅商後，以殷朝野酗酒亡國爲鑒，對周代貴族的飲酒多有節制，故西周早期大型酒器發現較少，而食器較多。食器中鼎與簋是大類，西周早期鼎的形制有三個特點：首先出現了大型的鼎，表現了周人在青銅器鑄造上的創造精神。口部略呈三角形，厚實的立耳，寬大的腹部，下承三蹄足，造型非常穩重。其次是方鼎較爲流行，器呈長方槽形，鼎足細長，形制雖小，但大多鑄有銘文，同時有蓋方鼎少量出現。第三是鬲鼎的盛行，其特徵爲分襠漸淺，柱足細長。簋的器形變化較多。首先是出現了方座簋，其特徵爲在簋的圈足下連鑄一個方座，以提高器體，這一形式沿用至春秋戰國時期。同時還出現四耳簋，其耳下的珥向下延長。酒器中爵的形制與商代相同，但西周爵的流口高於尾部，少量爵還設蓋，杯體容量小，足呈刀形，鋬孔很小。觚的數量大爲減少，出現了細腰觚，器壁很薄，容量很小。尊是主要的盛酒器，流行觚形尊，也有少量口及頸爲圓筒體，腹及圈足爲方形圓角。尊上裝飾的棱脊爲透雕，這是西周早期的標準形式。卣是重要的盛酒器，商卣一般單個出土，而西周早期墓出土的卣分大小兩器，小卣的器形是大卣的三分之二。西周垂腹形的卣蓋沿極寬，兩側有角狀翹出，圈足高而底邊厚，造型莊重，提梁大多置於左右兩側，也有置於前後者。另外，還出現直筒形卣和鳥獸形卣，但數量都很少。觥承襲商代形式而有所改變，主要是方觥的腹部和圈足呈長方形，而且圈足一般都高於商代。罍是主要的大型盛酒器，基本形制是商代器形的延續，也有自己的特徵，主要是器的最寬處在肩腹部，以下逐漸收斂，蓋很高，蓋頂常以盤踞的龍爲飾。樂器中編鐘的出現具有重大意義，最初編鐘是三件一組，形制相同，大小遞減，懸掛在鐘架上，爲打擊樂器。這一時期的紋飾大多是商代晚期的式樣，獸面紋中有一種長垂角的獸面紋，爲前所未見。另一種卷體獸紋，是蝸牛殼狀軀體、頭上長觸角的獸，頭很大，張口露獠牙，身上有一利爪，這是西周早期獨有的紋飾。龍紋中出現一種具有長頸鹿角、體軀呈波曲狀、尾上卷、形似走獸的龍紋。鳳鳥紋有所發展，並顯得更爲華麗。鳳冠及羽尾加長，形式多樣，大多作波形起伏，作爲主題紋樣的比例增多。在西周早期青銅器中，作器鑄銘、傳承子孫已形成制度。這是這一時期青銅器的最大特色。銘文中宣揚作器者個人或家族的榮譽和地位，也涉及克商建邦、平滅叛亂、分封諸侯、方國征戰等内容，其中有不少是史書所未記載的重大歷史事件，對於古史研究具有重要價值。

西周中期青銅器

西周中期指西周穆王至孝王時期。自西周中期起，青銅器在器形、組合、紋飾以及銘文内容和書體方面，都有相當大的變化。青銅器主要是食器，器形有鼎、鬲、甗、簋、簠、鋪、豆。鼎的形制除了沿用早期的淺腹、柱足鼎外，有垂腹、附耳、蹄足鼎，是一種新型的式樣，主要是爲了改善承重的作用。簋是這一時期最大的器類，方座簋的方座較高，有的作柵欄形透雕，對簋有很好的襯托作用。在酒器方面，爵、觚的數量大爲減少，出現了一種自名爲金爵的飲酒器，形似有圈足的小杯，杯的一側設曲折形長柄。斝已消失，尊逐漸減少，卣的形制較前爲矮，而蓋的形狀頗爲豐滿，整器呈厚實狀，尊和方彝兩側均設象鼻形把手。罍這種大型盛酒器的形制已不再是主器，於是出現了青銅瓿，形制稍有不同，爲小口、長頸、廣肩、斂腹的高體器，有蓋可插入頸中，肩上有卷體小龍爲耳。壺是盛酒器，器形爲長頸、斜肩、鼓腹甚大，下承圈足，頸兩側設獸環耳，蓋頂抓手甚大，造型典雅莊重，此外有圓體的觶而自名爲壺者。在紋飾方面，獸面紋基本被淘汰，改爲對稱式的粗獷而流暢的綫條，鳳鳥紋是西周中期具有特點的紋飾，在器腹作對稱回顧式排列，長而艷麗的羽冠和羽尾往往成爲分枝，顯得更爲華麗。龍紋的形式除單體外，有時與鳳鳥紋相似，這衹能從頭部的特點去分析。同時還出現一些新紋飾，如波曲紋、鱗紋和動物體軀的變形紋。

西周晚期青銅器

西周晚期指西周夷王至幽王時期。西周晚期的青銅器在墓葬内發現較少，主要來自窖藏。器形以食器爲主，有鼎、鬲、甗、簋、盨、簠、鋪、豆等。鼎的腹部大多似鍋形，大口圜底，形制簡潔，在腹内壁往往鑄有長篇銘文，字數爲數十字到五百字不等，具有重要的史料價值，如大盂鼎、大克鼎、毛公鼎等等。簋普遍設蓋，使造型完整、莊重，而且蓋翻過來還可當作盤使用。方座簋較爲少見，如㝬簋是方座簋，器形碩大，高聳的透雕雙耳尤爲少見。此外還有器、蓋渾爲一體的扁形簋，有的在圈足下再置三小足。簋耳的形式除立耳和附耳外，還有環耳、獸耳、龍耳等。盨和簠是西周中晚期新出現的器形，作用與簋相同，可盛飯食，盨呈橢圓形，簠呈長方形。此外還有鋪和豆，鋪上部是平底淺盤，而豆腹呈圜底，下部均連收腰的高圈足，一般都設高蓋。西周晚期的酒器主要是壺，形式除已有的外，尚有瓠形壺、扁壺、方壺等。盥水器在這一時期有較大發展，尤其是盤，内底鑄有大篇銘文，如牆盤、散盤、寰盤、逑盤、兮甲盤、虢季子白盤等，鑄有百餘字至三百餘字的銘文，很多銘文内容不見於史書，具有重要的歷史價值。匜的形式由觥轉化而來，器形似半瓢形，瓢頸成槽流，後端設龍形大鋬，下有三足或四足。樂器方面，鐘的形制没有多大變化，但成編的數字有八枚，或十六枚爲二肆，如柞鐘、虢叔旅鐘、中義鐘、瘐鐘、晉侯穌鐘等，並出現雙音鐘。鎛是大型的樂器，與鐘配合使用。此外尚有鈴和鐃。

春秋時期青銅器

這一時期青銅器仍可分爲早、中、晚三期，其最大特徵在於多爲諸侯列國之器。公元前770年之後百年以内的前期青銅器仍爲西周形制，爲西周後期的自然延續，同時略有變化。盆、橢杯爲新出的器類。扁壺、鑪等器形與西周晚期青銅器有較大區别。紋飾亦與西周晚期相似，新的變化在於交龍紋的出現。長篇銘文甚少，内容多爲諸侯、卿大夫婚媾媵器和自作用器的記録。中期呈新舊交替的態勢，盂鼎類器盛行，簠仍行用，盨已不再流行。食器中最大的變化是有三小足和圈耳的蓋可却置的敦開始出現。甗形盉在江淮一帶使用。樂器錞于也在此時出現。紋飾由粗獷開始向精麗發展，出現了較爲複雜和繁密的四方連續動物紋。春秋晚期已進入鐵器時代，鐵工具已廣泛使用，在這一新的歷史條件下，青銅器的形制由神秘趨向現實，紋飾由粗獷趨向精細，不少銘文趨向藝術化。

戰國時期青銅器

戰國前期，青銅藝術的發展仍處於高峰期，器形和組合各有變化。扁圓形短足鼎較爲流行。甗的鬲口有一圈上斜的圓盤，以承冷凝水，爲戰國前期甗的新式樣。湖北隨縣（今屬隨州）擂鼓墩曾侯乙墓出土有九鼎。另有聯座雙壺、大口方形尊缶，造型奇特。壺形制多樣，有蓮瓣蓋壺、扁壺、半扁壺和鏈壺等，均頗具特色。紋飾有交龍紋、卷龍紋和蟠龍紋。純粹幾何形紋的裝飾出現，表現人物活動的紋飾更加豐富。作器記事型的銘文相對減少。列國青銅器的鑄造已達到純熟的地步，吴越、晉鄭、齊魯、秦式青銅器均形成了地域性風格。酒器的新式樣有尊缶和提梁盉。鼎有鼾、鼾、飤鼎三類器的組合。敦甚爲流行，蓋器皆有三足的所謂“西瓜敦”已出現。簋、簠的式樣都有所變化。這時的器形設計與實用相結合，没有固定模式，崇尚新奇精巧。紋飾結構複雜精緻，蟠龍紋等形式的龍紋成爲紋飾的主題。以宴樂、狩獵和水陸攻戰爲題材的人物紋飾在青銅器上首次出現。銘文字體亦趨於美化，頗具觀賞價值。鑄造技術進步，器物部件的預鑄和紋飾的模印法使器物鑄造規範化。失蠟法鑄造在這一時期出現。戰國中晚期，青銅鑄造業和青銅工藝逐漸衰退，器類相應減少，但器形仍較豐富。蛋形壺、細長頸多紐壺等均爲新的器形。器上的藝術裝飾亦呈發展中有退化的趨勢。出現了許多嵌金、銀、紅銅或緑松石等的幾何變形圖案。有雲紋、菱紋、勾連紋、三角紋等，極具規律又富於變幻。中山王嚳墓的虎噬鹿器座、龍鳳方案座、嵌金銀緑松石鈁，造型生動，組合巧妙，鑲嵌工藝極爲精湛。一種先用極鋭利的尖刀刻鑿再行鑲嵌的刻紋畫像出現，這衹有在優質銅冶煉成功之後方有可能。淮陰高莊出土的一批盤、盆、匜，内外均細刻類似《山海經》神話題材的畫像，頗具水準。與此同時，不施紋飾的素面青銅器大量出現。以精美紋飾爲主要特色的中國青銅器，由於素面器的普遍行用而呈衰退之勢。

秦漢時期青銅器

秦王朝歷時僅十五年，遺留的青銅器不多，在鑄造工藝方面，也遠不及戰國時代。秦在統一六國後，不僅國力强大，且追求浩大氣勢。據《史記·秦始皇本紀》，秦始皇兼併天下後，“收天下兵，聚之咸陽，銷以爲鍾鐻，金人十二，重各千石，置廷宫中”。1980年陝西臨潼始皇陵發現兩輛作爲明器的大型青銅車馬，一號車長225釐米，高152釐米，二號車長317釐米，高106.2釐米。秦代的青銅器已不再沿用傳統的禮樂器制度。河南陝縣后川2001號墓出土的鼎、鈁、甗、盆、勺、燈、竹節形器、蒜頭壺、鏡和秦半兩，皆爲平常的日用器。此外有較多的刻有秦始皇和二世詔的度量衡器。西漢取代了秦，但錢幣、度量衡皆承秦制，漢初的青銅器，主要有鼎、甗、壺、鈁等，其形制或紋飾尚存戰國晚期的遺風，這時青銅兵器已逐步由鐵器所替代。西漢中晚期到東漢早期是漢代青銅器的發達時期，除了都城長安、洛陽有中央朝廷内少府屬下的考工與尚方的作坊，專供離宫、陵寢用器外，各地的私營手工業作坊也有一定比例。到東漢早期，官府手工業仍有相當規模，但私人手工業已開始發展，很多青銅器上有“河東造”和“河東平陽造”等銘文，這種私人作坊所造器物已爲官府和王室貴族所用。在鑄造工藝方面，大量使用鎏金、鎏銀的技術，如陝西興平武帝茂陵的陪葬坑出土的大型立馬，長76釐米，高62釐米，通體鎏金。小件器物如帶鈎、車馬器、兵器等也有鎏金、鎏銀的。東漢中晚期，私人鑄器大爲增加，遍及各地。到東漢晚期，鑄造業走向衰落，商品化的程度也在衰退，所見僅有錢樹、燈和車馬器，而在甘肅武威雷臺還出土了一套由十四輛車、三十九匹馬、四十五個人俑所組成的出行行列的青銅明器，氣勢壯觀。秦漢時代共四百四十年，中國青銅藝術度過了最後的輝煌時期。

魏晉南北朝時期青銅器

隨着佛教的傳入，這一時期的金銅佛造像的鑄製開始興盛，製作技術不斷提高，尤其是北魏、北齊的銅造像，在設計、造型和鑄製加工上均達到相當水平。銅鏡工藝承漢代之風，沿用漢式，以圓鏡爲多，製作不乏精巧者，圖紋富於變化。

隋唐時期青銅器

這一時期青銅器的鑄製技術較魏晉時精細。鐘、刀鞘及作爲佛教用具的洗、净水瓶等數量較多，且大多光素無紋。銅質的合金成分較前有了變化，加進了鋅和鎳，由青銅漸變爲黄銅，銅質細膩、脆亮。金銅佛造像的鑄造持續發展。成就最突出的仍是銅鏡，胎質、造型、花紋皆頗爲精緻。

宋元明清時期銅器

宋代慕古之風盛烈，開始了三代青銅器的仿製。所仿者有鼎、簋、簠、尊、罍、壺、方彝、鏡、豆、洗等，留傳至今者以樂器爲多，仿製較有成就。其他如杯、盤、爐等流行的日用銅器，大都體輕單薄，製作粗糙。技術上普遍采用焊接、鉚釘的作法。元代製銅工藝明顯衰落，僅有銅罐及銅鏡等生活用具。器體厚重，量少質次。明代的銅器鑄造業較元代大有進步。北京大鐘寺中的永樂大鐘，器體宏偉，聲音洪亮，音色優美，標誌着明代銅鑄業的新水平。宣德年間，有用十二煉而成的上等銅料製造的御用珍品。這一時期所造的香爐“宣德爐”較爲著名。明清兩代在宫廷内均設“造辦處”，專爲宫廷仿製三代銅器，其中不乏精緻者。

吴國青銅器

吴國亦稱“句吴”、“攻吴”，姬姓諸侯國。吴國東臨大海，南臨百越，西臨楚國，北濱長江，公元前473年被越所滅。因此吴國的青銅器，其時代大多屬春秋晚期。據銘文可知爲吴國青銅器的有吴王光戈、吴王夫差劍及鑑、盉等。吴國青銅器從鑄銘的器物種類來看，以兵器爲多，鑄造極爲精緻，也有一些日用器，如鼎、簠、鑑等。紋飾一方面模仿西周或春秋時代中原地區的龍紋和鳳鳥紋並有所變化，另一方面也有較濃厚的本地風格。銘文字體修長，行筆工整。

越國及越族地區青銅器

越國都於會稽（今浙江紹興）。越王勾踐三年（公元前494年）敗於吴，後勾踐臥薪嘗膽，於公元前473年滅吴。越國約於公元前306年爲楚所滅。早年所知的越國青銅器皆因器上鑄越國國名及人名。曾出土的越國器有越王者旨於睗鐘、劍、矛，越王丌北古劍，越王州勾劍和越王太子不壽矛。1788年江蘇常熟翼京門外出土姑憑鉤鑃，道光初年浙江武康（今屬德清）出土其𠬝鉤鑃，1928年河南洛陽金村古墓出土春秋晚期者沪鐘十三件，1964年安徽淮南市蔡家崗出土戰國早期越王者旨於睗戈，1965年湖北江陵望山出土春秋晚期越王勾踐劍等，都是越國的青銅器。自20世紀50年代以來，在西至湖南，東至江浙的長江以南地區，出土過許多古代土著居民使用過的青銅器，主要是越族的。他們的風俗屬於越文化範疇。長江中游以南地區的越族稱爲揚越，又因越人有許多部落，或泛稱爲百越。在江蘇鎮江、丹徒、丹陽、武進、無錫，上海松江，浙江長興、紹興，皖南屯溪、青陽，湖南長沙、資興、衡陽，以及廣西恭城等地，都發現了有地區特徵的越族青銅器，大多埋藏於土墩墓内。這些青銅器可分爲兩類：第一類數量較少，主要是從中原地區傳來的，如宜侯夨簋、伯簋、父乙尊、公卣；第二類是當地鑄造的，其中一部分模仿中原地區西周和春秋時代的器形和紋飾，另一部分則完全是本土的形制和紋飾，所鑄造的鼎、簋、卣、尊盤都與中原地區不同。同時還出現了一些新穎的器物，如武進淹城出土的三輪盤，丹徒北山頂出土的杖，紹興坡塘出土的屋，煙墩山出土的一對角狀器，屯溪出土的一對五柱器、盂等。在青銅器紋飾方面也有所創新，如出現交連紋、棘刺紋、方格紋、編織紋、鋸齒紋等。

徐國青銅器

徐國爲嬴姓諸侯國。周初徐戎所建，周穆王時曾聯九夷抗周。春秋時期仍爲淮河下游的大國，但因地處吴、楚兩大國的中間而逐漸削弱，公元前512年爲吴所滅。徐國至今還没有發現過一座能够確指的墓葬，在徐國故地也没有出土過徐器，目前所知的僅是在青銅器上鑄有國名和人名的器物，如春秋中期徐王糧鼎和春秋晚期徐王之孫宜桐盂、徐王子旃鐘、儠兒鐘、沇兒鐘等。徐國青銅器紋飾主要有龍紋、交龍紋、蟠蛇紋和幾何形紋等。儠兒鐘和沇兒鐘分别鑄銘文七十四字和八十二字，字體修長優美，爲徐國金文的代表作。

陳國青銅器

陳國爲媯姓諸侯國。周初胡公滿封於陳，故城在今河南淮陽。公元前479年爲楚所滅。陳國出土的青銅器有春秋早期的陳侯鼎、陳生隺鼎、陳公子甗，春秋早期的陳侯簠、陳伯元匜、陳子匜等。20世紀70年代河南商水楊莊出土一簠，鑄銘爲“唯正月初吉丁亥，原氏仲作滷媯嫁母媵簠，用祈眉壽無疆，永用之”。作器者爲“喪史□”，喪史爲陳國官名，原仲爲陳國大夫，卒於公元前667年（事見《左傳·莊公二十七年》），該青銅器可依此定爲陳國的標準器。

蔡國青銅器

蔡國爲姬姓諸侯國。周武王封弟叔度於蔡，故城在今河南上蔡西南。成王時，蔡叔、管叔、武庚叛周，周公平叛後放逐蔡叔，重封叔度之子於蔡。公元前447年爲楚所滅。

1955年安徽壽縣發現蔡昭侯墓，出土青銅器較爲豐富，時代爲春秋晚期，有鼎、鬲、方座簋、簠、敦、豆、方壺、方尊、缶、盤尊、鑑、盤、匜、甬鐘、鎛鐘、編鐘、鉦、錞于。其中甬鐘銘文表明該器爲吳王光嫁女於蔡的媵器，鈕鐘銘文表明該器爲蔡昭侯申自作行鐘，鎛鐘銘文表明該器爲蔡昭侯自作歌鐘。蔡昭侯雖然遷居到被南淮夷和群舒所包圍之處，但仍保持着中原文化傳統。從出土的大孟姬盤和尊的銘文來看，蔡國尊奉周天子爲宗主，遵守祖先風範。蔡國與楚國、吳國交往頻繁，據青銅器銘文記載，蔡既要"左右楚王"，又要"敬配吳王"，從中可以看出蔡國夾在吳、楚兩個大國之間的困難處境。

許國青銅器

許國爲姜姓諸侯國。許在金文中作鄦。始封於周初武王時，故城在今河南許昌東。許國出土青銅器有春秋早期的許公買簠、許去魯生鼎，春秋晚期的許子妝簠蓋、子璋鐘、許子𥂴師鐘等。由於許國不斷遷徙，春秋中期以後長期依附於楚國，因此戰國初年許國的青銅器與銘文均呈現出受到楚文化影響的特徵。

番國青銅器

番國爲周代古國。春秋早期居於今河南信陽附近，春秋中晚期遷至今固始、潢川、光山、商城等地，逐漸被納入楚國勢力範圍，接受了楚文化的影響。番國早年出土有銘的傳世品有番生簋蓋、番匊生壺、番仲吴生鼎、番君鬲等。1979年信陽吴店楊河發現春秋時期墓葬，出土青銅器有鼎、盤、匜，均鑄銘文，爲"番哀伯者君"作器。此外，信陽楊河出土鼎、盤、匜，與河南桐柏出土盤、匜上所鑄銘文中"昶伯庸"、"番昶伯者君"均爲番國公族的一支。1978年河南潢川彭店春秋墓出土青銅盤，盤銘中的"番伯㪘"與傳世五件番君召簠銘文中的"番君召"前後相繼。1979年固始侯古堆出土九件一組的編鐘，原有人名被鏟掉而補刻"鄱子成周"，説明番國國君曾在此一帶活動。該地後併入楚國。

黄國青銅器

黄國爲嬴姓諸侯國。在今河南潢川一帶，公元前648年爲楚所滅。1975年河南潢川老李店磨盤山出土青銅器有盆、𨱏、盉，盆鑄銘"傒子諆"，𨱏鑄銘"黄孫須顋子伯亞臣自作𨱏"。可知黄國傒君封邑約在今潢川、羅山、信陽一帶，其勢力幾乎可與其大宗黄君分庭抗禮。1977年山東沂水劉家店子春秋莒公墓出土二件黄太子伯克簋。傳世品中有春秋早期的黄仲鬲和黄仲匜。此外，黄國所見青銅器尚有黄國公族傒君和其孫傒君叔單之器。1979年河南羅山高店出土春秋中期黄國傒君的青銅器，有鼎、壺、盤、匜，器鑄銘文"傒子宿車"。1983年河南信陽地區光山寶相寺清理了春秋早期黄君孟夫婦合葬墓，出土青銅器有鼎、鬲、豆、壺、𨱏、盉、罐、盤、匜、方座等。

莒國青銅器

莒國爲己姓(一説曹姓)諸侯國。在今山東莒縣。周武王所封，公元前431年爲楚所滅，已出土的莒國青銅器皆在山東。20世紀50年代，在沂水李家莊出土春秋早期青銅器，有鼎、壺、盤、匜、小罐。1963年莒縣天井汪出土春秋中期青銅器，有鼎、罍、壺、鑑。1975年莒南大店鎮老龍腰曾發掘春秋晚期莒國大墓二座，一號墓出土青銅器有鼎、敦、壺、鈉、盤、鈕鐘、鎛鐘。二號墓因被盜，出土青銅器僅有缶、鈉、鈕鐘。1978年沂水劉家店子發掘兩座春秋中期墓，一號墓出土青銅器有鼎、鬲、甗、豆、壺、罍、瓿、鐎、鈉、盤、匜、盉、罐，此外尚有黄大子白克盆和錞于。二號墓出土鼎、罍、酒器、水器等。莒國青銅器在春秋早期其形制、組合與中原相似，到中晚期有較大變化，如鐘的形制已受到齊、魯或吳的影響，器物多加平頂，頂上有單環或鈕蓋，蓋鈕有時作獸形或鳥形，很有特色。

樊國青銅器

樊國爲西周畿内封國。1978年河南信陽平橋南山嘴清理春秋早期樊君夫婦墓。樊君夫人墓出土青銅器有鼎、鬲、壺、盆、盤、匜，在鬲、盤、匜上均鑄有記載樊君夫人龍嬴作器的銘文，僅盆銘記載器爲樊君夔所作。樊君墓出土鼎、簠、壺、盤、匜和工具，均無銘文，估計是樊君夔墓。1987年發現一墓，隨葬春秋中期青銅器有鼎、壺、盉，所出器物具有江淮地區的文化特色。

楚國青銅器

楚國爲羋姓諸侯國。傳先祖出自顓頊。鬻熊事周文王，成王封熊繹於楚蠻，居丹陽（今湖北秭歸東南，一説湖北枝江西，一説河南淅川）。西周末春秋初，中原周王朝勢力衰微，而楚却在經濟和軍事方面得到發展，楚莊王時成爲“春秋五霸”之一。戰國時期，與秦、齊、韓、魏、趙、燕並稱爲“戰國七雄”。公元前223年爲秦所滅。早年發現的楚國重要青銅器有楚公逆鐘、楚王領鐘、邛仲嬭南鐘、楚嬴匜、中子化盤等，有些傳世僅存搨本，也有如王孫遺者鐘和楚子簠等器已流向海外。楚國青銅器分佈的範圍甚廣，遍及長江中下游及江南一帶。1113年湖北嘉魚太平湖曾發現過楚公逆鎛。1922年安徽壽縣楚墓出土鼎、簋、壺、鏡、帶鈎、車馬器等。1933年、1935年、1938年安徽壽縣朱家集李三孤堆楚幽王墓出土青銅器近千件，其中禮器有鼎、鬲、簋、簠、敦、豆、俎、壺、尊缶、盉、勺、鐘、器等。同年江蘇無錫前洲出土郙陵君豆、郙陵君鑑匜。1957年河南信陽長臺關發掘兩座墓，有楚器出土。1965年湖北江陵望山發掘兩座楚墓，出土青銅器四百餘件，其中禮器有五十餘件，鑲嵌銀片樽、騎駝人擎燈、透雕筒形器等，都是楚器中的珍品。1969年湖北枝江百里洲發現一批春秋早期楚國青銅器。1970年湖北江陵發現春秋晚期青銅器，有鼎、簠、盞、缶、盤、匜，簠内鑄銘文“鄴伯受用其吉金作元妹叔嬴爲心媵饙簠，子子孫孫永其用之”。1971年湖南長沙市郊瀏城橋墓出土青銅器，有鼎、敦、壺、匜、樽、提鏈壺、奩、鏡、劍、戈、矛。1972年湖北襄陽山灣發掘了三十多座中、小型墓，出土的春秋晚期青銅器有鼎、簠、敦、盞、盉、缶、盤、匜等。1973年湖北襄陽蔡坡四號墓出土青銅器，有鼎、盒、壺、敦、缶、盤、匜、瓢、鐎、燈、熏杯、熏盤、鼓座和兵器、車馬器等。1973年湖北當陽趙家湖發現一墓，出土春秋晚期青銅鼎、簠、缶、盤、匜。鼎鑄銘文“楚子适之飤繁”。1975年河南淅川縣毛坪曾出土自春秋中期到戰國的青銅器，主要有鼎、簠、盤、匜、兵器和車馬器。1975年湖北隨縣（今屬隨州）涓陽鄉曾出土楚屈子赤角簠。1977—1980年河南淅川縣下寺曾發掘二十五座春秋晚期楚墓，出土了上千件青銅器，是楚國青銅器發現最多的一處。1977年安徽長豐楊公發掘出九座戰國晚期楚墓，出土青銅器一百零六件。1977年湖北穀城下新店發現春秋中期墓葬，出土青銅鼎、簠、鈉、缶、壺、盤、斗。1978年安徽舒城秦橋發掘三座戰國中、晚期墓，出土的青銅器有鼎、壺、盤、匜、勺、鏡和兵器等十八件。1980年江蘇吴縣（今屬蘇州）楓橋出土戰國中、晚期青銅器三十三件，有鼎、簠、盉、缶、匜、鑑和兵器、車馬器等。1985年湖北枝江姚家港發掘春秋楚墓，出土的青銅器有鼎、簠、缶、斗、匜等。1986年湖南岳陽鳳形嘴山出土的春秋晚期青銅器有鼎、簠、盞、匕、盉、盤、戈等。1986年湖北荆門包山發掘了五座大墓，其中二號墓出土的青銅器達五十九件，有鼎、簠、敦、盒、甗、壺、尊缶、浴缶、盤、匜、鑑、勺、匕、箕、杯、燈、洗、鐃等。1990年河南淅川和尚嶺發掘二墓，一墓爲春秋晚期，出土的青銅器有鼎、兵器及車馬器，另一墓出土的青銅器有鼎、簠、敦、壺、缶、盤、匜、鐘、鎛鐘。楚國青銅器紋飾有變形龍紋、蟠龍紋、蟠蛇紋、綯紋、波曲紋、鱗紋、雲雷紋和花葉紋等。

曾國青銅器

曾國爲西周至戰國時姬姓諸侯國。周宣王爲防範楚國勢力北上，在漢水流域分封了若干諸侯國，曾國爲其中之一。春秋早期，曾國的疆域大致在今湖北棗陽、隨州、京山到河南新野一帶。公元前400年左右逐漸被楚所征服，併入楚國版圖，成爲楚文化的一部分。曾國青銅器早年就有發現，北宋時湖北安陸曾發現過曾侯鐘，1933年安徽壽縣朱家集楚幽王墓中出土曾姬壺。此後在1966年湖北京山蘇家壠出土春秋早期的青銅器有鼎、鬲、方甗、簋、鋪、壺、盤、匜、盉，部分器鑄銘文“曾侯仲子斿父”和“曾仲斿父”。1970年湖北隨縣（今隨州）均川熊家老灣出土春秋早期青銅器，有簋、鐳、方彝，鑄銘“曾伯文”。1972年同地又出土鼎、方甗、簋、壺、盤、匜，簋，鑄銘“曾伯大父𧰼”。1971年河南新野城關鎮小西關村出土春秋中期鼎、甗、簠、盤、匜、盞、戈、鏃。其中甗鑄銘文“曾子仲誨”。1974年在同地又出土鼎、鬲、方甗、簋、盤、匜、盞等青銅器。1971年湖北棗陽茶庵段營出土曾子仲誨鼎及鬲、壺、戈、矛、鏃，爲春秋中期器。1972年棗陽吴店趙湖曾發現鼎、簋，在1983年又發掘兩墓，出土春秋早期青銅器，有鼎、簋、壺、鐳。1975年隨縣（今隨州）劉家崖出土春秋中期青銅器，有鼎、甗、簋、簠、壺、盤。1976年隨縣（今隨州）萬店周家崗春秋中期墓出土青銅器，有鼎、鬲、簋、壺、盤、匜、戈。1978年隨縣（今隨州）何店鄉貫莊出土春秋早期青銅器，有鼎、鬲、方甗、簋、壺、盤、匜。同年，隨縣（今隨州）擂鼓墩曾侯乙墓出土隨葬品共一萬餘件，其中青銅器有鼎、無耳鼎、鬲、甗、簋、簠、豆、盒、匕、大尊缶、聯禁大壺、練壺、鑑缶、勺、斗、罐、過濾器、小口鼎、匜鼎、鑑、盤、尊盤、匜、盥缶、鐘、鎛、戈、戟、矛、殳、鏃、軎、鑣、馬銜、馬飾、爐盤、炭爐、箕、漏鏟、鎮、熏、筒形器、鈎形器、削刀等，很多器物上有銘文“曾侯乙作”。1979年隨縣（今隨州）安居桃花坡兩座春秋早期墓出土青銅器，有鼎、鬲、簋、壺、盤、匜。同年，隨縣（今隨州）城郊季氏梁出土曾大工尹季怡戈。1982年棗陽趙湖出土曾侯絴伯戈。曾國的青銅器主要出土在隨縣（今隨州）及其附近。其形制、紋飾、銘文及鑄造方法在春秋早、中期與中原文化一致，到春秋晚期，受楚國影響較大，特别是楚滅曾後，曾成爲楚的附庸，曾國文化也就成了楚文化的一部分。

鄭國青銅器

鄭國爲姬姓諸侯國。公元前806年，周宣王封其弟友於鄭(今陝西華縣東)。該地附近原有的商代遺民文化比較發達，青銅器鑄造技術較高，鄭國青銅器在此很快得到發展。春秋中期以後，在青銅器鑄造方面又吸取了晉、楚文化的精華而繼續發展，並保持了周文化的傳統風格。1923年在河南新鄭發現春秋中期的鄭國國君墓，出土的青銅器數量較多，其中主要的器物有王子嬰次方爐、蓮鶴方壺和龍耳壺等。20世紀90年代，曾發現多座青銅禮器坑和殉馬坑，出土青銅器數量甚多，尤其是1996年在新鄭鄭韓故城發現春秋時期鄭國青銅器坑十座，出土青銅器二百五十五件，其中四座禮器坑出土鼎、壺、簋、鬲、鑑、豆等一百十一件，六座樂器坑出土編鐘十八套一百四十四枚。三座禮器坑的組合是九鼎、八簋、九鬲、二方壺、一圓壺、一鑑、一豆，每坑出三十一件，另一禮器坑爲九鼎、九鬲。鼎的形制爲侈口，立耳，折沿，深腹，圜底較平，蹄足，足根設獸頭。方壺爲圓角長方體，設蓋，長頸較直，垂腹下置圈足，頸兩側設龍首耳，並置環。樂器坑内出土鎛鐘四枚爲一組，鈕鐘兩組分兩排，每組十件，均有掛鐘的木質鐘虡。這爲編鐘的組合制度提供了新的資料。

宋國青銅器

宋國爲子姓諸侯國。周初封於商丘，故城在商丘老南關以西到鄭莊一帶。宋國青銅器早年出土的有春秋早期宋眉父鬲、商丘叔簠，春秋中期趠亥鼎，春秋晚期宋公差戈、樂子敬𨥶簠等。而宋公戌鐘、宋公䜌鼎、宋君夫人鼎蓋僅存搨本，器已不知下落。1936年安徽壽縣出土春秋中期宋公䜌戈、戰國早期宋公得戈。1979年河南固始侯古堆出土宋公䜌簠，鑄有銘文“有殷天乙唐孫宋公䜌作其妹勾敔夫人季子媵簠”，説明商祖成湯乃宋景公先祖。

魯國青銅器

魯國爲姬姓諸侯國。周武王封弟周公旦於魯，周公歸政，成王封其子伯禽。春秋以降，國力逐漸衰微，於公元前256年爲楚所滅。早年出土的魯國青銅器有春秋早期魯大司徒匜、魯士商叡簋和匜，春秋中期魯大司徒元鼎、魯少司寇封孫匜等。1830年山東滕縣(今滕州)鳳凰嶺出土春秋早期魯伯愈鬲、簠、盤、匜。1932年山東曲阜林前村出土春秋中期厚氏鋪和魯大司徒元盂。1969年山東曲阜北關出土春秋中期豆。1970年山東歷城北草溝出土春秋早期魯伯厚父盤和魯伯大父簋。1978年山東曲阜魯國故城遺址出土春秋早期魯伯者父盤、鼎、盆、盤、匜、鈉、盨、豆，同時還出土戰國早期缶和錯金銀杖首、帶鈎。1982年泰安城前村出土春秋早期鼎、簠。1983年泰安又出土春秋早期魯侯鼎。魯國的青銅器，大多沿襲傳統器形，這可能是“周禮盡在魯矣”的一種反映。春秋時代魯國青銅器紋飾也沿襲商周時代的獸面紋、龍紋、鳥紋、蟬紋和其他幾何形紋飾，但作了較大的變形。而戰國時期魯國青銅器大多爲素面器。所見東周時代魯國青銅器的銘文大多屬於春秋時代，銘文的書體風格多樣。

薛國青銅器

薛國爲任姓諸侯國。始祖奚仲爲夏代的車正，相傳爲車的創造者，封於薛，後奚仲遷於邳，薛爲仲虺所居。戰國時爲齊所滅，今山東滕州東南有薛城，是其故地。早年曾出土薛侯盤、薛侯匜，爲春秋早期器。1973年山東滕縣(今滕州)官橋鄉狄莊出土春秋早期簠，其中有薛仲赤簠、薛子仲安簠。1978年薛國故城尤樓村東二號墓地，發掘了九座墓葬，其中四墓早年被盜，其餘五墓出土青銅器有鼎、鬲、簋、簠、豆、壺、鈉、鐎、盤、匜、鑑、鳥形環、小罐、戈、矛、鏃，時代爲春秋中晚期。

齊國青銅器

齊國爲姜姓諸侯國。公元前11世紀周分封，建都營丘(今山東淄博市臨淄區北)。立國後，憑借魚鹽之利，農工商並舉，成爲東方大國。早年曾出土過一些著名的齊國青銅器：有春秋時期的齊縈姬盤、齊大宰遻父𠂤盤底、齊鮑氏鐘、國差𦉜、庳壺、洹子孟姜壺、陳喜壺；戰國時代的陳逆簠、陳逆簋、禾簋、陳曼簋、陳昉簋蓋、十年陳侯午敦、十四年陳侯午敦、陳璋方壺、陳侯因資敦、陳侯因咨戟等。其出土地點已不明確。此外尚有1123年山東臨淄齊故城出土春秋時期的叔夷鐘。1857年膠縣(今膠州)靈山衛古城出土戰國早期的量器子禾子釜、陳純釜、左關鈉。1870年山西榮河(今屬萬榮)后土祠旁出土春秋中期𪒠鎛。1892年河北易縣出土春秋時代齊侯鼎、敦、盤、匜。1956年山東臨淄堯王村國氏墓出土鼎、豆、壺，其中鼎有銘“國子”二字，爲春秋時器。1957年河南洛陽中州渠發現春秋時齊侯盂，此爲公元前558年齊侯之女嫁於周王之器。1963年山東臨朐楊善鎮出土春秋晚期青銅器，主要有鼎、敦、壺、鈉、編鐘、編鎛等，其中有公孫寫壺，公孫寫即公孫灶。公孫灶为齊卿，公元前545年至前539年執政。1965年山東臨淄河崖頭村出土的春秋早期青銅器有簋、瓿、盂、鐘等。同年江蘇漣水三里墩出土戰國時代錯金銀雲紋鼎、壺和犧尊，爲齊國器。1970年山東臨淄齊國故城出土春秋時代高子戈。高子，名傒，謚號敬仲，春秋時爲齊卿，是姜齊守國重臣。1975年山東長清(今濟南市長清區)崗辛出土的戰國時期豆和蓋鉶，是齊國青銅器中的上乘作品。1976年山東蓬萊辛旺集和劉格莊出土春秋時期青銅器，有鼎、壺、甗和提鏈盒等。1978年臨淄故城以南的大夫觀村出土一組編鐘，其甬和枚均較長。齊國青銅器的紋飾有龍紋、鳳鳥紋和各種幾何形紋，有的錯金銀或鑲嵌綠松石，非常華麗，也有不少素面的青銅器。齊國青銅器的銘文内容較多，可研究齊國的歷史和世系，並可瞭解齊國紀年的格式和習慣語。還有少數量器，可研究當時的度量衡制度，是重要的資料。

燕國青銅器

燕國爲公元前11世紀周分封的諸侯國，姬姓，建都於薊(今北京城西南隅)，是北方的一個大國。公元前5世紀以後有了較大的發展，成爲戰國七雄之一。至今能確認爲東周時代的燕國青銅器不多，主要有春秋晚期的杕氏壺和戰國時期燕王或燕侯的戈、戟、矛等。1964年河北易縣燕下都九女臺戰國早期墓已被盜掘，1965年燕下都四十四號墓出土青銅兵器。1973年在武陽臺村發現了一百零八件青銅戈，許多戈上都有燕國國君的名號或紀年。近年來燕下都遺址還出土過不少青銅器，如高陌村的青銅人、老姆臺的鋪首銜環、武陽臺的象形燈、車貫城的人物鳥獸樓閣形飾件等。東周時代燕國青銅器主要有鼎、甗、簋、敦、豆、匕、壺、瓿、缶、盤、匜、鑑。主要紋飾有龍紋、蟬紋、波曲紋、垂葉紋等，還有一些幾何形紋，以紅銅鑲嵌的狩獵紋和獸紋較爲發達。燕國青銅戈均自名爲鍨、鋸、鍨、釴等。

中山國青銅器

中山國係北方少數民族白狄建立的諸侯國，春秋時稱鮮虞，戰國時以中山爲名，在今河北境内，公元前295年爲趙國所滅。1974—1978年在河北平山三汲鄉發現的中山王嚳墓出土成組的青銅器近七十件，其中有著名的中山王嚳鼎、中山王嚳方壺、好盗壺、兆域圖版，此外還有山字形器、錯金銀龍鳳方案、十五支連盞燈、銀首俑燈、錯金銀神獸、牛、犀、虎噬鹿等。中山王嚳鼎和方壺外壁所刻銘文分別有四百六十九字和四百五十字，内容是王嚳以燕王噲讓位於相國子之而引起燕國内亂、王噲與子之俱死之事告戒嗣王不能讓類似事件在中山國發生，並稱頌相邦司馬賙的功績，勉勵其輔助嗣王。好盗爲王嚳之子，好盗壺外壁刻銘文二百零四字，除有上述二器内容外，並爲王嚳加刻悼詞，作爲隨葬器物。據此，可知該墓埋葬於公元前314年或稍後。與中山王嚳墓同時發掘的位於靈壽故城内的另一大墓，出土九鼎。1979年陝西鳳翔高莊野狐溝曾出土十四年中山王鼎。

晉國及韓、趙、魏國青銅器

晉國爲公元前11世紀周分封的姬姓諸侯國。晉文公時，國力富强，成爲霸主。公元前4世紀中葉，晉國爲趙、魏、韓三家所分。歷年在晉國始封地(即今山西西南部)所出土的青銅器物十分豐富。有山西聞喜南王村出土的驫卣，太原出土的子乍弄鳥尊，偏關出土的卣，永濟出土的參父乙盉，萬榮后土祠出土的𪒠鎛和郘鐘，以及石樓賀家坪、忻州連寺溝、渾源李峪村等地區的青銅器，大都是農民在田間耕作時發現或盗墓所出，除少數留在國内大博物館外，絶大部分已流落海外。自1949年至今出土的東周時期晉及韓、趙、魏青銅器食器有鼎、鬲、甗、簋、簠、敦、豆。鼎大多設蓋，附耳，足呈半圓蹄足，春秋晚期以後鼎腹較淺，腹足連襠，足粗矮，戰國時連襠更低。鬲在春秋時稍多，而戰國時很少，出現了甑與鬲分體的方甗。簋都有蓋，圈足下常加三個小扁足；戰國簋的形式簡化，出現素面簋，也有方座簋。敦是春秋中期中原地區出現的新器形，春秋時蓋與腹扣合呈圓球狀，戰國以後也有呈卵形的，腹兩側設素環，與楚式敦相似。簠在春秋時腹呈折壁直口式，矩形圈足，戰國簠長邊加長，腹較淺，下置四個矩形足。春秋中期以後豆的數量激增，到了戰國時期又出現了高柄蓋豆、短柄蓋豆、方座豆和淺盤高柄豆等形式。酒器中，西周時期爵、觚、觶、斝等器形已全部消失，而壺却被長期使用，壺有方壺、圓壺、提梁壺、扁壺、鈁、高柄小方壺、匏壺等多種形式。鳥獸尊形態美觀，均呈昂首挺立的形態，是較少見的盛酒器。水器中盤有圈足盤、三足盤、折腹平底盤、長方形盤等形式。匜與盤配合使用，鑑是大型盛水器，爲春秋晚期出現的新形式。在晉及韓、趙、魏青銅器中還有一部分製作精巧、功能多樣的生活用具和玩具，如灶、氈帳頂、炭盤、輓車、帶鈎也頗具特色。樂器主要是編鐘，春秋早期鐘每組爲八枚，自春秋中期起，成組編鐘數量有所發展，戰國早期除部分鐘外，大多爲明器，不能奏樂，晚期不僅有甬鐘，更有鈕鐘和鎛鐘，在音律上有很大發展。晉及韓、趙、魏青銅器的紋飾，主要有交龍紋，是一種兩條以上的龍體軀相互交纏並連續不斷地重複出現的紋飾。蟠蛇紋以形象很小、數量很多的小蛇紋爲主體，作S形和C形的扭曲變化。這一紋飾在戰國時更簡化，猶似卷雲紋，是形體比較粗壯、可任意彎曲蟠旋的龍紋。這時的鳳鳥紋出現了後肢和翎翼。此外還有一種正面頭部作高浮雕，在扁平的面部突出鳥的勾喙、雙目和耳似人面的怪鳥形象。此外，晉器特有龍吞蛇、龍銜鳳的形象：龍頭鼻吻翻卷，露出獠牙，緊咬蛇或鳳的體軀，雙爪抓住龍或鳳的角，呈現格鬥場面。此時獸面紋完全失去了昔日的風采，只能作爲鼎足根部、鋪首、盤和匜耳部的紋飾。幾何形紋飾有索紋、三角形紋、卷雲紋、幾何紋、羽翅紋等。還有紋飾描繪人們在社會生活中的形象，如宴飲、戰鬥、采桑、狩獵和水陸攻戰的場面，充分表現了春秋中晚期戰爭頻繁的史實。這類圖像的製作一般運用了鑲嵌紅銅或雕刻的工藝手法，采用多層佈局，使畫面更精細、豐富。如河南汲縣(今衛輝)出土的水陸攻戰紋鑑，其中圖案有四十組，內有人物二百九十二個，以及旌旗、錞于、戰鼓、戈、戟、劍、盾、弓箭、車、豆、壺、舟等用器和魚、鱉等動物，表現格鬥、射殺、劃船、擊鼓、犒賞等各種活動，視野廣闊，內容豐富。這些紋飾再用紅銅鑲嵌，展現了不同的金屬光澤，是一件極爲難得的藝術精品。春秋戰國時代晉國青銅器上很少見到銘文，銘文作爲叙事手段的性質已逐漸改變，而“物勒工名，以考其誠”，成爲加强工匠責任心的一種模式。

虢國青銅器

虢國是西周早期所封的姬姓諸侯國，分别爲東、西二虢，東虢在今河南滎陽東北，西虢在今陝西寶鷄西。周平王四年(公元前767年)東虢被鄭國所滅，西虢原地有小虢，周莊王十年(公元前687年)爲秦所滅。西虢遷於今河南三門峽，於周惠王二十二年(公元前655年)被晉所滅。1956年在三門峽上村嶺虢國墓地發掘了規模很大的虢太子墓，收獲頗豐。1990年該地又發掘了七座墓和車馬坑，出土青銅器七千餘件，各墓所出青銅器均爲九鼎八簋，器物中鑄有“虢季”及“虢仲”銘文，應爲虢國國君之墓。所出青銅禮器有鼎、鬲、簋、盨、盤、匜、壺、豆、鐸、成組的甬鐘和鈕鐘，鑄造較粗疏。墓内特别有一套仿古的爵、觶、方彝、盉等明器，説明虢國貴族歷任王朝卿士重視傳統禮制。

秦國青銅器

秦國爲嬴姓諸侯國。秦人最初居於今陝西、甘肅一帶，早年與西戎各族混處。春秋時國力日强，攻伐戎人及鄰近小國。戰國時秦孝公任用商鞅變法，使秦成爲七雄中最强之國。秦王政(即秦始皇)親政後，先後攻滅韓、趙、魏、楚、燕、齊六國，於公元前221年建立統一全國的秦朝。傳1921年在甘肅天水出土春秋中期秦公簋。20世紀50年代以來發掘的春秋早期秦墓有陝西寶鷄姜城堡墓，出土鼎、簋、壺、盤，其形制仍保留着西周晚期的形式。具有秦國特色的青銅器有甘肅靈臺景家莊出土的鼎、甗，陝西户縣宋村墓和隴縣邊家莊墓出土的鼎、簋等。鼎的形式爲腹較淺，蹄足粗壯，足上部外鼓、下部向外伸展，這是春秋時代秦鼎的特點。1978年陝西寶鷄太公廟發現一窖青銅器，有秦公鐘五件和秦公鎛鐘三件，爲春秋早期器。春秋晚期器有陝西鳳翔八旗屯二十七號墓出土的鼎、簋、壺、盤、匜。寶鷄秦家溝曾發現兩座墓，出土鼎、方甗。還有一組春秋末到戰國初的墓葬，以陝西鳳翔高莊的二墓爲代表，出土青銅器有鼎、方甗、方壺、鈿。在秦國中心地區，春秋和戰國早期的墓葬常出土青銅或陶禮器，有的還出土兵器、車馬器。到戰國時期，秦墓出土隨葬品數量很少，只有個别墓出現青銅明器，表明秦國不再用青銅禮器隨葬，但仍有少數戰國窖藏，如鳳翔紙坊高王寺出土鼎、敦、蓋豆、壺、盤、匜、提梁盉、甗，其中鼎有銘，爲吴王孫無土之脰鼎。1974年河南三門峡上村嶺發現八座古墓，出土方鑑、方罍、扁壺和跽坐人形燈等。

巴蜀青銅器

巴、蜀皆居於西南的四川盆地及其附近的廣大區域，是兩個不同的古老民族，後人習慣上合稱爲“巴蜀”。公元前316年蜀爲秦所滅。1957年四川新繁(今屬成都)水觀音遺址出土戈，1976年廣漢三星堆高駢鄉出土鑲嵌獸面紋牌飾，1987年同地又出土鑲嵌獸面紋和幾何紋牌飾，1987年漢源出土形制簡單的工具和兵器，有方鉞、扁斧、鑿等。這些出土的器物從形制和紋飾分析，是夏、商時期的青銅器。但四川地區大量出土的是春秋、戰國時代的青銅器，1955年成都羊子山出土戰國晚期青銅器，有鼎、提梁三足盤形器、鐎、浴缶、繭形壺、鍪。1958年巴縣(今重慶巴南區)冬筍壩和昭化(今屬廣元)均出土過戰國青銅甗、釜和盤。1965年成都百花潭十號墓出土的戰國中期青銅器有壺、尖頂盒和鑄巴蜀符號的兵器。1972年涪陵(今重慶涪陵區)小田溪出土戰國晚期青銅器有甗、釜、鍪、尊缶、錯銀壺、編鐘和廿六年蜀守戈。1976年綿竹船棺墓出土戰國中期青銅器，有鼎、豆、甗、尖頂盒、鈁和有巴族符號的兵器。1980年四川新都(今成都新都區)馬家鄉九聯墩墓出土戰國中期青銅器有鼎、釜、豆、匕、壺、罍、盤、編鐘、劍、刀、戈、鉞、矛、斧、斤、曲頭斤、手鋸、削、鑿、雕刀，另一套兩件成組，有甑釜形甗、甗、敦、豆、浴缶、盤、匜、鑑、勺。1983年成都三洞橋青羊小區出土的戰國中期青銅器有罍、提梁壺、高柄豆、鍪及兵器、工具。1984年滎經縣同心村出土的戰國中期青銅器有釜、鍪和有巴蜀符號的兵器。1986年成都市京川飯店墓出土的青銅器與同心村相同。1986年成都市無綫電機械工業學校發現戰國墓，出土青銅器鼎、釜、豆、尖頂盒、敦、壺、錞于、戈、斧、曲頭斤等。1986年廣漢三星堆發現祭祀坑，出土窖藏青銅器數百件，其時代從商到漢。其中立像、跪坐人像、人首像、人形面具、獸面具、瑗戈、神樹、神壇等都具有地方文化特徵，同時還出土了中原地區常見的尊、罍、瓿和長江中下游、湖南、湖北、安徽等地常見的尊。其中巴蜀兵器的戈、劍形狀，有追摹西周早、中期或更早時期兵器的傾向。出土的鍪、釜、甗等容器的耳是用繩索成範後翻鑄在器上的。鍪形似圜底、束頸、敞口壺，肩上有一耳或二耳，二耳或大小相同，或一大一小不等，這種器形在秦地區也有。巴蜀的樂器有兩類，一類是從外地(主要是楚地)傳入的，如涪陵小田溪出土的錯金編鐘，鑄造極精，紋飾特徵爲楚國器。另一種是形體很扁的甬鐘，枚的地位在鐘的上部，甬上没有旋和干，這是巴蜀文化的產物，也是中原西周甬鐘的仿製品。這一批窖藏的青銅器，説明巴蜀人有長期珍藏中原地區商周青銅器的習慣，體現了周文化和巴蜀文化交流、融合的歷史。

彝器

《玉海》引《説文》云："彝，宗廟常器也。"金文中有表明彝器性質的，如員方鼎銘"用作父甲𩰫彝"。𩰫彝特指奉享的祭器，古代多稱尊彝。《國語·周語中》："出其尊彝。"韋昭注："尊、彝皆受酒之器。"商末及西周早期，青銅禮器多銘"彝"、"尊彝"。西周中晚期青銅禮器銘文多稱專名，如七年趞曹鼎銘"用作寶鼎"；走簋銘"用作寶尊簋"，於是金文中尊彝之稱逐漸少見。

宗彝

宗廟中盛鬱鬯的禮器。𪓐簋銘："錫𪓐宗彝一肆，錫鼎二，錫貝五朋。"把鼎類和宗彝分别記録。金文中記載爲宗彝的有卣、尊、方彝、爵、壺等，鼎僅偶然一見，可見宗彝是以酒器爲主的禮器組合。

𩰫彝

宗廟中奉進於祖考的食器。㝬簋銘："作𩰫彝寶簋，用康惠朕皇文烈考，其格前文人。"表明簋是屬於𩰫彝的範疇。西周金文中稱𩰫彝的青銅器，有鼎、鬲、甗、簋、盨、簠，偶見角、盉。可知𩰫彝是以食器爲主的禮器組合。

青銅器分類

青銅器分類

即青銅器的類別。區别青銅器的性質和作用，有利於研究各自所形成的器形體系。中國青銅器的數量極多，種類複雜，一般按用途劃分，大致可分以下幾類：一、飪食器，有肉食器、蒸食器、飯食器；二、酒器，有斟酒器、飲酒器、灌酒器、盛酒器、調酒器；三、盥水器，有盥洗器、盛水器；四、樂器；五、兵器；六、農具和工具；七、雜器，有生活用具、車馬器、貨幣、度量衡、符及璽印等。在每一類器下又包括若干種器形，如飯食器，有簋、盨、簠、敦、豆、鋪、盂、盆、鐠、釜、俎、匕等。宋代吕大臨及現代中國學者容庚、陳夢家、李濟、馬承源和日本學者梅原末治、林巳奈夫等都曾對青銅器的分類作過研究。

吕大臨商周青銅禮器分類法

見《考古圖》一書。其中一至七卷皆爲商周青銅器，分爲卷一，鼎屬：鼎。卷二，鬲、甗、鬶。卷三，簋屬：敦、簋、缶、匼、鋪。卷四，彝、卣、尊、壺、罍。卷五，爵屬：爵、觚、斝。豆屬：豆、鐙。雜食器：盉、盦、瓿。卷六，盤、匜、盂。弩機、戈、削。卷七，鐘、磬、錞。此書分類體例不够嚴謹，將不同用途的器物如水器和兵器合爲一卷。另外，很多器物没有歸入，如角、觶、鐳、鑑、戟、劍、鉦、鈴、錞于、鼓等。

容庚商周青銅禮器分類方法

見《商周彝器通考》一書。分爲第一章食器，其下有鼎、鬲、甗、簋、簠、盨、敦、豆、盧、鐠、俎、匕。第二章酒器，其下有爵、角、斝、盉、鐎、尊、觚、觶、方彝、卣、觥、鳥獸尊、壺、罍、缾、鐳、缶、罏、卮、梧、禁、勺。第三章水器及雜器，其下有盤、匜鑑、盂、盆、甑、枓、盌、瓿、皿、罐、鉚、行燈、區，以及不知名器。第四章樂器，其下有鉦、勾鑃、鐸、鈴、鐘、鐘鈎、錞于和鼓等。

陳夢家商周青銅禮器分類方法

見《美帝國主義劫掠的我國殷周銅器集録》一書。以各器物用途分類，如鼎分爲九種，鬲分爲五種，甗分爲二種，毀（簋）分爲六種，盨、簠、豆不分，敦分爲三種，匕不分，斝分爲四種，盉分爲七種，爵、角不分，尊分爲六種，觚不分，觶分爲四種，卣分爲十一種，方彝分爲三種，觥分爲二種，鳥獸尊不分，壺分爲十種，罍分爲二種，缶、罌、皿不分，櫥器、勺、盂不分，盤分爲四種，匜分爲二種，鑑不分，鋪不分。

李濟商周青銅禮器分類方法

見《記小屯出土的青銅器》一書。分類如下。圜底目：斗形器；平底目：鍋形器、罍形器；圈足目：盤形器、尊形器、觚形器、方彝形器、瓿形器、觶形器、卣形器、壺形器、矮體圓肩瓿形器、高體方肩瓿形器；三足目：圓底、圓椎狀實足、鼎形器，圓底、雙鼻、圓柱狀實足、盉形器，圓底、圓錐狀透底空足、鼎形器，空心透底、扭角、羚角尖狀足、斝形器，不透底、扭角、羚角尖狀足、斝形器。此外還有四足目、蓋形目等。

馬承源商周青銅禮器分類方法

見《中國青銅器》一書。按器物用途和性質分類，每類器物中又按其形體的時代特徵細分爲若干式。具體分爲農具、工具、兵器、飪食器、酒器、盥水器、樂器、雜器等類。各類又細分。農具分爲耒、耜、鏟、钁、錛、銛、鋤、鎒、鐮；工具分爲斧、斤、鑿、鋸；兵器分爲戈、戟、矛、鈹、鉞、鏚、刀、劍、匕首、殳、弩機、矢鏃、胄；飪食器分爲鼎、鬲、甗、簋、盨、簠、敦、豆、鋪、盂、盆、盦、鐠、鍪、俎、匕；酒器分爲爵、角、觚、觶、飲壺、杯、斝、尊、壺、卣、方彝、觥、罍、罏、瓿、甗、盉、尊缶、罐、甕、鉶、枓、勺、禁；盥水器分爲盤、匜、鑑、汲壺、浴缶；樂器分爲鉦、鐘、鎛、鐸、鈴、鈎鑃、征鏚、錞于、鼓；雜器分爲生活用具、車馬器、貨幣、度量衡、符及璽印；生活用具包括鏡、帶鈎、洗、耳杯、樽、燎爐、炭箕、薰爐、熨斗、鐎斗、燈；車馬器包括軎、轄、轂飾、軸飾、轅首飾、衡飾、鑾鈴、踵飾、輿飾、銜、鑣、軛飾、當盧、馬冠、泡、節約；貨幣包括布幣、刀幣、貝幣、圜錢；度量衡包括尺、量、衡、權。

梅原末治商周青銅禮器分類方法

見《古銅器形態之考古學的研究》一書，分爲十三類：一、容器之最簡單的形狀，盤、方鑑、簋、盂、盨、簠、敦、豆、鐙；二、容器中普遍的形狀，觚形尊、觶形尊、有肩尊、觚、觶；三、口頸斂而腹鼓張的形狀，罍、壺、細長壺、缶、鐘、鈁；四、有蓋和提梁的器形，卣、提梁壺；五、寬而横的器形，瓿、盥缶、釜；六、矩形、深缽形，方彝；七、款足或棒足形器，鬲、鬲鼎、鼎、方鼎、扁足鼎；八、口緣部有異形的，角、爵、斝、梟卣；九、有流有鋬的複雜器形，盉、觥、匜；十、筒形和球形的，筒形卣、敦、樽；十一、復合形器，甗、博山爐；十二、鳥獸特殊形，即鳥獸形的尊、卣；十三、樂器，鐘、鉦、錞于、鼓。

林巳奈夫商周青銅禮器分類方法

見《殷周時代青銅器之研究》一書，分爲五類。一、食器：1. 烹煮器，下有鼎、方鼎、鬲、鬲鼎、甗、釜、錡；2. 盛食器，下有簋、盂、盆(甑)、簠、盨、敦、盛、豆、鋪、俎；3. 挹取器，下有匕、柶、畢。二、酒器：1. 温酒器，下有爵、角、斝；2. 煮鬱器，下有盉、鐎；3. 盛酒(水、羹)器，下有尊、鳥獸尊、方彝、卣、罍、壺、鈁、瓠壺、方壺、瓿、鈚、缶、盥缶、榼、錍、釜；4. 飲酒器，瓚、觚、觶、兕觥、桮、巵；5. 挹注器，下有枓、勺；6. 盛尊器，禁。三、盥器：下有盤、匜、鑑、鋗。四、樂器：下有鐘、鎛、鉦鐸、鈴、錞于。五、雜器：下有爐、箕、炭鈎。

中　國　青　銅　器　辭　典

青銅器器名

鼎

肉食器。青銅禮器中主要的肉食器。器呈圓形或方形，有三足或四足，雙耳。從夏代晚期開始出現，沿用到兩漢，乃至魏晉。鼎這類器物在宗廟祭祀、宴享賓客及日常生活中延續了兩千餘年。《説文》："鼎，三足，兩耳，和五味之寶器也。"又"昔禹收九牧之金，鑄鼎荆山之下"。雖然目前發現夏代的青銅鼎，不是夏禹時代的，而是夏代晚期的鑄品，但禹鑄九鼎的傳説還是有其物質生産背景的。《左傳·宣公三年》："楚子伐陸渾之戎，遂至於洛，觀兵於周疆。定王使王孫滿勞楚子，楚子問鼎之大小輕重焉，對曰：'……成王定鼎於郟鄏，卜世三十，卜年七百，天所命也。周德雖衰，天命未改。鼎之輕重，未可問也。'"王孫滿對楚莊王問鼎的回答，説明鼎是國家權力的象徵，直接關係國力的興衰。鼎是肉食器，過去也有學者認爲是烹飪器，這是因爲青銅鼎源於陶鼎。陶鼎中有很多砂礫作爲摻和料，能抗較高的温度，可以入火作爲炊器。但中國青銅鼎是紅銅和一定比例的錫、少量鉛的合金，受高温後，其中的錫和鉛容易分解出來，這樣鼎體就會受損。所見夏代青銅鼎的足部和受火面常能發現當時多處的補丁，可能就是這一原因造成的。所以稍晚的鼎，一般不作爲炊器，而是用作盛食器。《周禮·天官·亨人》："亨人掌共鼎鑊。"鄭玄注："鑊，所以煮肉及魚、臘之器，既孰，乃脀於鼎。"因此，青銅鼎多數不是直接的烹煮器，僅有少量青銅鼎，因作爲祭器而象徵性地燒燎過，至今仍保留有烟炱的痕迹。西周是

夏代晚期 網格紋鼎

商代早期 獸面紋鼎

商代晚期 𡩜鼎

西周早期 大盂鼎

西周晚期 頌鼎

春秋中期 王子午鼎

注重食器的時代，產生了表現等級秩序的列鼎制度，奴隸主貴族等級愈高，使用鼎的數量也就愈多。《公羊傳·桓公二年》：“宋始以不義取之，故謂之郜鼎。”何休注：“禮祭，天子九鼎，諸侯七，卿大夫五，元士三也。”天子九鼎可以盛放牛、羊、豕、魚、臘、腸胃、膚、鮮魚、鮮臘；諸侯用七鼎，減少了鮮魚和鮮臘二味；卿大夫用五鼎，再減少牛和腸胃；士用三鼎，可盛放豕、魚、臘，也有用一鼎的，只盛放豕。西周九鼎成列的墓至今尚未發現，而已發掘的墓葬中

戰國晚期 平安君鼎

以西周中期克鼎七具成列爲最多。春秋時代諸侯、卿大夫也用九鼎，湖北京山宋河壩春秋早期曾侯墓就出土九鼎。1996年，河南新鄭鄭韓故城春秋中期祭祀遺址中的青銅禮器二號坑、三號坑、六號坑、十五號坑均出土九鼎、八簋、九鬲、二方壺、一圓壺、一鑑、一豆等。河南三門峽上村嶺虢太子墓出土七件成列的鼎。東周晚期社會改革，變化劇烈，“禮崩樂壞”，列鼎制度遂不復存在。東周青銅器主要是列國諸侯的青銅器，鼎的形式各具地方特色，其形制和用途各不相同。以用途稱謂的有膳鼎、鑊鼎、饙鼎、飤鼎、⿰鼎升鼎等；以所盛牲體來命名的，則有牛鼎、羊鼎、鹿鼎、豕鼎等。東周出現了有地域特點的鼎的別名，如楚國有鐈鼎、⿰石鼎⿰它鼎、石沱，蔡國有飤⿰缶緐、⿰鼎干等。

方鼎

肉食器。指外形呈方體的鼎。方鼎有自名爲“鼐”的，也有自名爲“鼎”的。出土器物中夏代的陶方鼎，商代早期的青銅方鼎，其體部均近正方形，上口略大於底，如深斗狀。商代晚期起，方鼎的形式呈長方形，兩者判然

商代早期 獸面紋方鼎

商代晚期 父戊方鼎

西周早期 德方鼎

有别。無論大小，方鼎的組合都是成對的。1974年河南鄭州張寨南街出土成對方鼎，1982年鄭州向陽回族食品廠出土成對方鼎，1935年安陽侯家莊西北岡1004號墓出土的牛方鼎和鹿方鼎也成對。1976年殷墟婦好墓出土的司母辛方鼎和扁足方鼎也都是成對的。由此可見方鼎的制度，而不成對者可能是散失之故。墓中出土方鼎，標誌着墓主人的身份特殊。

分襠鼎

肉食器。分襠鼎的形式，一部分是從鬲的款足形式移植過來的。商代晚期鼎的分襠較深，以後逐漸變化成象徵性的淺分襠，使原來較短的足可以適當的延長。作爲食器，鼎分襠的實用意義並不顯著，食物留在分襠空隙内，反而取之不便。這種鼎的形式，没有進一步發展的必要。因此，鬲式分襠鼎的形式，主要盛行於商代晚期和西周早期。

商代晚期 獸面紋鼎

西周早期 獸面紋鼎

列鼎

肉食器。按一定規則排列一起的鼎。指在西周和東周時，以相同尺寸或大小依次遞減、相同形制、相同紋飾的奇數的鼎組成一定的序列，作爲表示使用者身份和等級的禮器。《公羊傳·桓公二年》何休注："禮祭，天子九鼎，諸侯七，卿大夫五，元士三也。"經籍所載的鼎數，與考古發掘的現象基本相符。春秋晚期，隨着奴隸制度的崩潰，反映等級關係的列鼎制度也逐漸解體，當時卿大夫也有使用九鼎的，東周晚期社會

春秋中期 交龍紋鼎

改革劇烈,列鼎制度遂不復存在。

鉉

古代舉鼎的工具。貫於鼎兩耳中。青銅鑄。《説文·金部》:“鉉,所以舉鼎也,从金,玄聲。”《易·鼎》:“鼎,黄耳金鉉。”孔穎達疏:“所以貫鼎而舉也。”實物作長條形,一端呈圈狀,可攀手,一端爲一鈎。一鼎二鉉。也有爲提鏈狀,一端套鑄於鼎耳中,另一端可鈎耳以提舉。東周鼎多有蓋,則鉉之鈎也可用以取下鼎蓋。

戰國早期

鬲

肉食器。《爾雅·釋器》:“鼎款足者謂之鬲。”從新石器時代普遍使用的陶鬲的基礎上發展而來。最早見於商代中期,但在商墓中陪葬鬲的數量較少,有的用陶鬲,到西周中期以後青銅鬲很盛行,常成組出土。每一組鬲的形制、紋飾、銘文基本相同,有三件、五件成組的,也有八件、十件成組的。在陝西地區出土的鬲就多寡不一,如陝西藍田時坡村出土弭叔鬲三件,周原一號窖藏出土微伯鬲五件,永壽好畤河出土仲枏父鬲八件,長安張家坡出土伯庸父鬲八件。扶風莊白一號窖藏出土伯先父鬲十件。這應該是兩組。春秋戰國之際,鬲多以偶數組合,與列鼎配合使用,起着陪鼎的作用。鬲除自名爲鬲外,尚有自名爲“鼎”、“齋

商代中期 獸面紋鬲

西周早期 伯矩鬲

西周晚期 虢季鬲

商代中期 獸面紋四足鬲

春秋晚期 交龍紋鬲

鼎"、"齍鬲"、"餴齍"、"盠鬲"、"餴鬲"、"鎈鬲"、"豊(醴)鬲"、"薦鬲"等。在西周晚期還有一種造型特大的寬體平襠式鬲,侈口,立耳或附耳,自名爲"甗",甗即鬶,根據實物可知這是大鬲的別稱。

甗

蒸食器。全器分爲上下兩部分,上體用以盛稻粱,稱爲甑;下體爲分襠式的鬲,用以煮水。甑與鬲之間有活絡的、帶孔的隔離物,稱箄。鬲下加温,通過箄孔蒸氣上升,將甑内的飯食蒸熟。青銅甗最早見於湖北黄陂盤龍城商代中期的墓葬中,數量極少。商末周初的甗大多上下合鑄,連成一體。商代甗的甑體偏高而瘦長,鬲部較低;西周早期甗的甑體比較低,甑口侈大,整器呈上大下小之勢。1976年河南安陽殷墟婦好墓出土婦好三聯甗,甗架似長方形禁,上置三個甑,同時可蒸煮多種食物,架腹腔中空,可貯水,形制特殊,甗類器中僅此一例。自西周中晚期到春秋時期,出現了方甗,而且在陪葬禮器中大多有甗,甗的上下均分鑄。戰國甗有形體很高大者,如1933年安徽壽縣李三孤堆出土的集秸甗高118釐米,上下亦分鑄。少量戰國甗是甑與釜相配,則在使用時爨在竈上。新鄭古墓曾出土一件方甗,甑部中間有縱隔,一次可蒸兩種不同的食物。

甗是實用器,紋飾一般比較樸素,僅在甑口沿或

商代晚期 作册般甗

西周早期 母癸甗

商代晚期 婦好三聯甗

商代早期 斜角雲紋甗

春秋中期 兩頭龍紋甗

足的上部飾簡單的紋飾。在傳世或出土的青銅甗中，無論大小，從未見過有蓋，但蒸食物之甗如不用蓋是無法蒸熟器内之物的。可能青銅製的蓋不能與甑口密合，而使用木製或草編的蓋，今已朽爛無存。

簋

飯食器。盛放黍、稷、稻、粱等飯食的器皿。器物自名爲“𣪘”，古籍作“簋”。簋的自名有尊彝、䵼彝、寶尊彝、寶彝、尊簋、寶尊簋、䵼簋、旅簋、旅彝、飤簋、媵簋、餴簋等。在商周時期，簋是重要禮器之一。簋最早出現在商代中期，但爲數極少，商代晚期起才增多，其形式大多是敞口、束頸、腹稍鼓、矮圈足。商代中期，有無耳簋和獸首耳簋。商代晚期，有的簋耳下有小垂珥，還有三耳簋，造型比較簡單。據史書記載，天子用九鼎八簋，諸侯用七鼎六簋，大夫用五鼎四簋，元士用三鼎兩簋，考古出土的簋也以偶數的爲多。西周時期簋的形式有獸耳垂長珥、環耳、附耳，還有少量的四耳簋。簋的圈足較高，還在圈足下設獸首足，並出現了方座簋。春秋初期，簋還沿襲西周晚期的形制，没有很大變化。自春秋中期起，簋已不甚流行，爲當時所盛行的盨、簠所替代，僅在傳統的青銅禮制中尚有所發現，但形制已有較大的變化。到戰國時，在青銅食器的體系中，簋已不佔主要地位。

商代中期 獸面紋簋

商代晚期 戈父丁簋

西周早期 牛首紋四耳簋

西周晚期 師寰簋

春秋中期 秦公簋

方座簋

飯食器。簋的一種特殊形式。在簋的圈足下連鑄了一個方座，這是在當時席地而坐的條件下爲增加簋的高度而設計的。在西周早期，有些簋在圈足下設置長足，有的將珥延長到地，成爲長足，原因也在此。方座簋外形穩重莊嚴，漸成首選的形式。1976年陝西臨潼零口鎮西段村出土的利簋是最早的方座簋，著名的天亡簋也是方座簋，這兩件都是西周武王時器。西周各時期都有方座簋，這一形式一直保持到東周時期。

西周早期 利簋

鑊

肉食器。《周禮·天官·亨人》："亨人掌共鼎鑊，以給水火之齊。"鄭玄注："鑊，所以煮肉及魚、臘之器，既孰，乃脀於鼎。"所以青銅鼎多數不是直接用來烹煮的器。《淮南子·説山訓》："嘗一臠肉，知一鑊之味。"高誘注："有足曰鼎，無足曰鑊。"可知鑊的形狀如鼎，但無足。河南安陽殷墟小屯曾出土過鑊。1966年河南洛陽出土哀成叔鼎，有銘"作鑄飲器黄鑊"，將用作炊煮器的鼎稱作鑊。鑊有大有小，蔡侯墓和輝縣琉璃閣出土的大鼎是鑊，洛陽出土的哀成叔鼎器形較小，也可稱鑊。

盨

飯食器。盛放煮熟的黍、稷、稻、粱等飯食的器具。形制呈橢圓體，設蓋，斂口，鼓腹，雙耳，圈足。除橢圓體外與簋的形制相同。盨由簋發展而來，如瘨盨、伯鮮盨均自名爲簋。盨尚有自名爲尊彝、尊盨、寶盨、旅盨、行盨、征盨、遣盨者。其中"旅"、"行"、"征"、"遣"意義相同，指可以移動之器。盨一般成偶數組合，如扶風出土的仲彤盨、瘨盨各爲兩件，伯多父盨和長安出土的叔尃父盨各有四件。虢仲盨銘文記載一次鑄造盨十二件，可能是兩組。青銅盨出現於西周中晚期，流行於西周晚期，進入春秋以後，盨的器形已逐漸消失。

西周晚期 休簋

春秋中期 波曲紋方座簋

戰國早期 曾侯乙簋

西周中期 微瘨鑊

西周早期 龍紋盨

戰國晚期 鑊

西周晚期 伯大師釐盨

西周晚期 翏生盨

西周中期 白公父簠

春秋晚期 交龍紋盨

春秋早期 陳侯簠

春秋晚期 宋公繺簠

簠

飯食器。盛放煮熟的黍、稷、稻、粱等飯食的器具。《周禮·地官·舍人》:“凡祭祀共簠簋,實之陳之。”鄭玄注:“方曰簠,圓曰簋,盛黍、稷、稻、粱器。”傳世和出土自名爲簠的器,都是長方形的。西周青銅簠腹部的四邊向底部斜坦,平底,下有長方形的圈足,但在每一面的中間都有長方形的缺口,形成矩形的四足。春秋時期起,簠的腹部爲折壁式,折壁由低斜發展到高直,有的直壁高度可達到整個腹部的一半。戰國時期,腹部的直壁愈深,器的容積也隨之增大,底部有向外伸展的四足,腹的兩側有半環形的獸首耳。簠的器和蓋完全相同,蓋如倒置,可成爲兩件相同的容器。青銅簠最早見於西周中期,盛行於西周晚期和春秋時期,戰國時期尚沿用。簠在銘文中有多種稱謂,如匞、匨、鈷、瑚、匬、祜、匿、笑等。

敦

飯食器。盛放煮熟的黍、稷、稻、粱等飯食的器皿。敦,金文作“錞”。由鼎和簋的形制結合發展而成,初見於春秋中期,盛行於春秋晚期到戰國時代。春秋時的敦上下並不對稱,有圈足或三個短足。戰國時的敦,除三足外,體部大多爲渾圓形或橢圓形,器和蓋上下對稱,蓋揭開後可以作爲器來使用,成爲兩件相同的容器。也有蓋小於器者,則蓋倒置可作爲盤用。

春秋晚期 鑲嵌獸紋敦

戰國早期 黼紋敦

戰國晚期 鑲嵌三角雲紋敦

戰國晚期 軌敦

豆

羹食器。盛放腌菜、肉醬等物的器皿。《詩·大雅·生民》:“卬盛於豆。”毛亨傳:“豆，薦菹醢也。”菹，是指酢菜、鹹菜之類；醢，是肉醬之類。豆是禮器，常以偶數組合使用。古代用豆之數有一定之規。《周禮·秋官·掌官》載，凡諸侯之禮，上公豆四十，侯伯豆三十有二，子男豆二十有四。《禮記·禮器》:“禮有以多爲貴者……天子之豆二十有六，諸公十有六，諸侯十有二，上大夫八，下大夫六。”儘管史書記載中用豆的數量很大，實際上傳世和出土的青銅豆很少見，這一情況很可能是由於當時人們多使用陶豆或竹、木質豆，不易保存至今。豆的上部是盤，下有一個較粗的柄，近底處伸展成爲圈足。春秋戰國時期豆的柄細長，腹兩側設環耳。豆的腹部也有爲方形的，稱爲方豆。青銅豆最早見於商代晚期，盛行於春秋、戰國。

商代晚期 弦紋豆

西周早期 康生豆

春秋晚期 黃君孟豆

戰國時期 高柄方豆

鋪

盛食器。盛放腌菜、肉醬等物的器皿。上爲直口平底的淺盤，形制與豆相似，下有較寬的圈足，多爲鏤孔狀，春秋時代有的鋪配有裝飾性較

西周晚期 微伯瘨鋪

春秋早期 曾仲斿父鋪

春秋中期 厚氏鋪

强的蓋。這類器自名爲“鋪”或“莆”，盛行於西周中晚期到春秋時期。

盂

飯食器。兼可盛水、盛冰。出土的數量很少。侈口，深腹，圈足，腹兩側有附耳或獸耳。這類器有自名爲“飤盂”或“饙盂”者。“饙”，意爲熟飯，可知主要用於盛放熟飯。盂可與簋配合使用，簋中之飯乃取自盂中。盂最早出現在商代晚期，流行於西周時期，春秋時期所見甚少。在傳世器物中，西周時代的虢叔盂，春秋時代的齊侯盂、婁君盂，都自名爲盂，器形爲敞口、束頸、鼓腹下收呈平底、下或有圈足，與傳世盆的形制相同，這一器名可能是方言所致，今按自名仍列於盂類。

西周中期 伯盂

西周晚期 波曲紋盂

春秋中期 齊侯盂

盞

盛食器。盛放黍、稷、稻、粱等飯食的器皿。一般形制爲直口，方唇，設高蓋，蓋頂的抓手用透雕盤繞的龍紋組成，蓋面設四個環耳，蓋緣設卡口，與器口可扣合。腹稍鼓，兩側設耳，平底下置三個小足。

春秋中期 愠兒盞

春秋晚期 交龍紋盞

1976年湖北隨縣(今屬隨州)義地崗曾出土這類器，銘文自名爲盞。1987年湖南岳陽出土的器，銘文爲“愠兒自作鑄其盞盂”，可見盞與盂有承繼或演變的關係。

盆

盛食器。也可盛水。《儀禮·士喪禮》：“新盆槃瓶，廢敦重鬲，皆濯。”鄭玄注：“盆以盛水。”《周禮·地官·牛人》：“凡祭祀共其牛牲之互，與其盆簝以待事。”鄭玄注：“盆所以

春秋早期 黃大子白克盆

春秋早期 樊君盆

戰國早期 曾孟嬭諫盆

盛血。”在傳世和出土的青銅盆中，有的自名爲“飤盆”、“𩞄盆”、“饗盆”、“行盆”、“旅盆”等，盛行於春秋時期。盆也有自名爲盞者，如晉公盞，器形、用途與盆相同，曾國稱盆，晉國稱盞，這是方言不同所致。盞，見於器物自銘。河南潢川上油崗出土的子丌舌盞是春秋早期器。

鐳

盛食器。形似盆。傳世有羍氏鐳，銘文爲“羍氏䜣作善鐳”。善即膳，善鐳即供饈膳之器。西替鐳銘文：“西替作其妹靳𩞄鉦鐳。”自銘爲鐳，其器形似盆、盞，平底而有蓋，器兩

春秋晚期 羍氏鐳

側有環耳。鐳最早見於春秋時期，沿用到戰國時期，傳世較少見。

鍪

炊食器。戰國時期秦人使用，沿用到漢代。侈口，束頸，斜肩連腹，下收成圜底。戰國時期，肩設一環耳，秦漢時設兩耳，兩耳往往一大一小。鍪與釜的器形相似，只是口比釜小。其底部、腹部與釜區別不大，但肩部多設環耳。鍪最早見於四川新都九聯墩戰國中期蜀墓。在湖南長沙伍家嶺西漢墓出土之器，銘文爲“時文仲銅鍪”，自名爲鍪，故可確認。

戰國晚期 鍪

俎

盛肉、切肉的案。最早見於商代晚期。商周時代祭祀或宴饗時，承載牲體的案形器具，陳之於堂，稱“禮俎”，是禮儀用俎；解牲切割於厨者，是庖厨用俎。西周中期㾓壺銘文有周王賜給㾓“㲋俎”、“羔俎”的記載，這是盛放豬和羊的俎，說明西周時期盛放不同牲體的俎也各有專名。

商代晚期 獸面紋俎

春秋晚期 透雕幾何紋俎

俎有長方形案面，中間略凹，案下兩端設壁形足、四支足，也有案下附鈴的，如遼寧義縣花兒樓出土的俎，案下附雙鈴。青銅俎出土和傳世都很少。

匕

挹取飯食和牲肉的匙。最早見於商代晚期。匕體呈橢圓形，前端尖鋭，後有裝木柄的銎。西周時期，橢圓形的匕後有曲折的扁條柄與之相連。春秋戰國時期，匕較少見，柄呈直條式。考古發掘中，匕常與鼎、鬲、簋等一同出土。河南淅川下寺墓、安徽壽縣蔡侯墓出土的鼎、鬲有的附匕。《周禮·天官·亨人》鄭玄注："(鑊中所煮之肉)既孰，乃脀於鼎。"就是指用匕自鑊中取物置於俎上，以備進餐。

西周中期 微伯痶匕

西周中期 夔形龍紋匕

戰國早期 曾侯乙匕

爵

斟酒器。最早出現的青銅禮器。其形式仿自陶爵。青銅爵的口部，一端是流，可傾酒，另一端是尖端的尾部，器體如杯。流和口的交連處一般有一對柱，腹部一側有鋬，下有三足。爵内盛放用郁金草搗爛的汁以和酒，稱爲鬯，未過濾的鬯有渣滓，爵的雙柱和尖尾之間可套一過濾袋，斟出的酒就是去渣滓能飲用的清酒，通過管形流或槽形流，斟入飲器中。殷墟婦好墓出土的婦好爵，腹部的棱脊一直延伸到流口，無法吸飲，因此爵的流不能用於飲酒，而衹能起斟酒作用。爵最早見於夏代晚期。商代早、中期的爵器壁都很薄，腹部呈扁圓形，平底，下有三個細錐足，無柱或有鈎形小柱。此外尚有管流爵、假腹爵和單柱爵等形式。自商代晚期到西周早期，爵體厚實，口部兩側的流和尾上翹，柱的頂端有菌形、帽形等裝飾。腹部呈圓形，圜底，下有三足呈三角形，足很長，近底部外撇。腹一側有鋬，鋬的上端往往飾一個獸首。也有腹呈方形的方爵，出土或傳世都很少見。在商墓中陪葬

夏代晚期 束腰爵

商代晚期 犬方爵

商代晚期 婦娕爵

的青銅器至少有一爵,也有一爵、一觚成組者。殷墟婦好墓共出土青銅器四百六十八件,其中不同形式的爵就有四十件。

角

斟酒器。形制與爵大致相同,所不同的是口部兩端均爲尾部,没有流部。多爲深腹圜底,下有三足外撇。少量的角有蓋,蓋爲一展翅的鳥形,兩翼與角之尾部相合。角最早見於

夏代晚期 管流角

商代晚期 宰椃角

西周早期 晨肇宁角

商代晚期,西周早期尚沿用,但數量很少。1990年河南安陽殷墟郭家莊商代160號墓出土角十件和方觚十件。角有自銘爲爵者,如“史小婦乍爵”。宋以來的金石家皆稱具兩尖翼的酒器爲“角”,而將有流、有尖尾翼的酒器稱爲爵。“角”形酒器在商末周初之際,時人亦稱爲“爵”。

觚

飲酒器。青銅觚最早見於商代早期,其器形變化不大,爲一個有圈足的侈口高體杯。最早見於商代早期,觚體一般較粗,商代中晚期器形細長,並在圈足下加上邊圈。觚與爵是一組最基本的酒器,常伴隨出土。觚也有與斝組合的。河南安陽小屯338號墓和鄭州白家莊2號墓出土的青銅器有鼎、瓿、盤、爵、斝等,但與青銅爵相配的却是一對象牙觚。1990年河南安陽殷墟郭家莊商代

商代中期 雷紋頂流觚

商代晚期 天册觚

商代晚期 亞醜方觚

西周早期 旅父乙觚

160號墓出土方觚十件和角十件。西周中期以後，觚的中腰甚細，而且出土數量極少。

觶

飲酒器。有圓體和橢圓體兩種。侈口，束頸，鼓腹，圈足，有的設蓋。殷墟中期初見，殷墟婦好墓、安陽西北崗均有出土，這一時期觶的紋飾都很精美。西周早期青銅觶較爲流

商代晚期 獸面紋觶

西周早期 父庚觶

西周中期 獸面紋觶

行，沿用到東周。西周晚期出現侈口、頸細長的圓形觶。早期觶未見自名，圓形的觶有自名爲壺者。到春秋時期，觶有自名爲“耑”者。觶、耑是同音通假字。

耑

飲酒器。侈口，束頸，鼓腹下垂，下置圈足。這類器形在西周早期稱“觶”，盛行一時。觶到西周中期已極少見，春秋時未見。春秋晚期南方徐國的祭器，有自名爲“耑”者。

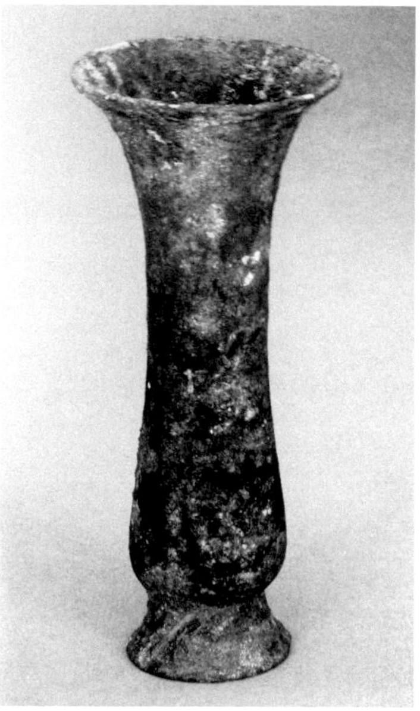

春秋晚期 儀楚耑

杯

飲酒器。古籍中未見描述杯的形狀，文物中有耳杯自銘爲杯。青銅杯除耳杯外，尚有觚形器設單把或雙把者，稱單耳桮或雙耳桮，“杯”與“桮”通。無把而足特高者，稱高足杯。《大戴禮記 · 曾子事父母》：“執觴、觚、杯、豆而不醉。”可見杯爲飲酒器。《史記 · 項羽本紀》：“吾翁

商代晚期 斜角雲紋杯

西周中期 折柄杯

西周中期 雙把杯

戰國晚期 刻紋宴樂圖杯

即若翁，必欲烹爾翁，則幸分我一杯羹。”可見此杯爲盛羹器。《淮南子·齊俗訓》：“窺面於盤水則員，於杯則隨，面形不變其故，有所員有所隨者，所自窺之異也。”可見此杯爲盛水器。

耳杯

又名“羽觴”。飲酒器。橢圓形，侈口，口緣兩側各飾半月形耳，平底。青銅耳杯主要盛行於戰國時代，到

東漢 耳杯和盤

漢代大多用漆耳杯替代。

鈪

飲酒器。“鈪”或作“栀”。形如斂口的橢圓形罐，平底或圜底，一側有耳可執，或雙耳，流行於春秋、戰國時期。戰國時齊國半球形量器也自名爲鈪，如左關鈪。

春秋晚期 鑲嵌龍紋鈪

春秋晚期 蔡大史鈪

戰國早期 交龍紋鈪

飲壺

飲酒器。有方體和圓體兩種。部分飲壺有雙耳，大多有蓋，有的似方彝而小，自名爲飲壺。流行於商末和西周時期，傳世數量很少。

商代晚期 獸面紋飲壺

西周中期 曩仲飲壺

斝

祼酒器。《周禮·春官·司尊彝》：“秋嘗、冬烝，祼用斝彝、黃彝。”説明斝是行禮的酒器。在祼禮中可以用祼酒祭神或祭祀祖先，所以稱爲祼斝。其基本形式爲侈口，有雙柱，長頸，鼓腹，平底，下有三角錐形空足，與腹相通，腹一側設鋬，爲折弧形，鋬孔甚大。這是夏代晚期斝的特點。商代早、中期斝的形式與夏代基本相同，腹部有明顯的直壁；有的爲鬲式腹，空足成爲實足，鋬爲半弧形。商末周初斝的腹部較深，出現方形腹。雙柱逐步增高，柱頂有菌形、帽形的裝飾，少數有立鳥爲飾，非常華麗。鋬的上端飾獸首，足的剖面形式有丁字形和三角錐形，晚期多爲柱形。有的斝設蓋。青銅斝最早見於夏代晚期，盛行於商代晚期，西周中期以後爲其他酒器所取代。

商代晚期 獸面紋斝

商代晚期 冊方斝

夏代晚期 乳釘紋斝

尊

盛酒器。在古代青銅器中，食器和酒器在金文中泛稱爲尊彝，這種高體大口的器物沒有自名，稱爲“尊”是約定俗成，沿用宋人的定名。尊是大口的盛酒器。早期器形有大型和中型兩種形式，都爲敞口，口沿厚實，頸部較長，折肩，在肩上設置立體的三個或四個牛首或羊首。這種

商代晚期 獸面紋尊

商代晚期 四羊方尊

商代晚期 婦好鳥尊

商代晚期 象尊

大口折肩尊的形制最早見於商代中期，流行於殷墟早中期。到殷墟晚期，折肩尊的形式已不再流行，而被觚形尊所替代。尊的外形似觚，整體粗壯，没有明顯鼓出的腹部，下爲高圈足，流行於商代到春秋時期。西周早期有子尊自名爲“盩”，而西周中期有一種敞口、束頸、腹下收成平底、没有明顯圈足的尊，相當少見。春秋晚期安徽壽縣蔡侯墓出土一尊，自名爲“彝盆”，可見當時觚形尊實有專名。還有一種外形具有鳥、獸特徵的動物形尊，稱爲鳥獸尊。鳥尊有鴞尊、梟尊、雁尊、鳳尊、鷄尊等；獸尊有象尊、犧尊、犀尊、羊尊、虎尊、豕尊、貘尊、駒尊、兔尊等。尊是最珍貴的青銅酒器之一，傳世數量較少。

樽

盛酒器。“樽”通“尊”。漢代刻銘稱樽的青銅器和商周時代尊的形制完全不同。樽爲直口，設蓋，圓筒體，平底置三小足，腹兩側設環耳。古器物中舊稱誤爲奩，山西右玉出土漢中陵胡傅銅樽，銘文“中陵胡傅銅温酒樽”證實其爲酒器。

西漢 河平三年鎏金動物紋樽

壺

盛酒器。在青銅酒器中爲大類。壺使用的時間很長，形式也較多。和卣較相似，都有蓋，但卣蓋的子口罩在器口外，壺蓋的子口插入器口内。很多壺的銘文有自名，漢代大型的圓壺自名爲“鍾”，方形的壺稱爲“鈁”。壺的形式有匏形壺、小口提梁壺、扁壺(扁壺有稱“區”的，西漢扁壺有自名爲“鉀”的)、方壺、練壺等。1994年山東滕州前掌大商末周初墓地出土兩件卣、兩件壺和一件罍，器内裝滿了液體，出土時各器均有子母口密封，墓中未見積水，器内的液體是當

商代晚期 四祀邲其壺

西周中期 三年瘨壺

戰國早期 鑲嵌鳥紋壺

戰國中期 鷹首壺

時貯存的酒，保存至今。河北平山中山王𡟰墓出土的圓壺和方壺内貯存液體，經化驗内含乙醇，證明是酒。

鈁

盛酒器。器呈方形，侈口，設蓋，斜肩鼓腹，下置方圈足。這類器在戰國以前稱方壺，戰國以後稱“鈁”。《説文》：“鈁，方鍾也。”

西漢 晉陽鈁

鍾

盛酒器、盛水器。形如圓壺。其主要特點爲侈口，束頸，鼓腹，圈足，器腹兩側設鋪首銜環耳。自銘爲鍾的器主要在西漢時期，如1953年陜西茂陵附近出土兩件“中私官銅鍾”，爲太初二年(公元前103年)造。1961年西安郊區窖藏“南宫鍾”爲天漢四年(公元前97年)造。1986年甘肅慶陽出土“外湯官銅鍾”爲陽朔四年(公元前21年)造。還有西漢南皮侯家鍾，高45.85釐米，腹外壁鑄銘文：“南皮侯家鍾，容十斗，重廿四斤，第五。”又刻銘文：“鍾，重廿四斤，第一，容一百重廿四斤。”銘文一般是刻的，有的還刻有容量單位，説明鍾還可兼做標準的容量器物。

西漢中期 楚大官鍾

西漢 甄氏鍾

卣

盛酒器。有提梁，可以提携，俗稱“提梁卣”。爲盛鬯鬯的容器。鬯鬯是用黑黍摻和香草汁釀成的酒，用來祭祀神和先祖。本没有自名，其定名始自宋人。卣的外形與壺有些相似，都有蓋，但卣蓋套在器頸之外，且蓋沿有相當高度。卣初見於商代晚期，在較短的一個時期内，與扁壺並存，後卣替代了壺的作用。其形制有扁圓形體、圓形體、方形體和筒形體數種，此外還有鳥獸形卣。西周時期青銅卣成對出土，兩卣一大一小，小卣相當於大卣的三分之二，而形制、紋飾、銘文完全相同，這是西周時代用卣的制度。山東滕州前掌大出土兩件青銅卣，出土時直立於墓內，卣中還有當時貯存的酒。

商代晚期 虎卣

商代晚期 父戊方卣

西周早期 獸面紋卣

商代晚期 鴟鴞卣

西周早期 伯格卣

方彝

盛酒器。彝是古代青銅禮器的共名。《爾雅·釋器》："彝，卣、罍器也。"郭璞注："皆盛酒器，彝其總名。"宋人以這類酒器都是方形，故定名方彝。以後傳世和出土的同類器也未見自名，因此沿用舊說。商代早期有陶質的方形器物出現，青銅方彝最早見於商代晚期。器的口部略大於圈足，截面縱短而横稍長，整器口、腹、足連成一體，每一面近底處的中間有一個方形缺口，似在四角設置四個矩形足。有四阿式屋頂形的蓋，蓋及器的四隅和中

商代晚期 婦好偶方彝

西周早期 令方彝

西周中期 師遽方彝

商代晚期　右方彝

間一般有四條或八條棱脊。商代晚期方彝的形式比較單調。西周時期方彝口部以下略顯收縮，腹部鼓起，有的兩側有似象鼻上卷的耳，下有方形圈足。師遽方彝、盠方彝等器內尚有中壁，隔成兩室，可放置不同的酒，蓋一面沿邊有兩個方形缺口，與兩室相應，可置小斗，以挹酒。殷墟婦好墓出土的偶方彝，形制相當於兩個方彝橫合在一起，這是特殊形式的方彝。

觥

又名“兕觥”、“觵”。盛酒器。這類器没有自名，稱觥是約定俗成，也可能是由於一些觥的器形似水牛，且蓋的前端有一隻牛頭。觥的腹部一般呈橢圓形或長方形，器體的前部爲一較寬的槽流，流的前端高於器口，後部有一鋬可執，寬腹下置圈足或四足。觥的蓋隨着口部形狀設計成彎曲形罩住器口，蓋的前端爲獸頭，一般飾牛、羊、龍、虎、象等各種動物的頭部，蓋的中部是淺浮雕的獸面紋，最後則是鴞鳥，其寬大的羽翼設計在腹部，器、蓋相合，可見鴞的全貌，鳥獸紋飾合於一體，反映了商人豐富的想象力和當時藝術風格的多樣性。觥盛行於商代晚期和西周早期，西周中期僅有少量鑄造，西周晚期已轉爲盥洗器中的匜。傳世著名的守宫觥和責引觥的腹內皆有一斗。守宫觥蓋的後端特設一長方形孔洞，使斗放在腹內後，有一部分柄會露出器外。其腹內還設一隔，這樣可放置兩種不同的酒液，而斗可將酒舀出，可知觥是盛酒器。觥一般在大墓中成對出土。1975年陝西岐山縣董家村窖藏出土的儺匜爲西周中期器，其形制與觥相近，但自名爲盉，這是因爲西周中期盥洗器原先是盤與盉組合，後代之以盤與匜組合，因此匜有時仍用盉的稱謂。這也是觥在後期成爲匜的例證。

商代晚期 龍紋角形觥

商代晚期 虎形觥

西周早期 獸面紋方觥

罍

盛酒器。有圓體和方體兩種形式。

商代晚期 女嫢方罍

西周早期 克罍

西周早期 卷體獸紋罍

器形一般爲小口、圓肩、高體，腹部向下略爲收斂，有平底或低圈足。器除肩部設兩耳外，正面腹下部另設一耳，這是爲傾酒而設。最早見於殷墟中期，西周早期較爲少見，到西周晚期已被另一種酒器鑘所替代。到東周時期，器形有變化，小敞口，短頸，體矮胖，上腹外鼓，下腹内收小平底或矮圈足，大多無蓋，肩部有兩耳或四耳，傳世邳伯罍有自名。罍主要是北方中原流行的器物，而缾是楚地及其周圍地區流行的器物。

鑘

盛酒器。有高蓋，子口很長，插入器口。鑘與罍古音爲一聲之轉，其器物的外形也有相似之處，但罍腹的下部還設一耳，便於傾酒，而鑘的肩部設兩小龍爲耳，是耳之蜕化。罍有圈足，鑘爲平底假圈足，或底部略

西周中期 仲義父鑘

春秋早期 横條溝紋鑘

春秋晚期 交龍紋鑘

呈凹陷。青銅酒器中罍的消失之時也就是鑘的始行之時。鑘出現於西周晚期，至春秋時期已很少見。

盉

盛酒器、盛水器。盉與酒器組合，盛水以調和酒味濃淡，是酒器。盉與水器盤組合，就成爲水器，承擔了匜的作用。青銅盉最早見於夏代晚期，一直沿用到戰國時期，形式變化較多。早期的盉蓋與器連鑄，蓋的後面有個大孔，腹一側有一支向上斜插的管形流，這種頂流式的

盉到商代晚期還存在。商末至西周盉的形式似執壺，有蓋，蓋邊有鈕，與鋬上之鈕有鏈環相連。足的形式有柱足、鬲形分襠足和丁字形足。商末周初之盉未見自名。春秋戰國時期盉的形式大多爲低體，小口，廣肩，鼓腹，下置三蹄足，頸上設提梁，流口爲龍口或鳥口，有的還可啓合。這類器有自名爲盉者，1980年江蘇蘇州楓橋何山春秋晚期墓出土一盉，銘曰：“楚叔子孫途爲之鉌。”“鉌”即“盉”。

西周早期 曩侯亞吴盉

商代早期 頂流盉

西周晚期 逨盉

西周早期 大保盉

春秋晚期 吴王夫差盉

𦉜

盛酒器。𦉜即甔，古代从缶與从瓦常通用。甔爲瓶形或罌形之大容器。𦉜的形制爲侈口折沿，束頸，斜肩折腹，向下收斂成平底，肩或腹設雙耳。傳世的春秋中期國差𦉜銘文爲：“工師僭鑄西墉，寶𦉜四秉，用實旨酒。”𦉜爲盛酒器自銘。

春秋中期 國差𦉜

㼽

盛酒器。《玉篇》：“㼽……罌別名。”《方言》：“罌……江湘之間謂之㼽。”青銅器銘文作“鎰”，見於蔡侯龤鎰。“鎰”即“㼽”。始於春秋早期，有方形和橢圓形兩種形式，侈口，頸較短，鼓腹下收成平底，肩兩側設環耳，有的腹下端亦設一對環耳。山西聞喜出土陳公孫𢍰父壺，壺呈扁方形，銘文自名爲“䍃”，䍃即㼽。《廣雅·釋器》：“㼽，瓶也。”㼽可盛酒，也可用於汲水。

春秋中期 陳公孫[illegible]父瓶

斗

挹酒器。由一個平底或圜底的小杯連鑄一段或曲或直的長柄。西周早期責引觥出土時，觥內附一斗，斗的銘文與觥的器、蓋銘文相同。陝西扶風莊白村出土四件斗，發現時均置於壺中。張家坡出土的斗，置於尊內。河南鶴壁龐村和陝西寶鷄竹園溝出土的斗置於卣內。斗是直接與酒器有關的器。盛行於商及西周時期。

西周早期 兩頭龍紋斗

西周晚期 透雕交龍紋斗

勺

挹酒器。《說文》：“勺，枓也。所以挹取也。”實爲取酒漿之器。勺與斗作用相同，形狀也相似。勺是在小杯一側連鑄一條直柄，所見較少，大多在商代晚期。

戰國 動物紋勺

商代晚期 勺

禁

器座。用以置尊、卣等酒器。外形爲方形或長方形，禁面有圓形或橢圓形孔，孔有突起的周邊，正好安放尊或卣的圈足。禁四面有壁，呈鏤空或格欄狀。傳世和考古發掘的禁很少，最早見於西周早期。河南淅川下寺春秋時期楚墓曾出土過禁。

西周早起 龍紋禁

春秋晚期 透雕交龍紋禁

盤

盛水器。與盉、鎣、匜配合使用。盤最早見於商代中期，形制爲侈口、淺腹、圈足。西周時期一般都設雙耳，還有寬流和鋬手。春秋戰國盤形有呈長方形的和腹部較深的等多種形式。商周時期宴饗前後要行沃盥之禮，沃盥時用匜、盉或鎣盛清

商代中期 龍紋盤

春秋早期 單盤

水，澆水於手，以盤承接棄水。西周中期起流行盤、盉或盤、鎣相配。西周晚期到春秋、戰國則多爲盤、匜相配。戰國以後，沃盥之禮漸廢，盤爲洗所替代。

匜

盥水器。在商和西周早期的青銅器中，至今尚未發現過匜。從器形來看，水器匜可能是由酒器觥轉化、改造而成，到西周中、晚期就成了匜和盤組合的專用盥洗器。器形似半瓢，前設槽形流，後有龍形鋬，下承三足或四足。匜盛行於西周晚期，東周時期有矮圈足匜和平底匜。匜與盤常配合使用，以匜盛清水，執匜澆水洗手，以盤承棄水。傳世的東周青銅盤匜中，以媵器爲多。

西周中期 𠑇匜

西周晚期 齊侯匜

西周早期 束方盤

春秋晚期 夆叔匜

西周晚期 散盤

春秋晚期 刻紋宴射圖匜

鎣

盛水器。常與盤同時出土。1961年陝西長安張家坡出土伯百父鎣，銘文爲：“伯百父作孟姬媵鎣。”器自名爲鎣，而器形與盉相似，作用與匜相同。鎣、匜爲一聲之轉。

西周中期 强伯鎣

西周晚期 伯百父鎣

鑑

盛水器。大口，深腹，平底，有雙耳或四耳，較小的鑑有圈足。方體的稱爲方鑑，傳世較爲少見。大鑑的用途有：一、照人容貌。在青銅鏡尚未盛行的時候，人們要見到自己容貌，

春秋晚期 吴王夫差鑑

戰國早期 水陸攻戰紋鑑

衹能依靠平静的水面。《尚書·酒誥》：“人無於水鑑，當於民鑑。”以水爲鑑是古代的生活習慣。鑑、鏡爲古今字。甲骨文中的“監”字像人俯首在器皿邊照容之形，此爲“監”之本義。臨水照容爲鑑，盛水之器亦爲鑑。二、用來盛冰。《周禮·天官·凌人》：“春始治鑑，凡外内饔之膳羞鑑焉，凡酒漿之酒醴，亦如之，祭祀共冰鑑。”1978年湖北隨縣(今屬隨州)擂鼓墩曾侯乙墓曾出土一對冰鑑，爲方鑑,内有盛酒之方尊。方鑑有透雕蓋，中間有方孔，可套住尊的口沿，尊的周圍放置冰塊，可以冰鎮酒。鑑初爲陶質，也就是陶盆，春秋中期出現青銅鑑，流行於春秋晚期和戰國時期，西漢時仍有鑄造。

冰鑑

冰酒器。方鑑内置方尊缶，可使酒和食物保持冷却。古人冬日采冰，藏於地窖，至夏日取出，以供冰鑑之用。如曾侯乙鑑爲大口，設方蓋，蓋面中空，以容納方尊的頸部。鑑四邊各設一獸面銜環鈕，蓋沿四邊各有兩個獸面形銜扣，使器身與蓋密合。器口每邊正中和四角上又各加一塊曲尺形和方形附飾，皆用凸榫，與口沿上相應的榫眼套接。鑑底分兩層，外層呈圓餅形下凹，中有十字形凸梗，用以增加底托力量。内層爲一圓盤，正好嵌入外層的下凹部位，壁内底又伸出三個小凸榫，將圓盤卡住，並加焊固定。圓盤上有呈品字形的三個彎鉤，其中前一彎鉤帶有一個可以活動的倒鉤，以便扣緊上置方尊的圈足。方尊圈足對稱，兩側各有兩個長方形榫眼，將方尊置入方鑑時，長方形榫眼與方鑑底部的彎鉤正好扣合，其中前一個彎鉤爲活動倒鉤，便於自動倒下，使鑑體穩定不移。當方尊放入鑑内，周圍空隙之處就置冰，這樣在一定時間内，可保持酒不會變味。另附一長柄勺，可舀取方尊中的酒。

戰國早期 曾侯乙方鑑

缶

盛酒器、盛水器。缶有尊缶與浴缶之別,尊缶是酒器,形似壺,浴缶出土於南方地區,亦稱盥缶或行缶,是盥器,用來盛水,器形特大。其形制與尊缶大致相同,小口設蓋,寬肩連腹,向下收斂成平底或矮圈足,肩兩側設鏈耳或環耳。盛行於春秋晚期至戰國時期。

春秋中期 欒書缶

春秋晚期 火紋缶

春秋晚期 鄬子倗浴缶

戰國早期 曾侯乙缶

戰國早期 幾何雲紋缶

汲壺

盛水器。壺在古代大多是盛酒器,但也有專用於汲水、注水和盛水的壺。壺侈口,束頸,鼓腹下收,置矮圈足,頸兩側設環耳,有的尚有提鏈。山東萊陽出土的己侯壺銘文爲:“己侯作鑄壺,使小臣以汲,永寶用。”自銘爲汲水用具,可稱爲汲壺。春秋時期公子土折壺銘文爲:“公子土折作子仲姜盤壺。”以盤壺連稱,可知爲沃盥注水器。

瓿

盛酒器、盛水器。“瓿”爲後起字,先

商代晚期 獸面紋瓿

商代晚期 鬴紋瓿

商代晚期 乳釘雷紋蛙飾瓿

商代晚期 乳釘雷紋羊首瓿

秦的典籍中没有此字，漢以後的文獻中，對瓿的解釋也各異。《説文》：“瓿，甂也。”又云：“甂，似小瓿，大口而卑，用食。”出土及流傳於世的瓿也未見自名。從器形來看，腹部特大，而且腹部的直徑通常等於或大於器物的高度。器口沿均向外斜折，短頸，上有二道或三道弦紋，廣肩、鼓腹、圈足。習慣上，器形較矮、器腹較寬的稱爲瓿，而器體較高的則稱爲罍。這種稱之爲瓿的器，器形有的甚大，最大的獸面紋羊首瓿高達52釐米，口徑41.3釐米，腹徑61釐米。這種大型的青銅器，發現的有相當數量，大多没有蓋。瓿流行於商代中期，此後很少使用。這是很有時代特徵的器物。

洗

盥洗用具。猶今之洗臉盆。侈口，寬沿外折，腹向下收斂成平底，腹兩側飾鋪獸銜環。青銅洗最早出現在戰國晚期，盛行於漢代。漢代的洗，内底常用雙魚爲裝飾，並鑄吉祥語或紀年銘。

戰國晚期 細刻變形獸紋洗

鈴

振擊樂器。古代青銅鈴形體較小，器壁薄，頂部有半環形鈕。鈴是中國最早出現的青銅樂器。公元前18世紀夏代晚期單翼鈴的體部一側有翼。鈴除作爲樂器外，還有置於車軛頂上的鸞鈴，用於祭祀的執鈴，繫於狗脖子上的狗鈴等。

夏代晚期　單翼鈴

西周早期 成周鈴

鐃

打擊樂器。器形似鈴而稍大，口部向上呈凹弧形，體部是兩瓦相覆的扁圓體，横截面呈闊葉片，兩側角尖鋭，舞部正中置一圓管狀的柄，稱“甬”，甬中空，與體腔内相通，甬内可置木段。《説文》：“鐃，小鉦也。”又《周禮·地官·鼓人》：“以金鐃止鼓。”因此有學者認爲鐃是退軍時用以指示停止擊鼓的。河南安陽殷墟的墓葬中多次出土鐃，均以三件成

商代晚期 亞㠱鐃

西周中期 獸面紋鐃

組，而且形制、紋飾、銘文都相同，大小遞減，這已成爲規律。根據實測音頻，鐃這類樂器不能演奏完整的樂曲，而是與其他樂器相配合的節奏性打擊樂器。從這一情況推測，商代的鐃不僅用於軍旅，還可以用於祭祀和宴樂。1976年河南安陽殷墟婦好墓出土了五件成組的鐃，這是至今發現鐃組合的最高數字，其中有“亞弜”銘文的兩件，無銘文的三件。

西周晚期　虢叔旅鐘

春秋晚期　郘公華鐘

春秋早期　秦公鐘

鐘

打擊樂器。主要用於祭祀或宴饗儀式時奏樂。有甬鐘和鈕鐘兩種形式。凡是共鳴箱呈覆瓦形合成的，在鼓部中央和鼓部右邊都能敲擊出兩個音頻，這兩個音頻的關係有小二度、大二度、小三度、大三度、純四度等，稱爲雙音鐘；但横截面爲橢圓形的鐘，衹能産生一個音頻。甬鐘的各部位都有特定的名稱：覆瓦形的體部是一個共鳴箱，共鳴箱的頂部稱爲“舞”，舞上有圓柱形物，稱爲“甬”，甬的頂端稱爲“衡”，甬的下部突出的一周稱爲“旋”，旋的前面用來掛鐘鈎的部分稱爲“斡”，共鳴箱的兩側稱爲“銑”，中間稱爲“鉦”，兩側突出的乳釘稱爲“枚”，枚的上下有紋飾的部分稱爲“篆”，共鳴箱的下

西周中期　克鐘

戰國早期　屭羌鐘

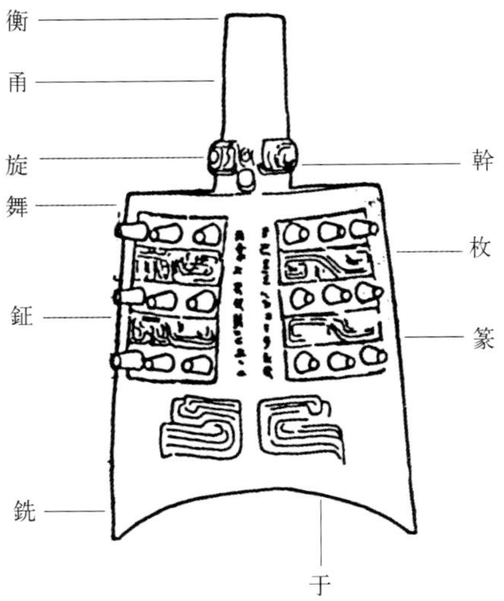

鐘的部位名稱

端稱爲“鼓”，彎曲的下口稱爲“于”。陝西長安普渡村及寶鷄市茹家莊弓魚伯墓出土過西周中期三枚一組的編鐘。西周晚期起，編鐘皆以八枚成編。西周厲王時的晉侯穌編鐘以十六枚成編，這是西周時代青銅鐘數最多者。1996年河南新鄭鄭韓故城春秋中期祭祀遺址中，十六號青銅禮器坑出土鎛鐘四件，鈕鐘兩組，共二十件。東周時期鐘的鑄造技術更有進步，河南信陽長臺關楚墓和四川涪陵小田溪均出土十四枚成組的編鐘。湖北隨縣（今屬隨州）擂鼓墩曾侯乙墓出土編鐘六十五枚，分三層懸挂在曲尺形的鐘簴上，這是至今青銅樂器中規模最大和樂律最爲完整的組合。

編鐘

打擊樂器。是用很多鐘按大小次序排列成一定形式，可連續打擊的樂器。陝西寶鷄竹園溝和長安普渡村長田墓出土西周早期編鐘，大小遞減，三枚一組。西周中、晚期編鐘出土的數量有所增加，形式基本上是甬鐘。如陝西扶風齊家村出土柞鐘八枚，同窖又出土中義鐘八枚；山西曲沃晉侯墓地六十四號墓出土楚公逆鐘八枚，八號墓出土晉侯穌鐘十六枚。可見西周晚期編鐘以八枚一組爲定制，七枚以下者，可能是失散之故。到了春秋早期，情況又有變化。河南洛陽金村古墓出土驫羌鐘十四枚；四川涪陵小田溪出土𨑳篙鐘十四枚；河南淅川下寺二號墓出土王孫誥鐘二十六枚。編鐘的數字相差很大。規模最大的是戰國早期的一套編鐘，湖北隨縣（今屬隨州）曾侯乙墓出土，六十五枚，其中包括鈕鐘十九枚，甬鐘四十五枚和楚惠王所贈鎛一枚，分三層，掛在青銅結構的曲尺形鐘架上，也有掛在木結構鐘架上的。

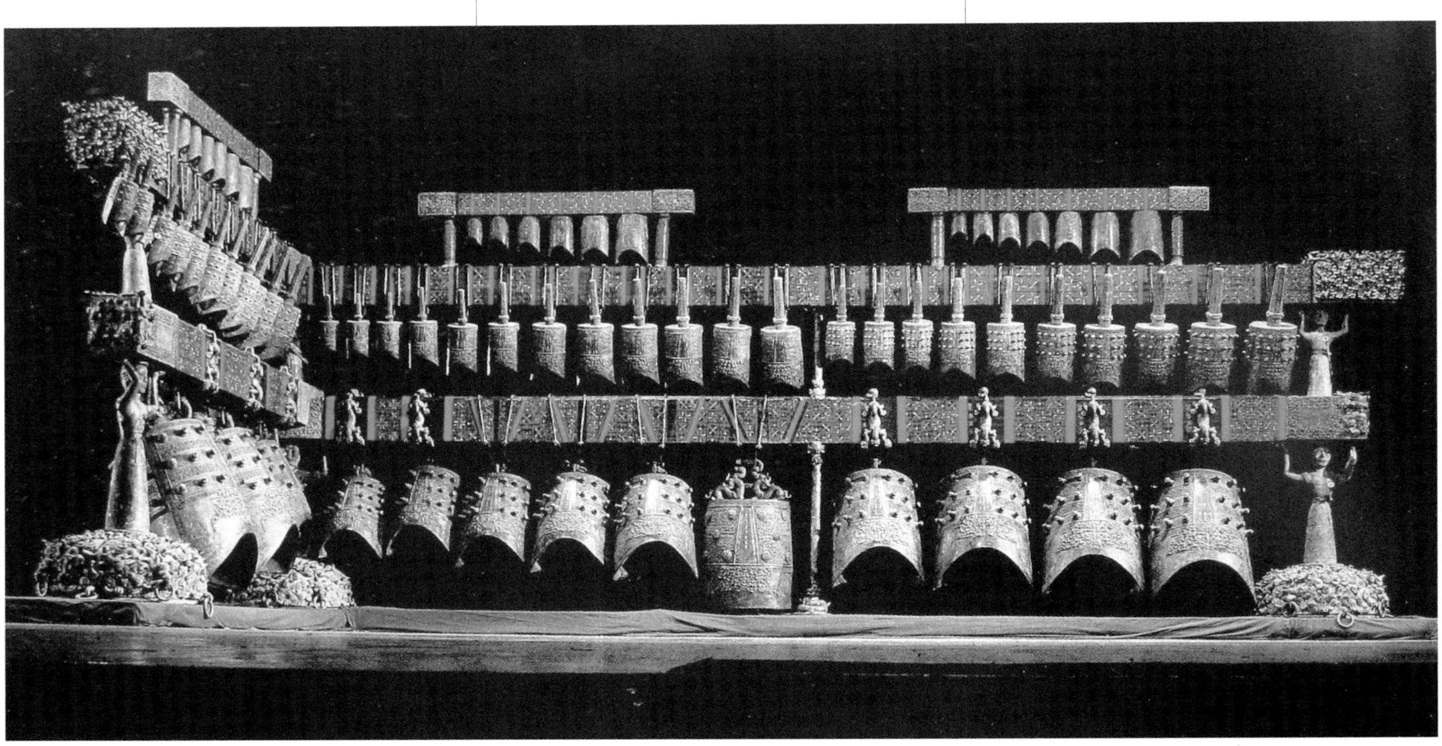

戰國早期 曾侯乙編鐘

鎛

打擊樂器。形制與鈕鐘相同，但形體特大。《説文》："鑮，大鐘，淳于之屬，所以應鐘磬也。"《儀禮・大射》："其南鑮。"鄭玄注："鑮，如鐘而大，奏樂以鼓鑮爲節。" "鑮"通"鎛"。山西榮河(今屬萬榮)后土祠出土的[素+命]鎛，銘文自名爲鎛，高65.8釐米。曾侯乙墓中楚王酓章爲曾侯所鑄鎛，高92.5釐米，重134.8千克，也應稱爲鎛。一般"于"部平的都自銘爲鐘。鎛盛行於春秋戰國時期，是貴族在祭祀或宴食時與編鐘、編磬相和使用的樂器。

春秋中期 [素+命]鎛

戰國早期 楚王熊章鎛

鉦

打擊樂器。形體似商代晚期的鐃，但比鐃更爲高大和厚重。借用鐘的部位名稱，其鼓部短而寬，體部似兩瓦相覆狀，于部略呈凹弧形，兩側尖鋭，舞部正中有一管狀稱"甬"，甬與鉦體内腔相通，甬近舞部有旋。這類形體較大的鉦，大多在湖南、浙江、江蘇、福建、江西等地出土。從未見過中原地區出土這類青銅鉦，而且鉦的出土往往没有伴存物。湖南寧鄉曾出土高103.5釐米、重222.5千克的大鉦，是存世鉦中最大者。鉦的紋飾從結構來分析，是中原地區獸面紋的變體，是越人仰慕商周文化而創造的一種特殊紋樣，因此其時代當在春秋時期。

春秋早期 變形獸面紋鉦

春秋早期 變形獸面紋鉦

磬

打擊樂器。器呈扁平獸形，一端設獸首，上端居中置一孔，繫繩可懸掛。一般與編鐘同出，多爲石磬，傳世的青銅磬甚少見。有的磬除兩面皆有紋飾外，還各有十個枚。枚經測定大部分基音音頻相同，可知不是磬的打擊處，而是起阻尼作用。青銅磬和石磬相同，只能發出一個音。

春秋晚期 獸形磬

戰國晚期 獸首磬

鼓

打擊樂器。古代青銅鼓有兩種不同的形式：一、鼓爲橫置的筒形，兩側爲鼓面，用青銅做成似革蒙住的形式，在其周緣設三周釘紋。腹飾神人紋或獸面紋，在鼓外頂上置一枕座，用來插飾物，鼓下有四小足或方形座，用於祭祀或宴饗，均見於商代晚期；二、鼓呈圓形，上下分爲三節，上部凸起，中部凹陷，下部垂直，或先收後張，有的連圈足。鼓面中心設星體，射出十幾道光芒，外圍有暈綫。暈綫間飾點紋、連珠紋、三角形紋，也有飾飛鳥、立鳥、魚和植物的。鼓面邊沿大多有立體的青蛙。鼓耳一般是四個，兩側成對排列，鼓耳飾編織紋。這類鼓一般與錞于配合使用，主要用於祭祀和宴樂，也有作爲明器使用的。

商代晚期 神人紋鼓

商代晚期 獸面紋鼓

西漢 五銖錢紋鼓

錞于

打擊樂器。呈橢圓形，上大下小，頂平。戰國時錞于鈕甚小，漢代的多爲虎鈕。舊説錞于是軍旅中的樂器，但庚午錞于銘文有“中翰𠭯揚，元鳴孔皇，用享以孝”，説明可用於祭祀和集會，而且錞于有器形甚大的，更不宜於作戰行軍中使用。錞于流行於長江流域及華南、西南地區，山東、陝西也有少量發現。始見於春秋時期，盛行於戰國至漢代。

春秋晚期 人面紋錞于

戰國晚期 龍鈕錞于

鐸

振擊樂器。形體似鈴且大，頂部有長方形內空的銎。體部短寬，中有舌，振舌發聲，口部彎曲。據文獻記載，鐸可用於軍旅和田獵。僅見於戰國時期。

戰國早期 外卒鐸

鈎鑃

又作"勾鑃"。打擊樂器。徐國的鈎鑃自名爲征鍼。共鳴箱是圓筒形，口向上，爲凹弧形，有柄，可執而打擊。傳世鈎鑃有銘文者，爲春秋、戰國之際的器物。姑馮句鑃銘文爲"以樂賓客，及我父兄"，其冟句鑃銘文爲"以享以孝"，浙江紹興出土的配兒鈎鑃銘文爲"以享賓客，以樂我諸父"，表示鈎鑃是宴享的樂器。大小依次成組，有三器、六器、十一器不等。鈎鑃盛行於春秋戰國時的徐、楚、吴、越等地。

戰國早期 其次鈎鑃

戰國中期 龍紋鈎鑃

筍虡

古代懸掛鐘、磬的架座。有木製的，也有木和青銅組合製成的。筍是懸鐘的横梁，虡是支撑横梁的柱。筍虡常有裝飾。《考工記》中有用贏類（虎豹之屬）以爲鐘虡的裝飾、用羽類（禽鳥之屬）以爲磬虡的裝飾、用鱗類（龍蛇之屬）以爲筍的裝飾的記載。湖北隨縣（今屬隨州）擂鼓墩曾侯乙墓鐘的筍虡爲三層曲尺形，以長方木爲筍，上有彩繪，虡爲青銅鑄佩劍武士，雙手托舉巨筍，上懸編鐘六十四枚和楚王酓章大鎛一枚，極爲壯觀。磬虡以鳳爲飾，與《考工記》所載相合。

戰國早期 筍虡

戈

兵器。常見的是戈頭，可分爲援、内、胡三部分。援是牛舌形的鋒刃器，是戈的主體。内是援後的部分，納柲用，上有穿。援和内之間有突起的棱，稱闌。援的弧曲下延部分稱胡，在闌

商代晚期 鑲嵌獸面紋戈

春秋早期 梁伯戈

春秋晚期 王子于戈

戰國晚期 燕王職戈

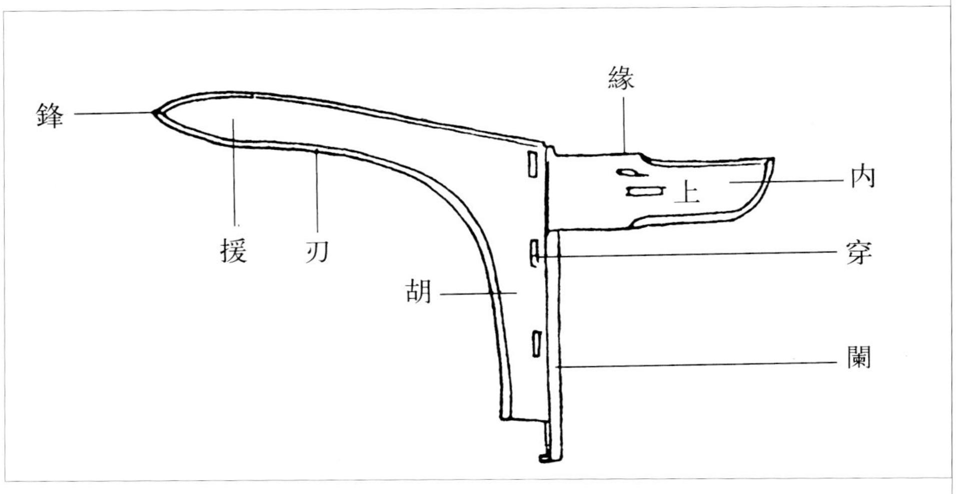

戈的部位名稱

旁。戈的基本發展規律是援部由平直到上揚，內部由長方形無刃到上下都有刃，胡部日益見長，最後呈弧曲狀，闌上之穿由單穿到多穿。柲是戈柄的古稱，與戈垂直，裝置在闌與內之間，然後穿過內與闌上之孔，用動物筋或革帶結扎在一起。戈既可橫擊，啄刺，又能後拉鈎殺，是最早出現的兵器之一。現存最早的青銅戈出現在夏代。東周戈的胡部很長，穿亦增多，使戈與柲的接觸面增大，結扎更爲牢固。春秋以後，戈的“內”部也設鋒刃。湖北隨縣（今屬隨州）擂鼓墩出土的戰國時期數戈結扎在一個長柲上的裝置，目的是增强殺傷力。

春秋晚期 滕侯戟

戰國中期 商鞅戟

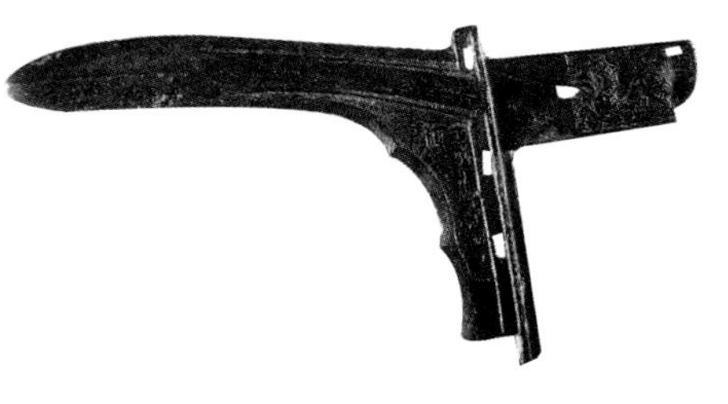

戰國晚期 燕王職戟

戟

兵器。爲戈和矛的復合體，在戈的頂端裝上矛，既可擊殺又能勾啄。戟上的矛稱爲“刺”，刺和戈有分鑄，也有合鑄。西周的戟有戈和刺合鑄的，也有戈和彎頭刀合鑄的。春秋戰國時期戈和刺大多分鑄，西周戟的“內”部延長並且鋒刃化，使戟成爲三面有鋒刃的利器。戟的內部有勾內、刃內、方內、距內之分，傳世的戟出土後戈多與刺脱離，刺便成爲單獨的矛。戟流行於春秋戰國。戟的柄很長，春秋戰國之際青銅器上水陸攻戰畫像紋飾中就有長柄的形象。當時由於戰爭的需要，又出現一種多戈戟，是在長柄上有刺，第一個是戈，以下是無“內”部的戈，以增加殺傷的效果。

矛

兵器。矛和盾結合起來，就成爲既能進攻又能防禦的一套兵器。爲長柄兵器，分鋒刃和骹兩部分。鋒刃有兩翼，骹部有銎，用以納柄。商代中期的矛兩翼甚狹，骹爲菱形，骹口兩側設鈎形系，也有呈半環形的，爲固柲用；商末周初矛的兩翼很闊，至下端爲最寬，骹長，兩側半環形鈕圓孔甚大；西周中晚期矛兩翼較狹，刃部加長，出現了三棱、四棱形，骹部較短，銎兩側半環形鈕已消失；春秋初期矛的兩翼短小，骹較長，或在翼下設單個半環形鈕；自春秋中期起，

春秋晚期 吴王夫差矛

戰國早期 越王者旨於睗矛

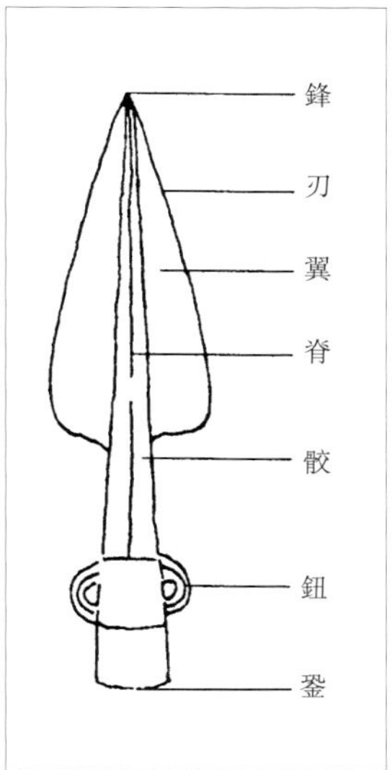

矛的部位名稱

矛的銎口有呈凹口形的，兩翼似長條形葉片，骹細長，無鈕；春秋晚期的矛鑄造精美，尤其是吳越地區鑄造的矛，如吳王夫差矛，體長似短劍，直刃，矛體滿飾暗格菱形紋圖案，脊上有很深的血槽，骹較短；戰國時矛的中脊較寬，兩翼呈凹弧形面，大多帶有血槽；到了秦代，矛整體接近管條狀，也有中空的矛，有中脊，但無血槽。

春秋晚期 越王勾踐劍

戰國早期 楚王熊章劍

劍

兵器。由劍體和劍莖兩部分組成，劍體與劍莖之間有“格”，起護手作用。劍的前端有“鋒”，劍體兩側有“刃”，中間有一條突起的棱稱“脊”，脊兩旁稱“從”。劍莖有圓形和扁形兩種，莖上有“箍”，莖末圓形爲劍首。青銅劍出現於商代晚期，直到西周時期都是短劍，是上部較狹、下部略寬的長條形鋒刃器，中脊稍厚，末端可裝把手。北京房山琉璃河出土的西周早期青銅劍，有很精致的透雕蟠龍紋劍鞘，可見這種短劍是少數人佩用的珍稀品。到了春秋晚期，劍作爲一種新式武器，已裝備到軍隊。由於實戰需要，劍體大大延長，更具刺殺的效能。春秋晚期至戰國，青銅劍極爲流行。當時的吳國和越國是優質劍的著名産地。吳王夫差劍和越王勾踐劍是最高水平的鑄品。此外，東北、西南等地區都有一些具有地域性特點的劍。

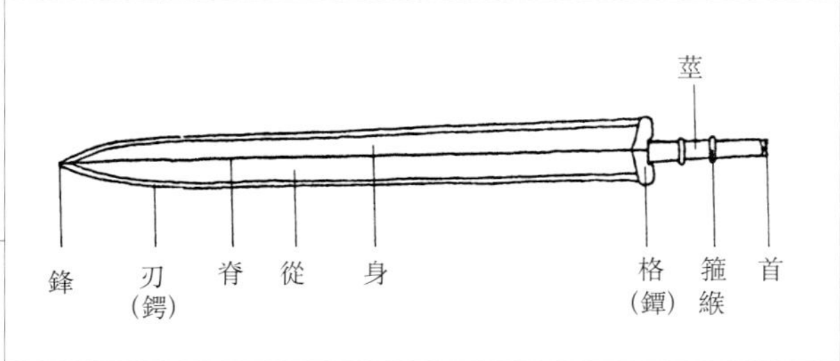

劍的部位名稱

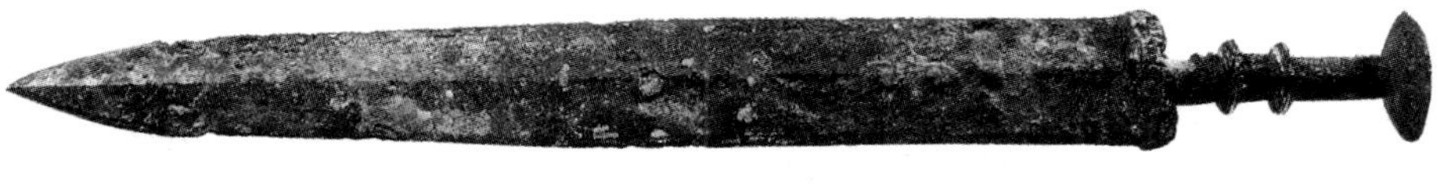

春秋晚期 吳王光劍

鈹

兵器。戰國時期有鈹、戈合體的戟，可知鈹是由矛和劍演化而來。鈹柲有扁莖和銎骹兩種形式，扁莖鈹主要流行於秦國，銎骹鈹主要流行於戰國

戰國早期 魚陽鈹

戰國早期 越王者旨於睗矛

戰國中期 商鞅鈹

的燕、趙、楚等國。西漢以後鐵鈹取代了青銅鈹。

鉞

兵器。史載武王伐商，在牧野誓師時"左杖黄鉞，右秉白旄"。紂王兵敗自焚後，武王又以黄鉞斬紂首，以玄鉞斬紂二嬖妾之顱。鉞是具有象徵征伐權力的兵器。《尚書·顧命》："一人冕，執鉞。"鄭玄注："鉞，大斧。"有的鉞形制很大、鑄造又極精緻，可作爲權杖用具。鉞體有方形或長方形，刃部較寬，有"内"可固柲。最早的青銅鉞爲夏代晚期鑲嵌十字紋方鉞，器體厚實，方内，内上設二穿，爲傳世品。大型的鉞裝飾華麗，一般作爲儀仗用具，代表統治者的地位和權力。一些中型的鉞，則是作爲砍殺工具，也是古代刑罰用具之一。

夏代晚期 鑲嵌十字紋方鉞

商代中期 龍紋鉞

西周早期 龍首鉞

戰國中期 中山侯鉞

鉞

兵器。與鉞同類，但形體不同。河南偃師二里頭出土夏代晚期鉞，體部呈長條形，至刃部稍有擴大，體部與"内"部之間設上下欄，"内"上設長方孔。鉞除了作爲武器外，還可當作樂舞時的道具。《禮記·文王世子》："大樂正學舞干戚。"又《祭統》："朱干玉戚以舞大武。"古代的樂舞用鉞傳世數量不多。所見傳世的商代晚期鉞，體部扁狹，設兩孔，刃兩側内卷爲雲頭形，長管狀銎與體部相接，銎上有象徵性的小方孔，其周圍飾横直點紋。也有鉞體部扁

西周早期　七孔曲刃鉞

西周早期　雙孔銎鉞

戰國早期 大武鉞

狹，設二孔，刃兩側内卷，體部與長管狀銎相連，可置柲，有的銎上設鈴，其兩側有小動物。西周早期鉞的體形大，扁體上設七個圓孔，中孔最大，刃部爲弧曲狀，中弧大，兩側稍小，共九個弧曲，欄上下相等，各飾兩個長方形穿，内部較寬大，這是舞鉞。

殳

兵器。最早的青銅殳見於西周，呈圓球狀，外出棱刺，有三刺、五刺、六刺不等。這類殳在内蒙古境内出土較多，因而被認爲是具有鄂爾多斯文化特徵的兵器。戰國時殳已進行改造，用於車戰的青銅殳頂端又加上三棱形矛，其下連一個粗棘刺形的青銅箍，下有長柲，以積竹髹漆爲之，其下又置一個棘刺形的青銅箍。

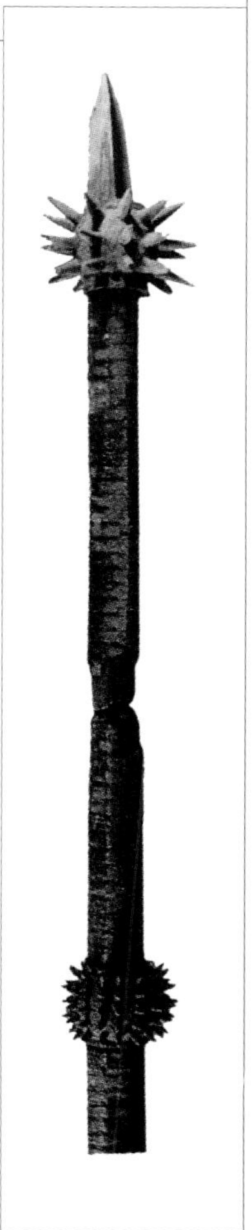

戰國早期 曾侯郕殳

刀

兵器。有三種形式：一、長體寬刃，卷頭呈彎鉤形的刀，可裝長柄，此爲商刀。西周刀身狹長，刀頭縮小成圓刃狀，偶爾也有寬刃的大刀；二、寬刃長身翹首刀。在殷陵的殺殉甲士中佩有這種刀；三、雙刃刀，

商代晚期 龍紋刀

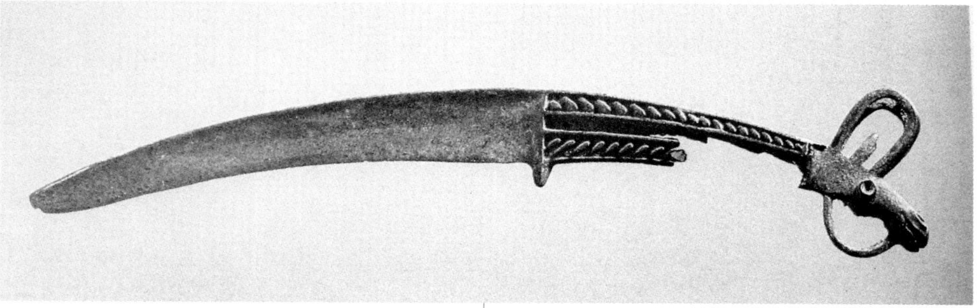

西周 馬首刀

刀體呈長三角形，兩側皆有刃，刀柄微曲，柄末端設透雕圓形的鈴。這種刀多發現在河北、山西及陝西等省的北部，是具有地域特點的兵器。器形較小，當爲格鬬所用。青銅刀在西周以後較爲少見。

匕首

兵器。是一種短劍，用於扎刺。由於短小易藏，可用作暗器，爲防衛武器。匕首出土甚少見，諸凡短劍也可起匕首作用。荆軻刺秦王，圖窮而匕首見。“引其匕首以擿秦王，

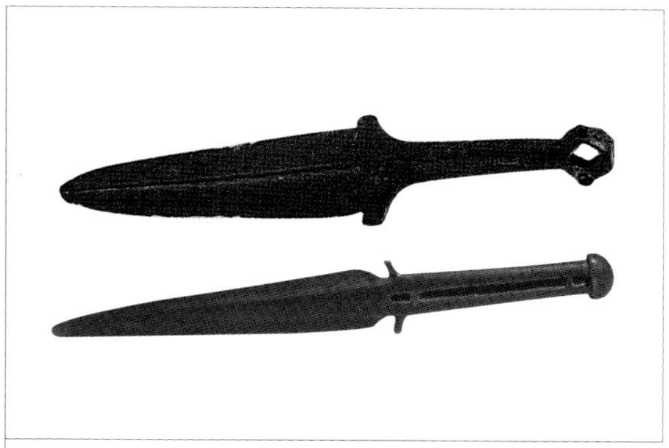

戰國 匕首

不中，中桐柱。”可見匕首是有一定重量、可擲(擿)的短兵器。今所見青銅匕首是戰國時期的。

弩機

兵器。最早發現於春秋晚期的楚國地區。弩機是遠程武器，由郭、木臂和弓三部分組成。臂和弓一般不能保存，留下的就是弩機。郭是機匣，春秋戰國時期弩機大多無郭，僅有鈎弦用的牙、瞄准用的望山和當扳機用的懸刀。西漢以後弩機均設機架，稱郭。郭的前端略窄於後端，郭面有較深的箭槽，郭體有兩鍵穿通，固定牙和懸刀。發射前

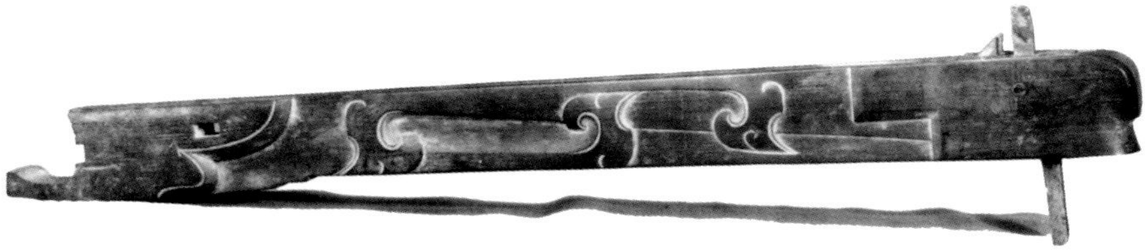

木臂

郭(正面)

郭(側面)

弩機

放上矢鏃,瞄准望山的刻度,扣扳懸刀,牙即縮下,其所鉤的弦驟然鬆開,有力地將矢鏃發射出去。弩機的郭上常刻有製造年月、監造官和工匠之名,有時還標明弩機的發射力和弩機自身的重量。

矢鏃

兵器。在弓或弩機上使用的箭頭。

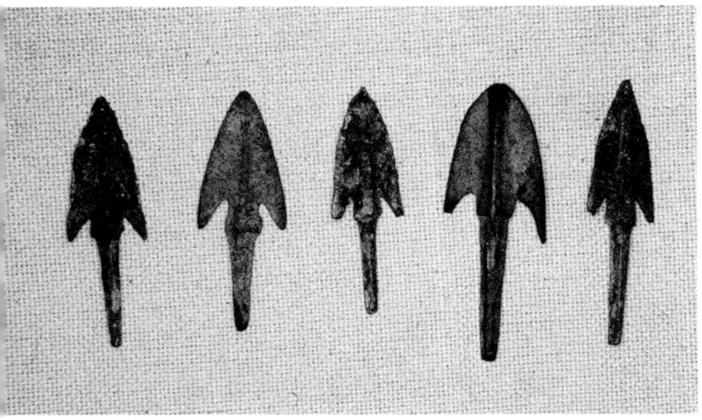

商代晚期　矢鏃

中間有脊,張開的兩翼有倒刺,使之射中敵人肌肉後,拔出時會擴大創傷面積。戰國矢鏃的雙翼有透雕,還有三角形和錐形的矢鏃,這與當時作戰方法和武器的改進有關。矢鏃後面有鋌,鋌要附杆才能遠射。商周鏃鋌一般很短,戰國出現長鋌,有的還用羽飾,防止箭飛出時隨風擺動。矢鏃是消耗型兵器,戰時使用量很大。盛箭的函稱爲"箙",用木或皮革製成。

胄

兵器。作戰時用以保護武士頭部。商代青銅胄呈帽形,頂端設一管,用於安插纓飾,左右及後部向下延伸,以保護面部、耳部和頸部,大都爲虎首形。外觀威武,一般高20釐米以上,重2千克至3千克。西周青銅胄表面没有紋飾,造型樸實,頂部設孔形環鈕,用以繫纓。東周青銅胄形制較小,兩側下垂或下端較平,前額上寬。西漢以後的胄則用鋼鐵製造。秦漢時稱胄爲"兜鍪",宋以後稱爲"盔"。

商代晚期　獸面紋胄

度

測量長度的工具。以橫纍百黍之度爲一尺。古代青銅尺最早見於戰國時期,爲河南洛陽金村出土,正背面皆無刻度,在尺的一側刻十寸,第一寸又刻十小格爲分,在尺的五寸位置刻交午綫。據實測,一尺長爲23.1釐米,寬1.7釐米,厚0.4釐米。

戰國　尺

量

計算容積的器具。古代青銅量始於戰國，如齊國的子禾子釜、陳純釜、左關鉌，秦國的商鞅方升、始皇方升、始皇斗，新莽時的嘉量、漯倉平斛等，都是官方制定的標準量器。

戰國 郢大府量

新莽時代 嘉量

詔版

刻有秦始皇或秦二世統一度量衡詔書的青銅版。鑲嵌在青銅或鐵權上，或釘在木量器上。秦始皇的詔書是："廿六年，皇帝盡併兼天下諸侯，黔首大安，立號爲皇帝，乃詔丞相狀、綰，法度量，則不壹，歉疑者，皆明壹之。"秦二世詔書是："元年，制詔丞相斯、去疾，法度量，盡始皇帝爲之，皆有刻辭焉，今襲號，而刻辭不稱始皇帝，其於久遠也。如後嗣爲之者，不稱成功盛德，刻此詔，故刻左，使毋疑。"

秦代 始皇廿六年詔版

秦代 兩詔版

權

稱重之具。猶今之砝碼。1975年湖北江陵雨臺山春秋墓出土的楚權，是目前所知最早的銅權。戰國、秦漢出土的銅權較多，秦爲統一全國而頒發以戰國時期秦國器爲標準的標準器，秦統一後又加刻詔書，重新頒發秦權。權上除刻秦始皇和秦二世詔書外，還鑄或刻地名、人名和可稱重量數。外形有半圓形、圓形等，中空，上小下略大，封頂設一鈕。

秦代 高奴禾石權

秦代 美陽權

秦代 大騩權

權衡

權衡重量的工具。權是稱重量的用具，即今之砝碼、秤砣。青銅權最早見於春秋晚期。衡是天平和杆秤。

戰國中期 王衡桿

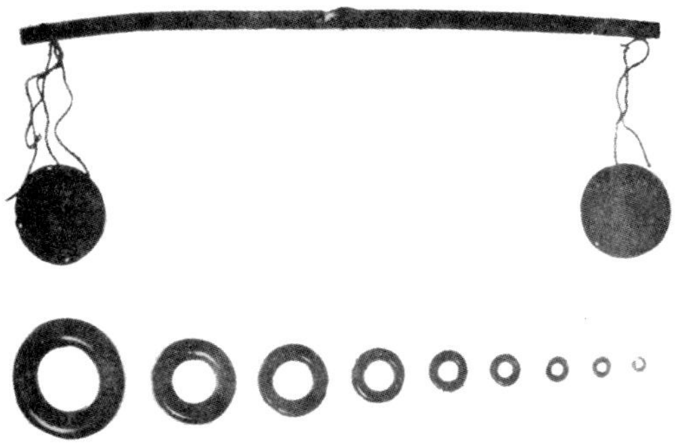

戰國中期 天平和環權

湖南長沙曾出土一套完整的春秋戰國時期權衡器，有一根木質衡杆，兩件青銅盤和九枚青銅環權。環權的重量最大的爲125克，合當時楚國的半斤(8兩)，其餘八枚依次減半，爲四兩、二兩、一兩、半兩(12銖)、六銖、三銖、二銖、一銖。楚國行用黄金做貨幣，天平是用來稱黄金的。

燎爐

又名“炭爐”。生活用具。用於燎炭取暖。即今之火盆。有圓形和長方形兩種，均爲淺腹、平底、下有圈足或三足，有的下面連鑄一淺盤，可放炭箕，腹兩側有活絡提鏈。最早出現在春秋中期，盛行於春秋戰國。

熏爐

生活用具。主要用於焚香。有的爐蓋爲鏤空的山形，山上有羽人、動物和雲氣，爐中焚香，香烟繚繞。博山就是大山，漢鏡銘文常見有“入大山，見仙人”。博山也就是有仙人和靈物的大山。博山爐是漢代流行道家神仙思想的產物。一説博山指華山，秦昭王與天神相博，故云博山。博山爐初見於西漢，盛行於漢、晉。

戰國早期 曾侯乙燎爐

西漢 鑲嵌神獸紋博山爐

西漢 鼎形熏爐

炭箕

生活用具。燎爐的附屬用具，用以轉移火種和添加木炭。最早見於商代晚期墓葬中。春秋、戰國的炭箕形體如簸箕，左右兩側及底部皆透雕方孔及三角形孔，便於將灰去掉。一端設方銎，可安裝木柄。

戰國 炭箕

熨斗

生活用具。用於熨燙衣物。古代熨斗用青銅製成，圓體，口沿較寬，平底。口沿下一側有長柄，有的柄上

東漢 熨斗

刻有尺度，有的鑄有“熨斗直衣”的銘文。盛行於漢代以後。

鐎斗

炊器。器呈釜形，侈口，有的還設一流。深腹，圜底，下置三蹄足。器一側設柄，主要用於炊煮各種食物。自漢代開始出現。三國以後，流行

三國時代 鐎斗

龍首柄、口徑略小、腹較淺。隋代前後，口沿設短槽流，柄可折，爲扁平折柄。唐代以後，數量逐漸減少，除龍首柄外，尚出現梟首柄。鐎斗分佈區域廣泛，自長江中下游到山東和陝西咸陽地區以及嶺南到東北等地均有使用。有學者認爲，三國以後，鐎斗主要用於煮茶。

燈

照明用具。《爾雅 · 釋器》：“瓦豆謂之登。”郭璞注：“即膏登也。”登即燈。從最早燈的形式來看，它是從食器豆的器形轉化而來。自戰國到漢代，青

戰國中期 銀首俑燈

東漢 鑲嵌神獸雲紋牛燈

西漢 羊燈

西漢 長信宮燈

銅燈的式樣繁多，大致可分爲三類：一、高座燈，上有淺盤用來插燭或盛油，盤下有柱，便於執掌，柱下是燈座；二、行燈，淺盤，直口，平底，盤下有三短足，盤側有執柄，有銘文自名爲“行燈”或“行燭燈”，多用於夜間導行；三、藝術造型燈，有人形、羊形、鳥形、獸形、樹形等，此外還有十五連枝燈，跽坐宮女執燈的長信宮燈和雁足燈。目前發現最早的燈爲戰國時的燈，秦漢時期，銅燈廣爲流行。

雁足燈

照明用具。爲兩漢時宮殿用物，後世流傳於民間。燈的上部是一淺盤，可插燭或盛油，盤下設一直柄爲雁脛，下連一座是雁足造型，一般置三爪或四爪。古人對雁有好感，

西漢　雁足燈

因爲雁行有序，群飛時成列或呈人字形，群雁索食或就寢時必置“警卒”，以伺外敵。秋入南方，春來北去，是候鳥，傳説還有傳書、帶信的功能。故以雁足形爲燈，以此褒揚這些值得贊揚的美德。

鏡

照容用具。中國最早的青銅鏡出土於甘肅和青海距今四千多年前的齊家文化遺址與墓葬中。直到近代大量使用玻璃鏡後，青銅鏡才退出歷史舞臺。歷代銅鏡的形制大致有圓形、方形、葵花形、菱花形、長方形、帶柄形、鷄心形、八棱形、盾形、爐形、鐘形、鼎形、瓶形等。銅鏡的紋飾，有幾何紋、動物紋、植物紋、神人神獸、羽人飛仙、人物故事、神話故事、花蝶、果實、龍鳳、符籙、星象、干支、吉祥物等。銅鏡的銘文，有

商代晚期　葉脈紋鏡

戰國　三龍紋鏡

戰國　三山三獸紋鏡

新莽　始建國二年新家鏡

紀年、吉語、詩文、工官名、地名、作坊標記等。鑄造銅鏡的技法有淺

東漢　八子神人神獸紋鏡

隋代　仙山並照四獸紋鏡

唐代　狻猊葡萄紋方鏡

浮雕，高浮雕，透雕，金銀錯，鑲嵌玉、石、琉璃、螺鈿，彩繪，鎏金銀，金背，銀背，金銀平脱等。對銅鏡形制、紋飾、銘文、鑄造技法的研究，可以使人了解各時代鑄造技術、工藝美術、工官制度、商業關係和思想

金代 雙獸紋鎏金鏡

意識。紀年鏡在考古學上對斷定年代有特殊作用。對銅鏡的研究，曾形成一門“鏡鑑學”。

透光鏡

照容用具。西漢時青銅鏡。鏡面光潔鑒人，在日光或在聚束光照耀下，反射出的鏡面亮光中能顯現出與鏡背相對應的圖案或文字亮影。據實驗復製，其“透光”原理是鏡面存在着肉眼不易觀察到的曲率，在光程

見日之光透光鏡 “透光”效應

放大作用下顯示其與鏡背對應的圖像。這些曲率產生於圖像綫條的特殊結構，以及鑄造時鏡體厚薄不同和冷却速度不同形成鑄造應力所產生的結構形變。在磨鏡時的壓應力更擴張了其形變，從而產生與鏡背紋飾或文字相對應的曲率，在反射光照射時產生“透光”現象。衹要結構具備一定特點和一定厚度，青銅鏡的反射圖案、亮影就可能在不同程度上產生。目前發現的透光鏡大多是漢代的，如見日之光透光鏡和内清以昭明透光鏡。個別的有唐代透光鏡。沈括《夢溪筆談》對古鏡透光原理曾有描述。存世透光鏡主要藏於上海博物館。

西漢 見日之光透光鏡

湖州鏡

照容用具。宋代湖州生產的銅鏡。湖州是宋代南方銅鏡的主要產地。鏡的形式有圓形、葵花形、菱花形、方形、折角形、亞字形等。湖州鏡的鏡背大多有長方形商標性的銘記，表明其鑄造地點和牌號。如“湖州儀鳳橋真正石家青一色銅鏡”、“湖州石十五郎真煉銅照子”，“湖州鑄鑒爲乾道八年鑄煉銅監，鑄造工匠石七一”及“湖州薛晉侯造”等。傳世的湖州鏡以石家鑄造的爲最多，當時遠銷各地，廣東、四川、内蒙古等地都有發現，朝鮮、日本等國也有流傳。

宋代 湖州鏡

照子

照容用具。銅鏡的别稱。宋代湖州所鑄造的銅鏡，其商標性的銘記多自名爲“照子”，如“湖州真石家念二叔照子”，“煉銅照子每兩壹百足”。也

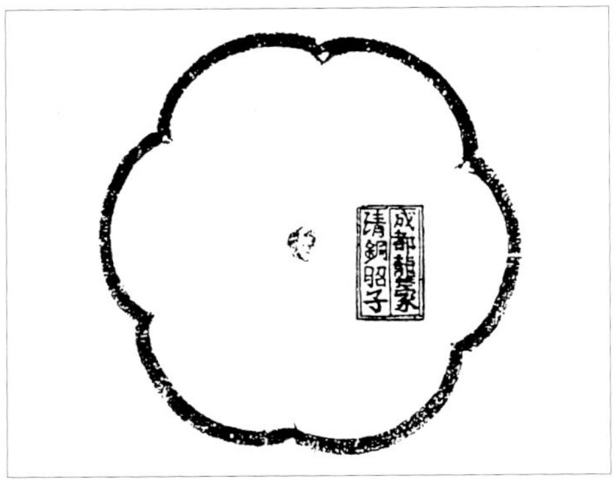

宋代 葵花照子

有稱爲銅鏡的，銘記如"湖州儀鳳橋真正石家青一色銅鏡"，邊刻"南巡侯官押"。一説，宋代將"鏡"字改爲"照"，是避宋太祖祖父趙敬的名諱。

帶鈎

生活用具。束腰皮帶上的鈎，多用青銅制，間用玉和金銀。原爲北方少數民族胡服所用，春秋戰國之際各族間交往頻繁，由鮮卑族傳入中原。史載趙武靈王胡服騎射，則此時已用帶鈎。古籍中鮮卑或稱胥紕、犀毗、師比、私鈚和斯比等，有一南北朝雕龍玉帶鈎，上刻銘，稱"師比頭"。其形制通常是一端彎曲爲獸頭形，另一端形體較寬，背有一圓鈕，以嵌入革帶孔中，也有爲柱形、獸形、禽形、人形等。有的錯以金銀或鑲嵌綠松石以及水晶瑪瑙等，甚是華麗，也有鎏金銀的。盛行於戰國和漢代，魏晉時沿用。

戰國 帶鈎

戰國 帶鈎

斤

古代工具。砍伐用。甲骨文中斤字作↰，正像一曲柄置於斤的銎內。1957年河南信陽長臺關楚墓出土一柄青銅斤，長方銎，銎中裝置一曲木髹漆的柄，與甲骨文斤字形象一致，這是現存斤中最完整的器形。青銅斤商代已經出現，西周時期其形式與商代相似，春秋時期青銅斤長方銎下的兩側是方肩，體部愈往下愈大，刃部寬大呈弧形。

西周 斤

鑿

工具。用於鑿孔或開槽。鑿體細長，上寬下狹，刃部最小。刃有尖刃、弧刃和平刃。有長方形銎，銎口外設唇邊。直柄，此處要經受打擊力，故需加固。河北藁城曾出土過商代青銅鑿。

商代晚期 鑿

鋸

工具。用於切割木、竹、骨、角等材料。在新石器時代遺址中，曾出土過蚌鋸和石鋸，商代開始出現青銅鋸，爲狹長的一條，一般鑲嵌在木制的刀刃或刀背内使用，外形如刀。陝西藍田縣懷真坊村出土過商代青銅鋸，形似現代泥刀。河南信陽長臺關大墓出土的戰國青銅鋸，是將青銅的鋸片鑲嵌在有柄的木條中，一端做成把手，中部鑿出與鋸片長度相等的槽，將鋸片插入，露出鋸齒。

削

又名"書刀"。文具。形如薄脊、單面鋒刃的有柄小刀，甚爲鋒利。用來修削簡牘。河南信陽長臺關戰國墓曾出土一套文具，包括削、鋸、小錛、刻刀等多種工具。東周削呈拱背狀，漢代的削稍平。青銅削盛行於東周到漢代，魏晉時沿用。

東周 削

耒

古代農具。挖窖穴或開溝渠用。原始的耒用樹杈做成。青銅耒則是從木耒發展而來，形狀如杈，有兩齒，呈扁形。有長方形銎，上置一個小方孔，用來裝木釘，可固柄。見於西周、春秋時期，傳世較少見。

耜

古代農具。用於起土、翻田。耜頭是一個有突刃的扁狀器，用青銅鑄成，安裝在厚實的長條形木板前端，木板的肩部連着一段前傾的曲柄。據已發現的實物，商代耜頭很長，插柄的孔很深；西周耜頭較短，體中間有大孔，刃部兩側如翼狀翹起。春秋時期耜體部隆起高脊，刃部呈三角形，銎部口沿有一條欄，上下皆鏤空。耜的使用方法是握住耜柄，用足將耜頭刺入土中，然後按下曲柄，將土翻起。青銅耜即手犁。

鏟

古代農具。用於鏟土、鋤草等。其形狀是在長方形或方形的青銅片上連鑄着一個方形或橢圓形的銎，銎内可裝短柄。新石器時代使用骨鏟，青銅鏟比骨鏟有更大的優越性。而形狀大致相同，一直沿用到漢代，爲鐵器所替代。

春秋晚期 鏟

钁

古代農具。用於鏟土、鋤草。呈長條形，有單面刃或雙面刃，設銎，直柄前曲，納於銎中。青銅钁在商代早期開始出現。河南鄭州二里岡遺址出土的青銅钁呈長條形，雙面刃；長江流域的湖北黄陂盤龍城商代墓葬中出土橢圓形銎的長條形钁。商代早期，無論在黄河流域或長江流域，钁都是一種非常重要的農具。

商代晚期 钁

錛

西周　錛

古代農具。用於開墾土地。錛表面微拱，銎口有長方形的，也有菱形的。青銅錛從新石器時代的石錛發展而來，不僅用於農業，也是木匠平木的主要工具。上古時沒有刨子，要使木料平整，就用錛來削平。錛與斧較相似，主要區別在刃部。錛是偏刃，斧是雙面磨礪形成鋒刃。青銅錛出現於商代晚期。湖北圻春毛家嘴曾出土西周青銅錛。

銛

西周　銛

古代農具。用於開溝和做壠。青銅銛頭爲方形或圓角方形，是三面有刃的分土器。設銎，可納寬厚、有肩的木板以用於挖土。銛的實物最早見於商代，沿用到東周時期。

鋤

春秋　鋤

古代農具。用於鏟土、鋤草。古代的青銅鋤形似銛，但裝柄的方法不同，鋤是用曲木或丫木的一端，經砍削合適，插入銎内，再在木葉上安置横木柄。鋤的刃有弧刃或平刃，刃的兩側翹起。青銅鋤最初出現於西周，到戰國時仍在沿用。

鎒

古代農具。短柄，鋤草用。鎒的原型是大的蚌片。青銅鎒有片狀、較寬的刃部。目前所見的青銅鎒是帶有兩翼的三角形器，兩翼的鋒刃有鋸齒，可以磨得很鋒利。兩翼間連着一個小口銎，銎上有横闌和翼相連。鎒的使用方法是執柄平行地向前切割，則雜草披靡。另一種鎒爲V字形，無銎，但V字形内側可嵌裝木柄。實物見於春秋時期。

鐮

古代農具。用於收割稻、麥。有手握和裝短柄兩種形式：前者呈片狀，拱背有孔，穿繩後可套握在手掌中，以摘取稻穗；後者接近現在使用的鐮。江蘇儀征破山口曾出土西周青銅鐮。

春秋　鐮

斧

古代農具。農業和手工業中時常使用的砍伐工具。斧在西周時代稱爲鏄，鏄、斧古音相同。斧有平刃和圓刃兩類，前者兼可用於農業，後者爲手工業專用。小型斧又稱爲“斤”，斧字從斤，説明它們是同一種器類。根據青銅斧裝柄的方式不同，可分爲直銎、管銎和夾柄三種，前兩種均

商代晚期 斧

見於商周時期。

軎

車飾。車上部件,套在車軸的兩端,用來加固軸頭。軎呈長筒形,一端粗,套接車軸,另一端細。軎上有長方孔,轄插入孔中,使軎固定在軸端而不致脫落。軎最早見於商代晚期,盛行於西周。湖北隨州擂鼓墩曾侯乙墓曾出土矛狀車軎,其身爲棱柱形,有轄,外端延伸成矛狀,雙刃分别設四道、五道連弧刃,矛鋒極鋒利,是在戰車上使用的。這種配軎的戰車,文獻中稱爲"銷車"。

西周中期 軎

戰國早期 矛形軎

轄

車飾。軎上的銷子,呈長條形,上細下粗,頂端爲獸首帽,插入軎的長方孔内,以防車輪脫出。也作裝飾用。

輨飾

車飾。輨是車前駕牲畜的直木或曲木,壓在車廂下的車軸上,前端延伸,可連接車衡和軛,駕於牛馬背上,借以牽引。一車有單輨或雙輨,單輨的稱爲"輈",雙輨的稱爲"輨"。田車、兵車、乘車皆一輨。兩馬在輨側,前端爲輨首,輨飾套在輨首,一般浮雕獸面紋,也有張大口的虎攫住一人的形象,還有男子披髮文身、雙手抱住獸首的造型,極爲别致。初見於商末,盛行於西周。

西周中期 人首輨飾(正面)

西周中期 人首輨飾(背面)

軛飾

車飾。呈人字形,一首兩脚,首部繫於車衡上,兩脚夾於馬的頸上,以便挽車。古代軛體本爲木質,自商代晚期起用青銅加固軛首和軛脚。西周時期也有全部用青銅套住軛首和軛脚者，在青銅器銘文中稱爲“金軛”。

轂飾

車飾。放在車輪兩側的軸上，是加固車轂的箍圈。其結構又可分爲輨、軝、軧三部分。也有將兩軧連鑄一起的，中間有插輻的方孔，這樣使車轂穩定，更加結實耐用。青銅轂最早出現在西周早期，兩周時期均盛行。

軸飾

車飾。加固車軸承輪部分的構件。一端是橢圓形筒，兩側設小方孔，可固定於軸；另一端是一塊平板，用於障泥。筒和平板的外面均飾獸面紋。軸飾大多見於商末周初，其後就很少見。

踵飾

車飾。套在車輿後端方木兩側，呈長方形。由於處在車較爲隱蔽的部分，故衹有簡單的紋飾，有的没有紋飾。初見於商末，西周時期仍有沿用。西周金文中稱爲“金踵”。

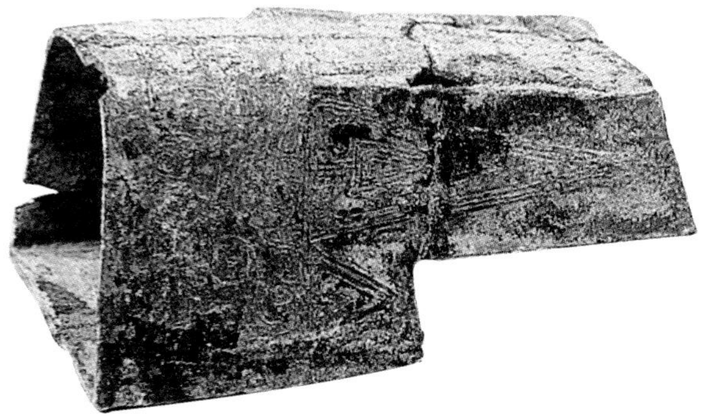

西周　踵飾

西周　軸飾

輿飾

車飾。輿指車厢乘人的部分。輿飾是加固車厢的青銅管狀構件。最早見於商代晚期。陝西寶鷄茹家莊出土的西周輿飾，有長條形和圓角形兩種，其上有方孔，用以加固車軫，亦可用於插鈴。

衡飾

車飾。爲加固車衡的管狀青銅構件。似套管，一端平，另一端呈鋸齒狀。初見於西周早期，流行於兩周時期。

蓋弓帽

古代車蓋上的構件。管狀，有倒鈎，青銅製，有的鎏金。車蓋似繖而有弓，以支撑蓋衣，蓋弓末端套置一帽，即蓋弓帽，倒鈎可繫蓋衣。據史書記載，蓋弓應有二十八根，象徵二十八宿，但並未形成制度，湖南長沙所出模型車裝蓋弓十四根，甘肅武威所出模型車裝蓋弓十六根，湖北光化所出實物車裝蓋弓十九根，河北滿城二號西漢墓中的三號車應有蓋弓二十八根。

鑾鈴

車馬飾。插在車衡軛頭或馬軛上的青銅部件。上部是一個扁圓的、有

西周　鑾鈴

輻射狀鏤空的鈴，鈴内有一彈丸，車行則有鈴聲，下部爲長方形的座。級别高的馬車上，可裝八個之多。最早出現於西周早期，流行到戰國和漢代。

銜

又名“勒”。馬具。是橫勒在馬口中的器具。由兩節短鏈組成，兩端與鑣相接。鑣是在馬口角的兩頰上，以繩索相繫，以便馭手控馬。有圓形、方形和長條形三種。青銅銜、鑣最早見於西周早期，沿用到東周。

春秋　銜

鑣

馬具。與銜合用，馬銜橫勒在馬口，兩端露在馬口外，連接馬銜的部件鑣在馬口旁。形制大體有圓形和方形兩種，中央都有一孔，圓形的正面多有螺旋式的紋飾。

春秋　鑣

當盧

馬具。馬面額上的飾物。商代晚期的青銅當盧呈圓形，面微鼓起。西周時期的當盧呈丫字形，中間是圓泡，上端連鑄兩個歧角，下端垂一長方形鼻梁；也有呈長條形的。漢代稱“鍚”，上部飾獸面，下部是鈎狀，背面均有橫或竪的條形結構，作爲鈕使用，可以穿皮帶縛扎，以絡於馬頭。

東周　當盧

節約

馬飾。呈丫形,由三個管形器合成,在三管交匯處有一個圓芯。整個器形很小,管壁較厚,是裝飾和連接馬絡頭、轡帶的零件。有多種形式。

春秋　節約

泡

馬飾。一般呈圓形,正面微凸,背面有“十”形、“×”形、“H”形、輪形等綫條。泡和節約都是裝飾和連接馬絡頭、轡帶的零件。在商代晚期已有鑄造。

東周　泡

布幣

古代流通貨幣。最早的貨幣是仿照青銅農具鏟的形狀鑄成的,外形較小,上部有銎,稱“空首布”,大量鑄造於春秋時期。戰國時布的形制略有改變,主要是銎部扁平成一體,形式有方足布、尖足布、圓足布等。最初流行於黄河中游,後傳入秦、周、晉、宋、魯、燕等國。幣上一般鑄有地名,有的還鑄有幣值、干支等。秦始皇統一幣制後,廢刀、布、貝等幣。王莽改革幣制,於始建國二年(公元10年)鑄造“布貨十品”,不久即廢。

戰國　布幣

東周　布幣

刀幣

古代流通貨幣。仿照青銅刀、削的形制而鑄造的錢幣。外形較小,爲厚背弧刃狀,有柄,連一環首,故稱“環首刀”。形式有大小兩種:大刀幣是齊國的貨幣,上鑄國名或城邑名,如

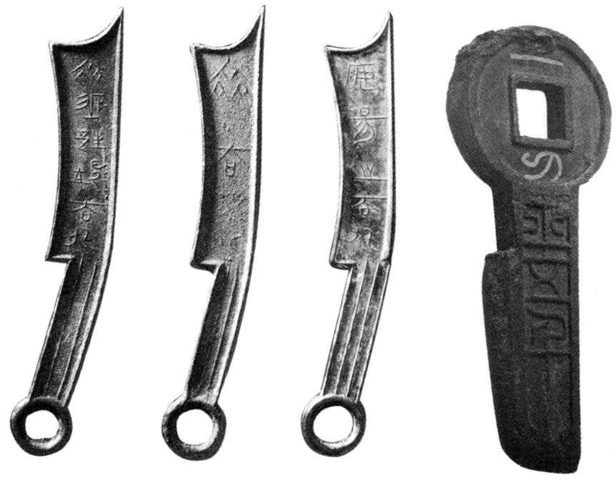

戰國　刀幣

"齊之法化"、"節墨之法化"、"安陽之法化"等。小刀幣是燕國的貨幣，均鑄有"明"字，故稱"明刀"。秦始皇統一幣制，廢除刀、布、貝等幣。其後王莽改革幣制，於居攝二年(公元7年)鑄造契刀和金錯刀，不久即廢。

圜錢

古代流通貨幣。仿自圓形玉璧，中有圓孔或方孔，並鑄地名或幣值。初見於戰國時期，主要是秦國和周國使用，三晉也有鑄造；戰國末年，齊國、燕國也相繼鑄造。但貨幣單位各國不一。周爲"釿"，秦爲"兩"，齊、燕爲"化"。最初形制是圓形圓孔，後來發展爲圓形方孔。秦始皇統一幣制後，廢除刀、布、貝等幣，用重十二銖、圓形方孔的半兩錢作爲法定貨幣。圜錢造型設計合理，使用、携帶方便，一直沿用到清末。

蟻鼻錢

古代流通貨幣。戰國時流行的一種楚國青銅貨幣。形狀是上寬下狹，面稍凸起。鑄有陰文銘，最常見的一種爲"咒"銘，依銘文形體特徵，又被稱爲"鬼臉錢"。另一種銘文一般釋爲"各六朱"或"各一朱"，因三字連寫，筆畫像一隻螞蟻，又因兩口像鼻孔，故通稱"蟻鼻錢"。錢上另有"夅"、"金"、"行"等銘文。湖北孝感曾一次出土五千枚。

戰國　蟻鼻錢

三孔布

古代流通貨幣。戰國時趙國貨幣。三孔布爲圓足布，布首和兩足上各鑄一圓孔，故名。正面鑄"宋子"兩字，背面鑄"十二朱"三字。此爲山西平朔出土。三孔布出土數量極少，宋子三孔布更爲僅見。十二朱即十二銖，爲該幣的重量。

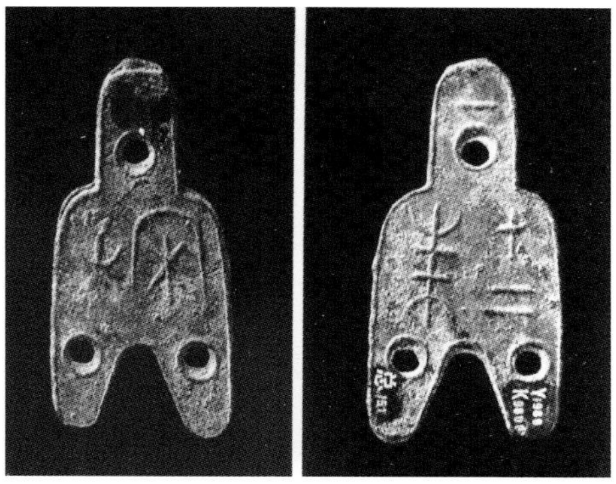

戰國　三孔布

虎符

信符。古代帝王授予臣屬征調兵員的信符。用銅鑄成，卧虎形，背上刻有被授予的職官名，側面有編號。刻文多錯銀，中分爲兩半，右半留存京師，左半頒發給郡守或統兵將帥。行用於戰國、秦漢至唐初以前。現存較早的虎符是1973年陝西西安出土的戰國晚期杜虎符，以及山東臨城出土的秦代陽陵虎符等。

戰國晚期　杜虎符

秦　陽陵虎符

中　　　　國　　　　青　　　　銅　　　　器　　　　辭　　　　典

青銅器紋飾

獸面紋

青銅器紋飾。獸面紋是商周時代青銅器上的主要紋飾，它是各種幻想動物的集合體。其構圖公式化、圖案化，特點是以鼻梁爲中綫，兩側呈對稱排列。額頂有一對角，以下是眉和大而有神的雙目，雙目的兩側是耳，鼻下是大嘴，有的還露出獠牙。多數獸面紋有曲張的爪子，兩側有展開的體軀和卷曲的獸尾；少量簡略式的没有獸體和尾部。所有獸面紋均按此模式，衹是隨着時代的發展，獸面紋在表現方法和技巧上有所變化，尤其是角的部位變化較多。從商代早期到西周時代獸面紋的角形，大致有環柱角、外卷角、内卷角、曲折角、龍角、長頸鹿角、牛角、虎耳等。到商代中晚期角的裝飾地位越來越突出，成爲獸面紋的主要部位。商代早期起，出現了肢體不完整的，或僅能分辨雙目的變形獸面紋。自西周中期以後，獸面紋已經很少見。春秋晚期到戰國時代有一種龍蛇複合型獸面紋，在角、體軀等部位，都用很精細的龍蛇交纏在一起。自宋代以來，這一類紋飾都稱爲“饕餮紋”，這一名稱見於《吕氏春秋 · 先識覽》：“周鼎著饕餮，有首無身，食人未咽，害及其身，以言報更也。”一直沿用至今。實際上獸面紋用在青銅器上主要是在商代，而不僅僅是“周鼎”。“有首無身”，是圖案的省略形式。

商代晚期　父乙觶

西周早期　㲋古方尊

西周早期　獸面紋鼎

環柱角獸面紋

青銅器紋飾。這種獸面紋的角形中間有一短柱，柱頂上設一環，兩側向内卷曲。此紋飾出現很早，商代早期青銅器上已有，周初尚流行使用。

商代早期　獸面紋斝

商代中期　獸面紋鼎

外卷角獸面紋

青銅器紋飾。這種獸面紋的角向外兩端呈卷曲的半環形，一端是角的肥大根部，置於獸面的中間，然後向上平轉，再向外側彎曲内旋，形成尖鋭的角端。此紋飾盛行於商代，至西周初仍沿用。

商代中期　獸面紋罍

商代中期　獸面紋鬲

商代晚期　戉箙卣

西周早期　利簋

内卷角獸面紋

青銅器紋飾。這種獸面紋中角的根部比較肥大，置於獸的額頂兩側。内卷角直接自兩側延伸而出，角尖上伸，再向内彎曲。這種形狀的角，在真實的動物中是没有的。内卷角獸面紋的雛形出現在商代早期，盛行於商代晚期，到西周早期已很少見。

商代中期　獸面紋爵

商代晚期　戝觚

商代晚期　戈鼎

曲折角獸面紋

青銅器紋飾。這類獸面紋的形狀像豎立的角下垂，其角根離中綫很近，向外彎曲後上卷，中間彎曲之處呈方折形。也有曲折角的角形很長，從眉上一直延伸到嘴旁。曲折角在獸面紋中數量較多。盛行於商末周初。

商代晚期　獸面紋瓿

商代晚期　獸面紋簋

西周早期　德方鼎

西周早期　厚趠方鼎

龍角獸面紋

青銅器紋飾。這種獸面紋的角，是對稱的兩條龍，它是曲折角獸面紋進一步發展後的形式。因爲原有一種龍紋的本身形狀與曲折角的形體非常相似，於是龍頭成爲角根，而其彎曲的體軀和尾部正好又與曲折角相吻合。此紋飾大多見於商代晚期的青銅器上。

商代晚期　獸面紋方卣

商代晚期　獸面紋壺

長頸鹿角獸面紋

青銅器紋飾。此紋飾角的形狀爲上小下大的圓椎形體，在動物中，衹有長頸鹿纔具有這種類型的角。鹿在古代被稱爲麒麟，有這種角的獸，被認爲有某種神異作用。盛行於商末周初。

商代晚期　獸面紋方彝

商代晚期　獸面紋方彝

牛角獸面紋

青銅器紋飾。牛角的特徵很明顯，大多爲水牛角，一般都橫置於額頂兩側，角有節，角尖上翹，牛角獸面紋實際上就是一個牛頭。盛行於商末周初。

商代晚期　獸面紋壺

西周早期　古父已卣

虎耳獸面紋

青銅器紋飾。在獸面紋牴角的部位，設置了一對虎耳。虎耳的形象似一環，兩端均向内卷曲，没有角根和角尖之分。因爲虎是没有角的，故稱虎耳獸面紋。這一紋飾見於商末周初。

商代晚期　獸面紋觶

商代晚期　獸面紋簋

西周早期　冈父辛鼎

龍蛇複合型獸面紋

青銅器紋飾。在獸頭額頂裝飾有許多卷曲纏繞的龍蛇，有的在獸面紋的面部也飾有小蛇。獸目和口，以精緻的花紋組成，不像商、西周時代的獸面紋那樣誇張和猙獰，這種獸面紋有時没有體軀和爪子。如果裝飾在春秋晚期鐘的鼓部，則圖形是倒置的。流行於春秋晚期至戰國早期。

春秋晚期　鳥獸龍紋壺

春秋晚期　獸面紋鐘

變形獸面紋

青銅器紋飾。變形獸面紋有兩種情況：一種是僅有雙目，獸面的其他部分都省略了，流行於商代早期到西周早期；另一種是獸面紋開始走下坡路，表現爲圖案簡單而粗率，獸面紋的主要特徵，除了獸目約略可辨以外，其餘體軀、鼻、耳、爪子等全部變形，成爲粗陋的綫條，但仍保持着對稱的排列形式，這一形式的獸面紋，流行於商代早期和西周時代。

商代早期　變形獸面紋爵

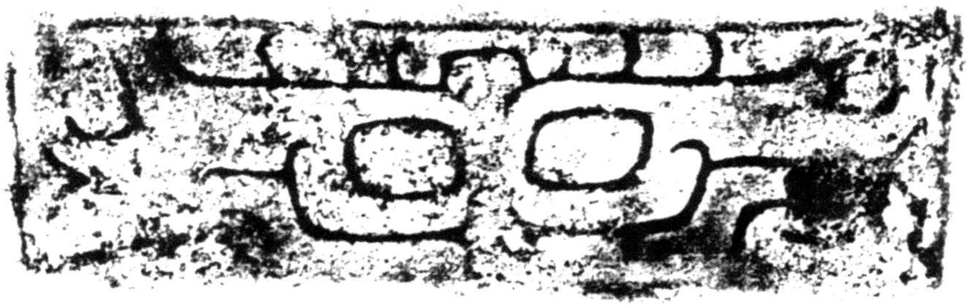

商代早期　獸面紋爵

西周中期　大克鼎

失目獸面紋

青銅器紋飾。獸面紋的基本條件如角、鼻、嘴、體軀等均已全備，唯缺少雙目，這是變形獸面紋的一種。

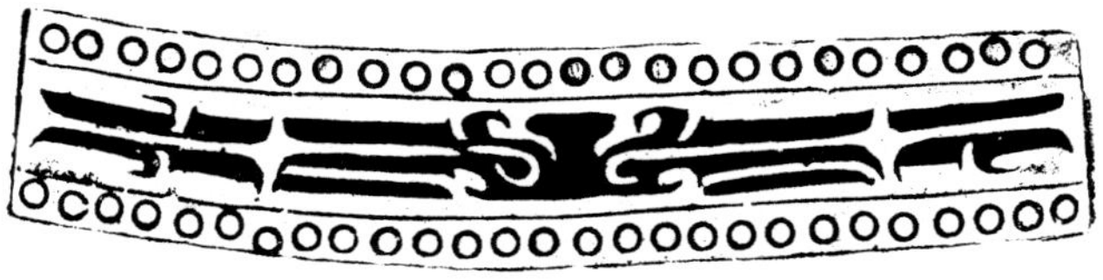

商代中期　獸面紋鬲

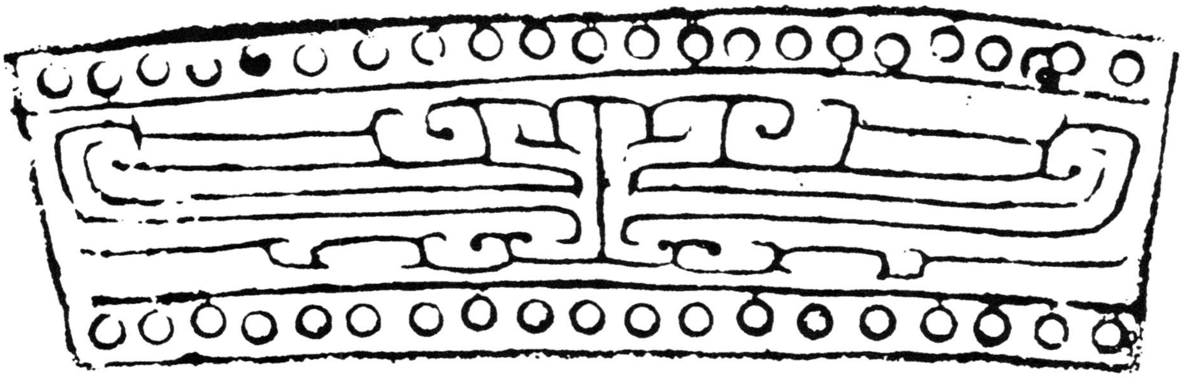

商代中期　獸面紋爵

商代中期　獸面紋觚

龍紋

青銅器紋飾。在古代神話傳説中，龍是以蛇作爲主體，融合了獸類動物的四足、馬的鬃毛、鬣尾、狗爪、魚鱗和鬚，還有飛禽的冠和羽毛，是多種動物的集合體。青銅器上龍紋在商代早中期已經出現，僅有横置的勾曲條紋和一目，形式很抽象。商代晚期至戰國時代龍紋的數量增多，形式變化很大，大多在器物的口沿和圈足上飾體態呈側面爬行的龍紋。有的以正面龍首爲中心，體軀沿龍首卷曲成圓形的卷體龍紋，或在獸面紋兩側配置倒豎龍紋。商末周初還有一種雙體龍紋，龍首居中，兩側各有一條較長的體軀，常在器頸、圈足等狹長的地位使用，使體軀有充分展開的餘地。西周中期起，龍紋已經完全取代了獸面紋的地位，一種相背式的花冠龍紋已成爲器物的主要紋飾。也有龍首居中，體軀與附近龍體相纏繞的交體龍紋，和一條獸體兩端各有一個龍首的兩頭龍紋。東周時代主要是交體龍紋，是用兩條或多條龍的體軀用竪向或横向交纏在一起，由於當時製作技術的高超，紋飾可使用母模反復印製，在模上衹要刻一組紋飾，就能拼凑成整器的圖案。龍是神秘的動物，它有多種稱謂，如夔、螭、虺、虬、蚪等。據《説文 · 龍部》："龍，鱗蟲之長，能幽能明，能細能巨，能短能長，春分而登天，秋分而潛淵。"是能上天入地的靈物。而夔在《説文·夊部》："神魖也。如龍，一足，从夊；象有角、手、人面之形。"《山海經 · 大荒東經》："有獸，狀如牛，蒼身而無角，一足，出入水則必風雨，其光如日月，其聲如雷，其名曰夔。"因此將青銅器紋飾上有一角、一足、張口、尾上卷的形象都稱爲"夔"，或稱爲"夔龍"。"虺"，《國語 · 吴語》云："爲虺弗摧，爲蛇將若何。"章昭注："虺小蛇大也。"於是將青銅器上細小的龍稱爲"虺"。還有一種"螭"，據《説文 · 蟲部》："螭若龍而黄，北方謂之地螻。"在古籍中也認爲螭屬龍。至於"虬"、"蚪"，都是大龍與小龍、無角與有角之分，實際上都是龍、蛇變形的圖案。

商代晚期　婦好鳥尊

卷體龍紋

青銅器紋飾。是指龍的單體構圖。龍首在中間，一般呈現正面，其軀幹環繞在龍首周圍，呈圓形。這種卷體龍紋大多置於盤的中心和在簋或壺蓋的抓手内以及尊和卣的外底。古代以爲龍、蛇屬同類，故將龍畫成蛇一樣的卷體狀。自商代到戰國各個時代青銅器上都有卷體龍紋作爲裝飾，衹是圖像結構有所不同。自西周晚期起，有一種卷體龍紋，是側面的，龍頭大，體軀較小，在鬲上使用這種紋飾的較多。在春秋晚期有一種體軀卷曲的、排列較爲規正的卷體龍紋。

西周中期　無㠱簋

西周晚期　魚龍紋盤

西周晚期　虢仲鬲

西周晚期　虢仲鬲

春秋晚期　盤龍紋鬲

春秋晚期　者汈鐘

春秋晚期　卷龍紋豆

兩頭龍紋

青銅器紋飾。是同一獸體的兩端各有一個龍頭，獸體大多是一條斜綫或呈曲折形綫條，這是圖案的變形所致。兩個頭有時是相同的，但也有不同的，如一個是正面龍頭，一個是側面龍頭。以兩個龍頭的方向來分類，有同向式、相對式、相背式、交叠式等。簡單的獨體兩頭龍紋，大多見於西周中晚期；纏繞式的兩頭龍紋，多數龍的形狀都縮小而呈微型化，紋飾顯得極爲複雜，盛行於春秋、戰國時期。

商代晚期　兩頭龍紋斗

西周早期　龍紋禁

西周早期　兩頭龍紋尊

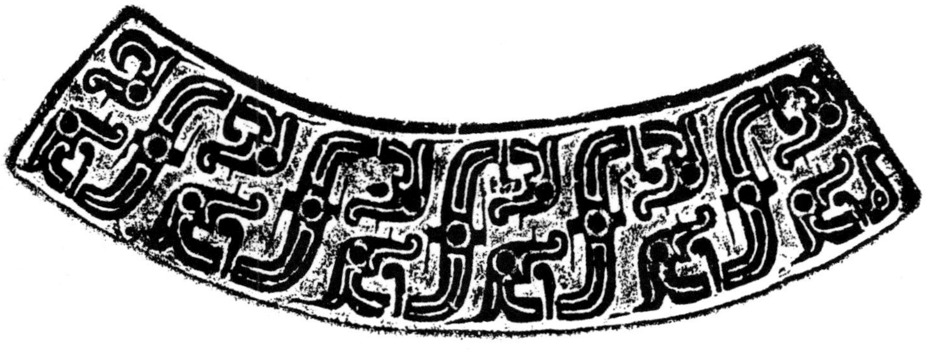

春秋早期　兩頭龍紋甗

雙體龍紋

又名“雙尾龍紋”。青銅器紋飾。是在平面上表示立體龍的圖像。它是以龍頭爲中心,粗獷而突起的體軀向兩側呈波曲狀延伸。常飾於方鼎及方彝的頸部,因爲狹長的地位使龍體有充分展開的餘地。盛行於商末周初。

西周早期　斿父癸壺

西周早期　或父癸方鼎

交體龍紋

青銅器紋飾。一般是由兩條龍的體部相互交纏的形象，並連續不斷地重復出現，非常有規律地向同一方向交纏着。也有多條龍體交纏在一起，成多叠式的交體龍紋。也有一上一下，下者昇上，上者下覆，兩體交纏。《周禮·春官·司常》："王建大常，諸侯建旗。"鄭玄注："諸侯畫交龍，一象其昇朝，一象其下覆也。"是指交體龍紋的圖像。盛行於春秋、戰國之際。

春秋早期　曾伯霥簠

春秋中期　交龍紋鼎

戰國早期　交龍紋甗

環柱角龍紋

青銅器紋飾。在龍的頭頂設一柱，柱頂上有一環，其體部大多爲横的長條形，尾部上卷。一般裝飾在器口沿或頸部。這類角形在龍紋中較爲少見。盛行於商和周初。

西周早期　龍紋簋

西周早期　仲丮臣盤

彎角龍紋

青銅器紋飾。在龍的頭上飾一彎角，角一般都很短，角根較大，末端尖鋭，向上彎曲。紋飾常爲對稱排列，龍的體軀一般較短，尾上卷。在觚的腹飾中，這類紋飾較多。盛行於商末周初。

商代晚期　獸面紋簋

商代晚期　戉箙卣

長頸鹿角龍紋

青銅器紋飾。在單體龍紋額頂的部位，飾一個長頸鹿角。角上大下較小，中間凹弧。飾長頸鹿角的龍紋，其體軀大多爲細長形，尾部卷曲，有的體部飾龍鱗，它與長頸鹿角獸面紋相同，也具有某種神異作用。盛行於商末周初。

商代晚期　射女鼎

商代晚期　龍紋爵

西周早期　龍紋簋

西周早期　从簋

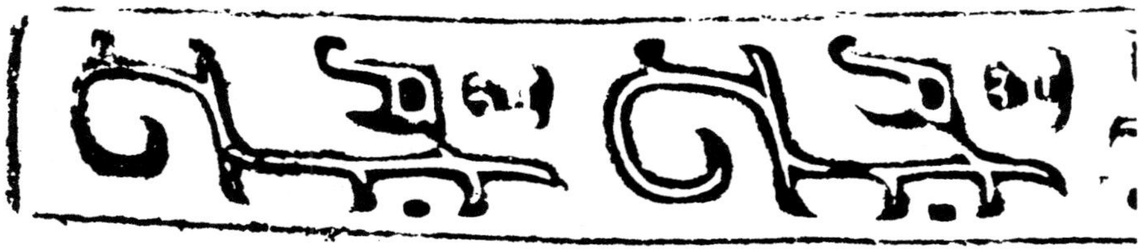

西周晚期　獸面紋簋

虎耳龍紋

青銅器紋飾。在龍的頭上飾一虎耳，龍的體軀呈曲折狀。這類龍紋的形體一般較小，成對稱或連續式排列，適宜裝飾在器物的頸部或圈足上，盛行於商代晚期。到西周晚期虎耳龍紋也有作爲主紋的，頭部甚大，體軀向上卷起，在鬲的腹部就有虎耳龍紋。

商代晚期　獸面紋簋

商代晚期　戉箙卣

西周晚期　龍紋鬲

花冠龍紋

青銅器紋飾。這類龍紋的頭上没有角，而以鳥的花冠代替，但它的頭形像獸而不像禽鳥。西周早期已出現，盛行於西周中期，其後數量逐漸減少。通常體軀都較長，有對稱式、回顧式等形式。自西周晚期起，還作爲鐘的鼓部裝飾，常見爲卷體，尾部與鳳鳥的羽尾相似，用相對或相背的形式，也有四龍在一起的，春秋、戰國時代尚沿用。

西周早期　匽侯盂

西周中期　琱生鬲

象鼻龍紋

青銅器紋飾。這一紋飾爲體軀似龍的幻想動物，有一條很長的鼻，其形狀與象鼻相似。但這種象鼻動物的體軀都不是獸類，而是龍蛇蜿蜒卷曲的樣子，所以歸於龍類。象鼻龍紋與其他龍紋相同，也有對稱、卷曲或交纏等式樣。這類紋飾自商代中期出現，歷經西周和東周，隨着時代的不同，形體有所變化，但長鼻的特徵却不變。

商代中期　獸面紋斝

西周早期　鳳紋簋

西周早期　曆方鼎

變形龍紋

青銅器紋飾。是指龍紋成對稱排列，體部爲卷曲狀，體內飾雲紋，不見龍首。這種紋飾較爲少見，屬於龍紋的變形形式，見於西周時代。也有以一個圓點爲龍首的變形龍紋，僅見卷曲的體軀，排列無序，屬東周時代。

西周早期　㠱仲壺

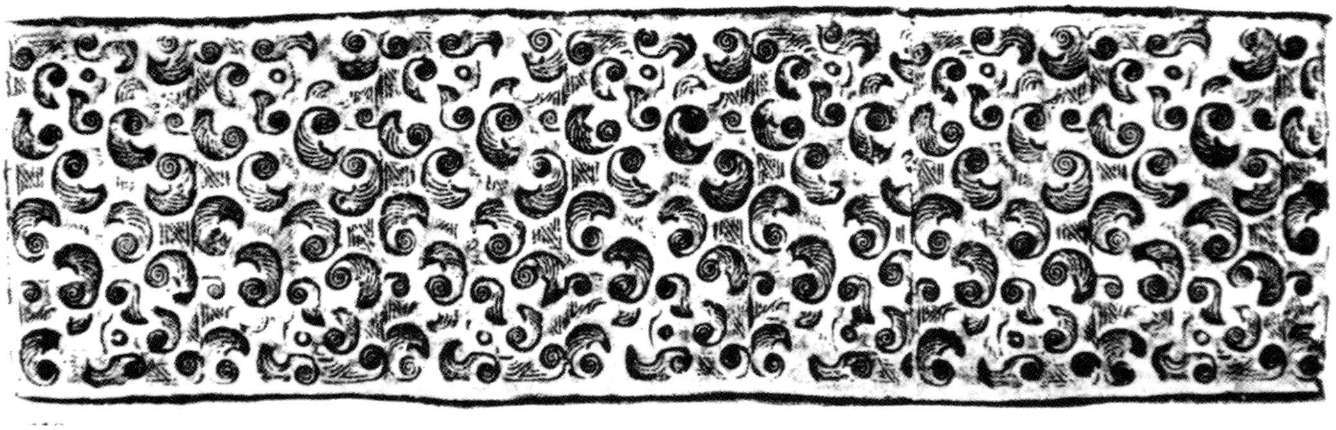

春秋晚期　變形龍紋壺

鳳鳥紋

青銅器紋飾。鳥是自然界中存在的禽類，以它的形象仿生，比較容易識別。《説文·鳥部》："鳥，長尾禽總名也，象形。"段玉裁注："鳥二足而羽，謂之禽也，短尾名隹，長尾名鳥。"商人對鳥很重視，《詩·商頌·玄鳥》："天命玄鳥，降而生商。"《史記·殷本紀》："殷契，母曰簡狄，有娀氏之女，爲帝嚳次妃，三人行浴，見玄鳥墮其卵，簡狄取吞之，因孕生契。"説明商的始祖就與鳥有關。在青銅器紋飾中，鳥的形象比較少，一般都裝飾有華麗的冠和多彩的尾部，這就成爲神鳥。《説文·鳥部》："鳳之象也，麐前鹿後，蛇頸魚尾，龍文龜背，燕頷鷄喙，五色備舉……見則天下大安寧。"這是用鳳紋作爲裝飾的原因。傳世的鳥紋或鳳紋的圖案中，有形體大或小、紋樣簡單或繁複之分，今通稱爲鳳鳥紋。商代中期已有少量的青銅器上的鳳鳥紋作爲主紋裝飾，如在壺的腹部用相背的或連續式的形式排列。鳳鳥紋以頭部的鈎喙作爲明顯的特徵，體部有些變形。商代晚期青銅器上鳳鳥紋已成爲常見的紋飾，除了作爲獸面紋的配置外，還作爲主紋出現，有的青銅器上可飾五道形式不同的鳳鳥紋。西周早期對鳳鳥紋很重視，《國語·周語》記載："周之興也，鸑鷟鳴於岐山。"鸑鷟，鳳凰之屬，這是上帝讓周族興起的祥瑞。這時期的鳳鳥紋有直立式的回首的和各種角形的，與商代晚期相同。自西周中期起，由於製範技術的嫻熟，鑄造技術的不斷完善，工匠們豐富的想象力得到充分的發揮，尤其在鳳鳥紋的羽冠和尾羽部分裝飾得更爲華麗，成了這一時期的主紋，有學者認爲西周是鳳鳥紋時代。這時出現一種卷體鳳紋，裝飾在壺和簋的抓手之內。西周中晚期還有一種特殊的鳳鳥紋，專飾在青銅樂器編鐘上，在鼓部的右側，稱爲鸞鳥。西周晚期鳳鳥紋已經比較少見了，但自商代中期至春秋早期，有的僅留下鳥首，羽冠及尾部衹剩下幾許粗綫條，成了變形的紋飾。與鳳鳥紋有關的，商代晚期有鴟梟紋，是猫頭鷹的正面形象，春秋晚期的雁紋，也列入鳳鳥紋類。

商代中期　鳥紋壺

商代晚期　丠父乙觥

商代晚期　鳳紋犧尊

西周早期　鳳紋卣

卷體鳳紋

青銅器紋飾。圖案爲圓形，鳳居其中，鳳首作回顧狀，長冠及體軀羽翼甚爲華麗，外圍雲紋或鱗紋。這類紋飾大多是在壺或簋的圓形抓手内，也有用突出的單綫勾勒出卷體鳳紋的圖案，但多放置在器的圈足外底部分。一般的情况下，這些位置是不容易引起注意的，可知這類紋飾並不是爲了裝飾，而是别有用意。盛行於西周中晚期。

西周中期　十三年瘐壺

西周中期　三年瘐壺

西周晚期　頌簋蓋

長尾鳳紋

青銅器紋飾。鳳的羽冠垂於背而上卷，其後又有一條蜿蜒彎曲而又上卷的長尾，尾部的長度相當於鳳體體長兩倍以上。這類鳳紋呈横條形，大多安置在器的頸部及圈足上，可以充分地施展其長尾。盛行於商末周初。

商代晚期　父丁卣

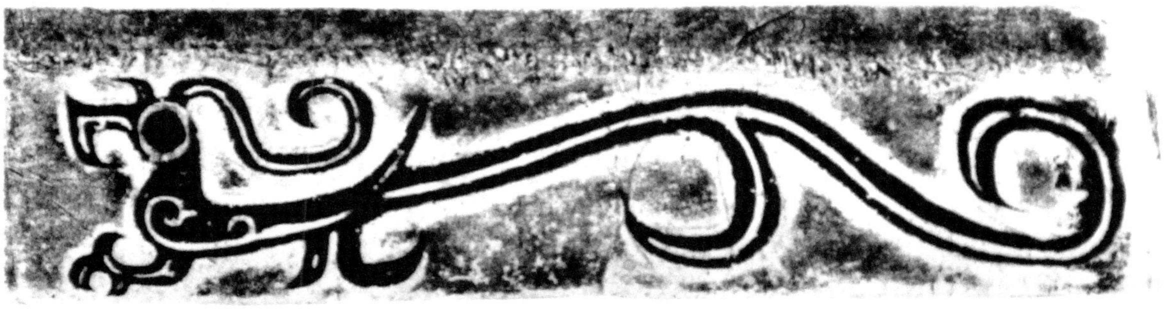

商代晚期　丬父乙觥

西周中期　㚸簋

直立鳳紋

青銅器紋飾。鳳紋在青銅器中以横置爲多，但也有在方座兩側或器的腹部作爲主紋的大鳳紋，呈直立式。還有一種作爲鼎的足部是立體的鳳，鳳的鈎喙很誇張，着地的是一足和一尾，顯示圖像的完整。流行於周初。

西周早期　䙷父丁鼎

西周早期　父庚觶

長喙鳳紋

青銅器紋飾。鳳紋是以喙爲標準的，這類鳳有一個特別長的喙向内卷曲，鳳體裝飾比較簡單，爲對稱排列。自商代晚期到西周中期都有，一般作爲器的頸部或圈足的裝飾。

西周中期　㠱仲壺

西周中期　叔甗簋

長冠鳳紋

青銅器紋飾。鳳首上有逶迤的長冠，鳳紋大多頭向前。羽冠一般下垂於背部後再上卷，更長的羽冠則垂於前，在着地前再彎曲，在垂冠上還有裝飾。這是一種非常華麗的鳳紋。隨着裝飾地位的不同，長冠有寬闊和細柔的區别。流行於西周中期。

西周中期　豐尊

商代晚期　四羊方尊

多齒冠鳳紋

青銅器紋飾。在鳳的後腦上有一冠，冠有一目和張開的三叉，目的兩側又設雙鈎，鳳紋中這類冠比較少見。它的形體似鷙鳥而長尾下垂，有的在尾下尚棲息一小鳳，與大鳳的形體不同，方向相反。尾部的裝飾也很别緻，不僅在長尾内有曲折紋、斜綫紋等，連尾的上部也有裝飾，形成整個紋飾甚爲華麗。在商代晚期和西周早期青銅器中，一般都在腹部的主要地位作對稱排列。

商代晚期　父丁卣

商代晚期　㕚爵

西周早期　鳳紋卣

花冠鳳紋

青銅器紋飾。其造型都是正視前方的側面形象。有的將鳳冠高聳，盤旋在頂上，呈卷曲狀；也有爲羽毛狀，或向内卷曲如花苞狀，浮在背上；更有將羽冠設計成長羽飄舉狀，這一切都是盡量想發揮冠的裝飾作用，可見當時設計者的想象力很豐富。盛行於商末周初和西周中期。

西周早期　正父庚壺

西周早期　鳳紋簋

西周中期　豐尊

長頸鹿角鳳紋

青銅器紋飾。在鳳的頭部飾一個長頸鹿角，形狀與獸面紋和龍紋上的長頸鹿角相同，但在鳳紋中出現的數量較少。冠及體部很樸素，僅有長條折曲、尾部下卷或上卷的形態，一般裝飾在器的頸部和圈足上。盛行於商末周初。

商代晚期　戊箙卣

西周早期　獸面紋簋

彎角鳳紋

青銅器紋飾。在鳥頭旁有一彎角形的冠，冠端尖鋭。鳳一爪前伸，體軀呈長條形，尾部向上卷曲爲獸體。這種鳳紋是鳥頭獸身的結合體。過去也有稱之爲夔鳳紋的。盛行於商末周初。

商代晚期　獸面紋鼎

商代晚期　亞䜌方罍

西周早期　鳳紋簋

尖角鳳紋

青銅器紋飾。主要的特徵是在鳳的頭部。原來應有冠的部位設置了一個角根粗大、上端尖鋭的尖角。尖角鳳紋的體軀一般都是細長的，尾端向上卷曲。盛行於商代晚期。

商代晚期　肉辛方鼎

鸞鳥紋

青銅器紋飾。鳥形昂首直立，首部向左，尾羽垂地。鸞鳥是吉祥鳥，它“色被五采，鳴中五音”，可稱之爲音樂之鳥。編鐘的鼓部右側常能見到這類鳥形，成爲旁鼓音的標志。鐘鼓有這一特殊的標記，説明鐘的音頻與整套編鐘的音階是和諧的。盛行於西周中晚期。

西周中期
單伯旲生鐘

西周中期
克鐘

西周晚期
雷紋鐘

西周晚期
龍紋鐘

變形鳳紋

青銅器紋飾。在鳳紋中僅見一個頭，鉤喙很明顯，體軀部分則是用彎曲的粗綫條構成。大致有兩種形式：一種是連續式的，見於商代中期、西周晚期和春秋早期；另一種爲相背式的，屬於商代中期。這類紋飾大多裝飾在器物的腹部。

商代中期　鳳鳥紋扁足鼎

商代中期　鳥紋壺

西周晚期　吕王鬲

春秋早期　鳳紋匜

鴟梟紋

青銅器紋飾。爲正面的鴟梟形象。頭頂有一對毛角，雙目特大，有寬而尖的喙，雙翅展開較大，有的有一對利爪。鴟梟在古代有惡鳥之名，後又被認爲有“辟兵”（避免兵器傷害）的作用。流行於商代晚期。

商代晚期　婦好鳥尊

商代晚期　徙斝

雁紋

青銅器紋飾。雁屬鳥類，游禽類，形體似鵝，頸翼俱長，足短。群飛時呈人字形，謂之雁行。此圖案爲曲頸佇立的群雁狀，形象寫實，僅見於山西渾源出土的青銅壺上，具有北方地區的風格。屬春秋晚期。

春秋晚期　鳥獸龍紋壺

動物紋

青銅器紋飾。在青銅器上以動物作爲紋飾的圖像不多。現見到大的動物有虎、牛、鹿、象等，小的如龜、蛇、兔、蟾蜍、蛙、蟬、魚等。有的動物紋純屬圖案，不明物象的，衹能稱作走獸紋，如長鼻獸紋、卷體獸紋、獸目交連紋、獸體變形紋等，用外表形體來命名。這些動物在構圖上，以側面的全軀形象爲主。

虎紋

青銅器紋飾。通常取虎的側面形象。除了静止的虎紋外，另有一種表意的圖案，如虎口中有類似人頭的物體。殷墟婦好墓出土的青銅大鉞上即有此類紋飾，司母戊方鼎的耳上也有同樣紋飾。虎紋作用在於辟邪。初見於商代晚期，沿用至戰國時期。

商代晚期　司母戊方鼎

商代晚期　婦好鉞

西周早期　龍紋鼎

鹿紋

青銅器紋飾。鹿紋在青銅器紋飾中大多衹是一個鹿首的形象可以分辨。傳世的西周貉子卣蓋沿及器口沿皆飾一周鹿紋，爲回首狀。頭上有明顯的分支鹿角，體軀爲蹲踞狀。東周青銅器上，也有少量鹿紋，紋飾已用紅銅鑲嵌。

西周中期　貉子卣

牛紋

青銅器紋飾。在商周青銅器上，配有牛角的動物紋飾較多，而以整體的牛爲紋飾較爲少見。牛紋通常取牛的側面形象，體軀圓碩，頭上有牛角，尾下垂，前足爲跪曲狀，後足站立。整體牛作爲紋飾形象一般都比較小，如觶和罍頸部的裝飾中都出現過，是商末周初的器物。

商代晚期　父己戎觶

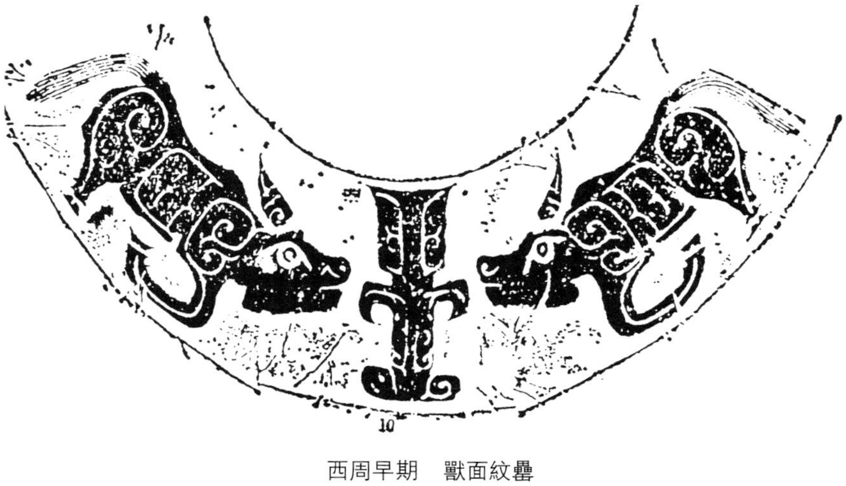

西周早期　獸面紋罍

象紋

青銅器紋飾。商代中原地區尚有野象，在甲骨文中有商王獵象的記載。象紋是表現象的側面形態，龐大的體軀、彎曲的長鼻，頭上還放了一個曲折角，這是西周早期乙公簋腹部的象紋。此外，商代晚期的九象紋簋，其腹部用簡單的綫條表現九頭象的形象，并以首尾相接方式排列着。西周早期的士上尊、士上卣、邢侯簋的腹部均飾對稱的象紋。盛行於商末周初。

商代晚期　象紋簋

西周早期　乙公簋

西周中期　火龍紋簋

兔紋

青銅器紋飾。長耳斜竪，短尾，呈半蹲踞狀，青銅器上以兔的形象作爲紋飾很少見。河南洛陽北瑶曾出土青銅觶，頸部飾一周兔紋，時代爲西周早期。

西周早期　兔紋觶

長鼻獸紋

青銅器紋飾。是一種獸的變形紋飾。商代晚期作連續式排列，每一個長鼻獸紋有一目，前有一條長鼻向下彎曲，後爲體軀，作長條形，尾部向下卷曲。春秋時代的長鼻獸紋未見目，爲側面行走狀，頭上的長鼻平置，鼻尖向上，體部飾直條紋，尾粗壯彎曲下垂，尾端上卷，獸腹旁置兩個彎曲的足。

商代晚期　獸面紋瓿

春秋晚期　䣄簠

走獸紋

青銅器紋飾。這是一種不可名狀的獸，爲側面爬行狀。頭部有圓目，張口向下或吐舌，細長頸。較長的體軀有條紋，尾尖上卷，體下部設兩條折曲的足。走獸紋爲對稱排列，頭的方向相反。整個紋飾綫條較粗而清晰，一般在簠的蓋面及圈足使用，是獸類紋飾的變形。見於春秋時代。

春秋早期　陳侯簠

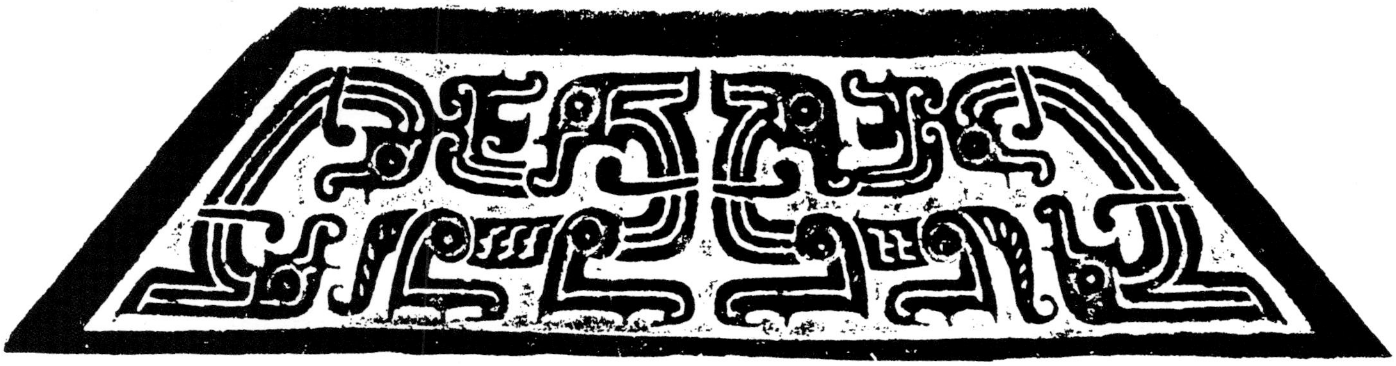

春秋早期　陳侯簠

卷體獸紋

青銅器紋飾。頭爲龍形，目很大，額頂有一向後卷曲的觸角。唇上卷似長鼻，張口，内有上下交錯的獠牙。體軀呈條形分置上下，各向中間卷曲，體部向前伸出一利爪。這是以蝸牛殻作爲軀幹的動物，形象奇特，是幻想中的神物。這類紋飾，一般見於西周早期的青銅器。如簋和卣的腹部，呈對稱排列，作爲主要的紋飾。存在的時間較短，西周中期的青銅器上已不復見。

西周早期　卷體獸紋簋

西周早期　从簋

蛇紋

青銅器紋飾。頭部比較寬大，有一對突出的大眼睛，曲折形的軀幹以鱗節爲裝飾，尾部上卷。蛇是游動的動物，青銅器上的蛇紋都有曲折形的軀幹。蛇紋最早出現在商代中晚期的青銅器上，以對稱式或連續式排列，一般不作爲主題紋飾使用。東周時代的蛇紋結構自由，個體精小，軀幹呈卷曲或交連狀。

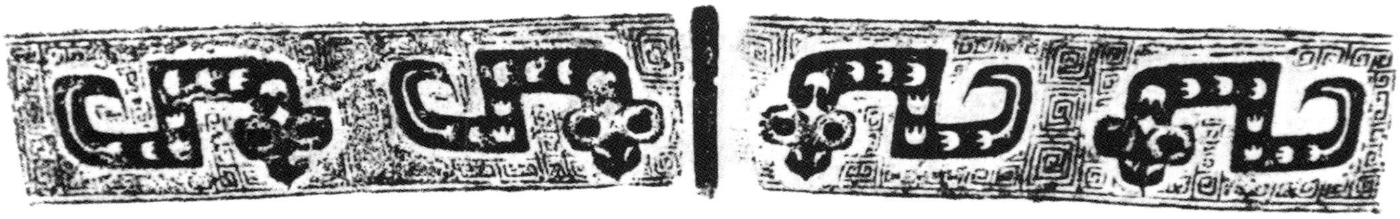

商代晚期　臣𣪕方鼎

商代晚期　蛇紋簋

西周早期　何尊

蟬紋

青銅器紋飾。蟬，俗稱“知了”，夏季常見昆蟲。蟬在幼蟲時，一般要有三年時間生活於泥土中，然後爬到樹幹或其他植物上完成蛻變，變爲成蟲。脱殼後到翅膀、體軀等比較堅固時，纔遠走高飛。古人認爲蟬有象徵死而轉生的意思。紋飾中蟬有無足和有足兩種形式，可直排或横置，隨意性較大。盛行於商末周初。

商代晚期　射女鼎

商代晚期　箙鼎

魚紋

青銅器紋飾。魚是水生動物，體部有鱗，燕尾。魚紋呈側視形，常出現在盤中，作爲龍的配置紋飾。商代魚紋的形體爲鯉，大多閉嘴，脊鰭和腹鰭各有兩個，整體形象比較呆板；從春秋時代起，魚紋大都張開嘴，上下一般都衹有一個鰭，形象生動活潑。

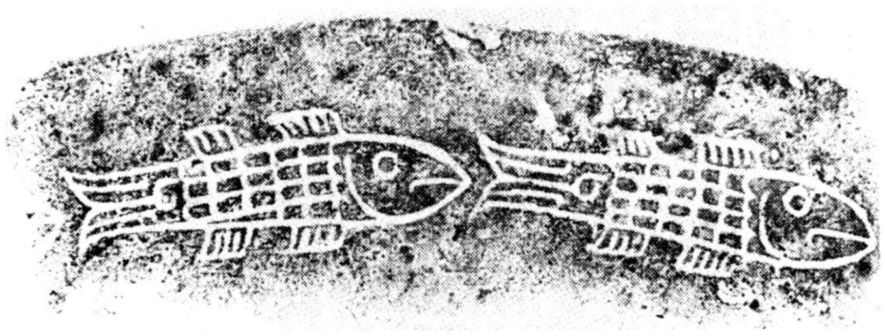

商代晚期　魚龍紋盤

春秋早期　魚龍紋盤

蟾蜍紋

青銅器紋飾。蟾蜍屬兩棲類，體大，形醜惡，皮黑而多疣。青銅器上的蟾蜍紋，都顯示其背上的疣，這是蟾蜍的特點，比較形象。蟾蜍紋比較少見，但各時代都有所發現。

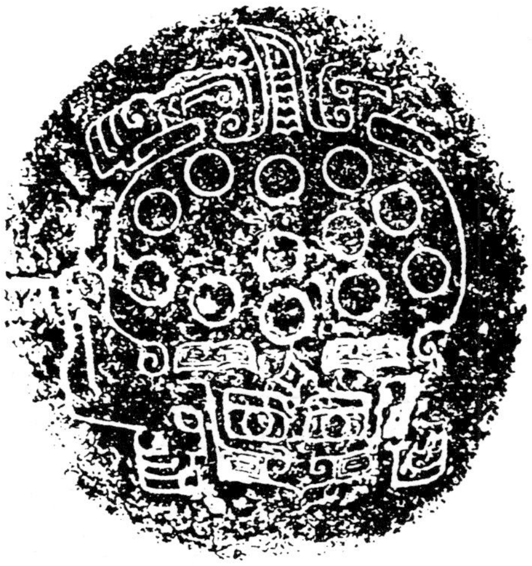

商代晚期　鼉魚紋盤

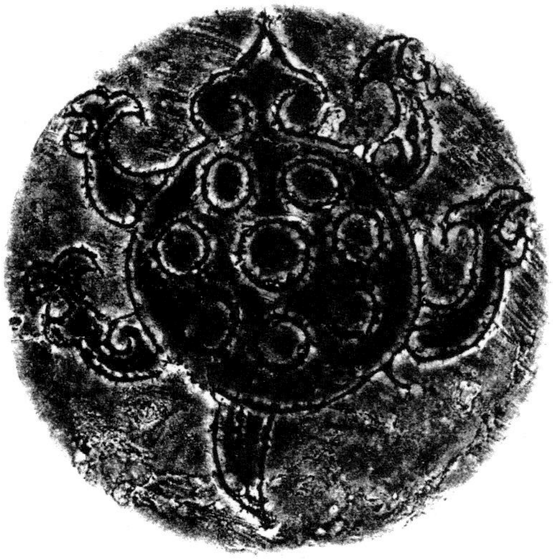

商代晚期　鼓盤

蛙紋

青銅器紋飾。蛙是兩棲類脊椎動物，體短闊，上鋭下廣，四肢皆有尖爪。前肢較小，有四趾，後肢粗長，有五趾，趾間張膜。蛙作爲立體的形象裝飾在器物提梁的兩端或瓿的上腹，也有施於盤内，比較寫實。盛行於商代，東周時代仍沿用。

商代晚期　蛙紋盤

商代晚期　亇卣

鳥獸合體紋

青銅器紋飾。有以下三種表現形式：一、獸面紋兩側有展開的體軀，在末端即獸面紋的尾部，兩側各飾一鳥頭，主要見於商代晚期；二、鳥與獸有合用的體軀，呈曲折狀，兩端各飾一頭，一爲龍頭，一爲鳳頭，見於西周早期；三、圓形的共用體軀，兩側各有一鳳頭和龍頭，整個圖形爲圓形，主要見於西周中期。

商代晚期　子爵

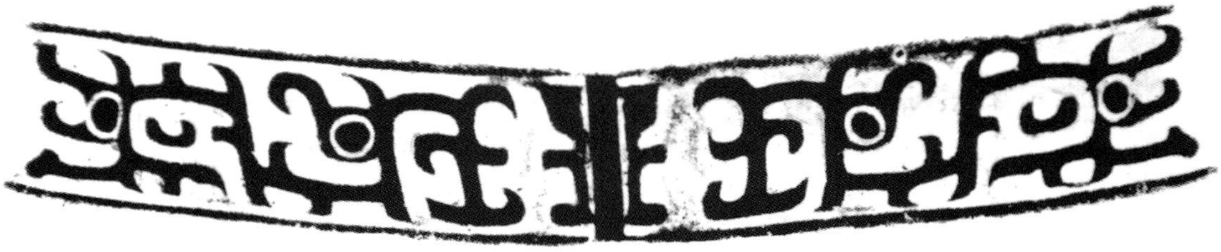

西周早期　小臣單觶

西周中期　叔㚸簋蓋

火紋

舊稱“圓渦紋”、“渦紋”或“囧紋”。青銅器紋飾。圓形，中間略有突起，有一圓圈紋，邊沿有四至八道旋轉的弧綫，表示火焰的流動。《周禮 · 考工記》有“火以圜”的記載。火紋是太陽的標志。青銅器上最早的火紋見於夏代斝的腹部。最原始的火紋，没有旋轉的火焰，也可能當時火焰的形象是畫上去的，後來消失了。以後歷代都有火焰的形象。火紋延續時間很長，在一些漢代文物中，還可以看到它的遺迹。

商代中期　獸面紋斝

商代晚期　獸面紋斝

西周中期　火紋簋

火龍紋

青銅器紋飾。火紋與龍紋的組合，大致有三種形式：一、火紋與龍紋一一相間，排列成帶狀，龍紋多爲短體或卷體，這一形式盛行於商末周初；二、雙體龍紋或長體龍紋與火紋的組合，這是在雙體或長體蜿蜒展開的體軀周圍飾以火紋，這一形式盛行於商末周初；三、中心爲一火紋，兩側爲龍紋的單獨構圖，這一形式盛行於西周中期。

商代晚期　獸面紋罍

商代晚期　婦好三聯甗

西周早期　父乙方鼎

西周中期　盠方彝

目紋

青銅器紋飾。是指雙目，它是由目框和瞳仁組成。表現正視的動物有雙目，側面的動物以一目表示。商代早期變形獸面紋爵的紋飾僅有雙目，已歸入獸面紋。目紋與其他圖形結合，有雲紋和雷紋中間飾一目紋；有目紋的周圍飾四瓣花，稱四瓣目紋；也有在簡單獸的軀體交接中設置一目，成爲獸目交連紋等。

西周早期　目紋爵

西周早期　旅爵

斜角目紋

青銅器紋飾。中間是一個圓形或橢圓形突出的獸目，以此爲中心，用對角綫構成左右兩邊斜角。因兩邊是上下斜角，故另一組目紋的斜角又能與之交疊。有的斜角用類似獸體的形狀來表示，但左右兩邊的斜綫是完全對稱的，因而又不似獸體。初見於商代早期，流行於商代晚期，周初已很少見。

商代早期　斜角目紋鼎

西周早期　令盤

四瓣目紋

青銅器紋飾。以一個獸目作爲圖案單位，四角附有四瓣尖翅，每瓣尖端各分爲二。流行於商代晚期及西周早期，戰國時仍有，但形式略有變化，多飾於尊、鼎、觶等器的腹部。

商代晚期　四瓣目紋觶

商代晚期　㽙尊

目雷紋

青銅器紋飾。目紋與雷紋相間，連成帶狀的圖案。流行於商代晚期到西周時期。

西周早期　目雷紋卣

獸目交連紋

青銅器紋飾。是變形紋飾，有兩種形式：一是兩獸尾部上下相接，連接處有一獸目；二是兩頭相接或體軀相接，相接處用獸目。其形狀有簡有繁，但基本結構相同，最簡單的連目紋也省略了，成了獸體變形紋。盛行於西周中晚期至春秋早期。

西周中期　殷句方壺

西周晚期　筍伯大父盨

西周晚期　梁其盨

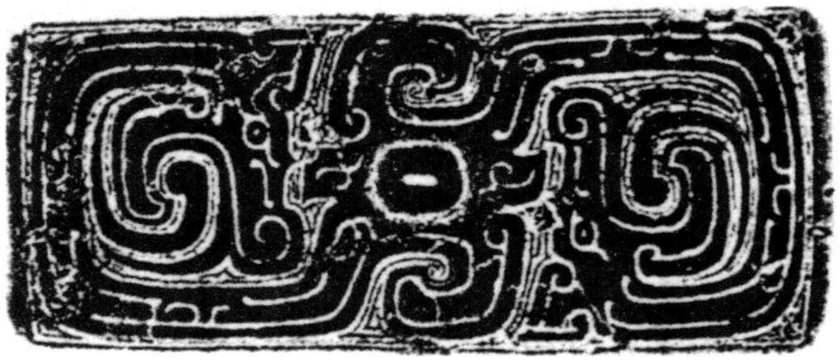

春秋早期　滕侯穌盨

獸體變形紋

舊稱"竊曲紋"。青銅器紋飾。不具備動物整體形狀，祇有獸體的一部分象徵性變形紋飾。這類紋飾變化很多。

西周中期　仲競簋

西周晚期　杜伯盨

西周晚期　獸體變形紋盤

波曲紋

又名“環帶紋”。青銅器紋飾。是龍蛇軀幹變形的帶狀圖案。構圖寬闊縈回，猶如海浪般起伏，飾於大器上，氣勢宏偉。其波谷的空間常填以雷紋、龍紋或鳥紋。盛行於西周中晚期，春秋早期亦沿用。起初此類紋飾尚有龍紋軀幹的特點，後因變形而成爲連續波曲狀。著名的重器如大克鼎、虢季子白盤等均施此類紋飾，完全取代了商末周初獸面紋的地位。

西周晚期　虢季子白盤

西周晚期　波曲紋鼎

西周晚期　史頌鼎

鱗紋

青銅器紋飾。是以龍軀幹上的鱗片組成的圖案，其排列的形式大致有兩種：一、相間式，有大小鱗片一一相間排列和不同圖案的鱗片一一相間排列兩種形式。二、連續式，是完全相同的鱗片作横向排列呈帶狀，有單列的，也有上下排成雙列的。鱗紋在商代晚期已有，但所見甚少，大多裝飾在西周中晚期鼎和簋的腹部或圈足部位。這種紋飾以前也有稱爲“重環紋”的。

商代晚期　冈盤

西周中期　三年師兑簋

西周中期　仲義父𦉜

西周晚期　伯㢑父鼎

叠瓣鳞紋

青銅器紋飾。將鱗片作縱向排列，如魚鱗相疊，尤其是西周時代的壺和𨱔，整器就佈滿重叠鱗紋，在鱗片中有時還填以雷紋。這一紋飾流行於西周早期至春秋時期。

西周晚期　伯多父壺

西周中期　仲義父𨱔

幾何形紋

青銅器紋飾。是將各種幾何形的圖案組合成有規律的紋飾，屬於形式上的變化和結構上的美感，是青銅器上最早的紋飾。但在早期作爲主要紋飾的機會非常少，尤其在獸面紋、龍紋、鳳鳥紋盛行的時代裏，它衹能作爲主紋的陪襯或作地紋使用，衹有在這些紋飾衰退的時代，各種形式的幾何形紋才不斷出現，春秋戰國之際，幾何形紋作爲主紋已屢見不鮮。幾何形紋大致有連珠紋、雲雷紋、弦紋、黼紋、乳釘雷紋、曲折雷紋、三角雷紋、菱形雷紋、蕉葉雲紋、直條溝紋、横條溝紋、斜綫紋、絢紋、繩絡紋、幾何變形紋等。

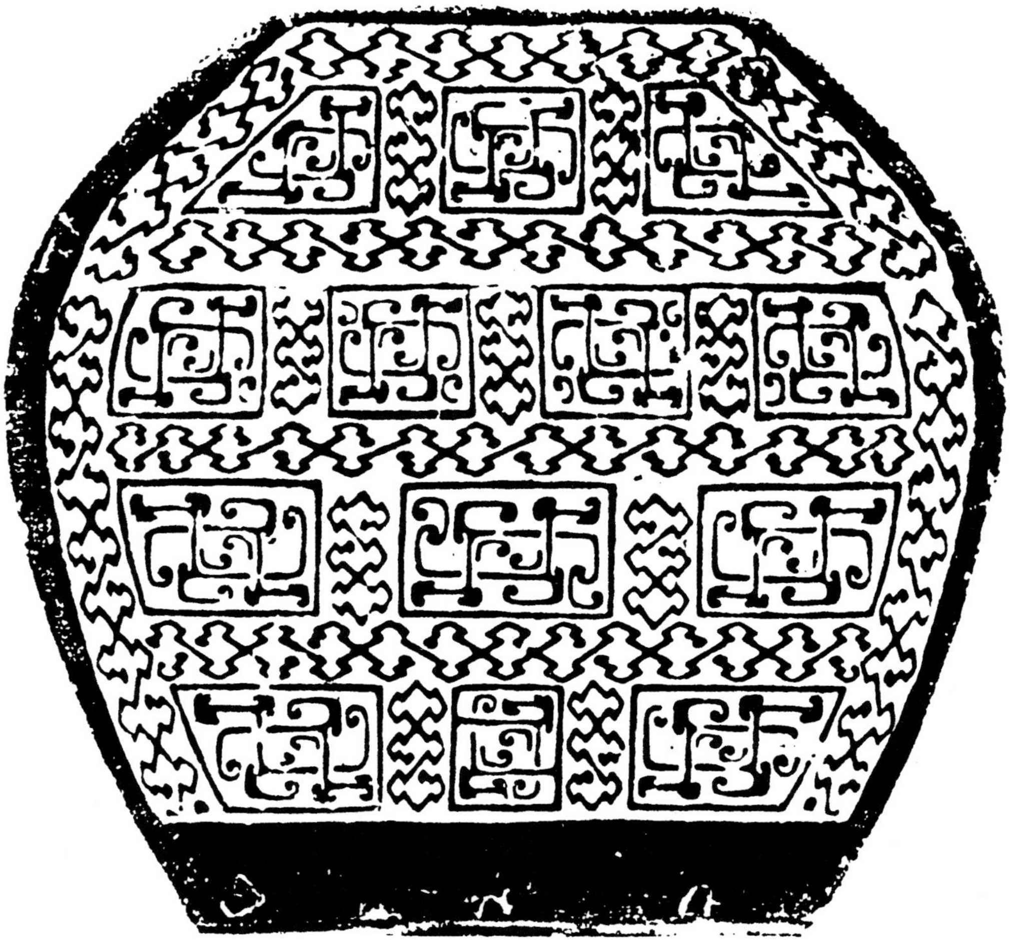

戰國早期　幾何形紋方罍

連珠紋

青銅器紋飾。是圓圈的連續排列。這一紋飾出現很早，夏代青銅爵、斝的腹部已有實體的連珠紋。自商代早期起，連珠紋已是空心的小圓圈，大多裝飾在主紋的上下兩欄。有的連珠紋在空心小圓圈内還有一個小點。連珠紋延續時間很長，春秋戰國時尚有發現。

夏代晚期　連珠紋斝

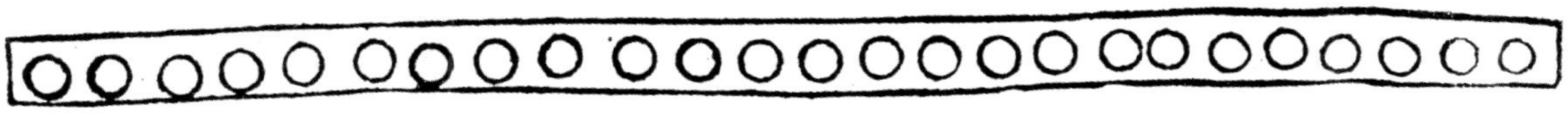

商代早期　獸面紋斝

雲紋

青銅器紋飾。用柔和的回旋形綫條組成，有對稱式或作同一方向卷曲。綫條爲突起的細綫，結構比較自由。夏代晚期的青銅器上已有雲紋作爲裝飾。

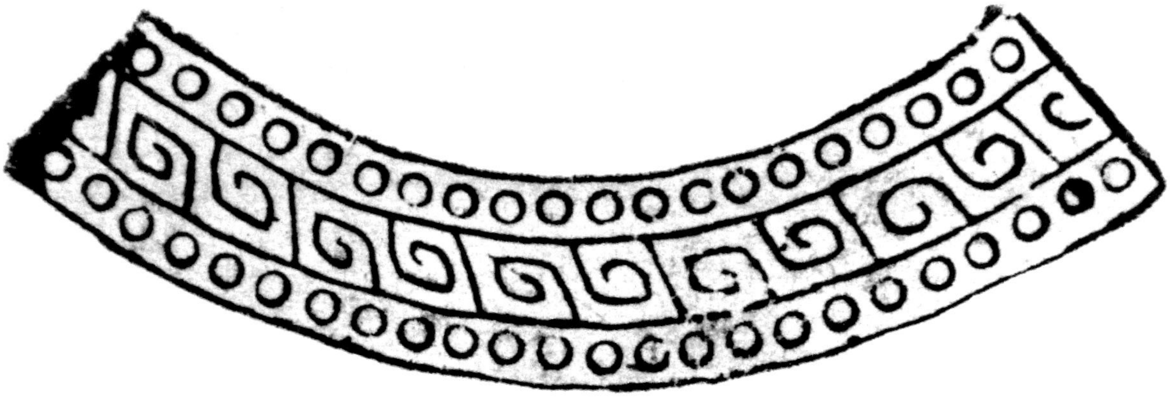

商代早期　雲紋觚

蕉葉雲紋

青銅器紋飾。兩獸的軀幹縱向對稱排列,一端較寬,一端尖銳,狀如蕉葉。這類紋飾大多施於青銅觚的頸部,也有設在壺的頸部,盛行於商末西周早期。戰國時代的壺頸上也有這種紋飾。

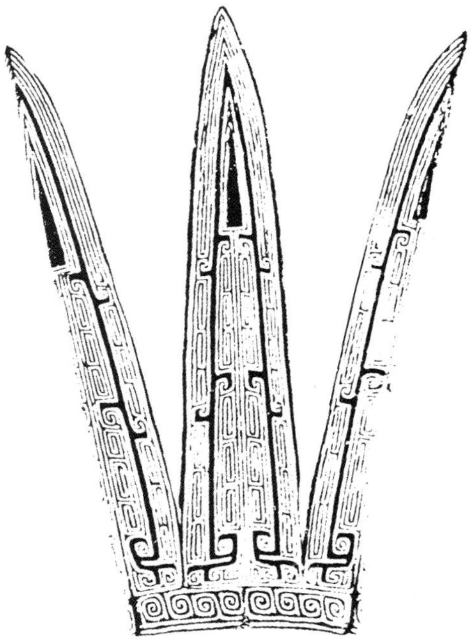

商代早期　工册觚

戰國中期　變形獸紋壺

雷紋

青銅器紋飾。形式比較拘謹，將突起的綫條組成方折形内卷。結構有對稱式、連續式、上下相連式不等。在青銅器中，商代早期器物上有以雷紋爲主紋，自商代晚期起主要用於獸面紋等紋飾的地紋，填補在空隙處，其延續的時間很長，在戰國時代雷紋還可作爲主紋的邊緣紋飾。雷紋與其他圖形結合，可成爲曲折雷紋、乳釘雷紋、三角雷紋、菱形雷紋等。

商代早期　雷紋瓿

商代晚期　獸面紋觶

商代晚期　凸耳卣

雲雷紋

青銅器紋飾。基本特徵是以連續的回旋形綫條構成的幾何圖形。有的以圓形的回旋狀構圖，稱爲“雲紋”；有的以方形的回旋狀構圖，稱爲“雷紋”。雲雷紋是最常見的，多作爲青銅器上紋飾的地紋，也有單獨出現在器物頸部或足部。盛行於商代和西周，沿用至春秋戰國時期。

商代晚期　蛇紋簋

商代晚期　射女鼎

西周早期　雲雷紋簋

戰國早期　鑲嵌三角雲紋敦

乳釘雷紋

舊稱“斜方格乳釘紋”、“百乳雷紋”。青銅器紋飾。這是用斜綫組成的菱形紋，在每一個菱形中間設一突起的乳釘，在乳釘周圍設多條直綫或雷紋。這類紋飾在食器鼎和簋的腹部使用較多。最早見於商代晚期，西周早期形式稍有變化。商代晚期的乳釘比較扁平，西周早期突出甚高，上頂呈尖鋭狀，它可以連續不斷地圍成一周。

商代晚期　乳釘雷紋罍

西周早期　甲簋

黼紋

舊稱"鈎連雷紋"。青銅器紋飾。《説文》:"黼,白與黑相次紋。"紋飾爲斜形的斧紋,以粗綫條爲黑,地紋爲白。因爲古代用黑白之絲刺綉如斧形紋飾的禮服稱黼衣,這類紋飾因稱黼紋。自商代晚期到戰國時代的器物上常有出現。

商代晚期　黼紋瓿

商代晚期　黼紋瓿

西周中期　旁鼎

曲折雷紋

青銅器紋飾。以雷紋組成多道狹帶，成曲折形排列，或粗綫雷紋與細綫雷紋間隔交替。這類紋飾見於少數商代或西周青銅器上。

西周早期　曲折雷紋卣

三角雲紋

青銅器紋飾。外形爲正置或倒置的三角形的連續排列，形成帶狀，内填雲雷紋，有簡有繁。有的以金銀絲、金銀片和緑松石鑲嵌，形成極爲富麗的裝飾紋樣。大多飾在器的頸部及腹下部。流行於商末周初，沿用到春秋戰國時期。

戰國中期　三角雲紋壺

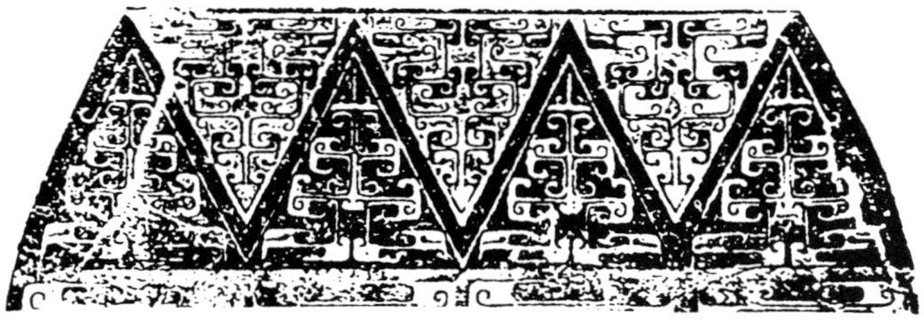

戰國晚期　鑲嵌三角雲紋敦

菱形雲紋

青銅器紋飾。用雲紋交疊呈菱形，一般裝飾在提梁卣的提梁上或頸部，有時也裝飾在簋的口沿和腹部。盛行於戰國時期。

戰國中期　左孝壺

戰國晚期　鑄客爐

戰國晚期　菱形雲紋鼎

直條溝紋

青銅器紋飾。均爲垂直的凹弧形綫條，除條紋粗細外，無多大變化。但綫條簡潔，排列勻稱，往往具有優美、素雅的效果。周厲王㝬簋，形制厚重，即以直條溝紋爲主飾。流行於商代晚期至西周晚期。

西周早期　獸體紋簋

斜綫紋

青銅器紋飾。是用綫條向左右傾斜，組成人字形。這類紋飾大多飾於分襠鼎和鬲的腹部。盛行於西周時代，有時形式稍有變化。春秋時代的斜綫紋在細綫條中間飾以若干粗細條。

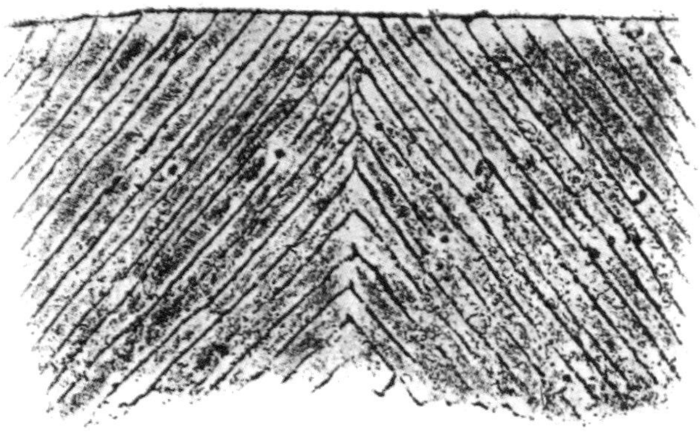

西周中期　斜綫紋鬲

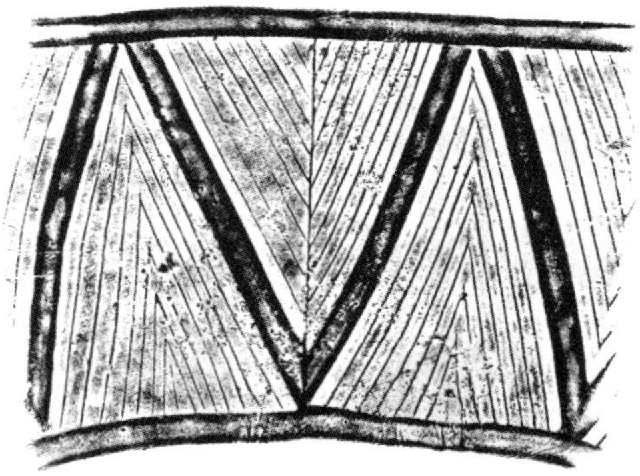

春秋晚期　侯母壺

綯紋

青銅器紋飾。呈兩股絞結的繩索形式。每一股由兩條、三條、四條甚至九條單綫絞結而成。兩股相絞的繩索稱“綯”，故稱“綯紋”，也稱“繩紋”。多爲主紋的附飾或器物圈足上的紋飾。施此類紋飾的青銅器以出於三晉的居多。流行於春秋戰國時期。

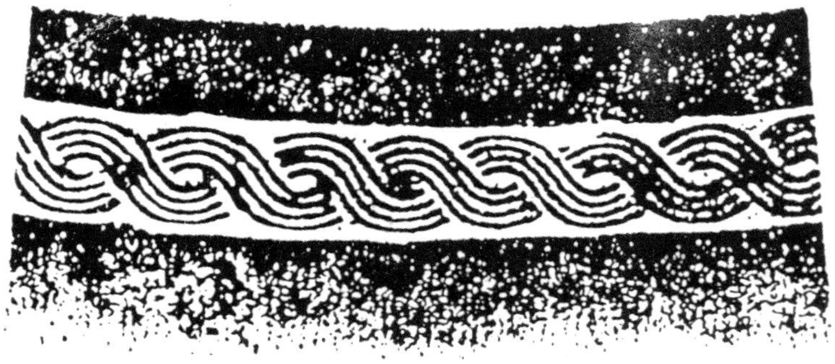

春秋早期　綯紋簋

春秋晚期　鳥獸龍紋壺

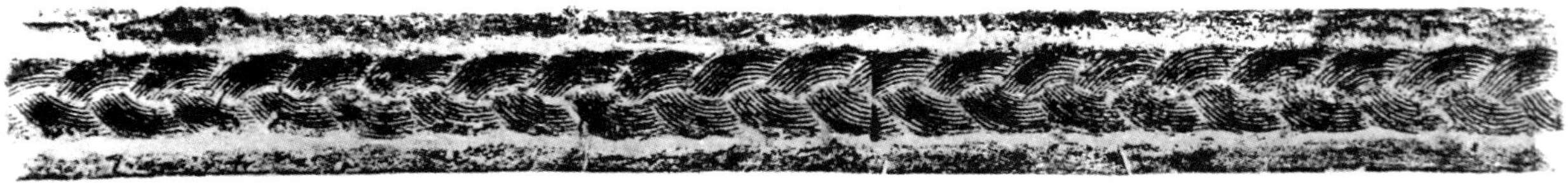

戰國早期　龍紋瓿

繩絡紋

青銅器紋飾。通常以兩根並連的繩紋交織而成十字形套結，縱横交会處有一個菱形紋，整個紋飾連成長方形網格狀。飾於壺、瓿一類器物上，似繩絡套住器體。流行於春秋晚期至戰國時期。

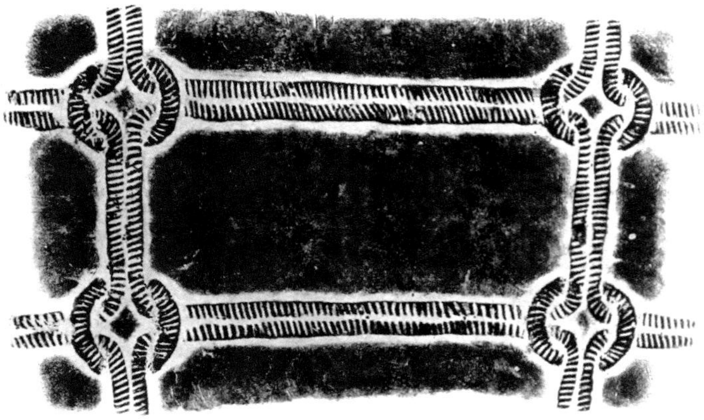

戰國早期　繩絡紋壺

貝紋

青銅器紋飾。以海貝的圖形横向連接，呈帶狀排列。常見飾於主紋的邊欄及圈足上。所見貝紋以三晉之器爲多，故具有一定的地方性特徵。盛行於春秋晚期到戰國時期。

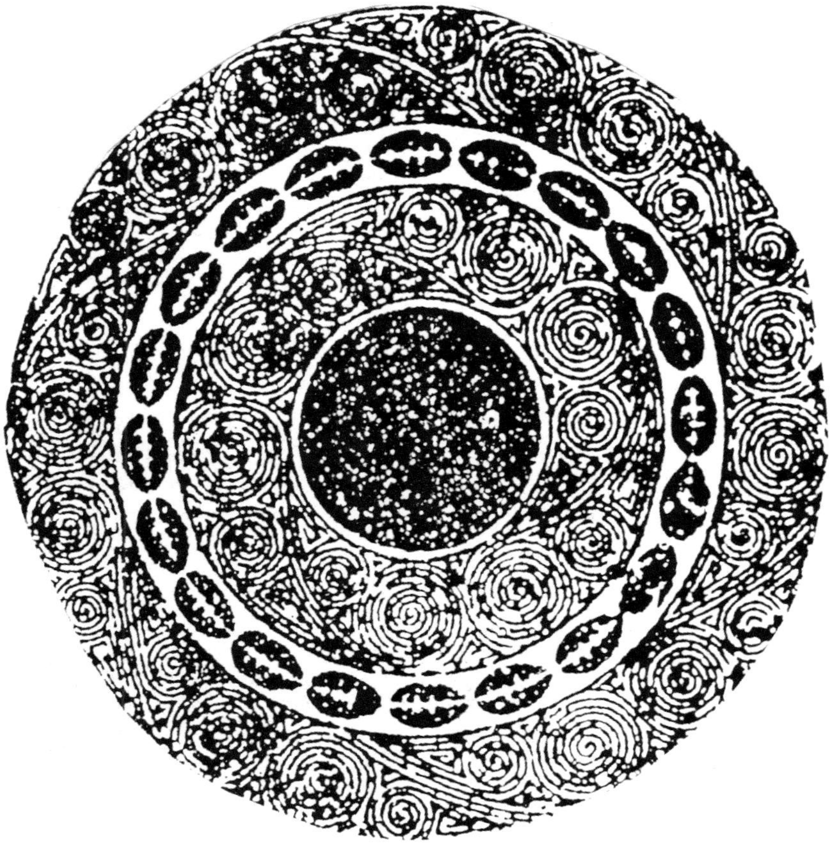

春秋晚期　雲雷紋鼎

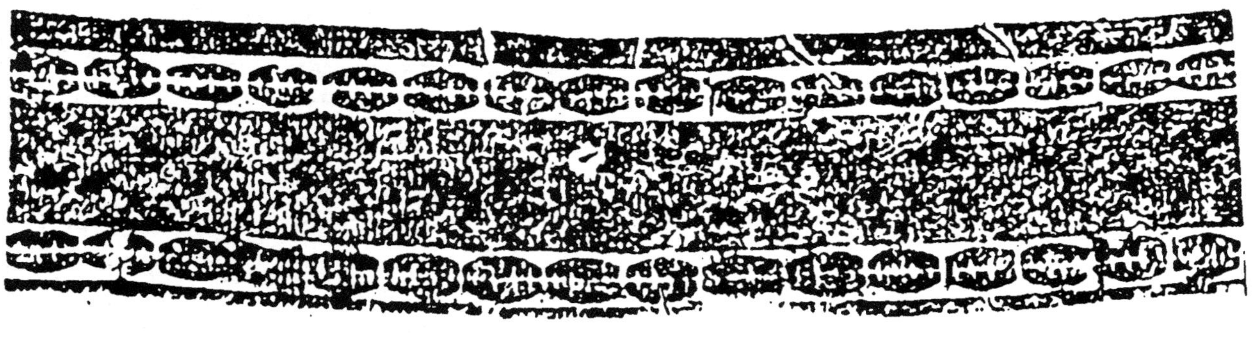

春秋晚期　貝紋鼎

人物活動紋

青銅器紋飾。是用寫實的手法描繪當時貴族的社會生活和勇猛作戰的場面。這類紋飾在青銅器上出現較晚，已經初步擺脱了規律化的對稱圖案，而是用流暢的綫條，結合繪畫和雕刻手法，描繪出各種動景，如宴樂、弋射、采桑、狩獵等活動，還有徒兵搏鬥、攻城、水戰等場面。這些用繪畫形式表現的圖像，屬繪畫藝術的先驅。盛行於春秋晚期到戰國時期。

狩獵紋

青銅器紋飾。表現狩獵者手持弓箭或長矛向着成群的牛、羊、犀、象等大小走獸進攻的狀況。也有將狩獵和弋射合爲一圖的。古代狩獵用軍隊，是練兵的項目之一，故飾狩獵有崇尚勇武之意。流行於東周時期。

春秋晚期　鑲嵌狩獵紋豆

戰國早期　狩獵紋壺

宴樂紋

青銅器紋飾。圖像中心有臺、堂等建築，賓主饗飲酬酢，僕傭奉酒獻豆，或有列鼎陳設，堂前或堂左有鼓鐘、擊磬、擊鼓、奏瑟和歌舞場面，表現貴族的宴禮。這類紋飾完全打破了商、西周以來青銅器上圖案的舊規，而趨向於表現生活内容的題材。盛行於東周時期。

戰國早期　宴樂紋鑑

戰國早期　宴樂紋杯

戰國早期　宴樂紋壺

水陸攻戰紋

青銅器紋飾。表現在水中和陸上作戰的情景。水戰圖表現武士們手執武器格鬥，也有在舟上劃槳進攻。水中有魚、龜及泳者。陸戰圖分上下兩層，上爲武士手執刀、盾和長柲戈，也有武士不斷向下擲擂石。下以雲梯攻城，地上有被擊中的士兵。先秦文獻中有水陸攻戰的描述，這類青銅紋飾形象地予以表現。流行於東周時期。

戰國早期　水陸攻戰紋鑑

戰國早期　水陸攻戰紋鑑

戰國早期　水陸攻戰紋鑑

弋射紋

青銅器紋飾。表現爲數目不等的人張弓向天以矰矢射鳥，有的鳥被射中而墜落。畫像中弋射者所用的矢，皆繫有綫，射者情態生動。流行於東周時期。

戰國早期　宴樂紋壺

射侯紋

青銅器紋飾。侯，古代行射禮時用的靶子，形式有長方形和方形兩種，中間爲靶心，是射的目標。此圖的中心還留着兩枝箭矢，正射中靶心。兩人各執一弓，背上負兩箭矢。這類紋飾流行於東周時期。

戰國早期　射侯紋杯

采桑紋

青銅器紋飾。表現婦女在采桑葉，桑籃掛於桑枝之上，下有人相接。采桑者細腰長裙，表現爲貴族婦人的服飾。《禮記·月令》載：“季春之月……后妃齊戒，親東鄉躬桑。”此畫當即所謂“躬桑”之類。流行於東周時期。

戰國早期　宴樂紋壺

戰國早期　宴樂紋壺

人首紋

青銅器紋飾。人的形象爲瓜子臉、小分頭，五官俱全，没有體軀，是武器劍上的裝飾，可能是象徵馘首之形。也有在卣的提梁兩端附飾上有人首紋，其裝飾目的不明。在商周青銅器上，人首的形象是很少見的。

商代晚期　人首紋劍

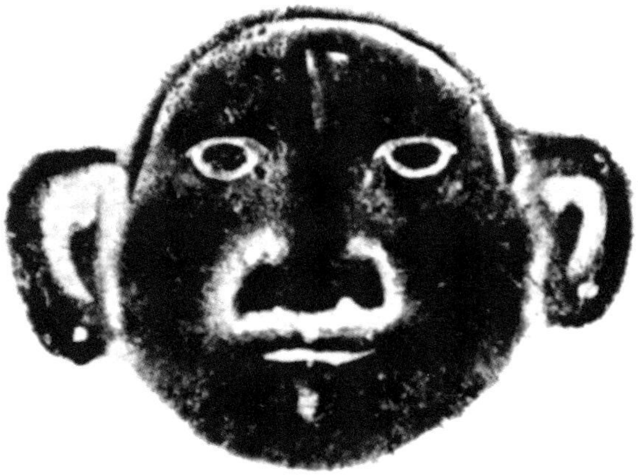

西周早期　𣪘卣

半人半獸紋

青銅器紋飾。頭部具有人或近似人的特點，軀幹則是獸或鳥形，有些紋飾雖無軀幹，但人狀的面部仍包括一些獸類的特點，如頭上長角、口中有獠牙等，皆是介乎半人半獸的怪神。此類半人半獸神話傳說，古代很普遍。《山海經·南山經》載："有鳥焉，其狀如梟，人面四目而有耳，其名曰顒，其鳴自號也，見則天下大旱。"這類紋飾，商代晚期至戰國時代的青銅器上均有發現。

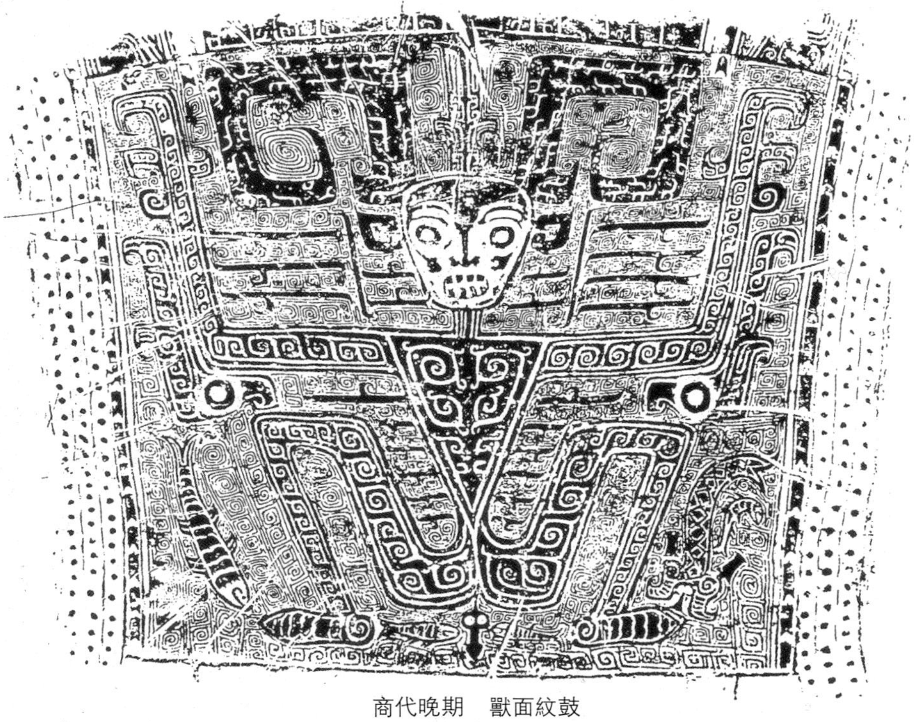

商代晚期　獸面紋鼓

商代晚期　大禾方鼎

商代晚期　弓形器

中　國　青　銅　器　辭　典

青銅器銘文及釋文

后母戊方鼎

商代晚期

器銘釋文：

后母戊。

器銘

后母辛方鼎

商代晚期

器銘釋文：

后母辛。

器銘

小臣艅犀尊

商代晚期

器銘釋文：

丁子(巳)，王省夒亯，

王易(錫)小臣艅夒貝。

隹(惟)王來正(征)人方，

隹(惟)

王十祀又五，彡(肜)日。

器銘

婦好方鼎

商代晚期

器銘釋文：

婦好。

器銘

小子𠭯卣

商代晚期

蓋銘釋文：

乙子(巳)，子令小子𠭯先𠂤(以)人于

堇，子光商(賞)𠭯貝二朋。子曰：貝

隹(唯)蔑女(汝)曆(歷)。𠭯用乍(作)母辛

彝。才(在)十月二，隹(惟)子曰：令望人方䍙。

器銘釋文：

㚔母辛。

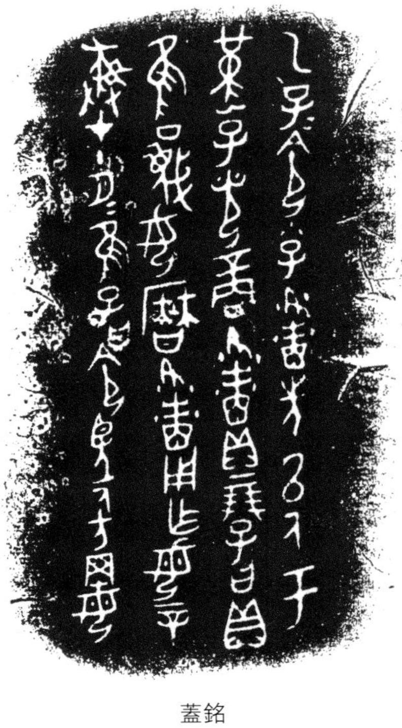

蓋銘

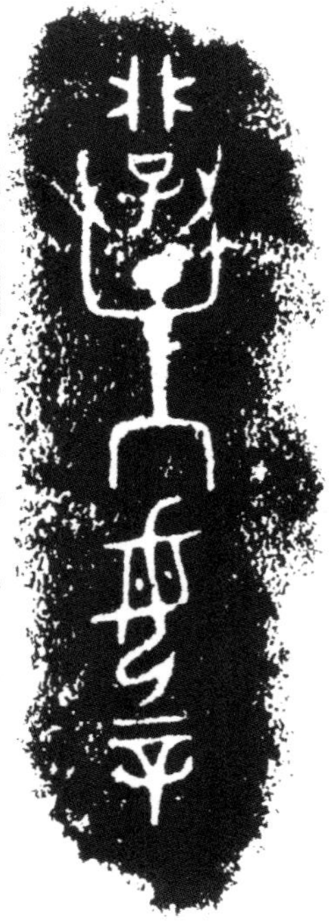

器銘

肆簋

商代晚期

器銘釋文：

戊辰，弜師易(錫)肆

䡊户𣪘貝。用乍(作)父乙

寶彝。才(在)十月一，隹(惟)王

廿祀，劦日，遘于匕(妣)戊、

武乙爽，豕一。旅。

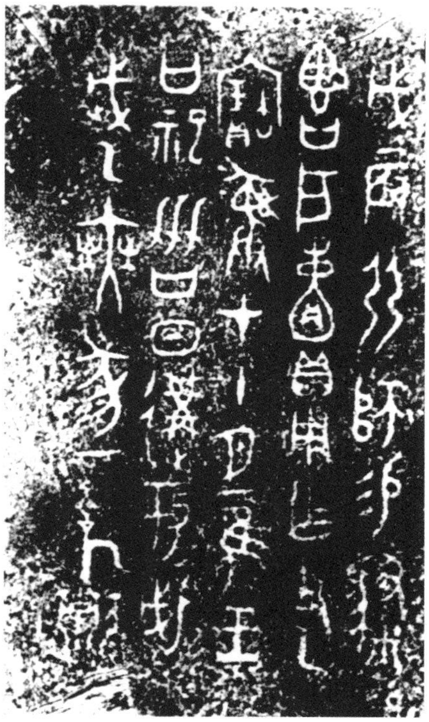

器銘

宰椃角

商代晚期

器銘釋文：

庚申，王才(在)闌。

王各(格)，宰椃从(從)。

易(錫)貝五朋，用乍(作)父丁

尊彝。才(在)六月，隹(惟)王

廿祀羽又五。

鋬内銘釋文：

𡆥册。

器銘

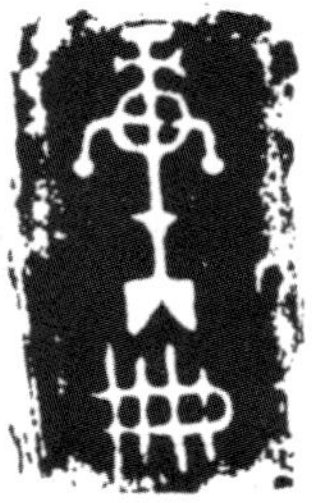

鋬内銘

作册般甗

商代晚期

器銘釋文：

王宜人方，無敄（侮）

咸。王商（賞）乍（作）册

般貝，

用乍（作）父己尊。來册。

器銘

小臣缶方鼎

商代晚期

器銘釋文：

王易（錫）小臣缶湡

責（積）五年，缶用

乍（作）享大子乙家

祀尊。龔父乙。

器銘

戌甬鼎

商代晚期

器銘釋文：

亞見。丁卯，王令宜子

迨（會）西

方，于省。隹（惟）反

（返），王賁（賞）

戌甬貝二朋，用乍（作）

父乙齋。

器銘

小臣邑斝

商代晚期

器銘釋文：

癸子（巳），王易（錫）小

臣邑貝十朋，用乍

（作）母

癸尊彝，隹（惟）王六祀，

彡（肜）日，才（在）

四月。亞矣。

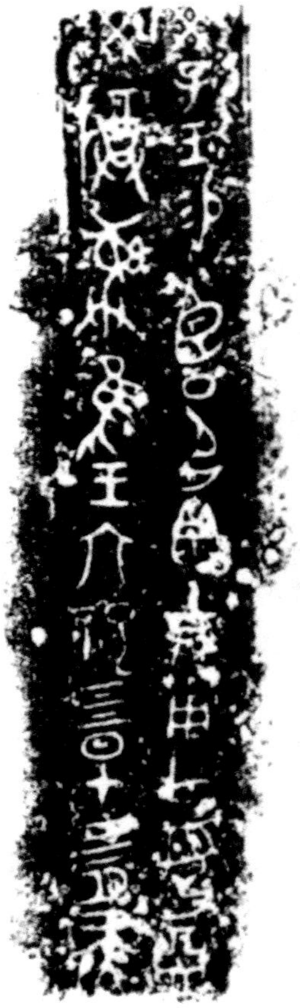

器銘

二祀邲其卣

商代晚期

蓋銘和器内底銘釋文：

亞獏父丁。

器外底銘釋文：

丙辰，王令邲

其兄(貺)𩰫

于夆田，渴賓

貝五朋。才(在)正月遘

于匕（妣)丙彡（肜)日大乙爽(儷)。

隹(惟)王二祀，既

𢦏（祼)于上帝。

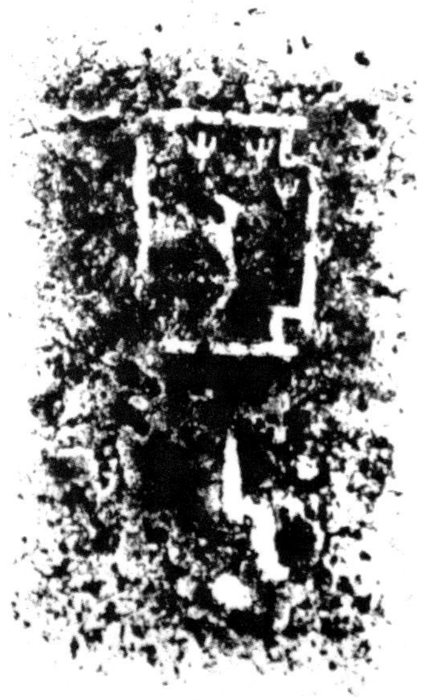

蓋銘

器内底銘

器外底銘

四祀邲其壺

商代晚期

蓋銘和器銘釋文：

亞獏父丁。

器外底銘釋文：

乙子(巳)，王曰：尊

文武帝乙宜

才(在)召大庿(庭)。冓(遘)

乙羽日。丙午，𩰫。

丁未，𩛥。己酉，王

才(在)梌，邲其易(錫)貝。

才(在)四月，隹(惟)

王四祀，羽(翌)日。

蓋銘

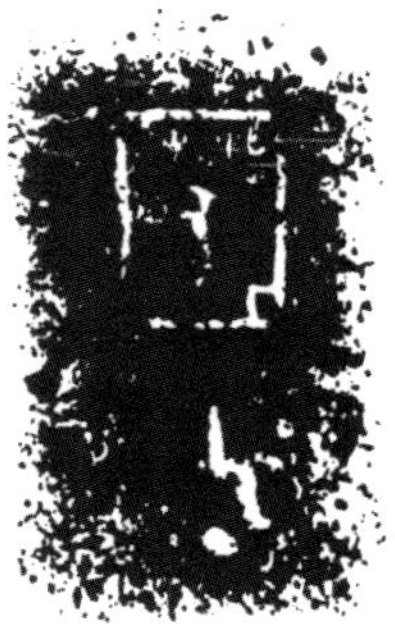

器銘

器外底銘

六祀邲其卣

商代晚期

器銘釋文：

乙亥，邲其易(錫)乍(作)

册孯嵩一、珏，用乍(作)

且(祖)癸尊彝。才(在)六

月隹(惟)王六祀，羽日。亞獏。

(器、蓋銘文略異)

蓋銘

器銘

服亞罍角

商代晚期

器銘釋文：

丙申，王易(錫)葡(服)亞罍奚

貝，才(在)㝬，用乍(作)父癸彝。

(器、蓋同銘)

蓋銘

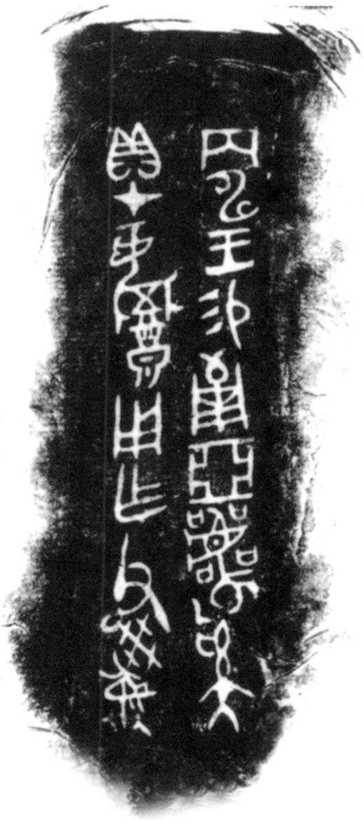

器銘

小臣𢆶卣

商代晚期

器銘釋文：

王易(錫)小臣𢆶，易(錫)

才(在)寑(寢)，用乍(作)且(祖)乙尊。

爻寸史。

(器、蓋同銘)

蓋銘

器銘

小子省壺

商代晚期

蓋銘釋文：

甲寅，子商(賞)小子省貝

羐五朋，省玥(揚)君

商(賞)，用乍(作)父己寶

彝。

(器、蓋同銘，唯行次略異)

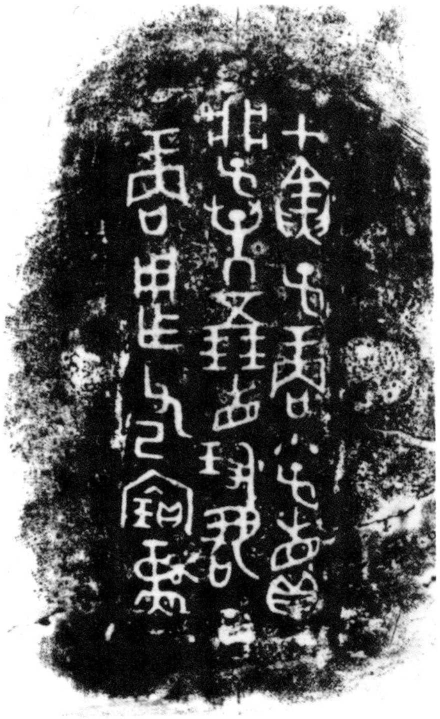

蓋銘

器銘

戍嗣子鼎

商代晚期

器銘釋文：

丙午，王商(賞)戍嗣子貝廿

朋，才(在)䦈

宔，用乍(作)父癸寶鬻(餗)。

隹(惟)王

鬳(祼)䦈大室，才(在)九月。

犬魚。

器銘

坂方鼎

商代晚期

器内壁銘釋文：

乙未，王賓文武帝

乙彡（肜）日，自斋佣（偁），王

返入斋。王商（賞）瓶（坂）

貝，用乍（作）父丁寶

尊彝。才（在）五

月，隹（惟）王廿祀又二。

器内底銘釋文：

魚

器内壁銘

器内底銘

利簋

西周早期

器銘釋文：

珷（武）征商，隹（惟）甲子朝，歲

鼎克聞（昏）夙（夙）又（有）商。辛未，

王才（在）斋𠂤（師），易（錫）又（有）事利

金，用乍（作）旜公寶尊彝。

器銘

天亡簋

西周早期

器銘釋文：

乙亥，王又(有)大豊(禮)，王凡(泛)三方。王

祀于天室，降。天亡又(佑)王，

衣(殷)祀于王不(丕)顯考文王，

事喜(糦)上帝。文王監才(在)上。不(丕)

顯王乍(作)眚(省)，不(丕)䌛王乍(作)赓(庚)，不(丕)克

乞(訖)衣(殷)王祀。丁丑，王鄉(饗)，大宜(房)王降。

亡助爵復(退)槖(囊)。隹(惟)朕

又(有)蔑。每(敏)揚王休于尊皀(簋)。

器銘

獻侯䵼鼎

西周早期

器銘釋文：

唯成王大桒

才(在)宗周，商(賞)獻

侯䵼貝，用乍(作)

丁侯尊彝。天黽。

器銘

小臣單觶

西周早期

器銘釋文：

王後叚（圣），克商，

才（在）成𠂤（師）。周公易（錫）

小臣單貝十朋，用

乍（作）寶尊彝。

器銘

塱方鼎

西周早期

器銘釋文：

隹（惟）周公于征伐東

尸（夷），豐白（伯），尃古（薄姑）咸𢦏。公

歸塱于周廟。戊

辰，酓秦酓，公賁（賞），塱

貝百朋，用乍（作）尊鼎。

器銘

禽簋

西周早期

器銘釋文：

王伐婪（奄）侯，周公

某（謀）禽祝，禽又（有）

敐（脤）祝。王易（錫）金百寽。

禽用乍（作）寶彝。

器銘

湆嗣徒逘簋

西周早期

器銘釋文：

王朿（刺）伐商邑，祉（誕）

令康侯啚（鄙）于衛，

湆嗣（司）土（徒）逘眔啚（鄙），

乍（作）氒（厥）考尊彝。𠀠

器銘

何尊

西周早期

器銘釋文：

隹(惟)王初䙴(遷)宅于成周，復爯(偁)珷(武)王豊(禮)福自天。才(在)四月丙戌，王寡(誥)宗小子于京室，曰：昔才(在)爾考公氏克逨(弼)玟(文)王，肆玟(文)王受兹大令。隹(惟)珷(武)王既克大邑商，則廷告于天，曰：余其宅兹中或(國)，自之辥(乂)民。烏(嗚)虖(呼)，爾有唯(雖)小子亡(無)戠(識)，眂(眡)于公氏有爵(恪)于天，徹(徹)令苟(敬)享戈(哉)。叀(惟)王龔(恭)德谷(裕)天，順(訓)我不每(敏)。王咸寡(誥)，何易(賜)貝卅朋，用乍(作)□公寶尊彝。隹(惟)王五祀。

器銘

保卣

西周早期

蓋銘釋文：

乙卯，王令保及

殷東或(國)五侯，征（徙）

兄六品，蔑曆(歷)于

保，易(錫)賓，用乍(作)文

父癸宗寶尊彝，遘（遘）

于四方迨（會)王大祀，祐（佑）

于周，才(在)二月既朢（望)。

(器、蓋同銘，唯行次略異)

蓋銘

器銘

大保簋

西周早期

器銘釋文：

王伐彔子耶（聖），𠭯，氒

（厥）反。王

降征令于大保。大保克

苟（敬）亡（無）䜌（遣）。

王衍（衎）大保易

（錫）休

余土，用丝（茲）彝對令。

器銘

叔德簋

西周早期

器銘釋文：

王易（錫）叔徝（德）臣𢽺

十人，貝十朋，羊百。

用乍（作）寶尊彝。

器銘

德方鼎

西周早期

器銘釋文：

隹（惟）三月，王才（在）

成周，䢔（延）珷（武王）

福，自蒿（鎬），咸，

王易（錫）徝（德）貝廿

朋，

用乍（作）寶尊彝。

器銘

燕侯旨鼎

西周早期

器銘釋文：

匽（燕）侯旨初見（覲）

事于宗周，王

賁（賞）旨貝廿朋，用

乍（作）姶（姒）寶尊

彝。

器銘

堇鼎

西周早期

器銘釋文：

匽（燕）侯令堇饔（饌）

大保于宗周，庚申，

大保賁（賞）堇貝，用乍（作）

大子癸寶尊𩰫（餗）。𨼝。

器銘

伯矩鬲

西周早期

蓋銘釋文：

才（在）戊辰，匽（燕）

侯易（錫）白（伯）矩

貝，用乍（作）父

戊尊彝。

（器、蓋同銘，唯行次略異）

蓋銘

器銘

嬰方鼎

西周早期

器壁銘釋文：

丁亥，𢦏商(賞)，又(有)正

嬰嬰貝，才(在)穆

朋二百。嬰展(揚)𢦏

商(賞)，用乍(作)母己尊鬻(餗)。

器内底銘釋文：

㠱侯亞矣。

器壁銘

器内底銘

亢鼎

西周早期

器銘釋文：

乙未，公大保買

大珏于𣐭亞，才(財)

五十朋。公令亢歸(歸)𣐭

亞貝五十朋，㠯(與)𣎵(䍇)

𦬕、㽙、鬯、牛一。亞

賓亢𩣹(騂)、金二勻(鈞)。

亢對亞宦(休)，用乍(作)

父己。夫冊。

器銘

宜侯夨簋

西周早期

器銘釋文：

隹(惟)四月辰才(在)丁未,王省珷(武)王成王伐商圖,征(延)省東或(國)圖。王立(位)于宜,入土(社),南鄉(嚮)。王令虞侯夨曰:繇,侯于宜。易(錫)𩰫(𧯞)鬯一卣、商鬲(瓚)一□、彩(彤)弓一、彩(彤)矢百、旅弓十、旅矢千。易(錫)土,氒(厥)川(甽)三百□,氒(厥)□百又廿,氒(厥)宅邑卅(三十)又五,氒(厥)□百又卌(四十)。易(錫)才(在)宜王人□又七生(姓)。易(錫)奠(鄭)七白(伯),氒(厥)□□又五十夫。易(錫)宜庶人六百又□六夫。宜侯夨揚王休,乍(作)虞公父丁尊彝。

器銘

魯侯尊

西周早期

器銘釋文：

唯王令明公

趞（遣）三族伐東

或（國）才（在）𩰫，魯侯又（有）

囚工（功），用乍（作）旅彝。

器銘

庚贏鼎

西周早期

器銘釋文：

隹（惟）廿又二年四

月既望己酉，王

窗（格）䢅宮衣（殷）事。丁

子（巳），王蔑庚贏厤（曆），

易（錫）爵、䢼（璋）、貝十朋。對

王休，用乍（作）寶鼐（鼎）。

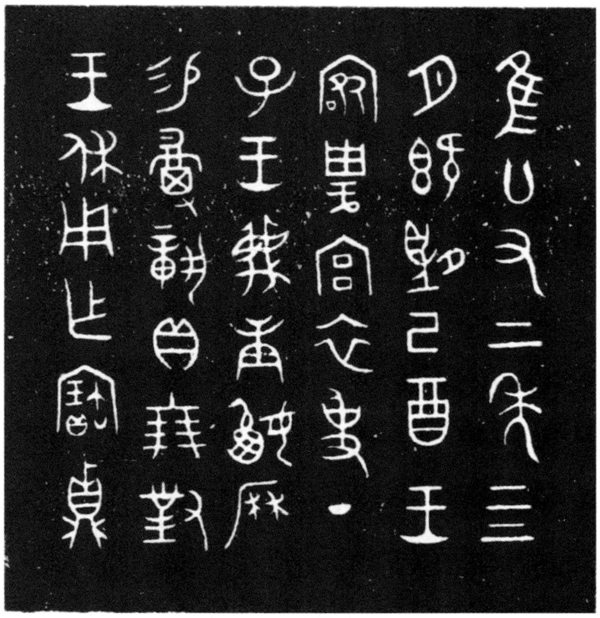

器銘

庚嬴卣

西周早期

器銘釋文：

隹(惟)王十月既望，辰才(在)己丑，王逄(格)于庚嬴宫，王穢(蔑)庚嬴曆，易(錫)貝十朋，又丹一柝(管)。庚嬴對揚王休，用乍(作)氒(厥)文姑寶尊彝。其子子孫孫偶(萬)年永寶用。

(器、蓋同銘，唯行次略異)

蓋銘

器銘

大盂鼎

西周早期

器銘釋文：

隹(惟)九月，王才(在)宗周，令盂。王若曰：盂，不(丕)顯

玟(文)王受天有(佑)大令，在珷(武)王嗣玟(文)乍(作)邦，閈(闢)

氒(厥)匿(慝)，匍(敷)有四方，畯(畯)正氒(厥)民，在雩(于)卬(御)事，叡！

西(酒)無敢醭(酖)，有粥(柴)糞(蒸)祀無敢醿(醻)。古(故)天異(翼)臨

子，灋(廢)保先王，□有四方。我聞殷述(墜)令，隹(惟)

殷邊侯田(甸)雩(與)殷正百辟，率肆于西(酒)，古(故)喪

𠂤(師)已！女(汝)妹(昧)晨又(有)大服。余隹(惟)即朕小學，女(汝)

勿剋余乃辟一人。今我隹(惟)即井(型)啇于玟(文)王

正德，若玟(文)王令二、三正。今余隹(惟)令女(汝)盂

盥(召)焚(榮)苟(敬)饍(雝)德巠(經)，敏朝夕入讕(諫)，享奔走，畏

天畏(威)。王曰：巟！令女(汝)盂井(型)乃嗣且(祖)南公。王

曰：盂，迺盥(召)夾死(尸)嗣(司)戎，敏諫(妹)罰訟，夙夕盥(召)

我一人豋(烝)四方，雩(粵)我其遹省先王受民受

疆土，易(錫)女(汝)鬯一卣，冂(冕)、衣、市、舃、車馬。易(錫)乃

且(祖)南公旂，用遷(狩)。易(錫)女(汝)邦嗣(司)四白(伯)，人鬲自

馭至于庶人六百又五十又九夫，易(錫)夷嗣(司)王

臣十又三白(伯)，人鬲千又五十夫，𢓊竄遷自

氒(厥)土。王曰：盂，若苟(敬)乃正，勿灋(廢)朕令。盂用

對王休，用乍(作)且(祖)南公寶鼎。隹(惟)王廿又三祀。

器銘

邢侯簋

西周早期

器銘釋文：

隹(惟)三月，王令焚(榮)眔内史

曰：䕭(割)井(邢)侯服，易(錫)臣三

品：州人、重人、章人。拜

䭫首，魯天子寍(受)氒(厥)瀕

福，克奔徙(走)上下帝無冬(終)令

于有周，追(追)考(孝)對，不敢

㒸(豕)，卲朕(盈)福盟，朕(晄)臣天子

用𠕋(册)王令，乍(作)周公彝。

器銘

麥方鼎

西周早期

器銘釋文：

隹(惟)十

又一月，

井(邢)侯

征嗝(䣙)

于麥，麥

易(錫)赤

金，用

乍(作)鼎，

用從

井(邢)侯

征事

用卿(饗)多

者(諸)友。

器銘

麥方尊

西周早期

器銘釋文：

王令辟井(邢)侯出坯，侯于井(邢)。雩(于)若二月。侯見于宗周，亡(無)述，迨王

饗莽京彭祀。雩若竭(翌)日，在璧(辟)雝(雍)，王乘于舟爲大豊(禮)，王射

大龏(鴻)，禽(擒)。侯乘于赤旂舟，從。死(尸)咸。時，王㠯(以)侯内(入)于寝(寢)，侯易(錫)玄周(琱)

戈。雩(于)王才(在)㡿(岸)。己夕。侯易(錫)者(赭)䂙(䄉)臣二百家，劑(齎)用王乘車馬，金勒、冂(冕)

衣、市、舃，唯歸(歸)。遅(揚)天子休。告亡(無)尤，用龏(恭)義(儀)寧侯，覞孝于井(邢)

侯。乍(作)册麥易(錫)金于辟侯，麥揚，用乍(作)寶尊彝。用鬲侯逆

造(受)，遅明令。唯天子休于麥辟侯之年，鑄(鑄)孫孫子子其

永亡(無)冬(終)，冬(終)用造(受)德，妥(綏)多友，享旋(奔)走令。

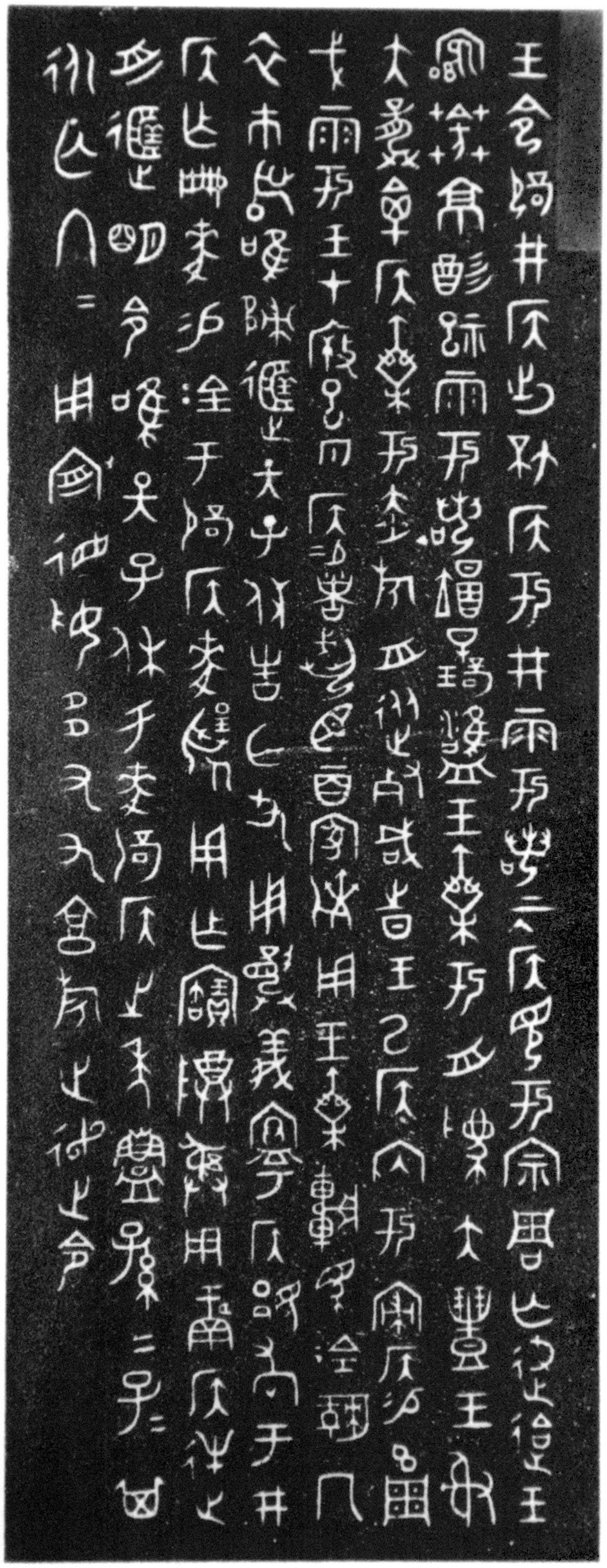

器銘

小臣謎簋

西周早期

器銘釋文：

叡：東尸(夷)大反，白(伯)懋父

㠯(以)殷八自(師)征東尸(夷)。唯

十又一月遣自䈎自(師)，述

東陕，伐海眉。雩氒(厥)復

歸才(在)牧自(師)。白(伯)懋父承

王令易(錫)自(師)逹(率)征自五

齵貝，小臣謎蔑曆，眔

易(錫)貝，用乍(作)寶尊彝。

(器、蓋同銘)

蓋銘

器銘

小臣宅簋

西周早期

器銘釋文：

隹(惟)五月壬辰，同公才(在)豐，

令宅事白(伯)懋父，白(伯)易(錫)

小臣宅畫毌 (干)、戈、九(厹)、昜 (錫)

金車、馬兩(輛)，揚公白(伯)休，

用乍(作)乙公尊彝，子子孫

永寶，其萬年用卿(饗)王出入。

器銘

大史友甗

西周早期

器銘釋文：

大史沓(友)

乍(作)盥 (召)公

寶尊彝。

器銘

史話簋

西周早期

器銘釋文：

乙亥，王弄（誥）畢公，

迺易（錫）史話貝十朋，

話古（故）于彝，其

于之朝夕監（鑑）。

器銘

獻簋

西周早期

器銘釋文：

隹（惟）九月既望庚寅，楷

白（伯）于遘王休，亡尤。朕

辟天子、楷白（伯）令乒（厥）臣獻

金車。對朕辟休，乍（作）朕文

考光父乙，十枻（世）不諲（忘）獻

身才（在）畢公家，受天子休。

器銘

榮仲方鼎

西周早期

器銘釋文：

王乍(作)燮(榮)中(仲)宮。

才(在)十月又二月

生霸吉庚

寅，子加(嘉)燮(榮)中(仲)

玞琱一，牲大牢。

己子(巳)，燮(榮)中(仲)速

內(芮)白(伯)、㝬(胡)侯子，子

易(錫)白金昀(鈞)，用

乍(作)父丁鬻

彝。史。

器銘

保員簋

西周早期

器銘釋文：

唯王既㝈，氒(厥)伐東

尸(夷)。才(在)十又一月，公反(返)自

周。己卯，公才(在)虘。保

員邐，儱公易(錫)保員

金車，曰：用事。隊于寶

簋，用卿(饗)公逆洀(復)事。

器銘

叔趯父卣

西周早期

蓋銘釋文：

弔（叔）趯父曰：余考不

克御事，唯女（汝）焂槑（其）敬

辥（乂）乃身，毋尚爲小子，余

皃（兄）爲女（汝）兹（兹）小鬱彝，女（汝）槑（其）

用卿（饗）乃辟軝侯逆瘔（受）

出内（入）事人。烏虖（呼）！

焂，敬戋（哉）！兹（兹）小彝妹（末）

吹（墮），見余，唯用諆（其）䜌女（汝）。

（器、蓋同銘，唯行次略異）

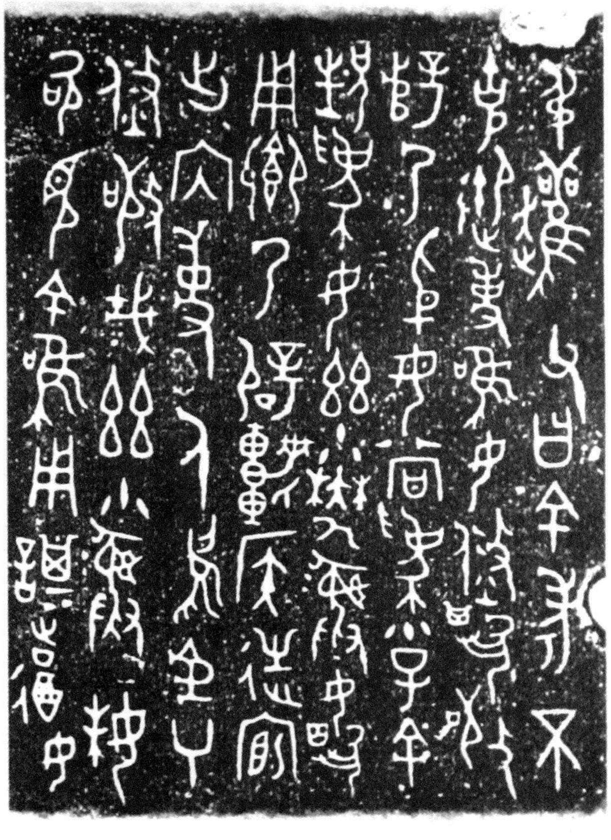

蓋銘

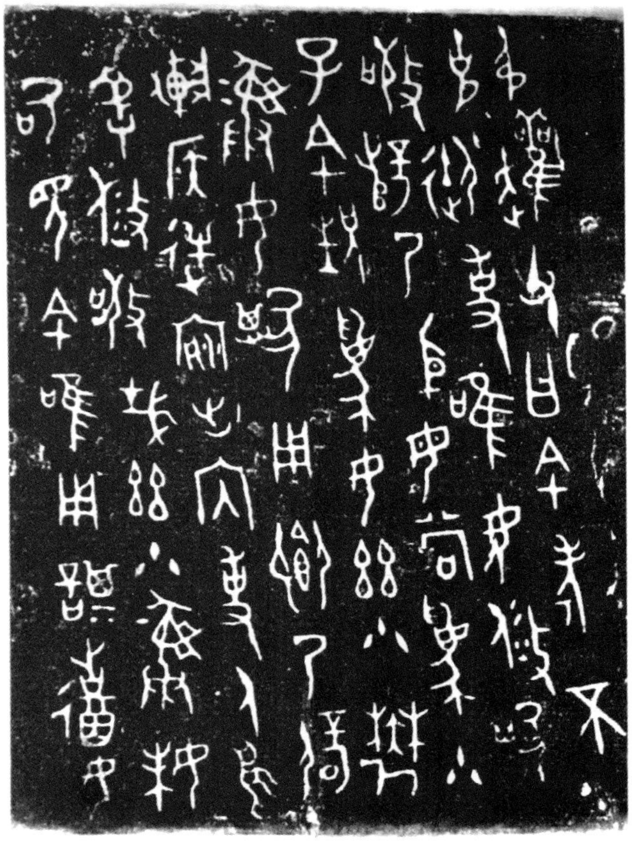

器銘

郃咎簋

西周早期

器銘釋文：

隹(惟)元年三月丙寅，王各(格)

于大室。康公右(佑)郃咎。

易(錫)戠(織)衣、赤8(雍)市。曰：用

司(嗣)乃且(祖)考事，乍(作)𤔲(司)土(徒)。

咎敢對揚王休，用乍(作)

寶簋，子子孫孫其永寶。

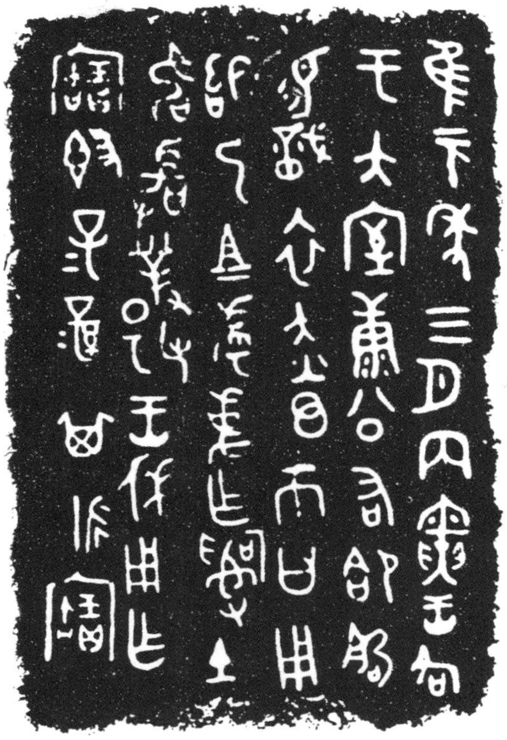

器銘

睘卣

西周早期

器銘釋文：

隹(惟)十又九年，王才(在)庈(岸)。王

姜令乍(作)册睘安尸(夷)白(伯)，尸(夷)白(伯)

賓睘貝、布。揚王姜休，用

乍(作)文考癸寶尊器。

(器、蓋同銘，唯行次略異)

蓋銘

器銘

作册旂觥

西周早期

器銘釋文：

隹(惟)五月，王才(在)厈(岸)，戊子，令乍(作)册旂兄(貺)望土于相侯，易(錫)金、易(錫)臣，揚王休。隹(惟)王十又九祀。用乍(作)父乙尊，其永寶。木羊册。

(器、蓋同銘，唯行次略異)

蓋銘

器銘

令方彝

西周早期

蓋銘釋文：

隹(惟)八月，辰才(在)甲申，王令周公子明保尹三事四方，受卿旋(士)寮(僚)。丁亥，令夨告于周公宮。公令徃(出)同卿旋(士)寮(僚)。隹(惟)十月月吉癸未，明公朝至于成周，徃(出)令：舍三事令，眔卿旋(士)寮(僚)、眔者(諸)尹、眔里君、眔百工、眔者(諸)侯：侯、田(甸)、男，舍四方令。既咸令。甲申，明公用牲于京宮。乙酉，用牲于康宮。咸既，用牲于王，明公歸自王。明公易(錫)亢師鬯、金、小牛，曰：用禘(祓)。易(錫)令鬯、金、小牛，曰：用禘(祓)。迺令曰：今我唯令女(汝)二人亢眔夨、奭，左(左)右于乃寮(僚)㠯(以)乃友事。乍(作)册令敢揚明公尹氒(厥)宔(休)，用乍(作)父丁寶尊彝。敢追明公賞于父丁，用光父丁。

雋册。

(器、蓋同銘，唯行次略異)

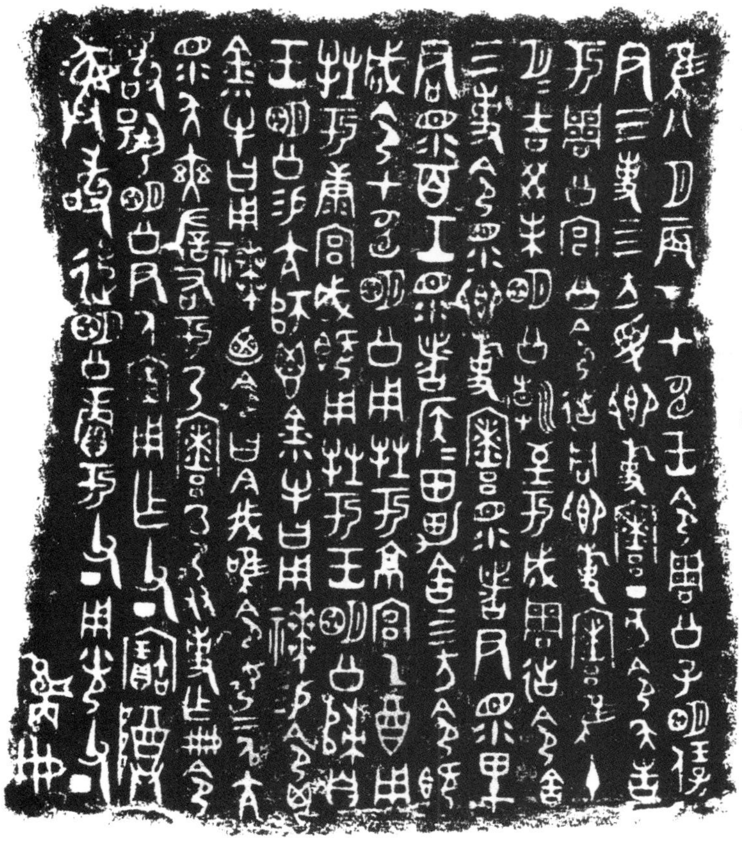

蓋銘

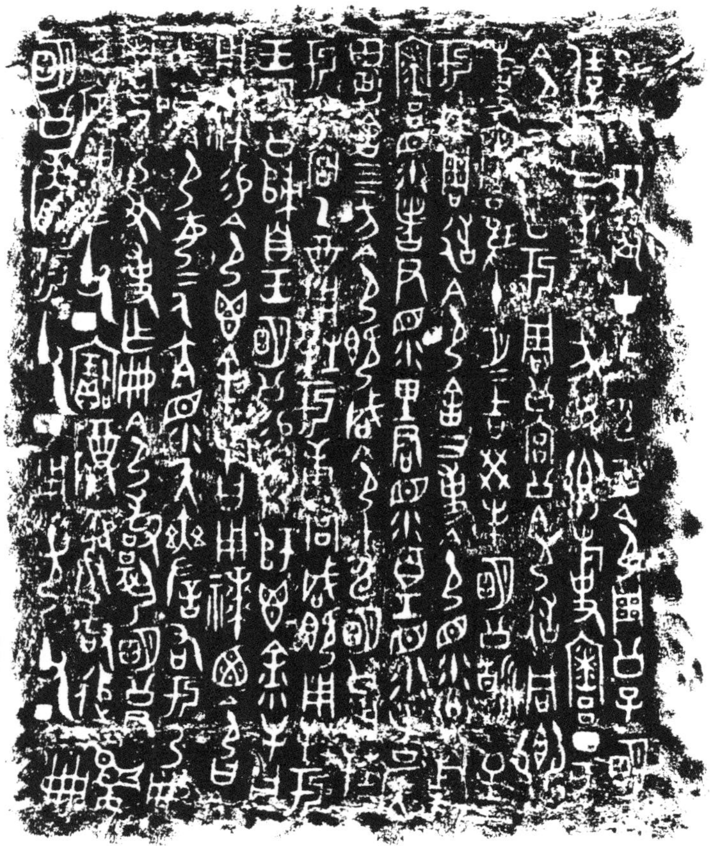

器銘

令簋

西周早期

器銘釋文：

隹(惟)王于伐楚白(伯)才(在)炎,隹(惟)九月既死霸丁丑,乍(作)册夨令尊宜于王姜,姜商(賞)令貝十朋、臣十家、鬲百人。公尹白(伯)丁父兄(貺)于戍,戍冀,嗣(司)乞(訖)。令敢揚皇王宔(休),丁公文報,用䭬(稽)後人享,隹(惟)丁公報。令用𢍰㞋(揚)于皇王,令敢㞋(揚)皇王宔(休),用乍(作)丁公寶簋,用尊史(事)于皇宗,用卿(饗)王逆逧(受),用廏(匓)寮(僚)人,婦子後人永寶。

雋册。

器銘

召尊

西周早期

器銘釋文：

唯九月才（在）炎𠂤（師），甲午，白（伯）懋（懋）父晹（錫）𥁕（召）白馬每（脢）黃䶂（髮）𢼸（黴），用⿱爪禾不㚏。𥁕（召）多用追于炎不簪白（伯）懋（懋）父眘（友），𥁕（召）萬年永光。用乍（作）團宮䢅（旅）彝。

器銘

員方鼎

西周早期

器銘釋文：

唯征（正）月既望癸酉，王獸（狩）于眂敝，王令員執犬，休善，用乍（作）父甲鬻彝。䒞。

器銘

旟鼎

西周早期

器銘釋文：

唯八月初吉，王姜

易(錫)旟田三于待劃，

師櫨酤(酰)兄(貺)。用對王

休，子子孫其永寶。

器銘

厚趠方鼎

西周早期

器銘釋文：

隹(惟)王來各(格)于成周

年，厚趠又(有)償于

溓(溓)公。趠用乍(作)氒(厥)

文考父辛寶尊

齋。其子子孫孫永寶。𠂤。

器銘

作册䰧卣

西周早期

器銘釋文：

隹(惟)明保殷成周年，公易(錫)乍(作)册䰧鬯、貝。䰧揚公休，用乍(作)父乙寶尊彝。冄㽙舟。

(器、蓋同銘，唯行次略異)

蓋銘

器銘

士上盉

西周早期

蓋銘釋文：

隹(惟)王大龠(禴)于宗周。祒(出)

寷(館)葊京年，才(在)五月

既望辛酉，王令士

上眔史黃寂(殷)于成周，晋(禮)

百生(姓)豚眔賞卣鬯、貝。用

乍(作)父癸寶尊彝。臣辰𠕋先。

器銘釋文：

臣辰𠕋先

蓋銘

器銘

燊簋

西周早期

器銘釋文：

隹(惟)正月甲申，焚（燊）

各(格)，王休易(錫)氒（厥)臣

父焚（燊)鬲（贊)，王爵(祼)

貝百朋，對揚天子

休，用乍(作)寶尊彝。

器銘

𣪕𩱠方鼎

西周早期

器銘釋文：

隹(惟)二月初吉庚

寅，才(在)宗周，𣐼中(仲)

賁（賞)氒(厥)𣪕(𣪕)𩱠（𩱠)

遂毛兩、馬匹，對

揚尹休，用乍(作)己公

寶尊彝。

器銘

𬚒簋

西周早期

器銘釋文：

唯十又二月既生霸丁亥，王事(使)焚(榮)蔑曆令𢦏(往)邦，乎易(錫)䜌(鑾)旂，用保氒(厥)邦，𬚒對揚王休，用自乍(作)寶器，萬年，㠯(與)氒(厥)孫子寶用。

(器、蓋同銘，唯行次略異)

蓋銘

器銘

圞方鼎

西周早期

器銘釋文：

休朕公君，匽
侯易(錫)圞貝，用
乍(作)寶尊彝。
(器、蓋同銘)

蓋銘

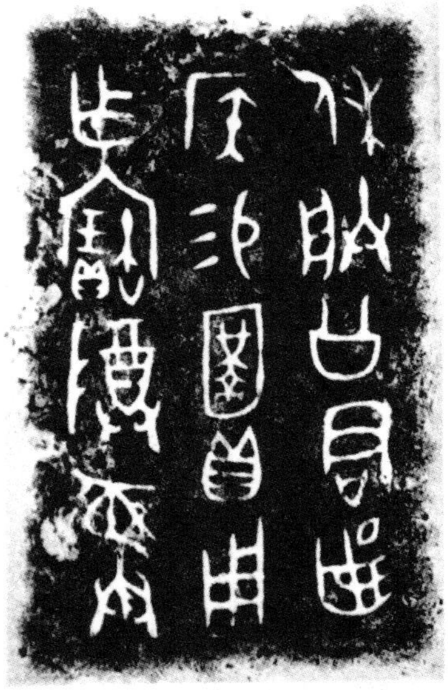

器銘

耳尊

西周早期

器銘釋文：

隹(惟)六月初吉，辰才(在)辛
卯，侯各(格)于耳𠂤，侯休
于耳，易(錫)臣十家。㲋(微)師
耳對揚侯休，肇乍(作)京
公寶尊彝。京公孫子
寶，侯萬年壽考黃
耇，耳日受休。

器銘

作册䰧卣

西周早期

蓋銘釋文：

隹(惟)公大史見服于宗周年，

才(在)二月既望乙亥，公大史

咸見服于辟王，辨于多正。

雩(越)四月既生霸庚午，王遣

公大史。公大史在豐，賁(賞)乍(作)册䰧馬。

揚公休，用乍(作)日己旅尊彝。

(器、蓋同銘)

蓋銘

器銘

庚姬尊

西周早期

器銘釋文：

隹(惟)五月辰才(在)丁亥，

帝(禘)司(祠)，賁(賞)庚姬貝

卅朋，迖丝(兹)廿寽賁(賞)。

用乍(作)文辟日丁

寶尊彝。蕘

器銘

作册嗌卣

西周早期

器銘釋文：

乍(作)册□(嗌)乍(作)父辛尊。

氒(厥)名(銘)義(宜)曰：子子孫孫寶。

不彔(祿)□(嗌)子，子徣先盡(盡)

死，亡子，子引有孫，不

敢娣𧆑(叨)皃鑄彝，

用乍(作)大禦(禦)于氒(厥)且(祖)

氒(厥)父母、多申(神)，母(毋)念

弋(哉)，弋勿剢□(嗌)鰥(鰥)寡，

遺祐石(祏)宗不剌。

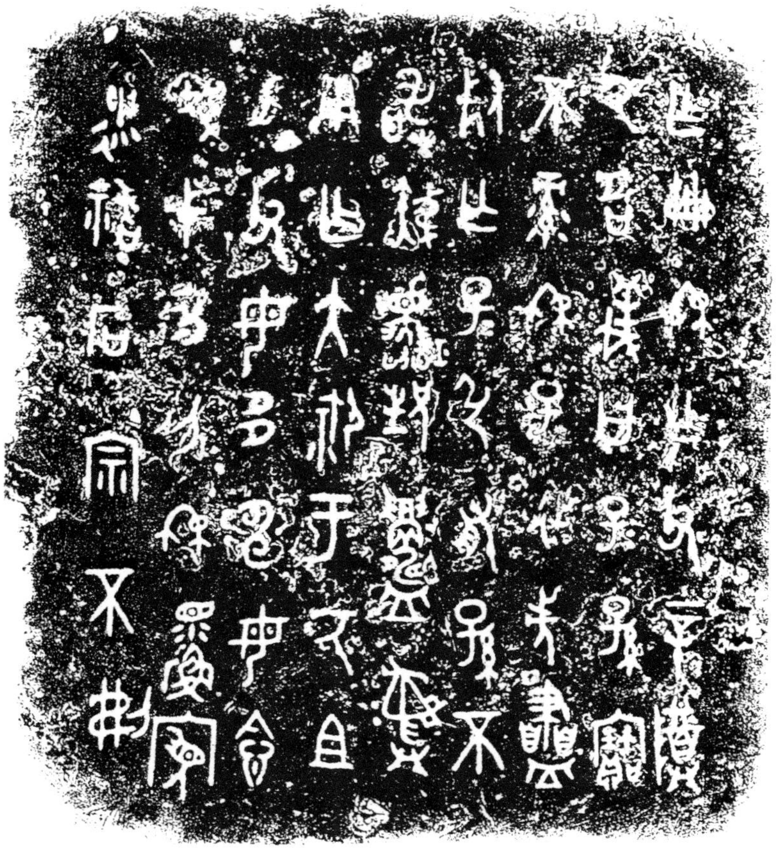

器銘

叔夨方鼎

西周早期

器銘釋文：

隹(惟)十又四月，王彡

大禴桒才(在)成周。

咸桒，王乎(呼)殷氒(厥)

士，齊弔(叔)夨旨(以)冂衣、

車、馬、貝卅朋。敢

對王休，用乍(作)寶

尊彝，其萬

年揚王光氒(厥)士。

器銘

量侯尌簋

西周早期

器銘釋文：

㬰(量)侯尌柞(作)寶

尊簋，子子孫孫萬年

永寶簋勿喪。

器銘

遹簋

西周中期

器銘釋文：

隹(惟)六月既生霸，穆穆王才(在)

蒼京，乎(呼)漁(漁)于大池，王卿(饗)

酉(酒)，遹御亡遣。穆穆王窺(親)易(錫)

遹觪。遹拜首(手)韻首，敢對

揚穆穆王休，用乍(作)文考父

乙尊彝。其孫孫子子永寶。

器銘

長由盉

西周中期

蓋銘釋文：

隹(惟)三月初吉丁亥，穆王

才(在)下淢应(居)，穆王卿(饗)豊(醴)，即

井白(伯)大祝射。穆王蔑長

由吕(以)逨即井白(伯)，井白(伯)氏(祇)彌(寅)不

姦。長由蔑曆，敢對揚天

子不(丕)杯(顯)休，用肇乍(作)尊彝。

蓋銘

豐尊

西周中期

器銘釋文：

隹(惟)六月既生霸

乙卯，王才(在)成周，

令豐叚（殷)大矩，大矩易(錫)

豐金、貝，用乍(作)父

辛寶尊彝。木羊冊。

器銘

静簋

西周中期

器銘釋文：

隹(惟)六月初吉，王才(在)莽京，丁卯，

王令静嗣(司)射學宫，小子眔服、

眔小臣、眔尸(夷)僕學射。雩(于)八月

初吉庚寅，王㠯(以)吴來，吕犅(剛)卿（會)

𢾊𥁃𠂤(師)、邦周射于大池。静學(教)

無旼，王易(錫)静鞞剢。静敢拜頴

首，對揚天子不(丕)顯休，用乍(作)文

母外姞尊簋，子子孫孫其萬年用。

器銘

班簋

西周中期

器銘釋文：

隹(惟)八月初吉，才(在)宗周。甲戌，王令毛白(伯)更虢䵼(成)公服，甹(屏)王立(位)，乍(作)四方亟，秉緐、蜀、巢令。易(錫)鈴、鋚，咸。王令毛公㠯(以)邦冢君、土(徒)馭、𢦏人伐東或(國)痟戎，咸。王令吴白(伯)曰：㠯(以)乃𠂤(師)左比毛父！王令吕白(伯)曰：㠯(以)乃𠂤(師)右比毛父！遣令曰：㠯(以)乃族從父征，𢓊(出)䵼(城)，衛父身，三年静(靖)東或(國)亡不成，𠭰天畏(威)，否(不)畀屯(純)陟。公告氒(厥)事于上：隹(惟)民亡(謀)𢓊(拙)才(哉)！彝悉(昧)天令，故亡。允才(哉)顯，隹(惟)苟(敬)德，亡逌(攸)違。班拜䭫首曰：烏虖(呼)！不(丕)杯(顯)揚皇公受京宗懿釐，毓(育)文王王姒(姒)聖孫，隥(登)于大服，廣成氒(厥)工。文王孫亡弗褱(懷)井(型)，亡克竟(競)氒(厥)剌(烈)。班非敢覓，隹(惟)乍(作)卲(昭)考爽(儷)，益(謚)曰大政。子子孫多世其永寶。

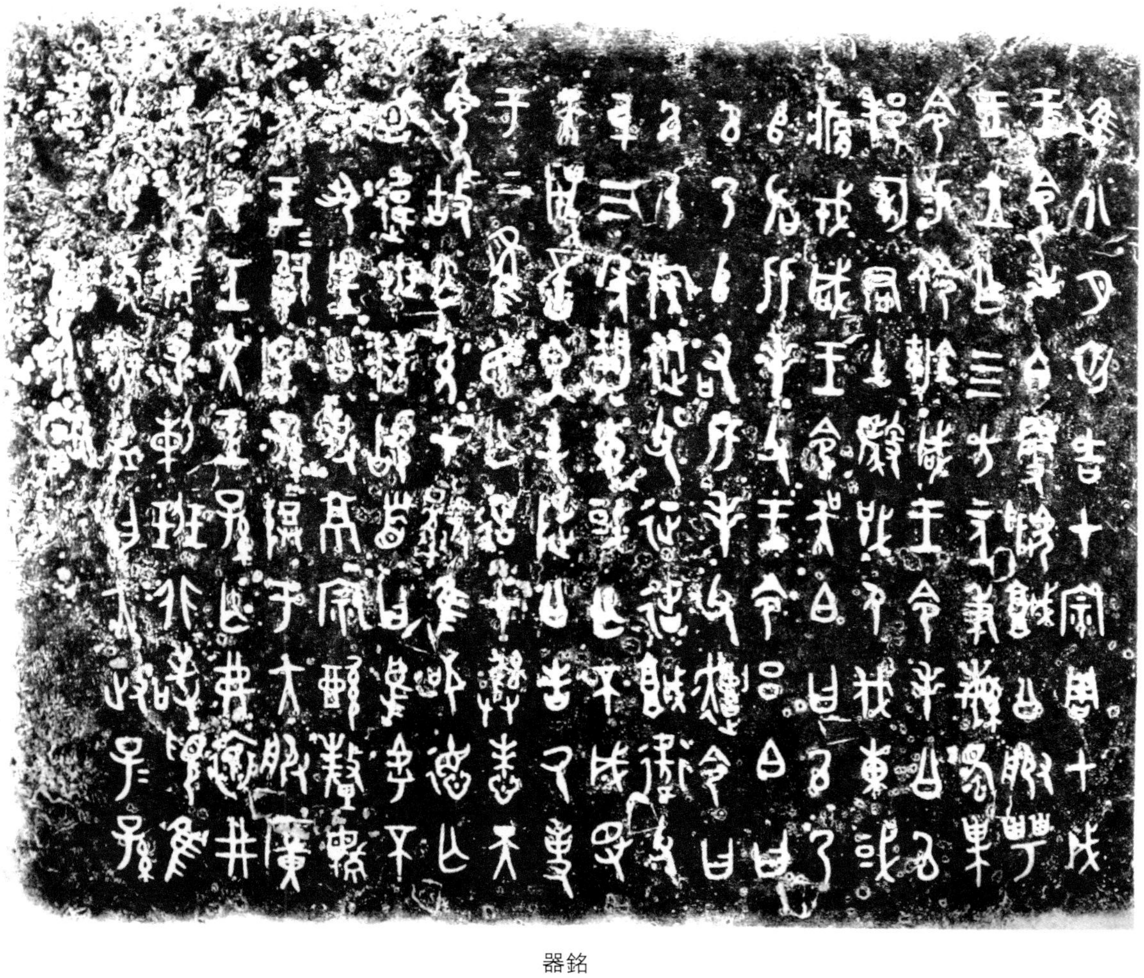

器銘

戜簋

西周中期

器銘釋文：

隹（惟）六月初吉乙酉，才（在）臺自（師）戎伐馭，戜逵（率）有嗣（司）師氏徬（奔）追鄉（禦）戎于棫林。博（搏）戎𠭰。朕文母競敏𨗨行，休宕氒（厥）心，永襲（襲）氒（厥）身，卑（俾）克氒（厥）啻（敵）隻（獲）馘百，執噝（訊）二夫，孚（俘）戎兵，𢾇（盾）矛、戈，弓、備（箙）矢、裹（裨）、胄，凡百又卅又五叙（款），寽（捋）戎孚（俘）人百又十又四人。衣（卒）博（搏），無眈于戜身，乃子戜拜䭫首，對揚文母福剌（烈），用乍（作）文母日庚寶尊簋。卑（俾）乃子戜萬年，用夙夜尊享孝于氒（厥）文母，其子子孫孫永寶。

（器、蓋同銘）

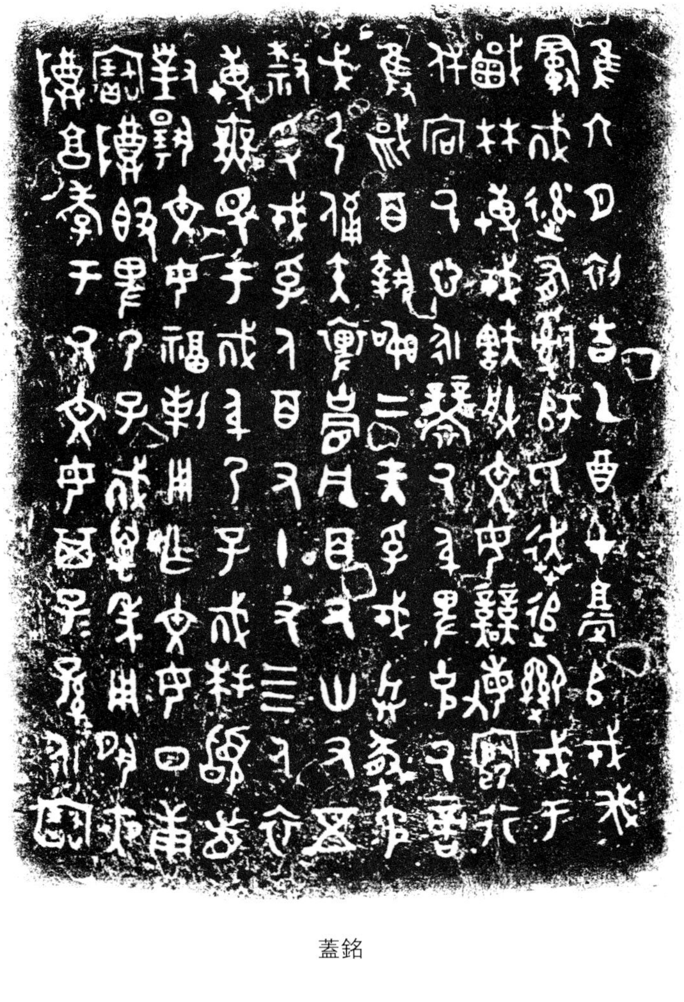

蓋銘

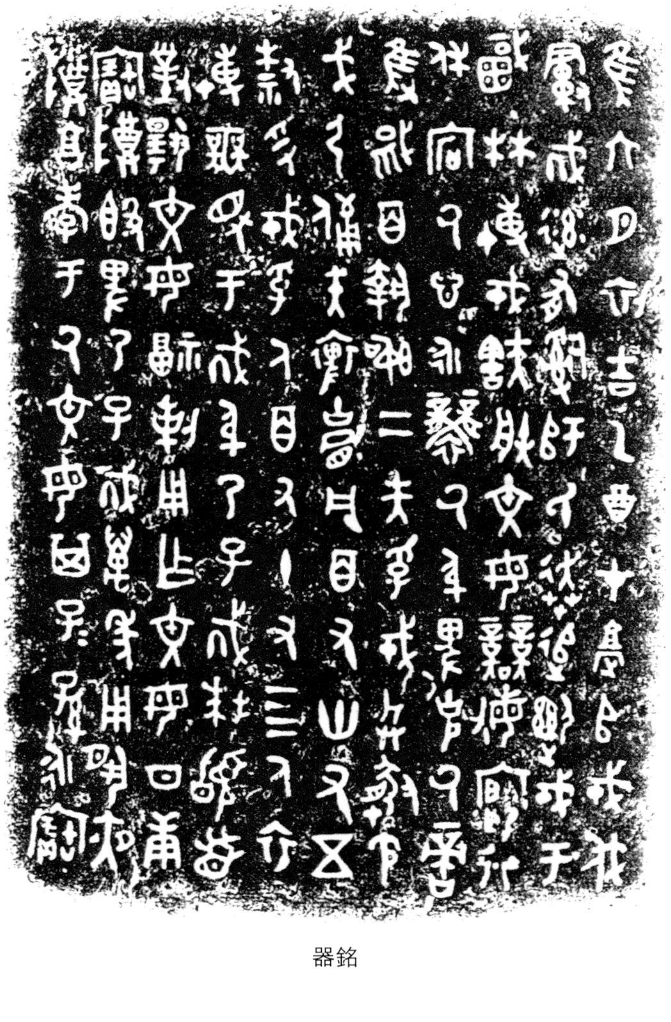

器銘

彔簋

西周中期

蓋銘釋文：

白(伯)雝(雍)父來自𠭯

蔑彔曆，易(錫)赤金。

對揚白(伯)休，用乍(作)

文且(祖)辛公寶𩰫

簋，其子子孫孫永寶。

(器、蓋同銘)

蓋銘

器銘

㦰方鼎

西周中期

器銘釋文：

隹(惟)九月既望乙丑，才(在)
㙉自(師)。王𡚬(俎)姜事(使)内史
友員易(錫)㦰玄衣朱褻
裣。㦰拜䭬首，對揚王
𡚬(俎)姜休。用乍(作)寶䵼
尊鼎，其用夙夜享孝
于氒(厥)文且(祖)乙公，于文
妣(妣)日戊，其子子孫孫永寶。
(器、蓋同銘)

蓋銘

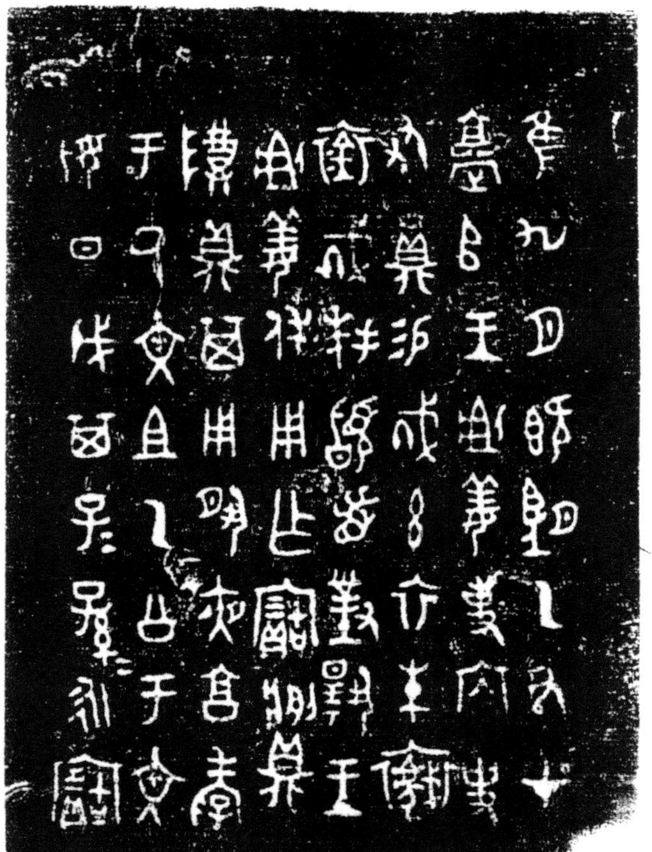
器銘

𢦏方鼎

西周中期

器銘釋文：

𢦏曰：烏虖（呼）！王唯念𢦏辟剌（烈）
考甲公，王用肇事（使）乃子𢦏
逨（率）虎臣御（禦）淮（淮）戎。𢦏曰：烏虖（呼）！
朕文考甲公、文母日庚，弋（式）休
𠟭（則）尚，安永宕乃子𢦏心，安
永讋（襲）𢦏身，氒（厥）復享于天子，
唯氒（厥）事（使）乃子𢦏萬年辟事
天子，母（毋）又眍于氒（厥）身。𢦏拜
䭫首，對揚王令，用乍（作）文母
日庚寶尊鬻彝，用穆穆夙夜尊
享孝妥（綏）福，其子子孫孫永寶兹（玆）剌（烈）。

器銘

善鼎

西周中期

器銘釋文：

唯十又二月初吉，辰才（在）丁亥，
王才（在）宗周，王各（格）大師宮。王
曰：善，昔先王既令女（汝）左（佐）疋（胥）
𠭯侯，今余唯肇醽（踵）先王令，令
女（汝）左（佐）疋（胥）𠭯侯，監𤼈師戍，易（錫）
女（汝）乃且（祖）旂，用事。善敢拜䭫
首，對揚皇天子不（丕）杯（顯）休，用
乍（作）宗室寶尊，唯用妥（綏）福，唬（于）
前文人，秉德共（恭）屯（純），余其用
各（格）我宗子雩（與）百生（姓）。余用匄
屯（純）魯，雩（于）萬年其永寶用之。

器銘

鮮簋

西周中期

器銘釋文：

隹(惟)王卅又四祀唯五月

既望戊午，王才(在)蒡京啻(禘)

于珋(昭)王。鮮蔑曆(歷)鄭(祼)，王韐(賞)

鄭(祼)玉三品、貝廿朋，對王

休，用乍(作)子孫其永寶。

器銘

虎簋蓋

西周中期

蓋銘釋文：

隹(惟)卅年四月初吉甲戌，王才(在)周

新宮，各(格)于大室。宻(密)弔(叔)内(入)右(佑)虎即

立(位)。王乎(呼)入(内)史曰：册令虎。曰：翻，乃

且(祖)考史(事)先王，嗣(司)虎臣，今令女(汝)曰：

戛(更)氒(厥)且(祖)考，疋(胥)師戲，嗣(司)走馬駿(馭)

人

眔五邑走馬駿(馭)人，女(汝)母(毋)敢不譱(善)

于乃政。易(錫)女(汝)載市、幽黄、玄衣幭

屯(純)、緣(鑾)旂五日，用史(事)。虎敢拜稽首，

對揚天子不(丕)杯魯休。虎曰：不(丕)顯

朕剌(烈)且(祖)考咨(粦)明，克事先王，肆天

子弗望(忘)氒(厥)孫子，付氒(厥)尚(常)官，天子

其萬年龖兹(兹)命。虎用乍(作)文考日庚

尊簋，子孫其永寶用，夙(夙)夕享于宗。

蓋銘

昌鼎

西周中期

器銘釋文：

隹(惟)七月初吉丙申,晉

侯令昌追于倗,休

又(有)禽(擒)。侯釐昌皋

胄、毌、戈、弓、矢束、貝

十朋,受兹休。用乍(作)寶

簋,其孫子子永用。

器銘

臤尊

西周中期

器銘釋文(自左至右排列)：

隹(惟)十又三月既生霸丁卯,臤

從師雝(雍)父戍于𤞞自(師)

之年,臤蔑(蔑)曆,仲競父易(錫)

赤金,臤拜䭫首,對揚競父

休,用乍(作)父乙寶旅彝。其子子孫孫永用。

器銘

競卣

西周中期

器銘釋文：

隹(惟)白(伯)犀父㠯(以)成𠂤(師)

即東，命戍南夷。正

月既生霸辛丑，才(在)

𩇯(坯)。白(伯)犀父皇競各(格)

于官。競蔑曆，𧶘(賞)競

章(璋)。對揚白(伯)休，用乍(作)

父乙寶尊彝。子孫

永寶。

(器、蓋同銘)

蓋銘

器銘

廿七年衛簋

西周中期

蓋銘釋文：

隹(惟)廿又七年三月既生霸戊

戌，王才(在)周，各(格)大室，即立(位)。南

白(伯)入右(佑)裘衛，入門，立中廷，

北卿(嚮)。王乎(呼)内史易(錫)衛載市、

朱黄、䜌(鑾)。衛拜䭫首，敢對揚

天子不(丕)顯休。用乍(作)朕文且(祖)

考寶簋，衛其子子孫孫永寶用。

(器、蓋同銘)

蓋銘

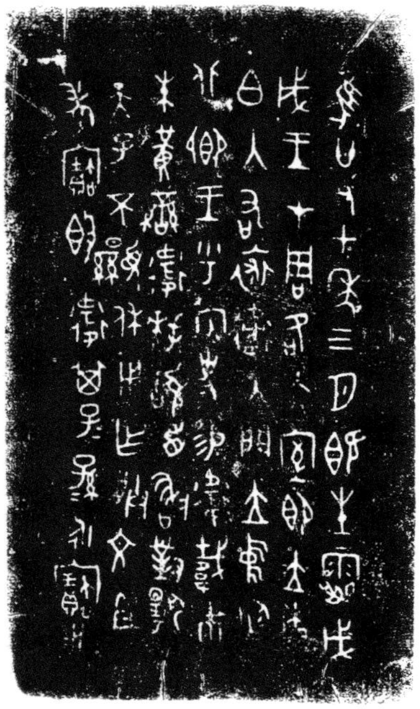

器銘

縣妃簋

西周中期

器銘釋文：

隹(惟)十又二月既望，辰才(在)壬午，白(伯)屖

父休于縣妃曰：𠭰，乃任縣白(伯)

室。易(錫)女(汝)婦、爵，㛢之戈，周(琱)玉

黄㣎。縣妃每(敏)揚白(伯)屖父休，曰：

休白(伯)𠬝益卹(恤)縣白(伯)室，易(錫)君我

隹(惟)易(錫)壽(儔)，我不能不眔縣白(伯)

萬年保。𢑚敢陣于彝曰：

其自今日，孫孫子子母(毋)敢望(忘)白(伯)休。

器銘

繁卣

西周中期

器銘釋文：

隹(惟)九月初吉癸丑，公彭

祀。雩(越)旬又一日，辛亥，公

啻(禘)彭辛公祀。衣事亡眇。

公穫(蔑)繁曆，易(錫)宗彝一脃、

車、馬兩。繁拜手𩒨首，對

揚公休，用乍(作)文考辛公

寶尊彝，其萬年寶。或。

(器、蓋同銘)

蓋銘

器銘

師酉簋

西周中期

器銘釋文：

隹(惟)王元年正月，王才(在)吴，各(格)吴大廟。公族𤔲𣪊入右(佑)師酉立(位)中廷。王乎(呼)史嗇(牆)册命師酉：嗣(司)乃且(祖)啻官邑人、虎臣、西門尸(夷)、㠱尸(夷)、𣿦(秦)尸(夷)、京尸(夷)、畁身尸(夷)，新易(錫)女(汝)赤市、朱黄、中㬏(絅)、攸勒，敬夙夜勿灋(廢)朕令。師酉拜䭫首，對揚天子不(丕)顯休命，用乍(作)朕文考乙白(伯)、宄姬尊簋，酉其萬年子子孫孫永寶用。

(器、蓋同銘，唯行次略異)

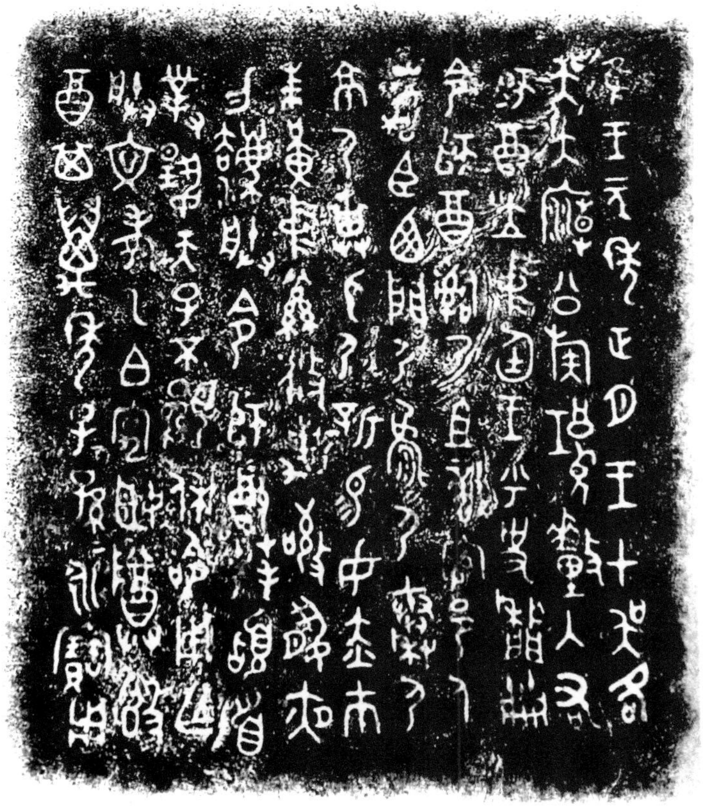

蓋銘

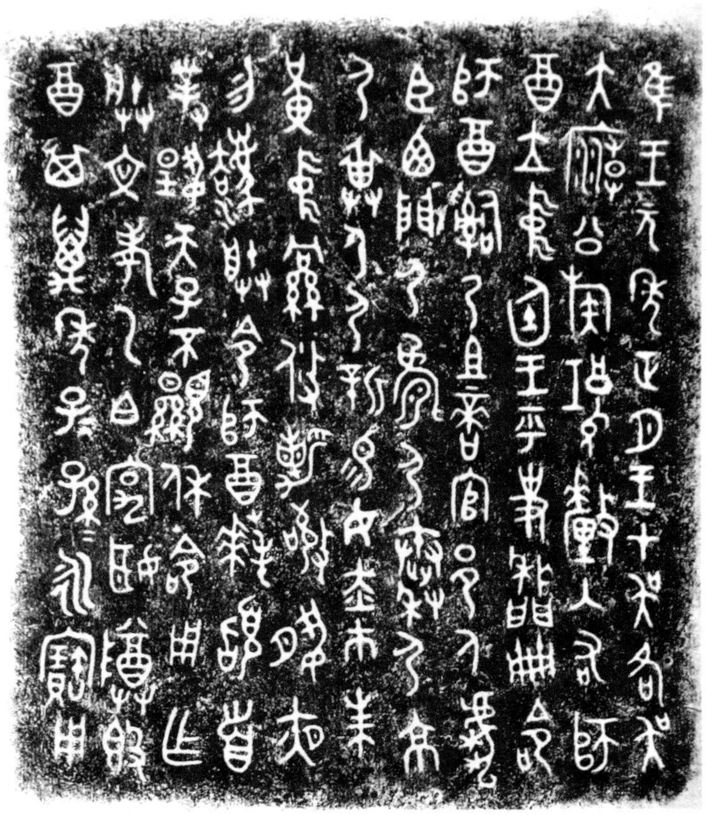

器銘

衛盉

西周中期

蓋銘釋文：

隹(惟)三年三月既生霸壬寅。

王爯(偁)旂于豐。矩白(伯)庶人取

堇(瑾)章(璋)于裘衛，才(裁)八十朋，氒(厥)貯(疇)

其舍田十田。矩或(又)取赤虎(琥)

兩、麀奉(韍)兩、奉韐一，才(裁)廿朋，其

舍田三田，裘衛迺彘告于

白(伯)邑父，焚(榮)白(伯)、定白(伯)、𡧍白(伯)、單

白(伯)。白(伯)邑父、焚(榮)白(伯)、定白(伯)、𡧍白(伯)、單

白(伯)迺令參(三)有𤔲(司)：𤔲(司)土(徒)散(微)邑，𤔲(司)

馬單旟、𤔲(司)工(空)邑人服，眔

受(授)田。𤼈𧺶、衛小子𦓤逆

者(諸)其卿(饗)。衛用乍(作)朕文考惠

孟寶般(盤)，衛其萬年永寶用。

蓋銘

趞盂

西周中期

器銘釋文：

隹(惟)正月初吉，君才(在)䣆，

即宮，命趞事于述土

𨸏諆(其)各(格)𠙵(以)右(佑)。寮(僚)女(汝)寮(僚)：

奚、岀、華。天君事(使)趞事

𩠯，趞敢對揚，用乍(作)文且(祖)

己公尊盂，其永寶用。

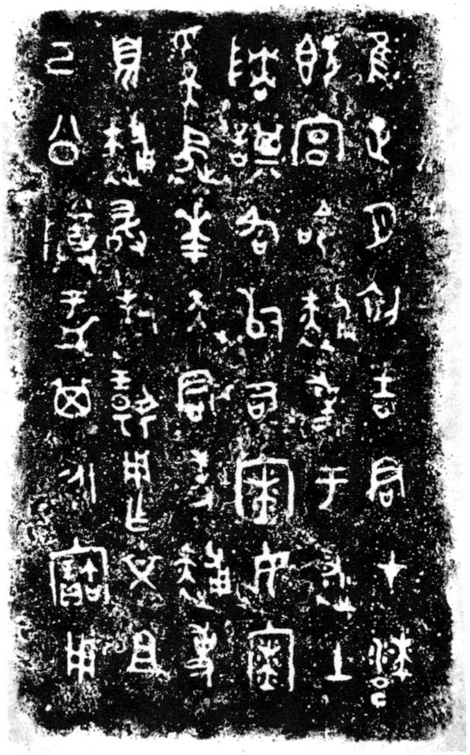

器銘

師遽簋蓋

西周中期

蓋銘釋文：

隹(惟)王三祀四月既生

霸辛酉，王才(在)周，客(格)新宮。

王征正(整)師氏。王乎(呼)師

朕易(錫)師遽貝十朋。遽拜

𩒨首，敢對揚天子不(丕)

休(顯)休，用乍(作)文考旄弔(叔)

尊簋。世孫子永寶。

蓋銘

師遽方彝

西周中期

蓋銘釋文：

隹(惟)正月既生霸丁酉，

王才(在)周康寑(寢)卿(饗)醴。師

遽蔑曆晉(宥)。王乎(呼)宰利

易(錫)師遽琿圭一、瑔章(璋)

四。師遽拜韻首，敢對

揚天子不(丕)顯休，用乍(作)

文且(祖)也公寶尊彝。用

匃萬年亡疆，乢(百世)孫子永寶。

(器、蓋同銘，唯行次略異)

蓋銘

器銘

五祀衛鼎

西周中期

器銘釋文：

隹（惟）正月初吉庚戌，衛𠃬（以）邦君

厲告于井白（伯）、白（伯）邑父、定白（伯）、𤞷白（伯）、白（伯）

俗父，曰厲曰：余執龔（恭）王卹（恤）工（功）

于卲（昭）大室東逆（朔）燮（營）二川，曰：余

舍女（汝）田五田。正迺𠵊（訊）厲曰：女（汝）

貯田不？厲迺許曰：余𡩢（審）貯田

五田。井白（伯）、白（伯）邑父、定白（伯）、𤞷白（伯）、白（伯）俗

父迺顜，事（使）厲誓。迺令參（三）有

𤔲（司）𤔲（司）土（徒）邑人趞、𤔲（司）馬頚人邦、𤔲（司）

工（空）隧矩，内史友寺芻，帥（率）眉（堳）裘

衛厲田四田，迺舍寓（宇）于氒（厥）邑。

氒（厥）逆（朔）疆眔厲田，氒（厥）東疆眔散

田，氒（厥）南疆眔散田，眔政父田，

氒（厥）西疆眔厲田。邦君厲眔付

裘衛田。厲叔子夙，厲有𤔲（司）𪓐

季、慶癸、𤽙□、荆人敢，井人

㽙屖，衛小子逆其，卿（饗）匍。衛用

乍（作）朕文考寶鼎，衛其萬年

永寶用。隹（惟）王五祀。

器銘

七年趞曹鼎

西周中期

器銘釋文：

隹(惟)七年十月既生

霸，王才(在)周般宮。旦，

王各(格)大室。井白(伯)入

右(佑)趞曹立(位)中廷，北

卿(嚮)。易(錫)趞曹載市、冋(絅)

黃、䜌(鑾)。趞曹拜𩒨首，

敢對揚天子休，用

乍(作)寶，用卿(饗)倗(朋)🈀(友)。

器銘

師奎父鼎

西周中期

器銘釋文：

隹(惟)六月既生霸庚寅，王

各(格)于大室。嗣(司)馬井白(伯)右(佑)

師奎父。王乎(呼)内史駒册

命師奎父：易(錫)載市、冋(絅)黃、

玄衣黹屯(純)、戈琱㦸、旂，用

嗣(司)乃父官友。奎父拜𩒨

首，對揚天子不(丕)杯(顯)魯休，

用追考(孝)于剌仲，用乍(作)尊

鼎，用匄𩰫(眉)壽黃耇吉康，

師奎父其萬年子子孫永寶用。

器銘

師𩛥鼎

西周中期

器銘釋文：

唯王八祀正月，辰才（在）丁卯，

王曰：師𩛥，女（汝）克盡（盡）乃身，臣

朕皇考穆王，用乃孔德璪

屯，乃用心引正乃辟安德。

叀（惟）余小子肈盄（淑）先王德，易（錫）女（汝）

玄衮䪓（黼）屯（純）、赤市朱橫（黄）、䜌（鑾）旂、

大師金雁（膺）、攸勒，用井（型）乃聖

且（祖）考，隮明𪏘辟前王吏（事）余

一人。𩛥拜䭬首，休白（伯）大師肩（夗）

𦗟（諶），𩛥臣皇辟。天子亦弗諲（忘）

公上父𦑻德，𩛥蔑曆白（伯）大師，

不自乍（詐）。小子夙夕尃古先且（祖）

剌（烈）德，用臣皇辟。白（伯）亦克款

古先且（祖）𡐨（蠱）孫子一𦗟（諶）皇辟懿

德。用保王身。𩛥敢𢿏（釐）王卑

天子萬年𩛙𩛙，白（伯）大師武

臣保天子用氒（厥）剌（烈）且（祖）卬（介）德。

𩛥敢對王休，用妥乍（祚）公上父

尊于朕考𩠞（虢）季易（錫）父𣪘宗。

器銘

九年衛鼎

西周中期

器銘釋文：

隹(惟)九年正月既死霸庚辰，

王才(在)周駒宫，各(格)廟。眉敖者

膚卓吏(使)見(覲)于王，王大黹(致)矩取

眚(省)車較桒(幩)，鞃(鞃)虎冟(幎)，帣律(幃)，畫

轉，攴(鞭)布𩌏，帛轡乘，金麃(鑣)鑁(鋞)，

舍矩姜帛三兩，迺舍裘衛林

曶里。𡂋，氒(厥)隹(惟)顏(顏)林。我舍顏(顏)

陳大馬兩，舍顏(顏)姒虡(賸)吝(絞)，舍

顏(顏)有嗣(司)壽商圀裘，盠(掾)冟(幎)。矩

迺眔濋𢷒令壽商眔啻曰，

顟湄(堳)，付裘衛林曶里，則乃

成夆(封)四夆(封)。顏(顏)小子具(俱)叀(惟)夆(封)，壽

商圏(勠)。舍盠冒梯羝皮二，郢(𤝵)

皮二，𤔲(業)舄俑(𤞑)皮二，朏帛，金一

反(鈑)，氒(厥)吴喜(犛)皮二，舍濋虡(貘)冟(幎)，

𤔲桒(幩)韉鞃(鞃)，東臣羔裘，顏(顏)下(豭)

皮二。罪受。衛小子家逆者(諸)，其

匔(賸)衛臣虢朏。衛用乍(作)朕文

考寶鼎，衛其僞(萬)年永寶用。

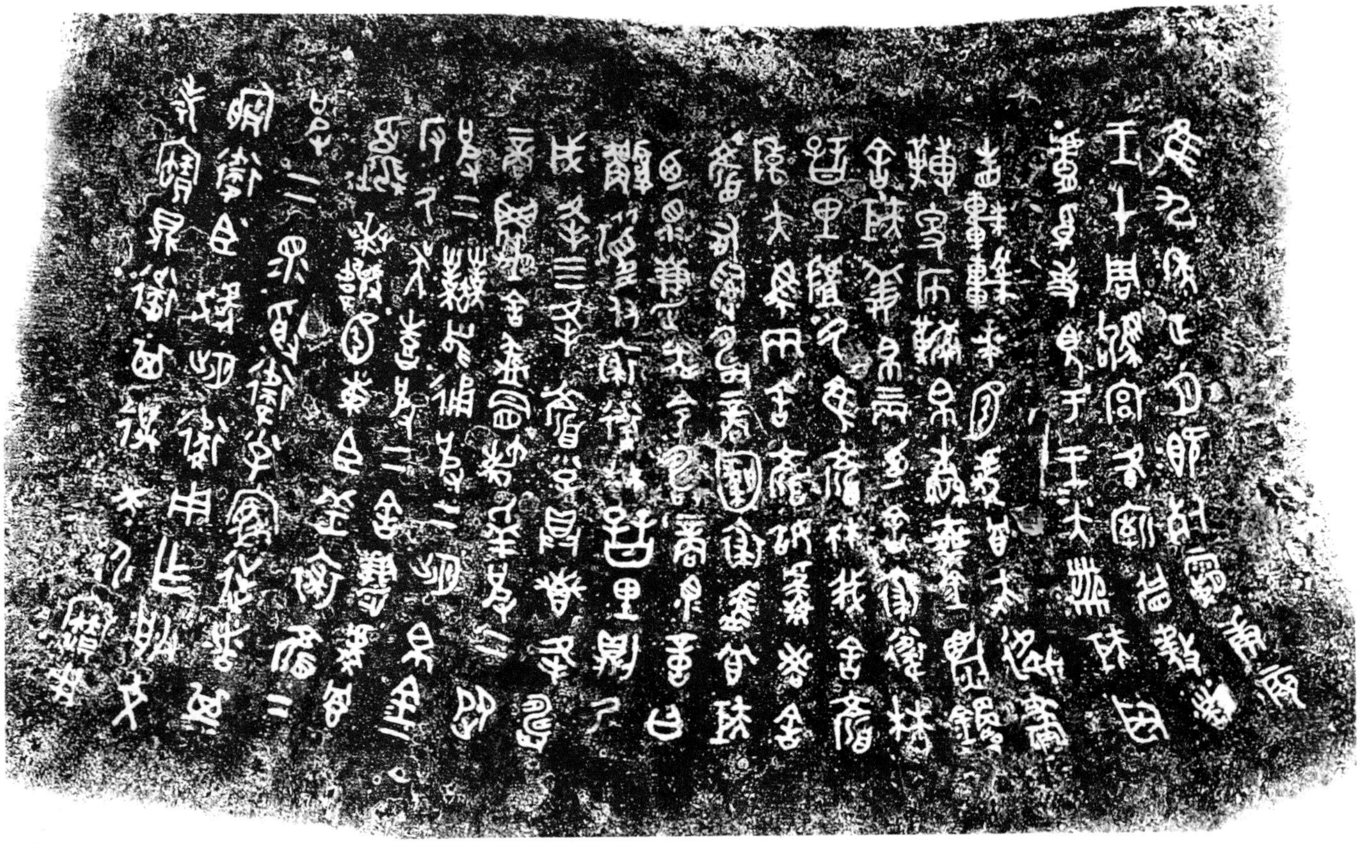

器銘

衛簋

西周中期

器銘釋文：

隹(惟)八月初吉丁亥，王客(格)
于康宮。熒(榮)白(伯)右衛，衛內(入)即
立(位)，王曾(增)令衛，厚赤市攸
勒。衛敢對揚天子不(丕)顯
休，用乍(作)朕文且(祖)考寶尊
簋，衛其萬年子子孫孫永寶用
(器、蓋同銘，唯行次略異)

蓋銘

器銘

乖伯簋

西周中期

器銘釋文：

隹(惟)王九年九月甲寅，王命
益公征眉敖，益公至，告。二月，眉
敖至，見(覲)，獻(獻)賮(貢)。己未，王命中(仲)致(致)
歸乖白(伯)貔(貔)裘(裘)。王若曰：乖白(伯)朕
丕(丕)顯且(祖)玟(文)珷(武)，雁(膺)受大命，乃
且(祖)克桒(弼)先王，異(翼)自也(它)邦，又(有)芾
于大命，我亦弗究享邦，易(錫)女(汝)
貔(貔)裘(裘)。乖白(伯)拜手稽首天子
休，弗望(忘)小𢊁邦。歸夆敢對揚
天子不(丕)杯魯休，用乍(作)朕皇考
武乖幾王尊簋，用好(孝)宗朝(廟)，享
夙夕，好倗(朋)友雩(與)百者(諸)婚遘(媾)。
用𣄰(祈)屯(純)录(祿)，永命魯壽子孫。歸
夆其邁(萬)年日用，享于宗室。

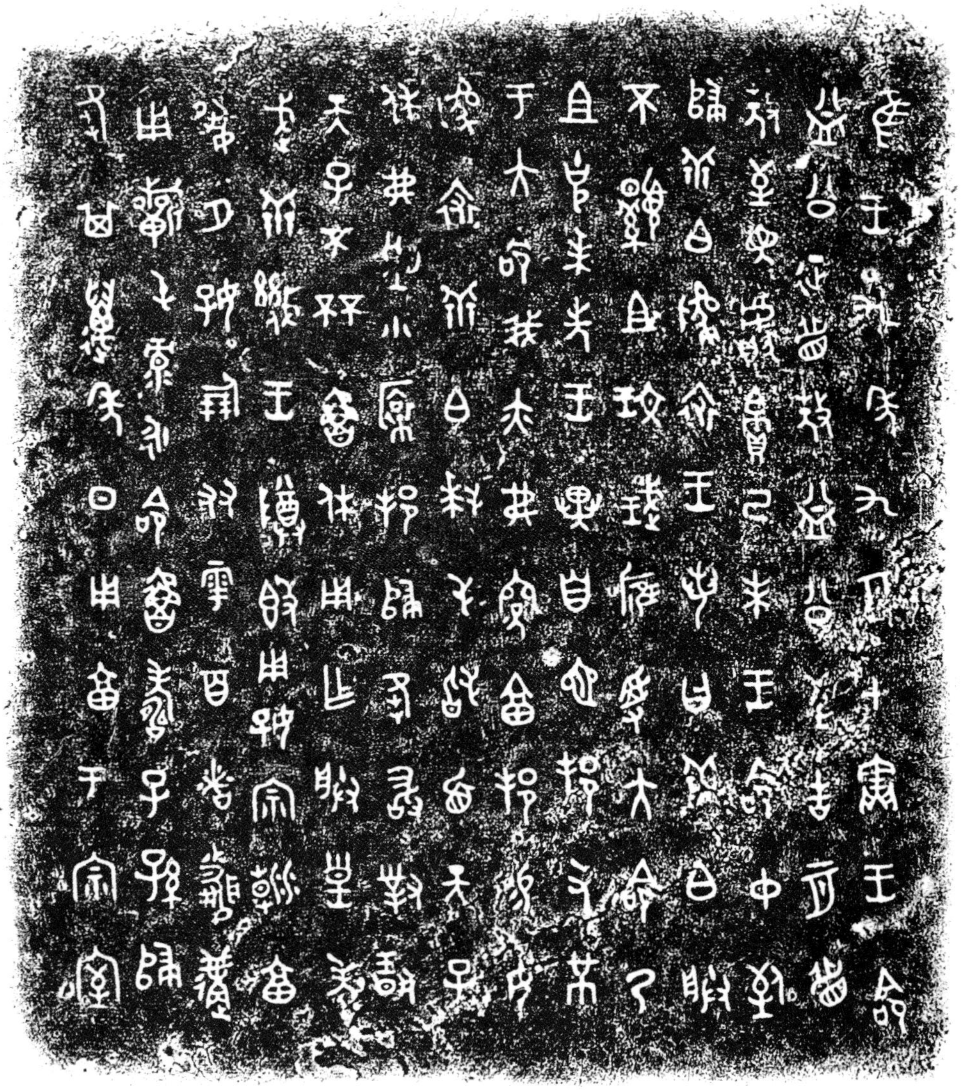

器銘

永盂

西周中期

器銘釋文：

隹(惟)十又二年初吉丁卯，益公內(入)即命于天子。公迺出氒(厥)命，易(錫)畀(界)師永氒(厥)田，澮(陰)昜(陽)洛疆眔師俗父田。氒(厥)眔公出氒(厥)命：井白(伯)焚(滎)白(伯)、尹氏、師俗父、遣中(仲)。公迺命酉(鄭)嗣(司)徒圅父、周人嗣(司)工眉、攸史、師氏、邑人奎父、畢人師同，付永氒(厥)田。氒(厥)率舊氒(厥)疆宋句。永拜韻首，對揚天子休命。永用乍(作)朕文考乙白(伯)尊盂。永其邁(萬)年，孫孫子子永其逹(率)寶用。

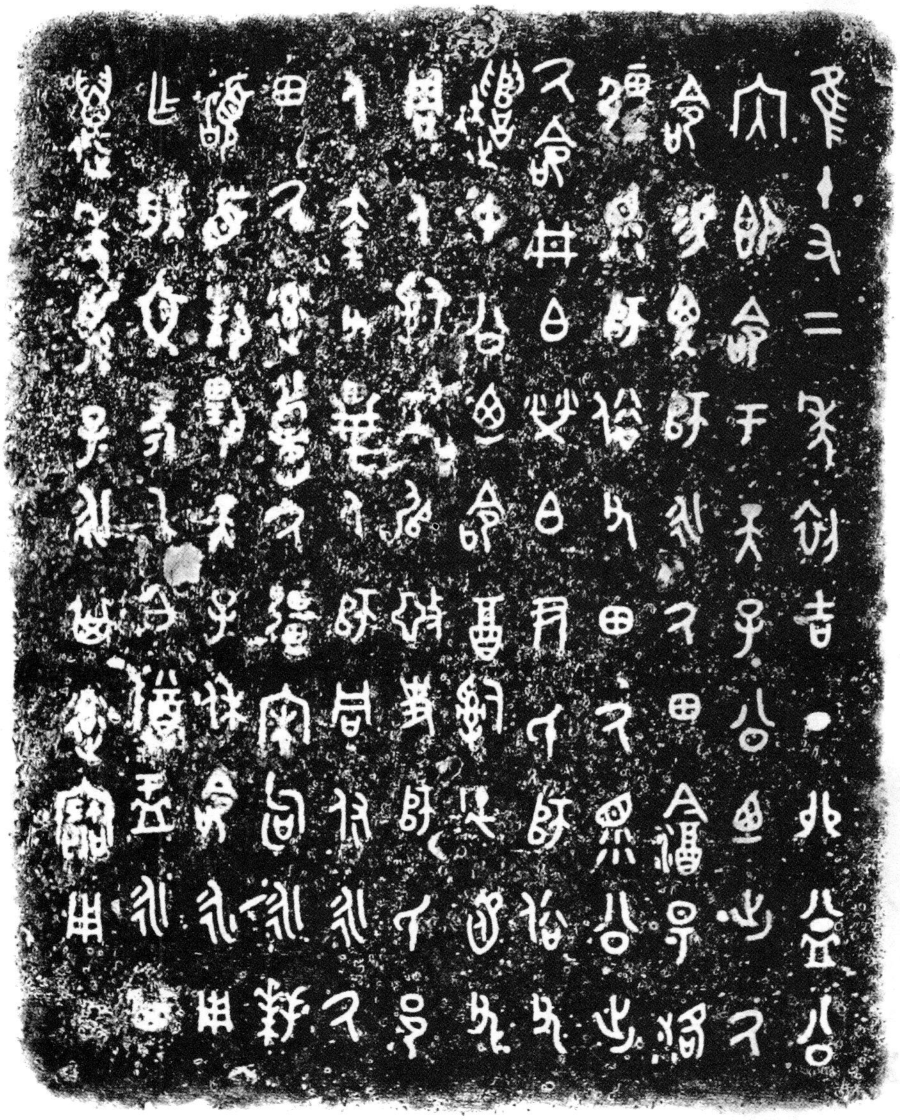

器銘

十五年趞曹鼎

西周中期

器銘釋文：

隹(惟)十又五年五月

既生霸壬午，龏(恭)

王才(在)周新宫。王射

于射盧（廬)。史趞朁（曹)

易(錫)弓、矢、虎盧（櫓)、九(厹)、冑、

毌（干)、殳。趞朁(曹)敢對朁(曹)

拜韻首，敢對揚天子休，

用乍(作)寶鼎，用卿(饗)倗（朋)沓（友)。

器銘

士山盤

西周中期

器銘釋文：

隹(惟)王十又六年九月既生霸甲

申，王才(在)周新宮。王各(格)大室，即立(位)。

士山入門立(位)中廷，北卿(嚮)。王乎(呼)乍(作)册尹

册令山曰：于入𦯰侯，徃徵鄀荆(荆)

方服眔亢虘服、履服、六𤔲(子)

服。𦯰侯鄀方賓貝、金。山拜韻首，

敢對揚天子子不(丕)顯休，用乍(作)文

考釐中(仲)寶尊般(盤)盉。山其萬年永用。

器銘

望簋

西周中期

器銘釋文：

隹(惟)王十又三年六月

初吉戊戌，王才(在)周康

宮新宮。旦，王各(格)大室，即立(位)。

宰倗父右(佑)望入門立(位)中廷，

北卿(嚮)。王乎(呼)史年册令望，死

嗣(司)畢王家。易(錫)女(汝)赤ᗺ(雍)市、緣(鑾)，

用事。望拜韻首，對揚天

子不(丕)顯休，用乍(作)朕皇

且(祖)白(伯)囨父寶簋，其邁(萬)

年子子孫孫永寶用。

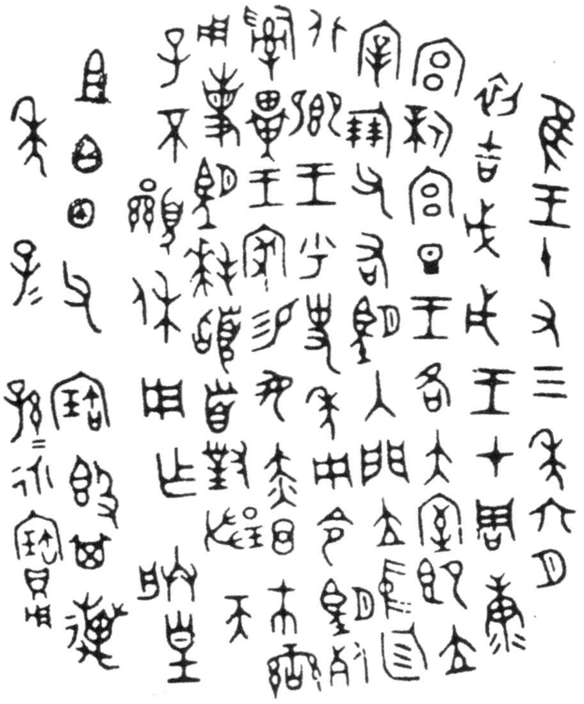

器銘

倗生簋

西周中期

器銘釋文：

隹(惟)正月初吉癸子(巳)，王才(在)成周。

格白(伯)取良馬乘于倗生，氒(厥)貯

卅田，則析。格白(伯)遷。殴妊彶

仡氒(厥)從，格白(伯)反(按)彶甸，殷

谷杜木、邍谷旅桑，涉東門。

氒(厥)書史戠武立盄(盂)成壘，

鑄保簋，用典格白(伯)田。其

萬年子子孫孫永保用。

(器、蓋銘文略異)

蓋銘

器銘

師湯父鼎

西周中期

器銘釋文：

隹(惟)十又二月初吉

丙午，王才(在)周新宮，

才(在)射廬，王乎(呼)宰雁(應)

易(錫)盛弓、象弭、矢

臸彤欮(干)。師湯父拜

䭫首，乍(作)朕文考

毛叔䵼彝，其邁(萬)

年孫孫子子永寶用。

器銘

休盤

西周中期

器銘釋文：

隹(惟)廿年正月既望甲戌，王才(在)

周康宮。旦，王各(格)大室，即立(位)。益

公右(佑)走馬休入門，立(位)中廷，北

卿(嚮)。王乎(呼)乍(作)册尹册易(錫)休玄衣、

黹屯(純)、赤巿、朱黃、戈琱㦰、彤沙

厚(緌)必(柲)、緣(鑾)旂。休拜䭫首，敢對揚

天子不(丕)顯休令，用乍(作)朕文考

日丁尊般(盤)，休其萬年子子孫孫永寶。

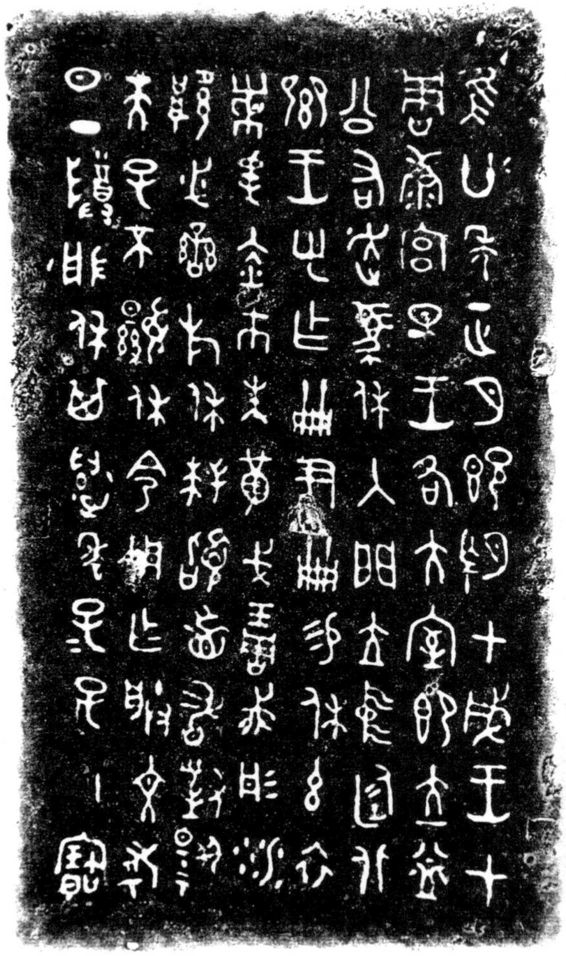

器銘

詢簋

西周中期

器銘釋文：

王若曰：訇(詢)，不(丕)顯文武受令，則乃且(祖)奠周邦。今余令女(汝)啻(適)官，嗣(司)邑人、先虎臣後庸、西門尸(夷)、秦尸(夷)、京尸(夷)、㠱尸(夷)、師笭側新，□華尸(夷)、由□尸(夷)、𠭯人、成周走亞、戍秦人、降人、服尸(夷)。易(錫)女(汝)玄衣黹屯(純)、載市、冋(絅)黃、戈琱𢦚、厚(緱)必(柲)，

彤

沙，絲(鑾)旂、攸勒用事。訇(詢)韻首，對揚天子休令，用乍(作)文且(祖)乙白(伯)、同姬尊簋。訇(詢)萬年子子孫孫永寶用。唯王十又七祀，王才(在)射日宮，旦，王各(格)，益公入右(佑)訇(詢)。

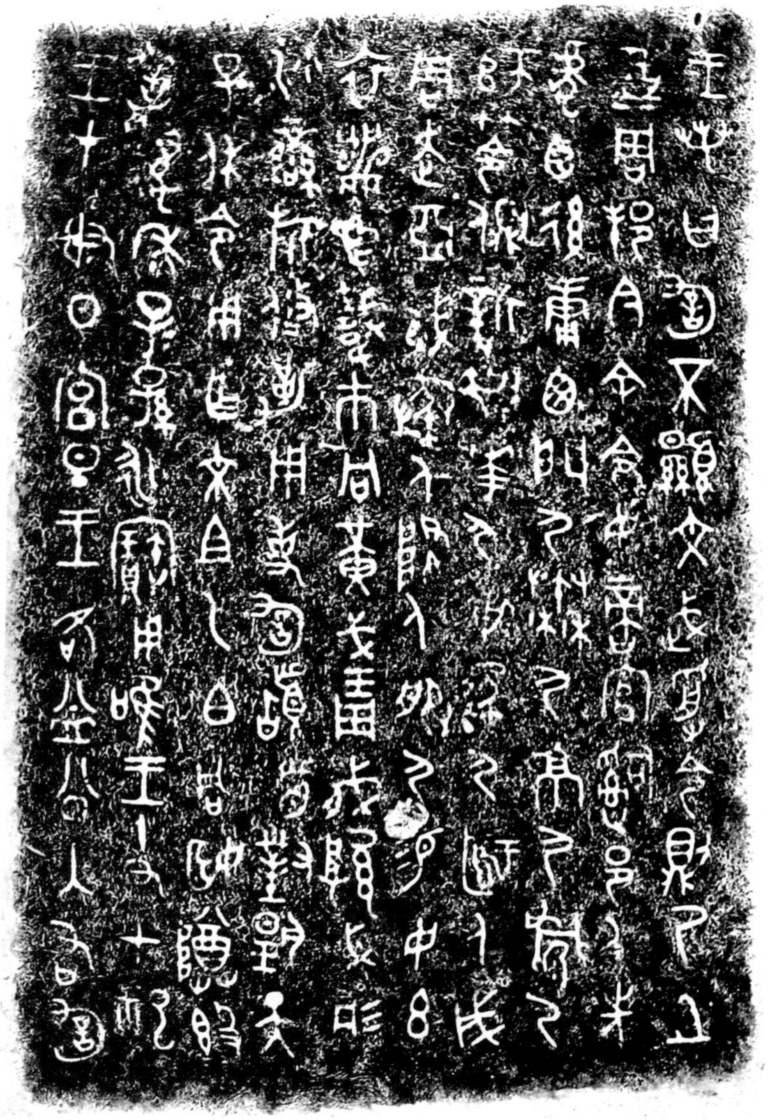

器銘

伊簋

西周中期

器銘釋文：

隹(惟)王廿又七年正月既望丁亥，王才(在)周康宮。旦，王各(格)穆大室，即立(位)。𩰬季內(入)右(佑)伊，立(位)中廷，北卿(嚮)。王乎(呼)命(令)伊封册命(令)伊，䙴官嗣(司)康宮王臣妾、百工，易(錫)女(汝)赤市幽黄、䜌(鑾)旂、攸勒，用事。伊拜手䭫首，對易(揚)天子休。伊用乍(作)朕不(丕)顯文且(祖)皇考徲弔(叔)寶𪔅彝。伊其萬年無疆，子子孫孫永寶用享。

器銘

效卣

西周中期

器銘釋文：

隹(惟)四月初吉甲午，王雚（觀)于

嘗。公東宮内(納)卿(饗)于王。王易(錫)公

貝五十朋，公易(錫)氒（厥)涉(世)子效王休

貝廿朋，效對公休，用乍(作)寶

尊彝。烏虖（呼)，效不敢

不邁(萬)年夙夜奔走揚

公休，亦其子子孫孫逑（永)寶。

（器、蓋同銘，唯行次略異）

蓋銘

器銘

走簋

西周中期

器銘釋文：

隹(惟)王十又二年三月既望

庚寅，王才(在)周，各(格)大室，即

立(位)。嗣(司)馬井白(伯)亼右(佑)走。王

乎(呼)乍(作)册尹𠬝𢔶走，𩠹(扱)疋

益，易(錫)女(汝)赤⿴⿴⿴旂，用

孝(事)。走敢拜䭫首，對揚王

休。用自乍(作)寶尊簋，走其

眔乒(厥)子子孫孫萬年永寶用。

器銘

豆閉簋

西周中期

器銘釋文：

唯王二月既眚(生)霸，辰才(在)戊寅，

王各(格)于師戲大室。井白(伯)入右(佑)

豆閉。王乎(呼)内史册命豆閉。

王曰：閉，易(錫)女(汝)戠衣、⿱(雍)市、緣(鑾)

旂，用俟乃且(祖)考事，嗣(司)宎艅(俞)

邦君嗣(司)馬弓矢。閉拜䭫首，

敢對揚天子不(丕)顯休命，用

乍(作)朕文考釐弔(叔)寶簋，用易(錫)

壽(眉)壽萬年，永寶用于宗室。

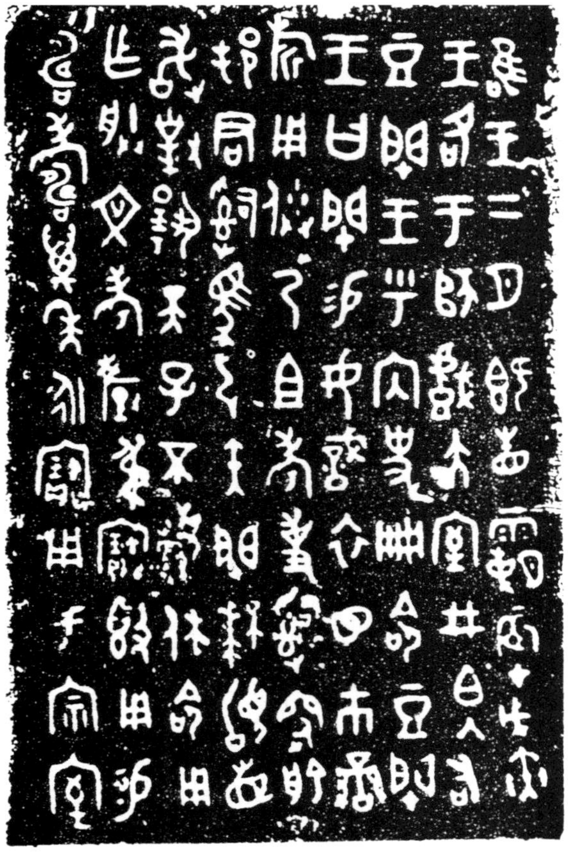

器銘

牆盤

西周中期

器銘釋文：

曰古文王，初敎（盭）龢于政，上帝降懿德大甹（粤）
匍（撫）有上下，迨（合）受萬邦。䵼圉武王，遹征（正）四方，
達（撻）殷，畯民，永不巩（恐）狄（愓）。虘，㣇伐尸（夷）童（東），盚（憲）聖
成王，左右綬（柔）會（會）剛鯀（漁），用肇（肇）敿（徹）周邦。睿（睿）悊（哲）
康王，分（遂）尹啻（億）疆。弦（宏）魯卲（昭）王，廣䜌楚荆（荊），隹（惟）
寏（奐）南行。祗覭穆王，井（型）帥宇（訏）誨。䌹（緟）寧天子，天子
圂賡文武長剌（烈），天子眉無匄，䙴祁上下，亟
獄逗（宣）慕（謨），昊紹（昭）亡（無）旲（斁）。上帝后稷，尤保受天子
䋣（綰）令厚福豐年，方䜌（蠻）亡（無）不䂂見。青（靜）幽高
且（祖）才（在）散（微）霝處。雩武王既𢦏殷，散（微）史（使）剌（烈）且（祖）
迺（乃）來見武王，武王則令周公舍圖（宇）于周，卑（俾）處。
甬叀（惠）乙且（祖）逨匹氒（厥）辟，遠猷匔（腹）心。子䣆咎（粦）
明，亞且（祖）且（祖）辛，䢅毓（毓）子孫，䋣（繁）䋎（祓）多孷（釐）。櫅（茨）角（祿）䵼（熾）
光，義（宜）其𥛚（禋）祀。害（舒）屖（遲）文考乙公遽（競）趩（爽），𢔶（得）屯（純）
無諫，農（農）嗇（穡）戉（越）䜌（厤），隹（惟）辟孝䈞（友）史牆夙夜不
㒸（墜），其日蔑曆，牆弗敢取（沮），對揚天子不（丕）顯
休令，用乍（作）寶尊彝，剌（烈）且（祖）文考，弋（翼）𥨚（𥡭）受牆，
爾𪓊（𪓊）福褱（懷），猶（祓）彔（祿），黃耇彌生，龕事氒（厥）辟，其萬年永寶用。

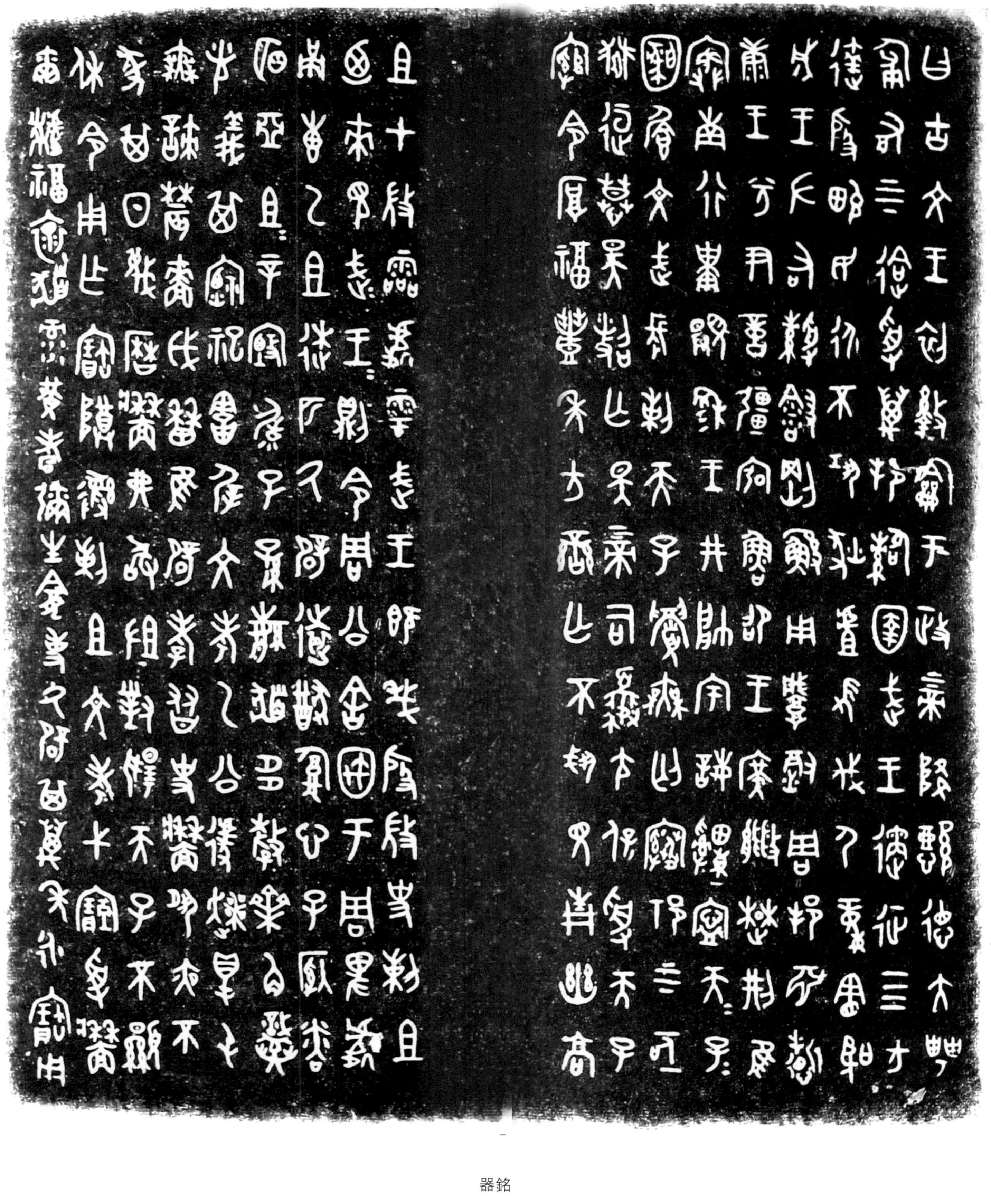

器銘

申簋蓋

西周中期

蓋銘釋文：

隹(惟)正月初吉丁卯，王才(在)周康宮，

各(格)大室，即立(位)。益公内(入)右(佑)申

中廷。王命尹册命申：更乃

且(祖)考疋(胥)大祝官嗣（司)豐人眔

九盬祝。睗（錫)女(汝)赤市縈（縈)黄、䜌（鑾)旂，

用事。申敢對揚天子休令，

用乍(作)朕皇考孝孟尊簋，申

其邁(萬)年用，子子孫孫其永寶。

蓋銘

同簋

西周中期

器銘釋文：

隹(惟)十又二月初吉丁丑，王

才(在)宗周，各(格)于大廟。焚（榮)白(伯)右(佑)

同立(位)中廷，北卿(嚮)。王命同𠂇（左)

右吴大父嗣（司)昜（埸)、林、吴(虞)、牧，自

淲東至于㴱（河)，氒（厥)逆(朔)侄(致)于玄

水。世孫孫子子𠂇（左)右吴大父，母(毋)

女(汝)又(有)閑(間)對揚天子氒（厥)休。

用乍(作)朕文考叀（惠)中(仲)尊寶簋，

其萬年子子孫孫永寶用。

器銘

楚簋

西周中期

器銘釋文：

隹(惟)正月初吉丁亥，王各(格)于康宮。中(仲)倗父內(入)又(佑)楚，立(位)中廷。內吏尹氏册命楚赤⿴(雍)市、緣(鑾)旂，取遄五寽(鋝)嗣(司)𠩺(蒡)啚(鄙)官內師舟。楚敢拜手䭫首，𡌶(對)揚天子不(丕)顯休，用乍(作)尊簋。其子子孫孫萬年永寶用。

(器、蓋同銘，唯行次略異)

蓋銘

器銘

即簋

西周中期

器銘釋文：

隹(惟)王三月初吉庚申，王才(在)

康宫，各(格)大室。定白(伯)入右(佑)即。

王乎(呼)：命女(汝)赤市、朱黄、玄衣、

黹屯(純)、䜌(鑾)旂(旂)。曰：嗣(嗣)琱宫人虢

旜，用事。即敢對揚天子不(丕)

顯休，用乍(作)朕文考幽叔寶

簋，即其萬年子子孫孫永寶用。

器銘

師虎簋

西周中期

器銘釋文：

隹(惟)元年六月既望甲戌，王才(在)杜

㝃(居)，徣(格)于大室。井白(伯)内(入)右(佑)師虎，即

立(位)中廷，北卿(嚮)。王乎(呼)内史吴曰：册

令虎，王若曰：虎，䵼(載)先王既令乃

取(祖)考事，啻(適)官嗣(司)左右戲緐(繁)荆。今

余隹(惟)帥井(型)先王令，令女(汝)更(賡)乃取(祖)考，

啻(適)官嗣(司)左右戲緐(繁)荆，苟(敬)夙夜勿

灋(廢)朕令。易(錫)女(汝)赤舄，用事。虎敢拜

䭫首，對揚天子不(丕)杯魯休，用乍(作)朕

剌(烈)考日庚尊簋。子子孫孫其永寶用。

器銘

卯簋蓋

西周中期

蓋銘釋文：

隹(惟)王十又一月既生霸

丁亥，焚(榮)季入右(佑)卯，立(位)中廷。焚(榮)

白(伯)乎(呼)令卯曰：𠭯(載)乃先且(祖)考死(尸)𤔲(司)

焚(榮)公室。昔乃且(祖)亦既令乃父死(尸)

𤔲(司)𦬁人。不盄(淑)，取我家寀(梀)用喪。今

余非敢夢先公又(有)𢓊遂，余懋爯(偁)

先公官。今余隹(惟)令女(汝)死(尸)𤔲(司)𦬁宫

𦬁人，女(汝)母(毋)敢不善。易(錫)女(汝)䰜(瓚)四、章(璋)、㲄、

宗彝一䢅、寶。易(錫)女(汝)馬十匹、牛十，易(錫)于乍一田，易(錫)于𡨦一田，易(錫)于隊一田，易(錫)于𢦏一田。卯拜

手頁(䭫)手(首)，敢對揚焚(榮)白(伯)休，用乍(作)寶尊

簋，卯其萬年子子孫孫永寶用。

蓋銘

曶鼎

西周中期

器銘釋文：

隹(惟)王元年六月既望乙亥，王才(在)周穆王大室。王若曰：曶，令女(汝)更(賡)乃且(祖)考嗣(司)卜事。易(錫)女(汝)赤8(雍)亼，

用事。王才(在)邐应(居)，井弔(叔)易(錫)曶赤金𨥭(鈞)。曶受休丮

王。曶用絲(茲)金乍(作)朕文考𡨧白(伯)𩰫牛鼎，曶其萬年用祀，子子孫孫其永寶。

隹(惟)王四月既眚(生)霸，辰才(在)丁酉。井弔(叔)才(在)異爲□。㫃

吏(使)氒(厥)小子𩰫㠯(以)限訟于井弔(叔)：我既賣(贖)女(汝)五夫，效

父用匹馬、束絲，限誥(牾)曰：𣂨劚(則)卑(俾)我賞(償)馬，效父劚(則)

卑(俾)復氒(厥)絲束。𧶠、效父迺(乃)誥(牾)。𣪕曰于王參(三)門，□□

木榜，用償(賄)征(延)賣(贖)絲(茲)五夫，用百孚(鋝)，非出五夫劚(則)

訋(訩)。迺(乃)𩰫又(有)訋(訩)眔𩰫(攆)金，井弔(叔)曰：才(裁)，王人迺(乃)賣(贖)用𧶠(賄)，

不逆付，曶母(毋)卑(俾)成于𣂨，曶劚(則)拜𩒨首，受絲(茲)五夫，

曰陪、曰恒、曰𦔮、曰𨥭、曰𦫳。吏(使)孚(鋝)以告𣂨，迺(乃)卑(俾)饗

㠯(以)曶酉(酒)彶(及)羊。絲(茲)三孚(鋝)，用致絲(茲)人。曶迺(乃)每(誨)于𣂨曰：

女(汝)其舍𩰫矢五秉。曰：必尚(當)卑(俾)處氒(厥)邑，田𦣞(厥)

田，𣂨劚(則)卑(俾)復令曰：若(諾)。

昔饉歲，匡衆氒(厥)臣廿夫，寇曶禾十秭，㠯(以)匡

季告東宮。東宮迺(乃)曰：求乃人，乃弗得，女(汝)匡罰大。匡

迺(乃)𩒨首于曶，用五田，用衆一夫曰嗌，用臣曰疐、曰

朏、曰奠，曰：用絲(茲)四夫。𩒨首曰：余無卣(由)具寇足秭

不出，鞭余。曶或(又)㠯(以)匡季告東宮，曶曰：必唯朕禾𧶠

賞(償)。東宮迺(乃)曰：賞(償)曶禾十秭，遺十秭，爲廿秭乃

來歲弗賞(償)，劚(則)付卌(四十)秭。迺(乃)或(又)即曶：用田二又臣一夫，

凡用即曶田七田，人五夫。曶覓(免)匡卅(三十)秭。

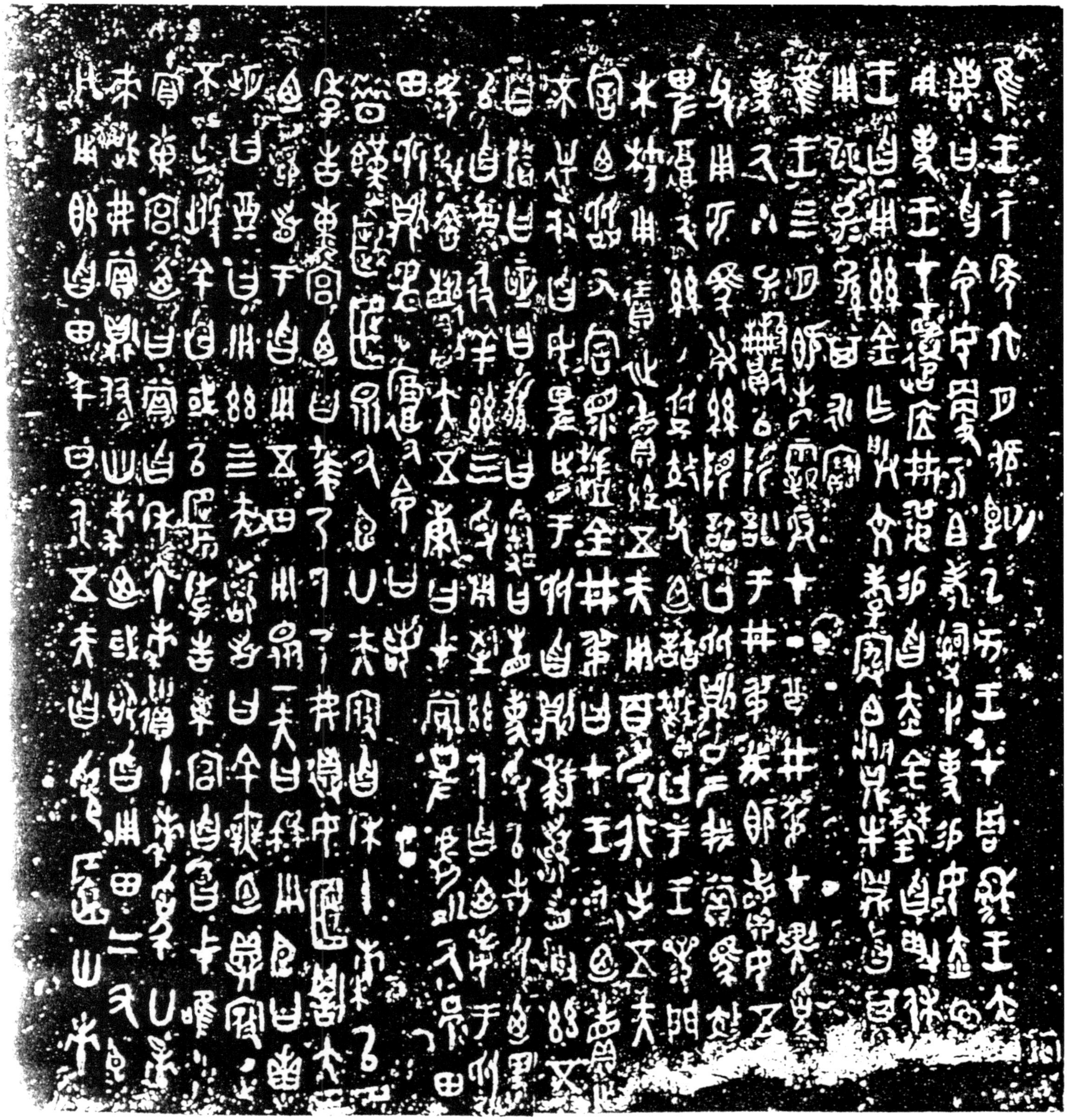

器銘

師詢簋

西周中期

器銘釋文：

王若曰：師訇（詢），不（丕）顯文武，雁（膺）受天令。亦剸（則）於（于）女（汝）乃聖且（祖）考，克尃（輔）右（佑）先王，乍（作）氒（厥）

厷殳（股）用夾䀉（召）氒（厥）辟奠大令，盩（盭）屚（龢）雩（于）政。

肆皇帝亡斁（斁），臨保我氒（厥）周，雩（于）四方民亡（無）不康静。王曰：師訇（詢），哀才（哉），今日天疾畏（威）降喪。首德不克婁（乂），古（故）亡承于先王。卿（嚮）女（汝）彶（汲）屯（厚）卹（恤）周邦，妥（綏）立余小子䎽（載）乃

事，隹（惟）王身厚𩛥，今余隹（惟）醽（緟）𠅬乃令，令女（汝）叀（惠）䜌（雍）我邦小大猷，邦𢎥（有）潢辪（治）敬明乃心，𢓊（率）㠯（以）乃友干（扞）吾（禦）王身，谷（欲）女（汝）弗㠯（以）乃

辟函（陷）于囏（艱），賜（錫）女（汝）秬鬯一卣、圭瓚（瓚）、夷允（訊）

三百人。訇（詢）䭫首，敢對揚天子休，用乍（作）

朕剌（烈）且（祖）乙白（伯）、同益姬寶簋，訇（詢）其萬（萬）囟

年子子孫孫永寶，用乍（作）州宫寶。隹（惟）元年二月既望庚寅，王各（格）于大室，熒（榮）内（入）右（佑）訇（詢）。

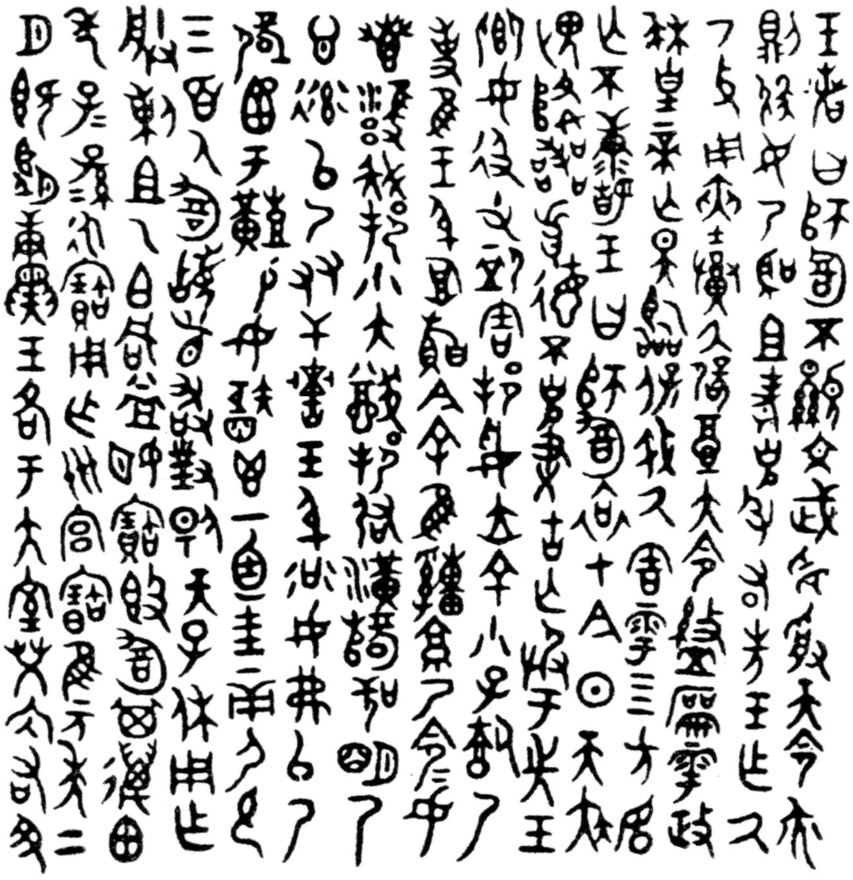

器銘

吴方彝蓋

西周中期

蓋銘釋文：

隹(惟)二月初吉丁亥，王才(在)周成大室。旦，王各(格)廟。宰朏右(佑)乍(作)册吴入門，立(位)中廷，北卿(嚮)。王乎(呼)史戊册令吴𤔲(司)旃(白)罘叔(淑)金(旌)，易(錫)𩰫鬯一卣、玄衮衣、赤舄、金車、桒𩏂(鞃)、朱虢(郭)𩋾、虎冟熏裹、桒較、畫轉、金甬、馬四匹、攸勒。吴拜𩒨首，敢對揚王休，用乍(作)青尹寶尊彝，吴其世子孫永寶用。隹(惟)王二祀。

蓋銘

王臣簋

西周中期

蓋銘釋文：

隹(惟)二年三月初吉
庚寅，王各(格)于大室，益公
入右(佑)王臣即立(位)中廷，北
卿(嚮)。乎(呼)内史年册命王
臣：易(錫)女(汝)朱黄、奉親(襯)、
玄衣黹屯(純)、䜌(鑾)旂五日、
戈畫㦰、厚(緱)必(柲)、彤
沙，用事。王臣手䭫
首，不敢顯天子對揚
休，用乍(作)朕文考易(錫)中(仲)
尊簋，王臣其永寶用。
(器、蓋同銘，唯行次略異)

蓋銘

器銘

趩尊

西周中期

器銘釋文：

隹(惟)三月初吉乙卯，王才(在)
周，各(格)大室。咸。井弔(叔)入右(佑)
趩。王乎(呼)内史册令趩：
更氒(厥)且(祖)考服，易(錫)趩戠衣
載市、冋(絅)黄、旂。趩拜䭫
首，揚王休對，趩蔑曆
用乍(作)寶尊彝。丗(世)孫子
母(毋)敢彖(墜)，永寶。隹(惟)王二祀。

器銘

達盨蓋

西周中期

蓋銘釋文：

隹(惟)三年五月既生霸
壬寅，王才(在)周，埶(執)駒于
滆应(居)，王乎(呼)巂趩召逹(達)，
王易(錫)逹(達)駒，逹(達)拜䭫首，
對揚王休，用乍(作)旅盨。

蓋銘

免簋

西周中期

器銘釋文：

隹(惟)十又二月初吉，王才(在)周，昧(昧)

曹(爽)，王各(格)于大廟。井弔(叔)有(佑)免即

令。王受(授)乍(作)册尹者(書)，卑(俾)册令

免曰：令女(汝)疋(胥)周師嗣(司)歠(林)，易(錫)

女(汝)赤𦥑(雍)市，用事。免對揚王休，

用乍(作)尊簋，免其萬年永寶用。

器銘

守宫盤

西周中期

器銘釋文：

隹(惟)正月既生霸乙未，王

才(在)周。周師光守宫事，祼周

師，不(丕)𩐈。易(錫)守宫絲束、蘆(苴)

幙(幕)五、蘆(苴)幂(冪)二、馬匹、毳布

三、尃倅三、銮朋。守宫對

揚周師釐，用乍(作)且(祖)乙尊，

其𠂤(百世)子子孫孫永寶用，勿遂(墜)。

器銘

三年瘋壺

西周中期

蓋銘釋文：

隹(惟)三年九月

丁子(巳)，王才(在)奠(鄭)

卿(饗)醴。乎(呼)虢弔(叔)

召瘋，易(錫)羔俎。

己丑，王才(在)句

陵，卿(饗)逆酉(酒)。乎(呼)

師壽召瘋易(錫)

彘俎。拜䭫首，

敢對揚天子

休，用乍(作)皇且(祖)

文考尊壺，瘋

其萬年永寶。

蓋銘

揚簋

西周中期

器銘釋文：

隹(惟)王九月既眚(生)霸庚寅，王才(在)周康宮。旦，各(格)大室，即立(位)。嗣(司)徒單白(伯)内(入)右(佑)揚。王乎(呼)内史史年册令揚。王若曰：揚，乍(作)嗣(司)工(空)官嗣(司)量田甸、眔嗣(司)空(居)、眔嗣(司)芻、眔嗣(司)寇、眔嗣(司)工史(事)。賜(錫)女(汝)赤䋣(韍)市、緣(鑾)旂。訊(訊)訟。取遺(賜)五寽。揚拜手䭫首，敢對揚天子不(丕)顯休，余用乍(作)剌(烈)考害白(伯)寶簋。子子孫孫其萬年永寶用。

器銘

𠑇匜

西周中期

器銘釋文：

隹(惟)三月既死霸甲申，王才(在)莽上宫。白(伯)揚

父迺成賢，曰：牧牛，䣄，乃可(苛)湛(甚)。女(汝)敢吕(以)乃

師訟，女(汝)上卬(代)先誓。今女(汝)亦既又(有)卬(御)誓，尃(薄)

趦(格)嗇覷(睦)𠑇，寽(授)亦兹五夫，亦即卬(御)乃誓，女(汝)

亦既從辭(辭)從誓。弋(式)可(苛)，我義(宜)便(鞭)女(汝)千，䵣䵣

女(汝)。今我赦(赦)女(汝)，義(宜)便(鞭)女(汝)千，黜䵣女(汝)。今大赦(赦)

蓋銘釋文：

女(汝)，便(鞭)女(汝)五百，罰女(汝)三百寽(鋝)。白(伯)揚

父迺(乃)或事(使)牧牛誓曰：自今

余敢夒(擾)乃小大事，乃師或吕(以)

女(汝)告，則到(致)乃便(鞭)千、䵣䵣。牧

牛則誓，乃吕(以)告吏䣄，史𣆪

于(與)會。牧牛𤔲(司)誓成，罰金。𠑇

用乍(作)旅盉。

(器銘與蓋銘内容相連接)

蓋銘

器銘

五年師旋簋

西周中期

器銘釋文：

隹(惟)王五年九月既生霸

壬午，王曰：師旋，令女(汝)

羞追于齊，儕女(汝)毌五

昜(錫)登、盾生皇畫内(芮)、戈

琱㦰、㦰(緌)必(柲)、彤沙。敬毋

敗速（績）。旋敢揚王休，用

乍(作)寶簋。子子孫孫永寶用。

(器、蓋同銘)

蓋銘

器銘

牧簋

西周中期

器銘釋文：

隹(惟)王七年十又三月既生霸甲寅，王才(在)周，才(在)師汓父宮，各(格)大室，即立(位)。公族緖入右(佑)牧，立(位)中廷。王乎(呼)内史吴册令牧。王若曰：牧，昔先王既令女(汝)乍(作)嗣(司)土。今余唯或𣪕叚(改)，令女(汝)辟百寮(寮)。有冋吏包。迺(乃)多亂(亂)，不用先王乍(作)井(型)，亦多虐庶民。氒(厥)訊庶右𡭴(鄰)不井(型)不中，迺(乃)侯之耤𠬝(籍)，目(以)今，𩰫司匐氒(厥)辠𠋫故。王曰牧，女(汝)母(毋)敢弗帥先王乍(作)明井(型)用，雩乃訊庶右𡭴(鄰)母(毋)敢不明不中不井(型)，乃甫(敷)政事，母(毋)敢不尹丌(其)不中不井(型)。今余隹(惟)䌛(緟)𦎫乃命，易(錫)女(汝)𩰫鬯一卣、金車、𠦪(幩)較、畫𨍭、朱虢𩊄(鞃)靳、虎𡨦(幎)熏(纁)裏、旂、余(駼)馬四匹，取𧶘□寽(鍰)。苟(敬)夙(夙)夕勿灋(廢)朕令。牧拜稽首，敢對揚王不(丕)顯休，用乍(作)朕皇文考益白(伯)寶尊簋，牧其萬年壽考，子子孫孫永寶用。

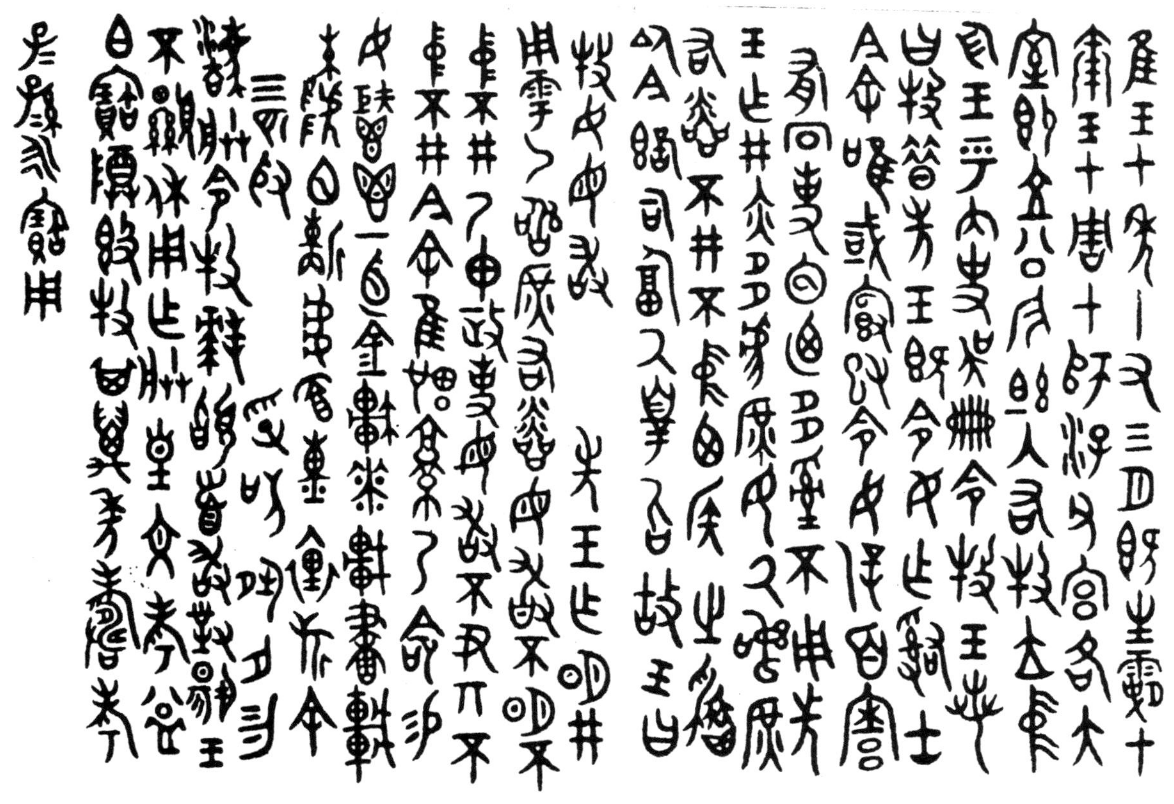

器銘

段簋

西周中期

器銘釋文：

唯王十又四祀十又一月

丁卯，王鼒（在）畢登（烝）。戊辰，曾(贈)。

王襪（蔑)段曆，念畢中(仲)孫子，

令龏𡚁追（饋)大劇（則)于段。敢

對揚王休，用乍(作)簋，孫孫子子

萬年用享祀。孫子取引。

器銘

盠駒尊

西周中期

蓋銘釋文：

王𩣡（拘）駒㡿（岸），

易（錫）盠駒

勇。雷騅子。

器銘釋文：

隹（惟）王十又三月辰才（在）甲申，王初執駒于㡿（岸）。王乎（呼）師豦（遽）召盠。王親旨（指）盠，駒易（錫）兩。拜䭫首曰：王弗望（忘）氒（厥）舊宗小子，𦯞皇盠身。盠曰：王倗下（遐）不（丕）其（基）𠟭（則），邁（萬）年保我邁（萬）宗。盠曰：余其敢對揚天子之休，余用乍（作）朕文考大中（仲）寶尊彝。盠曰：其邁（萬）年世子子孫孫永寶之。

蓋銘

器銘

瘨鐘

西周中期

器銘釋文：

瘨曰：不(丕)顯高且(祖)亞且(祖)文考，克明氒(厥)心疋(胥)尹，𧻚(叙)

氒(厥)威義(儀)，用辟先王，瘨不敢弗帥且(祖)考，秉明德，

圂(䝔)夙夕，左尹氏，皇王

對瘨身楙(懋)，易(錫)佩，敢乍(作)

文人大寶𪾢(協)龢(和)鐘，用

追孝𦤶(享)祀，卲(昭)各(格)樂大神，大

神其陟降，嚴祜𤕌(業)妥(綏)厚多福，其豐豐彙彙，受余屯(純)

魯通彔(祿)永令，眉壽霝冬(終)，瘨其萬年永寶日鼓。

器銘

逆鐘

西周中期

鐘共四枚，銘文相聯成篇，釋文如下：

(一)　隹(惟)王元年三月既

生霸庚申，弔(叔)氏才(在)

大廟。弔(叔)氏令史𧊒(歒)

(二)　召逆，弔(叔)氏若曰：逆，

乃且(祖)考許政于公

室，今余易(錫)女(汝)毌五

(三)　錫戈、彤𡰥(緌)，用𤔲于

公室僕、庸、臣、妾、小子

室家。毋(毋)又(有)不𦖞(聞)智

(四)　敬乃夙夜用甹朕

身，勿灋(廢)朕命，女(汝)豕(遂)

乃政。逆敢拜手𩒨(韻)。

(此銘文文未完)

器銘(四)

器銘(三)

器銘(二)

器銘(一)

元年師旋簋

西周中期

蓋銘釋文：

隹(惟)王元年四月既生霸，王

才(在)減应（居)。甲寅，王各(格)廟，即立(位)。

遲公入右(佑)師旋，即立(位)中廷。

王乎(呼)乍(作)册尹册命師旋曰：

備于大左，官嗣（司)豐還(圜)左右

師氏，易(錫)女(汝)赤市、同（絅)黄、麗般(鞶)，

敬夙夕用事。旋拜䭫首，敢

對揚天子不(丕)顯魯休命，用

乍(作)朕文且(祖)益中尊簋，其邁(萬)

年子子孫孫永寶用。

(器、蓋銘文略異)

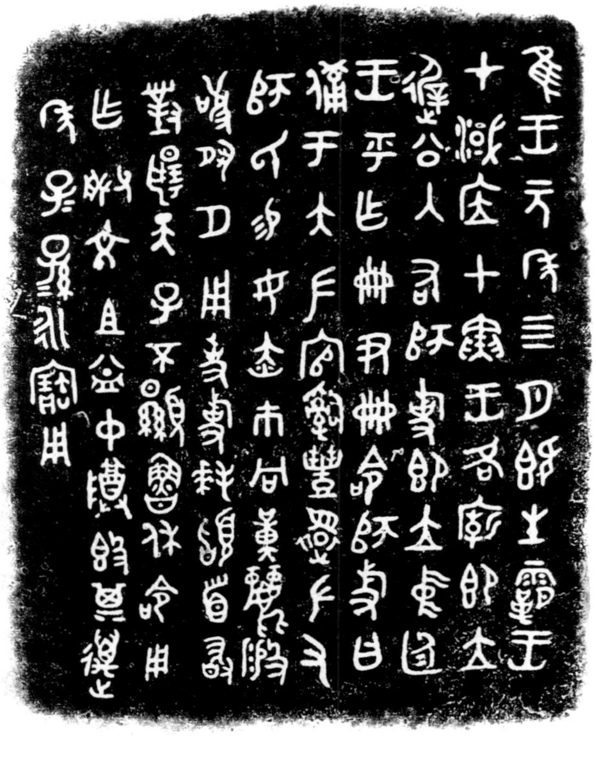

蓋銘

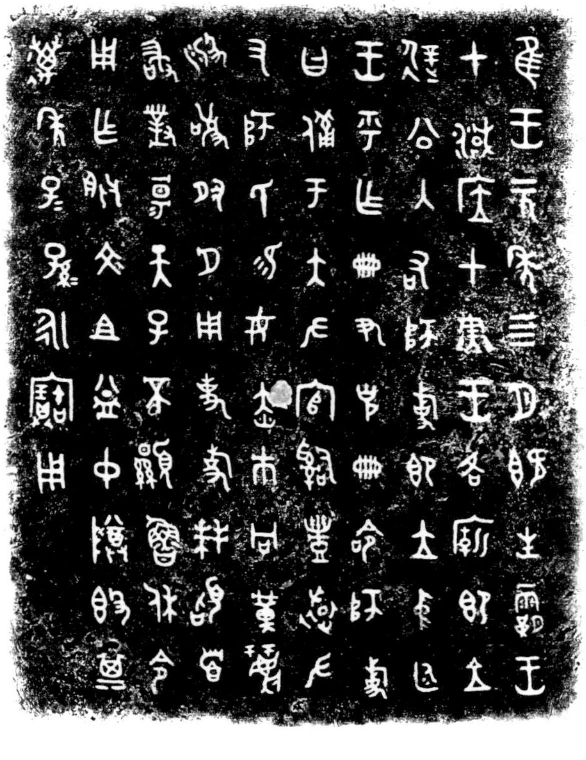

器銘

宰獸簋

西周中期

器銘釋文：

隹(惟)六年二月初吉甲戌，王才(在)周

師彔宫。旦，王各(格)大室，即立(位)。𤔲(司)土(徒)

熒(榮)白(伯)右(佑)宰獸内(入)門，立(位)中廷，北卿(嚮)。

王乎(呼)内史尹中(仲)册命宰獸曰：昔

先王既命女(汝)，今余唯或(又)䌛(緟)𩫖(京)乃

命，叓(更)乃且(祖)考事，䝨𤔲(司)康宫王家

臣妾奠𩫖(庸)，外入(内)母(毋)敢無聞(聞)曶(知)。

易(錫)

女(汝)赤市幽亢、攸勒、用事。獸拜韻首，

敢對揚天子不(丕)顯魯休命，用

乍(作)朕剌(烈)且(祖)幽中(仲)益姜寶匜(匜)簋。獸

其邁(萬)年子子孫永寶用。

(器、蓋同銘，唯行次略異)

蓋銘

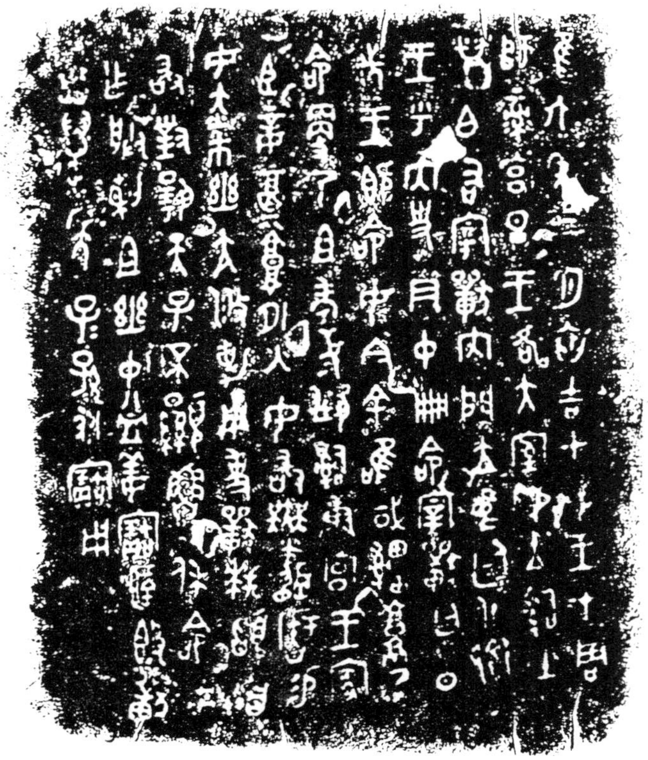

器銘

元年師兑簋

西周中期

器銘釋文：

隹(惟)元年五月初吉甲寅，王

才(在)周，各(格)康廟，即立(位)。同中(仲)右(佑)

師兑入門立(位)中廷。王乎(呼)内

史尹册令師兑：疋(胥)師龢父

嗣(司)𠂇(左)右走馬，五邑走馬，易(錫)

女(汝)乃且(祖)巾(市)五黄、赤舄，兑拜

䭫首，敢對揚天子不(丕)顯魯

休，用乍(作)皇且(祖)甗公𩰬簋，師

兑其萬年子子孫孫永寶用。

(器、蓋同銘，唯行次略異)

蓋銘

器銘

遂公盨

西周中期

器銘釋文：

天令禹尃（敷）土，隨山濬川，迺（乃）
差地設征，降民監德，迺（乃）自
乍（作）配卿（饗）民，成父母。生我王
乍（作）臣，氒（厥）沬唯德，民好明德，
寡（顧）才（在）天下。用氒（厥）卲（昭）好，益敬
懿德，康亡不楙（懋）。孝备（友），䜣（訏）明
巠（經）㢑（齊）好祀無䰠（廢）。心好德，婚
媾亦唯𬁈（協）。天𨞺（釐）用考，申（神）復
用髮（祓）彔（祿），永御于𥁕（寧），𤔲（遂）公曰：
民唯克用玆（玆）德，亡誨（悔）。

器銘

師晨鼎

西周中期

器銘釋文：

隹（惟）三年三月初吉甲戌，王
才（在）周師彔宮。旦，王各（格）大室，
即立（位）。𤔲（司）馬共右（佑）師䢅（晨）入門，
立（位）中廷。王乎（呼）乍（作）册尹册令
師䢅（晨）：疋（胥）師俗𤔲（司）邑人，隹（與）小臣，
善（膳）夫、守囟、官犬眔奠（鄭）人、善（膳）
夫、官守友。易（錫）赤舄。䢅（晨）拜䭫
首，敢對揚天子不（丕）顯休令
用乍（作）朕文且（祖）辛公尊鼎，䢅（晨）
其□□世子子孫孫其永寶用。

器銘

三年師兑簋

西周中期

器銘釋文：

隹(惟)三年二月初吉丁亥，王才(在)周各(格)大廟，即立(位)。䚄白(伯)右(佑)師兑入門立(位)中廷。王乎(呼)内史尹册令師兑：余既令女(汝)疋(胥)師龢父嗣(司)ナ(左)右走馬，今余隹(惟)䜌(緟)𩫏乃令，令女(汝)䍙(扱)嗣(司)走馬，易(錫)女(汝)鬯鬯一卣、金車、桒較(較)、朱虢(鞹)𠚇(鞃)靳、虎冟(幕)熏裏、右厄(軛)、畫轉、畫䡇(轉)、金甬、馬四匹、攸勒。師兑拜稽首，敢對揚天子不(丕)顯魯休，用乍(作)朕皇考釐公𩞁簋。師兑其萬年子子孫孫永寶用。

(器、蓋同銘，唯行次略異)

蓋銘

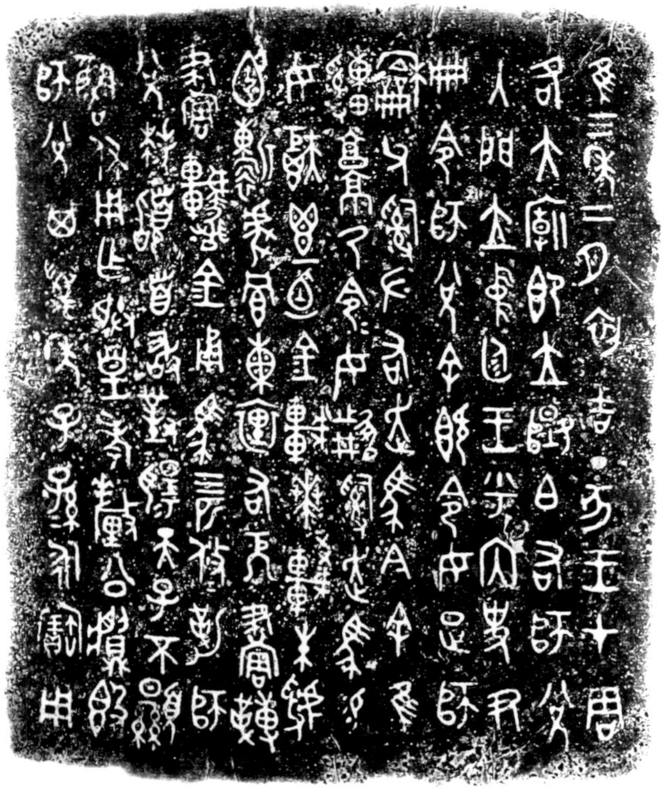

器銘

師俞簋蓋

西周中期

蓋銘釋文：

隹(惟)三年三月初吉甲戌，

才(在)周師彔宮。旦，王各(格)大室，

即立(位)。𤔲(司)馬共右(佑)師俞入門，

立(位)中廷。王乎(呼)乍(作)册内史册

令師俞，[米丮]𤔲(司)保氏。易(錫)赤市、

朱黄、旂。俞拜䭫首，天子其

萬年眉壽，黄耇，畯才(在)立(位)。俞

其蔑曆，日易(錫)魯休。俞敢

揚天子不(丕)顯休，用乍(作)寶，

其萬年永保，臣天子。

蓋銘

四年癲盨

西周中期

器銘釋文：

隹(惟)四年二月既生霸戊戌，

王才(在)周師彔宫，各(格)大室，即

立(位)。𤔲(司)馬共右(佑)癲。王乎(呼)史年

册易(錫)䟽(裼)冟、虢(鞹)敂(市)、攸勒。敢對

揚天子休，用乍(作)文考寶簋，

癲其萬年子子孫孫其永寶。木羊册。

器銘

諫簋

西周中期

器銘釋文：

隹(惟)五年三月初吉庚寅，王才(在)周師彔宮。旦，王各(格)大室，即立(位)。嗣(司)馬共右(佑)諫入門，立(位)中廷。王乎(呼)内史年册命諫曰：先王既命女(汝)䖒(扱)嗣(司)王宥(囿)，女(汝)某不又(有)昏母(毋)敢不善。今余隹(惟)或嗣(嗣)命女(汝)易(錫)女(汝)勒。諫拜䭫首，敢對揚天子不(丕)顯休，用乍(作)朕文考叀(惠)白(伯)尊簋，諫其萬年子子孫孫永寶用。

(器、蓋銘文略異)

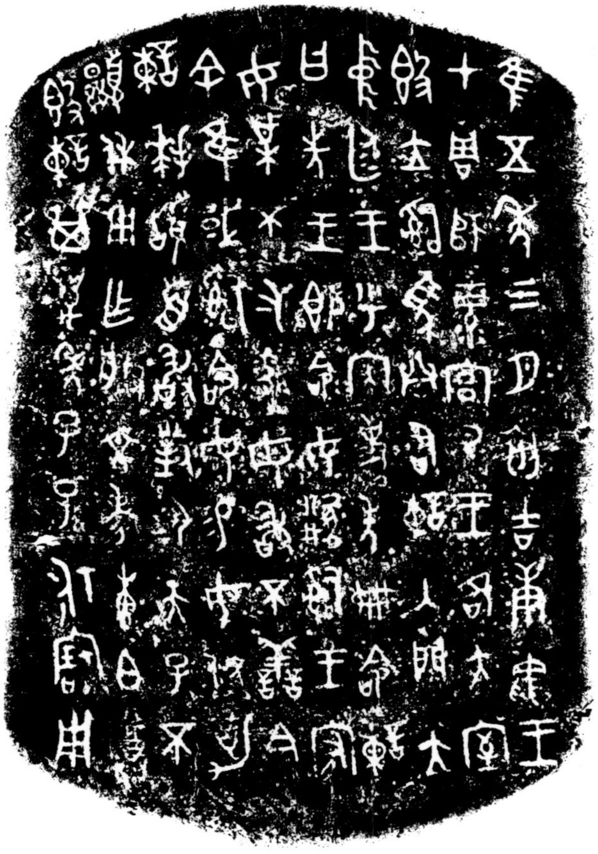

蓋銘

器銘

五年琱生簋

西周中期

器銘釋文：

隹(惟)五年正月己丑，琱生又(有)

事，（召）來合(會)事。余獻寢(婦)氏，目(以)

壺。告曰：目(以)君氏令曰，余老

止公僕(附)章(庸)土田多諫(積)，弋(必)白(伯)

氏從許，公宕其參(三)，女(汝)則宕

其貳，公宕其貳，女(汝)則宕其

一，余弄(惠)于君氏大章(璋)，報寢(婦)

氏帛束、璜。（召）白(伯)虎曰：余既

訊戾(告)我考我母令，余弗敢

（亂），余或(又)至(致)我考我母令。琱

生則堇(瑾)圭(珪)。

器銘

五年琱生尊

西周中期

器銘釋文：

隹(惟)五年九月初吉，䚄(召)

姜㠯(以)琱生戜五尋、壺

兩㠯(以)君氏命曰：余老止，

我僕(僕)𦣞(庸)𡉚(土)田多柔(擾)弋(必)

許勿事椒(散)亡，余宕其

參(三)，女(汝)宕其貳，其𠑹(兄)公，

其弟乃。余惠大章(璋)，報

𡚱(婦)氏帛束、璜一，有𤔲(司)眔

𢍏兩璧。琱生對揚朕

宗君休，用乍(作)䚄(召)公尊

𩰫，用旂歲彔(祿)，㝵(得)屯(純)靈

冬(終)，子孫永寶用世享，

其又敢亂兹(兹)命，曰：女(汝)

事䚄(召)人，公則明亟。

器銘

六年琱生簋

西周中期

器銘釋文：

隹(惟)六年四月甲子，王才(在)荓。

䀠（召)白(伯)虎告曰：余告慶。曰：公

氒（厥)禀貝，用獄誎（積)爲白(伯)，又(有)祇

又(有)成，亦我考幽白(伯)，幽姜令。

余告慶，余吕（與)邑訊有嗣（司)，余

典勿敢封，今余既訊，有嗣（司)

曰：戻（告)令。今余既一名典獻，

白(伯)氏則報璧。琱生𢦏（奉)揚朕

宗君其休，用乍(作)朕剌(烈)且(祖)䀠（召)

公嘗簋，其萬年子子孫孫寶用

享于宗。

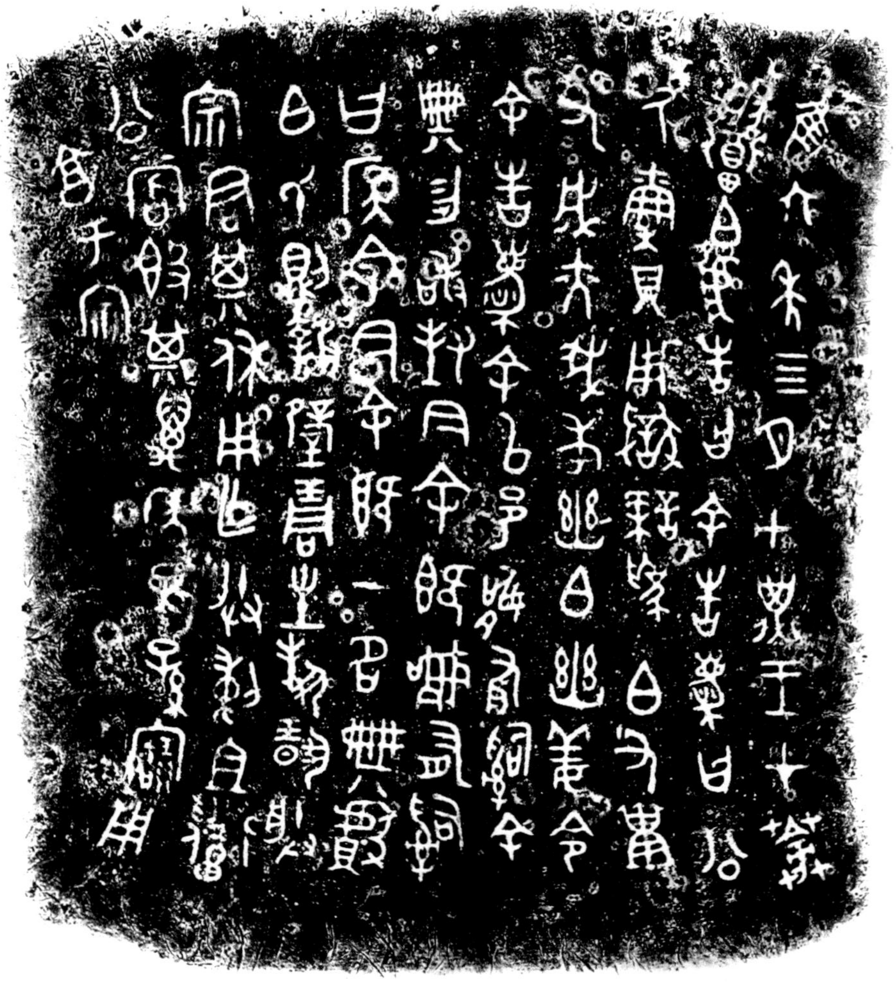

器銘

十三年瘐壺

西周中期

蓋銘釋文：

隹(惟)十又三

年九月初

吉戊寅，王

才(在)成周𤔲(司)

土(徒)淲宮，各(格)

大室，即立(位)。

徲父右(佑)瘐。

王乎(呼)乍(作)册

尹册易(錫)瘐

畫𧝓、牙僰(𦆏)、

赤舄。瘐拜

䭫首，對揚

王休，瘐其

萬年永寶。

(器、蓋同銘，唯行次略異)

蓋銘

器銘

克鐘

西周中期

器銘釋文：

隹(惟)十又六年

九月初吉庚

寅，王才(在)周康

剌(烈)宫，王乎(呼)士

曶召克。王親

令克遹涇東

至于京𠂤(師)，易(錫)克

甸車、馬乘。克

不敢⿱(墜)，尃奠

王令。克敢對

揚天子休，用

乍(作)朕皇且(祖)考

白(伯)寶䵼(𧕢)鐘，用

匄屯(純)叚(嘏)永令，

克其萬年子

孫永寶。

器銘

無㠱簋

西周中期

器銘釋文：

隹(惟)十又三年正月初

吉壬寅,王征南尸(夷),王

易(錫)無㠱馬四匹。無㠱

拜手韻首,曰:敢對揚

天子魯休令。無㠱用乍(作)

朕皇且(祖)釐季尊簋,無

㠱其萬年子孫永寶用。

(器、蓋同銘)

蓋銘

器銘

大克鼎

西周中期

器銘釋文：

克曰：穆穆朕文且(祖)師華父，悤(沖)

𦥎(襄)氒(厥)心，宖(寧)静于猷，盄(淑)悊(哲)氒(厥)

德，肆克龏(恭)保氒(厥)辟龏(恭)王，諫(敕)

辥(乂)王家，叀(惠)于萬民，𩞁(柔)遠能

𤞷(邇)，肆克𠫑于皇天，頊于上下，

𢔶(得)屯(純)亡敃，易(錫)賚(釐)無疆，永念

于氒(厥)孫辟天子，天子明悊(哲)，䫉孝

于申(神)，巠(經)念氒(厥)孫保且(祖)師華

父，𠢏(踰)克王服，出内(納)王令，多

易(錫)寶休。丕(丕)顯天子，天子其萬年

無疆，保辥(乂)周邦，畯尹四方。

王才(在)宗周，旦，王各(格)穆廟，即

立(位)。𩁹季右(佑)善(膳)夫克入門，立(位)

中廷，北卿(嚮)。王乎(呼)尹氏册令

善(膳)夫克，王若曰：克，昔余既

令女(汝)出内(納)朕令，今余隹(惟)𩁹(緟)

𠂤乃令，易(錫)女(汝)叔市參(三)冋(絅)䓣(中)

悤，易(錫)女(汝)田于埜，易(錫)女(汝)田于

渒，易(錫)女(汝)井家𦔻田于峻、𠂤(以)

氒(厥)臣妾，易(錫)女(汝)田于康，易(錫)女(汝)

田于匽，易(錫)女(汝)田于𨸏原，易(錫)

女(汝)田于寒山，易(錫)女(汝)史小臣、霝、龠(籥)

鼓鐘，易(錫)女(汝)井、𨒅、𦔻人𢦚，易(錫)

女(汝)井人奔于量。敬夙夜用

事，勿灋(廢)朕令。克拜𩒨首，敢

對揚天子不(丕)顯魯休，用乍(作)

朕文且(祖)師華父寶𩰫彝。克

其萬年無疆，子子孫孫永寶用。

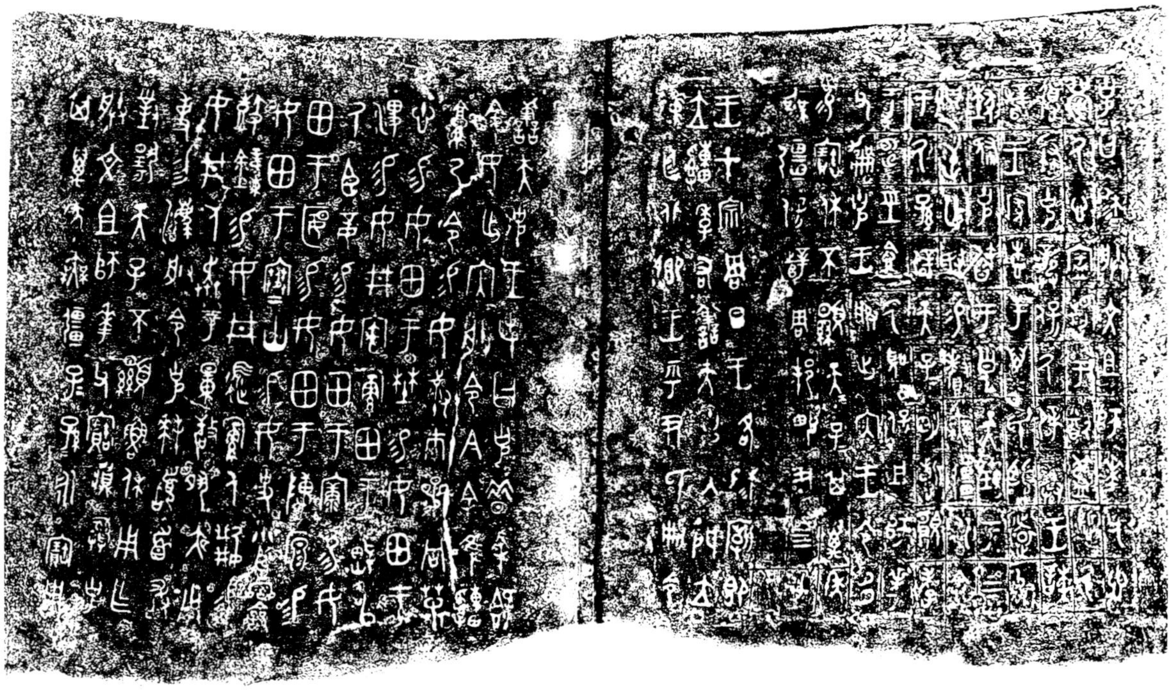

器銘

伯克壺

西周中期

器銘釋文：

隹(惟)十又六年

七月既生霸

乙未，白大師

易(錫)白(伯)克僕卅(三十)

夫。白(伯)克敢對

揚天右(君)王(皇)白(伯)

友(休)，用乍(作)朕穆

考後中(仲)尊壺。

克用匃眉壽

無疆，克克其

子子孫孫永寶用享。

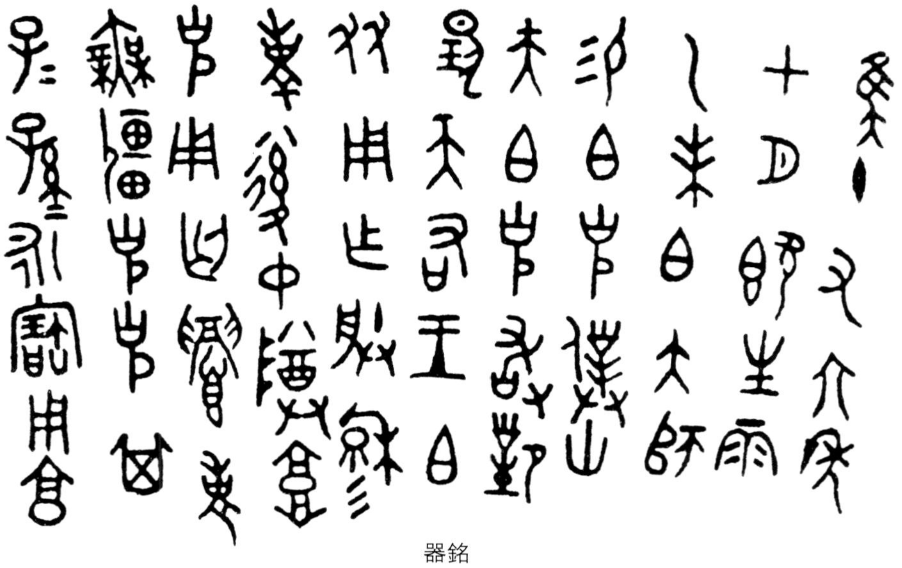

器銘

白公父爵

西周中期

共兩器，銘文相聯成篇，釋文如下：

(一) 白公父乍(作)金

爵，用獻，用

酌，用享，用孝

(二) 于朕皇考，用

旛(祈)眉壽，子

孫永寶用耇。

器銘(二)

器銘(一)

克盨

西周中期

器銘釋文：

隹(惟)十又八年十又二月初

吉庚寅，王才(在)周康穆宫。王

令尹氏友、史趛典善夫克

田人。克拜𩒨首，敢對天子

不(丕)顯魯休揚，用乍(作)旅盨。隹(惟)

用獻(獻)于師尹、倗(朋)友、婚遘(媾)，克

其用朝夕享于皇且(祖)考，皇且(祖)考其

數數㲋㲋，降克多福，眉壽永令，

畯(畯)臣天子。克其日易(錫)休無

疆。克其萬年子子孫孫永寶用。

(器、蓋同銘)

蓋銘

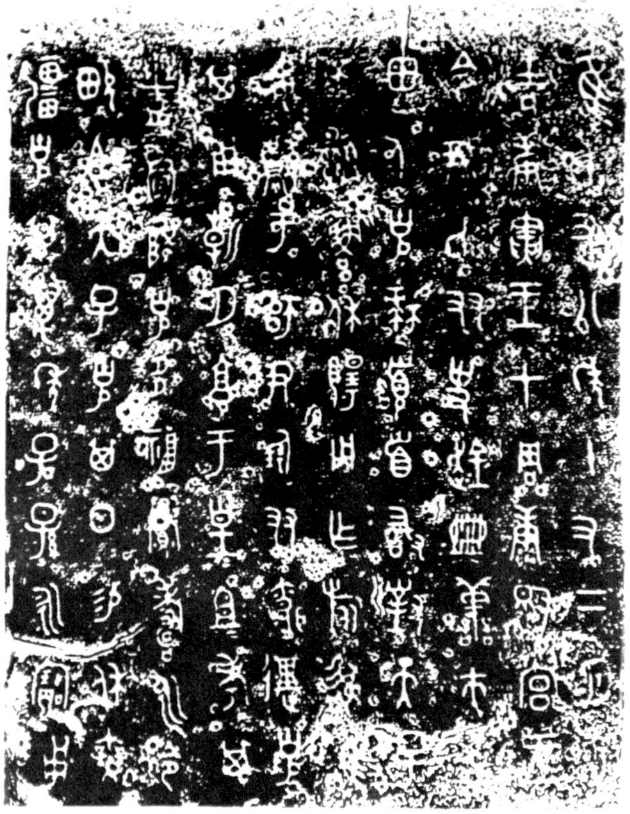

器銘

小克鼎

西周中期

器銘釋文：

隹(惟)王廿又三年九月，王

才(在)宗周。王命善(膳)夫克舍

令于成周遹正八𠂤(師)之

年，克乍(作)朕皇且(祖)釐(釐)季寶

宗彝。克其日用𩰬，朕辟魯

休，用匄康勵(樂)屯(純)右(祐)，眉

壽永令，霝冬(終)，邁(萬)年

無疆，克其子子孫孫永寶用。

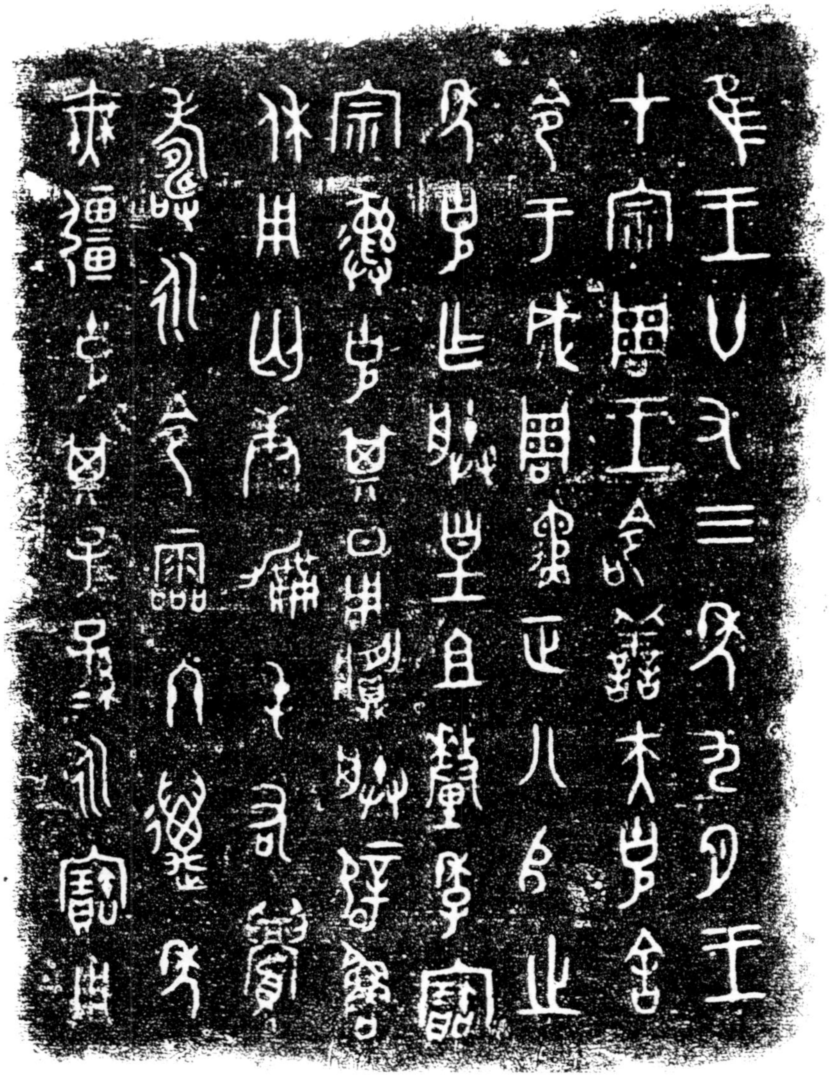

器銘

微䜌鼎

西周中期

器銘釋文：

隹(惟)王廿又三年九月，王

才(在)宗周。王令散(微)䜌䡈(报)嗣(司)

九陂。䜌乍(作)朕皇考䵼彝

尊鼎。䜌用享孝于朕皇

考，用易(錫)康勵(樂)魯休，屯(純)右(祐)，

眉壽永令，霝冬(終)，其萬年

無疆。䜌子子孫永寶用享。

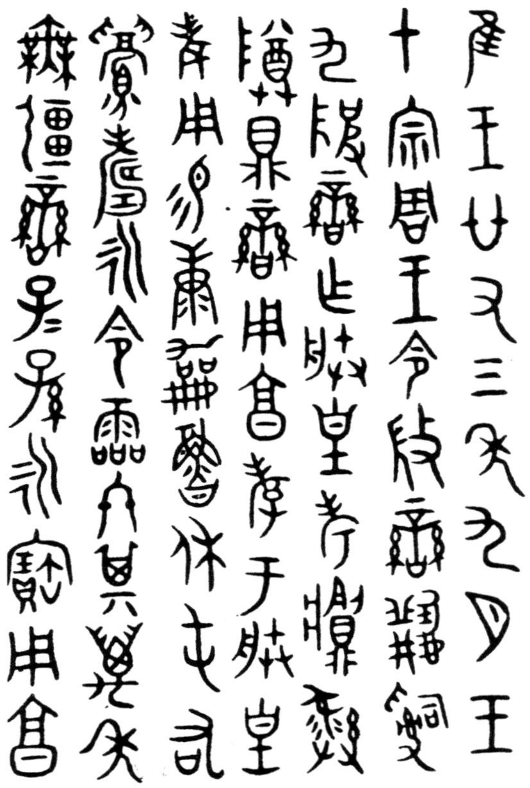

器銘

番匊生壺

西周中期

蓋銘釋文：

隹(惟)廿又六年十月

初吉己卯，番匊

生鑄賸(媵)壺，用

賸(媵)氒(厥)元子孟

妃乖，子子孫孫永寶用。

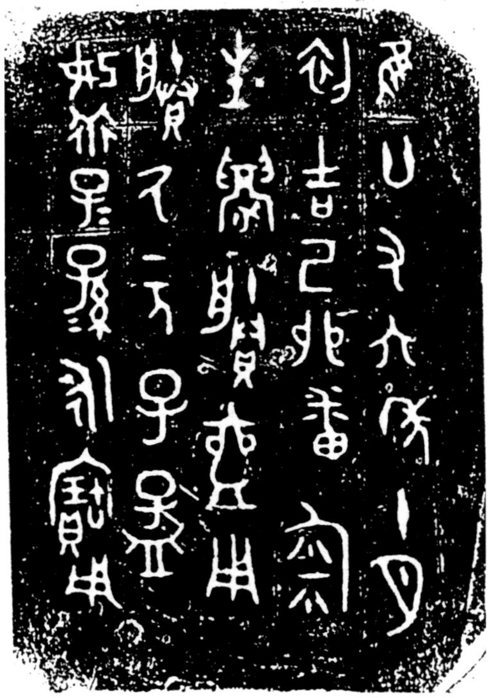

蓋銘

盠方尊

西周中期

器銘釋文：

唯八月初吉，王各（格）于周廟。穆公右（佑）盠，立（位）于中廷，北卿（嚮）。王册令尹易（錫）盠赤市幽亢、攸勒，曰：用𤔲（司）六自（師）王行、參（三）有𤔲（司）：𤔲（司）土，𤔲（司）馬、𤔲（司）工（空）。王令盠曰：䣄𤔲（司）六自（師）眔八自（師）埶（藝）。盠拜䭫首，敢對揚王休，用乍（作）朕文且（祖）益公寶尊彝。盠曰：天子不叚（遐）不（丕）其（基）萬年，保我萬邦。盠敢拜䭫首曰：剌（烈）剌（烈）朕身，遹（更）朕先寶事。

器銘

齊生魯方彝蓋

西周中期

蓋銘釋文：

隹(惟)八年十又二月初

吉丁亥，齊生魯肇賁

休多贏，隹(惟)朕文考乙

公永啓余魯用乍(作)朕

文考乙公寶尊彝，魯

其萬年子子孫孫永寶用。

蓋銘

筍伯大父盨

西周晚期

器銘釋文：

筍白(伯)大父乍(作)

嬴妃鑄宔(寶)盨，

其子子孫永寶用。

(器、蓋同銘)

蓋銘

器銘

魯伯悆盨

西周晚期

器銘釋文：

魯白(伯)悆用公龏(恭)

其肇乍(作)其皇孝(考)

皇母旅盨簋。悆夙

夙(興)用追孝，用旂(祈)

多福。悆其萬年

眉壽，永寶用享。

(器、蓋同銘)

蓋銘

器銘

師獸簋

西周晚期

器銘釋文：

隹(惟)王元年正月初吉丁亥，

白(伯)龢父若曰：師獸，乃且(祖)考

又(有)爵(恪)于我家，女(汝)，右(有)隹(雖)小子，

余令女(汝)死(尸)我家，𩣡𤔲(司)我西

扁(偏)東扁(偏)僕駿(馭)，百工、牧、臣、妾。

東(董)裁(裁)内外，母(毋)敢否(不)善。易(錫)女(汝)

戈戠(琱)戣□必(柲)彤𤔲(緌)、毌五鍚、

鐘一、𣪕(肆)五金。敬乃夙夜用事。

獸拜䭫首，敢對揚皇君

休。用乍(作)朕文考乙中(仲)將簋，

獸其萬年子子孫孫永寶用享。

十二年大簋蓋

西周晚期

蓋銘釋文：

隹(惟)十又二年三月

既生霸丁亥，王才(在)𩛥

侲宮。王乎(呼)吴師召大，易(錫)

趞睽里，王令譱(膳)夫豖曰(謂)趞睽

曰：余既易(錫)大乃里。睽賓豖章(璋)、

帛束。睽令豖曰(謂)天子：余弗敢

𠫑(嗇)，豖㠯(以)睽頫(授)大易(錫)里。大賓，

賓豖𩰫章(璋)、馬兩(輛)；賓睽𩰫

章(璋)、帛束。大拜䭫首，敢對

揚天子不(丕)顯休，用乍(作)

朕皇考剌(烈)白(伯)尊

簋，其子子孫孫永寶用。

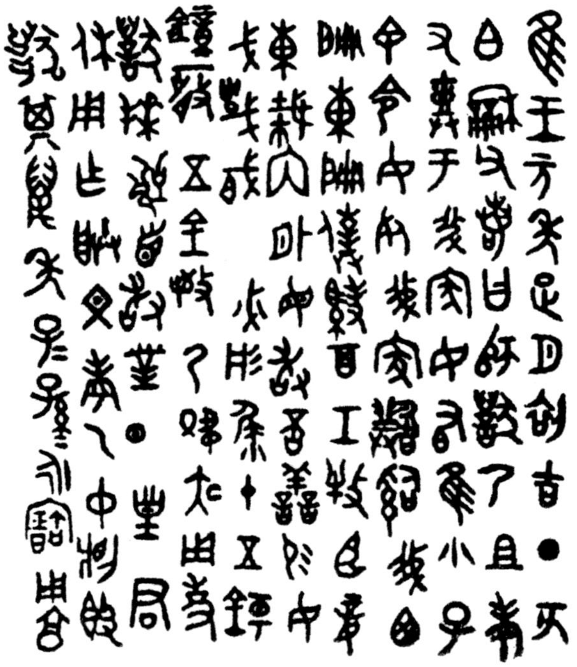

器銘

蓋銘

師嫠簋

西周晚期

蓋銘釋文：

隹(惟)十又一年九月初吉丁亥，

王才(在)周，各(格)于大室，即立(位)。宰琱

生内(入)右(佑)師嫠。王乎(呼)尹氏册令師

嫠，王曰：師嫠，才(在)先王小學，女(汝)敏

可事(使)，既令女(汝)更乃且(祖)考嗣(司)，

今余唯𤔲(緟)㙜乃令，令女(汝)嗣(司)乃

且(祖)舊官小輔罛鼓鐘，易(錫)女(汝)叔市

金黄、赤舄、攸勒，用事，夙夜勿

灋(廢)朕令。師嫠拜手𩒨首，敢

對揚天子休，用乍(作)朕皇

考輔白(伯)尊簋，嫠其萬

年子子孫孫永寶用。

(器、蓋銘文略異)

蓋銘

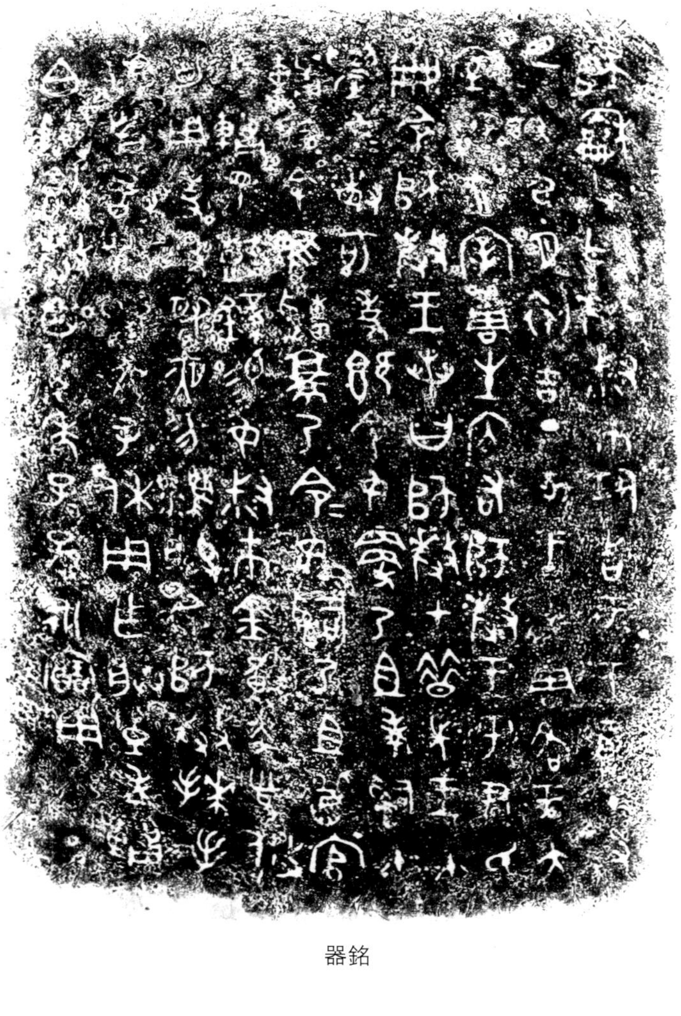

器銘

大師虘簋

西周晚期

器銘釋文：

正月既望甲午，王才(在)周師

彔(量)宫。旦，王各(格)大室，即立(位)。王

乎(呼)師晨召(詔)大師虘入門，立(位)

中廷。王乎(呼)宰曶易(錫)大師虘

虎裘。虘拜𩒨首，敢對揚天

子不(丕)顯休，用乍(作)寶簋，虘其

萬年永寶用。隹(惟)十又二年。

(器、蓋同銘)

蓋銘

器銘

梁其簋

西周晚期

器銘釋文：

善(膳)夫梁其乍(作)朕皇考惠中(仲)、皇母惠𡛤尊簋，用追享孝，用匃眉壽，眉壽無疆，百字(子)千孫，子子孫永寶用享。

(器、蓋同銘)

蓋銘

器銘

大鼎

西周晚期

器銘釋文：

隹(惟)十又五年三月既霸丁

亥，王才(在)𢑴侲宮，大邑(以)氒(厥)友守。

王卿(饗)醴。王乎(呼)善(膳)大(夫)騣(駛)召

大邑(以)氒(厥)友入攼(扞)。王召走馬雁(應)

令取誰(騅)䮰(犅)卅二匹易(錫)大。大拜䭫

首對揚王天子不(丕)顯休，用乍(作)

朕剌(烈)考己白(伯)盂鼎，大其

子子孫孫萬年永寶用。

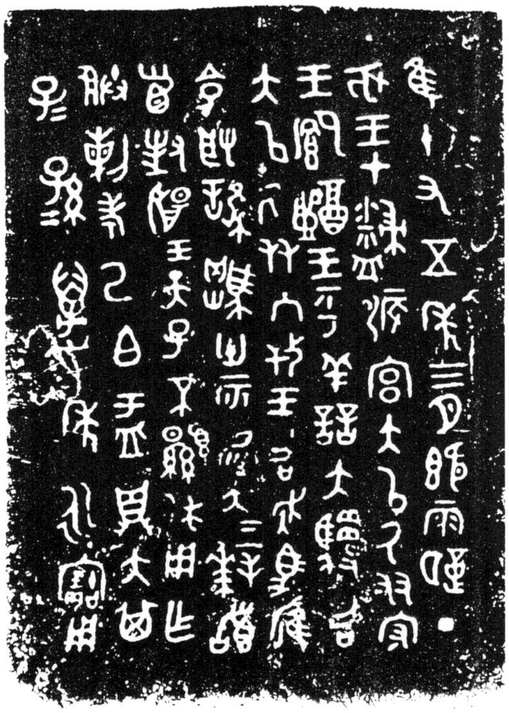

器銘

㝬簋

西周晚期

器銘釋文：

王曰：有余隹(雖)小子，余亡(無)康晝

夜，巠(經)雝先王，用配皇天。簧(廣)

黹(侈)朕心，墜(遂)于四方。肆余邑(以)

餗(庶)士獻民，爯(偁)盩(戾)先王宗室，

㝬乍(作)𩰫彝寶簋，用康惠朕

皇文剌(烈)且(祖)考，其各(格)前文人，

其瀕(頻)才(在)帝廷陟降，𩁹(重)䂜(恪)皇

帝大魯令，用𩁹(令)保我家，朕

立(位)，㝬(胡)身。阤(佗)阤(佗)降余多福害(憲)烝，

宇慕遠猷。㝬其萬年𩰫實

朕多禦(禦)，用奉壽匃永令，畯

才(在)立(位)，乍(作)疐才(在)下，隹(惟)王十又二祀。

器銘

鄭季盨

西周晚期

器銘釋文：

隹(惟)王元年，王才(在)成

周，六月初吉丁

亥。弔(叔)尃父乍(作)奠(鄭)

季寶鐘六，金尊

盨四、鼎七，奠(鄭)季

其子子孫孫永寶用。

(器、蓋同銘)

蓋銘

器銘

鄁簋

西周晚期

蓋銘釋文：

隹(惟)二年正月初吉，王才(在)周卲(昭)
宮。丁亥，王各(格)于宣射(榭)，毛白(伯)内(入)
門立(位)中廷，右(佑)祝鄁。王乎(呼)内
史册命鄁。王曰：鄁，昔先王既
命女(汝)乍(作)邑，𦅫五邑祝，今余隹(惟)𤔲(緟)
𩫏乃命，易(錫)女(汝)赤市冋(絅)𡢁(䋣)黄、
緣(鑾)旂，用事。鄁拜𩒨首，敢對
揚天子休命。鄁用乍(作)朕皇
考龏(恭)白(伯)尊簋。鄁其眉壽邁(萬)
年無疆，子子孫孫永寶用享。
(器、蓋同銘，唯行次略異)

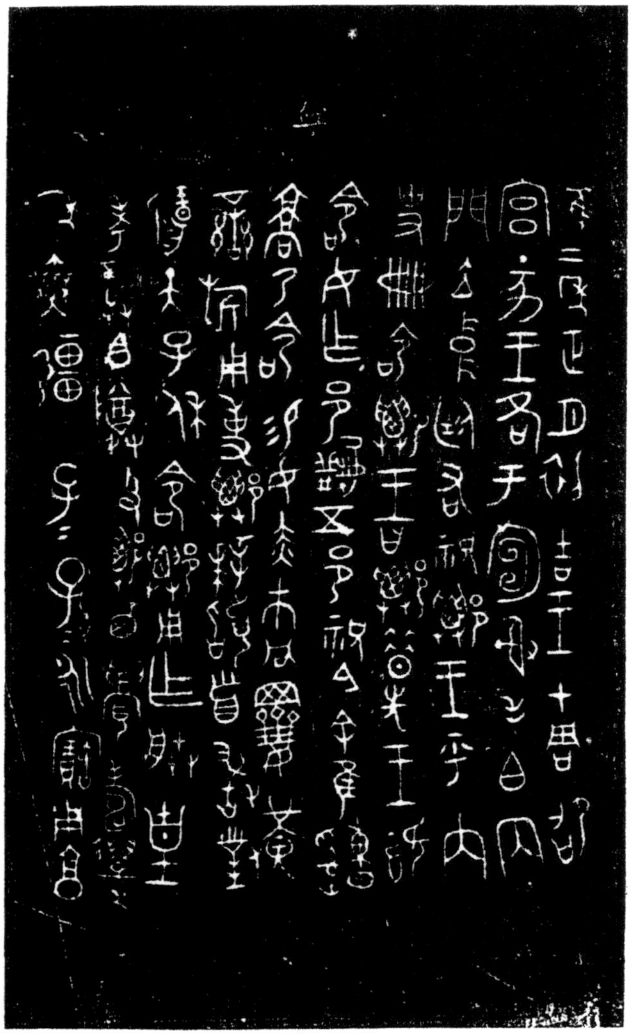

蓋銘

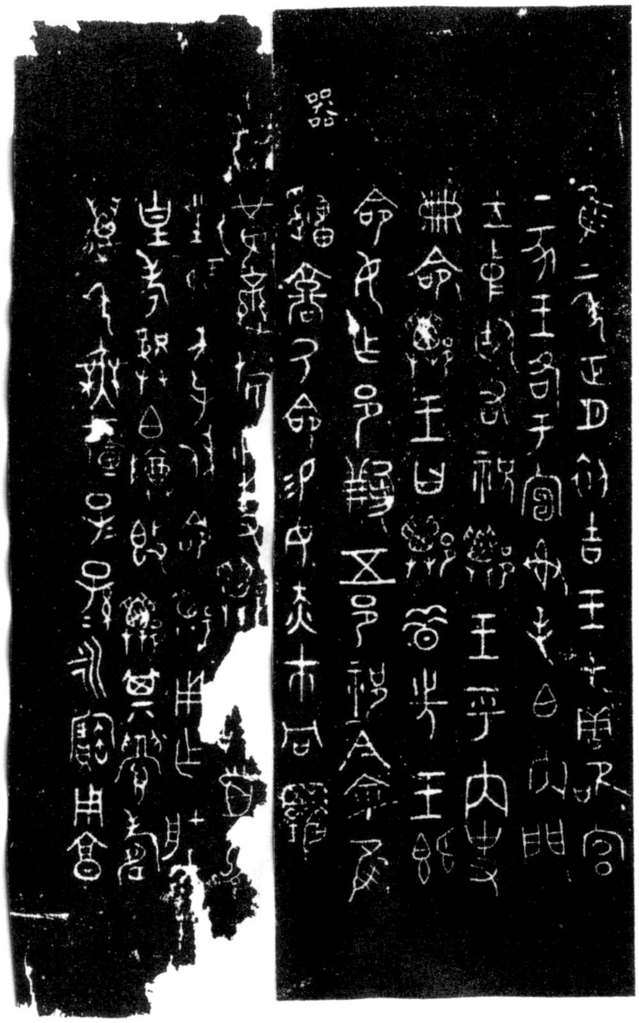

器銘

鄂侯馭方鼎

西周晚期

器銘釋文：

王南征，伐角、鄱，唯還

自征，才(在)矿 (坯)。噩(鄂)侯駿 (馭)方

内(納)壺于王，乃裸之。駿 (馭)

方沓 (侑)王。王休厦 (宴)，乃射，駿 (馭)

方卿 (會)王射。駿 (馭)方休闌。

王宴，咸酓 (飲)。王窺 (親)易(錫)駿 (馭)

厉国五瑴、馬四匹、矢五

圂。䮾 (馭)方拜手䭬首，敢

對揚天子不(丕)顯休贅 (釐)，

用乍(作)尊鼎，其邁(萬)年

子孫永寶用。

器銘

南宮柳鼎

西周晚期

器銘釋文：

隹(惟)王五月初吉甲寅，王才(在)

康廟。武公有(佑)南宮柳即立(位)中

廷，北卿(嚮)。王乎(呼)乍(作)册尹册令

柳：嗣 (司)六𠂤 (師)牧、陽(場)、大友，嗣 (司)

義夷陽(場)、佃史。易(錫)女(汝)赤市幽

黄、攸勒。柳拜䭬首，對揚

天子休，用乍(作)朕剌(烈)考尊

鼎，其萬年子子孫孫永寶用。

器銘

禹鼎

西周晚期

器銘釋文：

禹曰：不(丕)顯趄(桓)趄(桓)皇且(祖)穆公，克
夾𥂴(召)先王，奠四方。𦘔(肆)武公亦
弗叚(遐)望(忘)朕聖且(祖)考幽大
弔(叔)、懿弔(叔)，命禹𠈌(肖)朕且(祖)考政
于井邦。𦘔(肆)禹亦弗敢𢙴(春)，睗(惕)
共朕辟之命。烏虖(呼)哀哉，用
天降大喪于下或(國)，亦唯噩(鄂)
侯駭(馭)方率南淮尸(夷)東尸(夷)廣
伐南或(國)東或(國)，至于歷内。王
廼(乃)命西六𠂤(師)、殷八𠂤(師)曰：𢦚(撲)
伐噩(鄂)侯駭(馭)方，勿遺壽幼。肆
𠂤(師)彌宋(怵)匌匩(恇)，弗克伐噩(鄂)。肆
武公廼(乃)遣禹率公戎車百
乘，斯(廝)駭(馭)二百，徒千，曰：于匡(將)朕
肅慕(謨)，惠西六𠂤(師)、殷八𠂤(師)，伐
噩(鄂)侯駭(馭)方，勿遺壽幼。雩禹
㠯(以)武公徒駭(馭)至于噩(鄂)。𦎫(敦)伐
噩(鄂)休，隻(獲)氒(厥)君駭(馭)方。肆禹又(有)成，敢對
揚武公不(丕)顯耿光。用乍(作)大
寶鼎，禹其萬年子子孫寶用。

器銘

多友鼎

西周晚期

器銘釋文：

唯十月，用嚴(玁)𤞤(狁)放(方)𦥲(興)，𡩜(廣)伐京𠂤(師)，

告追于王。命武公遣乃元士羞追于

京𠂤(師)，武公命多友衜(率)公車，羞追

于京𠂤(師)。癸未，戎伐筍(郇)，衣(以)孚(俘)。多友西

追。甲申之脣(晨)，𫓧(搏)于邾，多友右(有)折

首、執訊，凡㠯(以)公車折首二百又□又

五人，執訊廿又三人，孚(俘)戎車百乘

一十又七乘，衣(以)復(復)筍(郇)人孚(俘)。或(又)𫓧(搏)于

龏(共)，折首卅又六人，執訊二人，孚(俘)車

十乘。從至，追𫓧(搏)于世，多友或(又)右(有)折

首、執𡂽(訊)。乃轋(軼)追至于楊冢。公車折

首百又十又五人，執𡂽(訊)三人，唯孚(俘)

車不克㠯(以)，衣焚，唯馬毆(驅)盡。復(復)

奪京𠂤(師)之孚(俘)。多友迺(乃)獻孚(俘)、聝(馘)、訊

于公。武父迺(乃)獻于王，迺(乃)曰(謂)武公曰：女(汝)既

靜京𠂤(師)，贅(釐)女(汝)，易(錫)女(汝)土田。丁酉，武公

才(在)獻宮，迺(乃)命向父卲(召)多友，迺(乃)徏(徙)

于獻宮，公窺(親)曰(謂)多友曰：余肇事(使)

女(汝)，休不逆(逆)，又(有)成事，多禽(擒)，女(汝)靜京

𠂤(師)。易(錫)女(汝)圭瓚(瓚)一、湯(錫)鐘一𦉥、鐈

鋚百匀(鈞)。多友敢對揚公休，用乍(作)尊

鼎，用倗(朋)用𦳃(友)，其子孫永寶用。

器銘

此鼎

西周晚期

器銘釋文：

隹(惟)十又七年十又二月既

生霸乙卯，王才(在)周康宮徲

宫。旦，王各(格)大室，即立(位)。嗣(司)土(徒)

毛弔(叔)右(佑)此入門，立(位)中廷。王

乎(呼)史翏册令此曰：旅邑人，

善(膳)夫，易(錫)女(汝)玄衣黹屯(純)，赤市

朱黄、䜌(鑾)旅(旂)。此敢對揚天子

不(丕)顯休令，用乍(作)朕皇考癸

公尊鼎，用享孝于文申(神)，用

匃眉壽。此其萬年無疆，畯(畯)

臣天子霝冬(終)，子子孫孫永寶用。

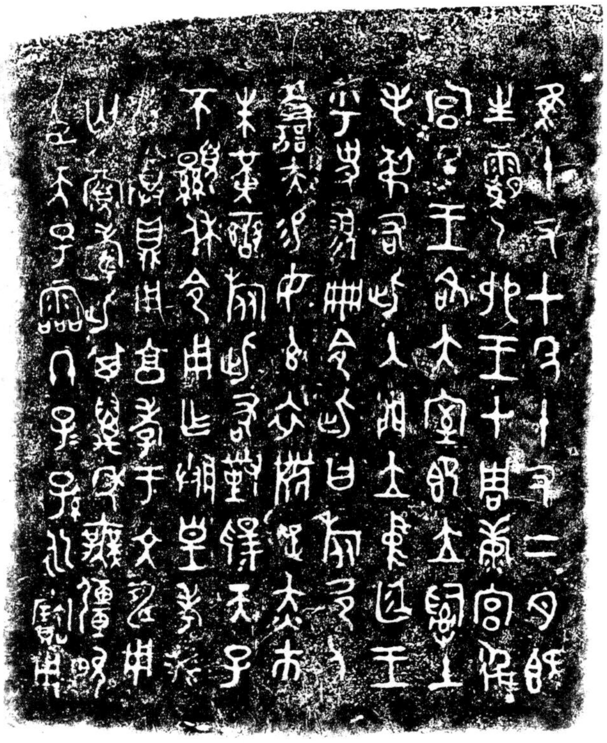

器銘

趞鼎

西周晚期

器銘釋文：

隹(惟)十又九年四月既望辛

卯，王才(在)周康卲(昭)宫，各(格)于大

室，即立(位)。宰訊(訊)右(佑)趞入門，立(位)

中廷，北卿(嚮)。史留受王令

書，王乎(呼)内史𥎦册易(錫)趞

玄衣屯(純)黹、赤市朱黄、䜌(鑾)

旂、攸勒，用事。趞拜䭫首，

敢對揚天子不(丕)顯魯休，用

乍(作)朕皇考龏白(伯)、奠(鄭)姬寶鼎，

其眉壽萬年，子子孫孫永寶。

器銘

鬲从盨

西周晚期

器銘釋文：

隹(惟)王廿又五年七月既□□□，□才(在)永師田宫。令小臣成友逆□□内史無䚄大史旟曰：章(賞)氒(厥)䝿夫吒鬲从田，其邑旃、㙯(鄰)、䛠，复(復)友(賄)鬲从其田，其邑复㝨(歓)、言二邑。畀(界)鬲从复氒(厥)小宫吒鬲从田，其邑彶眔句商兒眔讎弋。復限余(予)鬲从田。其邑競、椕、甲三邑，州、瀘二邑，凡復友(賄)復友(賄)鬲从田十又三邑。氒(厥)右(佑)鬲从善夫□，鬲从乍(作)朕皇且(祖)丁公、文考叀(惠)公盨，其子子孫孫永寶用。𠃉。

器銘

散盤

西周晚期

器銘釋文：

用夨𡘌(業)散邑。迺(乃)即散用田眉(堳)，自瀗涉，𠂤(以)南，至于大沽，一弄(封)，𠂤(以)陟，二弄(封)，至于邊柳，復涉瀗，陟雩(越)，𢽾𦅫𨸏

𠂤(以)西，弄(封)于𢽾(敝)𣪕(城)，楮木，弄(封)于芻逨，弄(封)于芻衜。內(入)陟芻，登于厂湶，弄(封)剳栫、𨸏陵、剛(崗)栫。弄(封)于𦊨(𦉢)道，弄(封)于原道。

弄(封)于周道。𠂤(以)東，弄(封)于𩏂東疆右。還，弄(封)于眉(郿)道。𠂤(以)南，弄(封)于𦋢來道。𠂤(以)西，至于难莫。眉(堳)井邑田。自桹木道，

左至于井邑弄(封)，道𠂤(以)東一弄(封)，還，𠂤(以)西一弄(封)。陟剛(崗)三弄(封)。降，𠂤(以)南，弄(封)于同道。陟州剛(崗)，登栫，降棫，二弄(封)。夨人

有𤔲(司)眉(堳)田：鮮、且、散、武父、西宮襄；豆人虞丂，彔、貞、師氏右眚、小門人䌛、原人虞艿、淮𤔲(司)工(空)虎、孛𨷶、豐父

难人有𤔲(司)荆、丂，凡十又五夫。正眉(堳)夨舍散田，𤔲(司)土(徒)屰(逆)寅、𤔲(司)馬𦊨(𦉢)𡴓、邦人𤔲(司)工(空)騵君、宰德父、散人小子眉(堳)

田戎、散(微)父、𢦏果父、襄之有𤔲(司)槖、州𢊁、倐從𩰫(鬲)，凡散有𤔲(司)十夫。唯王九月，辰才(在)乙卯，夨卑(俾)鮮、且、𢍉、旅誓

曰：我既付散氏田器，有爽，實余有散氏心賊，則爰(隱)千罰千，傳棄之。鮮、且、𢍉、旅則誓。迺(乃)卑(俾)西宮襄、武父

誓曰：我既付散氏溼(濕)田、畛(畛)田，余有爽竊(亂)，爰(隱)千罰千。

西宮襄、武父則誓。氒(厥)爲圖，夨王于豆新宮東廷。氒(厥)左執縷(要)，史正中(仲)農。

器銘

寰盤

西周晚期

器銘釋文：

隹(惟)廿又八年五月既望庚

寅，王才(在)周康穆宫。旦，王各(格)大

室，即立(位)。宰頵右(佑)寰入門，立(位)

中廷，北卿(嚮)。史㵒受(授)王令書，

王乎(呼)史減册易(錫)寰玄衣黹

屯(純)、赤市朱黄、䜌(鑾)旅(旂)、攸勒、戈

琱㦺彤沙(緌)。寰拜䭫首，

敢對揚天子不(丕)顯叚(嘏)休令。

用乍(作)朕皇考奠(鄭)白(伯)、奠(鄭)姬寶般(盤)，

寰其邁(萬)年子子孫孫永寶用。

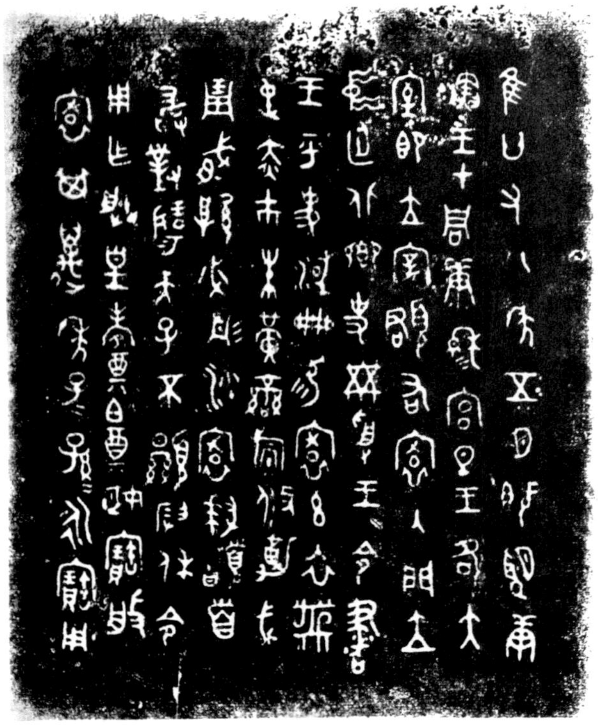

器銘

𪓔从鼎

西周晚期

器銘釋文：

隹(惟)卅又一年三月初吉壬辰，

王才(在)周康宫徲大室，𪓔从

吕(以)攸衛牧告于王，曰：女(汝)受

我田，牧弗能許𪓔从。王令

眚(省)，史南吕(以)即虢旅，虢旅迺(乃)事(使)攸

衛牧誓曰：敢弗具付𪓔从，

其且(沮)射(厭)、分田邑，則殺(懲)。攸衛

牧則誓。从乍(作)朕皇且(祖)丁公

皇考叀(惠)公尊鼎。𪓔攸从其

萬(萬)年子子孫孫永寶用。

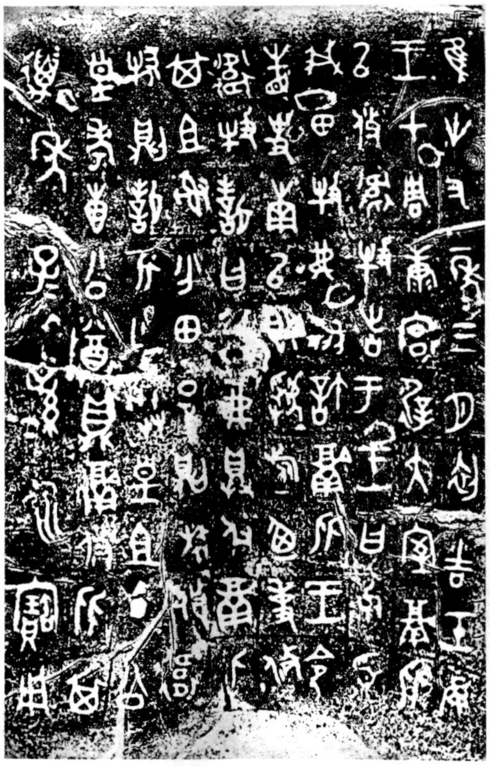

器銘

頌鼎

西周晚期

器銘釋文：

隹(惟)三年五月既死霸甲戌，
王才(在)周康卲(昭)宮。旦，王各(格)大
室，即立(位)。宰引右(佑)頌入門，立(位)
中廷。尹氏受(授)王令書。王乎(呼)
史虢生册令頌。王曰：頌，令
女(汝)官嗣(司)成周賓(貯)廿家，監嗣(司)
新寤(造)，賓(貯)用宮御，易(錫)女(汝)玄衣
黹屯(純)、赤市朱黄、䜌(鑾)旂、攸勒，
用事。頌拜䭫首，受令册佩
目(以)出，反(返)入(納)堇(瑾)章(璋)。頌敢對揚
天子不(丕)顯魯休，用乍(作)朕皇
考龏(恭)弔(叔)、皇母龏始(姒)寶尊鼎，
用追孝，瀟(祈)匄康𧉈(娛)屯(純)右(祐)，通
彔(禄)永令。頌其萬年眉壽，
畯(畯)臣天子霝冬(終)。子子孫孫寶用。

器銘

逨盤

西周晚期

器銘釋文：

逨曰：不(丕)顯朕皇高且(祖)單公，趄(桓)趄(桓)克明悊(哲)氒(厥)德，夾

盥(召)文王武王達殷，雁(膺)受天魯令，匍(敷)有四方竝(並)

宅氒(厥)堇疆土，用配上帝，雩朕皇高且(祖)公弔(叔)克逨

匹成王，成受大令，方狄不享用奠(奠)四或(國)萬邦。

雩朕皇高且(祖)新室中，克幽明氒(厥)心，頤(柔)遠能䢐(邇)

會盥(召)康王方褱不廷。雩朕皇高且(祖)惠中(仲)盠父

戾龢(和)于政，又成于猷，用會卲(昭)王、穆王盜政(征)四方，㪤(撲)

伐楚荆(荊)。雩朕皇高且(祖)零白(伯)，粦明氒(厥)心不彖(墜)□

服用辟龏(恭)王、懿王。雩朕皇亞且(祖)，懿中(仲)致諫克

匍(敷)保氒(厥)辟孝王、徲(夷)王，又成于周邦。雩朕皇考

龏(恭)弔(叔)穆穆趩(翼)趩(翼)龢(和)訇(詢)于政，明隮于德，享辟剌(厲)王，逨

肇𡰥朕皇且(祖)考服，虔夙(夙)夕敬朕死事，肆天子

多易(錫)逨休，天子其萬年無疆，耆黃耇保奠(奠)周

邦，諫辪(辟)四方。王若曰：逨，不(丕)顯文武雁(膺)受大令，

匍(敷)右(佑)四方剿(則)繇，隹(惟)乃先聖且(祖)考，夾盥(召)先王，聞

堇大令，今余隹(惟)巠乃先聖且(祖)考，䌛(緟)亯(京)乃令，令女(汝)疋(胥)

焚(榮)兑，䍙嗣(司)四方吴(虞)萶(林)用宫御。易(錫)女(汝)赤巿幽黃、

攸勒。逨敢對天子不(丕)顯魯休揚，用乍(作)朕皇且(祖)

考寶尊般(盤)，用追享孝于前文人，前文人嚴才(在)上，廙(翼)才(在)

下，豐豐彙彙降逨魯多福，眉壽綽(綽)綰(綰)，受余康娛屯(純)

右(祐)，通彔(祿)永令，霝冬(終)。逨畯(畯)臣天子，子子孫孫永寶用享。

器銘

頌簋

西周晚期

器銘釋文：

隹(惟)三年五月既死霸甲戌，

王才(在)周康卲(昭)宮。旦，王各(格)大

室即立(位)。宰引右(佑)頌入門，立(位)

中廷。尹氏受(授)王令書。王乎(呼)

史虢生册令頌。王曰：頌，令

女(汝)官嗣(司)成周賈(貯)，監嗣(司)新寤(造)

賈(貯)用宮御，易(錫)女(汝)玄衣黹屯(純)、

赤市朱黄、緣(鑾)旂、攸勒，用事。

頌拜䭬首，受令，册佩𠂤(以)出，

反(返)入(納)堇(瑾)章(璋)。頌敢對揚天子

不(丕)顯魯休，用乍(作)朕皇考龏(恭)

弔(叔)、皇母龏(恭)始(姒)寶尊簋，用追

考(孝)，旛(祈)匄康𧻚(娱)屯(純)右(祐)通彔(禄)永

令。頌其萬年眉壽無疆，畯(畯)

臣天子霝冬(終)，子子孫孫永寶用。

(器、蓋同銘)

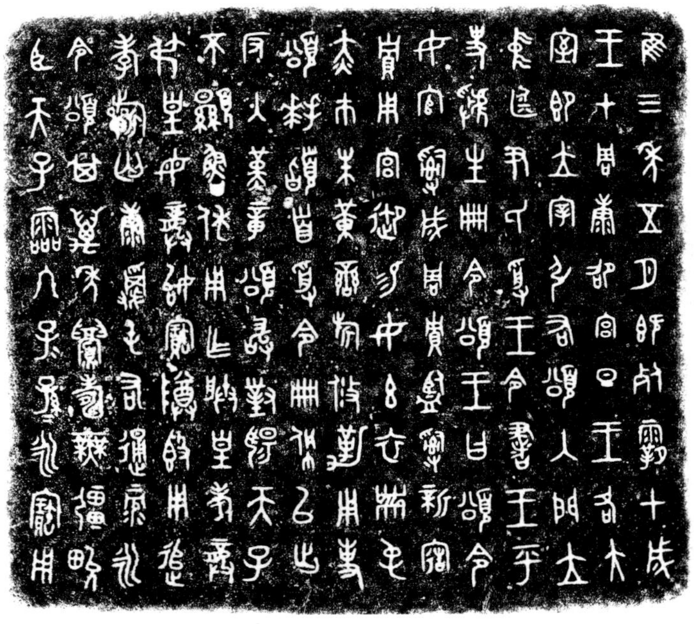

蓋銘

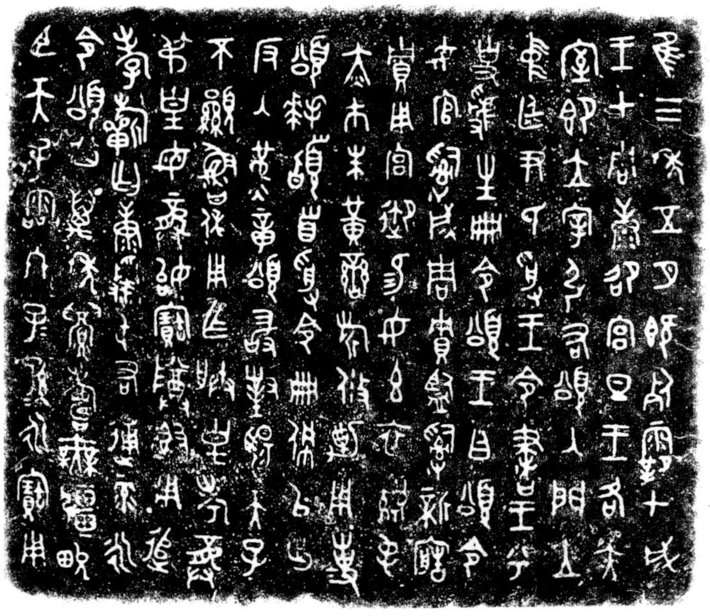

器銘

四十二年逨鼎

西周晚期

器銘釋文：

佳(惟)卌(四十)又二年五月既生霸乙卯，王才(在)周康穆宮。旦，王各(格)大室，即立(位)。嗣(司)工㪔(散)右(佑)吴逨入門，立(位)中廷，北卿(嚮)。尹氏受王賫書，王乎(呼)史減册賫逨。王若曰：逨不(丕)顯文武雁(膺)受大令，匍(敷)有四方，𠟭(則)繇，佳(惟)乃先聖且(祖)考，夾盥(召)先王爵堇(勤)大令，奠(奠)周邦，余弗叚(遐)望(忘)聖人孫子。余佳(惟)閉乃先且(祖)考，有爵于周邦，肆余乍(作)女(汝)濫，訇(詢)，余肇廷長父侯采揚，余令女(汝)奠(奠)長父休，女(汝)克奠(奠)于氒(厥)𠂤(師)女(汝)佳(惟)克井(刑)乃先且(祖)考戎厰(玁)狁，出戩于井(刑)河，于曆巖(厰)女(汝)不□戎女(汝)光長父㠯(以)追博(搏)戎，乃即宕伐于弓谷，女(汝)執訊、隻(獲)馘、孚(俘)器、車馬，女(汝)敏于戎工，弗逆。朕新(親)令賫(釐)女(汝)𩰫鬯一卣，田于疐卅田，于徲廿田。逨拜𩒨首，受册賫(釐)㠯(以)出，逨敢對天子不(丕)顯魯休揚，用乍(作)鬻彝，用享孝于前文人其嚴才(在)上，趩才(在)下，穆穆秉明德，豐豐𣝋𣝋降余康𡠗(娱)屯(純)右(祐)，通彔(祿)永令，眉壽繛(綽)綰，㽙(畯)臣天子。逨其萬年無疆，子子孫孫永寶用享。

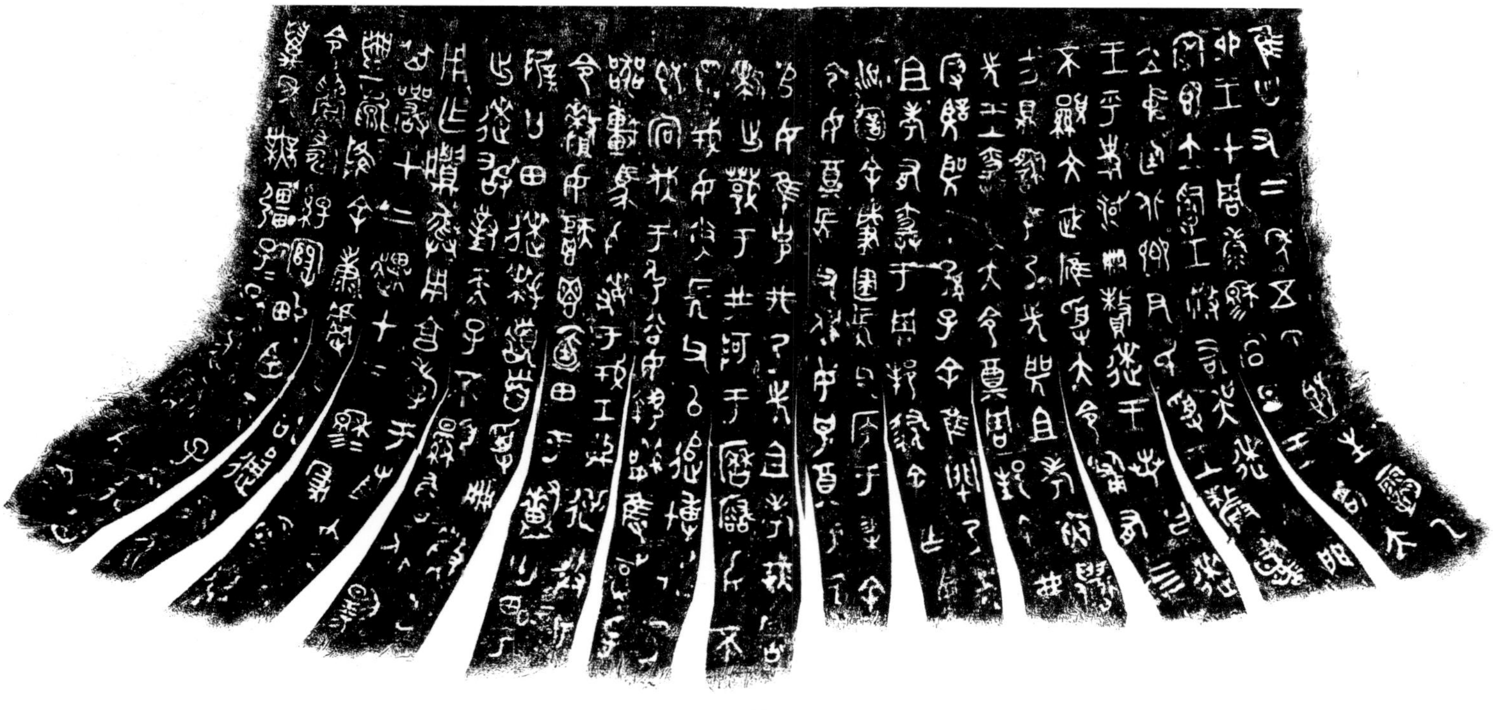

器銘

四十三年逨鼎

西周晚期

器銘釋文：

隹(惟)卌(四十)又三年六月既生霸
丁亥,王才(在)周康宫穆宫。旦,王
各(格)周廟,即立(位)。𤔲(司)馬壽右(佑)吴
逨入門,立(位)中廷,北卿(嚮)。史減受
王令書,王乎(呼)尹氏册令逨。
王若曰:逨,不(丕)顯文武膺受
大令,匍(敷)有(佑)四方,𠟭(則)繇。隹(惟)乃先
聖且(祖)考夾𥁰(召)先王爵堇(勤)大
令,奠(奠)周邦。肆余弗諲(忘)聖人孫子,
昔余既令女(汝)疋(胥)焚兑䵼(报)𤔲(司)
四方吴(虞)䨿(廩)用宫御。今余隹(惟)
巠乃先且(祖)考又䎽于周邦,
䌛(緟)䯂乃令,令女(汝)官𤔲(司)歷人,母(毋)
敢妄寧,虔夙(夙)夕叀(惠)𤔿(雍)我邦
小大猷,雩乃專政事,母(毋)敢不
隶不井(刑),雩乃訽庶人又咎(辨),母(毋)
敢不中不井(刑)母(毋)龏(龔)龏(龔)橐橐,隹(惟)又
宥從迺(乃)敄(侮)鰥(鰥)寡,用乍(作)余我
一人死不小(肖)隹(惟)死。王曰:逨,易(錫)女(汝)秬
鬯一
卣、玄衮衣、赤舄、駒車、桒駁、朱
虢䩛(弘)靳(靳)、虎冟熏裹、畫轉畫
䡇、金甬、馬四匹、攸勒,敬夙(夙)夕勿
灋(廢)朕令。逨拜䭫首受册佩
吕(以)出,反(返)入堇(瑾)圭。逨敢對天
子不(丕)顯魯休揚,用乍(作)朕皇
考龏(龔)弔(叔)𪔂彝,皇考其嚴才(在)
上,廙(翼)才(在)下,穆穆秉明德,豐豐彙彙
降余康虞(娛)屯(純)右(祐),通彔(祿)永令,
眉壽𤼈(綽)綰,畯(畯)臣天子。逨其萬
年年無疆,子子孫孫永寶用享。

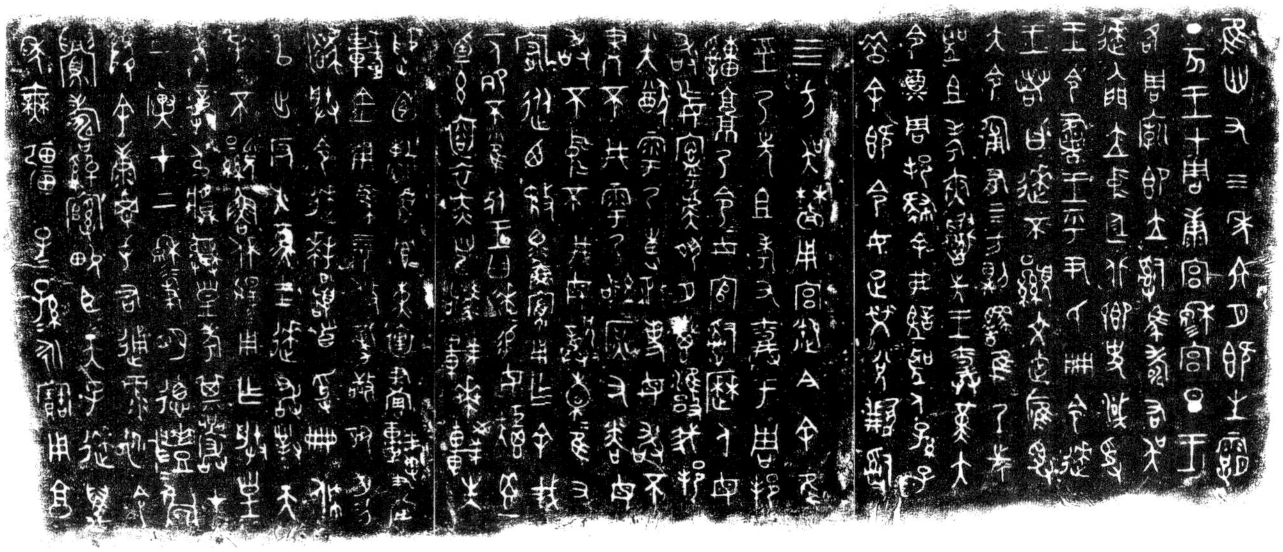

器銘

封鬲

西周晚期

器銘釋文：

乍(作)册封異井秉明德，虔

殂(夙)夕，邺周邦，保王身，諫

辪(乂)四或(域)，王弗叚諲(忘)，享氒(厥)孫

子多休。封對揚天子不(丕)顯

魯休，乍(作)尊鬲，封其萬年

眉壽永寶。

器銘

史頌鼎

西周晚期

器銘釋文：

隹(惟)三年五月丁子(巳)，王

才(在)宗周，令史頌德(省)穌(蘇)

瀾友里君百生(姓)帥(率)䚄(偶)𢾊

于成周，休又(有)成事。穌(蘇)賓

章(璋)、馬四匹、吉金，用乍(作)䵼彝。

頌其萬年無疆，日遅天

子覭令，子子孫孫永寶用。

器銘

吴虎鼎

西周晚期

器銘釋文：

隹(惟)十又八年十又三月既生霸丙戌，王才(在)周康宮徲宮。衜(道)入右(佑)吴虎。王令善(膳)夫豐生、嗣(司)工(空)雝(雍)毅，𤔲(緟)剌(厲)王令，付吴蓋舊疆，付吴虎。氒(厥)北疆涵人眔疆，氒(厥)東疆宮人眔疆，氒(厥)南疆畢人眔疆，氒(厥)西疆莽姜眔疆，氒(厥)具(俱)履弄(封)，豐生、雍毅、白(伯)衜(道)内嗣(司)土(徒)寺桒。吴虎拜䭫首天子休。賓善(膳)夫豐生章(璋)、馬匹、賓嗣(司)工(空)雍毅章(璋)、馬匹。賓内嗣(司)土(徒)寺桒復(覆)、爰(瑗)。書尹友守史廼(乃)。賓史桒(賁)韋(韓)兩。虎桒(拜)手䭫首，敢對揚天子不(丕)顯魯休，用乍(作)朕皇且(祖)考庚孟尊鼒(鼎)，其子孫孫永寶。

器銘

散季盨

西周晚期

器銘釋文：

隹(惟)王四年八月

初吉丁亥，散季

肇乍(作)朕王母弔 (叔)

姜寶簋。散季其

萬年子子孫孫永寶。

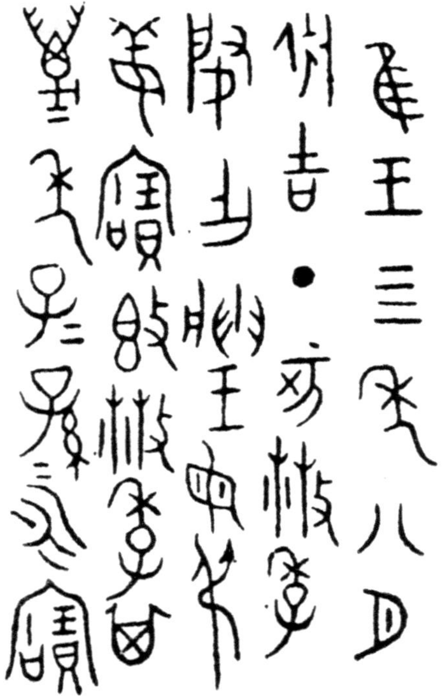

器銘

史伯碩父鼎

西周晚期

器銘釋文：

隹(惟)六年八月初吉乙

子(巳)，史白(伯)碩父追孝于

朕皇考釐中(仲)、王母泉

中尊鼎，用𣄨 (祈)匃百彔(祿)

眉壽，綰綽永令，萬年

無疆，子子孫孫永寶用享。

器銘

成鐘

西周晚期

器銘釋文：

隹(惟)十又六年九月丁亥，

王才(在)周康徲宮。王窺（親）易(錫)成

此鐘，成

其萬年

子子孫孫永

寶用享。

器銘

伯大祝追鼎

西周晚期

器銘釋文：

隹(惟)卅又二年八月初吉

辛子(巳)，白(伯)大祝追乍(作)豐

叔姬𩰫彝，用旟（祈)多

福，白(伯)氏其眉壽

黄耇萬年，子子孫孫永寶享。

器銘

晉侯穌鐘

西周晚期

器銘釋文：

(一) 隹(惟)王卅又三年，王寴（親)遹

省東或(國)、南或(國)。正月既生

霸戊午，王步自宗周。二

月既望癸卯，王入，各(格)成周。二月

(二) 既死霸壬寅，王償往東。

三月旁死霸，王至于萛，

分行。王寴（親)令晉侯穌，逹（率)

乃自（師)左洀濩北洀□，伐夙(宿)尸(夷)。晉

(三) 侯穌折首百又廿，執

噝（訊)廿又三夫。王至于

匔皸（城)，王寴（親)遠省自（師)，王

至晉侯穌自（師)，王降自車，立(位)南卿(嚮)。

(四) 寴（親)令晉侯穌；自西北

遇(隅)辜（敦)伐匔皸（城)。晉侯逹（率)

氒（厥)亞旅，小子，戜人先𢿌（陷)

(五) 入，折首百，執噝（訊)

十又一夫。王至

(六) 淖淖列(烈)列(烈)尸(夷)出奔。

王令晉侯穌

(七) 逹（率)大室小臣

(八) 車僕從

(九) 逋逐之，晉侯折首百又

一十，執噝（訊)廿夫，大室小臣

車僕折首百又五十，執噝（訊)

六十夫。王隹(惟)反(返)，歸在成周，公族整自

(師)，

(十) 宮。六月初吉戊寅，旦，王

各(格)大室，即立(位)。王乎(呼)善(膳)夫

曰：召晉侯穌入門，立(位)中

廷。王寴（親)易(錫)駒四匹，穌拜䭫（稽)首，受駒

㠯(以)

(十一) 出，反(返)入，拜䭫(稽)首。丁亥，旦，

王鼼（御)于邑伐宮，庚寅，旦，

王各(格)大室。嗣（司)工(空)揚父入

右(佑)晉侯穌，王寴（親)儕(齎)晉侯穌𩰫鬯一卣、

(十二) 弓、矢百、馬四匹，穌敢揚

天子不(丕)顯魯休，用乍(作)

元龢揚(錫)鐘，用卲（昭)各(格)前文人，前

(十三) 文人其嚴才(在)

上，廙(翼)廙（翼)才(在)下，敳敳

(十四) 㝁㝁，降余多

福，穌其邁(萬)

(十五) 年無疆，子子孫孫

(十六) 永寶玆鐘。

(此鐘共十六枚，按銘文順序釋文)

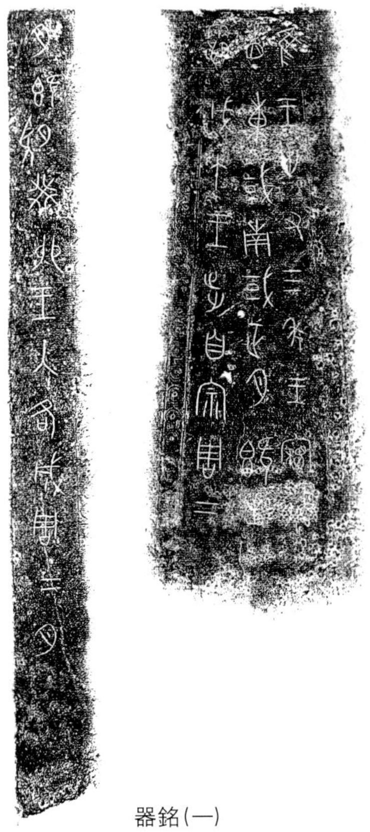
器銘(一)

器銘(二)

器銘(三)

器銘(四)

器銘(八)

器銘(七)

器銘(六)

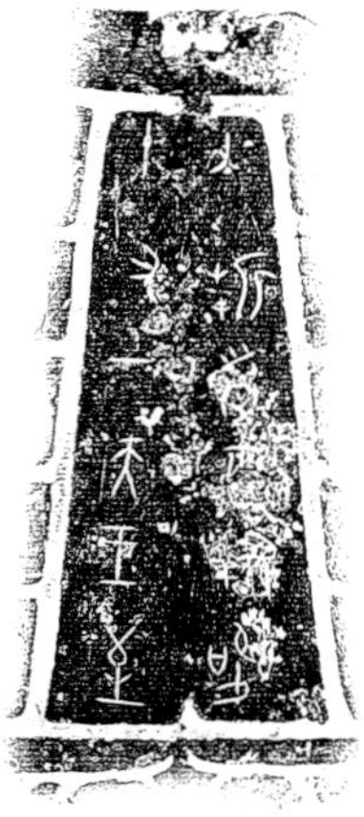
器銘(五)

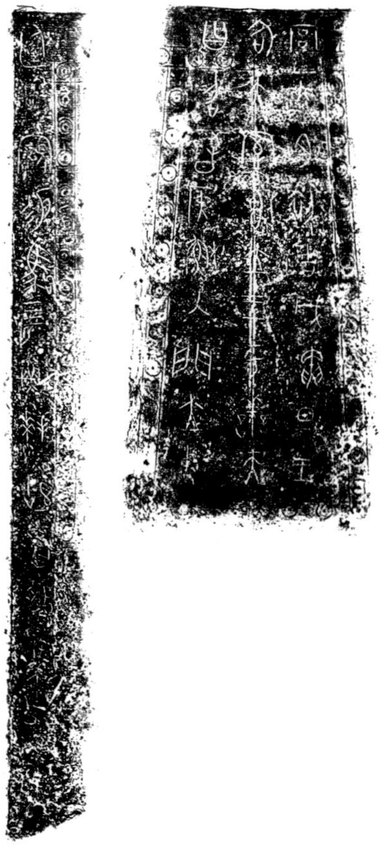
器銘(十)

器銘(九)

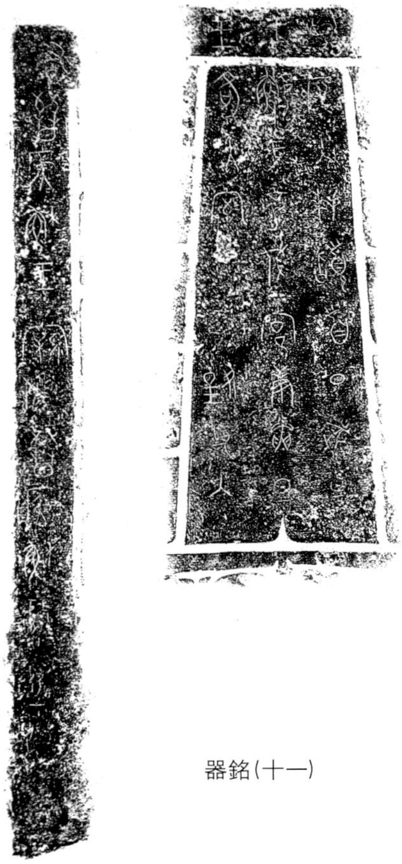

器銘(十一)

器銘(十二)

器銘(十三)

器銘(十四)

器銘(十五)

器銘(十六)

伯寬父盨

西周晚期

器銘釋文：

隹(惟)卅又三年

八月既死辛

卯，王才(在)成周。

白(伯)寬父乍(作)寶

盨，子子孫孫永用。

(器、蓋同銘)

蓋銘

器銘

伯吕父盨

西周晚期

器銘釋文：

隹(惟)王元年六

月既省(生)霸庚

戌，白(伯)吕父乍(作)

旅盨，其子子孫孫

萬年永寶用。

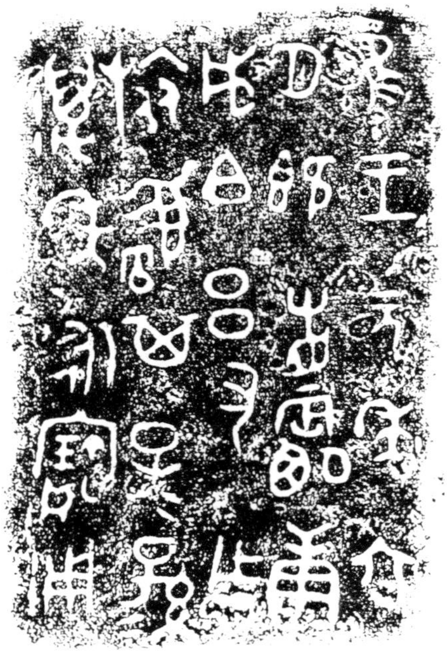

器銘

兮甲盤

西周晚期

器銘釋文：

隹(惟)五年三月既死霸庚寅，

王初各(格)伐厰(玁)執(狁)于䍐盧。兮

囲(甲)從王，折首執噝(訊)，休亡(無)敃(愍)

王易(錫)兮囲(甲)馬四匹、駒車。王

令囲(甲)政(征)嗣(治)成周四方責(積)至

于南淮尸(夷)。淮尸(夷)舊我員晦(賄)人，母(毋)

敢不出其員、其責(積)、其進人。

其賈(貯)，母(毋)敢不即餗(次)即岑(市)。敢

不用令，劇(則)即井(刑)廙(撲)伐。其隹(惟)

我者(諸)侯百生(姓)，氒(厥)賈(貯)母(毋)不即

岑(市)，母(毋)敢或入繼妄(究)賈(貯)，劇(則)亦

井(刑)。兮白(伯)吉父乍(作)般(盤)，其眉壽

萬年無疆，子子孫孫永寶用。

器銘

師寰簋

西周晚期

器銘釋文：

王若曰：師寰，𤔲，淮尸(夷)繇(舊)我

員晦(賄)臣，今敢博(薄)氒(厥)衆叚(暇)，反

氒(厥)工吏，弗速(蹟)我東䣙(國)，今余肇

令女(汝)逹(率)齊帀(師)，㠱、贅(萊)、𤇯、𡲨，左右

虎臣正(征)淮尸(夷)，即質氒(厥)邦嘼(首)，曰冉、曰𦎫、

曰鈴、曰達。師寰虔不㒸(墜)，夙夜卹

氒(厥)牆(將)事，休既又(有)工(功)，折首㝡(執)訊

(訊)，

無諆徒馭(馭)，毆孚(俘)士女羊牛，孚(俘)吉金。今

余弗叚(暇)組(徂)，余用乍(作)朕後男巤

尊簋，其萬(萬)年子子孫孫永寶用享。

(器、蓋銘文略異)

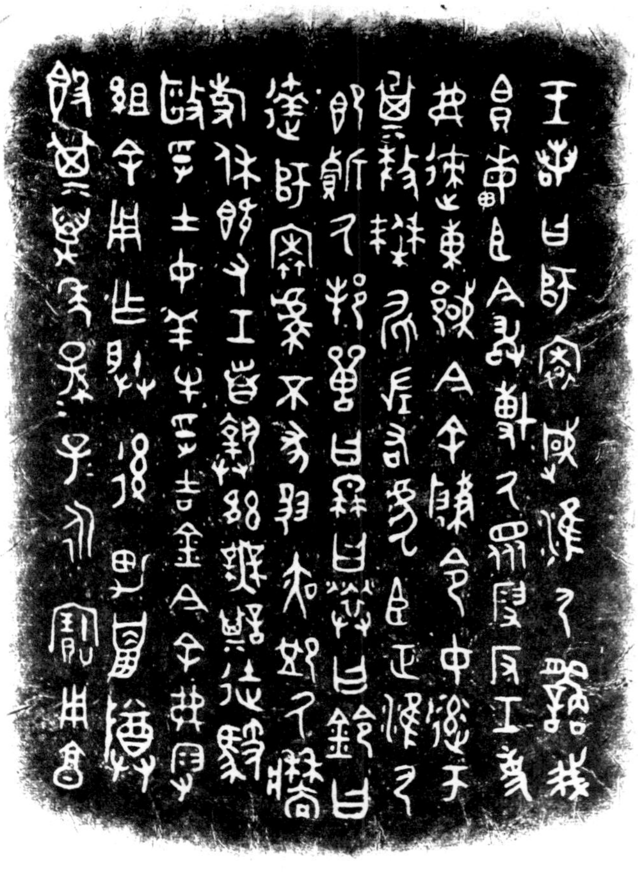

蓋銘

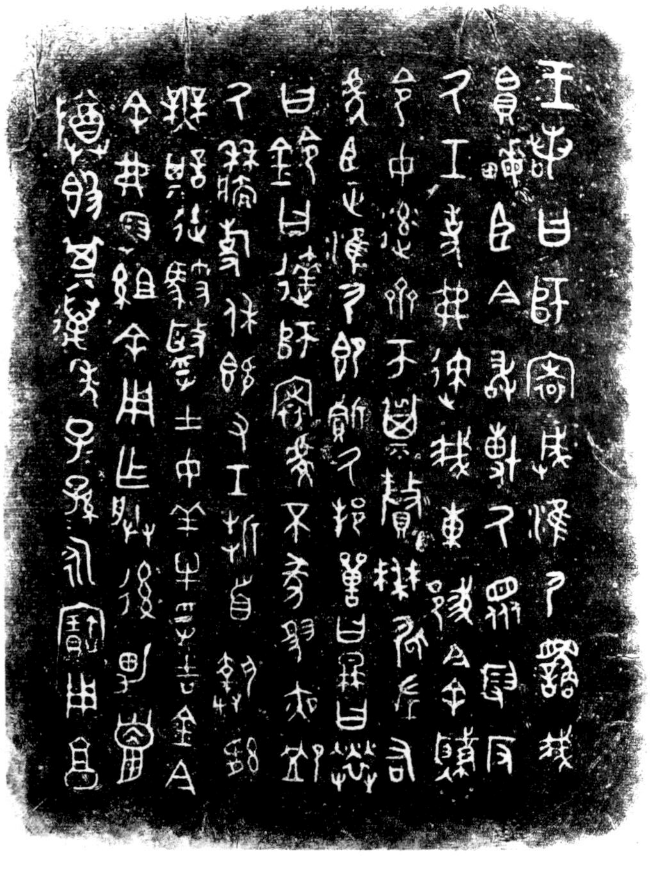

器銘

虢季子白盤

西周晚期

器銘釋文：

隹(惟)十又二年正月初吉丁亥，虢季子

白乍(作)寶盤。不(丕)顯子白，胄(壯)武于戎工(功)，

經綫(維)四方，博(搏)伐厰(玁)執(狁)于洛之陽，折

首五百，執噝(訊)五十，是吕(以)先行。桓桓子白，獻

戒(馘)于王。王孔加(嘉)子白義。王各(格)周廟宣

廟(榭)爰卿(饗)。王曰：白父，孔䫉又(有)光。王賜(錫)

乘馬，是用左(佐)王，賜(錫)用弓、彤矢，其央，

賜(錫)用戉(鉞)，用政(征)絲(蠻)方。子子孫孫萬年無疆。

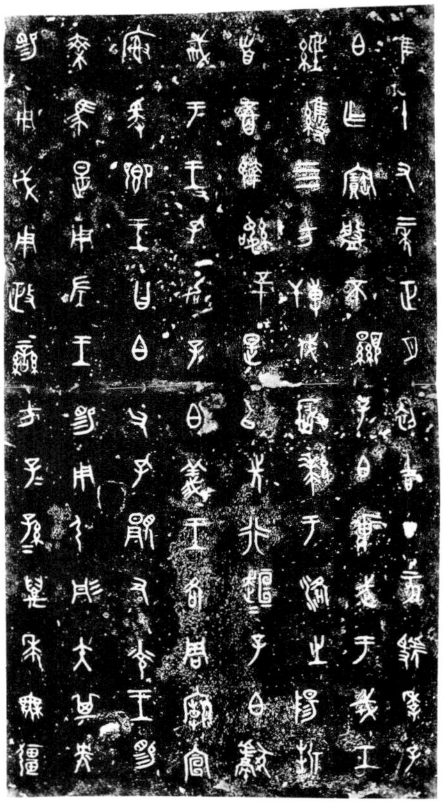

器銘

駒父盨蓋

西周晚期

蓋銘釋文：

唯王十又八年正月，南

中(仲)邦父命駒父毀(即)南者(諸)

侯逵(率)高父見南淮尸(夷)，氒(厥)

取氒(厥)服，堇(謹)尸(夷)俗。㒸不敢

不苟(敬)畏王命，逆見我，氒(厥)

獻氒(厥)服。我乃至于淮，小大

邦亡敢不𢓊具逆王命。

四月，還至于蔡。乍(作)旅盨，

駒父其萬年永用多休。

蓋銘

不嬰簋蓋

西周晚期

蓋銘釋文：

唯九月初吉戊申，白氏

曰：不嬰，駿（馭）方、厰（玁）允（狁）、廣伐

西俞（隃），王令我羞追于西，余來歸

獻禽（擒）。余命女（汝）御（馭）追于畧。女（汝）㠯（以）我車宕

伐㲋（玁）允（狁）于高陵。女（汝）多折首蟄（執）噝（訊）。戎大同，從追女（汝），女（汝）彶（及）戎大臺（敦）㩁（搏），女（汝）休，弗

㠯（以）我車圅（陷）于䡞（艱）。女（汝）多禽（擒），折首蟄（執）噝（訊）。

白氏曰：不嬰，女（汝）小子，女（汝）肇誨（敏）于戎工。

易（錫）女（汝）弓一、矢束、臣五家、田十田，用從

乃事。不嬰拜䭫手（首）休，用乍（作）朕

皇且（祖）公白、孟姬尊簋，用匄

多福，眉壽無疆，永屯（純），

霝冬（終）。子子孫孫其永寶用享。

蓋銘

毛公鼎

西周晚期

器銘釋文：

王若曰：父厝，不(丕)顯文武，皇天引

猒乓(厥)德，配我有周。雁(膺)受大命，衒(率)褱(懷)

不廷方，亡不閈(覲)于文武耿光。唯天𨟻(將)

集乓(厥)命，亦唯先正畧(襄)辪(乂)乓(厥)辟，爵(恪)堇(謹)大命，

肆皇天亡(無)斁(斁)，臨保我有周，不(丕)巩(共)先王配命。

敃(旻)天疾畏(威)，司(嗣)余小子弗彶，邦𨟻(將)害(曷)吉？𠊲𠊲四方，大

從(縱)不静。烏虖(呼)！𢷃(閔)余小子圂湛(堪)于囏(艱)，永巩(共)先

王。王曰：父厝，今余唯肈巠(經)先王命，命女(汝)辪(乂)我邦

我家内外，悉(擁)于小大政，甹(甹)朕立(位)，虩(赫)許(戲)上下若否

雩(與)四方。死(尸)母(毋)童(動)余一人在立(位)，引唯乃智(知)，余

非，𦎫(庸)又(有)𦖞(聞)。女(汝)母(毋)敢妄(荒)寧，虔夙夕，惠我一人，

雝(雍)我邦小大猷，母(毋)折臧(緘)，告余先王若德，用

印(仰)卲(昭)皇天，𤕌(緟)圝(恪)大命，康能四或(國)俗我弗乍(作)

先王憂。王曰：父厝。雩(越)之庶出入事于外，尃(敷)命尃(敷)

政，埶(蓺)小大楚賦，無唯正𦖞(昏)，引其唯王智(智)，迺(乃)

唯是喪我或(國)，厤(歷)自今，出入尃(敷)命于外，乓(厥)非

先告父厝，父厝舍命，母(毋)又敢悉(擁)，尃(敷)命于外。王

曰：父厝，今余唯𤕌(踵)先王命，命女(汝)亟一方，𡧊(宏)

我邦我家，女(汝)頣(推)于政，勿雝(雍)建(楗)庶民□。母(毋)

敢龏(拱)橐(苞)，龏(拱)橐(苞)迺(乃)敄(侮)鰥寡。善效乃友正，母(毋)敢

湎(湎)于酒。女(汝)母(毋)敢豕才(在)乃服圝(恪)夙夕，敬念王

畏(威)不睗(錫)。女(汝)母(毋)弗帥用先王乍(作)明井(型)，俗(欲)女(汝)弗

吕(以)乃辟圅(陷)于囏(艱)。王曰：父厝，已曰及兹卿

事寮大史寮于父即尹。命女(汝)𤔲𤔲(司)公

族。雩參(三)有𤔲(司)、小子、師氏、虎臣雩朕褻(執)事，

吕(以)乃族干(扞)吾(敔)王身，取責(賜)卅寽，易(錫)女(汝)鬯鬯一卣、

鄭(祼)圭鬲(瓚)寶、朱市悤黄、玉環、王瑹、金車、桒縟較、

朱鬣(虢)𢐗(弘)䉫、虎冟(冪)熏裏、右厄(軛)、畫轉畫𩊚(輹)、金

甬遣(錯)衡、金嶂(踵)、金豙、㓝㲻、金簟(簟)弼(第)、魚葡(服)、馬

四匹、攸勒、金囒、金雁(膺)、朱旂二鈴(鈴)，易(錫)女(汝)兹关(賸)

用歲用政(征)。毛公厝對揚天子皇

休，用乍(作)尊鼎，子子孫孫永寶用。

銘器

山鼎

西周晚期

器銘釋文：

隹(惟)卅又七年正月初吉庚戌，王才(在)周，各(格)圖室。南宫乎入右(佑)善(膳)夫山入門，立(位)中廷，北卿(嚮)。王乎(呼)史桒册令山。王曰：山，令女(汝)官嗣(司)歙獻人于旻，用乍(作)憲(憲)，司賓(貯)，母(毋)敢不善，易(錫)女(汝)玄衣黹屯(純)、赤市朱黄、縊(鑾)旂。山拜䭫首，受册佩吕(以)出，反(返)入(納)堇(瑾)章(璋)。山敢對揚天子休令，用乍(作)朕皇考叔碩父尊鼎，用旛(祈)匄眉壽𩁹(綽)綰(綰)，永令，霝冬(終)。子子孫孫永寶用。

器銘

圅皇父盤

西周晚期

器銘釋文：

圅皇父乍(作)琱娟般(盤)

盉，尊器鼎、簋一具，自

豕鼎降十又一、簋八、

兩鑘(罍)、兩鐘(壺)，琱娟其

邁(萬)年子子孫孫永寶用。

器銘

柞鐘

西周晚期

器銘釋文：

隹(惟)王三年四月初吉甲寅，

中大師右(佑)柞，易(錫)載朱黄、䜌(鑾)。

嗣(司)五邑甸人事，柞拜手，對

揚中大師休。

用乍(作)大鐇(林)鐘，

其子子孫孫永寶。

器銘

杜伯盨

西周晚期

器銘釋文：

杜白(伯)乍(作)寶盨，其用享

孝于皇申(神)且(祖)考，于好

倗(朋)友，用𠦪壽，匄永令，

其萬年永寶用。

器銘

散伯車父鼎

西周晚期

器銘釋文：

隹(惟)王四年八月初吉

丁亥，㪔(散)白(伯)車父乍(作)

邲姞尊鼎，其萬

年子子孫永寶。

器銘

魯大司徒匜

春秋早期

器銘釋文：

魯大嗣（司）徒子中（仲）白（伯）

其庶女鸝（厲）孟姬賸

也（匜），其眉壽萬年無

疆，子子孫孫永保用之。

器銘

曾伯霥簠蓋

春秋早期

蓋銘釋文：

隹（惟）王九月初吉庚午，

曾白（伯）霥悊（哲）聖元武，元武孔

黹（致），克狄（剔）淮（淮）尸（夷），印（抑）燮繁（繁）

湯（陽），金㚔（導）鐊（錫）行，具既卑（沛）

方（滂）。余睪（擇）其吉金黃鏞，

余用自乍（作）旅匿（簠），㠯（以）征

㠯（以）行，用盛稻粱，用耆（飤）

用享于我皇文考。天

睗（賜）之福，曾霥叚（遐）不黃

耇，邁（萬）年眉壽無疆，子子

孫孫，永寶用之享。

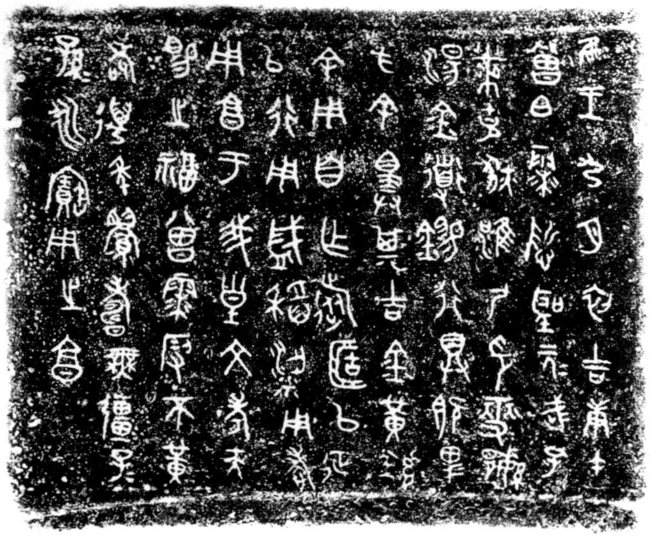

蓋銘

秦公鐘

春秋早期

器銘釋文：

秦公曰：我先
且(祖)受天令，商(賞)
宅受或(國)刺(烈)刺(烈)卲(昭)
文公、静公、憲
公，不遂(墜)于上，
卲(昭)合皇天，吕(以)
虩(赫)吏(事)緐(蠻)方。公
及王姬曰：余
小子，余夙夕虔
敬朕祀，吕(以)受
多福，克明又(有)
心。盭(戾)龢(和)胤(俊)士，
咸畜(蓄)左右，藹藹
允義，翼受明
德，吕(以)康奠𢽽(協)
朕或(國)，盜(兆)百緐(蠻)
具即其服，乍(作)
氒(厥)龢(和)鐘，霝(靈)音
鍴(徵)鍴(徵)雝(雍)雝(雍)，吕(以)匽(燕)皇
公，吕(以)受大福，
屯(純)魯、多釐、大
壽萬年，秦公
㚸(其)畯紷(緰)才(在)立(位)，
雁(膺)受大命，眉
壽無疆，匍(敷)有
四方，㚸(其)康寶。

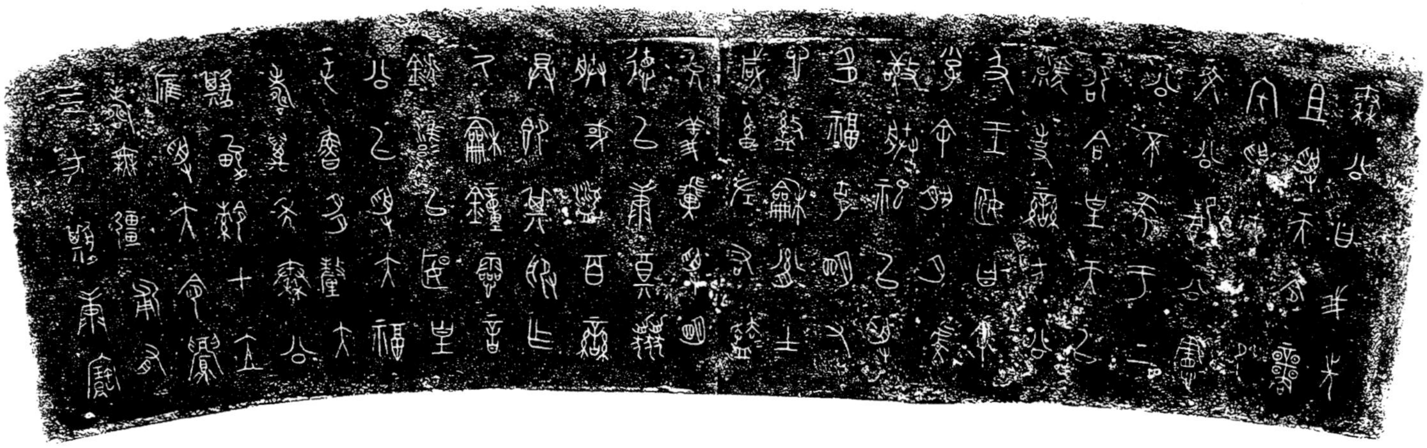

器銘

陳侯簠

春秋早期

器銘釋文：

隹(惟)正月初吉丁

亥，𨸏敶(陳)侯乍(作)王中(仲)

嬀𡚬媵(媵)匿(簠)，用

旛(祈)眉壽無疆，

永壽用之。

(器、蓋同銘，唯行次略異)

蓋銘

器銘

秦公簋

春秋中期

器銘釋文：

秦公曰：不(丕)顯

朕皇且(祖)受天

命，鼏(宓)宅禹賁(迹)

十又二公，才(在)

帝之矿，嚴龏(恭)

夤(寅)天命，保𤔲(業)

氒(厥)秦，虩(赫)吏(事)䜌(蠻)

夏。余雖小子，穆穆

帥秉明德，剌(烈)剌(烈)

趄(桓)趄(桓)，邁(萬)民是敕。

蓋銘釋文：

咸畜(蓄)胤(俊)士，𥂴𥂴文武，鎮静不

廷，虔敬朕祀，乍(作)嘼宗彝，吕(以)

卲(昭)皇且(祖)，𥂴(其)嚴𨗨各。吕(以)受屯(純)

魯多釐，眉壽無疆，畯(畯)疐才(在)

天，高引又(有)慶，竈(造)囿(祐)四方。宜。

(器銘與蓋銘内容相連接)

蓋銘

器銘

王子午鼎

春秋中期

蓋銘釋文：

倗之𩰫𦉜。

器銘釋文：

隹(惟)正月初吉丁
亥，王子午羼（擇）
其吉金，自乍(作)𩰫
彝𩰫鼎，用享吕（以）
孝于我皇且(祖)文
考，用蘄(祈)眉壽，
㦰龏（恭）𧨲屖（遲）。敱(畏)諆（忌）
趩趩（翼），敬氒（厥）盟(明)祀，
永受其福。余不
敱（畏）不㾊（差），惠于政(正)
德，𢘑（淑）于威義(儀)，闌闌(閑)
獸獸(悠)，令尹子庚殹（緊）民
之所亟(極)，萬年
無諆（期)，子孫是利。

蓋銘

器銘

許公買簠

春秋中期

器銘釋文：

隹(惟)王正月

初吉丁亥，

𥎦(許)公買𢍰(擇)

氒(厥)吉金，自

乍(作)飤匿(簠)，㠯(以)

𣄰(祈)眉壽、永

命無疆。子子

孫孫永寶用之。

(器、蓋同銘)

蓋銘

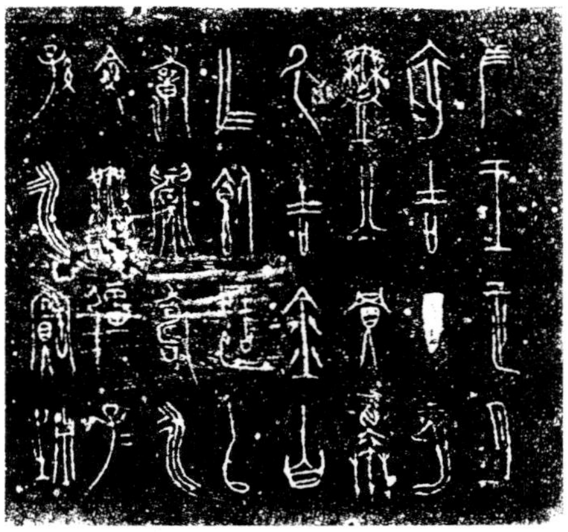

器銘

齊侯盂

春秋中期

器銘釋文：

齊侯乍(作)䑼(媵)子

中(仲)姜寶盂，其

眉壽萬年，

永保其身，子子

孫孫永保用之。

器銘

國差罎

春秋中期

器外壁銘釋文：

國差立(涖)事歲

咸丁亥,攻(工)帀(師)

佮鑄西章(墉)寶

罎四秉,用實

旨酉(酒),侯氏受

福眉壽。卑(俾)旨

卑(俾)瀞,侯氏母(毋)

瘩母(毋)疷(悅),齊邦

貢(鼏)静安寍(寧)。子子

孫孫永保用之。

器外壁銘

欒書缶

春秋中期

蓋銘釋文：

正月季春，

元日己丑。

器銘釋文：

正月季春，元日己丑。

余畜孫書也，斁（擇）其吉

金，以钗（作）鑄鈽（缶）。以祭我

皇祖，虞（余）以祈眉壽。欒

書之子孫，萬斮（世）是寶。

（器、蓋銘文均自左及右排列）

蓋銘

器銘

庚兒鼎

春秋中期

器銘釋文：

隹(惟)正月初吉丁亥，郐(徐)王之子

庚兒，自乍(作)飤緐，用征用

行，用龢(和)用鬻。眉壽無疆。

器銘

吴大子姑發腎反劍

春秋晚期

器銘釋文：

工𠫑大子姑發腎反，自乍(作)元用。才(在)行之先，吕(以)

用吕(以)隻(獲)，莫敢敔(御)余。余處江之陽，至于南行西行。

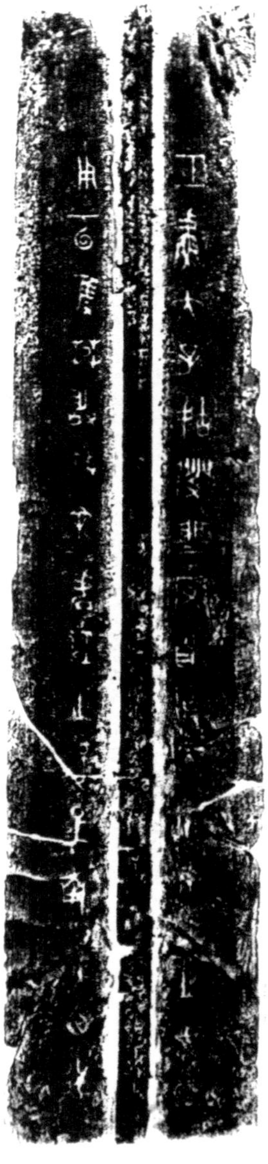

器銘

吴王光鑑

春秋晚期

器銘釋文：

隹(惟)王五月，既字白(迫)

期，吉日初庚。吴王

光睪(擇)其吉金，玄銑(礦)

白銑(礦)，㠯(以)乍(作)叔姬寺

吁宗彝(彝)薦鑑。用享

用孝，眉壽無疆。往

巳(己)弔(叔)姬，虔敬乃后，

孫孫勿忘。

器銘

吴王光劍

春秋晚期

器銘釋文：

攻吾王光

自乍(作)用僉(劍)。

器銘

吴王夫差盉

春秋晚期

器銘釋文：

敔（吴）王夫差吴金鑄女子之器吉。

器銘

吴王夫差鑑

春秋晚期

器銘釋文：

攻吴王大（夫）

差睪（擇）氒（厥）吉

金，自乍（作）御監（鑑）。

器銘

越王勾踐劍

春秋晚期

器銘釋文：

郕(越)王鳩(勾)淺(踐)

自乍(作)用鐱(劍)。

器銘

徐王儀楚鍴

春秋晚期

器銘釋文：

隹(惟)正月吉日丁酉，郐(徐)王義(儀)

楚羴(擇)余吉金，自酢(作)祭鍴。用享

于皇天及我文考，永保钖(予)

身，子孫寶。

器銘

鄀公華鐘

春秋晚期

器銘釋文：

隹(惟)王正月初吉乙亥，鼄(邾)公華睪(擇)氒(厥)吉金，玄鏐

赤鏞，用鑄氒(厥)龢(和)鐘，㠯(以)

乍(祚)其皇且(祖)考。曰：

余異(翼)龏(恭)威(畏)

忌思(淑)穆不

豙(墜)于氒(厥)身，鑄其龢(和)鐘，

㠯(以)卹其祭祀盟祀，㠯(以)

樂大夫，㠯(以)

宴士庶子。

昚(慎)爲之名(銘)，元器

其舊，哉(載)公眉壽，

鼄(邾)邦是保。其萬年無疆，子子孫孫永保用享。

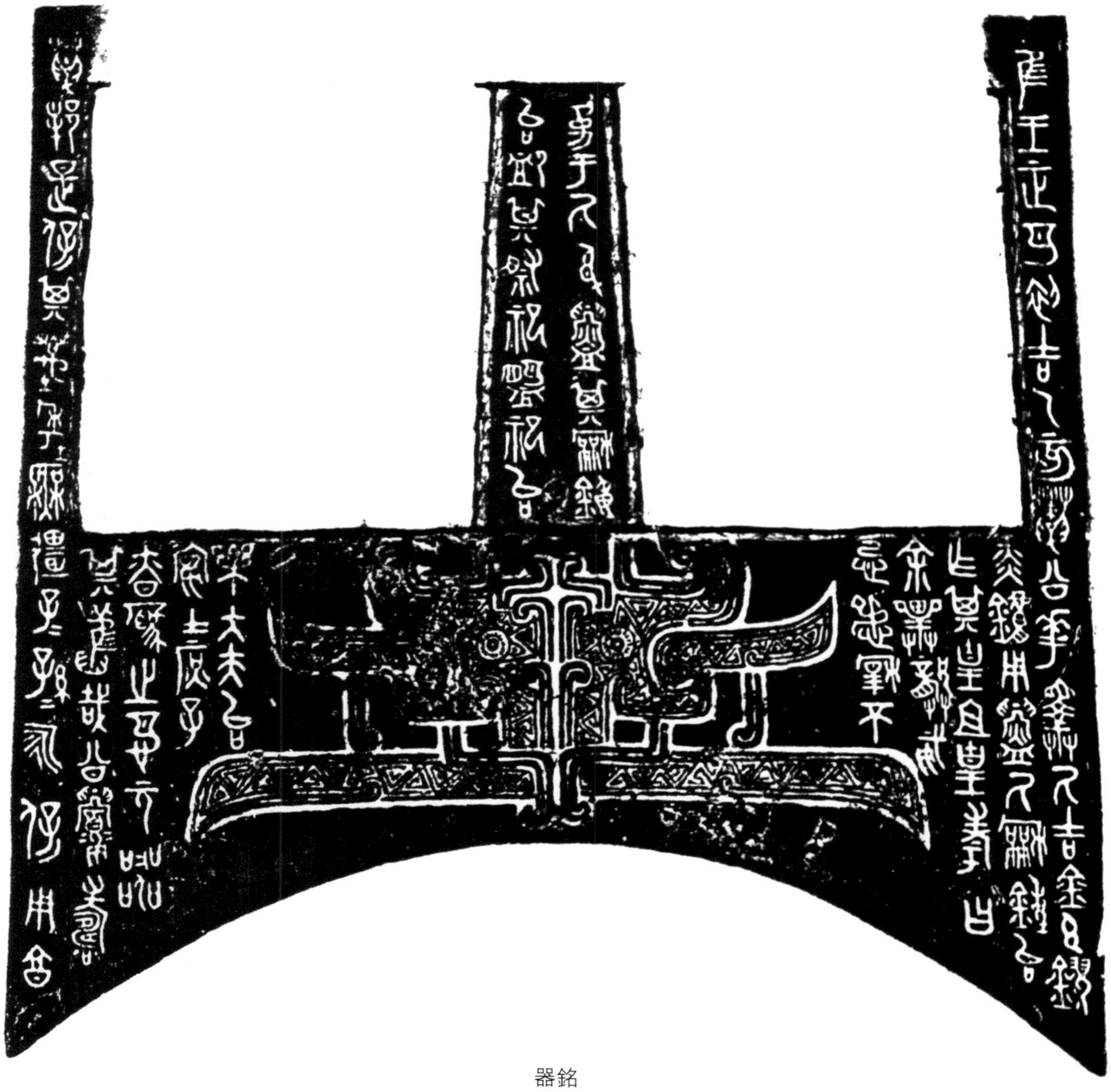

器銘

邾公釛鐘

春秋晚期

器銘釋文：

陸䵷(終)之孫邾公釛乍(作)氒(厥)

禾(和)鐘，用敬

卹盟祀，旂(祈)年

眉壽，用樂我

嘉穷(賓)及我

正卿，毀(揚)君霝君㠯(以)萬年。

器銘

沇兒鐘

春秋晚期

器銘釋文：

隹(惟)正月初吉丁

亥，郐（徐)王庚之思（淑)

子沇兒，睪（擇)其吉

金，自乍(作)龢（和)

鐘，中(終)翰（鶾)觑（且)

旟（揚)，元鳴孔

皇。孔嘉元

成，用盤猷（飲)

酉(酒)，龢

逾（會)百生(姓)，思（淑)于威

義(儀)，惠于明祀，觑（吾)

㠯(以)匽㠯(以)喜，㠯（以)樂

嘉賓，及我

父䀠（兄)庶士。

皇皇趣趣，眉壽

無𠧩（期)，子孫

永保鼓之。

(最後兩行銘文在器銘(一)的右側)

器銘(一)

器銘(二)

蔡侯龖盤

春秋晚期

器銘釋文：

元年正月初吉

辛亥，蔡侯龖虔

共大命，上下陟

祏（配），歔敬不惕，肈

輊（佐）天子。用詐（作）大

孟姬嬪彝盤（盤），禋

享是㠯（以）鼑（祇）盟嘗

祹（禘），祐受母（毋）已，禧（齊）

諴（嘉）整肅，箁（撫）文王

母，穆穆亹亹（亹）。悤害（介）訢（欣）

旟（暢），威義遊遊（攸），霝頌（容）

託（奼）商（彰）。康誠（娛）龢好，

敬配吳王，不諱

考壽，子孫蕃昌。

永保用之，冬（終）歲

無疆。

器銘

哀成叔鼎

戰國早期

器銘釋文：

正月庚午，嘉曰：

余䵼（鄭）邦之産，少

去母父，乍（作）鑄飤

器黄鑊（鑊）。君既安

叀（惠），亦弗其𢽎（墜）蒦（蒦）。

嘉，是隹（惟）哀成弔（叔）。哀成弔（叔）之

鼎永用禋（禋）祀，死（屍）于下

土，㠯（以）事康公，勿或能㣇（怠）。

器銘

陳曼簠

戰國早期

器銘釋文：

齊陛（陳）曼不敢逸

康，肈堇（勤）經德，乍（作）

皇考獻（獻）弔（叔）籐廏（盤），

永保用匿（簠）。

器銘

十四年陳侯午敦

戰國早期

器銘釋文：

隹（惟）十又四年，

陛（陳）侯午㠯（以）群

者（諸）侯貾（獻）金，乍（作）

生（皇）妣（妣）孝大妃

祭器鍯錞（敦），㠯（以）

烝（烝）㠯（以）嘗，保又（有）

齊邦，永枼（世）母（毋）

忘。

器銘

曾姬無卹壺

戰國早期

器銘釋文：

隹(惟)王廿二又六年，聖趄

之夫人曾姬無卹，望

安兹漾陵，蒿(告)閒(簡)之無

匹(匹)，甬(用)乍(作)宗彝尊壺，後(後)

嗣甬(用)之，戠(職)才(在)王室。

器銘

楚王熊章鎛

戰國早期

器銘釋文：

隹(惟)王五十又六祀返自西

𣶃(陽)，楚王酓(熊)章乍(作)曾侯乙宗

彝。寘(奠)之于西𣶃(陽)，其永時用享。

器銘

陳侯因資敦

戰國中期

器銘釋文：

隹(惟)正六月癸未，陸（陳)侯因資曰：皇考孝武超公，龏（恭)戠（哉)，大慕(謨)克成。其惟因資，揚皇考，熤(紹)練（緟)高且(祖)黄帝，侎(邇)銅（嗣)超文淖(朝)昏（問)者(諸)侯，合揚氒（厥)悳（德)者(諸)侯寡（寅)薦吉金，用乍(作)孝武超公祭器鐘（敦)。吕（以)脊（烝)目（以)嘗，保有齊(其)邦，荳（世)萬子孫永爲典尚(常)。

器銘

中山王𩖼方壺

戰國中期

器外壁銘釋文：

(一) 隹(惟)十四年，中山王𩖼命相邦賙

戳（擇)郾(燕)吉金，鈢（鑄)爲彝壺，節于醒（禋)醣（齊)，

可灋（法)可尚，㠯（以)卿(饗)上帝，㠯（以)祀先王。

穆穆濟濟，嚴敬不敢怠（怠)荒。因𩁹（載)所美，

卲（昭)友（跋)皇工(功)，詆（詆)郾(燕)之訛，㠯（以)憼（儆)嗣王。

隹(惟)朕皇禝（祖)文武，𧻚（桓)祖成考，是又(有)

𥿋（純)悳（德)，遗（遺)恣（訓)㠯（以)阤（施)及子孫，用隹(惟)朕

所放丝（慈)孝寰惠，㪯（舉)孯（賢)速（使)能，天不

臭（斁)其又(有)忨，速（使)旻（得)孯（賢)在良猹（佐)賙，㠯（以)

輔相氒（厥)身。余智(知)其忠諪（信)施(也)而讃（專)

(二) 賃(任)之邦，氏(是)㠯（以)遊夕歙（飲)飤，㝥（寧)又(有)窓（懅)

惕，賙渴志𥁰（盡)忠，㠯（以)猹（佐)右氒（厥)闢（闢)，不

貳其心。受賃(任)猹（佐)邦，夙夜篚（匪)

解(懈)，進孯（賢)散（措)能，亡(無)又(有)𩏂（常)息，

㠯（以)明闢（闢)光。僑（敵)𧶠（曹)郾(燕)君子

徻，不顧（顧)大宜(義)，不𦣻（忌)者(諸)侯，

而臣宗絾立(位)，㠯（以)内𢇍（絶)卲（召)

公之𦔻（業)，乏其先王之祭祀；

外之則𨟭（將)速（使)堂（上)勤(覲)於(于)天子之廟（廟)，

而䢅（退)與者(諸)侯齒張（長)於(于)逾（會)同，則堂（上)

(三) 逆於(于)天，下不恣（順)於(于)人施(也)，𡪞（寡)人非

之。賙曰：爲人臣而𢓜（反)臣其宗，不

羕(祥)莫大焉。𨟭（將)與𠭯（吾)君竝（並)立於(于)殜（世)，

齒張（長)於(于)逾（會)同，則臣不忍見施(也)。賙

忨（願)𠈇（從)在大夫，㠯（以)請(靖)郾(燕)疆。氏（是)㠯（以)身蒙

幸(皋)冑，㠯（以)栽（誅)不恣（順)。郾(燕)旃（故)君子徻、新

君子之，不用豊（禮)宜(義)，不顧（顧)逆恣（順)，旃（故)

邦亡（亡)身死，曾亡鼠（鼠)夫之救（救)。述(遂)定

君臣之䇂（位)，上下之軆（體)，休又(有)成工，

𣐈（朔)闢（闢)封疆。天子不忘其又(有)勛，速（使)

(四) 其老筞（策)賞（賞)中(仲)父，者(諸)侯虐（皆)賀。夫古

之聖王敄（務)在旻（得)孯（賢)，其即旻（得)民。旃（故)

辝（辭)豊（禮)敬則孯（賢)人至，𢈏（博)炁（愛)深

則孯（賢)人𡩜（親)，忮（作)斂（斂)中則庶

民𨸒（附)。於(嗚)虖（呼)！𠃬（允)𢦏（哉)若言，明

友（跋)之于壺而峕（時)觀焉。祗祗

翼，卲（昭)告逡（後)嗣，隹(惟)逆生禍，

隹(惟)恣（順)生福，載之笲（簡)筞（策)，㠯（以)戒

嗣王。隹(惟)悳（德)𨸒（附)民，隹(惟)宜(義)可緐（長)，子之

子，孫之孫，其永倸（保)用，亡(無)疆。

器外壁銘(二)

器外壁銘(一)

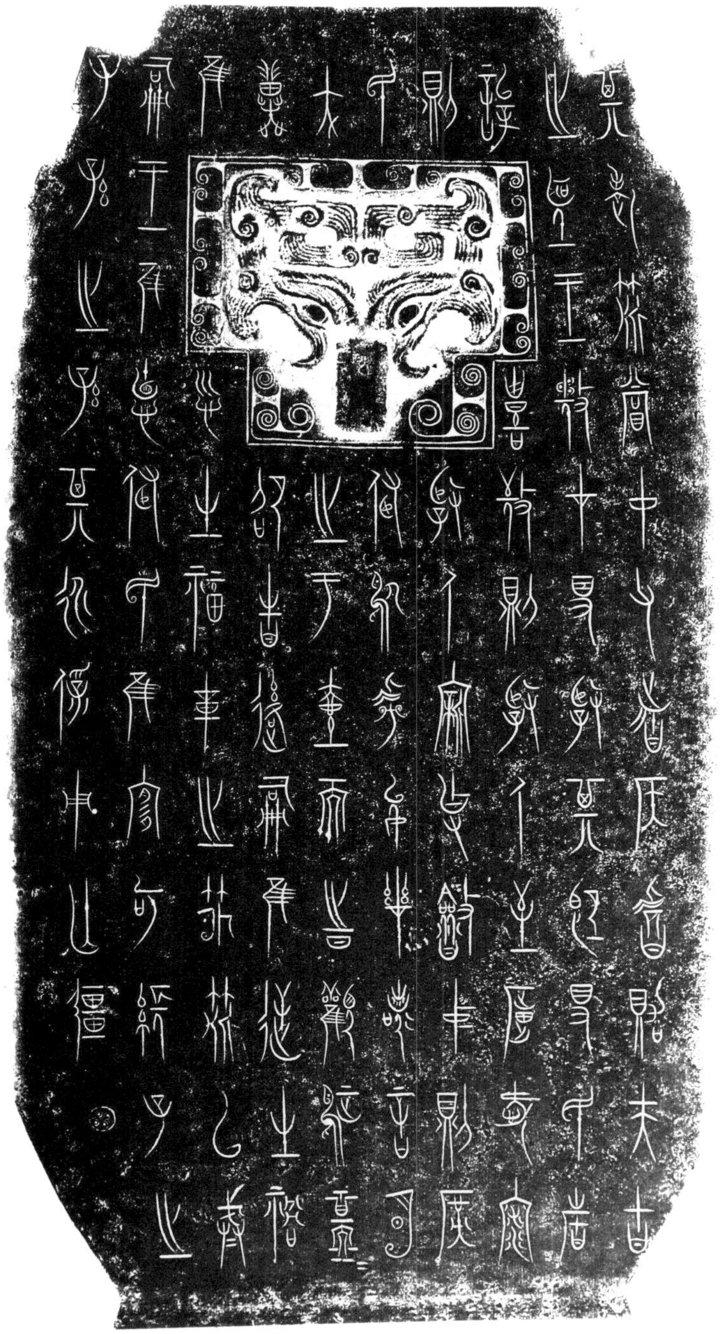
器外壁銘(四)

器外壁銘(三)

商鞅方升

戰國晚期

左壁銘釋文：

十八年，齊遣（率）卿大夫衆來聘

冬十二月乙酉，大良造鞅，爰

積十六尊（寸）五分尊（寸）壹爲升。

前壁銘釋文：

重泉

底部銘釋文：

廿六年，皇帝盡并兼天

下諸侯，黔首大安，立號

爲皇帝，乃詔丞相狀、

綰，灋（法）度量則不壹

歉疑者，皆明壹之。

右壁銘釋文：

臨

前壁銘

左壁銘

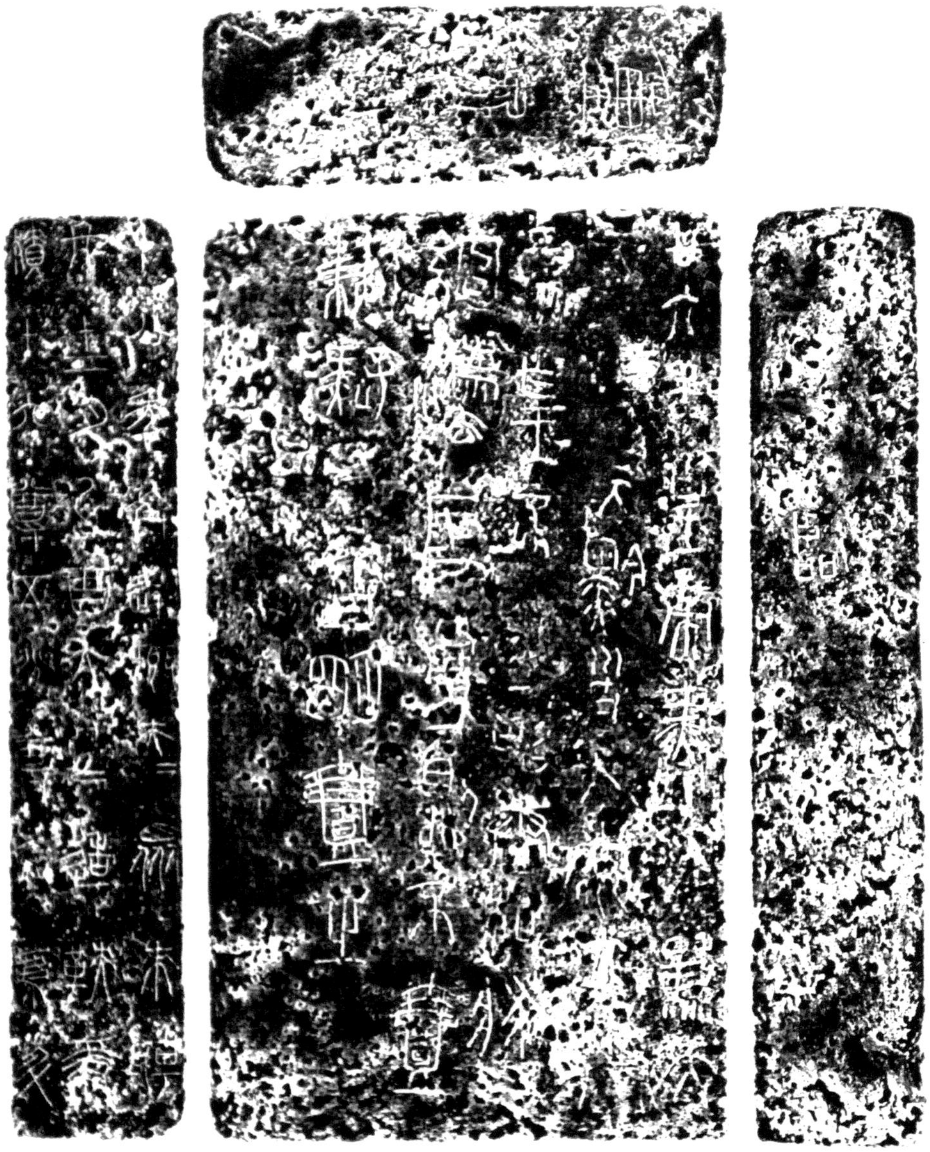

右壁銘

底部銘

中國青銅器辭典

修訂版

陳佩芬 編著　　丁一民 修訂

第二册

重要青銅器（飪食器）

上海辭書出版社

分类词目表

重要青銅器

飪食器

鼎

中　　國　　青　　銅　　器　　辭　　典

重要青銅器

飪食器

網格紋鼎

夏代晚期肉食器。

高20釐米，口徑15.3釐米。1987年河南偃師二里頭出土。

斂口，口沿外折，上立兩耳，耳框狹窄。深腹似罐狀，腹稍鼓起，下連空錐足，一耳與一足成垂直綫。腹飾細綫凸起的網格紋。器壁甚薄，爲保護器的口沿，將該處的陶範刮去一層以增加厚度，形成一條加厚的唇邊，這是夏代晚期和商代早期青銅器的特點。網格紋鼎爲至今唯一出土的夏代晚期青銅鼎，也是目前時代最早的青銅鼎。藏二里頭夏都遺址博物館。

雲紋鼎

夏代晚期肉食器。

高18.5釐米，口徑16.1釐米，重0.71千克。

口沿外折，沿邊似有兩層，外層厚度顯然超過內沿，立耳較細。器深腹似罐，下連三個空錐足與腹底相通。一耳與一足成垂直綫，使三足成爲不穩定狀態。腹飾凸起的雲紋一周，這種紋飾是在陶範上刻劃而成，隨意性很强，是早期製作紋飾的方法之一。下腹無紋飾，有明顯的合範痕迹。藏上海博物館。

獸面紋鼎

商代早期肉食器。

高18.5釐米，口徑16釐米，重1千克。1955年河南鄭州白家莊出土。

斂口，折沿，立耳似環，腹稍鼓，圜底下置空錐足，與腹相通。腹飾環柱角獸面紋，角甚小，體軀向兩側展開。藏河南博物院。

獸面紋鼎

商代早期肉食器。

高18.4釐米，口徑14.9釐米。1952年河南輝縣出土。

斂口，折沿，立耳似環，直腹圜底，下置空錐足與腹相通。腹飾環柱角獸面紋，其中角、目、鼻部比較明顯，體軀向兩側延伸。這是獸面紋中較早的形式之一。獸面紋的上下以連珠紋爲欄。藏新鄉市博物館。

獸面紋鼎

商代早期肉食器。

高55釐米，口徑35釐米，重9.5千克。1974年湖北黃陂盤龍城出土。

口折沿，外緣有加厚唇邊，立耳外側有凹槽，深腹圜底，下連空錐足與腹相通。腹飾環柱角獸面紋一周，體軀甚長。形制較大，有當時的補丁六處，還留有烟炱痕，這是商代早期使用的痕迹。藏湖北省博物館。

變形獸面紋鼎

商代早期肉食器。

高19釐米，口徑15釐米，重0.9千克。1962年陝西銅川三里洞出土。

口折沿，外緣有一周加厚的唇邊，立耳，耳框較細。深腹圜底，下連空錐足與腹相通。器壁較薄，飾變形獸面紋，没有通常所見的雙目，其上下各飾連珠紋爲欄。一耳與一足成垂直綫，這是商代早期以前青銅鼎的特徵。藏陝西歷史博物館。

雷紋鼎

商代早期肉食器。

高18.5釐米,口徑14釐米。1974年河南新鄭望京樓出土。

口折沿,外沿設加厚唇邊,上立二小耳。深腹下垂,設淺分襠,下置空錐足與腹相通。上腹飾用凸起的綫條構成的雷紋一周。雷紋上下各飾一周連珠紋爲欄。下腹不設紋飾,未經精細修飾而留下明顯的合範痕迹。在商代早期,以比較規整的雷紋作爲主紋的器物不多。藏河南省新鄭市博物館。

弦紋鼎

商代早期肉食器。

高16.1釐米，口徑13.5釐米。1958年河南鄭州出土。

斂口，折沿，立耳似環，束頸，鼓腹圜底，下連空錐足與腹相通，器壁較薄，腹飾弦紋三道。有明顯的合範痕迹。藏鄭州博物館。

獸面紋扁足鼎

商代早期肉食器。

高19.4釐米，口徑16釐米，重1.46千克。

口折沿，外緣有加厚的唇邊，立耳細薄而孔小。深腹似罐，下置扁足。足飾一目及雲紋，狀似小立龍，龍唇緊貼器壁外側，尾尖着地，具有裝飾性。腹飾環柱角獸面紋一周，紋飾綫條粗獷，留出空隙較少。藏上海博物館。

乳釘紋方鼎

獸面紋方鼎

商代早期肉食器。

高81釐米，口縱53釐米，口橫55釐米。1982年河南鄭州向陽回族食品廠出土。

器呈方形。直口，折沿，立耳，耳外側設槽。腹向下略收，平底下置柱形空足，上大下小，與腹相通。器每面上腹及四隅飾環柱角獸面紋，兩側各飾三道乳釘紋，底邊飾四道乳釘紋。腹外壁、器底和足間有烟炱痕。藏鄭州博物館。

乳釘紋方鼎

商代早期肉食器。

高64釐米，口縱42釐米，口橫42.5釐米，重21.4千克。1996年河南鄭州南順城街出土。

器呈方斗形。口折沿較寬，立耳，外側有槽。腹稍下收，平底下置柱足，足上大下小。器四周及底邊似有加厚層。中腹及加厚層處均飾不規則的實心乳釘紋，足部飾斜綫條，製作粗疏。出土時成對，形制、紋飾完全相同，但大小不同，這是商代早期大方鼎的製作規格。有学者認爲此鼎可能是夏代晚期遺物。藏鄭州博物館。

獸面紋方鼎

商代早期肉食器。

高100釐米，口縱62.5釐米，口橫60.8釐米，重82.4千克。1974年河南鄭州張寨南街杜嶺土坑出土。

口折沿，外緣有加厚唇邊，立耳較寬，外側有凹槽，方斗形深腹，平底下連空柱足，與腹相通。腹壁每面上沿飾獸面紋一周，其左右及下沿均飾乳釘紋，兩側爲四行，下沿爲五行。此鼎爲商代早期青銅方鼎中最大的一件，器壁匀薄，造型規整。同地出土尚有另一方鼎，形制、紋飾全同，器形較小。兩器分藏中國國家博物館和河南博物院。

獸面紋方鼎

商代早期肉食器。

高82釐米，口長50釐米。1990年山西平陸前莊出土。

直口，折沿，立耳外側設拱形凹槽，深腹呈正方形，平底下置較矮的空柱足，與腹相通。腹壁每面上沿飾纖細的獸面紋，其左右及下沿均飾乳釘紋，兩側爲三行，下沿爲五行。與河南出土的同時代方鼎相比，器形稍有不同。藏山西博物院。

獸面紋鼎

商代中期肉食器。

高20.6釐米，口徑15.4釐米。1936年河南安陽小屯出土。

口折沿，立耳，深腹下連空錐足，與腹相通。腹飾環柱角獸面紋一周。從形制和紋飾分析，此鼎鑄造年代要早於商代晚期，在河南安陽小屯曾有數墓已出土過早於殷墟時期的青銅器。藏臺灣"中央研究院"歷史語言研究所。

獸面紋鼎

商代中期肉食器。

高15.7釐米，口徑13.6釐米。1982年山西洪洞上村出土。

直口，立耳，耳框較狹，束頸，寬腹分襠，下連空錐足，與腹相通。頸飾環柱角獸面紋，體軀甚長，腹飾牛角獸面紋。商代中期鼎上飾兩種不同角形的獸面紋較少見。腹部分襠甚淺。藏山西博物院。

獸面紋鼎

商代中期肉食器。

高21釐米，口徑16.8釐米，重1.3千克。

口沿外折，立耳較大但耳框較細，深腹圜底，下連空錐足，足尖已由早期的尖鋭轉變爲圓鈍，與腹相通。腹飾環柱角獸面紋一周，其上下各以連珠紋爲欄。藏上海博物館。

獸面紋扁足鼎

商代中期肉食器。

高19.4釐米，口徑16.4釐米。1936年河南安陽小屯出土。

口折沿，外緣有加厚的唇邊，立耳，深腹圜底，底外側置三龍形扁足，龍張口托住器底，尾尖外撇着地。腹飾環柱角獸面紋，其上下以連珠紋爲欄，一耳與一足垂直，這是較早期鼎形制的特點。藏臺灣"中央研究院"歷史語言研究所。

獸面紋扁足鼎

商代中期肉食器。

高14.7釐米，口徑17釐米。1979年河南郾城縣攔河潘出土。

侈口折沿，立耳，淺腹，圜底下置三扁足，扁足是立體小龍張口托住器腹，尾上卷着地。頸飾斜角雲紋，腹飾環柱角獸面紋。藏漯河市郾城區博物館。

雷紋扁足鼎

商代中期肉食器。

高31.7釐米，口徑19釐米。1982年河南鄭州向陽回族食品廠出土。

口折沿，立耳，淺腹圜底，下置扁足。腹飾雷紋，上下以連珠紋爲欄。扁足飾龍紋，龍張口托住器底，尾部作刀形着地。藏河南博物院。

雷紋方鼎

商代中期肉食器。

高14.2釐米，口縱8.7釐米，口横11釐米。1977年北京平谷劉家河出土。

器呈長方形，口折沿，立耳，腹壁較直，平底下連空錐足。腹飾雷紋一周，其上下各有連珠紋爲欄。器形較小，可能是明器。藏首都博物館。

鳥紋扁足鼎

商代晚期肉食器。

高15.5釐米，口徑18.1釐米，重1.4千克。

侈口，折沿，立耳，耳廓較寬，淺腹，向下收斂成圜底，下承龍形扁足，龍張口托住器底，尾部向外卷曲着地。腹飾鳥紋一周，上下有連珠紋爲欄。鳥的形象不甚清晰，然鳥首的目和鈎喙非常明顯，這是早期鳥紋特殊的表現形式，安陽殷墟曾出土過尊和觚上有這類鳥紋，本鼎的器形也與此相合。中國香港私人收藏。

獸面紋扁足鼎

商代晚期肉食器。

高26.7釐米，口徑22.4釐米。1989年江西新干大洋洲出土。

直口，折沿，立耳，淺腹圜底，腹外側設寬闊的扁足。腹飾外卷角獸面紋，扁足由龍組成，龍張口露齒，托住鼎腹，下部滿飾龍鱗，以龍尾尖部着地。藏江西省博物館。

獸紋扁足鼎

商代晚期肉食器。

高31.1釐米，口徑24.2釐米，重4.85千克。

口沿外折，立耳的耳廓頗大，淺腹較直，往下急遽收斂成圜底，下置三條寬闊的龍形扁足。腹部飾卷尾的長鼻獸，扁足上的龍張口托住鼎體。龍有長鼻和腹上的紋樣相應。從眼睛、口內有一排牙齒、一小段鱗紋以及寬闊的體軀等細節才能看出龍紋的徵象，形象怪異、瑰麗。藏上海博物館。

婦好鳥足鼎

商代晚期肉食器。

高13.7釐米，口徑12釐米，重0.65千克。1976年河南安陽小屯婦好墓出土。

口折沿，立耳，淺腹圜底，下置立鳥爲足。鳥兩爪合併，兩翅短小，長尾後卷，頭頂托住器底，造型特殊。腹飾環柱角獸面紋，尾上卷。腹内底鑄銘文“婦好”兩字。藏河南博物院。

正鼎

商代晚期肉食器。

高35.5釐米，口徑21.8釐米，重4.36千克。

侈口，立耳，束頸，淺腹稍鼓，圜底下置龍形扁足。腹飾回首鳥紋一周，體呈曲折形，尾下卷。龍形扁足較長，龍張口托住器底，體軀細長，尾部向外彎曲。腹内底鑄銘文"正"字。藏北京故宫博物院。

婦好鼎

商代晚期肉食器。

高12釐米，口徑10.3釐米。1976年河南安陽小屯婦好墓出土。

口折沿，方唇，立耳，寬腹圜底，下置柱足。口沿下飾環柱角獸面紋，腹飾三角形雲紋。腹内壁鑄銘文“婦好”兩字。藏中國社會科學院考古研究所。

婦好鼎

商代晚期肉食器。

高29.5釐米，口徑25釐米。1976年河南安陽小屯婦好墓出土。

口折沿，方唇，立耳，寬腹較淺，下置柱足。腹飾虎耳獸面紋，兩側配置龍紋，下飾三角蟬紋。紋飾均以雷紋爲地。腹内壁鑄銘文“婦好”兩字。藏中國社會科學院考古研究所。

妇好鼎

獸面紋鼎

商代晚期肉食器。

高24.9釐米，口徑18.8釐米，重2.36千克。

口沿斜折，立耳的耳框較狹，耳孔較大。淺腹圜底，下置空錐足甚高，足端圓鈍。腹飾環柱角獸面紋，僅有雙目突起，目框呈“臣”字形。獸面的體軀上卷，除雙目外都爲平整的雷紋組成。鼎的兩耳三足安排妥帖，時代可追溯到殷墟早期。藏上海博物館。

目紋鼎

商代晚期肉食器。

高22.3釐米，口徑17.1釐米，重1.82千克。

口折沿，立耳較小，深腹圜底，腹内底有凹陷孔與三足相連，足端圓鈍，這是早期青銅鼎特徵的孑遺。鼎的兩耳三足安排妥帖，這種形式爲以後的青銅鼎奠定了基礎。頸飾六組紋樣相同的獸體目紋，其兩側延長部分反向對稱，似爲斜角目紋的另一種形式。腹部素面，從腹至足明顯地留下了合範的痕迹。從形制、紋飾等分析，其時代可追溯到殷墟中期。藏上海博物館。

邑鼎

商代晚期肉食器。

高21.9釐米，口徑18釐米。1985年山西靈石旌介出土。

侈口，立耳，束腰，鼓腹，圜底下置柱足。頸飾蛇紋一周，首尾相接，腹飾倒置三角形紋，內填蟬紋，柱足飾雲紋，紋飾均以雷紋爲地，非常清晰，範鑄甚精。腹內鑄銘文“邑”字。藏山西青銅博物館。

羞鼎

商代晚期肉食器。

高22.7釐米，口徑17.8釐米，重2.64千克。

侈口，立耳，束頸，鼓腹，圜底，下置柱足。頸飾彎角回首鳥紋，腹飾外卷角獸面紋，角很大，幾乎佔據獸面紋中一半地位，雙目突出，但比例已很小。體軀呈橫帶形，尾部向下卷曲。因腹部紋飾没有空餘地位，故將配置獸面紋的鳥紋放在頸部。腹内底鑄銘文"羞"字，是器主的族氏徽記。藏上海博物館。

劉鼎

商代晚期肉食器。

高22.9釐米，口徑18.4釐米，重2.54千克。

口折沿，厚唇，立耳。深腹，圜底，下置柱足。腹飾外卷角獸面紋，角形特别大，體軀部分顯得很小，僅有一條向上卷曲的獸尾。腹内壁鑄銘文"劉"字，這是表現以鉞斬首形象的文字。藏上海博物館。

劉鼎

蟬紋鼎

商代晚期肉食器。

高18.4釐米，口徑16釐米。1959年河南安陽武官村出土。

直口，折沿，立耳，腹稍鼓，圜底，下置柱足。腹上部飾横置蟬紋一周，首尾相接，首向右，以雷紋爲地。商代晚期的青銅鼎，單純以蟬紋作爲主紋者較爲少見。藏中國社會科學院考古研究所。

戍甬鼎

商代晚期肉食器。

高28.8釐米，口徑23.7釐米。

口沿外折，立耳，腹稍鼓，圜底，下置柱足。腹飾一一相間的火紋與四瓣目紋。腹内壁鑄銘文二十七字，記載商王賞賜戍甬貝二朋，戍甬作此鼎。藏中國國家博物館。

獸面紋鼎

商代晚期肉食器。

高16.4釐米，口徑13.4釐米，重1.5千克。

直口方唇，上立小耳，直腹圜底，下置柱足。口沿下飾環柱角獸面紋，其頭部比例較小，而兩側體軀之長相當於兩個獸面的長度，腹部飾倒置的三角形紋，內置雷紋，腹的下部尚餘空間，與一般滿佈紋飾者稍異。藏上海博物館。

獸面紋鼎

商代晚期肉食器。

高20.2釐米，口徑16釐米，重2.26千克。

直口方唇，立耳，深腹圜底，下置柱足，形態莊重。腹飾內卷角獸面紋，體軀向兩側展開，兩爪分張，不作通常的對拱式，這是商代中期獸面紋特徵的孑遺。口沿下配置環柱角龍紋，龍的頭部大而體軀小。整器紋飾除雙目突起外，其餘都在同一平面上，而主紋與地紋分得非常清晰。藏上海博物館。

獸面紋鼎

告宁鼎

商代晚期肉食器。

高19.8釐米，口徑16釐米。1970年河南安陽孝民屯出土。

斂口，折沿，立耳，腹稍鼓，圜底，下置柱足。口沿飾橫置蟬紋，兩兩相對，腹飾乳釘雷紋。口沿內側鑄銘文“告宁”二字，爲氏族徽記。藏中國社會科學院考古研究所。

子雋君妻鼎

商代晚期肉食器。

高16.1釐米，口徑20.1釐米，重4.14千克。

口折沿，立耳，頸腹相連，深腹圜底，下置柱足。頸飾獸體目紋一周，腹滿飾以菱形爲主的乳釘雷紋。每一格四邊飾雲紋，中間有一乳釘。圖形安排繁密規整，又有虛實相間的圖案效果。腹内壁鑄銘文“子雋君妻”四字，爲器主名。藏上海博物館。

乳釘雷紋鼎

商代晚期肉食器。

高20.5釐米，口徑18釐米，重1.7千克。1973年陝西岐山賀家村出土。

口折沿，立耳，鼓腹圜底，下置柱足。口沿下飾對稱龍紋，彎角，體軀較長，卷尾。腹飾乳釘雷紋。藏陝西歷史博物館。

父丁鼎

商代晚期肉食器。

高25.5釐米，口徑19.2釐米，重3.31千克。

方唇，立耳，耳廓厚實，鼓腹圜底，下置柱足。腹飾龍角獸面紋，兩側展開的體軀各有一段卷尾，以曲折的龍紋作爲獸面紋的角，比較少見，這是曲折角的演變和發展。腹内側鑄銘文“[illegible]父丁”三字，第一字爲圖形，是器主族徽，是器爲祭祀父丁而作。藏上海博物館。

父丁鼎

亞弜鼎

商代晚期肉食器。

高72.2釐米，口徑54.5釐米，重50.5千克。1976年河南安陽小屯婦好墓出土。

口折沿，立耳，深腹圜底，下置空足較短。口沿下飾外卷角獸面紋一周，三足根部飾獸面紋，口沿上鑄銘文“亞弜”兩字。這是婦好墓中最大的圓鼎。藏中國考古博物館。

獸面紋鼎

商代晚期肉食器。

高20.6釐米，口徑17.7釐米，重3.24千克。

方唇，立耳，腹分襠較淺，下置柱足。頸飾雲紋一周，腹飾虎耳獸面紋。獸面紋的鼻翼與兩側相距較遠，在眉毛的中間向上有一彎鈎，口角向上卷起，形成大咧嘴，這些都與常見的獸面紋不同。在殷墟晚期，紋飾的主體部分彼此不相聯繫，出現了一種分解的現象，但紋飾的鑄造仍很工整，這是圖案發展中受自身簡化規律支配的結果。藏上海博物館。

爰鼎

商代晚期肉食器。

高21釐米，口徑15.4釐米。1984年河南安陽戚家莊出土。

斂口，方唇，上有立耳，深腹稍鼓，圜底，下置柱足，腹內底與柱足間有一段中空。頸飾獸體目紋，腹飾外卷角獸面紋，角較大而體軀較小，在兩側向上卷曲。口內側鑄銘文“爰”字，爲氏族徽記。藏河南博物院。

戍嗣子鼎

商代晚期肉食器。

高48釐米，口徑39釐米，重44.4千克。1959年河南安陽後岡祭祀圓坑出土。

口沿外折，立耳稍外傾，下腹略鼓，圜底，下置柱足。口沿下飾虎耳獸面紋一周。腹内壁鑄銘文三十字，記載商王賞賜戍嗣子貝二十朋，戍嗣子爲其父癸作鼎。藏殷墟博物館。

㜏鼎

商代晚期肉食器。

高93.8釐米，口徑64釐米，重96.8千克。1940年陝西扶風法門寺任村出土。

斂口，折沿，立耳稍外傾，鼓腹，下置柱足。口沿及足根飾虎耳獸面紋，口沿的獸面紋除雙目外，均以雲紋組成。腹内壁鑄銘文七字，記載此鼎爲㜏所作。造型雄偉，是商末周初遺存的大鼎之一。藏陝西歷史博物館。

后母戊方鼎

商代晚期肉食器。

高133釐米，口縱79釐米，口横116釐米，重875千克。1939年河南安陽殷墟武官村出土。

器呈長方形。口折沿，方唇，立耳，深腹平底，下置四柱足。器體龐大厚重，形制雄偉，爲現存商代晚期鼎中最大者。鼎耳外側飾雙虎，雙虎張口，中有一人首。腹每面的上下兩側均飾虎耳獸面紋，體部甚長，左右兩側飾彎角龍紋，腹内壁鑄銘文“后母戊”三字，字體甚大，是商王爲祭祀其母戊而作此鼎。藏中國國家博物館。

后母戊方鼎

后母辛方鼎

商代晚期肉食器。

高80.1釐米，口縱48釐米，口横64釐米，重128千克。1976年河南安陽小屯村殷墟婦好墓出土。

器呈長方形，口折沿，方唇，立耳，腹下部略内收，平底，下置四柱足，口沿下飾虎耳獸面紋，每一壁面的左右側和下方均飾三道凸起的乳釘紋。腹内壁鑄銘文"后母辛"三字，是爲祭祀母辛而作此鼎。藏殷墟博物館。

婦好方鼎

商代晚期肉食器。

高42.4釐米，口縱25.1釐米，口横33.3釐米，重18千克。1976年河南安陽小屯村殷墟婦好墓出土。

器呈長方形，口折沿，方唇，立耳，淺腹向下略内收，平底下置四個龍形扁足。龍張口托住腹底，尾部向上彎曲，成爲着力點。四壁各飾外卷角獸面紋，兩側配置倒竪小龍。腹内壁鑄銘文"婦好"兩字。藏中國國家博物館。

牛方鼎

商代晚期肉食器。

高73.2釐米，重110.4千克。1935年河南安陽侯家莊武官北地出土。

器呈長方形。口折沿，立耳，腹較深，平底下置四柱足。口沿下飾長鼻獸紋一周，腹壁飾牛首紋，兩側配置對稱鳳紋，耳外側飾獸面紋，柱足上端飾牛首。腹内底所鑄銘文爲一頭牛的側面圖形，爲“牛”字，銘文與紋飾相對應。藏臺灣“中央研究院”歷史語言研究所。

鹿方鼎

商代晚期肉食器。

高60.8釐米，重60.4千克。1935年河南安陽侯家莊武官北地出土。

器呈長方形。口折沿，立耳，腹較深，平底下置四柱足。口沿下飾龍紋一周，腹壁飾鹿首紋，兩側配置相背的鳳紋和龍紋，耳外側飾龍紋，柱足上端飾鹿首。腹内底所鑄銘文爲一頭小鹿的側面圖形，爲“鹿”字，銘文與紋飾對應。藏臺灣“中央研究院”歷史語言研究所。

大禾方鼎

又名"人面紋方鼎"。商代晚期肉食器。

高38.5釐米，口縱23.7釐米，口横29.8釐米，重12.85千克。1959年湖南寧鄉黄材出土。

器呈長方形。口折沿，上立方形耳，器口略大於底，腹較深，平底下置四柱足。腹四壁各飾一人面，濃眉大眼，高鼻梁，突顴骨，寬嘴，厚唇，耳粗大，表情莊重。額左右設曲折形小角，腮兩側設獸爪。圖案所表現的是浮雕人面，以此作爲青銅器上的主紋，傳世極爲罕見。腹内壁鑄銘文"大禾"兩字，是作器者的族名。藏湖南博物院。

徙方鼎

商代晚期肉食器。

高22.5釐米，口縱14釐米，口横17.5釐米，重1.5千克。1968年河南温縣小南張出土。

器呈長方形，口折沿，立耳，深腹下置柱足。器四隅及每面腹壁中間均設棱脊。腹飾虎耳獸面紋，兩側配置龍紋，頸部的對稱鳥紋亦爲其配置紋飾。紋飾均以雷紋爲地紋，極精緻。腹内底鑄銘文"徙"字。藏河南博物院。

徙方鼎

父戊方鼎

商代晚期肉食器。

高22.4釐米，口縱13.4釐米，口橫17釐米，重2.25千克。

器呈長方形。口折沿，立耳厚實，腹直壁，平底下置四柱足。四隅及柱足根部均設棱脊。口沿下飾兩兩相對的鳥紋，鳥體稍短而向上翹起，頭頂上的羽冠與鳥體等長。每面腹壁的兩側和下緣各飾三列突起的乳釘紋，中壁的黼紋尤爲精細。腹内壁鑄銘文“父戊”兩字，無作器人名，是器爲父戊而作。藏上海博物館。

亞址方鼎

商代晚期肉食器。

高21.6釐米。口縱13.5釐米，口橫16.6釐米。1990年河南安陽郭家莊出土。

器呈長方形。口折沿，立耳，直腹稍斂，平底下置柱足。頸飾兩兩相對的短體長冠鳥，腹左右兩側及下沿均飾三列實心連珠紋，中間飾黼紋，足根部飾外卷角獸首，腹内底鑄銘文“亞址”兩字。藏中國社會科學院考古研究所。

亞址方鼎

獸面紋方鼎

商代晚期肉食器。

高26.1釐米，口縱15.8釐米，口橫19釐米，重3.46千克。

器呈長方形。口折沿，立耳，深腹平底，下置四柱足。腹每面飾龍角獸面紋，龍弓背卷體，佔整個獸面紋三分之一的地位。此龍角與外卷角獸面紋形式相似，而龍首被做成角根。柱足飾三角形雲紋。腹每面中間及四隅皆出棱脊。藏臺北故宮博物院。

小臣缶方鼎

商代晚期肉食器。

高29.6釐米，口縱17釐米，口横22.5釐米，重6.18千克。

器呈長方形。口折沿，立耳，深腹下置四柱足。口沿飾兩兩對稱的鳥紋。腹飾内卷角獸面紋，兩側配置倒豎的龍紋。腹内壁鑄銘文二十二字，記載王賞賜小臣缶湡地五年的賦税，小臣缶用以作鼎，爲大子乙家廟的祭器。藏北京故宫博物院。

獸面紋方鼎

商代晚期肉食器。

高27釐米，口縱18釐米，口橫21.4釐米。1989年江西新干大洋洲出土。

器呈長方形。口沿外折呈臺階狀，立耳，深腹作雙層平底，中有高4.5釐米的隔層，正面近底横開一門，可以啓合，四柱足上大下小。這種腹内有夾層和門的方鼎甚少見。可能上部放肉食器，下部置炭火作温鼎用。口沿下及器底處飾環柱角獸面紋，方壁兩側爲變形長鼻獸紋，柱足飾外卷角獸面紋。藏江西省博物館。

田告方鼎

商代晚期肉食器。

高15.6釐米，口横15釐米，重1.68千克。傳陝西寶鷄出土。

器呈長方形。口折沿，設平蓋，蓋頂設一半環鈕。立耳，平底，下置四柱足。腹上沿飾環柱角獸面紋，其下沿和兩側各飾乳釘紋三列。器、蓋同銘，鑄銘“田告作母辛尊”六字。商代晚期在方鼎上設平蓋的較爲少見。藏北京故宫博物院。

亞醜方鼎

商代晚期肉食器。

高23.3釐米，口縱14.5釐米，口横18釐米，重3.4千克。

器呈長方形。口沿外折，上立寬大的雙耳。直腹平底，下承四柱足較爲細長。四隅及每壁中間均設棱脊，口沿下飾鳥紋一周，兩兩對稱，腹飾内卷角獸面紋，體軀向兩側展開、向上折曲，尾部下卷。紋飾均以雷紋爲地，相當精細。柱足飾單綫的垂葉紋。腹内壁鑄銘文“亞醜”二字，“亞”爲其官名，“醜”爲器主名。醜氏傳世青銅器頗多，且紋樣富麗，當爲商末周初之大族。藏上海博物館。

宁方鼎

商代晚期肉食器。

高33釐米，縱22.8釐米，横31.7釐米。

器呈長方形。侈口設蓋，蓋面設矩形抓手，飾目紋和雲紋。器束頸，鼓腹下承四足，口兩側設附耳。四隅及每面中綫皆出棱脊。頸飾目雷紋，腹飾外卷角獸面紋。器内鑄銘文“宁”字。器形較大。商代晚期方鼎設蓋者較少。藏美國大都會藝術博物館。

宁方鼎

鳥紋鼎

商代晚期肉食器。

高19.5釐米，口徑15.8釐米。1935年河南安陽武官北地出土。

侈口，束頸，鼓腹圜底，下置柱足，頸、腹一側設獸首大鋬。腹上部飾對稱鳥紋，鳥作彎角、獸體、尾下卷，下部飾雲雷紋組成的三角形紋。這類器無自名，暫稱爲鼎。藏臺灣"中央研究院"歷史語言研究所。

獸面紋鼎

商代晚期肉食器。

高26釐米,口徑21.2釐米,重7.35千克。

侈口,束頸,垂腹圜底,下置柱足。頸腹一側設扁平形大鋬。此鼎形制大而厚重,如器中盛物,用單手是無法執鋬提携的,因此設鋬乃是一種新型式樣。頸飾環柱角獸面紋一周,體軀向兩側伸展甚長,除雙目凸起外,都是雲雷紋組成的平花。這類器無自名,傳世也很少。藏上海博物館。

温鼎

商代晚期肉食器。

高67.6釐米，口徑38.3釐米。1935年河南安陽武官北地出土。

侈口，立耳，束頸，垂腹圜底，下置柱足。頸飾鳥紋一周，腹飾倒置式三角形紋，内有内卷角獸面紋，紋飾纖細，主紋也不凸起。腹内底鑄銘文“温”字。藏臺灣“中央研究院”歷史語言研究所。

獸面紋鼎

商代晚期肉食器。

高64釐米，口徑38.3釐米。1976年河南安陽武官北地出土。

侈口，立耳，設平蓋，蓋上置環鈕，邊緣兩側各設一個缺口：一側的中間多餘部分可嵌在耳廓中間；另一側所設的較大缺口則可套住整耳。器束頸，鼓腹下垂，下置柱足。頸飾雙目，這是獸面紋中最簡單的形象。器鑄造粗疏，在腹底及三足都留有當時合範澆鑄的痕迹。這類形式的鼎原本就不多，有蓋的更爲少見。藏中國社會科學院考古研究所。

亞矣鼎

商代晚期肉食器。

高60釐米。傳河南安陽武官北地出土。

器呈卵形，斂口設蓋，蓋呈覆碗形，口以下逐漸侈大，長頸，寬腹圜底，下置粗壯的短柱足。腹兩側設獸首環耳。口沿飾三角形紋，内填雲雷紋，腹上部飾外卷角獸面紋，下爲曲折角獸面紋，其間的鳥紋爲獸面紋的配置。此器形制特殊，通體飾細緻繁密的各種紋飾，相當少見。器内鑄銘文“亞矣”兩字。藏日本藤井有鄰館。

獻侯鼒鼎

西周早期肉食器。

高24.2釐米，重2.99千克。

口折沿，立耳，束頸，鼓腹，淺分襠，下置柱足。腹飾外卷角獸面紋，兩側配置倒豎龍紋。腹内壁鑄銘文二十一字，記載王在宗周舉行祈福除惡之祭，賞賜獻侯鼒貝。藏臺北故宫博物院。

塱方鼎

西周早期肉食器。

高26.8釐米，橫22.6釐米。傳1927年陝西寶鷄出土。器呈長方形。口折沿，立耳，直腹下置四鳥足。腹四隅飾鳥喙，首及鳥體雙翼展開，飾在器壁上，構圖形式較爲特殊。腹内壁鑄銘文三十五字，記載周公征伐成周以東的夷人，得勝後祭於宗廟。戊辰日，周公告廟後舉行宴飲，賞賜塱百朋貝，塱因以作器。藏美國舊金山亞洲藝術博物館。

大祝禽方鼎

西周早期肉食器。

高29.6釐米。

器呈長方形。侈口折沿，立耳，腹向下略斂，平底下承四柱足。口沿下飾環柱角獸面紋一周，腹左右及下部各飾乳釘紋三道。腹内鑄銘文"大祝禽鼎"四字。大祝禽是周公旦長子伯禽。此爲成王時器，方鼎成對，分藏遼寧省博物館和德國科隆東亞藝術博物館。

作册大方鼎

西周早期肉食器。

高26.7釐米，口縱14.8釐米，口横19.7釐米。1929年河南洛陽馬坡出土。

器呈長方形。直口折沿，立耳，腹向下略收，平底下承四柱足。口沿下飾雙尾龍紋一周，腹左右及下部各飾乳釘紋三道，足根部飾獸首。器内壁鑄銘文四十一字，記載公朿鑄武王、成王禩鼎，在四月既生霸己丑日，公賞賜作册大白馬，大作此鼎。據銘文可知鑄器年代爲西周康王時期。藏臺灣"中央研究院"歷史語言研究所。

大保方鼎

西周早期肉食器。

高57.6釐米，口縱23釐米，口横35.8釐米，重26.75千克。傳清道光、咸豐年間山東梁山出土。

器呈長方形。口折沿，立耳旁置對峙的曲折角雙龍。淺腹平底，下置細長的四足，足的中部連鑄小輪作爲裝飾，極爲少見。耳外側和龍體飾鱗紋，腹飾曲折角獸面紋和三角形獸體紋各一道。腹内壁鑄銘文"大保鑄"三字。大保爲周初重臣召公奭，封於召，稱召公。本器爲西周成王時標準器。藏天津博物館。

德方鼎

西周早期肉食器。

高24.4釐米，口縱14.2釐米，口横18.2釐米，重2.82千克。

器呈長方形。厚唇，立耳，淺腹平底，下置四條細長的柱足。腹四壁均飾曲折角獸面紋，兩側配置倒置的小龍。腹内壁鑄銘文二十五字，記載某年三月，周王自鎬京來到成周，爲武王舉行祭祀，德參與了此項活動。儀式結束後，王賞賜德貝二十朋，德因以作器。銘文中祭祀的對象是武王，則主祭者應是成王。德所作之器尚有德鼎、德簋和叔德簋。藏上海博物館。

德鼎

西周早期肉食器。

高78釐米，口徑56釐米，重84.86千克。

口折沿，立耳，垂腹，下置三柱足，形體瑰偉。口沿下飾外卷角獸面紋，兩側配置龍紋。内腹與足的連接處有凹陷穴，深約7.5釐米。形制較大的青銅鼎使用這一凹陷穴的目的，是在澆鑄過程中，不致因冷凝時産生過大的應力變化而造成裂痕。腹内壁鑄銘文十一字，記載德接受周王二十朋貝的賞賜而作此鼎。藏上海博物館。

燕侯旨鼎

西周早期肉食器。

高17.2釐米，口徑14釐米，重1.16千克。

口折沿，立耳，垂腹下承三足。口沿下飾目紋，兩兩成對，這也是獸面紋最簡單的形式，僅存雙目。口內側鑄銘文“匽侯旨作父辛尊”七字。匽即燕，燕侯旨为召公之子。藏上海博物館。

燕侯旨鼎

西周早期肉食器。

高20.4釐米，口徑16.9釐米，重1.9千克。

口折沿，立耳，鼓腹作淺分襠，下承柱足。腹飾外卷角獸面紋，體軀作分解狀。口沿內壁鑄銘文二十一字，記載王賞賜燕侯旨廿朋貝，燕侯爲其母作此鼎。燕侯旨鼎傳世共存兩件，紋飾、銘文均不相同。藏日本泉屋博古館。

堇鼎

西周早期肉食器。

高62釐米，口徑47釐米，重42千克。1974年北京房山琉璃河黃土坡村出土。

口折沿，立耳，腹下垂，下置蹄足。腹飾外卷角獸面紋一周，耳外側飾龍紋。腹内壁鑄銘文二十六字，記載燕侯命令堇去宗周向大保贈送禮品。庚申日，大保賞賜堇貝，堇因此爲大子癸作鼎。這是有關周初史實的文物。藏首都博物館。

大盂鼎

又名"盂鼎"。西周早期肉食器。

高101.9釐米，口徑77.8釐米，重153.5千克。清道光初年陝西岐山縣禮村出土。

口沿外折，方唇，立耳，垂腹圜底，下置三足，形制莊嚴，是現存西周時代的大鼎之一。口沿下飾曲折角獸面紋一周。腹内壁鑄銘文二百九十一字，記載周康王二十三年對大臣盂的一次册命。内容分兩段。前段爲康王追述文王受天命，武王統治天下後，使其臣屬節制飲酒和重視祭祀，故得天之保佑。而商朝野皆酗酒，以致亡國。後段爲康王命盂承嗣南公，協理兵戎，慎處訟罰，輔佐王室統治天下。並賜盂以鬯酒、命服、車馬和盂祖南公的旗幟，以及各種奴隸一千七百餘名。盂爲嗣祖南公鑄鼎以記事。盂鼎是西周早期著名重器之一，銘文内容具有重要的歷史價值。藏中國國家博物館。

大盂鼎

㽙方鼎

西周早期肉食器。

高51.7釐米，口縱30.7釐米，口橫40.7釐米，重31千克。

1973年遼寧喀喇沁左翼蒙古族自治縣北洞村出土。

器呈長方形。口沿外折，立耳，深腹下承四足。口沿飾曲折角獸面紋，左右及下沿各飾三排乳釘紋。腹內壁鑄銘文二十四字，腹底鑄銘文四字。記載在丁亥日，𠫑在穆地賞賜給有正㽙以㽙地之貝一朋又二百個，㽙稱美𠫑對他的賞賜，爲母己作此方鼎。腹底有銘文"㠱侯亞吴"四字，説明㽙是屬於㠱侯亞吴族的人。藏遼寧省博物館。

康侯封方鼎

西周早期肉食器。

高27.8釐米，口縱15.5釐米，口橫20.4釐米，重5.155千克。

器呈長方形。口折沿，立耳，直腹下置四柱足。頸飾獸體目紋，腹飾虎耳獸面紋，獸面紋兩側不是通常的體軀，而變形成四條彎鉤。腹四隅及每面中綫均設棱脊。腹內壁鑄銘文"康侯封作寶尊"六字。康侯封即衛康叔封，武王同母弟、文王第九子。藏臺北故宮博物院。

小盂鼎

西周早期肉食器。

清道光初年陝西岐山縣禮村出土。

傳此鼎毁於太平天國戰争之際，現僅存銘文搨本三百七十餘字，可識别者約二百九十字，其餘皆漫漶不清。内容記述康王三十五年，盂奉命兩次征伐鬼方，第一次獲首領三人，俘一萬三千零八十一人，殺敵取耳四千八百餘人，第二次獲首領一人，殺敵取耳一百三十七人，俘馬四百匹。銘文還記述了獻俘告廟的盛況。爲有别於康王二十三年的大盂鼎，稱此爲小盂鼎。

麥方鼎

西周早期肉食器。

高16.4釐米。傳清光緒年間浙江永嘉出土。

器呈橢圓形。口沿内折，淺腹平底，下置四長蹄足，腹兩側設附耳。腹内壁鑄銘文二十九字，記載邢侯步至於麥所，麥受賜赤銅，作此鼎，在隨從邢侯征行時使用，並用以宴饗諸友。此方鼎形制特殊。藏浙江省博物館。

師旂鼎

西周早期肉食器。

高15.8釐米，重1.92千克。

口折沿，立耳，淺腹圜底，下置三足。腹飾長喙分尾鳥紋一周。腹内壁鑄銘文七十九字，記載三月丁卯日，師旂的奴隸不願從王去征伐，伯懋父得知後，應罰貨幣三百寽，後不責其罰，則應改爲播遷流放，今免於流放，這些不願出征的人重歸於師旂的監督率領之下。引將伯懋父之令告於中史，命其記録此事。師旂頌揚這一判詞，並作器記載此事。銘文中所言徵調奴隸作兵員，史籍中也很少見。藏北京故宫博物院。

成王方鼎

西周早期肉食器。

高28.5釐米，口横18.1釐米。

器呈長方形。口折沿，立耳旁置相峙的長頸鹿角雙龍，淺腹平底，下置四足，鼎的四隅、每面中間及柱足上部均設棱脊。口沿下飾對稱長尾鳥紋一周。腹部左右及下部各飾乳釘紋三列。腹内壁鑄銘文“成王尊”三字。按西周金文慣例，此應爲祭成王之器，當作於康王之世。藏美國納爾遜-阿特金斯藝術博物館。

員方鼎

西周早期肉食器。

高22.7釐米，口縱14.5釐米，口橫18釐米，重2.83千克。

口沿外折，立耳，淺腹平底，下置四足。腹部每面的口沿下飾對稱的蛇紋，左右及下沿均飾乳釘紋三道，排列整齊。腹内壁鑄銘文二十六字，記載正月癸酉日，王在眂敿狩獵，員執犬隨從，得到王的稱美，作器以矜光寵。藏上海博物館。

厚趠方鼎

西周早期肉食器。

高21.3釐米，口縱13.3釐米，口橫17.4釐米，重2.4千克。

器呈長方形。口沿較寬，立耳，器平底，下置四足。腹部四壁飾獸面紋，獸面紋雙角下垂，尖端又呈勾曲形上卷，使角部佔據獸面紋的主要部位。腹内壁鑄銘文三十四字，記載周王來到成周的這一年，厚趠受到溓公的饋贈，因而作此方鼎，作爲他父親辛的祭器。此鼎爲宋代出土，留存至今，是歷見著録、流傳有緒的重要青銅器。藏上海博物館。

亢鼎

西周早期肉食器。

高28.5釐米，口徑25.8釐米，重1.8千克。

口沿平折，立耳，腹爲分襠式，下置細柱足。腹内壁鑄銘文四十九字，記録了西周早期用貝幣交换玉器的過程。藏上海博物館。

旟鼎

西周早期肉食器。

高77釐米，口徑56.5釐米，重78.5千克。1972年陝西眉縣楊家村出土。

口折沿，立耳寬大，垂腹圜底，下置蹄足。口沿下飾外卷角獸面紋一周。腹内側鑄銘文二十八字，記載八月初吉，王姜賞賜旟田，師櫨執行王姜賜田之命，旟作鼎紀念。此鼎較大，造型凝重。藏陝西歷史博物館。

應公鼎

西周早期肉食器。

高18釐米，口徑15.5釐米，重1.75千克。

口折沿，立耳，口緣呈三角形，腹作分襠式，下置細柱足。腹内壁鑄銘文“應公作旅彝”五字。“應”爲西周國名，周武王第四子之封國，姬姓，在今河南寶豐西南。藏上海博物館。

成周鼎

西周早期肉食器。

高20.6釐米，口徑17.6釐米。1984年山西曲沃曲村出土。

斂口，折沿，立耳，鼓腹下垂，圜底下置柱足。頸飾外卷角獸面紋一周，分體，卷尾。口内壁鑄銘文“成周”二字。藏北京大學賽克勒考古與藝術博物館。

子龍鼎

西周早期肉食器。

高103釐米，口徑83釐米，重230千克。傳20世紀20年代河南輝縣出土。

斂口，折沿，立耳稍外傾，束頸，鼓腹下垂，圜底下置蹄足。頸飾虎耳獸面紋與長頸鹿角獸面紋，一一相間。虎耳獸面紋體軀細長，向兩側舒展後向上，尾部下卷。長頸鹿角獸面紋有首無身，與足根的外卷角獸面紋相垂直。口沿内壁鑄銘文"子龍"二字。此鼎造型雄偉，紋飾精美。藏中國國家博物館。

中鼎

西周早期肉食器。

高35.5釐米，口徑30.2釐米，重8.4千克。

口沿外卷，垂腹圜底，下置三蹄足，立耳似繩索形，器形較大。腹飾六組曲折角獸面紋，足根飾虎耳獸首。此器保存情況良好，腹部紋飾處留有較多青銅本色。內壁鑄銘文"中作寶尊鼎"五字，"中"爲器主。此器紋飾與1959年河南安陽後崗出土的戍嗣子鼎相同，其時代爲商末周初。藏上海博物館。

獸面紋鼎

西周早期肉食器。

高55.5釐米，口徑42釐米，重36千克。1966年陝西岐山賀家村出土。

斂口，折沿，立耳，腹稍鼓，圜底下置蹄足，頸飾獸面紋一周，有雙重角型，內爲外卷角，其外又套曲折角，這是西周早期獸面紋的特殊形式。兩側配置龍紋和鳥紋，龍首在上，鳥在下，這種紋飾配置也屬少見。足根飾外卷角獸首。藏陝西歷史博物館。

交鼎

西周早期肉食器。

高27.6釐米，口徑23.3釐米，重3.5千克。

口部呈鈍三角形，垂腹圜底，下置三足。口沿下飾目雷紋一周，腹飾獸面紋，角的形式較爲特殊，在彎曲的卷角上又加飾龍蛇狀體軀，其上還飾鱗紋。腹内壁鑄銘文十二字，記載交跟從王巡狩，王賜其貝，交作寶鼎以記其事。藏上海博物館。

牛鼎

獸面紋鼎

西周早期肉食器。

高23.1釐米，口徑17.6釐米，重1.8千克。

口折沿，立耳，頸腹相連，淺腹，襠較淺，柱足較高。腹飾曲折角獸面紋，兩側配置倒豎的龍紋。獸面紋具有大咧嘴，並顯露整齊的牙齒，與一般獸面紋僅露出兩邊的獠牙不同，更具威嚴之勢，主紋爲淺浮雕。藏上海博物館。

牛鼎

西周早期肉食器。

高31釐米。

斂口，設蓋，蓋面稍作弧形，頂設一鈕，前後各飾一牛首，立耳的前後也各飾一牛首，腹稍鼓，均勻地安置六條棱脊，下置蹄足。腹飾虎耳獸面紋，足根部飾牛角獸面紋。器、蓋同銘，各鑄一象形“牛”字。藏美國賓夕法尼亞大學博物館。

獸面紋鼎

西周早期肉食器。

高36釐米，口徑9.7釐米。1974年北京房山琉璃河出土。

斂口，折沿，立耳，腹稍鼓，下收成圜底，下置柱足。頸飾六組外卷角獸面紋，腹飾對稱的曲折角鳥紋組成的垂葉紋，足根飾外卷角獸面紋，紋飾均以雷紋爲地。整器滿佈紋飾，非常華麗。藏首都博物館。

龍紋鼎

西周早期肉食器。

高122釐米，口徑83釐米，重226千克。1979年陝西淳化史家塬村出土。

口折沿，立耳高大，腹壁較直，下置蹄足，腹部均勻地設三個獸首大鋬，下置小珥。器耳外側飾對稱豎立龍紋，腹飾由對稱龍紋組成的獸面紋，體軀向兩側展開，尾上卷，獸面紋下飾一小牛首。鼎腹設三鋬，屬鼎中僅見。是西周早期最大的青銅鼎之一。藏陝西歷史博物館。

龍紋鼎

黼紋鼎

西周早期肉食器。

高85釐米，口徑63釐米。1973年陝西長安新旺村出土。

侈口，折沿，立耳，直頸，腹稍鼓，圜底下置柱足。耳廓外側飾對稱龍紋，頸飾一一相間的内卷角獸面紋和外卷角獸面紋，腹飾黼紋，足根部飾外卷角獸面紋。器形宏偉，爲宗廟重器。藏西安博物院。

外叔鼎

西周早期肉食器。

高89.5釐米，口徑61.3釐米，重99.25千克。1952年陝西岐山青化鎮丁童家村出土。

口折沿，立耳高大，垂腹圜底，下置柱足，器形宏偉。耳外側飾對稱虎紋，頸飾回首花冠龍紋，並有一彎角鳥紋，鳥首在下，體向上卷曲，填補了龍紋的空隙，這種由龍與鳳組成的紋飾較爲少見。腹内側鑄銘文“外叔作寶尊彝”六字，器主爲外叔。藏陝西歷史博物館。

嬴霝德鼎

西周早期肉食器。

高10.6釐米，口徑8.3釐米，重0.36千克。

直口，立耳，折沿，束頸，深腹圜底，下置柱足，腹飾弦紋。腹内側鑄銘文"嬴霝德作小鼎"六字，銘文有縱橫格欄。此鼎不高，自名"小鼎"正合適。藏北京故宫博物院。

寓鼎

西周早期肉食器。

高26.5釐米，口徑22.2釐米，重3.76千克。

口折沿，立耳，深腹圜底，下置三足。口沿下飾獸面紋一周。腹内壁鑄銘文三十一字，記載十二月丁丑日，寓獻給王姛佩飾，王姛賞賜寓絲織品，寓爲了答揚王姛的美意，特作此寶鼎。藏北京故宫博物院。

長子口鼎

西周早期肉食器。

高33釐米，口徑20.5釐米，重6.2千克。1997年河南鹿邑大清宫鎮出土。

直口設蓋，蓋頂設扁形環鈕，蓋面設規矩狀的三條龍，頭在下，尾上豎後下卷，腹稍鼓，向下收成圜底，下承三柱足，腹兩側設附耳。蓋面和腹上部飾火紋和四瓣目紋，一一相間。器、蓋同銘，各鑄“長子口”三字。此鼎蓋面的裝飾相當少見。藏河南博物院。

強伯鼎

西周早期肉食器。

高15.6釐米，口徑13.8釐米。1974年陝西寶鷄茹家莊出土。

口折沿，設蓋，蓋頂置透雕圓形抓手。器束頸，鼓腹下置三足，上粗下細，頸兩側設附耳，一耳套圓環。頸飾目雷紋，蓋面及腹飾乳釘雷紋，足上部飾虎耳獸首。腹內壁鑄銘文"強伯作自爲嬰簋"七字，記載器爲強伯自作，器自名爲簋，但下設三足，器形爲附耳鼎。藏寶鷄青銅器博物院。

㝬父丁鼎

西周早期肉食器。

高20.8釐米，口徑16.4釐米，重1.76千克。

口折沿，立耳較厚實，淺腹圜底，下置設計成鳳鳥形的扁足，承受鼎的腹部，將鼎體懸托起來，造型特殊。腹部飾横列蟬紋一周。腹内壁鑄銘文"㝬父丁"三字，記器主㝬爲父丁作祭器。藏上海博物館。

子申鼎

西周早期肉食器。

高20.2釐米，口徑16.5釐米。1958年河南伊川出土。

直口折沿，淺腹圜底，下置鳥形扁足。鳥以首托住鼎腹，尾部外卷着地。腹飾蟬紋一道，其上下皆飾斜角目雷紋。口内側鑄銘文“子申父己”四字，是子申爲父己作祭器。藏洛陽博物館。

子口鼎

西周早期肉食器。

高23.2釐米，口徑17.4釐米，重2.75千克。1997年河南鹿邑太清宫鎮太清宫遺址出土。

口折沿，設平蓋，蓋頂設環形鈕，蓋兩側各有兩個凹槽與立耳相吻合，淺腹圜底，下置龍形扁足，彎曲的龍尾着地。蓋面及腹各飾對稱龍紋。腹内壁鑄銘文“子口□□作□□”七字，其中四字難以辨識。這類淺腹扁足鼎，大多未見有蓋。此鼎相當完整。藏河南博物院。

子口鼎

鳥紋鼎

西周早期肉食器。

高23.4釐米，口徑39.1釐米。1955年遼寧喀喇沁左翼蒙古族自治縣出土。

侈口，束頸，淺腹下置柱足。腹兩側設附耳。腹飾長尾鳥紋一周。此鼎腹淺似盤，形制極爲少見。藏遼寧省博物館。

遽從鼎

西周早期肉食器。

高14.9釐米，口徑10.4釐米，重0.55千克。

口折沿，立耳，淺腹圜底，下置扁形長足。三足中間連鑄一盤，可置炭，使鼎内食物保温，因此這類鼎也稱爲温鼎。腹飾斜角雲紋一周，腹内底鑄銘文“遽從”兩字。此鼎器形較小，而鑄造粗疏，也可能是明器。藏上海博物館。

田告父丁方鼎

西周早期肉食器。

高24.3釐米，口縱14.6釐米，口横19.5釐米，重3.57千克。

鼎呈長方形。口折沿，立耳，淺腹平底，下置四條細長柱足，四隅及每壁中央皆出棱脊。口沿下飾獸目居中的變形紋飾，腹壁飾内卷角獸面紋，體軀向兩側展開，尾部下卷。腹内側鑄銘文“田告父丁”四字，是田告爲其父丁所作的祭器。藏上海博物館。

𨰻䴢方鼎

西周早期肉食器。

高22.8釐米，口縱14.5釐米，口橫18.3釐米，重3.4千克。1981年陝西長安出土。

器呈長方形。口沿外折，立耳，直腹平底，下置四柱足。四隅及每邊中綫皆設棱脊。口沿下飾蛇紋一周，器壁兩側及底邊飾實心連珠紋三道，中飾黼紋，柱足根部飾外卷角獸首。腹内壁鑄銘文三十字，記載王在豐京賞賜𨰻䴢青銅和胙肉事。藏西安博物院。

鳳紋方鼎

西周早期肉食器。

高22.8釐米，口横17.5釐米。1927年陝西寶鷄戴家灣出土。

器呈長方形。直口折沿，立耳，器四隅及每面中綫皆出棱脊，平底，下置四柱足。口沿飾鳥紋一周，腹飾對稱鳳紋，鳳長喙，羽冠向後飄動，長度等身，甚爲壯觀。這種鳳的形式較少見，一般見於西周早期的青銅器上。藏寶鷄青銅器博物院。

𤯍方鼎

西周早期肉食器。

高17.5釐米，口縱10.4釐米，口橫3.9釐米，重1.45千克。

器呈長方形。口折沿，立耳，長方體下置四足。口沿下飾對稱的長鼻獸紋，其尾部延伸到兩側面，下部爲目雷紋。腹内側鑄銘文十九字，記載𤯍的品格和美德，以孝友爲儀型，作此寶貴的禮器，用於日夜祭享。藏上海博物館。

𣪘䴙方鼎

西周早期肉食器。

高26釐米，口縱15.2釐米，口橫18.7釐米。

器呈長方形。直口，折沿，立耳，立耳兩側立竪角小龍一對，淺腹向下略收，平底，下置四柱足。腹壁飾獸面紋，其角下垂，尖端又呈勾曲形上卷，佔據獸面紋的主要部位。柱足根部飾外卷角獸面紋。腹内壁鑄銘文三十二字，記載二月初吉庚寅日，樵仲在宗周賞𣪘䴙建於車子的竿頭，上有五彩全羽的幢兩個、馬一匹。器形與成王方鼎相同。藏美國舊金山亞洲藝術博物館。

圉方鼎

西周早期肉食器。

高33釐米，口縱13釐米，口橫18.4釐米。1975年北京房山琉璃河出土。

器呈長方形。直口，設蓋，蓋形似盨蓋，作淺盤狀，上有兩排矩形抓手，鼓腹下垂，下置四柱足，頸兩側設附耳，蓋緣及器頸飾雙體龍紋，龍首居中，兩側爲蜿蜒的體軀。這類圓角方鼎形式較少見，鼎蓋的設計更爲特殊。器、蓋同銘，各鑄十四字，記載郾侯賞賜圉貝，圉用來作此鼎。藏首都博物館。

禹方鼎

西周早期肉食器。

高23釐米，口縱14.2釐米，口橫16.6釐米，重3.35千克。1963年山東長清出土。

器呈長方形。侈口，立耳，短頸，折肩，鼓腹平底，下置四柱足。頸飾對稱的龍紋，上有連珠紋爲欄，腹飾外卷角獸面紋，獸面紋的鼻翼較寬，角型爲雙重的外卷角也屬少見，紋飾均有雷紋作地紋。腹四隅設棱脊。口內側有銘文，記載禹作此器。藏山東博物館。

伯方鼎

西周早期肉食器。

高20.3釐米，口縱12釐米，口橫15釐米，重1.65千克。

陝西寶鷄竹園溝出土。

器呈長方形。直口，折沿，立耳，淺腹平底，下置四個鳥形扁足，與一般用鳥首頂住腹部的形式不同，是在扁足上端橫置一鳥，尾羽向外彎曲着地，構成穩定的四足。腹飾外卷角獸面紋，兩側配置倒竪的小龍。腹内壁鑄銘文“伯作彝”三字。藏寶鷄青銅器博物院。

夆方鼎

西周早期肉食器。

高20.4釐米，口縱11.6釐米，口橫14.9釐米。1985年山東濟陽姜集鄉劉臺子村出土。

器呈長方形。侈口，折沿，立耳，直頸，鼓腹。頸飾對稱鳥紋一周，腹飾象首紋，象鼻延伸至地後向上卷起，成爲四足，造型極爲少見。腹内壁鑄銘文“夆”字。藏濟陽博物館。

獸面紋方鼎

西周早期肉食器。

高26.4釐米，口縱10.9釐米，口橫14.5釐米。1976年陝西寶鷄竹園溝出土。

器呈長方形。斂口，設高蓋，蓋頂有兩條抓手，鼓腹下垂，下置四柱足，頸兩側設附耳，耳廓較長。抓手飾倒置對稱鳥紋，蓋緣及器頸各飾環柱角獸面紋，體軀甚長，向兩側展開。此方鼎抓手的形式通常見於簋、盨類器上，鼎蓋上相當少見。藏寶鷄青銅器博物院。

蟬紋方鼎

西周早期肉食器。

高27.1釐米，寬24.4釐米，重3.3千克。

器呈長方形。直口，設高蓋，蓋頂設一鈕。器直頸，鼓腹下垂，下置四柱足，頸兩側設附耳。蓋緣與器頸各飾橫列蟬紋一周，以雲紋爲地紋。器、蓋同銘，各鑄"作寶彝"三字。藏北京故宫博物院。

鱗紋扁足方鼎

西周早期肉食器。

高12.8釐米，口縱7.3釐米，口橫11.1釐米。1978年陝西扶風齊家村出土。

口折沿，四隅各立一梟，頭向内，淺腹下置四扁足。腹飾鱗紋，扁足爲張口卷尾的龍，龍角及上唇頂住器底，形制較爲少見。藏扶風縣博物館。

滕侯方鼎

西周早期肉食器。

高27釐米，口縱11.5釐米，口横16釐米。1982年山東滕州莊里西村出土。

器呈長方形。直口，設高蓋，蓋上有四條小龍，尾上卷爲抓手。鼓腹下垂，下置四柱足，頸兩側設附耳，甚長。蓋緣及器頸各飾回首鳥紋一周，鳥張口，形象少見。腹飾外卷角獸面紋，柱足飾雲紋。器、蓋同銘，各鑄“滕侯作寶尊彝”六字。藏滕州博物館。

𢦚方鼎

西周中期肉食器。

高27.5釐米，口縱17釐米，口横26釐米，重6.5千克。

1975年陝西扶風莊白村出土。

器呈長方形。口折沿，立耳，設平蓋，蓋兩側設長方形孔套接兩耳，蓋面四隅設矩形飾，中置立環，腹下垂置四柱足。口沿飾對稱回首龍紋一周。器、蓋同銘，各鑄六十五字，記載九月既望乙丑日，𢦚伐淮戎駐於臺自時，王俎姜遣使内史友員賞賜𢦚有朱色領子和交衽的黑衣。𢦚作此鼎，以享文祖乙公和文妣日戊。藏扶風縣博物館。

彧鼎

西周中期肉食器。

高22釐米，口徑22.3釐米。1975年陝西扶風莊白村出土。

口折沿，立耳，鼓腹下垂，下承柱足。在足的内側附鑄半圓形小臺，可能是用於承托炭火的箅盤，用以温煮鼎内肉食，現箅已缺失，僅保留三個根部痕迹。頸飾回首龍紋一周。腹内壁鑄銘文“彧作厥尊鼎”五字。藏扶風縣博物館。

彧方鼎

西周中期肉食器。

高22.5釐米，口縱16釐米，口橫21.2釐米，重3.9千克。1975年陝西扶風莊白村出土。

器呈長方形。口折沿，腹下垂，置四柱足，腹兩側設附耳，口沿飾對稱回首龍紋一周。腹内壁鑄銘文一百十六字，記載王懷念彧的父親甲公的功績，因而命彧率領虎臣抗禦淮戎，彧緬懷父考甲公的美德，永遠臣事於天子，並爲文母作鼎，日夜肅敬享獻，以求安福。藏扶風縣博物館。

五祀衛鼎

又名"衛鼎"。西周中期肉食器。

高36.5釐米，口徑34.3釐米，重11.5千克。1975年陝西岐山董家村出土。

口沿外折，立耳，垂腹下置三足。口沿下飾變形獸體卷曲紋。腹内壁鑄銘文二百零七字，記載五年正月初吉庚戌日，衛和邦君厲向井伯等大臣報告，衛爲了執行王關心人民勞苦之命，在昭大室東北治理二條河川，需動用土地，願拿出地來和厲交換，官員們問厲是否願意交换田畝，厲同意交换，於是要厲起誓，並與三有司等人勘定裘衛應得的田界，辦理交付手續。這是一篇以田换田的契約，對研究西周社會經濟和土地制度有重要的史料價值。藏陝西歷史博物館。

七年趞曹鼎

西周中期肉食器。

高28釐米，口徑38.5釐米，重10.22千克。

口稍侈，頸兩側設附耳，淺腹下承三足。頸腹間飾兩道弦紋。腹内側鑄銘文五十六字，記載七年十月，在宗周的般宫，井伯右導趞曹位於中廷，周王賞賜趞曹用黑色革製的市、白麻色的朿市之帶和有鑾鈴的旂，趞曹爲答揚天子之寵賜作此寶鼎，宴請朋友同好。藏上海博物館。

師奎父鼎

西周中期肉食器。

高26釐米，口徑24.9釐米，重5.3千克。

斂口，立耳，垂腹圜底，下置三足。口沿下飾回首龍紋一周。腹内壁鑄銘文九十三字，記載周王對師奎父的一次賜命典禮，周王給予賞賜，並任命師奎父繼承他父親的官位，師奎父作此鼎，要子孫萬年永遠寶用。藏上海博物館。

師坖父鼎

師𩛥鼎

西周中期肉食器。

高85釐米，口徑64.5釐米，重105千克。1974年陝西扶風强家村出土。

口折沿，立耳，垂腹下置蹄足。口沿下飾雲紋兩道。腹内壁鑄銘文一百九十六字，記載八年正月丁卯日，王嘉獎師𩛥的美德，給予賞賜。師𩛥曾任穆王、恭王兩朝重臣，恭王非常重視他，所以作器記事，並爲虢季易父作宗廟祭器。藏陝西歷史博物館。

九年衛鼎

又名"衛鼎"。西周中期肉食器。

高37.2釐米，口徑34.5釐米，重12.25千克。1975年陝西岐山董家村出土。

口沿外折，立耳，淺腹圜底，下置三足。口沿下飾變形獸體卷曲紋一周。腹内壁鑄銘文一百九十五字，記載九年五月既死霸庚壬日，矩在裘衛處得到一輛華麗的車和車馬用具，裘衛並贈矩的妻子十二丈帛，矩答應將林督里的田給予裘衛，但這田的一部分屬於顔氏家族，裘衛又送顔氏夫婦兩匹馬和深緑色女裝，送顔氏的官員猦皮衣和罩車軾的豬皮，於是完成了交换，矩和遳命令壽商和啻辦理交付手續，劃定疆界，事後，裘衛又贈物品給參與此事的人。這篇銘文記録了用實物交换領地的史實，爲研究西周中期的經濟制度提供了重要的資料。藏陝西歷史博物館。

九年衛鼎

㝑鼎

西周中期肉食器。

高27.1釐米，口徑24.8釐米，重4.8千克。

口折沿，立耳，垂腹下置三足。頸飾卷鼻龍紋一周。腹内側鑄銘文四十二字，記載九月既望乙巳日，遣仲命令㝑職司鄭地的田，㝑答揚遣仲，遂爲文考釐叔鑄造此鼎。㝑之職事由遣仲直接任命，説明鄭有遣仲的采地，而㝑是遣仲的家臣。藏上海博物館。

十五年趞曹鼎

西周中期肉食器。

高23.4釐米，口徑22.9釐米，重3.94千克。

立耳，垂腹較淺，下置三足。口沿下飾回首龍紋一周。腹内壁鑄銘文五十七字，記載恭王十五年五月壬午日，王在宗周新宫的大室前舉行大射禮，趞曹受王賞賜的物品有弓、矢、大盾、三刃矛、甲盔、小型的盾、棒形的長兵器等，趞曹爲贊揚恭王的賞賜而作鼎，並宴饗朋友。恭王是周穆王之子緊扈。此鼎有明確的紀年，可作爲西周青銅器銘文中具有斷代根據的標準器，爲學界多次引用。藏上海博物館。

師湯父鼎

西周中期肉食器。

高28.1釐米，口徑26釐米。傳陝西西安出土。

侈口折沿，立耳，束頸，鼓腹下垂，下承蹄足。頸飾對稱長尾鳥紋，腹飾對稱回首長冠鳳紋。腹内壁鑄銘文五十四字，記載王在周新宫的射廬，呼宰雁宣讀王命，賞賜師湯父兩端嵌象牙的弓、帶翼的骨鏃和紅色的大盾，於是師湯父爲其父毛叔作此鼎。藏臺北故宫博物院。

曶鼎

西周中期肉食器。

傳陝西西安出土。

該器在晚清時毀於兵火，僅留搨本，存銘文三百八十字，其下部漫漶，失十三字。內容共分三段：一、記載曶受王命，繼承祖考的卜官職務，因而鑄造此鼎，祭祀文考弃伯；二、記載曶和限、效父等用一匹馬、一束絲交換五名奴隸，後又改爲百寽之值，效父不守信，引起訟事；三、記載曶控告匡季縱奴搶禾，要求賠償的訴訟。曶鼎銘文是研究西周訟事和貴族之間進行物品及奴隸交換的重要資料。

不栺方鼎

西周中期肉食器。

高22釐米，口縱14釐米，口横18釐米，重3千克。1971年陝西扶風齊鎮村出土。

器呈長方形。口折沿，立耳，直腹平底，下置四柱足，每壁中間及四隅皆設棱脊。口沿飾獸體紋一周。腹內壁鑄銘文三十四字，記載八月既望戊辰日，王在上侯舉行祼禮，賞賜不栺貝十朋，不栺答揚王休，作此方鼎。方鼎成對出土。藏扶風縣博物館。

大克鼎

又名“克鼎”。西周中期肉食器。

高93.1釐米，口徑75.6釐米，重201.5千克。清光緒年間陝西扶風法門寺任村窖藏出土。

口折沿，立耳，深腹圜底，下承三足。造型莊嚴厚重。口沿下飾變形獸面紋一周，腹飾寬闊的波曲紋，婉轉流暢。腹内壁鑄銘文二百九十字，内容分爲兩段：第一段爲韻文，克頌揚其祖師華父輔佐周室的功績，讚美他有謙遜的品質、寧静的性格和美好的德行；周王追念其功績，於是命其孫克爲近臣，出傳王命、入達政情。第二段是錫命之辭，克任職後，孝王又賞賜他禮服、田畝、奴隸和樂官。大克鼎銘文是研究西周奴隸制度極爲重要的史料。銘文字體特大，字迹端莊質樸，筆力遒勁，上半部畫有整齊的長方格子，每格一字，佈局規整。銘文爲西周中期大篆的典範，歷見著録，流傳有緒。藏上海博物館。

小克鼎

西周中期肉食器。

高56.5釐米，口徑49釐米，重47.88千克。清光緒年間陝西扶風法門寺任村窖藏出土。

口折沿，立耳，深腹圜底，下承三足。口沿下飾變形獸面紋一周，腹飾寬闊的波曲紋。腹内壁鑄銘文七十二字，記載廿三年九月，王在宗周命膳夫克對成周八師執行整頓命令，克作了這組列鼎以祭祀先祖釐季。傳世小克鼎共有七件，以此爲最大，藏上海博物館，其餘分藏北京故宫博物院、天津博物館、南京大學考古與藝術博物館、日本書道博物館、藤井有鄰館、黑川古文化研究所等地。鼎大小成序列，顯示器主爲公卿一級大貴族，體現了西周的用鼎制度。

獸面紋鼎

西周中期肉食器。

高40.2釐米，口徑32釐米，重11.65千克。1981年陝西寶鷄紙坊頭出土。

直口折沿，設平蓋，蓋兩側各設一凹口，可與立耳相扣。蓋頂設一鈕爲抓手，外圍立體三小龍，龍爲倒竪狀。器束頸，鼓腹，下置蹄足。蓋緣及器頸各飾曲折角獸面紋，腹飾變形獸體紋組成的蕉葉紋，足根飾外卷角獸面紋。藏寶鷄青銅器博物院。

師眉鼎

又名"𥦘鼎"。西周中期肉食器。

高23.2釐米，口徑20釐米。傳光緒年間陝西鳳翔出土。

口折沿，立耳，鼓腹下垂，下置柱足。頸飾分體長尾鳳紋一周。口內側鑄銘文二十八字，記載師眉薦於王爲周客，王賞賜貝五朋，師眉爲此鑄造二鼎二簋。藏南京博物院。

昌鼎

西周中期肉食器。

高30.8釐米，口徑27.8釐米，重5.65千克。

口卷沿，立耳，耳框較大，寬腹下垂，下置細柱足。口沿下飾回首龍紋一周。腹內壁鑄銘文四十三字，記載七月初吉丙申日，晉侯命令昌於倗地追擊來犯之敵，將其趕出疆界，昌獲勝，晉侯賞賜昌成套兵器及十朋貝，昌作鼎記述軍功。藏上海博物館。

井鼎

西周中期肉食器。

高18釐米，口徑17釐米，重2.2千克。

口折沿，立耳，垂腹，下置三足。腹飾弦紋一道。腹内側鑄銘文三十字，記載辛卯日，王在莽京，召井隨從捕魚，並以所獲之魚賜井。以魚作爲賞賜物品，見於銘文者，僅有井鼎及公姞方鼎。銘文横竪均設格欄，每格一字，排列整齊。藏上海博物館。

伯眢方鼎

西周中期肉食器。

高14.5釐米，口縱10.5釐米，口横14.8釐米。陝西寶鷄茹家莊出土。

器呈圓角方形。侈口外折，束頸，淺腹下垂，下置四個短柱足。頸飾一一相間的火紋與鳳紋，鳳紋長冠下垂，作回首狀。器内底鑄銘文“伯眢作旅尊鼎”六字，記載此鼎爲伯眢所作。藏寶鷄青銅器博物院。

毛公方鼎

西周中期肉食器。

高22.5釐米，重3.5千克。

器呈圓角方形。口沿方折，頸略收，直腹下垂，平底下置柱足，足根稍寬，頸兩側設附耳。頸飾斜角雲紋一周，足飾雲紋和三角形紋。口沿内壁鑄銘文三十字，記載孝事父母之詞。這種圓角的方鼎，是方鼎中較晚的形式。藏上海博物館。

強伯甗鼎

西周中期肉食器。

高15.4釐米，重1.8千克。1975年陝西寶鷄茹家莊出土。

口折沿，立耳，垂腹下置一足，又與一盤相聯，盤置三短足。器形很特殊。腹内壁鑄銘文"強伯作邢姬甗鼎"七字，自銘爲甗鼎。"甗"字爲字書所無，估計盤内盛炭火，可將鼎内肉食加熱。藏寶鷄青銅器博物院。

獸面紋温鼎

西周中期肉食器。

高16釐米，重0.82千克。1976年陝西寶鷄茹家莊出土。

器分上下兩部分。上爲一圓鼎，侈口，折沿，立耳，淺腹圜底，下置龍形短足，腹飾獸面紋一周。下爲三足盤，與鼎連鑄，盤敞口，淺腹收斂成圜底，下置龍形扁足，尾彎曲着地，盤腹壁設三個十字形孔。盤的作用是加熱鼎内的肉食。藏寶鷄青銅器博物院。

晉侯鼎

西周中期肉食器。

高23.7釐米。1992年山西曲沃晉侯墓地出土。

口折沿，腹稍鼓，下承鳥形長扁足。扁足間連鑄一盤，盤底設三個十字形鏤孔，可置炭，使鼎内食物保温，因此也稱作温鼎。腹兩側設附耳。腹飾對稱回首龍紋一周。腹内壁鑄銘文“晉侯作旅鼎”五字，記載此鼎爲晉侯所作。藏山西博物院。

寓鼎

西周中期肉食器。

高15.3釐米，口徑14.3釐米，重1.2千克。

口沿稍侈，附耳，淺腹下置三足。口沿下飾鳳紋一周。腹壁鑄銘文四十一字，記載二月丁丑日，王在莽京，後一日，王勉勵寓的勞苦，命寓爲大人的屬官，並賞賜寓物品。藏上海博物館。

獸目交連紋温鼎

西周中期肉食器。

高16釐米，口徑12.1釐米，重1.4千克。1976年陝西扶風莊白村出土。

斂口折沿，立耳，腹稍鼓，下承柱足。此鼎特殊之處，在於腹内另設一層底，則上部可盛肉食，下部正面開口，其内可置炭火加熱。口沿飾獸目交連紋，腹飾透雕獸體卷曲紋，透雕處可使空氣流動。藏寶鷄市周原博物館。

大鼎

西周晚期肉食器。

高39.7釐米，口徑38.7釐米，重12.56千克。

口折沿，立耳，深腹圜底，下置三足。上腹飾兩道弦紋。腹内壁鑄銘文八十二字，記載十五年三月既霸丁亥日，王在𣪘侲宫，大和其僚友守衛在宫外，王舉行饗禮，命令膳夫騣召大和其僚友進入宫内擔任保衛任務，王賞賜大三十二匹雄馬，大爲答謝天子美意，爲烈考己伯作此鼎。大鼎傳世共兩件，分藏北京故宫博物院和臺北故宫博物院。

鄂侯馭方鼎

西周晚期肉食器。

高35.3釐米，口徑35.3釐米，重10.64千克。

口折沿，立耳，深腹圜底，下置蹄足。口沿下飾對稱回首龍紋一周。腹内壁鑄銘文八十六字，記載厲王征伐南淮夷，伐角、鄱兩地，在歸途中駐於伓地，鄂侯馭方受王的醴酒，乃飲之，宴畢，舉行射禮，射禮結束後，王賞賜了鄂侯馭方，馭方作鼎以記其事。中國香港私人收藏。

禹鼎

西周晚期肉食器。

高54.6釐米，口徑46.7釐米，重37.25千克。1942年陝西扶風任家村出土。

口折沿，立耳，寬體垂腹，下置三蹄足。口沿下飾變形獸面紋，腹飾波曲紋。腹内壁鑄銘文二百零八字，記載禹的先祖穆公輔佐先王有功，故命禹管理井邦，禹哀嘆上天降下大災，當時鄂侯馭方率領南淮夷、東夷侵犯南國、東國，周厲王對宿衛軍西六師、殷八師下令，要誅滅鄂侯馭方，但王師伐鄂之舉未能獲勝，於是武公派遣禹率戰車百乘、甲士二百、步兵一千，進攻鄂侯馭方，終獲全勝。此事史籍未載，是研究西周晚期政治、軍事的重要資料。藏中國國家博物館。

康鼎

西周晚期肉食器。

高22釐米。

口折沿，立耳，淺腹圜底，下置蹄足。腹飾變形獸體紋。腹内壁鑄銘文六十二字，記載三月初吉甲戌日，王在康宫，榮伯右導康入門，王命令康主司王室之事，並賞賜幽黄、鋚勒，康爲文考釐伯作此鼎。銘文的最後有"奠井"二字，是器主的食邑和氏名。藏臺北故宫博物院。

多友鼎

西周晚期肉食器。

高51.5釐米，口徑50釐米。1980年陝西長安出土。

口折沿，立耳，腹向下收斂，圜底下置蹄足。口沿下飾弦紋兩道。腹内壁鑄銘文二百七十七字，記載十月，玁狁大舉侵犯京師，武公遣多友率部隊還擊，先是，玁狁在筍地俘獲周人，多友向西追擊，斬首二百餘級，俘二十三人，俘兵車一百十七輛，將被俘的周人奪回，又戰於龔地，斬首三十六級，俘二人，俘兵車十輛，再追擊至世地，又有斬獲，最後追至楊冢，多友所率領的車兵斬首十五級，俘三人，凡俘獲不能使用的兵車，悉數焚毁，馬則驅殺之，被俘的人民皆奪還。銘文生動而具體地記録了四次抗擊玁狁的戰爭中，周軍皆得勝而歸。武公將多友的戰績報告給王，王予以重獎，多友作此鼎以示紀念。藏陝西歷史博物館。

多友鼎

南宫柳鼎

又名"柳鼎"。西周晚期肉食器。

高38.8釐米，重10.4千克。1955年陝西寶鷄虢鎮出土。

口折沿，立耳，深腹圜底，下置蹄足。口沿下飾對稱回首龍紋一周，龍體折曲。腹内壁鑄銘文七十九字，記載五月初吉甲寅日，王在康廟，武公右導南宫柳位於中廷，王呼作册尹向柳宣讀王命，命他掌管西六師的牧人、場人，掌管義夷地方的場人和佃史，管理地税，并賞賜柳赤市幽衡、攸勒，柳爲烈考作此鼎。藏中國國家博物館。

此鼎

西周晚期肉食器。

共三件。最大者高42.1釐米，重19.75千克；其次者高36釐米，重12.5千克；最小者高33釐米，重10.8千克。1975年陝西岐山董家村出土。

口折沿，立耳，腹稍鼓，圜底下置蹄足。口至腹内壁鑄銘文一百十一字，記載十七年十二月既生霸乙卯日，王在康王宗廟内附設的夷王廟中，司徒毛叔右導此入門，位於中廷，王呼史翏宣讀册命，命此嗣邑人與小臣膳夫之職，並賞賜玄衣黹純、赤市朱衡、緣旂，此爲皇考癸公作鼎，用以享祀祖先、祈求長壽。藏寶鷄市周原博物館。

吴虎鼎

西周晚期肉食器。

高41釐米，口徑30釐米。1992年陝西長安申店鄉徐家寨村出土。

直口折沿，立耳，鼓腹圜底，下置蹄足。腹飾獸體紋一周。腹内壁鑄銘文一百六十四字，記載十八年十三月既生霸丙戌日，王在周康宫徲宫，道内右導吴虎，王令膳夫豐生、司空雍毅重申厲王之命，將吴蓋的舊疆土給吴虎，並劃定四邊疆界，吴虎答謝膳夫豐生等送的禮品和王的賞賜，爲皇祖考庚孟作此尊齍。此鼎銘文涉及西周土地制度、曆法、謚法、地名等，是研究西周晚期歷史的重要資料。藏長安博物館。

趞鼎

西周晚期肉食器。

高38.5釐米，口徑33.6釐米。

口折沿，立耳，深腹圜底，下置蹄足。腹飾弦紋兩道。腹内壁鑄銘文九十七字，記載十九年四月既望辛卯日，王在周康昭宫，宰訊右導趞入門，位於中廷，史留受王之命書於簡册，内史宣讀册命内容，賞賜趞玄衣、純黹、赤市朱衡、鑾旂、攸勒等物品，趞爲皇考𪒠伯、鄭姬作鼎。藏中國國家博物館。

悠戒鼎

西周晚期肉食器。

高25.8釐米，口徑26.7釐米，重5.85千克。

口折沿，鼓腹圜底，下置蹄足。腹兩側設附耳，並飾鱗紋一周。内壁鑄銘文二十五字，記載䑲伯慶賞賜悠戒的物品，有車上的飾物賡弢和䱷雁，還有用虎皮和豹皮做成的裘服，用以整治六師、視察六師兵舍。藏上海博物館。

晉侯𩰫鼎

西周晚期肉食器。

高20.4釐米，口徑22.2釐米。1994年山西曲沃晉侯墓地出土。

口沿外折稍狹，鼓腹下斂成圜底，下置蹄足。腹兩側設附耳。頸飾鱗紋一周。腹内壁鑄銘文二十二字，記載九月初吉庚寅日，晉侯𩰫作此鼎，祈求長壽。藏山西博物院。

晉侯𩰫鼎

西周晚期肉食器。

高27釐米，口徑31.2釐米，重8.75千克。1991年山西曲沃曲村出土。

口沿外折，深腹圜底，下置三蹄足。無耳，形制特殊。頸飾鱗紋一周，腹内壁鑄銘文三十字，記載二月既生霸庚寅日，晉侯鑄造了這件𩰫鼎。自銘𩰫鼎爲僅見，可能是無耳鼎的專名。藏上海博物館。

晉侯穌鼎

西周晚期肉食器。

共五件。最大者高32.6釐米，口徑39釐米；最小者高19釐米。1992年山西曲沃天馬曲村遺址北趙晉侯墓地出土。

口沿斜折，腹下收，收斂成圜底，下置蹄足。腹兩側設附耳。口沿下飾鱗紋一周，大小相間。腹内壁鑄銘文十三字，記載鼎爲晉侯穌所作。分藏上海博物館、曲沃縣博物館等地，美國私人亦有收藏。本器藏上海博物館，高28釐米，口徑32.7釐米，重7.85千克。

四十二年逨鼎

西周晚期肉食器。

共兩件。器形、紋飾相同。大者高57.8釐米，重46千克；小者高51釐米，口徑43.5釐米，重35.5千克。2003年陝西寶鷄眉縣楊家村出土。

口稍侈，折沿，立耳，淺腹下置蹄足。頸飾獸體目紋，腹飾波曲紋。腹内壁鑄銘文二百八十字，記載四十二年五月既生霸乙卯日，王在周康宫的穆宫，早晨，王到大室即位，右導吴逨入門的是司工彬，尹氏受王命書，王命令史減宣讀王的册命辭，逨及其父因伐戎有功，得到鬯一卣、在鄭地的三十田和在徲地的二十田等賞賜。藏寶鷄青銅器博物院。

史頌鼎

西周晚期肉食器。

共兩件。一件高37.3釐米，重14.7千克；另一件高29.4釐米，重9.25千克。

口折沿，立耳較大，淺腹圜底，下置蹄足。頸飾變形獸紋一周，腹飾波曲紋。腹内壁鑄銘文六十三字，記載三年五月丁巳日，王命史頌省察蘇國，里君百姓相率來至成周，對此加以讚美，王賞賜史頌玉器、馬匹和青銅，史頌作器以記此事。銘文表明了宗周和蘇國之間的親密關係。傳世共兩件，均藏上海博物館。

四十三年逨鼎

西周晚期肉食器。

共十件。形制、紋飾相同，大小遞減。最大者高58釐米，重44.5千克；最小者高22.6釐米，重3.9千克。其中八件鼎每鼎鑄一篇銘文，最小的兩鼎合鑄一篇銘文。2003年陝西寶鷄眉縣楊家村出土。

口稍侈，折沿，立耳，淺腹下置蹄足。頸飾變形獸紋，腹飾波曲紋，耳外側飾鱗紋。腹内壁鑄銘文三百十字，記載四十三年六月既生霸丁亥日，王在周康宫的穆宫，早晨，王到周廟即位，司馬壽右導吴逨入門，位於中廷，史減受王命書，王命令尹氏宣讀王的册命辭，逨因治理林澤有功，王又賞賜秬鬯一卣、玄衣、赤舄、四匹馬和車馬飾物等。藏寶鷄青銅器博物院。

頌鼎

西周晚期肉食器。

高31.4釐米，口徑32.9釐米，重9.82千克。

口折沿，立耳，深腹圜底，下置蹄足。腹飾弦紋二道。腹内壁鑄銘文一百五十一字，記載三年五月甲戌日，尹氏將王的命書授於史虢生宣讀，令頌掌管成周市廛廿家，監督新造，積貯貨税，以備王家的宫禦之用，賞賜頌的物品有官服、蔽膝和旗幟等，頌接受王命的簡册，退出中廷，然後又返回，向王獻納玉璋。銘文比較完整地反映了西周王室策命官員的禮儀制度。傳世共三件，此件藏上海博物館，另兩件分藏北京故宫博物院和臺北故宫博物院。

應侯見工鼎

西周晚期肉食器。

高26.2釐米，口徑29釐米，重6千克。

侈口折沿，立耳，直腹下收成圜底，下置蹄足。腹内壁鑄銘文五十九字，記述南淮夷丰伐南國事。應侯見工奉王的命令率兵征伐丰，得到很多俘虜，因此爲其父武侯作鼎，以祈求長壽。藏上海博物館。

榮有司爯鼎

西周晚期肉食器。

高17釐米，口徑20.2釐米，重1.5千克。1975年陝西岐山董家村出土。

口折沿，立耳，口緣設一短槽流。淺腹圜底，下置蹄足。腹飾鱗紋一周，大小鱗瓣相間。腹内壁鑄銘文十二字，記載榮有司爯爲其女孋母作媵器。鼎沿置流，形制較爲少見。藏寶鷄市周原博物館。

虢季鼎

西周晚期肉食器。

高39釐米，口徑45.5釐米。1990年河南三門峽市虢國墓地出土，一組共七件，形制、紋飾、銘文均相同，大小遞減。

侈口，束頸，腹稍鼓，圜底下置蹄足。頸兩側設附耳。頸飾獸體目紋，腹飾重疊鱗紋，腹内壁鑄銘文十八字，記載此鼎爲虢季所作。藏河南博物院。

山鼎

又名“善夫山鼎”。西周晚期肉食器。

高45釐米。傳20世紀40年代陝西扶風、岐山一帶溝中出土。

口折沿，立耳，鼓腹圜底，下置蹄足。頸飾鱗紋一周，鱗瓣大小相間。腹内壁鑄銘文一百二十一字，記載三十七年正月初吉庚戌日，王在宗周圖室，南宫乎右導善夫山入門，位於中廷，王呼史桒向山宣讀册命，命山在㒼掌管歙的貴族，執掌法令，管理並負責賦税、囤畜，山善理其事，王賞賜山玄衣黹純、赤市朱衡、鑾旂，山爲皇考叔碩父作此鼎。藏陝西歷史博物館。

毛公鼎

又名“毛公𤼈鼎”。西周晚期肉食器。

高53.8釐米，口徑47.9釐米，重34.7千克。清道光末年陝西岐山出土。

侈口折沿，立耳，鼓腹圜底，下置三蹄足。口沿下飾鱗紋一周，大小鱗片相間。腹内壁鑄銘文五百字，是現存青銅器中銘文字數最多者。銘文記述周宣王對毛公的告誡，是一篇完整的册命辭。内容可分爲五段：一、追述文、武二王開國時君臣相得、政治清明的盛況，接着用愴懷時事的語言，描述作鼎時時局並不安寧；二、宣王策命毛公治理内外政事；三、給予毛公發布政令、徵收軍賦的權力，凡未經毛公同意之王命，毛公可告訴臣工不予奉行；四、周王告誡、勉勵毛公勿壟害庶民，徵收賦税不得中飽，不得欺侮鰥寡，嚴加管束僚屬，不准其酗酒；五、命毛公統領百官，率其氏族保衛周王，並賜以秬鬯、命服、車馬、兵器。銘文展現了周宣王時代社會和政治情況的一個側面，具有重要的史料價值。藏臺北故宫博物院。

虢文公子㑆鼎

西周晚期肉食器。

高30釐米，口徑30.9釐米，重9.08千克。

口折沿，立耳，鼓腹圜底，下置蹄足。口沿飾獸體目紋，腹飾波曲紋，耳外側飾鱗紋。腹内壁鑄銘文二十一字，記載虢文公子㑆爲叔妃作此鼎。叔妃爲虢文公子㑆之妻。藏北京故宫博物院。

圅皇父鼎

西周晚期肉食器。

高57釐米，口徑49釐米。1933年陝西扶風康家村出土。

口折沿，立耳，垂腹，下置蹄足，頸及腹各飾龍紋。腹内壁鑄銘文三十七字，記述圅皇父爲其夫人琱娟作整套媵器，有水器盤、盉，肉食器鼎，飯食器簋，第一鼎盛豕，以下另有十鼎十味，簋八件，罍、壺各兩件等。這是一套完整的媵器之一。藏陝西歷史博物館。

獸體目紋刖人方鼎

西周晚期肉食器。

高17.7釐米，重1.6千克。1976年陝西扶風莊白村出土。

器呈長方形。口折沿，束頸，鼓腹，下置有底的方座。頸兩側設附耳，腹四隅設立體回首龍。方座四隅設立體四鳥支撑方座，與立體龍相垂直。方座正面設兩扇可啓閉的門，右門外設一刖足者爲門閂，兩側爲透雕窗欄，内可置木炭加温食物。鼎頸部飾獸體目紋，方座窗欄周圍飾斜角雲紋，造型別緻。藏寶鷄市周原博物館。

波曲紋刖人方鼎

西周晚期肉食器。

高13.5釐米，口縱9.2釐米，口橫11.4釐米，重1.46千克。

器呈長方形。上部爲容器，下部有透雕格欄爲爐，内可置炭，爐的正面設兩扇可啓閉的門，右門外設一裸體刖足者守門，其餘三面飾窗櫺或圖案，造型特殊。容器口沿下飾獸體卷曲紋，腹飾波曲紋，門框飾鱗紋。藏北京故宫博物院。

敔叔信姬鼎

西周晚期肉食器。

高50釐米。1973年陝西藍田草坪出土。

斂口，折沿，束頸，腹稍鼓，圜底，下置蹄足。頸兩側設附耳。頸飾獸體目紋一周，足根飾外卷角獸首。腹内壁鑄銘文四十七字，記載正月初吉乙丑日，敔叔、信姬作此鼎，用以祭祀其祖和父，祈求長壽和宗族能够長久。藏陝西歷史博物館。

師同鼎

西周晚期肉食器。

高35釐米，重10.5千克。1981年陝西扶風黄堆鄉下務兹村出土。

侈口折沿，立耳，腹往下收斂成圜底，腹外側設蹄足。頸飾鱗紋一周。腹内壁鑄銘文五十四字，記載師同參加一場伐戎的戰爭，斬殺和俘獲了敵人，獲得車馬五乘、單軛之車二十輛、羊一百隻、金胄三十件、戎鼎二十件、鋪五十件、劍二十件，用以作鼎，子孫要永遠寶用。藏寶鷄市周原博物館。

芮公鼎

西周晚期肉食器。

高31.3釐米，口徑34釐米。

侈口折沿，束頸，腹稍鼓，圜底下置蹄足，頸兩側設附耳。頸飾獸體目紋，腹飾波曲紋。腹内壁鑄銘文十二字，記載芮公作鑄飤鼎。芮是姬姓古國，在今陝西大荔東南五十里。藏日本出光美術館。

虢宣公子白鼎

西周晚期肉食器。

高 33 釐米，口徑 32 釐米。

口折沿，立耳，鼓腹圜底，下置蹄足。頸飾獸體目紋，腹飾重疊鱗紋。腹内壁鑄銘文二十七字，記載虢宣公子白作此鼎，用以祭祀祖先。藏頤和園博物館。

秦公鼎

春秋早期肉食器。

共四件。最大者高47釐米，口徑42.3釐米，重26.5千克；其次者高38.5釐米，口徑37.8釐米，重16千克；再次者高25.9釐米，重5.4千克；最小者高24.2釐米，重5.7千克。傳甘肅禮縣大堡子山秦國墓地出土。

口沿外折，立耳，寬腹較淺，圜底下置蹄足。口沿下飾獸目交連紋，腹飾變形獸紋，耳廓外側飾鱗紋，大小鱗瓣相間。腹内壁鑄銘文“秦公作鑄用鼎”六字，記載器主爲秦公。秦公鼎的器形、紋飾和足部的凹弧形鑄造特點都符合春秋早期青銅鼎的形制，故把鑄造年代定在春秋早期。藏上海博物館。

黃君孟鼎

春秋早期肉食器。

高27釐米，口徑29.5釐米。1983年河南光山寶相寺出土。

斂口，折沿，立耳，束頸，鼓腹圜底，下置蹄足。上腹外壁鑄銘文十五字，記載黃國國君孟自作行器。藏河南博物院。

番昶伯者君鼎

春秋早期肉食器。

高24.6釐米，口徑22.5釐米。1979年河南信陽楊河出土。

斂口，折沿，立耳，鼓腹圜底，下置蹄足。腹上部飾交龍紋，下部爲卷體龍紋。腹内壁鑄銘文十九字，記載番君昶伯者君自作寶鼎。昶伯者君是番氏一個族支的酋長，河南固始附近的潢川縣一帶曾出土過番國青銅器，可證明此地是番國的封地所在。藏信陽博物館。

黃季鼎

春秋早期肉食器。

高32.3釐米，口徑31.4釐米，重11.2千克。1972年湖北隨縣(今屬隨州)熊家老灣出土。

口折沿，立耳，鼓腹圜底，下承蹄足。腹上下飾不同的獸體卷曲紋，耳外側飾鱗紋。腹内壁鑄銘文十六字，記載黃季爲其女作媵鼎。藏湖北省博物館。

鄝君叔單鼎

春秋早期肉食器。

高28.7釐米，口徑28.9釐米。傳河南潢川出土。

斂口，折沿，立耳，鼓腹圜底，下置蹄足。頸飾鱗紋，大小鱗瓣相間，腹飾變形龍紋。腹内壁鑄銘文二十三字，銘文中的“唯黄孫子鄝君叔單自作鼎”，在鄝君叔單之上冠以黄孫子，説明鄝是黄的分支。藏臺北歷史博物館。

龍紋鼎

春秋早期肉食器。

高32.2釐米，口徑32.4釐米。1974年山東莒縣老營村出土。

侈口，折沿，立耳，腹向下收斂成圜底，下置蹄足。腹上部飾獸體卷曲紋，下部爲卷體龍紋。紋飾清晰規整，與通常所見繁密的交龍紋不同。藏莒州博物館。

鄎子宿車鼎

春秋早期肉食器。

高31釐米，口徑26.5釐米。1979年河南羅山高店出土。

直口，設折沿蓋，蓋頂有鈕，蓋面飾三個凸起的鳥首。頸兩側設附耳。器腹稍鼓，圜底，下置蹄足。腹設弦紋一道，足跟飾獸首。蓋内鑄銘文十六字，記載鄎子宿車作此行鼎。藏信陽博物館。

費敏父鼎

春秋早期肉食器。

高26釐米，口徑25釐米。1972年山東鄒縣(今鄒城)嶧山鄉出土。

斂口，折沿，立耳，鼓腹圜底，下置蹄足。腹上部飾獸體卷曲紋，下部爲卷體龍紋。腹内壁鑄銘文十六字，記載費敏父爲其女孟姒㝢作媵鼎。費爲小國，其君後入魯爲大夫，故址在山東魚臺，此鼎出於邾國都城(在今鄒城東南)，當爲費女隨嫁到邾國的媵器。藏鄒城博物館。

許去魯生鼎

春秋早期肉食器。

高25.2釐米，口徑26.9釐米，重4.32千克。

口折沿，立耳，腹部向下收斂成圜底，下置蹄足。頸飾獸目交連紋一周，腹飾對稱的獸紋。腹内壁鑄銘文十七字，記載許去魯生爲壽母作此鼎。許爲國名。藏上海博物館。

鼂季鼎

春秋早期肉食器。

高33.9釐米，口徑40.1釐米。

口折沿，立耳，淺腹圜底，下置短錐足。腹上部飾變形獸體紋，下部飾鱗紋一周，大小相間，足根飾獸首。腹内壁鑄銘文十八字，記載鼂季爲嬴氏作此鼎。藏臺北歷史博物館。

邛婴鼎

春秋早期肉食器。

高18.2釐米，口徑20.2釐米，重2.05千克。傳清光緒中陝西鄠縣出土。

口沿外折，立耳，淺腹，旁置蹄足。腹上部飾獸目交連紋，下爲波曲紋，耳外側飾鱗紋。腹内側鑄銘文二十五字，記載王子烈公之婦邛婴作宗廟鬻享之彝器。邛爲國名，在臨邛，即今四川邛崃，是蜀中小國。婴，爲其母家姓。婦人以丈夫之國冠於己姓之上，爲彝銘慣例。傳世有七件，其中三件藏上海博物館。

曾侯仲子鼎

春秋早期肉食器。

共九件。形制、紋飾相同，大小遞減。最大者高28.5釐米，最小者高15.5釐米。1966年湖北京山坪壩公社蘇家壠出土。

口折沿，淺腹圜底，下置蹄足。頸兩側設附耳。腹飾獸體卷曲紋一周。銘文"曾侯仲子斿父自作䵼彝"十字鑄在第一鼎內。西周末，曾國一度在江漢一帶較有勢力，曾侯是參與滅幽王的少數諸侯之一。九鼎原是天子的禮制，曾侯鑄九鼎是公然的僭越。藏湖北省博物館。

波曲紋鼎

春秋早期肉食器。

高36.8釐米，口徑44.6釐米。1994年山西曲沃曲村晉侯墓地出土。

口沿外折較寬，腹向下收斂成圜底，下承蹄足。頸兩側設附耳，有兩支短棍與口沿相接。口沿下飾獸目交連紋，腹飾波曲紋。從該鼎的器形、紋飾分析，在晉侯墓地出土的器物中屬於年代較晚者。出土共五件，形制、紋飾相同，大小遞減，是晉侯墓地出土最完整的一組鼎。藏山西青銅博物館。

陳侯鼎

春秋早期肉食器。

高23.6釐米，口徑35釐米，重5.58千克。

口折沿較寬，淺腹圜底，下置三蹄足。口沿下飾變形獸體紋。腹内壁鑄銘文二十字，記載陳侯爲其女媯四母作陪嫁之鼎。藏北京故宫博物院。

芮子鼎

春秋早期肉食器。

高18.4釐米，口徑20.2釐米，重2.63千克。

侈口，束頸，鼓腹圜底，下置蹄足。頸兩側設附耳。頸飾獸目交連紋一周。口内側鑄銘文十七字，記載芮子爲叔媿作此鼎。芮爲周之同姓國，姬姓。陝西大荔朝邑城南有芮城，即古芮國之地。本器出於春秋芮國。此芮國君長自稱爲“子”，叔媿當是芮子夫人。藏上海博物館。

交龍紋鼎

春秋早期肉食器。

高45.5釐米。1923年河南新鄭出土。

侈口折沿，立耳外撇，束頸，鼓腹圜底，下置蹄足。腹飾交龍紋，龍紋體軀相交，足根飾獸首。藏河南博物院。

庚兒鼎

春秋中期肉食器。

高43釐米。1961年山西侯馬上馬村出土。

口折沿，束頸，腹稍鼓，圜底，下置蹄足。頸兩側設附耳。頸及腹部飾龍紋。足根飾獸面紋，腹内壁鑄銘文二十九字，記載正月初吉丁亥日，徐王之子庚兒自作此鼎，用以烹煮。共出土兩件。藏山西博物院。

克黄鼎

春秋中期肉食器。

高46釐米，口徑26釐米。1990年河南淅川和尚嶺出土。侈口，立耳外傾，束頸，鼓腹平底，下置蹄足。頸前後設一立體龍。頸飾交龍紋，腹飾粗疏的疊鱗紋。腹底鑄銘文“克黄之䵼”四字。克黄爲楚令尹子文之孫，楚莊王時的箴尹，曾出使齊國。楚發生若敖氏叛亂後，克黄回國復命，楚莊王赦免克黄，命其改名爲生，此鼎係克黄改名前所作，時在公元前605年之前，是目前所見楚國最早的升鼎。藏河南博物院。

圃公鼎

春秋中期肉食器。

高21釐米，口徑22.3釐米，重2.75千克。口沿外折，立耳寬厚，鼓腹圜底，下置蹄足。頸飾獸目交連紋，腹飾疊瓣鱗紋。腹内側鑄銘文十七字，記載圃公自作盥鼎，子孫永寶用之。圃公之名字迹漫漶不清。圃，地望不詳。此器發現於秦公大墓流散器中，可能是陪葬墓所出。西周以後的盤、匜、缶有稱盥盤、盥匜、盥缶的，齊侯盂稱盥盂，此鼎稱盥鼎，則是較早自銘爲“盥鼎”的一例。藏上海博物館。

交龍紋鼎

春秋中期肉食器。

高17.5釐米，口徑20.8釐米。1964年陝西出土。

口沿外折，立耳，淺腹圜底，下置蹄足。腹上部飾交龍紋，下部飾波曲紋。鼎的腹部很淺，雙耳及蹄足特別粗壯，形制很特殊。藏陝西歷史博物館。

王子午鼎

春秋中期肉食器。

高69釐米，口徑66釐米，重100.2千克。1978年河南淅川下寺出土，同出七件，形制相同，大小遞減。

出土時鼎内各置匕一件。侈口方唇，設平蓋，立耳向外傾。束腰，平底下置短蹄足。蓋頂微突，置環鈕。蓋面飾變形蟠蛇紋兩周，器體、耳部各飾不同的蟠蛇紋，頸腹周圍設立體的、複雜多變的龍。蓋銘四字，器内壁鑄銘文八十四字，記載正月初吉丁亥日，王子午選用精美的青銅鑄此鼎，以祭祀王祖文考，並以身作則，施以德政，受到楚國人民的敬重，望後代子孫以此作爲準則。王子午即令尹子庚，楚莊王之子，《左傳》中屢有記載。銘文大字，修長而形體多變，近似鳥書。王子午鼎成組，形體雄偉，裝飾華美，表現了楚器的新風尚。此件爲成組器中最大者。藏河南博物院。

變形獸紋流鼎

春秋中期肉食器。

高6.4釐米，口徑7.9釐米。1975年山西聞喜上郭村出土。

直口，設蓋，蓋頂設一鈕，器口一側與一短槽流相連，直腹圜底，底外側設蹄足。腹兩側設附耳。此鼎的特殊之處在於其蓋有一段延伸彎曲，將器上的槽流完全蓋住。蓋面飾變形獸紋。藏山西博物院。

鱗紋流鼎

春秋中期肉食器。

高6.5釐米，口徑8.4釐米，重0.35千克。1961年山西侯馬上馬村出土。

口沿外折，一側置虎首流，流口大張。鼎設平蓋，上立一獸，尾上卷，體後傾，側視作顧盼狀。器束頸，鼓腹圜底，下置短蹄足。頸兩側設附耳，外側飾鱗紋。頸飾獸體目紋，腹飾鱗紋。此鼎較小，造型少見。侯馬上馬村遺址係晉國墓地，此爲晉國器。藏山西博物院。

獸面紋鼎

春秋中期肉食器。

高48釐米，口徑43釐米。1978年山東沂水劉家店子出土。

侈口，折沿，立耳外侈，腹稍鼓，圜底，下置蹄足。腹飾變形獸面紋，所有突起綫條均飾雷紋，極精細。兩旁配置的龍紋也已變形，獸面紋僅存雙目和鼻翼。獸面紋到春秋時期已很少使用，但此鼎仍予保留。藏山東省文物考古研究院。

交龍紋鼎

春秋中期肉食器。

高25.5釐米，口徑20.5釐米。1959年安徽舒城鳳凰嘴出土。

斂口，設折沿平蓋，鼓腹圜底，下置蹄足。頸兩側設附耳。蓋面中間有一環，旁立三個矩形鈕，另有一支銅棍，通過蓋上環的空隙，再與兩耳相通，使鼎在搬動時，蓋不致脱落，爲少見的特殊裝置。蓋面飾獸體卷曲紋，腹飾交龍紋。此鼎出土時成對。藏壽縣博物館。

透雕蟠蛇紋鼎

春秋中期肉食器。

高24釐米，口徑26.3釐米。1965年山西新絳出土。

口折沿，鼓腹，下置蹄足。頸兩側設附耳。鼎腹有内外兩層，透雕蟠蛇紋作爲外層，與内層的頸、腹相結合，蟠蛇的頭部翹出器外，足根飾變形獸面紋。腹外層的透雕工藝用失蠟法完成，反映了晉國青銅器鑄造工藝的高超水平。藏山西博物院。

吴王孫無壬鼎

春秋晚期肉食器。

高21.6釐米，口徑19.7釐米。1977年陝西鳳翔高王寺出土。

口略侈，設蓋，深腹圜底，腹外側置蹄足。頸兩側設附耳。蓋扁平，中心設一小環，蓋旁設三個環鈕。蓋面飾同心圓，内飾鳥紋和龍紋，器飾蟠龍紋。器、蓋同銘，各鑄“吴王孫無壬之脰鼎”八字。無壬又作無土，均不見於文獻。藏鳳翔縣博物館。

蔡子鼎

春秋晚期肉食器。

高33釐米，口徑23釐米，重6.77千克。

口沿外折，設蓋，蓋頂設輪形抓手。器鼓腹圜底，下置蹄足。頸兩側設附耳，蓋兩側有裝置，可套住附耳。蓋面、器腹和蹄足各設置半環，似可穿繩索。造型較爲少見。蓋面飾三角雲紋、交龍紋和獸體紋，頸飾交龍紋，腹飾交龍紋和三角雲紋。蓋面鑄銘文“蔡子林之鼎”五字，記載器主爲蔡子。藏北京故宫博物院。

蔡侯䵼鼎

春秋晚期肉食器。

高69釐米，口徑62釐米。1955年安徽壽縣西門蔡侯墓出土。

口略侈，設蓋，束頸，寬腹下收成圜底，腹外側設蹄足。頸兩側設附耳。蓋稍平，上設透雕環形抓手，蓋面設三個小環鈕，蓋緣設小獸首，可與器口相扣。腹飾蟠龍紋。器、蓋同銘，各鑄"蔡侯䵼之飤鼾"六字。記載此鼎爲蔡侯䵼所有。鼎自名爲鼾。鼾，當釋爲鑊，係祭祀、宴饗時煮牲之器。藏安徽博物院。

蔡侯驌鼎

春秋晚期肉食器。

高45釐米，口徑43釐米。1955年安徽壽縣西門蔡侯墓出土。

侈口折沿，束腰，平底，下置蹄足，口沿兩側設外傾立耳，腰部均匀地飾六個立體蟠龍爲棱脊，口沿及腹部飾變形蟠蛇紋。腹内壁鑄銘文"蔡侯驌之飤鼾"六字。記載鼎爲蔡侯驌所有，鼎自名爲鼾。周代用鼎制度，是以升鼎爲主。古人謂正鼎，形制與王子午鼎相似，是長江中下游平底鼎的一種通制。此器共有七件，成一組，出土時鼎内各置一匕，此爲最大者。安徽壽縣出土兩組鼎，大者自名鼾，小者自名鼾。藏中國國家博物館。

趞亥鼎

春秋晚期肉食器。

高15.6釐米，口徑21.9釐米，重3.9千克。

直口，淺腹圜底，蹄足較短。腹兩側設附耳。腹上部飾蟠龍紋，下飾鱗紋一周，中間以凸棱相間隔。腹内側鑄銘文十九字，行序向左傾斜，記載宋莊公之孫趞亥鑄造該鼎。銘文雖言莊公的裔孫，而器形近春秋晚期。藏上海博物館。

倗鼎

春秋晚期肉食器。

高41.5釐米，口徑23釐米，重14.8千克。1978年河南淅川下寺出土。

小口直沿，設折沿蓋，蓋頂立一方鈕，周邊另有三個環鈕。器圓肩，鼓腹圜底，下置蹄足。肩兩側設立耳。蓋面、蓋沿及器腹各飾交龍紋，足根飾獸面紋。蓋及器口沿各鑄銘文“楚叔之孫倗之鐈鼎”八字。這種形式的鼎自名爲鐈鼎，或釋作“湯鼎”。藏淅川縣博物館。

交龍紋鼎

春秋晚期肉食器。

高104釐米，口徑104釐米。1988年山西太原金勝村出土。

侈口折沿，束頸，鼓腹圜底，下置蹄足。頸兩側設附耳。腹下部前後各設一小環。頸、腹及耳外側均飾不同形式的交龍紋，足根部飾獸首。此鼎形制龐大，一般在祭祀時使用。藏山西博物院。

交龍紋鼎

春秋晚期肉食器。

高16.5釐米，寬20.5釐米。

斂口，設蓋，蓋頂有套環，蓋面均勻地匍匐三獸，口皆銜環。器束頸，鼓腹，下置短蹄足。頸兩側設附耳。蓋緣及器腹各飾交龍紋，耳廓飾綯紋。晉國青銅器上常設小動物，動物口中銜環則較爲少見。藏美國賽克勒美術館。

交龍紋鼎

春秋晚期肉食器。

高75釐米，口徑77釐米，重64.2千克。1923年河南新鄭出土。

口折沿，束頸，寬腹下收成圜底，下置蹄足。頸兩側設彎曲外傾的附耳，器形甚大。頸飾鱗紋、交龍紋和三角雲紋。腹上部飾交龍紋，下部爲兩首龍紋和垂葉紋，紋飾極精麗，蹄足根部飾龍角獸面紋。腹前後設獸首環，腹部紋飾以綯紋爲間隔。藏北京故宫博物院。

交龍紋鼎

春秋晚期肉食器。

高93釐米，口徑102釐米，重約220千克。

侈口外折，頸略收束，鼓腹圜底，腹外側設獸首蹄足，頸兩側設附耳，稍外傾。腹下部前後各設一圓環，估計因器形龐大，盛物後可貫繩移動。頸、腹及耳部各飾交龍紋。紋飾是使用印模制範，耳和足可分鑄後合澆，但最後完成整器也非易事。此鼎甚大，在春秋晚期的大鼎中亦屬少見。藏山西博物院。

交龍紋鼎

春秋晚期肉食器。

高18.9釐米，口徑17.5釐米，重2.5千克。1923年山西渾源李峪村出土。

斂口，設蓋，蓋頂設環鈕，蓋面置三頭匍匐狀小虎。腹稍鼓，連接三個款足，形似鬲，款足内封，與鼎相同。口沿兩側設附耳。整器飾雙鈎體軀的交龍紋，腹下端飾倒三角形，内填獸面紋。晉國青銅器往往以小動物作爲裝飾。此鼎紋飾精麗，體現了春秋晚期晉國先進的青銅器鑄造技術。藏上海博物館。

鳳紋方鼎

春秋晚期肉食器。

高22.8釐米，口縱26.5釐米，口橫28.5釐米。1965年安徽屯溪奕棋村出土。

器略呈長方形。直口，立方耳。直腹平底，下置半圓形短足。腹四壁中間及四隅皆出棱脊。腹飾對稱鳳紋。鳳昂首，羽冠飄舉，長尾下垂。此方鼎特矮，形式罕見。藏安徽博物院。

鑲嵌卷龍紋鼎

春秋晚期肉食器。

高17.5釐米，口縱15.3釐米，口横13釐米，重1.41千克。

1923年山西渾源李峪村出土。

直口，設蓋，蓋頂設套環，蓋面設三個鹿首。腹呈橢圓形，兩側設環耳，淺腹圜底，下置蹄足。此鼎造型簡潔，相當精巧。器的口緣内飾雲紋一周，蓋面、器腹飾雙綫組成的卷龍紋，圖案綫條均用紅銅鑲嵌，龍目鑲嵌緑松石。青銅原爲燦黄色，在紋飾上鑲嵌淺紅色和緑色，使整器色彩非常雅麗。藏上海博物館。

徐䣄尹䜌湯鼎

戰國早期肉食器。

高40.8釐米，口徑19.2釐米。1981年浙江紹興坡塘出土。

斂口，設折沿平蓋，蓋頂設環鈕，蓋面立三環，環上各有一小獸。圓肩，鼓腹圜底，下置蹄足。肩兩側所設的環形立耳，是由兩頭龍紋的曲體構成。蓋面飾交龍紋及綯紋，腹部主紋是火紋，以雲紋相間隔，以變形龍紋及綯紋爲欄，上下以三角雲紋爲邊沿。器、蓋同銘，各鑄銘文四十四字，記載徐䣄尹䜌作此湯鼎。藏浙江省博物館。

單孝子鼎

戰國早期肉食器。

高23.6釐米，口徑21釐米，重4.64千克。

斂口，設蓋，蓋面設三卧獸，鼓腹圜底，下置蹄足。腹兩側設外折的附耳。腹飾弦紋二道。器、蓋同銘，各鑄十六字，記載四月庚寅日，單孝子作盛放食物之鼎。藏北京故宫博物院。

曾侯乙湯鼎

戰國早期肉食器。

高38.5釐米，口徑25.7釐米，重29.8千克。1978年湖北隨縣(今屬隨州)擂鼓墩出土。

小口方唇，設平沿蓋，蓋緣有四環。圓肩，鼓腹圜底，腹外側置蹄足。肩兩側設獸形鈕，上連提鏈。蓋面和邊沿飾變形雲紋，器頸飾龍紋，腹飾火龍紋。蓋内和器肩鑄銘文"曾侯乙作持用終"七字。這類形式的鼎，在淅川下寺楚墓出土者，自名爲"𨯢鼎"和"𨯢鼎"，在浙江紹興出土者，自名爲"湯鼎"，可知其也可作爲煮水之用。藏湖北省博物館。

曾侯乙鼎

戰國早期肉食器。

共九件。最大者高36釐米，口徑45.8釐米，重20.7千克；最小者高35釐米，重19.7千克。1978年湖北隨縣(今屬隨州)擂鼓墩出土。

侈口，束腰，平底，下置蹄足，立耳外傾，腹外壁附四條立體龍，龍體及足緊貼腹壁，龍口噬鼎之口沿，龍尾上翹，尖端設一獸首。口沿下飾龍紋一周，其餘是幾何雲紋，紋飾均有鑲嵌，鑲嵌物成分不清，腹内壁鑄銘文"曾侯乙作持用終"七字。這種平底的鼎可稱爲鼾鼎，出土時鼎内貯存豬、鷄、羊、牛等動物骨骼。藏湖北省博物館。

仲𩰫鼎

戰國早期肉食器。

高33.1釐米，口徑23.2釐米，重6.52千克。

斂口，設扁平蓋，頂設環形鈕，鈕兩側向外折曲，蓋面設三個立體的卷體獸。深腹圜底，底外側置短蹄足，頸兩側設附耳。蓋面和器腹各飾雙綫的交龍紋，蓋面邊緣一周鑄銘文二十一字，腹内側倒鑄銘文二十二字，記載正月初吉乙亥日，𦣞季氏孫名仲𩰫，用上等青銅自作𩰬沱。“𩰬沱”爲鼎的别名。藏上海博物館。

褱鼎

戰國早期肉食器。

高32.4釐米，口徑28.8釐米，重8.24千克。

斂口，設蓋，蓋頂抓手如輪，深腹圜底，底旁置蹄足，腹兩側設附耳。蓋面及器腹均飾細密的交龍紋，並以綯紋爲間隔。器、蓋同銘，各鑄十五字，記載褱自作飤䃃鼶，祈求長壽，永保用之。䃃鼶爲鼎的别名。藏上海博物館。

龍紋鼎

戰國早期肉食器。

高18釐米，口徑12釐米。1982年北京順義龍灣屯出土。斂口，設折沿蓋，蓋頂有一鈕，蓋面設三個立體蛇首。器束頸，鼓腹圜底，下置蹄足。頸兩側設曲折形附耳。蓋面及器腹各飾回首龍紋，足根飾獸首。蓋面聳起的蛇首及曲折形附耳在鼎類器中都較爲少見。藏北京市文物研究所。

交龍紋鼎

戰國早期肉食器。

高55釐米，口徑54釐米，重46.34千克。

斂口，設蓋，蓋上分立三環，可倒置爲足。腹呈扁圓形，兩側設附耳，下置蹄足。器形較大。蓋頂正中飾火紋，蓋面和器腹均飾交龍紋，龍角竪起，體軀蟠曲，尾部向兩側展開，體軀内填以各種精細的雷紋和幾何紋，精密華麗。紋飾屬於三晉地區的風格。藏上海博物館。

交龍紋鼎

戰國早期肉食器。

高29釐米，口徑13.5釐米。1976年山東滕縣(今滕州)城關鎮出土。

斂口，設子口，失蓋。腹甚深，中間鼓起，向下略收成圜底，下置蹄足。頸兩側設附耳。腹上部飾交龍紋。鼎的形制如卵形，很別緻。藏滕州博物館。

交龍紋匜鼎

戰國早期肉食器。

高40釐米，口縱44.4釐米，口横50.2釐米，重13.2千克。1978年湖北隨縣(今屬隨州)擂鼓墩出土。

器體如匜，前有槽流，流上有透雕交龍紋。淺腹平底，下置長蹄足，二足在前，一足在後。腹兩側各設兩鈕，每對鈕上套接一副提鏈，提鏈由四節活絡鏈相套，二鏈的末端套接一個圓形提環。頸飾交龍紋。匜鼎的形式很特殊。藏湖北省博物館。

鑲嵌幾何紋鼎

戰國早期肉食器。

共十件。最大者高21.4釐米，口徑11.8釐米，重1.5千克；最小者高20.6釐米，重1千克。1978年湖北隨縣(今屬隨州)擂鼓墩出土。

斂口，腹稍鼓，下收成圜底。自下腹起置長獸蹄足，腹上部飾幾何形紋，下部飾倒置的三角形紋。紋飾原鑲嵌緑松石，今大多已脱落。此組鼎形式特殊，形制、紋飾相同，出土時鼎内各置一匕。藏湖北省博物館。

中山王礜鼎

戰國中期肉食器。

高51.5釐米，口徑65.8釐米，重60千克。1977年河北平山中山王礜墓出土。

斂口，設蓋，鼓腹下置三鐵足。腹兩側設附耳。器外壁自蓋至腹刻銘文四百六十九字，是現存戰國青銅器中刻銘文字數最多者。銘文以燕王噲讓位於相邦子之、招致亂國喪邦之事爲誡，述及中山成王早逝，王礜尚幼，司馬賙爲社稷之臣，左右國政，後礜方壯，仍委以重任，賙率領三軍征燕，闢啓封疆方數百里、列城數十，礜嘉獎賙，赦免賙三世子孫的死罪。最後王礜告誡嗣子要記取吴國吞併越國、越國覆滅吴國的教訓："毋大而肆，毋富而驕，毋衆而囂。鄰邦難親，讎人在旁。"鼎銘顯示了戰國時代小國國君的内憂外患和岌岌可危的地位。銘文有大量儒家用語，是研究中山國歷史的重要資料。藏河北博物院。

斜角雲紋鼎

戰國中期肉食器。

高36釐米，口徑35.9釐米，重14.25千克。

斂口，設蓋，蓋頂鑄套環，蓋面分設三環鈕。鼓腹圜底，下置蹄足。頸兩側設鋪首銜環。自蓋至腹分飾斜角雲紋六周，其間空隙的素地大於紋飾佔有的部位。紋飾疏朗活潑，與同時期繁縟細密的風格不同，是一種新型的裝飾藝術。藏上海博物館。

交龍團花紋鼎

戰國中期肉食器。

高17.5釐米，口徑19釐米。1974年甘肅平涼廟莊出土。

斂口，設蓋，蓋面鑄三個立體卧獸。鼓腹，下連短蹄足。頸兩側設鋪首銜環。蓋頂飾火紋，器、蓋各飾四道紋飾，交龍紋與六瓣團花各兩道，相互間隔，風格清新。藏甘肅省博物館。

鑲嵌四瓣花紋流鼎

戰國中期肉食器。

高16.5釐米，口徑10.5釐米。1979年河南洛陽小屯村出土。

弇口，設蓋，器、蓋合成似球體，腹外側置蹄足，頸兩側設附耳，腹一側設斜支管流。蓋頂爲鋪首圓環，兩旁飾對稱蟾蜍一對，蓋面及腹部各飾四瓣花紋圖案，蓋緣，器口沿、耳、足等各飾幾何雲紋。紋飾均以金銀片和金銀絲鑲嵌，精美華麗。鑲嵌紋飾是一種特殊的工藝技術，工序繁多，一般在製範時先刻或劃紋飾的凹槽，脱範後再用金銀絲和金銀片填嵌其間，然後用木炭或皮革加清水反覆打磨，使鑲嵌物牢固，表面光滑平整。藏洛陽博物館。

錯金雲紋鼎

戰國中期肉食器。

高14釐米，口徑12.1釐米，重1.8千克。1966年陝西咸陽出土。

器口略斂，上設高蓋，整器扣合呈扁球狀。蓋面設三個環紐。附耳，鼓腹，圜底，下置三蹄足。蓋頂飾四瓣花紋，外圍雲紋二周，蓋緣及器口沿飾雲紋，腹飾倒三角形紋一周，足及耳均飾雲紋。所有紋飾都以金絲和金片鑲嵌而成。此器較小，錯金也有脱落，但風格仍然端莊華麗。藏咸陽博物院。

流鼎

戰國中期肉食器。

高21.6釐米，口徑21釐米。1977年河北平山出土。

斂口，設折沿平蓋，蓋面立三個環形鈕。器鼓腹平底，旁置蹄足。頸兩側設附耳。腹上部一側設流，流的形式與一般鼎的槽形流不同，封頂，流口設十個細小的圓孔。對鼎而言，這種流的形式是僅見的，據説是燒肉湯的器具，在倒湯時可防止碎肉流出。藏河北博物院。

君夫人鼎

戰國晚期肉食器。

高32.9釐米，口徑25釐米，重7.7千克。

斂口，設高蓋，蓋頂設套環，座兩側飾小獸面紋，蓋面設三個蹲踞形小龍，鼓腹圜底，底旁置細長的蹄足，腹兩側設附耳。不施紋飾，磨礪精工，爲楚鼎的典型式樣。蓋内和鼎外壁各刻銘文“君夫人之鼎”五字。楚稱王，此君夫人當是某邦君的夫人。藏上海博物館。

大后厨官鼎

戰國晚期肉食器。

高48釐米，口徑44.5釐米，流口長9釐米，重29.1千克。1933年安徽壽縣朱家集楚王墓出土。

直口，設流，淺腹圜底，腹外側置獸蹄足，腹兩側設外傾的附耳。口沿外壁刻銘文“鑄客爲大后厨官爲之”九字，記載楚國工官鑄客爲大后的厨官所造。厨官爲楚國食官名。藏安徽博物院。

楚王熊肯鼎

戰國晚期肉食器。

高59.7釐米，口徑46.6釐米，重53.8千克。1933年安徽壽縣朱家集楚王墓出土。

口折沿，設蓋，深腹圜底，旁設三蹄足。頸兩側設附耳。器形甚大。器、蓋各飾幾何雲紋。器口沿刻三處銘文，共十九字，記載楚王熊肯鑄此長足鼎以供歲之秋祭。熊肯即考烈王熊元。藏北京故宮博物院。

王后七府鼎

戰國晚期肉食器。

高55.9釐米，口徑48.1釐米，重42.76千克。1933年安徽壽縣朱家集出土。

直口，鼓腹圜底，腹兩側設彎曲的附耳，腹外壁置較高的獸蹄足，足的上部飾粗獷的大獸首，一角向後卷起，聳出甚高，形體厚重。口沿刻銘文“鑄客爲王后七府爲之”九字，記載此鼎爲鑄客所造，而置於王后七府之中。鑄客爲鑄官之名。七府爲宮廷官名。藏上海博物館。

楚王熊肯鉇鼎

戰國晚期肉食器。

高38.5釐米，口徑67.5釐米，流口長12釐米，重40千克。1933年安徽壽縣朱家集楚王墓出土。

直口，設流，淺腹圜底，腹外側置獸蹄足，腹兩側設外折的附耳。口沿外壁刻銘文“楚王熊肯作鑄鉇鼎以供歲嘗”十二字。熊肯即考烈王熊元，所作之鼎稱“鉇鼎”，從形制來看應是流鼎。藏安徽博物院。

王后七府鼎

戰國晚期肉食器。

高51釐米，口徑48釐米，重35.8千克。1933年安徽壽縣朱家集出土。

口沿内折，立耳外傾，束腰，平底，設蹄足。腹附四獸，作攀附狀，探首於器口，通體飾羽翅紋。口沿刻銘文"鑄客爲王后七府爲之"九字，記載楚國工官鑄客爲王后七府作器。藏安徽博物院。

集𦝝䏔𦝝鼎

戰國晚期肉食器。

高113釐米，口徑87釐米，重400千克。1933年安徽壽縣朱家集李三孤堆出土。

口折沿，束頸，鼓腹圜底，下置蹄足，頸兩側置附耳外撇。耳飾菱形紋，頸飾菱形紋，足上部飾變形獸面紋。口沿上刻銘文“鑄客爲集𦝝䏔𦝝睘豚𦝝爲之”十二字，一足和腹外壁各刻的銘文疑爲“安邦”二字。此鼎造型宏偉，是目前發現最大的楚鼎。藏安徽博物院。

平安君鼎

戰國晚期肉食器。

高14釐米，口徑13.7釐米，重1.97千克。

斂口，設蓋，蓋面飾環形鈕，鼓腹圜底，旁置短蹄足，腹兩側設附耳。器、蓋各有刻銘兩組，共五十字，記載衛孝襄侯卅二年(公元前293年)，平安君鼎重五益六釿半釿四分釿。銘文指鼎的自重爲五益六釿又四分之三釿。此鼎重1 970克，如釿益爲十進位，則此重量爲5.675益，合每益爲347.2克，每釿約爲35克。鼎的容積爲1400毫升。藏上海博物館。

亡智鼎

原名"梁十九年鼎"。戰國晚期肉食器。

高18.3釐米，口徑17.5釐米，重4.1千克。

直口，設蓋，蓋面立三個梟形鈕，器兩側設附耳，鼓腹圜底，旁設短蹄足。腹部外壁刻銘文三十六字，記述亡智及嗇夫庶選擇優良的青銅作此鼎。魏王巡視北方，亡智爲此行之隨從，作鼎以記此事。此亡智與趙亡智同爲一人。藏上海博物館。

趙亡智鼎

又名“廿七年大良司寇鼎”。戰國晚期肉食器。

高18.6釐米，口徑17.4釐米，重3.5千克。

斂口，深腹圜底，旁置短蹄足。腹兩側設附耳。腹外壁刻銘文二十字。惠王十年，魏遷都大梁後稱梁，銘文中“大梁司寇趙亡智”，是指趙亡智原爲趙國人，在此任魏都大梁的司寇。鼎的容積爲3 570毫升。魏國刻銘的青銅器傳世較爲少見。藏上海博物館。

韓氏諅鼎

戰國晚期肉食器。

高22.5釐米，口徑17釐米，重3.14千克。

斂口，設蓋，蓋頂設活絡套環，蓋面似覆碗，上面均匀地立三環。腹稍鼓，下置短蹄足。腹兩側設附耳。此鼎的特點是有活絡的鏈可以提攜，附耳的一端與環鏈相套，另一端則爲一鈎，可鈎於鼎耳，將器提起，或可鈎於蓋頂之套環，可開啓鼎蓋。鼎一般不設活絡提梁，提梁鼎形制少見。器、蓋同銘，各刻“韓氏諅韓嬬”五字。銘文爲二次刻成，字迹不同，可知器曾易主，然皆爲韓氏。藏上海博物館。

錯金銀交龍紋鼎

戰國晚期肉食器。

高15.5釐米。1965年江蘇漣水三里墩出土。

斂口，設蓋，似覆碗，蓋面均勻地分佈三個立體卧獸。鼓腹，圜底，下置蹄足，頸兩側設附耳。蓋頂飾火紋，蓋面飾交龍紋，腹上下各飾幾何雲紋，耳廓飾三角雲紋，紋飾均以金銀絲和金銀片鑲嵌，極爲豪華。藏南京博物院。

四聯鼎

戰國晚期肉食器。

高15釐米，重4.3千克。1972年安徽太湖長河水利工地出土。

整器由四個附耳蓋鼎組成。斂口，設蓋，蓋頂立小鈕，蓋面設三個卧獸。鼓腹圜底，下置蹄足。四鼎相同，腹部相聯，共有六個附耳，四個蹄足，足中部能内折。四鼎相聯的形式很少見，鼎足可内折的更爲罕見。藏安徽博物院。

館陶家四聯鼎

西漢早期肉食器。

高22釐米。

四鼎相聯。斂口，設蓋，鼓腹圜底，下置蹄足。腹一側設匙形附耳，另一側設扣鈕，四鼎共有八耳四足。其中一鼎腹刻銘文二十字："銅連鼎四合，容各三斗，並重九十三斤，館陶家，霸田。"館陶是指漢文帝之女館陶長公主。四聯鼎之造型始於戰國時代，安徽曾出一器，形制與此相似，但鼎足可折疊。此鼎足較短，不能折疊。藏咸陽博物院。

熊足鼎

西漢肉食器。

高18.1釐米，重3.6千克。1968年河北滿城劉勝墓出土。

斂口，設蓋，蓋上有兩獸佇立，鼓腹圜底，底旁置三立熊爲足，熊張口，手足並攏。器口沿設附耳，耳中有活絡的獸首拴，使器蓋扣住，造型別緻。藏河北博物院。

變形獸面紋鬲

商代早期肉食器。

高18釐米，口徑14.4釐米。1951年河南輝縣琉璃閣出土。

口沿外折，外沿有加厚唇邊，上立二耳很小，似半環。頸較長，内收，鼓腹分襠，下連空錐足。頸飾變形獸面紋，對稱的雙目突起，角、嘴及體軀均以雲紋爲之。腹飾雙綫弦紋。此鬲的腹及足部曾經修補，可見是當時的實用器。藏中國國家博物館。

亘鬲

商代中期肉食器。

高22釐米，口徑15.4釐米。

侈口，立耳較小，束頸，寬腹分襠，下連短錐足，足中空與腹相通。頸及腹各飾不同形式的弦紋。口内側鑄銘文“亘”字。商代中期青銅器上鑄銘文的較少見。藏中國國家博物館。

變形龍紋鬲

商代中期肉食器。

高16.5釐米，口徑13釐米，重1.1千克。1955年河南鄭州白家莊出土。

口沿外卷，立耳較小，束頸，腹向下弛大，並呈分襠形，下連空錐足。口沿下飾變形龍紋一周，没有明確的頭部與尾部，僅存彎曲的體軀，其上下均有連珠紋爲欄。藏中國國家博物館。

獸面紋鬲

商代中期肉食器。

高15.2釐米。

口折沿，立耳，耳孔大，耳框細，束頸，深腹分襠，下連短錐足。頸、腹飾變形獸面紋，腹部的獸面紋僅有眉和目，而頸部的獸面紋衹有彎曲的綫條，没有明確的雙目，這都是圖案變形的結果。藏美國舊金山亞洲藝術博物館。

獸面紋鬲

商代中期肉食器。

高19.2釐米，口徑14.6釐米，重1.06千克。

侈口，設加厚的唇邊，立耳，頸較長，深腹分襠，下連短空足，足尖圓鈍。頸飾變形的内卷角獸面紋，無目紋，其上下皆以連珠紋爲欄。袋腹飾外卷角獸面紋，獸目特巨，圖案綫條粗獷，結構複雜，其下沿亦飾連珠紋。器壁薄而均匀，在商代中期的青銅鬲中屬於鑄造較精者。藏上海博物館。

獸面紋四足鬲

商代中期肉食器。

高23.2釐米，口徑21釐米，重4.9千克。1981年陝西城固龍頭鎮出土。

口折沿，外緣有加厚唇邊，短頸，鼓腹分襠成爲四足，下連空短足，足尖圓鈍，與腹相通。頸飾雷紋一周，腹滿飾虎耳獸面紋四組，雙目突起。四足鬲的造型比較少見。藏陝西歷史博物館。

獸面紋四足鬲

獸面紋鬲

商代晚期肉食器。

高23.2釐米，口徑15.3釐米，重1.58千克。傳安徽阜南朱砦區月牙河出土。

口沿斜折，立耳狹邊，耳孔較大，長頸，寬腹分襠，下連空錐足。鬲的一耳與一足成垂直綫，這是夏代及商代早、中期青銅鼎和鬲形制的特殊鑄造方式，在殷墟時期尚在沿用。頸飾獸體目紋，腹飾曲折角獸面紋，雙目甚大而微突，其餘紋飾都在一個平面上。此器已呈“半脱胎”，具有江淮流域出土青銅器所特有的氧化層。藏上海博物館。

獸面紋鬲

商代晚期肉食器。

高17.2釐米，口徑13釐米，重1.28千克。

侈口斜沿，立耳，束頸，腹部寬大，分襠較深，下連短小的空錐足。腹飾外卷角獸面紋，目眶與體軀相連，體軀向兩側上卷，其餘都是列鰭式的雲雷紋。此鬲從紋飾結構分析，其鑄造年代約在殷墟早期。整器爲保護其不受自然侵害，曾經在表面上過蠟，俗稱爲“熟坑”。此鬲口邊及腹底部有舊補痕迹。藏上海博物館。

獸面紋鬲

獸面紋鬲

商代晚期肉食器。

高28.8釐米。傳河南安陽出土。

直口折沿，立耳，短頸，寬腹分襠，下置柱足，足根稍粗。器形較大。頸飾目雷紋，腹飾外卷角獸面紋，角形甚少見，佔了很大面積，相應的雙目比較小，但口部還是很大。藏美國賽克勒美術館。

獸面紋鬲

商代晚期肉食器。

高18.2釐米。傳河南安陽出土。

斂口，寬唇，立耳，束頸，寬腹分襠，下置短柱足。頸飾側面長體龍紋，體軀呈波曲狀，腹飾龍角獸面紋，龍角甚大，佔據獸面紋一半以上面積，而雙目卻較小。這類獸面紋很特殊。藏瑞典國立藝術博物館。

獸面紋鬲

商代晚期肉食器。

高22.8釐米，重1.12千克。1958年湖南寧鄉出土。

侈口折沿，立耳，短頸，寬腹分襠，下置柱足。頸飾斜角目雷紋，腹飾羊角獸面紋，角形甚大，向外側卷曲，雙目等佔較小面積。羊角獸面紋傳世較爲少見，這是南方地區獸面紋的特點。藏湖南省博物館。

齊婦鬲

商代晚期肉食器。

高18.5釐米，口徑14.1釐米，重1.65千克。

侈口，立耳較小，直頸，寬腹分襠，下連空柱足。頸飾斜角雲紋，其上爲一周連珠紋，腹飾牛角獸面紋，牛角上又飾一對虎耳，這就佔據獸面紋一半以上的面積。這類獸面紋很少見，整個紋飾除雙目突起外，其餘部分的綫條均爲平雕。口内側鑄銘文“齊婦𢍜”三字。“𢍜”爲族氏名，在商代青銅器銘文中多見。藏上海博物館。

獸面紋鬲

西周早期肉食器。

高20釐米，口徑14.6釐米，重1.5千克。

侈口，立耳，束頸，鼓腹分襠，其下延長成獸蹄足。腹飾外卷角獸面紋，角的外圍較淺，並飾鰭形條紋，這是西周早期紋飾的特點，而體部在兩側佔很小的面積。頸部飾重疊雷紋，具有疏密對比的裝飾效果。表面氧化層爲較均勻的翠綠色，這是南方紅壤地區出土青銅器所具有的特點。藏上海博物館。

伯矩鬲

西周早期肉食器。

高33釐米，口徑22.9釐米，重8.25千克。1975年北京房山琉璃河黃土坡村出土。

侈口，設平蓋，立耳，束頸，寬腹分襠，下置短柱足。蓋頂以牛首相背爲抓手，蓋面及腹皆飾牛角獸面紋，角及耳端爲浮雕，向上翹起，器頸飾龍紋一周。器形特大，紋飾雄健。器、蓋同銘，各鑄銘文十五字，記載戊辰日，燕侯賞賜伯矩貝，伯矩爲父戊作此鬲。藏首都博物館。

魯侯熙鬲

西周早期肉食器。

高17.1釐米(至口沿)，口徑14.5釐米。

侈口，立耳，束頸，寬腹分襠，下置柱足。腹飾外卷角獸面紋。腹內壁鑄銘文十三字，記載魯侯熙作此鬲，以祭祀文考魯公。魯侯熙即魯煬公熙，爲第三代魯侯，文考魯公應指魯公伯禽。藏美國波士頓美術館。

仲枏父鬲

西周中期肉食器。

高14.2釐米，口徑19.8釐米，重2.26千克。傳1967年陝西永壽好畤河村出土。

口設寬唇，短頸收束，鼓腹下連蹄足。腹飾粗獷的卷體龍紋。自唇沿至腹内壁鑄銘文三十九字，記載仲枏父爲器主，其身份是師湯父有司。此鬲爲西周恭王時器。據記載，仲枏父鬲共有七件，其中兩件藏上海博物館，陝西省西安市文管處藏一件，陝西歷史博物館藏三件，美國私人藏一件。

琱生鬲

西周中期肉食器。

高26釐米，口徑25釐米。傳20世紀50年代初陝西永壽好畤河出土。

侈口，立耳，鼓腹下連柱足。頸飾獸體目紋，腹飾花冠龍紋。口沿内壁鑄銘文二十二字，記載琱生爲文考宮仲作尊鬲。“鬲”即“鬲”字，是本器自名。琱生爲器主，與五年琱生簋、六年琱生簋的器主爲同一人。藏陝西歷史博物館。

尹姑鬲

西周中期肉食器。

高34釐米。

侈口，立耳，束頸，寬腹分襠，下置蹄足。腹飾外卷角獸面紋。腹內壁鑄銘文六十四字，記載穆公爲其夫人尹姑在繇林建造高室，六月既生霸乙卯日，天君因弗望穆公聖明服事先王，親臨尹姑繇林宗室，賞賜尹姑玉五品、馬四匹，尹姑宣揚天君的美意，作此寶鬲。藏美國奧爾布賴特·諾克斯美術館。

公姑鬲

西周中期肉食器。

高31釐米，口徑27釐米。

侈口，立耳，束頸，鼓腹分襠，下連蹄足。腹飾虎耳獸面紋。形制較大。口內壁鑄銘文三十八字，比較模糊，大意爲十二月的一天，天君賞賜公姑三百條魚，公姑作此鬲以爲紀念。藏美國舊金山亞洲藝術博物館。

師趛鬲

西周中期肉食器。

高50.8釐米，重48.8千克。

侈口，束頸，鼓腹分襠，下連三足。頸兩側設附耳。器形爲鬲中最大者。頸飾兩頭交疊龍紋，腹飾回首卷體龍紋，耳飾鱗紋。腹内壁鑄銘文二十九字，記載九月初吉庚寅日，師趛爲其父聖公、其母聖姬作此大鬲。藏北京故宫博物院。

封鬲

西周晚期肉食器。

高13.5釐米。

口沿外折較寬，束頸，鼓腹下連三個袋形短足。腹部滿飾鱗紋，並均勻地設三道短棱脊。自口沿内至腹鑄銘文五十一字，記載封要效法先人，秉持明德，日夜恭敬地體恤周邦，保衛周王，周王也因封對周室的貢獻而賞賜了封。此器銘文字數較多，而且器物成對，相當難得。藏中國國家博物館。

榮有司爯鬲

西周晚期肉食器。

高11.2釐米，口徑16.3釐米，重1.3千克。1975年陝西岐山董家村出土。

口沿外折較寬，束頸，鼓腹分襠，下連蹄足。腹飾鱗紋和直條紋。口内側鑄銘文十二字，記載榮有司爯爲其女嬭母作媵器。榮爲西周國名。《國語 · 周語》載："厲王説榮夷公。"韋昭注："榮，國名。"藏寶鷄市周原博物館。

虢仲鬲

西周晚期肉食器。

高13.2釐米，口徑18釐米，重1.89千克。

口沿外折較寬，束頸，淺腹下連蹄足。腹飾對稱卷體龍紋，龍的頭部甚大，體軀向前卷曲，龍爪已到達器的足部。口沿內鑄銘文十六字，記載虢仲爲虢妃作此鬲。虢仲是周厲王的重臣，統率百工。藏上海博物館。

邾伯鬲

西周晚期肉食器。

高11.3釐米，口徑15釐米。

侈口，口沿斜折，束頸，鼓腹分襠，袋足及地。肩飾獸體卷曲紋一周。口沿鑄銘文十五字，記載此爲媵鬲，是邾伯所作。邾爲周武王所封曹姓國，爲魯國的附庸，在今山東鄒城東南。藏中國國家博物館。

虢季鬲

西周晚期肉食器。

高12.7釐米。1990年河南三門峽上村嶺出土。

侈口，折沿較寬，束頸，鼓腹下連短蹄足。腹飾象鼻獸紋。口沿内側鑄銘文"虢季作寶鬲，其萬年永寶用享"十二字。虢季是虢仲的别支，銘文記載此鬲爲虢季自作。藏虢國博物館。

伯夏父鬲

西周晚期肉食器。

高12.2釐米，口徑17.1釐米，重1.18千克。

口折沿較寬，鼓腹下連蹄足。腹上部飾鱗紋一周。口沿内鑄銘文十九字，記載此鬲是伯夏父爲畢姬所作。畢國在今西安長安區西北，是與周王室同姓的諸侯。伯夏父所作之鬲共有六件，銘文相同，其中兩件藏上海博物館。

它鬲

西周晚期肉食器。

器成對。高25釐米，口徑17.5釐米，重1.7千克。1958年陝西扶風齊家村出土。

口折沿較寬，口沿上聯鑄一對小卧獸，獸首外向。器束頸，寬腹分襠，下連蹄足。肩飾鱗紋，大小鱗瓣相間，腹飾分解式獸面紋，以寬棱脊爲鼻。口沿上鑄銘文“它”字。鬲的口沿鑄小獸者，此爲僅見。藏陝西歷史博物館。

衛夫人鬲

西周晚期肉食器。

高10.6釐米，口徑16.3釐米。

侈口，折沿較寬，束頸，鼓腹分襠近平，下連鑄蹄足。腹設三條棱脊，並設變形獸面紋。口平沿上鑄銘文十五字，記載衛夫人文君爲叔姜作此鬲。藏南京博物院。

單叔鬲

西周晚期肉食器。

共九件。器形、大小相同。高15.3釐米，口徑20釐米，重2.3千克。2003年陝西寶鷄眉縣楊家村出土。

侈口，折沿甚寬，束頸，鼓腹分襠較淺，下連蹄足。肩飾獸體卷曲紋，腹飾卷體龍紋。口沿内側鑄銘文十七字，記載單叔爲孟媍作此鬲。藏寶鷄青銅器博物院。

吕王鬲

西周晚期肉食器。

高12.5釐米，口徑18釐米，重1.86千克。

寬沿，短頸，腹呈淺分襠式，連接粗短的蹄足。腹飾變形鳥紋。口沿内側鑄銘文十三字，記此鬲爲吕王所作。吕爲國名，是西周姜姓之國，其地在河南南陽以西。藏上海博物館。

芮公鬲

西周晚期肉食器。

高10.5釐米，口徑15釐米，重1.45千克。

口沿外折，束頸，鼓腹下連蹄足。腹上部飾交疊式獸體卷曲紋，下部飾相背式卷體龍紋。口沿上鑄銘文十九字，記載芮公爲京氏婦叔姬作媵器。藏上海博物館。

杜伯鬲

西周晚期肉食器。

高13.2釐米，口徑17.5釐米，重1.58千克。

口沿甚寬，束頸，鼓腹下連鑄三足。腹飾鱗紋一周，大小鱗瓣相間。口沿上鑄銘文一周，共十七字，記載杜伯爲叔祁作此鬲。杜國祁姓，叔祁係杜伯之女，此乃嫁女之媵器。藏北京故宮博物院。

卷龍紋鬲

西周晚期肉食器。

高16.9釐米，口徑24.5釐米，重2.49千克。

敞口，束頸，深腹，分襠甚淺，不另設明顯的足。這種形式的陶鬲在河南濟陽北窑曾有出土，青銅鬲可能是仿陶鬲的形式。腹部飾對稱的卷體龍紋，體軀彎曲向下，尾設置在龍首之下。龍紋使用粗獷的綫條，並且在綫條中再設細條紋，留出空間甚少。此鬲的形制比較少見。藏上海博物館。

龍紋鬲

西周晚期肉食器。

高16.6釐米，口徑17釐米。1994年山西曲沃晉侯墓地出土。

口沿外折較寬，束頸，鼓腹分襠，下連蹄足。腹兩側設附耳。腹飾對稱龍紋。藏山西博物院。

魯伯愈父鬲

春秋早期肉食器。

高12.3釐米，口徑16.1釐米，重1.34千克。1830年山東滕縣(今滕州)鳳凰嶺出土。

口折沿寬平，束頸，淺腹分襠，下連蹄足，腹與足對應處設棱脊，並飾對稱的俯首卷體龍紋。口沿上鑄銘文十五字，記載魯伯愈父爲其女邾姬作陪嫁的羞鬲。“羞鬲”用來盛放四時之珍異物品。銘文説明魯、邾兩國互通婚姻。魯伯愈父鬲據著録共有五件，其中兩件藏上海博物館。

三鳩鬲

春秋早期肉食器。

高21.4釐米，口徑14.3釐米，重2.26千克。

侈口，立耳，束頸，鼓腹分襠，下連蹄足。頸飾鱗紋一周，寬腹上分置三個立體鳩首，雙翼向兩側展開，並緊貼器腹，翼飾雷紋，充分利用鬲袋腹的特點加以巧妙的裝飾，體現了設計者豐富的想象力。藏上海博物館。

素鬲

春秋早期肉食器。

高19.2釐米，口徑20釐米。1956年河南三門峽上村嶺虢國墓地出土。

器形較扁，高度不及寬度。口折沿較寬，束頸鼓腹，分襠甚淺，襠底近平。頸兩側設附耳，耳框中間設兩支銅棍與鬲口沿相連接，耳框僅一半露出器口。整器無紋飾，表面亦未經加工磨礪，尚能看到合範痕迹。這種低體、附耳、不另設三足的鬲相當少見。藏虢國博物館。

黄朱柢鬲

春秋早期肉食器。

高20.5釐米，口徑25.5釐米。1966年湖北京山縣蘇家壠出土。

口沿外折，寬唇，束頸，寬腹分襠，下連短柱足。頸飾鱗紋一周。唇部鑄銘文"唯黄朱柢用吉金作鬲"九字，記載黄朱柢用青銅作此鬲。此器與曾侯仲子斿父壺同時出土。傳世黄國器較爲少見。此器造型簡單樸素。藏湖北省博物館。

黄子鬲

春秋早期肉食器。

高11釐米，口徑13.8釐米。1983年河南光山縣寶相寺出土。

斂口，折沿較寬，束頸，鼓腹分襠，下連蹄足。腹飾卷體龍紋。頸外側鑄銘文十六字，字體甚大，記載黄子爲黄夫人作行器。鬲的銘文鑄在頸外側者較爲少見。藏河南博物院。

番君鬲

春秋早期肉食器。

高11.8釐米，重1.46千克。

口寬沿外折，束頸，鼓腹分襠，下連蹄足。腹飾變形獸體紋一周。口沿鑄銘文十七字，記載番君酟伯自作寶鬲。番君是番國的君長，酟伯是其字。藏北京故宫博物院。

變形獸體紋鬲

春秋中期肉食器。

高21釐米，口徑18釐米。1978年山東沂水劉家店子出土。

口折沿，設平蓋，頂部凸起，設一鈕。蓋沿均匀地設四小鈕，可扣住器口沿，使蓋不易失落。器束頸，鼓腹分襠，下連錐足。蓋面飾獸目交連紋，器腹飾變形獸體紋。鬲設蓋者較爲少見。此鬲共出九件，器形、大小相同，但紋飾各異。藏山東省文物考古研究所。

索紋鬲

春秋晚期肉食器。

高36.3釐米，口徑40.2釐米，重10千克。1978年湖北隨縣(今屬隨州)擂鼓墩出土。

侈口，束頸，深腹分襠，下連款足。整器飾索紋，是用繩索壓印在陶範上，再合範澆鑄而成。陶鬲上飾索紋者較多見，青銅鬲上所飾的索紋一般爲整齊的紋飾，這類自然形式的索紋極少見。藏湖北省博物館。

交龍紋鬲

春秋晚期肉食器。

高12.6釐米，口徑15.5釐米。1978年河南淅川下寺出土。

口沿外折，寬唇，束頸，鼓腹平襠，下連蹄足。腹飾交龍紋，自口沿至腹有六條立體龍攀附於外壁。口沿原鑄銘文十二字，但作器人名已被刮去，現存十字。出土時附有一匕。此鬲腹部分襠趨於平直，與鼎比較接近，器外的立體龍取代了棱脊的裝飾。藏河南博物院。

交龍紋鬲

交龍紋鬲

春秋晚期肉食器。

共五件。造型、尺寸、紋飾都相同，爲一組器。高11釐米，口徑14.4釐米。1988年山西太原金勝村出土。

口折沿，束頸，鼓腹下連蹄足，足向内一面不封閉。腹飾交龍紋，在龍的體軀上有雲雷紋圖案，腹設三道短棱脊，其上飾對稱龍紋。藏山西博物院。

曾侯乙鬲

戰國早期肉食器。

共九件。最大者高12.95釐米，重2.5千克；最小者高12.1釐米，重2千克。1978年湖北隨縣（今屬隨州）擂鼓墩出土。

斂口，寬沿外折，束頸，鼓腹分襠，下連蹄足，腹部與三足垂直處設三條棱脊。腹飾變形龍紋。口沿上各鑄銘文"曾侯乙作持用終"七字。九件鬲均完好，出土時，有兩鬲腹内各置一匕。藏湖北省博物館。

斜角雲紋甗

商代早期蒸飯器。

高36.3釐米，口徑27.6釐米，重2.25千克。1974年湖北黄陂盤龍城李家嘴出土。

由甑、鬲兩部分組成。甑口沿平折，深腹向下收斂，圈足與鬲口合鑄。鬲腹分襠，下連空錐足，與腹相通。甑、鬲間設箅，箅的中央有一圓孔，周圍有八個圓孔。甑口沿下飾目雷紋，紋飾是突起的單綫條，這是青銅甗中最早的形制和紋飾。器壁很薄，鬲的表面尚存烟炱痕，是當時的使用痕迹。藏湖北省博物館。

弦紋甗

商代中期蒸飯器。

高46釐米，口徑29釐米，重11.75千克。1973年内蒙古克什克騰旗土城子出土。

甑、鬲合鑄。甑口稍呈三角形，口沿設立耳，上部甑體特高，上口稍大而下部略小。鬲腹分襠，下連柱足。甑體飾弦紋三道，簡單樸素。藏赤峰博物館。

弦紋甗

商代中期蒸飯器。

高44釐米，口徑26釐米。1972年内蒙古赤峰松山出土。

甑、鬲合鑄。甑侈口内折，立耳，口沿較寬，直腹下略收。鬲寬腹分襠，下連柱足。甑腹飾三道弦紋。藏赤峰博物館。

𣪘甗

商代晚期蒸飯器。

高50釐米，口徑28釐米。1977年河南安陽殷墟小屯出土。

甑、鬲合鑄。甑大口設立耳，口向下稍收斂。鬲寬腹分襠，下連柱足。中腰設長條形箅齒，箅已遺失。甑腹飾細綫弦紋三周。口内側鑄銘文爲倒書“𣪘”字。器形與内蒙古出土弦紋甗大致相同。藏中國社會科學院考古研究所。

好甗

商代晚期蒸飯器。

高78.1釐米，口徑46.4釐米。1976年河南安陽小屯婦好墓出土。

侈口，立耳，束頸，直腹，下連鬲。鬲寬腹分襠，下連柱足，中腰内設箅。甗腹飾獸面紋六組，獸面紋中有體軀與無體軀一一相間，紋飾空間極狹，紋樣簡單。口内側鑄銘文“好”字。藏中國考古博物館。

婦好甗

商代晚期蒸飯器。

高35.3釐米，口徑24釐米。1976年河南安陽小屯婦好墓出土。

甑、鬲分鑄。甑似雙耳簋，侈口，腹下斂，兩側設獸首耳。甑底即爲箅，設四個三角形孔。鬲短頸，外設一平面座，甑的底部可套於鬲口内。鬲寬體分襠，下連柱足。甑腹飾長冠卷尾鳥紋一周和三角形紋内填雲雷紋。是分體甗中最早的形式。口内側鑄銘文“婦好”兩字。藏中國社會科學院考古研究所。

婦好三聯甗

商代晚期蒸飯器。

高68釐米，禁長103.7釐米，寬27釐米，總重138.2千克。1976年河南安陽殷墟婦好墓出土。

由長方形六足座和三件甑組成。三甑形式相同，侈口，頸腹向下收斂成凹底，並設三個扇形孔，頸腹兩側設羊首耳。頸飾對稱龍紋，龍體彎曲，其上下並飾火紋。甑口內壁和耳下的外壁各鑄銘文“婦好”兩字。甗座似長方形禁，上設三個器座，三件甑安置其上，可同時蒸煮多種食物。甗架腹腔中空，平底，可貯水，下置六條扁形足。架面飾蟠龍紋，分繞甑的器座，龍體飾菱形紋，四隅分飾牛首紋。甗架四壁飾火龍紋和三角形雲雷紋。形制特殊，在甗類器中僅此一例。藏中國國家博物館。

作册般甗

商代晚期蒸飯器。

高44.2釐米，口徑27.2釐米。

甑、鬲合鑄。甑侈口，立耳，下連鬲。鬲寬腹分襠，下連柱足。甑、鬲間設箅，十字孔箅置於箅齒之上，有一環將箅套住。甑口沿下飾環柱角獸面紋，體軀甚長，並向上卷曲，腹飾三角形紋。鬲腹飾牛角獸面紋。甑腹内壁鑄銘文二十字，記載王征伐東夷的人方，事畢後，王賞賜作册般貝，般因此爲父己作此甗。是商代帝乙帝辛時器物。藏中國國家博物館。

龍紋甗

商代晚期蒸飯器。

高39.5釐米，口徑20.2釐米。1936年河南安陽小屯出土。

甑侈口，立耳，下收成腹。其下合鑄一鬲，甑、鬲間有隔。口沿下飾龍紋一周，首尾相接，首向左，張口，尾上卷，以雷紋爲地。上部的甑較高，是典型的商代晚期器。藏臺灣"中央研究院"歷史語言研究所。

弦紋甗

商代晚期蒸飯器。

高69釐米，口徑39釐米。1961年湖北浠水白石鄉出土。

口略侈，折沿，立耳。口向下稍收，甑深腹，下連鑄一鬲，中有箅。鬲鼓腹分襠，下置柱足。甑口飾弦紋，鬲飾牛角獸面紋，手法簡潔。藏湖北省博物館。

獸面紋甗

商代晚期蒸飯器。

高69.5釐米，口徑43釐米，重24.7千克。1977年陝西禮泉朱馬嘴出土。

甑侈口，口沿很寬，周邊垂直上折，形成二層臺，立耳高大，腹下連鑄一鬲。腹分襠，下連三柱足。形體高大，甑腹飾獸面紋一周，鬲腹飾牛角獸面紋，紋飾皆以突起單綫構成。藏昭陵博物館。

大史友甗

西周早期蒸飯器。

高52.2釐米，口徑31.9釐米，重11.4千克。山東壽張(今併入陽穀和河南范縣)出土。

甑、鬲合鑄。甑侈口，立耳，腹向下少作收斂，底設五個透雕十字形孔爲箅，有半環形鈕相連可以開閉。鬲寬腹分襠較淺，下連三蹄足。甑口沿下飾對稱龍紋一周，鬲腹飾牛角獸面紋。甑内壁鑄銘文“大史友作召公寶尊彝”九字，記載大史友爲召公作此甗。藏日本泉屋博古館。

應監甗

西周早期蒸飯器。

高34.9釐米，口徑22.4釐米，重3.5千克。1958年江西餘幹黃金埠出土。

甑敞口，立索耳。腹部下斂，與鬲連鑄。甑底設箅，箅有五個十字形孔。鬲腹分襠，下連柱足。口沿下飾火紋與四瓣目紋相間，鬲腹飾牛角獸面紋。口沿内壁鑄銘文“應監作寶尊彝”六字，記載爲應國監國君所作。藏江西省博物館。

應侯甗

西周早期蒸飯器。

高44釐米。1992年河南平頂山薛莊鄉應侯墓地出土。

甑、鬲合鑄。甑侈口，立耳，直腹下收。底有透雕的十字形孔的箅。甑底套入鬲口。鬲短頸，鼓腹分襠，下連柱足，鬲腹飾牛角獸面紋。甑内壁鑄銘文“應侯作旅彝”五字。甗上下色澤相差較大。藏河南省文物考古研究所。

商婦甗

西周早期蒸飯器。

高36.8釐米，口徑22.7釐米，重5千克。

甑侈口，索形立耳，腹向下略收，下合鑄一鬲。鬲鼓腹分襠，下連柱足。甑口沿飾環柱角獸面紋一周，兩側體軀上有密集的羽狀紋。鬲腹飾牛角獸面紋，紋飾僅爲粗綫條，簡單樸拙。口沿内壁鑄銘文“商婦作彝羙”五字，記載羙爲商婦作此甗。藏上海博物館。

母癸甗

西周早期蒸飯器。

高50.2釐米，口徑31.3釐米，重10.38千克。

甑侈口，索形立耳，腹部向下略收，下合鑄一鬲。鬲鼓腹分襠，下連柱足較長。甑口沿下飾環柱角獸面紋，腹飾彎角回首對鳥組成的垂葉紋，葉尖甚長，尖端達甑底。鬲腹飾牛角獸面紋，紋飾粗壯。口内側鑄銘文“[illegible]母癸”三字，記載[illegible]爲祭母癸而作此器。藏上海博物館。

南單母癸甗

西周早期蒸飯器。

高38釐米，口徑23.3釐米，重4.7千克。

上下兩部分合鑄。在上體和下體之間設鋬，便於把持。這一形式極爲罕見，爲研究青銅甗的形制和使用方法，提供了重要的實物例證。口沿下飾獸面紋一周。腹内壁鑄銘文“南丹母癸”四字，記載此器是南單族氏爲祭祀其母癸所作的祭器。藏上海博物館。

圉甗

西周早期蒸飯器。

高41釐米，口徑25.5釐米。1974年北京房山琉璃河出土。

甑、鬲合鑄。甑侈口，立耳，直腹，下連鬲。鼓腹分襠，下置柱足，頸腹間設桃形箅。甑頸飾環柱角獸面紋，體軀上部飾列鰭紋，鬲腹飾牛角獸面紋。腹内壁鑄銘文十四字，記載王在成周作除惡祈福之祭，王賞賜圉以貝，圉因此作甗。藏首都博物館。

獸面紋甗

西周早期蒸飯器。

高80.9釐米，口徑44.9釐米，重40.02千克。

甑、鬲合鑄。甑侈口，立耳較高，深腹略收，下連鬲。鬲寬腹分襠，下連蹄足，甑鬲間設箅，有孔可通蒸氣。甑立耳飾龍紋，頸飾外卷角獸面紋，腹飾由變形龍紋組成的三角形紋。鬲腹飾牛角獸面紋。此甗甚高大，造型渾厚凝重，是難得珍品。藏北京故宫博物院。

長子口方甗

西周早期蒸飯器。

高30.2釐米，甑口徑21.4釐米，重4.45千克。1997年河南鹿邑太清宫鎮太清宫遺址出土。

上下分鑄。上爲甑，形似簋，侈口，腹斜收成平底，底部有三個三角形孔爲箅，腹兩側設獸首耳。下爲方形"甗座"，侈口，套住甑底。束頸，斜肩，折腹呈方形，下連四足，内底四隅内凹，腹兩側設附耳。甑飾環柱角獸面紋一周，甑内壁鑄銘文"長子口"三字。西周早期分體甗甚少見，上圓下方更爲罕見。藏河南省文物考古研究所。

龍紋甗

西周中期蒸飯器。

高38.5釐米，口徑27.9釐米，重4.85千克。

甑、鬲合鑄。甑敞口外翻，立兩耳，體較寬，底設箅。鬲體與甑相當，分襠連鑄，細長足。甑口沿飾回首龍紋一道，鬲腹飾牛角獸面紋。藏上海博物館。

遇甗

西周中期蒸飯器。

高40.6釐米，口徑27.6釐米，重5.2千克。

甑、鬲合鑄。甑侈口，立耳，腹向下略收，下連鑄鬲，中有箅。鬲寬腹分襠，連鑄柱足，腹飾牛角獸面紋。甑腹内壁鑄銘文三十八字，記載六月既生霸丙寅日，師雍父派遣遇去爲𫉬侯做事，𫉬侯賞賜遇青銅，遇作此甗。𫉬侯是胡國的君長，戍守在古𠂤的師雍父派遣遇去爲𫉬侯做事，是出於當時軍事上的聯絡，因𫉬國扼淮夷西翼，戰略地位重要。藏日本泉屋博古館。

孚公㳄甗

西周中期蒸飯器。

高43.5釐米，寬31.3釐米，重7.47千克。

甑、鬲合鑄。甑侈口，立耳，直腹，下連鑄一鬲。鬲鼓腹分襠，下置柱足，近底處較粗。甑頸飾回首龍紋一周，花冠，體彎曲。鬲腹飾雙目，代表最簡單的獸面紋。腹内側鑄銘文“孚公㳄作旅甗，永寶用”九字，記載孚公㳄自作此甗。藏北京故宫博物院。

師趣方甗

西周中期蒸飯器。

高32.3釐米，口縱19.5釐米，口横23釐米。1948年河南洛陽馬坡出土。

器呈長方形。甑、鬲分鑄。甑部略大，侈口，直腹，下置圈足，套在下面鬲的口部，頸腹間設獸首耳。鬲鼓腹分襠，下連四柱足，肩兩側設附耳。甑底置五個十字形鏤孔爲箅，紋飾簡樸，形制較爲少見。甑内壁鑄銘文“師趣作旅甗尊”。藏洛陽博物館。

叔碩父方甗

西周晚期蒸飯器。

高45.8釐米，口縱23.3釐米，口横30.5釐米，重10.4千克。傳1869年山西吉縣安平村出土。

甑、鬲合鑄。甑呈長方形，口沿外坦，立耳。鬲寬腹，下連四蹄足，形制較大。口沿飾鱗紋一周，甑腹飾寬大的波曲紋，鬲腹僅飾雙目。甑内壁鑄銘文十三字，記載此方甗爲叔碩父所作。藏上海博物館。

叔釗父方甗

西周晚期蒸飯器。

高47.9釐米，口縱25釐米，口横31.9釐米。1993年山西曲沃曲村晉侯墓地出土。

器呈長方形。甑、鬲分鑄。甑侈口，立耳。腹直壁向下稍收斂，底有十字形透雕爲箅，下有子口插入鬲口。鬲折沿，束頸，鼓腹分襠較淺，下連四蹄足，腹設附耳。甑體飾變形獸體紋和波曲紋，鬲的每個袋腹上飾雙目。甑腹内壁鑄銘文十五字，記載叔釗父爲柏姞作此甗。在青銅器銘文中，記録相之國名的，此爲首見。藏山西博物院。

晋伯㔾父甗

西周晚期蒸飯器。

高42釐米，口徑30.7釐米，重10.25千克。1992年山西曲沃天馬曲村遺址出土。

甑、鬲分鑄。甑的圈足套於鬲口之内。甑、鬲兩側均設附耳，甑的底部有鏤空格紋，即爲箅。鬲口斜侈，袋腹下連蹄足，並有烟炙痕，是當時使用過的痕迹。甑口沿飾變形獸體紋，鬲腹用單綫勾出獸目。甑腹内壁鑄銘文十六字，記載此甗爲晋伯㔾父所作。藏上海博物館。

魯仲齊甗

西周晚期蒸飯器。

高41.1釐米，口徑31釐米。1977年山東曲阜魯國故城出土。

由甑和鼎組合而成。甑侈口，束頸，鼓腹下斂成平底。底設九個十字形孔爲箅，底的周圍設凸棱並有楔形子口。鼎侈口，束頸，鼓腹下置蹄足，甑及鼎頸部兩側各設附耳。甑頸飾鱗紋，腹飾波曲紋。甑腹内壁鑄銘文十八字，記載甗爲魯仲齊所作，魯仲齊爲魯國宗室成員。此甗甑、鼎組合，形制較爲少見。藏孔子博物館。

交龍紋甗

春秋早期蒸飯器。

高41釐米，口徑30.1釐米。1995年河南登封鋁廠出土。

甑、鍑分鑄。甑侈口，束頸，鼓腹由下收斂，頸兩側設附耳。上部甑的形制較大似盆。鍑稍侈口，套住甑底，束頸，鼓腹圜底，下置三蹄足，頸兩側設附耳。甑頸及腹各飾不同形式的交龍紋。藏鄭州博物館。

董矩方甗

春秋早期蒸飯器。

高37.5釐米。1978年山西聞喜上郭村出土。

器呈長方形。甑、鬲分鑄。甑侈口，折沿，立耳，自口以下逐步收斂成箅，插入下部鬲口。鬲侈口，束頸，鼓腹分襠較淺。下連四蹄足，肩設附耳。甑體飾獸目交連紋和獸體卷曲紋。内壁鑄銘文二十二字，記載董五氏孫矩作此旅甗，其眉壽無疆，子子孫孫永寶用之。董國原址在今聞喜境内，後被晉國所滅，此甗爲董國的用器。藏山西博物院。

雷紋四蛇方甗

又名"四蛇紋甗"。春秋早期蒸飯器。

高44.7釐米，口縱23.2釐米，口横28.7釐米，重12.3千克。

器呈長方形。甑、鬲分鑄，當中以子母扣相套。甑侈口，向下逐漸收斂，深腹平底，底設箅孔，頸兩側設附耳，腹壁飾雷紋。鬲直口，束頸，頸兩側設附耳，寬腹連四蹄足，腹飾四蟠蛇，昂頸平首，雙目突起，體飾鱗紋。此甗甚大，鬲腹以蟠蛇爲飾，僅見於此器。藏北京故宫博物院。

龍紋方甗

春秋早期蒸飯器。

高52釐米，口縱22.5釐米，口橫36釐米。1966年湖北京山蘇家壠出土。

器呈長方形。甑、鬲分鑄。侈口，立耳，腹壁上大底略小，下置圈足，可套入鬲内，底有二十四條長形箅孔。鬲口折沿，寬腹分襠，下連四蹄足，腹兩側設附耳。甑飾對稱的卷體長鼻龍紋，其上下皆爲獸體卷曲紋。鬲腹僅飾雙目。藏湖北省博物館。

龍紋方甗

春秋中期蒸飯器。

高17.4釐米，甑口縱10.8釐米，甑口橫12.4釐米。1986年陝西隴縣邊家莊出土。

器呈長方形。甑、鬲合鑄。甑爲長方形，侈口，直腹，上口略大，底部箅已遺失。鬲口與甑口重合，鼓腹，淺分襠，設象形四足。甑口沿飾獸體目紋，腹飾相背的卷龍紋，紋飾粗獷。此甗甑和鬲皆不設耳，形制較特殊。藏陝西省文物考古研究所。

黄子甗

又名"黄夫人盉"。春秋中期蒸食器。

高18.2釐米，口徑11.2釐米。1983年河南光山寶相寺出土。

上部爲甑，斂口，設平蓋，鼓腹下置圈足，與下部鬲連鑄。鬲鼓腹分襠，甑、鬲之間設一無孔木箅，鬲腹前設獸首短流，可灌水，其右側設一向上卷曲的鋬。甑的外壁鑄銘文十六字，記載黄子爲其夫人所作之行器。藏河南博物院。

兩頭龍紋甗

春秋中期蒸飯器。

高45.5釐米，口徑30.4釐米，重8.2千克。

甑、鬲分鑄。甑侈口，立耳，口以下逐步收斂，底設透空直綫條爲箅，並將子口套入鬲口内。鬲侈口，束頸，斜肩，寬腹分襠，連鑄三足，肩設獸首環耳。甑頸及鬲頸各飾不同的一體雙頭龍紋。藏日本泉屋博古館。

兩頭龍紋甗

曾子仲謕甗

春秋中期蒸飯器。

高36釐米，甑口徑28.5釐米，鬲高19釐米。1971年河南新野城關鎮出土。

甑、鬲分鑄。甑侈口，折沿，寬腹較淺，平底下鑄長條形和十字形箅孔，頸兩側設附耳。鬲斂口，短頸，鼓腹。肩兩側設小立耳，分襠較平，連鑄三柱足。甑口沿飾獸體卷曲紋，内壁鑄銘文二十一字，記載曾子仲謕用上好的青銅作此旅甗，子子孫孫要永遠使用之。藏河南博物院。

變形交龍紋甗

春秋晚期蒸飯器。

高29.5釐米。1988年山西太原金勝村出土。

由甑與鼎組成，甑、鼎分鑄。甑口折沿，束頸，腹部略鼓，下收爲平底。底以透雕輻射狀爲箅，下置圈足，頸兩側設鋪首銜環。下爲鼎，直口，甑的圈足與之相套，圓肩，鼓腹圜底，下置蹄足，肩兩側設鋪首銜環，與甑對稱。甑及鼎各飾變形交龍紋。藏山西博物院。

波曲紋方甗

春秋晚期蒸飯器。

高 61.5 釐米，口橫 47.4 釐米，重 28.8 千克。

器甚大，呈長方形。甑、鬲分鑄，當中以子母扣相套。甑立耳，侈口，向下稍收斂，深腹平底，底設箅孔。鬲直口，肩兩側設斜耳，寬腹連四蹄足。甑飾波曲紋。甑體内設隔，可同時蒸兩種飯食，在甗中較爲少見。藏北京故宫博物院。

兩頭龍紋甗

戰國早期蒸飯器。

高30.6釐米，口徑19釐米。1977年陝西鳳翔紙坊頭高王寺出土。

甑、鬲分鑄。甑斂口，折沿，腹稍鼓，下置圈足，底爲箅，中心爲十字形孔，旁爲長條形孔，頸兩側設附耳。鬲斂口，上套一環形盤，可轉動。鼓腹分襠，下連鑄蹄足，肩兩側設環耳。甑口沿飾綯紋，腹飾獸體紋，上下皆爲綯紋，腹下部飾綯紋和變形龍紋。鬲肩飾兩頭龍紋，腹飾波曲紋。藏鳳翔縣博物館。

變形龍紋甗

戰國早期蒸飯器。

高35.4釐米，口徑27.2釐米。1966年河北行唐廟上村出土。

甑、鬲分鑄。甑侈口，折沿，束頸，鼓腹下收，平底以透雕輻射狀爲箅，下置圈足，腹兩側設鋪首銜環。下爲鬲，直口，甑的圈足與之相套，圓肩，鼓腹分襠，下連蹄足，肩兩側設鋪首銜環，與甑相應。甑腹上部飾變形龍紋，下爲垂葉紋，内填變形獸面紋。藏河北博物院。

鑲嵌幾何紋甗

戰國早期蒸飯器。

高64.9釐米，口徑47.8釐米，重33.4千克。1978年湖北隨州擂鼓墩出土。

甑、鬲分鑄。甑侈口，束頸，鼓腹下收，平底下置圈足，底設八條呈放射狀的透雕爲箅。頸兩側設雙龍首連體而成的附耳。鬲侈口，可罩住甑之圈足，束頸，鼓腹分襠，下連蹄足。甑頸和腹飾變形雲紋和垂葉雲紋，紋飾是用白色石質鑲嵌成的。形體很大，器物完整，甚難得。藏湖北省博物館。

弦紋甗

戰國中期蒸飯器。

高62釐米，寬44釐米。1977年河北平山出土。

由甑和釜組成，上下分鑄。甑侈口，折沿，束頸，腹下收成平底，底部密佈細長的箅孔，下置圈足。釜口較小，甑的圈足套在釜的口沿内。釜寬肩，折腹，下收成平底，下置矮圈足，圈足上設三個小支釘，甑腹及釜頸兩側各設鋪首銜環。甗應有高足，此器在使用時要放在竈上，下面加火燃燒。藏河北博物院。

鑄客甗

戰國晚期蒸飯器。

高78釐米，甑口徑44.5釐米，鼎口徑26釐米，重28.9千克。1933年安徽壽縣朱家集出土。

由甑、鼎合爲一器。甑侈口，外折，束頸，腹下斂，頸設附耳。鼎小口，圓肩，腹收斂成圜底，旁置獸首蹄足，肩設附耳。甑口刻銘文八字，記楚國工官鑄客作器。藏安徽博物院。

集緒甗

戰國晚期蒸飯器。

高118釐米，口徑27.5釐米，重93.2千克。1933年安徽壽縣朱家集出土。

由甑與鼎分鑄。甑侈口，折沿，束頸，鼓腹下斂成平底，下置榫圈。下部爲鼎，小口被甑圈足套住。圓肩，鼓腹，外壁鑄獸首蹄足，甑和鼎在頸和肩兩側分別設外張的附耳。甑的頸腹部飾變形交龍紋。甑口外側刻銘文一周八字："鑄䣄客爲集緒七贋"。記器爲楚國工官"鑄䣄客"監造，器主名"集緒"。此甗在同類器中形制最爲巨大，是研究戰國時代楚文化的重要實物資料。藏上海博物館。

集赭甗

修武使君甗

戰國晚期蒸食器。

高32.3釐米，甑口徑16.2釐米，釜口徑10.8釐米，重3.875千克。

由豆和釜相合而成。豆斂口，折沿，鼓腹下置高圈足，下部侈大，套住釜的口沿。釜短頸，鼓腹圜底，旁置蹄足。豆與釜的肩兩側各設小鋪首銜環耳，腹部均飾黼紋。豆的圈足和釜底側面各刻銘文"修武使君"四字。修武爲趙邑，即今河南省獲嘉縣，使君爲魏國的職官名。藏上海博物館。

中國青銅器辭典

修訂版

陳佩芬 編著　　丁一民 修訂

第三册

重要青銅器（飪食器）（酒器）

上海辭書出版社

分類詞目表

簋

獸面紋簋

商代早期飯食器。

高23.7釐米，口徑27.1釐米。1974年湖北黄陂盤龍城出土。

口折沿，外緣有加厚的唇邊，頸腹相連，深腹鼓起，下承低圈足，圈足上飾對稱小方孔。器壁較薄。腹飾外卷角獸面紋一周，體軀向上卷曲。形體較大，爲早期青銅簋中僅見。藏湖北省博物館。

獸面紋簋

商代中期飯食器。

高17.4釐米，口徑24.5釐米，重2.7千克。1974年湖北黄陂盤龍城出土。

侈口，寬沿外折，束頸，稍鼓腹，下置圈足，設三個十字孔。頸腹兩側設獸環耳。腹飾外卷角獸面紋三組，兩側配置龍紋。一耳設在兩組紋飾之間，另一耳就設在獸面紋上。這一情況自商代晚期起就完全不同，因爲一般雙耳簋的前後都設置兩組紋飾。這是目前發現最早的雙耳簋。由其形制和紋飾分析，在這之前當有更簡樸之簋。藏湖北省博物館。

乳釘雷紋簋

商代中期飯食器。

高16.5釐米，口徑26.3釐米。1980年陝西城固龍頭鎮出土。

口折沿厚實，鼓腹下置圈足，圈足上飾對稱十字孔。頸兩側設獸首耳。頸及圈足飾斜角目雷紋，腹飾乳釘雷紋。這種以菱形雷紋爲主，在交界處飾乳釘紋的形式較早，到了商代晚期就將乳釘紋放在菱形雷紋的中間。雙耳特小，具有地方特色。藏城固縣博物館。

獸面紋簋

商代晚期飯食器。

高18.3釐米，口徑24.5釐米，重2.89千克。

侈口，腹向下收斂，下置高圈足。器的四周均飾細棱脊，腹上部、中間飾一浮雕小獸首，兩側配置彎角鳥紋。腹飾虎耳獸面紋，圈足上的龍紋是按腹部獸面紋配置的。表面氧化層呈淺綠色，是洞庭湖以南地區出土青銅器的特點。藏上海博物館。

獸面紋簋

商代晚期飯食器。

高15.1釐米，口徑19.4釐米，重2.01千克。

侈口，束頸，鼓腹下置圈足，自頸至圈足設六道較細的棱脊。頸中間飾浮雕小獸首，兩側配置彎角鳥紋，腹飾外卷角獸面紋，圈足上飾對稱的龍紋，是爲腹部獸面紋配置的。獸面紋的外卷角甚大，佔了很大的地位，而且角分爲根基和角尖相連接的兩段，這一類型的角常見於殷墟早、中期的獸面紋上。藏上海博物館。

亞簋

商代晚期飯食器。

高14釐米。傳河南安陽出土。

侈口，束頸，鼓腹下置圈足。口沿下飾三角形紋，中有蟬紋，頸設浮雕小虎首，兩側配置鳥紋。腹飾外卷角獸面紋，兩側配置倒竪的彎角龍紋，圈足飾對稱的虎耳龍紋，紋飾極爲精緻。腹内底鑄銘文“亞”字。藏美國弗利爾美術館。

亚簋

癸𠬝簋

商代晚期飯食器。

高12.7釐米，口徑12.8釐米，重1.78千克。

侈口，束頸，鼓腹，下置圈足。口沿飾三角雷紋，頸前後各設一小獸首，兩側飾獸體目紋。腹飾外卷角獸面紋，外卷角分節，所佔地位甚顯著，雙目甚小，體軀細長向兩側展開，尾端構成鳥紋。圈足飾環柱角獸面紋，體軀甚長，向兩側展開。器內底鑄銘文"癸𠬝"二字。藏北京故宮博物院。

黄簋

商代晚期飯食器。

高15.3釐米，口徑22.4釐米，重2.4千克。

侈口，束頸，鼓腹下置圈足，圈足上設三個小孔。頸飾浮雕小獸首，兩側爲雷紋組成的三角形紋，其下爲獸體目紋。腹飾乳釘雷紋，圈足飾垂冠卷尾回首鳥紋。腹内底鑄銘文“黄”字，是器主族氏之名。藏上海博物館。

乳釘雷紋簋

乳釘雷紋簋

商代晚期飯食器。

高15.5釐米，口徑24.7釐米。1970年山西右玉大川出土。

侈口，束頸，腹向下稍收，下置圈足。頸前後各設一外卷角小獸首。兩側爲火紋和鳥紋一一相間，腹飾乳釘雷紋，圈足飾環柱角獸面紋，體軀細長，尾上卷。紋飾精細。藏右玉縣博物館。

乳釘雷紋簋

商代晚期飯食器。

高18釐米，口徑24釐米。1955年在湖南徵集。

侈口，寬沿，腹壁稍内收，下置圈足。頸中間設浮雕小獸首，兩側配置四鳥。腹飾密集的乳釘雷紋，圈足飾對稱的彎角鳥紋。表面氧化層呈淺緑色，是洞庭湖以南地區出土青銅器的特點。藏湖南博物院。

雲雷紋簋

商代晚期飯食器。

高27.6釐米，口徑24.8釐米，重3.07千克。

侈口，束頸，鼓腹下置圈足。腹部的前後各設浮雕外卷角小獸首，兩側爲四方連續的雲雷紋，其上下各以連珠紋爲欄。圈足飾内卷角獸面紋，體軀上卷，其上設三個小方孔。獸面紋飾在圈足，而不是作爲主體紋飾。器保存情況良好，腹及圈足多處留下青銅器的本色，甚可貴。藏臺北故宫博物院。

直條紋簋

商代晚期飯食器。

高26釐米，口徑33.5釐米，重4.5千克。1964年陝西清澗張家坬出土。

口折沿較寬，頸腹向下收斂，下置高圈足，其上設三個方孔。腹和圈足均施較細的直條紋，上下各以連珠紋爲欄，紋飾簡潔樸素。此簋的造型較爲少見。藏陝西歷史博物館。

車簋

商代晚期飯食器。

高13.8釐米，口徑19.3釐米。傳1950年河南安陽郊區出土。

侈口，束頸，鼓腹下置圈足。頸設浮雕小獸首，兩側配置對稱鳥紋，彎角卷尾。腹飾直條紋，圈足飾對稱龍紋，圈足外底飾浮雕人首一個。腹内底鑄銘文“車”字。藏新鄉市博物館。

亞矣簋

商代晚期飯食器。

高11.7釐米，口徑16.9釐米，重1.86千克。

侈口，束頸，鼓腹下置圈足，頸腹兩側設獸首耳。雙耳的獸首部分甚寬大，下垂小珥。頸中間設浮雕小獸首，兩側是目雷紋。腹飾乳釘雷紋，上下以連珠紋爲欄，圈足飾獸體目紋。此器内外有較大面積呈金黄色，這是青銅器未經氧化之前的本色，能保存至今實屬不易。腹内底鑄銘文“亞矣”兩字，是商代大貴族的族名。藏上海博物館。

酉父癸簋

商代晚期飯食器。

高17.4釐米，口徑23.5釐米，重4.21千克。

侈口,卷沿,束頸,鼓腹下置圈足,頸腹兩側設獸首耳,垂小珥,獸首部分甚寬大。頸前後各設浮雕小獸首,獸首兩側和圈足各飾長鼻獸紋,腹飾乳釘雷紋,紋飾鑄造極爲精緻。腹内底鑄銘文"酉父癸"三字,記酉爲父癸而作祭器。藏上海博物館。

麗簋

商代晚期飯食器。

高14.2釐米，寬25.5釐米，重2千克。

侈口,直腹下置圈足,腹兩側設獸首耳,下垂小珥。頸部前後各設浮雕小獸首,兩側配置長鼻獸紋,圈足飾環柱角獸面紋。器内底鑄銘文二十字,記載在辛巳日,王宴請衆官員,後又在京地舉行祭祀,麗因參與上述活動而受王賞賜貝二朋,爲此作簋紀念大子丁。藏北京故宫博物院。

㚔簋

商代晚期飯食器。

高14.5釐米，口徑20.1釐米。1977年陝西清澗解家溝出土。

侈口,束頸,鼓腹下置圈足,頸腹兩側設獸首耳,垂小鈎珥。口沿飾三角雲紋,頸前後飾虎耳小獸首,兩側飾回首龍紋,龍體軀呈曲折形,尾向下卷曲。腹飾乳釘雷紋,圈足飾回首龍紋。腹内底鑄銘文"㚔"字,爲氏族徽記。藏陝西省綏德縣博物館。

戈父丁簋

商代晚期飯食器。

高15釐米，口徑22.8釐米，重3.02千克。

侈口，卷沿，腹壁較直，下置圈足，腹兩側設獸首耳。口沿下用四方連續構成菱形雷紋，並在前後各設一個浮雕的小獸首。腹飾乳釘雷紋，圈足飾彎角回首鳥紋。紋飾規整。腹内底鑄銘文"戈父丁"三字，記戈氏爲父丁作此祭器。藏上海博物館。

執簋

商代晚期飯食器。

高14.7釐米，口徑19.6釐米，重2.49千克。

侈口，束頸，鼓腹下置圈足，腹兩側設獸首耳。口沿下飾三角形蟬紋一周，頸部中央設浮雕小獸首，兩側配置卷尾鳥紋。腹飾曲折角分體式獸面紋，兩側除簡單的體軀外，還配置兩種竪立的龍紋，兩個龍首方向相反，一上一下，體軀呈折曲狀，尾部上卷。圈足飾獸體鳥紋。雙耳内各鑄銘文"執"字，爲作器者族名。藏上海博物館。

𩣡簋

又名"嬴簋"。商代晚期飯食器。

高17.7釐米，口徑25釐米。1985年山西靈石旌介出土。

侈口，束頸，腹向下略收，下置圈足，頸腹兩側設外卷角獸首耳，頸前後各設一外卷角小獸首，兩側配置鳥紋。腹飾曲折角獸面紋，圈足上的龍紋是獸面紋的配置紋飾。紋飾均以雷紋爲地，鑄作極規整。圈足外底鑄陽文𩣡子一匹，爲氏族徽記。因驢父與馬母所生之子曰嬴，亦即𩣡之本字，故器又名嬴簋。藏山西青銅博物館。

獸面紋簋

商代晚期飯食器。

高14.3釐米，口徑19.2釐米，重2.49千克。

侈口，束頸，鼓腹下置圈足，頸腹兩側設獸首環耳，頸中間設一浮雕小獸首，兩側配置四頭彎角小鳥。腹飾虎耳獸面紋，虎耳甚大，雙目較小，與狹長的體軀相連，體軀向兩側延伸，尾下卷，兩側配置倒竪小龍，圈足上回首彎角卷尾鳥亦是獸面紋的配置。商代青銅器上的獸面紋，大多配置兩龍或四鳥，則這類獸面紋是御龍使鳥神。藏上海博物館。

母乙簋

商代晚期飯食器。

高11.7釐米，口徑18.3釐米，重1.98千克。

器形較扁。侈口，束頸，鼓腹，下置矮圈足，頸腹兩側設獸首耳，下垂小鉤珥。口沿下及圈足飾連體的兩首龍紋，腹部飾直條溝紋。腹内底鑄銘文“母乙蒷”三字，説明蒷氏爲其母乙作祭器。蒷是大族，流傳的青銅器較多。藏上海博物館。

亞𠭯簋

商代晚期飯食器。

高22.4釐米，寬26釐米，重3.16千克。傳河南洛陽出土。

侈口，設高蓋，蓋呈覆碗狀，蓋頂設圓形抓手，其兩側各設一繫。器束頸，腹向下略收，下置圈足，頸腹兩側設獸首耳，下垂小鈎珥。蓋緣及圈足飾龍紋，頸飾長鼻龍紋，器、蓋同銘十六字，記載己亥日，王在闌地賜亞𠭯貝，亞𠭯爲父己作此簋。藏北京故宫博物院。

獸面紋簋

商代晚期飯食器。

高12.7釐米。

侈口，束頸，鼓腹下置圈足，頸腹兩側設獸首耳，垂小鈎珥。口沿飾三角形紋，内填蟬紋。頸前後設虎耳小獸首，其兩側飾鳥紋。腹飾曲折角獸面紋，雙角很大，體軀爲分解式，圈足上的龍紋作爲其配置。紋飾均以雷紋爲地。在鳥紋、獸面紋、龍紋等凸起部分再飾以雷紋，紋飾精緻。藏美國舊金山亞洲藝術博物館。

枚父辛簋

商代晚期飯食器。

高18釐米，口徑25.1釐米，重5.36千克。

侈口，束頸，鼓腹，下置圈足。頸腹兩側設獸首環耳，下垂小鈎珥。耳上獸首特大。頸前後設外卷角小獸首，兩側飾龍紋。腹飾外卷角獸面紋，兩側配置龍紋，圈足飾龍紋。獸面紋的雙角甚大，幾乎佔了一半以上的地位，與腹兩側特大的獸首耳，都是殷墟早期簋的特徵。獸首耳内飾蟬紋，器的外底飾單綫的卷體龍紋，腹内底鑄銘文“枚父辛”三字。藏北京故宫博物院。

肄簋

商代晚期飯食器。

高16釐米，口徑21.5釐米。傳河南安陽出土。

侈口，束頸，鼓腹下置圈足，頸腹兩側設獸首耳，垂珥。口沿下飾火龍紋，腹飾直條紋，圈足飾四瓣目紋和火紋。腹内底鑄銘文三十六字，記載帝乙廿年十一月戊辰日，時值武乙配偶妣戊的魯日之祀，祭祀時用一豕爲犧牲，弜師賜肄一袋貝，肄爲父乙作此簋。藏美國賽克勒美術館。

乳釘雷紋三耳簋

商代晚期飯食器。

高19.1釐米，口徑30.5釐米，重6.94千克。

口折沿，鼓腹下置寬大的高圈足，腹部均匀地設置三耳。耳爲一怪人，頭部似人，但有雙角，兩手前拱，雙腿曲踞，甚少見。口沿飾獸體目紋一周，腹部飾乳釘雷紋，高圈足飾曲折角獸面紋。藏北京故宫博物院。

宁簋

商代晚期飯食器。

高17.4釐米，寬21.2釐米，重2.7千克。傳河南安陽出土。

器呈扁圓形。斂口，設蓋，蓋頂有圓形抓手。圓肩、鼓腹，下置圈足，肩兩側設貫耳。蓋飾勾連紋，頸飾斜角目雷紋，腹飾幾何形乳釘紋，圈足飾雲紋，貫耳飾獸面紋。簋的形制較爲少見，腹部的紋飾更爲少見。器、蓋同銘，各鑄“宁”字。宁爲商代大族，所鑄青銅器較多，均甚精緻。藏北京故宫博物院。

利簋

西周早期飯食器。

高28釐米，口徑22釐米，重7.95千克。1976年陝西臨潼（今屬西安）西段村零口鎮出土。

侈口，折沿，束頸，鼓腹下置圈足，圈足下連鑄方座。腹兩側設獸耳，垂珥。腹飾外卷角獸面紋，圈足的龍紋是爲獸面紋配置的，方座四壁飾外卷角獸面紋，兩側配置龍紋。腹内底鑄銘文三十二字，記載周武王征伐商紂，在甲子日早晨，很快就佔領了商國，七天之後的辛未日，師旅駐在𫄛地，王賞賜給有司利青銅，有司利用來鑄作紀念先人旜公的寶器。銘文所記述的克商時間與典籍記載相合，是西周早期武王時代的標準器，也是武王伐商、牧野之戰當時記録在實物上的證據，史料價值和藝術價值都很高。藏中國國家博物館。

天亡簋

又名"大豐簋"、"朕簋"。西周早期飯食器。

高24.2釐米，口徑21釐米，重7.6千克。1844年陝西岐山縣出土。

侈口，腹稍鼓起，下置圈足，圈足下連鑄方座。腹兩側及前後共設四個獸首耳，垂珥。腹及方座各飾卷體獸紋，圈足飾彎角鳥紋。腹内底鑄銘文七十七字，記述在乙亥日，王在辟雍中舉行祭祀天室的盛大典禮，天亡是王的助祭者，隆盛祭祀光輝的文王，並頌揚了武王克商的功績，因此得到賞賜，天亡作簋以示榮寵。藏中國國家博物館。

德簋

西周早期飯食器。

高27.1釐米。

侈口，束頸，腹下垂，下置圈足，圈足下連鑄一方座。頸腹兩側設獸首耳，獸角高聳，已超過器口，下垂珥。腹及方座各飾外卷角獸面紋，圈足的鳥紋爲腹部獸面紋的配置，方座的獸面紋兩側配置龍紋，腹内底鑄銘文十一字，與德鼎銘文完全相同，記載王賞賜德貝二十朋，德因此作器。藏美國福格博物館。

叔德簋

西周早期飯食器。

高23.9釐米。

侈口，束頸，腹下垂，下置圈足，圈足下又連鑄一個方座。頸腹兩側設獸首耳，獸角高聳，已超出器口，下垂珥。腹前後設棱脊，腹及方座各飾卷體獸紋，圈足飾蛇紋一周。腹内底鑄銘文十八字，記載王賞賜叔德男女奴隸十人，貝十朋，羊一百隻，叔德因此作此簋。藏美國福格博物館。

令簋

又名“夨令簋”。西周早期飯食器。

高25釐米，口徑17釐米。傳1929年河南洛陽邙山馬坡出土。

直口，鼓腹下置圈足，圈足下連鑄方座。腹兩側設獸首耳、垂珥。頸前後浮雕小獸首，兩側配置回首鳥紋，腹飾黼紋。方座的設置與一般方座簋不同，是四隅向下延伸成足，足之間以柎相連。腹內底鑄銘文一百十字，記載周王征伐楚國，屯駐炎地，在九月既死霸丁丑日，作册夨令爲王姜設祭祝福，王姜賞賜令十朋貝，十個成家奴隸和一般奴隸百人，輔弼王室之官，名白丁父在冀地完成了王姜貺賜之命，於是夨令作此簋，用以宴饗皇王，聚會僚友，啓告後人和紀念丁公。此器成對，均銹蝕嚴重。藏法國吉美國立亞洲藝術博物館。

圉簋

西周早期飯食器。

高26.2釐米。1974年北京房山琉璃河出土。

斂口，設蓋，蓋頂有圓形抓手。器鼓腹，下置圈足，圈足下連鑄一方座。頸腹兩側設獸首耳，下垂鈎形小珥。蓋面、器腹和方座各飾外卷角獸面紋，兩側均配置倒竪龍紋。器頸及圈足各飾鳥紋。器、蓋銘文不同，器鑄銘“白魚作寶尊彝”六字，蓋鑄銘十四字，記載王在成周作除惡祈福之祭，王賞賜圉以貝，圉因此作簋。藏首都博物館。

圉簋

西周早期飯食器。

高29.8釐米，口徑24釐米。1978年遼寧喀喇沁左翼蒙古族自治縣小波汰溝出土。

侈口，束頸，鼓腹下置圈足，圈足下又連鑄方座。頸腹兩側設獸首耳，獸首口下有一虎，體軀彎曲，尾部直至垂珥。腹前後各設棱脊一道。腹飾外卷角獸面紋，圈足上的鳥紋是獸面紋的配置紋飾，方座飾内卷角獸面紋。器内底鑄銘文“王桒於成周，王易圉貝，用作寶尊彜”十四字。器銘同1974年北京房山琉璃河出土的圉簋，但器形和紋飾不同。藏遼寧省博物館。

滕侯簋

西周早期飯食器。

高22.5釐米，口徑20.5釐米。1982年山東滕縣(今滕州)出土。

口沿外卷，束頸，鼓腹下置圈足，圈足下又連鑄方座，頸腹兩側設獸首耳，垂珥内卷。頸前後設浮雕小獸首，兩側配置龍紋，圈足飾龍紋。腹及方座均飾乳釘雷紋，方座的乳釘雷紋佈於四周。器内底鑄銘文八字，記滕侯爲滕公作此簋。藏滕州博物館。

甲簋

西周早期飯食器。

高29.8釐米，口徑22.5釐米，重6.48千克。傳1927年陝西寶鷄靈山戴家灣出土。

侈口，束頸，鼓腹圈足，圈足下又連鑄方座。頸腹兩側設獸首耳，垂珥。頸部、圈足及方座的每一面皆飾各種形式的鳥紋，腹部飾繁密的乳釘雷紋，乳釘尖鋭。腹内底鑄銘文"甲"字，這是周人以干支爲族徽的一個實例。藏上海博物館。

从簋

西周早期飯食器。

高22釐米，口徑19.3釐米，重3.78千克。

侈口，垂腹下置圈足，圈足下連鑄方座。腹兩側設獸耳，垂珥。腹飾對稱的卷體獸紋，爲有卷鼻、觸角、口有獠牙的怪獸，是西周早期通行的紋飾。圈足飾對稱的長體爬行龍紋。方座設三種鳥紋，形態各不相同，方座兩側是直立的鷙鳥，上沿是長冠的卷尾鳥，下沿飾長冠的分尾鳥。這種鳥形在古代神話中都是鸞鳳之屬，被認爲是人和天神之間相通的媒介。腹内底鑄銘文“从作寶尊彝”五字，“从”爲器主名。藏上海博物館。

鄂叔簋

西周早期飯食器。

高18.7釐米，口徑18.2釐米，重3.86千克。

口折沿，淺腹，圈足較高又連鑄方座。頸腹間均勻地設四個獸首耳，垂珥。簋的外底設一小鈴，稍有振動，就能發出清越之聲。口沿下飾火紋與龍紋相間，圈足飾獸面紋，方座四壁飾對稱鳳紋。腹内底鑄銘文“鄂叔作寶尊彝”六字。鄂原爲商代國名，在今河南沁陽，武王封子於此，以後鄂南遷至於南陽，史稱西鄂。藏上海博物館。

鄂叔簋

卷體獸紋方座簋

西周早期飯食器。

高34.5釐米，口徑21.5釐米，重6.4千克。1971年陝西涇陽高家堡出土。

侈口，束頸，直腹，圈足下連鑄方座。頸腹兩側設獸首耳，垂珥。腹飾對稱的卷體獸紋，圈足飾對稱蛇紋，方座亦飾卷體獸紋。同地出土的青銅器尊、卣、罍等器也飾卷體獸紋，這類紋飾在他處則較爲少見。藏陝西歷史博物館。

獸面紋方座簋

西周早期飯食器。

高30.5釐米，口徑22釐米，重15.3千克。1977年河南洛陽北窑出土。

侈口，束頸，鼓腹下置圈足，圈足下連鑄一方座。頸腹兩側設象鼻獸首耳，象鼻向上卷起，外卷角甚大，超出器口，下垂珥較長，將及方座面，此耳的形式較爲少見。腹及方座四壁皆飾外卷角獸面紋，圈足飾龍紋。藏洛陽博物館。

獸面紋方座簋

西周早期飯食器。

高22.8釐米，口徑18.5釐米，重4.1千克。

侈口，腹稍鼓，下置圈足，圈足下又連鑄一方座。腹兩側設獸首耳，垂珥向外折曲。腹飾外卷角獸面紋，兩側配置龍紋，圈足的鳥紋也是爲獸面紋配置的。方座中間有一長方形的透空口，上沿飾斜角雲紋，兩側爲相背鳥紋。器外底設一個半環，有一鈴鐺懸掛其間，鈴表面飾獸面紋。方座内鑄銘文“□作彝”三字，作器人名不清。藏日本泉屋博古館。

獸面紋方座簋

西周早期飯食器。

高29.5釐米，口徑22.4釐米。1977年陝西隴縣韋家莊出土。

侈口，折沿，束頸，鼓腹下置圈足，圈足下連鑄一方座。頸腹兩側設獸首耳，垂珥，獸首角高聳超出器口。腹飾外卷角獸面紋，雙耳翹起，圈足飾長鼻獸紋，方座飾内卷角獸面紋，這類角形甚少見，兩龍呈倒豎狀。藏寶鷄青銅器博物院。

誒簋

西周早期飯食器。

高25.5釐米，口徑21.6釐米。1981年陝西長安花園村出土。

侈口，束頸，鼓腹下置圈足，圈足下連鑄方座。頸腹兩側設鳥耳，垂珥。頸前後各設浮雕小獸首，兩側配置長冠回首鳥紋，腹飾對稱回首鳥紋，圈足飾斜角目雷紋，方座飾對稱長尾鳥紋。腹内底鑄銘文十八字，記隹叔誒隨從王員征伐楚荆之事。藏西安博物院。

禽簋

西周早期飯食器。

高13.6釐米，口徑19.2釐米。

侈口折沿，鼓腹下置高圈足，腹兩側飾獸首耳，垂珥。頸前後飾浮雕小獸首，兩側配置龍紋，圈足飾環柱角獸面紋。腹内底鑄銘文二十三字，記載成王伐奄侯，周公旦訓導其子大祝伯禽，伯禽以脤器致祭，王賞賜他青銅百寽，禽用此銅作簋。器的銘文是研究周公攝政時，有關成王伐奄的重要史實。藏中國國家博物館。

小臣宅簋

西周早期飯食器。

高13.9釐米。1955年遼寧省從廢銅中揀選所得。

侈口，束頸，腹下垂，下置圈足，頸腹兩側設獸首耳，垂珥。頸前後各飾一小獸首。腹内底鑄銘文五十二字，記載五月壬辰這一天，同公在豐京，命令小臣宅爲伯懋父做事。伯懋父賞賜小臣宅繪飾的盾、戈、三隅矛、紅銅裝飾的車和馬。小臣宅爲乙公作此簋，並永遠順應天子，出納王命。藏中國國家博物館。

保員簋

西周早期飯食器。

高14.2釐米，口徑19.9釐米，重2.5千克。

侈口，束頸，鼓腹下置圈足。頸腹兩側設獸首耳，垂珥。頸部中央飾虎耳獸首，兩側配置回首鳳紋。腹内底鑄銘文四十五字，記載王在伐東夷後，已經完成燒柴祭天之禮。十一月，公自成周返回。己卯日，公在虘地，保員在公車之右做公的近衛時，僟公賞賜保員金車，命保員勉力職守，保員將此事銘鑄於簋。銘文中所記伐東夷之事尚未見於史書，此簋銘文可補充史籍之不足。藏上海博物館。

量侯尌簋

西周早期飯食器。

高16.5釐米，口徑33釐米，重3.88千克。

侈口，束頸，鼓腹下置圈足。頸腹兩側設獸耳，垂珥。頸飾火紋一周。腹内底鑄銘文十八字，記載此簋爲量侯所作。量爲國名，據大克鼎銘，量地在甘肅東部至涇水流域。藏上海博物館。

御正衛簋

西周早期飯食器。

高12.2釐米，口徑18.4釐米，重1.755千克。

侈口，束頸，鼓腹，下置圈足。頸腹兩側設獸首耳，垂珥。頸飾回首龍紋一周，體軀甚長，彎曲上卷。腹内底鑄銘文二十三字，記載五月初吉甲申日，懋父將王賞賜的一匹馬，轉賜給御正衛，御正衛記此事並爲父戊作祭器。藏臺北故宫博物院。

邢侯簋

又名“周公簋”。西周早期飯食器。

高18.5釐米。

侈口，束頸，鼓腹，下置圈足。腹兩側及前後各設獸耳，垂珥。腹飾對稱象紋，圈足飾回首鳥紋。腹内底鑄銘文六十八字，記載三月，王命榮及宣讀策命的史官，分予邢侯官職，賞賜奴隸。邢侯拜並叩首。邢侯受到天子的厚福，要爲周室祭祀上帝和諸神的天命而奔走，盡孝道，不失職命，因而爲周公作此器。藏大英博物館。

史話簋

西周早期飯食器。

高16.8釐米，口徑22釐米，重4.2千克。1966年陝西岐山賀家村出土。

侈口，束頸，鼓腹下置圈足。頸腹兩側設獸耳，垂珥。頸前後設浮雕小獸首，兩側配置回首龍紋，腹飾虎耳獸面紋，圈足上飾對稱龍紋是爲獸面紋配置的。腹内底鑄銘文二十三字，記載在乙亥日，周王誥命畢公，賞賜給史話十朋貝，史話將此榮寵之事記於簋上。銘文中“畢公”是康王時期重臣。此簋鑄於康王時。傳世共兩件，分藏陝西歷史博物館和北京故宫博物院。

鳳紋簋

西周早期飯食器。

高15.6釐米，口徑18.4釐米，重2.15千克。傳1927年陝西寶鷄戴家灣出土。

侈口，束頸，鼓腹下置圈足。腹兩側設獸耳，垂珥。頸前後設小獸首，兩側配置彎角垂尾鳥紋，腹飾對稱的大鳳紋，鳳體上下皆飾羽毛，鳳冠呈向後飄動狀，長度等身。圈足飾對稱龍紋，體軀較長。藏上海博物館。

卷體獸紋簋

西周早期飯食器。

高15.5釐米，口徑18.6釐米，重2.02千克。

侈口，束頸，腹稍鼓起，下置高圈足。頸腹兩側設獸耳，垂珥。腹飾對稱的卷體獸紋，圈足飾對稱蛇紋。卷體獸紋在商代的青銅器上還未見，目前所見都裝飾在西周早期的青銅器上，因此成爲這一時期的標誌性紋飾。這類紋飾的青銅器陝西、遼寧、四川等地都有出土。藏上海博物館。

溍司徒逘簋

又名“康侯簋”。西周早期飯食器。

高24釐米，口徑41釐米。傳1931年河南浚縣辛村出土。

侈口，束頸，鼓腹下置高圈足。腹兩側設外卷角獸首耳，垂長珥。口沿下及圈足飾火紋與四瓣目紋一一相間，腹部爲直條紋。腹内底鑄銘文二十四字，記載王攻伐商邑，命令康侯改封於衛，以衛爲國。溍司徒逘隨康王而至衛任事，並爲其父考作祭器。藏大英博物館。

火龍紋簋

西周早期飯食器。

高15.7釐米，口徑19.5釐米，重3.2千克。

侈口，束頸，鼓腹下置圈足。頸腹兩側設牛首耳，下爲垂珥，珥的前後各飾一牛首。頸飾六組火龍紋，每組之間有一條上端向外彎曲的棱脊相隔，其上端各飾一小牛首，圈足飾鳥紋，紋飾設計新穎，全器共飾大小牛首十二具，數量之多，在西周早期青銅器中也不多見。藏上海博物館。

宜侯夨簋

西周早期飯食器。

高15.7釐米，口徑22.5釐米。1954年江蘇丹徒煙墩山出土。

口折沿，淺腹下置高圈足。腹兩側及前後各設獸首耳。腹飾火龍紋。圈足飾對稱鳥紋。腹内底鑄銘文，現存一百十九字，記載四月丁未日，王省視武王、成王伐商的圖畫和東國的版圖。王位於宜，然後入社，向南面。王令虎侯夨改封於宜地，並賞賜夨窖藏的酒一卣、商代的禮瓚、紅色弓一、紅色矢百、黑色弓十、黑色矢千和大量的土地、奴隸，宜侯爲虞公父丁作此簋。銘文是研究西周早期社會歷史和分封制度的重要史料。藏中國國家博物館。

牛首紋四耳簋

西周早期飯食器。

高23.8釐米，口徑26.8釐米。1981年陝西寶鷄紙坊頭出土。

侈口，折沿，腹稍直，下置高圈足。腹設四牛首耳，垂長珥。耳上部聳出器口，耳的正面連續飾大小三個牛首，垂珥左右各飾一牛首，耳背頂上又飾一牛首，這樣一耳就飾六個牛首，四耳就有二十四個牛首。四耳與簋是分鑄的，設計者别具匠心。此器與美國弗利爾美術館的牛首紋四耳簋形制、紋飾均相似。藏寶鷄青銅器博物院。

牛首紋四耳簋

西周早期飯食器。

高23.5釐米，重8.4千克。

侈口，折沿，直腹下置高圈足。腹兩側及前後各設牛首耳，垂長珥，每一耳分飾六個牛首：正面三個，背面一個，珥的兩面各一個，耳的側面飾龍紋和鳥紋。腹上下均有較長的乳釘紋三列，中間爲直條紋，圈足飾拱背卷尾龍紋。造型莊重。此器與1981年陝西寶鷄紙坊頭出土的牛首紋四耳簋極相似。藏美國弗利爾美術館。

牛首紋四耳簋

臣諫簋

西周早期飯食器。

高13.1釐米，口徑17.3釐米，重2.2千克。1978年河北元氏西張村出土。

侈口，束頸，鼓腹下置圈足。頸腹兩側和前後各設獸首耳，垂珥較長，將着地。腹飾對稱象紋，圈足飾蛇紋。腹内底鑄銘文約七十二字，記載戎人大肆進犯軧國，邢侯擊戎，並命令臣諫率亞旅駐守軧國。臣諫子亡，於是胞弟將姪托交邢侯學習政事，在古代宗法社會中少有此例。藏河北省文物考古研究院。

滎簋

西周早期飯食器。

高14.8釐米，寬28.8釐米，重1千克。

口折沿，淺腹下置高圈足。腹兩側及前後各設獸首耳，垂長珥，爲四耳簋。腹飾火龍紋，圈足飾曲折角獸面紋。腹内底鑄銘文三十字，記載正月甲申日，滎到王處，王賞賜滎百朋貝。爲答謝天子的美意，滎作簋以記事。藏北京故宫博物院。

㚿簋

西周早期飯食器。

高18.5釐米，口徑19.5釐米，重2.8千克。

侈口，卷唇，束頸，鼓腹下置圈足，在圈足外側又均勻地設置四條象蹄形足，將器物驟然提高了很多。頸腹兩側以象鼻爲耳，形象特殊，構思巧妙。頸部設蛇紋一周，腹飾斜方格乳釘雷紋。腹内底鑄銘文“㚿作寶尊彝”五字，記載此器主人爲㚿氏。藏上海博物館。

伯簋

又名“乙公簋”。西周早期飯食器。

高27.5釐米，口徑19.7釐米，重5千克。1974年北京房山琉璃河出土。

侈口，設蓋，蓋頂有圓形抓手，器束頸，鼓腹下置圈足。頸腹兩側設相背鳥耳，垂珥爲象首，鼻向外卷曲着地，圈足前後又設兩象首卷鼻爲足，成爲四足簋。蓋面及器腹均飾對稱象紋，圈足飾目雷紋。器、蓋同銘，各鑄“伯作乙公尊簋”六字，記伯爲乙公作器。裝飾别緻，以象紋作爲整器紋飾也較少見。藏首都博物館。

季保簋

西周早期飯食器。

高18.8釐米，口徑18.7釐米，重2.36千克。傳1816年河北淶水縣出土。

侈口，束頸，鼓腹下置圈足，圈足下置三獸蹄足。頸、腹兩側設獸耳，垂小珥外卷。整體除頸及圈足飾突起的寬弦紋外，别無他飾。腹内底鑄銘文“季保作寶尊彝”六字，季保爲器主。器形較爲少見。藏上海博物館。

龍紋簋

西周早期飯食器。

高17.8釐米，口徑18.4釐米。1982年山西曲沃曲村出土。

侈口，束頸，鼓腹，下置圈足，圈足下連鑄三個獸首蹄足。頸腹兩側設獸耳垂珥。頸前後各設一虎耳小獸首，兩側飾回首龍紋，龍體彎曲，龍首設長冠向上卷起。蹄足的獸首設在圈足上，蹄足緊連在圈足底邊。腹内底鑄銘文"作登尊簋"四字，無作器人名。藏北京大學賽克勒考古與藝術博物館。

攸簋

西周早期飯食器。

高20釐米，口徑21釐米，重4.2千克。1974年北京房山琉璃河出土。

侈口，設蓋，束頸，鼓腹下置低圈足。圈足旁又設三虎直立爲足，虎張口，前爪放在虎口旁，尾着地，形態生動。頸腹兩側設獸首耳，垂珥外卷。蓋面和器腹各飾對稱的鳳紋，圈足飾斜角雷紋。器、蓋同銘，各鑄十七字，記載侯賞賜攸三朋貝，攸用以爲父戊作器。藏首都博物館。

𩰫簋

西周早期飯食器。

高17釐米，口徑18.5釐米。

侈口，束頸，垂腹下置低圈足，圈足邊上又設四個象首，象鼻向下延伸並向外卷曲成爲四足。頸腹兩側設獸首耳，垂小珥。頸飾目雷紋，腹飾乳釘雷紋。腹内底鑄銘文“𩰫從王伐荆，孚，用作䵼簋”十字。記載𩰫隨從昭王伐楚國，有所俘獲，爲記此事而作簋。銘文中荆就是楚，在西周時期，楚是南方的一個强大的諸侯國，對中央王朝時叛時服，周昭王曾親率大軍南征楚國，結果溺死。此簋是“昭王南征”的實物。藏中國國家博物館。

鳥紋簋

西周早期飯食器。

高20.3釐米。

侈口，束頸，鼓腹，下置圈足，圈足下又連鑄三個獸蹄足，使器增高較多。頸腹兩側設獸首耳，垂鈎形小珥。頸前後各設一外卷角小獸首，兩側配置回首鳥紋，體軀呈曲折狀，花冠垂地。蹄足根部飾外卷角獸首。器形較爲特殊。藏美國舊金山亞洲藝術博物館。

小臣謎簋

西周早期飯食器。

高24.5釐米，口徑20釐米，重4.3千克。傳1930年河南汲縣(今衛輝)出土，共二器一蓋。

口折沿，設蓋，蓋頂置圓形抓手，腹稍鼓，下置圈足，圈足旁又設三直足，着地處稍寬，腹兩側設附耳。器、蓋同銘，各鑄六十四字，記載東夷反叛周，白懋父統率在牧野的殷八師去征伐東夷。十一月，自𠭯地出發，順着東陕進軍征伐海湄，以後又回到牧野的駐地，白懋父承王命，用五齵所徵收的貝賞賜在牧野殷八師的部隊。小臣謎因此作器。這次在西周康王時代伐東夷之事，現存史籍未見記録，此器銘文可補史籍之不足。藏臺北故宫博物院。

獸面紋簋

西周早期飯食器。

高15.5釐米，重2.54千克。

侈口，垂腹，下置高圈足。口沿至腹兩側獸首耳，垂珥，這是獸已將鳳鳥的首吞進口内，耳框是鳳鳥的體軀，在垂珥上還留有鳳鳥的尾部和爪子，西周早期有一部分器的耳都屬這一類。頸前後設牛首，兩側配置環柱角獸紋，腹和圈足均飾環柱角獸面紋。器的外底設一系，系上懸小鈴。經目測在没有外界影響下，此鈴有慣性的微小擺動，儘管擺動幅度不大，但能察覺到。圈足較高，下有較大空間，可置鈴。藏上海博物館。

火龍紋簋

西周早期飯食器。

高22.8釐米，口徑20.3釐米。1981年陝西寶鷄紙坊頭村出土。

器形似豆。侈口，淺腹，圜底，下置高圈足，圈足下又設較高的邊緣，腹兩側設獸耳，垂珥甚長將及地。腹上部中間設浮雕小獸首，兩側飾火龍紋，下部爲橫條紋，圈足飾牛角獸面紋。簋外底設鈕，並懸掛一小鈴，這在簋類器中屬於特殊的造型。藏寶鷄青銅器博物院。

獸面紋簋

西周早期飯食器。

高 21 釐米。

侈口，束頸，腹略鼓，下置高圈足，高圈足下又設較高的邊緣。頸腹兩側設獸耳，下垂彎鈎小珥。頸飾鳥紋，體軀曲折，尾下卷。腹飾外卷角獸面紋，高圈足飾曲折角獸面紋，均以雷紋爲地紋。器形特殊。藏英國倫敦蘇富比拍賣行。

不壽簋

西周早期飯食器。

高15.8釐米，寬33釐米，重3.14千克。

侈口，垂腹，下置圈足。腹兩側設附耳，耳高不過口。頸飾變形獸面紋。腹内底鑄銘文二十四字，記載九月初吉戊辰日，王在祖廟，王姜賞賜不壽皮衣。不壽爲答揚王的美意，作此簋。藏北京故宮博物院。

柞伯簋

西周早期飯食器。

高16.8釐米。1993年河南平頂山薛莊鄉應國墓地出土。

侈口，束頸，鼓腹下置圈足，在簋的外底連鑄一個高圈足，底部外侈。頸腹兩側設獸耳，垂珥。頸中間浮雕虎耳小獸首，兩側配置變形龍紋。腹飾獸面紋，圈足飾斜角雷紋。器内底鑄銘文七十四字，記載八月庚申日，周王命南宫率王多士、小子、小臣等人進行了一次射禮的活動，柞伯以所獲賞賜來作器，以紀念先祖周公。此器形制特殊，銘文重要。藏河南博物院。

鳥紋簋

西周早期飯食器。

高20.3釐米。

斂口，設蓋，蓋頂設圓形抓手，器圓肩，鼓腹，下置圈足。頸腹兩側設獸首耳，垂珥。蓋面及腹部飾直條溝紋，蓋緣、器頸及圈足各飾鳥紋。整個器形與蓋相合成爲球形，較爲少見。藏美國舊金山亞洲藝術博物館。

𦅫簋

西周早期飯食器。

高19.2釐米，寬24.5釐米，重3.14千克。

斂口，設蓋，蓋頂有圓形抓手，鼓腹下置圈足。腹兩側設附耳。通體飾横條溝紋。器、蓋同銘，各鑄四十四字，記載十二月既生霸丁亥日，王派遣榮説𦅫的功歷，命他封邦建國，並賞賜鑾鈴和旗幟，用來保護他的邦國，𦅫爲答揚王的美意，自作此寶器，囑子孫後代要永遠寶用。藏北京故宫博物院。

戈母丁簋

西周早期飯食器。

高15.1釐米。1960年陝西武功柴家嘴村出土。

口外侈，口沿設子口，束頸，深腹下垂，下置圈足。頸腹兩側設獸首耳，垂珥幾及於地。腹飾對稱鳳紋，鳳首浮雕並在其上飾對稱外卷角，長冠卷曲於肩，尾部向上翹起，鳳爪延伸入圈足，紋飾較爲特殊。腹外壁雙耳下鑄銘文，一側爲“戈”字，另一側爲“母丁”二字，是戈氏爲母丁作此簋。藏陝西歷史博物館。

公仲簋

西周早期飯食器。

高14釐米，口徑21釐米，重2.86千克。

器呈筒形，直口，直腹，下置圈足。腹兩側設獸首耳，垂珥。腹飾對稱的回首龍紋一周，龍有長冠，向後垂地又卷起。器内底鑄銘文十二字，記載公仲徬爲他的姊作此簋，希望她萬年使用，銘文“爲姊作器”，屬少見。筒形體的簋以前未見，爲一種特殊的形式。藏北京保利藝術博物館。

亞醜方簋

西周早期飯食器。

高18.5釐米，重4.945千克。

器呈方形，侈口，束頸，腹稍鼓，下置高圈足。頸腹兩側設耳，耳是以外卷角獸首張口咬住鴞的後腦，簋的耳廓爲鴞體，並以鴞足和尾爲垂珥，形象生動。口沿及圈足飾對稱鳥紋，腹飾曲折角獸面紋，皆以雷紋爲地紋。前後兩面的中綫及器之四隅皆出棱脊。腹底鑄銘文“亞醜”二字。這是一個大族的族徽，自商代晚期到西周早期青銅器上都鑄有此銘文。藏臺北故宫博物院。

同簋

西周中期飯食器。

高14.2釐米，重3.9千克。

侈口，束頸，鼓腹下置圈足。頸腹兩側設獸首耳，頸前後設浮雕小獸首，兩側飾獸體目紋。腹内底鑄銘文九十一字，記載十二月初吉丁丑日，王在宗周，到達大廟，王命令同輔佐吴大父，掌管場圃、林山、澤虞和牧地，具體範圍自滤水向東直到黄河，其北方至於玄水，不得荒怠。同爲先父重仲作此寶簋。藏北京故宫博物院。

害簋

西周中期飯食器。

高15釐米。

侈口，束頸，鼓腹下垂，下置圈足。頸腹兩側設獸首耳，垂珥。頸前後設内卷角小獸首，兩側配置回首鳥紋。腹飾對稱回首大鳳紋，鳳冠垂地，極華麗，圈足飾斜角雲紋。腹内底鑄銘文四十三字，記載十月初吉壬申日，北方戎人侵犯楷國，楷侯之臣害搏擊戎人，捉到活口並殺死敵人，楷侯賞賜害四匹馬，臣一家和五朋貝，害爲楷侯作此簋。藏北京故宫博物院。

祖庚孫簋

西周中期飯食器。

高15.7釐米，口徑22釐米，重3.64千克。

侈口，束頸，鼓腹下垂，下置圈足。頸腹兩側設獸首耳，垂珥似象鼻上卷。頸部前、後各設一獸首，兩側飾曲冠分尾鳥紋，腹飾對稱的回首長冠鳳紋，長冠向後垂曲再勾起，長尾下卷。這是典型的西周中期鳳紋的形式。腹內底鑄銘文二十二字，記載𢍰族爲祖庚孫作此寶器，作爲宗廟世代享孝之用。藏上海博物館。

鮮簋

西周中期飯食器。

高14釐米，重2.98千克。

侈口，束頸，鼓腹下垂，下置圈足。頸腹兩側設獸首耳，垂珥。腹上部設小獸首，其下爲棱脊。腹飾對稱的回首龍紋，是龍首鳥體，首旁有長花冠，圈足飾獸體目紋。腹内底鑄銘文四十五字，記載在三十四年五月既望戊午日，王在宗廟所在地葊京祭祀昭王，鮮受到王的褒獎，向王獻鬯酒。王賞賜鮮祼禮用的是玉器三種、貝二十朋。鮮作器宣揚王的好處。美國紐約私人收藏。

伯簋

静簋

西周中期飯食器。

高15.8釐米。

侈口，束頸，鼓腹下垂，下置圈足。頸腹兩側設獸耳，垂珥，頸中間飾浮雕小獸首，兩側配置龍紋，腹飾對稱回首長冠鳳紋。腹内底鑄銘文九十字，記載六月初吉，王在𦟢京，丁卯日，王任命静主司學宫中的射事(即在大學中教習射藝)，小子、服、小臣及夷僕學習射藝，至次年八月初吉庚寅日，王與吴𠦪、吕剛等人在辟雍大池中會射，静教射無誤，王賞賜静連鞘帶緌的刀。藏美國賽克勒美術館。

伯簋

西周中期飯食器。

高14.9釐米，重2.4千克。

侈口，束頸，鼓腹，下置圈足。頸腹兩側設獸首耳，垂珥。頸前後設内卷角小獸首，兩側飾對稱的長尾鳳紋，腹飾對稱的卷體鳳紋，長冠下垂，圈足飾斜角目雷紋。器内底鑄銘文“伯作簋”三字。藏北京故宫博物院。

㦸簋

西周中期飯食器。

高21釐米，口徑22釐米，重5千克。1975年陝西扶風莊白村出土。

侈口，設蓋，垂腹下置圈足。腹兩側設相背立鳥爲耳，鳥足爲垂珥。蓋面及器腹各飾對稱的長冠卷尾鳳紋。器、蓋同銘，各鑄一百三十四字，記載在六月初吉乙酉日，在㦸伐淮戎的駐地，㦸率領官吏和師氏將兵疾赴，擊戎於棫林之地，搏擊戎於𣪕地，突兀抓住戰俘二人並繳獲盾、矛等各種兵器一百三十五件，奪回被淮夷所俘的一百十四人，搏鬥結束，㦸自身没有受到損傷，於是㦸拜、叩首，答揚亡母的福德和功烈，爲亡母日庚作此簋。藏寶鷄青銅器博物院。

㦰簋

西周中期飯食器。

高15.5釐米，口徑24釐米，重3.36千克。

侈口，腹下垂，下置圈足。頸腹兩側設獸首耳，垂珥。頸部中間設小獸首，兩側配置回首龍紋。腹内底鑄銘文十七字，記載㦰爲祖庚作此簋，子子孫孫要萬年寶用。㦰器傳世有數件，此爲銘文較少者。藏上海博物館。

彔簋

西周中期飯食器。

高18.3釐米，口徑18.9釐米，重3.48千克。

侈口，設蓋，蓋頂設圓形抓手。束頸，垂腹，下承圈足。頸腹兩側設獸首耳，垂珥。蓋沿飾對稱鳥紋。頸中間設一浮雕小獸首，兩側配置四鳥。器、蓋同銘，各鑄銘文三十二字，記載白雍父自胡國而來，稱美彔的功歷，賞賜彔紅銅，彔爲文祖辛公作此簋。伯雍父是穆王時征伐淮夷的將領之一，胡國在今安徽阜陽附近。藏日本泉屋博古館。

段簋

西周中期飯食器。

高13.6釐米，口徑21.2釐米，重3.25千克。

侈口，束頸，垂腹下置圈足。腹兩側設獸首耳，垂珥。頸飾回首龍紋一周。腹内底鑄銘文五十七字，記載十四年十一月丁卯日，王在畢地舉行蒸祭，次日戊辰，舉行堂贈之禮，王命令龏𡚬賞賜段以采地。藏上海博物館。

師眉簋

又名"𡨦簋"。西周中期飯食器。

高13.5釐米，口徑20.3釐米，重2.39千克。傳光緒年間陝西鳳翔出土。

侈口，束頸，鼓腹下置圈足。頸腹兩側設獸首耳，垂小珥。頸中間飾虎耳小獸首，兩側配置曲頸長尾鳥。腹内底鑄銘文二十八字，記載師眉薦於王爲周客，王賞賜貝五朋，師眉爲此鑄造二鼎二簋。藏上海博物館。

鼂簋

西周中期飯食器。

高13.2釐米，重2.2千克。傳河南省出土。

侈口，束頸，垂腹下置圈足。頸腹兩側設獸首耳，垂珥。頸前後各設一浮雕小獸首，兩側配置長尾鳥紋。腹内底鑄銘文四十字，記載正月初吉丁卯日，鼂到了公的處所，公賞賜他一組酒器，另又賞賜兩件鼎和五朋貝，於是鼂作此簋祭祀辛公。藏北京故宫博物院。

曶簋

西周中期飯食器。

高11.8釐米，口徑21.4釐米，重2.54千克。

侈口，束頸，鼓腹下置圈足。頸腹兩側設獸首耳，垂珥，因爲形體較矮，所以垂珥雖然很短，但仿佛將及地之感。頸前後各設外卷角小獸首，兩側配置回首長冠龍紋一周，長冠逶迤垂地後又上卷，體軀甚長呈波曲狀延伸，尾端上卷。腹内底鑄銘文五十字，記載四月初吉丙午日，王賞賜曶很多馬上的裝飾品並任命其爲鄭地的馬官，叔朕尹又增加他赤金一鈞,曶作此寶簋，囑子孫要永遠寶用。銘文字體優美。中國香港私人收藏。

莒小子簋

西周中期飯食器。

高14.4釐米，口徑22.2釐米，重2.68千克。

侈口，束頸，腹稍鼓，下置圈足。頸腹兩側設獸首耳，垂珥。頸部中間設一小獸首，兩側配置變形獸體紋，圈足飾斜角雲紋。腹内底鑄銘文二十五字，記載莒小子爲天子守土而不接受所賜。莒，古國名，周武王封少昊之後輿期於莒，莒夷君無謚而有號，春秋時爲楚所滅，故地在今山東莒縣。莒小子簋傳世共兩件，分藏上海博物館和北京故宫博物院。此器藏上海博物館。

昜□簋

西周中期飯食器。

高14.3釐米，重2.7千克。

侈口，束頸，垂腹，下置圈足。頸腹兩側設獸耳，垂珥。頸前後各設一浮雕小獸首，兩側飾回首龍紋一周，圈足飾斜角目雷紋。腹内底鑄銘文二十四字，記載昜□曰，遣叔休賞賜小臣三朋貝，身份爲臣的奴隸三家，昜□爲父丁作祭器。此簋成對，分藏北京故宮博物院和廣州博物館。此簋藏北京故宮博物院。

輔師𠭰簋

西周中期飯食器。

高15.2釐米，口徑21.8釐米。1957年陝西長安兆元坡出土。

侈口，束頸，鼓腹下置圈足。頸腹兩側設獸首耳，垂珥。頸前後各設浮雕小獸首，兩側配置長尾鳥紋。腹内底鑄銘文一百零二字，記載九月既生霸甲寅日，王在周康宮到大室即位，榮伯右導輔師𠭰。王呼作册尹宣讀册命，要輔師𠭰繼承以前其祖考職掌的鎛師之職，賞賜韋市素黄、鑾旂，並增加賞賜玄衣黹純、赤市朱璜等物品，輔師𠭰作器記事。藏中國國家博物館。

縣妃簋

西周中期飯食器。

高13.3釐米，口徑22.8釐米。

侈口，束頸，鼓腹下置圈足。頸腹兩側設獸首耳，垂珥。頸前後各飾一獸首，兩側有鳥紋配置。腹内底鑄銘文八十八字，記載十二月既望壬午日，伯屖父賜給縣伯妻子爵和祼祭用的幾種玉器，縣妃答揚伯屖父的美意，並將此事在彝器上鑄銘文，説今後的子孫不敢忘記伯的好處。藏臺北故宮博物院。

廿七年衛簋

西周中期飯食器。

高23釐米，口徑22.6釐米，重5.7千克。1975年陝西岐山董家村出土。

侈口，設蓋，束頸，垂腹下置圈足。頸腹兩側設獸首耳，垂珥。蓋緣及器頸各飾獸體目紋一周。器、蓋同銘，各鑄七十三字，記載二十七年三月既生霸戊戌日，王在周，到大室即位，南伯右導裘衛入門，位於中廷。王呼内史賞賜衛載市朱璜、鑾。衛答揚天子的賜命，爲亡祖、亡父作此簋。藏周原博物館。

紀侯簋

西周中期飯食器。

高19釐米，口徑17.6釐米，重4.15千克。

斂口，翻唇，設蓋，垂腹下置圈足，肩部兩側設獸耳有環。蓋緣及器肩各飾回首龍紋一周。器、蓋同銘，各鑄十三字，記載紀侯爲姜縈作簋，姜縈是紀侯之女，簋是紀侯媵女之器。紀國是源遠流長的東方古國，西周時是周的封國，春秋時爲齊國所滅。藏上海博物館。

遹簋

西周中期飯食器。

高17.5釐米，口徑19釐米。傳1910年陝西出土。

斂口，鼓腹下置圈足，圈足旁設三個獸首短足，腹兩側設獸首銜環，通體飾橫條溝紋。腹内底鑄銘文五十八字，記載六月既生霸，穆王在莽京，命漁師先漁於大池，王舉行饗酒之禮，遹侍王漁而無災譴之咎。穆王親自將鮮賞賜給遹，遹拜叩首，宣揚穆王的美意，並爲父乙作此祭器。藏臺北故宮博物院。

師遽簋蓋

西周中期飯食器。

高5.2釐米，口徑18.5釐米，重1.5千克。

師遽簋傳世僅存一蓋，蓋面飾橫條溝紋，内鑄銘文五十七字，記載三年四月月相爲既生霸的辛酉日，王在宗周，至新宫整頓師旅，王賞賜師遽十朋貝，師遽因此作器。藏上海博物館。

乖伯簋

又名“羿伯簋”。西周中期飯食器。

高15.3釐米，口徑24.1釐米，重5.19千克。

斂口，鼓腹下置圈足。腹兩側設獸首環耳。通體飾橫條溝紋。器内底鑄銘文一百五十字，記載九年九月甲寅日，王命益公至楚國未爲王的君長名眉敖之處，益公歸來報告王所賦予使命已完成。次年二月，眉敖來朝覲周王，並進貢財貨。己未日，王命仲送乖伯貔皮之衣。王對乖伯説乖伯的祖父從自己的國中來到周邦，輔弼先王，就是符合天命，所以賞賜乖伯貔皮之衣。乖伯拜，並向天子叩首，感謝他没有忘記小邦之臣，並爲乖伯的父考即武乖幾王作此簋，以日夜享孝宗廟，喜樂朋友和諸姻好之親戚。藏中國國家博物館。

詢簋

西周中期飯食器。

高21釐米，口徑24.8釐米。1959年陝西藍田城南寺坡村出土。

斂口，設蓋，蓋頂設圓形抓手，鼓腹下置圈足。腹兩側設獸首環耳。通體飾横條溝紋。器内底鑄銘文一百三十二字，記載十七年，王在射日宫，益公右導詢入門，王册命曰：因文武受命乃奠定周邦，現在我命令詢任職管轄邑人，先虎臣後庸，直至夷人等。爲此賞賜詢玄衣黹屯，韍市冋璜，有透雕戱柲，上纏有索和紅色的流蘇，鑾旂、攸勒，用來做事。詢叩首，答揚天子的美意，爲文祖乙伯、同姬作此簋。藏陝西歷史博物館。

豆閉簋

西周中期飯食器。

高15.1釐米，重5.06千克。傳陝西西安出土。

斂口，鼓腹，下置圈足，腹兩側設獸首耳有環。通體飾橫條溝紋。腹内底鑄銘文九十二字，記載在二月既生霸戊寅日，王到達師戲宫的大室，井伯右導豆閉進入，王呼内史對豆閉的册命，王賞賜豆閉玄色的上衣、環市和有鑾鈴的旗，繼承其祖和父的官職，職掌㝮艅邦君的司馬弓矢之職。豆閉爲答謝天子的册命而作此簋，將其永遠供放在祖廟中。藏北京故宫博物院。

師虎簋

西周中期飯食器。

高15.2釐米，口徑23.9釐米，重4.72千克。

斂口，鼓腹下置圈足，肩兩側設小獸耳。通體飾橫條溝紋。腹内底鑄銘文一百二十四字，字體極規整，記載在元年六月甲戌日，井伯右導師虎，接受内史吴代王的册命。命辭大意：虎，以前先王已命你繼承祖和父的官職，任左軍右軍的馭馬官，現在命你繼續擔任祖與父的官職，你要日夜敬誠於職事，並賞賜赤舄。藏上海博物館。

虎簋蓋

西周中期飯食器。

口徑23.5釐米。1996年陝西丹鳳山溝村出土。

僅存一蓋，蓋頂設圓形抓手。蓋面飾直條紋。蓋内鑄銘文一百六十一字，記載在三十年四月初吉甲戌日，王在周新宫到了大室，密叔右導虎入内。王命令虎繼續任祖考疋師戲嗣走馬馭人和五邑走馬馭人之職，並賞賜虎䵼市、幽黄、環衣、鑾旂等物品，虎爲文考日庚作此尊簋，子孫永寶用，並日夜祭祀祖先。藏商洛市博物館。

即簋

西周中期飯食器。

高15.5釐米，口徑23釐米，重3.8千克。1974年陝西扶風强家村出土。

斂口，鼓腹下置圈足，腹兩側設獸首銜環耳。通體飾横條溝紋，腹内底鑄銘文七十二字，記載三月初吉庚申日，定伯入内右導即，進入康宫大室前的中廷，接受王的册命：賞賜赤巿朱黄、玄衣黹純、鑾旂，繼嗣琱國宫人的職務做事，即爲文考幽叔作此簋。藏陝西歷史博物館。

無𡚸簋

西周中期飯食器。

高21.8釐米，口徑23.7釐米，重6.6千克。

斂口，鼓腹下置圈足，腹兩側設獸耳有環。通體飾横條溝紋，蓋抓手内飾一卷體龍紋。器、蓋同銘，各鑄五十八字，記載在十三年正月初吉壬寅日，王命令征伐南淮夷。無𡚸有戰功，王賞賜他四匹馬，無𡚸爲其祖釐季作此簋。無𡚸簋傳世三件，上海博物館藏一器、一簋蓋；中國國家博物館藏一器。

賢簋

西周中期飯食器。

高19.6釐米，口徑17.2釐米，重4.27千克。傳1888年河南出土。

斂口，設蓋，垂腹下置圈足，腹兩側設獸首耳，垂珥。整器飾横條溝紋。器、蓋同銘，各鑄二十七字，記載九月初吉庚午日，賢隨從公叔初覲於衛地，公叔命令賢在衛地執事，並賞賜田畝，賢作器記事。此爲衛國器。賢簋傳世成對，上海博物館藏二器、一蓋。

散伯簋

西周中期飯食器。

高23.1釐米，口徑21.1釐米，重5.64千克。傳光緒中陝西鳳翔出土。

斂口，設蓋，蓋上有圓形抓手。鼓腹下垂，圈足下置三獸首短足，腹兩側設獸首環耳，通體飾横條溝紋。器、蓋同銘，各鑄十二字，記載散伯爲夨姬作寶簋。散、夨兩國聯姻，故散伯爲其夫人夨姬作器。散伯簋成對，分藏上海博物館和美國福格博物館。此器藏上海博物館。

㪍簋

西周中期飯食器。

高17.8釐米，重3.18千克。

斂口，設蓋，蓋頂設圓形抓手。器鼓腹，下置圈足，腹兩側設半環狀耳，整器飾横條溝紋。器、蓋同銘，各鑄二十八字，記載八月初吉丁亥日，伯氏賞賜㪍弓、箭、馬和五朋貝，㪍隨從伯氏，並宣揚公的好處。藏北京故宫博物院。

師酉簋

西周中期飯食器。

高22.5釐米，口徑19.1釐米，重4.94千克。

斂口，設蓋，鼓腹下置圈足，圈足下又設獸首小足。頸腹兩側設獸首耳，垂珥。蓋沿、器口沿及圈足各飾鱗紋，蓋及口沿的鱗紋大小相間，其餘皆爲橫條溝紋。器、蓋同銘，各鑄一百零六字，記載元年正月，王在吴國，到吴大廟，公族右導師酉位於中廷，王呼史牆向師酉宣讀命書：繼承你先祖的官職，管理邑人的軍事組織及虎臣、諸夷等武裝的守衛組織。賞賜你朱色的市和馬韁繩、馬籠頭。你要敬慎地日夜不要忘記我的命令。於是師酉拜、叩首，並答揚天子的美意，爲文考乙伯、究姬作此簋。師酉簋傳世三件，分藏北京故宫博物院和中國國家博物館。此器藏中國國家博物館。

仲枏父簋

西周中期飯食器。

高25.5釐米，重7.66千克。陝西永壽好畤河村出土。

斂口，設蓋，鼓腹，圈足下置獸首向外卷曲的小足。蓋緣及器口沿飾獸目交連紋，圈足飾鱗紋。器、蓋同銘，各飾三十九字，記載仲枏父爲器主，其身份是師湯父有司，作此寶簋爲了祭祀皇祖考。簋成對，分藏北京故宫博物院和陝西歷史博物館。此器藏北京故宫博物院。

楚簋

西周中期飯食器。

高22.5釐米，口徑18.5釐米，重3.7千克。1978年陝西武功北里村出土。

斂口，設蓋，蓋上有圓形抓手，鼓腹下置圈足，圈足旁設小獸首下連短足，腹兩側設獸耳環耳。蓋緣、器口及圈足各飾獸體卷曲紋，其餘均爲横條溝紋。器、蓋同銘，各鑄七十一字，記載正月初吉丁亥日，王在康宮，仲倗父右導楚位於中廷，内史尹氏向楚宣讀王的册命，賞賜楚赤色的蔽膝，建於車上的鑾旂，並可取得鍰五鋝的俸禄。職司莽京郊邊内史所屬的舟官。楚拜、叩首，敢於宣揚天子的功烈。藏武功縣博物館。

王臣簋

西周中期飯食器。

高22.3釐米，口徑20釐米。1977年陝西澄城南串業村出土。

斂口，設蓋，蓋頂設圓形抓手，鼓腹下置圈足，圈足旁設獸首小足，腹兩側設獸首耳有環。蓋沿和器頸飾獸體目紋，圈足飾雲紋。器、蓋同銘，各鑄銘文八十五字。記載二年三月初吉庚寅日，王到大室，益公右導王臣位於中廷，宣讀王册命辭的是内史年。王賞賜王臣的物品有朱璜、繪紋的内衣、玄衣黹純、鑾旂五日、戈畫㦼、柲纏緣、紅色的流蘇等。王臣叩首，敢於答揚天子的美意，並爲文考易仲作此簋。藏陝西歷史博物館。

揚簋

西周中期飯食器。

高18.7釐米，重4千克。

斂口，鼓腹，圈足下設小獸首和向外上卷的三足，頸腹兩側設獸首耳有環。頸和圈足各飾變形獸面紋。腹内底鑄銘文一百零七字，記載在九月既生霸庚寅日，王在周康宫，天剛亮到了大室。司徒單伯右導揚入宫，王呼内史名史年的向揚宣讀命書，王曰：揚，任命你爲司空，主管량地的田官和司里、司芻、司寇以及司空等職事，並賞賜你市肩上用以繫佩的帶子和有鑾鈴的旂，還任命你有權主持訊訟，可取賜五寽。揚記此事，爲烈考憲伯作此簋。藏北京故宫博物院。

㝬叔㝬姬簋

西周中期飯食器。

高23.3釐米，口徑19.5釐米，重6.45千克。1978年陝西武功北里村出土。

斂口，設蓋，鼓腹下置圈足，圈足下又設三獸首足，頸腹兩側設獸首耳，垂珥。蓋緣、器頸及圈足各飾獸體變形紋，蓋沿飾幾何形紋，餘皆飾横條溝紋。器、蓋同銘，各鑄二十五字，記載㝬叔、㝬姬爲其長女伯媿作媵簋。共四件。藏武功縣博物館。

弭叔師察簋

又名"弭叔簋"、"師察簋"。西周中期飯食器。

高26.6釐米，口徑24釐米。1959年陝西藍田寺坡村出土。

斂口，設蓋，蓋頂有圓形抓手，鼓腹，下置圈足，圈足旁設獸首三小足。頸腹兩側設獸首耳，垂珥。蓋緣及器頸飾獸體目紋，其餘均飾横條溝紋。蓋内鑄銘文七十二字，器無銘，記載五月初吉甲戌日，王在葊京大室，井叔引導師察入内，王呼尹氏宣讀册命，賞賜師察赤舄和攸勒。弭叔師察爲其祖作此寶簋。藏陝西歷史博物館。

元年師旋簋

西周中期飯食器。

高25.6釐米，口徑23.8釐米。1961年陝西長安張家坡出土。

斂口，設蓋，鼓腹下置圈足，圈足旁置獸首小足，向下卷曲，腹設獸耳，垂珥。蓋沿及器口飾獸體目紋，圈足飾獸體卷曲紋。器、蓋同銘，器銘九十九字，蓋銘九十八字，記載元年四月既生霸甲寅日，王來到廟即位，遲公右導師旋，王呼作册尹宣讀册命：命師旋執掌大左之官職，掌治保衛豐京王苑的左右師氏，並賞賜赤市、絅黄等物，師旋爲文祖益中作此簋。共四件，形制、紋飾相同。藏陝西歷史博物館。

元年師旋簋

三年師兑簋

西周中期飯食器。

高22.7釐米，口徑19.2釐米，重4.36千克。

斂口，設蓋，蓋頂有圓形抓手。腹下垂，圈足下設三獸形短足，腹兩側設獸首耳，垂珥。蓋緣及器口沿、圈足各飾鱗紋。器、蓋同銘，各鑄一百二十八字，記載在三年二月初吉丁亥日，王呼内史尹向師兑宣讀册命辭：過去，我已任命你輔佐師龢父，任左右走馬之職，今再增加𩠩嗣走馬一職，並賞賜鬯酒一卣、飾有青銅部件的車、馬四匹和攸勒。藏上海博物館。

元年師兑簋

西周中期飯食器。

高22.5釐米，口徑19釐米，重4.82千克。

斂口，設蓋，垂腹，圈足下設三獸首足，腹兩側設獸首耳，垂珥。蓋緣、器口沿及圈足各飾鱗紋。器、蓋同銘，各鑄九十一字，記載在元年五月初吉甲寅日，王命令師兑輔助師龢父，任左右走馬和五邑走馬之職，並賞賜師兑之祖任官時衣服上的巿五黄、赤舄等，這是要師兑繼承其祖之職，也是周室貴族世襲制度的一個特點。藏上海博物館。

諫簋

西周中期飯食器。

高21.2釐米，重5.28千克。傳1898年陝西武功扶風村出土。

斂口，設蓋，蓋頂有圓形抓手。鼓腹，圈足，下置三獸首小足，腹兩側設獸首耳，垂珥。蓋緣及器頸飾獸體目紋，圈足飾斜角雷紋。器、蓋同銘，各鑄一百零二字，記載在五年三月初吉庚寅日，王在周地的師彔宫，天剛亮，王到大室。司馬共右導諫進門，位於中廷，王呼内史年對諫宣讀册命辭：先王既已命令你管理王室的游園，你有心慮而不會不明事理，今我又來繼續先王之命賞賜你馬籠頭。諫因此爲文考叀伯作尊簋。藏北京故宫博物院。

𪔅簋

西周中期飯食器。

高21.3釐米，口徑17釐米。

斂口，設蓋，蓋頂有圓形抓手。鼓腹下置圈足，圈足下又設三個短扁足，腹兩側設獸首耳，垂珥。蓋面及器頸各飾獸體目紋，其餘爲横條溝紋。器、蓋同銘，各鑄五十八字，記載正月甲午日，王命𪔅管理成周的里人、諸侯、大亞。根據官職，可取金五寽，並賞賜奴隸十家。𪔅記録此事並作簋。藏臺北故宫博物院。

𫲨簋

西周中期飯食器。

高19.4釐米，口徑17.9釐米，重3.3千克。

斂口，設蓋，鼓腹，圈足下置三獸首足。頸腹兩側設獸首耳，垂珥。蓋緣和器頸各飾變形獸面紋，圈足飾斜角雷紋。器、蓋同銘，各鑄四十五字，記載周王命𫲨和叔䜌父饋贈吴姬飴器，自黄賞給𫲨的物品有玉璋、兩匹馬、吴姬賞得絲織品帛一束，𫲨爲季姜作簋，並記述此事。藏上海博物館。

鄧公簋

西周中期飯食器。

高20釐米，口徑20釐米，重4.1千克。1984年河南平頂山出土。

斂口，設蓋，鼓腹下置圈足，圈足旁又設小獸首，下爲短足。腹兩側設獸首環耳。蓋緣及器腹飾獸體卷曲紋，圈足飾斜角雷紋，其餘均爲横條溝紋。器、蓋同銘，各鑄十二字，記載鄧公爲應嫚毗作媵簋。這是鄧、應兩國聯姻時用的器物。藏平頂山博物館。

五年師旋簋

西周中期飯食器。

高23釐米，口徑18.7釐米。1961年陝西長安張家坡出土。

斂口，設蓋，直頸，腹稍鼓，下置圈足，圈足旁設小獸首，下有曲折形小足，頸兩側設獸首環耳。蓋緣及器頸飾鳥紋，蓋折沿及腹飾直條紋。器、蓋同銘，各鑄五十九字，記載五年九月既生霸壬午日，王命師旋赴齊地追敵，賞賜銅兜十五件，盾飾有羽毛和彩綬，戈有雕内，戈柲纏索飾紅色流蘇，並告誡師旋要謹慎從事，不得失敗。傳世共三件，均藏陝西歷史博物館。

應侯見工簋

西周中期飯食器。

高25.5釐米，重7千克。

器成對。斂口，設蓋，蓋頂設圓形抓手。鼓腹，下置圈足，圈足旁又設三獸首短足，腹兩側設獸首耳套環。通體飾直條溝紋。器、蓋同銘，各鑄銘文五十三字，記載正月初吉丁亥日，王在𩁹地宴饗應侯見工及友人。王賞賜應侯見工玉五瑴、馬四匹、箭千枝，應侯見工答揚天子之休美，並爲皇考武侯作此簋。藏北京保利藝術博物館。

毳簋

西周中期飯食器。

高21釐米，重3.96千克。

侈口，設高蓋，蓋頂有圓形抓手。器束頸，鼓腹，下置圈足，圈足邊沿又設三個短足，頸腹兩側設附耳。蓋面及腹飾直條溝紋，蓋緣及器頸飾獸體交連紋。器、蓋同銘，各鑄十六字。記載毳爲其婆母媿氏作盛飯食用的簋，希望媿氏長壽，萬年使用此器。藏北京故宮博物院。

親簋

西周中期飯食器。

高19.5釐米，口徑22釐米。

侈口，束頸，鼓腹，下置圈足，圈足下又連鑄一個透雕底座，頸腹兩側設鳥耳垂珥。頸飾對稱回首鳥紋，腹飾對稱大鳳紋，鳳冠向前彎曲，下垂至地，極爲華麗。腹内底鑄銘文一百十字。記載二十四年九月既望庚寅日，王在周，到大室，司空遆右導親位於中廷。王呼作册尹，册命親曰：繼承你祖父的官職，做冢司馬。主要職責是諫訊有粦，並可取賜十寽，這是封官受禄。又賞賜親赤市幽黄、金車、金勒、旂，於是親爲文祖幽伯作此寶簋。此簋造型特殊，銘文起首紀年、月、月相、干支四項要素俱全，爲研究、推斷西周各王在位年代提供了極爲寶貴的新資料。藏中國國家博物館。

豢簋

西周中期飯食器。

高19.2釐米，口徑21.8釐米，重6.45千克。傳20世紀80年代陝西長安灃西出土。

簋失蓋，斂口，鼓腹，下置圈足，圈足下連鑄三足。腹兩側設螺旋狀角的獸首耳，下垂餌。器口沿飾大小相間連續式的鱗紋一周，圈足上的鱗紋大小相等。腹部飾横條溝紋。這種器形和紋飾，在西周中期偏晚的青銅簋中常見。腹内底鑄銘文三十二字，記載大師小子豢作此簋。在西周時期，大師是武官，小子是大師的屬官。"豢"字銘文作"弄"，"弄"字金文未見，但甲骨卜辭中有"弄"字。弄簋除上海博物館藏一器外，西安市博物館收藏一對，器、蓋皆全，另*Rawson and Bunker, Ancient Chinese and Ordos Bronzes*圖32曾著録一件完整的同銘簋，則豢簋至少有四器。此器藏上海博物館。

倗生簋

又名“格伯簋”。西周中期飯食器。

高31釐米，口徑21.9釐米，重8.9千克。

口略侈，束頸，設蓋，蓋頂設圓形抓手。鼓腹較淺，圈足下連鑄方座，頸腹兩側設龍耳。蓋緣、器頸及方座沿邊各飾火龍紋，圈足飾火紋和四瓣目紋相間，器形莊重。器蓋完整的銘文應有八十三字，大意爲正月初吉癸巳日，周王在成周。格伯取得倗生給予的四匹好馬，倗生得到格伯的三千畝田，雙方剖券作爲協議的憑證。於是格伯帶着隨從去踏勘了三千畝田的界限，並以杜木和桑木作爲標誌。史書名戠武立臿起土，以定地界的巷道，於是格伯的田遂爲倗生所有。倗生作此簋，記載他增加這些土地的經過。此器銘文提供了當時田畝的代價。傳世三件，分藏上海博物館、北京故宮博物院和中國國家博物館。此器藏上海博物館。

盂簋

西周中期飯食器。

高24.5釐米，口徑23.4釐米。1961年陝西長安張家坡出土。

侈口，束頸，鼓腹下置圈足，圈足下連鑄方座，頸腹兩側設獸首耳，垂珥。腹飾對稱回首鳳紋，圈足飾斜角雲紋，方座飾對稱回首鳳紋。腹内底鑄銘文四十二字，記載盂追述其父親曾隨毛公遣仲征伐無需國，毛公賞賜其父考的臣乃出自他的工奴，爲此事而作簋。共三件，形制、紋飾相同。藏陝西歷史博物館。

㾼簋

西周中期飯食器。

高36.1釐米，口徑22.9釐米，重11千克。1976年陝西扶風莊白村出土。

侈口，設蓋，蓋頂有圓形抓手。束頸，鼓腹下置圈足，圈足下連鑄方座，頸腹兩側設獸首耳，垂珥。蓋緣及器頸飾鱗紋，頸前後設一浮雕小獸首，蓋面、腹、方座均飾直條紋，方座每面設六個小方孔。器、蓋同銘，各鑄銘文四十四字，記載㾼的先祖和父掌管王室威儀，兢兢業業爲先王做事，現在周王又命㾼繼承先人職務，並賜佩飾，㾼作此器記事。㾼簋共八件，形制、紋飾、銘文相同。藏寶鷄市周原博物館。

堆叔簋

西周中期飯食器。

高25.5釐米，口徑21.6釐米，重6.7千克。1981年陝西長安鬥門鎮花園村出土。

侈口，束頸，鼓腹下置圈足，圈足下又連鑄方座。頸腹兩側設鳳耳，鳳冠高聳，下垂珥，較爲少見。頸前後各飾一小獸首，兩側配置回首鳳紋，腹飾對稱回首鳳紋，花冠垂背着地，尾羽向下卷曲，圈足飾斜角目紋，方座四周皆飾鳳紋，上下爲對稱鳳紋，體軀細長，尾向上卷曲，兩側飾竪立鳳紋，勾喙向上，鳳冠向後卷曲。整器以鳳紋爲飾，精緻華麗。器内壁鑄銘文十八字，記載堆叔隨從王和員征伐荆楚，在成周謀劃征事。藏陝西歷史博物館。

宰獸簋

西周中期飯食器。

高37.5釐米，口徑24.5釐米，重14.4千克。1997年陝西扶風段家鄉大同村出土。

侈口，設蓋，蓋頂有圓形抓手。束頸，鼓腹下置圈足，圈足下又設方座，頸腹兩側設獸首耳，垂珥。蓋抓手旁、蓋緣、器口和圈足各飾獸體卷曲紋，方座四隅飾外卷角獸面紋，其餘均爲横條溝紋。蓋内鑄銘文一百二十九字，記載六年二月初吉甲戌日，王在周地的師彔宫，天剛亮，王到大室即位，司徒榮伯右導宰獸進門，位於中廷，王呼内史尹仲向宰獸宣讀王的册命辭：先王已經對你有任命，現在我繼續先王之命，命你管理康宫的王家臣妾，並賞賜你赤市、幽黄、攸勒等物品。宰獸爲烈祖幽仲、益姜作此簋。此簋有完整的曆日，形制端莊，銘文書法精美，書體變化較多，其内容爲研究西周册命制度提供了資料。共四件。藏寶鷄市周原博物館。

是䰝簋

西周中期飯食器。

高29.7釐米，口徑23.8釐米，重9.04千克。

侈口翻唇，垂腹，附耳甚長，圈足下連鑄方座。座的四壁各有鏤孔，呈兩排格欄狀，其餘均以寬實的直條紋爲飾。腹内底鑄銘文十八字，記載是䰝爲乙公作祭器。此器曾經《西清古鑑》著録，圖中尚有一蓋，早年出土，幾經周轉，器、蓋已分離。藏上海博物館。

滕虎簋

西周中期飯食器。

高33.6釐米，重7.4千克。

侈口，設蓋，蓋頂有圓形抓手。器束頸，鼓腹，下置圈足，圈足下連鑄一方座，頸腹兩側設獸首耳，垂珥。蓋緣和器頸的前後各設一個虎耳小獸首，兩側各飾回首鳳紋一道，圈足飾目雷紋，方座飾回首鳳紋，尾向上，有華麗裝飾，並下垂，鳳紋極精緻。器、蓋同銘，各十四字，記載滕虎爲其父公命作此簋。藏北京故宫博物院。

𢐗伯簋

西周中期飯食器。

高38.7釐米，口徑26釐米，重13.45千克。1981年陝西寶鷄紙坊頭村出土。

口略侈，設蓋，蓋上有圓形抓手。腹稍鼓，較淺，下置高圈足，圈足下又設一低方座，腹兩側設獸首耳，垂珥中間爲透雕。腹前後各設一耳，成爲四耳方座簋，形制莊重典雅。蓋面及腹部飾火龍紋，圈足飾曲折角獸面紋，方座四隅設牛角獸面紋，器内鑄銘文“𢐗伯作寶尊簋”六字。藏寶鷄青銅器博物院。

弜伯簋

西周中期飯食器。

高31釐米，口徑25釐米，重9.35千克。1981年陝西寶鷄紙坊頭村出土。

侈口，束頸，鼓腹下置圈足，圈足下連鑄一方座。器外底設一懸鈴，移動時會發音。頸腹兩側設牛首耳，垂長珥。腹飾虎耳獸面紋，圈足上對稱的龍紋，是獸面紋的配置紋飾，方座四隅及座面四方皆飾牛角獸面紋，前者牛角角尖翹出器外，立體感很强。器内底鑄銘文“弜伯作寶尊簋”六字。藏寶鷄青銅器博物院。

追簋

西周中期飯食器。

高38.6釐米，重18.9千克。

侈口，設蓋，蓋上有圓形抓手。束頸，鼓腹下置圈足，圈足下又連鑄方座，頸腹兩側以回首龍爲耳，尾外卷爲垂珥。蓋面和器腹飾兩首龍紋，方座飾回首卷體龍紋，蓋沿、器頸及圈足均飾獸體卷曲紋。器、蓋同銘，各鑄六十字，記載追日夜思慮他所主持的職事，天子對追主持職事之誠意甚多賞賜。追敢於答揚天子之美意，爲祖輩作此簋，用來祭祀祖先，並用來祈求長壽善終，追的子孫要永遠寶用此簋。傳世共五件。兩件藏北京故宫博物院，其中一器僅存蓋；另三件分藏臺北“故宫博物院”、美國舊金山亞洲藝術博物館和日本書道博物館。此器藏北京故宫博物院。

追簋

五年琱生簋

又名"召伯虎簋"。西周中期飯食器。

高20.8釐米。傳陝西扶風五群村出土。

侈口，淺腹，下置高圈足。腹兩側設鳳首耳，垂珥彎曲上卷。腹及圈足前後設棱脊，並飾虎耳獸面紋。腹內底鑄銘文一百零二字，記載五年正月己丑日，琱生有事於宗室，召伯虎來會理其事，婦氏告琱生以王后之命云：我以往删減了公附庸田地中的很多田賦，君氏説必定要得到伯氏的同意，公應罰的田賦，若免除三成，則琱生可免除二成。若公應罰的田賦免除二成，則琱生可免除一成。由於君氏的恩允減免田賦，我惠贈給君氏的是大玉璋，報答婦氏的是束帛和玉璜。召伯虎云：我既已訊而明我父母之命，我不敢違亂，是以召伯虎來會事，實秉其父母之命，我再向你致我父母的命令，琱生則以瑾珪贈於召伯虎。此爲整篇銘文的上半部，下半部在"五年琱生尊"和"六年琱生簋"銘上，可合爲全文。藏美國耶魯大學博物館。參見"五年琱生尊"和"六年琱生簋"。

六年琱生簋

又名"召伯虎簋"。西周中期飯食器。

高22.2釐米。傳陝西扶風五群村出土。

侈口，淺腹下置高圈足。腹兩側設鳳首耳，垂珥缺損。腹及圈足前後設棱脊，並飾獸面紋。腹內底鑄銘文一百零五字。記載六年四月甲子日，召伯虎告訴説：我報告可慶之事，公已經接受了貝，作爲訟獄案内的田賦之值，此事實在是因爲伯的好意，並處理公正，也由於我父幽伯和母幽姜的命令，我到邑中告訴有司，我僅典記而不敢簽封，我已將此事立於典籍，獻之有司，伯氏於是送玉璧給召伯虎。此器銘文與"五年琱生簋"和"五年琱生尊"相接，可合爲全文。藏中國國家博物館。參見"五年琱生簋"和"五年琱生尊"。

獸體卷曲紋簋

西周中期飯食器。

高16.7釐米，口徑23.8釐米。1979年河南禹縣(今禹州)吴灣出土。

侈口，寬唇，腹向下收斂，下置高圈足。腹兩側設套環爲耳。腹及圈足各飾不同的獸體卷曲紋。簋的形式似盂，甚少見。藏河南博物院。

班簋

西周中期飯食器。

高22.5釐米，口徑25.7釐米，重9.3千克。

口折沿，束頸，鼓腹下置圈足。頸腹兩側及前後各設一獸首環耳。下垂小珥，在小珥外側又各設一足，細直而向内卷曲着地，形成四足，造型别緻。頸飾火紋一周，腹飾虎耳獸面紋，都用單綫構成。腹内底鑄銘文一百九十八字，記載在八月初吉甲戌日，王命毛伯繼承虢成公的官位，保衛王位，作天下的准則，受命掌管緐、蜀、巢等三個地區，王賞賜毛伯以旂和馬勒，王命令毛公統率各諸侯步兵、車兵、戜人征伐東國痡戎。吴伯爲左師，吕伯爲右師，率族衆隨他出征，三年平定了東國之亂，毛班因功受賞，作簋紀念。藏首都博物館。

伯簋

西周中期飯食器。

高25釐米，口徑19.1釐米。1982年山西曲沃曲村出土。侈口，折沿，設高蓋，蓋頂有圓形抓手，腹稍鼓，下置圈足。頸腹間均匀地設置四獸首耳，其下垂珥似象鼻，甚長，延伸爲四足。器形設計，别具一格。頸飾鳥紋，蓋及器腹飾虎耳獸面紋，所見僅有雙耳和雙目，比較簡略，圈足飾斜角目雷紋。器、蓋同銘，各鑄“伯作簋”三字。藏北京大學賽克勒考古與藝術博物館。

伯康簋

西周中期飯食器。

高15.5釐米，口徑20.2釐米，重2.7千克。

直口，束頸，鼓腹，圈足下有三個短柱爲足。腹兩側設附耳。頸飾波曲紋一周。腹内底鑄銘文四十字，記載伯康作此簋，用於宴饗朋友。傳世成對，藏上海博物館。

師瘨簋蓋

西周中期飯食器。

高7.2釐米，重0.95千克。1963年陝西武功北坡村出土，僅存一蓋。

蓋緣飾回首鳥紋一周。蓋内鑄銘文一百零二字，記載二月初吉戊寅日，王在周師的司馬宫中，司馬井伯右導師瘨入門，位於中廷，王呼内史吴向師瘨宣讀册命，命你管轄邑人和師氏，並賞賜以青銅爲飾的馬籠頭。師瘨爲文考外季作此簋。藏陝西歷史博物館。

弜伯簋

西周中期飯食器。

高12釐米，口徑16.2釐米，重1.75千克。1975年陝西寶鷄茹家莊出土。

侈口，上設蓋似覆碗狀，並有圓形抓手。器束頸，鼓腹，下置圈足。腹兩側設獸首耳，尾端外卷成珥。頸前後各置一小獸首，其餘均爲雷紋。蓋面及腹部飾乳釘雷紋，腹部紋飾上下皆有連珠紋爲欄，圈足飾雷紋。器內底鑄銘文“弜伯作自爲鼎簋”。記載弜伯自作此簋。藏寶鷄青銅器博物院。

晉姜簋

西周中期飯食器。

高15.6釐米，口徑24.1釐米。1992年山西曲沃晉侯墓地出土。

侈口，束頸，鼓腹下承圈足。腹飾曲折紋，粗綫條和細綫條都呈曲折狀，這類紋飾很少見。器内底鑄銘文“晉姜作寶簋”五字，當是姜姓之女嫁於晉國時所作。藏山西博物院。

樢仲簋

西周中期飯食器。

高18.5釐米，口徑14.7釐米，重2.66千克。

斂口設蓋，蓋頂有圓形抓手，垂腹下置圈足，腹兩側設附耳。蓋、器各飾兩道弦紋。器、蓋同銘，各鑄“樢仲作旅”四字。器壁較薄，内外甚光潔，表面處理技術細緻。藏上海博物館。

季飲簋

西周中期飯食器。

高20釐米，口徑18.4釐米，重3.7千克。

斂口，直頸，鼓腹下承三個蓮瓣形足，頸兩側設附耳，造型特殊。頸部飾對稱的長尾鳥紋一周。腹内底鑄銘文“季飲作旅簋，惟子孫作寶”，季飲爲器主。藏上海博物館。

州簋

西周中期飯食器。

高13.2釐米，口徑18.2釐米，重3.4千克。傳陝西寶鷄城關鎮西秦村出土。

斂口，束頸，鼓腹，下置圈足甚大，已超過口部，腹兩側設獸首耳，有小環孔，缺環。此簋造型特殊，傳世尚未見有此類形式。腹部飾粗獷的波曲紋。腹内底鑄銘文“州作寶旅簋，其萬年永寶用”十一字。藏上海博物館。

免簋底

西周中期飯食器。

縱14.9釐米，横14.6釐米，重0.4千克。

免簋僅存一底，鑄銘文六十四字，記述十二月初吉日，王在周廟，天將明時，王至大廟，王授命作册尹書，命辭於簡册，使册命於免，命令免做周室的林衡，掌管山林，並賞賜紅色的蔽膝，免作器以記事。此器歷見著録。藏上海博物館。

陳侯簋

西周中期飯食器。

高12.4釐米，口徑20釐米，重2.64千克。

侈口，束頸，鼓腹下置圈足。頸腹兩側設獸首耳，垂珥。頸前後各設一獸首，兩側飾目紋，腹飾波曲紋，内底鑄銘文十七字，記載陳侯爲其媿姓夫人作器。《説文》："陳，宛丘也，舜後嬀滿之所封。"故地在今河南淮陽。藏上海博物館。

大師虘簋

西周晚期飯食器。

高18.7釐米，口徑21.4釐米，重5.44千克。1940年陝西扶風任家村出土。

侈口，設蓋，蓋面隆起，設圓形抓手，短頸收斂，低體寬腹，下置圈足，頸兩側以龍首爲耳，造型極少見。器、蓋均飾直條溝紋，樸質莊重。器、蓋同銘，各鑄七十字，記載十二年正月既望甲午日，王命令師晨右導大師虘進入師㝵宫，又命宰曶把用虎皮做的衣服賞賜給大師虘。大師是西周時代官名，"三公"之一，因此虘的地位很高。傳世共四件，分藏上海博物館、北京故宫博物院、中國文字博物館和私人。

虎簋

西周晚期飯食器。

高34.7釐米，口徑23.3釐米，重12.28千克。傳陝西鳳翔出土。

侈口，設高蓋，蓋頂有蓮瓣形抓手，鼓腹，圈足下連鑄方座。腹兩側設龍首耳，垂珥。蓋面、器腹及方座均飾波曲紋，口沿飾獸目交連紋，圈足飾獸體變形紋。器、蓋同銘，均鑄一象形的虎，當是作器人的族氏。此器成對，分藏上海博物館和日本MOA博物館。

㝬簋

西周晚期飯食器。

高59釐米，口徑43釐米，重60千克。1978年陝西扶風齊村出土。

侈口，束頸，鼓腹下置圈足，圈足下置方座。頸腹兩側設透雕龍獸耳甚高大，垂珥。口沿及圈足飾變形獸體紋，其餘均爲直條紋。腹内底鑄銘文一百二十四字，是厲王㝬爲祭祀先王而作的一篇祝辭，大意是：我盡心經營先王事業，用義士獻民祀奉先王宗室，作此特大寶簋，祭祀先宗列祖，以祈皇天大命，保祐周室、王位和我的生命，賜降多福、長壽和智慧。㝬簋是王器，鑄於周厲王十二年，形體高大，是傳世簋中最大者。藏寶鷄青銅器博物院。

晉侯𩰫簋

西周晚期飯食器。

高38.4釐米，口徑24.8釐米，重13.2千克。1992年山西曲沃縣曲村出土。

口略侈，設蓋，蓋頂有圓形抓手。束頸，鼓腹，圈足下連鑄方座，頸腹兩側設獸首耳，垂珥。頸、腹及方座各飾獸目交連紋，器内底鑄銘文二十六字，記載九月初吉庚午日，晉侯𩰫作此簋，爲祭祀文祖皇考。此器成對，分藏山西省考古研究所和上海博物館。此器藏山西博物院。

許季姜簋

西周晚期飯食器。

高25.5釐米，口徑21.2釐米。1985年内蒙古自治區寧城小黑石溝出土。

侈口，方唇，束頸，鼓腹，下置圈足，圈足下又連鑄一方座。頸腹兩側設獸首耳，下垂象鼻形小珥，獸首角聳出器口。頸腹前後各飾一龍。頸、腹及方座皆飾直條溝紋，樸質淳厚。腹内底鑄銘文十六字，記載此簋爲許季姜所作。許國地望在今河南許昌附近。藏赤峰博物館。

休簋

原名“叔氏簋”。西周晚期飯食器。

高37.2釐米，口徑24釐米。1993年山西曲沃北趙村出土。

斂口，設高蓋，蓋頂有圓形抓手。器束頸，鼓腹，下置圈足，圈足下連鑄一方座。頸腹兩側設附耳，整器飾長短不同的直條溝紋，方座四壁各設六個小孔。器、蓋同銘，各鑄二十四字，記載休爲其父叔氏作此簋。共四件，形制、紋飾、銘文相同，均藏山西博物院。

大簋

西周晚期飯食器。

高14.8釐米,重2.7千克。

直口,垂腹,圈足旁又置三個獸首小足。頸兩側設獸首環耳。頸飾變形獸體紋一周。腹内底鑄銘文四十字,記載六月初吉丁巳日,王在鄭地,勉勵大並賞賜赤色壯牛,又讓大用這頭牛祭祀父親。大拜後叩頭,爲皇考大仲作此簋。藏北京故宫博物院。

師嫠簋

西周晚期飯食器。

高23.1釐米,口徑21.5釐米,重5.75千克。

斂口,設蓋,蓋頂設圓形抓手,鼓腹,圈足下有三短獸足。腹兩側設獸首耳,垂珥。蓋緣及器口沿飾變形獸面紋,圈足飾鱗紋。器、蓋銘文略有差異,蓋銘一百二十四字,器銘一百四十一字,説師龢父以祭肉恭告於王,又記十一年九月丁亥日,宰琱生右導師嫠接受王的命令,曰昔日在先王小學,才識敏達而可做事,繼承了你祖和父的小輔職司,現在我繼續先王命,令你任先祖的舊官小輔及鼓鐘,並賞賜素市、金色的帶子、赤舄和馬車。這是西周時代貴族世官世禄制度在青銅器銘文中的反映。傳世共兩件,藏上海博物館。

梁其簋

西周晚期飯食器。

高25.6釐米，口徑21釐米，重6.68千克。傳1940年陝西扶風法門寺任家村出土。

斂口，設蓋，蓋頂有圓形抓手。鼓腹，圈足下承三個獸首足，腹兩側設獸耳，垂珥。蓋緣及口沿飾獸體卷曲紋，圈足飾雲紋。器、蓋同銘，各鑄四十字，記載梁其爲皇考惠仲、皇母惠妀作簋。此簋傳世五件，兩件藏上海博物館；另三件分藏中國國家博物館、美國弗利爾美術館和澳大利亞私人。此器藏上海博物館。

叔向父禹簋

西周晚期飯食器。

高17.3釐米，口徑19.2釐米，重4.04千克。

斂口，鼓腹，下置圈足，圈足下又設獸首小足。腹兩側設獸首耳，垂珥。頸及圈足各飾鱗紋一周。腹内底鑄銘文六十七字，内容爲叔向父禹的祝願辭，即要繼承皇考的事業，以文祖爲表率，謹慎地奉行光明之德，保持威儀和禮容，來保定邦家，爲皇祖幽大叔作此簋。藏上海博物館。

中爯父簋

西周晚期飯食器。

高26.5釐米，口徑21.5釐米。1981年河南南陽市郊出土。

斂口，設蓋，蓋頂有圓形抓手，束頸，鼓腹下置圈足，其寬度與口徑相當，圈足下又有三個獸首小足。頸腹兩側設獸首耳，垂珥。蓋沿及器口飾獸體目紋，圈足飾鱗紋，蓋面及腹飾橫條溝紋。器、蓋同銘，各鑄四十四字，記載中爯父爲祭祀其祖和父作此簋。中爯父爲申國之相。中爯父簋的出土，澄清了史書有關申國地理位置記載的錯誤。藏河南博物院。

史頌簋

西周晚期飯食器。

高26.9釐米，口徑22.7釐米，重9.35千克。

斂口，有蓋，蓋頂有圓形抓手。鼓腹，圈足外側設獸首足，腹兩側設獸首耳，垂珥。蓋緣和器口飾獸體卷曲紋，圈足飾鱗紋。器、蓋同銘，各鑄六十三字，記載三年五月丁巳日，王命史頌省察蘇國，蘇國的友邦里君、百姓相率來至成周，對此加以贊美。王賞賜史頌的有玉器、四匹馬和青銅，史頌作器記載此事。銘文表示宗周和蘇國之間的親密關係。傳世共四件，上海博物館藏二器、一蓋；臺北故宫博物院、日本書道博物館、出光美術館和日本京都私人各藏一器或蓋。

此簋

西周晚期飯食器。

高25.5釐米，口徑20釐米，重6.1千克。1975年陝西岐山董家村出土。

斂口，設蓋，蓋頂有圓形抓手，鼓腹下置圈足，圈足下又設三獸首小足。腹兩側設獸首耳，垂珥。蓋緣、腹上部及圈足均飾鱗紋，其餘皆爲横條溝紋。器、蓋同銘，各鑄一百十二字，記載十七年十二月既生霸乙卯日，王在康王宗廟内附設的夷王廟中，司徒毛叔右導此入門，位於中廷，王呼史翏宣讀册命，命此任邑人與小臣膳夫之職，並賞賜玄衣黹純、赤市朱衡、鑾旂。此爲皇考癸公作鼎，用以享祀祖先，祈求長壽。共八件，其中六件無蓋，均藏寶鷄市周原博物館。

毛伯哃父簋

又名“毛伯疃父簋”。西周晚期飯食器。

高25.8釐米，口徑12.8釐米。

斂口，設蓋，蓋頂設圓形透雕抓手，鼓腹下置圈足，圈足外側又設獸首短足，腹兩側設獸首耳，垂珥。蓋抓手透雕處飾鱗紋，蓋面及腹部飾疊鱗紋，蓋沿及器頸飾獸體目紋，圈足飾鱗瓣紋。器銘二十二字，記載毛伯哃父爲仲姚作此簋。蓋銘係後刻。藏臺北故宫博物院。

公臣簋

西周晚期飯食器。

高20.8釐米，口徑19.8釐米，重4.4千克。1975年陝西岐山董家村出土。

斂口，設蓋，蓋頂有圓形抓手。鼓腹下置圈足，圈足下又設獸首小扁足。腹兩側設獸首耳銜環。蓋緣及器腹飾獸體目紋，餘皆爲横條溝紋。器内底鑄銘文四十三字，記載虢仲命令公臣管理其各種工奴，並賞賜公臣四匹馬、五枚鐘和青銅，公臣爲記這一榮寵而作此簋。共四件，其中兩件無蓋，均藏周原博物館。

不嬰簋

西周晚期飯食器。

高26釐米，口徑23釐米，重8.5千克。蓋早年出土，器1980年山東滕縣(今滕州)城郊出土。

斂口，設蓋，蓋頂有圓形抓手。鼓腹下置圈足。圈足下設三獸首足，腹兩側設獸首耳，垂珥。頸飾獸體卷曲紋，圈足飾鱗紋。器、蓋同銘，各鑄銘文一百五十二字，記載九月初吉戊申日，虢季子白告訴不嬰，玁狁侵犯西周邊界，王命我向西追逐，在戰争凱旋時，我將所俘敵人和所殺敵人的左耳奉獻於宗廟。現在我命令你馭車追逐匈奴於高陵和洛水等地。你作戰勇猛，没有使我的兵車陷於困境。你長於才識，敏於處理大事，賞賜你弓、矢束、奴隸和土地，用來做事，不嬰爲皇祖公白、孟姬作此簋。銘文記録了抗擊玁狁的戰争以勝利而告終。簋蓋藏中國國家博物館，器藏滕州博物館。

魯伯大父簋

西周晚期飯食器。

高24釐米，口徑20釐米。

斂口，設蓋，蓋頂有圓形抓手。鼓腹下置圈足，圈足旁又設獸首短足，頸腹兩側設獸首耳，垂珥。蓋緣及器頸飾獸目交連紋，圈足飾鱗瓣紋，其餘均爲横條溝紋。腹内底鑄銘文十八字，記載魯伯大父爲孟姜作媵器，此爲嫁其長女時所作。藏臺北故宫博物院。

魯伯大父簋

西周晚期飯食器。

高25.4釐米，口徑20.1釐米，重5.28千克。1970年山東濟南歷城出土。

斂口，設蓋，蓋頂有圓形抓手，鼓腹下置圈足。圈足旁又設獸首短足，頸腹兩側設獸首垂珥。蓋緣及器頸飾獸目交連紋，圈足飾鱗瓣紋，其餘均爲横條溝紋。腹内底鑄銘文十八字，記載魯伯大父爲其女姬嬉作媵簋。此簋形制、紋飾與其嫁長女的簋相同。藏濟南市博物館。

頌簋

西周晚期飯食器。

高30.1釐米，口徑24.2釐米，重13.2千克。

斂口，有蓋，蓋頂有圓形抓手。鼓腹圈足，下有三獸首小足。腹兩側設獸首耳，垂珥。蓋緣及圈足飾獸目交連紋一周。器、蓋同銘，各鑄一百五十二字，内容與頌鼎相同。銘文書法清秀，行款排列整齊。傳世共六件，美國堪薩斯市納爾遜美術館、美國耶魯大學博物館、山東省博物館所藏器蓋皆全，北京故宫博物院、日本黑川古文化研究所、上海博物館各藏一蓋。參見“頌鼎”。

師寰簋

西周晚期飯食器。

高27釐米，口徑22.5釐米，重9.18千克。

斂口，設蓋，蓋頂有圓形抓手。鼓腹，圈足下置三獸首足，腹兩側設龍首耳，垂珥。蓋緣及器口沿飾獸目交連紋，圈足飾鱗紋，器蓋銘文略異，各鑄一百十三字和一百十七字，記録王對師寰説：淮夷從來是向我繳納貢賦的臣奴，今竟敢迫使其衆邦停止勞動，背叛王官，爲此使我東國出現了不循王道之事。如今我命令你率領齊、曩、萊等邦國的武力，左右兩軍虎臣征伐淮夷，立即消滅淮夷的鈐、達等四名反叛的首領。師寰謹敬王命，日夜思慮着他所擔負的任務，戰功值得稱美，砍了敵人的首級，抓住了俘虜，俘獲淮夷的青壯男子和婦女，還有牛羊和青銅器。銘文是周宣王命令師寰征伐淮夷和得勝記功之辭。藏上海博物館。

虢季氏子組簋蓋

西周晚期飯食器。

高9.4釐米，口徑24.3釐米，重2.85千克。傳陝西鳳翔出土。

蓋頂有圓形抓手。蓋緣飾獸目交連紋，蓋内鑄銘文二十字，記載此簋爲虢季氏子組所作。虢爲周之同姓國，季氏，省稱虢季。共兩件。分藏上海博物館、英國維多利亞和阿爾伯特博物館，此爲上海博物館藏。

蘇公子簋

西周晚期飯食器。

高23.9釐米，口徑22.4釐米。

斂口，設蓋，蓋頂有雙圈抓手。鼓腹下置圈足，圈足旁又置獸首短足，頸腹兩側設獸首耳，垂珥。蓋緣及器頸飾獸體卷曲紋，圈足飾鱗瓣紋，其餘均爲横條溝紋，腹内底鑄銘文二十二字，記載蘇公子癸父名甲者所作之簋，子孫要永遠寶用。藏臺北故宫博物院。

齊巫姜簋

西周晚期飯食器。

高18.4釐米，口徑20.7釐米，重5.11千克。傳山東益都（今壽光）出土。

斂口，鼓腹下承圈足甚大，並在旁置三個獸首，下爲G字形足。腹兩側設獸耳，垂珥。口沿飾獸目交連紋，圈足飾鱗瓣紋。腹内底鑄銘文十六字，記載此簋爲齊女巫姜所作。藏上海博物館。

邢姜簋

西周晚期飯食器。

高14釐米，口徑19.8釐米。1975年内蒙古扎魯特旗霍林河礦區出土。

斂口，鼓腹下置圈足，圈足下設三獸首小足。腹飾獸首耳，垂珥，口沿飾獸體目紋，圈足飾鱗瓣紋，腹飾横條溝紋。腹内底鑄銘文十七字，記載此器爲邢姜大宰它所作。藏通遼市博物館。

敔簋

西周晚期飯食器。

高26釐米，口徑22.7釐米。1986年河南平頂山滍陽嶺出土。

口略侈，設高蓋，蓋頂有圓形抓手，鼓腹，下置圈足，圈足下又設三個獸首小足。頸腹兩側設獸首耳，垂小鈎形珥，雙耳較大，獸首雙角已聳出器口。蓋面及器腹各飾波曲紋。器、蓋同銘，各鑄二十七字，記載八月初吉丁丑日，公爲敔作此簋，敔用以祝公長壽。敔簋成對，藏河南博物院。

杞伯每亡簋

春秋早期飯食器。

高24釐米，口徑20.5釐米，重7.05千克。清光緒年間山東新泰出土。

斂口，設高蓋，蓋頂圓形抓手較大，内飾卷體鳥紋，鼓腹下置圈足，其旁又置三獸首足，頸腹兩側設獸首耳。蓋緣及器口飾獸目交連紋，圈足飾鱗瓣紋，其餘均爲横條溝紋。器鑄銘文十七字，蓋銘少鑄一字，記載杞伯每亡爲其夫人邾嫁作此簋。杞初封於河南杞縣，後東遷至山東昌樂東南，文公時遷淳于，即今山東安丘杞城，公元前445年爲楚所滅。藏上海博物館。

鄀塦簋

春秋早期飯食器。

高20釐米，口徑17.3釐米，重5.17千克。傳清光緒年間陝西鄠縣(今户縣)出土。

斂口，設高蓋，蓋頂有圓形抓手較大，蓋緣有三個小獸首，爲扣住器口而設。鼓腹下置圈足，圈足旁又設三個獸首足。腹兩側獸首耳上翹，蓋緣及上腹飾獸目交連紋，其餘爲横條溝紋。器、蓋同銘，各鑄二十五字，記載王子烈公之婦鄀塦作貯存於宗廟不可移動的禮器，用於鬵享。鄀爲國名，在臨邛，即今四川邛崍，爲蜀中小國。共六件。其中三件藏上海博物館。

曾中大父簋

春秋早期飯食器。

高26釐米，口徑20.5釐米，重6.9千克。1972年湖北隨縣(今隨州)熊家老灣出土。

斂口，設蓋，鼓腹下置圈足，圈足下設三獸首足。腹兩側設獸首耳，垂珥。蓋緣及器頸飾鱗紋，其餘爲横條溝紋。器、蓋同銘，各鑄五十三字，記載曾中大父用優質青銅自作寶簋，以追孝其父，祈求長壽善終。藏湖北省博物館。

秦公簋

春秋早期飯食器。

高23.5釐米，口徑18.8釐米，重5.59千克。傳甘肅禮縣大堡子山秦公墓地出土。

直口，設蓋，蓋頂的抓手既高且大，内飾四個變形獸紋，寬腹下置圈足，旁又置三個獸首足。腹兩側設寬大的獸首耳，垂珥。蓋與器口均飾獸目交連紋，每組紋飾各有一個浮雕的卷角龍首相間隔，蓋沿的八個獸首向下，口緣的六個獸首向上，蓋面和器腹均飾横條溝紋，圈足飾鱗瓣紋。器、蓋同銘，各鑄“秦公作寶簋”五字，記載器主爲秦公。此器成對。藏上海博物館。

秦公簋

春秋中期飯食器。

高19.8釐米，口徑18.5釐米。傳1923年甘肅天水西南鄉出土。

斂口，設蓋，蓋頂有圓形抓手。鼓腹下置圈足，腹兩側設獸首耳。蓋緣、器頸飾變形龍紋，圈足飾波曲紋，其餘飾横條溝紋。蓋銘五十一字，器銘五十四字，器蓋銘連讀成篇，共鑄一百零五字，又器、蓋各刻銘九字，記載秦受天大命，在禹九州之地建都，繼續十二世，秦景公承繼其祖先功德，撫育萬民，又有文武大臣輔佐，永固國土。藏中國國家博物館。

波曲紋簋

春秋中期飯食器。

共兩件。一高33.5釐米，口徑22.5釐米；另一高33.9釐米，重11.45千克。1940年前後山東臨淄（今屬淄博）近郊出土。

侈口，設蓋，蓋的抓手爲外翻的透雕蓮瓣形，束頸，鼓腹下置低圈足，圈足下連鑄大方座。腹兩側設回首龍爲耳，耳與器腹僅有一點接觸，這與一般器耳有兩點接觸不同。蓋面、器腹和方座各飾波曲紋，頸及圈足飾鱗紋，兩簋形制、紋飾完全相同。分藏北京故宫博物院和美國舊金山亞洲藝術博物館。

昭王之媓簋

春秋晚期飯食器。

高25.5釐米，口徑22釐米，重5.5千克。

直口，腹略鼓，矮圈足外撇，圈足下連鑄高大的方座。腹兩側設龍耳。腹飾獸目交連紋，方座飾變形獸面紋，其間有多種雲紋。器内壁鑄銘文“卲王之媓之薦簋”七字，卲王即楚昭王，是楚昭王爲其母親所作的薦器。此器成對，分藏上海博物館和德國柏林東方藝術博物館。

鄬子倗簋

春秋晚期飯食器。

高28釐米，口徑26.5釐米，重16千克。1978年河南淅川下寺出土。

斂口，設蓋，蓋頂設圓形抓手，鼓腹下置圈足，圈足旁又設獸首短足。腹兩側設獸首耳。蓋面至器腹各設棱脊四條。蓋沿及口沿、圈足均飾交龍紋，腹下部飾鱗紋。蓋内鑄銘文“楚叔之孫鄬子倗之簋”九字，有數字已殘損，記載此簋爲楚叔之孫鄬子倗所作。藏河南博物院。

變形龍紋簋

春秋晚期飯食器。

高10.4釐米，口徑18.7釐米。1976年江蘇丹陽司徒村出土。

侈口，束頸，鼓腹，下置圈足，腹外底設一環。腹飾變形龍紋與實心連珠紋各二道，相間排列，整個紋飾的上下飾連珠紋。在連珠紋中間設小點。無論從器形、紋飾來看，都具有吴越地區青銅簋的特點。藏鎮江博物館。

龍紋方簋

春秋晚期飯食器。

高21釐米，口每邊長18.8釐米。1975年河南洛陽郊區出土。

器呈方斗形。侈口折沿，束頸，深腹下收，平底下置圈足。口沿四隅各設長方形條狀物，未知用途。腹每面飾龍紋二道，圖形倒置，龍紋有相對和相背的不同，並以雷紋爲地，圈足飾變形獸面紋，簋呈方形的較少，春秋時方簋更爲少見。藏洛陽博物館。

耳紋四耳簋

春秋晚期飯食器。

高9.9釐米，口徑18.2釐米。1959年浙江長興草樓村出土。

口沿外折，束頸，鼓腹下置圈足，腹部均匀地設四個獸首耳，耳緊靠器腹，耳、腹間不能容指。腹飾耳紋，口沿及圈足飾雲紋，腹内底飾一龜，龜體爲火紋。形制、紋飾與吴越文化地區出土的越式青銅器相同，具有地方特色。藏浙江省博物館。

幾何紋簋

春秋晚期飯食器。

高18.8釐米，口徑27.2釐米。1959年安徽屯溪（今屬黃山）奕棋村出土。

侈口，束頸，鼓腹平底，下置圈足。腹兩側設獸耳，垂珥。頸及圈足飾雲紋，腹飾有獸首的幾何紋。形式與中原簋有類似之處，但紋飾有濃重的地方性特色，爲百越族文化的產物，是百越族吸取了中原青銅文化因素而創造的器物。藏安徽博物院。

蔡侯𪓰簋

春秋晚期飯食器。

高36.5釐米，口徑23.5釐米，重7.2千克。1955年安徽壽縣出土。

斂口，折沿，設蓋，蓋頂竪立五蓮瓣爲抓手，蓋緣分設四個小獸首，可與器口相扣合。器鼓腹，下置圈足，圈足下連鑄一方座。腹兩側設獸首耳。蓋面、器腹及方座各飾細密的交龍紋。蓋内鑄銘文"蔡侯𪓰之𩞄簋"六字，記載此簋爲蔡侯𪓰饗𩞄時所用。藏安徽博物院。

禾簋

戰國早期飯食器。

高29.5釐米，口徑25釐米，重12.1千克。傳1940年左右山東臨淄附近出土。

侈口，束頸，鼓腹，下置圈足，圈足下又連鑄方座。腹兩側設S狀龍耳。腹部及方座均飾波曲紋。器内底鑄銘文十六字，記載在正月己亥日，禾爲皇母孟姬鑄造盛放飯食之器。此"禾"即田和，爲齊康公時人，禾是田和的本名。此爲田和未稱侯以前之器。藏上海博物館。

陳昉簋蓋

戰國早期飯食器。

高8釐米，口徑22.7釐米。

抓手旁飾交龍紋一周，蓋緣飾雙鈎波曲紋一周。蓋内鑄銘文四十三字，記載五月丁亥日，昉曰：我乃田敬仲完的遠孫，田窒叔和之子，恭敬事鬼神，選擇上好青銅以作此簋，以宗子大會族人來祭祀□叔。藏臺北故宫博物院。

陳侯午簋

戰國早期飯食器。

高25.8釐米，口徑26.2釐米。

侈口，束頸，鼓腹下置圈足，圈足下連鑄方座。腹兩側設龍耳，以一個支點與腹相連。腹和方座飾波曲紋，圈足飾鱗瓣紋。腹内底銘文横置，鑄銘文三十六字，記載在十四年，陳侯午即田齊桓公午，以衆諸侯所獻之青銅，爲其皇妣孝大妃作祭祀之器，要保祐齊邦，永世毋忘。藏臺北故宫博物院。

曾侯乙簋

戰國早期飯食器。

共八件。高31.8—32.3釐米，口徑22.2釐米，重11.4—13千克。1978年湖北隨縣(今屬隨州)擂鼓墩出土。

侈口，設蓋，蓋頂設五瓣蓮花形外翻爲抓手。束頸，鼓腹下置圈足，圈足下又設方座，座四面均有凹口，腹兩側設立體弓背龍爲耳。蓋緣設三個小獸首，可與器口扣合，蓋面飾幾何雲紋，腹及方座飾變形龍紋，紋飾均用鑲嵌物。器、蓋同銘，各鑄“曾侯乙作持用終”七字。藏湖北省博物館。

羽翅紋方座簋

龍紋盨

西周早期飯食器。

高37釐米，口横55.8釐米，重17.5千克。

器呈橢圓形，蓋略大於器。蓋頂設長方形抓手，器敞口，腹壁斜收，下置長方形圈足。蓋抓手邊沿、蓋的上下沿、器的上下沿及圈足均飾彎角長尾龍紋，其餘均飾直條溝紋。這是盨的最早形式。藏北京故宫博物院。

羽翅紋方座簋

戰國晚期飯食器。

高29釐米，口徑23.7釐米。1933年安徽壽縣朱家集李三孤堆出土。

侈口，設折沿蓋，蓋面均匀地設置四個雲形鈕。淺腹下收，下置高圈足，圈足下又連鑄一方座。蓋面、器腹及方座均飾羽翅紋，製作粗疏。簋在戰國時代已很少見。此簋無論在器形、紋飾和鑄造技術方面來看，已呈衰落之勢。藏安徽博物院。

克盨

西周中期飯食器。

高19.9釐米，口横21.3釐米。清光緒年間陝西扶風法門寺任村出土。

斂口設蓋，蓋頂設矩形抓手，束頸，鼓腹下承橢圓形圈足，並均匀地設四個凹口，腹兩側設獸首耳。抓手飾龍紋，蓋沿、器頸及圈足飾獸體卷曲紋。器、蓋同銘，各鑄一百零七字，記載十八年十二月初吉庚寅日，王在周康穆宫，王命令尹氏友和史趛增賜善夫克田和人事。克爲此獻饗僚友和有婚媾關係的親戚，克要日夜祭祀祖和父。藏美國芝加哥美術館。

師克盨

西周中期飯食器。

高21釐米，重5.26千克。清光緒年間陝西扶風法門寺任村出土。

器呈橢圓形，斂口設蓋，蓋頂設矩形抓手。鼓腹下設橢圓形圈足，前後設凹口，腹兩側設獸首耳。蓋緣和器腹各飾獸體變形紋，抓手飾龍紋。器、蓋同銘，各鑄一百四十七字，記載王對師克説，偉大的文王、武王嘗受天之大命，成爲四方之主，昔日你的先祖、先考敬事周室，保衛王的安全。及至你的祖和父對先王盡臣道，我過去對你已有任命，現在我重新申述前命，命你繼承你祖考任左右虎臣之職，還賞賜你鬯酒一卣、衣服的佩飾、駒車和車箱上的青銅飾件、紅色的旗、四匹馬和馬籠頭、一柄素鉞。你要日夜敬供職事，不要荒廢對你的信任和任命。克於是做了這件盨。傳世共兩件，分藏北京故宫博物院和陝西歷史博物館，後者僅藏一蓋。

豳公盨

西周中期飯食器。

高11.8釐米，口横24.8釐米，重2.5千克。

器略侈口，束頸，腹稍鼓，平底下置圈足，圈足四面皆設凹口。頸兩側以卷體獸爲環耳。頸飾長尾鳳紋一周，兩兩相對。器内底鑄銘文九十九字。内容是豳地的封君豳公記述“天命禹敷土、墮山、濬川”。即大禹治水之事，糾正了《史記·夏本紀》中“舜曰：嗟，然，命禹：女平水土，維是勉之”的記載。本銘中的大禹治水是最早的記録，比以前的文獻記載提早了六七百年。其次銘文中多次提到德，提出爲政要用德，導民要以德，而民衆要以德行事。本篇銘文提供了大禹治水之事在文物上的最早例證，對探討中國古代史、思想史、地理學及中國古籍的資料淵源提供了實物資料，因此具有重要的學術價值。藏北京保利藝術博物館。

遣叔吉父盨

西周中期飯食器。

高19.6釐米，口縱16.5釐米，口横24.8釐米，重5.16千克。

器呈橢圓形，斂口設蓋，頂四隅設矩形抓手。鼓腹下承橢圓形圈足，圈足每一面中間均設長方形凹口。腹兩側設螺旋形角的龍首耳。蓋緣及器口飾勾連獸體紋，其餘皆飾横條溝紋。器、蓋同銘，各鑄銘文十六字，記載遣叔吉父爲虢王姞作此盨。傳世共三件。二件藏上海博物館，其中一件缺蓋；另一件藏臺北故宫博物院。

癲盨

西周中期飯食器。

高13.5釐米，口縱17釐米，口横23.5釐米，重3.3千克。

1976年陝西扶風莊白村出土。

斂口，鼓腹，下置圈足，圈足下有四小足，腹兩側設獸首耳。腹上部飾回首鳥紋，兩兩相對，下部爲横條溝紋。器内底鑄銘文六十四字，記載在四年二月既生霸戊戌日，司馬共右導癲在師彔宫接受王的册命，並受到賞賜的物品有裘上所加之衣和革製的蔽膝等。本器形爲盨，銘文自名爲簋，同是飯食器，盨爲簋的延續形式。藏寶鷄青銅器博物院。

弭叔盨

西周中期飯食器。

共兩件。高21釐米，口縱15.7釐米，口橫23釐米。1959年陝西藍田寺坡村出土。

斂口，設蓋，蓋頂設四矩形抓手。腹略鼓，下承橢圓形圈足，並設四個凹口。通體飾横條溝紋。器、蓋同銘，各鑄十一字，記載此盨爲弭叔所作。藏陝西歷史博物館。

召伯虎盨

西周中期飯食器。

高21釐米，口縱16.7釐米，口横23.3釐米。1993年河南洛陽東郊出土。

斂口，設蓋，蓋頂設四矩形抓手，鼓腹下置四蹄足，腹兩側設附耳。抓手飾龍紋，蓋沿及器口沿飾變形龍紋，腹飾横條溝紋。器、蓋同銘，各鑄銘文“召伯虎用作朕文考”八字。琱生簋銘文有召伯虎其人，同爲西周孝王時，與此器銘文的召伯虎應是同一人。藏洛陽博物館。

伲盨

西周中期飯食器。

高22.8釐米，口横22.4釐米。

器呈橢圓形，斂口，設蓋，蓋頂設四矩形抓手。器腹略鼓，下置四蹄足，腹兩側設附耳。蓋緣及器口各飾鱗紋，其餘爲横條溝紋，足根飾獸面紋。器、蓋同銘，各鑄二十三字，記載此盨是伲爲姜淉所作，用來祭祀姑公，祈長壽。盨設蹄足造型少見。藏山東博物館。

應侯盨

西周中期飯食器。

高23.8釐米，口縱15.8釐米，口横22.6釐米，重6.25千克。

直口，設蓋，蓋上有四片扁平的矩形抓手。腹稍鼓，下置橢圓形圈足與腹等寬，並於四隅設半圓形短足，内側扁平。腹兩側設附耳，通體飾横條溝紋。器、蓋同銘，各鑄“應侯作寶㿻簋”六字，最後兩字應是盨的别名。藏上海博物館。

伯大師釐盨

西周晚期飯食器。

高19釐米，口縱19.7釐米，口横24.1釐米，重4.7千克。

此盨成對出土。

口稍斂，設淺蓋，蓋頂有並列的方形折曲爲抓手。鼓腹，下承橢圓形圈足，腹兩側設獸首耳。蓋緣及器口沿各飾鱗紋一周，簡潔樸素。器、蓋同銘，各鑄十三字，記載伯大師釐作此盨，爲行旅之用。器主伯大師是大師中的正職，其副職稱仲大師。藏上海博物館。

尌从盨

又名"尌比盨",西周晚期飯食器。

高14釐米,重4.58千克。

斂口,鼓腹,橢圓形圈足下置獸首小足,圈足前後設凹口。腹兩側設獸首環耳。口沿飾鱗紋一周,腹内底鑄銘文一百三十九字,記載二十五年七月,王在永地的師田宫,命令小臣成去迎接尌从。内史無𢦚,大史旟受命告尌从,結果尌从得到許多田地,這些田分佈在十三個邑。銘文反映西周晚期土地所屬關係的變化,是研究西周土地制度的重要史料。藏北京故宫博物院。

白鮮盨

西周晚期飯食器。

共兩件。高17.5釐米和18釐米。1933年陝西岐山清化鎮出土。

器呈橢圓形,斂口設蓋,蓋頂設橢圓形抓手,鼓腹下承圈足,腹兩側設附耳。蓋緣及器口沿各飾鱗紋一周,餘皆飾横條溝紋,圈足飾透雕的波曲紋。器、蓋同銘,各鑄"白鮮作旅簋,其永寶用"九字。藏美國明尼阿波利斯塑術館。

鱗紋盨

西周晚期飯食器。

高18.7釐米,口縱14.5釐米,口横22.3釐米,重4.29千克。1976年陝西扶風黄堆鄉雲塘村出土。

器呈橢圓形,斂口,設蓋,蓋上設矩形抓手,矩形是由卷龍組成,甚少見。鼓腹下置橢圓形圈足,圈足前後各設凹口,腹兩側設獸首耳。蓋面飾龍紋,中間一龍上唇及體部向兩側延長,並又各飾一龍首,器形較特殊。蓋緣及器口飾鱗紋,大小鱗瓣相間。圈足飾雲紋,餘皆爲横條溝紋。藏寶鷄市周原博物館。

駒父盨蓋

西周晚期飯食器。

高18釐米，口縱17釐米，口横25釐米，重1.7千克。1974年陝西武功回龍村出土。

僅存一蓋，呈橢圓形，頂有矩形抓手，蓋緣飾鱗紋。蓋内鑄銘文八十二字，記載十八年正月，南仲邦父命駒父率高父向南淮夷索取貢賦，則淮夷諸邦獸國仍可受舊職，保持舊的禮法。南淮夷不敢不畏懼王命來迎見駒父，貢獻其職守。駒父至於淮地，大小邦國都不敢反抗王的命令。四月，回到蔡地作此盨。銘文反映了周王和淮夷的關係。藏武功縣文化館。

獸叔奐父盨

西周晚期飯食器。

高20.4釐米。1990年河南三門峽上村嶺出土。

器呈橢圓形，斂口，設蓋，蓋上設四個立體雲紋爲抓手，鼓腹圈足，圈足前後設凹口。腹兩側設獸首環耳。蓋頂飾獸目交連紋，蓋沿及器口飾鱗紋，圈足飾鱗瓣紋。器、蓋同銘，各鑄三十三字，記載獸叔奐爲嫁往虢國的女兒孟姞作陪嫁器，用來盛稻、𩟼、糯、粱等飯食。説明了西周晚期虢、獸兩國曾有聯姻關係。藏三門峽市虢國博物館。

杜伯盨

西周晚期飯食器。

高36.8釐米，重5.66千克。1894年陝西韓城、澄城交界處出土。

斂口，設蓋，蓋上有矩形抓手。鼓腹下承圈足，圈足前後設凹口。腹兩側設獸首耳，蓋及器口沿皆飾獸體卷曲紋。器、蓋同銘，各鑄三十字，記載杜伯作此盨，用來祭祀其皇神祖考和宴請好朋友。杜爲古國名，周成王滅唐，改封唐氏子孫於杜。杜伯原爲周宣王大夫，無辜被殺。傳世四件，分藏上海博物館和北京故宫博物院。

伯寬父盨

西周晚期飯食器。

高16.4釐米，口縱15.1釐米，口橫22釐米，重3.37千克。1978年陝西岐山鳳雛村出土。

器呈橢圓形，斂口，設蓋，蓋面設四矩形抓手。鼓腹下置圈足，每面中間均設凹口，腹兩側設附耳。通體飾橫條溝紋。器、蓋同銘，各鑄二十七字，記載三十三年八月既死霸辛卯日，王在成周，伯寬父作盨，子子孫孫永用。藏寶鷄市周原博物館。

虢仲盨

西周晚期飯食器。

高24.2釐米。1993年河南三門峽上村嶺虢國墓地出土，共四件。

斂口，設蓋，蓋上設四個矩形抓手，飾卷體回首龍紋。鼓腹下置橢圓形圈足，圈足前後各設一凹口。腹兩側設獸首耳。蓋頂飾龍紋，蓋沿及器頸飾獸體目紋，圈足飾獸體紋。器、蓋同銘，各鑄銘文十四字，記載虢仲爲虢妃作此寶盨。虢仲爲厲王時重臣，統轄百工。藏虢國博物館。

筍伯大父盨

西周晚期飯食器。

高17.7釐米，口縱15.9釐米，口橫23.8釐米，重4.2千克。

口稍斂，設蓋，蓋上設矩形抓手，鼓腹下承圈足，圈足前後設凹口，腹兩側設附耳。蓋頂、蓋緣和器口沿、圈足各飾獸體卷曲紋。器、蓋同銘，各鑄十七字，記載筍伯大父爲其女嫁於嬴姓之國所作的媵器。藏上海博物館。

鄭季盨

西周晚期飯食器。

共四件。高19.7釐米，口縱17.5釐米，口橫24.3釐米。

1964年陝西長安張家坡西周墓出土。

器呈橢圓形。斂口，設蓋，蓋頂設對稱矩形抓手。鼓腹下承圈足，圈足下置獸首小足，頸腹兩側設獸首耳。蓋緣、器口沿及圈足各飾鱗紋一周，餘皆爲横條溝紋。器、蓋同銘，各鑄三十九字，記載元年六月初吉丁亥日，叔專父爲鄭季作鐘六、盨四、鼎七。鄭季之器傳世僅存四盨，其餘六鐘、七鼎均未見實物。藏中國社會科學院考古研究所。

梁其盨

西周晚期飯食器。

高19釐米，口縱15.9釐米，口横22.8釐米，重4.62千克。傳1940年陝西扶風法門寺任村出土。

斂口，設蓋，蓋頂設矩形抓手。鼓腹下置橢圓形圈足，圈足前後各設一凹口。腹兩側設龍首環耳。蓋頂飾獸目交連紋，蓋緣及器口沿飾變形獸體紋。器、蓋同銘三十一字，記載梁其自作行旅用盨，以求眉壽多福，萬年無疆。傳世共兩件，藏上海博物館。

虢季盨

西周晚期飯食器。

高19釐米，口縱16.5釐米，口横23釐米。1990年河南三門峽虢國墓地出土。

器呈橢圓形。斂口，設蓋，蓋上設四個矩形抓手。腹略鼓，下置橢圓形圈足，圈足前後設凹口，腹兩側設獸首耳。蓋頂飾獸目交連紋，蓋緣及器口飾獸目交連紋，其餘均爲横條溝紋。器、蓋同銘，各鑄“虢季作旅盨，永寶用”八字。藏河南博物院。

伯吕盨

西周晚期飯食器。

高17.5釐米，口縱14.5釐米，口横21.9釐米，重2.95千克。

斂口，腹略鼓，平底下置四個矩形足，腹兩側設附耳。通體飾横條細溝紋，腹内底鑄銘文二十七字，銘文記“元年六月既省(生)霸庚戌”，爲測算西周晚期的各王世元年紀年銘器和研究西周晚期金文中的曆法，提供了重要的信息。藏上海博物館。

翏生盨

西周晚期飯食器。

高21釐米，口縱16.6釐米，口横21.8釐米，重4.04千克。

口稍斂，設蓋，蓋頂設矩形抓手。橢圓形腹略鼓，下承矩形足，其下又置四小足，通體飾較狹的横條溝紋。器、蓋同銘，各鑄五十字，記述厲王征伐南淮夷的角、津、桐、遹等地。翏生從王南征，獲俘虜，斬殺敵人，還俘得了敵國的兵器和青銅，翏生作器記功。銘文提供了厲王時期周室與淮夷關係的重要資料。藏上海博物館。

叔倉父盨

西周晚期飯食器。

高18.7釐米，口縱15.3釐米，口橫22.6釐米，重4.72千克。

直口，設蓋，蓋頂設四個缺角矩形抓手。腹稍鼓，下承四個折曲的象鼻形足，腹兩側設附耳。通體飾橫條溝紋。器、蓋同銘“叔倉父作寶盨”六字。蓋銘範鑄，器銘爲當時補刻，是用琢玉器的小轉輪琢磨出來的，没有利器刻鑿的痕迹，也没有筆意。藏上海博物館。

晉侯𩵦盨

西周晚期飯食器。

高22.2釐米，口縱20釐米，口橫26.7釐米，重5.2千克。1992年山西曲沃北趙村晉侯墓地出土。

斂口，設蓋，蓋上設四個扁形環鈕。鼓腹圜底，下置四個裸體蹲式人體爲器足，人體長臂上舉，伸出五指與頭頂緊托盨底。人體雙目突出，眼眶甚大，鼻下有髯鬚，闊嘴，耳有穿環痕迹，足登平底翹頭靴。腹兩側設附耳，造型比較别緻。蓋緣和器口沿飾鱗紋一周，其餘部分均飾横條溝紋。器、蓋同銘，各鑄二十四字，記載在正月初吉丁亥日，晉侯𩵦作此盨，子孫要永寶用。此盨成對，分藏上海博物館和山西省考古研究所。此器藏上海博物館。

晉侯𩵦盨

西周晚期飯食器。

共四件。高分别爲17.8、17.5、16.2釐米，重分别爲3.22、3.08、2.78千克。1992年山西曲沃北趙村晉侯墓地出土。

器呈長方形，圓角。直口，設蓋，腹稍收，蓋頂及圈足下各置四個環形鈕，腹兩側設獸首耳，垂小珥。蓋緣及器口沿各飾回首龍紋一周。器、蓋同銘，各鑄三十字，記載在正月初吉庚寅日，晉侯𩵦作尊及盨，用之於田獵。共四件。三件藏上海博物館，此爲第一器。

魯伯愈盨

西周晚期飯食器。

高19.2釐米，口縱15.2釐米，口横23.5釐米。1977年山東曲阜魯國故城出土。

斂口，設蓋，蓋頂以立體小虎爲鈕，旁有長鼻卷體獸紋的矩形抓手，鼓腹，下置圈足，圈足四面皆設凹口。頸腹兩側設獸首耳。蓋緣及器口沿飾獸體卷曲紋，其餘均爲横條溝紋。器、蓋同銘，各鑄三十六字，記述魯伯愈父爲其亡父母作此盨，用以祈求多福、長壽。藏孔子博物館。

曩伯寍父盨

春秋早期飯食器。

高17.8釐米，口縱14.5釐米，口横21釐米。1951年山東黄縣（今龍口）歸城出土。

器呈橢圓形。直口，設蓋，蓋上有四個矩形抓手。腹向下略收，下置橢圓形圈足與腹等大，圈足四面各設凹口。腹兩側設附耳。器、蓋各飾横條溝紋。器、蓋同銘，各鑄二十六字，記載曩伯寍父作此盨，用於征巡，祈求老壽無疆。曩是山東境内西周至春秋早期的一個諸侯國，遺存文物較少見。藏山東博物館。

交龍紋盨

春秋晚期飯食器。

高16釐米，口縱20釐米，口横33釐米，重4.87千克。

1958年安徽太和胡窰出土。

器呈橢圓形。斂口，設蓋，蓋上設四瓣花形抓手，花瓣飾透雕交龍紋。鼓腹下置橢圓形圈足，圈足四面均有凹口。腹兩側設獸首耳。蓋面及器腹飾細密的交龍紋，圈足飾較爲粗獷的交龍紋，紋飾精緻、繁縟，保存情況良好。藏安徽博物院。

白公父簠

西周中期飯食器。

高19.8釐米，口縱23釐米，口横28.8釐米，重5.75千克。1977年陝西扶風雲塘村出土。

器呈長方形，敞口，設蓋，器、蓋形制相同，腹壁斜收，平底下承圈足，器、蓋兩側各飾環耳，蓋沿每面中間設一浮雕小牛首爲扣。口沿飾鱗紋，腹飾波曲紋，圈足飾鱗瓣紋。器、蓋同銘，各鑄六十一字，記載白公父作簠，擇取的青銅以鏐和鏞爲原料，色澤黑黄，質量上乘。鑄成後用來盛稻粱等飯食。白公父表示佐助卿士以臣事於天子。藏寶鷄市周原博物館。

㝬叔簠

西周晚期飯食器。

高9.2釐米，口縱23.1釐米，口横30.53釐米，重3.03千克。

侈口，折沿，直頸，腹壁内折斜收，平底，底四隅設獸首足，頸腹兩側設獸首環耳。頸飾鱗紋一周，大小鱗片相間，腹飾波曲紋，耳邊亦飾鱗紋。腹内底鑄銘文十六字，記載㝬叔爲吴姬作此簠。㝬爲古國名，即史籍所載的胡國，胡地在今安徽阜陽縣西北，爲周室戍守淮夷之前沿邦國，地位很重要。藏上海博物館。

芮太子伯簠

西周晚期飯食器。

高8.9釐米，重5.36千克。

器呈長方形，侈口，腹壁斜收，下置圈足，每面中間設凹形孔，腹兩側設獸首耳。口沿飾鱗紋，大小鱗瓣相間，腹飾獸體變形紋，圈足四隅飾鱗瓣紋。腹内底鑄銘文十四字，記載此簠爲芮太子伯所作，子孫要永遠寶用。藏北京故宫博物院。

陳侯簠

春秋早期飯食器。

高24.6釐米，口縱24.8釐米，口横33.6釐米，重7.57千克。

器呈長方形。敞口，設蓋，器、蓋形制相同。短頸，折腹斜收，平底下承圈足，器、蓋兩側各飾獸首環耳。口緣飾連續式的卷體龍紋，腹壁飾對稱式回首龍紋，兩側配置兩首龍紋，圈足飾爬行式的無冠龍紋。器、蓋同銘，各鑄二十六字，記載某年正月初吉丁亥日，陳侯爲王仲嬀䙳作媵簠。仲嬀䙳是陳侯的次女，此簠是爲其次女陪嫁所作。陳是周武王滅商以後所封之國，嬀姓，建都於宛丘，即今河南淮陽，公元前478年爲楚所滅。藏上海博物館。

商丘叔簠

春秋早期飯食器。

高17.2釐米，口縱22.2釐米，口横27.3釐米，重4.345千克。

器呈長方形。敞口，折沿，器、蓋相同。腹斜收，平底下承圈足，器、蓋兩側各設獸首環耳。蓋頂飾獸目交連紋，口沿飾獸體卷曲紋，腹飾相背式卷體龍紋。器、蓋同銘，各鑄十七字，記器爲商丘叔所作。商丘地處河南東隅，周時宋國都於此，春秋時衛大夫曾食邑於此。商丘叔以地爲氏，是爲宋國大夫采邑。藏上海博物館。

薛仲赤簠

春秋早期飯食器。

高16.3釐米，口縱24釐米，口橫28釐米，重5.4千克。

1973年山東滕縣(今滕州)官橋公社出土。

器呈長方形。侈口，設蓋，器、蓋形制相同。腹壁斜收，平底下置矩形足，腹兩側設獸首環耳。蓋與器形制相同，腹飾卷體龍紋。器、蓋同銘，各刻十七字，記載簠爲走馬薛仲赤自作。本簠與薛子仲安簠同出，都以仲爲氏，係同一家族之器。藏山東博物館。

薛子仲安簠

春秋早期飯食器。

高16.5釐米，口縱24釐米，口橫29釐米，重5千克。

1973年山東滕縣(今滕州)官橋公社出土。

器呈長方形。侈口，設蓋。腹壁斜收，平底下置矩形足。腹兩側設獸首環耳，腹飾卷體龍紋，口沿飾獸體變形紋，器與蓋形制、紋飾相同。器、蓋同銘，各鑄十五字，記載薛子仲安作此簠，其子子孫孫要永遠寶用。本器與薛仲赤簠同出，係同一家族之器。藏滕州博物館。

鑄子叔黑簠

春秋早期飯食器。

高17.6釐米，口縱23.4釐米，口橫27.6釐米，重4.5千克。傳清光緒初年山東桓臺出土。

器與蓋形制、紋飾相同。敞口，折沿，腹部斜收，平底，下承圈足，器與蓋兩側各飾獸首環耳。口沿飾獸體卷曲紋，腹飾相背式的卷體龍紋，外底飾獸目交連紋。器、蓋同銘，各鑄十七字，記載鑄子叔黑自作此簠。鑄爲國名，今山東肥城有鑄鄉，即漢蛇丘縣治。共兩件。分藏上海博物館和北京故宮博物院。此器藏上海博物館。

龍紋簠

春秋早期飯食器。

高17.5釐米，口縱21.1釐米，口橫26.8釐米。1963年山東肥城出土。

器呈長方形。敞口，設蓋，器與蓋相同。腹壁斜收，平底下置四個小獸爲足，與蓋頂作爲抓手的四個小獸對稱。器、蓋兩側各設卷尾獸爲耳，蓋邊前後設小獸首爲卡扣，防止蓋失落。蓋及器的壁面，各飾相背的卷龍紋，上下口沿飾獸體變形紋。造型規整，保存情況良好。藏山東博物館。

陳公子中慶簠

春秋中期飯食器。

高19.3釐米，口縱23.5釐米，口橫30釐米，重6.5千克。1979年湖北隨縣(今屬隨州)出土。

器呈長方形。侈口，設蓋，斜壁内收，平底下置矩形足，腹兩側設獸首環耳，蓋與器相同。口沿飾雲紋，腹飾交龍紋，圈足飾爬行龍紋。器内底鑄銘文二十五字，記載陳公子中慶自作飯器，並祈求長壽、萬年無疆。藏隨州博物館。

蔡侯䶊簠

春秋晚期飯食器。

高24.4釐米，口縱24.4釐米，口横31釐米，重9.15千克。1955年安徽壽縣蔡侯墓出土。

器呈長方形。直口，設蓋，蓋上設矩形抓手，折腹内收，平底下置矩形足。器與蓋形制相同。兩側各設獸首耳，唯蓋沿設六個小獸首，可與器口相扣。簠的蓋面與腹部均飾極其精細的交龍紋。器、蓋同銘，各鑄“蔡侯䶊作飤簠”六字。藏安徽博物院。

上鄀府簠

春秋晚期飯食器。

高22釐米，口縱23釐米，口横30釐米，重6千克。1972年湖北襄陽山灣出土。

器呈長方形。直口，設蓋，折腹内收，平底，下置矩形足。蓋兩側設獸首耳，腹兩側獸首耳缺失。器與蓋形制相同，唯蓋沿設六個小獸首可與器扣合。器與蓋均飾變形交龍紋。器、蓋同銘，各鑄三十二字，記載六月初吉丁亥日，上鄀府取優良的青銅作此簠，以祈長壽。鄀是國名，分上下，此爲上鄀，在湖北宜城。藏襄陽博物館。

許子妝簠蓋

春秋晚期飯食器。

高9.8釐米，口縱21.6釐米，口横29釐米，重2.32千克。

僅存一蓋。蓋口沿前後各設兩個小獸首，兩側各飾一個小獸首，可與器口相合。蓋兩側設獸首耳，頂及各部分均飾繁密的波曲紋。内鑄銘文三十三字，記載在正月初吉丁亥日，許子妝用青銅爲許子孟姜嫁於秦國作媵器。許爲姜姓，此銘得以證實。藏上海博物館。

宋公䜌簠

春秋晚期飯食器。

高25釐米，口縱26.5釐米，口橫33.5釐米。1979年河南固始侯古堆出土。

器呈長方形。直口，設蓋，折腹内收，平底下置矩形足，腹兩側設昂首卷尾獸爲耳。蓋與器相同，唯在蓋沿設六個小獸首可與器扣合。器、蓋均飾變形的卷體龍紋，極纖細。器、蓋同銘，各鑄二十字，記載商湯之孫宋公䜌之妹嫁於吴王爲夫人。宋公䜌時吴王爲闔閭。宋、吴聯姻事，史籍未詳。藏中國文字博物館。

長子簠

春秋晚期飯食器。

高19.3釐米，口縱23.5釐米，口橫29釐米，重4.39千克。

器呈長方形。器與蓋相同。口折沿，短頸，折腹斜收，下承圈足。器與蓋兩側獸首耳皆缺損，蓋口沿每邊設一個小獸首，可與器口相扣合。整器滿飾交龍紋。器、蓋同銘，各鑄三十九字，器漏鑄一字，記載正月初吉丁亥日，晉國大夫長子名𩒳臣，選用美好的青銅爲其女孟媰作媵器。藏上海博物館。

曾侯乙簠

戰國早期飯食器。

共四件。高25.4—26.6釐米，口縱24釐米，口橫31.4釐米，重13—13.5千克。1978年湖北隨州擂鼓墩出土。

直口，設蓋，蓋與器基本相同，唯在折沿邊緣多六個小獸首，可與器口扣合。器折腹内收成平底，下置圈足甚大，如四個蹼形足，腹兩側設獸首耳。器各部分飾幾何形紋飾，不辨首尾，四蹼足飾變形獸紋，紋飾都有鑲嵌物。器、蓋同銘，各刻"曾侯乙作持用終"七字。藏湖北省博物館。

陳曼簠

戰國早期飯食器。

高11釐米，口縱19.4釐米，口橫31釐米，重3.15千克。

口沿外折，腹向裏斜收，再折而成平底，下承四個長的斜支足，足底呈矩形，腹兩側設獸首環耳。口邊飾蟠龍紋，腹飾方折式的卷龍紋。腹内底鑄銘文二十二字，記述齊國陳曼表示不敢逸樂自安，要勤於經德，並爲其父獻叔作此簠。本簠器藏上海博物館，蓋藏臺北故宫博物院，可合。

楚王酓肯簠

戰國晚期飯食器。

高12釐米，口縱21.7釐米，口橫31.9釐米，重5千克。

1933年安徽壽縣朱家集楚王墓出土。

口沿内折，平底下置矩形足。腹飾幾何雲紋。器口沿鑄銘文十二字，記載楚王酓肯作此青銅簠，以供每年秋祭之用。楚王酓肯即考烈王熊元。傳世共三件，各器底部分别有“戊寅”、“乙”、“辛”等字樣。均藏北京故宫博物院。

王后六室簠

戰國晚期飯食器。

高24.6釐米，口縱21.7釐米，口橫31.6釐米，重4.36千克。1933年安徽壽縣朱家集楚王墓出土。

口沿内折，下置矩形足。腹飾菱形雲紋。口沿刻銘文“鑄客爲王后六室爲之”九字。記載鑄造此簠之匠人爲王后六室作簠。共六件，分藏天津市歷史博物館、上海博物館、北京故宫博物院等地。此器藏故宫博物院。

鑲嵌獸紋敦

春秋晚期盛食器。

高16釐米，口縱13.5釐米，口横12釐米，重0.9千克。

1923年山西渾源李峪村出土。

斂口，設蓋，蓋頂設一鈕，旁有三鳥首似水中浮出，深腹，下承臺階形圈足。腹兩側設環耳。蓋面飾三頭獨角走獸，腹飾追逐式虎紋，獸紋皆用紅銅絲鑲嵌。這類器的形制介於敦、豆之間，産生於春秋中期，盛行於春秋晚期到戰國時代。習慣上把器與蓋相合成球體者稱爲敦，但也有蓋與器不完全對稱的形制，此器屬於後者。藏上海博物館。

交龍紋敦

春秋晚期盛食器。

高15.3釐米。1923年山西渾源李峪村出土。

斂口,設高蓋,蓋面上設三隻水鴨,體軀飾羽紋,抬頭向外。蓋沿設三個小獸首,可與器口相扣。束頸鼓腹,下置圈足。腹兩側設獸首環耳。腹飾交龍紋,龍體内飾雲紋,紋飾精緻。藏美國弗利爾美術館。

荆公孫敦

春秋晚期盛食器。

高17釐米,重1.58千克。

器呈橢圓形。口折沿,設蓋。束頸,鼓腹圜底,下置蹄足。兩側設環耳。蓋上設三蹄足,可倒置爲另一器,蓋邊設小獸首,爲扣合器蓋用。蓋面及器腹飾乳釘紋。蓋内鑄銘文十五字,記載荆公孫自鑄膳敦,老壽用之。此器銘文自銘爲膳敦,甚確。藏北京故宫博物院。

交龍紋敦

春秋晚期盛食器。

高28釐米，口縱28釐米，重15千克。1988年山西太原金勝村趙卿墓出土。

弇口，設蓋，鼓腹平底，連鑄短蹄足，腹兩側設鋪首銜環。蓋頂設一小鈕套大環，蓋面飾三頭立體卧牛，昂首竪耳。腹飾交龍紋，蓋及腹下部飾變形龍紋。此敦原定名升鼎，爲同類器中較大者，當另有别名。藏山西博物院。

鑲嵌龍紋敦

春秋晚期盛食器。

高33釐米，口徑22釐米。1955年安徽壽縣西門蔡侯墓出土。

除足外，蓋與器相同，合成球體形。器腹外側設蹄足，腹兩側設環耳，蓋上設獸形三鈕，蓋緣設小獸首，可與器口相扣合。器、蓋均飾龍紋，並用紅銅鑲嵌。器形完整，紋飾較爲特殊。藏安徽博物院。

交龍紋敦

春秋晚期盛食器。

高15.5釐米。1988年山東莒縣中樓鄉于家溝村出土。

器呈扁圓形。斂口，設蓋，蓋與器相同。鼓腹下收成平底，器蓋兩側各飾環耳。蓋緣和器口各飾纖細交龍紋一周。這類似盒形的敦較爲少見。藏莒州博物館。

菱形紋敦

戰國早期盛食器。

高14釐米。

斂口，設蓋，蓋頂設一環鈕，蓋面近緣設三蹄足，在倒置時可作盤使用。鼓腹圜底，下置蹄足，腹兩側設環耳。蓋面及腹部飾菱形幾何紋，在綫條交匯處飾一乳釘，菱形紋内填以雷紋，下爲葉紋。藏美國舊金山亞洲藝術博物館。

陳侯午敦

戰國早期盛食器。

高10.9釐米。

斂口，鼓腹圜底，下置蹲獸爲足，腹兩側設獸首環耳。腹内壁鑄銘文三十六字，記載陳侯午（即田齊桓公午）以衆諸侯所獻之青銅爲其皇妣孝大妃鑄祭祀之器。此器自名钦敦。傳世二件，分藏中國國家博物館和臺北故宫博物院。

錯金卷龍紋敦

戰國早期盛食器。

高19.2釐米，口徑17釐米。1965年山西長治分水嶺出土。

直口，設高蓋，頂有外翻邊的抓手，蓋倒置後可以容物。鼓腹兩側設環耳，圜底下承圈足，下部外坦。整體飾卷龍紋，圈足飾葉形紋，均鑲嵌金絲，保存情況甚佳，很難得。器形介於豆和敦之間。藏山西博物院。

鳥首人形足敦

戰國早期盛食器。

高13.5釐米，口縱14.5釐米，口橫19.5釐米，重1.62千克。

器呈橢圓形。斂口，設蓋，蓋頂有八條交龍組成的橢圓形透雕抓手。蓋頂凸起，罩於器口外。腹前後各飾一龍耳，龍角分張甚寬，龍口呈橢圓形。淺腹圜底，腹下沿邊設四足，爲鳥首人形，背部有雙翅與器相連，粗壯的人形足着地，體部有勾畫簡單的乳房和肚臍。整器無紋飾，龍耳和鳥首人形足爲器物造型特殊之處。藏上海博物館。

黼紋敦

戰國早期盛食器。

高15.9釐米，口徑16釐米，重1.58千克。

直口，設蓋，器、蓋相同，唯器口略小，蓋口可套在器口外。蓋頂設圓形抓手。器寬腹下收成平底，下置矮圓足。器腹兩側設環耳，蓋在相應部位也有環耳。抓手內中間飾六瓣葉紋和雲紋，外圍飾雲紋一周和鱗紋一周，邊沿飾波曲紋一周。蓋面和器腹滿飾黼紋，並以排列整齊的圓點爲地紋。腹部的紋飾也有稱爲勾連雷紋者。中國香港私人收藏。

鑲嵌三角雲紋敦

戰國晚期盛食器。

高25.6釐米，口徑16.5釐米，重4.52千克。

整器呈球形。蓋和器相同，都有環狀雲頭形的兩耳三足，可分置，且容積相似。蓋頂和器底飾火紋，其周圍是長方形的塊狀，内飾雲紋，蓋緣和器口沿飾上下交會的三角形紋。整器紋飾用紅銅絲和銀絲盤嵌，因器物表面氧化，鑲嵌物脱落較多，但還能看出當年的鑲嵌技術。此器成對，藏上海博物館。

羽翅紋敦

戰國晚期盛食器。

高18釐米，口徑17.5釐米，重0.94千克。

器與蓋形制、紋飾相同。兩側各設環耳，蓋頂圓形抓手外侈，抓手内中央飾火紋，外圍飾三角雲紋。器口稍斂，腹部下收，下承矮圈足。蓋緣及器子口皆飾菱形雲紋，器、蓋皆飾羽翅紋，並以細綯紋相間。敦的形制一般爲上下相等，具三鈕，但本器上下皆爲圈足，是敦的另一種形式。藏上海博物館。

軌敦

戰國晚期盛食器。

高18.8釐米。1950年河南洛陽西宫出土。

斂口，設蓋，蓋頂設一小鈕，套一大環爲抓手，蓋面設三卧獸。器鼓腹圜底，連鑄三短足，腹兩側設鋪首銜環。蓋沿及器腹各飾幾何形圖案。器、蓋同銘，各刻小篆"軌"字，當是得器者所刻。藏北京故宫博物院。

火紋豆

商代晚期盛食器。

高10.2釐米。1957年山東長清復興河出土。

侈口,淺腹,下承高圈足。腹飾火紋一周,紋飾簡潔。商代一般用陶豆,青銅豆較爲少見。藏山東博物館。

弦紋豆

商代晚期盛食器。

高9.4釐米。1987年河南安陽郭家莊東南一號墓出土。

口略侈,直腹下收,下置高圈足。腹及圈足上僅飾弦紋,簡單樸素。這是殷墟發掘以來第一件出土的青銅豆。藏中國社會科學院考古研究所。

鈴豆

商代晚期盛食器。

高12.4釐米,重0.65千克。

口沿向内斜折,淺腹圜底,下置高圈足。下端呈喇叭形伸展。高圈足上設兩個十字形孔和一個不規則孔,圈足内鑄有四個圓孔的底層中置一個青銅實心小球,振之則發音似鈴。藏上海博物館。

貯豆

商代晚期盛食器。

高10.5釐米，重0.68千克。

斂口，淺腹，下置高圈足。腹飾火紋一周。腹内底鑄銘文"貯"字。"貯"是商代的大族。藏北京故宫博物院。

子廟父丁豆

商代晚期盛食器。

高9.7釐米，重0.38千克。

直口折沿，淺腹略鼓，圜底下置粗大的圈足。腹飾火紋一周，其上下有弦紋爲欄，圈足飾二道弦紋，腹内底鑄銘文"子廟父丁"四字，記載了廟爲父丁作此豆。在火紋上尚留有硃砂痕迹。中國香港私人收藏。

康生豆

西周早期盛食器。

高15.1釐米，口徑15.5釐米。

直壁方唇，平底，下置高圈足。豆外底設一鈕，估計是繫鈴用，今鈴已遺失。腹底至圈足下部設獸首鋬。腹飾火龍紋，圈足根部飾回顧式兩頭龍紋，下爲大蕉葉紋，内填獸面紋。腹内底鑄銘文“康生作文考癸公寶尊彝”十字。藏山西博物院。

周生豆

西周中期盛食器。

高19.5釐米，重3.3千克。1978年陝西寶鷄西高泉村出土。

斂口，淺腹，下置高圈足，圈足中段加箍紋，近底部侈大。腹飾火紋和雲紋，圈足飾鱗紋。腹内底鑄銘文“周生作尊豆，用享於宗室”十字。藏陝西歷史博物館。

黄君孟豆

春秋晚期盛食器。

高24.8釐米，口徑24.2釐米。1983年河南光山縣寶相寺出土。

斂口折沿，斜肩，折腹，圜底，下置高圈足，下部爲透雕大三角形。器壁較薄，通體素面，表面處理光潔平滑。頸部鑄銘文一周，共十五字，記載黄君孟自作行器。此豆形制比較特殊。藏河南博物院。

鑲嵌龍紋方豆

春秋晚期盛食器。

高30.5釐米，口縱7釐米，口横7.3釐米，。1978年河南固始侯古堆出土。

器呈方形。直口，設覆斗形蓋，蓋面四隅設環鈕，沿邊設八小獸，可與器扣合。淺腹平底，下置八棱形柄，着地爲盆形座，腹及蓋兩側均設環耳。蓋頂飾火紋，四周飾以回首龍紋。器、蓋均飾龍紋二周，一周爲回首狀，一周爲行走狀。座飾行走龍紋。紋飾皆以紅銅鑲嵌。器、蓋同銘，各鑄“刉之飤盍”四字。藏河南博物院。

鑲嵌狩獵紋豆

春秋晚期盛食器。

高20.7釐米，口徑17.5釐米，重1.8千克。1923年山西渾源李峪村出土。

口稍斂，有蓋，鼓腹圜底，下承高圈足，下部侈大如盤，腹兩側設環耳。全器飾奔騰跳躍的猛獸，有獵者張弓而射，有獸身中數箭，也有獵者持矛投刺走獸。紋飾都用紅銅鑲嵌，是當時的新技術，也是中國古代繪畫藝術在青銅器紋飾上的反映。豆成對，分藏上海博物館和北京故宫博物院。本器藏上海博物館。

鑲嵌狩獵紋豆

四虎蟠龍紋豆

春秋晚期盛食器。

高26.4釐米，口徑18.6釐米，重2.38千克。1923年山西渾源李峪村出土。

斂口，有蓋，扁圓形腹，下爲圓柱形高柄，下端侈張成盤形圈足。腹外壁分置攀爬狀的猛虎四頭，虎首略超出器口，尾部彎曲，形象生動。蓋緣及器腹飾交龍紋，其上下飾卷龍紋，紋飾精緻。豆成對，分藏上海博物館和美國大都會藝術博物館。本器藏上海博物館。

曾侯乙豆

戰國早期盛食器。

高26.4釐米，口徑20.6釐米，重5.9千克。1978年湖北隨縣(今屬隨州)擂鼓墩曾侯乙墓出土。

口折沿，設蓋，蓋面設四個獸形環鈕，蓋沿有三個小獸，使蓋與器口密合。束頸，鼓腹，下置短柄，柄下端爲一圓盤形圈足。腹兩側設蛇形環耳。蓋面飾四鳳紋，外圍飾鳥首龍紋，腹部飾兩兩相對的鳥首龍紋，柄及盤底飾雲紋。紋飾中有緑松石等填嵌物。器、蓋同銘，各刻"曾侯乙作持用終"七字。藏湖北省博物館。

幾何紋豆

戰國早期盛食器。

高27.7釐米，口徑19.3釐米，重2.15千克。

直口，設高蓋，蓋頂抓手寬沿外折，淺腹下收成圜底，下置高圈足，中腰收斂，下部呈盤形，腹兩側設環耳。蓋面、腹下部和圈足上部各飾三角形雲紋，蓋沿及腹上部飾菱形紋和重疊雷紋，一一相間，圈足飾斜角雲紋和交龍紋。藏日本泉屋博古館。

鑲嵌交龍紋豆

戰國早期盛食器。

高39釐米，口徑20釐米，重3.05千克。北京順義出土。

侈口，設高蓋，蓋頂設粗柱，上有圓形平頂爲抓手，淺腹圜底，下置高圈足，上部較大，中腰收斂，底盤又侈大。口兩側設環耳。抓手飾交龍紋，外圍飾菱形紋，抓手邊緣飾菱形紋。蓋面及器腹飾葉形紋和交龍紋，圈足飾幾何雲紋及龍紋。紋飾綫條纖細，内填以緑色細絲。藏北京故宫博物院。

鑲嵌雲紋方豆

戰國早期盛食器。

高24.5釐米，器每邊長12.5釐米。1935年河南汲縣（今衛輝市）山彪鎮出土。

器呈方形。直口，設蓋，呈四阿形。頂設短柱，上有扁圓體爲抓手。腹與蓋形體相同，成對稱狀，下設上粗下細的柱形柄，底盤較大。通體飾雲紋，並以緑松石鑲嵌。形體規整，與一般純爲方形的器不同。藏河南博物院。

淺腹豆

戰國中期盛食器。

高25釐米，口徑19釐米。1977年河北平山出土。

腹部極淺，直壁，設折沿平蓋，蓋面均勻地設三個雲形鈕。器平底，下置細長柄，底盤較大。蓋折沿已將腹部完全罩没，也屬少見的形式。腹部有深有淺，整器無紋飾，表面僅見一層黄緑色氧化層。藏河北博物院。

淺腹豆

幾何雲紋豆

戰國中期盛食器。

高24釐米，口徑16.2釐米，重2.25千克。1965年湖南湘鄉新坳出土。

直口，設蓋，蓋上抓手與足形相似，可倒置。淺腹下置圈足，底部侈大如盤。各部位均飾不同形式的幾何雲紋，紋飾中原有鑲嵌物脱落已盡，然仍可見其鑄造之精湛。器體與圈足、蓋與抓手都爲兩次澆鑄而成。藏湖南博物院。

王后六室豆

戰國晚期盛食器。

高30釐米，口徑14.2釐米，重2.34千克。1933年安徽壽縣朱家集出土。

直口圜底，下置圓形長柱足，上粗下細，並連接圓座。口沿外側刻銘文"鑄客爲王后六室爲之"九字，記載鑄器匠人爲王后六室所作。共出土八件，北京故宮博物院藏一件，天津博物館藏兩件，河南省三門峽市文物工作隊藏兩件，中國國家博物館藏一件，旅順博物館藏一件，另有一件下落不明。

幾何雲紋豆

戰國晚期盛食器。

高49.5釐米，口徑16.8釐米，重2.3千克。1959年北京懷柔出土。

直口，設蓋，直腹下收成圜底。下置細長柄，中腰略收束，下部侈大似一圓盤。蓋上置三個倒置的細長蹄足，器口兩側設環耳。器、蓋相同，合之，容器部分呈圓球形。器、蓋各部分皆飾三角形、斜角等幾何雲紋。圈足飾蟬紋，造型穩重。藏首都博物館。

蟠龍紋豆

戰國晚期盛食器。

高50.2釐米。1981年北京通縣(今通州區)中趙甫出土。

直口，設蓋，直腹下收成圜底。下置細長柄，中腰收束，下部侈大似一圓盤。蓋與器相同，合之，容器部分呈圓球形。蓋上置三個倒置的細長蹄足。器口兩側設環耳。器、蓋紋飾對稱，飾三角形紋、蟠龍紋、火紋和綯紋。此器造型較爲少見，出土地屬古代燕國地區。藏首都博物館。

錯銀方豆

戰國晚期盛食器。

通高24釐米，口徑20.5釐米。

扁長方體，隆蓋，淺腹，平底。蓋頂設方形蓮瓣捉手。蓋邊四面設獸面小銜扣。下承圓柱形高柄，中部設箍，下段大盤底。存世青銅器中方型器較圓型器少，此器滿布錯銀龍形紋飾，更不多見。是一件難得的戰國時期傳世精品。私人收藏。

高柄方豆

戰國晚期盛食器。

高29.7釐米。1973年湖北江陵藤店出土。

器近方形。直口，設蓋，蓋頂設向外張開的方形蓮瓣爲抓手。蓋邊每面中間設一小獸首，可與器口相扣合。淺腹平底，下承圓柱形高柄，近上段設一箍，下段侈大成盤形底。造型簡潔。藏荆州博物館。

乳釘紋鋪

西周中期盛食器。

高9釐米，口徑11.2釐米。陝西寶鷄茹家莊出土。

斂口，假腹，圜底，下置圈足甚大，幾乎與鋪面等寬。腹飾大的乳釘八枚，圈足飾透雕斜格紋。同墓共出四件鋪。藏寶鷄青銅器博物院。

微伯癲鋪

西周晚期盛食器。

高14.5釐米，口徑27.5釐米，重2.9千克。1976年陝西扶風莊白村出土。

直口，淺腹，下置透雕高圈足。腹飾鱗紋一周，高圈足飾透雕波曲紋。腹内底鑄銘文十字，記載微伯癲作筩。“筩”即“鋪”字，爲該器自名。藏寶鷄市周原博物館。

虢季鋪

西周晚期盛食器。

高15.5釐米，口徑23.5釐米。1990年河南三門峽虢國墓地出土。

口折沿，淺腹平底，下爲粗壯的高圈足，中腰收束，下部伸展，盤沿飾變形獸體紋。高圈足上部飾透雕疊鱗紋，下部飾透雕波曲紋。盤内底鑄銘文“虢季作甫子子孫孫永享”十字，記載此鋪爲虢季所作，“甫”即“鋪”字。藏河南博物院。

晉侯𩰫鋪

西周晚期盛食器。

高16.5釐米。傳山西曲沃出土。

直壁淺腹，腹内底略凹，下承粗大的高圈足。腹飾鱗紋一周。圈足上小下大，飾透雕波曲紋。鋪内底鑄銘文二十三字，記載九月初吉庚寅日，晉侯𩰫作此鋪。藏臺北故宫博物院。

透雕波曲紋鋪

西周晚期盛食器。

高17.5釐米，口徑23.5釐米，重3.4千克。

口折沿，淺腹平底，下爲粗壯的高圈足，中腰收斂，下部伸展。盤邊飾變形獸體紋，高圈足上、下均飾波曲紋，紋飾透雕。藏上海博物館。

透雕波曲紋鋪

西周晚期盛食器。

高14.5釐米，口徑21.3釐米，重0.9千克。1966年陝西扶風齊鎮出土。

口折沿，淺腹平底，下置高圈足，底部伸展。盤邊飾鱗紋，高圈足飾透雕波曲紋。藏寶鷄青銅器博物院。

曾仲斿父鋪

春秋早期盛食器。

高20.2釐米，口徑25.6釐米，重4.6千克。1966年湖北京山蘇家壠出土。

直口折沿，淺腹平底，下置高圈足，高圈足中腰收束，設一箍，近底伸展。腹飾獸目交連紋，圈足上下各飾透雕波曲紋。腹内底鑄銘文"曾仲斿父自作寶甫"八字，"甫"即本器器名"鋪"。藏湖北省博物館。

厚氏鋪

春秋中期盛食器。

高28.6釐米，重7.24千克。1932年山東曲阜林前村出土。

直口，設蓋，蓋的抓手呈向外侈張的透雕蓮瓣狀。淺腹平底，下置粗壯的高圈足，中腰收斂，下部伸展。蓋面及器的各部分均飾卷體龍紋，圈足的龍紋爲透雕。器、蓋同銘，各鑄二十五字，記載魯國的大司徒厚氏元自作盛食之鋪。此厚氏當是魯孝公子惠伯鞏之後。傳世共四件，北京故宫博物院和上海私人各藏兩件。本器藏北京故宫博物院。

兩頭龍紋鋪

春秋中期盛食器。

高15.8釐米，口徑21.8釐米。1993年河南新鄭鄭韓故城窖藏出土。

口折沿，直壁淺腹，平底，下承高圈足如細柄，底部侈大。腹飾兩頭龍紋。藏河南博物院。

獸面紋盂

商代晚期飯食器。

高43.9釐米，口徑54.5釐米，重32.9千克。1976年河南安陽殷墟婦好墓出土。

侈口，束頸，深腹稍鼓，下連圈足，圈足上有三個小方孔。腹兩側設附耳。頸、腹、圈足各飾獸面紋。青銅盂最早見於商代晚期，但爲數不多。藏中國國家博物館。

匽侯盂

西周早期飯食器。

高24.5釐米，口徑33.8釐米，重6.45千克。1955年遼寧喀喇沁左翼蒙古族自治縣海島營子村出土。

侈口，深腹，下置圈足。腹兩側設附耳，耳高不及口部，耳上沿另設一銅棍與器相接，增加牢度。腹飾對稱回首龍紋，龍有冠，極華麗。腹内壁鑄銘文“匽侯作餴盂”五字，記載匽侯作此器，自名爲餴盂。餴盂是盛放熟飯之盂。藏中國國家博物館。

伯盂

西周中期飯食器。

高28.7釐米，口徑42.8釐米，重12.2千克。

敞口，直頸連腹，下承圈足。頸兩側設附耳，甚粗大，耳高不及口部。頸飾回首龍紋一周，圈足飾目雷紋。腹内底鑄銘文“伯作寶盂”四字。藏上海博物館。

伯盂

西周中期飯食器。

高39.5釐米，重35.8千克。

侈口，寬唇，垂腹下置圈足。頸兩側設附耳，耳高不及口部。頸中間設一浮雕獸首，兩側配置回首垂冠龍紋一周。腹飾龍紋組成的垂葉紋，圈足飾長尾卷曲的回首龍紋。腹内底鑄銘文十五字，記載此器爲伯所作，子孫要永遠寶用。藏北京故宫博物院。

趞盂

西周中期飯食器。

高42釐米，口徑56.2釐米。1967年陝西長安(今西安市長安區)新旺村出土。

敞口，頸腹相連，下置圈足。頸兩側設附耳。頸前後各飾浮雕外卷角獸首。頸及圈足飾龍紋，腹飾波曲紋。腹内側鑄銘文四十九字，記載正月初吉，天君告訴趞要對同僚奚、岦、華諸人友好，並要做好職事，趞答謝天君美意，並爲文祖己公作此盂。藏西安博物院。

永盂

西周中期飯食器。

高46釐米，口徑58釐米，重36千克。1969年陝西藍田泄湖鎮出土。

侈口，頸腹相連，下置圈足。頸兩側設附耳，耳高不及口部。腹前後設浮雕象首，長鼻高卷。頸及圈足飾變形獸面紋，腹飾獸體對稱的蕉葉紋。器内底鑄銘文一百二十三字，記載十二年初吉丁卯日，益公傳達和貫徹王命，賞賜給師永田地，與益公一起傳達王命而付諸實施的人有井伯、榮伯、尹氏、師俗父和遣仲五人，益公乃命鄭司徒函父、周人司工居、敔史、師氏、邑人奎父、畢人師同六人監理王所賜的田，分田時有率領者和定疆界者記此事，並爲文考乙伯作此盂。銘文屬於治地之約，記録了有關土地的使用、分配和轉移等事項，是研究西周土地制度的重要實物資料。藏西安博物院。

天盂

西周晚期飯食器。

高45.2釐米，口徑56.4釐米，重34.5千克。2003年陝西寶鷄眉縣楊家村出土。

侈口，束頸，腹略鼓，下承圈足甚大。頸腹兩側設附耳，前後各飾一立體的長鼻獸，長鼻高出口沿。頸及圈足飾回首龍紋，腹飾波曲紋，其間並有花形裝飾。腹內底鑄銘文十二字，作器人名已被磨去，最後有族徽"天"字。藏寶鷄青銅器博物院。

波曲紋盂

西周晚期飯食器。

高40.5釐米，口徑56釐米，重36.4千克。1958年陝西扶風齊家村出土。

侈口，束頸，直腹下置圈足。頸兩側設附耳，前後設獸首銜環。頸及圈足飾獸體目紋，腹飾波曲紋。器形甚大。盂出土時成對，藏陝西歷史博物館。

虢叔盂

西周晚期飯食器。

高18.8釐米，口徑34.7釐米。

侈口折沿，束頸，鼓腹下收成平底，頸腹兩側設獸首耳。頸飾斜角雲紋一周。器形似盆，但在腹内底鑄銘文“虢叔作旅盂”五字，記載此盂爲虢叔所作。藏山東博物館。

齊侯盂

又名“齊侯鑑”。春秋中期飯食器。

高43.5釐米，口徑75釐米。1957年河南洛陽中州路出土。

侈口折沿，束頸，鼓腹下連圈足，頸腹間設四獸銜環，頸及腹部飾波曲紋。腹内壁鑄銘文二十六字，記載齊侯(即齊惠公)爲子仲姜作此寶盂。此器形似鑑，自銘爲盂。可能是齊惠公之女嫁於周王，齊惠公爲她作的媵器。藏洛陽博物館。

婁君盂

春秋晚期盛食器。

殘高12.8釐米，重2.28千克。傳浙江出土。

斂口，束頸，鼓腹下收成平底，頸腹兩側飾獸首環耳。頸及腹各飾變形卷龍紋，上下各有綯紋爲欄。腹内底鑄銘文二十六字，記載正月初吉，婁君自作盛食之盂，用來祈求長壽。器自名爲盂。藏北京故宫博物院。

愠兒盞

春秋中期盛食器。

高18釐米，口徑19.5釐米。1987年湖南岳陽筻口鳳形嘴山出土。

直口方唇，設高蓋，蓋頂由透雕小龍盤結成圓形抓手，用十二根短銅棍承托，結構複雜。蓋面均勻地設四個環鈕。器束頸，腹略鼓，下收成平底，下置透雕龍爲小足。腹兩側設透雕獸首環耳，前後又設環鈕，與蓋面對稱。器、蓋各飾兩道交龍紋和一道三角形紋，中間以繩紋爲間隔。器、蓋同銘，爲“愠兒自作鑄其盞盂”八字。此器自名“盞盂”，可見盞與盂是同一類器，器形雖有不同，用途卻一致。盞傳世很少，流行於楚國地區。藏岳陽博物館。

交龍紋盞

春秋晚期飯食器。

高19.8釐米，口徑21.3釐米。1977年湖北當陽金家山楚墓出土。

直口方唇，設高蓋，蓋頂有透雕九龍共銜一環，組成抓手。蓋面設四個環鈕，腹略鼓，下收成平底，下置三個小蹄足。腹兩側設獸首耳，前後又各設一對環鈕。蓋及腹各飾三道交龍紋，紋飾精細，中間以繩紋爲間隔。藏宜昌博物館。

鄎子宿車盆

春秋早期盛食器。

高29釐米，口徑31.8釐米。1979年河南羅山高店出土。

斂口折沿，設蓋，蓋頂設橢圓形抓手，旁置三個虎形鈕。蓋緣有三個小獸首，用以扣住器口。束頸，鼓腹下收成平底，頸、腹兩側設獸首耳連環。蓋面、器頸及腹各飾變形交龍紋。器、蓋同銘，各鑄二十字，記載此盆爲鄎子宿車自作。藏信陽博物館。

黄大子白克盆

春秋早期盛食器。

高27釐米，口徑32.3釐米。1978年山東沂水出土。

口沿外折，設蓋似覆鉢形，頂設三虎形鈕，蓋面兩側設鋪首連環，沿邊設四獸首，將器口扣住。器束頸折肩，腹下斂，平底内凹，肩兩側設獸首耳套環。器、蓋均飾交龍紋。器、蓋同銘，各鑄二十九字，記載黄大子白克作䵼盆。黄國位於今河南境内，公元前648年爲楚所滅。藏山東博物館。

樊君盆

春秋早期盛食器。

高20釐米，口徑25.7釐米。1978年河南信陽平西出土。

侈口折沿，設高蓋，蓋頂有圓形抓手。束頸，鼓腹，下收爲平底。頸腹兩側設半環耳。蓋面飾上下結構的兩首龍紋，蓋緣、器頸及腹部飾左右結構的兩首龍紋，紋飾中的龍體軀相交。蓋沿邊緣設兩個小獸首，使蓋能扣住器口。器、蓋同銘，各鑄“樊君夔用其吉金自作寶盆”十一字。藏信陽博物館。

兩首龍紋盆

春秋早期盛食器。

高14.2釐米，口徑29.9釐米，重3.49千克。

口沿外折較寬，束頸，鼓腹向下收斂，平底略呈凹形。頸腹兩側設獸首耳。頸飾鱗紋一周，大小鱗瓣相間，腹飾粗獷的兩首龍紋。藏上海博物館。

子諆盆

春秋中期盛食器。

高19.2釐米，口徑28釐米。1975年河南潢川老李店出土。

斂口折沿，設蓋。蓋頂設三卧牛，蓋緣有三個獸首，可與器口扣合。束頸，鼓腹下收成平底。頸、腹兩側設獸首耳連環。蓋面、器頸及腹各飾變形交龍紋。器、蓋同銘，各鑄十二字，記載此器爲子諆所作。銘文自名爲盂，這類器名因各地方言不同，有稱盂、盞、盆等，今據器形，歸入盆。銘文字迹潦草，字形組合不規範。藏信陽博物館。

鄎子行盆

春秋中期盛食器。

高17.2釐米，口徑21釐米。1975年湖北隨縣（今屬隨州）鰱魚嘴出土。

侈口，設蓋，蓋頂飾圓形抓手，抓手頸部設三孔。束頸，鼓腹，下略收呈平底，頸腹兩側設環耳。器内底鑄銘文“鄎子行自作飤盆永寶用之”十一字。蓋内銘文較器内底少一“用”字。鄎爲周之封國，侯爵，後爲楚所滅，故城在今河南息縣之西南。傳世息國青銅器較少見。藏湖北省博物館。

日夭盆

春秋中期盛食器。

高17.8釐米，口徑35釐米。1953年河南郟縣太僕鄉出土。

侈口折沿，束頸，折腹下收成平底。頸腹兩側設獸首耳，肩飾斜角雲紋，内底鑄銘文“日夭”兩字。藏河南博物院。

兩首龍紋盆

春秋中期盛食器。

高11釐米，口徑21.3釐米。1978年山東曲阜魯國故城出土。

斂口，口沿斜折，束頸，鼓腹向下收斂成平底。頸腹兩側各設獸首環耳，獸首雙角高聳。頸飾幾何紋，腹上下各飾不同的兩首龍紋。藏孔子博物館。

曾孟嬭諫盆

戰國早期盛食器。

高12.5釐米。傳清光緒年間湖北襄陽(今襄樊市襄陽區)太平店宋家閘出土。

口沿外折，設蓋，上有圓形抓手。器束頸，鼓腹下斂，平底，頸腹兩側設獸首環耳。通體飾繁密的交龍紋。器、蓋同銘，各鑄十二字，記載曾侯夫人孟嬭作盛熟肉之盆。藏襄陽博物館。

獸面紋俎

商代晚期切割肉食器。

高14.3釐米，長33.6釐米。1979年遼寧義縣花兒樓出土。

俎面略凹，呈淺盤形，盤底設兩個半環形鈕，鈕上分懸兩鈴。盤下設規矩形四足，足飾獸面紋。俎是實用器，傳世較爲少見。藏遼寧省博物館。

蟬紋俎

西周早期切割肉食器。

高18.8釐米，長41.8釐米，重4千克。

俎呈几形。俎面呈長條形、向下略作凹弧，前後狹緣下折，兩側連鑄與俎面寬度相等的板足。造型簡單。俎面四周飾蟬紋，與足交接處飾龍紋，足飾虎耳獸面紋，下有雲紋和三角雲紋爲邊飾。藏日本泉屋博古館。

透雕幾何形紋俎

春秋晚期切割肉食器。

高24釐米，長35釐米，寬21.1釐米，重3.85千克。

1978年河南淅川下寺出土。

俎面微凹，呈馬鞍狀，四足扁平，斷面呈凹槽形，上端較寬，下端較狹，俎面及四足均飾透雕幾何形紋，俎面四周飾波曲紋。俎是實用器，傳世較爲少見。藏河南博物院。

透雕龍紋匕

西周早期挹飯食器。

長26釐米。

匕呈桃葉形，一端連鑄折曲長柄，柄端較寬，飾透雕龍紋。匕是挹取食物的匙。考古發現的匕，常與鼎、鬲同時出土。藏上海博物館。

龍紋匕

西周早期挹飯食器。

長19.5釐米。1961年陝西長安（今西安市長安區）張家坡出土。

匕呈桃葉形，一端設柄，柄端較寬，與匕連接處較狹，柄飾龍紋，龍體彎曲，尾上卷。藏陝西歷史博物館。

微伯瘐匕

西周中期挹飯食器。

長32.5釐米。1976年陝西扶風莊白村出土。

匕呈桃葉形，兩端尖鋭，一端設索形柄，柄端呈梯形，飾透雕兩首獸紋。匕内鑄銘文“微伯瘐作匕”五字，記載微伯瘐作器，器自名爲匕。出土時成對。藏寶鷄市周原博物館。

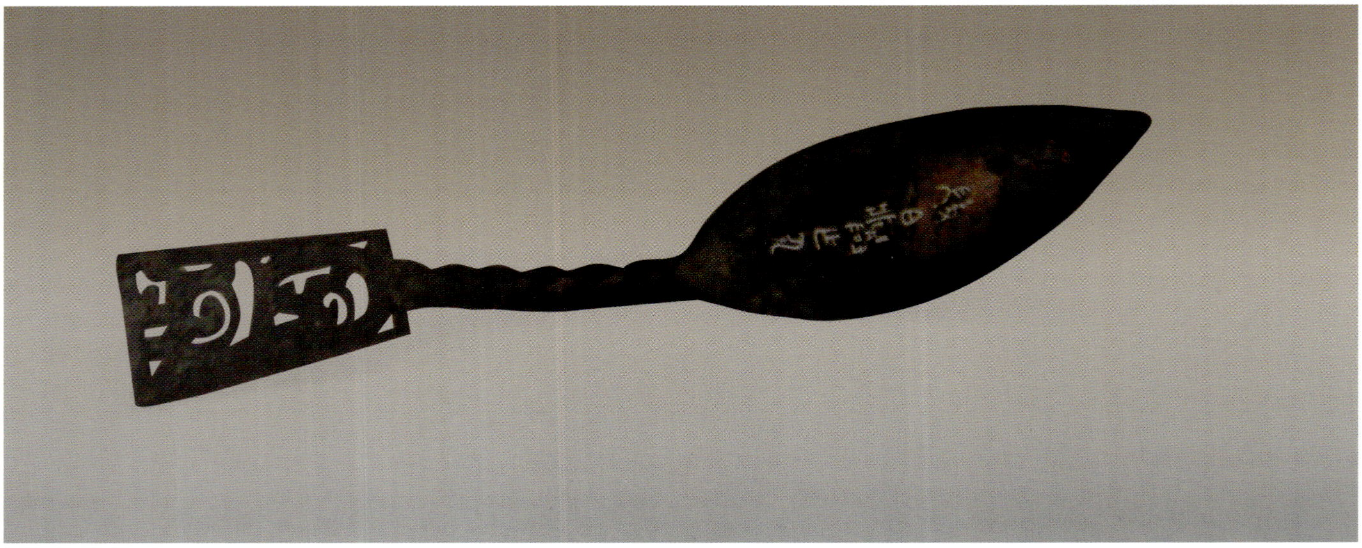

仲枏父匕

西周中期挹飯食器。

長25.8釐米。1962年陝西永壽好畤河出土。

匕呈桃葉形，兩端尖鋭，一端設扁形柄，柄端折曲呈梯形，飾卷體龍紋。匕内鑄銘文“仲枏父作匕永寶用”八字。藏陝西歷史博物館。

夔形龍紋匕

西周晚期挹飯食器。

長28.9釐米，重0.18千克。

匕前端呈桃葉形，有一條細長的柄與之相連，柄尾寬大，呈長方形，飾透雕交龍紋。藏上海博物館。

曾侯乙匕

戰國早期挹飯食器。

長45.8釐米，重1.035千克。1978年湖北隨縣（今屬隨州）擂鼓墩出土。

匕呈橢圓形，一端設長柄，柄爲扁平形，前端較狹，後端呈長方形，飾透雕幾何形紋。狹端中間刻銘“曾侯乙作持用終”七字，銘文兩側和透雕紋飾上均鑲嵌緑松石。藏湖北省博物館。

酒器

束腰爵

夏代晚期斟酒器。

高20.7釐米，流至尾長26.2釐米。1984年河南偃師二里頭出土。

器呈扁圓形，槽流兩側内卷似管流，甚長，尾端尖鋭，口沿有加厚唇邊。流根部設柱，既短又原始，束腰，平底，近底部有突出邊緣一周，下置外撇尖足。頸腹間設一闊鋬，鋬之兩端各有一長條形鏤空裝飾，這是夏代晚期青銅爵的特點之一。藏中國考古博物館。

束腰爵

夏代晚期斟酒器。

高11.7釐米，流至尾長14.1釐米，重0.2千克。

器呈扁圓形，腰部收縮，口部呈葉片狀，一側延長成爲流槽，用以傾酒；另一側爲尖短尾部，以保持平衡。流以下的水平綫表明可注入的酒量，可知容量很小。自口至下腹部設一既寬又扁的鋬，鋬孔較大，平底，下置細而短且向外張開的三足，不易傾倒。此爵未設雙柱，與夏代其他有柱的青銅爵相比，無疑是爵類器中最早的形式之一。藏上海博物館。

束腰爵

夏代晚期斟酒器。

高13.3釐米，流至尾長14.2釐米。1975年河南偃師二里頭出土。

器呈扁圓形，口部一側爲上翹狹流，另一側爲尖鋭尾部。束腰，平底，下置三棱形錐足，外撇。頸腹一側設闊鋬，鋬上有鏤孔裝飾。器表面粗糙，周邊亦不平整，似脱範後未經修飾。藏中國國家博物館。

素爵

夏代晚期斟酒器。

高15.4釐米，流至尾長18.9釐米。1974年河南新鄭望京樓出土。

器呈扁圓形，口部較寬，一側爲狹流道的長流，另一側爲尖鋭短尾，一對短小的柱設於流根部。腹部較長，下部侈張，平底，下置錐足。頸、腹間設一大鋬，鋬上有長條形鏤孔，器壁較薄。藏新鄭市博物館。

乳釘紋爵

夏代晚期斟酒器。

高22.5釐米，流至尾長31.5釐米，重0.55千克。1975年河南偃師二里頭出土。

口部一側爲狹流道的長流，另一側是尖鋭長尾，一對短柱設於流根部，上有釘形柱帽。扁體，束腰，腹短小，平底，下置三條長錐足，下部外弛。頸、腹一側設大鋬，上有長條形鏤孔。器壁較薄，腹外側飾乳釘紋。藏偃師商城博物館。

假腹爵

夏代晚期斟酒器。

高19.7釐米，流至尾長17釐米。傳1964年河南商丘出土。

扁體，流狹長向上，尾短略上翹，長頸下爲假腹，隨意設置四個小孔，下連細錐足。頸腹一側設大鋬，鋬上下較寬而中段較狹，並有長方形鏤孔數條。器壁匀薄，造型原始。夏代假腹爵較少見。藏天津博物館。

網格紋爵

商代早期斟酒器。

高15.1釐米，流至尾長11.9釐米，重0.197千克。

扁體，狹流上翹，短尖尾，流根部設一對釘形柱，高度與尾相等，頸、腹混爲一體，一側設鋬。平底，下置細錐足，一足與鋬成垂直綫，另兩足在正面兩側，並略向中間靠近，使器物增加穩定性。頸前後皆用突起的細綫組成交錯的網格紋，這種純幾何形圖案在商代早期爵中較爲少見。藏上海博物館。

網格紋爵

獸面紋爵

商代早期斟酒器。

高15.9釐米，流至尾長15.1釐米，重0.315千克。

器呈扁圓形，流狹長而弧曲，短尾上翹，口沿内有加厚唇邊，流根部對飾一支小横梁，梁上原有小柱，已折斷。長頸，下有一周突起的邊緣爲腹部，甚狹。頸、腹一側設鋬，鋬上下較寬而中段較狹。平底，下置細錐足。頸部正面飾環柱角獸面紋，有鋬的一面頸部僅有省略的體軀綫條。商代早期單柱爵較少見。藏上海博物館。

獸面紋爵

商代早期斟酒器。

高16釐米，流至尾長17釐米，重0.305千克。

器呈扁圓形，口沿有加厚唇邊。流狹長，尾尖銳上翹，頸長而垂直，腹鼓起，平底，下置細錐足，頸、腹一側設鋬。頸正面飾粗綫條的環柱角獸面紋，風格抽象。有鋬的一面飾網格紋，上欄還有一道乳釘紋，兩面紋飾差異很大。器壁勻薄，鑄造技術精湛。藏上海博物館。

獸面紋爵

商代早期斟酒器。

高14.5釐米，流至尾長14.2釐米。1974年河南中牟黄店出土。

器呈扁圓形，口沿有加厚唇邊。口一側有弧曲狀流，另一側爲尖鋭短尾，流根部設兩個短小釘形柱。長頸，鼓腹，平底，下設細錐足。頸、腹一側設鋬。頸飾連珠紋一周，腹飾内卷角獸面紋，以突起的單綫組成，紋飾粗疏。藏河南博物院。

變形獸面紋爵

商代早期斟酒器。

高14釐米，流至尾長14.6釐米，重0.23千克。

器呈扁圓形，狹長的流稍呈弧曲狀，尾短小略上翹，頸長而腹較短，平底，下置細錐足。頸、腹一側設鋬。頸前後皆飾變形獸面紋，前面的獸面紋僅有目眶，没有瞳仁。角形和鼻準綫都不明確。有鋬的一面僅有形式不完全對稱的“臣”字形目，其餘綫條均已省略。這是青銅器獸面紋中最簡單、最原始的形式。藏上海博物館。

獸面紋管流爵

商代早期斟酒器。

高15釐米，流至尾長16.7釐米，重0.15千克。1974年湖北黄陂盤龍城出土。

器呈扁圓形。口一側爲弧曲狀的管流，流上有棱脊，流根部設一短柱，柱上有帽，另一側爲尖狀上翹短尾。長頸，短腹稍寬，平底，下置細長錐足。頸、腹一側設鋬。頸部飾粗綫條的獸面紋一周。在槽流的位置設置管狀流，這類爵形甚少見，管流單柱爵更爲罕見。流口、棱脊氧化嚴重。藏湖北省博物館。

ㄱ爵

商代中期斟酒器。

高15.6釐米，流至尾長14.5釐米，重0.25千克。

器呈扁圓形。口部前端爲狹長的流，另一端爲尖鋭而短小的尾部。口沿内有加厚唇邊，流根部設一對釘狀小柱。頸、腹分段，腹稍鼓，平底下置錐足。頸、腹間設一鋬。頸正面飾變形獸面紋，另一面則是獸面紋不完整的體軀，紋飾均以突起的綫條組成。鋬内鑄銘文“ㄱ”字，應是氏族的徽記。在已發現的商代中期青銅器中，鑄銘文者極少。藏上海博物館。

獸面紋爵

商代中期斟酒器。

高17.6釐米，流至尾長14.2釐米。1965年河南鄭州銘功路出土。

器呈橢圓形，口一側設槽流，另一側爲尖鋭而短小的尾部。流根部設一對釘形小柱。長頸，鼓腹，下置錐形且向外擴張的尖足。頸、腹一側設鋬。頸飾雷紋一道，腹飾内卷角獸面紋。藏鄭州博物館。

獸面紋單柱爵

商代中期斟酒器。

高18.7釐米，流至尾長13.5釐米，重0.35千克。1954年河南鄭州楊莊出土。

口一側爲槽流，另一側爲上翘短尾，流根部兩邊各設一柱，稍上合爲一柱，上有帽形頂。長頸，鼓腹，圜底，下置錐足，頸、腹一側設鋬。頸及腹各飾獸面紋，頸的上欄和腹的上下欄均飾連珠紋。藏河南博物院。

獸面紋單柱爵

商代中期斟酒器。

高38.7釐米，流至尾長21.5釐米，重1.65千克。1965年安徽肥西館驛出土。

器呈扁圓形。口一側設槽流，另一側爲上翘短尾。流根部兩邊各設一内傾的短柱，合併而爲一柱。上飾帽形頂，甚高大且鉅。長頸，折腹鼓起，平底，下置錐足，頸、腹一側設大鋬。頸及腹各飾外卷角獸面紋。由於柱甚高大，爵很顯氣勢。藏安徽博物院。

婦好爵

商代晚期斟酒器。

高26.3釐米。1976年河南安陽小屯殷墟婦好墓出土。

口一側設的槽流稍呈弧曲狀，另一側爲上翹尖尾。流根部設帽形頂立柱，淺腹下置長錐外撇三足，足的長度已超過腹部。流、尾下部及腹部均飾棱脊，頸、腹一側設外卷角獸首鋬。流飾回首龍紋，口沿下飾三角形紋，内填蟬紋，頸飾龍紋，腹飾對稱龍紋。鋬内鑄銘文“婦好”兩字。藏中國考古博物館。

犬方爵

商代晚期斟酒器。

高17釐米，流至尾長16.4釐米。1991年河南安陽高樓莊後崗出土。

口部前爲方形槽流，後有尖鋭尾部，流根部設一對方形柱，上有臺形頂。束頸，方形腹，平底，下置外撇四足，腹一側設鋬。流、尾和腹四隅皆出棱脊。流飾雷紋，頸飾三角形紋，腹飾龍紋，不清晰。鋬内鑄銘文爲一犬的圖形。方腹之爵傳世較少。藏中國社會科學院考古研究所。

犬方爵

亞其爵

商代晚期斟酒器。

高20.1釐米，流至尾長16.1釐米，重0.625千克。

流與尾皆上翹，流根部雙柱設菌形頂。深腹圜底，三棱形錐足外撇，頸、腹一側設牛首鋬。流及尾部飾蕉葉紋，内填獸體變形紋，頸飾三角形紋，腹飾曲折角獸面紋，體軀呈分解式，突起的軀幹上皆施細雷紋，紋飾極爲精緻。鋬内鑄銘文“亞其”二字。藏上海博物館。

畐父辛爵

商代晚期斟酒器。

高24.5釐米，流至尾長19.5釐米，重1.305千克。

器形較大，流及尾向上翹起，流根部設雙柱，上有菌形頂。深腹圜底，底外側設外撇的三足，腹一側設牛首鋬。流部飾並排龍紋，腹上部飾外卷角獸面紋，下部飾環柱角獸面紋，上下有連珠紋爲間隔。鋬内鑄銘文“畐父辛”三字。“畐”爲族氏之名，古有偪陽，地在宋國，此或爲其故地。銘文記載畐爲父辛作祭器。藏上海博物館。

寢魚爵

商代晚期斟酒器。

高22.2釐米,流至尾長20釐米。1984年河南安陽孝民屯出土。

口一側爲槽流,另一側尖尾上翹。設獸首蓋,蓋頂設鈕,與彎曲的爵口正好吻合。流根部設帽頂立柱,爲此蓋的中腰留出兩個缺口。束頸,鼓腹圜底,下置外撇錐足。頸、腹一側設牛首鋬。腹飾獸面紋一周,兩側配置龍紋。蓋内鑄銘文"亞魚"兩字,器的尾内側鑄銘文十二字,記載辛卯日,王賞賜寢魚貝,寢魚因此爲父丁作此爵。藏中國考古博物館。

婦娱爵

商代晚期斟酒器。

高23釐米，流至尾長19.3釐米，重1.1千克。1952年河南輝縣褚邱出土。

口一側設槽流，另一側尖尾上翹。無柱。設牛首蓋，蓋頂設鈕。束頸，鼓腹圜底，下置外撇錐足。頸、腹一側設獸首鋬。蓋面飾龍紋，腹飾變形獸面紋。器、蓋同銘，各鑄“婦娱”兩字，這種有蓋的爵傳世較少見。藏新鄉市博物館。

康侯爵

西周早期斟酒器。

高21.5釐米。

口一側設槽流，另一側爲尾部。流、尾均上翹，中間口沿立兩柱，方形，菌頂。頸、腹一側設牛首鋬。鼓腹圜底，下置較長錐足。腹飾獸面紋。鋬内鑄銘文“康侯”兩字。康侯爲周武王之弟，名豐，始封於康，稱康侯。成王二年，攻滅殷武庚祿父，後以其地改封爲衛，稱衛康叔。此爵爲康侯用器。藏中國國家博物館。

魯侯爵

西周早期斟酒器。

高20釐米，流至尾長16.2釐米，重0.76千克。

流及尾部皆上翹，無柱。深腹圜底，下置外撇三足。腹一側設獸首鋬，僅能容指。腹飾雷紋兩道。尾部内壁鑄銘文十字，記載魯侯作此爵用以祭祀。酒器中爵自銘極少，僅存數件。藏北京故宫博物院。

伯豐爵

西周早期斟酒器。

高22.2釐米，流至尾長15釐米。1965年河南洛陽北窑機瓦廠出土。

口部前爲流，後爲尾，皆上翹。中立帽形柱。深腹下置刀形足，腹一側設牛首鋬，較爲細小。腹飾鱗紋一周。腹内壁鑄銘文“伯豐作彝”四字。該爵保存完好，是典型的西周早期器。藏洛陽博物館。

龍爵

西周早期斟酒器。

高18.9釐米，流至尾長15.8釐米，重0.72千克。

流和尾均上翹，雙柱爲圓柱形，上端較粗，平頂，整體似杯。略呈垂腹，下置刀形錐足，頸、腹一側設鋬，甚小，爲卷龍形，不能容指，純屬裝飾。柱飾曲折雷紋，腹飾斜綫條的龍紋和雷紋，並間隔有狹窄的素帶。鋬内鑄銘文“龍”字，字體象形，和紋飾構形一致。藏上海博物館。

穌爵

西周早期斟酒器。

高21.3釐米，流至尾長17.8釐米，重0.98千克。

口部一側的槽流和另一側的尖尾均向上翹起，流根部設兩柱，上爲帽形頂。深腹圜底，下置外撇刀形錐足。腹設牛首鋬，鋬孔較小。腹飾環柱角獸面紋一周。尾内鑄銘文"穌作召伯父辛寶尊彝"九字。藏北京故宫博物院。

鳳鳥紋爵

西周早期斟酒器。

高22釐米，流至尾長17.7釐米，重0.88千克。

口一側爲寬槽流，另一側尾部上翹。流根處設帽頂方柱，深腹圜底，下置外撇錐足。頸、腹一側設牛首鋬。流及尾飾鳳鳥紋，腹飾對稱的長冠鳳鳥紋，其下又飾長冠回首鳳鳥紋。爵上出現衆多不同形式的鳳鳥紋，這種情况比較少見。器形和紋飾均屬西周早期。藏北京故宫博物院。

索諆爵

西周早期斟酒器。

高23.9釐米，流至尾長18.3釐米，重1.2千克。

此器爲爵，但不設柱，體部爲圓角方形，圜底下置四個刀形長足，頸、腹一側設牛首鋬，甚小，僅能容指。器壁厚重。腹飾變形獸面紋一周。尾内鑄銘文"索諆作有羔日辛鬻彝"九字，記載索諆爲有羔日辛作宗廟中奉享的禮器。藏上海博物館。

黼紋雙流爵

西周早期斟酒器。

高24.3釐米，兩流之間長21.1釐米。

爵口沿兩側設對稱兩流，與一般爵爲一流、一尾不同。上設蓋呈弧曲形，兩側鳥首正好封住流口，蓋頂設一鈕。頸兩側設彎曲向上的帽形柱。鼓腹下置三角形外撇錐足。頸飾變形獸面紋，腹飾黼紋。此爵形制特殊，且有蓋，甚少見。藏日本白鶴美術館。

豐爵

西周中期斟酒器。

高19.7釐米，重0.75千克。1976年陝西扶風莊白村出土。

口部一側設槽流，另一側爲尖鋭尾部。流、尾均上翹，尾部更高，口沿中間立兩柱。直腹圜底，下置外撇的三棱形錐足，腹一側設象首鋬。腹飾對稱分尾鳥紋一周，鳥冠彎曲垂於前，着地後再卷起。流口外沿鑄銘文“豐作父辛寶木羊册”八字，記載豐爲父辛作此器，木羊册是作器人家族的徽記。藏寶鷄市周原博物館。

父辛爵

西周中期斟酒器。

高22.3釐米，重1.05千克。1976年陝西扶風莊白村出土。

口一側設槽流，另一側爲尖鋭尾部，流、尾均上翹。口沿中間立兩柱。直腹圜底，下置外撇的三棱形錐足。腹一側設牛首鋬。流飾對稱回首鳳紋，長冠與尾部相接，尾飾寬大的蕉葉紋。腹部上下各飾對稱鳥紋一周，中間爲直條紋。柱外側鑄銘文“作父辛木羊册”六字。無作器人名。藏寶鷄市周原博物館。

癲爵

西周中期斟酒器。

高20.7釐米，重1.05千克。1976年陝西扶風莊白村出土。

口一側設槽流，另一側爲尖鋭尾部，流、尾均上翹。口沿中間立兩柱，垂腹圜底，下置外撇的三棱形錐足。腹一側設獸首鋬。腹上部飾鱗紋一周，下部爲直條紋。流外壁鑄銘文“癲作父丁作尊彝”七字，記載癲爲父丁作此爵。藏寶鷄市周原博物館。

牆爵

西周中期斟酒器。

高20.9釐米，重0.87千克。1976年陝西扶風莊白村出土。

口一側設槽流，另一側爲尖鋭的尾部，流、尾皆上翹，尾部更高，口沿中間設兩柱。直腹圜底，下置外撇的三棱形錐足。腹一側設獸首鋬。腹飾對稱分尾鳳紋一周，鳳冠彎曲垂於前，着地後卷起。流口外側鑄銘文“牆作父乙寶尊彝”七字，記載牆爲父乙作此爵。器形與豐爵相似，是同一家族之器。藏寶鷄市周原博物館。

白公父爵

西周中期斟酒器。

長19.3釐米，斗高6.8釐米，口徑9.5釐米，重0.6千克。1967年陝西扶風黄堆鎮雲塘村出土。

斂口，鼓腹，下置圈足，腹一側設曲折形柄。口沿下飾三角雲紋，腹飾横條溝紋，圈足飾鱗紋，柄面飾兩首龍紋。柄彎曲處鑄銘文二十八字，分鑄於兩器，可連讀，記載白公父作金爵，用以祭祀皇考，祈求長壽。這是自銘器。藏寶鷄市周原博物館。

鱗紋爵

西周晚期斟酒器。

高6.8釐米，杯與柄全長17釐米，重0.421千克。

斂口，鼓腹，下置圈足，腹一側設扁平形柄。口部飾鱗紋，大小鱗片相間，腹飾横條溝紋，圈足飾鱗瓣紋，柄上飾透雕的兩頭龍紋。這類器形在陝西扶風黄堆鎮雲塘村曾有出土，銘文自名爲爵，故從之。藏上海博物館。

變形龍紋爵

西周晚期斟酒器。

高6.3釐米，口縱6.6釐米，口横7.5釐米，重0.34千克。

陝西扶風五郡西村出土。

斂口，鼓腹，下置圈足。造型比較特殊，腹兩側設不同的耳，一側頸、腹間設獸首環耳，另一側設曲折形鋬爲耳。器口飾變形龍紋，圈足飾透雕的鱗紋，曲折形鋬首飾透雕卷龍紋。中國香港私人收藏。

乳釘紋管流角

夏代晚期斟酒器。

高20.6釐米，兩尾之間長16.3釐米，重0.89千克。

口兩側呈尖瓣狀，没有通常的流。長頸，一側設斜置的管流，流上有兩個方折形飾物。頸飾乳釘紋，頸一側設寬大的鋬，鋬的下端與平底相當，以下爲一段較寬且有圓孔的假腹，下置三錐足。本器管流口有斷損痕迹，三足亦經重新配置。夏代晚期主要紋飾爲乳釘紋，管流假腹角的形式較爲少見。藏上海博物館。

管流角

夏代晚期斟酒器。

高21釐米。1980年河南洛寧出土。

口部弧曲，並設加厚唇邊，兩端爲尖瓣狀。長頸，下侈大連腹，平底，底外側設三個細長錐足。頸一側設斜支管流，甚長，流根寬大，向上逐漸收斂，到流口爲一小圓管。在與流呈九十度方位處設一寬鋬，鋬孔甚大，其下端已達器底。管流角的容量很少，流的作用是傾注而不是吮飲，這是一種注酒或斟酒的酒具，而非飲酒器。藏陝西歷史博物館。

陸父甲角

商代晚期斟酒器。

高23釐米，兩尾間距17.4釐米，重0.95千克。

兩翼上翹，深腹圜底，底外側設三棱形外撇長足。造型穩重，頸、腹一側設牛首鋬，與鋬對稱之頸部設一浮雕獸首。兩翼飾倒置的三角形獸面紋，腹飾環柱角獸面紋，紋飾清晰。鋬内鑄銘文“陸父甲”三字。藏上海博物館。

宰椃角

商代晚期斟酒器。

高22.5釐米，兩尾間距15.8釐米，重1.1千克。傳河南安陽出土。

口部兩翼上翹，短頸，深腹圜底。下置外撇錐足，頸、腹一側設獸首鋬。頸飾三角形紋一周，内填雲雷紋，腹飾虎耳獸面紋。鋬内鑄銘文“[illegible]冊”兩字，腹内壁鑄銘文三十字，記載庚申日，王在𣞤地，宰椃隨從，王賞賜貝五朋，宰椃爲父丁作此角，此時正值商王廿五年六月羽祭之日。藏日本泉屋博古館。

亞址角

商代晚期斟酒器。

共十件。形制、紋飾、大小、銘文基本相似。其中最大者高21.6釐米，兩尾之間長16.8釐米，重0.9千克；最小者高17.8釐米，重0.75千克。1990年河南安陽郭家莊西出土。

口部兩翼上翹。深腹圜底，下置外撇錐足。頸、腹一側設獸首鋬。頸飾三角形紋，腹飾外卷角獸面紋，鋬内鑄銘文"亞址"兩字。藏中國考古博物館。

服亞𠷎角

商代晚期斟酒器。

高22.5釐米。傳河南安陽出土。

口部兩翼上翹，設蓋，蓋中間大，兩端尖，與角口吻合。蓋頂設環鈕爲抓手。深腹圜底，下置外撇錐足，頸、腹一側設牛首鋬。蓋面及器腹均飾外卷角獸面紋，下飾雷紋一周。器、蓋同銘，各鑄十六字，記載丙申日，王賞賜服亞𠷎以奚地之貝，服亞𠷎爲父癸作此角。藏美國弗利爾美術館。

史速角

西周早期斟酒器。

高21.5釐米，兩尾間距17釐米，重1.25千克。1966年陝西岐山賀家村出土。

口部兩翼上翹，設蓋，與口相合。深腹圜底，下置三外撇錐足，頸、腹一側設牛首鋬。器、蓋各飾對稱回首鳥紋，頸飾蕉葉紋。器、蓋同銘，各鑄銘文“史速作寶尊彝”六字，器主名史速。藏陝西歷史博物館。

晨肇宁角

西周早期斟酒器。

高28釐米。1989年河南信陽瀮河港出土。

設蓋，蓋頂設一環鈕爲抓手。口向下收斂，腹稍鼓，蓋至腹均匀設置四道棱脊。頸、腹間設一鋬。頸飾三角形紋，蓋面及腹部飾外卷角獸面紋。器、蓋同銘，各鑄十二字，記載晨肇宁爲祭祀父乙而作此器。藏信陽博物館。

征角

西周早期斟酒器。

高23.1釐米，重1.02千克。

口部兩翼上翹，深腹圜底，下置三錐足，頸、腹一側設牛首鋬。頸飾三角雲紋，兩翼飾變形獸面紋，腹飾環柱角獸面紋，其上下欄均以小瓣鱗紋構成。口内側鑄銘文十三字，記載丁未日，𫚖賞賜征貝，征爲父辛作此角。藏上海博物館。

變形獸面紋觚

商代早期飲酒器。

高13.7釐米，口徑11.8釐米，重0.45千克。

敞口，向下逐漸收斂成爲頸和腹，以下爲圈足，底部侈大，器粗矮，雖上大下小，但形體穩重。腹飾變形獸面紋，僅見一對虎耳及雙鈎的體軀向上彎曲，獸面紋中主要的雙目省略未見。紋飾簡潔。藏上海博物館。

變形獸面紋觚

商代早期飲酒器。

高17.4釐米，口徑12.5釐米，重0.46千克。

敞口，向下逐漸收斂成頸和腹，至圈足以下稍擴大，形體穩重。腹飾變形獸面紋一周，由突起的細綫組成，獸面紋僅見環柱角，其上還有一周連珠紋爲欄。圈足上有三道弦紋，並有三個十字形孔，這是有實用意義的裝飾設計：古人席地而坐，青銅器置於地上，圈足内易凝附潮氣而致腐蝕，開孔可通氣流。藏上海博物館。

變形獸面紋觚

商代早期飲酒器。

高15.8釐米，口徑10.6釐米。1952年河南輝縣出土。

敞口，長頸，腹和高圈足連成一體。圈足下部稍有伸展，設三個十字形孔，邊緣設三個小缺口，這一形式較少見。腹飾變形獸面紋，省略了獸面紋最主要的雙目。藏新鄉市博物館。

獸面紋觚

商代早期飲酒器。

高17.8釐米。口徑10.9釐米。1965年河南鄭州銘功路出土。

敞口，長頸，腹略鼓，下置高圈足，圈足上設三個十字形孔。此器形制與一般的觚稍有不同，整器較粗大，尤以中段略粗，形制與尊類似。腹飾環柱角獸面紋。藏鄭州博物館。

獸面紋觚

商代早期飲酒器。

高20.7釐米，口徑11.7釐米，重0.42千克。

細體稍長，敞口，薄唇，長頸，腹稍鼓，下連高圈足，圈足飾對稱的十字孔。腹飾粗獷的環柱角獸面紋，其上下各以連珠紋爲欄。獸面紋體軀較短，連珠紋排列不規整，爲早期青銅器紋飾的特徵之一。藏上海博物館。

透雕雷紋觚

商代中期飲酒器。

高16.5釐米，口徑12.6釐米。1974年湖北黄陂盤龍城出土。

敞口，長頸連腹，下置圈足，下部伸展。腹飾獸面紋，圈足上部飾透雕連續式菱形紋，由雷紋組成，下部爲斜角雲紋。圈足透雕的紋飾可增加器物的美觀，在另一方面也可替代一般觚圈足上的十字孔或方孔的作用。藏湖北省博物館。

透雕雷紋觚

雷紋頂流觚

商代中期飲酒器。

高18.1釐米。傳河南新鄭出土。

敞口爲半封閉狀,頂部留出斜支向上的槽流。長頸,鼓腹下置高圈足,圈足上設對稱十字形孔。腹飾雷紋一周,其上下以連珠紋爲欄。在衆多觚中,頂流觚爲僅見實例。藏開封博物館。

旅觚

商代晚期飲酒器。

高19.3釐米,口徑13.3釐米,重0.76千克。

敞口,頸稍寬且短,腹略鼓起,下置高圈足。頸飾蕉葉紋,内填對稱獸體紋,下飾雷紋一周,腹飾倒豎的内卷角龍紋。圈足飾追逐式的鳥紋,鳥體肥大。商代晚期青銅觚存世數量較多,高度多在30釐米左右,此觚不足20釐米,屬於較矮的一類,形制非常少見。圈足内壁鑄銘文"旅"字。藏上海博物館。

獸面紋觚

商代晚期飲酒器。

高25.1釐米，口徑14.1釐米，重1.04千克。

敞口，長頸，體部與頸等粗。高圈足外撇，下有一周折沿。圈足上有對稱的長方形孔。腹飾外卷角獸面紋，上下有連珠紋爲欄，圈足有兩種紋飾，上部爲外卷角獸面紋，下部爲長鼻獸紋，紋飾繁密。以此觚形制和紋飾的特點分析，屬於殷墟較早的青銅器。藏上海博物館。

獸面紋觚

商代晚期飲酒器。

高27.7釐米，口徑15釐米，重0.92千克。

敞口，長頸，腹稍鼓，下置高圈足。腹飾牛角獸面紋，角與臣字目貼近，没有明顯口部，其餘均飾雷紋。圈足飾長鼻獸紋，有一目居中，一邊是獸的長鼻，另一邊是彎曲的體軀，均以雷紋組成。圈足上部設對稱的十字形孔。觚的形制、紋飾特點屬於殷墟早、中期。藏上海博物館。

衛觚

商代晚期飲酒器。

高13釐米，口徑11.3釐米。1950年河南安陽出土。

敞口，長頸，淺腹稍鼓，下置高大的圈足。器形較小，高度還不到商代晚期常見觚高度的一半，形制比較特殊。腹飾目雷紋，其上下各有一道連珠紋爲欄，圈足飾弧曲綫條。其間填以雷紋，下部飾目雷紋。器内底鑄銘文"衛父已"三字，記載衛爲父己作此觚。藏新鄉市博物館。

四瓣目紋觚

商代晚期飲酒器。

高14.4釐米，口徑10.9釐米，重0.45千克。

敞口，束頸，腹稍鼓，下連圈足。頸部上部飾由鳥紋構成的蕉葉紋，下部飾雲紋。腹飾四瓣目紋，圈足飾對稱鳥紋。圈足上部有十字形紋而未透空，實際上置十字形紋的位置是觚的腹部，觚的腹底設置在兩道弦紋之下。可能因爲形體較小，容酒量極少，延伸腹部到較下的位置，可以增加容量，這一做法在觚中很少見。中國香港私人收藏。

四瓣目紋觚

亞酗觚

商代晚期飲酒器。

高20.6釐米，口徑12.7釐米，重0.83千克。

敞口，長頸，腹稍鼓，下置高圈足。頸飾蕉葉紋，中填以象征性的獸面紋，僅突出雙目，腹飾倒豎式的對稱龍紋，圈足飾對稱卷體龍紋。自腹至圈足均勻地飾四條棱脊。棱脊中間高，兩側呈斜坡形，與一般青銅器的棱脊不同，式樣新穎。圈足内鑄銘文"亞酗"兩字。器主是商代的大貴族，鑄造精良。藏上海博物館。

天册觚

又名"天觚"。商代晚期飲酒器。

高26釐米，口徑15釐米。1977年河南安陽孝民屯出土。

敞口，腹略鼓，下置高圈足。自頸至圈足均勻地設四條棱脊，棱脊中間突起向兩側傾斜。頸飾蕉葉紋，腹飾對稱的彎角龍紋，圈足飾對稱的卷體龍紋。圈足内壁鑄銘文"天册父已"四字陽文。藏中國科學院考古研究所。

婦好觚

商代晚期飲酒器。

高25.5釐米，口徑14.2釐米。1976年河南安陽小屯殷墟婦好墓出土。

敞口，長頸，鼓腹下置高圈足，圈足上部設對稱十字形孔。頸飾蕉葉紋，内填雲雷紋，腹飾對稱龍紋，圈足飾透雕龍紋。圈足内壁鑄銘文“婦好”兩字。藏中國考古博物館。

口匕觚

商代晚期飲酒器。

高28.4釐米，口徑16.4釐米，重1.51千克。

敞口，長頸，腹略鼓，下置高圈足，上設兩長條形孔。頸飾蕉葉紋，腹飾内卷角獸面紋，圈足飾長鼻獸紋。紋飾都由密集的細綫組成，極其精細。圈足外底飾火紋。圈足内壁有四道棱脊，上粗下細，較稀見。圈足内壁鑄銘文“口匕”兩字，是器主名。藏上海博物館。

龔子觚

商代晚期飲酒器。

高27.6釐米，口徑15.5釐米，重1.11千克。

敞口，長頸，腹稍鼓起，下置高圈足，圈足設十字孔，僅有一半透空。頸飾蕉葉紋，内填動物體軀和雷紋，腹飾倒竪對稱的龍紋，圈足飾一周雷紋和曲折角卷體龍紋，龍頭較大。圈足内壁鑄銘文"龔子"兩字，是指商代龔族的君長。藏上海博物館。

黄觚

商代晚期飲酒器。

高27.3釐米，口徑16釐米，重1.04千克。

敞口，長頸，腹略鼓，下置高圈足，圈足上設對稱十字形孔。頸飾蕉葉紋，内填變形獸體紋，腹飾倒竪式對稱龍紋，圈足飾曲折角卷體龍紋，沿龍紋的角、目眶及體部邊綫皆爲透雕的綫條，鑄造精麗。圈足内壁鑄銘文"黄"字，是作器者的族氏名。藏上海博物館。

黄觚

戜觚

商代晚期飲酒器。

高29.7釐米，口徑16.9釐米，重1.39千克。

整體較粗，敞口，長頸，腹略鼓，下置高圈足，圈足有十字形痕迹，未透空。頸飾蕉葉紋，内填兩組龍紋，其下飾獸體目紋，腹飾虎耳獸面紋，圈足上欄爲對稱蛇紋，主紋爲内卷角獸面紋。圈足内壁鑄銘文“戜”字，爲戈戫耳之象形，爲作器者族氏之稱。藏上海博物館。

丮癸觚

商代晚期飲酒器。

高31.3釐米，口徑17.1釐米，重1.2千克。

敞口平坦，頸細長，腹稍鼓，下置高圈足。圈足有十字形痕迹，未透空。頸飾蕉葉紋，内填倒置的内卷角獸面紋，下端飾龍紋一周，腹飾倒豎式的對稱龍紋，圈足上端飾蟬紋，下端飾曲折角獸面紋。圈足内壁鑄銘文“丮癸”兩字。藏上海博物館。

龍紋觚

商代晚期飲酒器。

高29.6釐米，口徑15.7釐米，重1.02千克。

敞口，長頸，腹與頸等寬，下置高圈足。頸飾蕉葉紋，内填倒置的内卷角獸面紋，下沿飾蛇紋一周，腹飾倒置的彎角龍紋。圈足上沿飾横置蟬紋，下爲曲折角對稱龍紋，腹與圈足之間有對稱十字形痕迹，未透空。器表氧化層呈淺緑色，與湖南洞庭湖南岸一帶所出青銅器的色澤相似。藏上海博物館。

象紋觚

商代晚期飲酒器。

高26.4釐米，口徑15.4釐米。重0.92千克。

敞口，束頸，腹略鼓，下置高圈足。腹飾曲折角獸面紋，圈足飾行走象紋，象鼻高卷。象紋在商代已有，但作爲主體紋飾不多見，在觚上作爲紋飾更爲少見。藏北京故宫博物院。

龍紋懸鈴觚

商代晚期飲酒器。

高32釐米，口徑18釐米。1959年山西石樓桃花莊出土。

敞口，往下收斂成漏斗狀，腹部很細，下部稍有伸展，但圈足遠小於口。整體僅有圈足飾一周龍紋。圈足内懸小鈴，這一形式的觚相當少見。藏山西博物院。

葡𢍰方觚

商代晚期飲酒器。

高30釐米，口每邊長13.5釐米。傳河南安陽出土。

器呈方形。敞口，整體細長，下置方形高圈足，腹與圈足間有十字形痕迹，未透空。頸飾蕉葉紋，下爲蛇紋。腹飾倒置的龍紋，圈足上飾四瓣目紋，下爲内卷角獸面紋。自口沿至圈足，四隅皆設棱脊，口部棱脊挑出器外。傳世方觚較爲少見，此觚造型挺拔，紋飾精美。圈足内壁鑄銘文"◇葡𢍰"三字。藏德國科隆東亞藝術博物館。

亞醜方觚

商代晚期飲酒器。

高43.3釐米，口每邊長22.5釐米，重7.54千克。

器呈方形。敞口，長頸，腹稍鼓，下置方形高圈足。自口沿至圈足每面中綫及四隅皆出棱脊，上脊聳出器口。器形高大。頸飾蕉葉紋，下爲四瓣目紋，腹飾外卷角獸面紋，圈足上沿爲四瓣目紋，下爲曲折角獸面紋。口内壁鑄銘文"亞醜"兩字。藏臺北故宫博物院。

亞址方觚

商代晚期飲酒器。

共十件。形制、紋飾、大小基本相同。最大者高30.3釐米，重2.06千克；最小者高29.7釐米，重1.85千克。1990年河南安陽殷墟郭家莊商代墓葬出土。

體呈方形。敞口似方盤，長頸，腹稍鼓，下置方形高圈足。觚四面中綫及四隅皆出棱脊。頸飾蕉葉紋，其下沿爲獸面紋，腹飾内卷角獸面紋，圈足飾曲折角獸面紋。圈足内壁鑄銘文“亞址”兩字。藏中國考古博物館。

獸面紋方觚

商代晚期飲酒器。

高23釐米，口縱10.5釐米，口横10.8釐米，重1.1千克。

1997年河南鹿邑太清宫鎮太清宫遺址出土。

器呈方形。敞口，長頸與腹、圈足相連，近底外侈，下設寬沿。器四隅及每面中綫皆出棱脊。頸飾蕉葉紋，下爲對稱鳥紋，腹及圈足各飾内卷角獸面紋。方觚出土和傳世較少見，此遺址出土四件，形制、紋飾相同，是商末周初器。藏河南博物院。

獸面紋方觚

商代晚期飲酒器。

高34.6釐米，口邊長14.5–14.8釐米，重2.22千克。

器呈方形。敞口，長頸，短直腹，平底，下置方形高圈足。自口沿至圈足四面中綫及四隅皆出棱脊，腹與圈足間有未透孔十字形痕迹。頸飾蕉葉紋，其下沿與腹部均飾獸面紋，圈足上沿飾外卷角獸面紋，腹與圈足間寬槽以兩周凸起弦紋爲飾。其造型、紋飾與河南安陽殷墟郭家莊160號墓出土的亞址方觚相近，時代也爲商代晚期。藏上海博物館。

獸面紋觚

西周早期飲酒器。

高23.1釐米，口徑12.6釐米，重0.6千克。1976年陝西扶風莊白村出土。

敞口，向下逐步收斂，腹部是最細之處，以下又稍有伸展。這是西周早期觚的形制，與商代晚期的形式完全不同，僅在圈足上飾變形獸面紋。藏寶鷄市周原博物館。

旅父乙觚

西周早期飲酒器。

高25.2釐米，口徑13.2釐米，重1.05千克。1976年陝西扶風莊白村出土。

敞口，長頸連腹，下置高圈足。腹部甚細。形制特殊。圈足飾變形獸紋，上下有目雷紋爲邊飾。圈足内鑄銘文“旅父乙”三字。藏寶鷄市周原博物館。

鳳鳥紋觚

西周早期飲酒器。

高29.7釐米，口徑15.6釐米，重1.5千克。1976年陝西扶風莊白村出土。

敞口，下收成長頸連腹，腹稍鼓，下置高圈足。頸飾蕉葉紋，内填雲雷紋，下連一周鳥紋。圈足設等分四道棱脊，其間各飾一鳳紋，鳳紋直置，鳳首在上，垂冠，長尾逶迤卷曲於前。紋飾設置的位置與一般觚不相同，腹部光素，是另一種風格。藏寶鷄市周原博物館。

鱗紋觚

西周中期飲酒器。

高24釐米，口徑13.4釐米，重0.37千克。1976年陝西扶風莊白村出土。

敞口，向下逐步收斂，腹部爲最細之處，然後再擴大至圈足。圈足上下各飾重疊鱗紋，鱗紋間填以雲雷紋。器壁甚薄，造型特殊。藏寶鷄市周原博物館。

中國青銅器辭典

修訂版

陳佩芬 編著　　丁一民 修訂

第四册

重要青銅器（酒器）

上海辭書出版社

方彝

弜觶

商代晚期飲酒器。

高17.2釐米。傳河南安陽出土。

器呈橢圓形。侈口，設蓋，束頸，鼓腹下置圈足。蓋面飾外卷角獸面紋，頸飾三角形紋，内填雲雷紋，其下又飾一周雲雷紋，腹飾龍角獸面紋，兩側配置長鼻獸紋，圈足飾四方連續式的雷紋，紋飾間尚留有硃砂痕迹。器内底鑄銘文“弜”字。藏美國舊金山亞洲藝術博物館。

鴞紋觶

商代晚期飲酒器。

高19釐米。傳河南安陽出土。

器呈橢圓形。侈口，設高蓋，束頸，垂腹下置圈足。蓋面飾對稱龍紋，自頸至圈足飾一鴞紋，葉片形角，雙目特大，兩側設小耳和倒置龍紋，下爲羽翼。鴞的雙足設在圈足上，兩足間飾外卷角獸面紋。紋飾精緻，安排得體。藏美國舊金山亞洲藝術博物館。

獸面紋觶

商代晚期飲酒器。

高17釐米,口縱6.9釐米,口横9.2釐米。1935年河南安陽武官北地出土。

器呈橢圓形。侈口,設高蓋,蓋頂設一火紋小柱。束頸,鼓腹,下置圈足。蓋面飾内卷角獸面紋,口沿下飾三角形紋,内填蟬紋,腹飾内卷角獸面紋,頸部配置對稱的鳥紋,圈足飾四方連續的雲雷紋。藏臺灣"中央研究院"歷史語言研究所。

獸面紋觶

商代晚期飲酒器。

高19.3釐米,口縱7.3釐米,口横10釐米,重1.1千克。

器呈扁圓形。侈口,設高蓋,蓋頂設一火紋小柱。長頸下收,鼓腹,下置圈足。蓋面飾外卷角獸面紋,口沿下飾等邊長三角形紋,内填對稱回首鳥紋,頸飾火紋與四方連續式的雷紋,一一相間。腹部上欄爲獸體目紋,主題紋飾是虎耳獸面紋,雙目連接體軀,紋飾呈寬扁狀,圈足飾四方連續雷紋。此器形制較小,紋飾極爲精美。藏上海博物館。

獸面紋觶

獸面紋觶

商代晚期飲酒器。

高13.8釐米，口縱6.4釐米，口橫8.1釐米，重0.45千克。

器呈橢圓形。侈口，設高蓋，蓋頂設一火紋小柱。束頸，鼓腹下置圈足。蓋面及腹部飾外卷角獸面紋，口沿下飾三角形紋，内填蟬紋。腹部的獸面紋兩側配置倒豎的彎角龍紋，頸部飾對稱鳥紋，圈足飾環柱角獸面紋，體軀甚長，向上卷曲。所有紋飾都以雷紋爲地，這是商代晚期大多數青銅器紋飾的特點。藏上海博物館。

衛觶

商代晚期飲酒器。

高17.2釐米，口縱7.6釐米，口橫9.3釐米。1952年河南安陽出土。

器呈橢圓形。侈口，設蓋，蓋頂置一菌形鈕。束頸，鼓腹下置圈足。蓋面及器腹各飾外卷角獸面紋，兩側配置卷體龍紋，頸部配置對稱鳥紋。蓋内鑄銘文“衛父己”三字，記載衛爲父己作此觶。藏新鄉市博物館。

子戚觶

商代晚期飲酒器。

高16.4釐米，口縱7.5釐米，口横9.2釐米，重0.85千克。

器呈橢圓形。侈口，設蓋。束頸，垂腹下置圈足。蓋面和器頸飾一周交疊式雷紋，其上下各有連珠紋爲欄。在諸多繁密華麗的紋樣中，此紋飾樸素簡潔，不失爲一種新型風格。器、蓋同銘，各鑄“子戚父辛”四字，記載子戚爲祭祀父辛而作器。藏上海博物館。

亞址觶

商代晚期飲酒器。

高19釐米，口縱7.1釐米，口横9釐米。1990年河南安陽郭家莊西出土。

器呈橢圓形。侈口，設高蓋。束頸，鼓腹下置高圈足。蓋面、頸及腹部各飾外卷角獸面紋，頸部的對稱鳥紋和圈足的對稱龍紋則是腹部主紋的配置紋飾，紋飾粗獷，不設地紋。器、蓋同銘，各鑄“亞址”兩字。藏中國社會科學院考古研究所。

史觶

商代晚期飲酒器。

高13.9釐米，口縱7.4釐米，口橫8.8釐米，重0.63千克。

器呈橢圓形。侈口，束頸，垂腹下置圈足。口沿下飾曲折角獸面紋，兩側配置龍紋，頸飾相對的彎角鳥紋，腹飾外卷角獸面紋，兩側配置倒豎的龍紋，圈足飾對稱立耳龍紋，所有紋飾皆不施地紋。獸面紋爲分解式，角的根部、耳、體軀，甚至口部的轉折處都飾突起的圓點，紋飾較特殊。口內側鑄銘文“史”字。藏上海博物館。

小臣單觶

西周早期飲酒器。

高13.8釐米，口縱9.3釐米，口橫11.6釐米，重0.75千克。

器呈橢圓形。侈口，束頸，鼓腹下垂，下置圈足。頸飾回首鳥紋和龍紋連成一組的紋飾單位。腹内底鑄銘文二十二字，記載成王平滅武庚叛亂，戰役結束後還師成周，最高軍事統帥周公賞賜十朋貝給有功的小臣單。此器銘文是周初立國的歷史文獻，具有重要史料價值。藏上海博物館。

夨王觶

西周早期飲酒器。

高18.5釐米，口縱6.8釐米，口橫8.5釐米，重1.12千克。

器呈橢圓形。斂口，設高蓋，蓋頂設半環形鈕，蓋的折沿很深，套在器的子口外。鼓腹下垂，下置圈足。蓋和器頸前後各飾浮雕小羊首。器、蓋同銘，各鑄"夨王作寶彝"五字。夨爲西周畿内小國，夨君稱王。藏上海博物館。

父庚觶

西周早期飲酒器。

高14.9釐米，口徑7.6釐米，重0.34千克。

侈口，長頸，垂腹下置圈足，造型優美。頸飾蕉葉紋，中腰飾對稱分尾鳥紋一周，腹飾對稱直立式大鳳紋，長冠逶迤，尾下垂，紋飾華麗。腹内底鑄銘文"作父庚"三字，是被祭人名。藏上海博物館。

父庚觶

戈觶

西周早期飲酒器。

高13釐米,口縱7釐米,口横8.2釐米。1971年河南洛陽出土。

侈口,束頸,鼓腹下置圈足,頸飾對稱兔紋一周。器内底鑄銘文“戈”字。戈在商末周初是一大族,傳世青銅器中有戈字族名者爲數不少。此器主紋是兔紋,形象肖似,在青銅器紋飾中所見甚少。藏洛陽博物館。

獸面紋觶

西周早期飲酒器。

高16.6釐米，口徑7.5釐米，重0.6千克。1975年陝西寶鷄茹家莊出土。

侈口，設高蓋，蓋頂設獸首柱狀抓手。束頸，垂腹下置圈足。蓋面及腹部各飾外卷角獸面紋，頸飾雲紋，圈足飾斜角目雷紋。藏寶鷄青銅器博物院。

獸面紋觶

西周中期飲酒器。

高16.5釐米。

器呈橢圓形。侈口，設高蓋，蓋頂置一半環形鈕。束頸，鼓腹下垂，下置圈足。頸飾火紋一周。蓋面及腹飾虎耳獸面紋，紋飾均以突起綫條勾勒，填以雲紋。獸面紋體軀爲分解式，這是西周中期獸面紋結構的特點。藏美國舊金山亞洲藝術博物館。

儀楚耑

春秋晚期飲酒器。

高20.4釐米，口徑82.7釐米，重0.4千克。

敞口，束頸，腹稍鼓且下垂，平底，下置圈足與腹部等寬。器外壁自頸至腹有銘文"義楚之祭耑"五字。據《左傳·昭公六年》，義楚即儀楚，爲徐國大夫。這類器在西周早期稱觶，曾盛行一時，至春秋時期，在南方徐國作爲祭器，自名爲耑，耑即鍴。藏臺北故宮博物院。

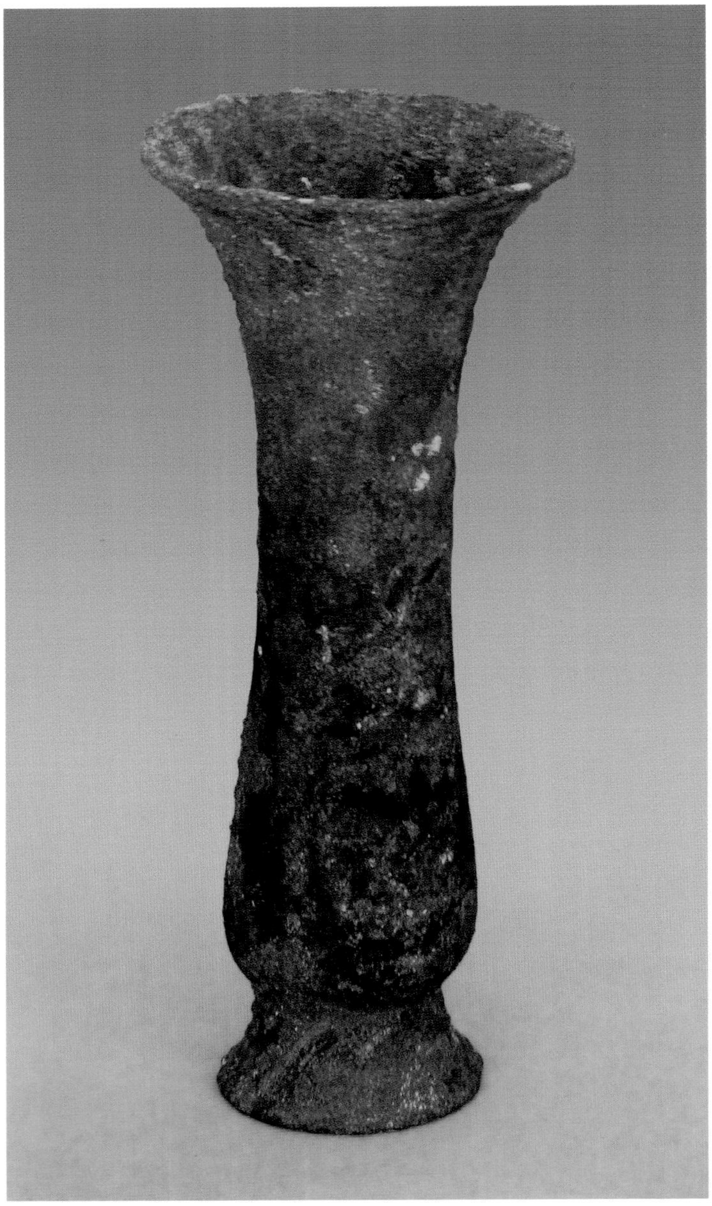

斜角雲紋杯

商代晚期飲酒器。

高13.5釐米，口徑12.6釐米，重0.75千克。

侈口，頸、腹、圈足連成一體。自口沿至腹設牛首鋬，鋬下有垂珥，與腹壁相接，幾與圈足持平，造型特殊。口沿下飾斜角雲紋一周，圈足飾連珠紋兩周。杯的形制、紋飾屬於殷墟早期。藏上海博物館。

獸面紋高足杯

商代晚期飲酒器。

高21.2釐米，口徑14.4釐米，重0.7千克。1973年陝西扶風法門鎮出土。

侈口，以下稍作收斂形成杯狀，下置高圈足，下部侈大成盤。腹飾虎耳獸面紋一周，上下均以連珠紋爲欄，高足中部設四個十字形孔。爲殷墟早期器。在青銅器中，高足杯的形式很少見。藏扶風縣博物館。

折柄杯

西周中期飲酒器。

柄高9釐米，口徑11釐米。1961年陝西長安張家坡出土。

主體是一個矮觚，敞口，頸腹相連，下置圈足。觚腹一側設斜置長柄，至觚口以上柄又橫折，與腹相接處又設一短條與長柄相接，造型簡單而實用。藏陝西歷史博物館。

單把杯

西周中期飲酒器。

高13.3釐米,口徑11.8釐米。1961年陝西長安張家坡出土。

侈口,往下逐漸收斂,平底,下連圈足。自頸至圈足一側設工字形把手,把手略小於器體,厚實中孔。除把手外,應屬於觚的形制。此器造型相當少見。藏陝西歷史博物館。

雙把杯

西周中期飲酒器。

高12.2釐米,口徑8.5釐米。1961年陝西長安張家坡出土。

侈口,往下略有收斂,平底,下連圈足,中腰設一箍。自頸至圈足兩側設透雕雲紋把手,把手上端高出器口。此器造型相當少見。藏陝西歷史博物館。

波曲紋杯

西周中期飲酒器。

共兩件，形制、紋飾、大小相同。高13.6釐米，口徑13.1釐米。1961年陝西長安張家坡出土。

形似低矮的觚，敞口，向下稍收斂，中腰設一道箍，下爲高圈足。整器較粗肥，圈足飾波曲紋。藏陝西歷史博物館。

刻紋宴樂圖杯

戰國晚期飲酒器。

高6.2釐米，口縱14.9釐米，口横18.4釐米，重0.33千克。

器呈橢圓形。斂口，鼓腹，向下收斂成平底，腹兩側設環耳。内外及底部紋飾用極鋭利的鋒刃刻鑿，綫條細如毛髮。杯内壁一端刻有一座建築物，似架空的閣，上分三格，每格兩人，兩側有人拾級而上，手中捧物，旁有編鐘一列，懸於簴上。另一端亦有一座架空的閣，頂殘，閣左有三人立於鼎旁，一人在鼎内取物，一人持豆受物，另一人捧豆爲登閣狀，閣上分三格，每格兩人，閣右側二人，一人向前爲審視狀，另一人整理弓弦，各有兩箭繫於腰部，其上有箭鏃，有一箭中的，一箭稍偏。内底刻蟠龍。外壁一端以似閣狀的建築物爲中心，閣下有四柱，兩旁設欄，上有四人手持物，閣左有一人自鼎中取肉，其餘三人魚貫持豆登閣。閣右設一案，上置兩罍，有二人自罍中取酒，另一人執觶相應，又有四人爲晤談狀。閣頂飾飛鳥，旁有一樹爲界，界外爲鳥獸。另一端有四輪車兩輛，車上立三人，手中各執物，兩馬駕一車。整個圖像計有建築物三座、車兩輛、人四十八個、鳥三十三隻、獸十頭。各種形象有條不紊地佈置在杯的内外壁，構成了一幅有聲有色的戰國時代貴族生活畫像。這種鏨鑿的圖像，在戰國時代比較流行。藏上海博物館。

鑲嵌龍紋銆

春秋晚期飲酒器。

高12釐米,口縱11.8釐米,口横18.4釐米。1978年河南淅川下寺出土。

器呈橢圓形。斂口,設蓋,蓋頂設一環鈕,鼓腹下收呈平底,腹兩側設獸首耳。蓋面及器腹飾前行和回首狀龍紋。蓋折沿,器口沿及腹下部飾雲紋,各種紋飾均以紅銅鑲嵌,保存較完好。這類器有自名爲"鉶"者。藏河南博物院。

蔡大史鋓

春秋晚期飲酒器。

高9釐米,口縱8.5釐米,口横12.5釐米。1972年湖北武漢揀選。

器呈橢圓形。侈口,鼓腹,平底。腹兩側置耳,一爲獸首環耳,一爲小環耳。腹外壁近耳兩側鑄銘文十九字,記載正月初吉壬午日,蔡大史秦作此鋓。器自名爲鋓,器型較小,猶如漢代耳杯。藏武漢博物館。

交龍紋鋓

春秋晚期飲酒器。

高10.2釐米。1994年山東海陽盤石鎮出土。

器呈橢圓形。斂口,設蓋,腹稍鼓,下收成平底。頸兩側設小繫,腹下部兩側設環耳。平蓋較薄,蓋面飾交龍紋,龍的體軀纏繞,其中有六龍首昂起,翹出平面。交龍的體軀一爲如節之條紋,另一無紋,器口沿和近底飾三角雲紋,腹飾幾何雲紋。藏海陽市博物館。

交龍紋鈉

戰國早期飲酒器。

高5釐米，口縱9.7釐米，口橫11.7釐米。1972年湖北襄陽余崗山灣出土。

器呈橢圓形。口略侈，束頸，腹微鼓，下收成平底。腹兩側設立體龍耳，龍首高出器口。腹飾交龍紋，龍已變形，目尚存，體軀明顯上下相交。腹下部飾三角形雲紋。藏湖北省博物館。

獸面紋飲壺

商代晚期飲酒器。

高16.6釐米，口縱9.2釐米，口橫11.4釐米，重0.99千克。

器似方彝而較小。侈口，設屋頂形蓋，束頸，垂腹，下置低圈足。蓋正面飾龍角獸面紋，其上配置對稱鳥紋，側面飾内卷角獸面紋。器腹飾龍角獸面紋，口沿飾三角雲紋和連續雲紋，圈足飾雲紋，自蓋至圈足四隅及每面中綫皆出棱脊。傳世㠱仲飲壺和伯亥飲壺皆自銘爲飲壺，飲壺的作用與觶相同。此壺造型靈巧，紋飾精緻，鑄範技術卓越。藏上海博物館。

伯䢅飲壺

西周中期飲酒器。

高11釐米，口徑14.5釐米，重1.08千克。1975年陝西扶風莊白村出土。

侈口，直頸，垂腹下置圈足。腹兩側設耳，如象鼻上卷，超過器口，造型特殊。頸飾對稱長尾鳥紋一周。器内底鑄銘文“伯䢅作飲壺”五字。器自名爲飲壺，可知是飲酒器。藏扶風縣博物館。

曩仲飲壺

西周中期飲酒器。

高14.8釐米，口縱6.8釐米，口橫8.4釐米，重1.31千克。

器呈橢圓形。直口，設蓋，鼓腹下垂，圈足。蓋沿及圈足飾對稱曲折體的蛇紋，器頸中央設一浮雕獸首，兩側配置喙特長的鳥紋，蓋面及腹部飾變形的卷體龍紋。器、蓋同銘，各鑄十四字，記載曩仲爲倗生作飲壺，並祈求三壽和美德。爲西周恭王時器。藏上海博物館。

素斝

夏代晚期祼酒器。

高26.8釐米,口徑14.8釐米。1978年河南偃師二里頭出土。侈口,薄唇内似有一周加厚邊,口内沿緊貼兩個釘帽小柱。長頸,腹部較短,稍凸起,平底連鑄空錐足,與腹相通。頸腹一側設扁的大鋬,鋬呈折曲狀,這是夏代鋬的特點。器壁較薄,表面粗糙,脱範後未經加工。藏偃師商城博物館。

火紋斝

夏代晚期祼酒器。

高30釐米,口徑18釐米。1984年河南偃師二里頭出土。

侈口,有加厚唇邊,上立兩柱,自口沿内伸出,三角形,尖鋭向上,甚原始。口沿向下收斂成長頸,折腹稍鼓,下連三棱形錐足外撇,與腹相通。頸一側設鋬,腹飾火紋。此爲最原始的火紋,僅見一圓餅形,不見火焰。藏中國考古博物館。

乳釘火紋斝

夏代晚期祼酒器。

高45釐米,口徑26釐米。

敞口,口沿附加厚唇邊,前端設一對柱,上有菌形頂。長頸,鼓腹連鑄空錐足,與腹相通。頸腹一側設大鋬,鋬上有三條竪形鏤空,鋬孔甚大。頸飾粗拙的乳釘紋一周,腹飾火紋,狀似圓餅形。這是最原始的火紋形式,到商代早期,圓餅形内才有火焰。藏河南博物院。

乳釘紋斝

夏代晚期裸酒器。

高23.5釐米，口徑15.5釐米，重1.14千克。

敞口，口沿內側附加厚唇邊，前端設一對柱，附着於內口壁上。長頸，鼓腹連鑄空錐足，與腹內相通，從口部俯視，可見內底有三個三角形孔洞與足相連。與柱相對應的頸部設一個折曲弧形鋬，鋬孔甚大。頸飾粗拙的乳釘紋一周。藏上海博物館。

乳釘火紋斝

夏代晚期裸酒器。

高24.5釐米，口徑15.5釐米。1955年河南鄭州白家莊出土。

敞口，口沿有加厚唇邊，口沿一側立兩個平頂小柱，長頸，鼓腹連鑄空錐足，與腹相通。與柱相對應的頸腹間設鋬，鋬孔甚大。頸飾排列不整齊的乳釘紋一周，腹飾形似圓餅狀略有鼓起的火紋。其器和紋飾與河南偃師二里頭遺址出土的斝相似。藏中國國家博物館。

乳釘火紋斝

夏代晚期祼酒器。

高25.8釐米，重0.93千克。

侈口，口沿有加厚唇邊，立兩柱，比較靠近，柱形原始，僅頂部稍寬。長頸，寬腹連錐足，與腹相通。頸、腹間一側設鋬。頸飾乳釘紋，外圍菱形紋，可能是乳釘雷紋的最早形式。腹飾圓餅狀紋飾，這是最早的火紋。藏北京故宫博物院。

連珠紋斝

商代早期裸酒器。

高21.1釐米，口徑14.8釐米，重0.25千克。

侈口，上立兩個釘形柱，長頸，鼓腹平底，下置四棱形空錐足。頸、腹一側設大鋬。頸正面飾空心連珠紋，近鋬一面未飾。此斝器型規整，綫條利落。香港私人收藏。

獸面紋斝

商代早期祼酒器。

高32釐米，口徑22釐米。1974年湖北黄陂盤龍城出土。

敞口，口邊有加厚的唇邊，設兩立柱，上有菌形頂。長頸，淺腹稍鼓，平底下置空錐足，與腹相通。頸、腹一側設大鋬。腹前飾獸面紋，後爲龍紋，這是商代早期青銅器紋飾的特點。藏湖北省博物館。

獸面紋斝

商代早期祼酒器。

高24.5釐米，口徑15釐米。1959年河南鄭州出土。

敞口，口沿設加厚唇邊，並設火紋圓頂柱。束頸，鼓腹，平底下連錐足，與腹相通。頸腹一側設大鋬。頸正面飾獸面紋，背面飾變形龍紋，皆用粗獷的綫條構成。同在頸部的紋飾，前後不同，這一特點在商代早、中期器物上出現比較多，是當時的一種習慣。藏河南博物院。

變形獸面紋斝

商代早期祼酒器。

高20釐米，口徑16.5釐米。1958年河南鄭州出土。

敞口，口沿設加厚唇邊，並設圓頂柱。束頸，鼓腹平底，下連錐足與腹相通，頸、腹一側設大鋬。頸飾環柱角失目獸面紋，亦稱變形獸面紋。紋飾是用纖細的陽文組成，比較規整。藏鄭州博物館。

斜角雲紋斝

商代早期祼酒器。

高21.3釐米，口徑14.3釐米。1973年河南鄭州出土。

敞口，有一周加厚的唇邊，上立兩柱，飾菌形頂。長頸，鼓腹分襠連鑄空錐足，與腹相通。頸、腹一側設大鋬。頸飾斜角雲紋，其上下並有連珠紋爲欄。商代早期袋腹斝較爲少見。藏開封博物館。

獸面紋斝

商代中期祼酒器。

高28.5釐米，口徑19.4釐米，重4.25千克。1979年河南鄭州出土。

敞口，外沿有加厚的唇邊，立兩柱，上有菌形頂。長頸，淺腹稍鼓，平底下連空錐足，與腹相通。自頸至腹一側設大鋬，頸及腹各飾獸面紋，在鋬的一面飾龍紋。藏河南博物院。

獸面紋斝

商代中期祼酒器。

高32.4釐米，口徑19.4釐米，重2.36千克。

敞口，有一周加厚的唇邊，上立兩柱，飾菌形頂。長頸，淺腹鼓起，平底下連空錐足，與腹相通。頸、腹一側設大鋬。頸飾纖細的環柱角獸面紋，雙目稍大，有扁圓形瞳仁，其上下以連珠紋爲欄。腹飾外卷角獸面紋，用粗獷的勾曲綫條組成。在同一件器物上用兩種不同手法表現紋飾，這是商代中期處理紋飾的常用手法。藏上海博物館。

獸面紋斝

商代中期祼酒器。

高28.5釐米,口徑17.2釐米。1954年河南鄭州白家莊出土。

敞口,有一周加厚的唇邊,上立兩柱,飾菌形頂。長頸,淺腹鼓起,下連空錐足,與腹相通。頸、腹一側設大鋬。頸飾無目變形獸面紋,腹飾内卷角獸面紋,獸面紋均以突起的細綫組成,其上下均以連珠紋爲欄。藏河南博物院。

獸面火紋斝

商代中期祼酒器。

高29.7釐米,口徑19.7釐米,重2.1千克。1974年湖北黄陂盤龍城出土。

敞口,外沿有加厚的唇邊,上立兩柱,飾菌形頂。長頸,淺腹底略鼓,下置空錐足與腹相通。頸腹一側設鋬。頸正面飾獸面紋,在鋬的一面飾長鼻獸紋,腹部飾火紋。藏湖北省博物館。

獸面紋斝

商代中期祼酒器。

高31.1釐米，口徑18.4釐米，重1.85千克。

敞口，高頸，雙柱較高，腹分襠呈袋形，下部有相連的空錐足，與腹相通。頸和腹部各飾獸面紋，腹部用粗獷的勾曲形綫條組成外卷角獸面紋，獸目特大，且帶有神秘感。這種獸目極度誇張的獸面紋，在殷墟早期曾盛行過一段時間。斝的內範和足範合成一體，在器的內底還留着三個與足相應的孔洞。藏上海博物館。

火紋斝

商代晚期祼酒器。

高22釐米，口徑16.5釐米，重1.7千克。1971年陝西户縣侯家廟出土。

侈口，立菌頂長方柱，長頸，腹稍鼓，平底下置錐足外撇，頸、腹一側設鋬。頸飾長鼻獸紋，腹飾火紋。此器偏矮，菌形頂特大，三足爲丁字形，具有商代晚期器的特點。藏陝西歷史博物館。

攸丁斝

商代晚期祼酒器。

高34釐米，口徑20.8釐米，重3.58千克。

敞口，上立兩個菌頂長方柱，長頸，腹略鼓起，頸、腹一側設大鋬，圜底下置錐足。頸飾外卷角獸面紋，腹飾内卷角獸面紋，各配置長鼻獸紋。獸面紋僅有雙目突起，其餘皆爲極規整的、細密平滑的雷紋，構圖繁密而複雜。這類圖案流行於殷墟早、中期。腹内底鑄銘文"攸丁"兩字。藏上海博物館。

獸面紋斝

商代晚期祼酒器。

高48.2釐米，口徑22.6釐米，重5.66千克。

敞口，口邊設一對帽頂方柱，長頸，腹略鼓，圜底下置丁字形足，頸、腹一側設鋬。頸飾内卷角獸面紋，腹飾竪立的外卷角獸面紋，除雙目外，都用細微的勾曲紋和雷紋組成，精麗至極。這一時期獸面紋的眉和耳還没有出現，但腹部獸面紋兩側下方已配置卷鼻小獸。從斝的整體比例來看，足部似乎略短，但還是很有氣勢，在造型藝術上也呈現爲一種新型的式樣。藏上海博物館。

母亞斝

商代晚期裸酒器。

高30.8釐米，口徑16.9釐米，重3.4千克。河南安陽出土。

侈口，束頸，鼓腹圜底，下置四棱形尖足外撇。口沿設一對帽頂方柱，頸、腹間設一大鋬。口沿飾三角形紋，内填雷紋，頸飾環柱角獸面紋，頸部獸面紋體軀細長，向兩側展開，腹飾曲折角獸面紋，兩側配置小龍紋，紋飾相當精緻。腹内底鑄銘文“母亞”二字。藏河南博物院。

獸面紋斝

商代晚期裸酒器。

高30.5釐米，口徑18釐米，重3.64千克。

侈口，上立帽形頂方柱。 束頸，鼓腹圜底，下置三棱形錐足，下部外撇。頸、腹一側設獸首鋬。斝柱及三足較高，容器部分顯得較短，這是斝的晚期形式。柱飾火紋及三角形紋，頸飾三角形紋，内飾雷紋，其下飾火紋和雷紋(相間或帶狀)，腹飾分體式曲折角獸面紋，兩側配置倒竪的龍紋，主幹部分開始呈現隆起的浮雕狀，並以細雷紋爲地，紋飾極精緻。藏上海博物館。

獸面紋斝

獸面紋斝

商代晚期祼酒器。

高22.5釐米。傳河南安陽出土。

侈口，上立一對菌頂方柱，束頸，鼓腹圜底，下置錐足外撇，頸、腹一側飾牛首鋬。腹飾曲折角獸面紋，角形很大，雙目與體軀等寬，扁體向上，尾下卷，腹上部配置對稱龍紋，龍紋體軀較長。整器呈翠綠色，紋飾甚精緻。藏日本白鶴美術館。

獸面紋斝

商代晚期祼酒器。

高32.4釐米，口徑19釐米，重3.04千克。

敞口，上立一對菌頂方柱，長頸，腹稍鼓起，下置四棱形錐足外撇。頸、腹一側設鋬,鋬的上端是一個較寬的龍頭。口沿飾内卷角獸面紋，頸和腹皆飾環柱角獸面紋，獸面紋的兩側下方皆配置鳥紋，鳥的鈎喙向外，獸面紋僅有雙目突起，其餘構圖都在一個平面上。藏上海博物館。

獸面紋斝

商代晚期祼酒器。

高50釐米，口徑23.2釐米，重4.17千克。

敞口，上立一對帽頂方柱，長頸，腹稍鼓起，圜底下置四棱形錐足外撇，頸、腹一側設牛首大鋬。頸、腹均飾曲折角獸面紋，軀幹用較寬的雷紋連成條形，其餘則用豎或横的勾曲綫條充填，使紋飾産生抽象、神秘的效果。藏上海博物館。

獸面紋斝

商代晚期祼酒器。

高39.5釐米。傳河南安陽出土。

侈口,上立帽頂方柱。頸稍長,寬腹分襠成袋形,下連柱足,頸腹一側飾獸首鋬,下有垂耳與腹相聯。頸飾環柱角獸面紋一周,腹部飾環柱角獸面紋,獸張口,露出一排尖牙,體軀向上,尾向下卷曲,空隙之處填以列鰭狀的雲紋。此斝整器瘦長,紋飾特徵屬殷墟早、中期之際。藏德國科隆東亞藝術博物館。

獸面紋斝

商代晚期祼酒器。

高34釐米,重3.58千克。

侈口,設方柱,上有菌形頂。長頸,寬腹呈分襠式,下連小柱足。頸、腹間設大鋬。頸飾環柱角獸面紋,體軀上卷。腹飾變形獸面紋。獸面紋所顯示的主要是雙目和一部分體軀,其餘均以雷紋組成,極爲精細。藏北京故宫博物院。

獸面紋斝

獸面紋鳳柱斝

商代晚期祼酒器。

高41釐米，口徑19.5釐米，重2.9千克。1973年陝西岐山賀家村出土。

侈口，上立長方形柱，柱頂設較少見的立體高冠鳳。頸、腹相聯，圜底下置四棱形錐足，頸、腹一側設獸首鋬。頸及腹各飾虎耳獸面紋一周。藏陝西歷史博物館。

獸面紋鳳柱斝

商代晚期祼酒器。

高49.5釐米，口徑23.5釐米，重5.39千克。

侈口，上立長方形柱，柱頂飾立體透雕高冠鳳。頸較長，鼓腹分襠，連鑄三棱形足外撇。頸、腹一側設牛首鋬，頸飾曲折角獸面紋，兩側配置龍紋，腹飾外卷角獸面紋，角形甚大，兩側配置變形龍紋。藏日本泉屋博古館。

后𠤳母斝

商代晚期祼酒器。

高65.7釐米，口徑30.7釐米，重20.5千克。1976年河南安陽小屯殷墟婦好墓出土。

侈口，上立帽頂柱，長頸，淺腹，下置錐足外撇。頸、腹一側設虎首鋬。頸飾三角形紋，内填獸體紋，下飾外卷角獸面紋。腹飾外卷角獸面紋，足正面飾對稱的龍紋。口内壁鑄銘文"后𠤳母"三字。藏中國國家博物館。

徙斝

商代晚期祼酒器。

高37.3釐米,口徑20釐米。1968年河南温縣小南張出土。侈口,上立帽頂方柱,束頸,垂腹圜底,腹一側設獸首大鋬。柱飾火紋和三角形紋,腹飾鴞紋,中間爲鴞首,兩側爲羽翼。足飾龍紋組成的蕉葉紋,腹内壁鑄銘文“徙”字,爲器主名。青銅斝中飾鴞紋者較爲少見。藏河南博物院。

黿斝

商代晚期裸酒器。

高34.6釐米，口徑19.7釐米，重6.08千克。

侈口，上立菌頂方柱，短頸，鼓腹分襠如袋形，下連柱足，頸、腹一側設牛首大鋬。整體僅有幾道弦紋作爲裝飾，風格極質樸。鋬内鑄銘文"黿父乙"三字。"黿"是商代大族，所作青銅器較多。藏上海博物館。

獸面紋方斝

商代晚期祼酒器。

高21釐米，口縱12.3釐米，口橫14.4釐米，重3.2千克。1976年河南安陽小屯殷墟婦好墓出土。

器呈長方形。侈口，設平蓋，蓋頂以相背的雙鳥爲鈕。蓋邊兩側各設一凹口，使器口有安排方柱之地。束頸，鼓腹下置粗壯的四棱形錐足。頸、腹一側設獸首鋬。頸飾三角形紋，内填雷紋，腹飾内卷角獸面紋，紋飾纖細。藏河南博物院。

獸面紋方斝

商代晚期祼酒器。

高27.2釐米。

器呈方形。侈口、設蓋，蓋頂設一鴞鳥，口沿兩側設帽形頂方柱。頸微束，鼓腹下置四棱形錐足。柱飾三角雲紋，蓋緣飾蛇紋，器頸飾三角雷紋和龍紋，腹飾外卷角獸面紋，兩側配置倒竪龍紋。方形的斝傳世較爲少見，此器紋飾精緻，相當難得。藏大英博物館。

婦好方斝

商代晚期祼酒器。

高68.8釐米，口每邊長25.1釐米，重18.3千克。1976年河南安陽小屯殷墟婦好墓出土。

器呈方形。敞口，上立帽形方柱。長頸，腹稍鼓，平底下置四棱形錐足外撇，頸、腹間設虎首大鋬。自口沿至足每面中間及四隅皆出棱脊。頸飾蕉葉紋，内填雲雷紋，下沿飾龍紋一周，腹飾外卷角獸面紋，足外側飾對稱龍紋，腹内底鑄銘文"婦好"兩字。婦好方斝爲商代晚期青銅斝中最大者。藏中國國家博物館。

𨽻方斝

商代晚期祼酒器。

高41釐米，重9.1千克。傳河南安陽出土。

器呈方形。侈口，設蓋，蓋面略作弧形，頂立一鳥。口沿兩側設帽形立柱。器束頸，鼓腹，平底下置四棱形尖足外撇，腹四隅及四足中間皆設細棱脊。頸、腹一側設外卷角獸首鋬。頸上部飾三角形紋，内飾蟬紋，下部爲鳥紋，腹飾外卷角獸面紋，兩側配置小龍。四足均飾龍紋。器、蓋同銘，各鑄一"𨽻"字，爲氏族徽記。此斝器形較大，紋飾精緻。藏美國弗利爾美術館。

亞址方斝

商代晚期祼酒器。

高43.5釐米，口縱19.1釐米，口橫20.5釐米。1990年河南安陽郭家莊西出土。

器呈方形。敞口外坦，上立帽頂方柱，長頸，腹稍鼓，平底下置四棱形錐足外撇，每面中間及四隅皆出棱脊，頸、腹一側設獸首鋬。頸飾蕉葉紋，內填內卷角獸面紋，下飾回首龍紋一周，腹飾外卷角獸面紋，足外側飾對稱龍紋。腹內底鑄銘文“亞址”兩字。藏中國考古博物館。

旂斝

又名“折斝”。西周早期祼酒器。

高34.1釐米，口徑18.6釐米，重5.55千克。1976年陝西扶風莊白村出土。

侈口，設平蓋，蓋頂設半環鈕，蓋兩側設凹口，可容器口的帽形方柱。束頸，寬腹分襠呈袋形，下連柱足，頸、腹一側設牛首鋬。蓋面飾斜角目雷紋一周，腹飾虎耳獸面紋一周。器、蓋同銘，各鑄“旂作父乙寶尊彝木羊冊”十字，記載旂爲父乙作器。斝有蓋者較爲少見。藏寶鷄青銅器博物院。

冊方斝

商代晚期祼酒器。

高28.5釐米，重3.12千克。

器呈方形。侈口，設平蓋，蓋頂以兩立鳥爲鈕。口沿立兩方柱，上飾帽形頂。器束腰，垂腹，下置四棱形錐足。頸、腹一側設獸首鋬。頸飾蕉葉紋，蓋面及腹飾外卷角獸面紋，兩側配置倒豎龍紋。腹内底鑄銘文“冊”字。藏北京故宫博物院。

獸面紋尊

商代早期盛酒器。

高25釐米，口徑20釐米。1974年河南偃師塔莊出土。

敞口，直頸，折肩，鼓腹向下收斂，平底下置圈足。設三個十字形孔，爲貫通氣流用，防止受潮腐蝕。肩飾變形獸面紋，腹飾環柱角獸面紋，均用突起的細綫條組成，肩和腹的紋飾上下都以連珠紋爲欄。藏偃師商城博物館。

獸面紋尊

獸面紋尊

商代中期盛酒器。

高34.9釐米。

敞口，長頸，折肩，鼓腹下斂，承圈足，圈足上有三個大圓孔。肩飾長鼻獸紋，腹飾外卷角獸面紋，器型高大，紋飾清晰。藏加拿大皇家安大略博物館。

獸面紋尊

商代中期盛酒器。

高24.9釐米，口徑22.7釐米，重3.15千克。1954年河南鄭州人民公園出土。

敞口，直頸内收，折肩，鼓腹下斂，平底，下承圈足，圈足上設三個圓孔。肩及腹部均匀的設置三條棱脊。肩部浮雕牛頭，兩側飾變形龍紋，腹飾外卷角獸面紋，圈足飾簡單的外卷角獸面紋，頸、腹紋飾的上下欄均飾連珠紋。此器或以爲是商代中、晚期之際器，與殷墟出土青銅尊的特點比較接近。藏河南博物院。

獸面紋牛首尊

商代中期盛酒器。

高25.4釐米，口徑22.3釐米，重3.18千克。

敞口，直頸，折肩，鼓腹下置圈足。肩及腹各設三條棱脊，肩設浮雕牛首，兩側飾獸面紋。腹飾曲折角獸面紋，兩側配置龍紋，肩、腹獸面紋的上下均有連珠紋爲欄，圈足飾獸面紋，上欄飾連珠紋，並設三個孔。與河南鄭州人民公園出土的尊形制、紋飾相近。藏北京故宫博物院。

獸面紋虎首尊

商代中期盛酒器。

高47釐米，口徑39.3釐米，重16.6千克。1957年安徽阜南月牙河出土。

敞口，短頸，折肩，鼓腹向下稍斂，下置圈足，設三個十字形孔。肩飾三個浮雕虎首，間以三個立體鳥形飾，並飾長鼻獸紋一周，腹飾外卷角獸面紋，角形甚大，雙目有神。範鑄極精。這一時期的青銅尊傳世較少。藏安徽博物院。

獸面紋牛首尊

商代中期盛酒器。

高30.5釐米，口徑28釐米。1982年河南鄭州向陽回族食品廠出土。

敞口，束頸稍長，折肩，鼓腹向下收斂，下置圈足，圈足上設三孔，似十字形。肩設三個浮雕的牛首，牛首間飾目雷紋，其下以連珠紋爲欄。腹飾獸面紋，雙目突起，其餘部分均以突起細綫構成，上下均以連珠紋爲欄，頸及圈足各飾弦紋三周。藏偃師商城博物館。

獸面紋三鳥尊

商代中期盛酒器。

高16釐米，口徑20釐米，重2.5千克。1952年河南輝縣褚邱出土。

敞口，束頸，折肩，鼓腹，下置圈足。肩飾變形獸紋，並置三頭立體小鳥，腹飾外卷角獸面紋，圈足飾獸體目紋，並置三個小方孔。此尊屬於低體式，肩上飾三鳥比較少見。藏新鄉市博物館。

獸面紋龍虎尊

又名"龍虎尊"。商代晚期盛酒器。

高50.5釐米，口徑45釐米，重20千克。1957年安徽阜南朱砦潤河出土。

敞口，束頸，折肩，腹向下稍收斂，下置圈足。肩飾三條蜿蜒的浮雕龍紋，立體的龍首突出懸於肩，龍尾後又飾一小龍紋。腹上部飾浮雕雙體虎，立體的虎首張口，下置一正面的人面獸身，可能是一種神，虎口在頭頂上呈護佑狀，人面神神態寧静，臉露笑容。腹下部飾外卷角獸面紋，也是浮雕突起，所有浮雕紋飾上都有雲紋綫條作爲裝飾，龍體上飾菱形紋和三角形紋。圈足飾外卷角獸面紋，並設三個十字形孔。在商代青銅尊中，以此器的紋飾爲最佳，範鑄極精，保存情況良好。藏中國國家博物館。

獸面紋羊首尊

商代晚期盛酒器。

高22.2釐米，口徑27.6釐米，重3.64千克。

敞口，短頸，折肩，鼓腹，下置圈足，圈足上設三個小方孔。肩設三個浮雕的羊首，兩側爲長鼻獸紋，腹飾卷角獸面紋，兩側配置長鼻獸紋。獸面紋除雙目和眼眶外，其餘紋飾均以不同形式的密集的雲雷紋和排列規整的羽狀紋組成，紋飾極爲精細。藏上海博物館。

獸面紋羊首尊

商代晚期盛酒器。

高73.2釐米，口徑61釐米，重22.5千克。1967年湖南華容出土。

整器呈上大、下小，敞口甚大，長頸，折肩，鼓腹較淺，圈足之高超過腹部，圈足上設三個大十字孔，肩設立體的三羊首和三小鳥，一一相間。腹飾外卷角獸面紋，圈足飾熊耳獸面紋，紋飾極精緻，不僅以雲雷紋爲地紋，獸面紋的肢體上還飾雲雷紋。此尊極爲高大，中原地區所出土之尊，大者均在40餘釐米。從器的形制、紋飾的結構及肩上的裝飾來看，這是洞庭湖一帶出土的器物。藏湖南博物院。

獸面紋牛首尊

商代晚期盛酒器。

高46釐米，口徑39.5釐米，重13.6千克。

敞口，長頸，寬折肩，腹部向下收斂，下置高圈足向下侈大，上端設三個十字形孔。肩部飾三個高浮雕牛首，雙角上翹，腹飾三條勾曲的棱脊。腹及高圈足均飾外卷角獸面紋，腹部獸面紋兩側配置長鼻獸紋，其上下欄飾目雷紋，整體紋飾除獸目外，其餘都用大小排列相宜的細雷紋組成，綫條勁利，當是殷墟以外地區所鑄造的器物。藏上海博物館。

獸面紋牛首尊

商代晚期盛酒器。

高64.7釐米，口徑50.9釐米，重24.36千克。

器型較大，敞口，長頸，折肩，鼓腹，高圈足下部侈大。頸飾三道弦紋，肩飾對稱的長鼻獸紋。另置三個高浮雕牛首，牛角間飾獸面紋，腹飾分枝狀角獸面紋，雙目特大，體軀粗獷，圈足飾卷角獸面紋，其上設三個大十字孔。這類大尊具有南方地區青銅器的特點。藏上海博物館。

子漁尊

商代晚期盛酒器。

高36.7釐米，口徑32.8釐米。1977年河南安陽小屯出土。

敞口，長頸，斜肩，折腹下置高圈足，上有三個十字形孔。口沿下飾蕉葉紋，内填對稱龍紋，下飾龍紋一周。肩飾浮雕龍首，兩側配置龍紋，腹及圈足飾曲折角獸面紋，並設六條棱脊，腹内底鑄銘文“子漁”兩字。在殷墟卜辭中，武丁時有子漁其人。藏中國社會科學院考古研究所安陽工作隊。

獸面紋方尊

商代晚期盛酒器。

高44.9釐米，口徑43.5釐米，重8.81千克。

器呈圓口方體。敞口，外沿有一周加厚唇邊，長頸，折肩，鼓腹，下置高圈足。肩飾立體獸首，並飾長鼻獸紋，腹飾曲折角獸面紋。獸面紋口部有三角形蛇首，兩側配置鳥紋，鳥紋設在方腹四隅，與左右兩面的鳥紋相合，形成彎角鳥紋的展開圖像。圈足飾外卷角獸面紋，其上還設條形孔。器型高大，紋飾精緻。藏臺北故宮博物院。

鳥父癸尊

商代晚期盛酒器。

高31.3釐米，口徑23.8釐米，重5.57千克。

敞口，長頸，腹略鼓，圈足下部略侈張。器壁厚實，自口至圈足設寬厚的棱脊四分尊體。頸飾蕉葉紋，内填倒置的内卷角獸面紋，下沿爲對稱鳥紋，腹飾外卷角獸面紋，圈足飾曲折角獸面紋。紋飾範鑄極精，無論是高浮雕的主紋還是平整的地紋，都由非常細緻的雷紋組成，其精密猶如錦地。圈足内壁鑄銘文“鳥父癸”三字作雙鈎，極挺秀。藏上海博物館。

𦣻尊

商代晚期盛酒器。

高25.7釐米，口徑20.6釐米，重1.89千克。

敞口，長頸，鼓腹，高圈足底部外侈。腹飾四個四瓣目紋，突起的目紋居中，周邊圍以四個瓣狀塊面，每一瓣分爲兩個尖端，中間是大雷紋，具有向四周擴張的氣勢。腹内底鑄銘文"𦣻册"兩字，"𦣻"是族氏名。藏上海博物館。

御尊

商代晚期盛酒器。

高37.1釐米，口徑26.4釐米，重6.6千克。1965年湖北漢陽東城垸出土。

敞口，長頸，腹略鼓，下置高圈足。整體設四條棱脊，其上已聳出器口，顯示形體的高大。頸飾蕉葉紋，内填整齊的雷紋，下爲回首龍紋，腹飾外卷角獸面紋，圈足飾曲折角獸面紋，均以整齊的雷紋爲地紋，雷紋猶如織錦。圈足内壁鑄銘文"天黽御"三字，"御"爲器主名。藏湖北省博物館。

亞獏尊

商代晚期盛酒器。

高30.5釐米，口徑23.2釐米。傳河南安陽出土。

敞口，長頸，淺腹稍鼓，下置高圈足。自頸至圈足均勻地設置四條棱脊，與一般棱脊不同，是中間高而向兩側傾斜。頸飾蕉葉紋，内填雲雷紋及鱗紋，下飾一道狹窄的雷紋，腹和圈足各飾四個内卷角獸面紋。器内底鑄銘文“亞獏父丁”四字。藏美國弗利爾美術館。

癸鳥尊

商代晚期盛酒器。

高25.1釐米，口徑22.4釐米，重3.12千克。

敞口，長頸，鼓腹下置圈足甚大。腹及圈足各設四條棱脊。頸飾蕉葉紋，内填對稱鳥紋，下爲獸體目紋一周，腹飾四瓣目紋，圈足飾環柱角獸面紋。上下皆有連珠紋爲欄。圈足内側鑄銘文“癸鳥”兩字。藏日本泉屋博古館。

癸鳥尊

父己尊

商代晚期盛酒器。

高13釐米，口徑11.3釐米，傳1950年河南安陽郊區出土。

敞口，收斂爲長頸，鼓腹較淺，下爲高圈足。此器型體偏矮，腹部所佔體積較少，形制穩定，較爲少見。腹飾斜角目紋，上下有連珠紋爲欄，圈足主要是雲雷紋組成的紋飾，很少見，圈足底邊飾斜角目紋。圈足內壁鑄銘文“□父己”三字。藏新鄉市博物館。

友尊

又名“九象尊”。商代晚期盛酒器。

高13.2釐米，口徑20.7釐米，重2.72千克。傳河南安陽出土。

侈口，束頸，鼓腹下置圈足。口沿下飾蕉葉紋和雷紋，雷紋上下各有一周連珠紋爲欄。腹飾九象紋，象鼻彎曲向上，象體龐大，尾下垂，首尾相接呈行走狀。象紋上欄亦飾一周連珠紋。青銅器中以諸多象作爲紋飾者甚少見。腹内壁鑄銘文“友”字，是氏族徽記。藏北京故宫博物院。

四羊方尊

商代晚期盛酒器。

高58.3釐米，口每邊長52.4釐米，重34.5千克。1938年湖南寧鄉黄材月山鋪轉耳崙山出土。

器呈方形。敞口，頸較長，寬腹，高圈足。頸飾蕉葉紋，内填對稱的龍紋，下部爲外卷角獸面紋。肩上四龍盤旋，鼓起的腹部設四個立體的卷角羊首，羊的體部在尊的腹部，羊的前足安置於尊的高圈足上。羊背及胸部飾鱗紋，前腿飾精麗的長冠鳳紋。羊的大卷角是事先鑄成後配置在羊首的陶範内，再合範澆鑄的，整器渾然一體。本器工藝設計集綫雕、浮雕、圓雕於一器，把平面的圖像和立體的雕塑結合起來，將器皿和動物形狀結合起來，並以傑出的鑄造技術加以表現，是商代晚期青銅器中的傑出作品。藏中國國家博物館。

者姛方尊

又名“亞醜方尊”。商代晚期盛酒器。

高45.5釐米，重21.5千克。

器呈方形。敞口，束頸，折肩，鼓腹下置高圈足，並有小方孔四個。器四隅及中綫皆出棱脊，上端超出器口，肩四隅各設一立體象首，象首間設一立體花冠龍首。頸飾豎直的回首彎角鳥紋，其下又有横置的回首彎角鳥紋，肩上紋飾與之相同。腹飾曲折角獸面紋，兩側配置龍紋，上沿四鳥亦爲其配置，圈足飾龍角獸面紋，上端的彎角鳥紋是其配置。口沿内側鑄銘文“亞醜者姛以大子尊彝”九字，記載亞醜氏族的者姛爲大子鑄禮器。藏北京故宫博物院。

亞址方尊

商代晚期盛酒器。

高43.5釐米，口縱19.1釐米，口橫20.5釐米，重7.9千克。1990年河南安陽殷墟郭家莊商代墓葬成對出土。

器呈方形，敞口，束頸，折肩，鼓腹平底，下置圈足較高。尊之四隅及每面的中綫皆出棱脊，口部棱脊超出器外。肩部四隅設立體象首，卷鼻高聳，象牙突出，兩象首之間各設立體多枝角獸首。頸飾回首鳥紋組成的蕉葉紋，下爲回首龍紋，肩飾鳥紋一周。腹飾曲折角獸面紋，上沿的鳥紋是其配置。圈足飾龍角獸面紋，上沿的鳥紋是其配置。紋飾均以雷紋爲地，而且獸面紋、鳥紋等體軀部分突出之處亦飾雷紋。這是典型的商代晚期青銅器上的裝飾紋樣。腹内底鑄銘文“亞址”兩字。藏殷墟博物館。

婦好方尊

商代晚期盛酒器。

高43釐米，口縱33釐米，口横35.5釐米，重25.15千克。1976年河南安陽小屯村殷墟婦好墓出土。

器呈方形，敞口，長頸折肩，鼓腹平底，下置高圈足。器四隅及中綫皆出棱脊，肩上四隅浮雕安卧的鳥，肩的中間浮雕外卷角獸首。頸飾蕉葉紋，肩飾龍紋，腹飾外卷角獸面紋，兩側配置龍紋，圈足飾虎耳獸面紋，並設四個小方孔。腹内底鑄銘文“婦好”兩字。藏中國國家博物館。

婦好鳥尊

商代晚期盛酒器。

高45.9釐米，重16.7千克。1976年河南安陽殷墟婦好墓出土。

器的造型具有鷹的特徵，大鈎喙，粗壯的雙爪，有力的雙翼和寬闊的尾羽。尊口設在鳥首後部，設蓋，以立鳥和小龍爲鈕，立鳥頭上有毛角，喙大，亦爲鷙鳥。兩翼飾螺旋形角龍紋，龍尾飾三道硬羽。尊後尾翼上端飾鴟梟紋，兩側是張開的羽翼，下是對拱的爪子。口内側鑄銘文“婦好”兩字。在商代晚期鳥尊中此器爲最高大。形體的塑造、紋飾的安排都表現了當時匠人的最高水平。藏中國國家博物館。

小臣艅犀尊

商代晚期盛酒器。

高22.9釐米，長37釐米。清道光年間山東壽張(今併入陽谷及河南范縣)梁山出土。

器呈犀牛形，犀首角翹起，耳豎立，器體豐腴，四足粗壯，整器無紋飾。但適當地抓住了犀牛龐大、粗壯和遲鈍的特點。犀牛背上設一孔，原蓋已遺失。腹内鑄銘文二十七字，記載帝乙十五年征伐人方的一次戰役。人方，也就是在夷族的方國，商王在戰役中巡視夔地時，把那裏出産的海貝賞賜給了小臣艅。藏美國舊金山亞洲藝術博物館。

象尊

商代晚期盛酒器。

高17.5釐米。傳湖南醴陵出土。

整器爲象形，四蹄直立，象鼻中空，向上卷曲，後垂短尾。鼻尖裝飾缺失，粗眉臣目，啓嘴露獠牙。背部一孔，設蓋，蓋頂以一頭小象爲鈕，形態與大象相同，象體飾獸面紋和雲紋，蓋緣飾龍紋一周。腹部飾曲折體的尖角龍紋，下飾四瓣目紋。蹄足飾獸面紋，臀部飾虎首紋。此器早年出土，流失海外，與湖南省博物館所藏象尊器形相同，但尺寸與紋飾尚有較大區别。藏美國弗利爾美術館。

象尊

商代晚期盛酒器。

高65釐米，長96釐米。

象呈直立狀，象首前視，鼻上翹，斷缺甚多，象鼻中空，與腹相通。額頂兩側稍有突起，雙目圓睜，中有一菱形圖案，兩側設大耳。背上設一橢圓形口，口邊有一周受蓋的沿邊，可知原應有蓋。短尾下垂，曾經修復。腹兩側各飾内卷角獸面紋，兩側配置變形的鳥紋和龍紋。紋飾繁密華麗。此象尊是現存最大的動物型尊，雖有修補和缺失之處，仍是一件精美的藝術品。藏法國吉美國立亞洲藝術博物館。

象尊

商代晚期盛酒器。

高22.8釐米，長26.5釐米，重2.57千克。1975年湖南醴陵獅形山出土。

整器爲象形，四蹄直立，象鼻中空，向上卷曲，後垂短尾。臣字目，上飾粗眉，啓嘴露獠牙，鼻端飾鳥紋，其後伏一獸。前額飾對稱蟠龍紋，耳下飾回首鳥紋，腹飾弓背尖角龍紋。其下尚有一曲折角龍首，前蹄飾虎紋，後蹄飾獸面紋，臀部飾獸面紋，兩側飾倒置龍紋。紋飾皆以雷紋爲地，使用多種動物作爲紋飾集於一器，這是商代晚期青銅器藝術裝飾的特點之一。象背設一孔，蓋缺失。象形之尊，傳世較爲少見。藏湖南博物院。

雙羊尊

商代晚期盛酒器。

高46釐米。

以相背直立的雙羊爲器型，腹及足部互用。雙羊背間負一尊的上部，下部與羊腹相連。尊口高起，超過羊首。尊體飾内卷角獸面紋，雙目特大。羊首昂起，角呈彎月形，羊體飾鱗紋以代羊毛，腿部飾卷體龍紋。造型設計極爲精巧。藏日本根津美術館。

雙羊尊

雙羊尊

商代晚期盛酒器。

高45釐米。

以相背直立的雙羊爲器型，器腹及足部互用，雙羊背間負一尊的上部，下部與羊腹相連。尊口超過羊首，尊體飾長頸鹿角獸面紋。羊首昂起，彎角甚大，嘴微啓露齒，頷下及腹下皆飾勾曲形棱脊。頷下以爲羊鬚，腹下爲垂毛。羊體飾鱗紋以代羊毛，腿部飾卷體龍紋。與藏於日本根津美術館的羊尊有異曲同工之妙。藏大英博物館。

豕尊

商代晚期盛酒器。

高40釐米，長72釐米，重19.25千克。1981年湖南湘潭船形山出土。

器型爲一頭野公豕。雙目圓睜，竪耳，長吻，平鼻，口兩側設獠牙，膘肥體壯。四蹄直立，後垂短尾，情態於驀然中呈現兇獰相。後項鬃毛竪起，作爲棱脊，背設橢圓形孔，上置蓋，立一鳳鳥爲後配。豕首飾雲紋，頜下飾獸面紋，前腿飾倒置花冠龍紋，後腿飾卷體龍紋，腹背飾密集的鱗片紋。在豕體的前後肘部，設橫穿兩孔，内置直徑爲1.4釐米的圓管，或爲穿繩索在移動器物時用，因此腹部容酒空間因放銅管而前後隔離。實測容積爲13公升。古代盛酒器以豕爲造型的甚少。尊表面呈墨綠色，光澤甚佳。藏湖南博物院。

保尊

西周早期盛酒器。

高24.5釐米，口徑18.5釐米，重2.3千克。傳1948年河南洛陽出土。

侈口，粗頸，腹稍鼓，下置圈足。腹飾外卷角獸面紋，上下有連珠紋爲欄。圈足内壁鑄銘文四十六字，記載王命令保逮獲殷和東國的五個諸侯，廢亡了包括殘殷在内的六國。王贊美保的功曆，並有賞賜。保爲父癸宗廟作此禮器。當時正值王舉行大祀，四方諸侯會合助祭，時爲二月既望。銘文與保卣相同。藏河南博物院。

復尊

西周早期盛酒器。

高24.5釐米，口徑19.5釐米。1974年北京房山琉璃河出土。

敞口，高頸，鼓腹下置圈足。腹部上下各飾回首龍紋一周。腹内底鑄銘文十七字，記載燕侯賞賜復以禮服、臣妾和貝，復爲父乙作此祭器。藏首都博物館。

罿尊

又名"作册罿尊"。西周早期盛酒器。

高20.16釐米，口徑18.1釐米，重18.94千克。

敞口，束頸，鼓腹，下置圈足。腹前後各設一羊首。腹内底鑄銘文二十七字，記載在序地時，王姜命令作册罿向夷國君長問安，夷伯饋贈罿貨貝和泉幣。藏臺北故宫博物院。

召尊

西周早期盛酒器。

高20.3釐米，口徑19釐米，重1.7千克。傳河南洛陽出土。

敞口，長頸，鼓腹下置圈足。腹部前後各飾一個小犧首。腹内底鑄銘文四十六字，記載九月甲午日，在自之地，伯懋父賜給召一匹有黄色脊背和黑鬃的白馬。召作了這件尊，以追記賜馬之事。銘文書體秀美，行款疏落自由，是西周昭王時代書體特徵之一。藏上海博物館。

耳尊

西周早期盛酒器。

高25.7釐米，口徑23.2釐米，重3.48千克。

敞口，長頸，鼓腹下置圈足。腹飾回首龍紋兩道，用雙鈎，每道上下均以連珠紋爲欄。腹内底鑄銘文五十二字，記載六月初吉辛卯日，侯到耳的住處，贊揚耳，並賞賜他高級奴隸十家，耳爲答謝侯的美意，爲先人京公鑄此尊，京公的子孫要以此尊爲寶，祝願侯萬年長壽，耳也能每日得到侯的好處。藏北京故宫博物院。

何尊

西周早期盛酒器。

高38.8釐米，口徑28.8釐米，重14.6千克。1963年陝西寶鷄賈村塬出土。

敞口，長頸，腹略鼓且呈方形，下置高圈足。自口至圈足均匀地設四條棱脊。頸飾蕉葉紋，内填對稱變形龍紋，下爲對稱蛇紋一周，腹及圈足飾外卷角獸面紋，角形甚大，爲高浮雕，造型雄奇。腹内底鑄銘文一百二十二字，記載成王在成周營建都邑，在天堂得到了祭祀武王的胙肉。四月丙戌日，王在京室告誡宗小子何：你父曾輔弼文王，受天大命，武王滅商後敬告上天，要以成周這個天下的中央地區作爲都城，治理人民。你雖未深知天命，應看到你父公氏敬於上天，通曉命令，敬事奉上。王賜何三十朋貝。這是一篇完整的訓誥，記述了周初的直接史料，可與《尚書》的《雒誥》、《召誥》等篇互爲補充。藏寶鷄青銅器博物院。

旂尊

又名“作册旂尊”。西周早期盛酒器。

高32.5釐米，口徑25.9釐米，重7.9千克。1976年陝西扶風莊白家村出土。

敞口，長頸，腹稍鼓，下置高圈足，自口至圈足均勻設置四條棱脊。頸飾蕉葉紋，内填内卷角獸面紋，其下又飾鳥紋一周。腹飾外卷角獸面紋，圈足的相背回首龍紋是其配置。腹内底鑄銘文四十二字，記載十九年五月戊子日，王在庈地，命作册旂將望這片土地贈予相侯，同時賞賜旂青銅和奴隸，旂答揚王休，爲父乙作尊。藏扶風縣博物館。

伯格尊

西周早期盛酒器。

高26.1釐米，口徑20.7釐米，重3.25千克。1981年陝西寶鷄竹園溝出土。

敞口，束頸，腹稍鼓，下置高圈足。周體設四條棱脊，頸飾鳥紋組成的蕉葉紋，下飾回首龍紋，腹飾外卷角獸面紋。角呈多節狀，尖端翹出器壁，兩側配置龍紋，圈足飾對稱龍紋，紋飾精緻。器内底鑄銘文“伯格作寶尊彝”六字，記載器主爲伯格。藏寶鷄青銅器博物院。

庚姬尊

又名"商尊"。西周早期盛酒器。

高30.4釐米，口徑15.6釐米，重5.8千克。1976年陝西扶風莊白村出土。

敞口，長頸，腹稍鼓，下置高圈足。自口至圈足均勻地設置四條棱脊。頸飾蕉葉紋，内填内卷角獸面紋，其下又飾分體鳥紋一周，腹飾外卷角獸面紋，圈足飾曲折角獸面紋。腹内底鑄銘文三十字，記載在五月丁亥日，行禘祀禮後，賞賜庚姬三十朋貝，取其中二十寽給商。庚姬爲文闢日丁作尊。藏寶鷄市周原博物館。

令方尊

又名“作册令方尊”、“矢令方尊”。西周早期盛酒器。高28.6釐米，口縱23.1釐米，口横23.4釐米，重5.897千克。傳1929年河南洛陽邙山馬坡出土。

圓口，器呈方形，長頸，腹稍鼓，下爲方圈足。器的四隅及腹、圈足的中間皆出棱脊。頸上部飾倒置的内卷角獸面紋組成的蕉葉紋，下飾對稱鳥紋，腹及圈足飾外卷角獸面紋，紋飾均以雷紋爲地，極精麗。腹内壁鑄銘文一百八十七字，記載八月甲申日，王命令周公之子明保掌管政府的内政和外務，領導諸卿士，僚友。丁亥日，明保命令矢以管理三事四方的王命告於周公廟，明公命矢出面相會諸卿士。十月初一癸未日，明公至成周，命令上士以下的正級官員、里長、百官、王畿内諸侯，舉行舍三事四方令。十月癸未的次日甲申，明公在京宫祭祀，次日乙酉在康宫祭祀，回來後，賞賜亢師以鬯、金、小牛，用作祭祀，並命令亢和矢兩人輔助同僚和友官。作册令因明公的賞賜而追思父丁，光譽父丁。藏美國弗利爾美術館。

榮子方尊

西周早期盛酒器。

高27.7釐米，口徑23釐米。傳河南洛陽出土。

器呈方形。敞口，束頸，鼓腹，下承圈足。自口至圈足四隅及每面中綫皆出棱脊。口沿下飾蕉葉紋，内填對稱鳥紋，頸飾對稱鳥紋，腹飾外卷角獸面紋，圈足飾龍紋。腹内底鑄銘文“榮子作寶尊彝”六字。藏日本白鶴美術館。

㲄方尊

西周早期盛酒器。

高23釐米，口徑20.5釐米，重3.52千克。

整器呈方形，僅敞口爲圓形。長頸，腹稍鼓，圈足較大。整器四隅皆出棱脊，頸部棱脊直伸出口沿外。頸下部每面中間設一小獸首，兩側配置鳥紋，圈足飾對稱鳥紋，紋飾樸實。腹内底鑄銘文十五字，記載㲄爲父乙作此器，子孫要永以爲寶。藏北京故宮博物院。

𣪊古方尊

西周早期盛酒器。

高21.8釐米，口徑20.1釐米，重3.56千克。

方體，圓口外侈，長頸，鼓腹下承圈足。自口至圈足均匀地設置四條棱脊。頸飾蕉葉紋，其下飾對稱的長冠小鳥，腹部飾外卷角獸面紋，肩上的長冠龍紋和圈足上對稱小鳥爲其配置。肩上四隅的長鼻獸首是先鑄好器，再搭範，用分鑄法兩次鑄成。腹内底鑄銘文“𣪊古作旅”四字，𣪊古是作器人的族氏名。藏上海博物館。

魯侯尊

又名"明公簋"。西周早期盛酒器。

高22.2釐米，口徑20.7釐米，重4.1千克。

敞口，收縮的頸部兩側設獸首耳，自頸以下爲方體，兩側附有彎曲的寬翼，下爲方形圈足，整體爲多節狀凹凸相間，形成尊類器中獨特的造型。腹内底鑄銘文二十二字，記載周王命令明公遣發三個族屬征伐東國，軍隊駐在東國的某地，魯侯有大功，作器記事。史籍中未見西周康王時伐東國的記載，銘文可補此史實之闕。藏上海博物館。

長子口尊

西周早期盛酒器。

高18.4釐米，口徑16.8釐米，重1.5千克。1997年河南鹿邑太清宫鎮太清宫遺址出土。

器呈圓筒形，侈口，頸、腹、圈足連成一體。頸及圈足各飾對稱鳥紋一周，頸部鳥紋上沿有一周連珠紋爲欄，器内底鑄銘文“長子口”三字。器的口部較薄，向下漸厚，至腹部爲最厚。此種形制甚少見。藏河南博物院。

長子口尊

西周早期盛酒器。

高24.4釐米，口徑19釐米，重2.15千克。1997年河南鹿邑太清宫鎮太清宫遺址出土。

侈口，束頸，腹略鼓，圜底下置圈足。腹及圈足各飾雷紋一周，腹部雷紋的上下各有連珠紋爲欄。腹内底鑄銘文“長子口作旅宗彝”七字。器的口部較薄，向下漸厚，至腹部爲最厚。整個器形似一大觶，甚爲少見。藏河南博物院。

幽尊

西周早期盛酒器。

高21釐米，口徑18釐米，重1.78千克。

敞口，長頸，腹稍鼓，下置圈足，頸腹一側設獸首鋬。腹飾浮雕小獸首，兩側配置回首龍紋和倒竪龍紋。腹內底鑄銘文"盠嗣土幽作祖辛旅彝"九字，記載幽是盠地的司徒，他爲祖辛作此尊。尊設鋬，此器形較爲少見。藏北京故宫博物院。

曆季尊

西周早期盛酒器。

高19.5釐米，口徑18釐米，重1.8千克。1976年湖北隨州市出土。

敞口，長頸，鼓腹，下置圈足。頸腹一側設鋬，造型特殊。整器僅飾數道弦紋。鋬設獸首，並有一彎角垂珥。腹内底鑄銘文“鄂侯弟曆季作旅彝”八字，記載此器爲鄂侯之弟名曆季所作。藏襄樊市博物館。

㢐季尊

西周早期盛酒器。

高22釐米，口徑19.5釐米，1980年陝西寶鷄竹園溝出土。

敞口，束頸，鼓腹下垂，下設四個扁形蹄足。腹一側設獸首細鋬，頸飾回首鳥紋一周。腹内底鑄銘文“㢐季作寶旅彝”六字，記載器爲㢐季所作。㢐國是西周早期活動在寶鷄地區的一個方國，㢐國青銅器中部分器形與西周相似，其中一部分具有巴蜀文化特徵，顯然是地近巴蜀所致。此尊造型獨特，極少見。藏寶鷄青銅器博物院。

鄧仲獸尊

西周早期盛酒器。

高38.8釐米，長41.4釐米。1984年陝西長安張家坡出土。

整器爲一神獸，呈直立狀，下爲四蹄。神獸頭頂龍角竪起，角邊有斜出的倒鈎，旁置長耳，並有兩翼垂至腹部而上卷。背上有一橢圓形孔，孔上設高蓋。獸角間有一正在爬行的立體龍，尾上卷。蓋頂設一立體鳥，抬頭視龍。前胸及臀部各設一立體龍，爲卷尾回首式。鳥和龍均爲神獸的配置。蓋面飾雙體龍紋，腹兩側飾對稱龍紋，胸部及臀部飾獸面紋配置龍紋。器、蓋同銘，各鑄"鄧仲作寶尊彝"六字。此尊造型複雜，紋飾精細，保存完好。藏中國考古博物館。

豐尊

西周中期盛酒器。

高16.8釐米，口徑16.8釐米，重1.5千克。1976年陝西扶風莊白村出土。

敞口，束頸，鼓腹下置圈足。頸飾對稱鳳紋，尾部向上卷起，其下中間設浮雕外卷角小獸首。兩側配置長冠鳳紋，腹飾對稱花冠卷尾鳳紋。腹内底鑄銘文三十三字，記載六月既生霸乙卯日，王在成周，命豐見大矩，大矩賞賜豐青銅和貝，豐爲父辛作此器。藏寶鷄市周原博物館。

效尊

西周中期盛酒器。

高21.2釐米，口徑15.7釐米。傳河南洛陽出土。

侈口，束頸，鼓腹下垂，下置圈足。頸飾蕉葉紋，内填對稱鳳紋，下有浮雕小獸首。兩側配置回首龍紋，腹飾對稱回首卷體鳳紋，圈足飾變形龍紋。腹内底鑄銘文六十八字，記載四月初吉甲午日，周王游覽嘗地並舉行宴饗，賞賜公貝五十朋，公以其中廿朋轉賜世子效，效作器記事。藏日本白鶴美術館。

𣪕尊

西周中期盛酒器。

高17釐米，口徑16.3釐米，重1.44千克。

侈口，束頸，鼓腹下垂，下置圈足。頸飾弦紋兩道，前後各設一小獸首。腹内底鑄銘文五十三字，記載某年十三月丁卯日，𣪕隨師雍父戍守𨸏之年，仲競父聽取了𣪕所告的功績，並賜以青銅。銘中師雍父、仲競父之名曾見於稽卣、遹甗、䧅鼎諸器，皆爲穆王時器，此爲西周穆王時期記録周室對淮夷用兵的重要器物之一。藏上海博物館。

趩尊

西周中期盛酒器。

高11.2釐米，口徑12.9釐米，重1.06千克。

侈口，垂腹，圈足與口徑等大。頸飾鳥紋一周，兩兩對稱。腹内底鑄銘文六十八字，記載在王二年三月初吉乙卯日，井叔右導趩進入王宫的大室，去接受王的任命。内史宣佈王的册命，命趩繼承他祖和父的官職，並賞賜趩絲織的禮服，有白麻色帶子的黑色蔽膝和插在車上顯示本人地位的旗。趩拜稽首，並表示世代子孫不敢廢墜職事。西周懿王時器。藏上海博物館。

啓尊

西周中期盛酒器。

高17.9釐米。1969年山東黄縣(今龍口)歸城出土。

敞口,束頸,鼓腹下垂,下置圈足。頸部前後各設一個内卷角小獸首,兩側是波曲紋。腹内底鑄銘文二十一字,内容與"啓卣"銘文所叙爲同一事。藏山東博物館。

次尊

西周中期盛酒器。

高19.4釐米,口徑16.9釐米,重1.9千克。

敞口,長頸,垂腹下置圈足。頸前後各設一浮雕小獸首,兩側配置長喙鳥紋。腹内底鑄銘文三十字,記載在二月初吉丁卯日,公姞命令次管理田人,次受到勉勵,並被賞賜馬和裘皮衣。爲答揚公姞的美意,作此尊。藏北京故宫博物院。

免尊

西周中期盛酒器。

高17.2釐米，口徑18.3釐米，重2.62千克。

敞口，束頸，垂腹下置圈足。頸部前後各設一浮雕小獸首，兩側配置回首龍紋。腹内底鑄銘文四十九字，記載在六月初吉丁亥日，王在奠地到了大室，井叔右導免，王勉勵免，命史懋賞賜免有白麻色横帶和用熟皮製的綬帶，並任命免爲司空，免爲答揚王的美意作此尊，並將萬年永遠寶用。藏北京故宫博物院。

天方尊

又名"日己方尊"。西周中期盛酒器。

高29釐米，口徑24.8釐米，重8.9千克。1963年陝西扶風齊家村出土。

器呈方形。敞口，長頸，方腹略鼓，下置方圈足。自口至圈足四隅皆出棱脊。頸飾蕉葉紋，内填對稱龍紋，其下又飾一周鳥紋。腹飾内卷角獸面紋，圈足的鳥紋是其配置。腹内底鑄銘文二十字，記載天爲亡父日己鑄祭器。藏陝西歷史博物館。

盠方尊

西周中期盛酒器。

高17.2釐米，口徑17釐米，重2.75千克。1955年陝西眉縣李村出土。

器呈方形。敞口，束頸，方腹稍鼓，下置方圈足，腹兩側有向上卷曲的象鼻形爲耳，下垂珥，器四隅皆出棱脊。頸飾蕉葉紋，内填相背卷龍紋，腹中間飾火紋，兩側飾卷體龍紋，圈足飾獸體紋。腹内底鑄銘文一百零七字，記載八月初吉，王到周廟，穆公右導盠位於中廷，王命尹宣讀册命，賞賜盠赤巿幽亢，攸勒，並命盠執掌西六師和殷八師的事務。盠拜叩首爲文祖乙公作祭器。藏陝西歷史博物館。

服方尊

西周中期盛酒器。

高22.6釐米，口徑19.7釐米，重3.63千克。

器呈圓口方體。敞口，束頸，直腹下置圈足。腹兩側設上舉似象鼻的耳，下垂珥。尊自口沿至圈足四隅及每一面中間皆出棱脊。頸部飾蕉葉紋，内填對稱鳳紋，腹飾長曲折角獸面紋，角長及地又向外上卷，頸部的龍紋和圈足的鳥紋是其配置。腹内底鑄銘文十四字，記載服爲其父日辛鑄此尊，可在早晚祭祀時用。藏臺北故宫博物院。

鳥尊

西周中期盛酒器。

高23和18釐米，長30和23.1釐米，重3和1.4千克。1975年陝西寶鷄茹家莊出土。形制相同的有兩件，但大小不一。

器形似鳩，昂首寬體，下置兩足，後設一小足，以使器平衡，與前兩足形式不同。尾羽方折下垂，體飾鱗紋及羽翼紋，鳥背設一長方孔，可放置酒。西周時期鳥尊較爲少見。藏寶鷄青銅器博物院。

五年琱生尊

西周中期盛酒器。

高31釐米，口徑32.5釐米。2006年陝西寶鷄扶風五郡村出土。

敞口，短頸收束，腹稍大並向下收斂成平底，造型特殊。腹上部飾鱗紋一周，腹飾粗獷的曲折紋，並間以細的直條紋。腹部紋飾在西周中期青銅器中也極爲少見。器內壁鑄銘文一百十三字，記述五年九月初吉某日，宗婦以宗君的名義，要求召伯虎從輕處理琱生，琱生感激涕零，給宗婦及參與查處的官員分别送了玉璋、玉璜及絲束，而且給他們共同的大宗召公作了爲祭祀用的一對尊。銘文𥁕字不識，很可能是這類尊的自銘。此器銘文與五年和六年琱生簋銘文直接有關。從二器所記年和月分析，五年琱生簋在前，下接五年琱生尊，再接六年琱生簋，這樣一起因土地和奴僕引起的糾紛，通過三器的銘文敘述，經過一年零四個月的調解和説情，終獲解決。藏寶鷄青銅器博物院。參見“五年琱生簋”和“六年琱生簋”。

鴨尊

西周中期盛酒器。

高44.6釐米，口徑12.7釐米，長41.9釐米。1955年遼寧喀喇沁左翼蒙古族自治縣馬廠溝出土。

以佇立的鴨作爲盛酒的尊。鴨體豐腴，長頸，鴨首平視，腹前部設兩足，底有蹼，後設一支柱，使整器保持平衡。背設敞口，與腹相通。鴨體以菱形紋作爲裝飾，鑄造較爲粗疏。尊以鴨爲造型的較爲少見。藏中國國家博物館。

晉侯鳳尊

西周中期盛酒器。

高39釐米，殘長30.5釐米，2000年山西曲沃曲村晉侯墓地出土。

以回首鳳作爲器形，兩爪佇立，雙肢粗壯，尾下飾一象首，長鼻下卷着地，支撐鳳體。鳳冠豎立，體軀豐滿，兩翼彎曲上卷。背上設一孔，上有蓋，蓋頂飾一小鳳，昂首垂尾。鳳周體飾鱗紋及雲紋。鳳腹底外壁和蓋内各鑄銘文“晉侯作向太室寶尊彝”九字。此尊置放在靠近太室的位置。藏山西博物院。

晋侯鳳尊

盠駒尊

西周中期盛酒器。

高32.4釐米，長34釐米，重5.68千克。1955年陝西眉縣李村出土。

器呈昂首站立、竪耳垂尾的騾駒形。背脊開方口，設蓋。腹中孔，可容酒。腹兩側飾火紋，旁圍一周雲紋。頸外壁部鑄銘文九十二字，蓋内鑄銘文十一字，記載十三月甲申日，王初次在闢雍大池之岸舉行執駒禮，王呼師遽召盠，王親語於盠，賞賜駒兩匹。盠拜叩首曰：王没有忘記他舊宗的子孫，使盠輝煌。盠鑄造駒尊一對，以揚王休，以記榮寵。蓋銘記載王在岸拘駒，王賞賜給盠雷地所産的青色並雜有黑白色毛的駒。藏中國國家博物館。

象尊

西周中期盛酒器。

高21釐米，長38釐米，重3.5千克。1975年陝西寶鷄茹家莊出土。

器爲象形。肥大的體軀，下置粗壯四蹄足，頭部雙耳竪起，小目，鼻高卷。背脊置方孔，設平蓋，蓋上有兩環，蓋邊設一繫，與體上之繫有短鏈相連，垂尾。腹飾兩個大團鳳。以象作爲尊的器形西周中期較少見，此器造型简樸生動。藏陝西歷史博物館。

虎尊

西周中期盛酒器。

高21.8釐米，長35釐米。1993年湖北江陵江北農場出土。

尊呈虎形。虎首昂起，正視，四肢直立，短尾上卷。虎耳豎起，張口露獠牙利齒。背部設一方口，有蓋，蓋上設飛鳥鈕，一端與器體之環相套。四肢上部飾雲紋，器體飾少量斑紋。這是江漢地區鑄作的獸形尊。藏荊州博物館。

豕尊

西周中期盛酒器。

高22.4釐米，長39釐米。2000年山西曲沃曲村晉侯墓地出土。

器呈一野豕形。四蹄直立，頭形較長，吻部較大，口露獠牙，大耳角上翹，自額頂至背脊設鬃毛，又設一圓孔。有蓋，尾上卷。豕的後腹部飾火紋，外圍變形獸紋一周。背上圓孔蓋有圓形抓手，似簋蓋，内鑄銘文“晉侯作旅簋”五字，與器腹底外側銘文相同，可能在當時就錯配。藏山西博物院。

牛尊

西周中期盛酒器。

高24釐米，長38釐米，重6.9千克。1967年陝西岐山賀家村出土。

器作牛形。昂首凝視前方，吻部平直，置一小孔設流，可傾酒。短頸，牛頂設横置雙角，體軀渾圓，下置四蹄，牛尾下卷爲尊的鋬。牛背設方蓋，蓋邊與臀部上的環有短鏈相連，方蓋上置立體小虎，虎耳豎起，體細長，下置四足，前長後短。牛體飾龍紋和變形獸體紋。西周時代牛尊較少見。藏陝西歷史博物館。

弜伯貘尊

西周中期盛酒器。

高20.1釐米，長34釐米，重3.16千克。1975年陝西寶鷄茹家莊出土。

器形似貘，呈平視狀。臉瘦嘴尖，圓目，上有向外卷曲的耳。頸部較短，體軀壯實，下置四蹄足，尾向下卷曲爲鋬。背設橢圓形孔，有蓋，上立一小虎，蓋邊設活絡鏈與後脊相套。四蹄上部飾圓形變形鳥紋。蓋内鑄銘文"弜伯爲邢季用盂鴞"八字，銘文反書，記弜伯爲邢季作此尊。藏寶鷄青銅器博物院。

兔尊

西周晚期盛酒器。

高20.1釐米，長35.8釐米。1992年山西曲沃曲村晉侯墓地出土。

兔呈蹲伏狀，四足着地，兔首平視，長耳緊貼於頸，短尾，爲隨時躍起狀。腹中孔，背設一長方形蓋，蓋頂設扁圓形鈕。腹兩側飾圓形紋飾，居中爲突起的火紋，外圍斜角目雷紋和變形獸紋。兔造型生動。同墓出土兩件，大小略有差異，器形、紋飾基本相同。藏山西博物院。

兔尊

西周晚期盛酒器。

高22.2釐米，長31.8釐米。1992年山西曲沃晉侯墓地出土。

兔作匍伏狀，四足間似有一長方形矮座，兔首向下，雙耳豎起緊貼於頸，背負一個敞口尊的上口與兔腹相通。腹兩側飾圓形紋飾，中間突起爲火紋，外圍斜角目雷紋和變形獸體紋。此器形式甚爲少見。藏山西博物院。

鯉魚尊

西周晚期盛酒器。

高15釐米，長28釐米，重1.1千克。1988年陝西寶鷄茹家莊出土。

器呈鯉魚形。魚體壯碩，口微啓，腹中空，背上設一長方形蓋，並以脊鰭爲抓手，兩側各置一環。魚的胸鰭、腹鰭處設四人爲足。人有短髮，雙目圓睜，張口，雙手捧腹，弓腰屈膝，背負魚體。蓋飾魚紋和龍紋，體飾鱗紋。以鳥獸等動物形象作爲酒尊的習見，以魚的形象爲之尚屬初見。藏寶鷄青銅器博物院。

獸尊

春秋早期盛酒器。

高29釐米，長31.5釐米。1956年河南三門峽上村嶺出土。

器形爲一小獸。大耳上豎，張口露齒，頸部粗、長，體部稍瘦，下置四短足，短尾下彎。背置一個高圈足器，器上飾變形鳥紋，尊體飾雲紋。此爲虢國太子用器，獸形特殊。藏中國國家博物館。

龍耳尊

春秋早期盛酒器。

高33.2釐米，口徑29.6釐米，1988年安徽南陵出土。

敞口，短頸，折肩，鼓腹向下收斂，下置圈足。肩、腹兩側設立體龍爲耳，龍首外向，雙角高聳。張口，卷尾，體飾鱗紋，四足與肩、腹相接。肩及圈足各飾雲紋，腹飾横條溝紋。尊的形制與紋飾具有蘇皖一帶青銅器的地方特徵。藏安徽博物院。

鳳紋尊

春秋中期盛酒器。

高34釐米，口徑41釐米，1976年江蘇丹陽司徒村出土。

敞口，束頸，鼓腹下垂，下置圈足。頸飾回首卷體鳳紋組成的仰葉紋，下有一周鳥紋，腹飾回首長冠卷體對稱鳳紋，兩鳳間還飾一小蛙，以細雲紋作爲地紋。這是吴國地區仿效西周同類器物的形制和紋飾，但紋飾結構爲吴式的。藏鎮江博物館。

鳧尊

春秋中期盛酒器。

高22.2釐米，口徑18.3釐米，1982年江蘇丹徒大港母子墩出土。

以鳧站立的外形作爲盛酒的尊。鳧體部豐腴，曲頸俯首，頂冠呈半圓形，腹前設兩短足，下有蹼，爲保持器的平衡，後端設一細柱。背設敞口，爲長頸尊的上部，緊貼鳧的頸部。鳧尊屬於鳥尊的一種，但傳世較爲少見。藏鎮江博物館。

蛇紋尊

春秋晚期盛酒器。

高21釐米，口徑15.5釐米，重2.75千克。1963年湖南衡山霞流出土。

敞口，束頸，鼓腹下垂，下置圈足，頸飾幾何紋，以鋸齒紋爲欄，下飾雲紋，腹中間有一鉞形爲框，内外皆有群蛇糾結，圈足飾雷紋，下有鋸齒紋爲欄，敞開的口内沿飾兩周昂首成對的蛇紋，蛇首及蛇身上部皆爲立體雕塑。紋飾細緻，這類蛇紋是百越族文化的風格。藏湖南博物院。

子作弄鳥尊

春秋晚期盛酒器。

高26.5釐米。傳山西太原出土。

器呈立鳥形。昂首前視，勾喙上部可啓合。腹部肥大，雙爪直立，尾羽着地。按習慣，鳥尊近尾部應有一小獸爲支撑鳥體平衡，今已遺失。鳥首爲蓋，頸飾綯紋一周，下爲變形龍紋，肩飾卷體龍紋，體軀浮雕羽狀紋、龍紋，大或小的鱗紋。整器滿飾各種紋飾。鳥首頂部鑄錯金銘文“子作弄鳥”四字。藏美國弗利爾美術館。

鳥尊

春秋晚期盛酒器。

高25.3釐米，長33釐米，重3.8千克。1988年山西太原金勝村趙卿墓出土。

器形爲一挺立的鷙鳥。腹部肥大，中空，與細頸、鳥喙相通。鳥喙上部能啓合，腹下有兩爪直立，爪掌有蹼。鳥尾下有一虎爲支脚，虎張口露齒，前兩足撑地，後足緊貼鳥體，使尊體平衡。自鳥頸至背設一較細虎形提梁，虎首緊貼鳥頸，前足微伏，後足立於鳥背。鳥背設橢圓形口，上置蓋，有一活絡鏈與梁相連。鷙鳥通體飾各種不同的羽毛作爲紋飾，清晰得體。藏山西博物院。

蛇噬蛙紋尊

春秋晚期盛酒器。

高16釐米，口徑16.8釐米，1971年廣西恭城出土。

敞口，束頸，鼓腹，下置圈足。頸和腹部各飾兩蛇共噬一蛙作爲紋飾，腹部被噬之蛙及蛇首均爲立體凸起，紋飾均以雷紋爲地。圈足飾雷紋，腹上下皆以實心乳釘紋爲欄，頸上和圈足下各以鋸齒紋爲欄。這是百越族文化典型之作。藏中國國家博物館。

犧尊

春秋晚期温酒器。

高33.7釐米，長58.7釐米，重10.76千克。1923年山西渾源李峪村出土。

器爲水牛形，頸及背上設三穴，中穴尚存可容酒的釜形器，兩旁爲空穴，蓋皆已遺失。牛腹中空，用以注熱水，當爲唯一傳世的温酒器。在牛鼻子上設一環，是當時馴化動物的見證。此尊各部分均飾獸面紋，是用一模在陶範上反復印製而成。藏上海博物館。

神獸尊

戰國早期盛酒器。

高53.7釐米。1991年廣西賀縣(今賀州)沙田龍中山岩洞墓葬出土。

尊爲神獸形。四足直立,龍角及雙耳豎立,昂首,寬腹,以直立攀附小龍爲尾。背飾一圓口,上有蓋,邊設鈕,與獸頸之鈕相套。蓋面飾蟠龍紋,龍首居中,昂起形成蓋鈕,獸頸和體部飾變形獸紋。此尊從形制到紋飾都可見越文化受中原文化的影響。藏賀州博物館。

曾侯乙尊

戰國早期盛酒器。

尊高33.1釐米,口徑25釐米,重9千克。1978年湖北隨縣(今屬隨州)擂鼓墩曾侯乙墓出土。出土時曾置於盤中,盤高23.5釐米、口徑58釐米,重19.2千克。

尊敞口,長頸、鼓腹、平底下置高圈足。尊的表面滿飾各種小龍紋,作爲附件和附飾。器的口沿,由高低兩層透雕附飾組成内外兩圈,每圈有十六個單位,每個單位有四條小龍組成,每兩個單位間又有兩條小龍組成。頸部設四條立體透雕龍爲耳,龍頭向外,口吐長舌。腹和圈足各附飾四條立體、形態多姿的正面龍,龍的兩側各攀附兩條卷曲的小龍。整個尊體飾有各種形態的龍近六十條。口部的透雕附飾,頸、腹、圈足上的立體龍皆用失蠟法鑄造。此尊爲先鑄出四大塊,然後用銅焊與尊體連接。整器所用部件三十四個,鑄、焊五十六處。壺頸外壁刻銘文"曾侯乙作持用終"七字。藏河北博物院。

曾侯乙尊

幾何形紋尊

戰國早期盛酒器。

高20釐米，口徑18.3釐米，1982年浙江紹興出土。

敞口，長頸，鼓腹下置高圈足。頸下端及圈足上端飾纖細的勾曲紋和鋸齒紋各一周，腹飾幾何紋，紋飾綫條挺拔深邃。在主紋之下尚有雷紋和曲折紋，在紋飾部位，佈滿極爲細小的尖狀芒刺，這是戰國時代越族青銅器紋飾的特點。藏浙江省博物館。

鑲嵌雲紋犧尊

戰國晚期盛酒器。

高27.4釐米，長41.8釐米。1965年江蘇漣水三里墩出土。

器呈牛犢形。佇立狀，昂首，豎耳，口微啓，體軀壯實，下置短蹄足，尾細長。腹中空，背設鈕蓋，頸有一項圈，上飾鎏金泡。通體飾雲紋，並鑲嵌金銀絲和綠松石，工藝精湛。藏南京博物院。

鑲嵌雲紋犀尊

戰國晚期盛酒器。

高34.1釐米，長58.1釐米，重13.3千克。1963年陝西興平豆馬村出土。

器呈犀牛形。昂首佇立，鼻上前後設大小兩毛角。閉嘴，右側設一細長管流，小目嵌琉璃珠。雙耳豎起，頸有折皺紋，體軀壯實，下爲蹄足，短尾。腹中空，背設一蓋，與前脊背相連，蓋可啓合。通體飾雲紋，並鑲嵌金銀絲。造型寫實生動。此尊保存情况良好。藏中國國家博物館。

錯銀鳳紋樽

戰國中期盛酒器。

高17釐米，口徑24.5釐米。1956年湖北江陵望山出土。侈口，設蓋，蓋頂部略高起，中間設一套環，蓋面設四個立體小鳳爲鈕。器壁略下收，平底，底邊設獸首小蹄足，器腹兩側飾鋪首銜環。器、蓋均飾對稱的鳳紋，紋飾較爲複雜，蓋折沿及底邊飾幾何雲紋。所有紋飾用銀絲及銀片鑲嵌，保存得較爲完好。藏湖北省博物館。

河平三年鎏金動物紋樽

西漢盛酒器。

高24.5釐米，口徑23.4釐米，重6.35千克。1962年山西右玉大川村出土。

器呈圓桶形。通體鎏金，設蓋，平底外置三個小熊足。腹兩側設鋪首環耳。蓋頂飾環鈕，蓋面分設三個立體展翅鳳。蓋面及器腹飾各種動物，有牛、羊、猿、虎、熊、駱駝和龍、鳳等。器内壁塗朱漆，蓋内墨繪雲紋和鳳紋。器、蓋同銘，各刻“中陵胡傅銅温酒樽，重廿四斤，河平三年造。二”十八字。河平三年爲公元前26年。藏山西博物院。

ㄟ壺

商代中期盛酒器。

高25.3釐米，口徑5釐米，重1.66千克。

口外沿有一周加厚的寬邊，設蓋，蓋頂設小柱鈕。長頸，圓肩兩側各設一繫，鼓腹下承圈足，其上有兩個圓孔。蓋面圍繞鈕飾彎角卷體龍紋，肩部飾目紋，兩側有相背的綫條。腹飾大獸面紋，鼻很寬，下垂至邊欄，口中有鋸齒形的獸牙。圈足内壁鑄銘文“ㄟ”字，爲族氏徽記。商代中期的青銅器鑄銘文者甚少，此爲其一。藏上海博物館。

獸面紋壺

商代中期盛酒器。

高50釐米，口徑12釐米。1982年河南鄭州向陽回族食品廠出土。

直頸設蓋，蓋上設平頂柱形鈕，垂腹下承圈足，圈足上設四小孔。頸兩側設環，提梁較細，兩側的龍頭内設環與之相套。提梁内側設鈕，有一横鏈與蓋頂之鈕相連。蓋面、頸、腹各飾獸面紋，頸部獸面紋上下均以雷紋爲欄，圈足飾雷紋，其上下以連珠紋爲欄。商代中期青銅器紋飾都比較簡單，此器紋飾在結構和形式方面都較爲特殊。藏河南博物院。

獸面紋壺

商代中期盛酒器。

高31釐米，口徑7.8釐米，重1.7千克。1974年湖北黄陂盤龍城出土。

口稍侈，有加厚的邊緣。設蓋，蓋頂設一鈕。長頸，寬肩，鼓腹下置圈足，圈足設對稱方孔。肩兩側設環，與提梁兩端的環相連，繩索形的提梁一側設短鏈，與蓋頂的鈕相套。蓋面飾龍紋和連珠紋一周，肩飾連珠紋和菱形獸紋，腹飾外卷角獸面紋，上下以連珠紋爲欄。器上的可活動部件都是採用分鑄法、多次鑄造法合成的。藏湖北省博物館。

獸面紋壺

商代中期盛酒器。

高22釐米。1977年北京平谷劉家河出土。

口沿有一周加厚的邊緣，設蓋，蓋頂置一環鈕。器長頸，寬肩，鼓腹，下置圈足，上有對稱十字形孔。頸、肩兩側設環，與繩索形提梁兩端相套，提梁一側又設短鏈，與蓋面的鈕相套。蓋面設夔形龍紋，上下各以連珠紋爲欄，肩飾夔形獸紋，腹飾外卷角獸面紋，上下亦有連珠紋爲欄。與湖北黄陂盤龍城出土獸面紋壺形制相同。藏首都博物館。

獸面紋壺

商代中期盛酒器。

高31.5釐米，口徑12.5釐米。1980年陝西城固龍頭鎮出土。

器呈橢圓形。口略侈，外沿有一周加厚的邊緣，設蓋，蓋上有菌形鈕。頸兩側設環，寬扁的提梁兩端與環相套，提梁内側設一環，有鏈與蓋鈕相套。器頸粗短，折肩，鼓腹，下置矮圈足。提梁飾雲紋，蓋面飾虎耳獸面紋和連珠紋一周，肩飾連珠紋及雲紋，腹飾獸面紋，上下以雲紋爲欄，所有紋飾均以細綫條組成，紋飾及器形較爲少見。藏城固縣博物館。

獸面紋三足壺

商代中期盛酒器。

高31.5釐米，口徑8釐米。1980年陝西城固龍頭鎮出土。

口稍侈，設蓋，蓋頂設環鈕。器長頸，鼓腹下垂，圜底下置三個扁形獸首短足，頸兩側設環。蓋面飾獸面紋，口沿飾雷紋，頸飾三道凸起弦紋，肩飾變形獸紋，腹飾以雲紋組成的獸面紋，能分辨的僅有雙目和鼻部，且雙目不突出。足正面的獸首甚大，幾乎蓋住足。造型較爲少見。藏城固縣博物館。

鳥紋壺

商代中期盛酒器。

高27.5釐米，口徑6釐米，1981年陝西城固龍頭鎮出土。

口稍侈，有加厚的邊緣，設蓋，蓋頂設環鈕。長頸，鼓腹下置圈足，圈足設對稱小圓孔。肩兩側設半環，與提梁兩端的繩索形環相連，繩索形的提梁一側設短鏈與蓋頂的鈕相套。蓋面飾四組内卷角獸面紋，並以連珠紋相間，肩飾變形龍紋一周，腹飾對稱鳥紋，上下以連珠紋爲欄。在商代早、中期青銅器上，以明顯的鳥紋作爲主紋者極少見。藏陝西歷史博物館。

四祀邲其壺

又名"四年邲其卣"。商代晚期盛酒器。

高34.5釐米，重4.2千克。1940年河南安陽出土。

直口設蓋，蓋頂設圓形抓手。器長頸、垂腹下置圈足。頸兩側設環，提梁兩端的犧首與環相套。蓋緣及提梁飾菱形雷紋，器頸飾獸面紋，其上下各以連珠紋爲欄。器、蓋同銘，各鑄"亞獏父丁"四字，圈足外底亦鑄銘文四十二字，記載自乙巳至丁未日連續三天在商都的宫廷召大廊祭祀文武帝乙之事，至第五日己酉，王在梌地賞賜邲其貝，這些祭祀都在四年四月完成。藏北京故宫博物院。

小子省壺

商代晚期盛酒器。

高35.9釐米，口徑10.6釐米，重4.26千克。

直口，設蓋，蓋頂設圓形抓手，高蓋的子口插入器內。長頸，鼓腹下垂，下置圈足。頸兩側設繫，繩索狀的提梁與之相連。蓋緣及圈足飾彎角鳥紋，頸飾回首龍紋，紋飾似用細綫勾勒，腹與圈足處設一小繫。器、蓋同銘，各鑄二十一字，蓋銘多一族徽，記載甲寅日，子賞賜小子省五朋貝，小子省荅揚君的賞賜，並爲父己作此壺。"小子"是職官名。在商代青銅器中，此爲銘文較多者。藏上海博物館。

曲折雷紋壺

商代晚期盛酒器。

高26.5釐米。

侈口，設高蓋，蓋頂設鈕。器長頸，鼓腹下垂，下置圈足，頸兩側設小貫耳。圈足兩側設小方孔。蓋面飾火紋，肩飾雲紋，上下以連珠紋爲欄，腹上部爲目雷紋，腹飾曲折雷紋。藏美國明尼阿波利斯藝術館。

曲折雷紋壺

北單壺

商代晚期盛酒器。

高28.1釐米，口徑7.3釐米，重1.65千克。1950年河南安陽武官村出土。

侈口，設蓋，蓋頂設菌形鈕，鈕上套一活絡鏈與提梁相連。頸細長，垂腹下置圈足，腹兩側設提梁，提梁兩端飾龍首。蓋面飾斜角雲紋，器頸飾外卷角獸面紋，圈足飾雲雷紋。腹内底鑄銘文“北單”二字，既是地名，也是族名。藏中國國家博物館。

獸面紋壺

商代晚期盛酒器。

高37.5釐米。傳河南安陽出土。

侈口，設球面蓋，蓋頂飾一小鳥爲鈕，蓋面上有活絡環帶，由一龍和一鳥組成，鳥尾呈環形，與提梁内側的小環相套。器長頸，鼓腹，下置圈足。腹兩側設環鈕，與提梁兩端龍首相接，龍的體軀向上，構成環形提梁。蓋緣飾雷紋，口沿飾鳥紋，頸飾内卷角獸面紋，腹飾外卷角獸面紋，圈足飾回首龍紋，紋飾均以雲雷紋爲地，滿佈整器。藏美國舊金山亞洲藝術博物館。

獸面紋壺

商代晚期盛酒器。

高35.4釐米，口徑8釐米，1976年河南安陽小屯婦好墓出土。

侈口，設球面蓋，蓋頂立一小鳥爲鈕，蓋面有活絡環帶，由一龍和一鳥構成，鳥尾呈環形，與提梁内側的小環相套。器長頸，鼓腹，圜底，下置圈足，圈足上端設對稱長方形小孔。腹兩側設環鈕，與提梁兩端的龍頭相接，龍的體軀向上組成環形提梁。蓋緣飾雷紋，頸飾獸面紋，腹飾外卷角獸面紋，局部紋飾已模糊。藏中國考古博物館。

册告壺

商代晚期盛酒器。

高30.1釐米。傳河南安陽出土。

侈口，設球面蓋，長頸，鼓腹下垂，下置圈足。頸、腹兩側設環鈕，與提梁兩端相套，並飾獸首，提梁與壺頸之間幾乎無隙縫，設計極爲精確。蓋面突起，飾鳥的羽翼，而鳥首突出成爲蓋鈕。有一活絡鏈一端套於鳥頸，另一端與提梁之鈕相套。口沿飾長喙鳥紋，頸飾外卷角獸面紋，下面配置雙鳥。腹部飾一鴞紋，雙耳豎起，雙目甚大，目旁還置龍紋，下爲羽翼，雙足伸入圈足上，圈足又飾雷紋。 繁密的各種紋飾佈於一體，使壺幾無空隙處，這是商代晚期紋飾的特徵之一。腹内底鑄銘文"册告"兩字。藏美國賽克勒美術館。

獸面紋壺

商代晚期盛酒器。

高28釐米，口徑7.4釐米。1935年河南安陽武官北地出土。

侈口，設球面蓋，蓋頂設一環鈕，有蛙形鏈與提梁内側的小環相套。長頸，鼓腹，下置圈足。兩龍體軀向上，構成環形的提梁。腹兩側設鈕，與提梁兩端的獸首相接。此壺有一個特殊的裝置，如將壺蓋揭開，頸的部位就可卸下，將它倒置，就成爲一個觚形的杯。盛酒器和飲酒器合二爲一，構思巧妙。蓋頂飾火紋，蓋面飾長鼻獸紋，自頸至圈足有七道紋飾，分别爲長鼻獸紋、雲紋、獸面紋、龍紋等，皆以雲紋爲地，整器不留空隙。器表氧化層呈翠綠色。藏臺灣"中央研究院"歷史語言研究所。

獸面紋壺

商代晚期盛酒器。

高32.7釐米，口徑10釐米。1965年陜西綏德墕頭村出土。

斂口，頸、腹分隔不明顯，鼓腹下垂，下置圈足較大。頸兩側設貫耳，頸飾虎耳獸面紋，以雲紋爲體軀，其下爲倒置三角形紋，兩邊爲雷紋，圈足飾斜角雲紋，貫耳飾獸面紋。這類形式的壺較爲少見。藏陜西歷史博物館。

獸面紋壺

商代晚期盛酒器。

高17.5釐米。傳河南安陽出土。

侈口，設蓋，蓋面突起，頂設火紋小柱鈕。長頸，鼓腹下垂，下置圈足。蓋面及器頸飾内卷角獸面紋，肩飾長鼻獸紋，上下並以連珠紋爲欄，腹飾黼紋，圈足飾雷紋。器上半部飾粗綫條紋飾，頸以下飾細綫條紋飾。在商代晚期青銅器中，用這種構圖方式者較爲少見。藏美國弗利爾美術館。

獸面紋壺

變形獸紋壺

商代晚期盛酒器。

高17.5釐米。傳河南安陽出土。

侈口，設蓋，蓋面突起，頂端設火紋小柱鈕，長頸，鼓腹下垂，下置圈足。蓋面飾變形獸面紋。整器飾變形獸紋，獸首在下，由雷紋組成的體軀折曲向上，尾內卷。兩側配置倒置的環柱角龍紋。圈足飾雷紋。此器紋飾的構圖較爲別緻，將獸首安置在較爲寬大的腹部，而尾端在較細的頸部。藏德國科隆東亞藝術博物館。

婦好壺

商代晚期盛酒器。

器成對。高50.9釐米，口徑20.2釐米，重18.4千克。1976年河南安陽小屯村殷墟婦好墓出土。

直口，設高蓋，蓋頂置一四阿形鈕。長頸，鼓腹，下置圈足。頸兩側設貫耳，自蓋至圈足設四條棱脊。蓋面及頸、腹各飾外卷角獸面紋，頸、腹間隔一周鳥紋，腹部獸面紋兩側配置龍紋，圈足飾龍紋，貫耳飾獸首紋。器内底鑄銘文"婦好"兩字。此壺器形較大，紋飾華麗。藏中國國家博物館。

后㚸母方壺

商代晚期盛酒器。

器成對。高64.4釐米，口徑23.4釐米。1976年河南安陽小屯村殷墟婦好墓出土。

侈口，設四阿形蓋，蓋頂設方柱形鈕。長頸，折肩，鼓腹下置高圈足。自蓋至圈足四隅及每面中綫皆出棱脊，肩四隅飾立體鳳鳥紋，其翼及尾部在器肩上和頸上飾三角形紋，腹上部爲雙體龍紋，腹部飾外卷角獸面紋，亦以四隅爲中綫。内底鑄銘文"后㚸母"三字，是爲祭祀㚸母而作。藏中國國家博物館。

獸面紋方壺

商代晚期盛酒器。

高34釐米，重3.7千克。

器呈長方形。侈口，長頸，折肩，鼓腹下置方圈足，頸兩側設外卷角獸首爲貫耳，肩飾鳥紋一周，腹飾外卷角獸面紋，體軀上卷，與角相平，圈足飾三角雲紋，紋飾精緻。藏北京故宫博物院。

亞矣方壺

商代晚期盛酒器。

高39.5釐米。傳河南安陽武官村北地出土。

侈口，設高蓋，蓋頂設一立鳳爲抓手。長頸，斜肩，折腹呈方形，下置方形圈足。頸兩側設環，與兩端飾龍首的提梁相套。蓋面凸起，飾獸面紋，口沿飾雲紋一周，頸飾四組内卷角獸面紋，兩組爲提梁所掩，肩上所飾的對稱鳥紋是其配置。方形腹以四隅爲中心，飾外卷角獸面紋，配置圈足上的鳥紋。腹内底鑄銘文"亞矣"兩字，"亞矣"是商代的大族。藏日本白鶴美術館。

獸面紋方壺

商代晚期盛酒器。

高34.5釐米，重3.54千克。

侈口，設蓋，蓋頂設一立鳥，長頸，方形腹，下置圈足，肩設兩鳥，尾部翹起與提梁相連。蓋面、肩四隅各飾獸面紋，方腹四面正中各有一長方形孔，在腹内相通，組成十字形孔，孔四周飾獸面紋。這種有十字孔的壺傳世極少，反映了當時高超的鑄造技術。藏北京故宫博物院。

獸面紋方壺

商代晚期盛酒器。

高27.8釐米，口徑7.3釐米。1989年江西新淦大洋洲出土。

侈口，設蓋，蓋沿伸向口内，蓋頂設一繫，被龍首咬住，龍尾則與提梁之鈕相套。長頸，折肩，方形腹，下置圈足，肩兩側設鈕，與倒置獸首相套，又與扁平提梁相連。腹部四面有十字形透空槽。提梁飾鱗紋，頸飾目雷紋，肩飾龍紋，四隅及腹皆飾獸面紋，圈足飾透雕雲紋。此壺設計巧妙，紋飾精緻。藏江西省博物館。

獸面紋壺

商代晚期盛酒器。

高34.8釐米，口縱13.6釐米，口横17.5釐米，重4.6千克。1959年山西石樓桃花莊出土。

侈口，長頸，鼓腹下垂，下置圈足甚大。頸兩側設鈕，有龍首相套，兩龍之體軀連接爲提梁，提梁飾菱形雷紋，整器飾倒置的獸面紋，似熊耳豎起，臣字目，寬闊的大嘴露出牙齒，兩耳間飾一蟬紋。獸面紋爲突出雙耳，以腹部較大的位置來安置耳部，而使紋飾倒置。圈足飾雲紋。藏山西博物院。

獸面紋壺

商代晚期盛酒器。

高35.6釐米。

侈口，長頸，鼓腹下垂，下置圈足較大，頸兩側設貫耳。整器飾倒置的獸面紋，似熊耳竪起，寬闊的大嘴露出牙齒，兩耳間飾一蟬紋，圈足飾雲紋，貫耳亦飾雲紋。此壺除耳部外，器形和紋飾與山西石樓桃花莊出土的獸面紋壺相似。藏美國舊金山亞洲藝術博物館。

獸面紋壺

商代晚期盛酒器。

高29.2釐米。

口略侈，長頸，鼓腹下垂，下置圈足，頸兩側設貫耳。頸飾虎耳獸面紋，耳呈三角形，腹飾牛角獸面紋，獸面紋的鼻翼寬闊，兩側均配置倒置龍紋，圈足飾雲紋。藏大英博物館。

斝壶

商代晚期盛酒器。

高33釐米。傳河南安陽出土。

口略侈，鼓腹下垂，下置圈足，頸兩側設貫耳，上飾獸面紋。頸飾外卷角獸面紋，腹飾牛角獸面紋，兩側均配置倒置式龍紋，圈足飾連續式雷紋。紋飾以雷紋爲地，主次分明。器内鑄銘文“斝”字，爲族氏徽記。藏美國舊金山亞洲藝術博物館。

先壺

商代晚期盛酒器。

高33.4釐米，口縱11.7釐米，口橫15.3釐米，重5.72千克。

侈口，束頸，鼓腹下垂，置矮圈足。頸兩側設貫耳，上飾獸面紋。頸飾倒置的内卷角獸面紋，兩側配置有大目的小龍紋，尾向上，腹飾内卷角獸面紋，體軀上各有一列鰭飾，兩側配置横向長卷角獸，形體不完整，寬嘴露牙。主幹與地紋對比明顯，綫條極爲工整。腹内底鑄銘文“先”字，爲族氏徽記。先族傳世之器，尚有數件。藏上海博物館。

亞矣壺

商代晚期盛酒器。

高60釐米。傳河南安陽武官村北地出土。

器上小下大。斂口，設蓋，蓋頂有菌形鈕，向下逐漸增大，深腹圜底，下置三個短柱足，頸兩側設獸首環耳。器上紋飾有四道，口沿飾三角形紋，頸飾内卷角獸面紋，腹飾曲折角獸面紋，腹上的龍紋則是其配置。紋飾精細繁密，主紋與地紋基本在一個平面上。器内鑄銘文"亞矣"二字。此器因有三足，也有研究者名之爲"亞矣鼎"。但從其整體來看，具有小口、深腹的特點，以稱酒器中的壺爲好。藏日本藤井有鄰館。

渣伯逘壺

西周早期盛酒器。

器成對。高35.8釐米，口徑20.6釐米。1931年河南浚縣辛村出土。

侈口，設球面蓋，蓋頂有圈形抓手。長頸，鼓腹下垂，下置圈足，頸兩側設環，與提梁兩端的獸首環相套。蓋緣及器頸飾長鼻龍紋，圈足飾鳥紋，腹飾寬帶，縱橫交錯成四等分界欄。器、蓋同銘，銘文有十一字，記載渣伯逘爲亡父作器。藏日本出光美術館。

魚父己壺

西周早期盛酒器。

高20釐米，口徑9釐米。1961年河南鶴壁龐村出土。

口略侈，設球面形蓋，蓋頂有圓形抓手。器長頸，鼓腹，圜底，下置圈足，肩兩側設環，與索形提梁兩端之環相套。整體光素無紋。器、蓋同銘，各鑄“亞鳥魚父己”五字，同出尚附一斗，長21釐米，由圜底小杯與一條彎曲的長柄組成。藏河南博物院。

斿父癸壺

西周早期盛酒器。

高33.7釐米，口縱9.5釐米，口橫13釐米，重3.2千克。

侈口，設蓋，蓋頂上設圓形抓手。長頸，鼓腹下垂，下置圈足。頸兩側設繫，連接提梁兩端之羊首。提梁飾彎角龍紋，蓋緣及壺頸飾雙體龍紋。這種龍紋在西周早期青銅器上較爲多見。腹部有凸起的寬闊帶狀物，縱橫交錯，將腹部分爲四區，區内不加紋飾。圈足飾變形龍紋。器、蓋同銘，各鑄"斿父癸"三字。斿氏常見於商末周初青銅器上的銘文。藏上海博物館。

鳥紋壺

西周早期盛酒器。

高23.3釐米，口縱7.4釐米，口橫9.7釐米，重1.49千克。

侈口，設蓋，蓋頂有圓形抓手。長頸，鼓腹下垂，下置圈足。頸兩側設繫，與提梁兩端之環相套，其外又設龍首。提梁飾龍紋，蓋緣及器頸飾兩兩對稱的彎角鳥紋。腹部有凸起的寬闊帶狀物，縱橫交錯，將腹部前後分成四區。本器具有穩重樸質的美感。藏上海博物館。

獸面紋壺

西周早期盛酒器。

高39.8釐米，口徑16.5釐米，重5.79千克。

侈口，設蓋，蓋頂設四阿式小柱。束頸，鼓腹，下置圈足。肩兩側設環，與提梁兩端的龍首相套，龍體軀向上，構成環形提梁。提梁飾菱形雷紋，中間有棘刺。蓋面飾内卷角獸面紋，肩飾相間的火紋與蟬紋，腹飾曲折角獸面紋，圈足飾蟬紋。本器器形較矮，而提梁極爲寬大，在提梁壺中這類器形較爲少見，從紋飾和器形分析，應是南方地區的器物。藏日本泉屋博古館。

史懋壺蓋

西周中期盛酒器。

僅存一蓋，高8.8釐米，口徑9釐米，重0.3千克。

蓋面飾對稱鳥紋。蓋内鑄銘文四十一字，字體較小，行序整齊，記載王命史懋將待筮的蓍草置於星辰之下，事畢賞賜史懋貝，史懋爲父丁作此壺。西周恭王時器。藏上海博物館。

鱗紋壺

西周中期盛酒器。

高48.7釐米，口徑12.5釐米，重4.96千克。1975年陝西扶風莊白村出土。

口略侈，設蓋，蓋頂抓手較大。長頸，鼓腹，下連圈足，頸兩側設貫耳。蓋緣及器頸飾對稱長尾鳥紋，腹飾鱗瓣紋，内填卷雲紋。此壺形制較大，造型莊重，紋飾精緻，較爲少見。藏扶風縣博物館。

幾父壺

西周中期盛酒器。

器成對。高60釐米，口徑16釐米，重17.6千克。1960年陝西扶風齊家村出土。

侈口，設蓋，蓋頂設圓形抓手甚大。長頸，垂腹，下置圈足，頸兩側設獸首耳套環，蓋頂飾圓形鳥紋，蓋沿飾獸目交連紋，頸、肩、腹各飾波曲紋，圈足飾斜角雲紋。器口內側鑄銘文五十七字，記載五月初吉庚午日，同仲處於西宫，賞賜幾父，幾父爲烈考作祭器。藏陝西歷史博物館。

三年𤼈壺

西周中期盛酒器。

器成對。高65.4釐米，口徑19.7釐米，重25.5千克。1976年陝西扶風莊白村出土。

侈口，設蓋。長頸，鼓腹，下置圈足，頸兩側設獸首耳套環。蓋沿飾長鼻獸紋，頸、腹各飾波曲紋，圈足飾變形獸體紋。蓋子口外側鑄銘文六十字，記載三年九月丁巳日，王在鄭地舉行饗禮，王呼虢叔召𤼈，賞賜𤼈羔俎，己丑日，王在句陵舉行饗禮，王呼師人召𤼈，又賞賜彘俎，𤼈答揚天子的厚賜，爲亡祖及父鑄祭器。藏寶鷄市周原博物館。

仲南父壺

西周中期盛酒器。

器成對。高54.5釐米，口徑16釐米，重14.45千克。

1975年陝西岐山董家村出土。

侈口，設蓋，長頸，垂腹，下置圈足。頸兩側設獸首耳套環。蓋折沿，飾斜角雲紋，頸飾對稱回首鳥紋一周。腹前後以帶狀鱗紋縱橫交錯分爲四區，交匯點爲一凸起菱形紋。圈足飾斜角雲紋。器、蓋同銘，各鑄十六字，記載此壺爲仲南父所作。藏寶鷄市周原博物館。

十三年瘐壺

西周中期盛酒器。

器成對。高58.9釐米，口徑16.7釐米，重15.5千克。

1976年陝西扶風莊白村出土。

侈口，設蓋，長頸，垂腹，下置圈足。頸兩側設獸首耳套環。蓋沿飾鱗紋，頸飾回首鳥紋，腹前後以帶狀鱗紋縱横交錯分爲四區，交匯點爲一凸起菱形紋。圈足飾波曲紋，蓋頂飾卷體鳳紋。器、蓋同銘，器銘鑄於頸外側，各鑄五十六字，記載十三年九月初吉戊寅日，王在成周王臣司徒淲的宫室，徲父右導瘐，王呼作册尹賞賜瘐畫𠐊、牙僰和赤舄，瘐拜叩首。藏寶鷄市周原博物館。

王伯姜壺

西周中期盛酒器。

高34.3釐米，口徑12釐米。傳陝西周原地區出土。

侈口，長頸，鼓腹下垂，下置圈足。頸兩側設龍首耳，附索紋環。口沿飾波曲紋，頸、腹飾鱗紋寬帶，並縱橫交錯成四區。下腹及圈足飾不同形式的獸體卷曲紋。壺口内鑄銘文十二字，記此壺爲王伯姜所作。藏美國舊金山亞洲藝術博物館。

應侯壺

西周中期盛酒器。

器成對。高54.3釐米，口徑18釐米，重15.5千克。

侈口，設蓋，蓋頂的圓形抓手甚大，内飾一卷體鳳紋，羽冠極長，周邊圍鱗紋。長頸，鼓腹下垂，下置圈足較大。頸兩側設龍首銜環爲耳。蓋沿、頸及圈足各飾獸體目紋一周，頸及腹飾波曲紋。器、蓋同銘，各鑄銘文十一字，記載該壺爲應侯所作。由銘文可知，此壺爲河南平頂山一帶應國墓地出土器物。此壺較大，保存完好。藏北京保利藝術博物館。

晉侯㰤馬壺

西周中期盛酒器。

壺同出一對，器形、紋飾、銘文相同。高43.5釐米，口徑16釐米。1994年山西曲沃晉侯墓地出土。

侈口，設蓋，上有圓形抓手，幾乎與蓋等大。束頸，斜肩，垂腹下承圈足，頸兩側設虎首爲耳。頸飾長冠回首卷體鳳紋，圈足飾花冠鳳紋，腹部以寬帶縱橫交錯，分爲四區，每區不加紋飾。蓋頂抓手内鑄銘文十二字，記載晉侯㰤馬作此壺。藏山西博物院。

鳳紋壺

西周中期盛酒器。

高37釐米。

侈口，設蓋，蓋頂設圓形抓手。束頸，斜肩，鼓腹，下置圈足較大，頸兩側設半環耳。蓋面及頸飾重疊鱗紋，腹部以寬帶縱橫交錯，分成四區，上面二區飾對稱的長冠鳳紋，下面二區飾回首長冠鳳紋。器、蓋各鑄銘文，已無法辨認。藏美國舊金山亞洲藝術博物館。

鳳紋壺

西周中期盛酒器。

高58.5釐米。

口略侈，設蓋，蓋頂有圓形抓手。器直頸，寬腹，下置圈足，頸兩側設環耳。蓋面飾鱗紋，頸飾叠瓣鱗紋，腹部紋飾分成四區，上兩區爲對稱鳳紋，下兩區爲回首鳳紋，鳳皆長冠垂尾。此壺的形制和紋飾都比較少見。藏日本根津美術館。

芮公壺

西周晚期盛酒器。

高37.6釐米，重9.45千克。

侈口，設蓋。長頸，垂腹，下置圈足。頸兩側設獸首耳，蓋上抓手和圈足設鱗紋，蓋沿飾獸體目紋，器頸飾波曲紋。下腹設浮雕小龍首，體軀向上，又向兩側展開，兩側飾以雙鈎組成的相背龍紋。蓋内鑄銘文"芮公作鑄從壺永寶用"九字。同銘之壺傳世共有三件，兩件藏北京故宫博物院，另一件藏臺北故宫博物院。

殷句壺

西周晚期盛酒器。

高 58.5 釐米，口縱 14，7 釐米，口横 19.9 釐米。

侈口，設蓋，蓋上橢圓形抓手甚大。長頸，斜肩，鼓腹下置圈足，頸兩側設獸首耳。抓手邊飾變形獸體紋，蓋沿飾獸體目紋，頸飾兩道波曲紋，腹飾對稱龍紋，圈足飾鱗紋。蓋子口外側鑄銘文二十一字，記載此壺爲殷句所作。藏臺北故宫博物院。

楊姞壺

西周晚期盛酒器。

器成對。高35.8釐米，口徑12.4釐米。1993年山西曲沃曲村晉侯墓地出土。

侈口，設蓋，蓋上有圓形抓手，甚大。長頸、鼓腹，下置圈足。頸兩側設獸首套環。抓手內、頸及圈足飾獸目交連紋，頸上部飾波曲紋。腹飾鱗紋和獸目交連紋，並以橫條溝紋相間隔。器、蓋同銘，各鑄銘文“楊姞作羞醴壺永寶用”九字。藏山西博物院。

梁其壺

西周晚期盛酒器。

高35.6釐米。1940年陝西扶風任家村出土。

斂口，設蓋，蓋上以立體卧牛爲鈕，周圍飾鱗紋，蓋緣向上飾透雕波曲紋。長頸，鼓腹，下置圈足甚大，頸兩側設龍首耳，龍首前又伸出一獸首，並附環。口沿及頸飾獸目交連紋，頸上部飾三角形紋，腹部寬帶縱横交錯成四區，其間飾獸體卷曲紋。頸外壁鑄銘文二十字，蓋外緣鑄銘文二十五字，共四十五字，可連讀。銘文記載五月初吉壬申日，梁其作此壺用以祭祀，祈求多福、長壽。藏陝西歷史博物館。

頌壺

西周晚期盛酒器。

高63釐米。

侈口，設蓋，蓋上有寬大的抓手。長頸，鼓腹下垂，下置圈足較大，頸兩側設龍首耳套環。抓手邊緣及圈足飾鱗紋，蓋緣飾獸目交連紋，頸飾波曲紋。腹飾雙體交龍紋，龍首居中，兩側體軀與附近的龍紋相交。器、蓋同銘，各一百五十一字，記載三年五月既死霸甲戌日，王册命中令頌掌管成周市廛廿家，王賞賜頌的物品有衣領和袖口上有刺綉的黑色官服、紅色的蔽膝和蔽膝上用以結繫的朱色帶子、表明官位等級的旗幟、馬繮繩和馬籠頭等。藏臺北故宫博物院。

晉侯旂壺

西周晚期盛酒器。

器成對。高68.8釐米，口縱18口釐米，口横22.8釐米。

1992年山西曲沃曲村晉侯墓地出土。

壺口與外蓋合鑄，實際壺口設於透雕波曲紋之内，設平蓋，頂有山形透雕抓手。壺長頸，垂腹，下承圈足，頸兩側設長鼻獸首環耳、套環，獸鼻爲一長頸龍首。蓋面飾交龍紋，蓋沿和圈足飾獸目交連紋，頸飾波曲紋，下又飾鱗紋一周，腹部中間爲浮雕龍首，體軀與兩旁的龍首相接，這是西周晚期壺特有的交龍紋。蓋内鑄銘文二十六字，記載九月初吉庚午日，晉侯旂作此壺，用於祭祀其祖和父。藏山西博物院。

單五父壺

西周晚期盛酒器。

高59釐米，口縱14.8口釐米，口横19.6釐米，重25千克。2003年陝西寶鷄眉縣楊家村出土。

侈口，設蓋，蓋頂抓手甚大，頂内飾交龍紋，抓手沿邊和蓋沿均飾波曲紋。頸既寬且長，垂腹下承圈足。頸兩側設龍首耳套環，龍耳頂上又聳出一龍首。頸飾波曲紋，正面腹部居中爲一突起龍首，體軀向上後又分置左右，側面腹部龍首在下，體軀向上後又分置左右，與旁側的龍首相連，其上左右各有一龍，與下面龍的體軀相交，形成複雜的交龍紋，圈足飾變形獸體紋。器有銘文十九字，蓋内有銘文十七字，少兩個重文符，内容相同，記載單五父爲其父作此壺。藏寶鷄青銅器博物院。

交龍紋壺

西周晚期盛酒器。

高70釐米，口縱19釐米，口横23.5釐米。1968年河南新鄭端灣出土。

器呈扁方形。直口，設蓋，蓋頂抓手甚大。器長頸，鼓腹，下置圈足。頸兩側設龍首耳，附環。蓋緣飾獸目交連紋，頸飾寬大的波曲紋，腹飾雙體龍紋，其體軀與附近的龍紋相交，圈足飾鱗紋，並有均勻的透雕直綫條，這是西周晚期壺的基本形制和紋飾。藏河南博物院。

交龍紋壺

西周晚期盛酒器。

高37.7釐米，重4千克。1997年河南新鄭鄭韓故城出土。

侈口，設蓋，蓋頂抓手甚大。長頸，斜肩，鼓腹，下置圈足，頸兩側設獸首耳，有環。抓手内中間飾火紋，外圍飾交龍紋，蓋緣飾交龍紋，頸飾波曲紋和交龍紋，腹飾交龍紋，其上下各以弦紋爲飾，圈足飾鱗紋。藏鄭州博物館。

變形獸體紋壺

西周晚期盛酒器。

高48.6釐米，口横18.2釐米。1994年山西曲沃曲村晉侯墓地出土。

侈口，設蓋，蓋頂設橢圓形抓手，甚大。長頸，鼓腹下垂，下置圈足。頸兩側設獸首耳，套環。抓手邊飾鱗紋一周。蓋沿、器頸、圈足飾變形獸體紋，腹部有寬帶縱横交錯，前後各分爲四區，每區内飾四組變形獸體紋。藏山西博物院。

獸目交連紋壺

西周晚期盛酒器。

高54.5釐米，口縱14.3釐米，口横19.1釐米。1993年山西曲沃曲村晉侯墓地出土。

侈口，設蓋，蓋頂抓手較大。長頸，垂腹，下承圈足，頸兩側設長鼻獸首耳套環。蓋頂飾交龍紋，蓋沿及器頸飾獸目交連紋，腹部有寬帶縱横交錯，交匯點爲一菱形紋，將腹部前後各分爲四區，每區内飾獸目交連紋。藏山西博物院。

晉叔家父壺

西周晚期盛酒器。

高50.8釐米，口横18.8釐米。1994年山西曲沃曲村晉侯墓地出土。

侈口，設蓋，蓋頂抓手甚大。頸稍收斂，鼓腹下垂，下置圈足。頸兩側設長鼻獸爲耳，套環。長鼻獸的鼻尖爲一龍首。抓手内飾交龍紋，蓋沿及器頸飾變形獸體紋，頸上部飾三角形紋。腹部有寬帶縱横交錯，前後各分爲四區，每一區内飾獸目交連紋，圈足飾斜角雲紋。蓋子口内鑄銘文十八字，記載晉叔家父作此壺。藏山西博物院。

虞侯政壺

西周晚期盛酒器。

高40.6釐米，口縱12.6釐米，口横12.3釐米。

口略侈，長頸，鼓腹，下置圈足較大，頸兩側設獸首環耳。頸飾回首垂冠鳳紋，腹部有寬帶縱横交錯，前後各分爲四區，各區内均無紋飾，圈足飾波曲紋。口内側鑄銘文二十四字，記載二月初吉壬戌日，虞侯政作此壺。虞爲古代國名，在今山西平陸一帶，公元前655年爲晉所滅。藏山西博物院。

散車父壺

西周晚期盛酒器。

高41釐米，口縱11.1釐米，口橫14.6釐米，重7.932千克。1960年陝西扶風法門鎮召陳村出土。

侈口，設蓋，長方形抓手甚大。長頸，垂腹，下置圈足，頸兩側設貫耳。蓋折沿及器頸各飾回首鳥紋，腹部有寬帶縱橫交錯，前後各分爲四區，内飾疊瓣鱗紋，圈足飾波曲紋，蓋的子口外鑄銘文二十六字，記載散車父爲皇母作壺，並用以迎娶姞氏。此壺成對，銘文相異。另一壺高41.2釐米，重9.574千克，蓋銘十九字。藏陝西歷史博物館。

己侯壺

西周晚期盛酒器。

高34.5釐米，口徑6.6釐米，重4.78千克。1974年山東萊陽前河前村出土。

小口，向下逐步侈大，至鼓腹再收斂，下置矮圈足。頸兩側及下腹兩側交錯設繫鈕。全器飾六組不同紋飾，自口以下分别爲三角形紋、波曲紋、獸體變形紋、卷體龍紋、獸體變形紋、波曲紋。器外底鑄銘文十三字，記載己侯作此壺。交錯設鈕、用繩索提携，使壺不致向一側傾斜。藏煙臺市博物館。

侯母壺

西周晚期盛酒器。

高38釐米，口徑10.2釐米。1977年山東曲阜魯國故城出土。

小口，設蓋，蓋面有浮雕蟠龍，蓋頂爲龍首。短頸，斜肩，鼓腹下置低圈足。蓋面、肩及腹兩側各設一對鈕，可穿繩索提携。肩飾龍紋，腹飾卷體龍紋，其上下各飾三角形紋，圈足飾鱗瓣紋。器頸及蓋口各鑄銘文十五字，記侯母爲侯父作戎壺。可知此壺不是一般禮器，而是出征時可隨身携帶的壺。藏孔子博物館。

貫耳壺

西周晚期盛酒器。

高21釐米，口徑6釐米。1993年山西曲沃曲村晉侯墓地出土。

直口，設平頂折沿蓋，蓋頂立一鳳爲抓手。長頸，垂腹下置圈足，蓋沿和壺頸兩側各設一貫耳，可穿繩索作爲提梁。整器除一鳳頂外，其餘甚爲樸素。藏山西博物院。

波曲紋人足壺

西周晚期盛酒器。

高23.1釐米。1993年山西曲沃曲村出土。

直口，設平頂折沿蓋，蓋頂立一鳳爲抓手。器呈圓筒形，下置方形圈足，每面設一裸體人爲足，人髮髻高竪，曲膝下蹲，雙手靠後，托起方圈足。蓋沿及頸兩側各設一貫耳，可穿繩索作爲提梁。圈足下置二鈴鐺。蓋沿及器口飾變形獸體紋，腹及圈足飾波曲紋，中間飾鱗紋。此壺形式少見。藏山西博物院。

交龍紋壺

春秋早期盛酒器。

高74釐米。

侈口，設蓋，蓋頂設一立體回首龍爲抓手，其周圍有立體蓮瓣。束頸，鼓腹下垂，下置圈足較大。頸兩側設獸首耳套環，蓋折沿處及腹、圈足均飾雙首一體的交龍紋，器口沿飾交龍紋。器形較大，同一題材紋飾變化較多。藏美國賽克勒美術館。

曾仲斿父壺

春秋早期盛酒器。

高66.7釐米，口縱16.5釐米，口横22.8釐米，重30.1千克。1966年湖北京山蘇家壠出土。

侈口，設蓋，蓋上設透雕蓮瓣爲抓手。長頸，鼓腹，下置圈足，頸兩側設獸首耳套環。蓋沿、頸部飾獸體目紋，口沿及上下腹均飾波曲紋，圈足飾鱗瓣紋。器、蓋同銘，各鑄十二字，記載曾仲斿父自作尊壺。曾國爲春秋姬姓諸侯國之一，在今湖北境内。藏湖北省博物館。

杞伯每亡壺

春秋早期盛酒器。

高40.6釐米，口縱13釐米，，口横17.4釐米，重11千克。清光緒年間山東新泰出土。

侈口，束頸，鼓腹下垂，下置圈足，頸兩側設獸首套鑄大環爲耳。頸飾獸目交連紋，腹以絡帶紋將前後各分爲四區，每區内飾獸目交連紋。口沿内壁鑄銘文二十一字，記載杞伯每亡爲其夫人邾嫊作此壺。相傳杞爲禹之後，戰國時滅於楚。藏上海博物館。

魯侯壺

春秋早期盛酒器。

高54釐米，口縱14釐米，口横20釐米。1995年河南登封鋁廠出土。

侈口，設蓋，蓋頂設橢圓形抓手，甚大。束頸，鼓腹，下置圈足，頸兩側設長鼻獸首爲耳，套環。蓋緣及器頸飾對稱回首鳥紋一周，腹部有兩道弦紋組成的絡紋縱横交錯，將腹部分爲前後各四區，交匯點爲一突起的菱形紋，圈足飾鱗紋。蓋内鑄銘文“魯侯作壺”四字。藏鄭州博物館。

司寇良父壺

春秋早期盛酒器。

高38.2釐米,口縱11.9釐米,,口横17釐米,重12.55千克。

侈口,頸較長,兩側設貫耳,鼓腹下垂,圈足甚大。腹部有三層階梯形絡帶,縱横交錯,將前後各分爲四區,其交連處爲突起的菱形方塊,每區内均無紋飾。口内側鑄銘文十五字,銘文間有綫欄,記載司寇良父爲衛姬作此壺。藏上海博物館。

陳侯壺

春秋早期盛酒器。

高51釐米。1963年山東肥城孫樓公社小王莊出土。

侈口,設蓋,上設長方形抓手。長頸,鼓腹下垂,下置圈足。頸兩側設象鼻獸環耳,象鼻高舉。抓手邊沿、蓋折沿、頸部均飾多條弦紋。腹部弦紋縱横交錯,交匯點爲一突起菱形紋,將器腹前後各分爲四區。器、蓋同銘,各鑄十三字,記載陳侯爲媯蘇作媵壺。藏山東博物館。

陳侯壺

交龍紋壺

春秋早期盛酒器。

高65.1釐米，重12.9千克。1997年河南新鄭鄭韓故城出土。

侈口，設蓋，蓋頂抓手甚大。長頸，斜肩，鼓腹下垂，下置高圈足。頸兩側設獸首耳，有環。蓋頂抓手内飾交龍紋，蓋緣飾獸目交連紋，頸飾波曲紋，腹飾雙體龍紋組成的交龍紋，圈足飾鱗紋。藏河南博物院。

鄎子宿車壺

春秋早期盛酒器。

高33釐米，口徑11釐米。1975年河南羅山高店出土。

侈口，設蓋，長頸，斜肩，鼓腹，下置圈足。肩兩側設貫耳，上飾獸首紋，腹飾三道索紋。頸外壁鑄銘文十五字，蓋頂鑄銘文十三字，記載此壺爲鄎子宿車自作。藏信陽博物館。

番叔壺

春秋早期盛酒器。

高25釐米，口徑8釐米。1986年河南信陽平西出土。

侈口，設蓋，蓋頂設鈕。長頸，斜肩，鼓腹，下置圈足。肩兩側設貫耳，耳飾獸首紋，肩與腹飾獸目交連紋，紋飾均在長方形格欄内。頸外壁鑄銘文十二字，記載此壺爲番叔自作。藏信陽博物館。

曲折紋壺

春秋早期盛酒器。

高35.5釐米，口徑13.3釐米，重1.1千克。1972年湖北隨縣(今屬隨州)熊家老灣出土。

侈口，束頸，斜肩，鼓腹凹底，肩兩側設環耳，頸部設一箍。肩及腹部飾大小不同的曲折紋，其間以細直條紋爲地。器形與山東煙臺出土之壺大致相同。藏襄陽博物館。

曲折紋壺

春秋早期盛酒器。

高34.5釐米。1969年山東煙臺上夼村出土。

侈口，束頸，斜肩，鼓腹凹底，肩兩側設環耳，頸部設一箍。肩及腹部飾大小不同的曲折紋，其間以細直條紋爲地。器形與湖北隨縣(今屬隨州)出土之壺大致相同。藏煙臺市博物館。

曲折紋壺

樊夫人龍嬴壺

春秋中期盛酒器。

高26.8釐米，口徑12.6釐米。1978年河南信陽平橋出土。

侈口，設淺蓋，蓋頂飾一鈕。束頸，鼓腹，下置圈足較大，頸兩側設貫耳。腹飾變形交龍紋一周。頸外壁鑄銘文十三字，記載樊夫人龍嬴作此壺。樊是春秋時代的諸侯，在今湖北襄樊一帶。藏信陽博物館。

孫叔師父壺

春秋中期盛酒器。

高32.4釐米。

侈口，頸稍長，斜肩，鼓腹下垂，下置圈足較大。頸兩側設立體回首龍紋爲耳。頸、腹滿飾變形交龍紋。頸外壁鑄銘文三十一字，記載唯王正月初吉甲戌日，邛大宰孫叔師父作此壺，祈求長壽。藏日本根津美術館。

黄子壺

春秋中期盛酒器。

高30.7釐米，口縱10釐米，口横12釐米。1983年河南光山寶相寺出土。

侈口，設平蓋，蓋頂置一環鈕。長頸，圓肩，鼓腹下置圈足較大，肩兩側設回首伏虎爲耳。蓋面飾交龍紋，肩飾幾何形紋，腹部以綯紋爲欄分成六方格，内飾交龍紋。頸外壁鑄銘文四十六字，記載黄子爲其夫人作器，祈求長壽多福。春秋時黄爲小諸侯國，此器紋飾甚精，相當難得。藏信陽博物館。

交龍紋方壺

春秋中期盛酒器。

高84.5釐米，口徑23.5釐米。1961年山西侯馬上馬村出土。

器呈方形。侈口，設方蓋，蓋頂抓手外翻。長頸稍收，鼓腹下置透雕圈足，頸兩側飾龍首耳套環。抓手爲透雕糾纏的蛇紋，蓋沿及頸下部飾變形龍紋，頸上部飾波曲紋，腹飾交龍紋，下有龜紋，圈足飾透雕龍紋。蓋、頸及腹四隅均以立體龍爲飾。形制、紋飾及附飾都比較複雜，也不常見。藏中國國家博物館。

變形獸紋扁壺

春秋中期盛酒器。

高49釐米，口縱13.8釐米，口橫20釐米，重14.4千克。1982年江蘇丹徒大港母子墩出土。

直口，設蓋，蓋頂前端設一鳥，雙翼翹起。頸、腹一體，鼓腹下垂，下設圈足，頸兩側設環耳。壺的兩側及前後各飾較寬直條，上有二至三個突起菱形紋，四周皆有雲紋和連珠紋，使壺體分爲前後各兩組紋飾，每組皆飾變形獸紋，綫條粗獷，結構隨意。藏鎮江博物館。

洹子孟姜壺

春秋晚期盛酒器。

高32.1釐米，口徑13.4釐米，重5.8千克。

侈口，長頸，鼓腹下垂，下置圈足。頸兩側設獸首耳套環，器的各部分均飾波曲紋。口內壁鑄銘文一百四十三字，記載齊侯之女雷因喪其親屬，齊侯爲服喪事命令太子乘車向天子請命，天子准予在喪期中不命以王事，於是齊侯拜謝天子之命，並以璧玉祭祀上天子神，用璧和兩壺、八鼎祭祀大巫司神，又以璧玉和一套完整的編鐘祭祀南宮子神，齊侯爲洹子孟姜守喪持服之事全部完成，人民都邑哀憂，不用放縱大樂，爲此鑄青銅禮器，以效天子之事，洹子孟姜用來祈求好運，祈求長壽，萬年無疆，爲天子效勞。洹即田桓子。因喪失親屬，齊侯竟爲一個大夫服喪，這不合當時禮制，而周天子也不能阻止其事，説明舊禮制已無法維持。洹子孟姜壺傳世有兩件，銘文稍異，一件藏中國國家博物館，一件藏上海博物館。本器藏上海博物館。

交龍紋壺

春秋晚期盛酒器。

高51釐米，口徑14.4釐米。1963年河北懷來北辛堡出土。

侈口，設蓋，蓋子口内置小榫，可與壺口相扣合。長頸，斜肩，鼓腹，下置矮圈足，頸設鋪首銜環爲耳。蓋面中間飾火紋，外圍回首爬行龍紋，蓋緣飾雲紋，其間有四個環鈕。頸及腹下部飾交錯的三角形紋，内填變形龍紋，肩及腹部飾交龍紋，並間以菱形紋，近底處設四個環鈕，圈足飾雲紋和綯紋。藏河北博物院。

陳喜壺

春秋晚期盛酒器。

高47.5釐米，口徑18.5釐米。

侈口，束頸，斜肩，鼓腹，下置圈足，頸兩側設獸首耳套環。頸、肩及腹部各飾波曲紋。頸内側鑄銘文二十五字，記載陳喜再立事。陳喜即田釐子，也就是陳喜子田乞。田乞原爲齊景公大夫。“再立事歲”，指齊晏孺子元年秋，他迎立陽生而爲齊相執政的第二年。是年當爲齊悼公元年即公元前488年。藏山西博物院。

鑲嵌獸紋壺

春秋晚期盛酒器。

高32.8釐米，重3.31千克。1923年山西渾源李峪村出土。

侈口，設蓋，蓋上設套環。長頸，鼓腹下收，置矮圈足。蓋緣及器肩兩側皆設套環爲耳，腹下部正面設一環耳。蓋面飾鳥紋，頸飾幾何形紋，腹飾獸紋，鳥獸各具神態。紋飾均鑲嵌紅銅，大多已脱落。藏中國國家博物館。

鑲嵌龍紋壺

春秋晚期盛酒器。

高55.9釐米。

口略侈，設蓋，蓋面設四環鈕。頸稍長，圓肩，鼓腹，下置矮圈足，肩兩側設獸首耳套環。自頸至腹飾九道各種形式的龍紋，均用紅銅鑲嵌。有體軀勾曲的龍紋，弓背長冠卷尾爬行龍紋，大龍口下有一小龍，最後一道爲體軀曲折的斜角龍紋。龍紋爲相向或相背對稱排列，其間有縱横短綫條爲界，佈局得體。鑲嵌紅銅保存完好。藏美國亞洲藝術博物館。

庨壺

春秋晚期盛酒器。

高31.6釐米。

侈口，束頸，斜肩，鼓腹，下置圈足，頸兩側設獸首耳套環。自頸至腹上部的外壁有銘文二百餘字，因殘損過甚，未能盡讀。銘文記録了三次戰役：第一次爲齊國三軍圍攻某邑，冉子擊戰鼓，庨攻城門，捕獲衆敵，告獻於齊靈公之所。另有兩次戰役，未知其詳。藏臺北故宫博物院。

趙孟介壺

又名"禺邗王壺"。春秋晚期盛酒器。

高48.3釐米。傳河南輝縣出土。

侈口，設蓋，蓋上設八蓮瓣外侈。束頸，鼓腹下垂，下置低圈足，頸兩側飾立體回首龍爲耳。口沿飾波曲紋，頸飾三道變形龍紋，腹飾變形獸面紋，下部爲三角形紋，每道紋飾間以綯紋爲間隔。蓋沿外側鑄銘文十九字，記載吴、晉在黄池相會爲争長事。趙孟即趙鞅，邗王即吴王夫差，壺爲趙鞅隨從以吴王賞賜之青銅所鑄。藏大英博物館。

交龍紋壺

春秋晚期盛酒器。

高47釐米，口徑15釐米。1994年山西太原金勝村出土。

侈口，設蓋，蓋上有外侈的六個龍紋蓮瓣爲抓手。長頸，鼓腹，下置圈足，頸兩側設立體回首龍爲耳，四足與器頸相接。蓋緣、紋飾之間的分隔綫與圈足均飾綯紋，自頸至腹五道紋飾爲不同形式的交龍紋。這類壺的形制和紋飾在春秋晚期晋國地區發現較多。藏山西博物院。

獸面龍紋壺

春秋晚期盛酒器。

高44.6釐米。傳山西渾源李峪村出土。

侈口，束頸，鼓腹，下置圈足，頸兩側設回首立體龍爲耳。自口沿至腹部飾六道紋飾，均以綯紋爲界。口沿和下腹飾波曲紋，内填以龍紋，頸及肩三道紋飾各飾交龍紋，腹飾獸面紋，圈足飾葉形紋和交龍紋，紋飾精美。藏美國弗利爾美術館。

鳥獸龍紋壺

春秋晚期盛酒器。

器成對。高44.2釐米，口徑16.5釐米，重6.82千克。1923年山西渾源李峪村出土。

侈口，長頸，鼓腹，圈足。有四道主紋飾，自口至腹上部三道紋飾相同，都是蟠龍和人面鳥喙、獸體鳥尾的怪獸相纏繞，腹下部是獸面紋與交龍紋相間，又彼此連接，每兩道紋飾間飾有犀、牛、虎、豹等動物，各具形態。腹下尚有佇立的雁群一周，昂首曲頸。圈足飾綯紋和貝紋。藏上海博物館。

交龍紋壺

春秋晚期盛酒器。

共四件。最大者高70釐米，重18千克；最小者高68釐米，重17.5千克。形制、紋飾、大小都近似。1988年山西太原金勝村趙卿墓出土。

侈口，設蓋，蓋頂有外侈的八個透雕龍紋組成的蓮瓣爲抓手。長頸，向下逐步侈大，鼓腹下垂，平底下置圈足，頸兩側設立體龍爲耳，四足與器頸相接，龍首及尾均外向。頸飾蕉葉式的兩首龍紋和連續式龍紋，腹部以中間稍高、兩側稍低的寬帶縱橫交錯，分爲前後各四區，上面兩區飾交龍紋，下面兩區無紋飾，圈足飾龍紋和幾何形紋。這種大型的方壺山西出土較多。藏山西博物院。

龍紋壺

春秋晚期盛酒器。

器成對。高79釐米，口縱18.8釐米，口横22.7釐米，重25.6千克。1978年河南淅川下寺出土。

侈口，設蓋，蓋上抓手外張，大於器口，蓋沿設四小獸首，與器口相扣合。長頸，折肩，鼓腹下置圈足。圈足旁又設立體行走雙龍，龍首尾爲同一方向，承托全器，龍長42釐米，頸兩側設立體回首龍爲耳，間設套環，耳長42.3釐米。蓋及抓手飾透雕龍紋，肩、頸、圈足各飾變形龍紋。形體宏偉，裝飾華麗。藏河南博物院。

交龍紋壺

春秋晚期盛酒器。

高87.5釐米，重41千克。1923年河南新鄭出土。

侈口，設蓋，長頸，垂腹，圈足下置兩龍承托全器。頸兩側設回首大龍爲耳，並設環。蓋抓手外翻，飾透雕交龍紋，頸上部飾波曲紋，頸下部及腹上部均飾交龍紋，圈足飾交龍紋和雷紋。龍足爲爬行狀，俯首卷尾。此壺形體雄偉，裝飾性强。藏北京故宫博物院。

交龍紋立鶴壺

春秋晚期盛酒器。

高126釐米，重64.28千克。1923年河南新鄭李家樓出土。

侈口，設蓋，抓手爲雙層外侈透雕蓮瓣，中立一鶴，呈展翅欲飛狀。長頸，垂腹，圈足下承兩雄健咋舌龍。頸兩側設回首大龍爲耳，頸前後及腹四隅均飾立體回首龍。蓋沿飾兩頭龍紋，器壁飾交龍紋。構圖極爲複雜，鑄造技術卓越。此壺共有兩件，分别藏於北京故宫博物院和河南博物院。

蔡侯龖壺

春秋晚期盛酒器。

高80釐米，口縱18.3釐米，口横18.5釐米，重24.8千克。1955年安徽壽縣蔡侯墓出土。

侈口，設蓋，折沿，蓋頂爲透雕蓮瓣。長頸，折肩，垂腹下置圈足，圈足旁設四蹲獸，背負圈足，頭部昂起。頸兩側回首雙龍爲耳，其間有套環，蓋沿、頸、肩各飾變形龍紋。頸鑄銘文“蔡侯龖之飤壺”六字。藏安徽博物院。

莒大叔壺

春秋晚期盛酒器。

高34.6釐米，口徑8.2釐米。1988年山東莒縣中樓鄉于家溝村出土。

直口，設蓋，蓋頂設鈕。蓋邊設斜置短流，長頸稍斜，鼓腹，平底下置一沿邊。頸、腹一側置兩環，與獸首長鋬兩端之環相套，可執。頸外側鑄銘文二十八字，記載莒大叔之子平作此壺。古代周武王少昊之後封於莒，春秋時爲楚所滅，故地在今山東莒縣。莒國傳世之器甚少。藏莒州博物館。

蟠蛇紋斜頸壺

春秋晚期盛酒器。

高38釐米。

直口，設蓋，蓋呈鳥形，疑爲後配。長頸向一側傾斜，鼓腹平底。頸、腹一側設上下兩鈕，與弧形鋬兩端之鈕相套。頸部及腹部均飾蟠蛇紋，繁密精細。此壺的形制較爲少見。藏美國賽克勒美術館。

變形蟠蛇紋斜頸壺

春秋晚期盛酒器。

高39.5釐米，口徑6.7釐米，重3.2千克。1988年山西太原金勝村出土。

直口，設蓋，子口較深，子口上有矩形口，與器口可扣合，蓋頂爲一蹲踞的鳥，中空，鳥喙下唇固定，上唇可啓合，鳥爪抓住兩條小龍，龍呈掙扎狀。蓋固定後，酒可從鳥口中倒出。鳥尾羽設一鈕。壺頸稍斜，鼓腹，下承圈足。腹一側設一弓背龍爲鋬，龍口設一鈕，與蓋上鳥尾處鈕活絡鏈相套，壺口飾綯紋一周，腹飾變形蟠蛇紋四道。藏山西博物院。

公孫窹壺

春秋晚期盛酒器。

高44釐米，口徑8.5釐米，重2.85千克。1963年山東臨朐楊善鎮出土。

侈口，設蓋，蓋頂設一環鈕。長頸，鼓腹，平底下置矮圈足。蓋緣兩側設鈕，各套一大環，頸兩側設環耳，與四節活絡鏈一端相套，鏈通過蓋緣連環與提鏈兩側之環相套，成爲活絡提梁。頸外壁鑄銘文三十九字，記載公孫窹任職之年，公子土折爲其女仲姜作盤和壺。公孫窹即公孫竈，齊景公三年（公元前545年）曾參與倒慶氏的政變，後上臺執政，顯赫一時。藏山東博物館。

龍紋壺

春秋晚期盛酒器。

高18釐米，口徑7.5釐米。1978年河南固始侯古堆出土。

長頸，設蓋，蓋面微突，頂設鈕，套鑄小環。平肩，鼓腹下置蹄足。蓋面及頸飾幾何形紋，肩兩側設環形耳，腹飾對稱龍紋，紋飾精細工整。此壺造型相當少見。藏河南博物院。

龍鳳幾何形紋長柄壺

春秋晚期盛酒器。

高27.5釐米，口徑4.4釐米，重0.855千克。1988年山西太原金勝村趙卿墓出土。

方口，設蓋，爲盝頂，四坡面上各附環形鈕，蓋有子口，插入壺內。頸略收，鼓腹下垂，平底下置長柄，柄上粗下較細，近底連鑄一盤形座。蓋頂飾龍紋，頭尾相向，外圍四組幾何形紋，腹飾菱形幾何紋，長柄飾三周紋飾，上二周爲八龍紋，下一周爲八鳥紋，成對排列，龍、鳥皆爲行走狀，紋飾用黑色顏料填底。此長柄壺的柄長達13.1釐米，接近器形高度的一半，形制較爲少見。藏山西博物院。

龍紋壺

戰國早期盛酒器。

高38.1釐米，口徑13.7釐米，重5.3千克。

侈口，長頸，圓肩，鼓腹，下置圈足。腹兩側設獸面銜環，頸部飾四個獸面銜環。自頸至腹飾四道不同形式的龍紋，其間以寬帶凸棱相間隔。四種龍紋均以微縮的圖形展示，這是用當時先進的印模法反復印製而成，以新穎細緻、繁複多變的格調，成爲一種新型的工藝技巧。藏上海博物館。

龍紋壺

戰國早期盛酒器。

器成對。高48釐米，口徑15釐米，重8.025千克。

侈口，設蓋，上置四個龍形環鈕，長頸，圓肩，鼓腹，下置圈足，肩兩側設獸面環耳。通體飾五道層叠的龍紋，由多塊長方形連續圖案構成。軀干上每龍各有四枚旋轉的羽翅紋，各個小單位圖案中包含八枚羽翅紋，羽尖突起，觸之刺手，龍頭反隱匿其間，精緻繁密。這種紋飾在當時曾風行一時，爲用印模法反復印製成外範而成，範製技術相當先進。藏上海博物館。

交龍紋壺

戰國早期盛酒器。

高32.5釐米，口徑9.2釐米。1970年河北唐縣北城子出土。

侈口，設蓋，蓋面兩側設環鈕。長頸，斜肩，鼓腹，下置矮圈足，肩兩側設環耳。腹下部前後各設一鋪首銜環，頸和腹部飾交龍紋，肩部飾四獸，獸首向左呈蹲踞狀。此壺紋飾的設置比較少見。藏河北博物院。

鑲嵌龍紋壺

戰國早期盛酒器。

高52釐米，重7.34千克。1936年河南輝縣琉璃閣出土。直口，設平蓋，蓋頂設環鈕。直頸，圓肩，鼓腹下斂成平底。肩及腹下兩側各設一環鈕，正面腹下亦設一環鈕。頸飾雲紋和長鼻獸紋，腹飾回首龍紋三周，並間以菱形紋，蓋面飾回首龍紋一周。龍紋及菱形紋皆以紅銅鑲嵌。紋飾較爲少見。器成對，分藏北京故宫博物院、河南博物院。

令狐君嗣子壺

戰國早期盛酒器。

高46.5釐米，口徑14.8釐米。傳1927年河南洛陽金村出土。

侈口，設蓋，蓋上飾外張的透雕蓮瓣。短頸，鼓腹下收，下置圈足，腹兩側設套環耳。腹飾變形龍紋五道。頸外壁鑄銘文五十字，記載令狐氏之嗣子鑄壺之頌詞。令狐在今山西臨猗西，戰國時屬韓。藏中國國家博物館。

曾侯乙聯禁壺

戰國早期盛酒器。

通高112.2釐米，壺高99釐米，口徑32.8釐米，重240千克。1978年湖北隨縣（今屬隨州）擂鼓墩曾侯乙墓出土。

長方形禁上置雙壺，雙壺相同。侈口，方唇，設蓋，頂設一銜環的蛇形鈕，蓋沿外套透雕變形交龍紋蓋罩，蓋罩套住壺口。長頸，鼓腹，下置圈足，頸兩側以回首立體龍爲耳。頸飾蕉葉紋，内填變形交龍紋，腹部以十字形寬帶，將紋飾前後各分爲四區，每區均飾變形交龍紋，圈足紋飾相同。頸内壁鑄銘文“曾侯乙作持永終”七字。長方形禁似平板，中設兩個並列的空穴，壺就置於空穴上。在空穴四隅設曲尺形突起，以固定壺足。禁的長端設對稱四獸足，獸爲站立狀，獸首抬起，前肢銜托禁板。戰國青銅禁傳世未見，彌足珍貴。藏湖北省博物館。

曾姬無卹壺

戰國早期盛酒器。

器成對。高78.1釐米，口縱18.8釐米，口横20釐米，重25.13千克。安徽壽縣出土。

侈口，設蓋，蓋頂突起，四邊上各設S形飾件爲抓手。長頸，鼓腹，下承圈足，頸兩側設龍耳，龍頭向外，卷尾。頸、腹、圈足各飾交龍紋和獸目交連紋。印紋較爲草率。龍耳體部飾獸目交連紋。頸内側鑄銘文四十字，間有隔欄綫，記載曾國之女無卹望祭山川，以安水神，並作此壺。藏臺北故宫博物院。

狩獵紋壺

戰國早期盛酒器。

高39.5釐米，口徑11釐米。1982年河南洛陽中州路出土。

侈口，直頸，斜肩，鼓腹，下置圈足。肩、腹兩側設鋪首銜環爲耳。頸飾對稱鳳紋，自肩至腹的紋飾均以幾何形紋橫豎相隔成長方形，每格内均有狩獵紋：人手持刀、棒，開弓，身佩劍；動物有鹿、豹、虎、野牛、翼獸、長頸獸、鷹等。圖案反映人與獸對峙、搏鬥的場面。藏洛陽博物館。

狩獵紋壺

戰國早期盛酒器。

高39.4釐米。

侈口，直頸，斜肩，鼓腹，下置圈足，肩、腹兩側設環耳。自頸至腹均以幾何形紋橫豎相間，成長方形圖案。口沿飾對稱鳳食蛇紋；第二、第五道爲幾何雲紋；第三、第四、第六道爲狩獵紋，每一方圖案中有一人或二人，手執武器，腰佩劍與動物搏鬥，動物有鹿、豹、虎、野牛等；第七、第八道爲鳥和獸，有長頸鳥和展翅站立鳥，這與古代神話有關。圈足飾菱形紋。藏美國亞洲藝術博物館。

鑲嵌宴樂狩獵紋壺

戰國早期盛酒器。

高40釐米，口徑10.8釐米。1977年陝西鳳翔高王寺出土。

侈口，設蓋，長頸，斜肩，鼓腹，下置圈足。肩兩側設鋪首銜環爲耳。蓋中心飾火紋，蓋面飾獸紋，近緣飾鴨形鈕三個。器頸飾弋射紋，腹飾宴樂紋，其下飾狩獵紋，紋飾均以寬帶相間，原爲紅銅鑲嵌，今脱落已盡。藏鳳翔縣博物館。

鑲嵌狩獵紋壺

戰國早期盛酒器。

高35.2釐米，口徑10.9釐米。1951年河北唐山賈各莊出土。

侈口，設平蓋，蓋頂設一套環。長頸，鼓腹下斂，下置圈足。頸兩側設環耳。蓋面飾羣獸奔馳紋，頸飾幾何形紋，腹部以橫豎雙綫綯紋爲欄，整器間隔成十二區，每區皆飾狩獵紋，表現獵人手持長矛與猛獸格鬥，可辨之獸有牛、象、虎等，其上尚有雉鳥飛翔。紋飾均用紅銅鑲嵌。藏中國國家博物館。

鑲嵌宴樂水陸攻戰紋壺

戰國早期盛酒器。

高40.3釐米，口徑13.2釐米。1965年四川成都百花潭出土。

侈口，設蓋，斜肩，鼓腹，下置圈足，肩兩側設獸面環耳，蓋面設鴨形鈕三個，飾雲紋和獸紋。整器滿飾宴樂、狩獵和戰鬥場面，自肩至腹設三道箍紋，將紋飾分爲四部分内容：頸部是射禮圖和採桑圖；肩部爲宫室宴饗和鼓鐘、擊磬等情景，另一側是弋射和捕魚圖；腹部是水陸攻戰的圖像，一側爲士卒利用雲梯攻城，在城頭交戰，另一側爲水戰，兩艘戰船的上層正處於激戰狀態，下層爲槳手划船前進，已有士卒落水，水中有魚。這是當時部分生活場景的寫照，圖案生動，所有紋飾均用紅銅鑲嵌，鑄造工藝精湛。藏四川省博物館。

鑲嵌宴樂水陸攻戰紋壺

戰國早期盛酒器。

高31.6釐米，口徑10.9釐米，重3.54千克。

侈口，斜肩，鼓腹，下置圈足，肩兩側飾獸面環耳。整器滿飾宴樂、狩獵和戰鬥場面。第一道紋飾是射禮和婦女採桑圖；第二道爲宫室宴饗和鼓鐘、擊磬、打鼓等情景，另一側是弋射和捕魚圖；第三道表現水陸攻戰場面，一側爲武士攻城，士卒利用雲梯攻城，而城頭士卒奮力抗擊進攻者，另一側爲水戰，兩艘戰船的上層正處於激戰狀態，下層爲槳手划船前進，有士卒落水，水中有魚。人物畫像技術相當成熟，圖案生動。所有紋飾均用紅銅鑲嵌，鑄造工藝精湛。藏北京故宫博物院。

絡紋方壺

戰國早期盛酒器。

高40.8釐米，口縱6.5釐米，口横9.8釐米。1970年河北唐縣北城子出土。

器呈扁方形。直口，設蓋，蓋面兩側各飾鋪首銜環，鋪首雙目鑲嵌緑松石。長頸連肩，鼓腹，下置矮圈足。肩兩側設環耳，腹下部兩側各設一環。頸腹部用綯紋組成絡紋，中爲套結，紋飾樸素。藏河北博物院。

曾侯乙鏈壺

戰國早期盛酒器。

器成對。高42.5釐米，口徑10.7釐米，重5.6千克。1978年湖北隨縣（今屬隨州）擂鼓墩曾侯乙墓出土。

侈口，設蓋，蓋頂置一環鈕，有一鏈相套，另一端與提鏈相接，蓋沿内折與器口相合。長頸，鼓腹，下置圈足。頸兩側設龍耳，僅有一支點與器相接。龍頂設一環，與龍的首尾各環組成活絡鏈，與雙龍組成的提柄相套，組成提鏈。蓋面飾火紋和幾何形紋，頸飾變形交龍紋，腹飾火紋及變形交龍紋，紋飾内均以褐色和白色物填嵌。頸腹外壁有銘文"曾侯乙作持用終"七字。藏湖北省博物館。

變形獸紋鏈壺

戰國早期盛酒器。

高37.8釐米，口徑10.2釐米。1950年河南輝縣固圍村出土。

侈口，設蓋，蓋頂有鈕，與兩個活絡鏈相套。另一端則與壺的提鏈相套，蓋面設四個套環鈕。長頸，斜肩，鼓腹，下置矮圈足。頸兩側設鋪首，各套活絡鏈四節，另一端與鏈梁兩側相套。頸設四套環，肩及圈足飾綯紋，其餘皆爲變形獸紋。藏中國國家博物館。

鑲嵌鳥紋壺

戰國早期盛酒器。

高12.8釐米。

侈口，束頸，斜肩，鼓腹，下置圈足，圈足下又設小足。腹兩側設鋪首銜環。頸、腹上下各飾變形鳥紋，紋飾用銀絲或銀片鑲嵌。口沿、頸、腹及圈足各鑲嵌一道金片，整器色彩鮮麗。藏美國賽克勒美術館。

陳璋壺

又名"鑲嵌金銀鏤空網套飾壺"。戰國中期盛酒器。高24釐米，口徑12.8釐米，重6.25千克。1981年江蘇盱眙出土。

侈口，束頸，鼓腹向下收斂，下置圈足。腹部另鑄透雕龍紋外套，上部與頸相連，下部與圈足相接，外腹中間設一箍，是上、下兩部分的結合處，並置獸耳和獸面銜環各四。頸、腹箍及圈足飾錯金幾何雲紋，肩飾錯銀幾何雲紋，獸面鑲嵌緑松石。口沿内刻銘文十一字，記載器的重量和容積。圈足刻銘文二十九字，記載田齊桓公午五年(有學者認爲是齊宣王五年)，齊國戰勝燕國。陳璋參與此役，此壺爲陳璋在伐燕時所獲。藏南京博物院。另有一方壺，形制完全不同，銘文相同，藏美國賓夕法尼亞大學博物館。

鑲嵌幾何雲紋方壺

戰國中期盛酒器。

高32.1釐米。1988年湖北當陽季家湖出土。

器呈方形。侈口，設蓋，蓋上置四環鈕。束頸，斜肩，鼓腹，下置圈足。肩兩側設鋪首銜環爲耳。蓋面飾雲紋，頸飾交錯三角形紋，内填菱形紋，肩及腹飾不同形式的菱形雲紋，圈足飾雲紋。紋飾均以緑松石鑲嵌，至今尚保存較多的緑松石。此方壺器形寬大，與常見的瘦長體不同。藏宜昌博物館。

陳璋方壺

戰國中期盛酒器。

高 37.2 釐米。

侈口，束頸，鼓腹下置圈足，腹兩側設獸面銜環。器飾幾何雲紋，圈足飾菱形雲紋，均鑲嵌綠松石。腹近圈足外壁刻銘文一周二十九字，記載田齊桓公午五年（有學者認爲是齊宣王五年），齊國戰勝燕國。陳璋參與此役，此壺爲陳璋在伐燕時所獲。藏美國賓夕法尼亞大學博物館。另有江蘇盱眙出土一壺，圈足上刻相同銘文，藏南京博物院。

中山王嚳方壺

戰國中期盛酒器。

高63釐米，口每邊長15釐米，重28.72千克。1977年河北平山中山王嚳墓出土。

侈口，設覆斗形蓋，蓋坡四面各設雲形鈕。直頸，圓肩，鼓腹下斂，置方形圈足。頸、腹四隅各飾立體的飛龍，腹兩側各設鋪首銜環。器外四壁滿刻銘文，共四百五十字，記載中山王嚳命相邦賙選取伐燕所得的青銅鑄造彝壺，並告誡嗣王，要以燕國子之反臣爲主之事爲教訓，頌揚相邦司馬賙輔佐王室的忠心和伐燕的功績，闡明爲君治國之道。銘文爲研究戰國時期中山王世系提供了重要依據。藏河北博物院。

𡚱䖵壺

又名“中山王礨壺”。戰國中期盛酒器。

高44.5釐米，口徑14.6釐米，重13.65千克。1977年河北平山中山王礨墓出土。

侈口，設蓋，束頸，圓肩，鼓腹下收，置圈足。肩兩側設鋪首銜環。圈足及腹外壁刻銘文共二百零四字，記載中山王礨太子𡚱䖵爲紀念先王礨而作的悼文，歌頌先王慈愛篤厚，日夜不忘消除刑罰，又得到賢臣司馬賙，委以國家重任，適逢燕國子之無道，遂率軍征燕，取得很大戰果，𡚱䖵在新獲地區祭祀先王。銘文對研究中山國歷史至爲重要。藏河北博物院。

鑲嵌羽翅紋扁壺

戰國中期盛酒器。

高34.3釐米，口徑12.5釐米。1975年河南三門峽上村嶺出土。

侈口，直頸，扁圓形寬腹，下置長方形圈足，肩兩側設獸面銜環，腹前後各飾五道橫欄，並以交錯的直綫欄成長方格，每格内皆飾羽翅紋。口沿下和長方格欄上均鑲嵌紅銅。紋飾的綫條如游絲而毫不紊亂，其精密鑄造技術達到了前所未有的水平。這類扁壺有自名爲"匾"或"錍"者。藏河南博物院。

屌氏扁壺

戰國中期盛酒器。

高30.8釐米，口徑11.2釐米，重4.3千克。

侈口，直頸，扁圓形寬腹，下置長方形圈足。肩兩側設獸面銜環，腹前後各飾五道横欄，並以交錯的直綫欄成長方格，每格内皆飾羽翅紋。口沿下和長方格欄上均鑲嵌紅銅。肩刻銘文十八字，記載作器人爲屌氏，此壺的容量合當時制度爲三斗少半，後又刻銘爲“三斗二升少半升”。壺的兩次刻銘稍有不同。今實測此壺容量爲6.4公升，“三斗少半”的容量，每斗約爲1.94公升，三斗二升少半升的容量，每斗約爲1.94公升。齊量每斗爲2.046—2.07公升，商鞅方升每升約爲0.2公升。因此，此壺二次的刻銘，其單位容量與齊量、商鞅方升接近而稍小。戰國扁壺銘重量者不多。藏上海博物館。

錯銀幾何雲紋扁壺

戰國中期盛酒器。

高31.2釐米。

器呈扁圓形。侈口，束頸，圓肩，鼓腹下置長方形圈足，肩兩側設鋪首銜環。頸飾三角形，内填雲紋，腹以幾何雲紋爲中綫，兩側爲對稱的幾何雲紋。所有紋飾都用銀絲或銀片鑲嵌，紋飾華麗，保存情況良好。藏美國弗利爾美術館。

變形獸紋鏈壺

戰國中期盛酒器。

高37釐米，重1.85千克。1957年湖南長沙烈士公園出土。

侈口，設蓋，蓋兩側設鈕。長頸，鼓腹，下置圈足。肩兩側設獸面銜環，並連接活絡提鏈，穿過蓋兩側之鈕，與弧形的兩側置龍首的環相連。腹下部置三個獸面銜環，環已失落。口沿飾斜角雷紋，肩飾蕉葉紋，腹飾反復印製的變形獸紋。此器從出土地點、器外表的氧化層和紋飾結構分析，應屬楚器。藏湖南博物院。

絡紋扁形鏈壺

戰國中期盛酒器。

高41.6釐米，口縱8.6釐米，口横11.3釐米，重4.6千克。

侈口，設薄的平蓋。長頸，鼓腹下垂，下置矮圈足。頸兩側設環鈕，與活絡鏈兩端相套，通過蓋緣的環與弧形提梁相接。蓋面及器頸各以三個小的獸面銜環爲裝飾，蓋頂中間設鈕，有活絡鏈與器之提鏈相連。腹飾縱横交錯的綯紋，交匯處成網結，正面腹下部置一鼻。壺正面腹部突起，背面平整，其容積約爲同類壺的五分之三。器形較爲特殊。藏上海博物館。

鷹首壺

戰國中期盛酒器。

高55釐米，口徑12.5釐米，重10千克。1970年山東諸城藏家莊出土。

侈口連流，設鷹首蓋，鷹雙目突起，喙與流正好密合，且喙能啓合。束頸，鼓腹下置圈足，腹設環耳。頸兩側設小軸，套上S形活絡提梁，通過蓋邊套環，與提梁手柄兩側的活絡軸相連，提梁及器蓋的設置與衆不同。通體飾横條溝紋。此壺在使用時，一手提梁，一手提環，傾酒時，鷹喙會自動開啓。設計巧妙。藏諸城博物館。

交龍紋鳥蓋瓠壺

錯銀流雲紋壺

戰國晚期盛酒器。

高50.6釐米，口徑15釐米。1972年重慶涪陵小田溪出土。

侈口，設蓋，蓋上設三個鳥形鈕。束頸，斜肩，鼓腹下置圈足，肩兩側設鋪首銜環。蓋頂飾火紋，外圍流雲紋，壺整體飾流雲紋，活潑多姿，腹下部飾雲紋圖案一周。所有紋飾皆用銀絲鑲嵌。藏四川博物院。

交龍紋鳥蓋瓠壺

戰國中期盛酒器。

高33.5釐米，口徑5.8釐米。1967年陝西綏德出土。

侈口，設鳥蓋，鳥喙可啓合，尾下設一環。長頸向一側傾斜，鼓腹，下置圈足。腹一側設八棱形鋬，鋬有一活絡鏈，形如蛇體纏繞而成，與蓋上的鳥尾相套。腹飾六道交龍紋，均由凹形平面相隔，紋飾用印模製成。藏陝西歷史博物館。

提梁壺

戰國晚期盛酒器。

高35釐米。1980年四川成都新都馬家鄉出土。

侈口，設蓋，蓋面有四鈕。束頸，斜肩，鼓腹，下置圈足。肩兩側設獸面銜環爲耳，以棕繩爲提梁，兩端連接肩上的鋪首環耳，另有一短棕繩連接一蓋鈕和肩部一環。提梁内有多股棕繩，外層再反復套結，纏繞極密。器通體素面。以棕繩作爲青銅壺的提梁在四川屬首次發現。保存較爲完整，出土時五件爲一組。藏四川博物院。

鑲嵌幾何雲紋方壺

戰國晚期盛酒器。

高52.5釐米，口每邊長12.1釐米，重10千克。

器呈方形。口略侈，設平頂四阿式蓋，平頂四隅各設一環。長頸，圓肩，鼓腹下斂成平底，下置方形圈足，腹兩側設獸面銜環。整器滿飾斜置的幾何雲紋，佈局靈活，格式不定，圈足飾對稱的黼紋，紋飾皆以緑松石和銀絲鑲嵌，鑲嵌物基本保持完好，甚爲難得。藏上海博物館。

鑲嵌菱形紋方壺

戰國晚期盛酒器。

高46.5釐米，口每邊長11.5釐米，重6.95千克。

器呈方形。口略侈，頸較長，圓肩，鼓腹平底，下置方形圈足，腹兩側設獸面銜環。頸飾兩道上下交錯的三角雲紋，均用銀絲盤嵌，並鑲嵌緑松石。腹飾菱形紋，每個菱形紋内有四個花蒂，並有鉸鏈形紋飾相間隔，紋飾内鑲嵌緑松石，圈足飾幾何雲紋。此器紋飾主要鑲嵌緑松石和銀絲，風格富麗堂皇。藏上海博物館。

夔形獸紋方壺

戰國晚期盛酒器。

高14.5釐米，口每邊長7.2釐米，重1.2千克。

器呈方形。口稍侈，直頸，圓肩與腹相連，鼓腹向下收斂，平底下置矮圈足。腹兩側設小鋪首銜環。自頸至腹飾五道方格紋，内飾夔形獸紋，方格之間有幾何形的連續紋飾相圍繞。紋飾峻深而精工，當時應有鑲嵌物，今脱落已盡。紋飾的風格屬於戰國晚期。藏上海博物館。

燕王職壺

戰國晚期盛酒器。

高20.4釐米，口徑12釐米，重2千克。

口稍侈，直頸，圓肩連腹，向下逐步收斂成平底，下置圈足。自頸至腹飾五道不同的幾何雲紋，其中細綫條用紅銅絲鑲嵌，而在綫條轉折處鑲嵌緑松石。圈足上刻銘文二十八字，較爲具體地記載了燕昭王伐齊的重要史實，其文字不可盡識。藏上海博物館。

鑲嵌幾何形紋壺

戰國晚期盛酒器。

器成對。高24.1釐米。1973年湖北江陵藤店出土。

口略侈，設蓋，蓋上置三環。器寬肩，鼓腹，下置圈足。自頸至腹飾三角形和曲折形的幾何形紋，紋飾用紅銅鑲嵌，並以弦紋間隔。藏荊州博物館。

鑲嵌雲龍紋壺

戰國晚期盛酒器。

高19.3釐米，重1.15千克。1966年陝西寶鷄出土。

口略侈，外沿有一周加厚的寬邊。直頸，鼓腹，下置圈足，腹兩側設獸面銜環爲耳。腹飾龍紋，其周圍爲各種形式的雲紋，所有紋飾用金、銀、绿松石和朱紅色的琉璃鑲嵌。特别是在凹槽内鑲嵌朱紅琉璃的方法，是青銅鑲嵌工藝的創新。藏寶鷄青銅器博物院。

魏公扁壺

戰國晚期盛酒器。

高31.7釐米，高3.96千克。

侈口，短頸，扁腹下置長方形圈足。肩兩側設鋪首銜環。腹部紋飾前後各設五道橫欄，並以交錯的直綫欄成長方格，每個長方格欄中的圖案由許多交錯的羽翅紋構成。各個單位用印模製範，然後澆鑄。壺的口沿、頸及横竪格欄均用紅銅鑲嵌。圈足刻銘文“魏公酖三升二斗取”八字，記載此爲魏公之扁壺，容積爲三斗二升。藏北京故宫博物院。

鑲嵌幾何形紋壺

戰國晚期盛酒器。

高74釐米，口徑19.9釐米，重13.3千克。1965年江蘇漣水三里墩出土。

侈口，設蓋，蓋頂抓手上立一鳥，旁又設三小鳥。長頸，鼓腹，下置圈足，圈足下又設三鳥爲足，鳥爲展翅狀，肩兩側設龍首環耳。器頸飾曲折紋，腹飾菱形紋，間以雲雷紋，紋飾皆錯銀或鑲嵌緑松石，這是戰國中晚期流行的紋飾。蓋和足以鳥爲裝飾，造型特殊。藏南京博物院。

曲頸壺

戰國晚期盛酒器。

高34釐米。陝西米脂官莊出土。

長頸向一側彎曲，小口設在彎曲的上方。鼓腹，下置圈足。此器是秦國常見的蒜頭壺形式，但在頸部做了變化而成爲曲頸的蒜頭壺。作用與壺相同，唯在蒜頭處會留存酒液，使用時會有不便。造型較爲少見。藏米脂縣博物館。

長頸壺

戰國晚期盛酒器。

高52.5釐米，口徑3.2釐米，重3.485千克。

小口，頸甚長，達33釐米，中部稍上置一箍圈，爲兩段接鑄。自頸根部逐步擴大爲肩和腹，腹呈圓球形，平底，底的中心有一略爲突起的圓塊，腹兩側設獸面銜環。這類頸部特别長的壺傳世很少見。此壺器壁較薄，在鑄造技術方面是一個新的突破。藏上海博物館。

魚壺

戰國晚期盛酒器。

高32.5釐米，重2.4千克。

器呈魚形。張開的魚嘴爲壺口，魚尾爲圈足，造型特殊，形象逼真。腹兩側設獸首銜環爲耳。魚壺傳世較爲少見。藏北京故宫博物院。

鼓牛蓋壺

又名“立牛壺”。戰國晚期盛酒器。

高35.5釐米。1972年雲南江川李家山出土。

斂口，設蓋，蓋爲一銅鼓，上立一牛，牛角翹起，尾下垂。器長頸，向下逐步寬大，斜肩，鼓腹，平底。鼓與牛的形象在雲南地區青銅器中常見，此壺將鼓與牛作爲器蓋，則極少見。藏雲南省博物館。

安邑下官鍾

戰國晚期盛酒器。

高56釐米，口徑19釐米。1966年陝西咸陽塔兒坡出土。侈口，設蓋，蓋上置三鈕。束頸，圓肩，鼓腹下置圈足，肩兩側設獸面銜環。自頸至腹設四道寬帶，帶上原有鑲嵌物已脱落，器外壁刻銘文二十七字，記載此器名爲安邑下官鍾，在七年九月賡嗇夫栽治吏爲鑄器官吏，此外尚刻"至此"和"十三斗一升"等字。此爲魏國器，後落入秦人手中，故出土於秦地。圓形的大壺在戰國晚期有自銘爲"鍾"者。器上刻有當時容積銘文，成爲標準量器，爲研究戰國晚期度量衡制度提供了實物資料。藏咸陽博物院。

錯金吉語鍾

原名“鳥篆紋壺”。西漢中期盛酒器。

高44.2釐米，口徑15.1釐米。1968年河北滿城陵山劉勝墓出土。

侈口，設蓋，蓋面設三個雲狀長鈕，中心爲一盤龍。束頸，鼓腹，下置圈足。器口、頸、腹各設一條稍有突起的寬沿。蓋折沿及器口沿飾雲紋，頸沿飾鳥紋，腹沿及圈足飾各種動物，各具形態。蓋面三鈕間鑄銘文，爲“糅蛙蓋”三字。器頸銘“蓋圜四叕，儀尊成壺”八字。上腹部銘“盛兄盛味，于心佳都，揸于”十字。下腹部銘“口味，充閏血膚，延壽却病”十字爲吉語。銘文有省筆。紋飾及銘文均用纖細的金銀絲鑲嵌。藏河北博物院。

楚大官鍾

原名"鎏金銀蟠龍紋壺"。西漢中期盛酒器。

高59.5釐米。1968年河北滿城陵山劉勝墓出土。

侈口，設蓋，蓋面設三個雲紋鈕。束頸，鼓腹，下置圈足，腹兩側設鋪首銜環。蓋面、蓋沿、器口、圈足各飾雲紋，頸飾三角形雲紋，腹飾盤龍紋。紋飾綫條粗獷，皆以金銀片鑲嵌。壺底刻銘文："楚大官，槽，容一石□，並重二鈞八斤十兩，第一。"十八字。藏河北博物院。

甄氏鍾

西漢盛酒器。

高45釐米，口徑14.2釐米。1968年河北滿城陵山中山靖王墓出土。

侈口，設蓋，蓋上設三個雲紋鈕。束頸，鼓腹，下置圈足，腹兩側設鋪首套環。壺鎏金，其中肩、腹中部和圈足下部鎏銀。蓋面及器各部飾用格紋琉璃鑲嵌的菱形紋，並在菱形紋的尖角處設銀乳釘，整器色彩艷麗，莊重華貴。蓋子口上刻“甄氏”二字，器底刻“甄氏大官，五斗五升，今長樂飤官”十三字。“大官”即“太官”，“長樂飤官”是主膳食的長樂食官，可見此壺曾爲長樂宮中所有，是皇家所用之物。藏河北博物院。

陳公孫䢅父甇

春秋中期盛酒器。

高28.5釐米。1978年山西聞喜上郭村出土。

器呈扁方形。侈口，束頸，鼓腹下收成平底。頸兩側設環耳，正面腹下部亦設一環。頸部中間爲相背龍紋，兩側爲兩頭龍紋。頸外側鑄銘文二十字，記載陳公孫䢅父作旅甗。“甗”應是器的自名，也可寫作𤭛，即甇。《廣雅·釋器》：“甇，瓶也。”《玉篇·瓦部》：“瓶，汲器也。”可盛酒，也可用於汲水。藏山西博物院。

二祀邲其卣

商代晚期盛酒器。

高38.4釐米，重8.86千克。1940年河南安陽出土。

直口，設高蓋，鼓腹，下置圈足，頸兩側設環，提梁兩端與之相套。蓋緣飾長鼻獸紋，器頸前後各設浮雕小獸首，兩側配置長鼻獸紋，圈足飾彎角龍紋。器、蓋同銘，各鑄“亞獏父丁”四字。圈足外底又鑄銘文三十七字，記載王命令邲其貺賜甕在夆地的田，㝵贈邲其五朋貝，此事發生在紂王帝辛二年正月丙辰日，正值大乙的配偶妣丙肜日之祭，並用祼酒祭祀上帝之時。藏北京故宮博物院。

六祀邲其卣

商代晚期盛酒器。

高23.7釐米，重1.98千克。1940年河南安陽出土。

直口，設高蓋，鼓腹下置圈足，提梁兩端設環。蓋緣和器頸飾對稱的長鼻獸紋，圈足飾彎角龍紋。器、蓋銘文略異，器鑄二十八字，蓋鑄二十九字，記載乙亥日，邲其受賜於作册孯兩種玉器，因而爲祖癸作此器，時值六年六月羽日之祭。銘文中“亞獏”是族氏之名。藏北京故宮博物院。

戉箙卣

商代晚期盛酒器。

高33.3釐米，口縱13.7釐米，口横15釐米，重6.63千克。

器呈橢圓形。直口，設高蓋，蓋頂設菌形鈕爲抓手。束頸，前後連接一條寬扁的提梁，可左右擺動，鼓腹，下置圈足。蓋面和器腹飾外卷角獸面紋，雙目特巨，炯炯有神，腹部獸面紋兩側配置曲折角小龍，蓋沿飾彎角龍紋，頸飾對稱的長頸鹿角鳳紋，圈足飾立耳龍紋，均以精細的雷紋爲地。自蓋面至圈足均設四等分棱脊。蓋内鑄銘文“戉箙”兩字。器口内壁鑄銘文“辰吴辰”三字。器爲清宫舊藏。藏上海博物館。

亞伐卣

商代晚期盛酒器。

高22釐米，口縱8釐米，口横9.5釐米，重2.2千克。河北靈壽西木佛村出土。

器呈橢圓形。直口，設高蓋，蓋頂置鈕。短頸，鼓腹，下置圈足。頸前後設鈕，提梁兩側龍首與之相套。自蓋至圈足，前後左右各設棱脊一道。蓋面飾外卷角獸面紋，蓋沿的鳥紋是其配置。腹部飾外卷角獸面紋，頸部的鳥紋和圈足的龍紋是其配置。器、蓋同銘，各鑄銘文“亞伐”兩字，記載器爲亞伐所有。藏石家莊市博物館。

戈卣

商代晚期盛酒器。

高37.7釐米,口縱13.2釐米,口横15.3釐米,重7.5千克。

1971年湖南寧鄉黄材村出土。

斂口,設高蓋,束頸,鼓腹,下置圈足。器、蓋前後及兩側皆出棱脊,頸兩側設環,與提梁兩端的外卷角獸首相套。提梁飾龍紋,蓋面飾直條紋,蓋沿、器頸、腹及圈足均飾對稱彎角鳳紋。同一器飾四種不同形式的鳳紋,較少見。器、蓋同銘,各鑄"戈"字。戈爲商周之際的大族,傳世器物較多。藏湖南博物院。

史卣

商代晚期盛酒器。

高41.5釐米。1994年山東滕州前掌大村出土。

斂口,設高蓋,蓋頂爲六個蟬紋組成的短柱鈕。束頸,鼓腹,下置圈足。頸兩側設羊首環,提梁兩端有環與之相套。提梁中間飾浮雕龍首,兩側爲體軀,體軀上飾小的火紋。蓋緣、蓋沿、器頸和圈足各飾雙體龍紋,體軀上下均飾火紋。蓋面和器腹飾直條紋。器内鑄銘文"史"字。此器出土時内盛透明的液體,有可能是當時貯存的酒。藏中國考古博物館。

獸面紋卣

商代晚期盛酒器。

高39.4釐米，口徑12.3釐米，重6.39千克。

直口，設高蓋，蓋頂設有六隻蟬紋組成的柱。短頸，腹稍鼓作直筒形，下承圈足。頸兩側設鈕，與提梁兩端之獸首相連，自蓋面至圈足均勻地設四條棱脊。蓋面飾獸面紋，蓋沿配置龍紋。頸中間浮雕小獸首，配置兩側回首龍紋。腹飾長頸鹿角獸面紋，上沿的四鳥和圈足的龍紋是其配置。這類體軀呈直筒形的卣傳世較爲少見。藏日本泉屋博古館。

亞址卣

商代晚期盛酒器。

高35.8釐米，口縱13.5釐米，口橫15釐米，重10千克。

1990年河南安陽殷墟郭家莊商代墓葬出土。

直口，設高蓋，蓋頂設菌形鈕。束頸，鼓腹圜底，下置圈足。頸、腹兩側設鈕，提梁兩端的龍首環與之相套。自蓋面至圈足均勻地設四條棱脊，蓋邊兩側有突出彎勾狀脊，脊的正面飾蟬紋，蓋面飾放射形的直條紋，蓋緣飾對稱的長尾鳥紋，蓋折沿、器口沿及圈足各飾長尾鳥紋，頸飾直條紋，腹飾對稱彎角鳥紋，提梁飾龍紋。器、蓋同銘，各鑄“亞址”兩字。藏中國考古博物館。

亞址方卣

商代晚期盛酒器。

高33釐米,口縱11.8釐米,口横21.6釐米,重8.2千克。

1990年河南安陽殷墟郭家莊商代墓葬出土。

口微斂,設蓋,蓋頂設對稱矩形爲抓手,邊折沿。深腹下垂,下置四柱足,頸兩側設環鈕,綯索形提梁與兩環相套。蓋沿及器頸各飾虎耳獸面紋,獸面紋的上下均以連珠紋爲欄。器、蓋同銘,各鑄"亞址"兩字。本器形制似卣,卣是酒器,但此器出土時器蓋密合,器腹内尚存未完全腐爛的豬肉、肉皮及肋骨,肉之體積佔器腹之大半。盛肉食之器應是鼎屬,該墓同時還出土方鼎和圓鼎。此器形制奇特,既設提梁,又將蓋罩於器口之外,應屬於卣,這在殷墟考古發掘中也是首次發現。藏殷墟博物館。

父戊方卣

商代晚期盛酒器。

高38釐米，重5.78千克。

器呈方形。斂口，設蓋，蓋呈四阿形。器折肩，鼓腹下置方圈足，肩兩側設繫，提梁兩側的獸首與之相套。四隅及每面中綫皆出棱脊。蓋面飾曲折角獸面紋，蓋沿配置回首龍紋。肩中間設獸首，兩側配置卷體龍紋。腹飾曲折角獸面紋，上沿的鳥紋和圈足的龍紋是其配置。器内鑄銘文“□□父戊”四字。此器形制規正，紋飾華麗。方卣的形制尤爲少見。藏北京故宫博物院。

禺卣

商代晚期盛酒器。

高23.2釐米，口徑17.9釐米。1957年山東長清興復河出土。

斂口，設蓋，蓋頂設圓形抓手。鼓腹。下置圈足。頸兩側設貫耳，與蓋面的貫耳、抓手旁的穿孔相連，可穿繩索提携。蓋面及器頸飾相間的火紋和四瓣目紋。器内底鑄銘文“禺作祖辛尊彝”六字，記載禺爲祖辛作此器。此器形制較爲少見。藏山東博物館。

鴟鴞卣

商代晚期盛酒器。

高19.7釐米。1957年山西石樓縣二郎坡出土。

器由相背佇立的兩個鴟鴞組成。蓋兩側爲鴟鴞首，上有外卷角，雙目圓睁，鈎喙突出器外。卣體爲鴟鴞體軀，兩側飾羽翼，旋轉向上，下爲鴞足。頸兩側設浮雕獸首，中空，可穿繩索提携。藏山西博物院。

鴟鴞卣

商代晚期盛酒器。

高21釐米，口縱11.5釐米，口橫12.5釐米。1980年河南羅山後李村出土。

器由兩個相背佇立的鴟鴞組成，但不見鳥首。蓋飾對稱外卷角獸面紋，腹部的紋飾與鴞體相同，卣的口沿處尚飾小龍，垂腹下置四短足，粗壯有力，並飾龍紋。器外底飾龜紋。腹兩側設環，有龍首與之相套，並連接龍體爲提梁。此器與一般鴟鴞卣不同，但器、蓋吻合，也可能是當時錯配。藏河南博物院。

鸮鴞卣

豕卣

商代晚期盛酒器。

高14.1釐米，口徑9.1釐米，重0.94千克。

圓口，失蓋。器呈橢圓形，腹兩側各飾一豕首，大葉形耳向上豎起，直至器口，雙目圓睁，向下突起的大鼻最肖似，有兩個鼻孔，腹下飾四蹄，蹄端各向前方。腹飾細綫條的羽狀紋和繁密華麗的雷紋，器兩側有如意頭爲鈕，腹下飾對稱蟬紋。豕卣雖失蓋，但豕的頭部已完整地顯露在器腹上，這與鴟鴞卣（蓋是鴟鴞的頭部）的設計方法有所不同。豕形作卣相當少見。藏上海博物館。

虎卣

商代晚期盛酒器。

高35.2釐米。傳湖南安化出土。

整體作猛虎蹲踞狀，虎口怒張，露出闊方的板牙和尖鋭的獠牙，胸前置一怪人，手足俱爲四指，頭部正在虎口中。虎的前爪攫撲怪人背部。怪人之足曲膝立於虎的後爪上，人頭轉向左側面，髮至後頸截齊，上臂及肩部飾鳥紋，臀至大腿飾對稱的蛇紋。虎的前足飾回首龍紋，下面另有一小龍，大龍頭側有一更小的龍，龍角都呈長頸鹿角形。虎的後足飾卷鼻形似貘的走獸，尾端飾龍紋，虎背後飾牛角獸面紋，獸面的鼻下部連着一條虎尾。蓋頂立一小獸，蓋面飾對稱龍紋，肩飾提梁，提梁兩端爲具獠牙的獸首。虎粗壯的後爪和卷曲的尾部，成爲本器穩健的支點。整器造型莊嚴威猛。虎卣傳世共兩件，分藏於法國賽努奇博物館（見圖二）和日本泉屋博古館（見圖一）。

虎卣（一）

虎卣（二）

保卣

西周早期盛酒器。

高25.8釐米，口縱9.4釐米，口横12.2釐米，重3.25千克。傳1948年河南洛陽出土。

直口，設蓋，蓋頂設橢圓形抓手。束頸，鼓腹，下置圈足。提梁兩側設龍首，蓋面及器頸各飾回首連體龍紋，圈足飾兩首龍紋，圈足外底飾蟬紋。器、蓋同銘，各鑄四十六字，記載王命令保逮獲殷和東國的五個諸侯，廢亡了包括殘殷在内的六國，王贊美保的功績，並有賞賜，因此保爲父癸宗廟作此禮器，當時正值王舉行大祀，四方諸侯會合助祭，時爲二月既望。藏上海博物館。

大保卣

西周早期盛酒器。

高23.4釐米。傳河南濬縣出土。

整器似一蹲坐的鷙鳥，鳥首平視，有長喙，上部可啓合，頂部兩條長冠垂於背後，鳥頂後部設蓋，腮兩側垂物似吐綬鷄，鼓腹飾鳥翼。兩前爪粗壯並作彎曲狀，後尾羽下垂着地，組成三支點。頸兩側設環，與扁形提梁兩端之環相套。器上鑄“大保鑄”三字。大保封於召，稱召公，曾助武王克商，是周初輔佐國政的重臣。藏日本白鶴美術館。

叔趯父卣

西周早期盛酒器。

高27釐米，口縱13釐米，口横15.5釐米，重4.8千克。1978年河北元氏西張村出土。

直口，設蓋，蓋頂設橢圓形抓手。短頸，垂腹，下置圈足，頸兩側設獸首連接提梁，蓋緣及器頸飾回首鳳紋，尾羽長卷。器、蓋同銘，各鑄六十二字，記載叔趯父對其弟的教誨，並爲其鑄酒器，以宴饗君上軧侯，招待使臣。叔趯父爲邢侯大臣，後被派往軧國作執政大臣。此卣銘文結構特殊。傳世同出兩卣、一尊，銘文相同。藏河北博物院。

召卣

西周早期盛酒器。

高22.6釐米，口縱9.9釐米，口横13.9釐米，重2.8千克。傳河南洛陽出土。

直口，設蓋，蓋頂設橢圓形抓手。束頸，垂腹，下置圈足，提梁兩端設獸首，蓋面及器頸前後各飾浮雕犧首。器蓋同銘，各鑄四十六字，記載九月甲午，伯懋父在炎地賜給召一匹黄色脊背和黑鬃的白馬，事後召鑄此卣，以追記賜馬之事。藏上海博物館。

召卣

又名"召睘器"。西周早期盛酒器。

高9.5釐米，口徑9.6釐米。

器呈直筒形。口沿兩側各飾環耳。頸飾回首鳥紋一周，腹部紋飾斜置，變形龍紋和重疊雷紋一一相間，腹中間並設凸棱一周，圈足飾蛇紋一周。腹内壁鑄銘文四十四字，記載十二月初吉丁亥日，周王在嫢地將畢地的土地五十里賞賜給召，召不敢忘記王之美賜，爲欳宫作旅彝。此召卣與上海博物館藏另一召卣的器形、紋飾、銘文均不同。藏中國國家博物館。

叔卣

西周早期盛酒器。

高19.3釐米，重2.82千克。

直口，設蓋，蓋頂設橢圓形抓手。垂腹，下置圈足，器蓋兩側及前後各設貫耳。蓋緣及器口沿各飾獸面紋一周。器、蓋同銘，各鑄三十二字，記載王在宗周舉行祭祀，王姜遣叔爲大保做事，大保賞賜叔黑黍釀的香酒、銀和宗廟祭祀所用的牛，叔答揚大保的美意，作此尊彝。藏北京故宫博物院。

作册翻卣

西周早期盛酒器。

高22.3釐米，口縱9.1釐米，口横12.2釐米，重2.3千克。傳1929年河南洛陽邙山出土。

直口，設高蓋，蓋頂設橢圓形抓手。束頸，垂腹，下置圈足。頸兩側設環，與提梁兩端之環相套。器頸前後各飾一小獸首。器、蓋同銘，各鑄二十五字，記載明保和諸侯都來成周朝見周王的這一年，公賞賜翻的物品有鬯酒和貝，翻爲祭祀他的父親而作此卣。翻的官職是作册，負責起草册命、文書，並參與各種重要的禮儀場合。藏上海博物館。

作册魖卣

西周早期盛酒器。

高23.4釐米，重2.58千克。傳河南洛陽出土。

直口，高蓋，蓋頂設橢圓形抓手。垂腹，下置圈足，提梁兩端設羊首。器、蓋同銘，各鑄六十三字，記載二月既望乙亥日，公大史完成了對君主的朝覲，其地位被官員們所了解，在四月既生霸庚午日，王遣送公大史，公大史在豐地賞賜作册魖馬，爲宣揚公的休美，魖爲日己作此尊彝。藏北京故宫博物院。

作册嗌卣

西周早期盛酒器。

高31釐米，口縱11.7釐米，口橫15.9釐米，重4.5千克。

直口，束頸，垂腹，下置圈足，提梁兩端設外卷角獸首。提梁及器頸各飾回首龍紋一周。腹内底鑄銘文六十四字，叙述殤子之痛，内容獨特。藏上海博物館。

鈇卣

西周早期盛酒器。

高36釐米，口縱11.6釐米，口橫14.8釐米，重6.5千克。1971年陝西涇陽高家堡出土。

直口，設蓋，蓋沿較高，頂飾圓柱形抓手。鼓腹，下置圈足，頸兩側設環，有龍首與之相套，並連成一提梁。蓋面及器腹飾對稱卷體獸紋，蓋沿及圈足飾對稱龍紋。頸中間設一獸首，兩側爲蜿蜒的長體軀，是一首雙體龍紋。蓋内鑄銘文“鈇作父戊尊彝戈”七字，記載戈氏名鈇者爲其父戊作器。藏陝西歷史博物館。

庚姬卣

又名"商卣"。西周早期盛酒器。

高38.6釐米，口縱13.2釐米，口橫16.7釐米，重8.2千克。1976年陝西扶風莊白村出土。

直口，設高蓋，蓋頂設蟬紋柱鈕爲抓手。鼓腹，下置圈足，蓋面、腹部、圈足兩側各設棱脊。頸兩側設環與提梁兩端的龍首相套。蓋面及腹飾外卷角獸面紋，蓋沿、器頸及圈足各飾彎角鳥紋。器、蓋同銘，各鑄三十字，記載五月丁亥日，在行禘祀禮後，賞賜庚姬三十朋貝，庚姬取此二十寽的賞賜爲文辟日丁作卣。藏寶鷄市周原博物館。

曲折雷紋卣

西周早期盛酒器。

高25釐米，口縱13.8釐米，口橫16.8釐米，重4.18千克。

直口，設高蓋，蓋頂設圓形抓手。束頸，垂腹，下置圈足。體部較矮，與一般常見的橢圓形體不同。提梁兩端設龍首。蓋面及腹部飾曲折雷紋，頸部前後各設一浮雕的小獸首，兩側配置長冠鳥紋。器、蓋同銘，各鑄"作宗寶彝"四字，無作器人名，是器主爲宗室所作的禮器。藏上海博物館。

䚄卣

西周早期盛酒器。

高27.5釐米，口縱7釐米，口横10.8釐米，重3千克。

直口，設高蓋，蓋頂設橢圓形抓手。垂腹，下置圈足，提梁兩端設羊首。蓋面、蓋沿、腹及圈足各飾不同的獸面紋，頸部中央設浮雕獸首，兩側配置回首龍紋，紋飾均由突出器表的單綫陽文組成。器、蓋同銘，各鑄十七字，記載䚄爲母辛作此卣。䚄卣傳世有兩件，分藏於北京故宫博物院和上海博物館。

伯格卣

西周早期盛酒器。

高27.9釐米，口縱8.5釐米，口横10.7釐米，重3.17千克。1981年陜西寶鷄竹園溝出土。

直口，設蓋，蓋頂由四獸首組成的柱頂高聳，折沿甚高。短頸，鼓腹下置圈足，頸兩側設環，提梁兩端之羊首與環相套，提梁轉折處設立體牛首。器自蓋至圈足前後及兩側各設棱脊，蓋面及腹部飾外卷角獸面紋，角呈多節狀，尖端翹出器壁，蓋折沿飾回首龍紋，頸中間爲浮雕獸首，兩側配置回首龍紋，圈足飾對稱龍紋。器内底鑄銘文“伯格作寶尊彝”六字。此卣紋飾精緻，提梁轉折處設牛首較爲少見。藏寶鷄青銅器博物院。

見卣

西周早期盛酒器。

高37.2釐米，口縱12.9釐米，口横15.4釐米，重8.78千克。

直口，設高蓋，蓋頂爲六隻蟬紋組成的短柱。束頸，鼓腹，下置圈足。頸兩側設環，與提梁兩端飾外卷角獸首之環相套。自蓋面至圈足四周皆出鈎形棱脊，蓋面及腹部皆飾對稱的回首花冠龍紋，長冠着地並有裝飾，這是將龍首裝飾在鳳的體軀上。蓋沿及圈足飾變形龍紋，器頸中間爲浮雕外卷角獸首，兩側配置回首龍紋。紋飾極精麗。器、蓋同銘，各鑄“見作寶尊彝”五字。藏日本泉屋博古館。

㭷伯卣

西周早期盛酒器。

高42.6釐米，口徑19釐米，重9.2千克。

直口，設高蓋，蓋頂由六個蟬紋組成柱形抓手，蓋邊折沿。鼓腹，下置圈足。頸兩側設環，提梁兩端的龍首環與之相套。自蓋至圈足，兩側及前後皆出棱脊。提梁飾回首龍紋，提梁兩端設龍首，其角似手掌形，上有五叉呈放射狀，中間尚有一目。蓋面飾外卷角獸面紋，蓋沿配置對稱鳥紋，頸中間設浮雕外卷角小獸首，兩側配置鳥紋，腹飾外卷角獸面紋，圈足配置對稱龍紋。器、蓋同銘，各鑄十四字，記載㭷地的君長名詿，爲豐作此寶彝。此豐或爲衛康叔豐。藏北京保利藝術博物館。

獸面紋卣

西周早期盛酒器。

高30.6釐米，口徑9.3釐米，重4.3千克。

直口，設高蓋，蓋頂設蟬紋組成的柱鈕爲抓手。束頸，寬腹，下置圈足。頸設牛首，兩側設鈕，與提梁兩端之環相套。蓋沿、器頸、腹上部及圈足各飾彎角鳥紋，蓋面及腹部飾牛角獸面紋，角尖翹出器表，提梁飾彎角龍紋。這類束頸的筒形卣產生於商代晚期，盛行於西周早期，傳世數量甚少，西周中期以後就基本未見。藏上海博物館。

鳳紋卣

西周早期盛酒器。

高27.6釐米，口徑10.5釐米，重4.89千克。

直口，設高蓋，蓋頂爲六個蟬紋組成的抓手。蓋沿兩側挑出器外，鼓腹下垂，下置高圈足。提梁縱向，兩端設龍首，龍角作多齒狀，中有一目紋。提梁飾連體回首龍紋，蓋面、器頸、圈足各飾鳳紋，蓋沿及腹部飾對稱的多齒冠鳳紋，鳳角有目紋，三齒兩鈎，長尾下垂處又飾一尖角小鳥。器除四周設棱脊外，腹上部還設四條粗大的棱脊，爲此卣增加了氣勢。藏上海博物館。

神面紋卣

西周早期盛酒器。

高33.8釐米，口徑14釐米，重4.23千克。傳陝西出土。

侈口，設高蓋，蓋頂圓拱，緣呈直壁，頂飾一鴞鈕。器頸略收束，鼓腹下垂，下置圈足。頸兩側設環鈕，與提梁兩端象首之環相套，提梁頂部設對稱角狀飾，其上部兩側設獸首。提梁外側中間凹陷，並飾鱗紋，這與通常卣的提梁外側完全平整的形式不同。整器自蓋至圈足兩側設棱脊。器、蓋各飾神面紋，上有外撇的角，雙目圓睁，上下眼瞼裹住眼球，高鼻梁，寬嘴露牙，兩側設耳。圈足飾雙體龍紋。前後口腹之際各設一立體獸首。器、蓋同銘，各鑄“作乍寶尊彝”五字，無作器人名。這件神面紋卣的裝飾，是古人在創造神的過程中某種願望的反映，是古代神話難得的實物例證。藏北京保利藝術博物館。

濕伯卣

古父己卣

西周早期盛酒器。

高33.2釐米，口徑15.7釐米，重6.16千克。

器呈直筒形。直口，設高蓋，蓋頂設圓形抓手。提梁兩端及彎折處皆設獸首。蓋面飾牛角獸面紋，牛角稍翹出器表，兩側配置相背的彎角鳥紋，腹部牛角獸面紋的上下欄均配置對稱豎耳龍紋，上欄中央浮雕立耳小獸首，整體以大面積的淺浮雕與細雷紋爲地，取得良好的裝飾效果。器、蓋同銘，各鑄“古作父己彝亞”六字。“古”原爲商代國族名，此族在西周時還繼續存在。藏上海博物館。

㶉伯卣

西周早期盛酒器。

器成對。高29釐米，口徑12釐米。1967年甘肅靈臺白草坡出土。

器呈直筒形。直口，設高蓋，蓋頂有圓形抓手，近頸部兩側設環鈕，與提梁兩端羊首相套。提梁飾龍紋，蓋緣飾回首龍紋，頸部前後各設一小牛首，兩側配置回首龍紋，近圈足飾龍紋一周。器、蓋同銘，各鑄“㶉伯作寶尊彝”六字，記載此卣爲㶉伯所作。藏甘肅省博物館。

㔶伯卣

西周早期盛酒器。

器成對。高32釐米，口徑13釐米。1972年甘肅靈臺白草坡出土。

器呈直筒形。直口，設蓋，蓋頂有圓形抓手，近頸部兩側設環鈕，與提梁兩端牛首相套。提梁飾龍紋，蓋緣及圈足飾對稱鳳鳥紋，頸部前後各設一牛首，兩側配置鳳鳥紋。器、蓋同銘，各鑄"㔶伯作寶尊彝"六字，記載此卣爲㔶伯所作。藏甘肅省博物館。

鳥紋卣

又名"直紋卣"。西周早期盛酒器。

高26.6釐米，口徑10.5釐米。1980年陝西寶鷄竹園溝出土。

器呈直筒形。直口，設蓋，蓋頂設圓形抓手，腹上部兩側設環，提梁兩端的獸首與環相套。蓋面及腹上部飾回首長冠鳥紋，其下飾兩道直紋，中有空隙，最下又飾鳥紋一周。紋飾安排風格清新。直筒形卣傳世較爲少見。藏寶鷄青銅器博物院。

弜季卣

西周早期盛酒器。

高23.5釐米，口縱12.5釐米，口横15.5釐米。1980年陝西寶鷄竹園溝出土。

侈口，設蓋，蓋頂設圓形抓手。束頸，鼓腹下垂，下置四個扁形蹄足。頸兩側設環，提梁兩端的獸首與之相套。蓋及頸的中間飾浮雕虎耳獸首，兩側飾回首鳥紋。器、蓋同銘，各鑄銘文“弜季作寶旅彝”六字，記載器爲弜季所作，同銘之器尚有一尊。此卣造型獨特，與中原地區其他的提梁卣不同。藏寶鷄青銅器博物院。

曆季卣

西周早期盛酒器。

高21.8釐米，口縱11.3釐米，口横13.8釐米，重2.28千克。傳湖北安居東崗村出土。

侈口，設蓋，蓋頂設橢圓形抓手。長頸，兩側各置一繫，垂腹圈足，腹一側設一獸首鋬，與一般提梁卣的形制不同。器、蓋同銘，各鑄“鄂侯弟曆季作旅彝”八字，表明此卣爲鄂侯弟曆季所作。藏上海博物館。

晉伯卣

西周中期盛酒器。

高27.5釐米，口縱15.5釐米，口横16.2釐米，重5.07千克。

直口，設高蓋，蓋面兩側有高起的犄角。束頸，鼓腹，下置圈足。頸兩側設環，提梁兩端設大卷耳牛犢形獸首與之相套，器頸前後各設一浮雕獸首。器、蓋同銘，各鑄十三字，記載晉伯作此卣。範季融、胡盈瑩夫婦捐贈。藏上海博物館。

静卣

西周中期盛酒器。

高22.7釐米，口縱10釐米，口横12.3釐米。

斂口，設高蓋，蓋頂設圓形抓手。束頸，鼓腹，下置圈足。頸兩側設半環，繩索形提梁兩端之環與之相套。蓋面飾龍紋一周，器頸中間浮雕一小獸首，兩側配置龍紋。器、蓋同銘，各鑄三十六字，記載四月初吉丙寅日，王在葊京，賞賜静以弓。據静簋銘文“王命静嗣射學宫”，静精於射技，周王先賜静弓，然後命之司射學宫。藏臺北故宫博物院。

繁卣

西周中期盛酒器。

高20釐米，口徑12.5釐米，重3.84千克。

直口，設高蓋，蓋頂設圓形抓手。束頸，垂腹，下置圈足。頸兩側設環，提梁兩端獸首與之相套。蓋緣和器頸均飾對稱鳥紋，提梁飾蟬紋。器、蓋同銘，各鑄六十二字，記録公在彡祀中祭祀辛公事。彡祀開始於九月初吉癸丑日，至辛亥日，共五十九日。在此期間曾舉行過若干次祭祀，而以辛亥日祭祀辛公。這樣盛大的祭祀進行得很順利，公稱揚繁，並賞賜以宗廟中盛酒的尊彝、一輛車和二匹馬。由此銘文可以推知，周人祭祀祖考，其日期的天干與祖考名號的天干相同。公是或族之長，有資格主持彡祀，而繁不是嫡子，衹能參與祭祀。藏上海博物館。

競卣

西周中期盛酒器。

高20.2釐米，口縱8.9釐米，口横12.3釐米，重2.47千克。傳1926年河南洛陽邙山廟溝出土。

直口，設高蓋，蓋頂設圓形抓手，蓋面兩側挑起。束頸，垂腹，下置圈足甚大。頸兩側設環，與提梁兩端羊首内之環相套。蓋緣飾長喙鳥紋，器頸中間浮雕小獸首，兩側配置長喙鳥紋。器、蓋同銘，各鑄五十一字，記載伯犀父命令競伐南淮夷，正月既生霸辛丑日，伯犀父在官署稱譽競，並賞賜競玉章，競爲父乙作此卣。藏日本泉屋博古館。

啓卣

西周中期盛酒器。

高22.7釐米，口縱10.5釐米，口橫11.8釐米。1969年山東黄縣(今龍口)歸城出土。

直口，設高蓋，蓋頂有圓形抓手。器頸稍收斂，鼓腹下垂，下置圈足。頸兩側設環，提梁兩端的獸首與之相套。蓋緣及器頸飾波曲紋，器頸前後各飾一小獸首。器、蓋同銘，各鑄三十九字，記載王在南山等地狩獵，至上侯滰川之上。啓隨從狩獵，因而爲祖丁作此卣。下有“戉箙”二字，是啓的族名。藏山東博物館。

次卣

西周中期盛酒器。

高21.8釐米，重2.44千克。

直口，設高蓋，蓋上設圓形抓手。束頸，垂腹下置圈足，提梁兩端設獸首。蓋面和器頸中央，前後各浮雕一小獸首，兩側各配置長喙鳥紋。器、蓋同銘，各鑄三十字，記載二月初吉丁卯日，公姑命令次管理田人，次受到勉勵，並被賞賜馬和裘皮衣，爲答揚公姑的美意，作此寶彝。藏北京故宫博物院。

伯卣

西周中期盛酒器。

高19.5釐米，口縱8.5釐米，口横11釐米，重1.98千克。

1975年陝西扶風召李村出土。

直口，設高蓋，蓋頂有圓形抓手，束頸，垂腹，下置圈足。頸兩側設環，提梁兩端的獸首與之相套。提梁飾蟬紋，蓋面、器腹和圈足前後左右皆出棱脊。蓋面及器腹飾外卷角獸面紋，蓋沿及器頸飾火紋與雷紋相間，圈足飾兩頭鳥紋，紋飾均以突起的細綫或雙綫勾出輪廓，内填雷紋。器、蓋同銘，各鑄“伯作尊彝”四字。藏扶風縣博物館。

豐卣

西周中期盛酒器。

高21釐米，口縱8.8釐米，口横12.2釐米，重2.6千克。

1976年陝西扶風莊白村出土。

直口，設高蓋，蓋頂有橢圓形抓手。束頸，鼓腹，下承低圈足。頸兩側設環，提梁兩端的龍首與之相套。蓋面飾對稱回首大鳳紋，器頸前後的中間各設一小獸首，兩側配置長冠小鳳紋，腹飾對稱大鳳紋，鳳冠分枝垂地，又向上卷起，尾翎從背脊卷出，飄垂於後，裝飾極爲華麗。器、蓋同銘，各鑄三十三字，記載六月既生霸乙卯日，王在成周，命豐見大矩，大矩賞賜豐青銅和貝，豐爲父辛作此卣。藏寶鷄市周原博物館。

豐卣

效卣

效卣

夆莫父卣

西周中期盛酒器。

高23.3釐米，口縱9.2釐米，口横12.7釐米，重2.61千克。

直口，設高蓋，蓋頂設圓形抓手。鼓腹下垂，下置圈足。提梁飾蟬紋，兩端設獸首，蓋面和腹部飾對稱回首鳳紋，頸飾回首小鳳紋。器、蓋同銘，各鑄“夆莫父作寶彝”六字。夆莫父爲作器人名。藏上海博物館。

效卣

西周中期盛酒器。

高24.3釐米，口縱9.7釐米，口横13.2釐米，重3.65千克。傳河南洛陽出土。

斂口，設高蓋，蓋頂設圓形抓手。鼓腹下垂，下置圈足，提梁兩端設龍首，蓋面及腹部飾對稱回首鳳紋，頸部飾回首小龍紋。器、蓋同銘，各鑄六十八字，記載四月初吉甲午日，周王游覽嘗地，公參加了王舉行的宴饗，王賞賜公貝五十朋，公以其中廿朋轉賜世子效，效作器記事，要爲王事永遠日夜奔走，宣揚公的美德。藏上海博物館。

邢季㚸卣

西周中期盛酒器。

高22.4釐米，口縱8.9釐米，口横12.2釐米，重2.45千克。

直口，設蓋，蓋頂設圓形抓手，蓋面兩側挑起。束頸，垂腹，下承圈足較大。頸兩側設環，與提梁兩端獸首内之環相套。蓋面及腹部飾對稱回首鳳紋，鳳長冠及地，且有流蘇裝飾，極爲華麗。頸中間浮雕小獸首，兩側配置長尾鳥紋。器、蓋同銘，各鑄“邢季㚸作旅彝”六字。藏日本泉屋博古館。

獸面紋卣

西周中期盛酒器。

高18釐米。1992年山西曲沃曲村出土。

直口，設高蓋，蓋頂設橢圓形抓手。束頸，鼓腹下垂，下置圈足。頸兩側設半環，與提梁兩端相套，其外飾獸首。蓋面和器腹飾外卷角獸面紋，紋飾已變形，蓋折沿處及圈足飾蛇紋，提梁飾蟬紋。器體偏矮，當爲西周中期器。藏晉國博物館。

獸面紋卣

公卣

西周中期盛酒器。

高23.5釐米，口横12.9釐米。1965年安徽屯溪出土。

直口，設高蓋，蓋頂置橢圓形抓手。束頸，垂腹，下置圈足。頸兩側設環，提梁的獸首與之套合。蓋面及器腹飾對稱回首鳳紋，鳳冠相纏，頸飾回首鳥紋。器内鑄銘文“公作寶尊彝其孫子永用”十字。此卣出土於春秋戰國之際的古墓中，器形和紋飾摹仿商周的形式，但有濃重的地方特徵，體現出對中原文化的仰慕之心。藏安徽博院。

虢季子組卣

西周晚期盛酒器。

高33釐米，重5.8千克。

斂口，深腹下垂，下置圈足。頸兩側設半環形鼻，與繩索形提梁兩端的環相套，圈足兩側亦設半環形鈕。頸前後各設一浮雕獸首，兩側飾菱形雷紋，圈足飾菱形雷紋，紋飾的上下均以連珠紋爲欄。腹内底鑄銘文十七字，記載虢季子組作此壺。藏北京故宮博物院。

龍紋卣

春秋中期盛酒器。

高50釐米，口横24釐米。1988年湖南衡陽出土。

直口，設蓋，蓋頂以四阿形鈕爲抓手。束頸，垂腹，下置圈足。頸兩側設環，與提梁兩端之龍首相接。蓋面飾卷龍紋，蓋沿及圈足飾菱形龍紋，腹部以幾何雲紋居中，上飾蛙紋，四周飾龍紋，龍首或向上或向下，體軀皆卷曲，尾端上翹，背脊突起。此卣器形較大，紋飾精美。器形和紋飾明顯具有南方地區青銅器的特色，此時中原地區卣的形制已消失。藏衡陽博物館。

連珠紋卣

春秋中期盛酒器。

高34.5釐米，口横17.7釐米。1983年江蘇丹徒母子墩出土。

直口，設高蓋，蓋面逐步隆起，頂端設一鳥爲抓手。束頸，鼓腹，下置圈足。頸兩側設環，與提梁兩端之龍首相套。提梁、蓋面及器頸均飾連珠紋和小點紋，其間有弦紋爲界。此器形制是吴國仿中原西周時卣的形式而有所變化，紋飾完全是當地特色。藏鎮江博物館。

獸面紋卣

春秋晚期盛酒器。

高34.2釐米，口縱12.2釐米，口橫15.3釐米，重6.32千克。

直口，設高蓋，蓋頂設蟬紋頂短柱爲抓手。鼓腹，下置圈足，頸兩側設環，與提梁兩端的龍首下部相套，龍首横置於環上，提梁的形式非周人舊制。蓋面及腹部飾曲折角獸面紋，蓋的邊沿和器頸、圈足均飾鳥紋，自蓋至圈足各設四條棱脊。獸面紋綫條刻劃與傳統技法不同，器壁較薄，表面腐蝕呈色爲紅壤地區的碱式碳酸銅特徵，當是吴越地區仿製的青銅卣。藏上海博物館。

鳳紋卣

春秋晚期盛酒器。

高34.5釐米，口縱12.3釐米，口橫15.5釐米，1959年安徽屯溪出土。

直口，設高蓋，蓋頂置圓球形抓手。圓肩，鼓腹，下置圈足。頸兩側設環，與提梁兩端獸首下之環相套。蓋面及頸部飾回首龍紋，其上下各以圈點紋爲界欄，腹飾鳳紋，鳳冠相交，圈足飾獸目交連紋。器形和紋飾具有南方地區青銅器的特點。藏安徽博物院。

交龍紋卣

春秋晚期盛酒器。

高34釐米，口縱12.5釐米，口横15.6釐米，1959年安徽屯溪奕棋鎮出土。

器呈橢圓形。直口，設高蓋，蓋頂設圓球形抓手。圓肩，鼓腹，下置圈足。頸兩側設環，與提梁兩端獸首下之環相套。蓋面、頸、腹及圈足各飾交龍紋，其間有圈點紋、斜綫紋相隔。到西周晚期，卣的形式在中原地區已基本結束，而在南方地區還在繼續行用。藏安徽博物院。

婦好方彝

商代晚期盛酒器。

高36.6釐米，口縱14.6釐米，口横18.9釐米。1976年河南安陽小屯殷墟婦好墓出土。

器呈長方形。設四阿形屋頂式蓋，頸腹相聯，下置方形圈足。與腹等寬，器、蓋每面中間及四隅皆出棱脊。蓋飾倒置的外卷角獸面紋，器頸中間爲虎耳獸面紋，兩側配置對稱鳥紋，腹飾虎耳獸面紋，下面的四鳥和圈足的龍紋都是其配置紋飾。蓋内壁鑄銘文“婦好”兩字。藏中國考古博物館。

婦好偶方彝

商代晚期盛酒器。

高60釐米，長88.2釐米，重71千克。1976年河南安陽小屯殷墟婦好墓出土。

器呈長方形。斂口，折沿，設蓋。蓋似四阿形屋頂式，蓋頂脊設兩個帽形方柱，長邊一面有七個方形小槽蓋，另一面則爲七個尖形小槽蓋，可與器口沿的小槽口相合。蓋前後中間飾獸面紋，兩側配置鳥紋，兩端側面的對稱倒竪龍紋，亦爲其配置。器束頸，鼓腹，下置圈足。腹兩側設附耳，頸中間設浮雕羊首，兩側配置鳥紋，腹飾外卷角獸面紋，兩側配置鳥紋和龍紋。圈足四隅飾外卷角對稱龍紋，圈足凹口處飾對稱蛇紋。器内底鑄銘文“婦好”兩字。器形特殊，紋飾華麗。藏中國國家博物館。

婦好偶方彝

獸面紋方彝

商代晚期盛酒器。

高21.7釐米。

器呈長方形。設四阿形屋頂式蓋，蓋頂設小柱，頸腹相聯，下置圈足與腹等寬。器、蓋每面中間及四隅皆出棱脊。蓋飾倒置的外卷角獸面紋，腹部飾外卷角獸面紋，上沿的對稱鳥紋及圈足的相背龍紋，皆爲其配置。在紋飾的空隙處填以雷紋，極規整。藏日本白鶴美術館。

獸面紋方彝

商代晚期盛酒器。

高18.4釐米。

器呈長方形。直口，設四阿形屋頂式蓋，蓋頂設四阿形鈕，腹直壁下稍斂，連方形圈足。圈足每面近底中間設一凹口。蓋頂鈕飾内卷角獸面紋，蓋面飾倒置的龍角獸面紋，口沿龍紋是其配置，腹飾龍角獸面紋配置圈足龍紋，紋飾極精緻。藏美國舊金山亞洲藝術博物館。

亞啓方彝

商代晚期盛酒器。

高26釐米。1976年河南安陽殷墟出土。

器呈方形。直口，設四阿形屋頂式蓋，蓋頂設四阿形鈕。頸、腹、方圈足連成一體，器形上口稍大而圈足稍小。自蓋至圈足四隅和每面中間皆出棱脊。蓋面飾倒置的外卷角獸面紋，腹飾虎耳獸面紋，頸部的鳥紋和圈足的龍紋是其配置。器、蓋同銘，各鑄銘文“亞啓”兩字。藏中國國家博物館。

宁方彝

商代晚期盛酒器。

高26.5釐米。傳河南安陽出土。

器呈長方形。設四阿形屋頂式蓋，蓋頂設屋頂形小柱。頸腹相聯，下置圈足與腹等寬。器、蓋每面中間及四隅皆出棱脊。蓋飾倒置的内卷角獸面紋，腹飾内卷角獸面紋，頸部對稱的鳥紋是其配置，方形圈足飾對稱鳥紋。紋飾精緻,保存情况好。器内底鑄銘文"宁"字。藏德國科隆東亞藝術博物館。

子蝠方彝

商代晚期盛酒器。

高29.3釐米，口縱14.6釐米，口橫17.1釐米。

器呈長方形。侈口，設四阿形屋頂式蓋及蓋鈕。口略大於圈足，圈足每一面中間均設凹口。自蓋至圈足四隅及每面中綫皆出棱脊。蓋面及腹部各飾外卷角獸面紋，腹部的獸面紋其上下的鳥和龍紋是其配置。器的紋飾均爲淺浮雕，地紋的雷紋極規整，製作工藝極精湛。器、蓋同銘，各鑄"子蝠"兩字。藏美國哈佛大學藝術博物館。

右方彝

商代晚期盛酒器。

高27.2釐米，口縱12.6釐米，口橫15.8釐米。1935年河南安陽武官北地出土。

器呈長方形。設四阿形屋頂式蓋，頸腹相聯，下置方形圈足與腹等寬，器、蓋每面中間及四隅皆出棱脊。蓋飾倒置的曲折角獸面紋，器頸飾對稱虎耳龍紋，腹飾龍角獸面紋，兩側配置倒豎龍紋，圈足飾彎角龍紋。器、蓋同銘，各鑄“右”字。藏臺灣“中央研究院”歷史語言研究所。

叔方彝

商代晚期盛酒器。

高18.1釐米，口橫10.6釐米。

器呈長方形。設四阿形屋頂式蓋，蓋頂飾四阿形柱鈕，頸、腹、方圈足連成一體，器口略大於底，每一面圈足中央設一凹口。蓋頂飾獸面紋，器蓋四隅設幾何形紋似棱脊。器和蓋的邊沿均飾兩道連珠紋。商代晚期方彝以滿飾各種紋飾爲常見，此方彝紋飾清新樸素，反而難得。器、蓋同銘，各鑄"叔"字，爲作器人名。藏臺北故宮博物院。

旂方彝

又名"折方彝"。西周早期盛酒器。

高40.7釐米，口縱19.2釐米，口橫24釐米，重12.8千克。

1976年陝西扶風莊白村出土。

器呈長方形。口沿外折,設四阿形屋頂式蓋,蓋頂設屋頂式方柱。束頸,鼓腹下置方圈足,四隅及每面中綫皆出棱脊,蓋面及腹部飾外卷角獸面紋,器頸及圈足各飾回首龍紋。器、蓋同銘,各鑄四十二字,記載十九年五月戊子日,王在㡯地,命作册旂將望這片土地贈予相侯,同時賞賜旂青銅和奴隸,旂答揚王休,爲父乙作方彝。藏寶鷄市周原博物館。

令方彝

又名"作册令方彝"、"夨令方彝"。西周早期盛酒器。高34.1釐米,口縱17.7釐米,口橫19.3釐米。傳1929年河南洛陽邙山馬坡出土。

器呈長方形。侈口,設四阿形屋頂式高蓋。蓋頂飾獸首方柱,束頸,鼓腹,下置圈足。自蓋至圈足的四隅及每面中間皆出棱脊。蓋面飾倒置的外卷角獸面紋,腹飾外卷角獸面紋,頸部的雙體龍紋和圈足的鳥紋是其配置,紋飾精緻。器、蓋同銘,各鑄一百八十七字,記載八月甲申日,王命令周公之子明保掌管政府的內政和外務,領導諸卿士、僚友。丁亥日,明保命令夨以管理三事四方的王命告於周公廟,明公命夨出而相會諸卿士。十月初一癸未日,明公至成周,命令上士以下的正級官員、里長、百官、王畿內諸侯,舉行舍三事四方令。十月癸未的次日甲申,明公在京宮祭祀,次日乙酉在康宮祭祀,在完成對王用牲之祭後,明公自王祭所而歸,賞賜亢師以鬯、金、小牛,用以祭祀,並命令亢和夨兩人輔助同僚和友官。作册令因明公賞賜而追思父丁,光耀父丁。藏美國弗利爾美術館。

叔🈳方彝

西周早期盛酒器。

高32.6釐米，口縱19釐米，口橫23.5釐米，重7.75千克。

傳1947年河南洛陽小李村出土。

侈口，折沿，設四阿形屋頂式高蓋，蓋頂設四阿形方柱。束頸，鼓腹，方圈足。自蓋至圈足四隅及每面中間皆出棱脊。蓋面飾外卷角獸面紋並配置蓋頂下的鳥紋，腹飾外卷角獸面紋，頸部的鳥紋是其配置。圈足飾鳥紋。器内底鑄銘文十二字，記載叔🈳受王姒所賜貝而作器。藏洛陽博物館。

吴方彝蓋

西周中期盛酒器。

高8.2釐米，口縱13.5釐米，口横16.3釐米，重1.15千克。

僅存一蓋，爲四阿形屋頂式。蓋面飾變形獸面紋。蓋内壁鑄銘文一百零二字，記載周王二年二月初吉丁亥日，王在宗周成王宫中的大室，旦明，王到廟，宰朏引導作册吴進入宫門，位於中廷，面向北，王呼史戊向吴宣讀策命,云“掌管大白之旗和有五彩羽毛裝飾的旌”。賞賜吴的物品有黑黍酒一卣、禮服、赤舄、車等。宣讀完畢後，吴拜伏叩頭，答揚王的美德，因而爲青尹作此禮器，後世子孫要永遠寶用。此器銘文記載的是一套比較完整的古代册命制度。藏上海博物館。

師遽方彝

西周中期盛酒器。

高16.4釐米，口縱7.6釐米，口横9.8釐米，重1.62千克。

器呈長方形。口沿外折，有四阿形屋頂式蓋，腹横向長於縱向，並稍鼓起，下置方形圈足，腹兩側設象鼻形耳。方彝腹内有中壁，將容酒的部位分隔成兩室，蓋邊設二孔，可置勺，勺已遺失。蓋面及器腹飾變形獸面紋，頸及圈足飾獸體變形紋。器、蓋同銘，各鑄六十六字，記載正月丁酉日，王在康宫中的寢宫舉行酒宴，師遽受到王的稱美，被命令在宴會中助歡，王命宰利賞賜給師遽瑚圭、瑑璋等玉器，師遽因以爲文祖也公作此器。藏上海博物館。

師遽方彝

盠方彝

西周中期盛酒器。

高22.8釐米，口縱10.9釐米，口横14.3釐米，重3.6千克。1955年陝西眉縣李家村出土。

器呈長方形。口折沿，設四阿形屋頂式蓋，器束頸，腹略鼓，下置方形圈足。腹兩側設向上卷曲的象鼻形耳，垂小耳。蓋及器腹中間飾火紋，兩側爲卷體龍紋，頸及圈足飾獸體紋，器、蓋四隅皆出棱脊。器、蓋同銘，各鑄一百零七字，記載八月初吉，王到周廟，穆公右導盠位於中廷，王命尹氏宣讀册命，賞賜盠赤市幽亢、攸勒，並命盠執掌西六師和殷八師的事務。盠拜、叩首，並爲祖輩乙公作祭器。方彝腹内有中壁，將容器的部位分隔成兩室。蓋邊設兩孔，可置勺。盠方彝成對，分藏陝西歷史博物館和中國國家博物館。圖爲陝西歷史博物館藏。

天方彝

又名“日己方彝”。西周中期盛酒器。

高40.7釐米，口縱17釐米，口横20釐米，重12.8千克。1963年陝西扶風齊家村出土。

器呈長方形。直口，設四阿形屋頂式蓋，直腹下連方形圈足，器、蓋四隅皆出棱脊。蓋飾變形獸面紋，僅存大的外卷角，蓋沿飾鳥紋一周。腹飾内卷角獸面紋，圈足的鳥紋是其配置，獸面紋角上有相背長體龍亦爲其配置。器、蓋同銘，各鑄二十字，記載天爲亡父日己作祭器。藏陝西歷史博物館。

中國青銅器辭典

修訂版

陳佩芬 編著　丁一民 修訂

第五册

重要青銅器

（酒器）（水器）（樂器）（兵器）（度量衡）

上海辭書出版社

分類詞目表

龍紋角形觥

商代晚期盛酒器。

高19釐米，長44釐米。1959年山西石樓桃花莊出土。

整體似獸角形。前端龍首昂起與蓋紋飾相連，龍角竪起，張口露齒，間有空隙爲流。後端寬闊平齊，上設近長方形蓋，中有菌形鈕，腹兩側各設兩鈕，下爲長方形低圈足。蓋面飾龍紋體軀，龍體蜿蜒，尾部卷曲，與前端昂起龍首相連，後端飾蛇紋，器的邊緣飾蜥蜴及龍紋，圈足飾龍紋。在商周青銅觥中，此爲最早形式。從器形特點可以看出，觥這一類青銅酒器原來脱胎於自然形態的角，而本器保持着早期的特徵。藏山西博物院。

[illegible]父乙觥

商代晚期盛酒器。

高29.5釐米，長31.5釐米，重4.84千克。

觥呈橢圓形。蓋前端設龍首，龍角内有勾形小枝，旁設兔形長耳，自額頂正中起設一條棱脊是立體的小龍，兩側飾長冠鳳紋，蓋的後端飾牛角獸面紋。流的下端飾彎角卷尾龍，腹飾大鳳紋，長尾雙歧，鳳爪下及於圈足，鳳背上又飾一分尾小鳳，圈足飾長尾鳳紋，整器紋飾以鳳爲主題，不施地紋。器、蓋同銘，各鑄"[illegible]父乙"三字。藏上海博物館。

[illegible]觥

商代晚期盛酒器。

高23.5釐米，重3.52千克。

觥蓋前爲虎首，啓口露齒。後爲鴞首，竪耳，喙部翹出器外。虎背設棱脊，兩側飾龍紋。器的後端以一昂首長頸禽爲鋬，與虎首相背，禽的兩翼置於觥器上，雙足卷曲於圈足上。器頸飾變形龍紋和目雷紋。此觥造型别緻，將凶猛的虎與寧静的鳥相配合，傳世用這類形式表現的不多見。紋飾精湛，保存情况良好，是一件不可多得的藝術品。器、蓋同銘，各鑄"[illegible]"兩字，是氏族徽記。藏美國弗利爾美術館。

鴞虎紋觥

商代晚期盛酒器。

高22.4釐米，口縱12.7釐米，口横33釐米。傳河南安陽出土。

器呈橢圓形。失蓋。前設流，後設鷙鳥形鋬，垂耳外卷。流下飾一鴞紋，鴞喙挑出器外，器腹是鴞的羽翼，是由一卷龍盤旋而成，下飾一龍紋。鴞足設在圈足上，觥口沿有魚紋及龍紋。近鋬兩側飾虎紋，虎直立卷尾，尾端與足均在圈足上，圈足飾鳥紋。紋飾佈局清晰。藏美國大都會藝術博物館。

虎形觥

商代晚期盛酒器。

高24.8釐米。

蓋的前端設一虎首，虎耳竪起，啓口露齒，兩耳中設一小龍，沿脊而下，蓋的後端設一鴞首，鴞角竪起，鴞喙突出器外。器流部爲虎的前肢，體軀向兩側對稱下垂及至圈足，尾上卷，虎的後肢設在流部以下，直至圈足。器的後部是鴞的體軀，兩翼較大，卷曲向上，鴞足設在圈足上，器後設一獸首鋬。此觥的器形、紋飾與日本泉屋博古館所藏虎形觥可能成對，高度也相同。此器保存較好，紋飾清晰。藏美國哈佛大學藝術博物館。

獸面紋觥

商代晚期盛酒器。

高21.5釐米，長24釐米。1976年山西靈石旌介村出土。

蓋前端爲龍首，角及耳都聳出器外，額頂飾一小龍，沿脊而下，尾上卷，飾曲折角獸面紋。蓋的後端飾龍角獸面紋，龍角豎起。腹一側設獸首鋬，甚大。器口沿飾龍紋和鳥紋，腹飾曲折角獸面紋，兩側配置龍紋，圈足飾回首鳥紋。此觥紋飾甚精。所有紋飾除雷紋地外，體軀上還飾雷紋，甚至連所有獸面紋的眉，也加飾很多綫條。藏山西博物院。

虎形觥

商代晚期盛酒器。

高24.8釐米，長30.5釐米，重2.91千克。

蓋前端設一虎首，虎耳豎起，啓口露出門牙和獠牙。蓋的後端設一鴞首，鴞角豎起，鴞喙突出器外。器流部兩側爲虎的前肢，體軀向兩側對稱下垂及至圈足。尾部向上卷起，虎的後肢設在流部以下直至圈足。器的後部是鴞的體軀，兩翼較大，卷曲向上，鴞足設在圈足上，器後還設一獸首鋬。整器形制與紋飾是由虎和鴞構成，安排得體。藏日本泉屋博古館。

責引觥

商代晚期盛酒器。

高25.4釐米,斗長21.7釐米,共重2.3千克。

器呈橢圓形。設蓋,蓋的前端飾龍首。龍角竪起,角邊有一斜出的倒鈎,旁置長耳。器一側設鋬,腹下置圈足。器附斗,可置於腹中,用以挹酒。器、蓋及斗柄上皆鑄銘文,器、蓋同銘,各鑄"責引作尊彝"五字,斗柄鑄銘文"責引"兩字,責引是作器人名。觥附斗甚少見。藏上海博物館。

獸面紋觥

商代晚期盛酒器。

高22.3釐米,長24.5釐米,重1.83千克。

蓋前端爲長頸鹿角獸首,啓口露齒,兩耳竪起。面部除眉、目外,尚飾多種浮雕龍蛇紋飾。兩角之間設一龍,體軀甚長,中立一立體小鳳,蓋面兩側飾浮雕龍紋、獸紋和内卷角獸面紋。蓋的後部飾立體龍、象紋和獸面紋。器頸飾鳥紋,鈎喙突出器外,其餘爲龍紋、小鳥、象、虎和犬。腹飾外卷角獸面紋,兩側配置龍紋,圈足飾對稱龍紋。頸、腹間設一鋬,是由上下兩尾鳥和立體的小猴組成。全器將十餘種不同的動物集於一體,安排得體。藏日本泉屋博古館。

獸面鷙鳥紋觥

商代晚期盛酒器。

高31.4釐米，長31.3釐米，重4.59千克。傳湖南出土。

此觥器蓋甚高，前端爲一猛獸，闊口怒張，額頂置巨大的羊角，角根上有龍首，此角象徵龍卷曲的體軀。蓋中脊爲雙角高聳的龍紋，兩側爲回首的虎紋，虎紋與龍紋之間，一邊飾魚紋，另一邊爲長尾鳥。虎尾之後爲一小象，長鼻高舉，蓋後端爲大獸面紋，魚形的雙角翹出甚高。此獸面的兩腮飾有小龍。器自流起飾一小獸和一虎頭蛇身的動物，腹部前面飾有角和尖喙的大鳥紋，鳥的羽翼隨勢飾一卷體龍，鳥爪立於錐形的前足上，喙旁有不可名狀的動物，鳥的前胸再飾一對小鳥。觥的後部飾大曲折角的獸面紋，其下錐足爲一人面獸臂蛇身的怪物，此獸面的獠牙，正好噬咬怪物的頭部。後鋬爲有鈎喙的鷙鳥，其上有一獸首，鳥足上又飾尖角的小龍。此觥共飾各種動物有二十種之多，無一處空隙，是商代觥中紋飾最精緻者。藏美國弗利爾美術館。

鳳紋犧觥

原名“牛尊”。商代晚期盛酒器。

高12.7釐米，長19.3釐米，重0.95千克。1977年湖南衡陽出土。

整器似一頭牛犢。牛體爲容器，下置四蹄足，後有一短尾。蓋前端爲牛首，牛角後掠，睁目閉嘴，上設一立體小虎爲鈕，蓋後飾豎角獸面紋。器的流部飾對稱龍紋，下飾虎耳獸面紋，器後端爲外卷角獸面紋。腹部主體飾長冠鳳紋，因受地位限制呈横長形，爪貼於犧觥的足上，鳳有閉合的鈎喙，目正圓，鳥首飾華麗的長冠，佈於鳳的背部，長尾上卷，形象優美。鳳紋犧觥傳世三件，分藏湖南博物院、上海博物館和美國福格博物館。圖爲湖南博物院藏。

后母辛觥

商代晚期盛酒器。

高36釐米，長46.5釐米，重8.5千克。1976年河南安陽殷墟婦好墓出土。

整器爲獸形。四足直立，前肢爲壯實的蹄足，後肢則是强健的鳥足，上有爪有距。蓋一側爲獸首，似馬但有羊角，吻部設槽流，體軀是容器。蓋面飾卷尾龍紋，卷尾的空隙處另飾一龍，兩側各飾一小獸。與流相對應的是獸首鋬，後段飾獸首鳥身紋飾，鳥的前胸復有一獸面，兩壁飾大翼和下垂的尾羽，其下另有小龍。紋飾均以雷紋爲地。全器飾多種動物紋，而且前後所飾是完全不同的物象，但設計安排合理。器、蓋同銘，各鑄“后母辛”三字，是專爲祭祀母辛而作。藏中國國家博物館。

鳳紋羊觥

商代晚期盛酒器。

高15.4釐米。

觥爲羊形。蓋的前端設一羊首，大而粗的羊角彎曲於羊的面額，正好露出雙目。羊首後設一立體龍和立體鳥，可作爲蓋鈕。蓋後端飾獸面紋。整器飾長冠鳳紋，冠向内卷曲，置於鳳背，鳳體細長，尾部在後端上卷，鳳足伸入到觥的器足。藏日本藤田美術館。

鳳紋獸觥

商代晚期盛酒器。

高19.2釐米。1983年陝西洋縣張家村出土。

整器爲獸形。下置四足，垂尾。蓋的前端爲一獸首，張口，尖吻，兩耳似葉形翹起，額頂設兩條卷龍紋。蓋頂中間有一條圓體爬形龍和一條扁體卷尾龍爲中脊，蓋後端飾外卷角獸面紋，雙角翹起。腹飾大鳳紋，鳳爪設置在觥的足上，鳳紋的後端又飾一卷尾獸紋。器的紋飾極精緻，銅質甚好，但蓋的表面氧化較爲嚴重。藏陝西歷史博物館。

守宫觥

西周早期盛酒器。

高18釐米。

器流前端飾龍首，龍角竪起，角邊有一斜出的倒鈎，旁置長耳，口設一小孔。此觥的獸首不連在蓋的一側，而設在器流上，甚少見。蓋飾外卷角獸面紋和龍紋，蓋中間設一鈕，腹飾外卷角獸面紋。器腹呈橢圓形，腹内横分爲二室，内藏一勺，蓋好後，露出一部分勺柄。這種造型也較少見。器、蓋各鑄銘文“守宫作父辛尊彝其永寶”十字。藏英國劍橋大學菲茨威廉博物館。

仲子㠱引觥

西周早期盛酒器。

高31.8釐米。

器呈長方形。蓋的前端設長頸鹿角的龍首，後端飾虎耳獸面紋，虎耳翹起。鋬爲鷙鳥形，甚厚重。器四隅及每面中間設棱脊。蓋面、器頸、腹及圈足各飾鳳紋。鳳張嘴，羽冠甚長，爲向後飄動狀，長度等身。器、蓋同銘，各鑄十二字，記載此觥爲仲子㠱引所鑄。藏美國舊金山亞洲藝術博物館。

旂觥

又名"折觥"。西周早期盛酒器。

高28.7釐米，長38釐米，重6.7千克。1976年陝西扶風莊白村出土。

器呈長方形。設蓋，蓋的前端飾曲折角獸首。器口彎曲，前設槽流與蓋吻合，鼓腹下置圈足，頸腹一側設龍角獸和鳥合體爲鋬。蓋前端飾對稱回首龍紋，中飾對稱立體卷龍，後飾獸面紋。頸及流飾回首龍紋，腹飾外卷角獸面紋，圈足上鳥紋和鳥紋兩側的倒置龍紋是其配置。器、蓋同銘，各鑄四十二字，記載十九年五月戊子日，王在庠地，命令作册旂將望這片土地贈予相侯，同時賞賜旂青銅和奴隸，旂答揚王休，爲父乙作觥。藏寶鷄市周原博物館。

獸面紋方觥

西周早期盛酒器。

高22.9釐米。

器呈長方形。鼓腹下置方形圈足，外撇，腹一側設獸首鋬。自頸至圈足四隅及中綫皆出棱脊。蓋的前端設龍首，龍角上聳，兩角之間設一小龍，體軀順脊下垂，後端爲虎耳獸面紋，虎耳豎起。蓋兩側飾小龍。器腹飾外卷角獸面紋，頸部爲龍紋和鳥紋，圈足的鳥紋均是其配置紋飾。腹部獸面紋角上的裝飾是西周早期獸面紋的特點。此觥紋飾精緻，保存情況良好。藏美國弗利爾美術館。

犧觥

西周早期盛酒器。

高16.6釐米。

觥爲牛形。四蹄直立，昂首前視，後有短垂尾。蓋前端爲牛首，牛臉上僅有簡單綫條構出眉和雙目，雙角向後翹起，兩側有耳。蓋上設一立體龍爲鈕。器無紋飾，打磨極平滑。藏美國哈佛大學藝術博物館。

告田觥

西周早期盛酒器。

高50釐米，長41釐米。傳陝西寶鷄戴家灣出土。

觥蓋前端設一龍首，龍角上聳，旁立兩耳。腹稍鼓，下置圈足。腹一側設獸首鋬。此觥比較特殊的是在觥下設一個長方形座。蓋面、器腹、圈足及方座各飾不同形式的龍紋，尤其是器的頸、腹留着較多的素面，這與商代晚期觥的紋飾無一處空隙相比，完全不同。座的兩側各設四個方孔，以使空氣流動，不致氧化過甚。器、蓋同銘，各鑄“告田”二字。藏丹麥哥本哈根博物館。

天觥

又名"日己觥"。西周中期盛酒器。

高32釐米，長33.5釐米，重9.4千克。1963年陝西扶風齊家村出土。

器呈長方形。器口彎曲連槽流，設蓋，蓋前端爲竪角龍首，與器口吻合。與流對應的口沿設一透迤的寬尾，下部將着地。直腹下置方形圈足。蓋中脊以長龍爲飾，兩側各飾長尾鳳紋，後端飾内卷角獸面紋，耳爲立體，翹出蓋面。頸及流飾回首龍紋，尾隨小鳥，腹飾内卷角獸面紋，圈足鳥紋是其配置。器、蓋同銘，各鑄二十字，記載天爲亡父日己作祭器。藏陝西歷史博物館。

鳳紋觥

西周中期盛酒器。

高21.1釐米。1954年江蘇丹徒烟墩山出土。

整器爲獸形。龍首封住一流，龍角竪起，角邊有一斜出的倒鈎，旁置長耳，與責引觥之獸首近似。但它不與蓋連接，而在頸背另設一彎曲的蓋，蓋上有一小獸爲鈕。腹稍鼓，平底下置四個短扁足，腹一側設獸首鋬。腹部飾鳳紋一大一小。這是江蘇地區早年仿製中原地區的觥而有所變化的典型器物。藏南京博物院。

獸面紋罍

商代早期盛酒器。

高24釐米，口徑13.1釐米。1968年河南鄭州二里岡出土。

侈口，直頸，折肩，鼓腹下置圈足，腹飾外卷角獸面紋，用粗綫條構成的圈足上設三個十字形孔。在商代早期的盛酒器中，青銅罍的形式較少見。藏鄭州博物館。

獸面紋罍

商代中期盛酒器。

高16釐米，口徑11.4釐米。1960年河南鄭州白家莊出土。

口沿外折，直頸折肩，鼓腹圜底，下置圈足，圈足上設三個十字形孔。頸兩側設小環鈕。頸及圈足各飾二道弦紋，腹飾環柱角獸面紋，體軀以雲紋爲之。藏河南博物院。

獸面紋罍

商代中期盛酒器。

高26釐米，口徑18釐米。1971年山西長子北高廟出土。

口折沿，直頸，折肩，鼓腹下收，置圈足，圈足上設三個圓孔。肩飾長體龍紋，腹飾環柱角獸面紋，體部較長。上下並以連珠紋爲欄。器壁較薄。藏山西省長子縣博物館。

獸面紋罍

商代中期盛酒器。

高25釐米，口徑13釐米，重2.4千克。1955年河南鄭州白家莊出土。

侈口，長頸，折肩鼓腹下置圈足，圈足上設三個十字形孔。頸飾三個黽形圖像，肩飾斜角雲紋，腹飾外卷角獸面紋，獸面主紋爲浮雕，角形較大，其上下各以雷紋爲欄。藏鄭州博物館。

獸面紋罍

商代中期盛酒器。

高37釐米，口徑21釐米。1990年山西平陸前莊村出土。

口沿外折，直頸連寬肩，折腹下收，下置圈足，圈足上設三個十字形孔。肩飾變形獸紋，腹飾外卷角獸面紋，兩側配置豎立龍紋。藏山西博物院。

獸面紋羊首罍

商代中期盛酒器。

高33釐米，口徑13.5釐米，重5.1千克。1982年河南鄭州向陽回族食品廠出土。

口折沿，直頸，折肩，深腹下置圈足。圈足上設對稱小圓孔。肩飾外卷角獸面紋，並均勻地設置三個浮雕羊首，腹上部飾有目的斜角雲紋一周，下部爲外卷角獸面紋，兩側配置變形龍紋，紋飾及裝飾都比較複雜。器體較大。藏鄭州博物館。

連珠紋罍

商代中期盛酒器。

高30.4釐米，口徑18釐米。1974年河北藁城臺西村出土。侈口，方唇，頸較長，折肩，鼓腹下收，下置圈足，圈足上設三個十字形孔。肩和腹各飾連珠紋，肩飾二道，腹飾三道。在商代中期連珠紋大多爲獸面紋上下欄，此器作爲主紋，較爲少見。藏河北博物院。

獸面紋罍

商代中期盛酒器。

高34釐米，口徑22釐米。1981年陝西城固龍頭鎮出土。口折沿，束頸，折肩，寬腹下置圈足，圈足上設三個十字形孔。肩飾長鼻獸紋，腹飾外卷角獸面紋，兩側配置鳥紋。其上下各以鳥紋爲欄，圈足飾回首鳥紋。此罍紋飾比較複雜，其時代可到殷墟早期。藏城固縣博物館。

女嬖方罍

商代晚期盛酒器。

高50.3釐米，重22.25千克。1964年河南洛陽北窑出土。

器呈方形。直口，設蓋，蓋爲四阿形，短頸，深腹下置方形圈足，肩兩側設獸首耳附環，正面腹下端設一獸首鼻。蓋飾倒置曲折角獸面紋，頸部龍紋是其配置，肩飾浮雕的外卷角獸首，兩側配置龍紋。腹飾鳥紋和蕉葉紋，内填獸面紋。器四隅和每面中綫皆出棱脊。器、蓋同銘，各鑄“女嬖”兩字，爲器主名。藏洛陽博物館。

獸面紋方罍

商代晚期盛酒器。

高62.5釐米，口縱15.3釐米，口橫17.6釐米，重19千克。

器呈方形。直口，設四阿形蓋，蓋頂設四阿形頂的方柱。直頸，斜肩，腹向下收斂，下承圈足，頸兩側設獸首耳，套環。自蓋面至圈足四隅及每面中間均設棱脊。蓋面飾倒置内卷角獸面紋，頸飾虎耳獸面紋，肩飾浮雕外卷角小獸首，兩側配置曲折角龍紋。腹上部飾外卷角獸面紋，兩側配置倒竪龍紋，下部飾内卷角獸面紋，下部的對稱龍紋是其配置。圈足飾對稱龍紋，腹下部飾外卷角獸首爲鼻。整器紋飾以細密的雷紋爲地紋，不留空間，這是古代藝術家的精心傑作。器物完整，保存情況極佳。藏日本泉屋博古館。

者姛方罍

又名"醗亞方罍"。商代晚期盛酒器。

高62釐米，口縱16.9釐米，口横37.6釐米，重20.8千克。

器呈長方形。直口，設蓋，蓋爲四阿形。短頸，深腹，下置方形圈足，肩兩側設獸首耳附環，正面腹下端設一獸首鼻。蓋面飾倒置内卷角獸面紋，頸飾對稱分體鳥紋，肩前後中央各設一浮雕外卷角小獸首，兩側配置曲折角龍紋，腹飾内卷角獸面紋，其上部的鳥紋和圈足上的鳥紋皆是其配置。器四隅及中綫皆出棱脊。器、蓋同銘，各鑄"醗亞者姛以太子尊彝"九字，記載醗亞氏族者姛爲太子所作禮器。藏北京故宫博物院。

皿方罍

又名"皿天全方罍"。商代晚期盛酒器。

通高84.8釐米，器高63.6釐米，重51.5千克。傳湖南桃源縣水田鄉茅山峪出土。

器呈長方形，直口，短頸，斜肩，設四阿形蓋，下置圈足，肩兩側設獸首耳附環。蓋面飾倒置内卷角獸面紋，頸飾對稱彎角鳥紋，肩前后各飾一立體浮雕小獸首，兩側配置曲折角龍紋，腹部上欄飾彎角鳥紋，腹部下欄飾内卷角獸面紋，圈足飾對稱鳥紋。蓋面至圈足四隅及每面中間均設棱脊。器蓋鑄兩行八字"皿而(天)全乍(作)父己尊彝"。器身鑄口緣内壁三行六字"皿乍(作)父己尊彝"。皿方罍頂蓋一直在國内，器身早年流失海外。在各方善意促成下，2014年6月器身得以重回國内，蓋身合璧。罍始于殷墟中期，西周早期較爲少見，西周晚期時被𬭚所替代。青銅罍在历史上流行时间較短，方罍更是十分稀少。藏湖南博物院。

亞㠱方罍

商代晚期盛酒器。

高53釐米，口縱17.2釐米，口橫20.1釐米，重29.68千克。

器呈長方形。直頸，寬肩，腹部縱狹而橫寬，向下逐步收斂。平底下置圈足，肩兩側設獸首耳，下腹設一獸首鼻。頸飾對稱的彎角鳥紋，肩中部飾高浮雕羊角獸面紋，兩側配置曲折角龍紋。腹部主紋是内卷角獸面紋，上欄的彎角鳥紋與之相配，腹部下欄飾外卷角獸面紋，圈足上的彎角鳥紋亦是其配置。獸面紋分飾三種不同角形於一器，紋飾爲多層次的浮雕，並有細密的雷紋爲地紋。器的四隅及每一面的中間皆設棱脊，使器更顯得雄健瑰麗。口沿内鑄銘文“𣪘亼亞㠱”四字，㠱是作器者的國名，在商王朝任職。此器蓋早失，高度尚在50釐米以上，屬大型方罍之一，歷見著録。藏上海博物館。

鳥紋方罍

商代晚期盛酒器。

高52.7釐米，口縱13.6釐米，口橫16.4釐米，重16.9千克。1977年陝西城固蘇村出土。

器略呈長方形。直頸，設屋頂形蓋，圓肩連腹，下稍收斂成平底。肩兩側設獸首耳，正面腹下方又設一獸首鼻，器形較大。蓋面飾倒置的外卷角獸面紋，頸飾虎耳獸面紋，肩前後設浮雕小獸首，兩側配置較大的彎角鳥紋。腹上部飾火龍紋，是火紋和卷龍紋一一相間，下部飾對稱鳥紋組成的垂葉紋。商代以鳥紋作爲主題紋飾的較爲少見。藏陝西歷史博物館。

獸面紋方罍

商代晚期盛酒器。

高27釐米，口縱16.8釐米，口橫17.1釐米，重3.85千克。
器呈方形。口折沿，設蓋，束頸，折肩，鼓腹，下置方形圈足。蓋頂飾火紋，外圍斜角雲紋，蓋面飾曲折角獸面紋，其下配置兩龍，四隅鳥紋亦爲其配置。肩飾龍紋一周，腹上沿飾蟬紋一周，主紋是内卷角獸面紋，兩側配置鳥紋，圈足飾内卷角獸面紋，體軀較長。整器偏矮，造型較少見，紋飾精細，尤其是蓋四隅的立體鳥更爲少見。藏臺北故宮博物院。

責甲罍

商代晚期盛酒器。

高54釐米，口徑18釐米，重13千克。1959年陝西武功滹沱村出土。

侈口，設高蓋，以蟬紋組成短柱爲蓋頂抓手。束頸，廣肩連腹，向下收斂成平底。肩兩側設獸首環耳，正面腹的下部設一同様的牛首爲鼻。蓋面及肩部均飾火紋。蓋内鑄銘文"責甲"兩字，器無銘。商代晚期青銅罍的紋飾大多很繁密，不留空間，此器較大，紋飾簡潔，具有清新感。藏陝西歷史博物館。

[illegible]方罍

西周早期盛酒器。

高46.4釐米，口縱12釐米，口横14釐米，重5.55千克。

直口，設屋頂形蓋，頸較長，圓肩連接寬腹，向下逐步收斂，下置方形圈足。肩兩側設獸首環耳，正面下腹設一獸首鼻。蓋邊及器肩飾火紋，中間爲一小獸首，頸飾變形獸面紋，除雙目外都用纖細的雷紋組成。圈足飾外卷角獸面紋，其上左右各有一長列竪立的羽毛狀條紋，排列甚整齊。器、蓋同銘，各鑄"[illegible]作父丁妻盟"六字，記載[illegible]氏爲父丁所作的祭器，並在會盟時使用。藏上海博物館。

克罍

西周早期盛酒器。

高32.7釐米。1986年北京房山琉璃河出土。

侈口,設蓋,蓋頂飾圓形抓手。束頸斜肩,鼓腹下收,下置圈足。肩兩側設獸首環耳,正面腹下部設一獸首鼻,蓋面及肩飾火紋。器、蓋同銘,各鑄四十三字,記載周王褒獎大保,命令克到燕國去爲侯,王授民授疆土的史事。這是關於燕國始封歷史的重要實物資料。另有一盉與此同銘。藏首都博物館。

牛紋罍

西周早期盛酒器。

高79釐米。1980年四川彭縣(今彭州)竹瓦街出土。

侈口,設高蓋,蓋頂爲柱形,由獸面紋圍成抓手,頂端飾蟠龍。器束頸寬肩,腹下收,置高圈足。頸腹兩側設牛首耳垂珥,牛角翹起。此牛的體軀分置於頸兩側,牛的前蹄甚長,向內彎曲成跪狀,後蹄直立,長尾下垂。蓋飾對稱牛紋,牛形與頸部的裝飾相同。肩中間及腹下部各飾一牛首。藏四川博物院。

火紋罍

西周早期盛酒器。

高68釐米，口徑24釐米。1959年四川彭縣（今彭州）出土。

侈口，折沿，設高蓋，蓋頂設圓形抓手。束頸，寬肩連腹，下置高圈足。頸腹兩側設羊首耳，正面腹下部設一牛首鼻。自蓋面至圈足設四等分棱脊，蓋面及器頸飾火紋，器表面露出很多填片痕迹。藏四川博物院。

蟠龍獸面紋罍

西周早期盛酒器。

高44.5釐米，口徑15.3釐米。1973年遼寧喀喇沁左翼蒙古族自治縣北洞出土。

侈口,設蓋,蓋頂爲一盤旋而出的龍首,體部卷曲於蓋面。束頸,廣肩連腹,向下收斂成平底,下置圈足。頸兩側飾獸首環耳,正面器腹下設同樣的耳爲鼻。肩飾對稱卷體獸紋,腹飾内卷角獸面紋,其下面的鳥紋和圈足的龍紋是其配置。與此罍器形、紋飾相同的罍在四川彭縣(今彭州)竹瓦街曾出土兩件,四川與遼寧相隔甚遠,説明在西周早期各地區各民族文化交流已十分密切。藏遼寧省博物館。

蟠龍獸面紋罍

西周早期盛酒器。

高49.7釐米，口徑17.5釐米。1959年四川彭縣(今彭州)竹瓦街出土。

侈口,設高蓋,蓋頂爲一盤旋而出的昂首龍,體部卷曲於蓋面。束頸,廣肩連腹,向下收斂成平底,下置圈足。頸兩側設獸首環耳,頸、肩間設浮雕羊首,卷角甚大,兩側飾卷體獸紋,腹飾外卷角獸面紋,圈足上尖角龍紋是其配置。器蓋上的龍紋甚爲别緻。藏四川博物院。

卷體獸紋罍

西周早期盛酒器。

高69.4釐米，口徑21.8釐米。1980年四川彭縣(今彭州)竹瓦街出土。

侈口，設高蓋，蓋頂設柱形鈕爲抓手。束頸，廣肩連腹，向下收斂成平底，下置高圈足，肩兩側設象首耳。正面腹下部設外卷角獸首鈕爲鼻。整器自蓋頂至圈足兩側及前後各設大棱脊，使器更覺高大。蓋面飾翹角獸面紋，兩側配置蛇紋，頸、肩間飾外卷角獸面紋，外卷角爲紋飾，獸面爲浮雕。肩兩側飾蟠龍紋，旁有倒置龍紋，腹飾卷體獸紋。圈足飾對稱牛紋，牛前腿彎曲，後腿直立。此罍器形高大，紋飾精緻。出土共兩件，藏四川博物院。

對罍

西周中期盛酒器。

高46釐米，口徑23釐米，重18千克。1973年陝西鳳翔勸讀村出土。

侈口，平沿，束頸，廣肩連腹，向下收斂成平底，下置圈足，肩兩側設牛首環耳。頸飾龍紋，肩飾火紋及變形龍紋，一一相間，腹飾蕉葉紋，内填對稱龍紋。口内側鑄銘文二十五字，記載器主爲亡父日癸作此罍，用以祈求長壽，子子孫孫要永遠寶用之。藏鳳翔縣博物館。

邳伯罍

春秋晚期盛酒器。

高28.5釐米，口徑21.3釐米，重10.1千克。山東嶧縣(今屬棗莊市)出土。

侈口，束頸，寬肩，鼓腹斜收成平底，肩兩側設牛首環耳。肩飾變形龍紋，腹飾三角形紋，内填龍紋。口沿鑄銘文二十九字，記載正月初吉丁亥日，邳伯夏子自作尊罍，用以祈求長壽。邳爲古代地名，是商湯之左相仲虺被封之地，在今山東滕縣(今滕州)之南。藏山東博物館。

蟠蛇絡紋罍

戰國早期盛酒器。

高30.5釐米。1972年山西長治分水嶺出土。

口折沿，束頸，寬肩連腹，下斂成平底，下置矮圈足。肩兩側設立體回首龍爲耳，龍張口卷尾，體飾雲紋，耳附環。整器以繩絡紋爲界，交匯處設結。橫五道、縱十道，每格欄内均飾極爲精細的蟠蛇紋，這是三晉地區青銅器上盛行的紋樣。藏山西博物院。

蟠蛇絡紋罍

戰國早期盛酒器。

高30.5釐米,口徑20.3釐米。1936年河南輝縣琉璃閣出土。

侈口外翻,短頸,寬肩連腹,下斂成平底,並置矮圈足。肩兩側設立體回首龍爲耳,附環。肩前後設獸形棱脊。整器以繩絡紋爲界,交匯處設結。橫四道,縱六道,分成二十四格欄,每格均飾蟠蛇紋,並均勻地安置小圓圈。戰國時代這類酒器已很少見。藏河南博物院。

仲義父罍

西周中期盛酒器。

共兩件。一件高44釐米，口徑15.4釐米，重14.43千克；另一件高44.2釐米，口徑15.5釐米，重12.44千克。清光緒年間陝西扶風法門寺任村窖藏出土。

小口，長頸，廣肩，腹向下逐步收斂，平底，外形的圈足虛設。蓋的子口很長，可深套於器頸内。肩兩側以小龍爲耳，肩、圈足和腹部各飾鱗紋。器肩及蓋口外沿各鑄銘文十六字，記載此器爲仲義父所作，其萬年子子孫孫要永遠寶用。藏上海博物館。

伯夏父鑘

西周晚期盛酒器。

高37.1釐米，口徑14.6釐米，重3.3千克。

侈口，長頸，斜肩，腹部向下收斂爲平底，肩兩側各設一立體卷龍爲耳。頸飾卷體獸紋，肩及腹各飾鱗紋。肩上鑄銘文十八字，記載伯夏父爲畢姬作此鑘。藏上海博物館。

鱗紋罏

西周晚期盛酒器。

高24.8釐米，口徑15.5釐米，重10千克。傳陝西寶鷄城關鎮西秦村出土。

直口，口沿特厚，束頸，鼓腹，平底下置圈足。整器滿飾重叠式鱗紋，圈足飾粗獷的綯紋。此罏壯實的形制爲初見，可能爲地域性特點，圈足壁甚薄，在視覺上却有厚重感。藏上海博物館。

鄭義伯鑹

春秋早期盛酒器。

高45.5釐米，口徑14.7釐米，重9.66千克。

小口，設蓋，長頸，廣肩，腹向下逐步收斂，平底，外形的圈足虚設。肩兩側以小龍爲耳，蓋緣、腹部、圈足各飾鱗紋，肩飾變形獸體紋。器肩及蓋口外沿各鑄銘文三十二字，記載此鑹爲鄭義伯所作，可以用來和順鄰邦，在林中狩獵時用，並祈望降賜長壽。藏北京故宫博物院。

由伯罍

春秋早期盛酒器。

高23.5釐米，口徑18.3釐米，重0.78千克。

口沿外折，束頸，折肩，鼓腹向下逐步收斂，平底略內凹。肩飾回首卷龍紋，腹飾四層叠瓣鱗紋。口沿鑄銘文二十字，記載由伯宦曾自作寶罍，其萬年子子孫孫永寶用享。藏上海博物館。

黄子罍

春秋早期盛酒器。

高27釐米，口徑16.7釐米。1983年河南光山寶相寺出土。

侈口，折沿，束頸，圓肩，折腹斜收。平底略内凹，肩腹兩側設獸首耳，肩兩道，腹一道皆飾變形龍紋。肩部鑄銘文十五字，記載黄子爲黄夫人孟姬作器。藏信陽博物館。

黄君孟罍

春秋早期盛酒器。

高23釐米，口徑15.6釐米。1983年河南光山寶相寺出土。

口折沿，束頸，廣肩下折連腹，腹往下收斂，底部凹陷。肩飾交龍紋。肩的邊緣鑄銘文十五字，記載此罍爲黄君孟自作。藏信陽博物館。

曾伯文罍

春秋早期盛酒器。

高36釐米，口徑15.5釐米，重6.2千克。1970年湖北隨縣(今隨州)熊家老灣出土。

侈口，設蓋，蓋頂飾立體蟠龍，下有一獸，周圍四小龍卷曲環繞。器束頸，廣肩連腹，腹下斂成平底，肩兩側設環耳，已殘。肩飾卷體龍紋一周。器頸鑄銘文十二字，記載器爲曾伯文所作，用於征行，器自銘罍。藏湖北省博物館。

横條溝紋罍

春秋早期盛酒器。

高53.4釐米，口徑25.1釐米，重25.5千克。1925年山東沂水出土。

侈口，折沿，設蓋似覆盆，上有圓形抓手，抓手内立一鳥。束頸，斜肩，折腹向下逐步收斂成平底。肩腹兩側設獸首環耳，通體飾横條溝紋，簡潔樸素。藏山東博物館。

横條溝紋罍

雙龍絡紋罍

春秋晚期盛酒器。

高28.3釐米，口徑19.2釐米，重6.04千克。1923年山西渾源李峪村出土。

口沿外折較寬，頸粗短，圓肩連腹，往下逐步收斂成平底。自肩至腹均以綯紋組成方格，在交匯處設一網結，分隔成三橫列，二十四格欄，腹部的一道較寬，每一長方格欄内飾雙龍紋，有相背的，也有倒置的，並以小圓點作爲地紋。這類紋飾常見於晉和燕的青銅器上。藏上海博物館。

交龍紋罍

春秋晚期盛酒器。

高36.5釐米，重12.5千克。1988年山西太原金勝村趙卿墓出土。

口折沿，束頸，圓肩，鼓腹下收成平底。肩兩側設鋪首銜環，其前後又設較小的鋪首銜環。口沿飾三角雲紋，頸、肩及腹上部均飾交龍紋，腹部交龍紋上下有綯紋爲欄，腹下部飾連續龍紋和垂葉形交龍紋，環飾三角雲紋。春秋晚期的青銅罍中這種形制較爲少見，此器出土時成對，紋飾也較精緻。藏山西博物院。

交龍紋罍

春秋晚期盛酒器。

高32.5釐米，口徑24.6釐米，重7.08千克。

侈口，短頸，圓肩，鼓腹下斂成平底。肩設獸耳套環，頸飾菱形紋和交龍紋，腹飾三角雲紋和交龍紋，紋飾繁密精細。藏北京故宮博物院。

工師文工鐳

原名"雙獸耳罍"。戰國早期盛酒器。

高38釐米，口徑13釐米。

直口，束頸，圓肩，鼓腹下收成平底。肩兩側設立體回首龍爲耳，腹設立體羊首。角外卷甚長並呈竹節狀，下腹分設四個犧首鼻。口沿刻銘文"卅四年，工師文工安正十七斤十四兩四升"十七字。藏陝西歷史博物館。

獸面紋頂流盉

夏代晚期調酒器。

高24.5釐米。1987年河南偃師二里頭出土。

口腹相連，封頂，頂設一桃形大口和口向上斜支的管流。腹下部與空錐足連鑄、相通，腹與一足間設鋬，鋬上有豎形鏤空兩條。整器鑄造粗疏，表面不光潤，與二里頭出土陶盉相似，是中國出土青銅器中最早的盉的形式。藏中國考古博物館。

獸面紋頂流盉

商代早期調酒器。

高22.3釐米。1958年河南鄭州熊耳河出土。

侈口，封頂，並在頂上設一大口和口向上斜支的管流，流兩側各飾一實心圓釘如目，構成一個獸面。腹分襠成袋形，與空錐足相連，腹一側設大鋬，呈折弧形，器形較原始。藏鄭州博物館。

獸面紋頂流盉

商代早期調酒器。

高25.4釐米。

侈口，封頂，上部設一圓口和向上斜支的管流，流兩側飾雙目，口與管流間還飾一鼻，使這一獸面紋更肖似。腹分襠成袋形，與空錐足相連，腹一側飾折弧形大鋬，腹飾變形獸面紋。藏美國舊金山亞洲藝術博物館。

獸面紋頂流盉

商代早期調酒器。

高25釐米。1976年河南中牟黄店出土。

侈口，封頂，頂上設一大口和斜支的管流，流兩側各飾一實心小圓餅如目，構成一個獸面。腹分襠與空錐足相連。自口沿至一足中部設大鋬，呈折弧形。腹飾三組虎耳獸面紋，雙目突起，其餘部分均用突起的細綫條組成。藏河南博物院。

獸面紋頂流盉

商代早期調酒器。

高34.1釐米，重1.8千克。1974年湖北黄陂盤龍城出土。

侈口，封頂，頂上部設一長方形口和上粗下細斜支的管流，流兩側各飾一實心圓釘如目，構成一個獸面。腹分襠成袋形與空錐足相連，腹一側設大鋬，呈折弧形。腹飾獸面紋一周，兩側配置變形龍紋，以粗綫條組成。藏湖北省博物館。

婦好盉

商代晚期調酒器。

高38.3釐米。1976年河南安陽小屯婦好墓出土。

盉侈口，封頂，蓋面設斜支管流，並飾環柱角獸面紋，兩側配置龍紋，蓋面還設一方口，正好是獸面紋之口。器束頸，鼓腹分襠，頸、腹間飾一獸首鋬。頸飾斜角雷紋，腹飾内卷角獸面紋。鋬内鑄銘文“婦好”兩字。藏中國考古博物館。

左、中、右方盉

商代晚期調酒器。

左方盉高73釐米、中方盉高71.2釐米、右方盉高72.1釐米。傳河南安陽武官村北地1001號墓出土。

盉共三件，包括左方盉、中方盉和右方盉，形制相同。左方盉器呈方形。侈口，封頂，上部設一圓口並設斜支管流，器束頸，鼓腹分襠，下連鑄四柱足。自口至腹四隅及每面中綫皆出棱脊，頸腹一側設豎耳獸爲鋬。蓋頂飾獸面紋，蓋面的圓形孔即爲獸口，頸飾蕉葉紋，内填龍紋，下又飾龍紋一周。腹飾以四隅爲中綫的曲折角獸面紋，上面的鳥紋是其配置，鋬内鑄銘文"左"字。中方盉與左方盉大致相同，所不同的是腹飾外卷角獸面紋，配置上面的龍紋，以虎首爲鋬，鋬内鑄銘文"中"字。右方盉與中方盉不同的是以鸞鳥爲鋬，鋬内鑄銘文"右"字。三件盉成組，左、中、右是放在宗廟内的位置。均藏日本根津美術館。

龍紋盉

商代晚期調酒器。

高29.5釐米，口徑5.5釐米，重2.3千克。1976年河南安陽殷墟婦好墓出土。

器呈豎卵形。小口，設蓋，上有鈕鏈與提梁相接。器斂口，向下逐步寬大，頸兩側設鈕有龍首與之相套，兩龍首間爲繩紋提梁。腹一側設斜支管流，寬腹圜底，下置柱足，形制較爲特殊。蓋面飾雷紋，頸飾龍紋，腹飾雲紋及倒三角形内填雲紋。藏河南博物院。

馬永盉

商代晚期調酒器。

高25.1釐米，口徑7.5釐米。傳河南安陽出土。

直口，設蓋，蓋套於子口外，短頸，折腹很深。下置圈足。頸兩側設繫，套上綯紋的提梁連接兩獸首。腹一側設斜支管流。蓋面飾斜角目雷紋一道，蓋沿飾三角形紋，頸飾回首龍紋，腹飾直條紋，圈足飾雲紋。器内底鑄銘文“馬永”兩字，形制很特殊。藏中國國家博物館。

神面龍體盉

商代晚期調酒器。

高18.5釐米,口縱12釐米,口橫20.8釐米。傳河南安陽出土。

盉呈橢圓形。斂口,設蓋,蓋飾有雙角的神面紋,粗眉圓目,寬鼻大嘴,兩側有耳,設穿孔,前額還有皺紋。器束頸,鼓腹,下置矮圈足,頸兩側設獸首貫耳,與蓋上神面的兩耳孔相應。頸前設一斜支管流,在盉蓋後頸連接盉體飾盤繞龍紋的體軀,並有一對剛勁的爪伸向流的兩側,在爪子的上部各飾一龍,張口對准管流。兩貫耳後側各飾一鳥紋,圈足飾雲雷紋。整個盉成爲配置了龍和鳥的神面龍體的形象,這顯然是神話傳説中的題材。在青銅禮器中,出現如此奇特的形象,正是商代濃重宗教意識的表現。藏美國弗利爾美術館。

大保盉

西周早期調酒器。

高26.8釐米，口徑14釐米。1986年北京房山琉璃河出土。

器呈方形。口折沿，設蓋，蓋頂有一環鈕。器束頸，寬腹分襠呈四袋形，下連柱足。腹一側設斜支管流，另一側爲獸首鋬，蓋邊與鋬上端有短鏈相連。蓋緣及器頸各飾對稱長尾鳥紋一周。器、蓋同銘，各鑄四十三字，記載周王分封召公奭於燕國這一重要史實。證明北京建都始自西周初年。藏首都博物館。

士上盉

又名“臣辰盉”。西周早期調酒器。

高22.6釐米，重2.35千克。1929年河南洛陽馬坡出土。

侈口，設蓋，蓋頂設一環鈕。器束頸，寬腹分襠呈四袋形，下連四柱足。腹一側設斜支管流，另一側爲獸首鋬，蓋邊與鋬上端有短鏈相連。蓋面、器頸及腹部各飾外卷角獸面紋，流飾蕉葉紋。器鋬内鑄銘文四字，蓋内鑄銘文五十字，記載五月既望辛酉日王在宗周作大禴，又到莽京作祭祀的那一年，又命士上及史黄到成周殷見諸侯。事畢，賞賜士上小豕、香酒和貝，士上用以爲父癸作此盉。蓋内鑄銘文“臣辰册先”四字，與盉同銘之器尚有一卣、一尊。藏美國弗利爾美術館。

麥盉

西周早期調酒器。

高25.8釐米，口徑15釐米，重2.45千克。

侈口，設蓋，蓋頂設半環鈕。蓋邊設一鈕有短鏈與鋬上之鈕相連。短頸，寬腹略呈分襠式，下連鑄四柱足較細。腹前設一斜支管流，長度超過口沿，後設一鋬。通體無紋飾。頸内側鑄銘文三十字，記載邢侯寵榮其臣屬麥，到麥的居所，邢侯賞賜麥青銅，麥用以作盉，在隨從邢侯出征時使用，並日夜勤奮，多治事。藏日本泉屋博古館。

克盉

西周早期調酒器。

高26.8釐米，口徑14釐米。1986年北京房山琉璃河出土。

侈口，設蓋，蓋頂設一鈕。束頸，鼓腹淺分襠，下連四柱足，頸腹間設一斜支管流，後設獸首鋬。蓋邊設一鈕，繫短鏈，另一端與鋬上之鈕相套，蓋緣及器頸皆飾長尾鳥紋。器、蓋同銘，各鑄五十三字，記載周王褒揚大保，命令克到燕國去爲侯，即王授民授疆土的史事，這是關於燕國始封歷史的重要實物資料，另有一罍與之同銘。藏首都博物館。

㠱侯亞矣盉

西周早期調酒器。

高19.5釐米，口徑9.9釐米，重1.2千克。傳1897年北京盧溝橋附近出土。

侈口，設蓋，束頸，垂腹下置三足，頸腹間有斜支的管流，另一側有獸首鋬。蓋緣及器頸均飾樸素的獸面紋一周，器、蓋同銘，各鑄十六字，記載㠱侯亞矣得到燕侯賞賜的貝，於是爲父乙作此器。藏上海博物館。

父癸盉

西周早期調酒器。

高31.3釐米。1999年河南鄭州高新技術産業開發區重陽街出土。

侈口，設高蓋，蓋頂設圓形抓手，蓋邊有一鈕，與器頸的鈕之間，有短鏈相連。束頸，深腹鼓起，下連三柱足。頸一側設斜支管流，腹一側設牛首鋬。蓋面及器腹各飾牛角獸面紋，臣字目特大，瞳孔呈正圓形，頸部的龍紋是其配置。鋬内鑄銘文“[illegible]父癸”三字。藏鄭州博物館。

翻父盉

西周早期調酒器。

高21釐米,重1.96千克。1975年陝西扶風莊白村出土。

侈口,設蓋,蓋飾蟠龍,中間爲一龍首,體軀盤旋成蓋面。器束頸,寬腹分襠呈袋形,下連短柱足,腹一側設斜支管流,另一側以回首龍爲鋬。蓋沿設繫,有短鏈爲蛙與頸部之繫相連,頸飾回首龍紋一周。器、蓋同銘,各鑄"翻父作寶彝"五字。藏扶風縣博物館。

長由盉

西周中期調酒器。

高28.2釐米，口徑17.5釐米。1954年陝西長安（今西安市長安區）斗門鎮普渡村出土。

侈口，設蓋，束頸，寬腹分襠呈袋形，下連短柱足。腹一側設斜支的管流，另一側爲獸首鋬，蓋邊與鋬上端有短鏈相連。蓋緣及器頸飾獸體目紋。蓋内鑄銘文五十六字，記載三月初吉丁亥日，穆王在下減宴饗，後與井伯大祝同行射禮，對長由有所褒勉。長由因此作器，此爲穆王時代的標準器。藏中國國家博物館。

衛盉

西周中期調酒器暨盥洗器。

高29釐米，口徑20.2釐米，重7.1千克。1975年陝西岐山董家村出土。

口折沿，設蓋，蓋頂有一環鈕。器束頸，寬腹分襠呈袋形，下連短柱足。腹一側設斜支的管流，另一側爲獸首鋬，蓋邊與鋬上端有短鏈相連。蓋緣及器頸飾回首龍紋。蓋内鑄銘文一百三十二字，記載三年三月既生霸壬寅日，王在豐京舉行建大常旂的典禮，矩伯庶人以十田作爲交换，從裘衛處取得價值八十朋的玉禮器瑾璋，矩伯又以三田作爲交换，取得裘衛赤琥兩件，鹿皮做的韍兩件，畫彩的鞈一件，價值二十朋。裘衛將换田之事報告了伯邑父、榮伯、定伯、琼伯、單伯等掌政王臣，大臣們命司馬、司空等官員監督换田的手續。衛盉銘文表明，西周時代在土地國有制的條件下，還是可以進行交换。若要改變國家授予個人之田的所有權，必須獲得官方的許可，而且手續極爲嚴格。本器爲盉，銘文自名爲盤，失鑄一"盉"字，盉與盤成組，此盉爲盥洗器。藏寶鷄青銅器博物院。

公盉

西周中期調酒器暨盥洗器。

高19釐米，口徑12釐米，重1.6千克。1981年陝西長安(今西安市長安區)斗門鎮花園村出土。

器呈方形。侈口，設蓋，蓋頂爲一鳳鳥，昂首竪冠，背設一環形鈕，蓋與器有活絡鏈相連。器直頸，腹鼓分襠，下置四柱足。腹前置斜支管流，後置獸首鋬，蓋頂鳳鳥頸，胸皆飾鱗紋，兩翼分置，尾翎上翹，頸飾變形龍紋。鋬内鑄銘文"公作寶尊彝"五字，記此盉爲公所作。此盉與盤組合，則成爲盥洗器。藏陝西歷史博物館。

匍盉

西周中期調酒器。

高26釐米。1980年河南平頂山應國墓地出土。

器呈鴨形。侈口折沿，設蓋，頂有圓形抓手。器束頸，鼓腹圜底，下置四柱足。腹一側設曲頸上揚的鴨首，雙目圓睁，扁嘴微啓爲盉流，另一側設龍首鋬爲尾。鋬上飾一牛首，牛首上設環，有一人足踩環梁，雙手抱住蓋緣上的鈕，作爲活絡鏈。人面消瘦，五官清秀，髮絲細密且梳理整齊，後腦頂高綰髮髻，上身裸露，下穿褶裙。抓手内飾卷鳳紋，蓋緣及器頸飾長尾鳳紋。蓋内鑄銘文四十四字，記載四月既生霸戊申日，匍至軝地，邢公使司見贈匍鹿皮和兩張獸皮、紅銅一鈞。匍宣揚邢公美德作此盉。藏河南博物院。

鳳紋方盉

西周中期調酒器。

高21.5釐米，口縱12.8釐米，口橫12.9釐米，重2.3千克。

器呈方形。口折沿設高蓋，頂設環形鈕，束頸，鼓腹，分襠甚淺，下置四條較細柱足，足的内向爲平面。腹一側設斜支上翹的管狀流，另一側是牛首鋬。蓋邊和鋬的上端各設半環形鈕，中間以活絡鏈相套。蓋邊及器頸均飾分尾鳳紋，尾部頗長。藏上海博物館。

鳥紋盉

西周中期調酒器。

高14.1釐米，口徑10.2釐米，重1.38千克。

侈口，束頸，設蓋，頂設一圓環，旁飾一繫。鼓腹下置短寬足，腹一側設斜支管流，另一側飾獸首鋬，鋬頂設一鈕，有短鏈與蓋邊之鈕相套。蓋邊及腹部飾鳥紋，肩飾變形獸體紋。盉在夏代晚期就有，直至兩漢，形式甚多，但圓形盉，用三個短的款足，出土的則仍少見。藏上海博物館。

鳥紋盉

西周中期調酒器。

高24釐米。1994年河南三門峽上村嶺虢國墓地出土。

器呈扁圓形。長方形口上設蓋，蓋面爲一蟠龍，龍首盤旋而出。器束頸，扁圓形腹前設斜支龍流，流口爲一龍首，後設獸首鋬。鋬上設一鈕，一端連攀爬立體回首龍爲鏈，另一端與蓋邊之鈕相套。腹外側設四立體鳥爲足，前後各二，鳥展翅直立，爲正面形象。腹中心飾對稱鳥紋，外圍變形獸體紋。藏河南博物院。

王盉

西周晚期調酒器暨盥洗器。

高36釐米。1976年陝西臨潼(今屬西安)西段村出土。

長方形口,設勾喙張翼的鷙鳥爲蓋,鷙鳥尾下設一繫,與活絡短鏈與器肩的繫相連。腹呈扁圓形,下承四個龍形足。腹一側飾斜支管流甚長,以龍首爲流口,另一側設立體的回首卷尾龍爲鋬。腹中心飾火紋,外圍雲紋和鱗紋。蓋内鑄銘文十四字,記載王爲豐姬單作此盉。此器形制與它盉相似,同是盥洗器。藏臨潼博物館。

逨盉

西周晚期調酒器暨盥洗器。

高48釐米,全長52釐米,重12千克。2003年陝西寶鷄眉縣楊家村出土。

器呈扁圓形。長方形口沿外折,設蓋爲鳳鳥形,鳳首高昂,雙翼振展。蓋後設環與虎之前肢相套,另一端則與鋬上之環相套,成活絡鏈。腹呈扁圓形,前設斜支長管流,流口爲龍首,後爲龍首鋬,下爲四個卷龍足。腹中心飾蟠龍,體軀圍繞兩周,外圍鱗紋和斜角雲紋。器、蓋同銘,各鑄二十字,記載逨爲祖父單公作此盉。同出尚有一盤與此同名,應是成組盥洗器。藏寶鷄青銅器博物院。

逨盉

它盉

西周晚期調酒器暨盥洗器。

高37.5釐米，口縱8.4釐米，口橫10.5釐米，重4.6千克。

1963年陝西扶風齊家村出土。

長方形口折沿，設張翼的鷙鳥爲蓋，短頸，腹呈扁圓形，下承四個龍形小足。腹一側設斜支管流，流口爲一張口龍首，另一側設立體的回首卷尾龍爲鋬，蓋上鳥尾設繫與器肩的繫有短鏈相連，造型較爲少見。腹中間飾火紋，外圍一周鱗紋和斜角雲紋。蓋内鑄銘文“它”一字。它盉有同銘之盤，盉作爲匜用，爲盥洗器。藏陝西歷史博物館。

龍紋扁盉

西周晚期調酒器。

高34.6釐米。1993年山西曲沃曲村晉侯墓地出土。

器呈扁圓形。長方形口上，設立體展翅鳳形蓋，蓋後有一熊形鏈與之相連，另一端與盉肩一繫相連。腹呈扁圓形，前有曲頸龍流，後爲獸首鋬。以兩個裸體的半蹲形人爲器足，人上身前傾，雙足着地，自後腦至臀部與盉體相接，爲負盉狀，姿態生動。腹飾卷體龍紋，外圍鱗紋和斜角雷紋。藏山西博物院。

龍紋扁盉

龍紋扁盉

西周晚期調酒器。

高22釐米，全長30.3釐米。1990年河南三門峽虢國墓地出土。

器呈扁圓形。口折沿，設蓋，蓋頂是一頭盤旋而出的卧獸。束頸，扁圓形腹，前有獸首長流，後設獸首鋬。腹的前後各以裸體跪姿人形爲四足，跪的人五官都很大，頭與背上部緊貼器腹邊緣。西周晚期以來，用人作爲器足的稍多，這人應該是奴隸的形象。腹中心飾卷龍紋，外圍獸體變形紋，兩側邊沿飾鱗紋。藏河南博物院。

滕盉

春秋早期調酒器。

高21.3釐米。1985年内蒙古寧城小黑石溝出土。

侈口，折沿，設蓋，蓋頂設圓形抓手。器束頸，斜肩，鼓腹下收成平底。肩一側設斜支管流，另一側設獸首鋬。鋬上之環與蓋邊之環中間有一小猿相連接，小猿雙手合抱蓋邊之環，又坐在鋬上之環。猿臉似人臉，通體飾横條溝紋。抓手内鑄一“滕”字。藏寧城縣遼中京博物館。

龍紋盉

春秋早期調酒器。

高30.5釐米，口徑10.3釐米。1954年江蘇丹徒大港出土。

直口，設蓋，蓋頂爲盤旋而出的龍首，蓋邊設一環，有短鏈與獸首上的環相連。長頸，鼓腹下垂，圜底下置三足，稍彎曲向外。腹前設斜支的管流，並有一圓形小棍於頸流之間相連，後置獸首鋬。頸飾變形龍紋一周。藏南京博物院。

卷龍紋方盉

春秋早期調酒器。

高16.3釐米，全長25.5釐米。1995年河南登封鋁廠出土。

器呈長方形。頂設屋形蓋，長方形腹部上沿前高後低，平底下置四個矩形足。腹的前端設管狀短流，略上翹，後端設一鋬。腹飾卷體龍紋。器形較爲特殊。藏登封歷史博物館。

獸面紋盉

春秋中期調酒器。

高26.2釐米，口徑14.2釐米。1974年廣東信宜出土。

侈口，設蓋，蓋頂有一盤旋而出的龍首，邊緣飾變形獸面紋，短頸，腹呈袋形，下連短蹄足。前設弧曲向上的龍形爲流，流口飾龍首，以透雕卷龍爲鋬。頸飾龍紋，腹飾虎耳獸面紋，獸面紋末端多翹起，這是中原地區春秋時代紋飾的特點。此盉是越族系統青銅文化仿製中原青銅器的產物，造型比較特殊。藏廣東省博物館。

吴王夫差盉

春秋晚期調酒器。

高27.8釐米，重4.32千克。

小口，設淺平蓋，寬肩，上設一龍作爲提梁。扁圓形腹，前設曲頸龍首爲流，圜底下置短蹄足。蓋及腹部飾細密的變形卷龍紋，已不辨首尾，造型極規整。肩部鑄銘文十二字，記載吴王夫差用青銅爲一位女子鑄器。此女子未著姓，可知其人非貴族出身。史載吴王夫差在位共二十二年，所存遺物有數具大鑑和兵器劍、矛，在吴王夫差的青銅器中，以往未見過盉，因而彌足珍貴。藏上海博物館。

楚途盉

春秋晚期調酒器。

高25.2釐米，口徑10釐米。1980年江蘇吴縣(今屬蘇州)楓橋出土。

小口，設淺平蓋，寬肩上置龍形提梁，扁圓形腹圜底，下置短蹄足。腹前端置一曲頸龍首爲流，後置透雕交龍紋爲鋬。蓋頂飾一活絡鏈與提梁相連。蓋面飾雷紋，腹飾變形龍紋。肩部鑄銘文八字，記楚叔之孫途作此盉。藏蘇州博物館。

蟠蛇紋盉

春秋晚期調酒器。

高27.1釐米，口徑11.2釐米。1978年河南固始侯古堆出土。

小口，上設淺平蓋，蓋頂有環鈕。寬肩上設一龍爲提梁，扁形圓腹，前設曲頸龍首爲流，圜底下設短蹄足。蓋頂之環鈕與提梁之内側用多節鏈相接。蓋面及器腹飾細密的變形卷龍紋，腹之上下飾小三角形紋，提梁飾多種卷龍紋，紋飾極爲精緻。藏河南博物院。

鱗紋盉

春秋晚期調酒器。

高20釐米。1978年河南淅川下寺出土。

斂口，設扁平蓋，蓋面均勻地設四個矩形鈕。鼓腹圜底，下置蹄足。腹前設曲折形管流，其後設獸首環耳爲鋬。蓋面飾交龍紋、繩索紋，蓋沿飾鱗紋一周。此盉之流比較特殊，衹能盛少量的酒。藏河南博物院。

黄夫人盉

春秋晚期調酒器。

高18釐米，口徑11.2釐米。1983年河南光山寶相寺出土。

盉上部似鉢，下部似鬲，合鑄後似甗，因此又稱甗形盉。斂口，設扁平蓋，鼓腹下收與下面的鬲相連，鬲鼓腹分襠，下連三蹄足。腹前設斜支短流，飾獸首，一側設鋬上卷。口沿外側鑄銘文十六字，記載黄子爲黄夫人作此器。這種盉是春秋時代南方地區出現的新形式。藏河南博物院。

獸鋬盉

春秋晚期調酒器。

高17釐米，口徑14.4釐米。1973年安徽廬江泥河盤頭胡崗出土。

盉上部鉢形，下部鬲狀，弧襠，三款足。腹前設圓形短流，腹一側設獸首回顧式長曲柄，器身素面。這類青銅器主要流行于淮河流域，長江中下游也有發現。目前出土與之形制相近的青銅器十余件，多發現於安徽地區。春秋時期，安徽地區屬於群舒文化系統，由被稱爲“淮夷”或“東夷”的多個偃姓諸侯國所占據。該種器大多爲春秋時期。藏安徽博物院。

交龍紋盉

戰國早期調酒器。

高26釐米。1981年浙江紹興坡塘出土。

盉上下連鑄，上部爲鉢形，設蓋，中心設環鈕，蓋面設三環。下部寬腹分襠連柱足，腹一側設曲頸獸首流和管狀柄。蓋面飾交龍紋，蓋緣飾變形龍紋，盉的上下各飾交龍紋，鬲腹上下並以三角形紋爲欄。這種形制的盉多見於江淮流域，一般多樸素無紋，此盉有較多紋飾也屬少見。藏浙江省博物館。

龍獸紋盉

戰國早期調酒器。

高29釐米。1981年浙江紹興獅子山越國墓地出土。

小口，設蓋，寬肩上置龍形提梁，扁圓形腹下置短蹄足。腹前端設曲折龍爲流，龍角甚華麗，腹後端及提梁兩邊均設透雕棱脊，腹飾幾何紋内填以變形龍紋。此盉蓋上設十一條浮雕龍，並有犀、象、虎、熊、鹿等獸十六頭，龍正在吞食幼童，上體已進入龍口，下體留在外面，還保持掙扎狀態。這類紋飾當與當地古代的神話傳説有關，在青銅器紋飾中極爲少見，是典型的越國青銅器。藏浙江省博物館。

春成侯盉

戰國晚期調酒器。

高23.7釐米，口徑10.8釐米，重3.8千克。

直口，設蓋，頂有鈕連接大小不同的三個套環，與提梁相連。弧形的龍梁，頭尾扣住兩繫，寬肩連腹，下收成圜底，置蹄足。肩腹一側設流，爲蹲踞的鳥，鳥頂設冠，口微啓，尾羽貼在器肩。蓋面及頸、腹各飾黼紋，頸腹間以四道鑲嵌紅銅的寬帶爲間隔。腹近底刻銘文二十九字，記載春成侯中府冶鑄，以銀白色的金屬合金鑄此盉，上有赤色，飾有黼紋，蓋與鋬用鏈環相連，可容二斗，重爲十二益九釿。春成侯可能是鄭韓故城出土兵器上的春成君。藏上海博物館。

集醓盉

戰國晚期調酒器。

高21.9釐米，重3.52千克。1933年安徽壽縣朱家集出土。小口，設蓋，肩上設一提梁。兩端爲龍頭，腹一側設龍流呈折曲形，腹外側設三鐵足，足下部殘缺。器飾羽翅紋。蓋外側和器口旁各刻銘文“鑄客爲集醓爲之”七字，記載鑄器匠人爲集醓鑄此盉。藏北京故宫博物院。

翼獸盉

戰國晚期調酒器。

高26.8釐米，口徑10.1釐米，重3.77千克。

口沿方折，短頸，設蓋，頂有繫，活絡鏈一端套於繫中，另一端與提梁之繫相連。肩上設半圓形提梁，前爲虎首，四足跨於器口沿的前後，後端有一象徵性的尾羽。腹一側以鳥首爲流，鳥喙上蓋可啓合，額頂有羽毛片，雙目、目眶及頸部是用條狀的金銀片鑲嵌而成。腹的另一側爲鳥尾，既寬又扁，圜底下置四爪，爪後各置距，腹飾五道斜綫爲羽翼。藏上海博物館。

虎鋬盉

東漢中期盛酒器。

高13.8釐米。1970年江蘇徐州出土。

侈口，束頸，鼓腹，下置圈足。腹前設向上的管狀流，流近口設一鳥，鋬爲立虎形，虎之前足攀於器口，後足踏於盉腹，昂首卷尾呈咆嘯狀。此盉造型特殊，不似中原文化的風格。藏南京博物院。

欒書缶

春秋中期盛酒器。

高40.5釐米，口徑16.5釐米。

口折沿，設高蓋，上置四環鈕。短頸，廣肩，鼓腹下收，平底下設三小足。腹均勻地設四環耳。蓋上鑄銘文“正月季春，元日乙丑”八字。頸至腹外側鑄銘文四十字，記載正月季春首日乙丑，孝孫欒書選擇好的青銅來作此缶，用以祭祀皇祖，祈求長壽。欒書的子孫要萬世以此爲寶。銘文錯金。欒書於晉景公十一年(公元前589年)將下軍，十三年將中軍，之後曾屢次出戰，如救鄭，侵蔡，侵楚、俘楚大夫申驪，伐秦，伐鄭，敗楚於鄢陵等。晉厲公八年(公元前573年)與中行偃弒厲公，立襄公曾孫爲悼公。未幾，欒書亦死。藏中國國家博物館。

蔡侯龖盥缶

春秋晚期盛水器，亦可作盛酒器。

高46釐米，口徑26釐米。1955年安徽壽縣蔡侯墓出土。

短頸，設高蓋罩於口外，蓋頂有六柱圓形抓手。鼓腹下收，平底下置圈足，腹兩側設提鏈。蓋折沿及器腹各飾火龍紋，此外尚飾龍紋，紋飾均以紅銅鑲嵌。器口沿鑄銘文“蔡侯龖作大孟姬媵盥缶”十字，記載蔡平侯爲長女作媵器爲盥缶。藏中國國家博物館。

蔡侯朱缶

春秋晚期盛水器，亦可作盛酒器。

高40釐米。1958年湖北宜城安樂坨出土。

口沿稍外折，直口，圓肩連腹，腹向下收斂成平底。肩兩側各設兩環，有鏈環與之相套，環的末端執手處呈橢圓形，由兩龍體部相接，體部飾鱗紋。肩部鑄銘文“蔡侯朱之缶”五字。蔡侯朱於公元前522年即位，次年被迫奔楚，此器出於楚地，與史實相符。藏湖北省博物館。

鄬子倗浴缶

春秋晚期盛水器，亦可作盛酒器。

高49釐米，口徑27釐米，重32.1千克。1978年河南淅川下寺出土。

浴缶即盥缶。口沿外折，設蓋，套於短頸外，蓋面隆起，設四環鈕。廣肩，鼓腹平底，下置矮圈足，肩兩側設環鏈爲耳。蓋頂飾火紋，蓋面飾行走龍紋四，其中兩個爲回首狀，蓋緣爲火龍紋。蓋沿飾行走龍紋，肩飾雲紋及龍紋各一周，腹飾火龍紋和行走龍紋、雲紋、交龍紋各一道，紋飾皆用紅銅鑲嵌。器、蓋同銘，各鑄"楚叔之孫鄬子倗之浴缶"十字。鄬爲春秋鄭地名，在今河南魯山縣境。藏河南博物院。

火紋缶

春秋晚期盛酒器。

高44.2釐米，口徑19.9釐米，重9.4千克。

口折沿，設蓋，蓋面飾四環。短頸，鼓腹下連矮圈足。腹部均匀地設四環，間飾火紋四個，蓋頂亦飾火紋。火紋表面毛糙，估計原鑲嵌紅銅脱落已盡。器形較大，而且很重。藏日本泉屋博古館。

右征肴缶

戰國早期盛酒器。

高35.6釐米，口徑22.4釐米.1954年山東泰安泰山脚下出土。

斂口，設大蓋，蓋頂設圓形抓手。廣肩連腹，腹向下收斂成平底。肩兩側設獸首環耳，並附活絡提鏈。蓋面及器腹飾凸起的火紋，其餘均爲變形的蟠蛇紋。蓋口沿刻銘文"征肴"二字，器口沿刻銘文"右征肴"三字。這是楚滅魯後，進行祭山活動時的用品，祭祀完畢作爲祭器埋在泰山脚下的。同出六件。藏山東博物館。

楚高缶

戰國早期盛酒器。

高37.9釐米，口徑23.8釐米。1954年山東泰安市泰山脚下出土。

斂口，設蓋，方唇，圓肩，鼓腹下斂，平底似有矮圈足。肩兩側設獸環耳，蓋套在頸外，頂有圓形抓手。蓋面飾火紋，器腹有一周微突的寬帶，亦飾火紋，其餘均飾變形龍紋。蓋口沿刻銘文“楚高右征看”五字，器口沿刻“征看”兩字，耳上刻“楚高”兩字。缶與上器同出六件，藏山東博物館。

曾侯乙缶

戰國早期盛酒器。

高35.9釐米，口徑25釐米，重31.6千克。1978年湖北隨州擂鼓墩曾侯乙墓出土。

方唇，設蓋，蓋口與器口平，頂有圓形抓手。鼓腹下斂，平底，肩腹兩側設獸首環耳，並置活絡提鏈。蓋面及器腹飾凸起的火紋，其餘均爲變形的鳥紋和獸紋，紋飾皆用紅銅鑲嵌。器、蓋同銘，各刻"曾侯乙作持用終"七字，記載此缶主人爲曾侯乙。藏湖北省博物館。

幾何雲紋缶

戰國早期盛酒器。

高37.6釐米，蓋口徑23.4釐米，器口徑21.2釐米，重11.6千克。

直口，方唇，短頸設蓋，頂上圓形抓手凹陷在内，蓋緣直壁，套住器口並置於寬平的肩上。鼓腹向下收斂，與矮圈足相連。肩腹兩側設獸首耳，抓手頂部飾雲紋，腹部除幾何雲紋外，中間還設八個圓餅形飾，紋飾相同。盥缶器壁較薄，在蓋邊、肩、腹部各有一周墊片，以保持器物内外之間的空隙，也就是保證器壁厚度的均勻。器表面保持青銅本色。藏上海博物館。

曾侯乙大缶

戰國早期盛酒器。

高126釐米，口徑48.2釐米，重327.5千克。1978年湖北隨州擂鼓墩曾侯乙墓出土。

侈口，平沿，設蓋，鼓腹下斂，平底，假圈足。蓋頂略突起，折沿侈出子口以與缶口套合，蓋面設四個環鈕。蓋側有一環鈕，與器頸之鈕相連接，中銜鎖鏈，鏈由兩節相連雙環相互扣住，使蓋揭開後不致掉落。腹設四個環耳。器體爲兩次鑄接，在内壁上可見兩截接合處有突起的箍帶。蓋頂飾火紋，外圈交龍紋。器頸、腹各飾繁密的交龍紋，紋飾爲印模鑄製。此缶成對，形制之大前所未見，器肩刻銘文“曾侯乙作持用終”七字。藏湖北省博物館。

曾侯乙大缶

鑲嵌蟠蛇紋方缶

戰國早期盛酒器。

高32釐米，口每邊長15.6釐米，勺長43.7釐米。1975年河南三門峽上村嶺出土。

器呈方形。侈口，設蓋，蓋頂飾勾連紋，四角並有葉狀裝飾。束頸，廣肩連腹，下置圈足。器的邊緣及腹的界欄上均用金綫鑲嵌成幾何紋，格欄將每面分隔成七塊，每塊内皆飾極爲精細的盤蛇紋。此缶出土時腹内置勺，柄甚長，端有圓環，可用來挹酒。藏河南博物院。

鑲嵌龍紋缶

戰國早期盛酒器。

高34.3釐米，重10.72千克。

口折沿，設蓋，蓋頂設環鈕，蓋邊設小方塊，可與器扣合。短頸，圓肩，鼓腹下斂成平底，肩兩側設環耳。腹飾龍紋一周，其上下及蓋面飾二至五道菱形紋，紋飾皆用紅銅鑲嵌。器形較大，紋飾少見。藏北京故宫博物院。

王后六室缶

戰國晚期盛酒器。

高46.9釐米，口徑18.4釐米，重16.22千克。1933年安徽壽縣朱家集出土。

直口，短頸，斜肩，鼓腹下置圈足。腹部均勻地鑄四環。器口外側刻銘文“鑄客爲王后六室爲之”九字，記載鑄器匠人爲王后六室作此缶。藏北京故宫博物院。

國差罐

春秋中期盛酒器。

高34.6釐米。

口沿外折，短頸，斜肩折腹，下收呈平底，肩腹間設四個鋪首銜環。肩上鑄銘文五十二字，記載在國差掌職任事之年的丁亥日，工師偖鑄造齊侯宮室中置於西墉之罐，鑄器用粟之數爲四秉，用來放置美酒，使侯氏無病無驚，各國謐静安寧。銘中"國差"即《左傳·成公二年》中之"國佐"。罐是自名，可能是"甂"字的方言。藏臺北故宫博物院。

蛙魚紋斗

商代晚期挹酒器。

長24.2釐米,斗口徑5.8釐米。1936年河南安陽小屯出土。

斗斂口,鼓腹圜底。自底部分離,連接扁平長條形柄,柄的中部較寬。斗飾目雷紋,上下各有連珠紋爲欄,柄的中部飾蛙紋,其前後各飾二尾魚紋,魚首向柄端,這種紋飾較少見。藏臺灣"中央研究院"歷史語言研究所。

兩頭龍紋斗

西周早期挹酒器。

長22.6釐米,斗高3.9釐米,重0.169千克。1976年陝西扶風莊白村出土。

斗斂口,腹略鼓,爲平底的小圓罐。斗一側腹部連鑄一柄,柄前端稍細,經過折曲後逐步增寬。斗與柄相接處飾内卷角獸面紋,柄端飾兩頭龍紋,並以雷紋爲地。藏寶鷄市周原博物館。

兩頭龍紋斗

西周早期挹酒器。

長24.3釐米。

斗斂口，腹略鼓，爲呈圜底的小圓罐。斗一側近底處連鑄一柄，柄前端較細，並飾一小獸面，弧曲後逐漸增寬，並飾兩頭龍紋。這是同一條體軀的首尾皆飾龍首，是圖案的一種變形。藏上海博物館。

獸面紋斗

西周中期挹酒器。

長37釐米，高6.8釐米，重0.74千克。1976年陝西扶風莊白村出土。

斗爲斂口，腹略鼓，呈平底的小圓罐。斗一側近底部連鑄一柄，寬闊，扁平，呈弧折狀。斗與柄相接處飾虎耳獸面紋，中間弓起的一段飾虎耳獸面紋，其口內飾對稱相背鳥紋，下又延伸爲相背的龍紋，中間飾蟬紋。柄端飾透雕兩鳥體軀相盤纏，鳥的尾部又飾龍首。紋飾非常精美。藏寶鷄市周原博物館。

透雕交龍紋斗

西周晚期挹酒器。

長30.5釐米，高5.3釐米，口徑3.8釐米，重0.37千克。1976年陝西扶風莊白村出土。

斗斂口，腹略鼓，呈平底的小圓罐。斗一側近底部連鑄一柄，柄前端稍細，以後逐步增寬，呈寬闊、扁平的曲折狀。斗與柄相接處飾變形獸面紋，中間弓起的一段飾兩頭龍紋，柄端飾交龍紋，紋飾爲透雕。藏寶鷄市周原博物館。

龍紋禁

西周早期酒器座。

高23釐米，長126釐米，寬46.6釐米，重47.1千克。

1926年陝西寶鷄鬥鷄臺戴家溝出土。

器呈長方形。禁面設三個橢圓形孔，孔沿突起，是固定放置一組青銅卣和尊的器座，其側面爲界欄狀透孔。禁面及飾兩頭龍紋，側面四周皆飾彎角長體龍紋，排列甚規整。禁傳世較爲少見。藏天津博物館。

透雕交龍紋禁

春秋晚期酒器座。

高29釐米，長102釐米，重94.2千克。1978年河南淅川下寺出土。

器呈長方形。禁面爲長方形平板，其周圍由五層銅梗相互糾結而成的透雕交龍紋，側面都由透雕立體龍十二條爲攀附狀。禁四隅及周邊有十二頭透雕立體獸張口咋舌爲器足。此器采用極繁瑣的裝飾，是用失蠟法鑄就。藏河南博物院。

水器

龍紋盤

商代中期盥洗器。

高10.5釐米，口徑30釐米，重2千克。1955年河南鄭州白家莊出土。

侈口，折沿，淺腹平底，下置低圈足，圈足上設對稱十字形孔。腹飾龍紋一周，排列整齊。藏鄭州博物館。

獸面紋盤

商代中期盥洗器。

高11.2釐米，口徑31.3釐米。1974年湖北黄陂盤龍城出土。

侈口，折沿較寬，外緣有一周加厚的唇邊。腹壁斜收，下置圈足。腹飾外卷角獸面紋，其勾曲的體軀甚長，兩側配置龍紋。圈足上設對稱十字形孔。藏湖北省博物館。

亞矣盤

商代晚期盥洗器。

高12.8釐米，口徑35.3釐米，重4.24千克。

口折沿，淺腹下置高圈足。腹前後各設一浮雕獸首，並飾四方連續的雷紋，圈足飾環柱角獸面紋，並設三個小方孔。腹内底飾盤龍，龍首居中，體軀盤旋於腹内壁，體軀飾鱗紋，其間尚有三條小龍。龍鼻間鑄銘文“亞矣”兩字，是商代大族。藏北京故宫博物院。

亞址盤

商代晚期盥洗器。

高15.87釐米，口徑38.8釐米，重5.25千克。1990年河南安陽殷墟郭家莊商代墓葬出土。

侈口，寬沿，淺腹圜底，下置圈足較高。腹飾鱗紋一周，其間設三個突起的小獸首，圈足飾龍紋一周，其上下飾幾何紋爲欄。腹内底鑄銘文“亞址”兩字。藏中國社會科學院考古研究所。

丁冈盤

商代晚期盥洗器。

高14.6釐米，口徑38.3釐米，重3.5千克。

侈口，寬沿，淺腹下置高圈足，上設三個方孔。腹飾鱗紋一周，每一鱗瓣由兩條或五條細綫組成。與西周時代的粗綫鱗瓣不同，其上下各飾一道似棱脊的平面紋飾爲欄，圈足飾對稱式回首鳥紋。腹内底鑄銘文"丁冈"兩字爲陰文，相應的腹外底鑄同樣兩字爲陽文。這種鑄銘文的形式，他器未見。這種淺腹高足盤的形式商代晚期也不多見。藏上海博物館。

蟠龍紋盤

商代晚期盥洗器。

高26釐米，口徑61.5釐米。1984年浙江温嶺琛山鄉出土。

侈口，折沿，腹壁斜收，下承圈足。腹飾鳥紋，圈足飾龍紋，盤内底飾一蟠龍紋，龍首昂起，突出盤心10釐米，體軀盤纏，在周圍飾鱗紋。此器甚大，盤心突起立體龍首更爲少見。藏温嶺博物館。

蟠龍紋盤

商代晚期盥洗器。

高16.3釐米，口徑43釐米，重5.24千克。

口折沿，淺腹，下置高圈足。腹及圈足各飾龍紋，腹兩側設環耳，正面又設一小環。腹内底中心爲大龍首，體軀由上向左盤旋，其間配置龍紋、蛇紋和小獸，沿邊飾龍紋、魚紋和鳥紋，以追逐式排列一周。在器内有複雜紋飾的盤傳世不多見。藏臺北故宫博物院　。

鼉魚紋盤

商代晚期盥洗器。

高17.6釐米，口徑42釐米，重4.5千克。1964年陝西清澗張家坬出土。

口折沿較寬，外沿有加厚唇邊，淺腹下置高圈足，高圈足上設三個十字形孔。腹内底鑄一鼉，鼉首及四肢皆伸展。内壁鑄游魚三尾，魚呈長條狀。腹外壁飾火紋，外圍連珠紋。紋飾較爲少見。藏陝西歷史博物館。

龜魚龍紋盤

商代晚期盥洗器。

高19.2釐米，口徑44釐米，重4.78千克。

侈口，口折沿較寬，淺腹下置高圈足，高圈足上設三個十字形孔。腹飾斜角雲紋一周，圈足飾獸面紋。腹内底鑄一龜，内壁飾游魚三尾，魚呈長條形，兩魚間又飾三條龍紋，龍首浮雕安置在口沿上，體軀伸向盤内底，龍體飾鱗紋。紋飾較爲少見。藏北京故宫博物院。

𦊫册盤

商代晚期盥洗器。

高10.8釐米，口徑28.8釐米，重2.02千克。

侈口，折沿較寬，束頸，腹稍鼓，平底下置高圈足。腹飾斜角目雷紋一周。腹内底鑄銘文“𦊫册”二字。是“𦊫”族曾任作册這一職官。香港私人收藏。

中盤

西周早期盥洗器。

高12.5釐米，口徑33.1釐米，重3.95千克。

口沿外折，淺腹圈足。腹中間設豎耳小獸首，兩側配置環柱角龍紋，龍的背上有很多短的列鰭狀，龍尾上卷。圈足飾火龍紋。腹内底鑄銘文十二字，記載中獲得青銅，因而作器。西周早期無耳盤較爲少見。藏上海博物館。

蟬紋盤

西周早期盥洗器。

高12.8釐米，口徑33.5釐米。1955年遼寧喀喇沁左翼蒙古族自治縣馬廠溝出土。

口折沿，淺腹，高圈足。腹中間設豎耳小獸首，兩側飾蟬紋，下有連珠紋爲欄，圈足亦飾蟬紋。藏遼寧省博物館。

令盤

西周早期盥洗器。

高8.6釐米，口徑27.6釐米，重1.62千克。

侈口，淺腹，圈足較高，腹兩側飾附耳。腹及圈足飾斜角目紋一周。腹内底鑄銘文“令作父丁雋册”六字，記載令爲祭祀父丁而作此盤。此令與1929年河南洛陽邙山馬坡出土的作册令方彝、方尊的器主似爲同一人，銘文也爲祭父丁而作，最後的族徽“雋册”也與本盤相同。藏上海博物館。

陶子或盤

西周早期盥洗器。

高97釐米，口徑25.2釐米，重1.75千克。

口沿外折，淺腹，高圈足。腹兩側設附耳，其高度尚未超過器口。腹部上沿飾目雷紋一道。盤内底鑄銘文十四字，記載陶子或賜其夫人陶姒金一鈞，用作此盤。金一鈞爲三十斤鑰。藏上海博物館。

朿方盤

西周早期盥洗器。

高14.9釐米，長41.5釐米，重6.82千克。

器呈長方形。口折沿，淺腹下置方圈足，每一面中間皆設凹孔，腹兩側設附耳。腹飾回首龍紋一周。腹内壁鑄銘文"朿"一字，爲作器人名。西周早期方盤的器形甚少見。藏北京故宫博物院。

伯雍父盤

西周中期盥洗器。

高15.5釐米，口徑44釐米，重7.09千克。1975年陝西扶風莊白村出土。

侈口，淺腹下置圈足，腹兩側設附耳，口沿一側設槽流，另一側爲獸首鋬，造型較爲特殊。腹飾回首龍紋一周，内底鑄銘文“伯雍父自作用器”七字。伯雍父在西周穆王時是征伐淮夷的主帥。此盤既有附耳，又有流和鋬，形制較少見。藏扶風縣博物館。

休盤

西周中期盥洗器。

高11.9釐米，口徑39.4釐米。

侈口，折沿，淺腹下承圈足，腹兩側設附耳。腹飾獸體卷曲紋一周。内底鑄銘文九十字，記載二十年正月既望甲戌日，王在周康宫，益公右導休入門，王呼作册尹册命，賞賜休玄衣、黹純、赤市朱黄、戈琱㦸彤沙緌柲、鑾旂等物。休爲文考日丁作此盤。藏南京博物院。

守宫盤

西周中期盥洗器。

口徑50餘釐米。1929年河南洛陽廟坡出土。

直口，折沿，淺腹，下置圈足，腹兩側設附耳。腹飾回首龍紋，圈足飾斜角雲紋。腹内底鑄銘文六十六字，記載正月既生霸乙未日，王在周，周師説守宫榮譽的事，守宫向周師獻酬酌之酒，周師賞賜守宫絲束、蘆幕五、蘆冪二、馬匹、毳布三、專倖三、銮朋。守宫答謝稱揚周師之賜，爲祖乙作此盤。藏英國費茨威廉博物館。

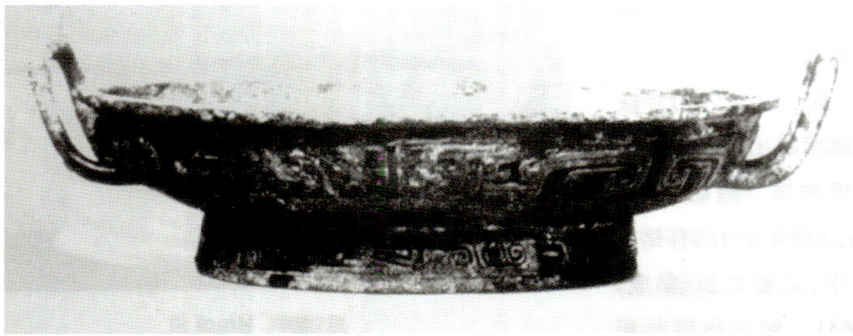

吕服餘盤

西周中期盥洗器。

高15釐米，口徑37.6釐米。

口沿外折，淺腹，下置圈足，腹兩側設附耳，腹壁前後飾浮雕獸首，兩側飾龍紋。盤内底鑄銘文六十六字，記載二月初吉甲寅日，備仲右導吕服餘，王曰：服餘，命你繼續你祖考的官職，輔佐備仲司六師服事。賞賜服餘的物品有赤市、幽黄、攸勒和旂等。藏西安博物院。

牆盤

又名"史牆盤"。西周中期盥洗器。

高16.2釐米，口徑47.3釐米，重12.5千克。1976年陝西扶風莊白村出土。

口折沿，淺腹下置圈足，腹兩側設附耳。腹飾長尾鳥紋一周，圈足飾變形獸體紋。腹内底鑄銘文二百八十四字，内容分前後兩篇，前篇記述文王至恭王的業績，文王因上帝降懿德，廣有天下的臣民，得到萬邦的擁護。武王遹征四方，撻伐殷的貴族，永遠不需恐懼狄虘族的侵略，並擊敗了夷童。銘文還歷數成、康、昭、穆等史迹，竭力頌揚時王（恭王）的統治。後篇記述牆的宗族微氏族譜，着重叙述武王克商後，烈祖微受高祖命來覲武王，武王命公賜以多量的屋宇，定居於周，世代爲官，子孫繁衍。迭經乙祖、亞祖、乙公至於牆六世，牆任恭王時史官。銘文是一篇很特殊的對宗周王世功烈的頌辭和牆的宗族微氏家族史，有些史實史書中未見記載，具有重要的史料價值。藏寶鷄市周原博物館。

免盤

西周中期盥洗器。

高12.7釐米，口徑36.37釐米。

侈口，折沿，淺腹下承圈足，圈足下又置三個扁平的小足，腹兩側飾附耳。腹及圈足均飾回首龍紋。腹内底鑄銘文三十三字，記載五月初吉，王在周，命作册内史賞賜免盛鹽鹵的容器，免敬嘉天子之美，鑄一組盥洗器盤和盉。此器銘文記載的所賜之物甚少見。藏德國柏林民族學博物館。

寰盤

西周晚期盥洗器。

高12.9釐米，口徑41釐米，重7.96千克。

侈口，折沿，淺腹下置圈足，腹兩側設附耳。腹飾鱗紋一周，圈足飾波曲紋。腹内底鑄銘文一百零三字，記載在二十八年五月既望庚寅日，王在周的康穆宫，天剛亮，王到大室，宰頵右導寰進門位於中廷，史官將擬好的命書交給王，王呼史減向寰宣讀命書。賞賜的物品有玄衣黹純，赤市朱黄，鑾旂，攸勒，有紋飾的戈。寰爲皇考鄭伯、鄭姬作此寶盤。藏北京故宫博物院。

散盤

又名“矢人盤”。西周晚期盥洗器。

高20.6釐米，口徑50釐米左右，重21.31千克。傳清乾隆初年陝西鳳翔出土。

口折沿，淺腹下置高圈足，腹兩側設附耳，腹飾長尾龍紋一周，圈足飾獸面紋。腹内底鑄銘文三百五十字，記載矢國遣人去散邑，因矢國侵犯了散國的土地，故付土地給散國以爲賠償。矢人付與散氏的土地共有兩塊，眉地之田和井邑之田。銘文中對田所在位置、田界、封、樹等均有詳細記述。在田界劃定以後，雙方確定參加定界、盟誓的人名，其中矢國十五人，散國十人。在九月乙卯日舉行盟誓，内容爲：我既付給散氏田契，濕田和牆田，如若爽約，願意承受懲罰，並將付給散國的田繪成地圖授於矢王。散國執左券的是史官中農。散盤銘文是研究西周貴族之間土地轉移、實行契約制度的重要材料。藏臺北故宫博物院。

兮甲盤

西周晚期盥洗器。

宋代出土，下落不明，有仿製品。

口折沿，淺腹，圈足缺失，腹兩側設附耳，原器形僅見《商周彝器通考》圖839（容庚著，哈佛燕京學社出版，1941年）。腹内底鑄銘文一百三十三字，記載五年三月既死霸庚寅日，王伐玁狁於𠭯盧，兮甲從王征，殺敵並俘獲敵人，王賜以馬四匹和駒車一輛。又記述王命兮甲征收天下貢於成周的賦税，到達了南淮夷。淮夷從來是向王室貢納賦税的臣民，現在不敢不提供賦税、委積和力役，不得逃避關市之税，諸侯百姓的貨物，亦只能就市納税，如有妄人盜竊貨物的，則施以刑法。兮甲盤銘文是研究西周賦税制度的重要材料。

史頌盤

西周晚期盥洗器。

高13.2釐米，口徑38.4釐米，重5.64千克。

口沿外折，淺腹圈足，腹兩側設附耳。耳飾鱗紋，腹飾獸體變形紋，圈足飾並列鱗紋。腹内底鑄銘文十四字，記載盤爲史頌所作，與史頌鼎、史頌簋爲同一器主。此盤銘文略簡。藏上海博物館。

函皇父盤

西周晚期盥洗器。

高11.5釐米，口徑38.2釐米。1933年陝西扶風康家村出土。

直口，折沿，淺腹下置高圈足，腹兩側設附耳。腹及圈足各飾鱗紋，腹部鱗紋大小鱗瓣相間。腹内底鑄銘文三十九字，記載函皇父爲琱娟作盤、盉及尊器鼎、簋各一具，第一鼎盛豕，以下還有十鼎十味，八簋、兩罍、兩壺。函皇父曾鑄很多器，銘文大致相同，也有較爲簡略的。藏陝西歷史博物館。

蘇甫人盤

西周晚期盥洗器。

高14.4釐米，口徑42.7釐米，重6.83千克。

口折沿，淺腹，圈足，腹兩側設附耳。腹飾獸目交連紋，圈足飾並列式鱗紋，耳飾鱗紋大小相間。腹内底鑄銘文“蘇夫人作嫚(姪)妃襄媵盤”九字，記載蘇夫人爲其侄女妃襄所作之媵器。藏上海博物館。

晉侯喜父盤

西周晚期盥洗器。

高14.3釐米，口徑45.6釐米。1994年山西曲沃晉侯墓地出土。

口折沿，淺腹下置圈足，腹兩側設附耳。腹飾鳳紋一周，此鳳的長冠和長尾上均有一龍相纏，甚少見。腹内底鑄銘文二十七字，記載五月初吉庚寅日，晉侯喜爲其父厲侯作此盤。藏山西博物院。

𩁹盤

西周晚期盥洗器。

高12.1釐米，口徑36.9釐米，重6.2千克。傳河南洛陽出土。

侈口，折沿，淺腹，下置圈足，腹兩側設附耳。腹飾變形獸紋一周，圈足飾斜角雲紋。腹内底鑄銘文十六字，記載𩁹爲王母媿氏作此盤。藏上海博物館。

魯仲齊盤

西周晚期盥洗器。

高10.3釐米，口徑38.6釐米。1977年山東曲阜魯國故城出土。

直口，折沿，淺腹下置圈足，圈足旁又附三個裸體人爲足，腹兩側設曲折形耳，耳上設卧牛。腹飾變形獸體紋，圈足飾鱗紋。腹内底鑄銘文十五字，記載魯司徒仲齊爲皇考白走父作此盤。藏孔子博物館。

逨盤

西周晚期盥洗器。

高20.4釐米，口徑53.6釐米，重18　千克。2003年陝西寶鷄眉縣楊家村出土。

口沿外折，淺腹下承圈足，圈足旁附四獸足。腹兩側設折曲附耳，腹前後設龍首銜環，腹及圈足飾獸體卷曲紋。盤内底鑄銘文三百七十字，記載單氏家屬八代人輔佐西周自文王至宣王十二位王的征戰、理政、管治林澤等的功績。對西周王室的變遷及世系排列有明確記載，可爲史書記載提供佐證。藏寶鷄青銅器博物院。

㝉盤

西周晚期盥洗器。

高14.1釐米，口徑40.4釐米，重8.3千克。1963年陝西扶風齊家村出土。

口折沿，淺腹下置圈足，圈足下又設四裸體男童，爲跽坐式，雙手扶膝，肩負盤沿，此器形較爲少見。腹及耳外側各飾鱗紋。腹内底鑄銘文“㝉”一字。與盤相配的是㝉盉。藏陝西歷史博物館。

宗仲盤

西周晚期盥洗器。

高15釐米，口徑35.5釐米。1974年陝西藍田指甲灣出土。

直口，折沿，口邊設一流槽，淺腹下置圈足，腹一側設龍首耳，龍口噬盤沿，與流相對應。腹及圈足皆飾鱗紋，大小鱗瓣相間，腹内底鑄銘文“宗仲作尹姞盤”六字，記載宗仲爲尹姞作此盤。同銘之器，尚有一匜。藏陝西歷史博物館。

虢季子白盤

西周晚期盥洗器。

高39.5釐米，口縱86.5釐米，口橫137.2釐米，重215.5千克。傳清嘉慶、道光年間陝西寶鷄虢川司出土。

器呈長方形。口沿外折。腹壁下斂，平底下置矩形足。器四壁各設龍首銜環耳一對。口沿飾獸體目紋，腹飾寬大的波曲紋。腹内底鑄銘文一百十一字，記載十二年正月初吉丁亥日，虢季子白作此盤。虢季子白自詡有剛强、威武之戎功，能經理天下，勇猛搏擊，討伐在北洛水之部落，殲滅敵人折首五百，執俘虜五十，並截其左耳告獻於王。王嘉獎子白的戰功，在周廟宣榭賜子白乘馬，令其輔佐王室，賜以弓、矢和鉞，用以征伐蠻方。在現存商周青銅盤中，以此爲最大。藏中國國家博物館。

魯伯愈父盤

春秋早期盥洗器。

高12.9釐米，口徑38.8釐米，重5.76千克。1830年山東滕縣(今滕州市)城東北鳳凰嶺出土。

口沿外折，淺腹平底，下置圈足，腹兩側設附耳。腹飾變形獸體紋，圈足飾鱗瓣紋。盤内底鑄銘文十五字，記載魯伯愈父爲其女兒嫁於邾國而作此盤。藏上海博物館。

潘君伯龍盤

春秋早期盥洗器。

高12釐米，口徑31.5釐米。1978年河南潢川劉砦村出土。

口折沿，淺腹下置圈足，圈足旁又設三個獸首小足。腹兩側設附耳。腹飾獸體卷曲紋，圈足飾鱗瓣紋，腹内底爲一蟠龍。外圍銘文一周鑄十八字，記載番君伯龍用紅銅自作寶盤，萬年子孫永遠用作祭祀。番即潘，古國名，河南固始附近的潢川縣一帶曾出土潘國青銅器。藏信陽博物館。

齊縈姬盤

春秋早期盥洗器。

高15釐米，寬55.5釐米，重11.39千克。

口折沿，淺腹下置圈足。腹兩側設附耳，耳上各飾一對伏犧。腹飾交龍紋。腹内底鑄銘文二十三字，記載齊國縈姬爲姪女作此盤，以祈萬年長壽，子孫永寶。藏北京故宫博物院。

魚龍紋盤

春秋早期盥洗器。

高13.9釐米，口徑33釐米，重3.5千克。

口沿外折，淺腹下置高圈足。腹兩側設附耳。口内壁飾一周魚紋，計十二尾，盤内中心爲蟠龍紋，龍角和龍首下各飾一小龍。盤外壁飾變形龍紋。此盤紋飾仿自中原地區商末周初盤的形式，又具有吴越文化特徵。藏上海博物館。

交龍紋盤

春秋早期盥洗器。

高13.6釐米，口徑33.4釐米。1995年河南登封鋁廠出土。

直口，折沿，淺腹，下置高圈足。腹兩側設附耳。腹飾交龍紋，圈足及耳飾鱗紋。此盤器形較大，製作規整，紋飾清晰。藏鄭州博物館。

鄭伯盤

春秋早期盥洗器。

高13.5釐米，口徑37.9釐米，重5.55千克。

口沿外折，淺腹平底，下置圈足。腹兩側設龍首耳，龍角爲一對立鳥。腹飾蟠曲龍紋，圈足爲透雕的鱗瓣紋。腹内飾淺浮雕游魚紋兩周共二十尾。盤内底中心鑄銘文十三字，記載此盤爲鄭伯所作。鄭爲姬姓，《史記·鄭世家》："鄭桓公友者，周厲王少子而宣王庶弟也，宣王立二十二年，友初封於鄭。"此盤當爲鄭莊公與文公年間器。藏上海博物館。

鄀嫛盤

春秋早期盥洗器。

高14釐米，口徑35.4釐米，重5.82千克。傳清光緒中陝西鄠縣(今户縣)出土。

口折沿，淺腹下置圈足，圈足下設三個小獸首爲足。腹兩側設附耳，腹部飾獸目交連紋。腹内底鑄銘文二十五字，記載王子烈公之婦名鄀嫛，作宗廟祭祀之彝器，因此能得到大福，保衛鄀國。鄀嫛所作之器有鼎、簋、盤、匜等，鑄造比較粗疏。藏上海博物館。

子仲姜盤

春秋早期盥洗器。

高18釐米，口徑45釐米，重12.4千克。

口折沿，淺腹圈足，圈足側面置三只立體爬行虎。腹兩側設附耳，前後各設立體的曲折角龍攀於腹的外壁，作探水狀。腹壁飾變形獸體紋，盤内有立體的水鳥、魚、龜和蛙，浮雕的鼉和蛙魚，立體的動物都能在平面作360度的旋轉，這種藝術裝飾手法前所未見。腹内壁鑄銘文三十二字，記載六月初吉辛亥日，大師爲其夫人子仲姜作此盤，盤既大且好，用來祈求長壽，子子孫孫要永遠寶用。與此盤成組的有子仲姜匜。匜爲美國紐約私人收藏，盤藏上海博物館。

單盤

春秋早期盥洗器。

高17釐米，口徑41.8釐米。1973年河南羅山高店出土。

口折沿，淺腹，高圈足。圈足下設四獸如牛，作匍伏狀，以背承器，牛首緊貼圈足邊沿，此裝飾較爲少見。腹兩側設附耳，腹飾獸體變形紋，圈足飾鱗紋。腹内底鑄銘文二十餘字，記載此盤爲單自作，子子孫孫要永保用享。與此盤同出有一匜，銘文與盤基本相同。藏河南博物院。

魚龍紋盤

春秋中期盥洗器。

高19.6釐米，口徑41釐米。1978年安徽繁昌湯家山出土。

侈口，折沿，淺腹平底，下置圈足。腹兩側飾附耳，腹飾鱗紋。口沿内側飾十六尾魚紋爲一周，下以連珠紋爲欄。腹内底飾一長首龍，兩旁各飾一卷體龍，魚龍紋盤中龍的形象與中原地區商和西周時代的大不相同。藏繁昌縣博物館。

封孫宅盤

春秋晚期盥洗器。

高12.3釐米，口徑39.4釐米，重3.61千克。

口折沿，淺腹，平底下置短蹄足。腹兩側設附耳。腹内底鑄銘文二十五字，記載魯國的小司寇封孫宅爲其女孟姬作媵盤。小司寇爲大司寇的副貳，輔佐大司寇處理司法等政務。封孫是氏稱，《周禮·地官·司徒》有封人，其職掌設王之社壝爲畿封而樹之，故有封人氏。此盤之封孫氏當是司封樹的職官衍化而來。藏上海博物館。

者尚盤

春秋晚期盥洗器。

高11.5釐米，口徑37釐米，重3.35千克。

口沿外折，淺腹平底，下承獸首短蹄足。腹兩側設龍首耳，腹飾三層卷龍紋，龍首倒順置。腹内底鑄銘文四十字，記載者尚用青銅鑄盤，以祈長壽，子孫永遠寶用。銘文較爲精工。藏上海博物館。

徐王義楚盤

春秋晚期盥洗器。

高14釐米，口徑37.6釐米，重4.5千克。1979年江西靖安水口公社出土。

侈口，折沿，束頸，鼓腹下收成平底，頸腹兩側設附耳。頸飾幾何紋，腹飾横條溝紋。器内底鑄銘文十二字，記載徐王義楚選擇尚好的青銅，自作盥盤。《左傳·昭公六年》："徐儀楚聘於楚。"此爲有相對紀年的徐國器。藏江西省博物館。

透雕龍紋盤

春秋晚期盥洗器。

高9.3釐米，口徑31.5釐米。1959年安徽屯溪奕棋村出土。

口折沿，淺腹，圈足，腹兩側飾附耳，耳低於盤口。腹飾透雕雲紋，陰刻獸面紋，圈足飾雲紋。内底飾蟠龍紋，並飾大龍首、小龍首，大龍首前尚有小動物，小龍首與體軀相連，盤旋於盤内底，旁有一龍、一鳥。此盤實際上已不能作爲盥洗器來盛水。藏安徽博物院。

雙獸三輪盤

春秋晚期盥洗器。

高15.6釐米，口徑26釐米，重1.65千克。1957年江蘇武進(今屬常州)淹城出土。

侈口，折沿，淺腹平底，下置矮圈足。前圈足旁置兩短條，間有軸心，設一輪，輪兩側各有一回首獸。後圈足旁另分置兩短條，各設一輪，構成三支點，至今如推拉雙獸，還可使盤輪轉動。盤飾雲紋，獸體飾斜角雲紋，造型特殊。藏中國國家博物館。

龍蛙黿魚紋方盤

春秋晚期盥洗器。

高22.5釐米，口縱45.2釐米，口横73.2釐米，重23.5千克。

器呈長方形。寬緣外折，直壁平底，下置四足爲小龍噬大虎。腹前後各飾獸面銜環耳一對。口沿内壁飾交龍紋，内底飾龍、蛙、黿、魚等在水中游弋。外壁以羽翅紋爲地，飾浮雕的動物和神獸。此盤造型較大，紋飾精緻。藏北京故宫博物院。

變形交龍紋盤

戰國早期盥洗器。

高8.7釐米，口徑27.3釐米，重1.67千克。

侈口，折沿，淺腹稍鼓，平底，下置短小的蹄足。腹兩側設獸首耳，耳上部的獸首甚大，額頂更有兩小龍，外側卷尾，獸目較大。咧口，兩側是獸的前爪。腹飾變形交龍紋，上下欄爲綯紋，下爲三角形紋，風格接近徐國器。藏上海博物館。

流盤

戰國早期盥洗器。

高14.5釐米，長70釐米，寬50釐米。1936年河南輝縣出土。

盤呈長方形。直口，腹甚淺。一長邊設流，平底，下置四環爲足。腹兩端各設兩鈕，有方形提手與之相套。學者推測此器似爲《周禮·凌人》所載“祭祀共冰鑒，賓客共冰”的冰盤。中腰設流，以備冰化水後便於外流。藏河南博物院。

楚王熊忎盤

戰國晚期盥洗器。

高7.9釐米，口徑38.5釐米，重3.08千克。1933年安徽壽縣朱家集楚王墓出土。

口折沿較寬，淺腹圜底。口沿上鑄銘文二十字，腹外壁鑄銘文九字，共二十九字，記載楚王熊忎在戰爭中得勝，俘獲銅兵器，在正月吉日，以俘獲兵器的青銅鑄造炒盤，以供每年的祭祀所用。這盤是冶師紹聖輔助陳共所作。藏北京故宮博物院。

𠑇匜

西周中期盥洗器。

高20.5釐米，全長31.5釐米，重4.85千克。1975年陝西岐山董家村出土。

匜前有槽流，設波曲形蓋，蓋前有虎首與流相合，並露出流口。後以龍首爲鋬。寬腹圜底，下置四蹄足。口沿下飾獸體目紋一周。器、蓋銘文相聯成整篇，共一百五十七字。記載三月甲申日，王在莽京上宮，伯揚父對牧牛的判決，判辭說：牧牛，你應該受到嚴厲的譴責，你竟敢誣告上司争奪財産，你向上級報告了以前的誓約，現在應該到嗇地去向𠑇請求和解，並交出五名奴隸。此辭就是要服從判決。我本當要判你穿象徵鞭刑罪的囚衣和象徵性的墨刑，現在我赦免你，應該受千鞭對你施以黜𪘇之刑，這是第一次赦免。後又大赦，只判五百鞭，罰青銅三百寽。伯揚父又要牧牛起誓，今後決不敢再以各種事情來相擾𠑇，如果𠑇再行控告，你必將受鞭刑和墨刑。於是牧牛起誓，付了應罰的青銅。此事的監視人有䚄、𦥑等官員。𠑇爲記載這次訟事的勝利而作器。匜銘出現了西周法律條文和刑名，並有判決過程和判決辭，是研究西周法律的重要資料。藏陝西歷史博物館。

函皇父匜

西周晚期盥洗器。

高13.2釐米，全長26釐米。重1.14千克。清同治年間陝西關中出土。

前有槽流，後設龍首鋬，鼓腹下置四足。口沿飾鱗紋一周。腹内底鑄銘文十四字，記載函皇父爲夫人琱娟作此匜。研究認爲函皇父是《詩·小雅·十月之交》中的“卿士皇父”，所以此器可定爲西周幽王時期。藏上海博物館。

叔五父匜

西周晚期盥洗器。

高18.4釐米，全長36釐米，重2.4千克。2003年陝西寶鷄眉縣楊家村出土。

前有較平的槽流，後置龍首鋬，平底下置四龍足。口沿飾變形獸體紋，腹飾横條溝紋。腹内底鑄銘文十四字，記載此匜爲叔五父所作。藏寶鷄青銅器博物院。

魯仲齊匜

西周晚期盥洗器。

高19釐米，全長36釐米。1977年山東曲阜魯國故城出土。

匜前爲槽流，後有龍首鋬。鼓腹圜底，下置四個扁形蹄足。口沿飾變形獸體紋，腹飾横條溝紋，蹄足飾龍紋。腹内底鑄銘文二十五字，記魯國司徒仲齊，爲皇考伯走父作此匜，同銘之器，尚有一盤。藏孔子博物館。

蔡侯匜

西周晚期盥洗器。

高15.4釐米，口長26.5釐米，重1.75千克。

前爲槽流，後設獸首鋬。鼓腹下置四條扁形足，前兩足飾獸首，後兩足的獸首已變形。腹内底鑄銘文"蔡侯作姬單賸匜"，記載蔡侯爲其女姬單作陪嫁的匜。藏上海博物館。

齊侯匜

西周晚期盥洗器。

高24.7米，全長48.1釐米。重3.42千克。

器的前端爲弧形的槽流，後端設龍形大鋬，寬腹下置四小龍以爲足。通體飾横條溝紋。腹内底鑄銘文二十二字，記載齊侯爲其夫人虢君的長女名良女作寶匜。虢爲姬姓，齊是姜姓，虢國和齊侯聯姻能得到大國的保護。藏上海博物館。

叔上匜

西周晚期盥洗器。

高16.8釐米，全長28.6釐米，重1.86千克。

匜前爲槽流，後設龍形鋬，龍尾卷曲。腹下置四小龍爲足，前足龍首在上，後足龍首着地。腹飾兩首龍紋。腹内底鑄銘文三十三字，記載十二月初吉乙巳日，鄭國内史名叔上爲其女叔娟作媵匜。藏北京故宫博物院。

晉侯䩰匜

西周晚期盥洗器。

高15.3釐米，全長34.5釐米，重1.75千克。1992年山西曲沃曲村出土。

器呈長瓢形。前爲槽流，後設龍首鋬，淺腹下置三足，一前二後，均爲人形。口沿飾回首龍紋一周，首尾相接。腹内底鑄銘文二十二字，皆反書，記載在九月既望戊寅日，晉侯䩰作此匜，其子孫要永遠寶用。藏上海博物館。

魯伯愈父匜

春秋早期盥洗器。

高16.5釐米，口長25.9釐米。重2.07千克。1830年山東滕縣(今滕州市)城東北鳳凰嶺出土。

匜前有槽流，後以龍爲鋬，寬腹平底，下置四足，飾獸紋。口沿飾獸體變形紋，腹部飾横條溝紋。腹内底鑄銘文十五字，記載魯伯愈父爲其女嫁於邾國而作媵器。藏上海博物館。

齊侯子行匜

春秋早期盥洗器。

高21.5釐米，全長42釐米。重4.7千克。1977年山東臨朐出土。

匜前有槽流，後有龍形卷尾鋬，平底下承四個獸形足。口沿飾獸體變形紋，腹飾横條溝紋。腹内底鑄銘文十五字，記載此器爲齊侯之子名行者所作。藏中國國家博物館。

單匜

春秋早期盥洗器。

高20.7釐米，流至尾長37釐米。1973年河南羅山高店出土。

匜前爲槽流，後設龍形鋬，龍高角上聳，口噬匜邊，尾外卷。底較平，下置四個獸形扁足。器口沿飾獸體變形紋，腹飾横條溝紋。腹内底鑄銘文十六字，記載此匜爲單自作，子子孫孫要永寶用享。與匜同出尚有一盤。藏河南博物院。

凫叔匜

春秋早期盥洗器。

高19.2釐米，長34.2釐米。

整器爲獸形。前有内卷角獸首張口爲流，後設獸首鋬。獸背上設蓋。蓋呈弧形突起並設兩鈕，前一鈕爲抓手，可啓蓋，後一鈕與鋬上之環相套。腹稍鼓，下置四獸足。蓋飾獸目交連紋，腹飾相背龍紋，龍角交纏。器、蓋同銘，各鑄“凫叔作旅匜”五字。此器自名爲匜，形制僅見。藏臺北故宫博物院。

獸體變形紋匜

春秋早期盥洗器。

高24.5釐米，口長34.2釐米。

前有弧形槽流，後面的鋬爲外卷角卷鼻獸，獸首已伸入匜内，彎曲的體軀爲鋬，獸的前足緊抓匜口，後足頂住匜腹，尚有一長尾外卷，造型生動。器寬腹圜底，下置四立人爲足。人爲裸體，後腦與器相接，髮如童花式，面部五官清晰並帶笑容，雙手拱於前胸，雙足分開着地。口沿飾獸體變形紋。此器造型前所未見。藏臺北故宫博物院。

交龍紋匜

春秋早期盥洗器。

高15.2釐米，長31.4釐米。

前有槽流，後設獸首鋬。深腹，圜底，下置四獸足。腹飾回首龍紋，龍角甚長，兩龍之角相交，體部彎曲至前，與另一龍相交，這種龍紋的形式比較少見。藏美國舊金山亞洲藝術博物館。

虎形匜

春秋早期盥洗器。

高6.5釐米，長14.4釐米，寬5.6釐米。1959年山西聞喜上郭村出土。

以虎作爲匜的器形，虎首雙耳高聳，張口爲流部，後面設獸首鋬。器體爲虎身，匜口稍斂，腹微凸，下置四虎爪爲足，形式很特殊。匜的腹部及足部皆以虎斑作爲紋飾。用虎形作爲匜的外形，此前未見。藏山西博物院。

𦒿父匜

春秋中期盥洗器。

高20.2釐米。1969年湖北枝江百里洲出土。

匜前有獸首管狀流，流口較大，後以立體龍爲鋬。龍嘴噬住匜口，鼓腹，平底下置四個龍形扁足。匜口飾交龍紋，腹飾橫條溝紋。器内底鑄銘文二十九字，記載正月初吉庚午日，塞公孫𦒿父自作盥匜。藏湖北省博物館。

陳子匜

春秋中期盥洗器。

高16.7釐米，重2.09千克。

器的前端爲槽流，後端設龍形大鋬，寬腹下置四龍形扁足。口沿飾卷體龍紋，腹飾兩首龍紋。腹内底鑄銘文三十字，記載正月初吉丁亥日，陳子爲其女作陪嫁之匜，陳子即陳侯。藏北京故宫博物院。

蔡侯匜

春秋晚期盥洗器。

高15釐米，長22.3釐米。1957年河北懷來甘子堡出土。

器呈瓠形。前爲槽流，後設龍形鋬，淺腹下置四足。流及器口沿飾幾何雲紋。腹内底鑄銘文三十八字，記載正月初吉丁亥日，蔡叔季之孫侯送孟姬有止母匜盤，用來祈求長壽，萬年無疆，子孫要永遠寶用之。器銘自稱"盨盤"，盨字誤鑄，故銘文末尾單獨補刻一"匜"字。藏河北博物院。

夆叔匜

春秋晚期盥洗器。

高14.1釐米，長35.7釐米，重2.53千克。傳山東滕縣(今滕州市)出土。

前有短流，腹近長方形，平底下置四個透雕卷龍爲足，龍首鋬。器口邊一側置平板形鋪首，下銜一環。腹兩側飾透雕龍紋四條，以紅銅鑲嵌其間，使器壁内外均現同一紋樣。腹内底鑄銘文三十五字，記載夆叔爲季妃作盥盤，祈求眉壽，永保無期。夆即逢，夏商古國名，曾居營丘，子孫以國爲氏。藏上海博物館。

變形龍紋匜

春秋晚期盥洗器。

高22.3釐米，長42.7釐米，重4.88千克。

口一側有彎曲的管狀獸首流，兩側獠牙翹起，後設龍形鋬。龍口噬匜緣，弓背，尾外卷，龍的體軀上尚有小龍及小獸。淺腹下置四鳥龍足，每一足前爲小鳥，後爲回首龍。腹飾變形龍紋。匜的流、鋬、足各部分都有比較複雜的裝飾。藏北京故宮博物院。

交龍紋匜

春秋晚期盥洗器。

高18.8釐米，長35.8釐米，重2.6千克。1988年山西太原金勝村趙卿墓出土。

器呈橢圓形。匜口外折，淺腹，前有虎首呈管狀流，虎啓口露獠牙。自虎頸至匜後端設一伏虎爲提梁。横跨匜面，呈弧形。腹下置三足，兩足在前爲禽足，足趾間有蹼，後一足爲站立的小虎。兩前肢托住器壁，尾部上翹。腹飾交龍紋一道。此匜以提梁代鋬，造型極爲別緻。藏山西博物院。

滕大宰得匜

春秋晚期盥洗器。

高12.7釐米，長29.5釐米。

深腹，矮圈足，口一側爲略上翹的狹流，與流對應的是半環形鈕，流口下近腹亦設一鈕。口沿飾幾何雲紋，腹飾卷體龍紋。流内側鑄銘文“滕大宰得之御匜”七字，記載此匜爲滕大宰得所造。滕國器傳世較少，大多爲國君所作，而此器爲滕國卿大夫所作。說明滕國也設大宰之官，可補史籍記載之缺失。藏香港中文大學文物館。

倗匜

春秋晚期盥洗器。

高13.6釐米，長26釐米，重1.65千克。1978年河南淅川下寺春秋楚墓出土。

器前有封頂式獸首流，獸張口爲流口，後設卷體龍爲鋬。腹呈桃形，下收成平底，口沿及腹上部各飾交龍紋一周，腹中部飾三角形紋一周，流和鋬的頂部各飾龍蛇交結形角的獸面紋。腹内底鑄銘文“倗之盥盤”四字，此器自名爲盤。有的匜也有自名爲“盤匜”的，這是一套盥洗器。藏河南博物院。

交龍紋匜

春秋晚期盥洗器。

高14.3釐米，長27.5釐米，重1.75千克。1978年河南淅川下寺春秋楚墓出土。

前有封頂式獸首流，獸張口爲流口，後設卷體龍爲鋬。深腹，下收成平底。頸飾交龍紋，腹飾菱形紋和交龍紋，流及鋬的頂部各飾以龍蛇交結形角的獸面紋，紋飾極精細。藏河南博物院。

刻紋宴射圖匜

春秋晚期盥洗器。

高11.2釐米，口長24釐米，重0.33千克。1988年山西太原金勝村趙卿墓出土。

器呈橢圓形。侈口，腹壁下收，平底。口沿一側有槽流，另一側爲鋪首銜環。器外壁素面，内壁流部刻三尾魚，中間一魚逆水而入，兩側之魚順水往外游。器頸部飾波紋。腹部紋飾主紋是兩人投壺，兩旁有人正在送箭，下有魚貫而入送箭者十數人，左側兩人正在射侯。人物皆戴冠穿深衣，其紋飾上下有樹紋和三角形紋爲欄。匜的内底飾交龍紋。此器胎甚薄，僅0.8毫米，整個紋飾是用極鋭利的鋒刃刻畫的，綫條細如毫髮，幾爲目力所不及。這是春秋晚期一種新興的製造青銅器紋飾的方法，它是在器鑄好後，先繪圖形，然後鏨刻，這類器物傳世較少。藏山西博物院。

刻紋宴射圖匜

戰國早期盥洗器。

高11.9釐米，重0.33千克。

匜器壁很薄，前設槽流，後以環鈕爲把，鼓腹平底，器内壁滿刻各種紋飾。底部在橢圓形内飾交龍紋，兩龍粗體相交，未見頭部。匜是水器，應與龍有關，外壁圍曲折紋一周。内壁的紋飾按方向分爲四區，近流口是主紋，紋飾的中間有一長方形高足案，上置兩壺，另有七人各具形態。左面一人右手執觚，左手欲取案上壺内之勺，其身後二人，相對彎腰弓身。右面一人，右手執一觚，左手持勺欲去壺内舀酒。其後有一人雙手持豆，另二人相對而坐，中間放一豆，一人持觚而飲。這幅圖的外圍是排列整齊的灌木小樹。器内壁左右兩側各有兩棵樹，旁有戴三義帽的人和鶴。下面是一幅“侯”的圖形。流内刻三尾魚紋，一尾頭向外，二尾頭向内。整個紋飾是用嫻熟的手法加上鐵或鋼這一類尖鋭的鋒刃鏨刻的。紋飾表現了當時部分貴族生活的情況。香港私人收藏。

刻紋樓閣人物匜

戰國早期盥洗器。

高9.9釐米，全長22.5釐米。1959年河南陝縣後川出土。

橢圓體。前爲槽流，後有環鈕。器壁甚薄，内刻紋飾三層，上層刻三尾魚紋；中層爲人物、樓閣、宴飲；下爲兩蛇互相纏繞。圖案細如毫髮，綫條極爲流暢。藏中國國家博物館。

曾侯乙匜

戰國早期盥洗器。

高15.5釐米，全長31.8釐米，重2.44千克。1978年湖北隨州擂鼓墩出土。

器呈橢圓形。平底下置三個小蹄足。前爲短槽流，後爲簡約的龍首鋬。體部及鋬均飾粗獷的勾曲形雲紋，紋飾中均有鑲嵌物。腹内底鑄銘文“曾侯乙作持用終”七字。藏湖北省博物館。

虎首流匜

戰國早期盥洗器。

高24.2釐米，長37釐米。1970年河北唐縣北城子出土。匜體寬大似盆。斂口，腹稍鼓，下置圈足。口一側爲虎首流。虎耳豎起，雙目鑲嵌緑松石，虎張口，鼻上卷。虎首下置一環，與虎首流對稱處設一獸首鋬，口沿外側設一鋪首銜環。口沿飾變形龍紋，腹飾倒三角形紋，圈足飾綯紋。此匜造型特殊，虎首生動，比較少見。藏河北博物院。

曾侯乙盤匜

戰國早期盥洗器。

盤高12.8釐米，重8.8千克。匜高13.4釐米，重2.6千克。1978年湖北隨州擂鼓墩曾侯乙墓出土。

盤直口，方唇，淺腹，平底。下置三龍足，龍體卷曲，張口咬住盤底邊沿，造型生動。腹兩側設曲折形附耳，出土時盤内置一匜，匜呈橢圓形，前有封頂流，是用獸首將槽流上口封住。後設龍首鋬，平底，假圈足。盤與匜均飾變形雲紋，紋飾中皆有鑲嵌物。盤及匜的腹内底各鑄銘文"曾侯乙作持用終"七字，記載這是曾侯乙的一套盥洗器。藏湖北省博物館。

吴王光鑑

春秋晚期盛水器。

高35.5釐米，口徑57.7釐米，重28.6千克。1955年安徽壽縣蔡侯墓出土。

侈口，方唇，束頸，寬腹下收，平底，腹兩側設龍耳，並套環。腹内嵌鑄四小環，似可架冰，用於降温。出土時成對，在兩器内各置一小匜和一尊缶。器頸及腹各飾細密的羽翅紋，或爲垂葉狀。腹内壁鑄銘文五十三字，銘有韻，記載吴王光用吉金、玄銑、白銑爲其女叔姬作嫁於蔡國的媵器，説明吴、楚兩國的聯姻關係。傳世兩件，分藏安徽省博物館和中國國家博物館。此器藏中國國家博物館。

吴王夫差鑑

春秋晚期盛水器。

高45釐米，口徑73釐米，重54千克。傳抗戰期間河南輝縣出土。

侈口，方唇，束頸，腹向下收斂，平底。頸腹兩側設獸首耳，套鑄雙環。頸腹前後各置一尖角龍，攀附於外壁呈探水狀。頸及腹部各飾繁密的交龍紋，下端是葉狀紋。腹内壁鑄銘文十三字，記載吴王夫差選擇好的青銅，自作御鑑。吴王夫差鑑，現存三件，形制、紋飾、銘文大致相同，分藏上海博物館和中國國家博物館。圖爲上海博物館藏。

智君子鑑

春秋晚期盛水器。

高22.7釐米，寬51.8釐米。傳1939年河南輝縣出土。

侈口，折沿，束頸，腹稍鼓，下置圈足，頸腹間均匀地設置四個獸首耳，有兩耳還套環。口沿飾貝紋一周，頸和下腹飾交龍紋，腹上部飾變形龍紋，頸及腹中間飾綯紋爲界，圈足飾綯紋。器鑄銘文“智君子之弄鑒”六字。智氏始見於《史記·晉世家》：景公三年“楚虜我將智罃”。時爲公元前597年。智氏之滅亡在公元前453年。智君子鑑成對，爲美國弗利爾美術館和美國私人收藏。

交龍紋鑑

春秋晚期盛水器。

高42.4釐米，口徑70.6釐米，重32千克。1988年山西太原金勝村趙卿墓出土，共出六件，形制、大小、紋樣相同。

侈口，折沿，束頸，鼓腹下收，平底下置低圈足。頸腹兩側及前後各設龍首環耳，龍首之角聳出器口，並附環耳。頸及腹部各飾交龍紋，腹部交龍紋的上下各有綯紋爲欄，圈足飾綯紋。耳環飾斜角雷紋。藏山西博物院。

交龍紋鑑

春秋晚期盛水器。

高33釐米，寬61釐米，重27千克。

口折沿，束頸，寬腹向下收斂成平底，腹兩側及前後各設以套環裝置的索形耳，器形較大。頸及腹均飾繁密的交龍紋，腹上部紋飾的上下有綯紋爲欄。藏北京故宫博物院。

水陸攻戰紋鑑

戰國早期盛水器。

高29.6釐米，口徑54.6釐米，重20千克。1935年河南汲縣(今衛輝)山彪鎮出土。

侈口，折沿，束頸，腹向下收斂，矮圈足，頸腹間均勻地安置四個鋪首環耳。頸與腹飾三周水陸攻戰紋，共有二百八十六人，反映戰爭場面。人物姿態各異，戰士短裝佩劍，或有幘巾，射者支左屈右，張弓搭矢；仰攻者鼓胸挺身，邁步躍進；受傷者全身倒置，首級落地；蕩槳者前屈後翹，傾身摇蕩；架梯者雙手擎舉，大步奔跑。畫面上的戰鬥形式有徒卒戰、舟師戰、短兵交手戰、長槍大戟戰、仰攻戰、雲梯戰、投石戰、旗鼓相當的陣地戰等，場面浩大。此鑑成對，形制、紋飾相同，分藏臺北故宫博物院和美國弗利爾美術館。圖爲美國弗利爾美術館藏。

曾侯乙方鑑

戰國早期盛水器。

高63.2釐米。1978年湖北隨州擂鼓墩曾侯乙墓出土。器由方鑑與方尊組成，也稱冰鑑。方鑑方唇設蓋，蓋中空，鼓腹平底，下置四獸足。口沿四隅及每邊正中設曲尺形和方形輔飾，腹四隅及每面中間各設一龍耳。方尊置於方鑑内正中地位，設蓋，蓋面有四環耳，鼓腹亦飾四環耳，圈足兩側各設兩個榫眼。方尊置於鑑内時，榫眼正好套入鑑底相應部位的三個彎鈎内，其中一個彎鈎裝有倒鈎，待尊放好後，倒鈎自動落下卡住圈足，使尊固定在鑑内，不能移動。鑑和尊的主要紋飾是繁密的蟠龍紋和交龍紋。器鑄銘文"曾侯乙作持用終"七字。方尊與鑑之間有空隙，可置冰塊。形制僅見。藏湖北省博物館。

鑲嵌幾何紋方鑑

戰國早期盛水器。

高21.6釐米，口每邊長30.1釐米。1975年河南三門峽上村嶺出土。

器呈方形。口沿方折，束頸，鼓腹下收，平底下置矮圈足。四壁自口沿至腹各設一錯金龍爲耳，龍首附於器口，體部彎曲，尾上翹。整器飾方形或菱形幾何紋，腹部紋飾以黼紋爲若干界欄，紋飾均錯金絲和鑲嵌緑松石，錯金絲非常整齊，器表磨錯平整光亮。方形鑑傳世較爲少見。藏河南博物院。

上林鑑

西漢晚期盛水器。

高44釐米，口徑63釐米。1961年陝西西安阿房宫遺址附近高窖村出土。

侈口，折沿，深腹略鼓，圜底下置矮圈足，頸兩側設附耳，腹僅飾一周寬帶。圈足内底飾鳥紋，爲一筆畫成，形態生動。壁外口沿下有銘文十九字，記載“上林銅鑑容五石，重百卅二斤，鴻嘉三年四月工黄通造八十四枚，第卅三”。藏西安博物院。

㢭伯鎣

西周中期盛水器。

高21.7釐米，口徑14.5釐米，重2.5千克。1974年陝西寶鷄茹家莊出土。

侈口，設蓋，蓋頂有圓形抓手。束頸，鼓腹，淺分襠，下連短足。腹一側設斜置管流，另一側爲獸首鋬。蓋沿設鈕與鋬上之鈕有活絡鏈相連。蓋面飾兩周斜角雲紋，器頸飾斜角雲紋，腹飾虎耳獸面紋。器、蓋同銘"㢭伯自作盤鎣"六字，記載此器名鎣，爲㢭伯自作。藏寶鷄青銅器博物院。

伯百父鎣

西周晚期盛水器。

高21.7釐米，口徑10.3釐米。1961年陝西長安張家坡出土。

侈口，設蓋，蓋爲一盤旋而出的大龍和兩條幼龍組成。蓋頂爲一龍首，旁設一鈕，與鋬上之鈕應由活絡鏈相連，今缺失。器束頸，折肩，鼓腹下置短款足。腹一側設斜支管流，另一側設龍首鋬。肩飾變形龍紋，管流飾斜角雲紋。器、蓋同銘，各鑄"伯百父作孟姬媵鎣"八字。此器自名爲鎣，是伯百父爲孟姬所作的媵器。藏陝西歷史博物館。

獸面紋瓿

商代晚期盛酒或盛水器。

高26.3釐米，口徑26.6釐米。1972年河北藁城臺西村出土。

侈口，折沿，束頸，圓肩連腹，平底下置圈足。肩飾鳥紋，僅有雙目突起，其餘均爲雲雷紋，但仍能看清鳥的鈎喙。腹飾曲折角獸面紋，目眶甚長，鼻翼不到底，軀體呈分解狀，這是殷墟早、中期獸面紋的式樣。圈足飾鳥紋。此瓿形體扁矮，較少見。藏河北博物院。

獸面紋瓿

商代晚期盛酒或盛水器。

高32釐米，口徑25.2釐米。1990年陝西洋縣烏暢出土。

侈口，折沿，束頸，圓肩連腹，下置圈足。肩飾長鼻獸紋，腹飾内卷角獸面紋，兩側配置龍紋，圈足飾虎耳獸面紋。腹部獸面紋的額頂及體軀兩側飾有整齊的列鰭紋。除獸目突起外，其餘部分均用纖細的綫條來表現，這是殷墟中期獸面紋的特點，紋飾精工細雕，製作工藝一絲不苟，表現了高超的範鑄技術。藏陝西歷史博物館。

獸面紋羊首瓿

商代晚期盛酒或盛水器。

高28.7釐米，口徑24釐米。1973年江蘇江寧(今屬南京)出土。

侈口，折沿，束頸，折肩，鼓腹略呈圜底。下置圈足，圈足上設三個大方孔。自肩至圈足設三條棱脊。肩設高浮雕三羊首，兩側配置鳥紋。腹飾内卷角獸面紋，兩側配置鳥紋，圈足飾獸體目紋。江蘇地區商代青銅器出土甚少，此瓿對研究南方地區的商代青銅文化具有重要意義。藏南京博物院。

獸面紋羊首瓿

商代晚期盛酒或盛水器。

高52釐米，重51.3千克。

侈口，折沿，束頸，折肩，鼓腹，下置圈足。肩設立體羊首，兩側配置長鼻獸紋，腹飾外卷角獸面紋，兩側配置長鼻獸紋，上下以獸體目紋爲欄，圈足飾外卷角獸面紋，並設三個圓孔。獸面紋的雙目甚大，其餘部分均以雲雷紋組成，紋飾極爲精緻，器形頗大。藏北京故宫博物院。

婦好瓿

商代晚期盛酒或盛水器。

高33.2釐米，口徑21.8釐米，重13千克。1976年河南安陽小屯婦好墓出土。

侈口，設蓋，蓋面突起，頂端有六個蟬紋組成的小柱鈕，束頸，鼓腹下置圈足。自蓋至圈足均勻地設置六條棱脊。蓋面飾外卷角獸面紋，腹上部中間爲一浮雕的外卷角獸首，兩側配置龍紋。腹飾外卷角獸面紋，兩側配置龍紋，圈足上的鳥紋亦爲其配置。器内底鑄銘文“婦好”兩字。藏中國國家博物館。

獸面紋瓿

商代晚期盛酒或盛水器。

高42.5釐米，口徑23釐米。1959年湖南寧鄉寨子山出土。

口折沿，設高蓋，蓋頂設蟠龍鈕。束頸，圓肩，鼓腹平底，下置圈足，自蓋至圈足設六條棱脊。蓋面飾外卷角獸面紋，肩設三個浮雕外卷角獸首，腹飾外卷角獸面紋，肩部的龍紋是其配置。圈足飾六組虎耳獸面紋。此瓿出土後，發現瓿内置二百二十四件原是手工工具，亦曾作錢幣使用的青銅斧。藏湖南博物院。

獸面紋瓿

獸面紋瓿

商代晚期盛酒或盛水器。

高36.5釐米，口徑21.8釐米，重7.22千克。

侈口，折沿，設蓋，蓋頂設鏤空柱，上有花蕾形頂。束頸，鼓腹下置圈足，設三個長方孔。蓋面飾倒置的曲折角獸面紋，器頸飾火龍紋，即龍紋間有火紋。腹飾外卷角獸面紋，圈足飾環柱角獸面紋，紋飾粗獷，蓋頂疑爲後配。藏日本泉屋博古館。

乳釘雷紋蛙飾瓿

商代晚期盛酒或盛水器。

高24.5釐米。

斂口，折沿，束頸，斜肩，鼓腹平底，下置圈足，圈足上設三個大方孔。肩飾三個立體蛙，蛙首向下。其兩側飾龍紋和魚紋各一周，腹飾乳釘雷紋，上沿飾魚紋一周，圈足飾勾曲的雲紋。此造型及紋飾的特點，說明此器爲長江流域的南方青銅器。瓿上飾立體青蛙的傳世僅數器。藏美國舊金山亞洲藝術博物館。

乳釘雷紋折腹瓿

商代晚期盛酒或盛水器。

高21釐米，口徑19.7釐米，腹徑28.5釐米，重2.75千克。

口沿斜折，短頸，肩向外延展，斜收折爲腹部。肩飾卷尾鳥紋，上下欄各飾一道連珠紋。腹部主題是乳釘雷紋，圈足下沿飾連珠紋和雷紋各一道，並設三個大方孔。瓿這類器流行時間較短，形體變化不大，但折腹瓿較少見。藏上海博物館。

乳釘雷紋羊首瓿

商代晚期盛酒或盛水器。

高38.8釐米，口徑31.6釐米，重14.24千克。

口折沿，束頸，廣肩，寬腹，圈足較高，設四個方孔。肩設四個大卷角羊首，立體高聳，羊首左右配置彎角長喙龍，並有棱脊狀的立鳥。腹飾乳釘雷紋，上有火紋與亞形紋爲欄，下有連珠紋爲欄，圈足飾外卷角獸面紋，體軀向兩側展開。全器銅質礦化，但表面光潔度保持良好，器呈翠綠色，是紅壤土層中出土的青銅器表層的特徵。藏上海博物館。

乳釘雷紋瓿

商代晚期盛酒或盛水器。

高18釐米，口徑16.8釐米，重2.27千克。

侈口，折沿，束頸，斜肩，鼓腹，下置圈足。圈足上設三個大方孔。肩飾獸紋和魚紋各一周，腹飾乳釘雷紋，圈足飾雷紋。這種形式的瓿大多出土在長江流域一帶，器表面的銅質已生成碱式碳酸銅，多處呈翠綠色，這是在紅壤土層中出土的青銅器的特點。香港私人收藏。

乳釘雷紋瓿

商代晚期盛酒或盛水器。

高13釐米。傳河南安陽武官北地出土。

口折沿，束頸，圓肩，鼓腹下置圈足，圈足上設三個方孔。肩飾鳥紋一周，其上欄飾連珠紋，腹飾乳釘雷紋，下欄亦飾乳釘紋，圈足飾雷紋一周，圈足内底鑄一龜紋。這在瓿類器中屬於特殊的裝飾。藏法國吉美國立亞洲藝術博物館。

黼紋瓿

商代晚期盛酒或盛水器。

高29釐米，口徑29釐米。1973年遼寧喀喇沁左翼蒙古族自治縣北洞出土。

口折沿，束頸，鼓腹，下置圈足，圈足上設三個小方孔。肩飾變形鳥紋，下欄爲連珠紋，腹飾黼紋，上下欄各飾連珠紋，圈足飾變形龍紋。瓿上飾黼紋的較爲少見。藏遼寧省博物館。

獸面紋瓿

商代晚期盛酒或盛水器。

高50釐米，口徑26.2釐米。1982年湖南岳陽魴魚山出土。直口，折沿，頸較長，折肩。深腹向下稍收斂，下承高圈足，圈足下另置四個小足，自腹至圈足設棱脊四條。頸設四隻立體鳥，肩腹間設四個立體的外卷角獸首。腹飾内卷角獸面紋，兩側配置倒竪的龍紋，腹上沿飾火紋與幾何紋一一相間。下沿飾魚紋，圈足飾獸面紋，紋飾極精緻。瓿的器形、紋飾和表面氧化層，反映了該器的湖南地方特色。藏湖南博物院。

獸面紋釜

商代晚期盛水器。

高34釐米，口徑32釐米。傳1946年河南安陽高樓莊出土。

侈口，束頸，深腹平底。腹兩側設提環，是用二次澆鑄完成。提環兩端各飾一龍首，龍首外翻與龍體相連組成兩環。兩龍共用一龍體，即提環，腹兩側各設兩半環，U形的提環與器的半環相套。該器較大，提環的設計可以負重，是實用器。腹飾環柱角獸面紋，下爲變形獸體紋組成的三角形紋。藏中國國家博物館。

索紋罐

西周早期盛水器。

高14.5釐米，口徑10.7釐米。2000年山西曲沃曲村遺址出土。

侈口，頸稍斜，斜肩，折腹，往下收斂成平底。自口沿至肩兩側設耳。腹中及耳各飾索紋一道。此罐器形在青銅器中爲僅見，與之類似的陶器則在甘肅、青海一帶的齊家文化和馬家窑文化的遺址中常見。此罐出土於山西晉侯墓地，説明晉國已與外族有交往，並以青銅仿製陶器的形式，或爲西北地區羌戎的遺物。藏山西博物院。

波曲紋鍑

春秋早期盛水器。

高23.4釐米，口徑19.8釐米，重2.77千克。

大口，上立索耳，直腹，平底下置高圈足。口沿飾獸目交連紋，腹飾波曲紋，其間以綯紋爲欄。器形簡單，紋飾粗獷，不鑄銘文，故名之爲鍑。這種形式的青銅器帶有地域特徵，形制可能受姜戎影響，河南三門峽一帶曾有出土。藏上海博物館。

樂器

單翼鈴

夏代晚期樂器。

高7.7釐米。1984年河南偃師二里頭遺址出土。

鈴正視呈梯形。平頂,下爲弧形口,體部一側設翼。平頂上設兩小孔,中有一鼻鈕,出土時附近有一管狀玉器可與之配套,估計是作鈴舌用。也可繫繩執而摇之,使聲音清脆。鈴器壁較薄,形體較小。藏中國社會科學院考古研究所。

單翼鈴

夏代晚期樂器。

高9釐米。河南偃師二里頭遺址出土。

頂略鼓起,中有兩孔,上設弓形鈕,體部一側設翼。鈴的表面附有大量織物痕迹,估計爲當時用編織物包裹,日久而留下的。該鈴出土時,同出有一管狀玉器,爲鈴舌。這是實用器。藏河南博物院。

成周鈴

西周早期樂器。

高8.5釐米，重0.164千克。

頂設半環形鈕，鈴體呈扁圓形，向下略侈大，平口。體部正面外壁鑄陽文“成周王令”四字，“成”字上有一小孔。傳世器中鈴有銘文者較爲少見。藏北京故宫博物院。

變形獸面紋鈴

西周中期樂器。

共七件成編。最大者高14.4釐米，最小者高9.5釐米。

1976年陝西扶風莊白村出土。

鈴大小遞減。舞上設鈕，爲半環形，可懸掛，舞中有孔，可携鈴舌，于彎曲。體部飾變形獸面紋，用纖細的陽紋組成。成編的鈴較爲少見。藏陝西歷史博物館。

亞𡨥鐃

商代晚期樂器。

高20.3釐米，重2.25千克。

口略凹，口沿外壁中間設一較厚的長方形塊，是鐃的敲擊點。體部飾虎耳獸面紋，鼻翼較寬，臣字形目，咧嘴。圓柱形中空的執柄與體部相通，執柄的上部設一凸棱，中間設一榦。口沿内側鑄銘文“亞𡨥”兩字。亞𡨥爲商代的大族。藏上海博物館。

亞醜鐃

商代晚期樂器。

高19.5釐米，重1.6千克。

口呈凹弧形，體腔上大下小，下置甬中空，口沿外壁正中有較厚的方塊，是鐃的敲擊點。體部飾長眉而上曲的獸面紋，眉條向兩側翹起，雙目較大，呈橢圓形，内有瞳仁。執柄的下端鑄銘文“亞醜”二字，背面鑄“奴”字。亞醜爲商代晚期常見的族氏徽記。此鐃音質甚佳。藏上海博物館。

獸面紋鐃

商代晚期樂器。

高17.7釐米，重1.4千克。

口部略凹，口沿外壁正中設一突起的方塊，是鐃的敲擊點。體部較長，飾牛角獸面紋，鼻翼較寬，牛角外翹，小目，大耳。圓柱形中空的執柄與體部相通，執柄的上部較細。此鐃音質甚佳，音高準確。藏上海博物館。

亞㐱𡣟鐃

商代晚期樂器。

三件成組。高分别爲18.6釐米、15.8釐米、13.9釐米。1953年河南安陽大司空村出土。

口呈凹弧形，體腔上大下小，下置甬中空，與體腔相通。外壁口沿正中有較厚的方塊，是鐃的敲擊點。體部飾虎耳獸面紋。凹口内側鑄銘文"亞㐱𡣟"三字，爲陽文。三器形制、紋飾、銘文相同，大小依次遞減。藏中國國家博物館。

中鐃

商代晚期樂器。

三件成編。高分别爲24.6釐米、20.6釐米和17.2釐米，重分别爲3.25千克、1.7千克、0.9千克。1990年河南安陽殷墟郭家莊出土。

口呈凹弧形，體腔上大下小，下置執柄中空，與體腔相通，上細下略粗。體部飾牛角獸面紋，角尖翹起。腹内壁鑄銘文"亞寞止"三字，甬的下部鑄"中"字。傳世青銅器中鐃鑄"中"字銘文者較多，而在腹内又鑄"亞寞止"銘文者尚不多見。三器形制、紋飾、銘文相同，大小依次遞減。藏中國社會科學院考古研究所。

獸面紋鐃

西周中期樂器。

高19.2釐米。1993年山西曲沃曲村晉侯墓出土。

口呈凹弧形，體腔較長，上大下小，下置短甬中空，甬旁設四道較寬的棱脊。這件鐃的形式非常少見。鐃體飾虎耳獸面紋，但紋飾中眉和口部的結構、雙目兩側雲紋的安置均與常見的獸面紋不相同。鐃是商代晚期常見的打擊樂器，在西周墓葬中極少發現。藏山西博物院。

克鐘

西周中期樂器。

高54釐米，重30.7千克。清光緒年間陝西扶風法門寺任村出土。

甬鐘。甬設旋和斡，十八個枚分置於鉦的兩側，枚作二層臺，下大上小。旋飾獸體目紋，斡飾鱗紋，篆飾變形獸體紋，鼓飾相背式的卷體龍紋，鼓右飾一鸞鳥。傳世有記載的共一組六件。銘文分鑄於各器，全篇完整的銘文有七十九字，記載十六年九月庚寅日，王在康剌宮，命令士曶召見克，並親命克循涇水往東至京師巡察，克圓滿地完成任務後，王賞賜克車和四匹馬，克因以作此鐘。上海博物館、天津市藝術博物館各藏兩件，日本奈良寧樂美術館和京都藤井有鄰館各藏一件。

克鐘

又名“克鎛”。西周中期樂器。

高63釐米，重38.25千克。清光緒年間陝西扶風法門寺任村出土。

鈕鐘。體呈橢圓形，兩側及前後各以透雕交龍紋爲棱脊，兩側的透雕棱脊自鈕起直至鉦下端。腹腔飾對稱龍紋，龍首在下，體軀上卷，其上下並以寬帶上飾菱形紋爲欄。鼓部鑄銘文七十九字，文字内容與前條克鐘相同，但鐘的形式却不相同。鐘口平，截面呈橢圓形，無甬有鈕，自名爲鎛鐘。藏天津博物館。

師臾鐘

又名"師丞鐘"。西周中期樂器。

高76.5釐米，重90千克。1974年陝西扶風黄堆鎮强家村出土。

甬鐘。甬上有旋和斡，十八個枚分置鉦之兩側，枚爲二層臺，下大上小。篆飾兩首龍紋，鼓飾雲紋，鼓右飾一鸞鳥。此鐘甚大。鉦和鼓左鑄銘文四十八字，記載師臾爲烈祖虢季、宄公、幽叔和亡父德叔鑄此大鐘，用以祭祀先祖，祈求多福長壽。藏陝西歷史博物館。

單伯昊生鐘

西周中期樂器。

高44釐米，重19.4千克。

甬鐘。甬上有旋和斡，十八個枚分置鉦之兩側，枚爲二層臺，下大上小。兩銑較平直，于部弧曲較小。甬飾波曲紋和鱗紋，上沿及兩銑各飾突起的菱形紋飾爲欄，篆飾變形獸體紋，鼓部飾對稱龍紋，鼓右飾一鸞鳥。鉦部及鼓左鑄銘文三十四字，記載單伯昊生其祖和父世爲王臣，敬勤於王所命之事，昊生要以先輩的美德爲典範來保衛社稷。銘文文意未盡，當有下篇。藏上海博物館。

應侯見工鐘

西周中期樂器。

高26釐米，重3.25千克。1974年陝西藍田紅門寺出土。

甬鐘。甬設旋和幹，十八個枚分置鉦之兩側，枚爲二層臺，下大上小。篆飾雲紋，鼓飾重叠雲紋，鼓右第二基音的標識處飾一鸞鳥。鉦部及上沿和兩銑邊上共鑄銘文三十九字，文意未盡。藏陝西藍田文物管理委員會。日本書道博物館有一枚較小的應侯見工鐘，銘文三十三字，能與此鐘銘文相接。全篇銘文應爲七十二字，記載曆正二月初吉，王自成周歸來，應侯見工在宗周受到王的饋贈，辛未日，王來到康宫，榮伯右導應侯見工，王賞賜應侯見工彤弓一、彤矢百、馬四匹，見工荅揚天子之休美，爲皇祖應侯作此大林鐘，用來乞求長壽。

𤼈鐘

西周中期樂器。

共二十一件。最大者高70.1釐米，重39.5千克；最小者高24.6釐米，重4.09千克。1977年陝西扶風莊白村出土。

按不同形制、紋飾、銘文排列，共有七種形式，每種形式有一件、二件、三件、四件、六件不等。第三組甬鐘共有六件，甬設旋和幹，十八個枚分置於鉦之兩側，枚爲二層臺，下大上小。旋飾獸體目紋，篆飾二頭龍紋，鼓飾相背卷龍紋。鼓右飾一卷龍紋。有銘文一百零九字，分鑄於各器，記載武王伐殷後，微史烈祖來見武王，武王命周公給予他們住所，以便在周國定居，𤼈日夜敬重其事，作龢鐘，祈求多福長壽。藏寶鷄市周原博物館。

𤼈鐘

逆鐘

西周中期樂器。

共四件。最大者高59釐米，重28千克。1974年陜西永壽好時河村出土。

甬鐘。甬設旋和幹，十八個枚分置鉦之兩側，枚爲二層臺，下大上小。甬飾波曲紋，篆及鼓均飾雲紋，鼓右飾一鸞鳥。鉦部鑄銘文共八十五字，記載元年三月既生霸庚申日，叔氏在大廟，命史盉召逆，賞賜逆干盾五件和飾有紅色流蘇的銅戈，用以主司公室僕、庸、臣、妾和宗族子弟家室的事務，逆拜叩首。文意未盡，應爲銘文的前半部分，後半部分至今未發現。藏咸陽博物院。

戎生鐘

西周晚期樂器。

一組八件。最大者高51.7釐米，重15.4千克；最小者高21.4釐米，重2.2千克。

甬鐘。甬設旋和斡，十八個枚分置鉦之左右，枚爲二層臺，下大上小，篆飾獸體變形紋，鼓部飾相背的卷龍紋，鉦及鼓左鑄銘文。戎生鐘爲編鐘，八鐘合鑄一篇銘文，共一百五十五字。自三至六鐘，鼓左有一渦紋，這在他鐘未見。銘文記載十一月乙亥日，戎國的君長叙述其祖父憲公、父親昭伯以及戎生自身三代運載食鹽，前往繁湯换取銅料之事。關於戎生鐘的時代，有專家認爲是西周晚期或春秋早期。藏北京保利藝術博物館。

𪨊鐘

西周晚期樂器。

傳世共五件。最大者高44.9釐米，重16.5千克；最小者高25.1釐米，重3.6千克。

甬鐘。甬設旋和幹，十八個枚分置鉦之兩側，枚爲二層臺，下大上小。篆飾斜角雲紋，鼓飾雲雷紋，鐘的四周和間隔處都飾實心連珠紋。鉦及鼓部鑄銘文三十五字，記載正月初吉丁亥日，𪨊作了這組寶鐘，用於追念父考己伯、祭享家族和在朋友賓客宴會上助興，𪨊和夫人蔡姬永遠寶用此鐘，以光耀嫡長子承嗣的宗族。鐘甬後配。北京故宫博物院藏一件，日本泉屋博古館藏兩件，其餘僅見搨本。本鐘藏日本泉屋博古館。

士父鐘

西周晚期樂器。

共四件。最大者高49.8釐米，重15.04千克；最小者高45.2釐米，重17.03千克。

甬鐘。甬有旋和幹，十八個枚分置於鉦的兩側。甬飾波曲紋，篆飾兩首龍紋，鼓飾相背的回首卷體龍紋，鼓右第二基音的標識處飾交龍紋。鉦及鼓左鑄銘文，存五十八字，記載士父爲其皇考叔氏作編鐘。北京故宫博物院藏兩件，湖南博物院藏一件，另一件僅見搨本。本鐘藏北京故宫博物院。

邢人妄鐘

西周晚期樂器。

共四件。最大者高69.5釐米，重38千克。傳陝西扶風齊家村出土。

甬鐘。甬設旋和幹，十八個枚分置於鉦的兩側，枚爲二層臺，下大上小。旋飾獸目交連紋，幹飾鱗紋，篆飾兩首龍紋，鼓飾相背式的卷龍紋。形制碩大。鉦及鼓左鑄銘文，完整的應有九十一字，分鑄於兩鐘。銘文記述邢人妄頌揚其祖考之德，妄以祖考之德作爲儀型，爲龢父作大薔鐘，用以享祀祖先，祈求多福。據銘文推測，邢人妄鐘應有八件成編，傳世僅見四件。分藏上海博物館、寶鷄青銅器博物院、日本泉屋博古館和日本書道博物館。本鐘藏上海博物館。

梁其鐘

西周晚期樂器。

共六件。最大者高55.4釐米，重23.75千克；最小者高38.1釐米，重11.4千克。傳1940年陝西扶風法門寺任村出土。

甬鐘。甬設旋和幹，十八個枚分置於鉦的兩側，枚爲二層臺，下大上小。篆飾兩首龍紋，鼓飾相背卷體龍紋。全篇銘文應有一百四十七字，分鑄於兩器或三器。記載梁其的先祖及父考有美善、恭謙的品德，勉力爲先王做事，梁其以祖、父爲儀型，日夜勤奮地輔協周天子，天子任命梁其爲邦君大正之職，梁其爲祖考鑄鐘。據銘文推測，梁其鐘應有八件，傳世僅見六件。上海博物館藏三件，法國巴黎吉美博物館藏一件，南京博物院藏一件，另一件僅見搨本。本鐘藏上海博物館。

㝬鐘

又名"宗周鐘"。西周晚期樂器。

高65.6釐米。

甬鐘。甬設旋和斡，十八個枚分置於鉦的兩側，枚爲二層臺，下大上小。篆飾卷體龍紋，鼓部飾相背的回顧式龍紋。鉦及鼓部鑄銘文一百二十二字，記載𠬝子犯邊，已入江漢之北，厲王前去討伐，𠬝子乃去除防禦來迎見厲王，南夷、東夷二十六邦皆臣服來覲。通篇是周厲王自詡之詞，同時提供了當時宗周與少數民族關係的資料。藏臺北故宫博物院。

成鐘

西周晚期樂器。

高31.8釐米，重6.85千克。傳陜西寶鷄城關鎮西秦村出土。

甬鐘。甬設旋和幹，十八個枚分置於鉦的兩側，枚爲二層臺，下大上小。篆和鼓各飾雲紋。鉦及鼓左刻或鑄銘文共三十三字，記載十六年九月丁亥日，王在康宫大廟賞賜成一件鐘。王所賞賜物品爲鐘，僅見於此銘。鉦部銘文是刮去後改刻的，鼓左銘文中“此鐘成”三字亦爲當時加刻，餘皆爲鑄銘。據所刻年、月序和干支，屬西周厲王時器。藏上海博物館。

虢叔旅鐘

西周晚期樂器。

高65.4釐米，重34.6千克。傳西安長安區河壖出土。

甬鐘。甬設旋和幹，十八個枚分置於鉦的兩側，枚爲二層臺，下大上小。甬飾波曲紋和鱗紋，旋和篆各飾獸目交連紋，鼓飾相背式的卷龍紋。鼓右飾一鸞鳥。應有八件，完整的銘文有五篇，分鑄各鐘，每篇九十字，大意爲旅稱美其皇考惠叔有良好的品德，並要以皇考威儀爲典型，同樣勤奮地爲天子效命，由於得到天子的嘉賞，旅要答揚天子所賜之美，因此鑄造了這一簴和諧的編鐘。虢叔旅鐘共七件，其中五件分藏上海博物館、北京故宫博物院、山東博物館和日本書道博物館、日本泉屋博古館，另兩件僅見搨本。

晉侯穌鐘

西周晚期樂器。

共十六件。最大者高49.5釐米，重21.4千克；最小者高29.9釐米，重6.15千克。1992年山西曲沃曲村遺址出土。

甬鐘。這套編鐘有三種不同的形式，所屬時代自西周中期到西周晚期，是晉侯穌去世後，其後人根據諧音無銘鐘拼湊的，再分刻整篇銘文，全篇銘文共三百五十六字，完整地記載了周厲王三十三年，晉侯穌受王命伐東方夙夷的全過程。此次戰役由周厲王親自統帥，晉侯穌在前方指揮。其部署非常具體，作戰計劃、進攻方向都有明確的規定。晉侯穌率晉軍略地俘敵，大獲全勝。戰爭結束後，周厲王重賞晉侯穌。這段歷史各種史書從未記載，晉侯穌鐘的銘文首次見證了周厲王親征東夷的功烈，是對西周史料的重要補充。晉侯穌鐘的第一至第十四件藏上海博物館，第十五、第十六件藏山西博物院。

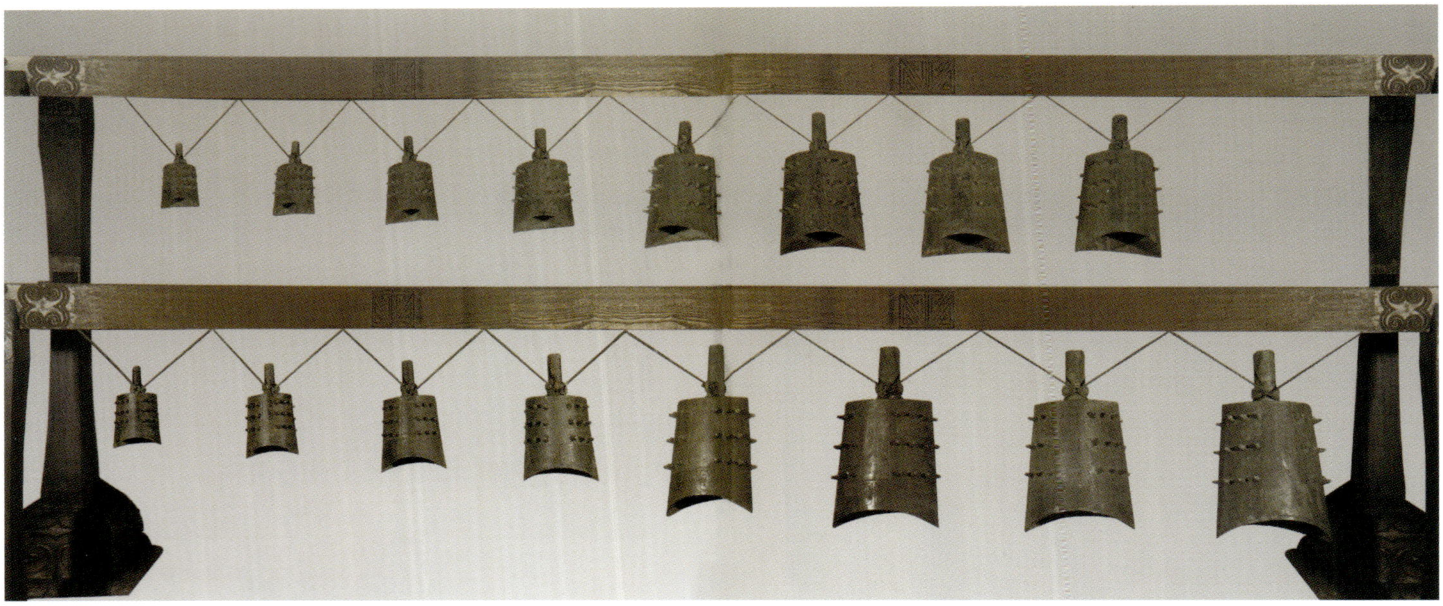

逨鐘

西周晚期樂器。

高80釐米，重49.2千克。1989年陝西眉縣馬家鎮出土。

甬鐘。甬有旋和幹，十八個枚分置鉦兩側，枚爲二層臺，下大上小。篆飾獸體紋，鼓飾相背卷體龍紋，鼓右飾一鸞鳥。鉦及鼓左鑄銘文一百二十九字，記載逨的祖、父對周室有功，逨爲官政績卓著，備受天子賞識，被委以重任，管理林、漁事。逨爲感謝祖、父之恩，特鑄鐘以示紀念。逨鐘據記載共出十五件，形制相同，大小有序，其中以此器爲最大。因當時分藏於不同窖藏之中，在20世紀初以後被陸續發現，有早年在窖藏出土的，有的已流至海外。鐘上的銘文有自成一篇者，也有數鐘合成一篇者。本鐘藏寶鷄青銅器博物院。

南宫乎鐘

西周晚期樂器。

高54釐米，重29千克。1979年陝西扶風豹子溝出土。

甬鐘。甬設旋和斡，十八個枚分置於鉦的兩側，枚爲二層臺，下大上小。甬飾波曲紋，篆飾獸體目紋，鼓飾相背的卷龍紋，鼓右飾一卷龍紋。甬、鉦及鼓左共鑄銘文六十八字，記載司徒南宫乎作大型編鐘，律名爲無昊，用以祭祀先祖南公、亞祖公仲，並祈求長壽。藏扶風縣博物館。

柞鐘

西周晚期樂器。

共八件，形制、紋飾相同，大小遞減。其中最大者高52釐米，重26.65千克；最小者高21釐米，重3千克。1960年陝西扶風齊家村出土。

甬鐘。甬設旋和斡，十八個枚分置於鉦的兩側，枚爲二層臺，下大上小。篆飾兩首龍紋，鼓飾相背卷體龍紋。前四件各鑄一篇四十八字的銘文。後四件分鑄同一篇銘文，其中第七鐘無銘文。銘文記載三年四月初吉甲寅日，中大師右導柞，賞賜載、朱璜、絲，管理五邑甸人，柞拜謝中大師，作鐘以記此事。藏陝西歷史博物館。

楚公冢鐘

西周晚期樂器。

共四件。其中最大者高53.2釐米，重25.6千克；最小者高36.7釐米，重10千克。

甬鐘。甬設旋和幹，十八個枚分置於鉦的兩側，枚爲二層臺，下大上小。篆飾雲紋，鼓飾重叠式卷雲紋，鼓右第二基音的標識是一鷙鳥。鉦部鑄銘文，分別爲十四字和十六字，記載此鐘爲楚國君長冢所鑄。藏日本泉屋博古館。1998年陝西周原召陳村出土一件楚公冢鐘，銘文十七字，藏寶鷄市周原博物館。

楚公冢鐘

西周晚期樂器。

高44.1釐米，重18.8千克。

甬鐘。甬設旋和幹，十八個枚分置於鉦的兩側，枚爲二層臺，底部較大而上端較小。篆飾回首龍紋，鼓飾重叠式卷雲紋，鼓右第二基音的標識是一象紋。鉦部鑄銘文十四字，記載此鐘爲楚國君長冢所鑄。此鐘與上一器相比較，形制和紋飾基本相同，但從各部的紋飾分析，却不相同，可能屬於兩組編鐘。這套楚公冢鐘歷見著録，早年流至海外，藏日本泉屋博古館。

楚公逆鐘

西周晚期樂器。

共八件。最大一件高51釐米。1993年山西曲沃曲村晉侯墓地出土。

甬鐘。八件成編，但鐘的形制、紋飾至少有三種，連基音的標識也不完全相同，銘文模糊不能通讀。估計是當時臨時拼湊起來的一組鐘。最大一鐘銘文六十八字，記載楚公逆爲祭祀其先高祖考，向四方首領徵求祭品，四方首領貢納赤銅九萬鈞，楚公逆用來鑄一套百件諧和精美的編鐘。這是西周金文中關於用銅量的最高紀録。過去學者認爲楚公逆鐘是春秋早期器，這次山西曲沃出土的楚公逆鐘不僅可以正確釋讀宋人著録楚公逆鐘的銘文，還得以訂正所謂鏄銘實爲鐘銘，而且將楚、晉交往的歷史由春秋早期提前到西周晚期。藏山西博物院。

龍紋鐘

春秋早期樂器。

高103釐米，重85千克。

甬鐘。器形厚重，形制碩大。長甬設旋和斡，十八個枚分置於鉦的兩側，枚甚長。兩銑較直，于彎曲。鐘的正面、背面紋飾不同，正面自甬及鐘體各部均飾寬闊粗壯的龍紋，甬飾對稱的卷體龍紋，下沿爲鱗紋，舞飾對稱相背回首卷體龍紋，鉦部飾卷體龍紋，篆飾長冠回首龍紋，鼓飾對稱龍紋。背面紋飾僅用綫條表示鐘的各個部位。由於鐘的共鳴箱較大，敲擊時音響延續時間較長，會與其他樂器的樂音混合而有礙聽覺，加大枚的厚度和高度，可以阻尼頻率的延長，以配合音樂節奏，這是一個具有科學意義的樂理設計。此鐘發音洪亮而悦耳，在演奏中可能作爲和聲之用。藏上海博物館。

秦公鐘

春秋早期樂器。

共三件。最大者高75.5釐米，重62.5千克；最小者高64.3釐米，重46.5千克。1978年陝西寶鷄太公廟出土。

鈕鐘。鈕呈長形環狀，兩側連接對稱透雕交龍紋，龍紋沿鐘銑下折，成爲兩側的棱脊，鐘體前後亦以透雕交龍紋爲棱脊。體部按棱脊分爲四區，各飾卷體龍紋，其上下各有一道變形蟬紋和菱形紋相間紋飾爲欄。下爲鼓部，鑄銘文一百三十五字，記載秦武公的先祖無廢於上天所授之使命，任用才智之士爲官吏，秦公長在位，受天命，眉壽無疆，撫有四方疆土。藏寶鷄青銅器博物院。

秦公鐘

春秋早期樂器。

高38.2釐米，重13.5千克。傳甘肅禮縣大堡子山秦公墓地出土。

鈕鐘。鈕呈半環狀，兩側連接對稱透雕交龍紋，龍紋沿鐘銑下折，成爲兩側的棱脊。鐘體前後亦以透雕交龍紋爲棱脊，體部按棱脊分爲四區，上兩龍連體，下兩龍卷體。鼓部中央鑄銘文"秦公作鑄鎛龢鐘"七字，記載此鐘爲秦公所鑄。藏上海博物館。

四虎鐘

春秋早期樂器。

高43.2釐米，重11.96千克。

鈕鐘。鐘體較大，設長方形環鈕，剖面呈橢圓形，口部平直，舞上設鈕。鐘體前後有突起的鳥紋爲棱脊，兩側各置雙虎，體部飾對稱的卷體龍紋，其上下欄各飾一道突起的菱形塊面。此鐘器壁較薄，發音短促而祇能產生單音。湖南、浙江、江蘇、廣西、福建等南方地區是這類鐘的主要產地。藏上海博物館。

倗子受鐘

春秋中期樂器。

共八件。其中最大者高39釐米，最小者高23.2釐米。1990年河南淅川和尚嶺出土。

鈕鐘。鈕爲雙龍組成。十八個花苞形枚分置鉦兩側，篆飾變形龍紋，鼓飾蟠龍紋。鉦和鼓部鑄銘文二十七字，記載十四年三月戊申日，倗子受作此歌鐘。大鐘四件，各鑄一篇銘文；小鐘四件，合鑄兩篇銘文。與鐘同出尚有懸鐘之掛鈎，組合完整，紋飾較爲精緻。此器爲楚國樂器。藏河南博物院。

者減鐘

春秋中期樂器。

高28.8釐米，重6.15千克。傳1761年江西出土。

甬鐘。甬設旋和幹，十八個枚分置於鉦的兩側，枚下大上小。甬飾葉形紋及卷龍紋，旋飾蟬紋，幹施雲紋，舞及篆皆飾卷龍紋。鼓部中央飾六條龍紋，體部成長方塊狀，兩側各伸出三個龍首向上翹起。鉦及兩銑鑄銘文二十八字，記載正月初吉丁亥日，吴王皮鷀之子者減自作此鐘。皮鷀是吴王畢軫。者減鐘是現存最早的吴國青銅樂器，據著録應有十一件。上海博物館、北京故宫博物院各藏一件，臺北故宫博物院藏二件，此外均爲搨片，實物不知所終。本鐘藏上海博物館。

王孫遺者鐘

春秋晚期樂器。

高56.5釐米。傳湖北宜都出土。

甬鐘。甬設旋和幹，十八個枚分置於鉦的兩側，枚爲二層臺，下大上小。甬及舞、篆、鼓等各部位皆飾變形龍紋。鉦及鼓兩側鑄銘文一百十七字，記載正月初吉丁亥日，王孫遺者作此和鐘，鐘聲既高且揚，用來祭祀皇祖文考，祈求長壽。鑄者在銘文中自勉，要以誠心永保德行，使美好的鐘聲萬年無期。藏美國舊金山亞洲藝術博物館。

王孫誥鐘

春秋晚期樂器。

共二十六件。其中最大者高120.4釐米，重152.8千克；最小者高33.65釐米，重6.7千克。1978年河南淅川下寺春秋楚墓出土。

甬鐘。甬設旋和幹，十八個枚分置於鉦之兩側，枚爲二層臺。篆飾蟠蛇紋，鼓飾變形龍紋，甬及舞部飾蟠蛇紋。鉦及鼓之左右鑄銘文，大型鐘僅鑄正面，中型鐘正背兩面皆鑄銘文，完整銘文爲一百十三字，記載正月初吉丁亥日，王孫誥自作和鐘，鐘聲既高且揚，優雅的鳴聲非常美好，以此敬事楚王、諸侯嘉賓及父兄諸士。藏河南博物院。

王孫誥鐘

者汈鐘

又名"者沪鐘"。春秋晚期樂器。

高25.6釐米，鼓間12釐米，銑間15.9釐米，重3.78千克。傳河南洛陽金村古墓出土。

鈕鐘。設長方形環鈕，十八個枚分置鉦之兩側，枚呈扁圓形。鈕飾兩頭龍紋，舞飾卷龍紋，枚飾火紋，篆飾三角形回首龍紋，鼓部八條龍紋成交叠式對稱排列。鐘的正面與背面的鉦部及鼓兩側鑄銘文四十九字，記載越王勾踐十九年，者汈爲勾踐之大夫。鐘銘是越王對大夫者汈的命辭：汈應該虔敬秉持經德，能够輔佐於我，昭示於世，以敬重光大朕之王位，者汈作此鐘，子孫永寶。傳世有十三件。上海博物館、北京故宫博物院、蘇州博物館各藏一件，日本泉屋博古館藏兩件，其餘八件爲日本神户私人收藏。本鐘藏上海博物館。

獸面紋鐘

春秋晚期樂器。

高39釐米，鼓間14釐米，銑間22釐米。

鈕鐘。鈕呈環狀。鐘體修長，上略小，下大。于平，銑兩側以變形鳥紋爲透雕棱脊。鐘體上下各飾獸面紋，圓目，長鼻梁，並圍以雲雷紋，其餘部分均被省略。獸面紋之間以實心連珠紋爲間隔，這是南方地區鐘的獨特風格。藏衡陽博物館。

徐王子旃鐘

春秋晚期樂器。

高15.5釐米，重1.54千克。

鈕鐘。鈕兩側設獸形座，鐘體佈局上部稍狹而鼓部稍寬。鈕飾綯紋，篆飾交龍紋，篆間不設枚，鼓飾龍蛇組合的獸面紋。鉦及鼓兩側鑄銘文七十六字，記載正月初吉癸亥日，徐國的王子旃作此和鐘，在盟祀典禮上使用。藏北京故宫博物院。

僕兒鐘

春秋晚期樂器。

傳世共四件。最大者高22.5釐米，重1.77千克；最小者高16.3釐米，重1.49千克。

鈕鐘。短鈕下置相背式龍紋座。舞、篆、鐘的邊緣及鼓部中央均飾變形龍紋。十八個枚分置於鉦的兩側，枚爲螺旋形。鐘正、背面的鉦部及鼓兩側共鑄銘文三十字，記載正月初吉丁亥日，僕兒爲義楚之良臣，作此和鐘以追孝先祖。此鐘銘文文意未盡，全文應有七十四字。義楚爲徐國大夫，後爲徐王。上海博物館藏兩件，北京故宫博物院藏一件。另一件僅見搨片。本鐘藏上海博物館。

沇兒鐘

春秋晚期樂器。

高29釐米，重9.25千克。傳湖北荆州出土。

鈕鐘。鈕缺失。十八個枚分置於鉦的兩側，枚爲螺旋形，下大上小。舞飾卷龍紋，篆飾三角形卷龍紋，鼓部中央飾對稱八條龍，紋飾極爲精緻。正面與背面的鉦部及鼓兩側鑄銘文八十字，記載徐王庚之子沇兒作和鐘，鐘聲既高且揚，用於宴會中，以娱樂嘉賓及父兄庶士。銘文字體修長優美，在徐國青銅器銘文書體中具有代表性。藏上海博物館。

蔡侯{k鐘

又名"蔡侯紐鐘"、"蔡侯{k行鐘"。春秋晚期樂器。

傳世共九件，形式相同。最大者高28.6釐米，重4.3千克；最小者高16.3釐米，重1.33千克。1955年安徽壽縣出土。

鈕鐘。設長方形環鈕，兩銑平直，十八個枚分置於鉦的兩側。枚飾四朵雲紋，篆飾變形龍紋，鼓部飾對稱的變形龍紋。于彎曲。每件鐘所鑄銘文字數不同：第一件至第四件，各鑄八十二字；第五件鑄二十字；第六、第七件各鑄六字；第八、第九件各鑄三字。銘文有韻，反映了蔡國和楚國的關係。本器自名爲行鐘。藏安徽博物院。

蔡侯龤鐘

又名"蔡侯鎛"、"蔡侯龤訶鐘"。春秋晚期樂器。

傳世共八件，形制相同。最大者高42釐米，重13.6千克；最小者高29.5釐米，重6.6千克。1955年安徽壽縣出土。

鈕鐘。以鳥獸交纏的透雕紋飾爲鈕。兩銑平直，十八個枚分置於鉦的兩側。枚飾四朵雲紋，篆飾變形龍紋，鼓飾對稱的變形龍紋。于平。每件鐘所鑄銘文字數不同，其中四件銘文清晰，三件銹蝕不清，一件無銘文。銘文內容與前條蔡侯龤鐘基本相同，唯彼自銘爲行鐘，此自銘爲歌鐘。而二者形式，尤其是鈕和于形式不同。藏安徽博物院。

子璋鐘

春秋晚期樂器。

高21.3釐米，重1.9千克。

鈕鐘。設長方形環鈕，十八個枚分置於鉦的兩側，枚爲螺旋形。鈕飾絢紋，舞飾蟠龍紋，篆飾三角形龍紋，鼓部中央飾四組兩頭龍紋。正面鉦部及鼓兩側、背面鼓兩側共鑄銘文四十五字，記載七月初吉丁亥日，群之孫、斨之子名子璋者自作和鐘，用來宴飲和娛樂父兄及諸士。子璋鐘傳世共七件。上海博物館藏其中三件，臺北故宮博物院藏一件，其餘三件早年流至國外，爲私人收藏。本鐘藏上海博物館。

王子嬰次鐘

春秋晚期樂器。

高42.8釐米，重13.54千克。

甬鐘。甬有旋和幹，十八個枚分置於鉦的兩側，枚爲二層臺，下大上小。甬飾波曲紋，篆飾交龍紋，鼓飾龍蛇組合的變形獸面紋。鉦及鼓部刻銘文二十字，記載八月初吉某日，王子嬰次自作此和鐘，用於宴喜之日。藏北京故宫博物院。

邾公牼鐘

春秋晚期樂器。

高38.2釐米，重13.63千克。

甬鐘。封衡，上端略細，甬設旋和幹，十八個枚分置於鉦的兩側，枚爲二層臺，下大上小。旋飾乳釘紋，幹飾弦紋，舞飾雷紋，篆飾回首龍紋，鼓中央飾多層雷紋，爲龍體軀的變形，兩側各有三個龍首。正面鉦部及兩銑鑄銘文五十七字，記載邾公牼鑄和鐘二堵用來娱樂自身、宴饗大夫和喜樂諸士。邾公牼即邾宣公，公元前573年至公元前556年在位。鐘的背面紋飾簡單。邾公牼鐘傳世共四件，其中三件爲鑄銘，一件爲刻銘。上海博物館、北京故宫博物院、南京博物院各藏一件，另有一件不知下落。本鐘藏上海博物館。

邾公華鐘

春秋晚期樂器。

高36釐米，重6.87千克。

甬鐘。甬設旋和幹，十八個枚分置於鉦的兩側，枚爲二層臺，下大上小。鼓飾相背卷體龍紋。鉦及銑、鼓兩側鑄銘文九十二字，記載正月初吉乙亥日，邾公華作此和鐘，用於祭祀和盟祀。邾公華即邾悼公華。器物的鑄造完全按舊制。藏中國國家博物館。

邾公釛鐘

春秋晚期樂器。

高50.5釐米，重25.58千克。

甬鐘。甬設旋和幹，十八個枚分置於鉦的兩側，枚爲二層臺，下大上小。旋飾交龍紋，並以圓塊面作爲間隔，幹飾獸首，舞飾回首龍紋，篆飾兩頭龍紋，鼓中央飾相背式變形龍紋。正面鉦部及兩銑鑄銘文三十六字，記載邾公釛自叙邾氏乃陸䵣之後。陸䵣即陸終，就是祝融。邾公釛是邾太子革即位後之稱號，即邾桓公。藏上海博物館。

叔夷鐘

春秋晚期樂器。

共十四件。1123年山東臨淄齊故城出土。

鐘早已缺失。銘文僅存宋代摹本，共四百九十一字，記載叔夷日夜執守職事，靈公命叔夷爲三軍之長，並賞賜萊國的兩邑，其縣凡三百，後又命叔夷任正卿，掌國事，賞賜車、馬和兵器以及萊都的奴隸三百五十家，以防止兵事發生，叔夷爲紀念兩次受到君主齊公賞賜的榮寵，作此寶鐘。

郘黛鐘

又名"郘鐘"。春秋晚期樂器。

據著録，傳世共十三件。其中最大者高44.3釐米，重9千克；最小者高24.5釐米，重2.59千克。19世紀下半葉山西萬榮后土祠村出土。

甬鐘。甬設旋和幹，十八個枚分置於鉦的兩側，枚爲二層臺，下大上小。甬飾三角紋及蟠龍紋，篆部飾雷紋，鼓飾倒置的獸面紋。鼓正面兩側鑄銘文八十六字，各器自成一篇，文句完全相同。內容記載郘黛爲翼公之孫、郘伯之子，用優良的青銅作八肆編鐘，同時又作與其相應的四堵造磬，用這組樂器來祭祀祖考，以求得到長壽，世代子孫永爲寶器。郘黛鐘銘文細小精緻，字體介於大篆與古文之間，歷來爲金石學家所重視，久經流傳，歷見著録。上海博物館藏其中十件，臺北故宮博物院和大英博物館各藏一件，另有一件不知下落。

邾叔止伯鐘

春秋晚期樂器。

高34.6釐米，重8.18千克。

鈕鐘。設長方形環鈕。十八個枚分置於鉦的兩側，枚作半圓形。篆飾卷體獸紋，鼓飾對稱兩首龍紋。鉦部、銑部和鼓兩側鑄銘文共四十四字，記載六月初吉壬午日，邾叔止伯作此和鐘，祭祀其皇祖皇考，並祈求長壽。藏北京故宮博物院。

屭羌鐘

戰國早期樂器。

共十四件。其中最大者高31.7釐米，重4.6千克；最小者高12.7釐米，重0.5千克。1928—1931年間河南洛陽金村出土。

鈕鐘。設長方形環鈕。十八個螺旋式枚分置於鉦的兩側，篆飾蟠蛇紋，鼓飾獸面紋，鈕飾斜角雲紋。第一件鐘鉦部前後鑄銘文六十一字，爲完整的一篇銘文，記載周威烈王二十二年，屭羌之君主韓宗融征伐秦國，迮迫齊國，入長城以爲先鋒，會師於平陰之事。屭羌由於勇武堅剛而得功，使楚都君臣爲聲勢所奪。屭羌受到韓宗融的賞賜，晉公的錫命而爲天子所知，因昭著此事而鑄之於彝銘。屭羌鐘有十四件，其中兩件在加拿大皇家蒙特利爾美術館，其餘藏日本泉屋博古館。

厵羌鐘

𨟻篙鐘

戰國早期樂器。

十三件成編。1957年河南信陽長臺關出土。

鈕鐘。十八個枚分置於鉦部兩側。枚間及篆飾變形蟠蛇紋，鼓飾變形龍紋。掛鐘之轄的正面飾獸首。第一件鐘的鼓部兩側鑄銘文"隹𨟻篙屈欒，晉人救戎於楚竟(境)"十二字。𨟻篙，讀爲荆曆，即楚曆。記載楚曆十一月，晉人救戎於楚國之地。此事可能即《左傳·哀公四年》所記楚昭王二十五年楚國欲滅戎蠻，晉人前去營救之史事。以下十二件無銘文。鐘銘辭意未盡，不是原配編鐘。藏中國國家博物館。

曾侯乙編鐘

戰國早期樂器。

共六十五件，其中鈕鐘十九件，甬鐘四十五件，楚惠王五十六年所贈鎛一件。最大者高153.4釐米，重203.6千克；最小者高20.4釐米，重2.4千克。曲尺形鐘架南面高273釐米，長335釐米；西面高265釐米，長748釐米。鐘架總重量2 500千克。1978年湖北隨縣(今屬隨州)擂鼓墩曾侯乙墓出土。

編鐘分三層八組，懸掛在青銅、木結構的曲尺形鐘架上，由六個佩劍武士形象的青銅簴和圓柱承托。鐘架以黑漆爲地，加朱、黄彩色，由二百四十五個構件組成，可拆裝，設計精巧合理。鐘簴、鉤和鐘體共鑄銘文三千七百五十五字，内容爲編號、銘記、標音及樂律，銘文大多錯金。鐘鼓部和鼓側注標音及樂律。主要是鐘的樂音所屬律名、階名、變化音及其在其他諸國稱謂的對應關係。絶大多數鐘能擊打出兩個不同的樂音，且與鐘銘的標音相符，揭示了每鐘雙音的規律。鐘的音色優美，音域可跨五個八度音程，可奏出五聲、六聲以至七聲音階，中心音域内十二個半音齊備，可以調宫轉調，演奏多種樂曲。它融金屬工藝與聲學藝術於一體，是傳世唯一的一套曲尺形編鐘，是中國古代音樂文化高度發展的結晶，也是世界文化史上的瑰寶。藏湖北省博物館。

交龍紋鐘

戰國早期樂器。

高54.7釐米，重15.15千克。

甬鐘。甬呈八棱形，中空而不通腔，設旋，旋上有斡。鐘的各部分均飾精緻的交龍紋，鼓飾對稱卷龍紋。枚爲兩叠圓臺形。鐘的内壁和舞底均有紋飾，而且比鐘外表紋飾更爲精細，明顯地使用印模法，每一單位是由兩條盤旋的、體軀交纏的龍紋組成，體軀飾不同的花紋。鐘内壁的紋飾完全是隱蔽的，没有任何裝飾或欣賞意義，很可能出自某種神話意識，極爲罕見。藏上海博物館。

人面紋羊角鐘

西漢早期樂器。

高19釐米。1976年廣西貴縣(今貴港市)羅泊灣出土。

器呈扁形。上小下大，于平。上端似羊角向兩側張開，下設一長方形孔。腹部用突起單綫組成一人面，有臉形輪廓，僅見目、鼻、口，形象比較模糊。鐘上飾人面紋較爲少見。藏廣西壯族自治區博物館。

羊角鐘

西漢早期樂器。

六件成編。1975年雲南楚雄萬家壩出土。

器呈扁圓形。上小下大，以羊角爲鈕，上部設一長方形音孔，下端平。經測音階，已有準確的半音關係，可視爲變徵與徵，或變宫與宫的關係，即含有六聲或七聲音階的因素。這對研究古代雲南地區的音樂史有重要價值。藏雲南省博物館。

𪒠鎛

又名“齊子中姜鎛”、“齊侯鎛”、“子仲姜鎛”、“齊鎛”、“齊陴子𢇏鎛鐘”、“齊𢇏乍子中姜鎛”、“陴鎛齊陴氏鐘”。春秋中期樂器。

高67釐米，重65.2千克。傳1870年山西榮河（今屬萬榮）后土祠出土。

鈕爲相對的透雕雙鳳，鳳冠向上彎曲，連接成鈕，兩側置龍。舞、篆、鼓等各部分均飾變形獸紋，紋飾繁密而規整。鉦及鼓兩側鑄銘文一百七十四字，記載五月初吉丁亥日，齊君鮑叔之孫、遵仲之子𪒠爲子仲姜作此鎛，用來祈求侯氏長壽萬年，由於祖鮑叔對齊建國有功勛，齊侯曾賜予二百九十九食邑和在鄩地的人民及採地。𪒠在銘文中表達了滿心誠服的敬意，並要求子孫永遠祭祀。此爲齊器，出土於晉地，可能由於戰亂，器物被掠奪而易地。藏中國國家博物館。

蟠龍紋鎛

春秋中期樂器。

高55.2釐米，重44.75千克。

器壁厚實，體腔的橫截面接近圓形。鈕爲對稱的透雕雙鳳，鳳冠向上卷曲連接成鈕。舞、篆、鼓皆飾寬體蟠龍紋，爲回首狀，上下對稱，龍體軀内填以鱗紋。枚扁圓而較大，枚頂有一圓圈似目，與蟠龍紋的目形相同。此鎛的形制與紋飾與齊國的𪁾鎛一致，可以確定爲齊器。藏上海博物館。

能原鎛

春秋晚期樂器。

高40.8釐米，重18.84千克。1890年江西瑞州(治今高安等地)出土。

鈕爲對稱透雕雙龍。篆及鼓部均飾卷龍紋。正背面的鉦和鼓兩側鑄銘文四十八字，記載莒國擴張疆土，侵及邾國，越國爲之調停，主持了這次疆土劃分，並趁機擴土築城，將邾、莒兩國連在自己周圍。銘文記録越、邾、莒三方的盟辭，鎛銘爲鳥蟲書。能原鎛傳世共兩器，分藏於北京故宫博物院和臺北故宫博物院。本鎛藏北京故宫博物院。

楚王熊章鎛

戰國早期樂器。

高92.5釐米，重134.8千克。1978年湖北隨縣(今屬隨州)擂鼓墩曾侯乙墓出土。

鈕爲對稱回顧式龍，龍頸有兩小龍相連成鈕。鎛體兩側各飾圓形枚五個，綴於篆間。各部分均飾變形龍紋。鉦部鑄銘文三十一字，記載楚惠王熊章五十六年，自西陽返回時，爲曾侯乙鑄造宗廟祭器，奠之於西陽，反映公元前433年曾、楚兩國的親密關係。同時出土的尚有六十四件編鐘，此鎛懸掛於曾侯乙編鐘三層曲尺形鐘架的下層中心位置。據記載，宋代曾在安陸出土過同銘鐘兩件。此鎛器型凝重，紋飾精細，銘文字體修長而大，甚爲少見。藏湖北省博物館。

變形獸面紋鉦

春秋樂器。

高34釐米，重5.4千克。

鼓部和主體各飾不同的變形獸面紋，主體紋飾中除雙目外都是連珠紋，以綫條勾畫出獸面的各個部位，形式抽象。在弧曲的綫條兩端，分别飾刀形紋和圓點。在中原地區的青銅器上，連珠紋大都是邊緣紋飾，此鉦的變形獸面紋是南方吴越地區模仿中原青銅器的紋飾而有所改變，因此其年代不會早於春秋。藏上海博物館。

變形獸面紋鉦

春秋樂器。

高65.3釐米，重50.15千克。

鼓部中央飾雙尾龍紋，主體紋飾爲變形獸面紋，呈界欄式，能分辨雙目的位置，目爲層叠的塊狀，中間及邊緣飾雲紋。獸面紋的綫條渾圓，中間高突而向兩側傾斜，在綫條的轉折處，常會出現不甚明顯的突出物，而尾端雙歧，這種構圖形式見于吴越地區紋飾。鉦的形制和紋飾仿照中原西周時代的器物而有較大的變化，其年代不會早於春秋。藏上海博物館。

變形獸面紋鉦

變形獸面紋鉦

春秋樂器。

高103.5釐米，重222.5千克。1983年湖南寧鄉黄材月山鋪出土。

口略呈凹弧形，稍向下收斂，下有甬和旋。體部主紋是用弧形粗綫條組成的變形獸面紋，獸目呈螺旋形塊狀，鼓部正中有對稱的象紋。鉦是大型敲擊樂器，其使用方法是將甬植在座上，敲擊口部使之發音。此鉦爲迄今發現之最大者。藏長沙博物館。

變形獸面紋鉦

春秋樂器。

高71釐米，重70千克。1959年湖南寧鄉老糧倉杏林灣師古寨山頂出土。

口稍向下收斂，下設甬與腔相通，甬上設旋。口沿飾獸面紋，兩側配置倒竪龍紋，口沿兩側飾舉鼻的象紋。腹腔主體飾變形獸面紋，由弧形粗綫條組成，雙目呈螺旋形塊狀，周邊設火紋、龍紋和魚紋。鉦在湖南地區大多爲單獨出土，此鉦同出五件，但紋飾不同，不能成組，其年代當在春秋時期。藏湖南博物院。

變形獸面紋鉦

春秋樂器。

高46釐米，重32千克。1974年江蘇江寧橫溪塘東村出土。

口略呈凹弧形，體腔向下稍作收斂，甬較長，中空，與體腔相通。口沿飾變形獸面紋，體腔飾以雲紋組成的變形獸面紋，橢圓形的雙目較爲清晰，其餘以連珠紋爲地。這是吴文化青銅器的特徵之一。藏南京博物院。

雲雷紋鉦

春秋樂器。

高77.8釐米，重100.35千克。1978年福建建甌黄科山出土。

平口，向下略收斂，下置甬，設旋。口沿飾變形獸面紋，體腔的紋飾如中原地區春秋時期鐘的形式，左右各三行，每行設三枚，前後各有十八個枚，枚飾火紋，其餘均以雲紋來充填。甬飾波曲紋，旋飾變形獸面紋。此器形體甚大，紋飾尚存西周時期鐘的遺風。藏福建博物院。

徐諧尹鉦城

春秋晚期樂器。

殘高20.1釐米，重4.53千克。

柄及舞部殘缺，整器呈上大下略小的圓筒形，口部弧曲。器外壁兩銑鑄銘文四十四字，記載正月初吉徐諧尹自作鉦城，要慎用劍兵，此鉦爲吉人所用，將永守不變。徐諧尹爲春秋晚期徐國的令尹。器的形制與鉤鑃相似，而自名爲鉦城，可知鉤鑃與鉦城同器異名。藏上海博物館。

獸形磬

春秋晚期樂器。

長56.3釐米，重17千克。傳湖南湘陰城關鎮出土。

器呈扁平獸形。頭部較大，雙目突起，口微啓，尾短小，腹下置兩足。額頂設立鳥爲飾，下有長方孔，繫繩可懸掛。自獸目起沿獸體邊緣和腹的中心共飾乳釘狀枚十個正背面皆有紋飾，但不完全對稱。經測定，大部分的枚基音音頻相同，可知不是磬的打擊處，而是起阻尼作用。本器和石磬一樣,衹能使用一個音。藏上海博物館。

獸首磬

戰國晚期樂器。

共六件成編，大小遞減。最大者長27.6釐米，寬6.7釐米，重1.15千克；最小者長15釐米，寬4.1釐米，重0.3千克。

器呈寬扁狀，中折。一端設獸首，並置一孔，中折處亦設一孔，可懸掛。青銅磬傳世較爲少見。藏北京故宫博物院。

神人紋鼓

商代晚期樂器。

高79.4釐米。傳湖南省出土。

圓鼓横置，上端略長於下端，兩側以鼉皮爲紋飾，作爲鼓面，其周圍各飾三周乳釘紋。鼓頂設立體兩鳥相背爲枕形物，中有穿孔，鳥首殘缺。鼓下置四個外撇短足。鼓上方飾獸面紋，並圍一周幾何形紋組成的邊緣，似鼓的覆蓋物。鼓體主紋是神人，面部爲淺浮雕，臉部上大下小，五官俱全，張口露齒，耳甚大，頭頂兩側飾很大的外卷角，細頸，體軀呈倒三角形，雙臂張開上舉，下肢折曲，四短足飾内卷角獸面紋。傳世完整的商代晚期青銅鼓僅見兩件，彌足珍貴。藏日本泉屋博古館。

獸面紋鼓

商代晚期樂器。

高75.5釐米，重42.5千克。1977年湖北崇陽白霓出土。

鼓横置，上部連鑄一塊，仿佛是覆蓋的皮層，其上又立一枕形冠，冠前後有一穿孔，或可置鼓槌。鼓面模仿木腔皮鼓的形式，周圍還設三列成一周的鼓釘，鼓下置長方形座，四面近底設方形凹口。冠飾龍紋，其餘均飾獸面紋。此鼓是國内唯一遺存的商代青銅鼓。藏湖北省博物館。

競渡紋鼓

西漢樂器。

高48釐米，面徑68釐米。1900年雲南廣南阿章寨出土。

鼓面正中飾十四芒太陽紋，其外圍五暈，由點紋、連珠紋以及三角形鋸齒紋組成。胴部六暈，其中第四暈較寬，有競渡紋四組，船中有羽人、竈臺及炊具，其餘五暈與鼓面同，腰部由鋸齒紋及方格紋組成帶狀，將紋飾縱分爲十四格，每格均以羽人執武器紋和牛紋爲主。胴部和腰部相接處設四扁環爲耳，耳飾編織紋。此爲雲南銅鼓中紋飾最爲精美者，至今光澤可鑒。藏雲南省博物館。

五銖錢紋鼓

西漢樂器。

高57.2釐米，面徑90釐米，重75.4千克。1954年廣西岑溪出土。

鼓面稍大於鼓體，胸部略直，下部向内收縮成腰，足部外撇。胸、腰兩側各設兩個環耳。蓋面中心飾十二芒太陽紋和光環，間飾五銖錢紋和雲紋，近邊緣設六隻立體蛙，體部飾五銖錢紋、波紋和雲紋。五銖錢紋是西漢宣帝和元帝時流通的錢幣，這個時期也是銅鼓的發展和成熟時期。此鼓屬粵式北流型，這類鼓衹在桂東南和粵西南的雲開大山區才有發現。用五銖錢紋作爲鼓的紋飾在廣西東南部地區曾經流行，但遺存甚爲少見。藏中國國家博物館。

龍形鼓架

春秋晚期樂器。

高48釐米。1990年河南淅川徐家嶺楚墓出土。

以一對龍作爲鼓架。龍四足着地甚穩，尾彎曲上卷。口吐長舌，額頂盤纏六條小龍爲耳，頸稍長。龍背設一小方座，上蹲一龍，龍口又銜一小龍，龍後肢與大龍之頸相接。龍雙目、鼻、口沿均鑲嵌緑松石，體部不規則地鑲嵌緑松石。有學者認爲這是編磬架。藏河南博物院。

人面紋錞于

春秋晚期樂器。

高43釐米。1985年江蘇丹徒(今鎮江市丹徒區)諫壁鎮王家山出土。

器呈橢圓形。上部鼓起,並向正面傾斜。圓形頂,上設小獸爲鈕,並飾幾何形紋和雲紋。錞于左右與鐘相似,設雲紋爲枚,篆飾龍紋。其間上方設一人面,以凸起細綫爲輪廓,眉、目、口也以細綫組成,鼻較高。人面下設一立體獸。器物保存完好,在樂器上飾人面紋很少見。出土時一組三件,大小成序列,兩件已損,此爲最小者。藏鎮江博物館。

龍鈕錞于

戰國晚期樂器。

高69.6釐米。1978年陝西咸陽塔兒坡出土。

器呈圓形。上有盤形舞，置一立體回首龍爲鈕，形象生動。肩部鼓起，束腰，下部又稍侈張。肩飾垂葉紋，腹飾精細的幾何雲紋，下緣飾三角形紋，口緣設一道邊沿。錞于的鈕以虎形爲多，龍鈕極少見；大多出土於南方長江流域及華南、西南地區，北方出土較少。此器係陝西出土，形制與南方的不同。藏咸陽博物院。

虎鈕錞于

西漢樂器。

高47釐米。1956年陝西長安(今西安市長安區)出土。

器呈橢圓形。上有盤形舞，中置一虎爲鈕。虎昂首張口，四足挺立，尾部上翹，尾端卷起，呈咆哮狀，虎體飾斑紋，形象生動。肩部鼓起，向下逐步收斂。藏陝西歷史博物館。

龍紋錞于

西漢樂器。

一組共六件，同出簴座一對。其中最大者高40釐米，最小者高29釐米。1956年雲南晉寧石寨山出土。

體呈橢圓形。上寬下稍狹，頂設半環形繩紋鈕，唇口平。體飾對稱龍紋，唇口飾雲紋和繩紋各一周。此爲滇王墓隨葬的成套樂器，説明中原地區的禮儀制度對西南地區有深遠的影響。藏雲南省博物館。

外卒鐸

戰國早期樂器。

高11釐米，重0.46千克。

甬呈方形，較短，中有橫梁連一活絡小環，爲鐸之舌，振之發聲。體腔呈扁圓形，上小，下略侈大。口呈弧形，近口部外側飾單綫組成的獸面紋。正面腔體外鑄銘文“外卒鐸”三字，自名爲鐸。藏北京故宮博物院。

其次鈎鑃

戰國早期樂器。

高51釐米，重7千克。清道光年間浙江武康(今屬德清)山中出土。

器呈橢圓形。上口爲凹弧形，下連長方形柄。器體下部飾三角雷紋和卷曲雷紋。其兩側鑄銘文三十一字，記載正月初吉丁亥日，其次作此鈎鑃用來祭祀祖先，並祈求長壽。傳世共出七件，其中兩件銘文相同。鈎鑃流行於吴、越等國，極少見。藏北京故宫博物院。

龍紋鈎鑃

戰國中期樂器。

高27.5釐米，銑間9.5釐米。1986年湖北荆門包山出土。

器體狹長，兩銑尖鋭，口呈凹弧形，下置圓柄，柄首設突起圓箍。體部内外均飾不同的龍紋，柄爲透雕幾何形紋，紋飾是用印模印製的，每組紋飾不完整。這種内外壁都有紋飾的樂器，其製作方法較爲複雜，是楚國樂器特殊的裝飾手法，傳世僅數器。藏荆門市博物館。

立牛葫蘆笙

戰國晚期樂器。

高28.2釐米。1972年雲南江川李家山出土。

笙呈葫蘆形。上端彎曲，飾一牛。其下置一吹孔。下呈圓形，有排列整齊的五個圓孔。笙之插管已朽，尚留存其間。李家山共出土相同的葫蘆笙十二件，此爲其一。葫蘆笙盛行於南方少數民族生活的地區。此笙飾牛，是滇文化的特色。藏雲南省博物館。

兵器

三句兵

商代晚期兵器。

指大祖諸祖戈、祖諸父戈、大兄諸兄戈三件兵器。傳河北易州或保定出土。

此三器的銘文蟬聯相承，共列祖、父、兄干支稱號二十，都以日干爲稱謂。其中祖、父下各列子輩六人，兄下列子輩五人，頗似後世的宗族譜、氏族譜或家譜之類。將大祖諸祖、祖諸父、大兄諸兄三代人的嬋嫣關係，表明得很清楚，顯示商代宗法繼承制度或與廟制有關。戈上的銘文皆倒置，是方國的宗教儀仗器。藏遼寧省博物館。

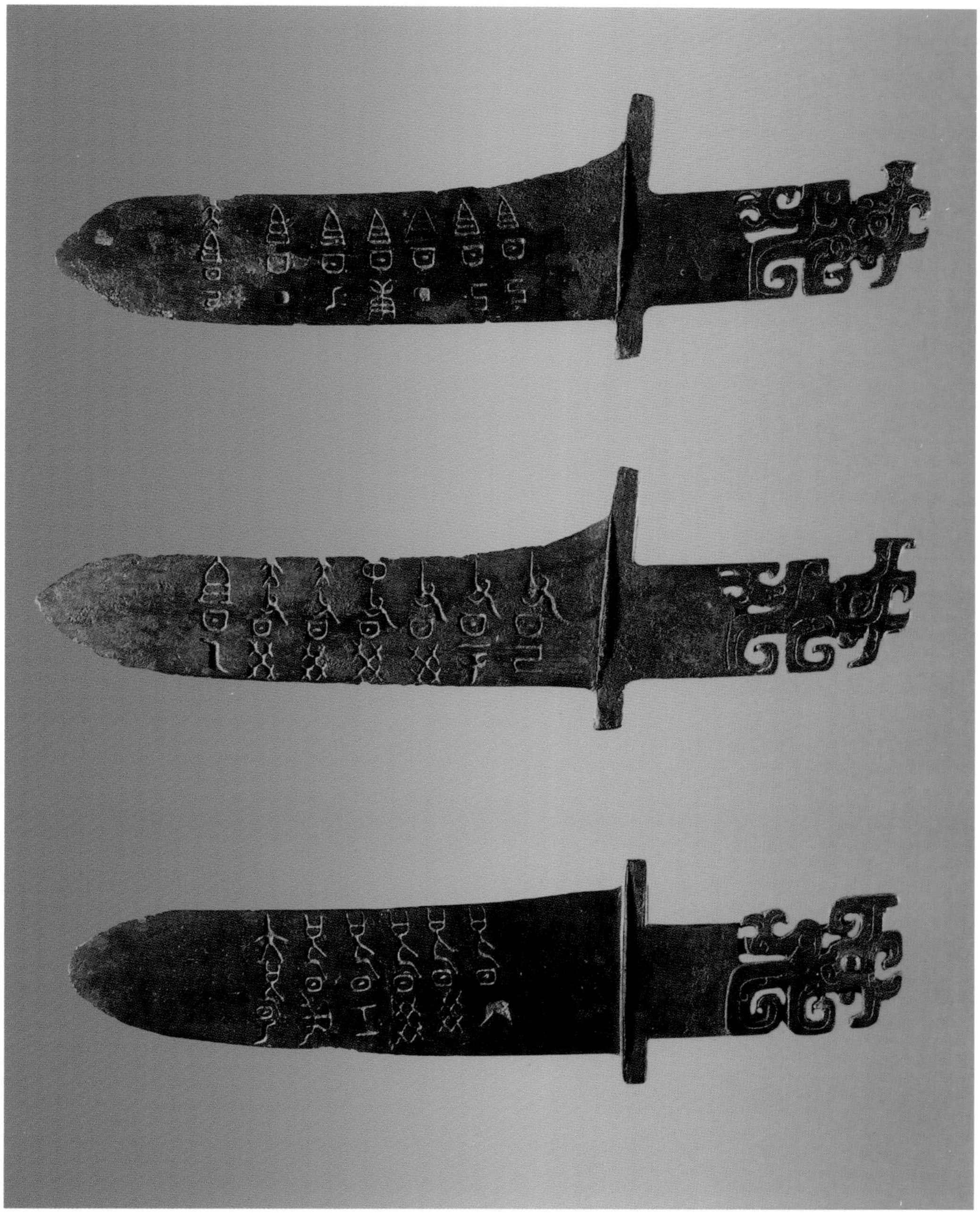

大祖諸祖戈

又名“大祖日己戈”。商代晚期兵器。

長27.5釐米。傳河北易州或保定出土。

前爲援，後透雕鳥紋爲内，中有闌。援部鑄銘文二十二字，大祖日己是日干名爲己的大祖。此大祖有子輩六人，其中一人曰祖日乙，即下接祖諸父戈之首一人。此祖日乙又有子輩六人，則此戈的器主爲大祖日己，祖日乙宗族中的一支。藏遼寧省博物館。

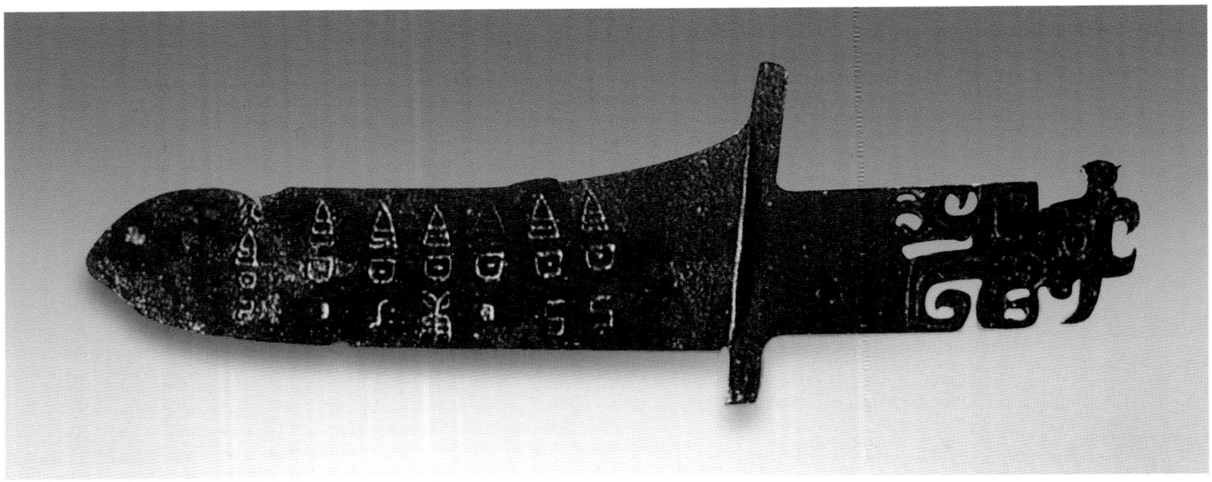

祖諸父戈

又名“祖日乙戈”。商代晚期兵器。

長27.6釐米。傳河北易州或保定出土。

前爲援，後透雕鳥紋爲内，中有闌。援部鑄銘文二十四字，祖日乙是大祖E己的子輩，同時祖日乙又有子輩六人，則此戈的器主爲大祖日乙、祖日乙中的一支。藏遼寧省博物館。

大兄諸兄戈

又名"大兄日乙戈"。商代晚期兵器。

長26.1釐米。傳河北易州或保定出土。

前爲援，後透雕鳥紋爲内，中有闌。援部鑄銘文十九字，大兄日乙是日干名爲乙的大兄，此大兄有子輩五人。藏遼寧省博物館。

鑲嵌獸面紋戈

商代晚期兵器。

長38.6釐米，重0.45千克。1976年河南安陽小屯村殷墟婦好墓出土。

援狹長，中有較寬的脊，後設短闌，内部下曲。援飾獸面紋，内飾龍紋，紋飾均以緑松石鑲嵌。戈是作戰用的勾擊兵器，有華麗的紋飾和鑲嵌緑松石的這類戈也可作爲儀仗用器。婦好墓相同之戈出土四件。藏中國國家博物館。

鑲嵌鳥紋玉援戈

商代晚期兵器。

長27.8釐米，玉援長15.8釐米。1976年河南安陽小屯村殷墟婦好墓出土。

戈的援部爲玉製，鑲嵌在青銅鑄的一段援内，後有闌，内部呈向下彎曲形。青銅援部飾獸面紋，内部飾鳥紋，紋飾均以緑松石鑲嵌。玉援戈鑄造精美，是一種形式化武器，不能用於作戰，衹能作爲儀仗用品，表示持有者的身份和權力。此墓同出兩件。藏中國國家博物館。

蝦紋戈

西周晚期兵器。

長26.4釐米。1976年四川成都出土。

戈援呈三角形，末端闌的部位上下各設一穿，內部呈長方形，並有一穿。援部飾一大蝦爲紋飾，蝦體卷曲，中飾一穿，蝦長鬚爲戈援之中脊，蝦體及地紋爲篦紋和雷紋。內上飾一小蝦，四周飾雷紋。青銅器上飾蝦紋極少見，這是屬於地域性的紋飾。藏成都博物館。

梁伯戈

春秋早期兵器。

長17.5釐米，重0.28千克。

長援，前鋒呈三角形，上刃根部向上翹起，下刃連胡，闌設三穿，並在正背面各設一浮雕獸首，長方形內設一穿。闌左鑄銘文十四字，記載梁伯作宮內使用的戈，用來抑制蠻方和抑制攻方的敵人。此爲魏國兵器。銘文內容很特殊。藏北京故宮博物院。

鐵援銅戈

春秋早期兵器。

長22.9釐米，重0.265千克。

戈的援部用鐵製成，内部鑄接青銅合金。鐵援是較純的鐵，没有鎳元素，但含較多的硅酸鹽類複相組成的夾雜物，證明是人工冶煉鑄打而成。這是古代用人工冶鐵鑄造兵器的實物例證，具有重要的科學價值。藏上海博物館。

黄季佗父戈

春秋早期兵器。

長25.2釐米。1988年河南光山出土。

長援，中設脊，前峰較粗大，中腰略收，長胡設四穿，闌長過胡。内爲長方形，飾透雕龍紋，並設一穿。内端刻銘文“黄季佗父之戈”六字。此爲黄國的兵器，黄人出自東夷，是少昊的後裔，位於淮河上游的潢川、羅山、信陽一帶，商代黄國在淮水之濱，周滅商後，黄國作爲成周的東南屏障。春秋初期齊楚争霸，黄國首當其衝，公元前648年楚滅黄。藏河南博物院。

邗王是野戈

春秋晚期兵器。

長14.9釐米，重0.24千克。

援及胡均較短，胡旁設橢圓形銎，可置柲，並有對穿孔，可固柲。圓形銎旁的上部飾透雕鳥及獸糾纏圖案。援前後的中部鑄銘文"邗王是野，作爲元用"八字。史載邗、吴兩國曾發生戰爭，邗爲吴所滅，成爲吴疆土的一部分。"邗王是野"即吴王壽夢，這是他爲自己鑄造的戈。藏北京故宫博物院。

吴王光戈

春秋晚期兵器。

長22釐米，重0.26千克。傳河南洛陽金村出土。

長援，胡飾三穿，内部飾鳥獸紋。援及胡正背面鑄銘文“攻吴王光自揚”六字，記載此戈爲吴王光自用，吴王光即吴王闔廬。藏北京故宫博物院。

吴王光戈

春秋晚期兵器。

長25.2釐米，重0.3千克。

狹援略上翹，内部呈長方形有刃，胡設三穿。援和胡部的正背面鑄銘文“大王光逌自作用戈”八字，稱大王而名光者，應爲吴王光，即吴王闔廬。藏上海博物館。

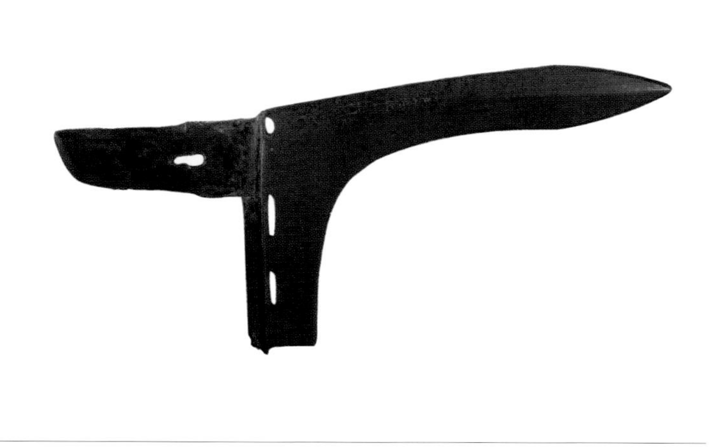

王子于戈

春秋晚期兵器。

長24.5釐米。1961年山西萬榮廟前村後土祠出土。

長援，内部呈長方形，設一穿，胡設三穿。鑄銘文“王子于之用戈”六字，錯金鳥書。援二字，胡四字。背面胡一字，不識。王子于，可能是吴王僚州于即位前之稱。《左傳·昭公二十年》：“員如吴，言伐楚之利於州于。”杜預注：“州于，吴子僚。”藏山西博物院。

楚王孫魚戈

春秋晚期兵器。

長23.7釐米。1958年湖北江陵長湖南岸出土。

援細長，中部起脊，長方形内設一穿，胡設三穿。援及胡部各鑄銘文三字，爲“楚王孫魚之用”共六字，錯金鳥書。王孫魚即《左傳·昭公十七年》所載，楚吴交戰中戰死的司馬子魚。銘“楚王孫魚”，表示此戈爲其早年所用之器，可能鑄於楚靈王時。藏中國國家博物館。

宋公差戈

春秋晚期兵器。

長26.9釐米，重0.44千克。

長援，内部呈長方形，設一穿，胡上三穿。胡部鑄錯金銘文七字，記此爲宋公差副車徒兵之戈。宋公差即宋元公佐，《史記·宋微子世家》："四十四年平公卒，子元公佐立。"藏上海博物館。

宋公欒戈

春秋晚期兵器。

長22.3釐米。1936年安徽壽縣出土。

長援，近長方形内，上有一穿，胡設三穿。胡部正背面鑄銘文"宋公欒之"以及"造戈"共六字，錯金鳥書。"宋"字從宀，以獸形爲飾。"公"字增飾雙鳥形，即所謂鳥蟲書，蓋以龍鳳紋爲字體之美術裝飾。藏中國國家博物館。

蔡公子果戈

春秋晚期兵器。

長23.9釐米，重0.16千克。傳安徽壽縣出土。

援部狹長，内部呈長方形，闌邊設三穿。胡部鑄銘文"蔡公子果之用"六字。藏上海博物館。

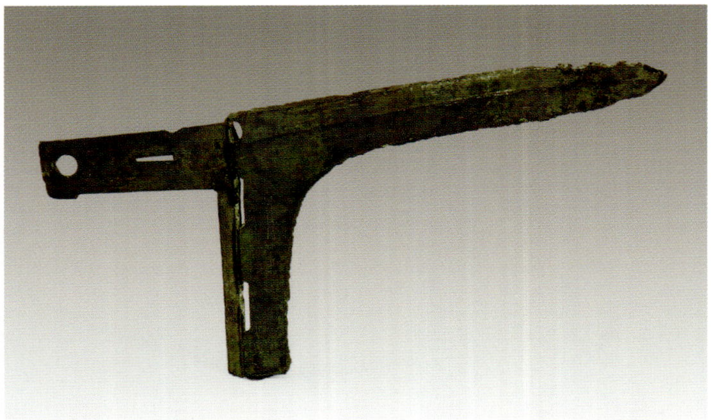

蔡公子加戈

春秋晚期兵器。

長22.5釐米，重0.29千克。

長援，内部呈長方形，胡設三穿。並鑄銘文"蔡公子加之用"六字，錯金鳥書。蔡國亡於春秋末期，此戈最遲亦是春秋晚期所鑄。藏上海博物館。

許公戈

春秋晚期兵器。

長22.8釐米，闌長10.5釐米。2002年河南葉縣許崗出土。

援部稍有彎曲，中有脊，胡較寬，設三孔。闌長過胡。內呈長方形，設一孔。胡刻銘文“鄦公之車戈”五字。“鄦”同“許”，“許”是周武王分封的諸侯國之一，在今河南許昌縣，其始祖爲文叔。許春秋時爲鄭所逼，遷於葉，即河南葉縣，後又歷遷城父、白羽、至容城，戰國之初爲楚所滅。藏河南博物院。

蔡侯産戈

春秋晚期兵器。

長19.8釐米，重0.26千克。

方內戈，長援，中有脊，胡設三穿，內設一穿。胡鑄鳥篆銘文“蔡侯産之用戈”六字，記載此戈爲蔡侯産所用。蔡侯産即蔡聲侯。藏北京故宫博物院。

楚王熊章戈

春秋晚期兵器。

長22.3釐米，重0.22千克。傳河南洛陽出土。

長援，中有脊，胡殘，長方形内，内上設一穿，闌存一穿。内飾錯金幾何形紋。援及胡部鑄銘文十八字，爲錯金鳥篆，記載楚王酓璋打擊玁狁，作此戈用於車戰，以宣揚先王之武功。銘文優美清晰，楚王酓璋即楚惠王熊章。藏北京故宫博物院。

曾侯乙戈

戰國早期兵器。

長21.6釐米。1978年湖北隨縣（今屬隨州）擂鼓墩曾侯乙墓出土。出土時戈仍附於柲上。

援較短，中有脊，尖端呈三角形，上有一穿，胡部設三穿，内部呈長方形，設一横穿。自援至胡鑄銘文"曾侯乙之走戈"六字。戈柲爲扁圓形木桿，背側厚，内側薄，外用藤皮纏繞，再髹以黑漆。柲頂爲鳥首狀，爲固戈用。藏湖北省博物館。

人首刺戟

西周早期兵器。

長25.5釐米，寬22.5釐米，重0.28千克。1967年甘肅靈臺白草坡出土。

援上翹，中有脊，根部飾一牛首。長方形内設三短刺，並綫刻一牛首。長胡置三穿，刺頂爲一人首，粗眉大目，兩側有耳，大鼻、小口微啓，披髮卷鬚。首内中空，可將柲插入。造型較爲少見。藏甘肅省博物館。

三戈戟

春秋晚期兵器。

戈戟長23.5釐米，鐏长22.5釐米。2002年河南葉縣許崗墓出土。

器形爲戈援部與矛合鑄。中爲一扁形矛，下部中空，可納柲，下有鐏。矛兩側各鑄三戈援，左面戈援中間設扁脊，根部飾獸面紋，三戈援等長。右面三戈援略短，長短不一。矛上部飾獸首，張口與第一戈援相連。以下紋飾如用繩索連接各戈援呈曲折狀，空間飾龍紋和雷紋。矛銎設對穿小孔，爲固柄用，下有鐏，为戟柲下的飾物。此矛與戈合體兵器僅見。藏平頂山博物館。

三刺戟

戰國早期兵器。

全長325釐米，刺長15.3釐米。1978年湖北隨縣(今屬隨州)擂鼓墩曾侯乙墓出土。

長柲頂端裝一矛頭，下設三戟，最上一戟有内，下兩戟無内，戟的援部自上而下依次遞減。積竹木柲，外貼竹條，再用絲綫密密纏繞成藤皮狀。横斷面呈前窄後寬的扁圓形。在絲綫外，間髹紅黑兩色漆。柲上端有三槽眼安裝矛頭，下端以黑色多邊形牛角套作鐏。這種連柲一起完整保存的三刺戟尚屬少見。藏湖北省博物館。

商鞅戟

戰國中期兵器。

長21.7釐米，重0.2千克。

援部上翹，中脊突起，長方形内三面有刃，並設一穿，闌側設三個長方形穿。胡正背面刻銘文“十三年，大良造鞅之造戟”十字。十三年指秦孝公十三年，爲公元前349年。《史記·秦本紀》：孝公“十年，衛鞅爲大良造”。此戟爲商鞅任大良造時所頒發。大良造兼任武職，相當於將軍，故能頒發兵器。此爲副車所置之戟。藏上海博物館。

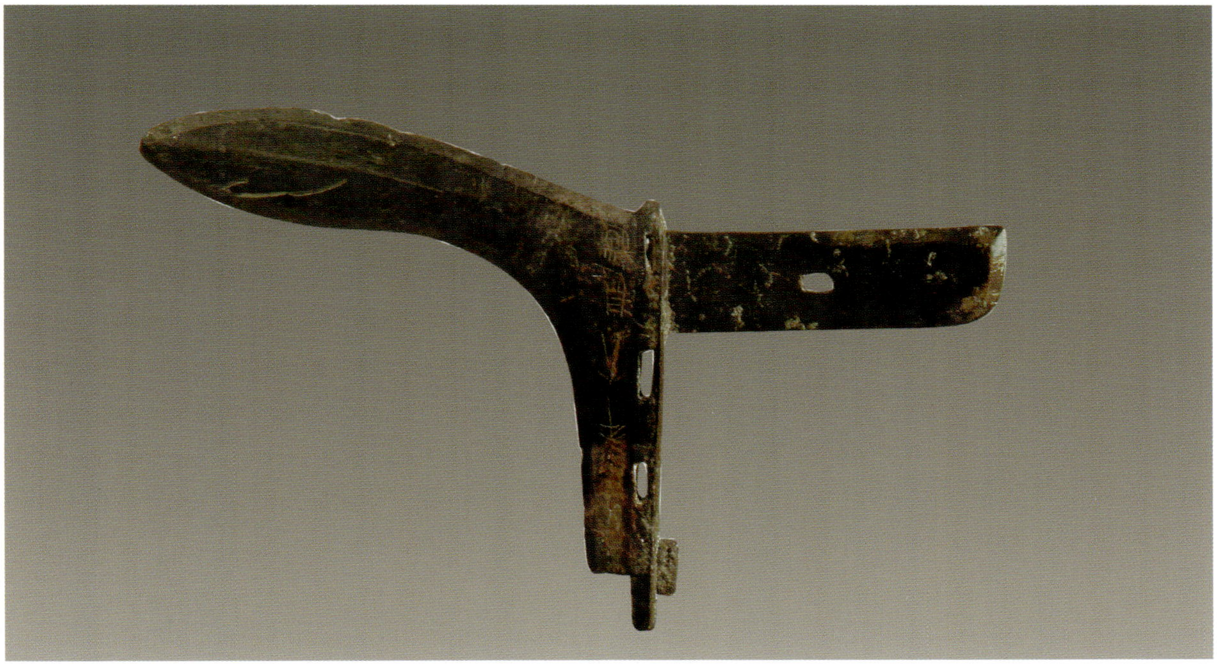

正面

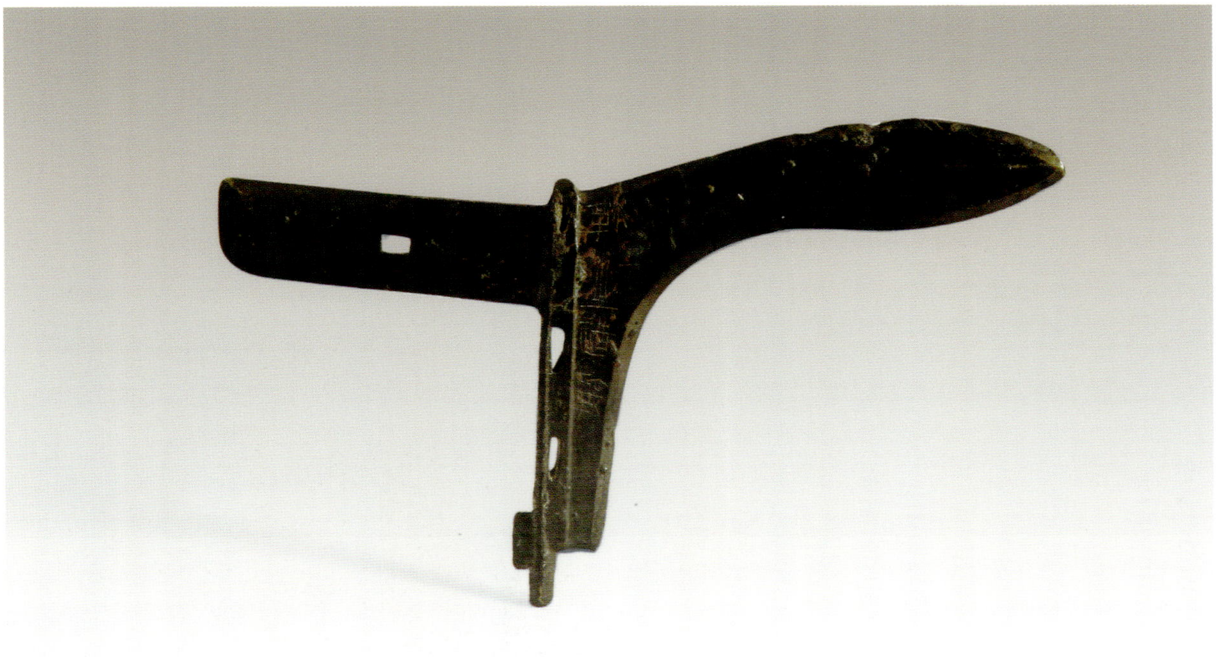

背面

鈹刺戟

戰國中期兵器。

戟長28釐米，加刺高34釐米。1965年河南南陽地區揀選。

器形爲戟，前爲長援呈弧形，下連弧曲形胡，内爲尖鈎狀。胡、内間設銎，銎上以鈹爲刺，整體爲戟與鈹的合體。戟銎部飾變形龍紋和垂葉紋。此戟形制特殊，既具有勾啄的功能，也可用於刺和砍殺，是一種殺傷力極强的複合型兵器。它爲研究中國古代兵器的形制提供了實物。藏南陽市博物館。

燕王職戟

戰國晚期兵器。

長25.4釐米，重0.25千克。

狹援上翹，内上下設刃，並有一三角形穿，胡上設三穿，内部鑄銘文"燕王職作攼鋸"六字。燕王職即燕王噲的庶子燕昭王職，公元前311年至公元前279年在位。燕昭王二十八年(公元前284年)曾派樂毅攻破齊國，是爲燕國最强盛時期。銘中稱"攼鋸"，這是戟名的燕國方言。藏上海博物館。

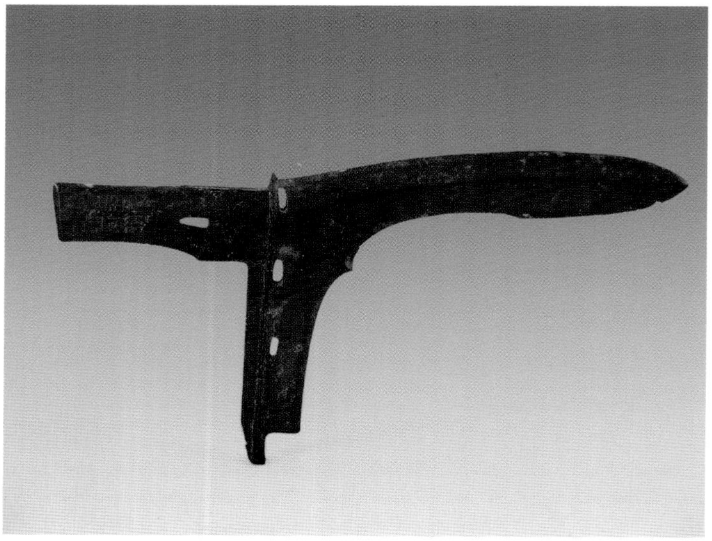

燕王職戟

戰國晚期兵器。

長27釐米。1968年遼寧北票東官營子出土。

狹援上有突起的脊，胡設兩棘突，闌設三穿，内設兩穿，並飾虎紋，胡部鑄銘文六字，所言燕王職即燕王噲的庶子燕昭王職，於公元前311年至公元前279年在位。燕國經昭王多年經營後，已成爲北方强國。此戟鑄造精美，是燕國最强盛時期的産物。藏遼寧省博物館。

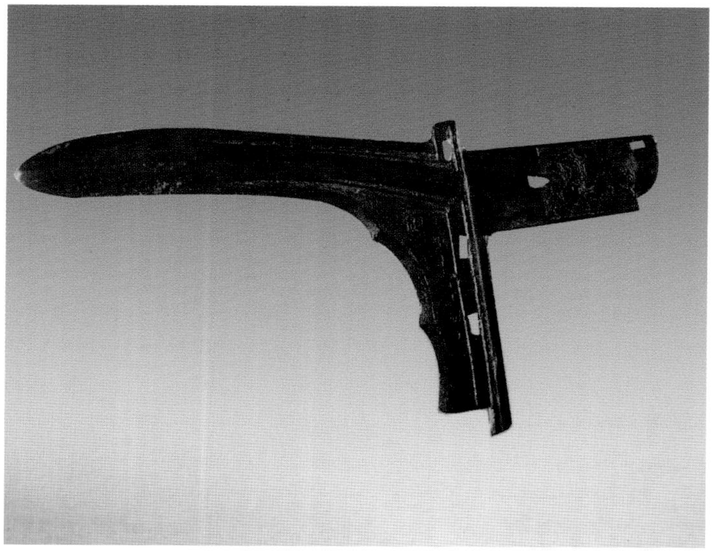

燕王戎人戟

戰國晚期兵器。

長22.3釐米，重0.4千克。

援前段寬而後段狹，内三面有刃，並設一穿，胡設三穿，尚有單刺。内部鑄銘文“燕王戎人作钕鋸”七字。“钕鋸”是戟名的燕國方言。以今之易縣爲下都的共有五位燕王，即昭王、惠王、武成王、孝王和王喜。易縣所出燕王兵器主要也有五王，其中除燕王職、燕王喜自明外，未能確知戎人、詈和脮三代燕君同惠、武成及孝王之間的對應關係。藏上海博物館。

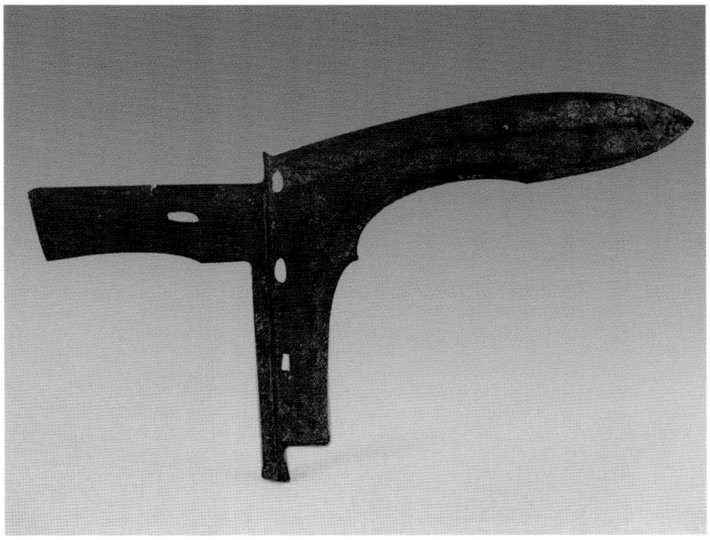

燕王喜戟

戰國晚期兵器。

長25.6釐米，重0.3千克。

援部較長，内的右下設一小缺口，並設一穿，胡部設三穿，内部鑄銘文“燕王喜作巨钕鋸”七字。喜爲末代燕王。藏上海博物館。

輪内戟

戰國晚期兵器。

長37釐米，重0.5千克。

援狹長，前端向下彎曲，援的上刃較寬，延長至内端，内與胡之間設一方形長條，似可置柲。方座旁又設一横置鉞形飾和輪形飾，鉞形飾兩側飾一虎紋，一龍紋，背面爲兩蛇紋；近輪處飾一龜紋。此戟的裝飾比較複雜，估計用作儀仗。戟的器形爲僅見。藏北京故宫博物院。

呂不韋戟

秦代兵器。

長21釐米。1957年湖南長沙左家塘秦墓出土。

短援，長胡，胡上設四穿，長方形内，内上一穿。内兩面刻銘文，一面刻“四年相邦吕工寺工龍丞”，另一面刻“可”字。“相邦吕”即秦相國吕不韋，“四年”即秦始皇四年（公元前243年）。秦始皇在公元前247年即位，時才十三歲，政事由相國吕不韋執掌，此戟應該是該時期鑄造。藏中國國家博物館。

呂不韋戟

秦代兵器。

長26.7釐米。1974年陝西臨潼（今屬西安）秦俑一號坑出土。

此戟原有柲，長249釐米，徑3釐米，柲髹褐漆，柲上有矛爲刺。戟援較狹，胡設四穿，内三面有刃，中設一穿。正面内部刻銘文“四年相邦吕不韋造。寺工讋丞我工可戟”十六字，背面刻“寺工文”三字。此戟爲相邦吕不韋所造。藏秦始皇兵馬俑博物館。

吴王夫差矛

春秋晚期兵器。

長29.5釐米。1983年湖北江陵馬山出土。

矛體與劍體相似而稍短。中綫起脊，脊中有血槽，血槽末端設獸首環鈕，矛體滿飾菱形紋。正面棱脊兩側鑄銘文"吴王夫差自作用鈋"八字。銘文記載吴王夫差自作用矛。冶鑄精良，保存完好。藏湖北省博物館。

倗矛

春秋晚期兵器。

長30.7釐米。1978年河南淅川下寺出土。

形體較大，中爲長骹，向上逐步縮小，下爲圓銎，兩翼長度爲骹之半，上收與矛鋒結合。翼飾透雕獸紋，銎口飾獸面紋，一側設鈕。骹之中脊鑄銘文"倗之用矛"四字，倗是楚莊王之子王子午。藏河南博物院。

雲紋矛

春秋晚期兵器。

長26.5釐米，重4.05千克。傳江蘇吴江屯村出土。

矛鋒尖鋭，兩翼寬刃，骹長而粗，銎呈圓形，近銎處設一半環形繫。此矛的形式流行於長江中下游地區。除刃部外均飾雲紋，雲紋卷曲的末梢呈大圓點，具有地域特點，爲典型的吴越文化兵器。此矛保存極佳，矛刃依然鋒利。藏上海博物館。

越王者旨於睗矛

戰國早期兵器。

長 27.1 釐米，重 0.33 千克。

寬體狹刃，中脊較寬，兩側呈凹弧形。銎口呈弧形，正背面各設一小繫，並飾龍紋及三角形紋。體部鑄銘文“於戉王睗旨者”六字，銘文倒置，排列次序凌亂。越國兵器範鑄銘文單字以活字模嵌入主體陶範中，有時出現不平整，也有印鑄迹象，此係字模誤植所致，銘文應爲越王者旨於睗，即越王與夷，勾踐之子。藏上海博物館。

菱形紋矛

戰國早期兵器。

長 27.3 釐米，重 0.2 千克。

菱形紋矛是吴越地區常見的兵器。這種紋飾的鑄造方法，經研究可知其基本成分是高錫合金，非紋飾區表面幾十微米層内存在着細晶組織。這種表面的菱形紋是經人工處理的，而表面色澤是在埋藏的環境下緩慢形成的。這一研究揭示了中國在很早以前就已經掌握了一種特殊而精湛的表面合金化技術。藏上海博物館。

八年陽翟令矛

戰國兵器。

長15.8釐米。1971年河南新鄭白廟範出土。

矛體截面呈菱形，中綫起脊，前鋒鋭利，體部向下略大，連鑄圓筒形骹，骹上有小孔，固柲用。脊兩側刻銘兩行："八年陽翟令梁□司寇重□右庫工師樂□冶啓造端戟束"，共二十三字，字體較大。藏河南博物院。

懸俘矛

西漢兵器。

長41.5釐米。1956年雲南晉寧石寨山出土。

矛體扁平，圓銎。後鋒兩翼懸吊兩裸體男性，披髮垂首，弓體，雙手背剪作懸吊狀，雙足彎曲，形象屬於對戰俘的懲罰，具有明確的雲南少數民族地區的文化特徵。藏雲南省博物館。

吴大子姑發詈反劍

春秋晚期兵器。

長36.4釐米，重0.39千克。1959年安徽淮南蔡家崗出土。

劍中起平脊，狹格，扁圓莖，圓劍首。正面平脊兩側鑄銘文三十六字，記載吴大子姑發詈反即諸樊自作此劍，在軍隊爲前鋒，劍用於戰鬥，可以有所收獲，無人敢對其抗禦，其在長江之南，既可出師於南，又能出師於西。南指百越，西指楚地。藏安徽博物院。

吴王光劍

春秋晚期兵器。

長77.3釐米，重1千克。

劍鍔鋒芒犀利，劍格飾變形獸面紋，劍體鑄銘文“攻吾王光自作用劍”八字鳥書。攻吾王光即吴王闔廬。公元前496年，闔廬聞越王允常死，即興師伐越，失利於檇李，闔廬受傷卒，夫差繼位。闔廬自公元前514年到公元前496年在位，共十九年。吴王光劍傳世尚有五件，分藏我國上海、山西、安徽等地博物館和美國、荷蘭等國。本劍爲吴王光諸劍中最長者。藏上海博物館。

吴王光劍

春秋晚期兵器。

長50.7釐米。1964年山西原平峙峪村出土。

劍體較寬，鋒刃兩側有多處磕損。劍格後設圓莖，莖上設兩道凸棱，圓形劍首。劍體氧化較嚴重，有較多似火焰的紋飾，很可能是雙金屬所表現的紋飾。劍格飾變形獸面紋。劍體正面下端鑄銘文“攻敔王光，自作用劍”兩行八字。攻敔即勾吴，敔即吾，吴王光即吴王闔廬。藏山西博物院。

吴王夫差劍

春秋晚期兵器。

長59.1釐米，1976年河南輝縣出土。

鋒刃鋭利，前鍔内收，劍體呈菱形紋。劍格飾變形獸面紋，並鑲嵌緑松石。莖爲圓柱形，有兩道凸棱，圓形劍首。劍體下端鑄銘文“攻敔王夫差自作其之用”十字。夫差爲吴王闔廬之子，公元前495年繼承王位，次年擊敗越王勾踐。藏中國國家博物館。

少虡劍

又名“吉日壬午劍”。春秋晚期兵器。

長53.5釐米，重0.88千克。1923年山西渾源李峪村出土。

長體，寬格，圓莖。劍格飾錯金雲紋，劍正背面皆平脊微凹。鑄錯金銘文二十字，記載在吉日壬午作自用劍，用玄鏐鋪吕鑄造的劍名字爲“少虡”。劍上銘文鑄造劍日期及劍名者較爲少見。少虡劍傳世有三件，一件藏北京故宫博物院，另兩件流散國外。本劍藏北京故宫博物館。

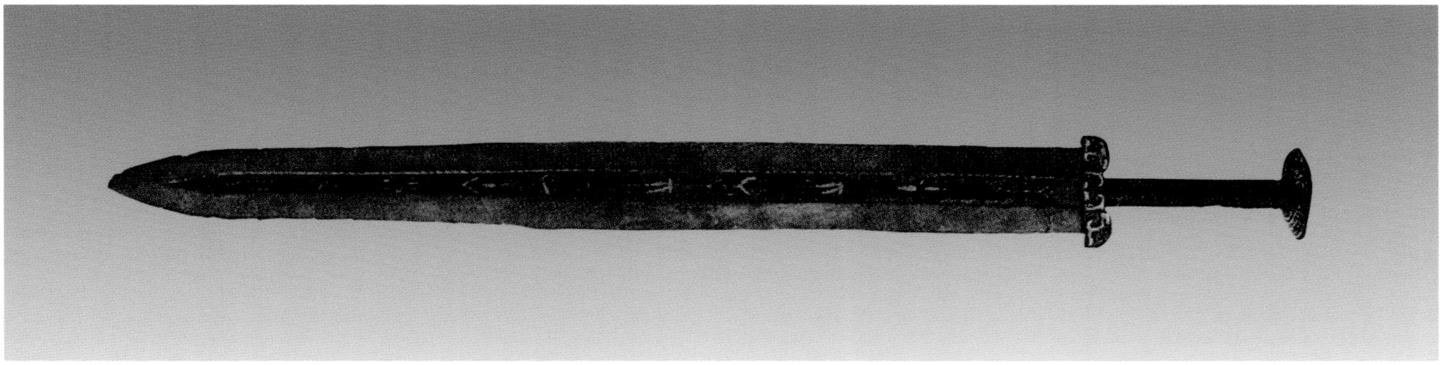

人形莖短劍

春秋晚期兵器。

長21.6釐米。1958年内蒙古寧城南山根遺址出土。

劍莖爲人形，兩面分鑄男女裸體像，站立在劍格上。肩部兩側各有長方形横穿，可佩帶。劍體兩側曲刃，中設寬脊，有血槽。此劍裝飾别緻，爲東胡族兵器。藏赤峰博物館。

越王勾踐劍

春秋晚期兵器。

長55.7釐米。1965年湖北江陵望山出土。

鋒刃鋭利，前鍔内收。劍格正背面飾變形獸面紋，正面用藍琉璃鑲嵌，背面用緑松石鑲嵌。空心圓莖，劍首分鑄，首端鑄十一周同心圓。劍體鑄有暗格菱形紋，係運用一種特殊的技術所鑄成。劍體近格處鑄鳥篆銘文："越王鳩淺自作用鐱"八字，極其秀麗。鳩淺是勾踐的原音。此器精湛，無與倫比，劍刃鋒利如新，史載越國爲鑄劍名邦，越王勾踐劍的出土，提供了有力的確證。出土時插於黑漆鞘内。藏湖北省博物館。

越王者旨於睗劍

戰國早期兵器。

長56.5釐米，重0.87千克。

劍體狹長，厚格，呈凹字形，圓莖上設兩箍。銘文鑄於劍格的正背面"戉王王戉者旨於睗"八字，爲雙勾。者旨於睗即越王勾踐之子，立於公元前465年。者旨於睗劍綫條規整，鋒刃至今仍極鋒利。此劍傳世至少有六柄，除上海博物館藏兩柄外，北京故宫博物院、中國國家博物館、浙江省博物館、臺北私人各藏一柄。本劍藏上海博物館。

越王丌北古劍

戰國早期兵器。

長60.8釐米，重0.85千克。

劍體較長，鋒刃尖削，格厚，呈凹字形，圓莖設兩道箍。劍格正背面及劍首共鑄銘文三十二字，皆用金絲鑲嵌，記載此劍爲越王丌北古自作之劍。越王丌北古即越王盲姑，亦即不壽，盲姑爲勾踐之孫。此劍鑄造精緻，銘文華麗，傳世較爲少見。此器傳世共兩件，一件藏上海博物館。另一件1987年安徽安慶出土，長64釐米。藏安慶市博物館。圖爲上海博物館藏。

越王州勾劍

戰國早期兵器。

長63.6釐米，重1千克。

劍體較長，鋒刃尖鋭，劍格呈凹字形，劍莖不設箍，劍首飾同心圓。劍格正背面鑄銘文十四字，主要是越王州勾自作用劍之辭。州勾是勾踐的曾孫，傳世州勾之兵器有劍七、矛一。上海博物館藏其中三柄。

蔡侯産劍

戰國早期兵器。

長52.2釐米，重0.85千克。1959年安徽淮南蔡家崗出土。

劍中起脊，狹格圓莖。正面脊兩側鑄銘文“蔡侯産之用劍”六字。另一劍鑄銘文“蔡侯産作𩲃戕”六字，後兩字當爲劍名。蔡侯産即蔡聲侯，劍銘文是以獸爲主體。藏安徽博物院。

楚王熊章劍

戰國早期兵器。

長50.5釐米，重0.82千克。1933年安徽壽縣楚幽王墓出土。

圓莖，圓劍首，細格。劍體兩側刻銘文十五字，記載楚王酓璋爲從征將士鑄劍，用作征伐。楚王酓璋即楚惠王熊章。藏北京故宫博物院。

菱形紋劍

戰國早期兵器。

長53.9釐米，重0.66千克。

菱形紋飾是南方吴越地區兵器上特有的紋飾。這類紋飾的鑄造采用了合金熱擴散原理，即用錫基合金粉末塗覆於青銅劍表面，經加熱，使合金成分擴散到青銅基體之中，使塗敷部分成白色，未塗敷部分仍爲銅黄色，形成黄白相間，成爲極富裝飾性的非機械鑲嵌菱形花紋。説明早在兩千五百多年前，中國已發明了金屬表面合金化技術。實際上白色部分不僅富錫，還生成細晶區，因而耐腐蝕性大爲提高。藏上海博物館。

繁陽之金劍

戰國中期兵器。

長45釐米。1974年河南洛陽凱旋中路出土。

劍體起中脊,扁莖,莖兩側有不對稱的小凸。劍體正面鑄銘文"繁陽之金"四字,並用紅銅鑲嵌。繁陽是南方著名的採銅區,戰國時屬楚地,在今河南新蔡汝河北岸。此劍出土時插於透雕象牙鞘内。藏洛陽博物館。

人首紋劍

戰國兵器。

長39釐米。1980年廣西靈山石塘鄉石灘出土。

扁莖,莖首設兩個同心圓,莖較長飾雲紋。劍格彎曲,劍體較寬,至中間即收斂,劍體飾戴冠人首紋,下垂兩小輪等紋飾。此劍的形制和紋飾具有地區性特徵。藏靈山縣博物館。

透雕交龍紋劍鞘

西周早期兵器。

長22.8釐米。1974年北京房山琉璃河出土。

插口兩側設相背的人爲坐姿,鞘正面飾透雕交龍紋,背面原有皮革或木片爲襯,今已腐朽。其間可插短劍。藏首都博物館。

透雕龍紋劍鞘附短劍

西周早期兵器。

鞘長18釐米，全長24.3釐米，重0.125千克。1972年甘肅靈臺白草坡出土。

劍鞘插劍口兩側爲相背坐着的牛，中間透雕一龍，旁有蔓枝相連。背有漆木殘屑，可能是用漆木板做背，鞘上下邊緣置小孔六對，估計可與背板相連。出土時内附一短劍，扁形短莖，劍體如蕉葉，飾龍紋，中設脊，兩側有血槽。出土的西周早期完整的劍鞘和短劍較少見。藏甘肅省博物館。

透雕蛇紋劍鞘

戰國中期兵器。

長34釐米。1981年雲南曲靖珠街董家村出土。

插劍一端平口，放劍首處呈弧形，鞘的正面爲透雕的蛇紋和雲紋，中可插劍。鞘外另飾雙首巨蛇，蛇外爲一周雲雷紋，鑄造極精。這是雲南少數民族貴族墓的隨葬品。藏雲南省博物館。

魚陽鈹

戰國早期兵器。

長33釐米，重0.31千克。

寬體，扁長莖，莖端設一穿。鈹體中脊寬厚，刻銘文十九字，字迹細小。漁陽在密雲西南，爲戰國時代燕之一郡。鈹的器形比劍少，有刻文署地名者更爲難得。藏上海博物館。

商鞅鈹

戰國中期兵器。

長52.1釐米，重0.57千克。

鈹體較寬，至鋒略收，中綫突起，兩刃鋒利，扁平長莖。鈹體近莖處刻銘文"十六年大良造庶長鞅之造畢湍侯之鑄"十六字。記載在秦孝公十六年即公元前346年，商鞅任大良造及庶長之職時，爲自己使用而監造此器，由畢湍侯鑄造。在秦孝公時，商鞅爲其變法，修刑，至今留下實物甚少。香港私人收藏。

二年相邦春平侯鈹

戰國中期兵器。

長33釐米，重0.34千克。

寬體，扁平長莖，莖端設一穿。鈹體中脊寬厚，刻銘文十九字，字迹細小。記載二年，宰相春平侯監造，邦佐庫工師趙瘠主造，鎔鑄金屬的開執掌合金配比。藏北京故宫博物院。

卅三年鄭令鈹

戰國兵器。

長31.8釐米，寬3.5釐米。

1971年河南新鄭白廟範出土。

鈹體中間設脊，脊寬平，兩側向下傾斜，刃鋒利，下連鑄扁平長莖。正面脊的下部近柄處刻銘文兩行，"卅三年鄭命叏涵司寇趙它生庫工師皮耴冶尹啓造"共二十一字。藏河南博物院。

十六年寺工敏鈹

秦代兵器。

長35.2釐米，寬3.2釐米。1974年陝西臨潼秦俑一號坑出土。

器形如劍。鈹體中間設平脊，兩側向刃部傾斜，扁平形長莖，設一貫釘孔。體與莖之間設格，格的寬度大於鈹體。正面中脊刻銘文"十六年寺工敏造工黑寺工"十一字，鈹格刻銘文"寺工"兩字，鈹莖刻銘文"子"一字。此鈹較長，保存良好。藏秦始皇兵馬俑博物館。

十七年寺工敏鈹

秦代兵器。

長35.2釐米，寬3.2釐米。1974年陝西臨潼秦俑一號坑出土。

器形如劍。鈹體中間設平脊，兩側向刃部傾斜，扁平形長莖，設一貫釘孔。體與莖之間設格，格的寬度大於鈹體。正面中脊刻銘文"十七年寺工敏工寫"八字，鈹格銘文"寺工"兩字，鈹莖銘文"子"一字。此鈹較長，保存良好，與十六年寺工敏鈹成對。藏秦始皇兵馬俑博物館。

鑲嵌十字紋方鉞

夏代晚期兵器。

長35.6釐米，刃寬33.2釐米，重5.16千克。

體近方形。中腰略收縮，刃平直。闌上設兩孔，是安裝木柄時用來穿皮條固住鉞柲的。鉞的中央設一圓孔，沿孔的周圍用綠松石鑲嵌成兩周十字紋圖案，正背紋飾相同。此鉞裝飾華麗，刃部未經開口，器形又大，可知不是實用器，而是貴族體現統治權力和身份的一種標志。藏上海博物館。

龍紋鉞

商代中期兵器。

長40.8釐米，刃寬22.5釐米，重3.75千克。1974年湖北黄陂盤龍城出土。

鉞的刃部呈弧形，兩側爲尖角狀翹出，中央有一個大圓孔。闌設兩個長方孔，其後有一長方形的內，這是爲安裝木柄用。孔內可穿皮條，用來固住鉞柲。較長的鉞體，除刃部以外三邊皆飾龍紋。藏湖北省博物館。

亞醜鉞

商代晚期兵器。

長32.7釐米，刃寬34.5釐米，重4.6千克。1966年山東益都(今青州)蘇埠屯出土。

鉞呈長方形。短內，刃部較寬，兩角外侈。援部飾透雕獸面紋，彎眉圓目，目兩側爲耳，張口露齒，齒呈板牙狀。口兩側各鑄銘文"亞醜"兩字，爲氏族徽記。商代晚期有一些青銅器上曾鑄有這一族徽。援部所飾獸面紋圖像，在兵器上，應該就是刑神之像。此器形較大，而且完整，甚爲難得。藏山東博物館。

神面紋鉞

商代晚期兵器。

長31.8釐米，刃寬35.8釐米。1966年山東益都(今青州)蘇埠屯出土。

鉞呈長方形。短内，刃部稍寬。援部飾神面紋，粗眉、巨目、大耳，寬嘴露齒，目眶、耳及嘴皆透雕。闌設兩個長方孔，内置於偏下而不居中。鉞爲兵器，用來殺戮，但亦具有權杖的性質，象徵權力。此鉞與亞醜鉞相互並立，出土於墓室後壁，象徵着墓主人有無上的權威。藏山東博物館。

神面紋鉞

商代晚期兵器。

長30.4釐米，刃寬35釐米。

器略呈方形，刃部弧度較小，刃角外侈，闌設兩個長方孔，内短小。體部飾神面紋，額上有整齊的羽毛向兩側分列，臣字目，瞳孔突起，上有一道細眉，大鼻，張口，露出上下兩排闊板牙。牙間透雕，兩側耳較大亦透雕，耳下有纖細雲紋，似爲體軀。紋飾精緻。藏德國柏林東亞藝術博物館。

婦好鉞

商代晚期兵器。

長39.5釐米，刃寬37.3釐米，重9千克。1976年河南安陽殷墟婦好墓出土。

器呈長方形。近闌處較狹，弧刃較寬，並向外翹起，短内。體部紋飾，中間爲一人首，兩側各飾蹲踞狀的虎，尾上卷，虎口怒張，對准人首，兩虎似欲吞噬一人首。在《山海經》中，記載度朔山上的神人，把惡害之鬼捉來喂虎的故事。這一圖像，在司母戊方鼎的耳部也有，意義相同。援中部鑄銘文“婦好”兩字。藏中國考古博物館。

透雕龍紋鉞

商代晚期兵器。

長18.2釐米，刃寬11釐米，重0.34千克。

寬刃，援部兩側不等邊，上側長，下側短，構成的刃部不成正弧形。内部置於闌的上端，形成上肩狹，下肩寬。内呈長方形，飾虎耳獸面紋，援部後端飾透雕卷龍紋，體軀内卷，並飾鱗紋。這種小型的鉞，在殷墟王陵的隨葬墓中曾有發現。此器有一定厚度，可作實用。藏上海博物館。

透雕龍紋鉞

商代晚期兵器。

長17釐米。1964年陝西城固五廊廟出土。

鉞刃呈半圓形。兩端外侈。援部設圓形大孔，内飾透雕卷體龍，龍角竪起，張口露獠牙，足着地爲行走狀。闌比援根稍短，設兩穿，長方形内設一穿。造型及紋飾較爲特殊。藏城固縣博物館。

變形獸面紋鉞

商代晚期兵器。

長36.8釐米。1989年江西新干大洋洲出土。

鉞呈長方形。近闌處較狹，刃部寬大，短内。與闌共設三個長方孔，可固柲。援部周邊飾目雷紋，中間設一張開的大嘴，露出交錯的上下齒爲透雕。這張口露齒的形象，爲獸面紋的一部分，其餘部分均已省略。口部周圍有一種燕尾紋，這是南方地區青銅器的特殊紋飾。藏江西省博物館。

乳釘紋鐵刃銅鉞

商代晚期兵器。

長11.1釐米。1972年河北藁城臺西村出土。

鉞體呈長方形。體與方内之間設上下闌。體部前端爲鐵刃，經鑑定是用隕鐵鍛成的，鑲入鉞體内約1釐米，其餘部分皆爲青銅。近闌處飾兩道乳釘紋。隕鐵是自然鐵，不含鎳元素，但含較多的硅酸鹽類複合相組成的夾雜物，用人工捶打即可使用。説明商人對鐵已有一定程度的認識，並已具備了鍛鐵技術。藏河北博物院。

鐵刃銅鉞

商代晚期兵器。

殘長8.7釐米。1977年北京平穀劉家河出土。

方形内部設一圓孔，體部狹長，與方内之間設上下闌。經化驗，體部前端爲鐵刃，今尚存少量，屬於隕鐵，鑲入鉞的刃部。藏中國國家博物館。

龍紋銎鉞

商代晚期兵器。

長34.3釐米，刃寬23釐米，重1.9千克。1971年湖南長沙徵集。

體呈長方形。寬刃呈弧形，刃角外侈。銎的前後各設兩個小方孔，爲安柲用。銎上飾一卷尾獸，内部爲透雕龍紋，體部近闌處飾卷體龍紋，形制較爲少見。鉞的形制與紋飾具有南方地區青銅文化的特徵。藏湖南博物院。

龍首鉞

西周早期兵器。

長28.7釐米，重0.71千克。

鉞頂端設下俯的龍首，下部稍寬於上端弧圓頂。龍首雙角聳立，吻部突起，口露獠牙，這是商周以來最爲流行的龍的形象。龍首與闌部三個長方孔成一直綫，可置柲，柲的上部插入龍口，下部通過三個長方孔可穿皮條將柲固定住。形式特殊。藏上海博物館。

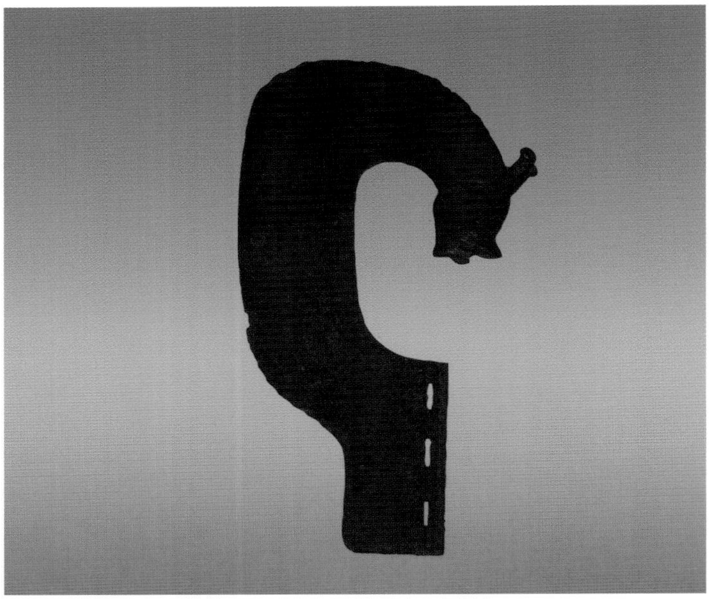

虎紋曲刃鉞

西周早期兵器。

長23.1釐米，重0.68千克。1967年甘肅靈臺白草坡出土。

鉞體彎曲，上飾一虎，銎部爲虎首，豎耳張口露獠牙，牙間設横穿孔，可將柲的上端插入口内，固住柲的一端。虎體爲鉞的刃部，尾下爲鉞的另一端，設長方形兩孔，可與柲的中部相結合。此鉞無論從形制和紋飾來看都比較特殊。藏甘肅省博物館。

象鼻獸紋鉞

西周早期兵器。

長24釐米，重1.81千克。

鉞刃爲圓弧形片狀，中有大穿孔。側面銎上依勢飾一怪獸，頭頂有平行狀髮辮，向後披至頸部，成髻狀下垂。獸斜目似葉片狀，兩側各設一耳，下腮寬而勾曲。鼻甚長，前伸至刃口然後向下卷曲，似象鼻狀。前臂曲舉，下足卷曲，設利爪，形貌壯實。鉞本是刑具，據文獻記載，蓐收爲天之刑神，估計此形象即是。藏上海博物館。

透雕龍紋鉞

西周早期兵器。

長17.7釐米。1994年河北邢臺葛家莊出土。

此爲銎鉞，銎頂設一象鼻獸爲籥，鉞的上下各飾一透雕曲折角龍紋，尾端與鉞刃翹起的角相連。鉞體飾鳥紋、龍紋及僅飾臣字形雙目的獸面紋。内部飾一獸首。此鉞裝飾華麗，不是一般實用器，而是作爲禮儀性的儀仗用器。藏河北博物院。

雙龍鉞

西周中期兵器。

長15.5釐米，重0.15千克。

刃呈半月形，與闌等寬，鉞體偏長，中間設一圓孔。兩側各飾透雕彎角回首龍，龍角與尾分别與闌和刃尖相接。闌旁設内，内中有小圓孔，固柲用。鉞體較薄，不宜用作砍殺，這種裝飾性較强的鉞，當在樂舞中作爲舞具或儀仗用器。藏上海博物館。

幾何紋鉞

春秋晚期兵器。

長20.5釐米，重1.35千克。1979年浙江長興出土。

弧刃較寬，兩側與援相接。援呈方形，近闌兩端各設一個小方孔，長方形的内。援飾幾何紋，這類紋飾與南方地區幾何印紋陶的紋飾相同，具有明顯的江南地方吴越文化的特徵。藏長興太湖博物館。

競渡紋鉞

春秋晚期兵器。

長9.8釐米，刃寬12.1釐米。1976年浙江鄞縣(今寧波鄞州)出土。

器呈斧形。長方形銎，刃部弧曲，兩端上翹。僅正面有紋飾，銎部飾雙龍，仰首向上，前肢彎曲，尾向内卷曲。下爲四組弧形粗綫爲舟，上坐四人，頭戴羽冠，雙手劃槳，爲競渡狀。構圖簡練夸張，並有行進節奏感，頗具江南吴越文化地區特徵。藏浙江省博物館。

中山侯鉞

戰國中期兵器。

長29.4釐米，口寬25.5釐米，重2.3千克。1978年河北平山中山王譽墓出土。

寬體，弧刃，刃角外侈，鉞體設圓孔，闌設兩穿，内呈長方形，飾雷紋。體近闌飾雷紋和曲折紋。體部鑄銘文十六字，記載中山侯是受命於周天子建邦復國，第一代國君名曰忠，作此鉞要他的軍隊慎戒用兵。藏河北博物院。

人物紋靴形鉞

戰國兵器。

高9.5釐米，刃寬12.4釐米。1963年湖南衡東霞流出土。

鉞形似靴。上設橢圓形銎，可置柄，銎旁設一環鈕。下爲横長的援部，一端尖角上翹。援兩面紋飾不同，一面鑄六個人形圖像，按空間地位大小而决定人形長短，人有佩刀劍、持鉞、奔跑、坐地舉手等不同情態，另一面鑄一人站立，赤足佩劍。這是戰國時代南方越族文化的器形和紋飾特徵。藏湖南博物院。

雙孔銎鉞

西周早期兵器。

長13.4釐米,重0.48千克。

寬刃弧曲,向後内卷呈雲頭狀,援部設兩圓孔。有管狀銎,納斧柯於銎中,銎上設兩小方孔,爲插銷固柯用。銎的一側連接象徵性的小方内,銎體兩側飾細密的小點爲紋飾。此鉞可能用爲儀仗,有學者認爲是卡約文化之器。藏上海博物館。

七孔曲刃鉞

西周早期兵器。

長20.8釐米,重0.91千克。

鉞的刃部有九彎弧曲,中間一彎稍大,兩側各有四個弧曲。援部設七個圓孔,亦以中間一孔爲最大。闌設四個長方形穿,爲固柯用。内部呈長方形,後端略大。此鉞重於銎鉞,形式特殊,柯至弧刃間亦不寬,可能用於儀仗或權杖,鉞的風格與卡約文化相似。藏上海博物館。

七孔銎鉞

西周早期兵器。

長16釐米，寬8釐米。1982年青海湟中下西河潘家梁出土。

寬刃弧曲，援呈半圓形，圓筒形長銎，援銎交界處設七孔，各孔的周圍突起。銎飾方格帶紋，上設長方形孔三個。此鉞刃部不平整而鈍，可能用爲儀仗。藏青海省博物館。

鷹獸紋鉞

春秋晚期兵器。

高8.6釐米，長12.9釐米，重0.285千克。

用浮雕的鷹與獸作爲武器鉞柲端的裝飾。龍體彎曲，口噬前面長方形條狀援部，前爪抓住援的兩側。獸後有一相背的鷹，與獸體相合，並用鈎喙咬住一蛇體軀中部，而使蛇體呈扭曲掙扎狀。鷹、獸、蛇飾圓點紋、鱗紋和斜條紋，長方形援飾陰淺卷龍紋。銎呈扁圓形，飾陰淺曲折紋，近銎口有綯紋凸箍，銎内尚遺存柲木，並置兩個小孔可固柲。這類稱爲鉞的器，傳世較爲少見。從山東臨沂鳳凰山諸侯墓曾出土類似器來分析，鉞當爲象徵王權的武器。香港私人收藏。

大武鉞

戰國早期兵器。

長21.9釐米。1963年湖北荆門車橋出土。

器形上爲内，下爲援，中有闌設兩孔。援較寬，前呈尖銳狀，中有紋飾爲一人面獸身的神人。頭頂有冠飾，兩耳珥蛇，右手持雙頭獸，左手操龍，神人腰纏蛇，身被鱗片，足爲爪子形。右足御一太陽，左足御一月亮，胯下有一龍。内部設一穿，穿之兩側前後有“大武闢兵”四字，墓主人當與大武有關。藏荆州博物館。

龍紋刀

商代晚期兵器。

長26.8釐米，重0.188千克。

狹長的刀前端翹頭，刀尖向上，刀背設鏤孔脊飾。脊下飾長體卷尾龍兩尾，爲追逐式。後端爲短柄，與體部連鑄，短柄處有合範痕迹，刀爲雙合範鑄成。刀在使用前需安裝木柄，將短柄插入木柄内。這是商代用於格鬥的兵器。藏上海博物館。

目雷紋刀

商代晚期兵器。

長38.7釐米，重0.3千克。

形制狹長，刀首上翹，尖鋭鋒利，刃部中間凹弧。背上設矩形脊飾，排列整齊，下部飾目雷紋，柄較短，與體部連鑄。根據殷墟田野考古發現，這類刀柄部的遺痕是寬而短，柄尾下垂，近似曲内戈之形，柄爲木質。刀在格鬥時用，作爲砍劈兵器。藏上海博物館。

馬首刀

西周兵器。

長32釐米。1965年陝西綏德義合鄉墕頭村出土。

刀身狹長，拱背凹刃，連鑄一刀柄，柄端爲一馬首，神態肖似，嘴微啓，雙目圓睁，兩耳竪起。馬首上下各設一環，便於攜帶。這是北方游牧民族佩帶的馬首刀，可用於生産、生活、游獵、征戰等。藏陝西歷史博物館。

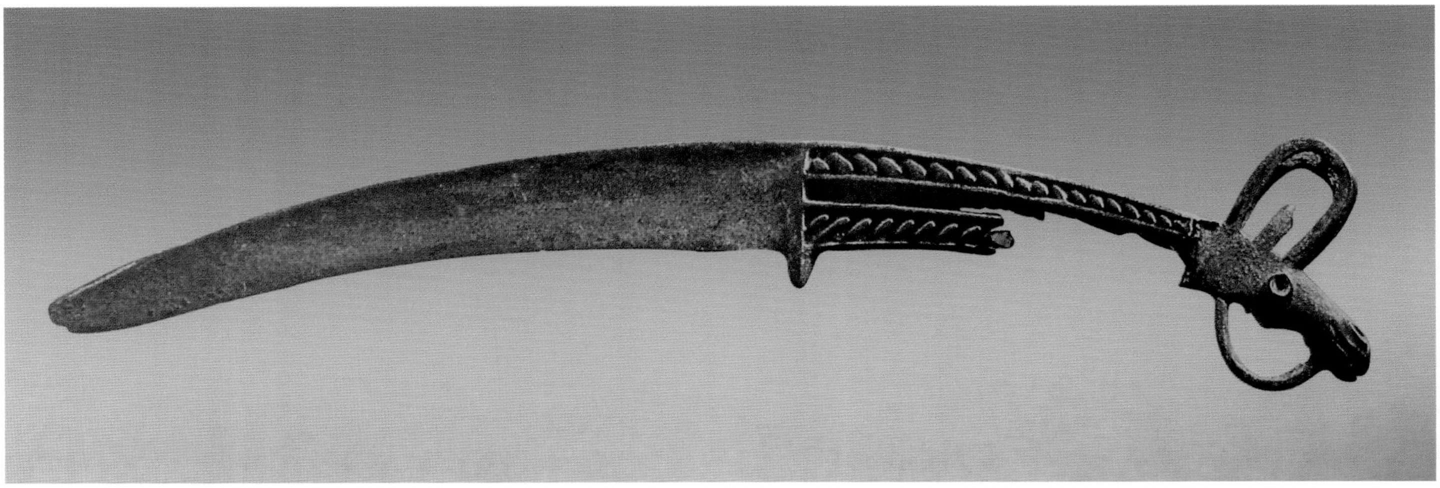

錯金銀鳥獸紋弩機

西漢兵器。

郭長11.2釐米，重0.568千克。

本器周體都有紋飾，以箭槽爲中綫，繪有一支用金絲鑲嵌的箭，正射向前方，箭前有三隻大雁正在飛翔，弩機兩側各有兩鹿爲奔馳狀。雙牙飾鹿紋，箭的後面有多種動物，主要是虎撲向野豕，空間填以大鹿、小鹿和雁。望山的一面飾孔雀和玄武，另一面爲虎和神鳥。郭的兩側鍵上也裝飾有不同形態的鳥和雁。各種動物都以金銀片和金銀絲作爲鑲嵌，非常精緻、華麗。香港私人收藏。

建武三十二年弩機

東漢兵器。

郭長11.8釐米，重1.1千克。1959年河北定北莊出土。

由長方形郭、懸刀、鈎心、牙、鍵等部分組成。郭前狹後寬，上有箭槽。郭面左側刻篆書三十九字，記載東漢建武三十二年（公元56年）主宿衛的虎賁官監造此弩機。弩機有明確出土地點和紀年的甚少見。藏河北博物院。

度量衡

尺

戰國尺度。

長23.09釐米，寬1.7釐米，厚0.4釐米。傳河南洛陽金村古墓出土。

尺的正背面無刻度，僅在一側刻十個寸格。分度不甚均匀，在第一寸中劃十一格爲分，其餘九寸未刻分。在五寸處刻交午綫。傳世戰國時代青銅尺甚少見。藏南京大學歷史系文物室。

鳥獸紋尺

東漢尺度。

長23.39釐米，寬2釐米，厚0.4釐米。1959年湖南長沙劉家冲出土。

尺的正背面平均分爲十寸，每寸内鑄各種形態的鳥和獸作爲紋飾，表面經氧化已呈緑色。湖南長沙曾出土過東漢時代青銅尺近二十把，形制相同，紋飾尚有幾何形紋和龍紋。藏湖南博物院。

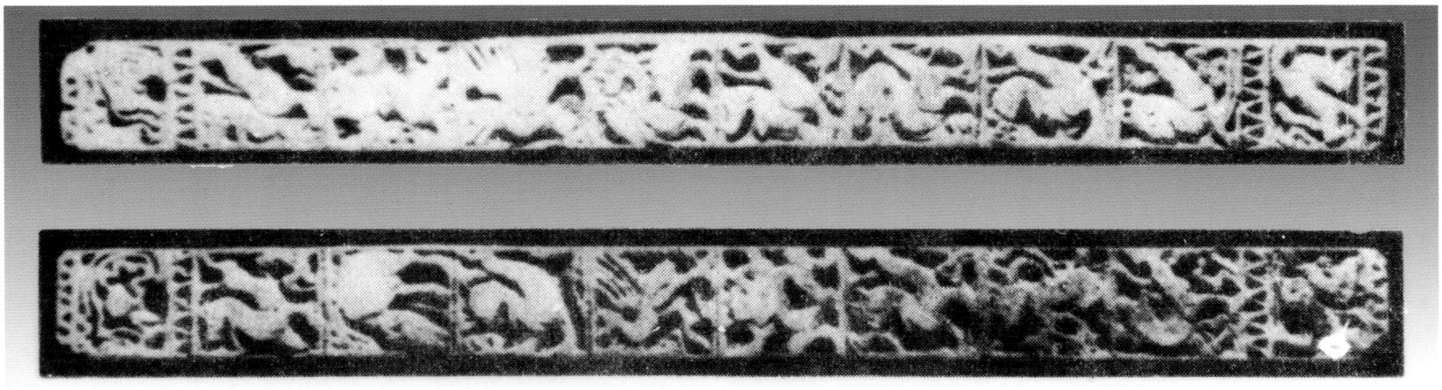

子禾子釜

戰國早期齊國量器。

高38.6釐米，口徑22.3釐米，容20 460毫升。1857年山東膠州靈山衛古城出土。

侈口短頸，口部厚實，圓肩連腹，向下收斂成平底，腹兩側設粗大把手。外壁鑄銘文九十一字，記載子禾子與内者奉命往告陳得，左關釜的量值應以稟釜的量值爲標準，左關鈉的量值應以稟敊爲標準。若關吏不執行此命，則要按其犯事的輕重施以刑罰，一般要罰十五斤青銅。子禾子即田和。藏中國國家博物館。

陳純釜

戰國早期齊國量器。

高38.65釐米，口徑22.65釐米，底徑18.08釐米，重12.08千克，容20 580毫升。1857年山東膠州靈山衛古城出土。

侈口短頸，口部厚實，圓肩連腹，向下收斂成平底，腹兩側設粗大把手。外壁鑄銘文三十四字，記載陳猶莅事之年，處在安陵，命令左關官員師發督造左關所用之釜，並要求按照倉廩所用的標準釜進行較量，治器人爲陳純。銘文中嚴格規定了對量器的管理制度。藏上海博物館。

左關鉌

戰國早期齊國量器。

高10.8釐米，重1.6千克，容2 070毫升。1857年山東膠州靈山衛古城出土。

鉌呈半圓形，口沿連短流，直腹下斂，小平底。腹外壁刻銘文“左關之鉌”四字。左關鉌的容量，相當於陳純釜的十分之一，接近於秦的一斗容量。藏上海博物館。

商鞅方升

又名“商鞅量”。戰國晚期秦國量器。

全長18.7釐米，升縱7釐米，升橫12.5釐米，重0.7千克。

升呈長方形，一側設中空柄。三壁皆有刻詞，左壁刻“十八年，齊率卿大夫衆來聘。冬十二月乙酉，大良造鞅，爰積十六尊五分尊壹爲升”三十二字。前壁刻“重泉”兩字，右壁刻“臨”字。底刻秦始皇廿六年(公元前221年)詔書。秦孝公十八年即公元前344年，據《史記·秦本紀》:“十年，衛鞅爲大良造。”這是他在變法時所規定的標準升。升的容量是十六又五分之一立方寸，實測容積爲202.15毫升。重泉，在今陝西蒲城縣南。臨，爲春秋晉邑，在今山西臨縣境。這是商鞅方升兩次所置之地。此器早年出土，流傳時間很長。通過實測，此器等於相同水容量的毫升值。同時根據測定數據和銘文所標長度、容積，可計算出商鞅尺的數據，一尺之值爲23.192釐米。藏上海博物館。

右里量

戰國齊國量器。

高9.4釐米，全長24.4釐米，容1025毫升。傳山東臨淄（今屬淄博）出土。

共出兩器，大小不一。此爲大者，容積爲小者的五倍。器外壁鑄銘文四字。從實測容量和戳式銘文分析，大小兩器當是田齊五升和一升量，折合一升合205毫升。藏中國國家博物館。

郢大府量

戰國楚國量器。

高12.5釐米，口徑11.6釐米，容1 110毫升。1976年安徽鳳臺出土。

量呈圓筒形，平底，器壁設一環鈕爲柄。外壁刻銘文“郢大府之□莎（筲）”六字，底部刻一“少”字。郢，指楚國都城，大府，管理貢賦的機構。筲，飯器，《說文》云“容五升”，可能是五升量。藏阜陽市博物館。

始皇廿六年詔橢升

秦代量器。

高4.8釐米，長24.6釐米，寬9.8釐米，容490毫升。

升呈橢圓形，一側設空心短柄。器外側刻秦始皇廿六年（公元前221年）詔書四十字。此器經實測容二升半，即四分之一斗量，折算一升合196毫升。藏天津博物館。

兩詔橢升

秦代量器。

高6.8釐米，長23.3釐米，寬10.2釐米，容650毫升。

升呈橢圓形，一側設中孔方形短柄。外壁一側刻秦始皇廿六年（公元前221年）詔書，另一側刻秦二世元年（公元前209年）詔書。此兩詔是始皇時和二世時分別刻鑿的，實測容量爲商鞅方升的$3\frac{1}{3}$升。藏上海博物館。

北私府橢量

秦代量器。

高7釐米，長26.7釐米。1982年陝西禮泉藥王洞出土。

量呈橢圓形，短柄中空。量柄正面刻銘文“右”、“北私府”、“半斗”、“一”，量柄左側刻銘“私”字。北私府，秦宮中的收藏機構。半斗，指量器的容量，折合980毫升。一，器物的編號。橢量外側刻秦始皇廿六年（公元前221年）詔書，外底刻秦二世元年（公元前209年）詔書。藏陝西歷史博物館。

始皇廿六年詔方升

秦代量器。

長18.7釐米，寬6.897釐米，深2.51釐米，容215.65毫升。

升呈長方形，一側設柄。外壁一側刻秦始皇詔書四十字。始皇詔方升與商鞅方升器形相同，但比商鞅方升容積大6.7%。藏上海博物館。

夷道官量

西漢量器。

高24.5釐米，口徑35釐米，底徑34釐米，重9千克。

量呈圓筒形，腹兩側設短棍爲柄。腹鑄“夷道官”三字爲陽文。夷道，當時的縣名，故城在今湖北境内，因漢武帝伐西南夷，路由此出，故曰夷道，王莽時更名。此爲當時夷道縣官所製之量器。藏遼寧省博物館。

楚私官量

西漢量器。

高6釐米，口徑7.5釐米，容200毫升。1972年江蘇徐州小龜山出土。

量呈圓筒形。腹壁刻銘文三段，爲三次刻成：“楚私官，重一斤一兩十八朱”，“元園重一斤一兩十二朱”，“今北平園”。據《漢書》記載：北平文侯張倉死於景帝五年，疑北平園爲張倉的陵園。私官即皇后之官，故此量器最初當爲楚王室使用，後陳放在陵園。藏南京博物院。

平都橢量

西漢量器。

高6.5釐米，長18.5釐米，寬9釐米，容645毫升，重0.707千克。

量呈橢圓形。外壁刻銘文三處，"元年十月甲午，平都戍，丞糾，倉亥，左蔡𥝉斛"，"容三升少半升，重二斤十五兩"，"平都"。據載，平都屬上郡，故城在今陝西省子長縣境内。戍爲平都縣令名。糾爲縣丞名。亥爲倉吏名。藏天津博物館。

上林共府橢升

西漢量器。

高4.5釐米，長16釐米，容200毫升，重0.321千克。

升略呈橢圓形，一側設中孔圓柄。外壁刻銘文"上林共府，初元三年受琅邪。容一升，重斤二兩，工師駿造"。《漢書·地理志》：琅邪郡，秦置，莽曰填夷，屬徐州，即在今山東諸城。工師爲監製者，駿爲其名。藏天津博物館。

黽池宫橢升

西漢量器。

長17.5釐米，寬7釐米，重0.267千克，容198毫升。

升呈橢圓形，一側設中孔方形柄。外壁刻銘兩次，第一次刻"黽池宫銅升，重一斤二兩，五鳳元年工常務造，守屬順臨，第六"，第二次在其右方又刻"上林共府初元三年受弘農郡"。河南黽池縣古屬弘農郡。五鳳元年爲漢宣帝劉詢年號，公元前57年。初元三年爲漢元帝年號，公元前46年。銘文大意爲：此橢升原爲黽池宫鑄造，初元三年由某郡調至上林苑使用。1961年陝西西安三橋鎮高窑村上林苑故址發現西漢銅器群，其中部分器均有初元三年受之於某郡之語，説明初元三年曾由各地徵集大批青銅器供上林苑使用。藏西安市文物商店。

嘉量

新莽量器。

高25.6釐米，外徑34.6釐米，重13.414千克。

鑄造於始建國元年(公元9年)。量呈圓筒形，上中下各設一箍，中箍兩側各設一小筒，圓筒上爲斛，下爲斗，左耳爲升，右耳上爲合，下爲龠，五種不同的容量連爲一體。量壁正面刻有新莽統一度量衡的總銘，敘述王莽自托爲黄帝、虞舜苗裔及制定合於古制的度量衡制度等內容，每一種量器又各有分銘，記五量的名稱、容積、口徑、高度及底的面積。據《漢書·律曆志》記載，當時以黄鍾律管的容量爲一合的容量標準。二龠爲合，十合爲升，十升爲斗，十斗爲斛。據新莽嘉量，可確認是二龠爲合。王莽基本繼承了秦制。嘉爲美好和標準之意，嘉量即標準量器。實測容量爲龠10.65毫升、合21.125毫升、升191.825毫升、斗2 012.5毫升、斛20 097.5毫升，鑄造得相當精確。歷代律學家、數學家常以嘉量爲標準，校驗度量制度。藏臺北故宫博物院。

漯倉平斛

新莽量器。

高27.3釐米，口徑33.2釐米，重13.9千克，容19 100毫升。傳清末山西出土。

斛呈圓筒形，平底，旁置短蹄足，腹兩側設耳，口沿及底旁各設一道箍。腹外壁刻銘文"漯倉銅十斗斛，重五十八斤，始建國天鳳元年三月戊前□□調工齊長造"二十九字。斛底鑄銘文"漯倉平斛"四字爲陽文。天鳳元年爲公元14年。斛的容積略小於嘉量。藏山西博物院。

始建國元年方斗

新莽量器。

長23.92釐米，高11釐米，容1 940毫升。

斗呈方形，口一側設柄，柄對面外壁飾展翅鳳紋，另三壁飾農作物圖像，並分刻篆書"嘉禾"、"嘉麻"、"嘉麥"、"嘉豆"、"嘉黍"等。外壁口沿刻篆書銘文："律量斗，方六寸，深四寸五分，積百六十二寸，容十升，始建國元年正月癸酉朔日制"。始建國元年即公元9年。此方斗製作規整，爲新莽時代標準量器之一。藏中國國家博物館。

始建國元年升

新莽量器。

高4.9釐米，長17.7釐米，口徑7.15釐米，容小米198毫升。

升呈圓形，上下設兩道箍，口沿一側設長柄。口沿刻“律量升，方二寸八分而圜其外，庣旁四釐八毫，冥八寸一分，深二寸，積萬六千二百分，容十合。始建國元年正月癸酉朔日制”。此器與新莽嘉量升形制不同，而容積仍爲“萬六千二百分”，説明當時已成熟地采用了“以度審容”的科學設計方法。藏日本白鶴美術館。

始建國元年籥

新莽量器。

長13釐米，高1.37釐米，容10毫升。1970年陝西咸陽布里村出土。

籥呈扁圓形，淺腹，平底，一側設長柄，柄端爲環形。器外壁飾鳳紋，柄正面刻銘文：“律量籥，方寸而圜其外，庣旁九毫，冥百六十二分，深五分，積八百一十分，容如黄鍾。”共三十二字；背面刻銘：“始建國元年正月癸酉朔日制。”共十二字。始建國元年爲公元9年，是王莽時頒布的標準量器。藏咸陽博物院。

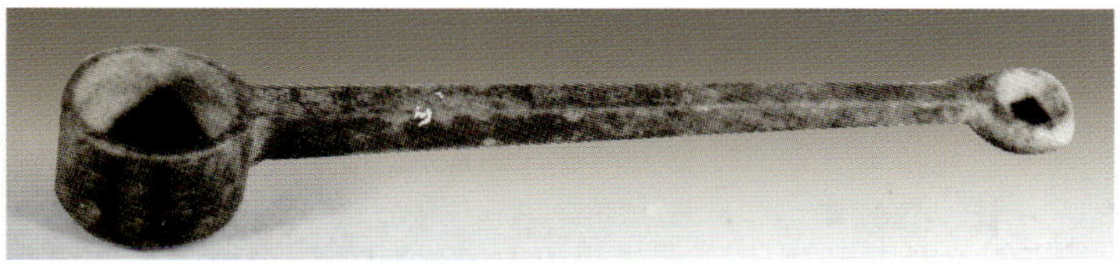

始建國元年律撮

新莽量器。

高1.2釐米，長11.5釐米，口徑2釐米，容2.07毫升。1956年河南陝縣出土。

撮呈圓形，口沿邊設一柄較長。器外壁刻銘文：“律撮，方五分而圜其外，庣旁四毫，冥卌分五釐，深四分，積百六十二分，容四圭。”柄上刻銘文“始建國元年正月癸酉日制”。新莽嘉量銘文記龠、合、升、斗、斛五量之數甚詳，唯撮不在其內。《説文》曰：“撮，四圭也。”根據此撮銘文和實測容量得知，四圭爲一撮，五撮爲一龠，它應是嘉量龠以下的容量單位。藏中國國家博物館。

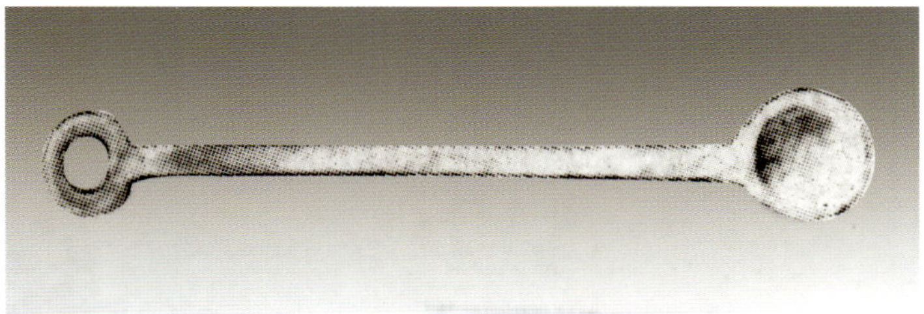

圭

新莽量器。

高0.8釐米，長10.4釐米，口徑1.6釐米，容0.5毫升。1984年陝西旬陽出土，同出土尚有一龠。

圭呈圓形，設一柄。始建國元年撮曾有自銘"積百六十二分，容四圭"，此量容0.5毫升，正合一圭。新莽時有七種容量單位斛、斗、升、合、龠、撮、圭，則此爲最小量器。藏旬陽縣博物館。

建武十一年大司農斛

東漢早期量器。

高24.4釐米，容19 600毫升。1953年甘肅古浪陳家河臺子出土。

斛呈圓筒形，其上下有加厚箍，腹兩側設短棍爲柄，近柄處有鑲嵌檢封用的凸起方框。腹外壁刻篆書銘文"大司農平斛，建武十一年正月造"十三字。大司農为九卿之一，主管量器的製造、檢定與發放。建武十一年爲公元35年。銘文記載由大司農監製、校量的斛，即國家級的標準量器。藏中國國家博物館。

建武廿一年乘輿斛

東漢早期量器。

高41釐米，盤高9釐米，徑56釐米，重25.74千克。

斛呈奩形，下置盤，直口設蓋。直筒形器飾三道箍，中間略寬，腹兩側設鋪首銜環，平底旁置三熊足，盤下亦設三熊足，均鑲嵌緑松石，斛體鎏金。盤沿下鑄銘文："建武廿一年，蜀郡西工造乘輿一斛，承旋，雕蹲熊足，青碧閔瑰飾，銅承盤旋徑二尺二寸，銅塗工崇，雕工業、湅工康，造工業，造護工卒史惲，長汜、丞蔭、掾巡、令史郥主。"共六十三字，記述了鑄造年代、名稱、尺寸及工匠姓名等。建武廿一年爲公元45年。藏北京故宮博物院。

永平三年大司農合

東漢早期量器。

高2.3釐米，口徑4.5釐米，長15.7釐米，容20毫升。

合呈橢圓斗形，沿口置一柄，既寬且長，柄端設圓孔。柄正面刻銘文"大司農平合，永平三年三月造"十二字，柄背面有突出的方框。與合相配套的另有一檢封，正面鑄"官律所平"四字，背面鑄"鼓鑄爲職"四字，均爲陽文。檢封可嵌入方框内。東漢永平三年爲公元60年。官律所平，指經官方檢定，量值合乎標準。藏南京博物院。

光和二年大司農平斛

東漢晚期量器。

高22.4釐米，容20 400毫升。傳清嘉慶二十年(1815年)河南睢州出土。

斛呈圓筒形，其上下有加厚箍，腹兩側設短棍爲柄，近柄處有鑲嵌檢封用的凸起方框。口沿及底沿同銘，各刻八十九字，記載光和二年(公元179年)大司農於戊寅發佈詔書，並在秋分日進行檢定，以保證全國量值的統一。量值是依照黄鍾律曆、九章算術來計算的。此斛由大司農、丞、右倉曹掾、倉曹史等各級官吏監製。器外壁另刻"陽安"兩字爲地名。爲地方級的標準量器。藏上海博物館。

右伯君權

春秋齊國衡器。

高3.6釐米，底徑3.8釐米，重0.198千克。

權呈圓形，上小下大，頂端置鼻鈕。權上鑄“右伯君，西里疸”六字。右伯君爲主造者。西里是地名。疸或爲工匠名。此爲中國已知最早的銅權。藏中國國家博物館。

王衡桿

戰國中期楚國衡器。

長23.1釐米，重0.932千克。傳安徽壽縣出土。

衡桿呈長條形，正中設小鼻鈕，鈕下拱肩。正面有貫通上下十等分刻綫，背面鈕下横刻“王”字。衡桿正面中間兩寸有寸刻綫，其餘每半寸皆有刻度，鈕孔兩側均有磨損痕迹。共出兩件，形制、大小相同。藏中國國家博物館。

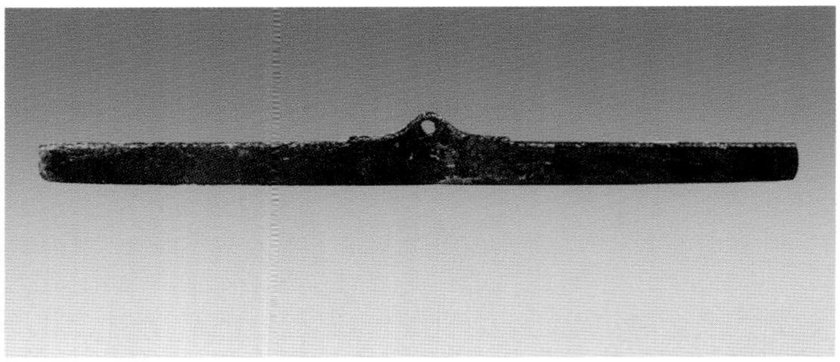

天平和環權

戰國中期楚國衡器。

木衡桿長27釐米，銅盤徑4釐米。1954年湖南長沙左家公山出土。

衡桿由一根扁條狀木桿和兩個青銅小盤組成提紐天平，環權共九枚，自小至大重量爲0.6克、1.2克、2.1克、4.6克、8克、15.6克、31.3克、61.82克、125克，分别爲當時的一銖、二銖、三銖、六銖、十二銖、一兩、二兩、四兩、八兩。這是非常難得的一組成套衡具。當時楚的1斤合現在的250克，楚國商業發達，度量衡制度比較準確規範。藏中國國家博物館。

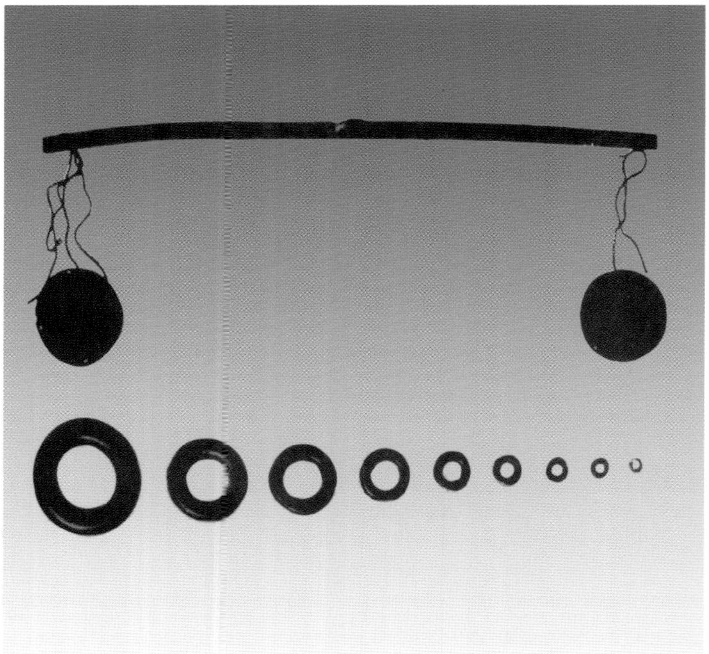

砝碼模

戰國晚期鑄砝碼範模。

長10.9釐米，寬9.3釐米，重0.28千克。1959年安徽鳳臺出土。

器的兩側短邊平行，長邊則向外突，四周連鑄狹邊，中間爲大小不等的十個半圓砝碼圈，可澆鑄兩套砝碼。澆口設在中間，每個砝碼間均設流道，模的四角各設扣合的榫卯和四條合範的標準綫。砝碼模出土較爲少見。藏安徽博物院。

始皇廿六年詔八斤權

秦代衡器。

高5.5釐米，底徑9.8釐米，重2.064千克。

權呈圓形，上設鼻鈕。權體刻秦始皇廿六年（公元前221年）詔書銘文，最後鑄銘文“八斤”陽文兩字。秦權爲秦代統一全國衡制後由官府頒發的標準衡器。秦的衡制是1石＝4鈞＝120斤，1斤＝16兩，1兩＝4錙＝24銖。藏中國國家博物館。

高奴禾石權

秦代衡器。

高17.2釐米，底徑23.6釐米，重30.8千克。1964年陝西西安三橋鎮高窑村出土。

權呈圓形，上設弓形鈕。權體鑄陽文“三年，漆工配，丞詘造，工隸臣牟，禾石。高奴”十六字，接着刻秦始皇廿六年（公元前221年）詔文和二世詔文。秦始皇詔文後刻“高奴石”三字。高奴，古縣名。漆，地名“漆垣”的簡稱。工，即“工師”。丞，官名。配、詘，皆爲人名。藏陝西歷史博物館。

美陽權

秦代衡器。

高7.1釐米，底徑5.6釐米，重0.24千克。

權呈圓形，上略小、下大，封頂設一鈕，中空。頂端刻"美陽"兩字。周體分十七棱，間刻秦始皇廿六年（公元前221年）詔書和二世詔書。美陽，古縣名。此爲一斤權。歷見著録。藏上海博物館。

大騩權

秦代衡器。

高5.9釐米，底徑9.9釐米，重2.3千克。

權呈八棱筒形，底略大，中空，頂部中間設一橫梁，便於提携。權體刻秦始皇廿六年（公元前221年）詔書和二世詔書，頂部橫梁兩端刻"大騩"兩字。大騩，地名。藏南京博物院。

光和大司農權

東漢晚期衡器。

高7.6釐米，底徑10釐米，重2.996千克。

權呈圓形，上小下大，頂端設鼻鈕，權體設一個鑲檢封的方穴。其左側刻銘文："大司農以戊寅詔書，秋分之日，同度量、均衡石、桷斗桶、正權概，特更爲諸州作銅稱，依黄鍾律曆，九章算術，以均長短、輕重、大小，用齊七政，令海内都同。光和二年閏月廿三日，大司農曹祾丞淳於宫，右庫曹掾朱音，史韓鴻造，青州樂安郡壽光金曹掾胡吉作"共九十九字。銘文大致與光和大司農斛相同，唯最後官名及人名均不同。光和二年爲公元179年。藏中國國家博物館。

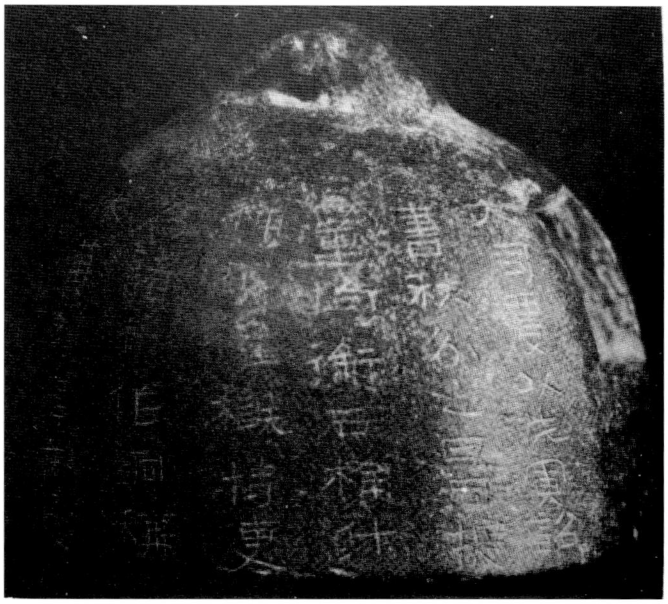

始皇廿六年詔版

秦代裝於量器上的詔版。

長10釐米，寬6.5釐米，厚0.2釐米。1961年陝西咸陽長陵車站出土。

詔版呈長方形，四角設小孔，其中一孔已損，以裝置在鐵製或木製量器上。上刻始皇廿六年（公元前221年）詔書共四十字，文字清晰。藏陝西歷史博物館。

始建國元年詔版

新莽裝於量器上的詔版。

長25.3釐米，寬25.6釐米。1982年甘肅合水定祥出土。

詔版呈方形，正面鑄銘文："黄帝初祖，德帀于虞，虞帝始祖，德帀于新，歲在大梁，龍集戊辰，戊辰直定，天命有民，據土德受，正號即真，改正建丑，長壽隆崇。同律度量衡，稽當前人，龍在己巳，歲次實沈，初班天下，萬國永遵，子子孫孫，享傳億年。"共八十一字。己巳即新莽始建國元年，爲公元9年。詔版置於木製量器外側，秦始皇詔版較爲多見，而新莽詔版罕見。藏甘肅省博物館。

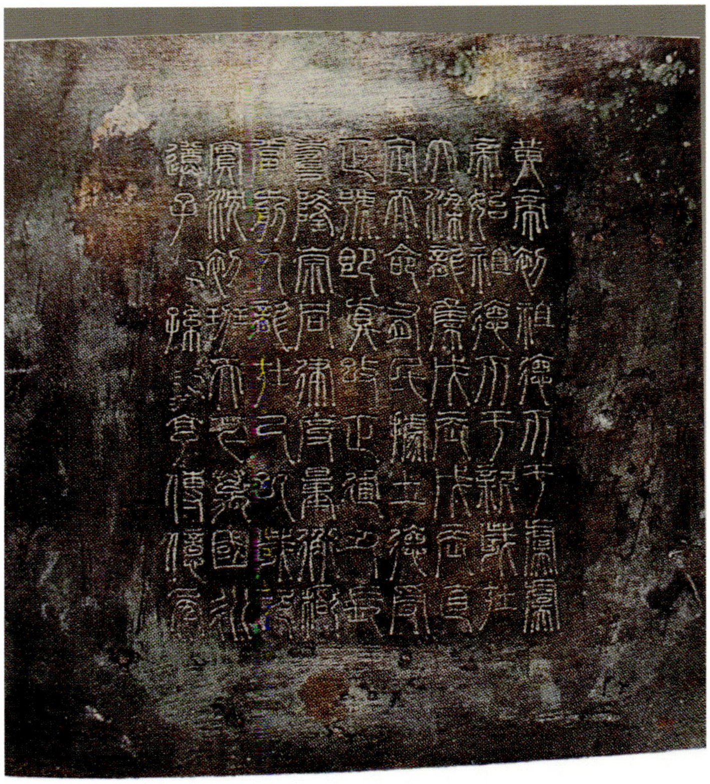

中國青銅器辭典

修訂版

陳佩芬 編著　　丁一民 修訂

第六册

重要青銅器（日用器）（雜器）

青銅器鑄造技術·出土青銅器主要遺址、墓葬和窖藏

金石學家·青銅器書目

上海辭書出版社

分類詞目表

藝術品

青銅器鑄造技術

出土青銅器主要遺址、墓葬和窖藏

金石學家

青銅器書目

詞目筆畫索引

日用器

王子嬰次方爐

春秋晚期取暖用具。

殘高11.3釐米。1923年河南新鄭李家樓出土。

爐呈長方形,侈口,淺腹,平底,下有多足殘座。腹兩側設雙環耳,並套有環鏈,前後各設一環耳,腹飾幾何形紋。內壁沿鑄銘文“王子嬰次之炒盧”七字。王子嬰次是楚莊王之弟嬰齊,即子重。炒盧即火爐。藏中國國家博物館。

徐令尹者旨智爐盤

春秋晚期取暖用具。

高36釐米，重16千克。1974年江西靖安水口公社出土。

口折沿，淺腹平底，下置環形底座。由十個條形獸作爲支柱，獸嘴銜環形底座，獸身上翹，尾承盤底。腹兩側設環鏈狀提耳，腹飾交龍紋。盤内底鑄銘文十八字，記載徐國的令尹者旨智，選擇上好的青銅，自作此爐盤。令尹，原爲楚官名，徐置令尹，知徐用楚官制。藏江西省博物館。

曾侯乙炭爐

戰國早期取暖用具。

高49釐米，盤口徑43.8釐米，總重19.4千克。1978年湖北隨縣(今屬隨州)擂鼓墩出土。

爐由提鏈盤即炭爐、箕和漏鏟組成。盤折沿，淺腹，平底下置三個獸形足。獸首反顧向外，頭頂托住盤底，體及尾部着地。盤腹兩側設雙環耳，由四節雙環相互套接，合成圓圈形抓手。腹飾紅銅鑲嵌的幾何形紋，盤内底有銘文“曾侯乙作持用終”七字。箕呈三角形，外形仿用篾編的形狀，漏鏟設圓柄，底有菱形漏眼五十三個，外壁飾紅銅鑲嵌的幾何形紋。箕與漏鏟，都有與盤相同的銘文。出土時盤内放着箕和漏鏟，是一組完整的取暖用具，甚爲難得。藏湖北省博物館。

集醢盤爐

戰國晚期取暖用具。

連提鏈高36.8釐米，重6千克。1933年安徽壽縣朱家集出土。

爐直壁，淺腹，平底，外壁旁置蹄足。腹兩側設提鏈，腹飾連續式菱格紋，内填各種雲紋。口邊刻銘文“鑄客爲集醢爲之”七字。此器稱盤，是爲燒炭用，有提鏈也可稱作爐，爲壽縣李三孤堆楚王陵流散的器物。藏上海博物館。

陽信家爐

西漢取暖用具。

高37.4釐米。1981年陝西興平茂陵出土。

侈口，直腹較淺，平底，腹外側設細長蹄足，腹置長條透孔九處，兩側設鈕，與提梁相套。腹外壁刻銘文“陽信家銅爐，容斗九升”九字。陽信，漢武帝姊陽信長公主。藏茂陵博物館。

熏爐

戰國早期熏爐。

高42.8釐米，盤口徑14釐米，重2千克。1978年湖北隨縣(今屬隨州)擂鼓墩出土。

整器由盤和上細下粗的罩兩部分組成，熏罩套在圓盤侈出的子口上。罩中空至頂，兩側近盤處各飾一環鈕。在兩環鈕間的正面設長1釐米、口徑1.7釐米的小管，與罩內相通，罩的口沿有一小榫與圓盤上的榫眼扣合，使之不易移動。圓盤淺腹平底，下設三個小蹄足，腹兩側設環鈕，與罩上的環鈕上下對稱。這種熏爐的形制前所未見。藏湖北省博物館。

騎獸人博山爐

西漢熏爐。

高32.3釐米，盤徑22.3釐米，重3.45千克。1968年河北滿城陵山中山靖王劉勝墓出土。

爐爲盤内設一騎獸人，一手擎起博山爐。爐蓋透雕分爲兩層，上層呈尖頂，飾重疊山巒，旁爲流雲，在雲山間有虎熊出没、人獸搏鬥及人驅使牛車等圖案；下層鑄龍虎、朱雀、駱駝及雲氣圖案。爐斂口，鼓腹圜底，下設一小圓座與人的右手鉚接，人騎於獸上，獸伏地昂首，體下設支釘，可插於底盤的圓孔中。盤口折沿，淺腹，平底。爐外壁飾鎏銀雲紋，盤心飾鎏銀同心圓，四周飾柿蒂紋。藏河北博物院。

鑲嵌神獸紋博山爐

西漢熏爐。

高26釐米。1968年河北滿城陵山中山靖王劉勝墓出土。爐形似豆，器與透孔座係分鑄後用鐵釘鉚合，皆飾雲紋。座把透雕成三龍躍出水面，龍首托住器。透雕高蓋，高低起伏，鑄成挺拔峻峭的山巒多層。蓋面因山勢透雕，山巒間神獸出没，虎豹奔走，小猿或蹲踞巒峰，或騎在獸身，獵人肩扛弓弩巡獵山間，或正在追逐逃竄的野豕，間有小樹作爲點綴，展現自然山景和生動的狩獵場景。紋飾皆錯金。藏河北博物院。

鎏金透雕蟠龍熏爐

西漢熏爐。

高19.4釐米。

口折沿，設蓋，直腹下收。蓋頂立一朱雀，口沿飾兩虎兩羊各具神態，器和蓋均飾透雕雲紋。座爲蟠龍形，三爪外伸着地，一爪壓住龍尾，蟠龍張口咬住一柱，柱上承透雕熏爐。器内另有一層内套，可容香料，蓋爲雙層透雕，以散發香氣。整器鎏金，部分已脱落。藏上海博物館。

鎏金透雕虎紋熏爐

西漢熏爐。

高22.3釐米。1972年江蘇銅山出土。

斂口設蓋，蓋頂設環鈕，蓋面飾透雕三虎。器鼓腹下收，腹兩側設獸面銜環。平底下以三鳥爲支架，以下又接層叠的柄和盤形底。各部分均飾雙鈎雲紋，通體鎏金，保存情况良好。藏南京博物院。

鼎形熏爐

西漢熏爐。

高28.5釐米，盤徑30釐米。1968年河北滿城陵山中山靖王劉勝墓出土。

侈口，設蓋，蓋面突起，頂置一環，蓋面分佈十二圓孔。束頸，鼓腹平底，下置獸踩朱雀作爲高足。足下尚有一盤，盤一側設流狀缺口，可清除灰燼。腹飾四環鈕。爐的底部中心設一小孔，周邊設十二個長方形孔。器形樸素實用。藏河北博物院。

銀首俑燈

戰國中期照明用具。

高66.4釐米，重11.6千克。1977年河北平山三汲村中山王墓出土。

俑站立在方座上，俑首銀質，雙目鑲嵌黑石，粗眉高鼻，嘴角上翹呈微笑狀，髮髻規整，身穿右衽寬袖長袍，下端曳地，向兩邊分開，露出雙足，袍飾雲紋，並用朱、黑兩色漆填嵌，尚存痕迹。俑右手執蛇，連接一柱，頂上爲環形凹槽燈盤，柱上有一攀援的猿；左手執蛇尾，蛇口銜環形凹槽燈盤，下部被另一燈盤内的蟠龍承托。兩盤内均置三支燭籤。造型特殊，構思巧妙。藏河北博物院。

十五支連盞燈

戰國中期照明用具。

高82.9釐米，重13.85千克。1977年河北平山三汲村出土。

燈呈樹形，由七節支架套接而成，每節皆有不同形式的榫卯，除頂端支架有三盞燈外，其餘各爲兩盞，共十五盞，中設燭籤。樹幹有龍纏繞，樹枝上群猿戲耍，小鳥啼鳴。樹本承以透雕龍紋的圓座，座下有三虎爲足，虎銜環。座上有兩人，上身袒露，下穿短裳，向上拋食戲猿。構思奇特。藏河北博物院。

跽坐俑漆繪燈

戰國中期照明用具。

高48.9釐米，盤徑23.7釐米，重7千克。1975年河南三門峽上村嶺出土。

造型爲跽坐俑雙手擎燈座，其上分爲兩枝與盤結合，燈盤呈環形，内設三燭籤。俑身着右衽掩膝長袍，腰束寬帶,並有帶鈎扣合。俑首梳偏髻，髮上有簪，並束冠帶。俑跽於長方形板，板前有兩孔，可固定於器物上。此燈原髹朱漆，現已剥落，僅留存少量殘迹。藏河南博物院。

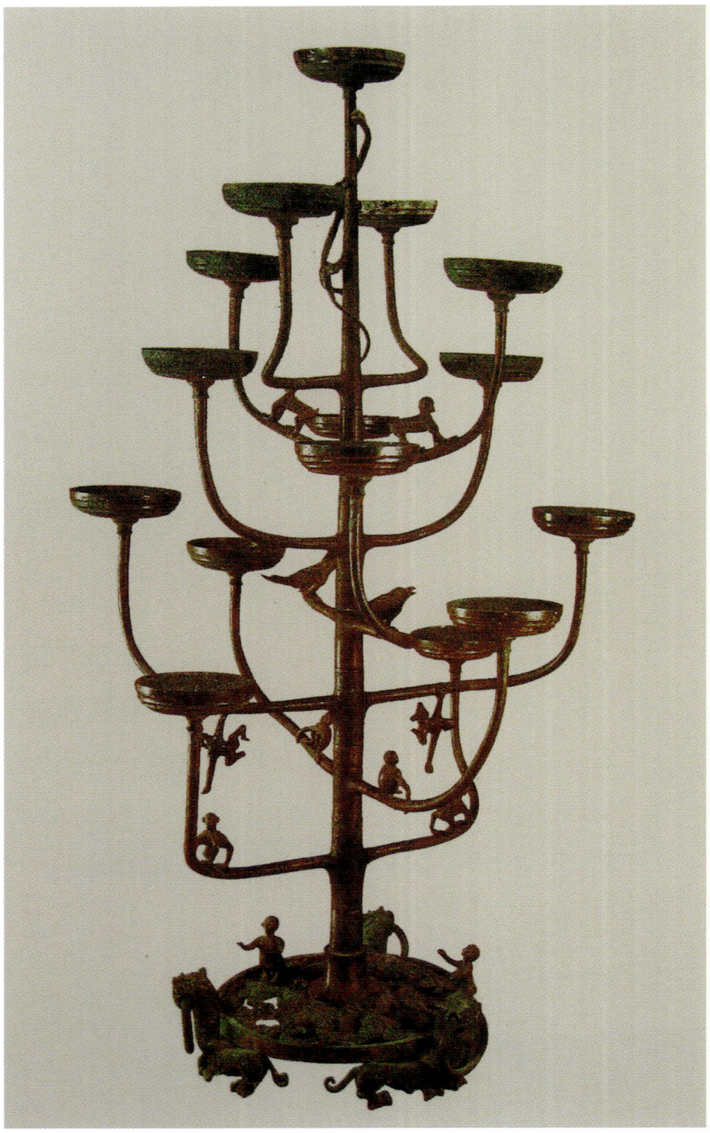

錯銀雲紋豆形燈

戰國晚期照明用具。

高32.6釐米，重2.2千克。

燈形似豆，淺盤中有燭籤，下置圓柱形長柄連盤形座，中空。豆盤邊、長柄及座均飾錯銀幾何雲紋。紋飾極爲精美。藏北京故宫博物院。

鼎形燈

戰國晚期照明用具。

高30.5釐米，口徑12釐米。1974年甘肅平凉廟莊出土。

燈外形爲附耳蹄足鼎，耳側設鍵槽，兩側穿孔，中貫鐵柱。雙鍵一端鎖於耳上，鍵中部彎曲成半圓，合之成圓環，扣住頂托。蓋頂正面有一托，兩側飾鴨首可旋轉，蓋頂背面設燭籤。上蓋後，放下雙鍵，旋動鴨首，即緊扣鎖住，將鼎蓋封閉，嚴絲合縫。打開時先旋蓋，使鴨首離開雙鍵，然後開鍵啓蓋，將雙鍵頂端合攏，蓋孔插入鍵頂，即成一燈。出土時鼎内尚存油脂。此燈在古代燈具中較爲少見。藏甘肅省博物館。

俑擎雙燈

戰國照明用具。

高24.1釐米，盤徑11.5釐米。1957年山東諸城太平葛埠口村出土。

俑着短服，立於透雕蟠龍座上，兩手各擎一竹枝狀燈柄，上端各有盤形燈盞，設子母口，可以拆卸安裝。另附一勺，加油用，勺略呈橢圓形，設扁形長柄，飾獸紋，與燈同時出土。勺、燈成組。藏中國國家博物館。

獸面形燈

西漢早期照明用具。

高17.2釐米，寬57.2釐米。1983年廣東廣州象崗南越王墓出土。

燈正視爲獸面，雙角向兩側上翹，中間有燭插，睜目露齒，獸體向兩側糾結延伸，兩端各置一燭插，獸面下有曲尺形以爲足，造型怪異。同墓共出三件，形制相同，每件燈的燭插上均編有序號，分别爲“一、二、三”，“五、六、七”，“九、十、十一”。藏南越王博物院。

羊燈

西漢照明用具。

高18.6釐米，長23釐米。1968年河北滿城陵山中山靖王劉勝墓出土。

燈爲卧羊式，羊首平視，雙角向前卷曲，體軀渾圓，短尾，四腿折曲着地。羊背設一橢圓形蓋，可啓合，合之爲一卧羊，啓之可置於羊首頂，則成一羊燈。羊燈所見尚多，然此燈極精。藏河北博物院。

彩繪雁魚燈

西漢照明用具。

高53釐米。1985年山西朔縣(今朔州)城西照什八莊出土。

燈爲鴻雁曲頸回首銜魚佇立狀。雁體寬肥,短尾略翅,雙足並立,掌有蹼。魚短體。雁體飾羽翼和翎毛。雁魚燈由雁體、頸部和燈三部分組成,雁腹及頸皆中孔相通,背設一燈,由燈盤與背相接。盤設一曲柄,可轉動,盤内插入兩片弧形屏板,頂部爲雁魚張口套住。雁冠繪紅彩,其餘均施緑彩,雁魚及燈罩屏板上皆有墨綫勾出翎羽、鱗片及龍紋,造型奇巧。藏中國國家博物館。

朱雀燈

西漢照明用具。

高30釐米,盤徑19釐米。1968年河北滿城陵山中山靖王劉勝墓出土。

朱雀直立展翅,口銜環形燈盤,盤内分成三格,各置一燭籤。朱雀爪踏蟠龍座,蟠龍體軀卷曲,龍首上揚。此燈由朱雀、燈盤、蟠龍座三部分組成,各鑄成後再相合。朱雀的鈎喙處和雙爪處均有接鑄痕迹。此燈造型生動,重心安置極佳。藏河北博物院。

長信宮燈

西漢照明用具。

高48釐米，重15.78千克。1968年河北滿城陵山中山靖王劉勝妻竇綰墓出土。

燈爲宮女跪坐雙手持燈狀。通體鎏金。右臂高舉連燈頂，左手握住燈盤底部的圓形座柄，燈盤中置燭籤，邊有凹槽，有兩片弧形屏板嵌入其間，可隨風向、燈光的照度左右推動調整，並與右手的燈頂相連。宮女體内中空，整器由頭、身、右臂、燈座、燈盤和燈罩等部分組成，煙塵可通過右臂容納於體内，保持室内清潔。衣角處刻銘文九處，共六十五字，記載燈的容量、重量和所屬者之名。其中六處刻“陽信家”，應是最早的主人，又刻“長信尚浴”、“今内者臥”，應是燈入長信宮後所刻。長信宮是竇太后的宮殿，估計陽信侯除后，此燈歸長信宮尚浴府使用，後由竇太后轉賜中山靖王劉勝的夫人竇綰。此燈設計精巧，既是藝術品，又是實用器。藏河北博物院。

鑲嵌神獸雲紋牛燈

東漢照明用具。

高46.2釐米，長36.4釐米。1980年江蘇邗江甘泉廣陵王劉荆墓出土。

燈爲俯首牛形，雙角豎起，體態壯碩，尾旋曲向上，四蹄較短。牛體飾神獸雲紋，紋飾錯銀。牛背設一燈座，上有短柄圓形燈盤，盤上有兩扇窗欞形燈罩。罩上附環耳，可任意轉動，既能擋風，又可調節燈光照度。燈頂設高蓋，並置煙管，弧曲向下與牛頂相通，將煙炱、廢氣通過煙管導入牛體内，設計巧妙。藏南京博物院。

人形吊燈

東漢照明用具。

高29釐米，長28釐米。

燈由環鏈、燈盤、人形三部分組成。主體爲一俯卧、昂首的裸體人，體軀平直，跣足平伸且上翹，卷髮束髻，突額大目，高鼻厚唇，中腰繫帶，具有西域民族特徵。人腹中空，胸前開孔與燈盤相通，背設弧形蓋，雙手托燈盤，盤内設燭籤，雙肩與臀部用三串環組成的活絡鏈相接，活絡鏈之上又與圓蓋形物相連，蓋頂設一佇立的孔雀，高冠開屏。頂端也設活絡鏈用以懸掛。藏湖南博物院。

七角紋鏡

齊家文化照容用具。

直徑8.9釐米，重0.109千克。1976年青海貴南尕馬臺出土。

鈕損，圓鈕座。主紋是不規則的七角形圖案，此外皆用斜綫作爲裝飾，以與主紋有别。邊緣爲兩周突起弦紋。上端有兩個並列小孔，兩孔間有繫溝，可知用於繫繩穿掛，替代有損的鏡鈕。此鏡經快中子放射分析，銅與錫之比爲1:0.096，幾乎是純銅。這是中國出土最早的青銅鏡之一。藏青海省博物館。

葉脉紋鏡

商代晚期照容用具。

直徑12.5釐米，重0.25千克。1976年河南安陽殷墟婦好墓出土。

橋形鈕，圓鈕座。主紋爲葉脉紋，是由鈕座向鏡緣飾放射形綫條，形成二十個長方形格。鈕座上下左右的長方形格是空的，其餘皆飾左右方向的斜綫而形成葉脉紋。鏡緣設實心連珠紋一周，鏡面微突。據分析，本鏡含銅72.18%、錫24.01%，是標準的錫青銅鏡。藏中國國家博物館。

同心圓弦紋鏡

商代晚期照容用具。

直徑11.8釐米，重0.2千克。1976年河南安陽殷墟婦好墓出土。

橋形鈕，圓鈕座。主紋爲六周同心圓，間以密集的短弦紋。内圈空間小，弦紋設置較密，以後各圈地位逐步擴大，弦紋設置也就較疏松，形成由内向外輻射的效果。這種由弧綫和直綫構成的圖案是最原始的構圖之一，同時代出土的其他青銅器上的紋飾已是形式多樣，鑄造技術極爲高超，與之完全不同。鏡面微突。藏中國國家博物館。

素鏡

西周早期照容用具。

直徑6.5釐米。1958年陝西寶鷄市郊出土。

橄欖形鈕，中間較寬而兩端尖鋭。鏡背無紋飾，製作粗疏，鏡形較小。西周早期的青銅鏡，目前所見均爲素鏡，而且數量較少。藏寶鷄青銅器博物院。

鳥獸紋鏡

春秋早期照容用具。

直徑6.7釐米。1957年河南三門峽上村嶺虢國墓地出土。

以兩條平行的弓形爲鈕，鈕上下各飾一獸，體軀較瘦，張口露齒，尾部彎曲向上，利趾下曲；鈕左右爲一鳥和一獸，鳥作展翅飛翔狀，獸引頸張口，鬃毛竪起，翹尾，紋飾皆用突起的綫條勾畫，比較隨意，所繪鳥獸圖案甚幼稚。陽文圖案是在陶範上刻劃而成，製作較爲容易。藏中國國家博物館。

三龍紋鏡

戰國照容用具。

直徑15.9釐米，重0.26千克。

三弦鈕，弦紋圓鈕座。主紋爲三組龍紋，采用淺浮雕，每一組紋飾的龍體糾結似菱形，長尾細屈而展開，略似鳳尾，三龍皆一足而立，顯然是爲了圖案美觀。地紋用黼紋，間以極規則的細點。陶範精細雕刻，綫條活潑流暢。鏡面平坦，狹緣上卷。藏上海博物館。

三龍紋鏡

戰國照容用具。

直徑16.4釐米，重0.32千克。

三弦鈕，凹弧形圓鈕座，外圍一周斜綫。主紋爲三龍，圖形是連續式的，體軀盤旋似蔓枝狀，在繁密的綫條中，可見龍頭居中作回顧狀。龍的一角向左延伸，組成菱形雷紋，以此爲界，將龍紋分爲三組。各組龍紋大致相同。龍紋是淺浮雕，在空隙處還以細點紋和雷紋爲地紋，這是戰國龍紋鏡的一種風格。鏡面平坦，狹緣上卷。藏上海博物館。

三龍連弧紋鏡

戰國照容用具。

直徑11.8釐米，重0.12千克。

雙弦鈕，凹弧形圓鈕座。主紋是三龍，龍首居中作回首狀，體軀蟠旋，右面爲龍之長尾，曲折而下垂，左面從腹下伸出一條花枝，彎曲向下，形成對稱圖案，空隙處填以菱紋組成的三角雷紋圖案，並以細密的點紋作爲邊框，具有繁麗的效果，與主紋構成明顯的對比。外圍十二內向連弧紋爲鏡緣。鏡面平坦，鏡緣平整而薄。藏上海博物館。

四龍紋鏡

戰國照容用具。

直徑14.2釐米，重0.16千克。

三弦鈕，圓鈕座，外圍雷紋及凹弧形帶一周。主紋是蟠旋四龍，采用淺浮雕，龍首居中，與鈕座外圍相接，龍張吻舞爪，角、吻、爪及尾部都擴展成爲蔓枝，組成很複雜的弧形枝條。四龍繁複的綫條完全相同，相互交連構成連綿不斷的畫面，空隙處以雷紋爲地。鏡面平坦，狹緣上卷。藏上海博物館。

透雕龍鈕三龍紋鏡

戰國照容用具。

直徑16.5釐米。1953年湖南長沙子彈庫出土。

透雕龍紋鈕，圓鈕座。主紋飾三龍，龍首靠近鈕座，張口露齒，後設一彎角，體軀蟠旋向兩側呈蔓枝狀展開，龍主體飾雲紋，以三角雲紋及點紋爲地紋。鈕作透雕龍紋者較爲少見，因鈕高於鏡面，極易破碎，鑄造也比一般弦紋鈕要複雜得多。此鏡雖有裂紋，也甚爲難得。藏湖南博物院。

透雕龍鈕三龍紋鏡

透雕四龍紋鏡

戰國照容用具。

直徑7.1釐米，重0.75千克。

雙弦鈕，圓鈕座。主題紋飾爲透雕四龍，分爲兩種形象：一爲上翹的大角，體軀飾斜綫紋；另一爲小卷角，體軀飾鱗紋，交錯排列。龍首向外並噬鏡緣，龍的一足壓住鏡緣，另一足被左旁龍尾相叠，又被後足所壓。鏡緣飾三綫絢紋，紋飾具有三晉地區的風格。鏡面與鏡背分兩次鑄成，鏡面鑲嵌於鏡背之内。鏡邊緣厚僅0.2釐米，雖小而薄，但紋飾精細。藏上海博物館。

透雕龍紋鏡

戰國照容用具。

直徑20.5釐米。1976年湖北江陵張家山出土。

鼻鈕，柿蒂紋鈕座。主紋爲四組透雕龍紋，每組以對稱雙龍組成，張口，拱爪，體軀呈S形，尾向外卷曲，龍體皆飾斜綫紋，四組龍紋相同。外圍一周飾以鱗紋和斜綫紋等，接着是一周雙綫幾何形紋，狹緣平坦。鏡面和鏡背分鑄，鏡背鑲嵌於鏡面之内。此鏡紋飾工細精美，尺寸較大，保存良好。藏中國國家博物館。

透雕龍紋鏡

透雕龍紋方鏡

戰國照容用具。

縱11.2釐米，横11釐米。1988年河南洛陽西工區出土。

鏡呈方形，環鈕，柿蒂形鈕座。主紋是透雕對稱四龍，龍張口吐舌，體呈S形，一爪與邊緣相連，中間有一横條與龍另一爪相連，尾端與邊緣相接。龍體飾鱗紋和斜條形紋，四面邊緣飾鱗紋。鏡面與鏡背分兩次鑄成，鏡面鑲嵌在鏡背的邊框内。藏洛陽博物館。

透雕交龍紋鏡

戰國照容用具。

直徑10.2釐米，重0.15千克。

匍匐式獸鈕。主紋是透雕交龍紋，有五個龍首與鏡鈕相接，又有十個龍首與邊沿相連，龍體作立體狀，相互交叠纏繞。鏡面與背分鑄，鏡面有較寬的邊緣，並飾雲紋和三個卧獸，鏡背嵌在鏡面内，用三卧獸作爲結合點，扣住鏡背。藏上海博物館。

透雕鑲嵌幾何形紋鏡

戰國照容用具。

直徑10.6釐米。

小鈕，柿蒂紋鈕座。主紋爲方形格闌，内外各設幾何形紋，有心形紋和不知名的花葉紋組成，綫條粗獷，内飾雲紋。方形邊框、鈕座及鏡緣都用緑松石鑲嵌，鑲嵌物大多尚存，殊爲難得。緣部平坦。鏡面與鏡背分鑄，鏡背嵌在鏡面内。日本私人收藏。

透雕鑲嵌幾何形紋方鏡

戰國照容用具。

每邊長18.5釐米，重0.929千克。

鏡呈正方形，橋鈕，圓鈕座，外圍四柿蒂紋。內圈呈方形，作四等分，四隅是對稱幾何形紋，紋飾均鑲嵌緑松石和紅銅絲。近四隅各飾一錯金火紋。四緣正、背面各佈緑松石乳釘十二枚，但設置的位置正、背面並不對稱，因此釘的作用僅是裝飾，而不能作爲“鉚釘”使用。鏡面和鏡背分鑄，鏡面嵌合在鏡背的邊框內。此鏡尺寸較大，紋飾精緻。藏上海博物館。

變形龍紋鏡

戰國照容用具。

直徑11釐米。1965年山西長治出土。

橋形鈕，圓鈕座，外圍六個蓮瓣紋，内各飾一獸面紋。主紋是外圍的十二組變形龍紋，龍已不辨首尾，紋飾皆以極細的點紋爲地紋，最外一周爲綯紋。狹緣平坦。此鏡紋飾鑄作極精，地紋所有的小點無一重叠。以點紋爲地紋及外圍所飾之綯紋，均爲山西青銅器紋飾中常用，具有山西出土青銅器的特點。藏山西博物院。

四虎紋鏡

戰國照容用具。

直徑12.2釐米，重0.71千克。

橋形鈕，三環圓鈕座。主紋是高浮雕的四虎，横置於同一方向，四虎首對準鈕座作噬咬狀，虎體呈S形。爪尖利誇張，尾部短小。横置的虎紋長7釐米，在直徑不足10釐米的内區中，虎首與前一虎臀部上下略有交錯，虎尾又置於後一虎的頸和前足之間，留存空間極少，其間也不填任何紋飾。虎頸飾鱗紋毛片，軀幹滿飾雲雷紋。鏡體厚重，鏡面較平坦，與常見的戰國青銅鏡不同，紋飾與山西侯馬出土鑄造青銅器的陶範紋飾頗爲相似，其鑄造年代也不會晚於戰國早期，代表了三晉地區的一種風格。此鏡的邊緣甚寬厚，緣面上至今保留着四等分的範綫，説明此鏡澆鑄、脱範後，尚未經過加工。藏上海博物館。

四虎紋鏡

四猿紋鏡

戰國照容用具。

直徑11.9釐米，重0.11千克。

四弦鈕，方鈕座，鈕座四隅各飾一花苞，用繩紋爲莖與上一花苞相連，將主體紋飾分爲四等分。主紋是四猿，作側面爬行狀，雙臂較長，短尾翹起，形態靈活，以繁密的黼紋和小點紋作爲地紋。青銅鏡上以猿作爲主要裝飾紋樣者極爲少見。狹緣上卷，鏡面平坦。藏上海博物館。

四猿紋鏡

戰國照容用具。

直徑10.9釐米，重0.1千克。

三弦鈕，圓鈕座。主紋爲四猿，與四瓣花相間。猿爲正面形象，寬額小目，鼻大而長，與嘴相連，前臂特長，舒展下垂，雙腿呈屈膝騰躍狀，形態生動，空隙處以雲紋爲地紋，狹緣上卷，鏡面平坦。河北滿城竇綰墓曾出土與此相似的四猿紋鏡，圖案略爲複雜。出土於西漢墓的青銅鏡也可能是戰國晚期的遺物。藏上海博物館。

四獸紋鏡

戰國照容用具。

直徑19釐米。1952年湖南長沙斗笠坡出土。

三弦鈕，圓鈕座，外圍凹弧形一周。主紋爲四獸，獸有豎耳，張口吐舌，長尾伸展後又向上卷起，四足向四方伸展，兩足踐於鏡的外緣，一足踐於鈕座的邊緣，另一足與前一獸的長尾相接。四獸爲連續式排列，獸形似熊。以羽翅紋爲地紋。這類紋飾的鏡大都出土於湖南長沙。鏡緣朱繪菱紋圖案，大多脱落。藏湖南博物院。

變形獸面紋方鏡

戰國照容用具。

每邊長14.7釐米，重0.502千克。

鏡呈正方形，三弦鈕。主紋爲對稱的變形獸面紋，除外卷角、眉、目等，其餘部分都不甚明確，體軀以直綫、斜綫、幾何形和鱗紋組成的粗綫條，安置在獸面的兩側。這類變形的獸面紋，在春秋晚期到戰國早期的青銅器上或有使用，在青銅鏡上則較爲少見。鏡緣較寬，與纖細的紋飾形成對比。藏日本泉屋博古館。

三山紋鏡

戰國照容用具。

直徑10.5釐米，重0.019千克。

三弦鈕，圓鈕座。主紋爲三個“山”字紋，以羽翅紋爲地紋。山字紋是戰國時代青銅鏡中的特殊紋飾，它截取龖紋基本構圖中的一部分，爲不交連的形態。山字紋鏡的排列形式、傾斜方向、粗細、長短以及花瓣、葉紋、地紋的配置均不相同，它主要流行於戰國至西漢時代，分佈地域較廣，主要見於楚國境内。三山紋鏡及六山紋鏡傳世較少，而以四山紋鏡爲多。此三山紋鏡爲臺灣私人收藏。

三山三獸紋鏡

戰國照容用具。

直徑20釐米。

四弦鈕，圓鈕座。主紋是三山和三獸相間環列。三個山字向左傾斜，中間一豎的上端與邊緣相接，三獸爲一犬、二鹿。犬呈前視狀，豎耳垂尾；鹿呈回首曲肢狀，形態生動，體部皆飾毛斑。以羽翅紋爲地紋，狹緣上卷。在三山紋鏡中以三獸相間爲紋飾者，傳世僅見此鏡，彌足珍貴。藏瑞典遠東博物館。

四山紋鏡

戰國照容用具。

直徑16.4釐米，重0.4千克。

三弦鈕，方鈕座。主紋是四個右旋的山字，四山的底邊與方鈕座的每一邊平行。鈕座四隅設四葉，有狹帶與其他葉紋相串聯，頂端向右横出長的葉紋，以此作爲四山的間隔。以羽翅紋爲地紋，狹緣上卷，鏡面平坦。藏上海博物館。

四山四鹿紋鏡

戰國照容用具。

直徑17.3釐米，重0.68千克。

三弦鈕，圓鈕座。主紋爲四山四鹿。山字左旋，傾斜度較大，其間浮雕鹿紋，鹿呈回首竪耳狀，體飾斑紋，以羽翅紋爲地紋，狹緣上卷，鏡面平坦。此鏡紋飾鑄造甚精。傳世四山紋鏡較多，而飾四山四鹿紋者僅見此鏡。藏上海博物館。

五山紋鏡

戰國照容用具。

直徑18.8釐米。1958年湖南常德德山出土。

四弦鈕，圓鈕座。主紋是五山紋，山字右旋，傾斜度甚大，僅有一點與鈕座相近。鈕座旁飾花苞，與上面的花苞相連，作爲山字紋的間隔。以羽翅紋爲地紋。狹緣上卷，鏡面平坦。藏湖南博物院。

五山紋鏡

戰國照容用具。

直徑16.5釐米。

三弦鈕，圓鈕座，鈕座外圍五瓣葉紋，並以五條凹弧紋綫相連，將葉紋包圍在其中。主紋爲五山紋，山字略向左傾斜，每一山字佔一凹弧地位，排列甚整齊。凹弧的尖角向上連接一朵四瓣花紋，與五個山字紋相間隔。此鏡的五山紋安排較爲規整，與一般山字傾斜的青銅鏡不同。狹緣上卷，鏡面平坦。藏中國國家博物館。

六山紋鏡

戰國照容用具。

直徑21.2釐米。1983年廣東廣州象崗山南越王墓出土。

三弦鈕，圓鈕座，鈕座外飾六個葉紋。主紋爲六山紋，山字向左傾斜，傾斜度甚大，中間豎道頂住鏡緣，山字中亦填有一葉，以羽翅紋爲地紋。狹緣上卷，鏡面平坦。此鏡出土於西漢早期的南越王墓，但鏡的主紋和地紋佈局形式應屬戰國晚期，可能當時是用早期物品隨葬。這種日常生活用具，留在後代使用或隨葬的情況也時有發現。六山紋鏡在青銅鏡中較爲少見。藏南越王博物院。

六山紋鏡

戰國照容用具。

直徑14.3釐米，重0.355千克。

四弦鈕，圓鈕座，外圍凹弧形一周。主紋爲六個左旋式山字形，傾斜度很大，山字中間竪道上端頂住鏡緣，每一山字的左下角有一條曲折形綫，一端托住山字，另一端與前一山字的底邊相連，以羽翅紋爲地紋，狹緣上卷，鏡面平坦。六山紋鏡傳世甚少，其時代應屬戰國晚期或西漢早期。藏上海博物館。

變形菱紋鏡

戰國照容用具。

直徑13釐米。1980年湖南益陽赫山鎮出土。

三弦鈕，圓鈕座。主紋爲四道曲折形紋，鈕的上下各分列兩道，變形的菱紋最上和最下兩道中間尚留有菱形紋的圖案。紋形呈粗綫條凹弧形，是山字形紋的一種變形紋飾，其空間都填以羽翅紋。狹緣上卷，鏡面平坦。藏益陽市博物館。

連弧紋鏡

戰國照容用具。

直徑18.7釐米，重0.43千克。

三弦鈕，圓鈕座。主紋是内向七曲連弧紋，此外是以三角形和雷紋作爲地紋，鑄造極爲精湛。寬疏的連弧紋與繁密的地紋，構成清新而强烈的對比。外圍細綯紋一周，狹緣上卷，鏡面平坦。連弧紋的弧數有六至十六個不等，通常是七或八個，此鏡連弧紋的交角已超過外圈綯紋。這類鏡自戰國中期沿用到西漢早期。藏上海博物館。

菱形四瓣花紋鏡

戰國照容用具。

直徑11.8釐米。1955年湖南長沙廖家灣出土。

三弦鈕，圓鈕座，外圍四瓣花。主紋爲菱形和四瓣花紋，是以略凹陷的曲尺形爲闌，交錯相疊，將紋飾分爲大小九塊，中心一塊較完整，以鏡鈕爲中心飾一花朵，其餘均飾一花朵或飾一花瓣。以峻深的羽翅紋爲地紋。狹緣上卷，鏡面平坦。藏湖南博物院。

狩獵紋鏡

戰國照容用具。

直徑10.4釐米。1975年湖北雲夢睡虎地出土。

三弦鈕,方鈕座。主紋爲狩獵紋,采用淺浮雕手法。獵人與豹各佔兩方。獵人短裝,左手持盾,右手執長劍,與前方張牙舞爪的豹準備搏鬥。另一獵人服飾相同,左手持盾,右手執杖,前方豹作直立狀,長尾向前卷曲。鏡的空隙處較多,以黼紋爲地紋。此鏡爲秦墓出土,應爲戰國晚期遺物。狹緣上卷,鏡面平坦。藏中國國家博物館。

龍鳳紋鏡

戰國照容用具。

直徑13.5釐米,重0.15千克。

雙弦鈕,方鈕座,鈕座四隅飾花蒂紋。主紋是采用淺浮雕的龍鳳紋。在方鈕座的上下飾雙爪合併作佇立狀的鳳紋,回首俯視,展翅欲飛,尾羽上卷,姿態優美。方鈕座兩側飾龍紋,回首凝視,張牙舞爪,角尾上翹,形態生動。以三角雲紋爲地紋。狹緣上卷,鏡面平坦。藏上海博物館。

鳳鳥紋鏡

戰國照容用具。

直徑11.2釐米，重0.1千克。

雙弦鈕，方鈕座。方座四隅飾四鳳，雙爪並立於尖端。鳳首居中作俯視狀，長頸連體向上卷曲，尾端分枝。每兩鳳間飾一小鳥，佇立在折叠式的菱紋上，圖形與鳳紋方向相反，因小鳥貼近鏡緣，視覺效果比較均衡。鳳與鳥紋皆采用淺浮雕，以三角雲紋爲地紋。狹緣上卷，鏡面平坦。藏上海博物館。

鑲嵌幾何形紋三鈕鏡

戰國照容用具。

直徑29.8釐米。1963年山東臨淄齊國故城出土。

鏡的邊緣分設三套環爲鈕。主紋是各種幾何形紋，以菱形、方格形、三角形密佈於鏡背，整個紋飾鑲嵌金銀絲和緑松石，鏡緣飾雲紋，從鏡心至邊緣有規律地鑲嵌銀釘九枚。此鏡形體碩大，圖案色彩絢麗，爲青銅鏡中所稀見。藏山東博物館。

鑲嵌鬥獸紋鏡

戰國照容用具。

直徑17.5釐米。傳河南洛陽金村出土。

小鈕，圓鈕座。主紋有三組，一爲身披盔甲、手執匕首的騎士與張牙舞爪的猛虎搏鬥場面，二爲龍與牛搏鬥場面，三爲神鳥展翅。中間以變形龍紋相間。變形龍紋僅見體軀，未見首。所有紋飾用金銀片或金銀絲鑲嵌，動物體軀鑲嵌甚精細。鏡背色彩瑰麗，保存情況良好。鏡面與鏡背分鑄，鏡面嵌於鏡背之内。藏日本永青文庫。

鑲嵌玉琉璃鏡

戰國照容用具。

直徑12.2釐米。傳河南洛陽金村出土。

這是一枚特殊的青銅鏡，以鏡面作爲底板，在背面用玉和琉璃鑲嵌出圖案。以藍白琉璃爲圓鈕，圓形玉環爲鈕座。主紋爲兩周藍白琉璃，鏡緣爲斜綫玉環。此鏡製作方式獨特，色彩艷麗。藏美國哈佛大學藝術博物館。

大樂貴富蟠龍紋鏡

西漢照容用具。

直徑14.3釐米。1955年湖南長沙燕子嘴出土。

雲紋鈕，雙獸鈕座，外圍銘文一周，鑄有“大樂貴富，千秋萬歲，宜酒食”十一字。主紋是四組蟠龍紋，用花蒂形紋飾相間隔，各組龍紋頭部甚小，體軀盤旋彎曲，其間還填以各種雲紋，使紋飾極爲繁縟。這一類具有祝願辭的銘文及用突起的數條細綫作爲龍的體軀的紋飾，一般屬於西漢早期的青銅鏡。鏡邊較狹，折而向上，鏡面平坦。藏湖南博物院。

大樂貴富博局紋鏡

西漢照容用具。

直徑19釐米，重0.43千克。

伏獸鈕，雙龍鈕座，外圍雙綫方格闌，方格内鑄銘文"大樂貴富得所好，千秋萬歲，延年益壽"十五字，"壽"字和"大"字間置一小魚紋，以爲詞句的起訖記號。主紋是博局紋和蟠龍紋，鏡緣狹窄，折而向上，鏡面平坦。青銅鏡上的博局紋始於西漢早期，盛行於西漢末、新莽和東漢早、中期，此爲西漢早期的紋飾。湖南長沙月亮山和河北滿城中山靖王之妻竇綰墓所出西漢青銅鏡，紋飾與此相同。藏上海博物館。

連弧鳳紋鏡

西漢照容用具。

直徑17.3釐米，重0.27千克。

三弦鈕，圓鈕座。主紋爲八曲内向連弧紋，弧内飾一鳳紋，鳳有冠，作回首狀，鳳尾分叉，主尾穿過連弧沿鈕座外圓轉向鳳首，再穿過另一連弧，成喇叭花形尾飾。圖案結構極爲精巧，並以纖細的雲紋爲地紋，寬平緣上卷，鏡面平坦。連弧鳳紋是一種西漢時期出現的新形式。藏上海博物館。

四龍連弧紋鏡

西漢照容用具。

直徑17釐米。1952年陝西西安出土。

連峰鈕，圓鈕座，外圍連弧紋及斜綫紋各一周。主題爲四龍，采用回首曲體，姿態生動，其間以大小九枚組成圓形紋飾相隔。外圍凸起的似三角形紋一周。鏡緣爲内向十六連弧紋。藏陝西歷史博物館。

龍紋五鈕長方鏡

西漢照容用具。

縱115.1釐米，横57.7釐米，重56.5千克。1979年山東淄博窩托村出土。

鏡呈長方形。三弦鈕，柿蒂紋鈕座。整器設五鈕，分佈四角及中間。主紋爲龍，采用淺浮雕，龍首不明顯，體軀細長而彎曲，滿佈鏡背。周邊以内向連弧紋爲緣。此鏡形體巨大，長方形大鏡甚少見，五鈕的設置也很特殊，紋飾綫條活潑流暢，是一件不可多得的青銅鏡。藏淄博市博物館。

家常貴富連弧紋鏡

西漢照容用具。

直徑18釐米。1962年山西右玉大川出土。

圓鈕，連珠紋鈕座，外圍内向十六連弧紋。主紋是四枚外圍連珠紋，間以“家常貴富”四字。鏡緣爲内向十六連弧紋，與鈕座外的連弧紋相對應。鏡形較大，而紋飾極爲簡單、清新。鏡面平坦。藏右玉縣博物館。

維鏡四靈紋鏡

西漢照容用具。

直徑25.4釐米。1964年陝西西安南郊出土。

圓鈕，幾何形紋鈕座，外圍九枚和寬帶各一周。主紋爲七枚，各圍以不同的鳥紋，間以四神和禽獸爲間隔。青龍配二獨角獸，白虎配虎和鼠面獸，朱雀配鳥及人首鳳體鳥，玄武配長尾獸及鳥，一瑞獸配蟾蜍及人面獸，另一瑞獸配蟾蜍及獨角獸，羽人配長角山羊及持花羽人。鏡緣鑄銘文一周：“維鏡之舊生兮質剛堅，處於名山兮俟工人。湅取精華兮光耀遵，升高官兮進近親。昭兆焕兮見躬身，福喜進兮日以前。食玉英兮飲澧泉，倡樂陳兮見神仙。葆長命兮壽萬年，周復始兮傳子孫。”共七十四字。此鏡紋飾精緻，銘文字數屬較多者。藏西安博物院。

星雲紋鏡

西漢照容用具。

直徑18釐米，重0.69千克。

連峰鈕，星雲紋鈕座，外圍十六内向連弧紋。主紋是星雲紋，每組由十三個小枚和弧綫組成星雲狀圖案，四組合成一周，不設地紋，鏡緣爲十六内向連弧紋，與鈕座旁的連弧紋相對。此鏡範鑄極規整，四方尚留下製範時的設計綫條。鏡面平坦。星雲紋鏡各地都有出土，但尺寸都比較小，此鏡屬於較大者。藏上海博物館。

見日之光透光鏡

西漢照容用具。

直徑7.4釐米，重0.05千克。

圓鈕，圓鈕座。内圈設内向八連弧紋，外圍銘文一周"見日之光天下大明"八字，每兩字中間夾一符號。此鏡的正面在陽光或直束光綫照耀下，能映出與鏡背紋飾相對應的亮影圖像，故得名。經研究，出現這種現象是由於在鑄造冷却和加工研磨過程中産生的鑄造應力和壓應力，使鏡面産生了與鏡背紋飾相應的微小凹凸變化，從而導致透光效果。藏上海博物館。

内清以昭明透光鏡

西漢照容用具。

直徑12.1釐米，重0.28千克。

圓鈕，圓鈕座。内圈有同心圓及八曲連弧紋，外圍銘文“内清以昭明，光象夫日月兮不泄”，每兩字間夾一“而”字，“日”字下衍“之”字，共二十一字。鏡緣寬邊。這類青銅鏡因首句有“昭明”兩字，又稱“昭明鏡”。此鏡與衆不同，有透光效應。藏上海博物館。

内清質以昭明鏡

西漢照容用具。

直徑18釐米。1978年陝西商縣出土。

半圓鈕，連珠紋鈕座。主紋是兩周銘文，内爲：“内清質以昭明，光輝象夫日月。心忽揚而顧忠，然壅塞而不泄。”外爲：“潔清白而事君，怨污驭之弇明，焕玄錫流澤，志疏遠而日忘，慎美之窮皚，外承驩之可説，慕窔窕之靈泉，願永思而毋絶。”共七十字。昭明銘和清白銘合一的重圈銘文鏡較爲少見。藏陝西歷史博物館。

中國大寧鎏金鏡

西漢照容用具。

直徑18.6釐米。1952年湖南長沙出土。

圓鈕，柿蒂紋鈕座，柿蒂紋間各飾一獸首，外圍雙線方闌。主紋是博局紋間以神人鳥獸紋，外圍銘文一周："中國大寧，子孫益昌，黄裳元吉有紀綱。聖人之作鏡兮，取氣於五行。生於道康兮，咸有文章，光象日月，其質清剛，以視玉容兮辟去不羊(祥)。"共五十二字。銘文字體端正，紋飾清晰。鏡背鎏金。藏中國國家博物館。

博局紋鎏金鏡

西漢照容用具。

直徑13.8釐米。1978年湖南長沙楊家山出土。

圓鈕，柿蒂紋鈕座，外圍方形格闌。主紋是博局紋，T形在方框的四周，L形設在相應的鏡緣旁，在方框的四隅設V形。此外别無其他紋飾。鏡緣寬沿。整個鏡背鎏金，至今大部尚存。藏湖南博物院。

禽獸博局紋鏡

西漢照容用具。

直徑20.4釐米，重1.04千克。

圓鈕，柿蒂紋鈕座。外圍方形格闌，每邊飾T形紋，並飾兔、鹿、燕、鳥、魚等動物和雁食魚形象。按紋飾的佈局，其外尚圍二種不同的紋飾，一爲博局紋和十個小枚，其間飾龍、虎、羽人、玄武、獅等形象，L形紋和V形紋分佈其间；另一爲八個較大的枚，又飾虎、牛、鳥、獸等表示天禄、辟邪之類的瑞獸。所飾鳥獸都作騰躍之態，綫條流暢似素描，繪圖技巧已相當成熟，外緣甚寬而平坦，當爲西漢晚期之作。藏上海博物館。

彩繪人物車馬鏡

西漢照容用具。

直徑27.5釐米。1963年陝西西安紅廟坡出土。

三弦鈕，圓鈕座，鏡背紋飾皆用彩色繪就。主紋是人物車馬。內圈所繪人物形象比較模糊，外圈保存較好，以朱色爲地，設四個火紋，以此爲界，設四組畫像。其中兩組爲四馬驅車，奔馬和騎馬疾馳；另兩組人在樹蔭下或坐或立，有宴飲者和侍者等多種人物。人物及馬大多使用白色，不同人物近二十個，各具姿態。藏西安博物院。

透雕鑲嵌幾何形紋三鈕鏡

西漢照容用具。

直徑29釐米。1965年江蘇漣水三里墩出土。

中心無鈕，僅有方形座。紋飾分內外二圈：內圈是一個正方形，並作透雕四等分，與中心方框相連接，四隅及四邊中間均嵌綠松石；餘爲外圈，分爲四組，飾對稱透雕幾何形紋，紋飾內有鑲嵌物。狹緣飾雲紋，並均勻地設三個環鈕，其中一鈕綴連兩個橢圓形小玉環。鏡面、鏡背分鑄，鏡面嵌合在鏡背的邊框內。此鏡尺寸很大，形式少見。藏南京博物院。

居攝元年自有真鏡

西漢照容用具。

直徑13.7釐米。

圓鈕，柿蒂紋鈕座，外圍粗綫圓、内向八曲連弧紋和銘文帶一周，“居攝元年自有真，家當大富，糴常有陳。史之治吏爲貴人，夫妻相喜，日益親善”，共三十字。銘文帶左右設斜綫紋。鏡緣飾三角形紋和鋸齒紋。傳世青銅鏡中有紀年銘文者，除1996年洛陽五女冢出土永始二年（公元前15年）鏡外，此爲較早的一面，居攝元年爲公元6年，是西漢末年青銅鏡的標準器。藏日本東京五島美術館。

始建國二年新家鏡

新莽照容用具。

直徑16.1釐米。

圓鈕，圓鈕座，外圍七枚，間以"宜子孫"三字。外設四枚和T形紋、V形紋，成爲簡單博局紋，另外，尚有鳥、獸、羽人、神人等圖像。近鏡緣鑄銘文一周："唯始建國二年新家尊，詔書數下大多恩。賈人事市，不躬嗇田，更作辟雍治校官，五穀成熟天下大安。有知之士得蒙恩，宜官秩，葆子孫。"共五十二字。始建國二年爲公元10年。王莽篡權，國號新，世稱"新莽"，在位僅十五年，此時銅鏡紋飾與西漢相比較没有明顯的不同，都是沿襲前期的形式，唯借助銘文可分辨。此鏡爲新莽時代標準器。藏中國國家博物館。

天鳳二年常樂富貴鏡

新莽照容用具。

直徑16.6釐米，重0.69千克。

圓鈕，以十二地支名間以十二枚爲方鈕座。外設博局紋，青龍、白虎、朱雀、玄武各佔一方，並配蟾蜍、羊、羽人等紋樣。外圍銘文一周："始建國天鳳二年作好鏡，常樂富貴莊君上，長保二親及妻子，爲吏高遷位公卿，世世封傳於毋窮。"共三十八字。外圍細直綫紋、鋸齒紋及纏枝紋，鏡面凸起。天鳳二年爲公元15年。是新莽時代標準器。藏上海博物館。

新有善銅博局紋鏡

新莽照容用具。

直徑23釐米，重1.2千克。

圓鈕，柿蒂紋鈕座。內圈設十二枚，間以地支名十二字；外圈設八枚和博局紋，間以青龍、白虎，朱雀、玄武。外圍銘文一周："新有善銅出丹陽，湅（煉）治銀錫清而明。尚方御竟（鏡）大毋傷，巧工刻之成文章。左龍右虎辟不羊（祥），朱鳥玄武順陰陽。子孫備具居中央，長保二親樂富昌，壽比金石如侯王兮。"共六十四字。外圍鋸齒紋和流雲紋各一周。銘文首句"新"是王莽的國號。藏中國國家博物館。

新興辟雍博局紋鏡

新莽照容用具。

直徑13.5釐米，重0.38千克。

圓鈕，柿蒂鈕座，外圍凹弧雙綫方格，四邊外各飾T形紋，並分佈八枚，空間填以雲紋。外圍銘文帶一周："新興辟雄（雍）建明堂，然於舉土列侯王，將軍令尹民户行，諸生萬舍在北方，樂未央。"共三十一字。邊緣寬平，飾三角形紋、圖案花和連珠紋各一周。所飾T形紋是博局紋的簡化形式，銘文第一句反映了王莽托古改制的背景。藏上海博物館。

王氏四靈博局紋鏡

新莽照容用具。

直徑18.5釐米，重0.867千克。

圓鈕，柿蒂形鈕座，外圍十二地支名，與十二枚相間，還有凹弧形方格。方格外每邊有二枚和博局紋，其間有四靈紋和其他禽獸，紋飾繁密。外圍銘文一周："王氏昭鏡四夷服，多賀新家人民息。胡虜殄滅天下復，風雨時節五穀熟。長保二親子孫力，傳告後世樂無亟，日月光大富貴昌兮。"共五十字。銘文爲七言韻文，以"新家"代"國家"，是爲新莽時期的青銅鏡。銘文中每句皆有標點，以鳥紋爲銘文的起訖記號。邊緣内圈爲鋸齒紋，外圈爲水波紋，鏡面凸起。藏上海博物館。

延熹二年神人神獸鏡

東漢照容用具。

直徑11.8釐米，重0.352千克。

圓鈕，圓鈕座。内圈主紋以環繞式排列，按六枚分爲六格，神人、神獸相間。外圍方枚銘和半圓枚各十二，方枚内各鑄一銘"吾作明竟(鏡)，幽湅三商，位至三公"十二字，外圍銘文帶一周"延熹二年五月丙午日，天大德廣漢西蜀造作明竟(鏡)，幽湅三商，天王日月，位至三公兮，長樂未央吉且羊"四十字，共有五十二字。鏡緣爲菱形紋圖案。延熹爲東漢桓帝劉志年號，二年爲公元159年。藏日本泉屋博古館。

永康元年神人神獸鏡

東漢照容用具。

直徑16.3釐米，重0.82千克。

圓鈕，連珠紋鈕座。主紋爲神人、神獸。下爲東王公，上爲西王母，兩側均有神鳥、神獸相守。左側頭戴冕旒者是皇帝，旁有侍者和神鳥，右側爲伯牙彈琴，旁有鍾子期等人相伴。外圈設半圓和方枚銘，相間排列，銘文爲"永康元年，正月午日，幽湅黄白，早作明鏡，買者大富，延壽命長，上如王父，西王母兮，君宜高位，位至公侯，長生大吉，太師命長"四十八字，字多反書。鏡緣飾兩周紋飾。內有兩組，一組爲六龍駕雲車，車上端坐神人，車前兩神人馭龍，此神地位重要，在日神與月神之上，且馭龍，應是東皇太一；另一組兩羽人各騎獨角獸奔馳，後面兩羽人各乘一黿，又兩羽人各駕一青鳥。兩組紋飾間隔處有神人捧日，日中有金烏，另一神人捧月，月中有蟾蜍，旁有風伯。最外一周爲菱形幾何形紋。永康元年爲公元167年。藏上海博物館。

熹平四年八獸紋鏡

東漢照容用具。

直徑17.8釐米。

圓鈕，外圍弧綫構成的菱形圖案，内角各飾一長形獸首，四條弧綫外又飾四獸首，均爲竪眉、瞠目、張口，獸形似獅。外圍銘文一周："熹平四年，正月丙午，吾造作尚方明鏡，廣漢西蜀，合湅白黄，周刻無極，世得光明，買人大富，長子孫，延年益壽，長樂未央兮。"共四十七字。外飾二十三内向連弧紋，邊緣爲菱形雲紋。熹平爲東漢靈帝劉宏年號，四年爲公元175年。藏重慶中國三峽博物館。

中平四年神人神獸鏡

東漢照容用具。

直徑19.2釐米，重1.36千克。

圓鈕，連珠紋鈕座。主紋爲神人、神獸，天禄、辟邪、飛廉和龍雀分守四角。下面是東王公，上爲西王母，兩側有玉女、青鳥、神獸相守。左側爲皇帝戴冕旒，旁有侍者和神鳥，右側爲伯牙奏琴，旁有鍾子期等人相伴。外圍半圓和方枚銘相間排列，銘文爲："中平四年五月午日，幽湅白銅，早作明鏡，買者大富，長宜子孫，延年命長，上如王父，西王母兮，大樂未央，長生大吉，天王日月，太師命長。"共五十二字，字多反書。鏡緣内有兩組紋飾，一組是六龍駕雲車，車上端坐神人和羽人，車前兩神人馭龍；另一組是羽人各騎一龍、羽人各駕一青鳥和羽人各乘一黿。兩組紋飾間有神人捧日和神人捧月，日和月内各有金烏和蟾蜍。鏡緣外沿爲菱形幾何紋。中平爲東漢靈帝劉宏年號，四年爲公元187年。此鏡表面有黑色氧化層，模鑄極精，紋飾綫條清晰。藏上海博物館。

建安十年神人神獸鏡

東漢照容用具。

直徑13.2釐米，重0.3千克。

圓鈕，圓鈕座。鈕上下各鑄“君宜官”三字。主紋爲十三神人、十二神獸橫列成五排。神人有長髯、戴冠、綰髮髻等正面或側面形象，並有伯牙撫琴形象。神獸有青龍、白虎、長冠鳥，飛翼獸等。外圍銘文一周，“建安十年朱氏造，大吉羊(祥)……幽湅宮商，周羅容象，五帝天皇，白(伯)牙彈琴，黄帝除匈，朱鳥玄武，白虎青龍，君宜高官，位至三公，子孫藩昌”，存五十字。建安爲東漢獻帝劉協年號，十年爲公元205年。藏上海博物館。

漢有善銅四靈博局紋鏡

東漢照容用具。

直徑16.2釐米。1954年安徽壽縣牛尾崗出土。

圓鈕，圓鈕座，外圍十二地支與十二枚相間和凹弧形方框各一周。主紋爲八枚分列四方，間以博局紋及四靈紋。左青龍配長鼻獸，右白虎配神獸，上朱雀配獨角獸，下玄武配神獸。外圍銘文一周："漢有善銅出丹陽，和以銀錫清且明，左龍右虎主四彭（旁），朱爵（雀）玄武順陰陽，八子九孫治中央，□毋自給起羨陽，家常大富宜矦。"共四十八字。鏡緣飾鋸齒紋和曲折紋。藏安徽博物院。

長宜子孫雙龍紋鏡

東漢照容用具。

直徑14釐米，重0.5千克。

圓鈕，圓鈕座。主紋是浮雕雙龍，體軀作蜿蜒起伏狀，外圍内向八連弧紋與方枚銘相間。連弧紋特別大，顯得銘文較小。銘文爲"長宜子孫，富貴高□"八字，最後一字不清。邊緣飾兩組紋飾，一組爲三龍駕雲車，車上端坐神人和羽人，車前兩神人分駕兩龍；另一組兩神人各駕一青鳥，一神人跨鼉，一神人舞蹈。兩組紋飾一以神人捧日爲界，一以神人捧月爲界。此鏡紋飾結構獨特，爲僅見。藏上海博物館。

長宜子孫連弧紋鏡

東漢照容用具。

直徑13.7釐米。

圓鈕，柿蒂紋鈕座。柿蒂紋間鑄銘文“長宜子孫”四字，外圍内向八連弧紋。鏡緣寬平。東漢青銅鏡大都紋飾密佈鏡背，此鏡紋飾簡單清晰，較爲少見。藏浙江省博物館。

長宜高官四鳳紋鏡

東漢照容用具。

直徑14釐米，重0.66千克。

圓鈕，圓鈕座，外圍弧邊方框，内鑄“長宜高官”四字，再飾柿蒂紋。主紋分爲四組，每組飾對稱的鳳紋，鳳首較小，羽翅向兩側展開。外緣爲十六内向連弧紋，在連弧紋上分鑄銘文“樂未央”、“宜侯王”、“富且昌”等吉語。湖北鄂城曾出土同類紋飾鏡，其銘文中有永康元年六月八日庚申等字樣。藏上海博物館。

四獸紋鏡

東漢照容用具。

直徑12.1釐米。河南洛陽岳家村出土。

圓鈕，圓鈕座。主紋四分飾四獸，獸首正面似虎，兩角較長且上卷，雙目圓睁，張口露牙，下顎特長，體軀拱屈，向右奔馳。四獸作追逐狀，神態生動活潑，在青銅鏡上以這種獸形作爲紋飾者較少見。素緣寬平。藏洛陽博物館。

四靈紋鏡

東漢照容用具。

直徑21.1釐米，重1.1千克。

圓鈕特高，四個長角獸首連成方鈕座，四隅各飾一枚，將鏡面分爲四組。主紋是左青龍，右白虎，上朱雀、下玄武。旁配置鳥、獸或羽人。四靈代表方位，是古人崇拜的神靈。此鏡四靈紋飾精細，鏡緣飾粗綫條的四靈紋，鏡面微凸。藏上海博物館。

四靈博局紋描金鏡

東漢照容用具。

直徑16.4釐米。

圓鈕，柿蒂形鈕座，外圍方框。主紋爲博局紋中設四靈紋。左青龍，右白虎，下朱雀，上玄武，都作奔騰、飛翔狀。四靈的空間均填以雲紋，鏡緣飾纏枝雲紋。此鏡特殊之處，是所有紋飾都用金綫繪成，尚存筆鋒，極其精細，其間多處用朱紅色點綴，顯示出高超的工藝技術。這是一面金碧輝煌、色彩斑斕的青銅鏡。日本私人收藏。

柏氏伍子胥圖鏡

東漢照容用具。

直徑20.7釐米，重0.98千克。

圓鈕，連珠紋鈕座。主紋以四枚爲界分爲四組。第一組吴王夫差像，端坐帷幕，左手上舉，右側榜題“吴王”。第二組伍子胥像，裂眦散鬚，怒髮衝冠，仗劍作自刎狀，左上榜題“忠臣伍子胥”。第三組越王勾踐和范蠡，越王執節而立,范蠡席地而坐，分别榜題“越王”、“范蠡”。第四組兩女並立，榜題“玉女二人”。外圍銘文一周：“吴向里柏氏作鏡四夷服，多賀國家人民，胡虜殄滅天下復，風雨時節五穀熟，長保二親得天力，傳告後世樂無極兮。”共四十五字。這是人們表達美好願望的祝詞。漢人崇信儒家，宣揚忠臣孝子，漢代畫像鏡中這類故事較多。此鏡鑄造極精，生動地刻畫了人物的不同姿態和表情，是東漢畫像鏡中的精華。藏上海博物館。

柏氏神人車馬紋鏡

東漢照容用具。

直徑20.1釐米。傳浙江紹興出土。

圓鈕，連珠紋鈕座。主紋以四枚分爲四區。一區爲四馬駕車，車後拽長帛，兩馬昂首，兩馬回首。一區爲狩獵，兩人躍馬並列飛馳，一人回首，手持長矛刺一龍，另一人回首，手持弓箭射一虎。一區爲東王公趺坐，左右各立侍者，右榜題“東王公”。一區爲西王母趺坐，右置一案，上有盤盞，左側一羽人吹笙奏樂，右側一羽人倒立起舞，左下榜題“西王母”。外圍銘文一周：“吴向里柏氏作鏡四夷服，多賀國家人民息，胡虜殄滅天下復，風雨時節五穀熟，長保二親(得)天力，傳告後世樂無極兮。”共四十五字。銘文帶外飾短直條紋，鏡緣飾波曲紋和鋸齒紋。藏中國國家博物館。

羽人禽獸博局紋鏡

東漢照容用具。

直徑16.5釐米，重0.74千克。

圓鈕，柿蒂紋鈕座，外圍凹弧形方框。四隅飾凹弧圓點，方框外飾凹弧形的T形、L形、V形博局紋，這些在圖案中均爲粗綫條，其間飾纖細的魚、鳥、虎和羽人，形成强烈的反差。藏北京故宫博物院。

羽人禽獸博局紋鏡

八子神人神獸紋鏡

東漢照容用具。

直徑16.7釐米，重0.37千克。

圓鈕，圓鈕座。鈕之上，中有一柱，以鼉爲柱礎，上有帳檐，柱左五神人端坐，頭戴如意高冠，柱右四人側身佇立，亦戴高冠。鈕之兩側爲天禄、辟邪。鈕下紋飾倒置，龍在兩側，相繞呈8字形，兩側各有神人和侍者。外圍方枚銘，與大象、雙雁、雙鯉、鹿、鱉、龍、鳥等相間，銘文爲“八子明竟(鏡)，幽湅川岡，巧工刻之□文，上有□□吉昌”，共二十字。邊緣爲纏枝紋，鏡面凸起。此鏡紋飾甚精。銘文中有數字不能識讀，主要是文字詭謬，與一般習慣不同，如將“幽湅三商”寫作“幽湅川岡”等。藏上海博物館。

張氏車騎神人神獸紋鏡

東漢照容用具。

直徑23.2釐米，重1.5千克。

圓鈕，圓鈕座。外圍連珠紋，内區四方設枚，枚緣均蟠一龍。内圈紋飾爲青龍、白虎、天禄、辟邪四獸，獸背上各騎羽人，並以鳳凰、鸞鳥、飛廉、神人爲間隔；外圈爲車騎人物，車駕兩馬飛馳，車上端坐神人，車後有手執武器的衛侍、有神人捧日。外圍一周銘文：“張氏作竟(鏡)四夷服，多賀國家人民息，胡虜殄威(滅)天下復，風雨時節五穀孰(熟)，長保二親得天力，傳告後世樂無亟(極)，大吉無(永)昌。”共四十六字。銘文之外圍以篦紋，外緣是四獸構成的纏枝紋和鋸齒紋。鏡面凸起。此鏡紋飾全係浮雕，工細華麗，綫條流暢如用筆勾勒，爲東漢時期青銅鏡鑄造技術最高超者之一。藏上海博物館。

吾作神人神獸紋鏡

東漢照容用具。

直徑17.7釐米，重0.96千克。傳浙江紹興出土。

圓鈕，連珠紋鈕座。主紋是神人與神獸。作重列式排列。鈕上方端坐三神人，旁有兩龍蹲坐。鈕左爲東王公，兩側各有一獸相侍，鈕右爲西王母，兩側有青鳥和人面鳥身神相侍。鈕下方爲皇帝，頭戴冕旒，左旁羽人騎青龍，右旁神人騎白虎。外圍半圓枚與方枚銘相間。方枚銘文爲："吾作明鏡，幽湅三商，周刻無極，雕刻萬方，四祭像元，六合設長，舉貪方庚，通距虛空，統德序道，祇靈是興，百牙陳樂，衆神見容，天禽銜持，維剛大吉，服者公卿，其師命長。"共六十四字。外緣浮雕兩組紋飾，一是神人馭龍，六龍駕雲車，另一是一飛龍、兩青鳥，兩仙人騎獨角獸，兩羽人騰雲，兩羽人駕青鳥等圖像，兩組紋飾之間有神人捧日和神人捧月圖。鏡面凸起。紋飾製作之精湛，非通常漢鏡可比，且保存極佳。藏上海博物館。

黃龍二年神人神獸紋鏡

三國吴照容用具。

直徑13釐米。1978年湖北鄂城(今鄂州)西山鐵礦出土。

扁圓鈕，圓鈕座。主紋爲七神人、六神獸、三侍者、二鳳、一玄武，分成五排成重列式。鏡緣銘文一周："黃龍二年七月丁未朔，七日癸丑，大師鮑豫而作明鏡，玄湅三，滅絶孚穢，服者高遷，位至竹帛，壽復者石也。"共四十一字。黃龍二年爲三國吴紀年，即公元230年。藏鄂州市博物館。

太平元年神人神獸紋鏡

三國吴照容用具。

直徑14.5釐米。1977年安徽肥西出土。

扁圓鈕,圓鈕座。主紋是神人神獸作環繞式排列,並有半圓枚和方枚銘相間,方枚銘文:"吾作明鏡,□□□,宜子孫。"外圍銘文一周:"太平元年,吾造作明鏡,百湅正銅,服者老壽,作者長生,宜公卿,樂未央也。"共三十八字。鏡緣飾水波紋。太平元年爲三國吴紀年,即公元256年。藏安徽博物院。

永安五年神人神獸紋鏡

三國吴照容用具。

直徑12.1釐米。

扁圓鈕,圓鈕座。主紋是神人神獸,爲環繞式。四組神人與神獸相間。鈕上下之神人兩側各有青鳥相伴,鈕左神人旁有一青鳥,鈕右兩神人對坐。外圍半圓枚和方枚一一相間,半圓枚飾雲紋,方枚上各鑄一字,爲"長宜子孫"等吉語。字迹多難辨認。鏡緣鑄銘文一周爲反文,"永安五年十月十九日造作明鏡,可以照形,服者老壽,作……"下面銘文不清,可見者二十二字。永安五年爲三國吴紀年,即公元262年。藏中國國家博物館。

天紀元年神人神獸紋鏡

三國吴照容用具。

直徑12.9釐米，重0.295千克。

圓鈕。主紋爲重列型神人神獸，共分爲五段。第一段中爲神人，兩側爲龍和朱雀；第二段中爲三神人，兩側爲羽人和鳥；第三和第四段在鈕兩側，上爲兩神人，下爲對稱兩龍，框外爲青龍和白虎；第五段爲三神人，兩側爲羽人和神獸，下爲玄武。外圍銘文帶一周："天紀元年閏月廿六日造作明竟(鏡)□□□□，上應星宿，不辟不祥，服者□貴，位至侯王，長樂未央，子孫富昌兮。"共四十二字，其中五字模糊不清。天紀元年爲三國吴紀年，即公元277年。藏日本泉屋博古館。

蓋方神人神獸紋鏡

三國照容用具。

直徑13.8釐米，重0.3千克。

扁圓鈕，圓鈕座。主紋浮雕神人神獸各十二個，横列成五排。外圍銘文一周："蓋方作鏡自有已，除去不祥宜古市，青龍、白虎居左右，與天相保無窮止，東有王父，西有王母，仙人子喬、赤松子，天王日月爲祖始，位至三公宜子孫子，壽命久長，生如山石，富貴宜侯王，合湅三黄明鏡起。大吉。"共八十字。藏上海博物館。

碩人神人神獸紋鏡

三國照容用具。

直徑14.8釐米。

扁圓鈕，圓鈕座。主紋有十位神人、十頭神獸和青鳥、羽人，構成五横列。左面邊沿飾青龍、白虎，右面邊沿飾朱雀，下面邊沿飾玄武。外圍銘文一周“碩人其頎，衣錦褧衣。齊侯之子，衛侯之妻，東宫之妹，邢侯之姨，譚公維私。手如柔荑，膚如凝脂，領如蝤蠐，齒如瓠犀。螓首蛾眉，巧笑倩兮，美目盼兮。碩人敖敖，説於農郊。四牡有驕，朱幩鑣鑣，翟茀以朝。大夫夙退，無使君勞。河水洋洋”，共八十八字。内容爲《詩經·衛風·碩人》中的一部分。以《詩經》爲銘文入鏡，甚爲少見。藏武漢博物館。

四龍對鳳紋鏡

三國照容用具。

直徑14.6釐米，重0.378千克。

扁圓鈕，圓鈕座。主紋是龍紋和對鳳紋一一相間。龍有步行式、回顧式、跳躍回顧式和卷體向上式諸種，鳳展翅，相對起舞。近邊緣飾十六内向連弧紋，其間各鑄一獸，有龍、象、虎、鳳、豬等。狹緣，鏡面凸起。安徽馬鞍山朱然墓曾出土同類紋飾的青銅鏡，據記載朱然死於東吴赤烏十二年（公元249年），則此類鏡鑄於三國時代。藏上海博物館。

佛像雙鳳紋鏡

三國照容用具。

直徑16.3釐米。1975年湖北鄂城（今鄂州）五里墩出土。

扁圓鈕，圓鈕座。主紋爲葉形紋内飾佛像與雙鳳相間，其中三葉中各飾一尊佛像，端坐於蓮花座上，佛有頭光。另一葉中飾三尊佛像，主尊居中，兩側爲脇侍菩薩，一跪一立。外圍十六内向連弧紋，内填龍、虎、飛鳥、奔獸等。佛像在青銅鏡中作爲紋飾甚少見。藏中國國家博物館。

泰始九年張氏神人神獸紋鏡

西晉照容用具。

直徑17.6釐米，重0.7千克。1983年河南淇縣高村出土。

圓鈕，連珠紋鈕座。主紋按重列式排列，鈕上爲一神獸；鈕兩側上爲天禄、辟邪，下爲東王公、西王母；鈕下爲羽人。外圍連珠紋，再外圍方枚銘和半圓火紋相間隔。方枚銘："泰始九年三月七日，張氏作青同(銅)竟(鏡)甚大，工青且明，泰九年作，明如日月光，上有東王父，泰元西王母，莫食命天，生如金石，立(位)至三公，世世公侯王。"共五十六字。鏡緣較寬，飾雲紋和菱形幾何紋各一周。泰始爲西晉武帝司馬炎年號，九年爲公元273年。泰始紀年鏡傳世甚少，此爲西晉時代標準器。藏淇縣博物館。

孔子弟子圖鏡

西晉照容用具。

直徑16.1釐米。1975年浙江金華出土。

圓鈕，圓鈕座。以鏡鈕爲中心，有四株樹向外輻射，形成四區。樹有幹和葉，樹幹兩側均有對稱的游禽。每區設一花瓣，中有一神人雙臂高舉，神像兩側各有銘文"聖□□子"、"弟子仲由"、"弟子顔淵"、"弟子子貢"。外圍連弧紋和銘文帶一周，銘文爲十二地支名。青銅鏡以這類儒家人物爲題材者極少。藏金華市博物館。

鳥獸紋鏡

南北朝照容用具。

直徑18.8釐米，重0.81千克。

扁圓鈕，圓鈕座，鈕座外連四葉紋，內各有一瑞獸，其間以展翅欲飛的對鳳爲間隔，外圍十六內向連弧紋，連弧紋內飾雲紋、草葉紋、龍、虎、鹿、禽鳥等，鏡緣飾禽獸紋。此鏡紋飾以鳥獸和草葉紋佈滿鏡背，有條不紊。這類鏡鄂州和紹興曾有出土，時代爲東漢晚期到魏晉南北朝。藏上海博物館。

四靈十二支神紋鏡

南北朝照容用具。

直徑16.9釐米。河南洛陽厖家溝出土。

圓鈕，圓鈕座。主紋爲四靈和十二支神。鈕外佈四靈。左青龍，右白虎，下朱雀，上玄武。外圍十二支神圖像，每格飾一獸，形象逼真。青銅鏡中四靈與十二支神圖像共存者較爲少見。南北朝時青銅鏡上的紋飾大多比較模糊，此鏡紋飾已屬清晰。藏洛陽博物館。

賞得秦王四獸紋鏡

隋代照容用具。

直徑12釐米。1988年陝西長安南里王村出土。

半圓鈕，圓鈕座。主紋是四神獸向右奔馳，獸形各異，體軀壯實。外圍銘文一周："賞得秦王鏡，判不惜千金。非關欲照膽，特是自明心。"共二十字，字體較大。外圍長、短三角形紋各一周。藏陝西省考古研究所。

淮南起照神獸紋鏡

隋代照容用具。

直徑25釐米。1978年陝西永壽出土。

圓鈕，八角形鈕座，鈕座上鑄銘文"吾作明鏡，昌宜益壽"八字。向外放射成八方，以四神人與神獸相間，左右兩側方枚銘，各鑄"君宜大吉"四字。外圍銘文一周："淮南起照，仁壽傳名。琢玉斯表，熔金勒成。時雍炎晉，節茂朱明。爰模鑒徹，用微流清。光無虧滿，葉不枯榮。圖形覽質，千載爲貞。"四十八字。總共六十四字。本鏡紋飾複雜，鑄作精良。藏陝西歷史博物館。

仙山並照四獸紋鏡

隋代照容用具。

直徑17.5釐米，重1.074千克。

圓鈕，蓮瓣紋鈕座，外設方框，四隅飾小草花。主紋是龍、虎、獅等四獸。外圍銘文一周："仙山並照，智水齊名。花朝艷采，月夜流明。龍盤五瑞，鸞舞雙情。傳聞仁壽，始驗銷兵。"共三十二字，字體較大。鏡緣爲三角形紋和雲紋。鏡保存極好。藏上海博物館。

靈山孕寶鳥獸紋鏡

隋代照容用具。

直徑17釐米，重0.8千克。

圓鈕，連珠紋鈕座。主紋是六個團花，團花内飾三鸞鳥和三獨角獸，團花間有半圓形圖案，應是連弧紋的分解和變化。外圍銘文一周："靈山孕寶，神使觀爐。形圓曉月，光清夜珠。玉臺稀世，紅莊(妝)應圖。千嬌集影，百福來扶。"共三十二字。隋唐時代的團花鏡，一般用菱花組成，此鏡團花中都是不同姿態的鳥和獸，比較少見。藏上海博物館。

永徽元年光流素月四靈紋鏡

唐代照容用具。

直徑18.7釐米，重0.774千克。

圓鈕，花瓣紋鈕座，外圍連珠紋和凹弧形方框。方框右邊爲青龍，左邊爲白虎，上朱雀，下玄武。外圍銘文帶一周："光流素月，質稟玄精。澄空鑑水，照迥疑清。終古永固，瑩此心靈。"共二十四字。鏡緣飾曲折紋，其間均匀地鑄"永徽元年"四字。此類銘文鏡的内區紋飾各有不同，但銘文相同。永徽爲唐高宗李治年號，元年即公元650年。藏上海"賞心齋藏鏡"。

開元十年月宫圖葵花鏡

唐代照容用具。

直徑16.11釐米，重0.56千克。

獸口中噬咬一馬爲鈕。主紋爲月宫故事。左側爲一株桂樹，盛開桂花，右側爲玉兔執杵臼搗藥，鈕下爲一跳躍的蟾蜍。外圍銘文三周："楊府吕氏者，其先出於吕公望，封於齊八百年，與周衰興，後爲權臣田兒所簒，子孫流迸，家子(于)淮揚焉。君氣高志精，代罕知者，心如明鏡，曰：得其精焉。常云：秦王之鏡，照(接中圈)膽照心，此蓋有神，非良工所得。吾每見古鏡極佳者，吾今所製，但恨不得，停之多年，若停之一二百年，亦可毛髮無隱矣。蘄州刺史杜元志，好(接内圈)奇賞鑒之士，吾今爲之造此鏡，亦吾子(于)之一生極思。開元十年五月五日鑄成，東平邵吕神賢之詞。"共一百五十六字。鏡緣爲八瓣葵花形。器較厚實，鏡面平坦。此爲唐鏡中銘文字數較多者。開元十年爲公元722年。藏上海博物館。

開元十年月宮圖葵花鏡

鑑若止水鳥獸紋鏡

唐代照容用具。

直徑20.4釐米。

圓鈕，圓鈕座。主紋爲四鳥獸，鳳凰展翅起舞，蟠龍騰起，麒麟疾馳，四鳥獸均有一足透空，這是特殊的鑄造技術。外爲六尾鸞鳥，或棲息，或飛翔，與六株花草相間隔。鏡緣鑄銘文一周："鑑若止水，光如電耀。仙客來磨，靈妃往照。鸞翔鳳舞，龍騰鱗跳。寫態徵遠，影玆巧笑。"四言詩八句三十二字，描寫青銅鏡的質量甚佳，紋飾也很精美。日本私人收藏。

日月貞明八卦紋鏡

唐代照容用具。

直徑25釐米，重1.922千克。河南洛陽磁澗出土。

山形方鈕，外圍與鈕等大的八個方格，近鈕的四方格鑄銘文"日月貞明，天地含爲，寫規萬物，洞鑒百靈"十六字。其餘四方格飾山嶽紋，外圍水波紋和八卦紋。方框外，上下爲日月，兩側爲星辰，兩旁均飾雲朵。此鏡紋飾設計巧妙。這類銅鏡傳世有數面，紋飾及銘文編排大同小異，有的以四字銘文中第一或第二字連讀成句，銘文也有方向性，但内容相同。整體紋飾外圓内方，寓意爲容納天地萬物。藏洛陽博物館。

榮啓奇答孔夫子圖鏡

唐代照容用具。

直徑12釐米，重0.4千克。

圓鈕，上鑄長方格三欄，銘文“榮啓奇問曰答孔夫子”九字。左爲孔夫子，戴冠，寬袖長袍，右手持龍頭杖，舉左手伸出兩指作發問狀。右爲榮啓奇，頭戴冠，身披鹿裘帶索，左手持琴，鼓琴而歌，神態自若。下爲一株柳樹。這一題材的青銅鏡也稱三樂鏡，取意於《列子 · 天瑞》，孔子發問以何爲樂，榮啓奇以爲人、爲男、高壽“三樂”答之。鏡中圖案就描繪此内容。鏡緣爲八瓣葵花形。藏上海博物館。

山海神人神獸紋八角鏡

唐代照容用具。

直徑17.7釐米。

雲紋鈕，以俯視的山嶺爲鈕座，上有小青草。四角聳起四座各具形態的山巒，其中兩山間各有一飛禽展翅翱翔。山巒之間爲波濤起伏的海水，有神禽異獸鳧游其間。有一童子騎鰲魚，這種魚稱“龍魚”。據《藝文類聚》載：“龍魚一角，似鯉居陵……飛鶩九城，乘雲上昇。”整個紋飾雲霧繚繞，山巒起伏，當取材於《山海經》故事。鏡緣呈八角形。日本私人收藏。

山水鳥獸紋鏡

唐代照容用具。

直徑20.2釐米。1978年陝西乾縣出土。

環鈕，凹弧邊方鈕座，由鈕座引出四隅層巒叠嶂，山峰上有果樹，果實纍纍，將紋飾分爲四組，每組均有三鹿奔跑，遠方有雲朵，三鳥在其間飛翔，下有小溪，水流潺潺。紋飾將鏡的空間佔盡，未留邊緣。此鏡構圖新穎。藏陝西歷史博物館。

飛仙騎獸紋菱花鏡

唐代照容用具。

直徑25.5釐米。1972年陝西西安郭家灘出土。

圓鈕。主紋爲四飛仙騎獸和跨龍正翱翔於天際。飛仙頭戴冠，上有光環，披帛後揚，所騎之龍，一龍前視，一龍回首，獸形似獅。其間以折枝花爲間隔。鏡緣爲八瓣菱花形，内飾羽人、孔雀及飛鳥。紋飾活潑流暢，顯示鑄鏡匠人技術高超。藏陝西歷史博物館。

舞鸞紋菱花鏡

唐代照容用具。

直徑29.3釐米，重3.86千克。

圓鈕。主紋是雙鸞在蓮花上展現舞姿，綬帶上飄。上爲鴛鴦，佇立在蓮葉上，兩支蓮葉與蓮花相接。下爲鸚鵡，口含飄搖的流芳，站立在蓮花上。雙鸞旁有雲朵，鸚鵡旁有飛蝶和折枝花。鏡緣爲八瓣菱花形，每瓣飾銜綬帶的鳥、雁和蓮葉、折枝花，一一相間。此鏡碩大、厚重，紋飾佈局對稱而活潑，鑄造精美，猶如一幅盛唐時代的花鳥畫。藏上海博物館。

狩獵紋菱花鏡

唐代照容用具。

直徑28.5釐米。1963年河南扶溝出土。

圓鈕，以四樹和山巒爲鈕座。主紋是四騎手或執長矛、或套獸繩、或執彎鈎、或張弓射箭，騎馬姿態雄健。執長矛者欲刺殺迎面張牙舞爪的獸，套獸繩者將套取逃遁的兔，張弓射箭者回首射擊迎面逃遁的兔，其前面的野豕則奔馳逃跑，執彎鈎者正在追趕一鹿。空間及鏡緣各飾花枝、雀鳥、蜂蝶等。狹緣弧邊爲八瓣菱花形。藏河南博物院。

騎馬蹴鞠紋菱花鏡

唐代照容用具。

直徑19.5釐米。1983年安徽懷寧雷埠鄉出土。

圓鈕。主紋是四人騎馬争奪二球。人和馬各具形態。有高舉鞠杖作奪球狀；有俯身向前，鞠杖向下作追球狀；有策馬回首作擊球狀；有一馬昂首嘶鳴，騎士側身向後，用鞠杖作套球狀。四騎士之間，有花枝相間。紋飾表現了騎馬鞠球的場面緊張激烈。這是唐代盛行的體育活動，因受到統治階級上層人物的喜愛，也就成爲銅鏡紋飾的題材。鏡緣爲八瓣菱花形。藏懷寧縣博物館。

真子飛霜圖葵花鏡

唐代照容用具。

直徑18.5釐米，重1.32千克。

圓鈕。鏡背紋飾分爲四組，主紋是鈕上方的雲山日出圖和“真子飛霜”四字。鈕左有一片竹林，有一人坐於豹皮上，膝上置一琴爲撫奏狀，前有長方几，几上有筆和筆插、圓硯、書卷等物；鈕右有鳳凰立於石上起舞；鈕的下方是池水山石，中有一截荷柄。鏡緣爲八瓣葵花形。唐鏡有這類紋飾較多，但有“真子飛霜”四字者較少見。藏上海博物館。

飛仙紋葵花鏡

唐代照容用具。

直徑25.3釐米。1955年陝西西安出土。

圓鈕。鈕兩側各飾一飛仙，頭戴寶冠，綬帶飄舉，在雲之上飛翔。兩飛仙各伸出左右手，在鈕上方準備托住一花形物。鈕上方崇山峻嶺，雲霧繚繞；鈕下方重巒叠嶂，峰頂聳立着一株大樹，枝葉繁茂。據《海内十洲記》載："(蓬萊山)周迴五千里外別有圓海繞山……無風而洪波百丈，不可得往來……唯飛仙有能到其處耳。"飛仙是唐人經常使用的題材。鏡緣爲八瓣葵花形。藏中國國家博物館。

蟠龍紋葵花鏡

唐代照容用具。

直徑27.4釐米。

圓鈕。主紋飾一蟠龍，龍首右向，雙角分歧甚長。目爲菱形，張口吐長舌。龍體向右旋轉成圓形，尾部夾在後腿中，足趾三爪，勾曲有力。龍體飾鱗紋。狹緣爲八瓣葵花形。此鏡較大，僅浮雕一龍，形象前所未見，鑄造精美，保存情況極好，是不可多得的唐代藝術品。日本私人收藏。

雲龍紋葵花鏡

唐代照容用具。

直徑24釐米。1984年河南偃師杏園出土。

圓鈕。主紋是一蟠龍，龍首在鈕的右方，上豎雙角分叉，張口吐舌。體軀粗壯，四足分張有力，尾部弧曲内卷。體部鱗紋清晰可辨，肘毛刻畫細密。空隙處填以五朵流雲。雲龍紋鏡大多是圍鈕盤旋一周，此龍屬横置，形態特殊。鏡較大，構圖生動，也屬少見。鏡緣爲八瓣葵花形。藏中國社會科學院考古研究所。

雙犀紋葵花鏡

唐代照容用具。

直徑24.9釐米，重1.8千克。

圓鈕。鈕兩側飾對稱的犀牛，體態壯實，額頂和鼻上各生一角，全身滿是圓圈狀的皺襞斑紋，細尾下垂。鈕上方爲竹林，並圍以短籬，竹林兩側各置一株牡丹花。鈕下方爲山巒松林，山下有水池，風吹波動。空中飄雲朵，兩側生叢草。鏡緣爲八瓣葵花形。據史書記載，犀牛古代爲神秘的靈物，主要生活在南方，在進入長安後逐漸凍死。因此圖案中的犀牛成了非羊非鹿的動物。藏上海博物館。

舞馬紋葵花鏡

唐代照容用具。

直徑23.6釐米，重1.83千克。

圓鈕。主紋是鈕兩側各飾一馬，馬鬃長而上飄，兩足踐於蓮花上，另兩足凌空而舞，尾彎曲上翹，張口嘶叫，體態健壯。鈕上方飾兩雁，口銜蓮枝飛翔。鈕下方有三朵並蒂蓮，外側兩蓮托住立馬之蓮花。鏡緣爲八瓣葵花形，每一瓣上飾雲朵及蓮枝，相間排列。唐鏡以舞馬作爲主要紋飾比較少見。藏上海博物館。

孔雀紋葵花鏡

唐代照容用具。

直徑23.3釐米，重1.375千克。

圓鈕，鈕兩側是對稱的孔雀，踐於荷葉上開屏起舞，一足提起。鈕上部飾獨枝牡丹花及花蒂，下有無花果葉襯托。鈕下爲盛開的蓮花。鏡緣爲八瓣葵花形，每瓣飾兩荷葉，有莖相連。此鏡較大，紋飾清晰。唐鏡飾孔雀的比較少。藏上海博物館。

孔雀葡萄紋鏡

唐代照容用具。

直徑20釐米，重1.95千克。

蟠龍鈕，龍首回顧。主紋是孔雀、狻猊和葡萄紋。一孔雀開屏，展翅而舞，另一孔雀側視，摇曳其屏於背上。孔雀兩旁有四頭狻猊，伏地昂首，孔雀與狻猊以葡萄間隔，其周圍又有葡萄十二串，以蔓枝連接。外圍各種姿態的喜鵲十二隻，爲飛翔或棲息狀，鵲的周圍有蜻蜓、蛺蝶等昆蟲，間雜葡萄四十三串，外緣飾花六十二朵。整個紋飾繁密華麗。動物造型生動。藏上海博物館。

狻猊葡萄紋鏡

唐代照容用具。

直徑23.9釐米，重2.25千克。

狻猊鈕。狻猊首左視向上，前足彎曲成曲蹲狀。主紋爲内圈高浮雕八頭狻猊，爲奔跑、跳躍、攀枝等各種姿態，並配以葡萄和花枝。外圈飾狻猊三對，間以喜鵲七尾。上下配以葡萄及枝葉，鏡緣飾重瓣花一周。此鏡器形較大，紋飾鑄造精良，禽獸羽毛，一絲不苟，保存情況良好。藏上海博物館。

狻猊葡萄紋鏡

唐代照容用具。

直徑24釐米，重1.50千克。

狻猊鈕。主紋爲高浮雕八頭狻猊，或奔跑或安卧，神態各異。外圍葡萄十三串，空隙處以蔓枝充填。内圈和外圈以突起棱脊爲界，蔓枝内外相連，猶如瓷器紋飾中的過枝花。外圈是以兩喜鵲和兩狻猊一一相間，其間有葡萄三十九串。鏡緣突起，飾圖案花四十朵。鏡面平坦。此鏡甚大，背面有藍色礦物質，使紋飾增加了色彩。藏上海博物館。

狻猊葡萄紋鏡

唐代照容用具。

直徑17.1釐米。

匍伏狻猊鈕。主紋是鈕周圍的高浮雕九頭狻猊，六大、三小，大狻猊爲對稱排列，其間飾一小狻猊，這種形式極爲少見。狻猊的角有的置於頭頂兩側呈彎鈎狀，也有竪角上翹成分枝狀。狻猊或昂天咆哮，或張口凝視，姿態各異。小狻猊依俯在母體旁。邊飾葡萄，外圍蝴蝶、蜻蜓和纏枝花。外圈飾孔雀、鳥獸和葡萄串枝。鏡緣飾纏枝花。此鏡紋飾精緻，狻猊及鳥獸之毛，一絲不苟。日本私人收藏。

狻猊葡萄紋方鏡

唐代照容用具。

每邊長17.1釐米。

鏡呈正方形，伏獸鈕。主紋爲鈕周圍的高浮雕六頭狻猊，向各方奔跑的姿態。狻猊背部露脊骨，脊骨有兩種不同形式，間以葡萄、花葉和蔓枝，外圍整齊的方框。四隅爲展翅的喜鵲，每一邊飾三鳥、蜂蝶、蔓枝和葡萄。鏡緣以纏枝紋組成圖案。整器還點綴若干零星葡萄。此鏡紋飾安排規整、對稱，高浮雕及一般紋飾極清晰，且爲方鏡，屬少見。此鏡尺寸大，保存情況良好，是一件精緻的工藝品。藏日本正倉院。

飛鸞銜綬紋金銀平脱鏡

唐代照容用具。

直徑22.7釐米，重1.46千克。陝西西安出土。

圓鈕，蓮花荷葉爲鈕座，外圍同心結一周。主紋是鸞鳥銜綬作飛翔狀，並以蓮花爲間隔，近緣又飾一周同心結。四鸞鳥、綬帶及同心結爲金片組成，其餘爲銀片，金銀片上有精緻的刻紋，表示羽毛或莖葉，紋飾簡潔，保存情況良好。藏陝西歷史博物館。

天馬鸞鳳紋金銀平脱鏡

唐代照容用具。

直徑30釐米，重2.45千克。1963年陝西西安出土。

圓鈕，連枝花鈕座。主紋是二天馬、二鸞鳳在纏枝花葉中。天馬昂首，揚尾，淩空疾馳；二鳳中一爲曲頸回首，一爲前視，尾上卷成飛翔狀。天馬與鸞鳳間飾小鳳、天鵝和麻雀，各成飛翔或佇立狀。鏡緣爲牡丹花一周。此鏡較大，采用金銀平脱工藝製作。鳳翅及尾、馬鬃及尾皆用金片，鳳和馬的體部用銀片，紋飾精美，鮮艷奪目。藏陝西歷史博物館。

飛鳳紋金銀平脱葵花鏡

唐代照容用具。

直徑30.5釐米，重2.74千克。1970年河南洛陽關林天寶九載(公元750年)墓出土。

圓鈕，八蓮瓣鈕座，與蓮瓣相連有八朵蓮花，外圍絢紋一周。主紋是四飛鳳與花朵一一相間，飛鳳口銜長綬。紋飾以金銀平脱鑄造方法來表現，以銀平脱爲主，僅綬帶、花苞爲金片，金銀片上均有極細的刻紋。鏡緣爲八瓣葵花形。藏洛陽博物館。

羽人花鳥紋金銀平脱葵花鏡

唐代照容用具。

直徑36.5釐米，重5.452千克。1951年河南鄭州出土。

圓鈕，以重叠蓮瓣爲鈕座，外圍花、蝶、石榴和小鳥。近鏡緣飾飛鳳和羽人一一相間，其下各有一雲紋。紋飾用金銀平脱方法製作，鈕外圍的蓮瓣紋、花苞、小鳥、小花枝及雲朵皆爲金片組成，其餘爲銀片，金銀片上各有精細的刻紋。鏡緣爲八瓣葵花形。藏中國國家博物館。

寶相花紋金銀平脱葵花鏡

唐代照容用具。

直徑19釐米。1955年陝西長安韋曲莊出土。

圓鈕，蓮花瓣鈕座。鈕座間安排六個寶相花，在寶相花之間又伸出盛開的寶相花，並有兩葉片將花托起。寶相花爲傳統裝飾紋樣之一，它以蓮花、菊花等爲主體，經過藝術處理，使其圖案化或程式化，含有吉祥、純潔的寓意。此鏡紋飾華美，寶相花的設計與一般團花形有所不同。鏡緣爲六瓣葵花形。藏中國國家博物館。

鳥獸紋銀背鎏金葵花鏡

唐代照容用具。

直徑14.6釐米。

四瓣花圓鈕，圓鈕座。主紋是鳳、凰、羊、鹿各佔一方，其間以纏枝牡丹相間隔。鳳凰展翅争艷，羊長角翹起，向後卷曲，疾馳向前，鹿的角呈靈芝形，亦作奔跑狀。外圍小花。整器以細點爲地紋。狹緣爲八瓣葵花形。紋飾是製作在銀板上，然後鎏金，至今金色保存相當完整，實屬難得。日本私人收藏。

龍鳳紋銀背鎏金菱花鏡

唐代照容用具。

直徑21.2釐米。

四瓣花圓鈕，連珠紋鈕座。主紋是兩龍兩鳳相間。龍首在下，體軀彎曲向上，長尾上卷，四肢舒展。一鳳回首展翅，尾上翹爲起飛狀；另一鳳銜綬，一足踩於綬帶之端，展翅，尾上翹。龍鳳紋皆爲動態，以蔓枝、葉紋相間。邊緣爲雲紋和折枝花，狹緣爲八瓣菱花形。此鏡紋飾是在銀片上用模子鍛打而後再鎏金，貼於鏡背，是唐代豪華青銅鏡之一。日本私人收藏。

鳥獸紋銀背菱花鏡

唐代照容用具。

直徑21.5釐米。1955年陝西西安出土。

伏獸鈕。主紋爲纏枝花組成六圈，每圈内飾一奔騰跳躍的小獸，鏡緣爲八瓣菱花形，其間飾花枝和小鳥。紋飾極精細。此鏡紋飾是用銀片打成鳥獸紋後再貼在鏡背上的，這種複雜的工藝，僅在盛唐時代使用，是唐代製鏡業中的特殊工藝。藏陝西歷史博物館。

雲龍紋嵌螺鈿鏡

唐代照容用具。

直徑22釐米。河南陝縣後川出土。

圓鈕。主紋是用螺鈿鑲嵌成一條粗壯的龍，盤於鏡背。龍首銜鈕，尾卷曲在龍首旁，龍趾皆三爪。龍體及爪等各部位所鑲嵌的螺鈿上均刻極細的毛片。龍的雙目未鑲螺鈿，可能是鑲嵌其他物質，今已脱落。龍旁置雲朵，以示飛龍在天。狹緣。藏中國國家博物館。

人物花鳥紋嵌螺鈿鏡

唐代照容用具。

直徑23.9釐米。1955年河南洛陽澗西出土。

圓鈕。主紋是用螺鈿鑲嵌成一幅人物花鳥畫。中心有兩位長者在樹前對坐，左側一人彈阮，右側一人持杯欲飲，前置一樽一壺，後有一女捧物侍立。鈕上方爲花樹和鳥獸，樹下蹲坐一犬，兩側鸚鵡展翅，樹梢上小鳥立於枝頭，大鳥振翅在下。鈕下有鷺鷥和三小鳥，其間點綴草、石、花、葉。以螺鈿鑲嵌青銅鏡，工藝非常複雜，是唐代豪華的工藝精品。藏中國國家博物館。

蓮花紋嵌螺鈿葵花鏡

唐代照容用具。

直徑27.4釐米。

圓鈕，蓮葉紋鈕座。主紋爲大小蓮花相間，又圍不同形式仰蓮各四朵，一一相間，並填以枝葉、花瓣。蓮花均用紅色寶石，此外大量使用螺鈿、玉石、青金石和琥珀，使鏡背色彩艷麗。留出極少的空間，用極細小的綠松石及玉石與漆混合作爲地紋。整個紋飾保存得比較完整，甚爲難得。鏡緣爲八瓣葵花形。藏日本正倉院。

花鳥紋嵌螺鈿葵花鏡

唐代照容用具。

直徑24.5釐米。

圓鈕，蓮瓣紋鈕座。主紋爲四鸞鳥銜綬帶展翅飛翔，間以折枝荷葉蓮花。鸞鳥及花、葉、邊緣用螺鈿鑲嵌，在螺鈿上刻出鸞鳥的羽飾，荷葉上刻出莖脉，花蕊、葉心則用琥珀鑲嵌。整個鏡背留出較大的空間，用細小的緑松石、玉石和漆作爲地紋，實際上是鑲嵌物的黏合劑。鏡緣爲八瓣葵花形。藏日本白鶴美術館。

永壽之鏡萬字鏡

唐代照容用具。

直徑12.1釐米,重0.291千克。

圓鈕,以鈕爲中心飾雙綫卐字紋,並在其間用不同方向鑄"永壽之鏡"四字。"卐"是古代的一種符咒、護符或宗教標志,把它看成是太陽和火的象徵。印度、波斯、希臘等國都曾出現過,以後被古代宗教所使用。唐武則天長壽二年(公元693年)制定"卐"字讀爲"萬"。佛教認爲它是釋迦牟尼胸部所現的瑞相。在梵文中的意思是"集天下一切吉祥功德"。唐代的萬字鏡,有鑄"太平萬歲"四字的是頌上吉語,也有鑄"受歲"或"永壽"的表示長命,與此"永壽之鏡"萬字鏡,皆爲同一時期所鑄。藏上海博物館。

竹林七賢圖鏡

唐代照容用具。

直徑21釐米。1978年雲南大理崇聖寺出土。

圓鈕,重瓣蓮花鈕座。鈕上方有兩人對弈,居中一人静觀,兩側上方各有兩人,坐於大樹下;鈕的下方有四人作交談狀,共有十一人。其間佈以山石、竹林、飛禽、爐等,紋飾采用淺浮雕,畫面當爲晉代竹林七賢的生活意境。藏雲南省博物館。

寶相花紋葵花鏡

唐代照容用具。

直徑24.7釐米，重2.05千克。

圓鈕，花朵形鈕座。主紋是兩周不同形式的寶相花，內圈每朵三瓣葉，中有兩個花苞，彼此以纏枝相連。外圈是仰蓮和有大蕊的花朵相間隔，兩種花所襯之葉也不同。鏡緣爲八瓣葵花形，鏡面平坦。藏上海博物館。

吹笙引鳳紋葵花鏡

唐代照容用具。

直徑12.9釐米。河南洛陽出土。

圓鈕。鈕左一人端坐吹笙，神情專注，鈕右一鳳，聞聲而至。上爲竹篁一叢，下爲崇山峻嶺。據《列仙傳》載：吹笙者爲周靈王太子王子喬，名晉。晉好吹笙，作鳳凰鳴，游伊洛之間，道士浮丘公接晉上嵩山。三十餘年後，晉乘白鶴駐緱氏山頭，舉手謝時人，昇天而去。此鏡紋飾簡練，表現了吹笙引鳳的故事。鏡緣爲八瓣葵花形。藏洛陽博物館。

房悰造都省銅坊鏡

五代照容用具。

直徑17.7釐米，重0.299千克。

圓鈕。鈕兩側鑄“都省銅坊、匠人房悰”八字，鈕上鑄一“官”字。都省，五代尚書省所轄丞、司；銅坊，尚書省所控制的官營製銅手工業作坊。出土資料説明此類銅鏡流行於五代到北宋初年，匠人之名除“房悰”外，尚有“王典”、“謝昭”、“李成”等二十餘個。藏上海博物館。

武德軍十二生肖紋鏡

五代照容用具。

直徑21.1釐米。1983年四川巴中出土。

圓鈕，花瓣紋鈕座。外圍三周紋飾：內圈爲八卦紋，八卦之間鑄銘文“武德軍作院羅真造”八字，中圈爲十二生肖圖像，外圈爲纏枝蓮花。武德軍作院，五代前蜀武德軍所設官營手工業作坊；羅真，工匠名。藏四川博物院。

嘉祐三年路暎造鏡

北宋照容用具。

直徑33.7釐米，重2.932千克。

圓鈕，蓮花鈕座。外圍楷書銘文一周："大宋嘉祐三年戊戌六月十八日，張村宇驣女子望見，同施壹面，鑄鏡人路暎記。"共三十一字。銘文詳細記載年月日和鑄鏡人姓名，有還願之意，將這一内容銘記於鏡較爲少見。嘉祐，北宋仁宗趙禎最後一個年號；嘉祐三年爲公元1058年。藏上海博物館。

熙寧六年星辰八卦紋鏡

北宋照容用具。

直徑25釐米，重1.521千克。

圓鈕，圓鈕座。外圍天象星辰和八卦紋，每一卦紋之間以法器相隔。最外一周鑄銘文："熙寧六年，歲次癸丑，五月癸卯，五日丁未記。"共十七字，字間均有法器，銘文旁有一周貝紋，狹緣。鏡邊緣刻銘文"丘縣驗記官押"。熙寧，北宋神宗趙頊年號，六年爲公元1073年。藏上海博物館。

紹興十四年道教鏡

南宋照容用具。

直徑20.2釐米，重0.9千克。

圓鈕，銘文鈕座，鑄“大宋紹興甲子歲正月丙寅甲子日造”十五字。主紋爲八組十六字“大明、陰精、元輔、仁儀、運珠、伯史、天英、幽窕”，其中“陰精”爲月，“元輔”爲天子之輔佐，“天英”爲星名。這些文字與道教有關，真宗、徽宗尊奉道教，百姓是儒、道兼信，此鏡反映宋代道教之興盛。紹興十四年爲公元1144年。藏上海博物館。

嘉熙戊戌雙龍紋葵花鏡

南宋照容用具。

直徑19.5釐米。

圓鈕。主紋爲雙龍，鈕兩側爲龍首，體軀彎曲向上，兩龍體部紋飾各異，間以雲紋。下有波濤紋，似有一岸綫，上置三足器。鏡緣爲八瓣葵花形，每瓣鑄一字，爲“嘉熙戊戌吴氏淑静”八字。嘉熙戊戌爲嘉熙二年，即公元1238年。爲南宋時期標準器。藏湖南博物院。

滿江紅詞菱花鏡

南宋照容用具。

直徑24.2釐米，重1.463千克。

圓鈕。内圈由平行雙綫組成，有八個回轉的銘文帶。最後十三字圍繞鈕，形成鈕座。銘文内容爲無名氏《滿江紅》詞一首："雪共梅花，念動是、經年離拆。重會面，玉肌真態，一般標格。誰道無情應也妬，暗香埋没教難識。却隨風、偷入傍妝臺，縈簾額。惊醉眼，未成碧。隨冷暖、分青白。嘆朱弦凍折，高山音息。悵望關河無驛使，剡溪興盡成陳跡。見似枝而喜對楊花，須相憶。"共九十三字。在銘文帶回轉處設八卦。外圈飾八尾飛鳥，分尾上揚。狹緣爲八瓣菱花形。藏上海博物館。

月宫紋連座鏡

南宋照容用具。

高14.9釐米，直徑10.8釐米，重0.34千克。

橋形鈕。稍偏下方，有一銅棒連接下面的雲形活絡支架，鏡緣有兩處與座連接，可支撑鏡體。鏡背爲月宫圖。左側一桂樹，繁茂的枝葉已達鈕之上端，樹下有玉兔持杵搗藥；右上方有一座重檐樓閣，隱現在雲層之中，鈕下爲海水波濤。整個器形以鏡喻月，座爲雲，構成祥雲托月形。銅鏡和支架連鑄較爲少見。這是南宋鏡特有的造型。藏上海博物館。

蹴鞠紋鏡

南宋照容用具。

直徑10.8釐米。湖南株洲徵集。

圓鈕。主題爲蹴鞠娱樂圖，畫面共有四人，鈕左爲一女子，高髻笄髮，長衫寬褲，左足略抬起，足尖上方有一球，介於起落之間，富有動感；鈕右爲一男子，幞巾，長袍，蹲步前傾，目光注視着球。二人背後各有一女侍和男侍。女侍梳雙髻，腰束百褶裙，男侍手持物，均爲觀球狀。球場是一片草坪，遠處聳立一塊太湖石和圍欄。整個畫面充滿生活氣息，生動地描繪了青年男女踢球取樂的情景。藏湖南博物院。

乾統七年四鳳紋鏡

遼代照容用具。

直徑19釐米，重0.65千克。

圓鈕。鈕兩側鑄"乾統七年"四字，鈕上方刻銘"都右院官押"五字。外飾四朵如意形祥雲。主紋爲展翅飛翔的四鳳紋，並間以四龍。外圍連珠紋一周。乾統，遼代天祚帝耶律延禧年號，七年即公元1107年。藏中國國家博物館。

迦陵頻伽紋鏡

遼代照容用具。

直徑22.8釐米。1956年遼寧建平張家營子出土。

圓鈕。主紋是迦陵頻伽紋。迦陵頻伽是佛教裏能唱最動聽聲音的神鳥。佛教題材鏡主要流行於唐代。此圖形爲鈕兩側飾上半身爲人、下半身爲鳥的形象，頭戴花冠，雙手各捧一盆，內有三葉，手腕及上臂設環，體部爲雙翼，下爲鳥爪。鈕上下飾不同形態的蓮花。紋飾皆用凸起綫條勾勒，空間填黑漆。用佛教題材裝飾遼鏡，反映了佛教對遼代的影響。藏遼寧省博物館。

蟠龍紋鏡

遼代照容用具。

直徑28釐米。1992年内蒙古自治區赤峰阿魯科爾沁旗耶律羽之墓出土。

圓鈕。主紋浮雕一蟠龍，體部粗壯而長，向左盤曲一周，尾部設在龍首上，佔據了整個鏡背。龍首昂起，雙角分叉聳立，鬃後掠，張口吐舌，龍口對準圓鈕。龍爪雄健有力，尾與一後足相糾結，通體飾細鱗紋。藏内蒙古博物院。

契丹文時不再來八角鏡

遼代照容用具。

直徑14.6釐米。1971年吉林大安紅崗永合屯出土。

圓鈕。主紋鑄契丹文，用綫條分成五欄，鑄慶陵式契丹文字，譯文爲："時不再來，命數由天，逝矣年華，紅顔白髮，脱超網塵，天相吉人。"共二十四字。文字外爲纏枝花。鏡緣呈八角形，緣刻"濟州録事完顔通"七字。藏吉林省博物院。

唵嚒呢叭㖶吽方鏡

西夏照容用具。

每邊長7.4釐米，重0.206千克。

鏡呈正方形。圓鈕。刻西夏文一周六字，音譯爲"唵嚒呢叭㖶吽"，是佛語六字真言。據西夏党項人骨勒茂才編纂的《番漢合時掌中珠》，插圖上有"唵嚒呢叭㖶吽唵阿吽"九字，前六字與本鏡銘文完全相同。在敦煌石窟元代速來蠻西寧王及其眷屬立的六字真言碑上，刻的也是這六個字。可見西夏文的六字真言，在西夏和元代都曾使用過。這真言六字也有寫作"唵麽抳鉢訥吽"的，其義相同。藏上海博物館。

雙獸紋鎏金鏡

金代照容用具。

直徑24.5釐米，重2.57千克。

圓鈕。鈕兩側各飾一獸，獸形一正一倒。獸昂首張口作咆哮狀，毛髪後掠，尾高揚作散條狀，體部有花紋如豹。兩獸間以雲紋爲間隔。狹緣。雙獸曾鎏金，至今尚存，極爲難得。藏上海博物館。

柳毅傳書圖鏡

金代照容用具。

直徑17.2釐米。

圓鈕。紋飾上部左側沿鏡緣飾一株枝葉繁茂的大樹，樹下有兩人，女子衣帶飄拂，雙手持帕，屈身作哭訴狀，其左一男子長服垂地，雙手至胸前，體微前傾作聆聽狀，右側五頭羊徜徉在草地上，尚有一人，牽馬侍立。鈕上有長方框鑄“青銅”兩字。鈕下方飾波濤洶湧的湖水，兩尾鯉魚游弋其間。此紋飾取材於民間流傳的柳毅傳書故事。書生柳毅應舉落第，返湖濱時見洞庭龍君之小女，因受夫家虐待，在荒野牧羊而悲傷哭泣。柳毅激於義憤，代龍女傳信給其父洞庭君，救回龍女。後龍女與柳毅結爲夫妻。鏡上的紋飾是這個故事的起首。藏湖南博物院。

王質觀棋圖菱花鏡

金代照容用具。

直徑11.8釐米，重0.19千克。

圓鈕。鈕的左上方爲兩人盤坐對弈，中有一人在觀棋，是爲主紋。鈕右側爲一株參天大樹，樹後遠處是山巒，樹下有河岸和流水，樹左右各有兩童子，身着短衫，手持寶物。梁任昉《述異記》：“信安郡石室山，晉時王質伐木，至，見童子數人，棋而歌，質因聽之。童子以一物與質，如棗核。質含之，不覺饑。俄頃，童子謂曰：‘何不去?’質起，視斧柯爛盡，即歸，無復時人。”此紋飾正取材於此民間傳説，居中觀棋者當爲王質。鏡緣爲八瓣菱花形。藏上海博物館。

四童戲花紋葵花鏡

金代照容用具。

直徑13.8釐米。1956年吉林長春出土。

圓鈕。鏡背滿佈花叢，四童子躺臥其間嬉耍，童子上體穿交領短衫，下爲寬松長褲。髮型有童花式、單髻、雙髻、多髻等形式，或舉手持花，或低頭賞花，體態健美，活潑可愛。此鏡紋飾用浮雕表現童子和花叢，這類題材僅見於金代。鏡緣爲六瓣葵花形。藏吉林省博物院。

雙鯉紋鏡

金代照容用具。

直徑43.5釐米。1976年黑龍江阿城南陽屯出土。

圓鈕，水波紋鈕座。主紋是兩尾鯉魚，同向洄游，體態飽滿，張口吐水，側身遨游，翻轉自如，魚體鱗紋清晰，形態逼真生動。空隙處填以流暢細密的水波紋，波濤起伏的水面飄浮着片片水草，顯示出濃厚的自然情趣。此鏡形制特大，爲鏡中所少見。藏中國國家博物館。

戲劇人物紋鏡

元代照容用具。

直徑12.4釐米，重0.64千克。

中間用瓶插花，瓶腹鼓起爲鈕。整個紋飾是一個舞臺，兩人在臺上演出。舞臺仿木結構，上有額枋和戲臺的出檐，其下有掛落和四垂柱，兩側置門扉，臺前爲雕花干欄。戲臺有後壁，上掛斗笠、簸箕等道具。鈕左坐一人，雙腿彎曲斜支，懷抱琵琶，正在演奏，鈕右立一人，聳肩屈腰，雙手捧物。戲臺設後壁爲元代風格。元代雜劇是金末元初興起於北方的一種戲曲形式。藏上海博物館。

仙鶴人物紋鏡

元代照容用具。

直徑9.7釐米。河南洛陽孟津朝陽出土。

定勝鈕。鈕上爲一闕樓，兩側有對稱翔鶴。鈕兩側飾四童子，手各持物。鈕下飾一朵蓮花和蓮池，兩側爲鷄，呈對稱狀。紋飾爲高浮雕。狹緣高起。藏洛陽博物館。

宣德年吴邦佐監造雙龍紋鏡

明代照容用具。

直徑21釐米。

圓鈕。主紋是對峙的雙龍。龍張口露齒,體軀向上卷曲,尾上卷,一足站立,周圍飾四朵祥雲。上有"大明宣德年製"六字款,下有"工部監造吴邦佐"七字。藏中國國家博物館。

萬曆己亥五嶽真形圖鏡

明代照容用具。

直徑11.9釐米,重0.76千克。

扁平方鈕,四出形鈕座。鈕頂及四出形各設一符篆,象徵五岳。外鑄銘文一周:"五嶽巍巍切太清,上有真人守黄庭;朝飲玉泉餐芝英,億萬斯年保長生。"共二十八字。外圍交龍紋。鏡緣鑄銘文一周:"大明萬曆己亥午日,鑄五嶽真形鏡,用祝我父大司徒,千秋男都御史王象乾謹識。"共三十二字。萬曆己亥爲公元1599年。王象乾,隆慶進士,歷僉都御史、兵部尚書,纍加太子太師。五嶽真形圖的内容與道教有關,也是山嶽的平面圖。《漢武帝内傳》載:"諸仙佩之,皆如傳章,道士執之,經行山川,百神群靈,尊奉親迎。"這是五嶽圖在銅鏡上作爲紋飾的原因。藏上海博物館。

八卦紋鏡

明代照容用具。

直徑20.9釐米，重1.537千克。

龜鈕，圓鈕座。内圈爲八卦符號，外圈按六十四卦鑄陽文楷書卦文。鏡緣陰文鑄“乾巽離坤兑震坎艮”八卦名，並與六十四卦文對應。外圈六十四卦文次序：乾爲天，天風姤，天山遁，天地否，風地觀，山地剥，火地晉，火天大有。巽爲風，風天小畜，風火佳人，風雷益，天雷無妄，火雷噬嗑，山雷頤，山風蠱。離爲火，火山旅，火風鼎，火水未濟，山水蒙，風水涣，天水訟，天火同人。坤爲地，地雷復，地澤臨，地天泰，雷天大壯，澤天夬，水天需，水地比。兑爲澤，澤水困，澤地萃，澤山咸，水山蹇，地山謙，雷山小過，雷澤歸妹。震爲雷，雷地豫，雷水解，雷風恒，地風昇，水風井，澤風大過，澤雷隨。坎爲水，水澤節，水雷屯，水火既濟，澤火革，雷火風，地火明夷，地水師。艮爲山，山炎賁，山天大畜，山澤損，火澤睽，天澤履，風澤中孚，風山漸。共二百十五字，在傳世銅鏡中，可謂鑄文字最多者之一。八卦鏡有的圖像很簡單，僅有八卦圖，此鏡爲八卦圖中最複雜者。藏上海博物館。

大順三年雙龍紋鏡

清代照容用具。

直徑12.3釐米，重0.38千克。

圓鈕，鈕頂鑄楷書銘“大順三年孟夏月造”八字。鈕兩側浮雕雙龍，首尾相接。龍獨角上卷，鬃毛後掠，口略張，雙目有神，尾端分叉，足舒展。外圍祥雲八朵。據載：崇禎十六年（1643年）初，張獻忠佔領武昌，稱大西王，次年佔領成都，改國號大西，建元大順。大順三年爲公元1646年，清軍南下，張獻忠爲清豪格所殺，離鑄鏡孟夏月僅半年。藏上海博物館。

嘉慶七年慎思堂鑄東萊寶鏡

清代照容用具。

直徑17.8釐米，連柄長28.1釐米。

圓鈕。外圍“東萊寶鏡”四字，内圈爲十二支神圖像，外圈銘文一周“嘉慶七年壬戌滇南撫置慎思堂鑄”十四字。嘉慶，清仁宗愛新覺羅顒琰年號，七年爲公元1802年。此鏡有柄，爲清鏡標準器。藏中國國家博物館。

百子圖鏡

清代照容用具。

直徑36.5釐米。

扁圓鈕，鈕上鑄“湖州薛敬侯自造”七字，爲鑄造者商標。主紋爲三十二個各具形態的天真稚童，根據形象有“五子奪魁”和“蓮生貴子”等吉語，這與童子手持物有關，如“吉慶”、“如意”，還有扇及弓等。邊緣尚有石榴、雲山、樹石等。此鏡鏡形較大。藏中國國家博物館。

播種貯貝器

西漢貯幣用具。

高40釐米，蓋徑28.8釐米。1992年雲南江川李家山出土。

器呈鼓形。侈口，上設平蓋。蓋上鑄三十五個立體人像，中心設一高大圓柱，蓋一側以鎏金女人爲中心，端坐於四人抬扛之肩輿内，兩側各有男女二人爲隨從，一女執傘，一女奉食，皆着對襟衣，跣足。輿前有二騎開道，後有一男扛鍷，一女挎種籽囊，另一男持點種棒相隨。圖像表示主持祭祀儀式結束後，女主人前往田間親耕播種。其餘場景是人們在祭祀場地進行各種交易活動。有頭頂薪束者、捧持罐鐔者、挾挎籃筐者和展示布帛氈裘者。人們服飾各異，或立或行，或坐或蹲，姿態不一。容器外側飾競渡紋和羽人舞蹈紋，其上下飾鋸齒紋和連珠紋。這是雲南滇人存放貝幣的容器，出土時器内尚存有貝幣。藏雲南李家山青銅器博物館。

紡織貯貝器

西漢貯幣用具。

高48釐米，蓋徑24釐米。1992年雲南江川李家山出土。器呈筒形。侈口，設高蓋。蓋面鑄十個立體人像，中心設一小鼓，鎏金人端坐鼓上，一人跪於前，一人執食盒跪侍其側，一人跪於後執傘。其兩側尚有二人在繞綫，四人低着頭用腰機織布、穿梭、打緯，反映當時紡織的各道工序。這種紡織方法，現今雲南有些少數民族地區仍在使用。器及蓋沿兩側各設立體虎爲耳，平底，下置三小足。器及蓋沿飾幾何形紋、雲紋及鋸齒紋。這是雲南滇人存放貝幣的容器。藏雲南李家山青銅器博物館。

祭祀貯貝器

西漢貯幣用具。

高53釐米，蓋徑32釐米。1956年雲南晉寧石寨山出土。器呈圓筒形。侈口，設平蓋。蓋上鑄立體人物約一百三十人，干闌式建築物一座。建築物由平臺和屋頂組成，下有圓柱承之，平臺前後各置二梯。臺上置一高凳，一女垂足而坐，似爲主祭，其周圍置鼓十六具，前方五人，側面三人，均席地而坐，手中或面前各有飲具。臺前一人雙手捧物拾級而上。主祭者身後鼓上均置尊、杯，鼓前有盛物大盤兩個，一側蹲一人爲侍者。平臺一側置一大釜，其上横置一長柄勺，釜前一牛已被宰，旁有一人雙手執刀，似爲屠手。牛旁有一羊，一人似屠者爲欲宰之狀，尚有數人在閑談。平臺另一側也置一釜，釜後有一馬繫於柱上。另有一豕，有女持物飼養，其旁站一人。近邊緣有二虎，一仰首伏地，一繫於柱上，虎前有一死犬，旁有一女持蛇喂孔雀。臺下有從事雜役者數人。後方立一木架，横梁上懸掛鼓和錞于各一，一男雙手各執一錘擊之。其後置大鼓兩具，鼓間立一銅柱，柱上有蛇噬人圖像，柱後立一木牌，牌上縛一裸體男子。其旁有乘馬者、步行者，另有多人持器，器中有物，多係婦女，服飾各異。器兩側以虎爲耳，四肢爲攀緣狀，平底下置三虎爪短足。這是雲南滇人存放貝幣的容器。藏中國國家博物館。

祭祀貯貝器

戰鬥貯貝器

西漢貯幣用具。

高53.9釐米，蓋徑33釐米。1956年雲南晉寧石寨山出土。

器爲兩個銅鼓重叠而成。斂口，設平蓋。蓋上鑄立體人物二十二個，馬五匹。蓋中央爲一騎士，此人戴盔穿甲，左手持繮，右手持矛。馬前有一人倒地，掙扎欲起，馬右後方立一人，負盾佩劍，雙手横執一矛。其右有一騎士，亦戴盔穿甲，爲前馳狀，馬前足踩倒一人，此人肩負盾，一手支地，一手上舉，爲掙扎狀，其前有一馬。在騎者和執矛者之後站立一人，舉弩欲發。馬前有數人：一人左足前支，右膝跪地，雙手向前伸展；一人負盾佩劍持矛刺殺；一人着甲佩劍手執兵器；一人左肩負盾，雙手握兵器。其面對的一人爲行進狀；背後一人跪地，髮辮後垂，雙手支地爲跪狀；其右有騎馬疾馳戴盔着甲者；馬後一人禿髮，着長衣；此人前有雙手被縛者二人，皆髮辮；其前有一人佩劍，似押解戰俘者。數人神態各異，反映的是滇池區域滇民族和滇西地區昆明人的作戰情况。藏雲南省博物館。

騎士貯貝器

西漢貯幣用具。

高50釐米，蓋徑26釐米。1957年雲南晉寧石寨山出土。

侈口，設平蓋。蓋面中間爲一釘形柱，上有一鎏金人騎於馬背，人佩劍，馬張口，尾上翹後下垂。蓋緣有四頭立體牛，向左援行。器呈束腰筒形，平底下置四短足，腹兩側設立體虎爲耳，虎張口，四肢爲攀附狀。這是雲南滇人貯幣用器，出土時貯有海貝。藏雲南省博物館。

八牛貯貝器

西漢貯幣用具。

高49釐米，蓋徑30.4釐米。1956年雲南晉寧石寨山出土。

器呈筒形。侈口，設蓋。蓋沿較淺，上有八頭牛，中間一牛較大，昂首張口，其餘七牛在其周圍，牛頭皆外向。器束腰平底，下置三個獸足。腹兩側設虎爲耳，虎爲攀登回首狀，張口露齒。器腹有四道紋飾，刻畫精細。上二道皆爲孔雀，有高冠及長尾，分别左行、右行。第三道飾各種紋飾的馬，馬鬃甚長，長尾下垂，緩慢左行。第四道飾各種紋飾的牛，牛角翹起，尾下垂，緩慢右行。此貯貝器爲鑄牛最多的，反映了畜牧經濟在滇族社會中仍佔主要地位，也顯示了財富之多。藏上海博物館。

七牛貯貝器

西漢貯幣用具。

高 43.5 釐米。1956 年雲南晉寧石寨山出土。

器呈筒形。侈口,設高蓋。蓋上有七牛,一牛立於中間一小鼓上,昂首、張口作嘶叫狀,其餘六牛環繞其周圍,長牛角向裏彎,體瘦,尾長,牛頭均向外,姿態各異。平底下置四獸足,器腹兩側以咆哮之虎爲雙耳,爲向上攀登之勢,虎體較瘦,長尾。蓋沿及器的表面尚存刻紋。藏雲南省博物館。

虎牛鹿貯貝器

西漢貯幣用具。

高34釐米，蓋徑16.6釐米。1972年雲南江川李家山出土。

器呈圓筒形。侈口，設蓋。蓋中心爲一牛，外圍一虎三鹿爲行走狀，皆爲立體雕塑。器腹收縮，平底下置三踞坐人爲足，人穿對襟長衣，用頭和雙手托住器底。器口沿飾三角形紋和繩絡紋。腹部的紋飾上爲孔雀含蛇，下爲人牽牛、趕牛、持斧等動作和鹿、牛等動物。爲雲南滇人貯藏貝幣的器物。藏雲南李家山青銅器博物館。

雜器

波曲紋人足方盒

西周晚期盛物器。

高9.3釐米，口縱8.8釐米，口横19.2釐米。1993年山西曲沃曲村晉侯墓地出土。

器呈長方形。頂部設可向兩側開啓的平蓋，其中一蓋邊設卧虎形鈕，閉合時可扣住另一蓋。四面各飾一龍爲耳，四隅設棱脊，器前後各設兩個跽坐的人爲足，人高鼻大目，寬嘴大耳，雙手在後，托起方盒。蓋面飾兩頭龍紋，方盒飾變形獸體紋和波曲紋。藏山西博物院。

五牛盒

西漢生活用具。

高31.2釐米，蓋徑18釐米。1972年雲南江川李家山出土。

直口，設高蓋，蓋頂隆起，站立一牛，蓋的周邊環列較小的四牛，牛尾着地，頭均向右。蓋沿較狹，設對稱環鈕。器腹的最大處靠近口部，兩側設環鈕，與蓋鈕對應，以下逐漸收斂成平底，下置四個扁平小足。整器皆有紋飾，有短的直條紋、S形紋、席編紋和交龍紋等，牛體上亦有似雲紋的圖案。出土時盒內尚存殘絲綫，故又名“綫盒”。藏雲南省博物館。

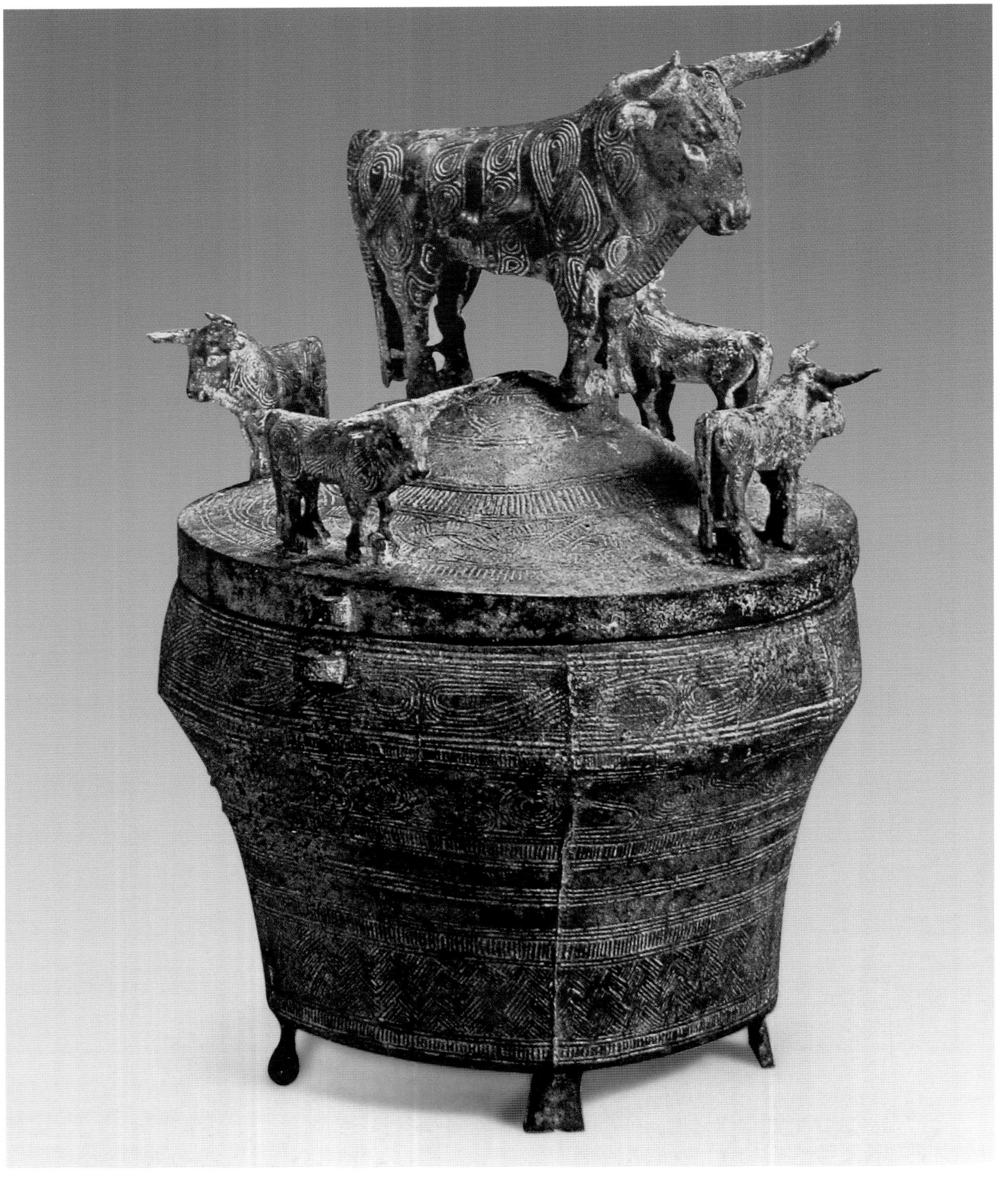

獸面紋竈具

春秋晚期生活用具。

高160釐米，竈長46釐米，竈寬38釐米，重17.4千克。

1988年山西太原金勝村趙卿墓出土。

整器由竈體、釜、甑和四節烟筒共七件組成。竈體呈橢圓形，無底。前設竈門，爲半圓形口，竈的正中是火膛，上設圓形竈眼，可置釜和甑，後端置突起的烟囱口作爲排烟裝置，有四節煙筒，各有子母口相套。竈體内壁有小突齒，用於搪竈掛泥，既可保温，又可省柴薪。竈具兩側有活絡鏈可提攜。竈具上的釜直口，寬肩，深腹下收成平底，肩腹間設一棱脊，正好架於竈面上，腹部其餘部分置於竈肚中。釜上設甑，甑口折沿，寬腹下收，底有幾何形空洞，使釜中蒸汽上昇至甑，甑的圈足套於釜口外，甑與釜肩兩側各設舖首銜環。甑口沿、腹及釜肩均飾交龍紋，竈口沿飾獸面紋。這是一套完整的竈具，傳世較少。藏山西博物院。

錯金銀龍鳳方案

戰國中期生活用具。

高36.2釐米，每邊長47.5釐米，重18.65千克。1978年河北平山中山王墓出土。

案面爲正方形框，由四龍四鳳展翅纏繞成爲案座，龍首上置一橫檔，以兩個支點托住案角。底爲環形盤，龍鳳均站立其上，盤邊設四卧鹿，爲方案四足。方案四周和圓形盤上的龍、鳳、鹿軀體之毛斑，均以金銀絲和金銀片鑲嵌。案上刻銘文十四字，記載造器年代、官吏和工匠之名。方案結構複雜，紋飾華麗。藏河北博物院。

牛虎案

西漢生活用具。

高43釐米，長76釐米，重17千克。1972年雲南江川李家山出土。

案由一虎二牛組成，牛腹中空，橫置一小牛，尾端爲一虎噬牛尾。牛背爲案面，牛四蹄爲案足，前後足間有橫梁相連。造型特殊。爲雲南滇族的隨葬祭器。藏雲南省博物館。

錯金銀虎噬鹿器座

戰國中期生活用具。

高21.9釐米，長51釐米，重26.65千克。1977年河北平山三汲村出土。

整體爲匍匐的猛虎正在捕食幼鹿的形態。虎尾平直上卷，前爪緊抓鹿腿，後腿用力猛蹬。小鹿半身已入虎口，三足着地，尚在垂死掙扎，虎的前爪爲抓住鹿腿而懸空，就用鹿腿着地，支撑前部，保持虎體平衡，構思巧妙。虎和鹿體鑲嵌金銀片以示毛飾，虎背設兩個凸起的方孔，可插方柱形物。藏河北博物院。

大府卧牛席鎮

戰國晚期生活用具。

長10釐米，高4.9釐米。1958年安徽壽縣邱家花園出土。

器呈牛卷曲伏卧狀。牛回首前視，尾貼於左股之上，前蹄雙跪，後蹄曲於腹下。整體飾雲紋，紋飾流暢，並以銀片及銀絲鑲嵌，鑲嵌物大多保持完好。腹下鑄銘文“大廎之器”四字。大府是楚王的府庫，當爲楚王室之器。此卧牛爲席鎮，置於席之四角。藏中國國家博物館。

虎噬牛枕

西漢生活用具。

高15.5釐米，長50.3釐米，寬10.6釐米，重11千克。1972年雲南江川李家山出土。

枕呈馬鞍形，兩端上翹，各立一水牛。枕面平滑。側面浮雕虎噬牛圖像三組，每組均爲一虎撲於牛背，並噬牛頸，造型逼真，神態生動，并以纖細雲紋爲地紋。出土時在死者頭下，部分耳環及頭骨殘片尚粘於枕面，故名之爲枕。藏雲南省博物館。

康侯斧

西周早期手工工具。

長10.3釐米，重0.28千克。傳河南浚縣出土。

設長方形銎，連鑄一道突起的箍，包住銎沿，起加固作用，旁設一繫。器下部經使用磨損甚多。正面鑄銘文“康侯”二字。康侯是周武王之弟，名姬封，是衛國始封之君。傳世康侯斧共兩件。此件藏北京故宫博物院。

康侯斧

西周早期手工工具。

長9.1釐米，刃寬6.8釐米。傳河南浚縣出土。

口沿設一道寬邊以加固，内可置柄。刃部較寬，呈橢圓形。近刃部鑄銘文“康侯”二字。傳世康侯斧共兩件，此件藏中國國家博物館。

𠭯司徒斧

西周晚期手工工具。

長24.1釐米，銎縱4.4釐米，銎横7.2釐米，重2.06千克。

器呈長方形。銎部稍寬，飾三道粗弦紋，爲加固用。兩側設小繫。正背面鑄銘文“𠭯司徒”、“北𦵨征[illegible]”七字，記載此器爲𠭯司徒北𦵨官署中所用之斧。藏上海博物館。

郘大叔斧

春秋晚期手工工具。

長16.5釐米，銎縱3.6釐米，銎横5.05釐米，重0.7千克。

器呈長條形。向下緩慢收斂，刃部外張呈弧形。銎長方形，連鑄一道突起的箍包住銎沿，起加固作用。斧正面外側鑄銘文十二字，記載郘大叔用新的青銅鑄造貣車之斧。或謂貣車即貳車。此爲車上專用的手工工具。藏上海博物館。

獸面紋錛

商代早期工具。

長27.5釐米，刃寬7.5釐米。1978年河南鄭州市石佛鄉出土。

器呈長條形。銎長方形，口部有加厚邊，銎下有對穿小孔，爲固柄用。錛體上部飾獸面紋。錛出土較多，大多無紋飾，飾雷紋和獸面紋者比較少見。此錛可能是修車工具。藏鄭州博物館。

獸首轅飾

西周早期車飾。

高16.9釐米，銎徑6.4釐米，重1.15千克。

轅飾是車轅前端的套飾，前後有不同的形象。此器正面上部爲虎首，虎耳豎起，大鼻，下部叠一人首。人粗眉大目，五官俱全，嘴微啓。背面上部飾獸面紋，下部飾對稱龍紋。此器人首高7.5釐米，是這一類題材中人首形象最大者。藏上海博物館。

獸首轅飾

西周早期車飾。

高15釐米，銎徑6.2釐米，重0.9千克。

正面上部爲外卷角獸首，下部叠一個人面形獸，雙目較小，鼻部寬大，嘴角上翹呈彎月形，兩側設耳。背面上下均飾龍首，上部的龍首在角旁有倒刺，下部龍首角向兩側展開，中間似象鼻形上卷的棱脊，兩側設耳。在轅的下部設兩個對稱方孔，可以穿榫固定在轅端。藏上海博物館。

人獸轅飾

西周中期車飾。

高12.8釐米。1974年陝西寶鷄茹家莊出土。

正面飾一虎首，張口露獠牙，後有一突起人首，五官畢具，大鼻、露齒。背面看是一人之背，披髮下呈尖形，雙手攀附邊沿，雙足曲肢，上體裸露，肩部飾鹿紋，有網紋腰帶，下穿三角褲。從人的形象、穿着及髮式分析，此器具有北方少數民族風格。藏寶鷄青銅器博物院。

錯金銀輈飾

戰國車飾。

長22.5釐米，寬12.2釐米，高8.3釐米。1981年河南淮陽馬鞍冢出土。

器呈筒形。前端封頂設一龍頭，龍角翹起，雙目突出，啓口露出獠牙。龍的前額和頸部各設方孔，可將輈首固定在輈上。額頂及整個面部的空隙處飾簡單的雲紋，紋飾皆錯金銀，部分雖已脱落，尚存華麗風采。藏河南博物院。

矛形害

戰國早期車器。

長41.3釐米。1978年湖北隨州擂鼓墩出土。

此爲車害，一般都較短，此害上連鑄一矛，矛兩側設弧形刃，頂端爲鋒。矛飾雲紋。害附轄，爲實用器。藏湖北省博物館。

獸面紋建築構件

商代晚期建築構件。

高19釐米，縱16.3釐米，橫18.8釐米。1985年河南鄭州石佛鄉小雙橋遺址出土。

器呈方形，僅有三面。中間爲主體，飾外卷角獸面紋，兩側面的中間各設長方形孔，周圍飾龍、虎、象紋，都用陰綫組成。這是至今發現最早的青銅建築構件，形制規整，應該是套在方形木椽子的一端，兩側長方形孔可作爲固定用，可見當時建築規模之宏大。藏河南博物院。

蟠龍紋建築構件

春秋中期建築構件。

長42釐米，寬16釐米。1973年陝西鳳翔姚家崗出土。

器中空，外形呈曲折狀，兩端有橫欄和尖鋭狀齒，在直角處有一大孔，可與木結構上的凸起物相扣合。其外露的正面和側面皆飾蟠龍紋，這種構件不僅能加固木制物件，還能起裝飾作用。構件有長方形、方形、曲折形等多種式樣，傳世較少。這類青銅構件是研究古代建築裝飾的珍貴實物資料。此構件在秦雍城遺址附近出土。藏中國國家博物館。

交龍紋建築構件

春秋晚期建築構件。

長31釐米，寬22釐米。1974年陝西鳳翔豆腐村出土。

器呈長方形。中空，左邊較狹，右邊較寬，縱斷面呈梯形。底邊和背面爲素面，設若干長方形孔。正面及上邊沿飾交龍紋，正面、背面各設一對穿孔，直徑爲4釐米，可與木結構的凸起物相扣合。藏陝西歷史博物館。

交龍紋建築構件

戰國早期建築構件。

高38釐米，長62釐米。1972年江蘇沙洲(今張家港)鹿苑出土。

器略呈曲折形。一端彎曲向上，爲斗拱狀封頂。拱頭及四邊立面飾透雕龍紋，另一端設横欄和尖鋭狀齒。正面外露之處飾交龍紋，中間有一圓孔，可與木結構上凸起物相嵌。估計封頂的斗拱狀裝飾是挑出木結構之外的。這種特殊形式的青銅建築構件很少見。藏南京博物院。

杜虎符

戰國晚期調兵憑証。

高4.4釐米，長9.5釐米。1973年陝西西安市北沉村出土。

器存左半面，爲立虎形，昂首卷尾，頸有一小孔。虎體鑄錯金篆書銘文四十字，記載此爲調動軍隊之符印，右半符在君王手上，左半符在杜地的軍官手中，凡要調動士兵五十人以上，必須見到君王的右符，如遇緊急情況，可以舉火，不必見君王的右符。銘文記載了虎符的用途和使用的方法。藏陝西歷史博物館。

陽陵虎符

秦代調兵憑証。

高2.4釐米，長8.9釐米。傳山東臨城(今屬棗莊)出土。

器爲伏虎形，昂首前視，長尾上曲，四足向前平伸。虎符均分爲二，虎背各鑄錯金篆書銘文“甲兵之符，右在皇帝，左在陽陵”十二字。這是秦始皇統一全國後，頒發給駐守陽陵地區將領的兵符。藏中國國家博物館。

張掖太守虎符

西漢調兵憑証。

高2.5釐米，長5.6釐米。

器呈半符，爲伏虎形。虎體側面有“張掖左一”嵌銀絲四字，虎背刻“與張掖太守爲虎符”八字的左半邊。右半邊照規定要留在京師。國家要發兵作戰，派遣使者到郡，郡守必須驗合左右虎符方能生效。這是西漢政府頒發到張掖郡的虎符。藏中國國家博物館。

鄂君啓節

戰國晚期符節。

車節長29.6釐米，舟節長31釐米。1957年安徽壽縣九里鄉邱家花園出土，1960年同地又發現一件舟節。

現存車節爲陸路通行憑證，舟節爲水路通行憑証。據節的弧度，五節才合一圓筒，可知均非全器。車節每件鑄銘文一百四十七字，舟節每件鑄銘文一百六十四字，皆爲錯金篆書。車舟兩節所記路綫皆自鄂至郢，但所至城邑各不相同，車節經過九個城邑，舟節則經過十一個城邑。而且車舟數量、行程期限、所經城邑和運載物品均有詳細規定，説明楚國的關卡制度非常嚴格，即使對國内封君也不例外。節銘“大司馬昭陽敗晉師於襄陲之歲”與文獻中楚懷王六年楚使柱國昭陽將兵攻魏、破之於襄陵的史實相合，故此節鑄於公元前323年。此兩節對研究楚國境内川澤城邑的方位、名稱、水陸交通情況和當時的符節制度提供了重要的實物資料。兩節分藏安徽博物院和中國國家博物館。

王命傳節

又名“龍節”。戰國晚期符節。

長20.5釐米，寬2.5釐米，重0.5千克。1946年湖南長沙黄泥坑出土。

器形狹長而扁平，頂端飾龍首。正面鑄銘文“王命命傳賃”五字，背面鑄“一擔飤之”四字。“擔”是指商品的運輸單位。銘文内容爲以王的命令，命令驛傳，有負一擔之物到驛站的人，當提供飲食。此符名節，是指節狀的符信，乃是泛稱。藏中國國家博物館。

刖人守囿輓車

西周晚期明器。

高9.1釐米，長13.7釐米。1989年山西聞喜縣出土。

爲廂式六輪車，頂有蓋，可向兩側啓合。蓋邊設一蹲猴，待關閉後可扣住蓋。前有車門，門旁一刖人柱杖扶門閂，車廂四隅各設一立體龍，蓋上四鳥能旋轉。車廂兩後輪較大，前輪處伏兩虎各抓兩小輪。腹飾鳳鳥紋。全車可轉動部位共有十五處。藏山西博物院。

房屋模型

戰國早期明器。

高17釐米，屋面寬13釐米。1982年浙江紹興獅子山出土。

屋頂爲四坡柱頂式，上立八角形柱，柱頂飾一鳥。房屋呈長方形，屋前敞開，置兩柱，後壁中間開一小窗，並設格欄，兩側壁面飾透空小方格欄。屋内跽坐六人，兩歌者頂上束髮，體露乳突，四樂師挽髮於腦後。柱體中孔、屋面及柱皆飾不同雲紋。傳世青銅房屋模型此爲僅見。藏浙江省博物館。

山字形儀仗器

戰國中期儀仗器。

高119釐米，寬74釐米，重56.35千克。1977年河北平山三汲村出土。

器上部呈扁平山字形，中間爲長鋒，下連的圓筒形銎在出土時尚留有木質痕迹，兩側較短，向下内卷呈回字形，三鋒頂爲三角形。器身與銎體爲接鑄。此器形體莊重，高大厚重，中山王墓共出土五件，大小略有不同，此爲最大者。此器形爲中山國所特有，應是立於木柱之上，按大小成列樹在王宫之前，象徵中山王莊嚴神聖的王權。藏河北博物院。

中山王陵兆域圖版

戰國中期陵園平面規劃圖版。

長94釐米，寬48釐米，重32.1千克。1977年河北平山三汲村出土。

器呈長方形，正面是一幅中山王譽陵園總平面規劃佈局圖，包括三座大墓、兩座小墓的名稱、尺寸和中山王的詔令。圖方向爲上南下北。中間有五個享堂的方形輪廓綫，王堂居中，方二百尺，兩側爲“哀后宫”和“王后堂”，再兩側爲方百五十尺的兩個“夫人堂”。堂外設“中宫垣”和“内宫垣”。“内宫垣”後部開四門，通向“痟宗宫”、“正奎宫”、“執旦宫”及“大將宫”。王堂之上有國王詔書：“王命賙爲兆法，闊狹大小之制，有事者官圖之，進退違法者死無赦，不行王命者殃連子孫。其一從，其一藏府。”共四十二字。所有文字、圖案皆用金銀絲鑲嵌而成。背面兩側設鋪首一對。此版説明周代帝王、諸侯有專職官員爲之設計陵園，對中國建築史研究有重要價值。此圖是目前所知最早的建築規劃設計圖，以圖中所注尺寸，可以推算出當時的一尺爲22釐米。“兆”是中國古代對墓域的稱謂，兆域圖是標示王陵方位、墓葬區域及建築面積、形狀的平面規劃圖。藏河北博物院。

安車模型

秦代明器。

全長317釐米，輿長124釐米，高106.2釐米。1980年陝西臨潼(今西安市臨潼區)秦始皇陵西側出土。

車、馬、俑的大小相當於實物大小的二分之一。車厢爲長方形，頂爲橢圓形蓋。車厢前設跽坐馭者，戴冠束帶，腰佩劍，手執轡索駕馭四馬。厢後設門，厢前及左右兩側各設窗框，上有魚脊形的弓橑。厢的下部兩側各設一輪，車輪爲三十輻，轂呈腰鼓形。車厢内外均采用單綫平塗和工筆重形繪製彩繪，主要紋飾爲雲紋、龍紋及幾何形紋，馭者面部、雙手和衣、冠上也有彩繪。四馬皆施白色。車輿部件上有朱書或刻文字。安車和馬共由三千多個部件組合而成，各部件都是鑄造成型，並使用焊接和鑲嵌多種技法，至今各鏈仍較靈活，門窗啓閉自如，牽引輈衡尚能帶動車輪轉動，鑄造工藝甚精。此車同出兩輛。秦始皇陵安車的出土，爲研究古代的車制提供了具體的實物例證，修正了古代車馬繫駕方法上的一些問題，爲研究秦代的輿服制度提供了可靠的證據。藏秦始皇兵馬俑博物館。

鑲嵌變形獸面紋牌飾

夏代晚期牌飾。

長14.2釐米。1981年河南偃師二里頭出土。

器略呈橢圓形，中腰稍收斂，兩側分置四個小鈕，可安置在其他器物上作爲裝飾用。正面稍突，用緑松石鑲嵌成一幅變形獸面紋圖案。所謂獸面紋，僅見雙目和上部很大的卷角。緑松石形態各異，色彩不一，但排列整齊，黏結技術高超。此牌飾出土時放置於墓主胸部偏左。藏洛陽博物院。

鑲嵌變形獸面紋牌飾

夏代晚期牌飾。

長15.9釐米。1987年河南偃師二里頭出土。

器略呈橢圓形，上寬下稍狹，兩側各鑄一對小鈕，可安置在其他器物上作爲裝飾用。正面紋飾稍弧突。此牌飾是先鑄造與紋飾圖案相應的框架，然後用不同的形式和顏色的綠松石鑲嵌而成。所謂獸面紋，僅見一對大目，其上有一對不知名的角，圖案嚴重變形。牌飾出土時位於墓的中部東側，約在墓主腰側。藏中國考古博物院。

龍耳

西周早期藝術品。

長60釐米，重19千克。1992年陝西扶風召公鎮海家村出土。

龍首特大，雙角高聳，粗眉略彎，巨睛突起，雙耳上折，張口露出獠牙。龍鼻及背脊皆設T形棱脊。體部下垂，尾卷曲向上。體部前後各設兩足，惟足的下部均已殘缺。整體爲爬行狀。體部飾鱗紋。從殘斷的足痕迹分析，此龍應是特大型禮器兩側的耳，這是其中之一，爲僅見。藏寶鷄青銅器博物院。

牛犢座盤

又名"犧座立人擎盤"。戰國早期藝術品。

高15釐米，盤口徑14釐米，牛犢長17.5釐米。1965年山西長治分水嶺出土。

整器造型爲一牛犢背上立一女俑，雙手捧圓柱，柱頂置透雕盤，盤能轉動。女俑束髮垂肩，身穿右衽窄袖長袍，腰際繫帶。牛犢豎耳、蹄足、短尾，體部肥壯，頸飾貝紋，腹飾綯紋。此器製作精細，造型特殊。藏山西博物院。

曾侯乙立鶴

戰國早期藝術品。

高143.5釐米，重38.4千克。1978年湖北隨縣(今屬隨州)擂鼓墩曾侯乙墓出土。

造型爲高大的立鶴佇立於長方形座板上。鶴昂首，兩側插鹿角，彎曲向上呈弧形，頸細長，腹向兩側展翅，拱背，垂尾，雙足粗壯有力。鶴角及首、頸皆飾錯金雲紋，腹飾羽翼紋，長方形座板飾交龍紋。座板每邊居中設一環鈕，可穿索提攜。鶴首鑄銘文“曾侯乙作持用終”七字。此鶴造型優美，應屬神鳥。藏湖北省博物館。

鎏金馬

西漢藝術品。

高62釐米，長76釐米，重25.55千克。1981年陝西興平豆馬村出土。

馬呈静止站立狀，雙目前視，豎耳，口微啓，露齒。腹中空，四足挺直，尾翹而下垂，體態匀稱。通體鎏金，保存完好。據同坑出土馬具、車飾分析，此爲駕車轅馬。藏茂陵博物館。

馬踏飛燕

又名"馬超龍雀"、"奔馬"。東漢藝術品。

高34.5釐米，長45釐米。1967年甘肅武威雷臺出土。

馬呈奔馳狀，平首張口，雙耳豎起，尾上翹，三足騰空，後蹄踩踏於燕背之上。燕爲回首狀。造型生動活潑，馬的着力點完全在一足上，重心平衡處理得極好，具有獨特的構思和卓越的鑄造技術。也有學者認爲此器作於魏晉時期。藏中國國家博物館。

中　國　青　銅　器　辭　典

青銅器鑄造技術

鑄造

將金屬熔化後澆入範(鑄型)中鑄成一定形狀物件(鑄件)的過程和方法。能製成形狀複雜的各類物品。這是中國青銅時代最主要的金屬成形方法。中國青銅時代的鑄造工藝有石範鑄造、陶範鑄造、焚失法鑄造、失蠟法鑄造、叠鑄和金屬範鑄造。其中以陶範鑄造和失蠟法鑄造爲主。

澆注系統

指金屬液澆注入鑄型的通道和補縮、排氣通道。比較完整的澆注系統包括外澆口(又名“澆口杯”)、直澆道(口)、橫澆道(口)、內澆道(口)和冒口、排氣口等。冒口用來充填金屬液冷却凝固所收縮部分的體積,以免在鑄件内部形成縮孔,常設在鑄件最後凝固部位的頂部或側面,並與之相連。排氣口與鑄件相連,導引型腔內氣體排除,以免鑄件出現澆不足、冷隔、氣孔等缺陷。先秦時期,青銅器的澆注系統大多比較簡單,往往由與鑄件相連的楔形澆口取代所有的外澆口、直澆道、橫澆道和內澆道,由一兼具冒口與排氣口作用的通道取代冒口和排氣口。澆注系統在鑄件上的位置早期以正立澆注和側澆爲主,逐漸向以側澆和倒立澆注爲主轉變,至鼎盛期及以後各歷史時期,則以倒立澆注居主導地位,例如青銅鼎澆注時鼎足朝上,澆口和冒口、排氣口置於鼎足端部,這種澆注方式可使鼎的口沿和鼎腹內減少氣孔、夾渣等缺陷。

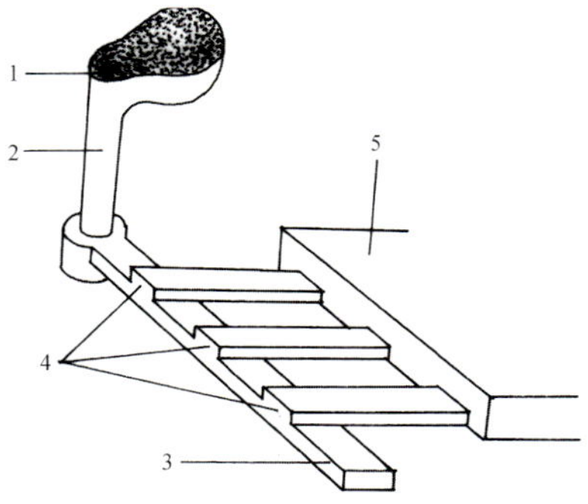

澆注系統示意圖
1. 外澆口 2. 直澆口 3. 橫澆口 4. 內澆口 5. 鑄件

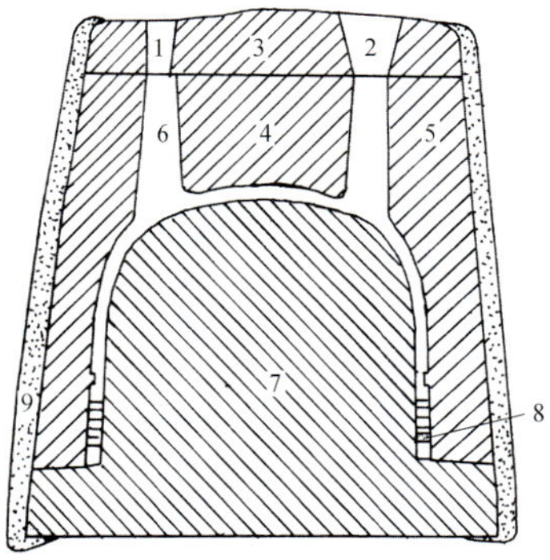

圓鼎的澆注系統
1. 排氣口 2. 澆口 3. 澆口範 4. 頂範 5. 外範 6. 型腔 7. 內範和底範 8. 鼎耳內範 9. 草拌泥

模

又名“範母”“母範”“母模”。用於製範的模型。按製模材料的不同,有木模、泥模(陶模)、金屬模(銅模、鐵模等)、焚失模和蠟模等數種。按模型的整體性來分,又有整體模和分塊模、活塊模(用於形成局部器形或附件)和印模(用於製作紋飾或銘文)之分。

山西侯馬晉國鑄造遺址出土陶模(上)及其紋飾復原圖(下)

鑄型

鑄造時容納金屬熔液的容器。古代稱鑄型爲“範”。空腔部分稱“型腔”

(範腔)，其輪廓相當於所鑄物件的外形,並包括引入金屬液、排出氣體和補縮的通道(澆注系統)。金屬液在其中冷却凝固，成爲所需形狀的鑄件。鑄件的空腔部分可用型芯(内範)形成。

範

古代稱鑄型爲“範”。形成鑄件外形的爲外範，形成鑄件内形的爲内範。内外範組合形成的空腔稱爲“範腔”(型腔)。範有組合範和整體範之分。按範的材質分類，古代有石範、陶範、銅範和鐵範等。石範、陶範、銅範、鐵範、叠鑄範均爲組合範，所得鑄件均有範綫；焚失法和失蠟法的範是没有分範面、渾然一體的整體範，所得鑄件無範綫。

陶範

鑄造青銅器的泥質鑄型。古代稱爲“陶範”，傳統工藝中稱爲“泥型”、“泥範”。陶範一般由内範、外範組成。外範内腔形成器物外形，内範外形形成器物内形，内外範之間的空腔即爲器物壁。爲脱模方便，常將外範分成若干塊，塊範之間用凹凸配合的子母口(榫卯)結合定位。内外範之間常通過芯頭與芯座之間的子母口結合或劃綫定位，亦用墊片、内範上的突起等定位。範上的紋飾有的在模上塑雕後印在外範上(模紋)，有的在外範上雕成(範紋)；器物内壁上的銘文多在内範上形成。迄今最早的陶範爲河南偃師二里頭遺址出土的錛範。

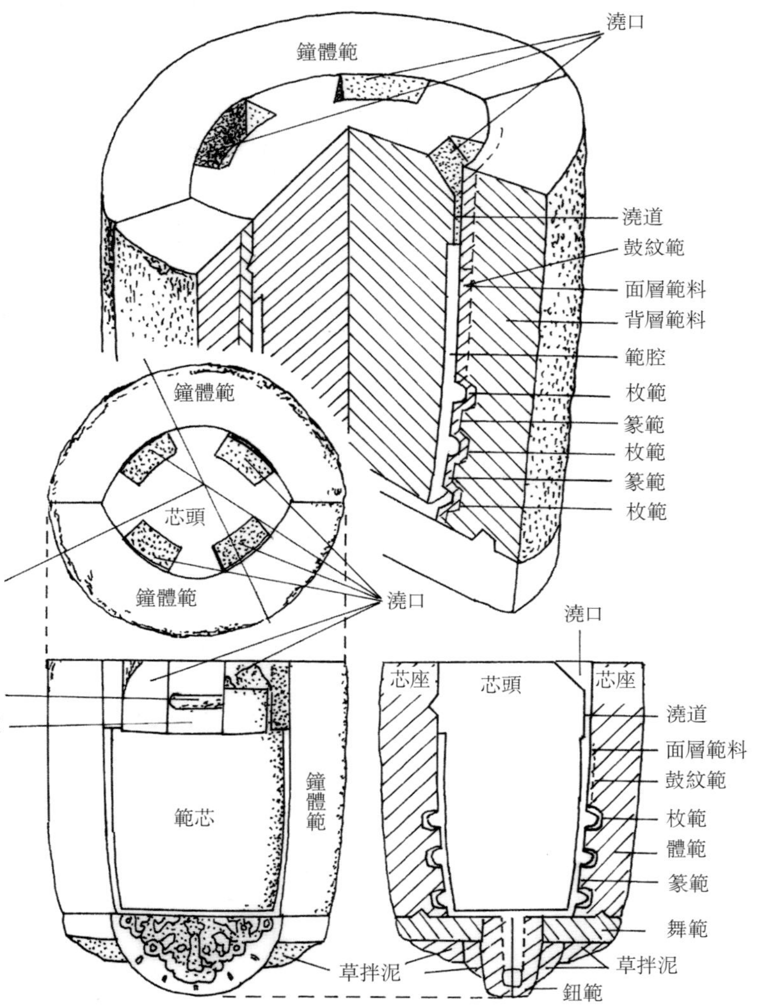

編鐘陶範組合示意圖

範料及其處理工藝

製陶範的材料稱“範料”。粒度經過漂洗分級的泥料，另加熟料(使用過的廢陶範或“一把抓”)、草木灰，加水拌勻，經練泥、陳腐後方可製範。範料一般有面層和背層之分。範料包覆在模上之後，須緩慢陰乾，反復捶實。之後從模上分塊脱範，再將範組合捆扎於一處繼續陰乾，使之定型。隨後組合塊範用草拌泥圍合，草拌泥再經陰乾後入窑烘焙，去掉水分和有機揮發物，但不能超過燒結温度(即“非陶化”，約800~850℃，視泥土礦物成分而定)。焙燒後方可澆注金屬液。中國青銅器之所以紋飾清晰精緻，器壁勻薄光滑、尺寸準確、範綫勻薄，其技術基礎即在於陶範有一整套成熟合理、因地制宜的範料配方和範料處理與製作工藝,並掌握了“非陶化”的陶範烘培溫度,使得陶範雖然透氣性不良,却充型性能良好,收縮變形得以控制,具有優良的雕刻性能以及足够的耐火度、强度和剛性,澆注後仍有良好的潰散性。一整套既成熟又科學規範的陶範配方及其製作技術,爲中國青銅時代乃至中國鐵器時代出現高度發達的鑄造工業奠定了技術基礎。

草木灰

陶範範料成分之一。禾本和木本類植物焚燒成白色草木灰後,其化學成分爲非晶態、多孔性二氧化硅——植物硅酸體。泥料中加入草木灰後,可改善範料的充型能力,使得透氣性不良的陶範可澆鑄出紋飾清晰、薄壁的鑄件。

一把抓

陶範範料成分之一。侯馬晉國鑄造遺址出土的一種由手捏成形並經過焙燒的泥料,由泥、細砂和草木灰組成。其植物硅酸體含量高,又經過焙燒,可用作配製範料時所需之熟料。

草拌泥

陶範範料的一種。由泥料與禾本類乾莖葉拌合而成。用於封圍並加固組合塊範之用,以防澆注時金屬液外溢。

焙燒

製範工序之一。陶範經陰乾、捶實後,入窑緩慢焙燒,除去範料的吸附水和揮發物,使之定型,方可澆注金屬液。焙燒溫度不超過範料的燒結溫度。焙燒溫度視各地泥料礦物成分而定。黄土高原一帶陶範若含較多碳酸鈣,其焙燒溫度應較高,達850℃方可燒除其中的揮發成分。其他古陶範焙燒溫度略低。

陶範非陶

製範術語。陶範的焙燒溫度應低於範料的燒結溫度,亦即不能焙燒成陶器,否則將失去陶範必須的充型能力和退讓性,並導致陶範收縮變形,致使鑄件産生澆不足、紋飾不清、變形開裂等嚴重缺陷。陶範衹是約定俗成的稱呼,陶範非陶。

陶範鑄造

由分塊陶範組合成鑄型之後,澆注金屬液於範腔之中,鑄成鑄件的工藝方法。其過程大致爲:製模(常用處理過的泥料塑雕和燒製而成);依次製分塊外範;脱模後在外範内壁貼泥片,泥片厚度爲鑄件厚度;將外範組合捆扎,内填内範範料製成内範;脱去外範,剥去泥片,再將外

陶範鑄造工藝過程示意圖
1. 製模和模紋;2. 製外範和範紋;3. 外範内貼泥片;4. 外範合攏製内範和澆注系統範;5. 剥去泥片,另製銘文範嵌入内範中;6. 内範和外範組合,外糊草拌泥;7. 糊草拌泥的組合塊範陰乾後焙燒;8. 往範腔内澆注青銅液,凝固成形後脱除内範和外範,去除澆注系統並經磨礪拋光後得鑄件。

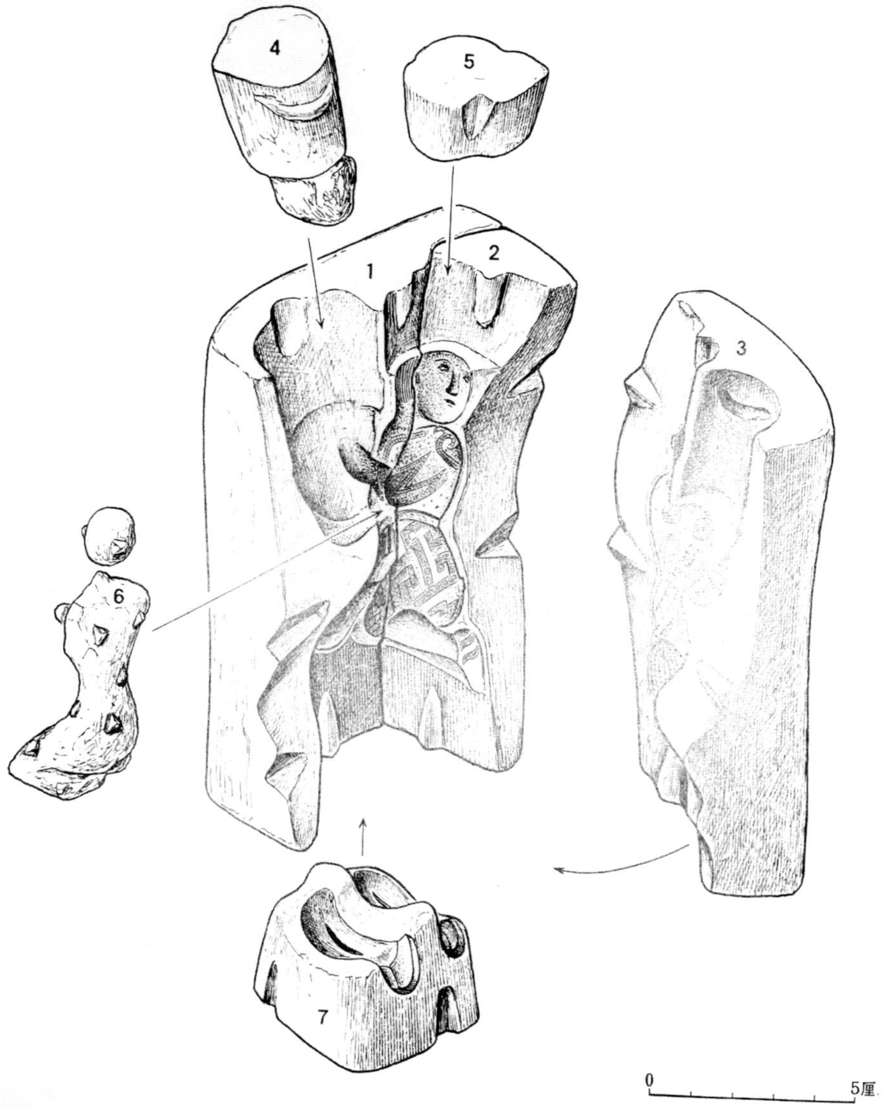

山西侯馬晉國鑄造遺址出土人物範復原圖

複合範

在大範中鑲嵌小範的製範工藝。能解決局部紋飾無法脱模的問題。如商代晚期獸面紋觚,觚腹有對稱的獸面紋二組,該處使用二活塊範組成一組,分别嵌在器身的對分兩塊外範之中,成爲複合範。脱模時先取出大範,再分别取出留在模上的活塊範。若無複合範措施,紋飾部分無法脱模。

活塊模

陶範脱模後再從範中取出活塊模的技術。能解決青銅器製範時某些部位難以脱模的問題。典型者如伯格卣之類提梁卣,應用活塊模工藝,使得造型十分複雜、有牛羊翹角的提梁,不需分鑄數量衆多的附件,即可

範與内範組合捆扎於一處後陰乾捶實,糊草拌泥;焙燒;通過澆注系統往範腔内澆注金屬液;冷却凝固後脱範,去除澆注系統;用礪石、木炭打磨抛光,得鑄件成品。陶範鑄造而成的鑄件有凸起的範綫(塊範相互拼合的間隙造成)。

獸面紋觚腹部獸面紋處的範綫痕迹

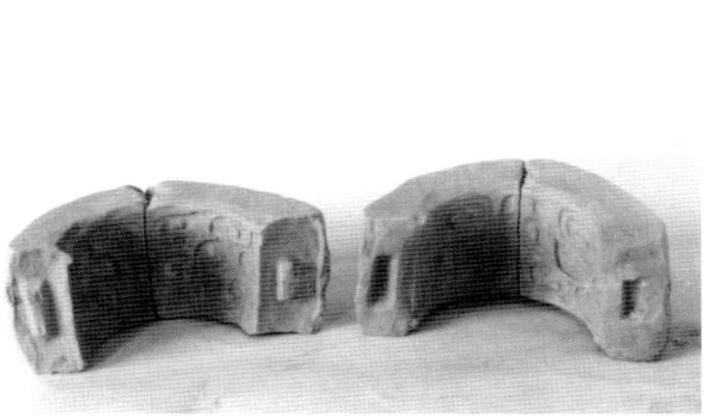
腹部獸面紋的活塊範

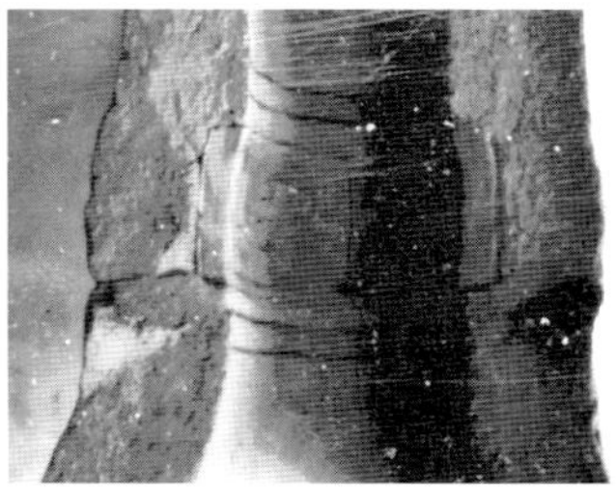
嵌在觚外範中的獸面紋活塊範

組合塊範鑄造

爲便於脱模或從鑄型中取出鑄件,製範時將鑄型分成兩塊或兩塊以上組合而成進行鑄造的方法。陶範鑄造、石範鑄造、疊鑄和金屬範鑄造均屬組合塊範鑄造。

渾鑄成型。這種技術在鼎盛期頗爲流行，反映先秦匠師技藝的精湛和“執簡馭繁”技術思想的成熟。

活塊範

在陶範的難脱模部位設活塊範的技術。能解决青銅器製範時某些部位難以脱模的問題。典型者如有翹出器表的獸角，在内側設活塊範，使模的翹出部位内側順利脱模。這種技術流行於鼎盛期。

1

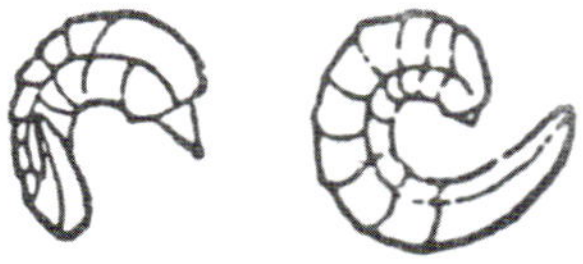

2

西周伯各卣提梁上的牛羊首翹角(上圖)
及其活塊模示意圖(下圖)

強伯簋的方座上有翹出的獸角

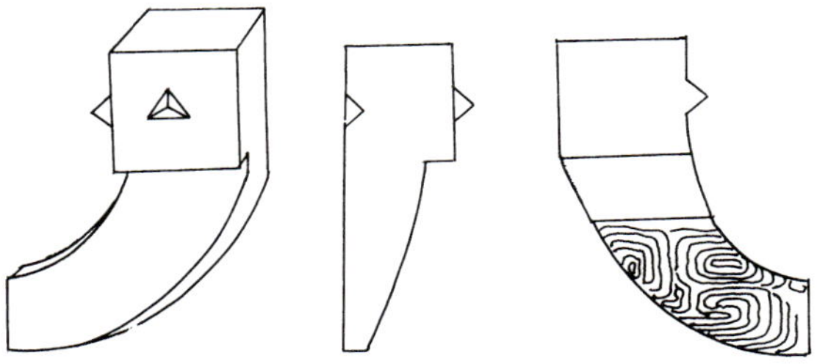

獸角處的活塊範

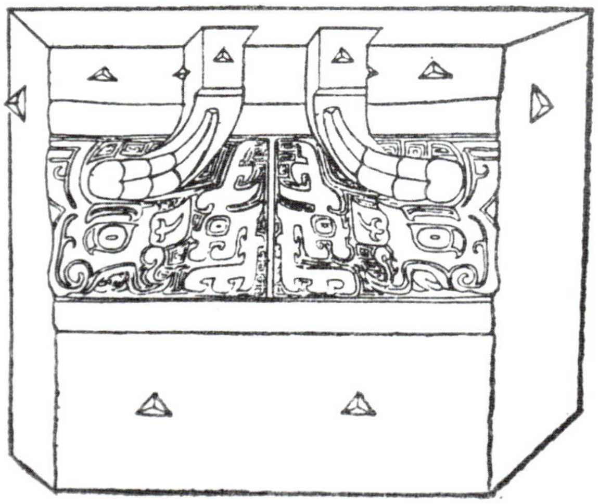

2

方座外範上嵌有獸角的活塊範

型芯

又名“泥芯”“範芯”“芯子”“内模”。鑄造時用以形成鑄件内部空腔的鑄型。傳統内範爲泥質(金屬範鑄造時亦用鐵芯)，由泥、熟料、植物纖維、草木灰和水等組成。處理工藝與外範範料相同。配料以減少範料乾燥時的收縮變形、增加金屬液的充型能力、改善合金凝固收縮時的退讓性、有足够的强度和可塑性爲主要要求。内範成形後尚需經過乾燥和焙燒，焙燒温度低於陶器的燒成温度。參見“陶範”條插圖。

芯骨

加固内範的支撑物，一般由金屬或陶片等材料製成。

芯頭

内範延伸出來與外範延伸部位(芯座)

配合,並有榫卯結構或在内外範表之間劃痕,使内外範之間相互定位的部分。芯頭部分不形成鑄件内腔。參見"陶範"條插圖。

芯座

與芯頭配合的外範部分。參見"陶範"條插圖。

芯撑

保持内外範之間距離的工藝措施。有泥質芯撑和金屬芯撑兩類。内範上的泥質芯撑鑄成後,在鑄件表面出現泥質芯撑端部形成的點狀或條狀空隙。若芯撑製成特殊形狀,例如十字形,則鑄件會出現十字形透空紋飾,既起到芯撑作用,又形成裝飾。金屬芯撑有墊片和支釘兩種。

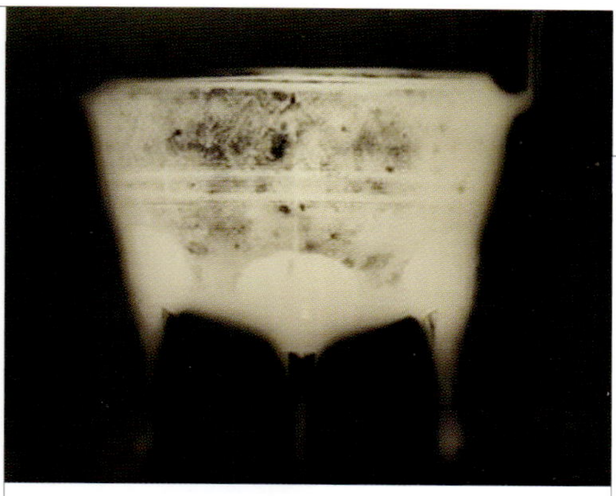

戰國青銅鼎的X射綫照片鼎身遍布墊片

墊片

用壁厚與待鑄器物相同的若干青銅碎片置於内外範之間,以保持内外範之間距離的技術措施。自商代早期開始應用,至戰國時期已較爲普遍。

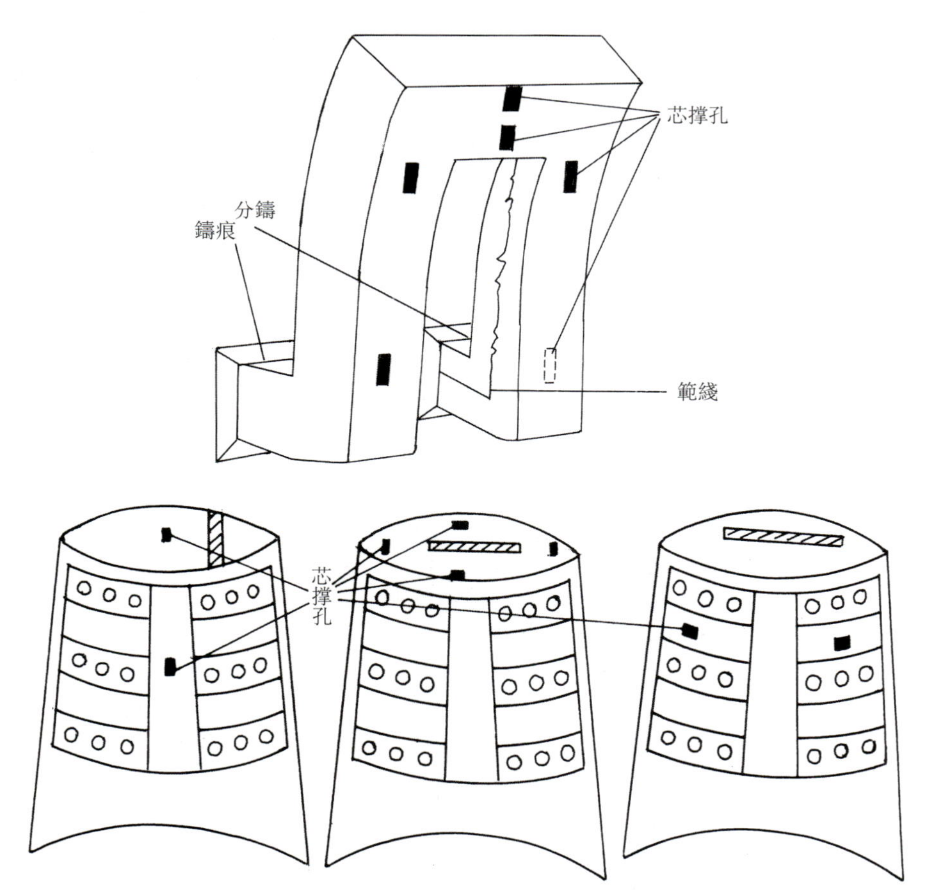

泥質芯撑在鼎耳和編鐘上形成的條狀空隙示意圖

範盒

翻製紋飾或銘文範片的模具。有一些紋飾或銘文預先刻在範盒内,製作陶範時,從盒内翻製出紋飾或銘文範片,再嵌入範内鑄出紋飾或銘文。製叠鑄範也用範盒。

芯盒

翻製内範的模具。

範綫

鑄件上突起的分範綫。陶範鑄造、石範鑄造、叠鑄、金屬範鑄造的鑄型均由組合塊範組成,組合塊範之間的界面即分範面。金屬液注入鑄型型腔時,會流入分範面的間隙(範縫)中形成範綫(鑄縫、披縫)。範綫愈薄細,説明範料處理和製範工藝水平愈高。

披縫

金屬液流入組合塊範分範面間隙或陶範裂隙,在鑄件上産生的片狀凸起。前者又稱"範綫"。

模紋

指在模上塑雕而成再鑄出的紋飾。典型者如鼎盛期流行的“三層花”紋飾，凸起的主體紋飾和主體紋飾的凹綫這兩層紋飾在範上均難以製成。

鼎的“三層花”中地紋在範上刻就，其他兩層紋飾均在模上塑雕而成，再翻製在範上

範紋

在範上刻成再鑄出的紋飾。在陶範脱模後再刻紋，不受可否脱模或紋飾過於纖細、脱模時易折斷的影響。典型者如鼎盛期流行的“三層花”紋飾中的地紋和吴越青銅器中的棘刺紋。

棘刺紋尊的棘刺紋爲範紋

獸面紋鼎上的地紋爲範紋

銘文鑄製

有鑄製與刻製二種。鑄製大致有以下幾種方法：陽銘，直接在外範或内範上陰刻反書，鑄成陽銘。陰銘，在泥質範盒内陰刻正書，以特製的帶有韌性、不易折斷的濕態範料按捺入範盒，揭取的範片爲陽文反書，嵌入内範表面(偶有在外範表面，例如在編鐘外表面)，鑄成陰銘。長篇銘文大致有如下方法：一、先在内範表面劃出行列綫(淺陰綫)，以排列銘文；二、在劃出行列綫的内範表面貼敷濕態泥片，稍硬後取下，其外形爲該處銘文範外形，内表面帶有淺行列陽綫，用此泥片翻製銘文範盒；三、在範盒的淺行列陽綫内陰刻正書並經燒製以增加强度；四、以特製帶有韌性的濕態範料按捺入範盒，隨後揭取，得帶淺行列陽綫和陽文反書範片；五、將内範上原劃出行列綫的部分挖出凹面，深度爲範片厚度；六、將帶陽文反書的範片置於挖出的凹面内，並用範料泥漿黏合，即製成長篇銘文範。鑄成的銘文爲帶有下凹行列綫的陰文。若在内範上揭取泥片後再劃行列綫(淺陰綫)，將鑄出淺行列陽綫。

印模法

一種鑄紋工藝。即用製就的紋飾印模在濕軟的外範上壓印出紋飾，或將濕軟範片按印在印模上製成紋飾範片，再嵌在外範中。此法用來製作繁縟紋飾相當便捷，然而缺乏手

春秋晚期　犧尊

春秋晚期犧尊(揭片)的主體紋飾由一塊印模在外範上形成重複的紋飾

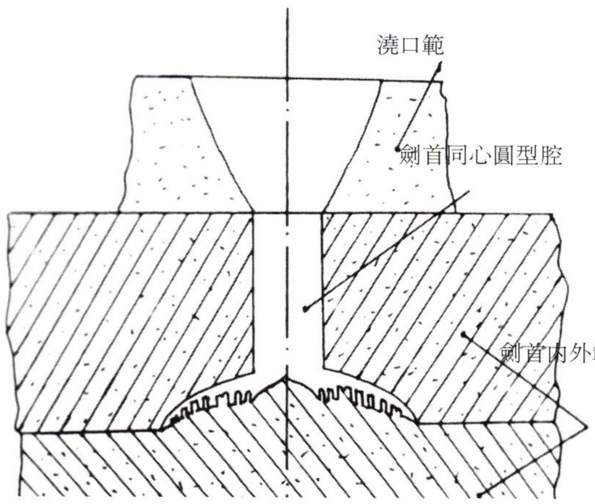

鑄造劍首同心圓的組合陶範示意圖

工刻紋產生的峻深效果,衹能印出淺紋,有時缺少整體效果。此工藝出現於春秋中期。

劍首薄壁同心圓

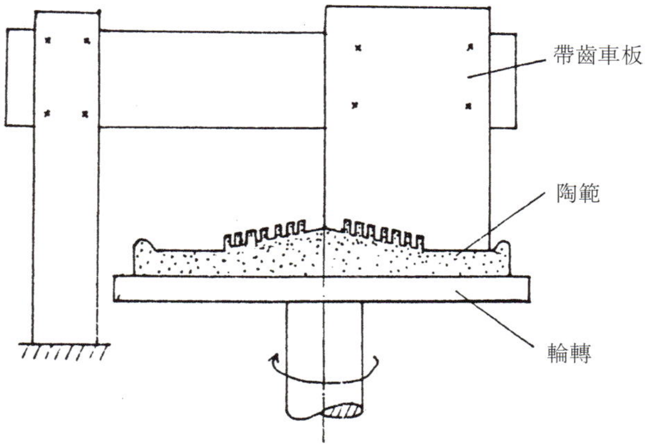

用車板製劍首同心圓內範示意圖

吴越青銅劍上的一項特殊的精細鑄造技藝。以越王勾踐劍劍首爲例,劍首有11道薄壁同心圓,最薄壁厚僅0.2毫米,最厚不足1毫米,壁高0.2毫米—2毫米,薄壁之間槽寬僅0.3毫米—1毫米,且槽底有與同心圓不在同一切綫方向凸起的細紋繩。對如此結構,古人借鑒了龍山文化時已有的輪製法製陶術:在車板上製出與薄壁同心圓相應的車齒,在轉輪平臺上車製出劍首的內範,然後在內範凸起的同心圓頂部刻下凹繩紋。另用車板製劍首外範,內外範組合後糊草拌泥烘焙,即可澆注青銅液,冷凝後去除內外範,即可獲得有薄壁同心圓、底部有凸起繩紋的劍首。

車製出的劍首內範

圖1　越王勾踐劍的劍首同心圓

渾鑄

又名“整鑄”。器物整體一次鑄造成形的工藝方法。

分鑄

又名“鑄接”。指器物的不同部位通過鑄造連接的方法,連接之後二部位之間有的固緊,有的有間隙可轉動但不可拆卸。分鑄有後鑄法與先鑄法之分。後鑄法即先鑄器體再在其上接鑄附件,有榫卯

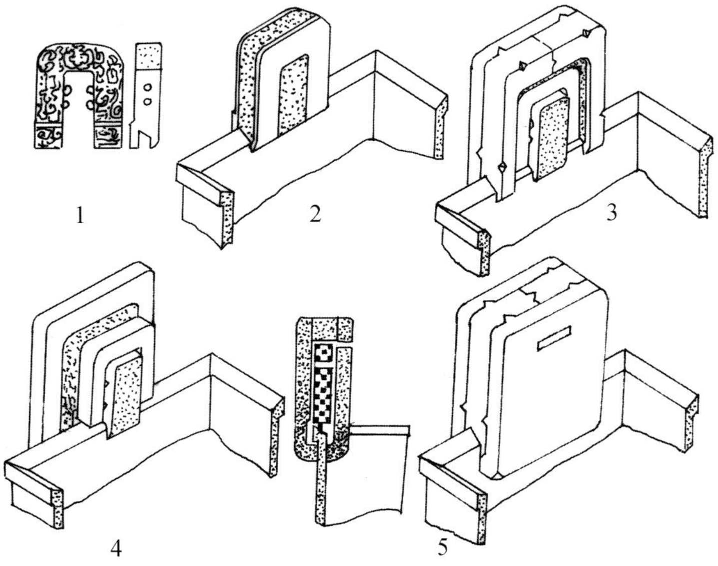

司母戊方鼎鼎耳分鑄示意圖
1. 鼎耳模　2. 鼎耳模和內壁範的安放　3. 鼎耳外側和底側範　4. 鼎耳內範和外側範　5. 鼎耳範組成及其剖面圖

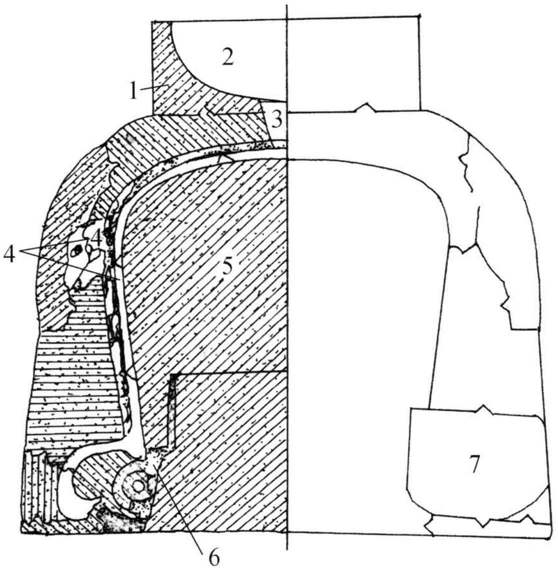

伯格卣提梁的鑄型裝配圖, 中有間隙可轉動, 但不可拆卸
1. 澆口範　2. 澆口杯　3. 澆口　4. 範腔
5. 底範　6. 卣體　7. 定位榫卯

式鑄接和鉚接式鑄接兩種形式。先鑄法即先鑄附件, 再放入器體陶範中與器體鑄接。複雜器形往往由多次分鑄成形。

鑄焊

利用熔化的金屬液(焊料), 澆注在已分別鑄就的金屬件連接處, 使金屬件永久連接的工藝。按焊料熔點高低區分, 中國青銅時代鑄焊工藝有鑞焊與銅焊兩種。

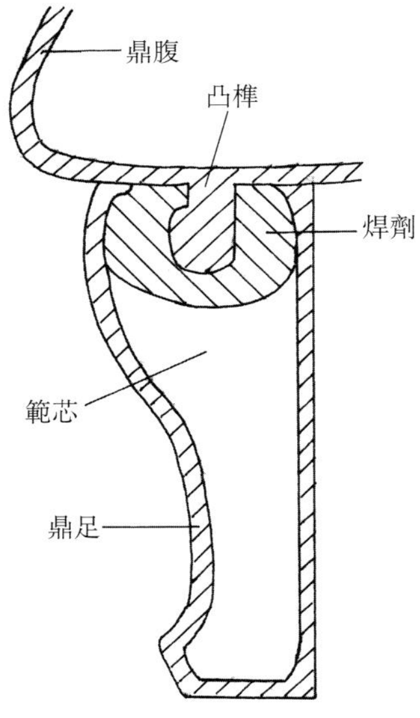

鼎足鑄焊示意圖

鑞焊

又名“軟釺焊”或“低温釺焊”。傳統工藝中稱“錫焊”或“小焊”。鑄焊工藝的一種。鑞, 鉛與錫的合金, 用以焊接金屬。利用鑞作爲填充金屬(釺料), 與被連接的金屬一起加熱, 金屬未熔化, 而鑞料熔化後, 滲入並填滿連接處間隙, 待凝固後起到連接作用。中國至遲在公元前770年(春秋早期)已掌握鑞焊工藝。代表器物爲河南三門峽上村嶺大墓出土的壺耳與鋬, 爲分鑄而成, 再通過鑞焊與器身連成一體。

銅焊

傳統工藝中稱“大焊”。鑄焊工藝的一種。將熔化的銅液澆注在外包着鑄型(範)的金屬件連接處, 銅液凝固後起到連接作用。加熱過程中, 被連接的金屬可能未被熔化, 也可能與銅焊料產生黏附及相互擴散而結合。與鑞焊比較, 其焊接强度高, 技術難度也高。銅焊最晚出現於春秋晚期, 實例爲淅川楚墓王子午鼎, 此鼎鼎體和鼎耳分鑄, 再用青銅液鑄焊，將兩者連接成一體。

釺焊

又名“釺接”。填充金屬(釺料)熔化而被連接金屬不熔化的一種連接金屬件的焊接方法。按釺料熔點高低，分硬釺焊(又名“高温釺焊”，焊料熔點高於500℃)和軟釺焊(又名“鑞焊”或“低温釺焊”，焊料熔點低於325℃，如鉛錫合金等)兩種。

鑄鉚

一種鑄接方法。將金屬液注入預設範腔的待連接金屬件之間，金屬液冷却凝固形成鉚釘，使連接件固定。

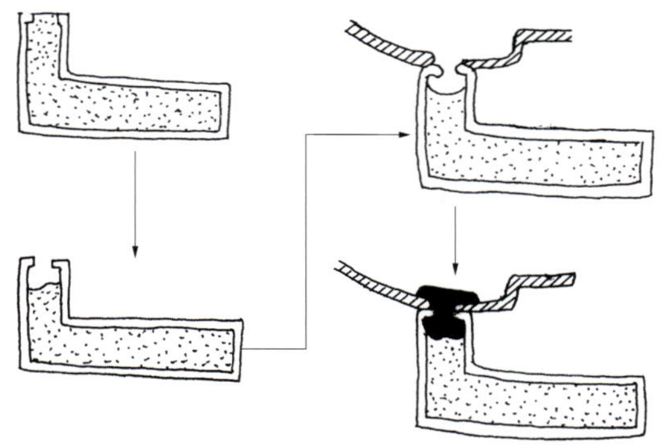
輝縣琉璃閣青銅鼎鑄鉚耳部工藝流程示意圖

疊鑄

又名“層疊鑄造”。一種鑄造工藝。用陶範範料在疊鑄範盒中翻製出多件範片或範塊，然後組裝成疊鑄範，烘焙後一次澆注出整串鑄件。疊鑄技術顯著提高了鑄件的生産效率和金屬實得率，常用於鑄造錢幣、工具、車馬器和機械零件等需要量大的器物。中國在戰國時期已出現疊鑄技術，東漢時已達到相當高的水平。

疊鑄範範盒

疊鑄範及其剖面

石範

用石材(常用砂巖)製成的範。可一範多次鑄造。由於石範充型性能欠佳，退讓性差，衹能用於鑄造形狀簡單的鑄件。石範的存在表明當地冶鑄技術尚處於初始階段。現發現早期的石範有山西夏縣東下馮遺址出土的夏代錛範和甘肅玉門火燒溝墓葬群出土的齊家文化後期遺物鑄鏃石範。江西清江(今樟州)吴城商代遺址出土石範三百多塊、泥質内範三十五件，表明古越族曾廣泛使用石範鑄造農具、工具、兵器和車馬器。石範鑄造在中國應用地域甚廣，在雲南偏遠山區直至現代仍有用於鑄造鐵鏵的傳統石範鑄造工藝。

山西夏縣東下馮夏代遺址出土的石範——錛範

金屬範

用金屬鑄成的鑄型。中國古代金屬範有銅範和鐵範兩種。金屬範導熱系數高，金屬液注入型腔後冷却凝固快，鑄件緻密，機械性能好，成品尺寸齊整，適於鑄造形狀簡單、生産量大的鑄件，如農具、工具、兵器、錢幣等。金屬範可重複使用，亦即“一範多鑄”，可使生産效率大爲提高。金屬範的推廣運用，對於提高古代社會生産力發揮了重要的作用。

銅範

金屬範的一種。可將銅合金液直接注入銅範而成銅鑄件。銅範可重複使用，生産效率高，鑄件緻密，尺寸整齊，可用於鑄造形狀簡單、需大量使用的器物。春秋時期已用銅範鑄幣。

銅範及其鑄件

鐵範

金屬範的一種。鑄型材質是鑄鐵，古稱爲“鎔”。金屬液直接注入鐵範中形成鑄件。鐵範可重複使用，生産效率高，成品規格齊整，適於鑄

河北興隆戰國鑄鐵遺址出土一套鑄斧鐵範(外範兩件、鐵芯一件)及其合範圖

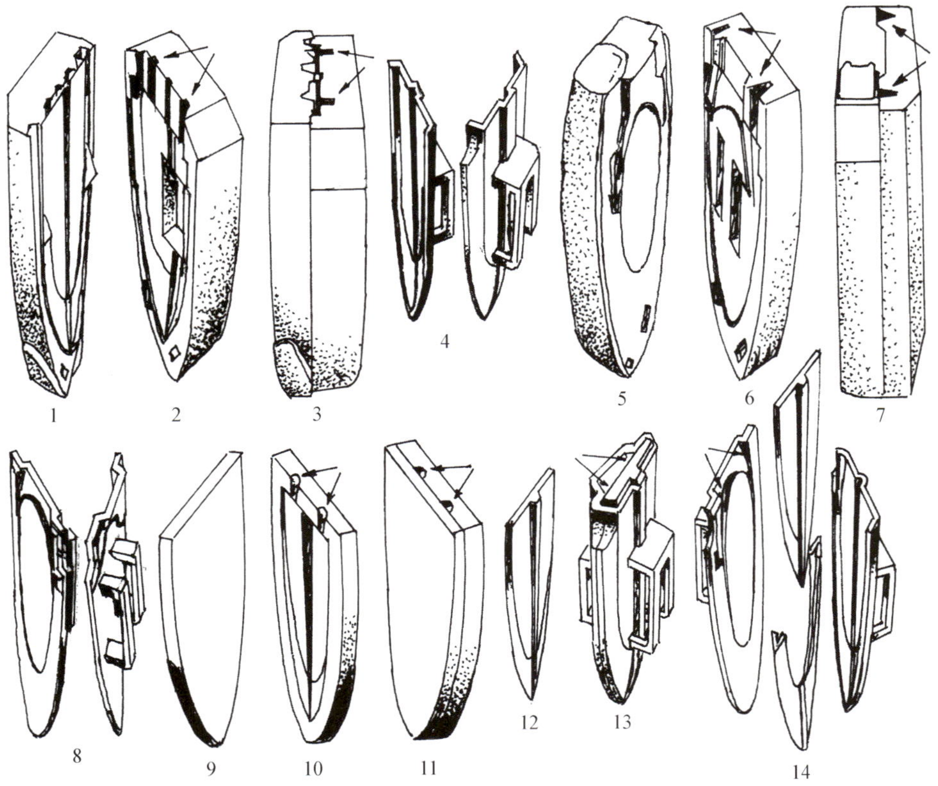

犁鏵鐵範鑄造工藝過程示意圖
1–4. 用兩扇泥範鑄出一扇鐵範　5–8. 鑄出另一扇鐵範　9–12. 鐵芯的鑄造
13. 合範　14. 澆鑄後脱範，得到成品

造形狀簡單、需大量使用的器物。鐵範由陶範鑄成，由此形成的一整套工藝相當繁複，技術要求嚴格。鐵範的應用始自戰國。鐵範鑄造對促進社會生産力的提高發揮了重要作用。

焚失法鑄造

又名“失模鑄造”“失繩鑄造”。一種整體鑄型工藝。用可焚失的材料(例如繩索)製成鑄模。整體外範製成後，可焚失的模與範一起焙燒，可焚失材料燃燒成灰，除去後，獲得無分範面的整體鑄型，所得爲無範綫的鑄件。焚失法鑄件最早見於商代中期，延續至春秋時期，地域遍及黄河以北到長江以南。焚失法鑄造的出現，表明中國鑄造技術早在商代中期已具有製作無分範面整

商代中期獸面紋壺提梁用焚失法鑄成，無範綫

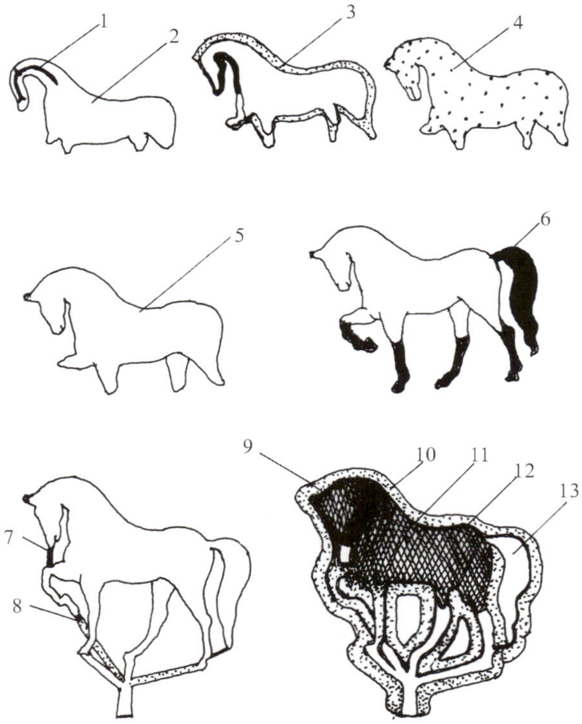

1. 骨架
2. 初胎
3. 終胎
4. 蠟釘
5. 貼水蠟片
6. 焊拈蠟
7. 過水
8. 澆口
9. 外模泥
10. 碴子泥
11. 內範
12. 托胎釘
13. 失蠟後留下的型腔

傳統失蠟鑄造工藝示意圖

春秋晚期透雕交龍紋禁四周的透空交龍紋用失蠟法鑄成

透雕交龍紋禁出土時殘件的內視圖

體鑄型的技術，爲失蠟鑄造技術的出現奠定了基礎。

失蠟鑄造

又名“脱蠟法”“走蠟法”“撥蠟法”“去蠟法”。俗稱“熔模鑄造”。一種整體鑄型工藝。鑄造模型（模）用可熔性材料製成。傳統工藝多用蜂蠟、松香和動植物脂肪混和加熱熔合後製造蠟模。傳統失蠟法鑄造工藝過程大致如下：蠟料加熱混合，反復拉拔；乘蠟料柔軟時製蠟模（有捏蠟、撥蠟、貼蠟、涮蠟等不同方法，所得蠟模有的無披縫，有的有披縫）；燙焊上蠟製澆注系統；在蠟模上反復塗敷泥範範料，製成無分範面的整體泥範；泥範陰乾；烘焙泥範（此時範內蠟料熔失，故稱失蠟）；澆注（將金屬液澆入範腔內）；脱範（金屬液凝固成形後，敲除泥範）；去除澆注系統；磨拋（用礪石、木炭打磨、拋光，修飾鑄件表面）；鑄件成品。失蠟法工藝可鑄造在三維空間任意扭曲透空的鑄件，不受能否分範脱模的限制。由於是整體鑄型，所得鑄件無範綫（若蠟模在模板上成形，將產生蠟模分模綫形成的鑄件披縫，並非範綫）。失蠟法的出現，爲青銅器裝飾呈複雜盤繞、立體透空提供了技術可能性，並爲隨後出現的仙佛造像鑄造奠定了技術基礎。迄今所見中國最早的失蠟鑄件屬春秋中晚期。

失蠟—失織法鑄造

一種整體鑄型工藝。美國學者愛瑪·邦克(Emma C.Bunker)在研究鄂爾多斯青銅器時發現，一些青銅器飾件背面呈織品痕迹，經模擬試鑄，認爲器物模型正面爲蠟模，蠟模背面敷以織物，泥範烘烤時，蠟料熔失，織物焚失，然後澆鑄青銅液成形。邦克因稱這種工藝爲失蠟—失織法。

支釘

又名“托胎釘”。保持内外範之間相對位置的金屬釘。在内範上製成蠟模後，用相同材質的金屬釘插入蠟模，直入内範，另一頭露在蠟模外，製外範時被包覆(見“失蠟鑄造”條配圖)。鑄成的失蠟鑄件内壁有支釘尖端殘留，鑄件外有已被磨平的支釘痕迹。這是失蠟鑄造中控制内外範之間相對位置的技術措施。

先秦鑄造遺址

迄今已發現多處先秦時期鑄造遺址，著名者有河南偃師二里頭夏代晚期、河南鄭州商代、河南安陽殷墟、河南洛陽北窖村西周、山西侯馬晉國和河南新鄭東周等地鑄造遺址。其中，安陽、洛陽和侯馬三處出土的模、陶範品種和數量居多，與製模、製範、烘範、熔煉、鑄件清理等有關的工具、原料和設施齊全，最具學術價值。

鍛造

俗稱“錘鍛”。金屬壓力加工方法之一。通常是指把金屬坯料加熱後，用錘擊等方法使之發生塑性變形。鍛造能改善金屬組織，提高機械性能。明清時期稱鍛製銅器爲“鉛鈒”，清内務府設有鉛鈒作。傳統金屬手工業仍稱打製銅胎爲鉛鈒。中國青銅時代銅器基本由鑄造成形，然而春秋戰國時期一些薄壁器可能是青銅鑄造成形再經加熱後鍛造減薄。更有一些鑄造成形的青銅工具和農具，其刃部經特意加熱鍛打，使刃部鋒利，並具有較高韌性。商周時期的銅兵鐵刃，其鐵刃部分(無論是隕鐵或是人工鐵)都是鍛造成形。商代的金箔也是鍛製而成。

先秦采銅冶煉遺址

著名者有古荆州地區、遼西牛河梁爐壁殘片堆積地、江西瑞昌銅嶺古銅礦遺址、湖北大冶銅緑山古礦冶遺址、皖南古礦冶遺址(安徽南陵、銅陵等地)、黄河流域的中條山古銅礦遺址和寧夏河套地區照壁山遺址、内蒙古林西大井遺址、新疆伊犁奴拉賽遺址等。其中牛河梁爐壁殘片是目前中國發現的最早的煉銅遺物(約公元前3500年—前3000年)。瑞昌銅嶺和大冶銅緑山采銅冶銅遺址分别早自商代中期和殷墟前期，規模宏大，年代久遠，延續時間長，保存完好，學術價值最高。

自然銅

又名“天然銅”“自來銅”。礦物名。指自然生成的單質銅，純度可達99.5%以上。迄今發現最早自然銅製品出自公元前8世紀至公元前7世紀的伊朗。在冶銅術産生之前，人類已通過加工自然銅獲得銅製品。

藍銅礦

礦物名。化學成分爲$Cu_3(CO_3)_2(OH)_2$。晶體呈柱狀或板狀，通常呈粒狀、塊狀、放射狀，以及土狀和皮殼狀集合體。藍色，條痕淡藍色，玻璃光澤。硬度3.5～4，性脆，密度3.7～3.9克/釐米^3。産於含銅硫化物礦床的氧化帶，量多時可作爲煉銅的礦物原料。質純者可製藍色顔料，古稱“石青”。

斑銅礦

礦物名。化學成分爲Cu_5FeS_4。通常爲緻密塊狀或星散狀。常具明顯的斑狀銹色，條痕帶灰黑色，新鮮斷口爲暗銅紅色，半金屬光澤，性脆，硬度3，密度4.9～5.0克/釐米^3。具導電性。爲煉銅原料之一。

赤銅礦

礦物名。化學成分爲Cu_2O。常呈緻密塊狀、土狀集合體。紅色至鉛灰色，斷口呈金剛光澤，性脆，硬度3.5~4，密度5.85~6.15克/釐米^3。爲煉銅原料之一。

黄銅礦

礦物名。化學成分爲$CuFeS_2$。集合體通常呈緻密塊狀和不規則粒狀。銅黄色，常帶暗黄或斑駁彩色，條痕黑色並微帶淺緑，强金屬光澤，性脆，硬度3~4，密度4.1~4.3克/釐米^3。爲煉銅的主要礦物原料。

煉銅

冶煉獲得金屬銅的技術。中國古代煉銅有火法和濕法兩類。火法煉銅有四種工藝：熔煉氧化礦石還原成銅工藝（氧化銅—銅工藝）；硫化礦石經焙燒後再還原熔煉成銅工藝（硫化礦—銅工藝）；硫化礦石經多次交替進行的焙燒、冶煉依次煉成品位由低到高的各種中間產物冰銅，最後精煉成銅的工藝（硫化礦—冰銅—銅工藝）；硫化礦石經天然或人工硫酸化堆浸，得到膽礬溶液並製成硫酸鹽晶體，再入爐熔煉成銅的工藝（硫化礦—硫酸銅—銅工藝）。火法煉銅最早見於龍山文化遺址。濕法煉銅即“膽銅法”，將鐵置於膽礬（硫酸銅）溶液中，使銅離子被鐵所置换，成爲單質銅，再收集起來精煉，得到銅料。該技術可能始於唐末五代，爲我國首創。

冰銅

又名“锍”。銅、鎳等有色金屬冶煉過程中生産出的中間産品，爲各種金屬硫化物的互熔體。熔煉硫化銅礦石所得的锍，其主要組成爲硫化亞銅、硫化亞鐵，即冰銅。經過“硫化銅礦—冰銅—銅”這一熔煉工藝可獲得銅。中國至遲在西周時期已能用硫化銅礦煉銅，代表遺址有南陵、銅陵、中條山、新疆奴拉賽和庫車煉銅遺址等。

純銅

又名“赤銅”“紅銅”。俗稱“紫銅”。因具淺紫紅色光澤而得名。延展性良好而硬度、强度不足，熔點高，鑄造性能差，所以鑄造禮器、工具、農具、銅鏡、錢幣和響器等多用青銅或黄銅。純銅偶用於裝飾等領域。天然純銅很少，大多經冶煉銅礦石獲得。

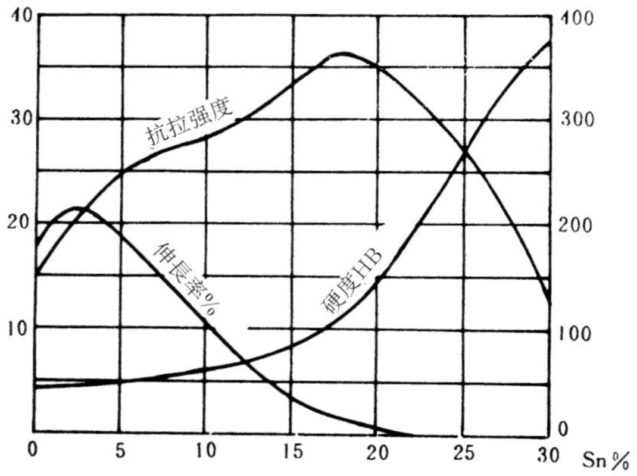

錫含量對銅—錫合金機械性能的影響

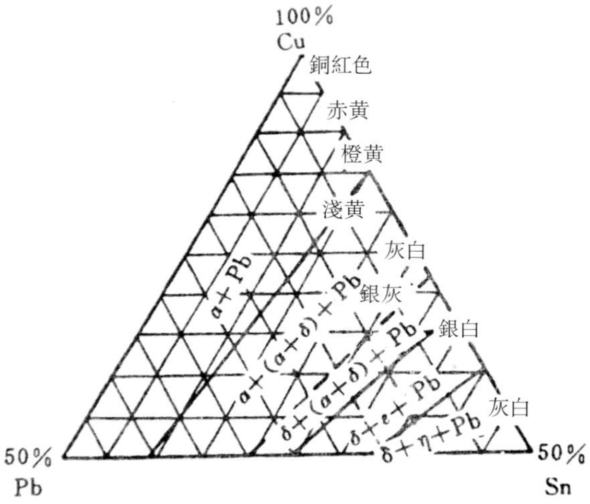

錫、鉛含量對銅—錫—鉛合金色澤的影響

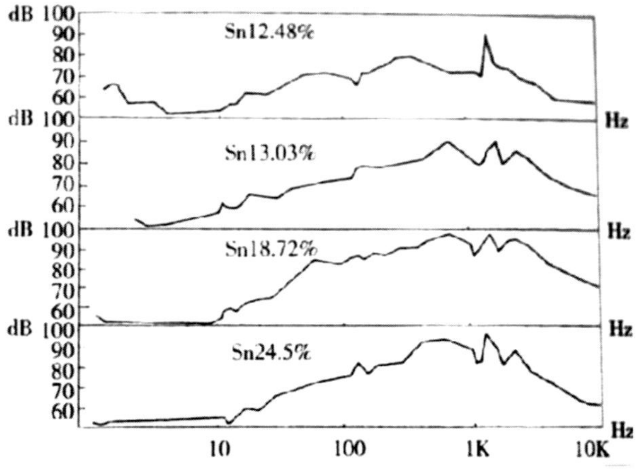

不同含錫量青銅試驗鐘正鼓音穩態聲頻譜曲綫圖

青銅

銅錫合金的舊稱。現稱“錫青銅”。古代青銅主要含銅、錫、鉛三元素。銅錫合金在含二氧化碳的濕空氣中表面生成銅緑（碱式碳酸銅）而有“青銅”之稱。銅中加入錫後改善了鑄造性能、機械性能、化學穩定性，並改變了色澤和聲學性能，與純銅比較，更具實用性。鉛的加入雖可改善鑄造性能，但是機械性能、化學穩定性和色澤、聲學性能均有下降，用作容器會產生毒性。青銅合金中，錫含量增至3%以上時，延展性開始下降，韌性變差，開始變脆，超過15%時已相當脆，而此時强度值接近最高值。硬度則隨含錫量增加而增高。由於鉛對青銅基體有分割作用，隨着含鉛量增加，青銅合金中的抗拉强度和延伸率都大幅降低。由於鉛在青銅中呈游離狀態，隨着鉛含量的增加，鉛的灰黑色影響程度逐漸加深。隨着錫含量增加，青銅色澤由紅轉黄、淺黄、銀灰、銀白而灰白。對錫青銅進行聲頻譜分析和彈性模量（材料在彈性極限内應力與應變的比值，反映材料剛度的大小）測定得知，含錫量略高於14%時，音色較好。鉛含量在1.4%~2.8%之間時，對於振動衰減的作用不大，含量過多則音質變差。所以編鐘含錫量多在13%~18%之間，並含少量鉛。銅—錫—鉛三元合金和高錫鉛青銅，特别是高鉛青銅，是中國古代青銅合金的一大特色。當代又有特殊青銅，加入鋁、鈹等其他元素，使其具備某些特殊性能。

砷青銅

由砷銅礦冶煉而來的砷銅二元合金。砷銅合金機械性能好，西方多數文明古國在出現錫青銅之前曾有砷青銅應用階段。是人類歷史上使用的第一種合金，早於錫青銅的流行近兩千年。中國的砷青銅主要發現於西北地區，中原地區僅殷墟一些兵器上出現含砷量超過1%的砷青銅，幾乎都不含錫，屬銅砷合金或銅砷鉛合金。

黄銅

銅鋅合金的總稱。僅由銅和鋅組成的黄銅稱普通黄銅，在銅鋅合金基礎上加入其他元素，賦予某些特殊性能，可構成特殊黄銅。古代黄銅主要爲普通黄銅。商周青銅器鋅的含量很低，一般在10^{-2}數量級。約從宋代開始，波斯傳入我國煉黄銅技術。自明嘉靖年間發明單質鋅（倭鉛）冶煉技術以來，黄銅進入成熟階段，廣泛取代青銅，主要用於鑄錢、鑄像。

原始黄銅

中國最早的黄銅製品見於陝西臨潼姜寨仰韶文化半坡類型文化遺址出土的銅片和銅管，山東膠州三里河龍山文化遺址出土的銅錐。此二例原始黄銅遺物是迄今所知世界最早的黄銅製品。上古時期無法煉得金屬鋅與銅合成的黄銅，原始黄銅可能由自然銅或人工冶煉金屬銅與鋅礦以“滲合”熔鑄而成，或者由含鉛鋅礦的銅礦石冶煉獲得，都屬偶發的個例。

白銅

銅鎳或銅砷合金。因具銀白色光澤而得名。東晉雲南開始生産鎳白銅，明清常用於製墨盒、水煙筒等，18世紀傳入歐洲，稱“中國銀”。砷白銅在西漢經煉丹術獲得。

金有六齊

世界上關於青銅合金配比的最早記載。《考工記》中有“金有六齊”的叙述：“六分其金而錫居一，謂之鐘鼎之齊；五分其金而錫居一，謂之斧斤之齊；四分其金而錫居一，謂之戈戟之齊；三分其金而錫居一，謂之大刃之齊；五分其金而錫居二，謂之削殺矢之齊；金錫半，謂之鑒燧之齊。”“齊”與“劑”通。“金有六齊”的“金”指青銅器，文中的“金”則指純銅。對上述記述有各種解釋。“六分其金而錫居一”應是解釋爲銅六錫一，比較接近不同用途的銅錫合金機械性能、聲學性能和色澤變化。此“六齊”的銅錫含量之比，下述的解釋公認比較準確：鐘鼎之齊——銅85.8%，錫14.2%；斧斤之齊——銅83.3%，錫16.7%；戈戟之齊——銅80%，錫20%；大刃之齊——銅75%，錫25%；削殺矢之齊——銅71.4%，錫28.6%；鑒燧之齊——銅66.7%，錫33.3%。“六齊”反映先人在當時已認識到鑄造容器類的錫青銅含錫量不必過高；鑄鐘的含錫量以14%左右爲宜；工具和兵器需要硬度高，錫含量應高於容器的錫含量；需要表面白亮的銅鏡與陽燧錫含量最高。然而商周青銅器實際成分大多與“六齊”之説相距較遠，所以完全按“六齊”來判斷青銅器的時代或真僞是不可取的。

響銅

指鑄造響器和樂器的銅合金。通常指含錫13%~18%、含鉛1.4%~2.8%的青銅。其含錫量和《考工記》所述“鐘鼎之齊”接近。其綜合性能(聲學性能、機械性能和鑄造性能)適宜鑄造編鐘。梵鐘需要鐘聲悠長，而鉛會加速聲音的衰減，故鑄造梵鐘的青銅不宜含鉛。

編鐘

由不同音高構成一定音階的多枚樂鐘組成。先秦編鐘鐘體横截面呈“合瓦式”，縱截面壁厚度向底部逐漸增厚。鐘體内通常於鼓部有沿縱向的凸起，稱“音脊”，也有沿縱向的圓弧形凹槽，稱“隧”。多數鐘體表面分佈有“枚”或“乳”。合瓦式鐘體結構和音脊、音隧的設計，導致敲擊正鼓部和側鼓部可發出不同基頻的聲波，所以合瓦式編鐘又稱“雙音鐘”。枚或乳則可減少高頻振動的影響，這些結構加速聲響衰減，利於旋律演奏。

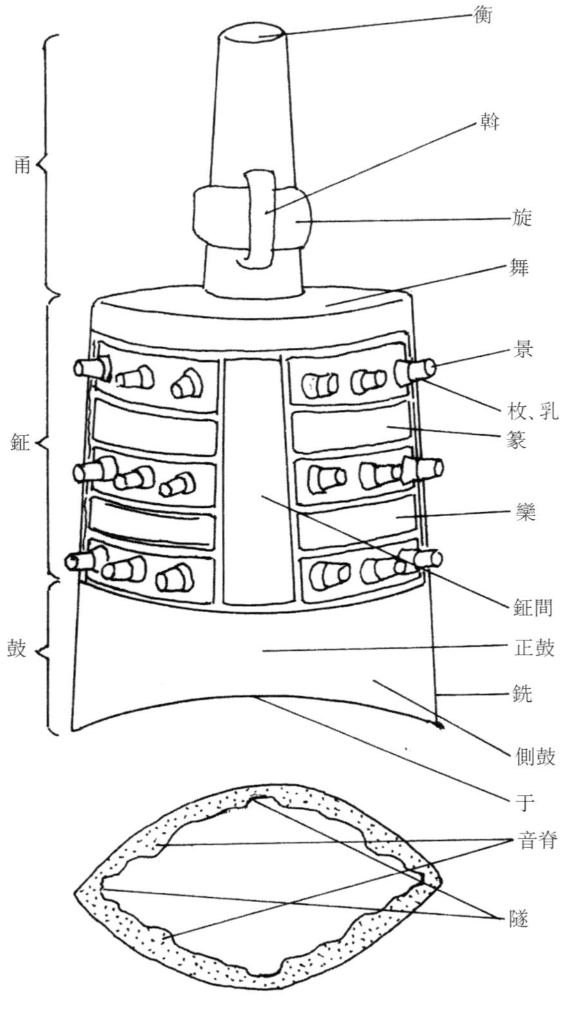

甬鐘各部位名稱

鉛同位素比值

鉛礦石有四種同位素，即$^{204}P_{6}$、$^{206}P_{6}$、$^{207}P_{6}$、$^{208}P_{6}$。鉛從岩漿或礦液中分離成礦石鉛後，其同位素比值即不再變化。由於成礦條件的差異，各個礦區的比值不同，即礦石鉛的同位素比值有可能成爲反映不同礦區的特徵值。一般認爲，鉛同位素在冶鑄過程中不産生分餾效應而仍保持原先的比值。故此，測定青銅器中鉛同位素比值可作爲追溯鉛礦來源的依據。

金相分析

指應用金相儀器對金屬及合金材料的内部組織進行分析。分爲宏觀分析和顯微分析。可觀察晶粒大小、形態(是鑄造組織還是鍛造組織，是否經過冷加工或熱處理等)、分佈、存在的缺陷(如偏析、縮孔、氣孔、裂紋、夾雜等)和組織在冷熱加工過程中的變化。是研究金屬及合金材料的重要方法之一。

青銅複合劍

主要見於東周南方青銅文化系統中。劍脊和劍莖先以錫含量較低的錫青銅鑄成，然後置於鑄造劍從部分的陶範中，劍從澆注錫含量高的錫青銅，即獲青銅複合劍。因劍脊色澤偏紅，劍從色澤偏白，故又稱“雙色劍”。由於格鬥用兵器鋒刃須鋒利，錫含量應高，然而錫含量過高則青銅易折斷，在冶鐵術尚未發明和普及的青銅時代，先人發明了外堅內韌、剛柔相濟的青銅複合劍，劍脊與劍從用不同含錫量的青銅鑄造，使之既保持鋒利，格鬥時又不致折斷。對七件東周青銅複合劍進行檢測后發現，劍脊含錫量爲8.44%～11.79%，劍從含錫量爲17.21%～19.88%，劍從含錫量比劍脊高出5.42～11.44個百分點。

商代晚期鐵刃銅鉞

隕鐵

地球上的天然鐵有兩種：一種是自然還原過程中生成的“陸上鐵”，僅在格陵蘭島存在；另一種是隕鐵，是天然鐵的主要來源。人類最早使用的鐵器即由隕鐵製成。許多古老民族曾經歷使用隕鐵的階段，然後纔有冶鐵術的產生。其化學成分特徵是其中含有高鎳帶，這衹能產生於冷却極爲緩慢的鐵鎳天體中。中國最早的隕鐵器爲河北藁城和北京平谷商代中期遺址出土的鐵刃銅鉞。美國弗利爾美術館收藏的商代晚期鐵刃銅鉞和鐵援銅戈，刃部均由隕鐵鍛成，再用青銅鑄接成器。鐵刃銅鉞即史書所謂的“元鉞”或“玄鉞”。

銅鐵複合兵器

中國銅鐵複合兵器有兩種：一種

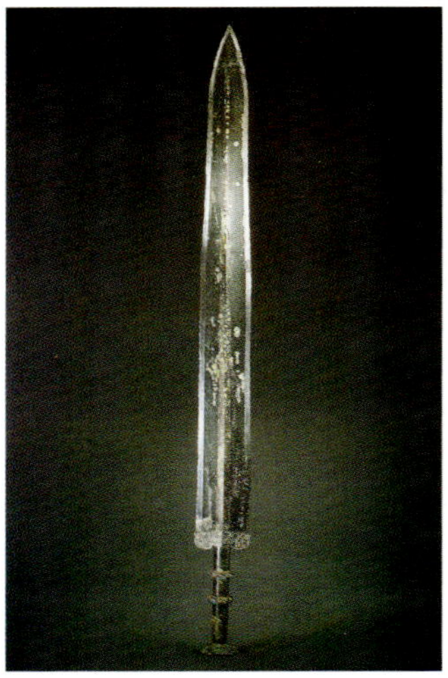

東周青銅複合劍

青銅複合劍劍脊和劍從及其橫截面

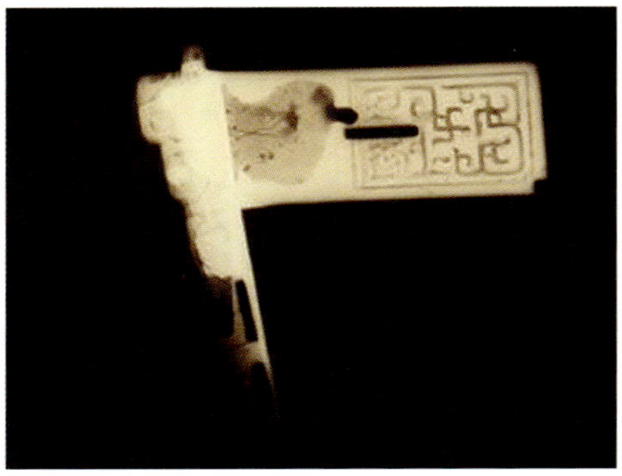

鐵援銅戈及其X射綫透視照片

是將隕鐵加熱鍛成刃部，再用青銅鑄接成器（參見“隕鐵”）；另一種由人工冶鐵形成刃部，再用青銅鑄接成器。

坩堝

熔煉金屬的容器。有用陶質大口缸和大口尊内外糊草拌泥而成的

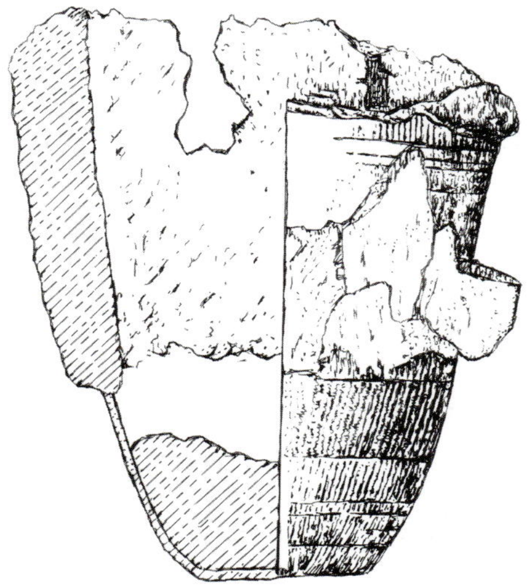

鄭州二里岡出土大口尊式坩堝

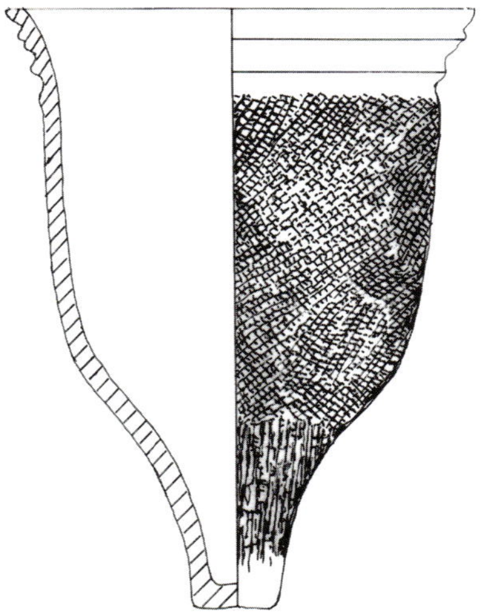

殷墟出土"將軍盔"式坩堝

《天工開物》記載的坩堝兼有澆包作用

陶質坩堝，如河南鄭州二里岡商代早期遺址出土的陶質坩堝；也有用泥條堆成的泥質坩堝，如殷墟遺址出土的大口尖底坩堝（又名“將軍盔”），胎厚，含沙粒。這兩種坩堝均屬坩堝内加熱式熔煉青銅的容器。

皮橐

早期鼓風設備。用獸皮製成的鼓風風囊。用於冶煉與熔煉金屬時鼓風助燃以提高爐温。

木炭

由木材經炭化或乾餾而得到的固體產物。主要成分是碳。古代用作固體燃料，用於熔煉金屬等。也用作青銅器表面打磨後拋光的材料，可增加器表光亮度。

澆包

澆注金屬液的容器。傳統鑄造工藝中亦稱“抬包”“抬盆”“勺包”“端包”。

錯

又名“礪”。一種磨石，用於鑄件表面打磨。《詩 · 小雅 · 鶴鳴》：“它山之石，可以爲錯。”《荀子 · 勸學》：“金就礪則利。”

緑松石

礦物名。化學成分爲$CuAl_6(PO_4)_4$

夏代晚期鑲嵌緑松石變形獸面紋牌飾

$(OH)_8 \cdot 4H_2O$，三斜晶系。通常呈隱晶質塊狀、皮殼狀等。天藍色、蘋果綠色或帶綠的淺灰色，蠟狀光澤，硬度5 ～ 6，性脆，密度2.60 ～ 2.83克/鳌米^3，具貝殼狀斷口。色彩美麗者可作爲飾品。綠松石古稱“甸子”。中國古代綠松石來源有二：一是今伊朗北部所産“回回甸子”，二是鄂西北所産“襄陽甸子”，或稱“荆州石”。河南偃師二里頭夏代晚期遺址出土的青銅牌飾上滿嵌綠松石。

孔雀石

礦物名。化學成分爲$Cu_2(CO_3)(OH)_2$，單斜晶系。單晶體呈針狀，通常爲放射狀或鐘乳狀集合體。綠色，玻璃光澤至金剛光澤，硬度3.5 ～ 4，性脆，密度3.9 ～ 4.0克/鳌米^3。産在含銅硫化物礦牀的氧化帶，可作爲找尋原生銅礦牀的標志，量多時可作煉銅的礦物原料。塊大色美者可琢磨成飾品。粉末可用以製綠色顔料，古稱“銅綠”、“石綠”。孔雀石在古代作爲找銅礦的地質標志。在殷墟鑄造遺址中發現許多孔雀石碎片。

鑲嵌寶石

銅器裝飾工藝。青銅器上鑲嵌寶石構成絢麗的獸面紋圖案，在夏代晚期已出現。殷墟時期鑲嵌綠松石多用於青銅兵器上，西周和春秋早中期青銅器上較少鑲嵌寶石，春秋晚期和戰國時期青銅器鑲嵌寶石臻於鼎盛，鑲嵌材料有綠松石、玉、瑪瑙及琉璃等,並表現出高超的技藝。鑲嵌寶石工藝過程大致如下：一、在器表鑄出或鏨刻出凹槽；二、鑲嵌物加工成合適形狀；三、用天然黏結劑將鑲嵌物黏合於凹槽内；四、打磨拋光。

錯金銀

又名“金銀錯”“嵌錯”。銅器裝飾工藝。最早的青銅器錯金見於殷墟出土車軎上的錯金龍紋。錯金盛行於春秋晚期和戰國時期。錯銀最早出現於戰國早期，這與銀出現較晚有關。錯金銀在戰國中期至兩漢臻於鼎盛。其工序大致如下：一、在器表鑄出或鏨刻出凹槽；二、將凹槽内壁鏨刻成糙面或燕尾槽；三、金銀片或絲適當加熱，用瑪瑙壓入凹槽；四、用錯石磨錯，使器表“嚴絲合縫”；五、用木炭和水打磨後，再用皮革織物拋光。凹槽内亦有發現類似黏結劑的殘迹，用于防止金銀脱落。

西漢錯金銀吉語鐘

西漢錯金銀吉語鐘局部

錯紅銅

又名“紅銅鑲嵌”。銅器裝飾工藝。最早的錯紅銅青銅器見於商代晚期

戰國鑄鑲紅銅龍紋壺

戰國鑄鑲紅銅龍紋壺局部圖

青銅戈上。春秋晚期開始，錯紅銅工藝漸趨繁榮，戰國中期臻於鼎盛。除有將紅銅壓入器表紋槽的工藝之外，尚有鑄鑲工藝，即預先鑄就紅銅紋飾，再與器身鑄接。

表面富錫

銅器裝飾工藝。中國古代銅器表面多有呈白亮色澤者，如“水銀沁”銅鏡、亮斑戈等。歷來多有銀背、錯銀、鍍銀、鉛背、錫偏析等對其材質和工藝的解釋。經科學檢測，呈白色色澤者均爲表面富錫，計有三種表面富錫工藝：表面膏劑富錫、表面擦滲富錫和表面液態富錫。經表面富錫處理的銅器，不僅表面白亮，還可保護器表不致銹蝕。這是中國古代金屬工藝史的重大成就。

表面膏劑富錫

銅器裝飾工藝。將錫銅合金粉末加入天然黏結劑配成膏劑，塗於銅器表面，加熱後錫擴散至銅器基體，使表面生成錫含量約40%的富錫銅合金細晶層，厚度可達1毫米左右，器表因而形成黄白相間的富麗圖案，且經久耐腐蝕。著名的吴王夫差矛和越王勾踐劍上的菱形紋飾均以此工藝製成。

吴王夫差矛的菱形紋飾由膏劑富錫工藝製成

表面擦滲富錫

銅器裝飾工藝。錫汞合金加入其他材料製成粉末狀物質，即爲“磨鏡藥”，又名“玄錫”。將其置於羊毛氈上，使鏡面與其摩擦，不需加熱即可使錫滲入鏡面並與鏡面合金化，鏡面可生成錫含量高達60%以上的極薄(納米級)富錫層，白亮可鑒。在空氣中，富錫層表面又氧化，生成二氧化錫薄膜，保護鏡面不致銹蝕。鏡面若不磨損，可保千年不銹，即收藏界稱爲“水銀沁”、“水銀古”的銅鏡。

西漢内清鏡上保持白亮的部分即爲未受損的擦滲富錫層

表面液態富錫

銅器裝飾工藝。用液態富錫塗料在銅器表面書寫、

明代五子登科銅鏡的文字與圖案用液態富錫工藝形成

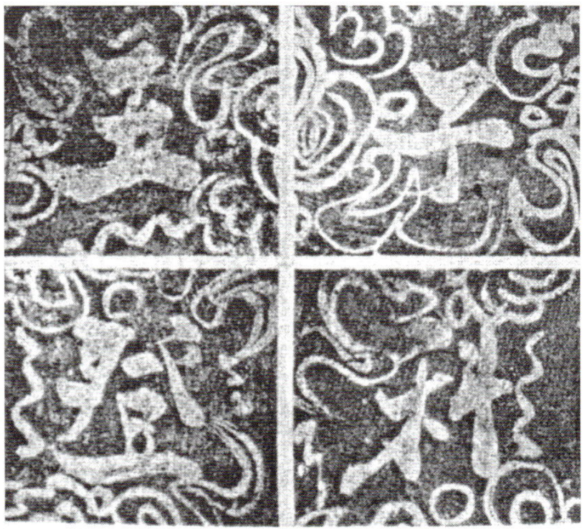
明代五子登科銅鏡局部

繪畫後，再經某種處理而在器表形成富錫的白亮文字與圖案。這種表面富錫技術至遲在西漢已出現，至今尚未破解。

菱形暗格紋

吴越銅兵器由表面膏劑富錫工藝形成黄白相間的菱形紋飾（參見“表面膏劑富錫”條），埋藏後由於受土壤中腐殖酸水溶液長期浸泡，兵器基體的富銅相逐漸流失，被腐殖酸中的鐵、硅置换並生成氧化物而呈黑亮色；表面富錫細晶部分由於耐蝕性能良好而腐蝕程度輕，僅由白色變成灰白等淺色，出土時呈現黑亮與灰白相間的所謂“菱形暗格紋”。

越王勾踐劍上的菱形暗格紋

亮斑

又名“銀斑”。銅器裝飾工藝。銅器表面經富錫膏劑塗繪後進行加熱擴散，使器表形成銀白色富錫亮斑。常用於春秋戰國兵器的表面裝飾。

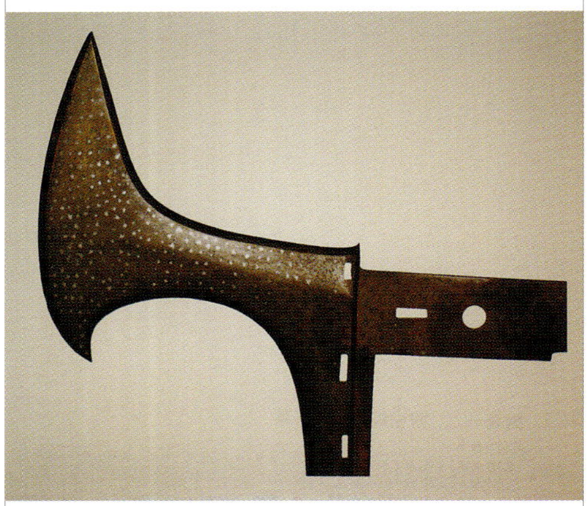

戰國斑紋鉞上的亮斑

黑漆古

青銅器在埋藏條件下由於長期受腐殖酸水溶液浸泡，導致器表呈黑亮色澤的現象。參見“菱形暗格紋”。

嵌螺鈿

銅器裝飾工藝。用貝殼内壁製成圖形後黏貼於銅器表面，研磨後再雕花，形成光彩瑩潤、華麗秀美的藝術效果。起源很早，流行於周代，從

唐代嵌螺鈿寶石葵花鏡

唐代嵌螺鈿寶石葵花鏡局部

現存唐代螺鈿實物中可見，至唐代已達到相當高的水準。

金銀平脱

銅器裝飾工藝。用金銀薄片裁成紋

唐代金銀平脱花鳥葵花鏡

樣，黏貼於銅器漆面上，周邊再用漆塗滿，經研磨拋光再鏨花，形成富麗堂皇、精麗雅致的藝術效果。現存唐代平脱器物已極精美。五代以後，該工藝漸趨衰落。

唐代金銀平脱花鳥葵花鏡局部

包金銀

銅器裝飾工藝。金銀鍛成薄片後，包覆在銅器淺浮雕表面。常借黏結劑和機械勾連連接、包覆銅器後，再在金銀片上鏨花。

唐代龍鳳紋菱花鏡

唐代龍鳳紋菱花鏡局部

貼金

全稱“貼金箔”。黃金的延展性極佳，每克黃金可拉拔成1 800米的金絲，可製成厚僅0.002毫米的金箔。傳統貼金法是用生漆調以配油（經過熬煉的熟桐油），再摻入少量銀硃，製成金地漆，將金地漆塗於器表，將乾未乾時用竹夾覆上金箔，用軟毛筆在金箔襯紙紙背上輕刷，再用絲綿球輕揉，金箔即貼於器表。隨後用清豆漿薄刷一遍，乾後塗罩一層金漆（生漆調以配油而成）以保護貼金層。

商晚期廣漢三星堆遺址出土金面罩頭像

鎏金

又名“黃塗”“金塗”“火鍍金”。銅器裝飾工藝。將黃金和水銀合成金汞劑，塗於銅器表面，加熱壓實時水銀蒸發，黃金則附於器表而得鎏金層。鎏金層較貼金更厚實、滋潤、耐用，其缺點爲鎏金過程有毒。鎏銀的方法與鎏金相同。已知最早的鎏金器出現於春秋戰國之交。鎏金、鎏銀在西漢臻於鼎盛。

東漢鎏金鑲嵌獸形銅硯盒

鎏銀

見“鎏金”。

刻紋

銅器裝飾工藝。指用工具在青銅器上鏨刻出紋飾或文字。興起於春秋晚期或稍早，一般認爲在鐵質工具產生後方出現。也有學者認爲經熱處理的高錫優質青銅工具同樣能刻鑿出紋飾，然而尚未見相關研究報告。刻紋圖案分爲兩類：一類由點、綫組成圖案，另一類由劃綫組成。刻紋綫條細如毫髮，構圖生動。

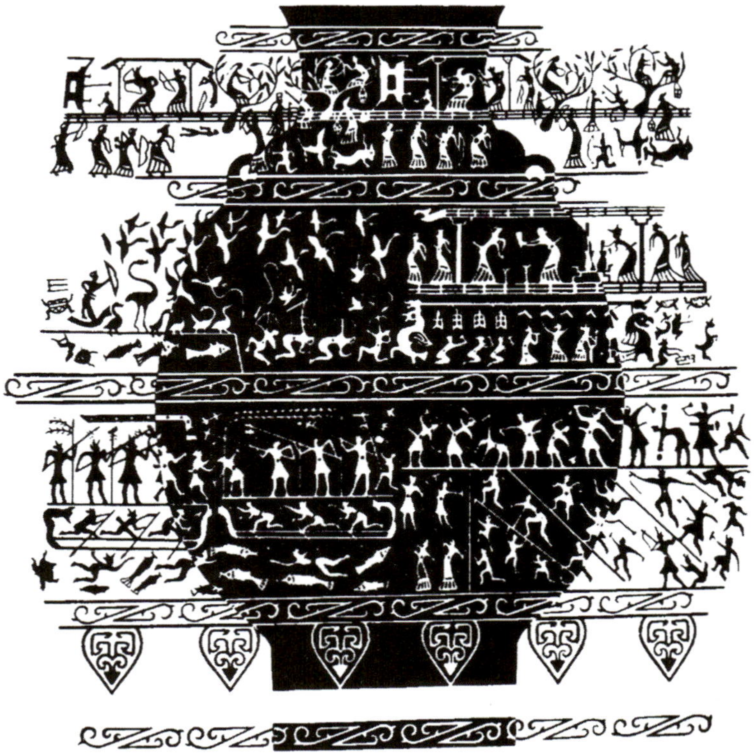

戰國鑲嵌宴樂水陸攻戰圖壺及其紋飾

虎皮斑

銅器裝飾工藝。有虎皮斑的器物外表凹凸不平，或如虎皮，或如魚腸，或如古松樹皮，裝飾性很强，多見於東周巴蜀等地區的青銅兵器表面。其形成工藝迄今未有定論。

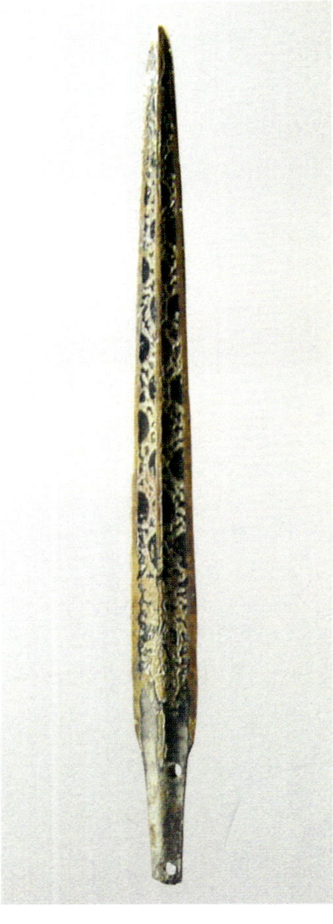

戰國虎皮斑紋劍

中　　国　　青　　銅　　器　　辭　　典

出土青銅器主要遺址、墓葬和窖藏

永靖蓮花城出土齊家文化紅銅器和青銅器

墓葬群位於甘肅永靖蓮花城西南。1959—1960年發掘清理一百三十八座竪穴土坑墓，其中三座墓出土銅器，有銅環和銅飾共三件，在地層和灰坑中還出土銅錐、小銅斧和銅飾各一件，經光譜定性分析含有紅銅和鉛青銅。這一發現表明齊家文化延續的時間較長，其晚期即將進入青銅時代。

偃師二里頭村出土夏代青銅器

❶遺址位於河南偃師二里頭村。1964年出土青銅器，有鑿、錐、刀、鏃、魚鉤。此外尚有骨、蚌、石器和陶器。這是一處夏代宫殿遺址，是中國目前發現最早、地下保存也比較完整的宫殿遺址。這次發掘雖未見青銅禮器，但對於研究中國奴隸制社會特點、確定二里頭遺址的性質，仍有重要意義。❷遺址位於河南偃師二里頭村。1975年清理了兩座被盗土坑，發現的青銅器有爵、戚、戈、圓泡形器、圓形器、鑲嵌圓形器。這些青銅器鑄造比較精緻，尤其是用緑松石鑲嵌的圓形器，説明當時不僅有熟練的鑄造技術，還掌握了複雜的鑲嵌技術。此外還出土了青銅爵這一新器形，豐富了所見夏代晚期青銅器的種類。1980年又出土青銅器，有爵和刀各二件，均爲夏代晚期器物。❸墓葬位於河南偃師二里頭村。1984年發現墓葬，出土青銅器有爵、斝、鈴、獸面紋牌飾，還有玉器和陶器。這批器物出土於二里頭二期或三期，墓的葬俗和隨葬品的組合無甚差别，保持了很强的延續性。這從另一方面反映出二里頭二至四期文化的一體性，即二里頭一至四期文化都是夏文化，出土的青銅器都屬夏代青銅器。❹墓葬位於河南偃師二里頭村。1987年發現墓被盗掘，追回鼎和斝各一件。夏代青銅鼎當屬首次出土，爲所見夏代晚期青銅器增添了新的品種，也是我國有明確出土地點的最早青銅鼎，是重要的發現。

夏縣東下馮村出土夏代青銅器

遺址位於山西夏縣東下馮村。1974年起出土銅器，有鏃、刀、鑿等兵器和工具。經測定發現，其中除一件鑿爲紅銅器外，其餘均爲青銅器。而據其他陶器、石器、骨器分析，遺址的相對年代爲公元前19世紀—前16世紀。又因東下馮村的遺址正處於傳説中的“夏墟”範圍之内，因此對於探索夏文化和研究商文化具有重要意義。

鄭州東里路出土商代青銅器

墓葬位於河南鄭州東里路黄河醫院。1975年發掘一座土坑墓，出土青銅器有爵和斝各一件，餘爲陶器。此墓明確爲二里岡下層，時代應爲商代早期，雖然衹出土兩件青銅器，但像這樣有確鑿證據的商代二里岡下層青銅器墓還是首次發現，意義重大。

滎陽西史村出土商代青銅器

墓葬位於河南滎陽西史村。1979年發現一墓，出土青銅器衹有爵一件，餘爲陶器。因滎陽與鄭州毗鄰，出土的爵與鄭州東里路的相同，此墓根據陶器的形制可確定爲二里岡下層，時代爲商代早期。商代早期爵在墓葬中出土甚爲少見，地層可靠的墓出土的青銅器，是帶有標尺性的參考資料，值得重視。

鄭州白家莊出土商代青銅器

墓葬位於河南鄭州白家莊村西的土城上。自1955年起發現兩座出土青銅器的墓葬，共出土十五件，有鼎、爵、觚、斝、瓿、盤。白家莊出土青銅器的紋飾以動物紋爲主，有獸面紋和變形龍紋，也有雲紋、連珠紋和火紋。所有紋飾均無地紋。時代爲商代中期。出土青銅器以酒器居多，可見這時已重酒器。此外，這兩墓分别使用一鼎和三鼎陪葬，可能與商代的禮制有關。

鄭州銘功路出土商代青銅器

墓葬位於河南鄭州銘功路。1956年發掘兩墓，各出土青銅器一件，爲鼎和爵，其餘鬲、豆、斝、觚、盆等均爲陶器。1965年又發掘數墓，其中兩座墓出土青銅器。二號墓出土鼎、觚各一件，斝、爵各二件，共六件。四號墓出土爵和觚。青銅器的形制、紋飾屬商代中期。

鄭州北二七路出土商代青銅器

墓葬位於河南鄭州北二七路。1982年開始發掘，其中有三墓出土青銅器，一號墓出土九件，有鼎、爵、觚、斝以及刀、銅片。二號墓出土五件，有爵、觚、斝、刀。四號墓出土青銅爵一件，其餘鬲、豆、斝、爵皆爲陶器。青銅器的形制、紋飾屬商代中期。

張寨南街杜嶺出土商代青銅器

窖藏位於河南鄭州張寨南街杜嶺。1974年發現兩件方鼎，一件高100釐米，另一件高87釐米，均爲立耳，斗形方腹，平底，下置四個圓柱形的半空足，下段爲實心，器壁飾獸面紋和排列整齊的乳釘紋。器屬商代中期。由於鼎的器形很大，形制莊重，可能爲王室使用之物。但附近並未找到同時代的墓葬，所以此坑應是當時的窖藏。

鄭州二里岡出土商代青銅器

遺址位於河南鄭州二里岡。1953年發現青銅器有鏃、鈎、鑽、刀、筒形器和殘片，此外還出土大量陶器。這次二里岡發掘的商代遺址可以列爲前後相接的上、下兩層，不僅在地層上有叠壓關係，在灰坑之間也互相打破，而且出土器物也有早晚不同，下層屬於商代早期，上層則是商代中期。

新鄭望京樓出土商代青銅器

墓葬位於河南新鄭望京樓。1974年出土的青銅器有鼎、鬲、爵、觚、斝等，其中爵的形制偏早，大致在商代早期，其餘器從形制、紋飾分析，應歸於商代中期。數年後，又在當地徵集到爵、罍、盤等器，同屬商代中期。

鄭州向陽食品廠出土商代青銅器

窖藏位於河南鄭州商城東南角。1982年發現，出土青銅器十三件，有大方鼎、大圓鼎、扁足鼎、觚、尊、壺、罍、中柱盂和盤。其特點如下：一、器形較多，如提梁壺、設牛首的大口尊和中柱盂等都前所未見；二、器形較大，如兩件大方鼎高皆爲81釐米，重量分别爲75千克、52千克，大圓鼎高77釐米，重約33千克，較爲少見；三、 紋飾精美，如提梁壺爲滿花器，獸面紋甚複雜，不設地紋。根據以上特點可知，這一窖藏所出青銅器的時代已達商代中期的最後階段。

輝縣琉璃閣出土商代青銅器

墓葬群位於河南輝縣琉璃閣附近。1950年曾發掘墓葬五十三座，出土的青銅器有鼎、鬲、爵、觚、斝、刀、戈、鉞、鏃等。從出土的器物分析，大部分墓葬屬商代中期，少量屬商代晚期。這是中原地區最早發現的商代墓葬群，爲研究盤庚遷殷前的商文化面貌提供了重要資料。

安陽侯家莊出土商代青銅器

遺址位於河南安陽侯家莊的商代晚期王陵區。1934—1976年，經前後六次發掘，發現十三座商代王陵和一千四百餘個祭祀坑，分佈在侯家莊、前小營、武官村之間的大片地區。所有王陵均被盜掘、擾亂，破壞嚴重，出土的青銅器有鼎、簋、盂、爵、觚、觶、斝、尊、壺、卣、盉、勺、盤，以及兵器、工具、車馬器等。兵器中青銅矛有七百三十一件，戈七十二件，青銅盔不少於一百四十一件。此外一〇〇四號大墓殘存有鹿方鼎、牛方鼎，前者高60.8釐米，重60.4千克，後者高73.2釐米，重110.4千克，堪稱王室重器。

安陽大司空村出土商代青銅器

墓葬群位於河南安陽市車站西北。1953年發掘二次，1954年發掘一次，共發掘商代墓葬一百六十八座、遺址十處、車馬坑一座。其中隨葬青銅器的有四十八座，出土的青銅器有鼎、爵、觚、觶、卣、鐃、戈、鉞、斧、矛、鏃、刀、錛、鑿、弓形飾以及青銅貝等。另有鉛器出土。該地出土器物的小墓有一百六十六座，均屬商代晚期，陪葬器物以陶器爲主，僅放置一二件青銅器或玉器。

安陽後崗出土商代青銅器

遺址位於河南安陽後崗圓形祭祀坑，在後崗南坡。1959年發掘。該祭祀坑埋有七十三人，坑内有青銅器、陶器、玉器和骨器等。隨葬青銅器十件，有鼎、爵、卣、鈴、戈、鏃、刀，以及車馬器。著名的戍嗣子鼎就出土於此。1991年同地又發現時代爲商代晚期的三座大墓，出土的青銅器有鼎、爵、方爵、方彝、觥蓋、觚、戈、矛、鉞、鏃、錛、馬飾、泡、殘片、鈴、銜。

安陽戚家莊出土商代青銅器

墓葬位於河南安陽戚家莊。二百六十九號墓在戚家莊東，1984年發掘。墓中隨葬青銅器五十八件，有鼎、甗、簋、爵、觚、觶、斝、尊、卣、罍、方彝、斗、鐃、鈴、戈、矛、鉞、大刀、弓形器、斧、錛、鑿、削等。

安陽劉家莊北地出土商代和西周青銅器

墓葬位於河南安陽殷墟劉家莊北地。1988年商墓中出土的青銅器有鼎、爵、觚、戈、矛、錛、鑿、鈴，西周墓出土戈、箄、鏃、泡。此墓的出土反映商與西周在葬俗上有明顯差别，在葬地、墓的大小、出土器物上均有明顯的不同。而西周早期墓出現於殷墟腹地，反映了西周時期商的歷史背景，這很有可能是周公二次東征之後，進入殷墟腹地的周人墓葬。

安陽郭家莊出土商代青銅器

墓葬位於河南安陽郭家莊。一百六十號墓在郭家莊西，1990年發掘。隨葬青銅器二百九十一件，有鼎、甗、簋、角、觚、觶、斝、尊、卣、盉、罍、斗、鐃、鈴、戈、矛、鉞、大刀、弓形器、鐏、鏃、鏟、斧、錛、鑿、環首刀、钂形器、策等。其中一件亞址方卣，帶提梁，四足，形制似鼎，出土時器内貯存尚未完全腐爛的豬肉，有肉皮及肋骨，肉之體積佔器腹之大半。另出土方觚和角各十件，均鑄“亞址”銘文，酒器的組合非常特殊。

安陽花園莊出土商代青銅器

❶墓葬位於河南安陽殷墟花園莊東地。1992—2002年間發掘的五十四號墓出土的青銅器有鼎、方鼎、甗、簋、盂、爵、觚、斝、尊、牛尊、方彝、觥、罍、斗、勺、圓盤形器、鐃、戈、矛、鉞、鏃、卷首刀、刀、鏟、錛、手形器、鑿、鈴首錐狀器、四棱錐狀器、策、弓形器、鈴、泡、鋬手、鐏。此墓出土鉞七件，是目前所知出土青銅鉞最多的墓葬。鉞一般被認爲是軍事權力的象徵，説明此墓主人生前擁有極高的軍事地位。從其骨骼鑒定分析，身上有多處鈍器擊傷或刃器砍傷的傷口，這是多次出征的戰爭創傷。六十號墓出土的青銅器有鼎、甗、瓿、爵、觚、斝、尊、斧、刻刀等。其中容器全部打碎鋪於墓底東部，另有碎片未全部放入，部分器物已修補。這種碎物葬，有學者認爲是爲了辟邪。❷墓葬位於河南安陽殷墟花園莊。2001年六十號墓出土的青銅器有鼎、甗、爵、觚、斝、尊、瓿、斧、刻刀，此外尚出土有陶器、骨器、蚌器、玉器、卜骨和貝等。此墓絶大多數器物均被打碎後置於棺下、墓室底部。此墓爲商代晚期，因此爲研究商代的墓葬制度、殷墟文化的分期以及殷墟文化一期與洹北商城文化分期的關係，提供了新的資料。

安陽高樓莊出土商代青銅器

墓葬位於河南安陽高樓莊。1957年發掘一墓，出土的青銅器有鼎、簋、爵、觚、觶、斝、壺、卣等，同時同地又發現一墓，出土的青銅器有爵、觚、斝、壺、卣、鐃、戈、矛、刀。墓内出土青銅器的種類和組合與安陽殷墟所出器物基本相同，如樂器鐃三枚一組，以及青銅器中飪食器少而酒器所佔比例較大。

安陽孝民屯出土商代青銅器

墓葬位於河南安陽殷墟西區孝民屯。2002年到2004年出土的青銅器有鼎、簋、爵、觚、卣、戈、矛、刀、鈴、錛、鑿、刻刀。器物上鑄銘“辛卣”和“京”，爲族徽。還發現鑄銅作坊遺址，其中有模、範和内芯三種鑄銅器具，爲研究商代青銅器的鑄造技術提供了實物資料。

安陽三家莊出土商代青銅器

窖藏位於河南安陽三家莊。1964年在該地發現一窖藏，出土的青銅器有鼎、甗、斝、钁、戈。此外在其周圍還采集到爵、戣。從器物的形制和紋飾來看，時代爲殷墟早期。1980年又發現八座墓，出土殷墟早期青銅器，有鼎、爵、觚、斝、戈、矛、鉞、鏃、長方形片等。

安陽殷墟婦好墓出土商代青銅器

墓葬位於河南安陽殷墟小屯村西北。1976年發掘，出土青銅器、玉石器、骨器、象牙器、陶器、蚌器等各類隨葬品一千九百二十八件，貝六千八百餘枚，海螺二件。其中青銅器四百六十八件，有鼎、甗、甑、簋、盂、匕、爵、觚、觶、斝、尊、壺、卣、方彝、偶方彝、觥、罍、盉、瓿、缶、斗、編鐃、鈴、盤、罐、錛、鑿、刀、鏟、鉞、戈、弓形器、鐏、鏃、鏡、車馬器等。這是目前殷墟發現的一座保存青銅器器類最完整的墓。青銅器仍以酒器爲主，出土的偶方彝和三聯甗器形屬僅見。青銅器紋飾以獸面紋、龍紋最爲常見，此外尚有鳥紋、動物紋、蕉葉紋、幾何形紋和四瓣花紋等。透雕和鑲嵌緑松石技術在夏代晚期基礎上有所提高。銘文有婦好、司母辛、司㚸母、亞弜、亞其、亞啓、束泉、𢦏、㝐𡗜等九種。

安陽殷墟西區出土商代青銅器

墓葬位於河南安陽殷墟西部。1969—1977年發掘九百三十九座商代墓葬和五座商代車馬坑，其中隨葬青銅禮器的墓葬有六十一座，出土有飪食器（鼎、鬲、簋）、酒器（爵、觚、觶、斝、尊、卣、瓿、提梁罐、斗）、兵器（戳、戈、矛、鏃、刀）、工具（錛、鑿、錐、刻刀）、車馬器（各種飾件、馬銜、圈、節約、葉形器、馬鑣、泡、鈴、弓形飾、管狀器、器座、鉤、軎、套管）、牛首面具、鐃、銅片，另有各種器類的鉛器五十七件。殷墟西部墓葬區面積之大，發現墓葬數量之多，出土器物之豐富，是以往殷墟發掘的同類墓葬區所不能比擬的。這批資料對於研究商代社會宗族的組織形式和商代平民的階級狀況，具有較大價值。

靈寶文帝鄉等地出土商代青銅器

遺址位於河南靈寶。1974年文帝鄉東橋鎮出土青銅器，有鬲、爵、斝、鉞、戈、斨。同年靈寶川口鄉趙家溝出土青銅器，有鼎、爵、觶、斝。此後又在靈寶澗口鄉王家灣出土青銅器，有爵、觚、錛、刀。靈寶出土的青銅器鑄造比較精美，有些器物與殷墟出土的器物相同。靈寶地處豫西黄土高原，過去很少出土青銅器，據以上實物來看，遺址時代爲商代中期到殷墟早期。

輝縣褚丘村出土商代青銅器

墓葬位於河南輝縣褚丘村。1952年發現一墓，出土的青銅器有鼎、簋、爵、觚、卣、弓形器、鏃。觚有銘文“子”字，紋飾和銘文與殷墟出土的青銅器相同。褚丘村青銅器出土後，又曾發現一批青銅簋、爵、尊、卣，皆有“婦娖”銘文，也是該地出土，其中爵有牛首形彎曲的蓋，器、蓋皆有“婦娖”銘文。這一器形，傳世和出土的都很少見。

羅山蟒張鄉出土商代青銅器

墓葬位於河南羅山蟒張鄉後李村。1979年發現三座墓葬，出土的青銅器有鼎、甗、爵、觚、觶、斝、尊、卣、罍、斗、戈、鏃、矛、木戈銅内、鑿、錛、錐、削、車飾、鈴。三墓雖遭破壞，但提供了一批標準的商代晚期青銅器，填補了黄河以南該地區的考古空白。

温縣城關鄉出土商代青銅器

遺址位於河南温縣城關鄉小南張村。1968年發現一批青銅器，有方鼎、甗、簋、斝、爵、觚、鐃、戈、鏃、削。青銅器的鑄造技術較爲精湛，特别是徙斝的紋飾極爲華麗。所出器物與殷墟相近，如三件一組的鐃。但觚和爵的數量不相等。方鼎、簋、斝、爵都鑄有“徙”字族徽。

岐山縣京當村出土商代青銅器

窖藏位於陝西岐山京當鄉京當村。1972年出土的青銅器有鬲、爵、觚、斝、戈，共六件。從器形、紋飾來看，器物的時代爲商代中期。在岐山縣的窖藏出土商代中期青銅器較爲少見。

岐山縣賀家村出土商代青銅器

墓葬位於陝西岐山賀家村西。1973年發現商代晚期墓葬，出土的青銅器有鼎、簋、斝、卣、罍、瓿、斗、戈、鏃、斧、錛、鑿、弓形器、策柄、鑾鈴、龍紋飾、人面紋泡、獸面具、牛首形泡等。在岐山縣賀家村的墓葬品中，屬於商代晚期的比較少見。

城固蘇村出土商代青銅器

遺址位於陝西城固湑水河兩岸。1955—1976年先後十二次出土器物四百餘件。青銅器大都出自窖藏，其中數量最多的是1976年發現的蘇村銅器窖藏：在一個直徑爲1.3米的坑内發現兩件方罍，器内及周圍有戈、人面具、獸面具和各式銅泡。出土的青銅飪食器有鼎、簋、方罍、尊、瓿、罐等二十件，兵器有戈、矛、斧、鉞、鏃。兩件方罍高51.5釐米，通體紋飾極精緻。尊肩部設三個立體牛首，與殷墟出土的同類器物幾乎完全相同。其中一件戈的援部有雙首龍紋，另一件鉞中部有圓形透雕龍紋。人面具像人臉形，五官皆透雕。獸面具爲牛首形。這類面具他處未見，用途不明。漢中地區當時不具備産生高水平青銅鑄造技術的歷史背景，這些器物可能是商代某個方國的文化遺存。

城固龍頭鎮出土商代青銅器

遺址位於陝西城固龍頭鎮。1980年和1981年曾發現兩批青銅器。第一次出土的有簋、觚、罍、尊、卣、壺、盤、鉞、矛、鐮形器等。第二次出土的有鬲、爵、觚、罍、卣、戈、鐮形器等。城固地處漢中，其南面近四川，所以少數青銅器具有巴族文化因素，如四件圓刃銎首鉞與巴族地區圓刃銎首鉞的形制相似，且鉞的體部有巴族的符號。

清澗縣張家坬出土商代青銅器

墓葬位於陝西清澗縣二郎山鄉張家坬。1964年發現一墓，出土青銅簋、觚、尊、罍、瓿、盤，共六件。1977年清澗縣解家溝鄉出土青銅鼎、簋、甗、觚、壺、盤、瓿、勺、匕，共十三件。清澗縣出土的商代青銅器與石樓縣出土的青銅器有密切關係，很可能是同一氏族或方國的文化遺存，這對進一步探討商代文化的分佈、吕梁山區商文化的面貌及其與商王朝的關係等問題，都很有意義。

綏德墕頭村出土商代青銅器

墓葬位於陝西綏德義合鄉墕頭村。1965年發現一墓葬，出土的青銅器有鼎蓋、爵、觚、壺、瓿、斗、戈、鉞、蛇首匕、馬首刀。這是綏德發現商代青銅器數量最多、最重要的一次，所出土的青銅器既有中原地區的器形和紋飾，也有濃厚的地方特色。1974年綏德崔家灣後任家溝發現一墓，出土的青銅器有鼎、爵、觚、戈、刀、鏃、三棱形器等。器物形制與墕頭村出土的相同。

靈石旌介村出土商代青銅器

墓葬位於山西靈石旌介村。1985年發掘三座墓葬，出土的青銅器有鼎、簋、爵、觚、觶、斝、尊、卣、罍、戈、矛、鏃、刀、鈴、弓形器、獸首管狀器。旌介村出土的青銅器有部分已散失。器物的組合以酒器爲主，形制和紋飾都具有商代晚期的特色，其中部分青銅器鑄有族氏銘文“丙”。在殷墟出土的青銅器中，鑄有這一銘文的器較多，説明墓主人與商王朝有一定關係。這是殷墟文化系統中的另一分支。

保德林遮峪村出土商代青銅器

遺址位於山西保德林遮峪鄉林遮峪村。1971年出土的青銅器有鼎、鈴豆、瓿、卣、鈴首劍、斧、軎轄、輿欄飾、雙球鈴、單球鈴、車鈴、馬鈴、管狀飾、泡、觽形器、圓形飾、銅貝。保德地區商代時屬鬼方，青銅器的出土説明商人活動範圍已達到該地，並爲研究商人與戎狄的關係提供了重要綫索。

永和下辛角村出土商代青銅器

墓葬位於山西永和下辛角村。1963年發現一座墓葬，出土的青銅器有觚、爵、斝、戈，時代爲商代晚期。永和與吕梁地區相鄰，該地區的石樓縣曾出土較多的商代晚期青銅器，故永和青銅器的出土，爲研究商文化的分佈提供了新資料。

吕梁桃花莊出土商代青銅器

墓葬位於山西吕梁石樓桃花莊。1958年發現一座墓葬，出土的青銅器有鼎、甗、簋、爵、觚、斝、卣、壺、觥、瓿、盤、勺。器形、紋飾大多與殷墟青銅器相同，但也出土特殊的器形。如觥作犀角形，通體以龍、蛇、鱷等水族生物作爲紋飾，爲歷代出土青銅器中所罕見。又如觚的中部很細，在圈足内繫一小鈴。這一類青銅器具有本地風格和特色。

石樓義牒村出土商代青銅器

遺址位於山西石樓義牒鄉義牒村。1969年該地發現的青銅器有爵、觚、戈、刀、梳、錛、鑿、鏃、條形器、璜形器。該地曾在1967年發現過青銅器，有戈、斧、蛇首匕。這些器物與石樓桃花莊所出之器有相似之處，但此地的爵有“子”字銘文，其時代稍晚於桃花莊所出之器。

益都蘇埠屯出土商代青銅器

遺址位於山東益都（今屬青州市）蘇埠屯。1931年蘇埠屯出土的青銅器有鼎、爵、觚、觶、斗，其中觶有銘文“亞醜”。《山東金文集存·先秦篇下》輯録了蘇埠屯出土的六件青銅矛，都有“亞醜”銘文。1965年到1966年該地又發掘四座墓葬，墓内殘留青銅器有鼎、爵、斝、矛的殘片及鉞、戈、鏃、鈴、斧、錛等，其中一件鉞正背面都有“亞醜”銘文，在銅爵殘片和錛上也有“亞醜”銘文。1986年又對此處墓地全面勘探，發掘了六座墓葬，均已被盜掘，其中七號墓出土鼎、簋、爵、觚、戈和鈴。在蘇埠屯出土的青銅器中，有“亞醜”銘文的器形有鼎、甗、簋、爵、觚、觶、尊、卣、罍、觥、盉、方彝、鐃、鉞、矛等五十餘件，其中方形的器較多，如鼎、觚、爵、尊、罍、觥、方彝等共二十餘件。1984年清理墓葬十五座，出土的青銅器有鼎、爵、觚、戈、矛等。2003年清理墓葬十七座，出土的青銅器有鼎、斝、尊、卣、爵、觚、鈴等。益都蘇埠屯出土的青銅器，學者認爲大都是商代晚期器，少量爲西周早期器。據史書記載，這一地區是古代薄姑氏所居，是商王在東方的主要盟國之一，“亞醜”器等一批青銅器，和同地出土的陶器、玉器等，是薄姑氏文化遺存。

濟南大辛莊出土商代青銅器

遺址位於山東濟南大辛莊。1955年起，該地曾發現青銅鏃、針和小件器物。1970年又發現青銅器，有斝、觚、盉、戈，可能是墓葬的隨葬品，其年代相當於殷墟早期。這些器物的發現，對研究山東地區商文化的發展具有重要意義。

壽光古城鄉出土商代青銅器

遺址位於山東壽光古城鄉城一鎮。1983年在古井内發現一批商代青銅器，有鼎、甗、簋、爵、觚、斝、尊、卣、罍、斗、戈、矛、鏃、刀、錛、鑿、鈴等，共六十四件，鑄銘者十九件，銘文大都爲“己竝”二字。“己”通“紀”。在“己”字下無侯字，說明西周封紀侯以前，今壽光一帶是故紀地之所在，西周封紀侯，當因此地之名而命名。這批青銅器是在封紀侯之前鑄造，因此時代爲商代晚期。

鄒縣化肥廠出土商代青銅器

遺址位於山東鄒縣（今鄒城市）化肥廠。1971年出土青銅器，有爵、觚、觶、戈、削、弓形器等六件。1973年又在其附近的小西章出土青銅器，有爵和觶各一件。該地出土的青銅器，爲研究商人在鄒縣一帶的活動提供了實物。

長清興復河北岸出土商代青銅器

遺址位於山東長清興復河北岸王玉莊和小屯村之間。1957年出土青銅器，有鼎、爵、觚、觶、卣、斗、戈、鏃、刀、鐓、斧、錛、鑿、雕刻刀、錘、銜、當盧、衡飾、鑣、泡、節約、弓形飾、鈴。器物大部分屬於商代，並有銘文“戈”和“𢍰”，均爲商代大族，説明長清與殷墟之間早有交往。

清江吴城村出土商代青銅器

遺址位於江西清江（今樟樹市）吴城村。1973年發現，文化遺存分三期。第一期發掘青銅刀一件，直刃，刀尖上翹。另有采集的鳳首蓋一件，蓋面飾用粗綫條構成的雲紋，無地紋。第二期青銅器有斝、錛、鑿、戈等。斝體較矮，短柱、平底，三足截面呈三角形，頸部和腹部飾連珠紋、雲紋。錛和鑿均作長條形，近銎部飾獸面紋。戈爲長援、直内。第三期在吴城鋤獅塪遺址中出土兩件鼎：一鼎立耳上各有一小虎，三足爲變形虎足；另一鼎立耳上各有一鳥，三足爲變形鳥足。清江吴城遺址出土的青銅器具有濃厚的地方風格，所出器物最早爲商代中期，也有商代晚期到西周時期的。

平谷劉家河出土商代青銅器

墓葬位於北京平谷劉家河村。1977年發掘，墓内共出土隨葬品四十餘件，其中青銅器有小方鼎、獸面紋鼎、弦紋鼎、鬲、甗、爵、斝、卣、罍、瓿、盤、盉、鐵刃銅鉞，還有人面形飾以及各種銅泡等。鐵刃銅鉞殘長8.4釐米，鉞體呈長方形，有上下欄，鐵刃係由隕鐵鍛成，嵌入鉞體内約1釐米。這是繼河北藁城臺西遺址出土鐵刃銅鉞之後的又一件發掘品，説明商人對鐵已有一定認識，並具備了鍛鐵技術。

磁縣下七垣村出土商代青銅器

墓葬位於河北磁縣下七垣村。1966年發現一墓葬，出土的青銅器有鼎、簋、爵、觚、尊、卣。部分器物有“受”、“啓”字銘文，此二銘文在傳世青銅器中較爲多見，這一發現對了解商人族氏的地域分佈有重要意義。

藁城臺西村出土商代青銅器

墓葬群位於河北藁城臺西村。1973年起發掘清理墓葬一百十二座，青銅器大部分出自墓葬，有鼎、鬲、爵、觚、斝、罍、瓿、戈、戟、矛、鉞、鏃、钁、鑿、鋸、刀、鐏、甲泡、鈴、匕等。這些青銅器與鄭州商代遺址、安陽殷墟所出的器物大體相同，也有少數器形（如柳葉形羊首匕）具有北方少數民族的文化特色。還出土一件鐵刃銅鉞，經鑒定，鐵刃部分是以隕鐵加熱鍛成，説明中國早在公元前14世紀就已經認識了鐵。臺西遺址的墓葬可分早、晚二期：早期相當於鄭州二里岡上層或稍早，爲商代中期；晚期據碳－14測定，年代約爲公元前1300±100年，相當於殷墟早期。

隨縣淅河鄉出土商代青銅器

遺址位於湖北隨縣（今屬隨州）淅河鄉。1977年出土青銅器，有爵、觚、卣、斨、斧、鑿、刀、戈。器物時代屬於二里岡上層和殷墟之間，當時已很難分辨出土地點是否爲墓葬，但該地青銅器的出土對研究商文化的發展以及各地文化的統一性具有重要價值。

黄陂盤龍城出土商代青銅器

湖北黄陂盤龍城商代遺址及其周圍楊家灣、王家嘴、樓子灣、李家嘴等商代墓葬出土的青銅器屬商代中期遺物，與考古學上的二里岡文化上層期相當。1954年首次發現盤龍城地區隨葬青銅器的墓葬，主要集中在李家嘴一帶，出土青銅器有鼎、鬲、甗、簋、爵、觚、斝、盉、罍、盤、鉞、戈、矛、刀、鏃、刀、錛、鑿、鋸等。屬於墓主的隨葬品，爵、斝皆五件成套，是目前所見商代中期墓葬中成套陪葬等級最高者。其他樓子灣、楊家灣一帶爲小貴族和平民的墓葬，隨葬青銅器衹有一件或數件。盤龍城商代青銅爵的形式爲扁體平底，流狹長，柱有菌狀或釘狀兩種，同時出土一件管流爵。觚、尊、罍等圈足器的足部均有大方孔或大十字形孔，有的罍還在圈足沿邊留有數道缺口，便於貫通氣流。主體紋飾爲變形獸面紋，雙目圓大，綫條粗獷。斝的頸部和腹部通常用纖細和粗獷的綫條組成獸面紋，形成强烈的對比，此外雷紋和連珠紋也較常見。盤龍城出土青銅器的鑄造工藝、合金成分以及隨葬習俗等，均與黄河中游的二里岡上層文化相一致，説明商代中期青銅文化已傳佈至此。這對於了解商文化的分佈以及方國青銅器的發展具有重要意義。

湖南地區出土商代青銅器

湖南出土的商代青銅器，大體上在洞庭湖以南湘水流域的寧鄉、湘潭、衡陽、岳陽等地。這些精美的青銅器出於窖藏，且單個窖藏位於近水的山坡或山巔之上，從地域看，這裏應是古代揚越人的聚居地。所出土的器物以商器爲多，也有西周早期器。在商周時期，湖南没有發達的青銅器鑄造業，而出土的商代青銅器，又不反映商代禮制，青銅器的周圍也没有其他文化遺痕。有的禮器内貯藏銅斧、玉器，它們被單獨埋存，衹能是爲了保存財物。因此，一些學者認爲湖南出土的青銅器的特點爲：一、主要是從北方傳入湖南各地的青銅器，如人面方鼎、四羊方尊、虎卣等；二、其他地方收集來的商代青銅器，如瓿等；三、具有本地特色的青銅器，如鉦、鐃等。在湖南出土青銅器的地區中，寧鄉是很重要的地區，出土青銅器數量多且造型獨特，質量精美。1938年寧鄉月山鋪轉耳崙山腰發現著名的四羊方尊。在寧鄉、安化接壤處發現一對虎卣，今分藏法國和日本。1959年寧鄉黄材發現大禾方鼎，也稱人面方鼎。又在黄材小山發現一件商代晚期獸面紋瓿，瓿内貯存作爲財富的小青銅斧二百二十四件。1963年在該地河道中發現商代晚期獸面紋卣，卣内貯存玉珠、玉管一千一百七十二件。1970年同地的小山丘上又發現一件戈卣，卣内貯存各種玉環、玉塊等三百二十件，“戈”爲商代大族。1959年寧鄉一處窖藏發現五件大銅鉦。以上除銅鉦外，都是商代晚期的青銅禮器，這些青銅器鑄作精美，有的還有銘文，可證實它們是中原地區商代青銅文化中傑出的作品。

新干大洋洲出土商代青銅器

遺址位於江西新干大洋洲。1989年在這一地區曾出土一批來自不同地區、通過各種途徑收集起來的青銅器。其中提梁壺和瓿相當於殷墟之器，有幾件是殷墟中心地區以外的商器，另有一些是具有大洋洲本地風格的青銅器。禮器的造型和組合都很特殊，在紋飾上出現較多屬於長江中下游地區出土的越族青銅器的特點，尤其三件鉦是春秋戰國時期的遺物。有些青銅器上，後代曾經改鑄的痕迹非常清楚。這兩種青銅器不可能埋在同一地層中，它的埋存年代當需進一步研究。大洋洲仿造或部分仿造中原式樣的青銅器，有學者認爲屬於商器。

阜南朱砦出土商代青銅器

遺址位於安徽阜南朱砦區常廟鄉。1957年在小運河、月兒河地段發現。可能由於河道變遷，埋藏在地下墓葬内的陪葬器物被衝没到新河道内。出土的青銅器有著名的龍虎尊、獸面紋尊、爵、觚、斝，後在民間又收集到鬲。從尊和其他器物分析，時代應屬商代晚期。

嘉山泊崗出土商代青銅器

遺址位於安徽嘉山（今明光市）泊崗。1953年在引河中出土青銅器，僅有酒器，有爵、觚、斝、罍各一件。泊崗近淮河東邊，接近盱眙和洪澤湖，在古代是淮夷活動地區，這一出土有助於研究古代商民族與淮夷的歷史。

長安縣普渡村出土西周青銅器

墓葬位於陝西長安（今西安市長安區）斗門鎮普渡村。1954年清理一座西周墓，出土的青銅器有鼎、鬲、甗、簋、爵、觚、壺、卣、罍、盉、斗、盤、鐘、轄、杖飾、節飾。此墓出土的三件鐘形式相同，大小不同，是目前出土的最早的編鐘之一。盉有銘文五十七字，據其内容可證實此墓爲西周穆王時墓。1953年，在離此墓僅95米處發掘兩座小墓，一墓出土精緻的青銅器和玉器，一墓出土較普通的陶器。另有青銅器八件，有鼎、鬲、簋、爵、尊、斗，時代爲西周早期。長安在西周時期是宗周的都邑，在此地所出的器物，本身具有一種重要意義。

長安縣張家坡出土西周青銅器

墓地位於陝西長安（今西安市長安區）灃河西岸張家坡村附近。爲豐鎬遺址内的西周墓地。1956年開始發掘，出土青銅鼎、甗、簋、盨、盂、爵、觚、觶、尊、壺、卣以及車馬器等。這可能是一個家族墓地，其時代爲自西周早期至晚期，青銅器大多出現在中型墓中。這對了解西周時期的葬俗及西周墓葬的分期具有重要意義。

長安縣馬王村出土西周青銅器

窖藏位於陝西長安（今西安市長安區）張家坡附近的馬王村。曾三次發現青銅器窖藏。1961年發現青銅器五十三件，有銘文的三十二件。其中孟簋、元年師旋簋、五年師旋簋均有長篇銘文，還有白梁父、白庸父、白百父等人所作之器。1967年同地又出土青銅鼎、壺和罍，其中有一件是許國國君嫁女的媵器。1973年出土的青銅器有鼎、甗、簋、壺、盤、匜和直甬編鐘，其中十件有銘文，衛簋四件銘文字數爲最多。

長安縣新旺村出土西周青銅器

遺址位於陝西長安（今西安市長安區）新旺村附近。1967年出土䞣盂和匜各一件。1973年出土大鼎一件，高85釐米，另一件爲盂。1982年出土大鼎、小鼎各一件。出土時都是較大的器物倒扣在稍小的器物之上。

寶鷄戴家灣出土西周青銅器

墓葬位於陝西寶鷄靈山戴家灣。1927年發現一墓葬，出土的青銅器有鼎、鬲、甗、簋、爵、觚、觶、尊、卣、方彝、盉、盤、禁、鈴、刀、戈、矛等，其中有著名的盠方鼎。這批青銅器被軍閥黨玉琨盜掘出土後不久，流入天津，又被賣到美國、日本等地，今在各地博物館或私人收藏中。

扶風雲塘村出土西周青銅器

墓葬位於陝西扶風雲塘村南。1976年發現西周中期墓葬，出土的青銅器有鼎、鬲、爵、觶、尊、卣等，共七件。1976年在同地又發現西周早期墓葬，出土的青銅器有鼎、鬲、簋、爵、尊、卣、戈等，共九件。同時同地又發現一窖藏，出土的青銅器有盨、盨蓋、壺蓋、勺等，共九件，其中鑄銘文的有伯公父器、伯多父器。伯公父器的時代稍早於伯多父器，兩人應是父子兩代人。

扶風莊白村出土西周青銅器

❶墓葬位於陝西扶風法門鎮莊白村西南。1975年發現西周中期墓葬，出土青銅器有𢦏方鼎、𢦏鼎、𢦏甗、𢦏簋、伯𢦏簋、伯𢦏飲壺等，都是𢦏家族的器物，此外尚有爵、觶、壺、盉、盤、戈、斧等。其中𢦏簋和𢦏方鼎銘文較長。這批青銅器對研究西周中期周王朝和少數民族的關係，以及考證歷史地理和了解當時的輿服制度，均有重要的價值。此外，對於研究“𢦏”家族史，也提供了極爲珍貴的資料。❷窖藏位於陝西扶風法門鎮莊白村。1976年在該地窖藏出土青銅器，有鼎、鬲、簋、盨、鋪、盆、匕、爵、觚、觶、斝、觥、尊、壺、卣、方彝、罍、斗、盤、鐘、鈴，共一百〇三件，其中七十四件有銘文，如庚姬尊、庚姬卣、旂尊、旂觥、旂方彝、旂斝、豐尊、豐卣、牆盤、瘐簋、瘐盨、三年瘐壺、十三年瘐壺、瘐鐘、瘐盆、微伯鬲等。銘文字數甚多，其中可以確知屬微氏家族的青銅器有五十五件，分別屬旂、豐、牆、瘐四代人。在這批青銅器中，最重要的是牆盤，其銘文長達二百八十四字。瘐器共四十三件，其中銘文較多的有簋、盨、壺及鐘。鐘有十四枚，可分爲四式，銘文有一百〇三字、一百〇四字、一百〇九字不等，内容多爲稱頌周王及瘐之列祖，並祈求福佑。微氏青銅器群集西周各時期的器物於同一窖藏，器形種類多，紋飾豐富多彩，且多有新意，如所出一件小鼎，鼎腹有透雕紋飾，還開一個長方形的門洞，中可置炭火，是一種温食器，爲前所未見。微氏家族旂、豐、牆、瘐之青銅器，同出於一個窖藏，爲研究西周青銅器提供了一批時代連續的標準器，學術價值極高。

扶風劉家村出土西周青銅器

墓葬位於陝西扶風劉家村。1972年該地發現西周早期墓葬，出土的青銅器有鼎、鬲、甗、簋、爵、觶、尊、卣、壺等，共十七件。此外，尚出土按青銅器形鑄造的鉛器，有盤、盉、卣。部分青銅器鑄有銘文。

扶風下務子村出土西周青銅器

窖藏位於陝西扶風黄堆鄉下務子村東南。1981年在該地窖藏出土兩鼎，其中一件爲西周晚期的師同鼎，銘文記載師同參與一場伐戎的戰役，斬殺和俘獲了敵人，並獲得很多戰利品，並把其中一些青銅器重新鑄造成爲祭祀所用的鼎。

扶風齊鎮村出土西周青銅器

窖藏位於陝西扶風齊鎮村。1966年出土青銅鐘和鎛，共三件。其中以邢人妄鐘最爲重要，器高54釐米，鑄銘文四十八字。上海博物館原有的邢人妄鐘銘文爲上篇未完，此鐘出土後，其銘文正好與上篇相接，成爲完整的一篇銘文。1971年又出土不㫚方鼎和員母鬲、劍、戈等青銅器。

扶風召陳村出土西周青銅器

窖藏位於陝西扶風莊白鄉召陳村。1960年出土青銅器十九件，計有鼎、簋、壺、盤、匜、勺。鼎、簋和壺，都鑄有散伯車父和散車父之名，可能是同一家族的器物。散是西周王朝統治下的一個小國，散國青銅器過去出土不多，此窖藏出土的散國青銅器爲研究散國歷史增添了新的資料。

扶風齊家村出土西周青銅器

窖藏位於陝西扶風黄堆鄉齊家村東南。1958年出土青銅器四件，其中它鬲和波曲紋盂各二件。1960年出土青銅器三十九件，有鼎、鬲、甗、簋、簠、盂、罍、壺、盤、匜、柞鐘、中義鐘，這是建國後首次經科學發掘的青銅器窖藏，説明西周晚期的鐘以八枚成編。1961年出土三件簋。1963年出土青銅器六件，有日己方尊、日己方彝、日己觥、它盉、它盤、匜等。1983年出土一批西周窖藏青銅器，有波曲紋簋四件和周代父簋蓋三件。1961年曾出土三件無蓋的周代父簋，其銘文和紋飾與這三件簋蓋正好相合。西周末年，戎狄入侵，王公貴族隨王室東遷洛陽，倉皇地將同一家族的器分藏兩處，造成了相隔兩千餘年器、蓋再相合的軼事。

扶風强家村出土西周青銅器

❶窖藏位於陝西扶風黄堆鄉强家村西北。1974年出土的青銅器有師訊鼎、即簋、横條溝紋簋、恒簋蓋、重環紋鋪和師臾鐘，共七件。其中的師訊鼎和師臾鐘是西周中期最爲重要的青銅器。師訊鼎高85釐米，器形龐大，内壁鑄銘文一百九十七字，記載師訊爲周王室兩朝重臣。師臾鐘高76.5釐米，鑄銘文四十八字，記師臾爲列祖虢季、幽叔、父德叔鑄此大鐘。這是西周時期世官世禄的明顯例證。❷墓葬位於陝西扶風强家村强家溝。1981年發現一座西周中期墓，出土青銅鼎、鬲、甗、簋、壺、盉、盤、軎、轄、銜、鑣、當盧、節約、泡、方絡扣、方形牌飾等，共四十二件。其中夷伯夷簋和伯幾父簋都成對，一對環帶紋壺高43釐米，僅次於扶風莊白村窖藏出土的十三年㾓壺。

岐山鳳雛村出土西周青銅器

窖藏位於陝西岐山京當鄉鳳雛村。1978年出土的青銅器有鼎、甗、簋、盨，共五件。其中一對伯寬父盨，銘文記載三十三年八月既生霸辛卯，在青銅器中屬於王年、月序、月相、干支四要素俱全的器物，對西周歷譜研究以及比較準確的分期斷代，都有重要作用。

岐山董家村出土西周青銅器

窖藏位於陝西岐山京當鄉董家村。1975年出土青銅器三十七件，有鼎、簋、鬲、鋪、壺、盤、匜、盉、鎣等，器物的時代爲西周中期至晚期，窖藏的時間可能在西周末年。其中裘衛器有鼎、盉和簋，共四件器物，均有長篇銘文，除簋銘僅記裘衛受到周王的册命賞賜外，其他三件器物的銘文均涉及西周時期的土地交换。此外，尚有公臣簋四件，此簋八件，此鼎三件。另，𠑇匜銘文在青銅器銘文中極爲罕見，記録了𠑇和牧牛爲奴隸事發生糾紛，由司寇伯揚父判决並處理的結果，表明西周時期已具備了較爲完整的法律條文和一整套的訴訟制度，是研究中國法制史的重要文獻。

岐山賀家村出土西周青銅器

墓葬位於陝西岐山賀家村西。1966年在該地發現西周早期墓葬，出土的青銅器有鼎、簋、尊、壺、罍、角、勺、調色器、戈、矛、弓形器、鈴、蓋弓帽、泡等十七件。其中史逨方鼎、逨角和史話簋等都有銘文。1973年同地又發現西周晚期墓葬，出土榮有司爯鼎和伯車父盨二件，共三件。1976年出土鼎、甗等青銅器。

眉縣楊家村出土西周青銅器

窖藏位於陝西眉縣馬家鎮楊家村。2003年發現西周青銅器窖藏，出土青銅鼎、鬲、盂、方壺、盤、盉、匜，共二十七件。除盂爲西周中期器外，其餘爲西周晚期器。大多數器物鑄有長篇銘文，尤其是逨盤，鑄有三百七十二字，記述了單氏家族從高祖單氏到逨八代人的歷史，可以説是第一部完整的家族史。另外，四十二年逨鼎和四十三年逨鼎的銘文對研究西周曆法尤爲重要。

寶鷄竹園溝出土西周青銅器

墓葬群位於陝西寶鷄竹園溝。1976年起陸續發掘二十二座墓，其中五座墓出土青銅器，有鼎、鬲、甗、簋、豆、爵、觚、觶、尊、卣、斗、勺、盤、盉、鐘，共七十餘件，時代爲西周早期，有學者認爲竹園溝墓所反映的特徵"應是羌族文化的一種表現"。

寶鷄茹家莊出土西周青銅器

墓葬位於陝西寶鷄茹家莊。1974年發現西周中期弜伯墓及其夫人井姬墓，出土的青銅器有鼎、簋、鬲、甗、鋪、爵、觶、尊、卣、罍、壺、斗、盤等，共五十六件，其中八件有"弜伯自作用器"的銘文。該墓出土器物有不少異於中原地區西周墓的特點，如就形制而言，鼎、簋等同類器物較多，而且還創造出較獨特的器形，如方鼎以鏈繫蓋，甚爲少見，這反映了弜氏的青銅器采用改造、創新的方法，保持自身在文化上的某些獨特性。

涇陽高家堡出土西周青銅器

墓葬位於陝西涇陽高家堡。1971年發現一座墓，出土的青銅器有鼎、方座簋、甗、爵、觶、尊、卣、盤、盉，共十三件禮器，時代爲西周早期。很多器物的紋飾爲獸體卷曲紋，這種紋飾在西周以前未見。該地出土青銅器的器類，是一種比較完整的組合形式，其中四件青銅器鑄銘文"戈"字，這可能與古代"戈"族的傳統文化有某種聯繫。

靈臺白草坡出土西周青銅器

墓葬位於甘肅靈臺白草坡。1967年和1972年清理了九座西周墓葬，其中潶伯墓和㶅伯墓保存完好，出土器物有青銅器、陶瓷器、玉石器及貝、蚌、骨、甲等。青銅器有鼎、甗、簋、爵、角、觶、斝、盉、尊、卣、斗、戈、啄錘、鉞、戟、劍、弓柲、鏃、斧、錛、鑿、錐、削、軎、轄、鑾鈴、泡、盾飾等。出土的潶伯卣及㶅伯卣作筒形，成對，大小不一，這是西周早期的用卣制度。有一人首刺戟，援部上翹，長方形内作三刺，長胡置三穿，刺頂爲一人首，中空可納柲，器形甚爲少見。出土的透雕龍紋劍鞘附短劍，與1974年北京房山琉璃河出土的西周早期劍鞘形制相似。

洛陽北窑村出土西周青銅器

墓葬位於河南洛陽老城北郊的北窑村。1954年到1973年陸續出土青銅器，有鼎、鬲、甗、簋、簋蓋、豆、匕、爵、觶、尊、壺、壺蓋、卣蓋、盉、罍、斗、盤、匜、戈、戟、矛、鉞、劍、鏃、鐏、斧、錛、鏟、鋸、斫刀、軎、轄、轂飾、輨飾、轅飾、踵飾、衡末飾、鑾鈴、軛、干首、輢飾、鑣、銜、當盧、馬冠、節約、泡、環、衡飾、合頁、鈴等。這是一處集中埋葬西周王室貴族的公共墓地，出土青銅器相當豐富。墓葬雖曾遭嚴重盜掘，但仍可爲尋找西周的洛邑、成周提供綫索。洛陽地處中原，西周時期是周王朝控制南方的據點，既有强大的周人勢力，也有被遷來的人數衆多的殷遺民，因此也反映了商周文化之間的密切關係。

鄭州石佛鄉出土西周青銅器

遺址位於河南鄭州石佛鄉窪劉村北。1999年出土青銅器，有鼎、簋、甗、尊、卣、罍、盉、觚、戈。窪劉墓有明顯的商代遺風，又具有西周早期的風格，時代屬於西周早期。在鄭州地區，很少發現西周早期的遺存。

平頂山北滍鎮出土西周青銅器

墓葬位於河南平頂山薛莊鄉北滍村的西門外。1982年發現青銅器有鼎、簋、爵、觶、斧、戈、轄、銜、鑣、飾件、泡等。鼎、簋、爵、觶均鑄有“雁事作”字樣，“雁”即“應”，與《水經注》卷三十一《滍水》中“滍水東逕應城南”所言應城地望相合。1979年、1980年和1984年，在滍陽嶺上又先後發現四件鄧公爲其女所作之簋，屬媵器。可知鄧、應兩國有姻親關係。

濬縣辛村出土西周青銅器

墓葬群位於河南濬縣辛村。1932年至1933年發掘墓葬八十二座，隨葬器物大部分被盜，留存的青銅器有鼎、甗、簋、爵、尊、卣、戈、戟、矛、鏃、甲泡、轂飾、衡飾、軸飾、軛、鑾、鑣、當盧、節約、獸面形額飾。在這批青銅器中，尊有二十多字的銘文，甲泡上有“衛師”、戈上有“成周”等銘文，可證實這是西周時衛國的墓葬。墓葬可分早、中、晚三期，最早在康叔受封時，最晚至公元前8世紀衛國滅亡。這批器物的發掘，爲研究西周時期衛國的歷史、葬制、車制，尤其是西周時期戈、戟的演變等，提供了比較系統的資料。

三門峽市上村嶺出土西周青銅器

墓葬群位於河南三門峽市上村嶺。1956年開始發掘，有二百三十四座墓葬，其中三十八座墓出土青銅禮器，計有鼎、小流鼎、鬲、甗、簋、簠、豆、獸形豆、壺、罐、小罐、盉、盤、匜、鐘等，凡一百九十一件，此外尚有武器和車馬器。1631號和1052號墓所出青銅器上的銘文分别爲“虢季氏子段”和“虢太子元徒戈”，證明此墓的器主是虢國貴族，從而證實上村嶺墓群爲虢國墓葬。晉假道滅虢國之時爲公元前655年，這也是該墓葬埋葬年代的下限。從出土青銅器的形制、紋飾分析，墓地的時代屬西周晚期到春秋早期。這一墓地屬同一國，出土文物豐富，器物斷代明確，是研究西周末、春秋初虢國文化面貌的一批典型材料。1990年在上村嶺虢國墓地又出土一批青銅器，有鼎、鬲、方甗、盨、簠、爵、觶、尊、壺、盉、方彝、盤、鈴、軎、轄、馬銜、鑣、獸面飾、節約、絡飾、細腰、椁飾、魚。這批青銅器鑄造極精，出土時色澤光亮，通體基本無銹蝕，是西周晚期青銅器中少見的精品。

元氏縣西張村出土西周青銅器

墓葬位於河北元氏縣西張村。1978年出土的青銅器有鼎、甗、簋、爵、尊、卣、盤、盉、轄、銜、鑣、鈴、節約、泡、獸面飾、戈、削、弓形器等。其中臣諫簋和叔䞣父尊、卣都有長篇銘文，後者銘文中有軧侯，此侯不見於文獻，在金文中也是初見。河北過去發現西周青銅器不多，軧國的位置可能在元氏縣一帶，可補充文獻的缺失。

房山琉璃河出土西周青銅器

墓葬群位於北京房山琉璃河鄉黄土坡村。1973年起陸續進行發掘，七座貴族墓葬出土青銅器十九件，有鼎、鬲、簋、爵、觶、尊、盤、戈、戟、矛、劍、鏃及工具等。有銘文的器物共十二件，其中復尊有銘文十七字，記載燕侯賞賜復之事，另一件盾飾上有銘文“燕侯”二字。1974年，墓葬中出土堇鼎、伯矩鬲、乙公簋等器。堇鼎銘文二十六字，記載燕侯命令堇去宗周向太保饋贈禮品，太保同時賞貝給堇，表明召公奭以其長子封於燕，自己則仍在宗周輔弼王室。伯矩鬲形制較大，蓋及器飾牛首，牛角翹出器表，具有强烈的裝飾性。乙公簋以四個卷鼻象首爲足，構成四足簋，造型特殊。1981年燕國墓地出土的青銅器有鼎、甗、簋、爵、觶、尊、卣、盉、罍、戈、戟、矛、鏃、匕首及車馬器，其中在武器戈、戟上分别鑄有“燕侯”銘文。琉璃河西周墓葬出土的青銅器，銘文中多次提到燕侯，説明此地是燕國貴族的墓地。燕是西周重要的諸侯國之一，但文獻中對其記載不詳，歷代學者對燕侯之始封地有不同看法。琉璃河西周燕國青銅器的發現，爲研究燕國歷史並確定其活動中心之所在提供了重要依據。

昌平白浮村出土西周青銅器

墓葬位於北京昌平東南白浮村附近。1975年發掘三座墓葬，出土的青銅器有鼎、簋、壺、戈、戟、刀、短劍、匕首、矛、弓形器、盔、軎、轄、轄、銜、鑣、鑾、當盧、節約、獸面飾、泡及各種飾件。其中青銅武器出土較多，形制有特色，如鳥首狀或鷹首狀的短劍、鷹首刀、短柄有鈴的匕首，都可見北方草原民族文化的影響。這批青銅器爲了解西周時期燕國的歷史、文化及同北方草原民族文化間的交流和影響提供了重要的資料。

黄縣歸城出土西周青銅器

遺址位於山東黄縣（今龍口市）歸城小劉莊。1969年出土青銅觶、尊、卣、盉蓋，共四件。除觶外，其餘皆鑄銘文，啓尊、啓卣銘文記述昭王南征事，爲西周早期器。1965年又在歸城姜家發現一批青銅器，有鼎、甗、爵、觶、尊、壺、卣、鑿等，均無銘文，時代爲西周中期。這兩批青銅器的出土，説明西周昭、穆時代，周人的政治勢力已達到了膠東地區的黄縣，補充了文獻記載的不足。

黄縣莊頭村出土西周青銅器

墓葬位於山東黄縣（今龍口市）莊頭村。1980年發現西周早期墓葬，出土青銅器有鼎、甗、簋、爵、觶、卣、方壺、盂、盤、戈、勺、殘器，共十七件。其中三器鑄銘文。簋銘爲“内（芮）公叔作旅宫寶簋”，方壺銘爲“能（熊）奚作寶壺”，卣銘爲“小夫作父丁寶旅彝”。芮公、熊奚和小夫等名在膠東半島地區尚屬首次發現。

鄒縣七家峪村出土西周青銅器

墓葬位於山東鄒縣（今鄒城市）田黄鄉七家峪村。1965年出土青銅鼎、鬲、簠、壺、鑐、盤、匜。許多青銅器都鑄有銘文，例如簠銘爲“射南自作其簠”和“胄自作餴簠”。

日照崮河崖村出土西周青銅器

墓葬位於山東日照崮河崖村。1976年發現兩座墓葬，出土青銅器有鼎、鬲、盆、壺、盤、匜。兩墓葬的時代大致相同，在西周晚期到春秋早期。從出土器物的銘文來看，很可能是萊國的青銅器，這對於研究東夷文化和萊國的疆域提供了重要的資料。

濟陽劉臺子出土西周青銅器

遺址位於山東濟陽劉臺子。1979年出土青銅器，有鼎、鬲、簋、觶，共五件。其中鼎有銘文“季”，觶有銘文“京”，簋有銘文“夆彝”二字。1982年出土鼎、簋，鼎的銘文爲“王季”，簋的銘文是“夆彝”，與1979年出土的相同。1985年出土青銅器，有圓鼎、方鼎、鬲、甗、簋、爵、觶、尊、盉、卣、盤、鈴。劉臺子墓地在黃河下游，爲已發現的西周墓中較大者，出土青銅器的組合也較全，其中七件器鑄有銘文“夆”，爲逄國之器，可知逄國通過聯姻與周王室保持密切的關係。

翼城大河口出土西周青銅器

墓葬位於山西翼城隆化鎮大河口村北。2007年發掘六座墓葬，時代自西周早期至兩周之際，出土的青銅器有鼎、鬲、簋、甗、爵、觶、觚、尊、罍、卣、盉、盤、鐘、戈、戟、鉞、短劍、盾飾、斧、鑿、鏟、軎、鑾鈴、掛繮鈎。除青銅器外，尚有陶器、玉器、蚌器、海貝等。從青銅器銘文看，此墓地可能是西周封國墓地。

洪洞永凝東堡出土西周青銅器

墓葬位於山西洪洞永凝東堡。1980年發掘清理了四座西周墓，出土的青銅器有鼎、鬲、甗、簋、壺、甬鐘、戈、鑾鈴、軎轄、銜、馬冠、鑣、節約、泡、馬飾、鈴、魚、環、龍紋圓飾、錐。這一墓地的發掘爲晉都在這一帶的觀點提供了新的證據，也爲探索晉國早期文化提供了新的資料。

曲沃天馬曲村出土西周青銅器

墓葬位於山西曲沃天馬曲村遺址北趙晉侯墓地。1991年至2000年共發掘十七座墓，除其中二墓因被盜嚴重、僅存一些殘片外，其餘據出土先後記載如下：1991年發掘晉侯及夫人墓（一號墓、二號墓），出土的青銅器有鼎、盨、鋪、盤、匜。1992年發掘晉侯及夫人墓（九號墓、十三號墓），出土的青銅器有鼎、溫鼎、簋、尊、壺、觶、雙耳罐。1993年發掘晉侯及夫人墓（八號墓、三十一號墓），出土的青銅器有鼎、簋、甗、斝、兔尊、方壺、盉、盤、鐘。同年又發掘晉侯及夫人、妾墓（六十四號墓、六十二號墓、六十三號墓），出土的青銅器有鼎、簋、甗、爵、尊、壺、觶、方彝、方盒、筒形器、盉、盤、鐘、鐃。1994年發掘晉侯及夫人墓（九十一號墓、九十二號墓），出土的青銅器有鼎、鬲、簋、盨、盂、豆、鋪、尊、壺、卣、盉、盤、匜、鐘。同年又發掘晉侯及夫人墓（九十三號墓、一百〇二號墓），出土的青銅器有鼎、簋、甗、爵、斝、尊、方壺、卣、觶、方彝、方盒、雙耳罐、盉、盤、匜、鐘。2000年發掘晉侯及夫人墓（一百十三號墓、一百十四號墓），出土的青銅器有鼎、方鼎、簋、甗、鳳尊、豕尊、卣、觶、方彝、筒形器。以上七組青銅器，有晉侯名者六人，爲僰馬、喜父、𩋡、穌、斷、邦父，其中除晉侯穌外，皆不見於典籍，這對了解、排定晉侯前後的世系，有很大幫助。

絳縣横水北出土西周青銅器

墓葬位於山西絳縣横水北墓地。2006年發現鑄有“倗伯”銘文的青銅器。從墓葬規模、銘文和隨葬青銅器分析，該墓地是西周時期倗國國君、夫人及其國人的墓地。墓葬共一百九十座，車馬坑或馬坑二十四座。其中三十七座墓葬出土青銅禮器、樂器一百八十餘件，器形有鼎、簋、甗、盤、盉、鬲、盆、觚、爵、觶、尊、壺、卣、方彝、鐘，此外還有車馬器、飾件、兵器等。除青銅器外，尚出土陶器二百七十餘件，原始瓷器十九件，漆器二十九件，以及玉器、石器、骨器、蚌器、貝器等。

江陵江北農場出土西周青銅器

遺址位於湖北江陵江北農場。1993年出土青銅器，有虎尊、鉦、鏃、矛，時代爲西周中期。虎尊形式較爲少見，與中原地區尊的形式不同。出土時這些器物都是從湖底撈起，應是用於祭祀山川、河湖。

喀左大淩河出土西周青銅器

遺址位於遼寧喀喇沁左翼蒙古族自治縣西南，大淩河兩岸、丘陵地帶的山崗上。1941年咕嚕溝村出土一件大鼎，高50多釐米，重70餘千克。1955年馬廠溝出土青銅器，有鼎、甗、簋、盂、鴨形尊、壺、卣、罍、盤。其中盂有銘“燕侯作𩛥盂”，爲燕侯所作。1973年北洞村先後出土青銅器十二件，有方鼎、圓鼎、簋、罍、瓿。1974年山灣子出土青銅器二十二件，有鼎、鬲、甗、簋、盂、尊、卣、罍。有銘文器共十五件，其中伯矩甗銘文記載此器爲伯矩所作，伯矩爲周初燕國貴族。1978年小波汰溝出土青銅器，其中有圉簋。喀左大淩河青銅器是西周早期燕國祭祀山川後埋藏的，與北京琉璃河燕國墓地所出青銅器的關係十分密切，兩地青銅器上的銘文皆有“燕侯”、“㠱侯亞矣”、“伯矩”和“圉”，說明周初燕國的勢力範圍已經到達遼西廣大地區，以上青銅器是研究周初北燕疆域的重要資料。

寧城小黑石溝出土西周青銅器

墓葬位於内蒙古赤峰寧城甸子鄉小黑石溝。1985年出土的青銅器有奴隸守門方鼎、鬲、簋、盨蓋、豆、尊、罍、壺、盉、匜、斧、錛、錘、鑿、錐、錐形器、當盧、銜、軛、馬冠、蟠首、套管、釘、劍、雙劍連鞘、盔、戈、鏃、扣飾、牌飾、鈴、鴨形飾、小銅飾、圓底器、平底罐、圜底罐、雙聯罐、四聯罐、勺、杖首、工字形器、匕首、刀、刀鞘。此墓隨葬品豐富，品類較多，組合明顯，風格突出，爲研究遼河上游乃至北方地區青銅時代的民族歷史、地理環境以及民族關係等提供了難得的資料。從出土禮器中鑄銘文的許季姜簋看，許是姜姓，該器是姜姓女子嫁於許國的器，爲研究民族史及當時南北交往的歷史提供了考古資料。

彭縣竹瓦街出土西周青銅器

窖藏位於四川彭縣（今彭州市）竹瓦街北。1959年在當地發現了一個大陶缸，缸内盛放二十一件青銅器，主要爲酒器，有罍、觶、尊，另有武器，有戈、鉞、戟、矛、錛，時代爲西周早期。從出土武器的形制來看，是從外地傳入的。1980年又發現窖藏青銅器，出土有罍、戈、戟、鉞，時代爲商末周初，窖藏時間爲西周末或春秋初。據文獻記載，此窖藏可能是杜宇族退隱西山時埋下的。

丹徒煙墩山出土西周青銅器

墓葬位於江蘇丹徒（今屬鎮江市）煙墩山。1954年發現一座墓葬，隨葬青銅器有鼎、簋、鬲、盂、觥、盤、盉、角狀器。其中宜侯夨簋有銘文一百二十餘字，爲西周早期器物，其餘器物均無銘文，時代可追溯到春秋時期。西周早期，周人的勢力已抵達長江下游的東南地區。其他器物的器形和紋飾上頗有特點，有一定的地域特色，如有些器物都成對出土，盉的三足細小而外撇，至於角狀器，其用途不明，另有一件附耳盤的蟠蛇紋，年代較晚。

屯溪奕棋村出土西周青銅器

墓葬位於安徽屯溪（今屬黃山市）奕棋村附近。1959年和1965年先後發掘三座墓葬，墓的形制和隨葬青銅器都和中原地區的西周墓葬有所不同，表現出鮮明的地域特點。出土的青銅器主要有鼎、簋、尊、卣、盤、盉、五柱形器等，紋飾模仿中原地區而又有自己特色。對於墓葬的時代，學界尚有不同看法。

洛陽中州路出土東周青銅器

墓葬群位於河南洛陽中州路。1954年在該地發掘二百六十座墓葬，出土器物以陶器爲主，較大型墓中出土青銅器，有鼎、甗、簋、簠、豆、罍、舟、盤、匜、刀、劍、鏃、鈴、環、蓋弓帽、帶鈎。墓的時代約當平王東遷（公元前770年）至秦統一（公元前221年），即整個東周時期。這一批墓的發掘，對進一步了解春秋、戰國之際的社會及其變革具有重要意義。

信陽長臺關出土東周青銅器

墓葬位於河南信陽長臺關西北。1957年發掘兩座東周墓，出土的青銅器有鼎、壺、鐘等。鐘有銘文“隹𠭯篙屈欒，晉人救戎於楚境”，記載在楚曆的十一月，晉人救戎蠻於楚國之地。此事與《左傳·哀公四年》所載楚昭王二十五年楚國欲滅戎蠻，晉人前去營救之史實相合。另一墓時代稍早，出土鼎、敦、盒、壺、盤、匜等。

淅川徐家嶺出土東周青銅器

墓葬位於河南淅川倉房鄉陳莊徐家嶺。1991年發掘了十座墓葬，出土青銅器有鼎、鬲、簋、簠、敦、豆、匕、尊缶、壺、斗、鑑、盤、匜、盆、浴缶、匜形勺、鐘、劍、戈、戟、矛、鉞、鏃、軎、扣飾、合頁、冒飾、車飾、節約、蓋弓帽、馬銜、環、馬絡飾、泡、鋪首銜環、蓋鈎、器蓋、斗柄、神獸、掛鈎、穿釘、棺釘、鈕飾等。這是楚國的貴族墓地，因墓主身份不同，各墓葬具也有多寡之分。所出土的青銅器及其銘文對研究楚國歷史文化的發展、楚都丹陽、楚國與周圍各諸侯國的關係以及當時的禮樂制度等，都有重要的參考價值。

滕縣出土東周青銅器

墓葬位於山東滕縣（今滕州市）城南薛國故城。1978年山東濟寧文物管理局勘查故城址，發掘九座墓，出土青銅器、陶器、玉器、石器、蚌器等。青銅器近九百件，器物有飪食器（鼎、鬲、簋、簠、豆）、酒器（壺、提梁壺、盉、舟）、盥水器（盤、匜、鑑）、兵器（戈、矛、鈚、劍、鏃、鐓、鐏）、工具（削刀、刻刀、錛、斧、鑿、鑽、鋸，刻針）、車馬器（銜、鑣、轡飾、鈴、軎、環、節約、管、泡）等。鼎內有牛、羊、豬、鷄、魚等動物骨骼，簠內盛粟米類食物和包餡狀食物。青銅器紋飾有龍紋、交龍紋、蟠蛇紋、波曲紋、鱗紋、横條溝紋等。鼎、提梁壺、戈等都有銘文，鼎銘不清，餘爲“薛侯行壺”、“薛比戈”、“薛郭公子戈”。九墓的時代爲春秋早期到戰國早期。1973年薛城遺址曾出土薛仲赤簠和薛子仲安簠，以前也出土過薛侯盤和匜。薛，妊姓古國，西周初，武王復封商人後裔眕爲侯立國。《左傳·定公元年》：“薛宰曰：‘薛之皇祖奚仲，居薛，以爲夏車正，奚仲遷於邳，仲虺居薛，以爲湯左相。’”齊湣王三年（公元前298年），封田文於薛，即薛亡之年。

江陵紀南城出土東周青銅器

墓葬位於湖北江陵紀南城。1975年出土青銅器，有鼎、簠、敦、尊、壺、盞、缶、勺、盤、匜、盥缶、劍、戈、矛、戟、鏃等。史載江陵爲楚國郢都所在地，紀南城即郢都故址。江陵楚墓自春秋早期到公元前278年秦將白起攻佔江陵，可分爲春秋、戰國兩大階段。出土的楚文物爲研究東周時期楚國的歷史提供了珍貴資料。

新鄭鄭韓故城出土春秋青銅器

遺址位於河南新鄭鄭韓故城。1996年起發掘清理春秋禮器、樂器坑十八座，出土的青銅器有鼎、鬲、簋、方壺、圓壺、鑑、豆、編鐘。這是東周時期鄭國與韓國的都城遺址，禮器、樂器都成組出土，共三百四十八件，規模甚大、件套完整、排列有序，還有一批鐘架的形式爲前所未見。這是鄭國社稷祭祀遺址，這一遺址的發現，不僅填補了周代社稷遺存的空白，對研究當時的禮制和用牲、用鼎制度以及春秋時代的宗教思想，也都有重要意義。二百〇六枚編鐘及鐘架的發現，也爲研究古代音樂史提供了珍貴的實物資料。

新鄭李家樓出土春秋青銅器

墓葬位於河南新鄭李家樓。1923年發現一座大墓，出土的青銅器有鼎、鬲、甗、簋、簠、敦、犧尊、壺、罍、鉌、盤、匜、鑑、鈕鐘、鎛，此外還有方爐、兵器和車馬器等，共百餘件。其中所出王子嬰次方爐的器形、紋飾和銘文具有楚器的特徵，專家認爲是楚國令尹子重的器物，魯成公十六年（公元前575年）鄢陵之役楚師兵敗後遺於鄭地的。由此可以推測李家樓鄭國青銅器的年代當在公元前575年以後。在這批青銅器中飪食器和盥水器的器形都保持了春秋早期的遺風，而酒器，尤其是壺的形制具有新的風格，采用了新的技術，如著名的蓮鶴方壺蓋上有多層蓮瓣，蓋頂有一展翅欲飛之鶴，方形圈足下又設對稱雙龍，雙耳是以立體的龍爲之，形象既寫實又生動。從李家樓出土青銅器的數量和質量判斷，墓主應是春秋晚期鄭國很有地位的貴族，也有學者認爲就是鄭國國君。

郟縣太僕鄉出土春秋青銅器

遺址位於河南郟縣太僕鄉南寨門外。1953年發現一批屬於鄭國的青銅器，約九十餘件，其中禮器有鼎、甗、簋、簠、壺、鑑、罍、盤、匜等二十二件。這批器物的形制、紋飾與上村嶺虢國墓地所出的春秋早期青銅器相似，少數器物上還鑄有圖像，即表示族氏的銘文，《國語·周語》曾提及“謝、郟之間”的人民“未及周德”，這很可能是當時土著文化的遺存。

固始侯古堆出土春秋青銅器

墓葬位於河南固始東南隅侯古堆。1978年發現春秋晚期墓葬，出土的青銅器有鼎、簠、豆、盒、舟、壺、盉、罍、勺、匜、鎛、鐘、爐、刀、軎、工字形管、插件、泡、扣飾、環、圈、馬銜、節約以及肩輿構件等。從出土青銅簠銘文“有殷天子乙唐孫宋公緣作其妹勾敔夫人季子媵盤”，可知此爲宋景公爲其妹季子所作的媵器，墓主爲一女性，即勾敔夫人。

淅川下寺出土春秋青銅器

遺址位於河南淅川東南下寺龍山山脊上。1978年和1983年發掘了春秋楚國王族墓群二十四座，車馬坑五座，出土青銅器有飪食器（鼎、鬲、簋、簠、敦、豆、𦉜、盆、盞、俎、盒形器、匕）、酒器（盉、尊缶、方壺、斗、勺、鉌、禁）、盥洗器（盤、匜、鑑、浴缶）、樂器（鐘、鎛、鉦釘、鐘杖)、車馬器(軎、轄、銜、鑣、合頁、環、車飾、泡、節約、馬鑾飾、馬飾、方策、長方環、連環器)、武器(戈、戟、矛、鏃、劍、鐏、刀、鉞)、工具(钁、錛、鐮、削)、雜器(帶鈎、鏡、量、器座、鎖、棺釘、條狀環鈎器)。下寺楚墓出土青銅器的數量甚多,紋飾精美,其中很多器都鑄有銘文。二號墓出土七件王子午鼎,以及大量隨葬器物,墓主可能就是《左傳》所記載的公子午。公子午字子庚,楚莊王之子,卒於公元前552年。此墓提供了確定其爲春秋晚期墓的根據。該墓還出土王孫誥鐘一組二十六件,是目前出土春秋時期編鐘中數量最多、規模最大的一組,其音域寬廣,反映出在2500多年前已具有的高度音樂文化水平。這批青銅器爲研究楚國政治、經濟、歷史、文化提供了重要資料。

淅川和尚嶺出土春秋青銅器

墓葬位於河南淅川倉房鄉陳莊和尚嶺。1990年發掘兩座墓葬,其中一號墓出土青銅器有鼎六件及車馬器、兵器,鼎鑄銘文“克黄之升”。克黄係楚國若敖氏,爲楚國令尹子文之孫、令尹子揚之子,克黄升鼎是最早的楚式升鼎,時值春秋中晚期。另一鼎鑄銘“曾大師奠之厨鼎”,説明墓主人與此時尚存的曾國貴族有關係。二號墓出土鈕鐘、鎛鐘,均鑄銘文,是爲郘子受所鑄。也有學者將“郘”字讀爲“蘧”字。尚出鼎、簠、敦、壺、缶、盤、匜,而未出土兵器,可能是一號墓墓主之器。從出土青銅器的組合形式及形制來看,此墓已是戰國墓。

南陽八一路出土春秋青銅器

墓葬位於河南南陽八一路。2008年發現兩座墓葬。一號墓出土的青銅器有鼎、方敦、尊、缶、盤、匜、斗、浴缶、鐘。二號墓出土的青銅器有鼎、簠、敦、尊缶、勺、斗、盤、匜、浴缶、戈。戈有銘文“彭啓之戈”。墓主人爲一男一女,均爲“申公彭宇”的後代,此爲彭氏家族墓地。隨葬文物豐富,精良的鑄造工藝及古代樂器對研究南陽地區楚國歷史文化的發展有較爲重要的價值。

光山縣寶相寺出土春秋青銅器

墓葬位於河南信陽光山縣寶相寺。1983年發現夫婦合葬墓,出土的青銅器有鼎、鬲、豆、壺、鑐、盉、盤、匜、罐、戈、鏃、削、刀、刮削器、盒、方座。其中有十一件青銅器有“黄君孟”銘文,另有十四件器有“黄子作黄夫人孟姬”銘文,可知墓主人爲黄君孟及夫人。此墓保存甚好,墓的年代明確,爲研究春秋早期淮漢地區的棺槨制度、服飾、隨葬習俗等提供了第一手資料。

輝縣琉璃閣出土春秋青銅器

墓葬位於河南輝縣琉璃閣。1936年曾發掘四座墓(琉璃閣甲墓、乙墓和五十五號墓、六十號墓),出土青銅器有飪食器(鼎、鬲、甗、簋、簠、敦、豆)、酒器(壺、罍、鈚、鉌、鐎、勺)、盥水器(盤、匜、鑑)、武器(戈、矛、劍)等。此墓早年發掘,尚未作完整報道,如甲墓、乙墓所出簋和敦的數字不詳。學者認爲琉璃閣諸墓爲衛墓,器物明顯以飪食器爲主,豆的地位上升了,鼎的形式較爲複雜。

隴縣邊家莊出土春秋青銅器

墓葬位於陝西隴縣邊家莊。1979年清理一批墓葬,發現青銅鼎、鑊鼎、簋、甗、方壺、盤、盉、矛、戈、鏃、軎、銜、節約、鈴、環、鋪首、蓋弓帽、兔、魚、斨。從出土五鼎四簋的青銅禮器來看,墓主人應是秦國大夫級的貴族。據調查,1929年該地曾出土二三十件青銅器,當時爲隴縣福音堂的傳教士購去,至今下落不明。當年的發現連同本次發現,爲尋找秦襄公徙都的確切地點提供了重要綫索。

韓城梁帶村出土春秋青銅器

墓葬位於陝西韓城梁帶村。2005年該地發掘三座墓葬，出土的青銅器有飪食器（鼎、鬲、甗、簋、簠、小方鼎、單把罐、盒、鍑、蓋盆）、酒器（盉）、盥水器（匜）、車馬器（鑾鈴、帽、馬銜鑣、節約、絡飾）。鬲有銘文，爲芮太子白作。這是一處屬於芮國的遺存。

寶鷄太公廟村出土春秋青銅器

窖藏位於陝西寶鷄楊家溝鄉太公廟村。1978年在該地窖穴内發現兩組秦公鐘。過去曾出土過秦公器，但銘文不多，這次成組鐘有銘文一百三十五字。從鐘的形制，紋飾到銘文的字體和内容，都爲研究秦國早期的歷史提供了重要資料。

莒南大店鎮出土春秋青銅器

墓葬位於山東莒南大店鎮。1957年在老龍腰村和花園村發現兩座莒國墓，出土陶器、青銅器、石器和玉飾等。青銅器有鼎、敦、壺、缶、舟、盤、劍、矛、鏃、鎛、鐘和車馬器。兩墓各出一組九件鈕鐘，其中一組鑄銘文七十字，爲春秋早期器。莒國器傳世較少見。

莒縣天井汪出土春秋青銅器

遺址位於山東莒縣天井汪。1963年出土的青銅器有鼎、蓋鼎、罍、壺、匏壺、盤、鑑、編鐘、編鎛，皆無銘文。據《水經》，沭水“又東南過莒縣東”。酈道元注：“地理志曰：‘莒子之國，盈姓也，少昊後。’”説明地處東海之濱的盈姓莒國早已和中原地區其他各國存在着頻繁的文化交往，這批青銅器應是莒國地方統治者的遺物。

肥城小王莊出土春秋青銅器

遺址位於山東肥城東孫樓鄉小王莊。1963年發現青銅器，有鼎、鬲、簠、壺、盤、匜、穿帶小壺和勺，共十三件，其中陳侯壺、嬰土父鬲等鑄有銘文。這是一批陳侯之女陪嫁用的媵器。傳世的陳國青銅器不少，但確知其成組的陳器，還是首次發現。

臨朐楊善鄉出土春秋青銅器

墓葬位於山東臨朐楊善鄉。1963年在該地發現墓葬，出土的青銅器有鼎、平蓋鼎、敦、壺、舟、編鐘、編鎛、簠殘片、戈、軎、馬銜等，其中有一件公孫竈壺。公孫竈爲齊景公時人，齊景公三年（公元前545年）參與了倒慶氏的政變，此後即上臺執政，死於齊景公九年（前539年），當權時期僅六年。由此可推算，臨朐出土的青銅器，其時代應屬於春秋晚期。

滕縣姜屯鄉出土春秋青銅器

墓葬位於山東滕縣（今滕州市）姜屯鄉莊裏西村。1982年發現一墓，出土的青銅器有鼎、簋、鬲、壺。時代爲西周早期。同年在滕縣洪緒鄉杜莊村曾出土敦一件，蓋内刻銘文爲“滕侯昊之御敦”，時代爲春秋。1980年滕縣城南西寺院曾發現一戈，銘文爲“滕侯昊之艁”，爲春秋時滕隱公所造，應與敦爲同一人之器。

原平峙峪城出土春秋青銅器

墓葬位於山西原平峙峪城東北趙家堖。1964年發現一墓，出土的青銅器有鼎、甗、甑、豆、小尊、壺、戈、矛、劍、刀、錛、鑿、鏟、軎、銜、帶夾、環。從出土青銅器來看，此墓屬於卿大夫一類的人物，墓中出土吴王光劍，説明晉、吴之間已有關係，是研究東周歷史的新資料。

渾源李峪村出土春秋青銅器

墓葬位於山西渾源李峪村東南廟坡。1923年該墓葬曾被盜掘，留存的青銅器有鼎、甗、簋、敦、豆、犧尊、壺、盉、瓿、盤、匜、戈、匕、劍、馬具、帶鈎等。實出器類數量不詳。這批青銅器均無銘文，但工藝精巧，造型别緻，紋飾獨特。其中温酒犧尊整體作牛形，在牛的項、背、臀各設一圓形孔洞，可置容酒的釜形器，牛腹中空，用以注熱水，可温酒。這是目前所見春秋時期唯一的温酒犧尊。

侯馬上馬村出土春秋青銅器

墓葬位於山西侯馬上馬村。1960年發現十二座墓，出土的青銅器有鼎、鬲、簋、簠、甗、方壺、小尊、舟、盤、匜、鑑、編鐘、戈、鐏、矛、矩、鏃、刀、錛、鑿、錐、刻刀、環首刀、軎、銜、轅飾、帶具、合頁、環、圓片、泡、銅貝、帶鈎。此前，同地在1959年也發現墓葬，出土的青銅器有鼎、豆、簋、盤、匜、軎。其中一對庚兒鼎，銘曰“徐王之子庚兒自作飤緐”，可定爲春秋晚期徐國器。

長治分水嶺出土春秋青銅器

墓葬位於山西長治北城牆外的臺地分水嶺。1954年清理發掘十二座墓，出土青銅器有鼎、鬲、簋、簠、敦、豆、甑、壺、鈁、盤、匜、鑑、劍、戈、矛、刀、鏃、鐏、鐓、鐘、鑿、鎚、钁、斧、軎、獸形器、當盧、馬銜、馬鑣、蓋弓帽、鈴、環、合頁、粑、帶鈎、奩、俑、手狀器、柄飾、鴟鴞、猴、傘頂，數量較多，形式多樣。其中一件殘匜，器壁甚薄，流内刻屋宇、鳥獸、樹木、人物等，鑄造精良，較爲少見。十四號墓出土成組的鈕鐘八件，保存完整，大小次第排列，可作戰國用鐘制度的參考。銅俑的出土對研究當時衣冠服飾也有很大意義。1965年又發掘了一百二十九號墓，出土的青銅器有鼎、鬲、豆、鑑、舟、犧獸立人擎盤、敦蓋、獸蹄足、匕、鋪首、鐘、戈、戈鐏、矛、鏃、劍、軎、轄、銜鑣、鈴、環、活夾、當盧、輿飾、車飾管、蓋弓帽、方策等。1972年發掘了兩座東周墓，出土的青銅器有鼎、鬲、甗、敦、簠、匕、方壺、盉、舟、罐、罍、鑑、盤、鐘、戈、斧、矛、矩、鏃、軎轄、銜鑣、環、扣、合頁、鈎。長治地區在春秋時屬晉國，戰國時稱爲上黨，爲韓、趙、魏三國的交錯地帶，地勢險要。墓葬爲研究三晉地區的歷史文化增添了新的考古資料。

南京江寧出土春秋青銅器

位於江蘇南京江寧陶吴鄉。1960年發現一批青銅器，有鼎、鬲、匜、斧、戈、矛、鶴嘴鋤。春秋青銅器在南京發現不多，尤其是禮器，發現數量較少，這批青銅器對南京地區歷史的研究有較高參考價值。

南京六合出土春秋青銅器

墓葬位於江蘇南京六合西南的程橋鎮。1964年、1972年和1988年先後三次發現三座墓葬，出土的青銅器有鼎、甗、簠、缶、鈿、勺、盤、匜、鐘。此外尚有車馬器和武器。六合原爲楚國棠邑，後被吴國佔領，從青銅鐘上所鑄銘文可知該地是臧氏墓地，臧氏既已服屬吴國，其墓葬中有吴文化因素，但所出吴大叔盄盤的形式屬楚式，可見受楚的影響也較大。

丹徒大港鄉出土春秋青銅器

墓葬位於江蘇丹徒（今屬鎮江市）大港鄉趙莊母子墩。1982年發現墓葬，隨葬青銅器有鼎、鬲、簋、尊、卣、壺、矛、叉、鐓、鏃、軎、轄、銜、鑣、節約、泡等。有些器物的形制和紋飾仿自中原出土的西周青銅器，但又有很大差别。

丹徒北山頂出土春秋青銅器

墓葬位於江蘇丹徒（今屬鎮江市）大港至諫壁間的北山山頂。1984年發現一座較大的墓葬，出土的青銅器有鼎、缶、鐘、鎛、錞于、鳩杖等。其中鐘、鎛皆鑄銘文“舍（舒）王之孫尋楚胡之子甚六”，一鼎亦有銘文“甚六”，皆屬於舒國器。此墓中還出土了一件長229.4釐米的青銅鳩杖，這是很少見的。此墓應是春秋晚期墓葬。

鎮江諫壁鎮出土春秋青銅器

墓葬位於江蘇鎮江諫壁鎮王家山土坑墓内。1985年出土青銅器，有鼎、鐎、盤、匜、鑑、虎子、爐、鈎鑃、三戈戟、矛。另出土一件虎子形器，極爲罕見。此墓的年代爲春秋晚期。

吴縣何山出土春秋青銅器

墓葬位於江蘇吴縣（今屬蘇州）楓橋鄉何山。1980年發現一墓葬，隨葬青銅器有鼎、簠、缶、盉、盤、匜、戈、矛、鏃。器物有兩種風格：一部分是春秋晚期楚器的形式；另一部分則具有吴越地區出土青銅器的風格。盉鑄銘文“楚叔之孫途”，此器可能是楚王族所用。

壽縣西門内出土春秋青銅器

墓葬位於安徽壽縣西門内。1955年清理發掘墓中隨葬品，其中青銅器四百八十六件，有飪食器（鼎、鬲、甗、匕、勺、簋、簠、敦、豆、鋪）、酒器（尊、盉、鎰、尊缶、方壺）、盥洗器（盥缶、吴王光鑑、方鑑、盤、盆、盥匜、瓢）、樂器（甬鐘、編鎛、鈕鐘、鉦、錞于）、武器（戈、矛、鐓、劍、斧、鏃）、工具（削）、車馬器（軎、鑾、額飾、銜環卧獸飾、方形帶環飾、方環飾、構、柱頭飾、銜、鑣、鈴、節約、泡、方策、轡飾、合頁、泡）和雜器。這批青銅器大部分有銘文“蔡侯𪒠”，可確定爲蔡侯之墓，哪代蔡侯則各説不一。蔡器出土數量之多也極可觀，成套的禮器、成組的樂器、大量的車馬器，其鑄造之精美，紋飾之瑰麗，爲研究者提供了極好的材料。墓中還出土兩件吴王光鑑。蔡器有銘文長達九十餘字者，説明了當時蔡國的歷史，提供了春秋晚期蔡、楚、吴三國之間的關係，爲研究這一時期的歷史提供了重要資料。

壽縣肖嚴湖出土春秋青銅器

遺址位於安徽壽縣枸杞鄉花門村肖嚴湖。1975年出土青銅器，有鼎、小方盒、簋、羊尊、匜、缶。這批青銅器可能爲春秋早期吴國貴族的遺物。

蚌埠雙墩村出土春秋青銅器

墓葬位於安徽蚌埠小蚌埠鎮雙墩村。2008年該地發掘一號春秋墓，出土大量青銅器，有鼎、甗、簠、豆、盒、罍、盉、勺、盤、匜、鐘、刀、錛、鐮、軎、馬銜、戈、戟、矛、劍、鏃。其中最爲重要的是編鐘和簠，有銘文“童麗（鍾離）君柏作其行鐘童麗之金”和“童麗（鍾離）君伯擇其吉金作其食簠”。據出土器物及青銅簠銘文來看，此爲春秋晚期鍾離國國君墓。這是鍾離國國君墓的首次發現。鍾離國是春秋時期淮河中游的方國，文獻匱乏，此次發掘出土的器物與形制具有春秋時期的特徵，説明了春秋時期淮河中游地區存在鍾離國這一歷史事實。該墓形制獨特，遺迹複雜，規模宏大，殉人衆多，隨葬品豐富精美，填補了有關鍾離國歷史和考古方面的空白，爲研究鍾離國歷史、地望、世系關係以及考古學文化特徵提供了不可多得的材料，起到了補史、證史的重要作用。

繁昌環城鄉出土春秋青銅器

墓葬位於安徽繁昌環城鄉湯家山山頂。1979年發現土坑墓，出土的青銅器有鼎、甗、簋、盤、盉、甬鐘及鳥形飾等。器物的形制如鼎、甗、盉等，均本自中原而有所改變。在紋飾方面保持中原西周以來的傳統形式而略加改造，尚未出現細密的蟠蛇紋。所出土的青銅器屬春秋時期，與吴國的青銅文化有着密切的關係。

鄖縣五峰鄉出土春秋青銅器

墓葬位於湖北鄖縣五峰鄉肖家河村。1990年該地發現一墓，出土的青銅器有鼎、簠、缶、盤、匜、劍、鏃。簠有銘文“申王之孫叔姜自作飤固”，器物具有典型的楚器特徵，墓主人身份是上層貴族。楚國在春秋、戰國之際接受了外來文化的影響，又有自己的文化特色。

清遠三坑鄉出土春秋青銅器

墓葬位於廣東清遠三坑鄉馬頭崗。1963年發現一墓，出土的青銅器有罍、鐘、斧、鉞、矛、鐓、鏃、匕首。此墓所出青銅器質薄輕巧，匕首飾有女奴裸體像，與雲南晉寧石寨山出土的器物類似。鐘的正背面紋飾不一，枚的數量也少，與中原地區所出之鐘完全不同。

恭城出土春秋青銅器

墓葬位於廣西恭城。1971年發現一批墓葬的隨葬品，有鼎、尊、罍、鐘、劍、戈、鉞、斧、鑿等。鼎的三足細長外撇，也有另加提梁者。有一件尊的紋飾作雙蛇鬥蛙的連續圖案，鉞的形狀作靴形。這些都表現出濃重的地方色彩。靴形鉞和鐘的形制都與廣東清遠等墓所出土的青銅器相似，由此可以推斷，這批青銅器的年代也屬春秋時期。

洛陽金村出土戰國青銅器

墓葬位於河南洛陽市區以東漢魏洛陽城遺址的東北隅。1928年發現一處墓葬，墓内出土的很多精美文物被盗，其中大部分流散海外。據記述共有八座大墓，出土的重要青銅器有：驫氏編鐘，驫羌編鐘，錯金銀的鼎、敦，嗣子壺，錯金銀狩獵紋鏡，銅和銀的人物像，錯金銅尺，記載重量和容量的鈁等。其中驫羌編鐘銘文記載周威烈王22年（公元前404年）三晉伐齊入長城事，墓葬年代屬戰國早期。嗣子壺爲令狐君嗣子所作，令狐氏係魏顆的別封，“嗣子”是其後裔，年代約屬周威烈王十年（前416年）或周安王十年（前392年）。但亦有戰國晚期的器物。

洛陽解放路出土戰國青銅器

遺址位於河南洛陽解放路。1982年該地發現陪葬坑，出土青銅鼎、簋、簠、盆、豆、壺、罐、罍、舟、杯、匕、斗、盤、匜、甑、釜、竈、箕、爪、夾、火釬、俑人、編鐘、鎛鐘。此坑出土青銅器較多，但質量較差。通過其中俑人，可了解戰國時代的髮式、服飾以及佩劍方式。出土的鼎數量甚多，爲研究戰國時期用鼎制度提供了新的考古資料。

洛陽西工段131號墓出土戰國青銅器

墓葬位於河南洛陽中州路。1981年該墓出土青銅器，有鼎、豆、壺、盤、勺、編鐘、馬銜。該墓位於東周王城之内，隨葬物豐富，且出五鼎。依照周禮，墓主應是周王室卿大夫一級的貴族。青銅壺的紋飾有操蛇神，以往在河南南部、湖北、湖南和江蘇等地楚人文化中有此特色，以後在河南新鄭、輝縣，山西渾源等地也不斷出土，説明戰國時南北各地都有操蛇神。

汲縣山彪鎮出土戰國青銅器

墓葬位於河南汲縣（今衛輝市）山彪鎮。1935年發現一座大墓，出土的青銅器有鼎、鬲、甗、豆、簠、簋、匕、箕、壺、瓿、勺、盤、匜、鑑、戈、柲冒、鐏、矛、戟、戟鉅、劍、鏃、斧、鑿、錐、削、鋸、错、刻刀、杆首、鋈錐、軎轄、蓋弓帽、鉸鏈管、壁插、工字形管、銜鑣、鈴、環、帶鈎、鏡、尊盤。該墓出土青銅器較多，説明當時已有厚葬之風，同時也是經濟發達、工藝進步的一個標識。出土青銅器中水陸攻戰紋鑑的鑲嵌技巧、立鶴壺的精工雕鏤、編鐘等響銅的精純提煉，顯示出在青銅器鑄造工藝方面已達到較高水平。

輝縣琉璃閣出土戰國青銅器

墓葬群位於河南輝縣東南琉璃閣。1937年在該地發掘了五十座墓，出土的青銅器有鼎、鬲、甗、簋、簠、敦、豆、壺、罍、盉、舟、勺、盤、匜、鑑、鎛、鐘、鈴、鐃、戈、矛、劍、戟、斧、鏃、鋸、鑿、削、銜、鑣、軎、轄、鑾、環等。出土青銅器中有一奩，外壁紋飾系用尖刀刻成，當時已有專人從事於此，故能揮刀自如，綫條工細。其中有十四件器物上飾狩獵紋，這一紋飾已成爲當時的新興圖案。數墓出土編鎛四枚，可見這是當時的慣用數目。

新蔡葛陵村出土戰國青銅器

墓葬位於河南新蔡西北李橋回族鎮葛陵村。1994年在此處發掘了兩座墓，出土的青銅器有簠、豆、鈕鐘、劍、戈、戟、鏃、軎、轄、鴨首形車飾、合頁、蓋弓帽、銷禁、馬銜、節約、泡、彈丸、環、珠、鑿、斧、鐮、鋸、刻刀、帶鈎、簪、柄箍、鑿形器、帽形飾、匕、方形銅片。據出土器物和竹簡上的文字記載，此爲楚國平夜君成的封地。楚國封君的特點是以地名爲號，封君的地位相當於楚國的上卿，身份等級僅次於楚王。出土的實物爲研究淮河流域楚國的喪葬習俗提供了實證。

新鄭胡莊出土戰國青銅器

墓葬位於河南新鄭城關鄉胡莊。2008年發掘兩座戰國墓，所出土的青銅器主要是式樣繁多的建築構件和兵器，其中有九十件銅器上刻銘有“王后”、“王后宮”和“太后”，還有“少府”、“左庫”等韓國官署名稱，可以確定這是一組戰國晚期韓國王陵的建築物件和兵器，體現了韓國高超的青銅器鑄造技術和機械設計水平。王陵雖多次被盜掘，但餘下的青銅器仍填補了韓國王陵研究資料的空白。

咸陽任家嘴出土戰國青銅器

墓葬位於陝西咸陽任家嘴。1984年發現一墓，出土的青銅器有鼎、甗、敦、壺、高柄鈁、鈴、削刀。此墓出土的器物大多爲實用器，時代爲戰國早期。從出土青銅禮器的情況分析，墓主最低屬士一級。

莊浪石嘴村出土戰國青銅器

遺址位於甘肅莊浪趙墩鄉石嘴村。2001年出土的青銅器有卧鹿、鈴、鐓、錛、透雕飾牌、葫蘆形飾牌、鶴嘴形馬飾、竿頭飾、節約。時代屬戰國早期。這批青銅器的出土，對研究甘肅境内北方青銅文化提供了新資料。

諸城臧家莊出土戰國青銅器

墓葬位於山東諸城馬莊鄉臧家莊。1970年發現戰國墓葬，出土的青銅器有：鼎、豆、壺、鷹首壺、編鐘、編鎛、鏤孔奩形器、罐、觚形器、勺、殘器足、銅器口和鏃等。這批青銅器形制新穎，制作規整，紋飾層次繁縟、細如毫髮，但均無銘文。據器形和紋飾，其時代應是戰國晚期。

萊蕪西上崮出土戰國青銅器

遺址位於山東萊蕪（今屬濟南市）西上崮。1973年出土青銅器，有鼎、豆、舟、壺、盤、匜、敦、戈、鏃、劍、帶鈎、馬銜、軎。山東萊蕪地區戰國青銅器出土甚少，這次共出土五十一件，其中個别器物的時代稍早，可上溯至春秋。

淄博商王村出土戰國青銅器

墓葬位於山東淄博臨淄區永流鄉商王村西側。1992年起清理了四座墓，出土的青銅器有：鼎、盒、匕、壺、瓶、罍、耳杯、汲、勺、盤、匜、鐘、釜、鉢、鈹、弩機、爐、香熏、燈、鏡、帶鈎、削、啞鈴形器、璜、吊錘、環、帽形器、泡、馬銜、蓋弓帽、節約、鈴、輪軸形器、條狀器、管狀器、龍形飾、馬飾、釘、鋪首、帶扣、環鈕、扣、器柄、器座、鋪首銜環、鐘磬架構件、殘足。墓葬的時代爲戰國晚期。從墓的形制和隨葬品分析，這些都是夫妻並穴合葬墓，墓主都是當時的貴族或齊國王室成員，是設專門墓地埋葬的。同地還曾出土幾十座漢墓，出土的青銅器以鏡和帶鈎爲主。

淄博趙家徐姚出土戰國青銅器

墓葬位於山東淄博臨淄區永流村趙家徐姚。2001年發現兩座墓，出土的青銅器有鼎、豆、壺、盤、匜、鋓、耳杯、帶流盒、箕、敦、盒、盌、勺、軎、馬銜、節約。出土器物，與臨淄地區戰國晚期所出同類器物形制略同，因此時代亦相當，墓主應爲士一級的貴族。

淄博臨淄區出土戰國青銅器

墓葬位於山東淄博臨淄區齊都鎮國家村。2005年在該地發現墓葬，出土的青銅器有鼎、敦、匕、罍、勺、盤、匜、刻刀、車軎、蓋弓帽、帶鈎、帶扣、鏄。此墓時代爲戰國晚期，墓内除陪葬青銅器外，還有人殉，墓主應爲士一級的貴族。

屯留武家溝出土戰國青銅器

墓葬位於山西屯留（今屬長治市）武家溝。1970年發現一座墓葬，出土的青銅器有鼎、豆、壺、舟、戈、軎，時代屬戰國中期。屯留爲古地名，春秋時屬赤狄邑，謂之留圩，魯宣公十六年（公元前593年）爲晉人所滅，稱之純留。該批青銅器的出土，爲研究這一地區的歷史變遷提供了實物資料。

江陵望山、沙塚出土戰國青銅器

墓葬位於湖北江陵裁縫鄉内的望山、沙塚。1965年發現戰國墓八座，出土的青銅器有鼎、敦、缶、壺、盉、勺、鉌、盥缶、盤、匜、戈、劍、矛、鏃、鐏、鐓、鎨、刻刀、削、軎、傘柱箍、蓋弓帽、馬銜、游環、節約、馬轡飾、活夏、鑣、鈴、轄、爐、箕、器蓋、鏡、鏤孔杯、燈、帶鈎、鉚釘、鋪首銜環、環、璜、鳥獸形飾。望山、沙塚兩地出土的青銅器較多，尤其是越王勾踐劍，保存完好，刃薄而鋒利，紋飾有規律，銘文爲錯金鳥書八字“越王勾踐自作用劍”，引起歷史、考古、古文字方面專家的興趣和關注。越王勾踐劍在楚墓出土，對楚、越關係史的研究提供了一個重要信息。

江陵雨臺山出土戰國青銅器

墓葬群位於湖北江陵九店鄉雨臺山。1975年發掘墓葬五百五十八座，出土的青銅器有鼎、盒、匕、壺、斗、勺、器蓋、盤、匜、劍、戈、鐏、戟、矛、鐓、匕首、鏃、軎、傘、馬銜、節約、馬轡飾、帶鈎、鏡、砝碼、鐮、削刀、鉦、重環、鳥首飾、蛇形圈飾、鈴形器、勾。出土的青銅器武器種類較多，制作精緻，保存良好，尤其出土一百七十二柄劍，較爲少見。這些青銅禮器和武器爲研究楚國社會的歷史和當時生產力的發展情况提供了實物資料。

隨縣擂鼓墩出土戰國青銅器

墓葬位於湖北隨縣（今屬隨州）西郊擂鼓墩附近。1978年開始發掘曾侯乙墓，出土隨葬品共一萬餘件。其中青銅器有鼎、無耳鼎、鬲、甗、簋、簠、豆、盒、匕、大尊缶、聯禁大壺、練壺、鑑缶、勺、斗、罐、過濾器、小口鼎、匜鼎、鑑、盤、尊盤、匜、盥缶、鐘、鎛、戈、戟、矛、殳、鏃、軎、鑣、馬銜、馬飾、爐盤、炭爐、箕、漏鏟、鎮、熏、筒形器、鈎形器、削刀。墓中九鼎八簋等青銅禮器分類陳放，井然有序。所出青銅禮器、樂器、兵器上都有“曾侯乙作持用終”銘文，證實這是曾侯乙墓。尤其是聳立在墓中的三層曲尺形鐘架上，懸掛八組編鐘和一枚鎛，共六十五枚，其總重量達2 500千克以上，這是前所未見的，爲音樂史研究提供了重要的資料。鎛是楚惠王熊章繼位56年（公元前433年）時鑄造後贈予曾侯乙的，説明此墓埋葬時間當在這一年或稍晚。

棗陽九連墩出土戰國青銅器

墓葬位於湖北棗陽吴店鎮與興隆鎮之間的九連墩。2002年發現兩座大墓，出土的青銅器有升鼎、鑊鼎、簋、豆、缶、鑑、鐘、案、馬、戟、鋸、鎨、斧、鑽和車馬器等。此兩墓中僅簋有銘文“慎克自作薦簋”。所出土的青銅器形制大、數量多，是戰國早期楚國大夫的墓。除青銅器外，還大量出土漆器和玉器，並出土了漆木制的鑑與青銅制的缶合爲一組使用的酒器鑑缶。

壽縣朱家集出土戰國青銅器

墓葬位於安徽壽縣朱家集李三孤堆。1933年此墓被盗掘，後再追繳文物，文物實際已散落各地，估計出土古物達千件以上。據1933年《安徽文化消息》載：“現暫存於壽縣縣政府之古物有787件。”1936年李景聃《壽縣楚墓調查報告》一文中記載“安徽省圖書館”、“壽縣民衆教育館”、“國立北平圖書館”、“中央古物保管委員會”和廣州、天津、上海等地私人都有收藏。出土青銅器上有銘文“楚王熊肯作鑄鉈鼎以供歲嘗”、“楚王熊忎戰獲兵銅正月吉日窒鑄鐈鼎以供歲嘗”、“鑄客爲王句六室爲之”、“鑄客爲大后脰官爲之”。有學者認爲熊肯即楚考烈王熊元，熊忎即楚幽王熊悍。

淮南蔡家崗出土戰國青銅器

墓葬位於安徽淮南八公山區蔡家崗。1958年發現一墓，出土的青銅器有劍、戈、矛、鐓、匕首、鏃、軎轄、構、獸面飾、銜、鋪首、各種飾件、鈴、钁、削、環形飾。此墓未出禮器，可能早年曾被盜。其中一劍銘文爲："工𢻱大子姑發諸樊自作元用，才行之先，以用以獲，莫敢御余，余處江之陽，至於南，至於西行。"此爲吴王壽夢的長子諸樊之劍，諸樊於公元前560年即位，此劍當在此前所鑄。

潛山梅城鎮出土戰國青銅器

遺址位於安徽潛山梅城鎮公山崗。1998年出土戰國晚期青銅器，有鼎、壺、洗、匜、劍、戈、鐏、帶鈎、鏡。其中一戈有"廿四年上郡守瘄造高奴工師竈丞申工隸臣渠"銘文。

平山靈山出土戰國青銅器

墓葬位於河北平山城北的靈山下。1974年發現的兩座大墓爲中山王陵，出土隨葬品達一萬九千餘件，其中青銅器有鼎、鬲、簠、豆、壺、盤、匜等，還有巨大的山字形器、錯金銀龍鳳紋方案、十五支連盞燈、銀首人俑燈、錯金銀神獸、牛、犀、虎噬鹿等形象生動的器物。其中的中山王𰯼鼎、壺和嗣子壺，各有銘文四百六十九字、四百五十字、二百〇四字，不僅確切地表明墓主爲中山王𰯼，而且記述了中山王的世系及有關史實，如提到公元前316年燕王噲讓位於相邦子之的事件，而中山國又亡於公元前301年，故此墓的年代可定爲公元前310年左右。中山王陵器物的出土對研究中山國歷史、了解中山國文化有重要意義。

遷西大黑汀村出土戰國青銅器

遺址位於河北遷西大黑汀村。1989年出土的青銅器有鼎、敦、盨、豆、匜、劍、戈、鏃、鐏、馬銜、轄軎、削、刷、匕。遷西地處河北北部、燕山南麓的灤河流域。目前燕器出土較少，此墓是這一地區較爲重要的發現。

羊子山駟馬橋出土戰國青銅器

墓葬位於四川成都羊子山駟馬橋附近。1953年發掘一墓，主要隨葬青銅器有鼎、甗、釜、甑、罍、鈁、盉、盤、匜、鋸、劉、衡、鑾、獸面飾、釦、蓋弓帽、泡、鐙、爐、斗、鏡、帶鈎、印。這座墓出土的青銅器屬戰國時期，説明成都此時已有較高的文化發展水平。從青銅器來看，它受到中原文化的影響，同時具有一定的地方色彩。

成都羊子山出土戰國青銅器

墓葬位於四川成都北郊駟馬橋附近的羊子山。1955年發掘一墓，出土的青銅器有鼎、甗、釜、甑、罍、鈁、盉、盤、匜、鐙、爐、枓、鏡、帶鈎、劍、戈、矛、鏃、弩機、鋸、劉、馬銜、轡飾、鑾、衡末飾、獸面飾、帶扣。墓的時代屬戰國。出土的青銅器有些受了中原文化影響，但鼎、鏡和帶鈎上的紋飾仍帶有濃厚的地方色彩。

賀縣龍中村出土戰國青銅器

墓葬位於廣西賀縣（今賀州市）沙田鎮龍中村。1991年在半山坡上發現墓葬，出土青銅器有鼎、犧尊、罍、盉、鼓、龍首形飾、獸首形飾、箕形器、鉞、環形器、勾形器、叉形器。器物的年代爲戰國。賀縣地處廣西東北，以前出土青銅器不多，這批越式青銅器從形制和紋飾來看，既有中原青銅器的風格，又有濃厚的地方特色，具有重要的研究價值。

晉寧石寨山出土西漢青銅器

墓葬位於雲南晉寧（今屬昆明市）石寨村石寨山。1955年在甲區清理兩座土坑墓。一號墓出土的青銅器有鼓、虎耳四足器、鼓形飛鳥四耳器、鼓形四耳器、女俑、牛頭、杖頭飾、壺、杯、鏡、犂、鏟、斧、鈴、釘、條片形物。二號墓出土的青銅器有劍、矛、戈、斧、鉞形兵器、鑿、刺兵、鏃、削、魚、車飾、器蓋、小豹、小女俑。1956年晉寧石寨山六號墓出土“滇王之印”金印，證實此處確係滇國故地。從出土器物判斷，當地人主要從事漁獵和簡單耕作，器物外壁刻有細緻的紋飾，爲研究雲南歷史、西南地區古代文化和當時的民族關係提供了重要資料。

滿城陵山出土西漢青銅器

墓葬位於河北滿城（今屬保定市）陵山上。1968年發掘西漢中山靖王劉勝墓及其妻竇綰墓。兩墓共出隨葬器物四千二百多件，其中青銅器有長信宮燈、錯金銀博山爐、鳥篆文壺、鎏金銀蟠龍紋壺、鎏金銀鑲嵌乳丁紋壺、朱雀燈、漏壺、劍、鏃等。此墓規模極大，未被盜掘，因此能完整地保存豐富的隨葬物品，對漢代歷史的研究具有重要價值。

興平茂陵出土西漢青銅器

遺址位於陝西興平茂陵。1981年西漢武帝茂陵出土的青銅器有鼎、甗、樽、鍾、提鏈爐、温手爐、承盤、燈、銚、斗、臼、盆、鎏金馬等，其中以鎏金馬和鎏金竹節熏爐尤爲珍貴。部分器物上有“陽信家”刻銘。結合文獻資料與器銘分析，這種器物爲武帝姊陽信長公主家之物。由於使用者身份清楚，製作年代明確，加之器物形式新穎，工藝精湛，是漢器中一批難得的精品。

廣州象崗山出土西漢青銅器

墓葬位於廣東廣州象崗山上。1988年該地發掘了一座西漢南越王墓，出土的青銅器有鼎、釜甑、鍪、壺、鈁、盉、瓶、勺、鈕鐘、甬鐘、鈎鑃、鐸、琴枘、琴軫、軫鑰、盆、鋗、匜、鑑、瓿、提筒、戈、矛、鐓、劍、弩機、鏃、鋸、錐、印花凸板、軎、銜、當盧、節約、轅飾、傘柄箍、蓋弓帽、泡、棘輪、套環、帶扣、絡管飾、環、鏡、陽燧、熏爐、煎爐、烤爐、燈、姜礤、杵、臼、帶鈎、鈎件、鎏金飾、鋪首、虎節、鉢形器、鈴形器、釘形器、牌飾、算珠形飾、纓座、圓片、柲冒等。墓内出土青銅器數量較大，除少數來自中原地區外，絶大多數是南越國自行冶鑄，體現了南越國青銅冶鑄技術的最高水平。

武威雷臺出土東漢青銅器

墓葬位於甘肅武威雷臺。1969年發現一座東漢墓，出土的青銅器有壺、扁壺、案、盤、耳杯、碗、碟、盆、釜甑、釜、鑑、洗、尊、簞形器、熨斗、鐎斗、熏爐、燈、連枝燈、弩機、劍、叉、削、鈎、排狀器、器蓋、獨角獸。此外，車馬行列中有武士俑、奴婢俑、馬、斧車、詔車、小車、輂車、大車、牛車、牛、凳。馬的胸前有銘文“冀張君”、“守張掖長張君阿郥”和“守左騎千人張掖長張君”等，三次記述中，張君的職位皆不相同。成組的銅車馬爲以往發掘中所少見。

祥雲大波那村出土漢代青銅器

墓葬位於雲南祥雲大波那村。1961年清理一墓，出土青銅器有尊、杯、勺、豆、釜、匕、箸、杖、鼓、葫蘆笙、鐘、鋤、鎒、靴形斧及紡織工具、矛、劍、鉞。此外尚有干闌式屋宇、棺和牛、馬、羊、豬、犬、鷄等各種模型。除銅棺和鐘、杯較爲精緻外，其他器物造型、紋飾都顯得粗糙，冶煉技術尚處於不太成熟的階段。

江川李家山出土漢代青銅器

墓葬群位於雲南江川（今屬玉溪市）星雲湖西北李家山。1972年開始發掘，出土青銅器、鐵器、玉石器、漆器、陶器、竹木器等。青銅器以兵器爲多，有戈、矛、鉞、戚、啄、劍、鏃、弩機、盔甲、鐏、鐓、狼牙棒等；生産工具有斧、犁、鋤、削、鑿、魚鈎等；生活用具有壺、尊、罐、勺、碗、洗、枕、案、貯貝器、鏡、帶鈎、削刀；樂器有鼓、笙。此外尚有裝飾品和車馬器。江川李家山屬滇王管轄地區，李家山墓葬的墓主是滇王的臣族或家屬，出土的青銅器形制和紋飾具有地方民族特色，體現出該地區特有的滇文化。

貴縣羅泊灣出土漢代青銅器

墓葬位於廣西貴縣（今貴港市）羅泊灣。1976年該地發現一座西漢前期木椁墓，出土青銅器有鼎、壺、鈁、匜，形制與中原地區相同，可能是從中原來的。另一部分如銅鼓、鐘、桶、鼎，造型富有地方特色，應是當地所造。墓主可能是西漢初年嶺南割據政權南越的高級官吏。該墓器物具有戰國晚期和秦代的風格，對研究西漢時期南方的葬制有一定的價值。

中　国　青　銅　器　辭　典

金石學家

吕大臨

(1040—1092)北宋學者、金石學家。字與叔，吕大防弟。京兆藍田(今屬陝西)人。初學於張載，後學於二程(程顥、程頤)，與謝良佐、游酢、楊時並稱程門四先生。以蔭入仕，後登進士第。歷官太學博士、秘書省正字。通六經，尤精於《禮》。著有《考古圖》。

王黼

(1079—1126)北宋金石學家。初名甫，字將明，開封祥符(今河南開封)人。崇寧進士。多智善佞，驟遷左司諫。因助蔡京復相，驟遷至御史中丞。宣和元年(1119年)，拜特進、少宰，勢傾一時。後執政，苛取四方珍異之物，據爲己有。時朝廷欲結女真共圖遼，黼贊之，遂大肆搜括民財。欽宗即位後被處流放，途中被開封府尹聶山遣人誅殺。曾編撰有《博古圖》。

薛尚功

宋金石學家、文字學家。字用敏，錢塘(今浙江杭州)人。紹興中，以通直郎僉書定江軍節度判官廳事。精通篆籀，尤好鐘鼎書。著有《歷代鐘鼎彝器款識法帖》《廣鐘鼎篆韵》等。

王俅

宋金石學家。字子弁，一作夔玉，又作夔石，山東濟州任城(今濟寧)人。著有《嘯堂集古録》。

吾丘衍

(1272—1311)元學者、詩人、金石學家。字子行，號竹房，又號竹素、貞白，錢塘(今浙江杭州)人。隱居不仕，專事吟咏，與當時文人學士多有酬唱往來。喜古學，通經史百家。工書法、治印，精文字音韵之學。著有《周秦石刻釋音》《學古編》《閑居録》等。

曹昭

元末明初人，學者、金石學家。字明仲，松江(今上海市松江區)人。博雅好古，精於鑒賞。撰有《格古要論》三卷，爲明代最早的一部收藏鑒賞專著，對古銅器、書畫、碑刻、法帖、古硯、古琴、陶瓷、漆器、織錦和各種雜件，論述其源流本末，剖析真贋優劣。明中葉，王佐增補《格古要論》爲十三卷，名爲《新增格古要論》。

梁詩正

(1697—1763)清金石學家。字養仲，又字薌林，浙江錢塘(今杭州)人。雍正進士。乾隆時官至東閣大學士，頗得高宗知遇。嘗受命總裁國史、文穎、續文獻通考各館，體例多爲所定。主修《西清古鑑》。

錢坫

(1744—1806)清書法家、金石學家。字獻之，號十蘭，江蘇嘉定(今屬上海)人。官乾州州判。所得商周秦漢器物，必描其故事故言。長於訓詁、輿地之學。著有《十六長樂堂古器款識考》《浣花拜石軒鏡銘集録》。

錢坫

阮元

(1764—1849)清學者、文學家、金石學家。字伯元，號芸臺，江蘇儀徵人。乾隆進士，授翰林院編修，道光間官至體仁閣大學士，加太傅。歷官所至以提倡學術、振興文教爲己任。所收藏青銅器見於《積古齋藏器目》者凡七十四器。著有《積古齋鐘鼎彝器款識》等。

張廷濟

(1768—1848)清金石學家。字叔未，浙江嘉興人。嘉慶解元，應會試屢躓，遂絶意仕途，結廬高隱，以圖書金石自娱。建有“清儀閣”，收藏商周至近代金石書畫刻削髹漆之屬。著有《清儀閣所藏古器物文》等。

朱爲弼

(1770—1840) 清畫家、金石學家。字右甫，號茮堂，浙江平湖人。嘉慶進士，道光間官至漕運總督。酷嗜古金文字，且能辨釋疑文，稽考古籍。著有《續纂積古齋鐘鼎彝器款識》《椒聲館詩文集》等。

吴榮光

(1773—1843) 清書法家、金石學家。字殿垣，一字伯榮，號荷屋，廣東南海（今廣州）人。嘉慶進士，授翰林院編修。歷任御史、福建鹽法道等。道光間官至湖南巡撫，兼湖廣總督。收藏大師虘豆、叔仲尊等青銅器。撰有《筠清館金文》等。

曹載奎

(1782—1852)清金石學家。字秋舫，江蘇吴縣(今蘇州)人。有金石窩藏鼎彝盤尊。編撰有《懷米山房吉金圖》。

劉喜海

(1793—1852)清金石學家。字燕庭，山東諸城人。嘉慶舉人，官至浙江布政使。嗜金石，足迹所至，剔蘚探岩，留心物色。於道光十八年(1838年)仿薛尚功之法，爲《清愛堂家藏鐘鼎彝器款識法帖》，後復刻《長安獲古編》，未成而卒。《嘉蔭簃藏器目》録其所藏八十一器，蓋合《款識法帖》與《獲古編》而成，尚未能盡。

吴式芬

(1796—1856)清金石學家。字子苾，號誦孫，山東海豐(今無棣)人。道光進士，纍官内閣學士兼禮部侍郎。意趣澹泊，喜搨鼎彝碑碣藏之。所藏器物見於《雙虞壺齋藏器目》者凡七十七器。撰有《攈古録》《攈古録金文》《金石彙目分編》。

吴雲

(1811—1883)清金石學家。字少甫，自號平齋，晚號退樓，又號愉庭，浙江歸安(今湖州)人。道光諸生。屢試皆困，援例任常熟通判，歷知寶山、鎮江，咸豐間總理江北大營營務以籌軍餉，擢蘇州知府。嗜金石，有《二百蘭亭齋金石記》《兩罍軒彝器圖釋》等著作。

陳介祺

(1813—1884)清金石學家。字壽卿，號簠齋，晚號海濱病史，山東濰縣(今濰坊)人。道光進士，官翰林院編修。鑒古得外舅李璋煜之傳，積學好古，藏鐘鼎彝器、金石極富，凡彝器數百件。著《傳古别録》《十鐘山房印舉》等。《簠齋藏器目》著録商周器凡二百六十三，又《簠齋藏器目第二本》凡一百七十九器。鄧實輯録其搨本爲《簠齋吉金録》。

陳承裘

(1827—1895) 清金石學家。字子良，福建閩縣（今福州）人。咸豐進士，官刑部主事。咸豐三四年間，其父景亮官陝西督糧道，承裘乞假留侍，時吴式芬官布政使，密邇過從，古器遂多收獲。孫壯《澂秋館吉金圖》收録其藏品。

潘祖蔭

(1830—1890)清金石學家。字伯寅，號鄭盦，江蘇吴縣(今蘇州)人。潘世恩孫。咸豐進士，授編修，官至工部尚書。通經史，精楷法，藏金石甚富。嘗刻所藏商周器爲《攀古樓彝器款識》，其所藏見於《攀古樓藏器目》者凡四百餘器。

吴大澂

(1835—1902)清金石學家、古文字學家。字清卿，號恒軒，别號愙齋、白雲山樵，晚年又署白樵病叟，江蘇吴縣(今蘇州)人。同治進士，授翰林院編修，後任陝甘學政。曾督辦吉林防務，又奉使琿春，查勘中俄東部邊界。官至廣東巡撫、湖南巡撫。甲午戰争爆發後，自請率湘軍出關禦敵，兵敗革職。精於金石文字之學，將出土實物與歷史文獻相參證，取得了可貴的成績。師事潘祖蔭，與陳介祺、王懿榮等人交往密切，加之曾在陝甘地區充任學官，因而獲得相當豐富的商周秦漢銅器，以及其他許多銘刻資料。編撰有《恒軒所見所藏吉金録》《愙齋集古録》《説文古籀補》。

吴大澂

方濬益

(？—1899)清金石學家。字子聽，一字子聰，號伯裕，安徽定遠人。咸豐進士，官金山知縣。所藏金石甚富。著有《綴遺齋彝器款識考釋》。

孫詒讓

(1848—1908)清經學家、古文字學家。字仲容，號籀膏(廎)，浙江瑞安人。同治舉人，官刑部主事。其對古文字學的最大貢獻是對不同時代的銘文作偏旁分析，借以追尋古文字的發展規律。所著有《周禮正義》《墨子間詁》；《栔文舉例》爲考釋甲骨文最早的著作；《名原》《古籀拾遺》《古籀餘論》爲研究金文的著作。另有《尚書駢枝》《札迻》《籀廎述林》等。

孫詒讓

端方

(1861—1911)清金石學家。字午橋，號陶齋，滿洲正白旗人。曾任陝西按察使，歷督湖廣、兩江、閩浙。篤嗜金石書畫，得陝西寶鷄鬥鷄臺出土之柉禁，上列十二酒器，爲彝器之冠。陳介祺所藏毛公鼎亦歸之。著録所藏青銅器爲《陶齋吉金録》及《續録》，所藏石爲《陶齋藏石記》。

羅振玉

(1866—1940)金石學家。字叔藴、叔言，號雪堂、貞松老人，浙江上虞(今紹興市上虞區)人，生於江蘇淮安。光緒二十二年(1896年)在上海辦農學會。次年創辦《農學報》。辛亥革命爆發後，以清室“遺臣”自居，偕王國維流寓日本，整理研究

羅振玉

所搜集的甲骨、彝器、敦煌文物等。與王國維合撰《流沙墜簡考釋》，出版《殷虚書契考釋》。1919年回國。好搜集、整理古代文物史料，著述甚富，有《殷文存》《夢郼草堂吉金圖》《貞松堂吉金圖》《貞松堂集古遺文》《三代吉金文存》等。

高本漢

（Klas Bernhard Johannes Karlgren,1889—1978）。瑞典語言學家、漢學家。1910—1912年曾來中國，後師從法國漢學家沙畹。爲哥德堡大學教授、副校長，遠東文物博物館館長，瑞典皇家人文科學院院長。曾將《詩經》譯成英語。重要論文有《中國青銅器中的殷與周》《中國青銅器新論》等。在青銅器分期問題上有《再論殷代紋飾的甲乙型》《記古代青銅器的花紋規律》《殷代藝術的若干特徵》等。另有《中國古鏡銘文》《先秦鏡若干例》《中國古鏡》等有關青銅鏡的研究文章。

高本漢

郭沫若

（1892—1978）作家、歷史學家、考古學家、古文字學家、社會活動家。原名郭開貞，筆名郭鼎堂等，四川樂山人。1914年初抵日本留學，原學醫，後從事文藝運動。1928年起旅居日本，從事中國古代史和甲骨文、金文的研究，著有《中國古代社會研究》《甲骨文字研究》《卜辭通纂》《兩周金文辭大系考釋》《金文叢考》等。旅日期間，積極支持中國留日青年和國內文藝界革命文化運動。抗日戰爭爆發後秘密回國，積極從事抗日救亡運動。新中國成立後，歷任中央人民政府委員、政務院副總理兼文化教育委員會主任、中國科學院院長兼哲學社會科學部主任、中國人民保衛世界和平委員會主席、中日友好協會名譽會長等職。爲中共第九届至第十一届中央委員；第一届至第五届全國人大常委會副委員長；第一、二、三、五届全國政協副主席，第四届常委。對各地出土的重要青銅器有專文論述，還創造了標準器斷代法。對兩周時期有銘銅器，特别是西周銅器進行系統化的整理研究，並强調青銅器紋飾在分類、斷代上的重要性。曾著有《兩周金文辭大系圖録考釋》等。有《郭沫若全集》行世。

郭沫若

郭寶鈞

（1893—1971）考古學家。字子衡，河南南陽人。1922年畢業於北京高等師範學校國文系。1928年參加河南安陽殷墟的首次發掘，後任中央研究院歷史語言研究所研究員。新中國成立後，任中國科學院考古研究所研究員，又曾在北京大學歷史系任教，1959年兼任中國歷史博物館特約研究員。畢生從事商周時代的考古研究，參加或主持的重要發掘除安陽殷墟的小屯外，先後有山東章丘城子崖遺址、河南濬縣辛村衛國墓地、汲縣（今

郭寶鈞

衛輝）山彪鎮和輝縣琉璃閣戰國墓葬、安陽武官村大墓、輝縣固圍村大墓、鄭州二里岡遺址等。注意從考古資料出發，結合歷史文獻，深入考察兩周時期的埋葬制度、特别是禮器制度的發展變化，並首先提出“列鼎”問題；又對商周銅器群、青銅武器、車制和玉器的綜合研究，作出積極的貢獻。著有《山彪鎮與琉璃閣》《濬縣辛村》《中國青銅器時代》《商周銅器群綜合研究》等。

梅原末治

（1893—1983）日本考古學家。大阪府羽曳野市人。1913年同志社普通學校（中學）畢業，任京都帝國大學陳列館助理員。1921年任“朝鮮總督府”古迹調查委員。1929年任東方文化學院京都研究所研究員，並任京都大學文學部講師，1933年任副教授。1939年任京都大學文學部教授，並獲該校文學博士學位。1956年由京都大學退休，獲該校名譽教授稱號。早先致力於日本古墳的研究，後研究出土銅鏡，進而全面研究以青銅器爲中心的東亞古代文化。在中國考古學方面，對商周青銅器和戰國、漢、魏晉南北朝的銅鏡都有研究成績。主要著作有《鑑鏡的研究》《銅鐸的研究》《漢以前古鏡的研究》《漢三國六朝紀年鏡圖説》《戰國式銅器之研究》《冠斝樓吉金圖》，以及整理研究歐美、日本所藏中國古代銅器精品的《歐米蒐儲支那古銅精華》《日本蒐儲支那古銅精華》等。

容庚

（1894—1983）古文字學家、金石學家。原名肇庚，字希白，初號容齋，後改署頌齋，所居曰五千卷金石書室。廣東東莞人。少時得舅（鄧爾雅）、叔（容祖椿）之教，能書畫篆刻。中學畢業，留母校東莞中學任教。1922年以《金文編》初稿求教於羅振玉，經羅氏推介，破格録取爲北京大學研究所國學門研究生。後爲燕京大學教授，並任《燕京學報》主編，復兼古物陳列所鑒定委員，得以摩挲故宫所藏銅器，完成《寶藴樓彝器圖録》《秦漢金文録》《頌齋吉金圖録》《武英殿彝器圖録》《海外吉金圖録》《金文續編》《善齋彝器圖録》等書。1941年著《商周彝器通考》。1946年赴嶺南大學執教，1952年改任中山大學教授。1958年出版《殷周青銅器通論》（與張維持合著）。一生治學勤奮，刊行專著數十種。

李濟

（1896—1979）考古學家。字濟之，湖北鍾祥人。1923年在美國哈佛大學獲博士學位。歸國後，在南開大學任教。1924年開始從事田野考古，赴河南新鄭對春秋銅器出土地點進行調查、清理，爲我國最早獨立進行田野考古工作的學者。1926年任清華學校人類學講師期間，作爲中國學者第一次主持在山西夏縣西陰村進行考古發掘。1929年中央研究院歷史語言研究所考古組成立後，長期任該組主任，並主持安陽殷墟的最初幾次發掘，對中國考古學的發展卓有貢獻。歷史語言研究所遷往臺灣後，曾任該所所長。著作有《西陰村史前遺存》《中國文明的開始》《安陽》及《李濟文集》等。

李濟

于省吾

（1896—1984）文字學家、訓詁學家。字思泊，號雙劍誃主人、澤螺居士、夙興叟，遼寧海城人。1919

年瀋陽高等師範學校畢業。先後任教於萃升書院、輔仁大學、北京大學、燕京大學。新中國成立後，歷任吉林大學教授、中國語言學會顧問兼學術委員會委員、國務院古籍整理出版規劃小組顧問、九三學社中央委員會顧問等職。致力於古文字學、古器物及古籍整理研究，著有《商周金文録遺》《甲骨文字釋林》《雙劍誃吉金圖録》《雙劍誃古器物圖録》《雙劍誃諸子新證》《澤螺居詩經新證》等。

于省吾

馮漢驥

(1899—1977)考古學家。字伯良，湖北宜昌人。1923年畢業於武昌文華圖書館專科學校。1924年任厦門大學圖書館主任。1931—1936年留學美國，先在哈佛大學人類學系學習，後轉入賓夕法尼亞大學，獲博士學位。1937年歸國，任四川大學歷史系教授。新中國成立後，歷任西南博物院副院長、四川省博物館館長、四川大學歷史系考古教研室主任等職。在中國西南地區的民族學與考古學方面有較深的研究，是運用現代民族學和社會學知識來研究中國古代社會的先驅者之一。著作有《前蜀王建墓發掘報告》《馮漢驥考古學論文集》等。

馮漢驥

唐蘭

(1901—1979)古文字學家、歷史學家。字立厂，又作立庵，浙江嘉興人。1923年畢業於無錫國學專修館。歷任東北大學、清華大學、北京師範大學、西南聯合大學、北京大學等校講師、教授。1952年調入故宫博物院，先後任研究員、副院長。對古文字、音韵、詩詞、繪畫、書法篆刻、古代歷史和青銅器的起源發展及銘文的研究，都有很深的造詣。提出系統地研究古文字的方法，除前人所用的對照法和推勘法外，特别重視偏旁分析法和歷史考證法。在古史分期方面，主張奴隸社會與封建社會的界限在西周、春秋之交；對奴隸社會的上限也有新的觀點，認爲大汶口文化已經屬於文明社會。主要著作有《古文字學導論》《中國文字學》《殷墟文字記》《天壤閣甲骨文存考釋》《論周昭王時代的青銅器銘刻》《西周青銅器銘文分代史徵》等。

唐蘭

商承祚

(1902—1992)古文字學家、書法家。字錫永，號契齋、駑剛、蠖公，廣東番禺(今廣州市番禺區)人。幼承家學，19歲時赴天津師從羅振玉研習古文字，1923年入北京大學國學門讀研究生。歷任北平女子師範大學、金陵大學、齊魯大學、東吴大學、滬江大學、重慶大學、中山大學等校教授。畢生致力於甲骨文、金文、碑刻文的搜集、整理和考釋，爲中國古文字研究的開拓者之一。書法以篆隸見長，獨樹一幟。著有《殷虚文字類編》《殷契佚存》《十二家吉金圖録》《渾源彝器圖》《石刻篆文編》《説文中之古文考》及《商承祚篆隸册》等。

羅福頤

(1905—1981)金石學家。字子期，別署梓溪、紫溪，晚年背微傴，自號僂翁，浙江上虞(今紹興市上虞區)人。羅振玉子。二十四歲移家旅順，助其父摹寫《貞松堂集古遺文》。年二十六，校補《三代秦漢金文著録表》。1933年佐父輯《三代吉金文存》。1939年在瀋陽博物館工作，抗戰勝利後遷居北京，任職北京大學文科研究所。1949年後調文化部文物局。1957年轉故宫博物院，任研究員。

陳夢家

(1911—1966)考古學家、古文字學家。浙江上虞(今紹興市上虞區)人。早年是新月派後期頗有影響的詩人，後轉治古文字和古史。歷任西南聯合大學、清華大學教授，曾去美國芝加哥大學講學，並收集流散歐美的中國古代銅器。1952年後任中國科學院考古研究所研究員。著有《殷墟卜辭綜述》《西周銅器斷代》《海外中國銅器圖録》《美帝國主義劫掠的我國殷周銅器集録》《漢簡綴述》及《尚書通論》等。

陳夢家

馬承源

(1927—2004)青銅器專家。浙江鎮海(今寧波市鎮海區)人。20世紀40年代就讀於上海大夏大學。1954年任上海博物館保管部副主任，長期從事商周青銅器及古文字的研究和鑒定工作。1985年任上海博物館館長，上海市文物管理委員會常務副主任，國家文物鑒定委員會委員。1993年起，負責籌建上海博物館新館，在館址選擇、資金籌措、館的外形和内部總體設計方面，都投入了大量精力，使上海博物館成爲上海標志性形象之一，爲文物界赢得了榮譽。同時還從香港等地購回一批極爲珍貴的青銅器、石刻、楚竹書等，爲中國流散文物的回歸作出了重要貢獻，開創了新的操作模式。主要著作有《上海博物館藏青銅器》《中國古代青銅器》《青銅禮器》，主編《商周青銅器銘文選》《中國青銅器》《中國文物精華大辭典·青銅卷》《吴越地區青銅器研究論文集》等，另有論文集《中國青銅器研究》。

馬承源

中　　　國　　　青　　　銅　　　器　　　辭　　　典

青銅器書目

考工記

書名。作者不詳。據考證，爲春秋末齊國人記録手工業技術的官書。分攻木之工、攻金之工、攻皮之工、設色之工、刮摩之工、摶埴之工六部分，分别對車輿、宫室、兵器以及禮樂諸器等的製作作了詳細記載。其中，關於不同用途青銅器配比的“金有六齊”之説，憑觀察熔煉時火焰顔色掌握青銅熔煉澆注火候，以及合瓦形編鐘各部位尺寸厚薄的設計等記載，都是先秦時期青銅科技的珍貴文獻。

考古圖

書名。北宋吕大臨著。十卷。成書於元祐七年（1092年），卷首有自序。是中國第一部有關青銅器學的學術著作。所收之器選自秘閣、太常、内藏以及私人收藏共三十七家。收録商周青銅器一百四十八件，秦漢青銅器六十三件，玉器十三件，共計二百二十四件。按器物用途分類，每器摹刻圖像，有銘文者摹刻銘文，並附一篇説明，記録器物尺寸、重量、容量、出土地點和收藏者。青銅器除有自名如方彝、卣、斝、觚等器名外，皆爲此書所初名，經千年沿用至今。

夢溪筆談

書名。北宋沈括撰。二十六卷。又《補筆談》三卷，《續筆談》一卷。成書於11世紀末。涉及學科領域甚廣，基本上反映了北宋的科學發展水平和沈括的研究心得，並對“透光”青銅鏡的原理作了一些科學解釋，推動了後世對“透光鏡”的研究。

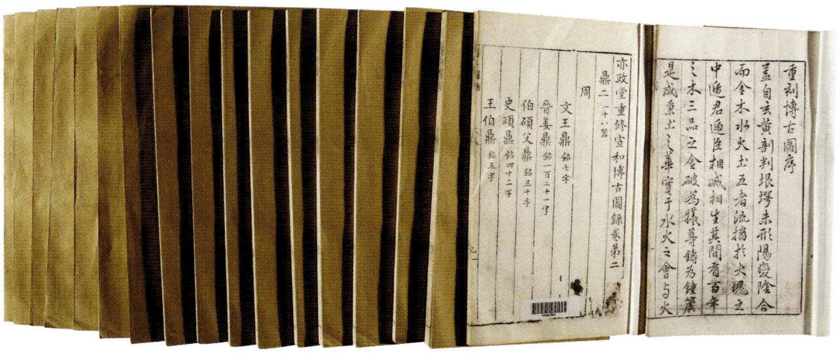

博古圖

博古圖

亦稱《宣和博古圖》。書名。宋徽宗敕撰，王黼編撰。三十卷。大觀初年開始編撰，成書於宣和五年（1123年）之後，元至大年間重修，明清兩代翻刻。收録當時皇室在宣和殿所藏自商至唐青銅器八百三十九件。按器形分爲二十類，每類有總説明，每器有圖像，並摹寫銘文，另有文字説明，記尺寸、

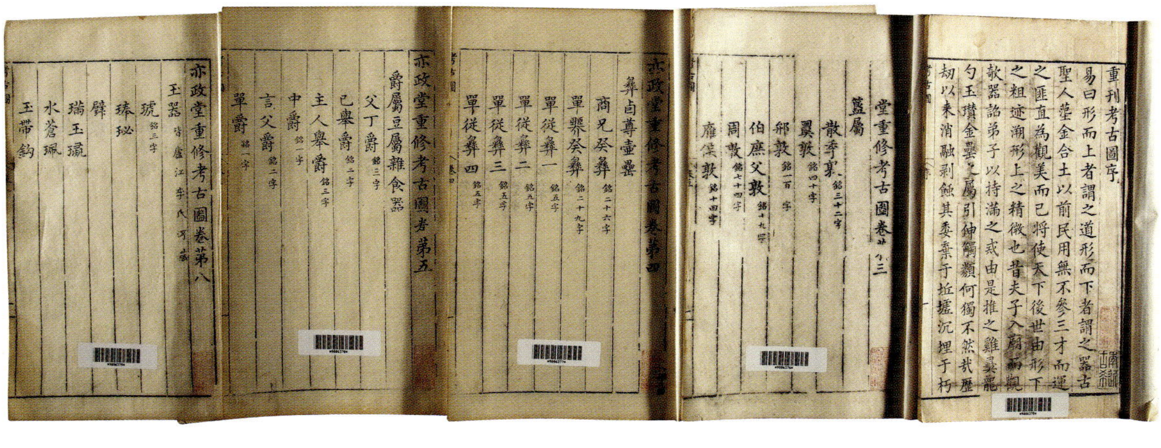

考古圖

容量、重量以及銘文的考釋。集當時流傳和出土青銅器之大成，但考釋、考證多有疏漏。

歷代鐘鼎彝器款識法帖

書名。宋薛尚功著。二十卷。最早是紹興十四年（1144年）刻本，明萬曆十六年（1588年）有朱印本，後又將銘文摹刻於石，故稱“法帖”。是宋代著録金文最詳細之書，傳世已無宋刻全本。明崇禎和清嘉慶、光緒年間曾多次印刷。目前所見多爲20世紀30年代的翻刻本。收録夏代二件，商代二百〇九件，周代二百五十三件，秦五件，漢四十二件，共五百十一件。所謂夏器，實際上是春秋戰國時器。此書未録圖像，衹摹銘文，次列釋文，並加考證。宋代所出土有銘之器，十分之八皆收録於此書。

續考古圖

書名。佚名。五卷。成書於宋紹興三十二年(1162年)以後。此書除收青銅器、玉器外，尚有瓦當和陶器。所録之圖和銘文皆失真，定名亦多舛誤。

嘯堂集古録

書名。宋王俅著。二卷。傳本有淳熙三年（1176年）刻印本，明、清、

嘯堂集古録

近代均有翻刻、影印。上卷載鼎、尊、彝、卣、壺、爵、斝、觚、卮、觶。下卷載角、敦、簠、毁、印、鏡、洗等，自洗以下的二十八器，排列次序混亂。書中收録商周時代青銅器二百七十五件，秦漢十七件，漢印三十七方和雜器十六件，共三百四十五件，上摹銘文，下列釋文，未有考證。由於幾經續補，次序重復，且銘文有删節，如齊侯盤和匜，原銘各有十七字，删節後分别爲七字和六字，釋文僅三字。但書中保存了宋人所見而今已散佚的青銅器銘文。銘文摹刻較精，優於其他宋代著録書籍，因而較有研究、參考價值。

大冶賦

篇名。南宋洪咨夔撰。見於《平齋文集》卷一。以賦的形式描述中國古代礦冶史、錢幣史、礦冶技術和鑄錢工藝，具有重要的學術價值，是研究化學史、礦冶史、科學思想史的珍貴史料。

天工開物

書名。明宋應星著。共三編。初刊於崇禎十年(1637年)。較全面系統地記述了中國古代農業和手工業的生産技術及經驗，被譽爲中國古代工藝百科全書。作者通過實地觀察、研究，對明代各項技術進行了系統的總結。其中《冶鑄》《錘鍛》和《五金》卷，記述金屬鑄鍛、鑄鐘、鑄鼎、泥型鑄釜、鑄錢幣、失蠟法鑄造、鋅的冶煉以及黄銅的冶煉等，多配有插圖，具有重要的學術價值。

西清古鑑

書名。清梁詩正等奉敕編撰。四十卷。乾隆十四年（1749年）始編，兩年編成。乾隆二十年有内府刻本，今所傳大都爲光緒十四年（1888年）邁宋書館銅版影印本。收録青銅器一千四百三十六件，鏡九十三件。編排體例完全仿效宋代《博古圖録》，每卷先列器目，摹繪器形、銘文，並加考釋，每器皆記高度、重量，但銘文簡縮，頗多失真，識見亦淺陋。此書著録清代宫廷所藏古代青銅器，對清代青銅器研究有很大作用。書中所著録的青銅器，除佚失者外，

大部分藏北京故宫博物院及臺北故宫博物院和臺灣“中央研究院”歷史語言研究所。

西清續鑑甲編

書名。清王杰等編。二十一卷。乾隆五十八年（1793年）成書。宣統二年（1910年）涵芬樓依寧壽宫寫本石印爲小本。收録商周青銅器八百四十四件，鏡一百件，附録唐以後三十一件，繪製圖形、銘文搨本和釋文，並對器物作簡要説明。但選器不慎。

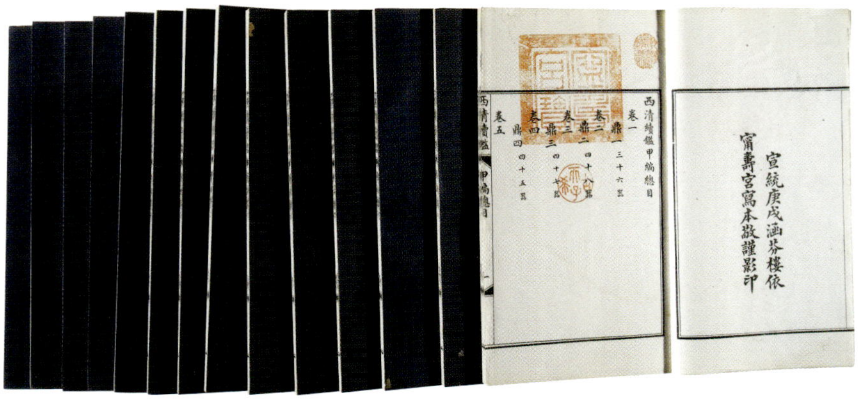

西清續鑑甲編

西清續鑑乙編

書名。清王杰等編。二十卷。編纂時間與甲編同。爲乾隆五十八年（1793年）成書。1931年北京古物陳列所石印小本。收録商周青銅器七百九十八件，鏡一百件，銘文縮小，皆録有尺寸、重量，或有簡單説明。收録器物不精，皆爲清奉天（今瀋陽）行宫所藏器。

西清續鑑乙編

十六長樂堂古器款識考

書名。清錢坫著。四卷。嘉慶元年（1796年）自刻本，1933年開明書局翻刻。收録商周青銅器二十九件，秦漢十六件，其他四件，共四十九件。銘文勾摹原文，並繪有器形圖像。在定名方面有新創見，如將宋人讀爲“敦”的“毁”字釋爲“簋”。是一本較早考證銘文的專著，爲以後的青銅器研究者所遵循。

十六長樂堂古器款識考

鐘鼎款識

書名。宋王厚之編撰。自南宋輾轉流傳至清嘉慶七年（1802年）歸於阮元，由阮氏積古齋摹刻成書。道光二十三年（1843年）原迹與書版皆毁於大火。道光二十八年葉志詵按阮元原刻初印本翻刻。收録商、周、漢代共五十九件青銅器銘文，

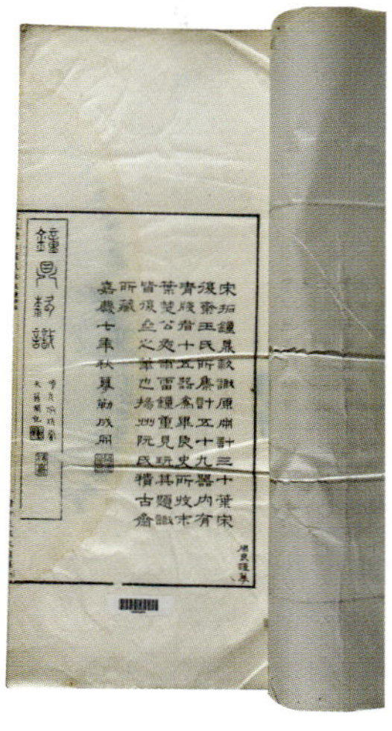

鐘鼎款識

每器皆記述出土地、收藏者，並考釋文字。

積古齋鐘鼎彝器款識

書名。清阮元著。十卷。此書是阮元集個人和其他收藏家所藏青銅器的銘文摹本，並宋人著録書籍所刊青銅器銘文，於嘉慶九年（1804年）刊刻。光緒年間又幾經翻印。書前《自序》稱阮元欲以此書續薛尚功的《歷代鐘鼎彝器款識法帖》，書後有朱爲弼的《後叙》。此書收録商周青銅器銘文四百四十六件，秦五件，漢晉九十九件，共五百五十件。每篇銘文均有釋文和詳細考釋。卷首有《商周銅器説》兩篇，上篇論古銅器銘文的歷史價值，下篇論三代時鐘鼎爲最重之器。另有《商周兵器説》一文，論述商周時代兵器的發展趨勢。是清代一部有影響的青銅器著作。但由於鑒定不嚴，所收僞器銘文較多，又因銘文皆用摹本，亦有失真之處。

金石索

書名。清江蘇南通馮雲鵬（晏海）、雲鵷（集軒）兄弟輯。十二卷，分金索、石索兩部分。書成於嘉慶末。有道光元年（1821年）自寫刻本，光緒時有石印本。民國時有商務印書館鉛印本。金索（六卷）收商周到漢和宋元時的鐘鼎、兵器、權量和雜器，以及歷代錢幣、璽印和銅鏡等。石索（六卷）收歷代石刻，以及帶字的磚和瓦當。每種器物大多有器形圖和銘文搨本，後有馮氏的釋文或考訂。書中所用材料，一部分爲作者的藏品，一部分則采自黄易、葉志詵、桂馥諸家，還有的采自宋代和清代的各家鐘鼎款識或專著。材料取舍尚嚴，但也有鑒别不當者。此書内容豐富，是一部綜合性古器物圖譜，具有一定的參考價值。

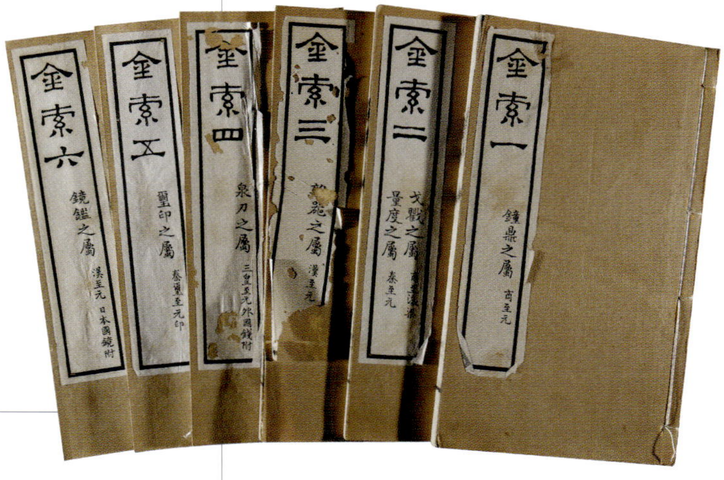

金石索

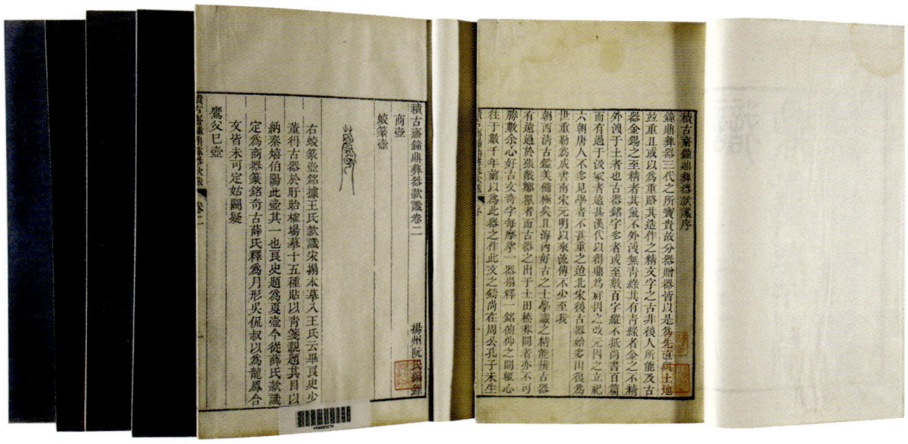

積古齋鐘鼎彝器款識

清愛堂家藏鐘鼎彝器款識法帖

書名。清劉喜海輯。一卷。清道光十八年(1838年)刻本。此書仿薛尚功《歷代鐘鼎彝器款識法帖》之例，衹録其一家所藏商周青銅器三十五件。詳其度量，記其得其器而不釋文。

懷米山房吉金圖

書名。清曹載奎編撰。一卷。道光二十年(1840年)石印本，以後曾經翻刻，有1922年陳介祺石印本。收録商周青銅器五十四件，秦漢六件，共六十件。每器記大小、重量，並摹釋銘文。咸豐十年(1860年)因太平天国之役，刻石損毁，搨本流傳較少，原石時有增補，少數搨本前後略異。

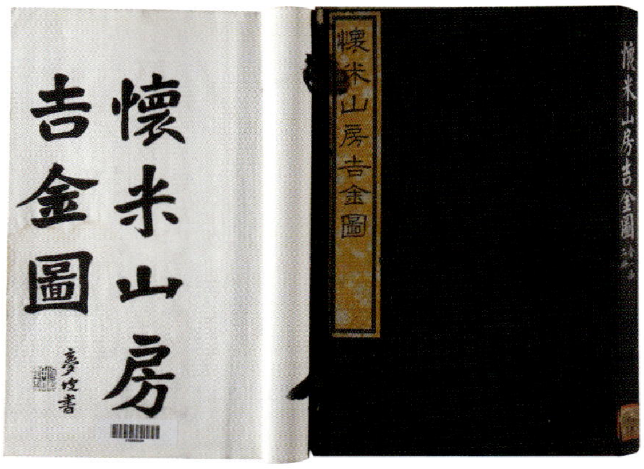

懷米山房吉金圖

筠清館金文

書名。清吴榮光撰。原名《筠清館金石文字》，或《筠清館金石録》，以石文未刻，故翻刻本題署作現名。五卷。道光二十二年(1842年)刻本，後又重刻。收録商周青銅器銘文二百三十九件，秦漢二十五件，唐代三件，共二百六十七件，其已見《積古齋鐘鼎彝器款識》者不復出，然字畫間有異同，或原銘未全者，悉爲補入。考證之説，頗多舛誤。

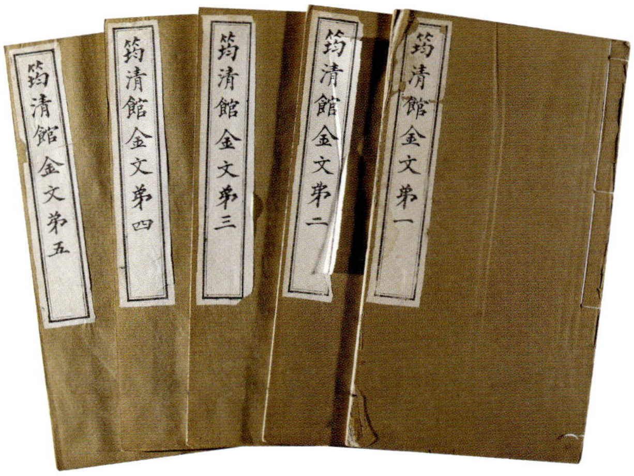

筠清館金文

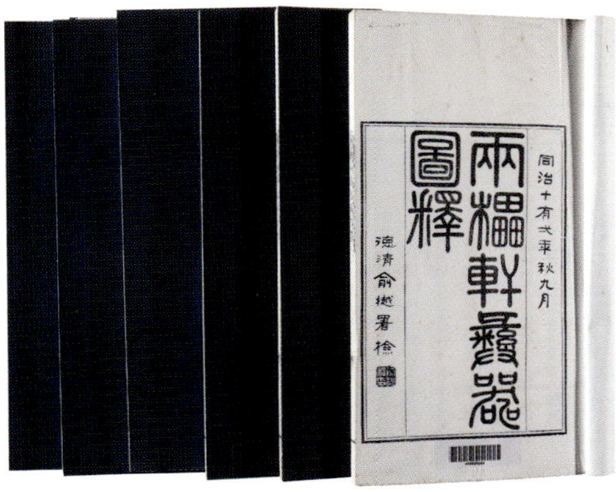

兩罍軒彝器圖釋

兩罍軒彝器圖釋

書名。清吴雲編著。十二卷。同治十一年(1872年)自刻本，文瑞樓石印本。收録商周青銅器五十九件，秦漢以後五十一件，共一百十件。每器皆記大小、重量及銘文，並有較詳盡的考釋，刻印極精。以前銘文悉用雙鈎，此書大部改用實筆，形象較爲逼真。

攀古樓彝器款識

書名。清潘祖蔭編著。二册。同治十一年(1872年)自刻本，1913年西泠印社翻刻本。收録商周青銅器五十件，由吴大澂繪圖，王懿榮楷書，周悦讓、張之洞、王懿榮、吴大澂、胡義贊及潘祖蔭考釋。圖、字、考釋三者精善，但未見尺寸大小。

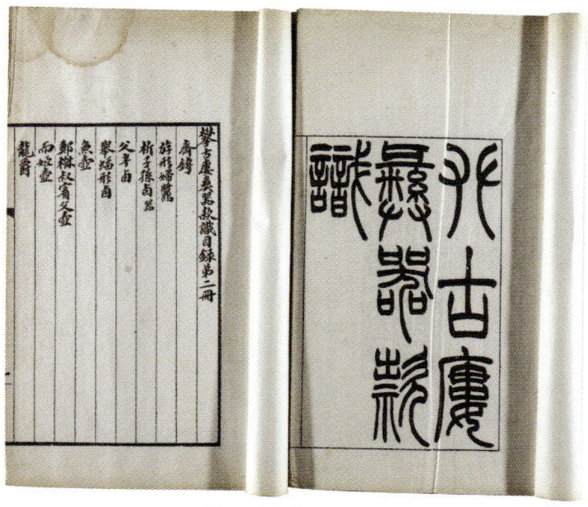

攀古樓彝器款識

潘祖蔭收藏極豐，有些重器如大盂鼎、大克鼎、王孫鐘、沇兒鐘等却未見入編。

説文古籀補

書名。清吴大澂撰。二册。此書以其所收集的青銅器銘文及石鼓、錢幣、璽印、陶文等的古代文字資料，按《説文解字》次序編成十四卷，共收三千五百餘字。光緒九年(1883年)刊成，1895年重刊時，又增補了一千二百餘字。書中所收文字均注明出處，選擇較爲謹慎，該書力求訂正《説文》的闕誤，考證造字的淵源，對以後的古文字研究有較大影響。參照該書體例續補者，近人丁佛言有《説文古籀補補》，强運開有《説文古籀三補》。

説文古籀補

恒軒所見所藏吉金録

書名。清吴大澂編著。二册。同治十一年(1872年)起編，成書於光緒十一年(1885年)，集吴大澂、潘祖蔭等十家收藏。收録商周青銅器九十五件，兵器二件，秦器三件，漢以後三十六件，共一百三十六件。自繪器物圖形，比例準確，惟編次未分時代，亦無尺寸，有釋文的僅見盂鼎一器。

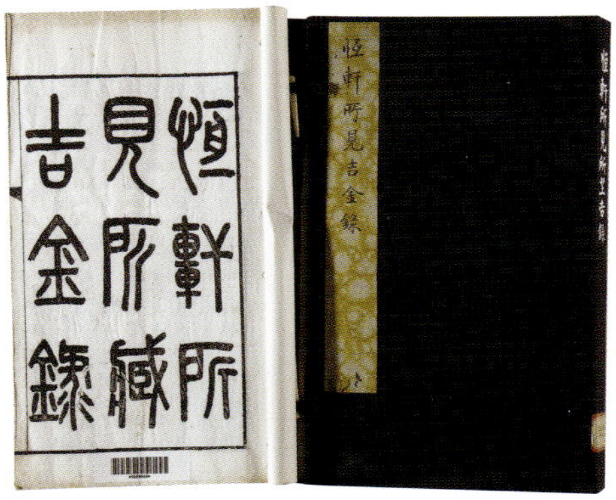

恒軒所見所藏吉金録

從古堂款識學

書名。清徐同柏編著並釋文，徐士燕摭録。十六卷。光緒十二年(1886年)同文書局石印本，1906年蒙學報館石印本。編排形式以收藏家爲次第，收録青銅器三百六十五件，據徐士燕手稿影印。後得見毛公鼎銘文，猶作考釋。

從古堂款識學

古籀拾遺

書名。清孫詒讓著。三卷。光緒十四年(1888年)刊本。該書與《古籀餘論》三卷一起，訂正宋代與清

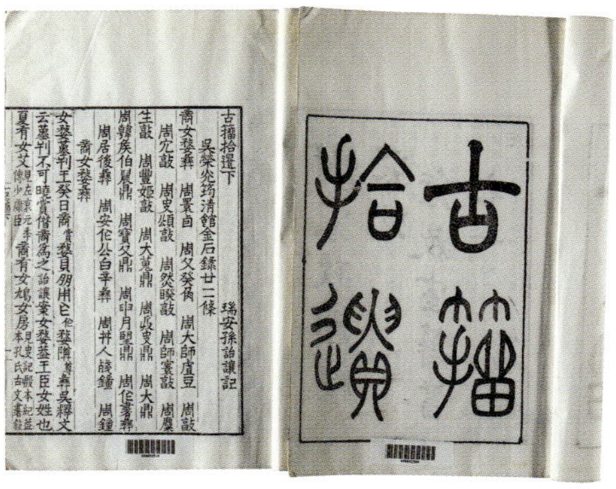

古籀拾遺

代著名青銅器著作如宋薛尚功《歷代鐘鼎彝器款識法帖》,清阮元《積古齋鐘鼎彝器款識》及清吴榮光《筠清館金文》中的錯誤。作者在考釋銘文釋字上,提倡偏旁分析方法,根據文字假借的原理采用聲訓,對於金文研究方法的改變起到極大的推動作用。

攈古録金文

書名。清吴式芬撰。三卷,每卷三册。光緒二十一年(1895年)刊行。1913年西泠印社翻刻本。所收商周青銅器銘文一千三百三十四件,當時新出土有銘青銅器,大半收録書中。每件器銘爲摹本,精善逼真,在木刻版中,此書可稱佳本。銘下有釋文,間有作者考證或采録衆家之説。編排按器分類,每類中又以銘文字數多寡爲序,查檢方便,乃屬首創,後人多有借鑒。

攈古録金文

奇觚室吉金文述

書名。清劉心源編。二十卷。光緒二十八年(1902年)石印刊行,有1926年翻印本。收録商周青銅器五百七十五件,兵器七十七件,秦漢器五十八件,泉布、泉範一千四百五十一枚,鏡四十二件,共計二千二百〇三件。考釋雖多,却頗有穿鑿附會處。

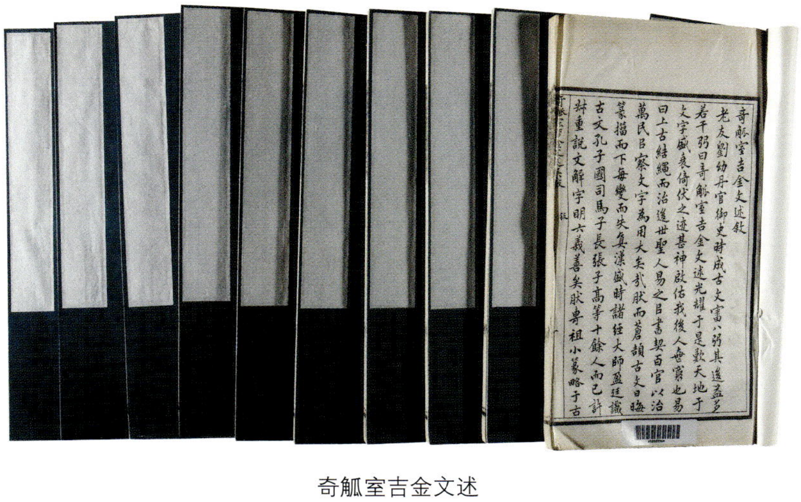

奇觚室吉金文述

古籀餘論

書名。清孫詒讓著。三卷。1903年籀經樓刻本。此書與《古籀拾遺》爲姊妹篇,訂正了宋代與清代著名青銅器著作中的錯誤。並從《攈古録金文》中選取重要的青銅器銘文一百〇五器加以考釋,對其作了校訂。

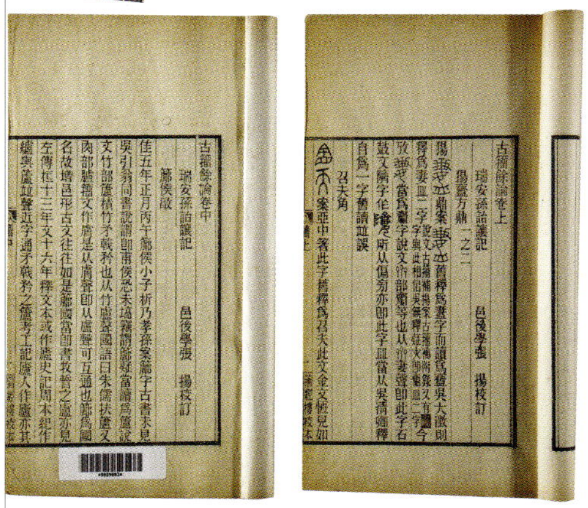

古籀餘論

長安獲古編

書名。清劉喜海編著。二卷。劉氏

於道光年間刻是書未成而卒，稿本歸陳介祺，並無詮釋，鮑康欲爲補成而未果。光緒三十一年（1905年）劉鶚補刻而印成。收録商周青銅器四十三件，秦漢及唐三十六件，雜件四十二件，共一百二十一件。每器繪有器形，摹録銘文並釋文。

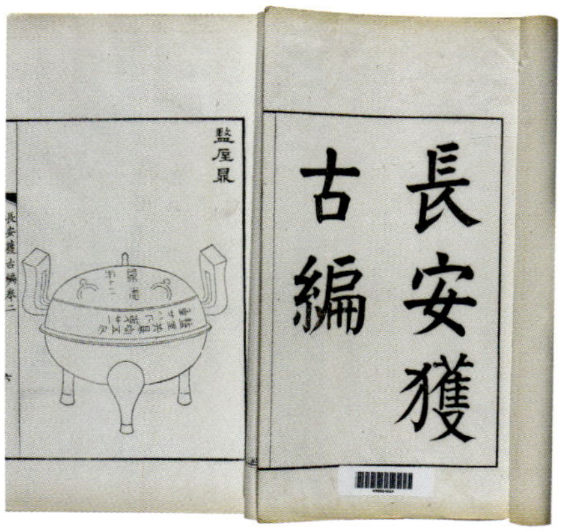

長安獲古編

敬吾心室彝器款識

書名。清朱善旂輯。二册。光緒三十四年（1908年）朱之溱石印本。此書爲朱氏在道光、咸豐間所輯青銅器銘文搨本。收録凡三百六十四器，次序凌亂，釋文或有或無，間有各家題識。

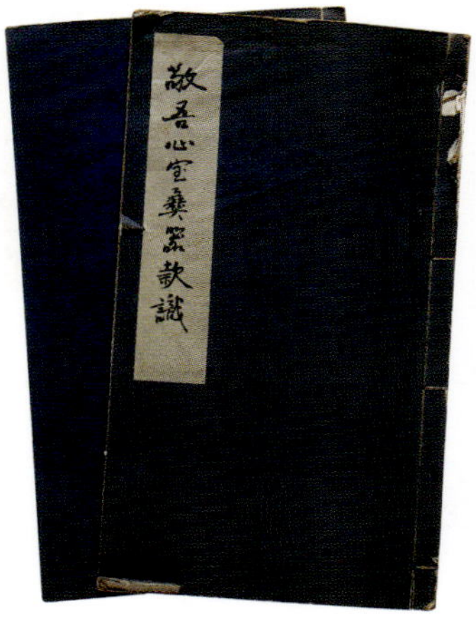

敬吾心室彝器款識

陶齋吉金録

書名。清端方編著。正録八卷，續録二卷，附補遺。正録爲光緒三十四年（1908年）石印本，續録爲宣統元年（1909年）石印本。陝西寶鷄鬥鷄臺出土的柉禁十二器收録其中。正録收録一百五十九件，其中商周青銅器一百四十件；續録收録八十件，其中商周青銅器五十五件；補遺收録商周青銅器八件。每器皆繪圖，並記大小尺寸，原有釋文四卷，今不傳。端方爲清代大收藏家，此書彙集資料極爲豐富，在當時可謂集青銅器之大成，是研究青銅器的重要參考書。

陶齋吉金録

泉屋清賞

書名。日本濱田耕作等著。1911—1916年分六册刊行。收録十五代吉佐衛門所藏中國青銅器。“泉屋”是住友家族在日本江户時代經營冶銅業之字號。此書爲珂羅版印刷，是青銅器書籍印刷之始。内容有彝器部四册，收録商周青銅器一百三十一件、漢唐以後四十件，鏡鑑部二册，收録漢唐銅鏡一百件。六册共收二百七十一件。每器有圖像及銘文搨本，記録尺寸、重量和説明。前有濱田青陵《泉屋清賞彝器部解説》一文。1919年出版《泉屋清賞》增訂本。1922年由内藤虎次郎等編集的另一種十五代吉佐衛門藏品録，書名爲《陳氏舊藏十鐘》在京都出版。1925年《泉屋清賞》續編出版，收録商周青銅器二百件，漢以後三十件，共二百三十件。1934年《泉屋清賞》出版删訂本，收録商周青銅器一百六十五件，漢器二件及兵器、帶鈎、銅鏡等，書前有濱田青陵《支那古銅器概説》一文和梅原末治《支那古鑑概論》一文。

寧壽鑑古

書名。清乾隆敕編。十六卷。1913年涵芬樓據寧壽宮寫本石印。體例與《西清古鑑》相同，收録青銅器六百件，鏡一百〇一面。

周金文存

書名。鄒安編。六卷附補遺。1916年有以搨本影印的石印本刊行。所收録之器按類排列，樂器八十六件，烹飪器二百八十四件，食器四百四十九件，水器一百三十四件，酒器二百六十四件，兵器二百三十二件，用器九十六件，共收録一千五百四十五件。目録下記器物的銘文字數及藏家姓名，每卷附有説明，但無考釋。

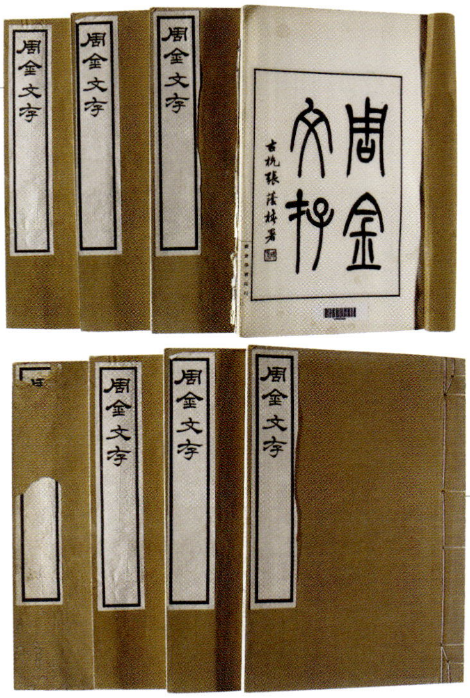

周金文存

殷文存

書名。羅振玉編著。二卷。1917年石印刊行。收録商代青銅器七百五十五件，無考釋。1935年有王辰作《續殷文存》，收録商代青銅器一千五百八十七件，然斷代不嚴，收有許多商以後如西周、戰國時青銅器。

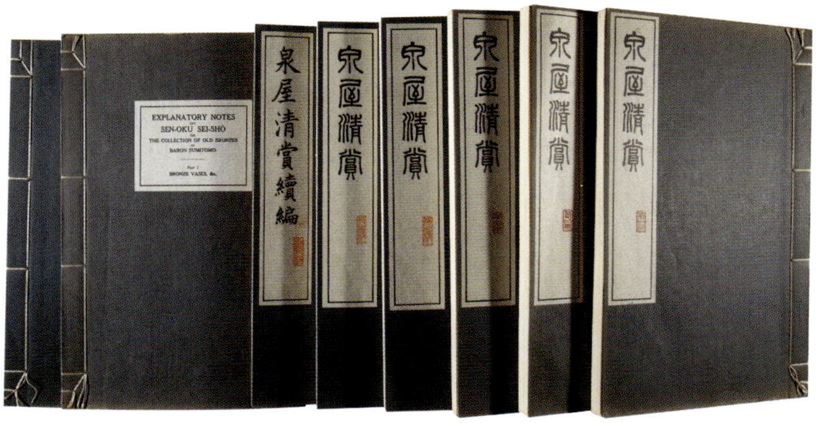

泉屋清賞

寧壽鑑古

夢郼草堂吉金圖

書名。羅振玉編撰。三卷，續編一卷。正、續編分别於1917年和1918年出版，爲中國境内以珂羅版印製青銅器書籍之始，是作者旅居日本

夢郼草堂吉金圖

時所出的自藏青銅器圖録。收録商至明代器物一百六十三件，其中商周禮器、兵器九十五件。續編收録商至宋器六十八件，其中商周禮器四十一件。均不録尺寸，亦無考釋。

愙齋集古録

書名。清吴大澂編撰。二十六卷。收録商周秦漢晉青銅器銘文搨本一千一百四十四件。其中有的器、蓋分列爲二，或間有重出漏目，實數爲一千〇二十九器，間有考釋。1902年吴氏逝世時未完書，其侄請人繼續整理，補寫釋文，於1918年方石印刊行。其釋文與考釋的手稿後以《愙齋集古録釋文賸稿》之名，於1919年由商務印書館石印刊行。

愙齋集古録

金文編

書名。容庚編著。1925年出版，貽安堂印行，爲第一部金文辭典，以後成爲中央研究院歷史語言研究所專刊之一，共五册。1939年商務印書館再版，書前有王國維序、馬衡序、沈兼士叙和容庚自序，内容較前編有所增修。隨着青銅器的大量出土和文字考釋工作的發展，1959年經修訂，科學出版社出版第三版。1978年趙誠與容庚再作增補、修訂，新增器目四百多件、字頭三百七十多個，重文接近三千個，中華書局出版。後容庚委托張振林、馬國權繼續修訂、補充，共計引用器目三千九百〇二件，正編字頭二四二〇號，重文一萬九千三百五十七個，附録一千三百五十二字，重文一千一百三十二個，1985年中華書局出版。

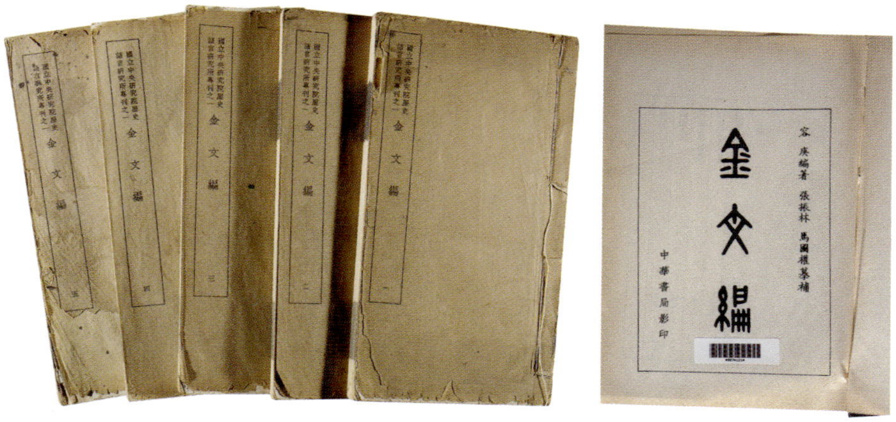

金文編

寶蘊樓彝器圖録

書名。容庚編著。二册。1929年北平京華印書館印本。北京古物陳列所將原瀋陽故宫所藏古器物七百九十八件，經整理後，挑選其中形制、花紋特殊的青銅器九十二件(其中商周器九十件、漢器二件)，作者將此九十二件青銅器編輯成書。每器除有圖形和銘文搨本外，並記大小、重量、色澤及有關説明。

寶蘊樓彝器圖録

新鄭古器圖録

書名。關百益編著。1929年商務印書館印本。記録1923年河南新鄭春秋時代墓葬出土的器物，分圖、録兩册。上册收五十七圖，爲九十三件器，自鐘起到兵器終，每器均記尺

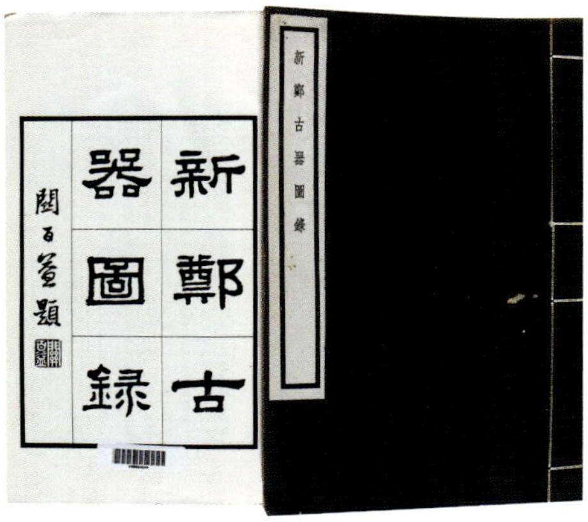

新鄭古器圖録

寸。下册爲録，分七節：史略、正名、分類、修補、度量、釋文、疑年，每器的記載較詳盡。

貞松堂集古遺文

貞松堂集古遺文

書名。羅振玉編著。十六卷，補遺三卷，續編三卷。正文1930年石印刊行，補遺1931年石印刊行，續編1934年石印刊行。正文收録《攈古録金文》《愙齋集古録》及以前諸書未著録之銘文。計有商周青銅器一千一百五十一件，兵器一百二十二件，秦漢以後器二百五十二件，共一千五百二十五件；另有補遺收録青銅器三百三十七件；續録收録青銅器三百六十八件。三書共收二千二百三十件。後有考釋，銘文略有簡縮。

澂秋館吉金圖

書名。孫壯編撰。二册。1931年石印本。本書收録陳承裘藏器。計有商周青銅器四十七件，兵器四件，漢雜器七件，鏡二十四件，五代、元明雜器三件，凡八十五件。以周康元所搨全形搨本縮印，每器記尺寸、重量，間附王國維、羅振玉、吳大澂、丁佛言諸人題識。

澂秋館吉金圖

金文叢考

書名。郭沫若著。四卷。《金文餘釋之餘》一卷。1932年日本影印手稿本。1952年人民出版社出版改編本。共收文章十二篇，有《周彝中之

金文叢考

傳統思想考》《金文所無考》《周官質疑》《湯盤孔鼎之揚榷》《謚法之起源》《諱不始於周人辨》《彝器名字解詁》《金文韵讀補遺》《金文餘釋》《金文餘釋之餘》《器銘考釋》和《金文續考》等。

吉金文録

書名。吳闓生編著。四卷。1933年刊行，通行本爲1963年中華書局木

版印刷。收録青銅器按器形排列，共四百十四件，每器皆有簡要説明，並有銘文釋文。

吉金文録

歐米蒐儲支那古銅精華

書名。日本梅原末治編著。五册。1933—1935年日本山中商會出版。彝器部二册，爲早年流散在歐美的商周時代中國青銅器一百六十三件，秦漢以後八十七件，共二百五十件；鏡鑑部二册，收録青銅器一百九十五件；武器、車馬器和雕像等爲一册，收録二百件。各器均有圖版、簡單解釋，並有銘文和紋飾搨本。有些器物有斷面圖，爲本書首創。

頌齋吉金圖録

書名。容庚著。正録一册，續録二册。正録1933年影印刊行，收録商周青銅器三十九件，其中大多未經前人著録。續録1938年影印刊行，收録一百三十四件，大多爲劉體智藏器。每器皆有圖像，並附考釋、摹搨銘文及紋飾。這種編書方法，在當時圖録中甚爲新穎。卷首有唐蘭長序，對考古學有所闡明。

頌齋吉金圖録

武英殿彝器圖録

書名。容庚編著。二册。1930年始編，1934年出版印本。係從熱河行宫所藏八百五十一件器物中，挑選商周青銅器一百件以成此書。每器有圖像，並摹搨銘文及紋飾，紋飾搨本甚精。

武英殿彝器圖録

雙劍誃吉金圖録

書名。于省吾編著。二卷。1934年出版。收録商周青銅器五十三件，兵器五十二件，秦漢器十件，共一百十五件。主要爲于氏收藏的近代出土器物，並收録《筠清館金文》《攈古録金文》等十六種圖録所載。每器有圖像、考釋，記大小尺寸，並摹搨銘文及紋飾。鑒别嚴謹，考釋精當。

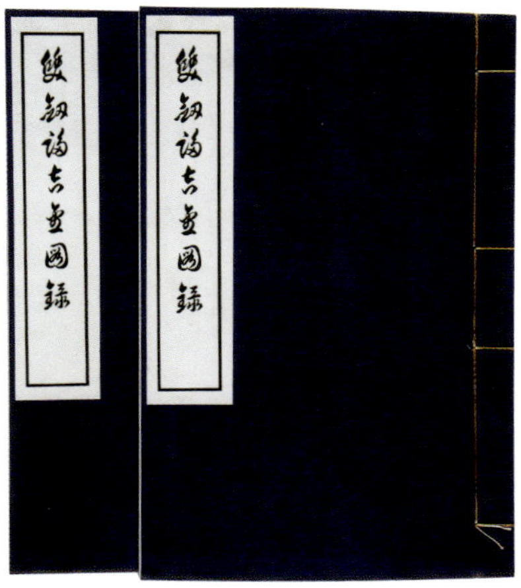
雙劍誃吉金圖録

善齋吉金録

書名。劉體智編著。二十八册。1934年石印本。劉氏爲著名收藏家，所收器物流失海外甚多。此書將其曾收藏之器按類别分爲十録：樂器四十一件，禮器五百九十一件，古兵器一百二十

善齋吉金録

件，度量衡五十五件，符牌六十五件，璽印一千五百八十七件，泉布二千七百二十二件，泉範七十三件，鏡三百十八件，梵像七十件，任器八十六件，共五千七百二十八件。各器皆有圖形、尺寸、銘文搨本，間有考證。

白鶴吉金集

書名。日本嘉納治兵衛著。1934年出版。此書選録日本嘉納鶴堂所藏五十器。收録商周青銅器二十四器，漢唐十器，鏡十六面。

白鶴吉金集

每器有圖像、尺寸、釋文及出土時地。

綴遺齋彝器款識考釋

書名。清方濬益著。三十卷。方氏於同治八年(1869年)開始搜集搨本，作釋文等工作，直至光緒二十五年(1899年)逝世，全書未竟。1928年其從孫方燕年對原稿進行整理、補編，於1935年由商務印書館出版石印本。書中著録商周金文、陶文搨本一千三百八十二器，皆據原搨本勾摹石印，摹寫精善。體例略仿阮元《積古齋鐘鼎彝器款識》，每器首刊摹本，後附釋文、考證。卷首有《彝器説》三篇：上篇考器，中篇考文，下篇考藏。該書考證翔實，釋文有精到之處，於地理、官制、人物和文字通假尤能旁徵博引。惜亦間收僞器。

海外吉金圖録

書名。容庚編。三册。1935年出版。係從日本出版的七種書中，選取流入日本的中國青銅器一百五十九件，分爲烹飪器及食器三十五件、酒器六十八件、用器二十四件、樂器十八件、漢以後器十四件。每器皆附有圖像、銘文搨片和釋文，以及尺寸和簡要説明。

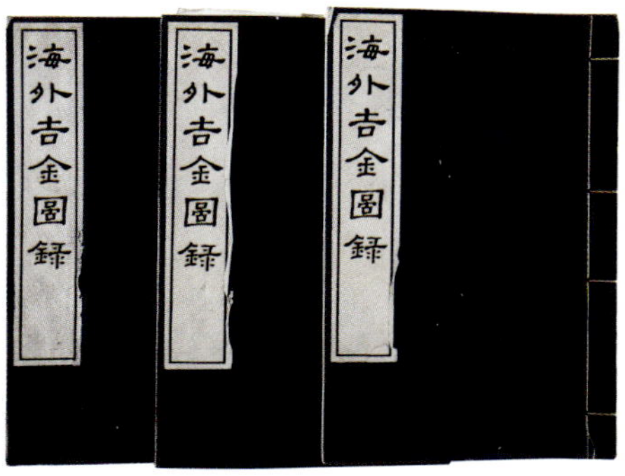

海外吉金圖録

十二家吉金圖録

書名。商承祚著。二册。1935年金陵大學中國文化研究所出版。全書共收十二位收藏家的青銅器共一百六十九件，其中于省吾四件、方煥經十件、方若八件、王辰三十一件、周進十九件、孫壯十七件、孫政十三件、張瑋五件、張允中三件、黄濬二十三件、商承祚二十八件、葉恭綽八件。每器繪有圖形，並摹搨銘文和紋飾，銘文附考釋。

十二家吉金圖録

貞松堂吉金圖

書名。羅振玉編著。三卷。1935年影印本。本書共收青銅器一百〇七件。其中商周器物飪食器有鼎、鬲、簋、簠、敦，酒器有尊、壺、卣、盉、爵、觚、觶、方彝，盥水器有盤，樂

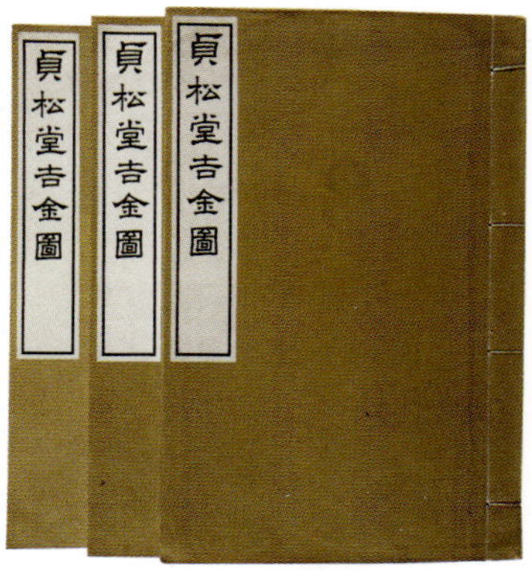

貞松堂吉金圖

器有鐘，兵器有戈、戟、矛、劍、匕首、戈鐓、弩機，另有雜器、秦權、詔版、漢器及晉宋以後器物。附録爲石刻佛像等。全書皆不録尺寸，亦無考釋。

小校經閣金文搨本

書名。劉體智編。十八卷。1935年石印本。此書以搨本影印，按器類排列，其中樂器一百三十五件，烹飪器七百三十九件，酒器一千四百十二件，食器七百九十七件，水器一百五十一件，兵器三百十四件，雜器二千九百〇八件，共計六千四百五十六件。收羅豐富，且每器均有銘文和釋文。但鑒定不嚴，有部分僞器，印刷也未盡善。

鄴中片羽

書名。黃濬編著。初集二册、二集二册、三集二册。初集1935年影印本，二集1937年影印本，三集1942年影印本。民國以後盜掘殷墟文物甚多，市上屢有發現。黃濬原是北京尊古齋古董商人，遂將其經手的和所見所藏的殷墟出土青銅器和甲骨等遺物輯成是書，初集共收四百〇五件，其中商代青銅器三十二件；二集共收二百九十件，其中商代青銅器四十件；三集收録商代青銅器六十一件，各器不記大小尺寸，無考釋。此書所收絶大部分爲殷墟遺物，雖非科學發掘報告，也没有記載出土情況，但仍不失爲研究商代青銅器的一種重要資料。

鄴中片羽

善齋彝器圖録

書名。容庚編撰。三册。1936年印本。是書從劉體智《善齋吉金録》中所録禮器、樂器挑選商周青銅器一百六十八件、秦漢以後七件，共收

善齋彝器圖録

録一百七十五件。每器除圖像外，尚有銘文搨本，後附有釋文、尺寸和著録，略加詮釋。

尊古齋所見吉金圖

書名。黃濬編著。四卷。1936年印本。按

尊古齋所見吉金圖

器類排列，收録商周青銅器一百十六件，秦漢以後七十四件，共一百九十件。每器有圖像和銘文揭本，不録大小尺寸，無考釋。

戰國式銅器之研究

書名。日本梅原末治編著。1936年日本東方文化學院京都研究所出版。全書共分兩部分，第一部分是對1923年山西渾源李峪村出土諸器的研究，通過分析器物形制和紋

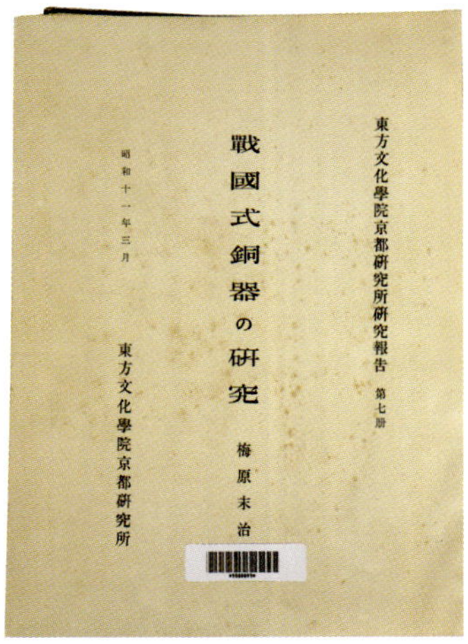

戰國式銅器之研究

飾，將其時代定爲戰國；第二部分分析了新鄭、洛陽金村、輝縣、壽縣諸器群，概括了戰國式青銅器的形制與紋飾特徵。

三代吉金文存

書名。羅振玉編著。二十卷。1937年原揭影印出版。羅氏以四十年所搜集的金文揭本，總集起來編成是書。全書分器類，按銘文字數排列，共收四千八百三十一件。迨至此書

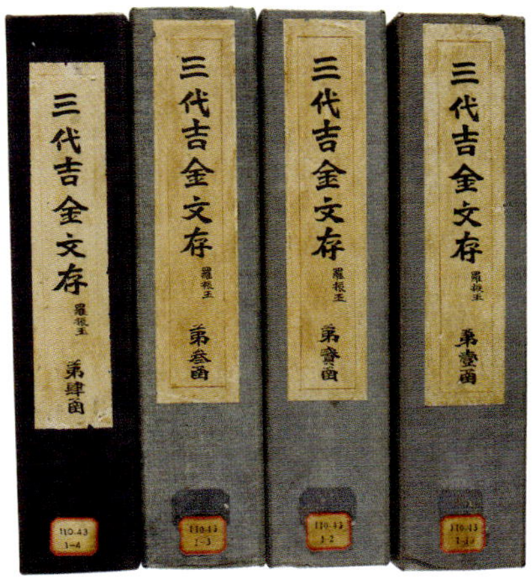

三代吉金文存

爲止，凡傳世銘文庶幾大備，爲集商周青銅器銘文之大成者。印刷較精，惜均無釋文，僅有一目録。1983年香港同學社出版羅福頤著《三代吉金文存釋文》，可資參考。

新鄭彝器

書名。孫海波編著。二册。1937年出版。收録1923年河南新鄭大墓出土的青銅器九十五件。分爲樂器、烹飪器、食器、酒器、用器、雜器和兵器

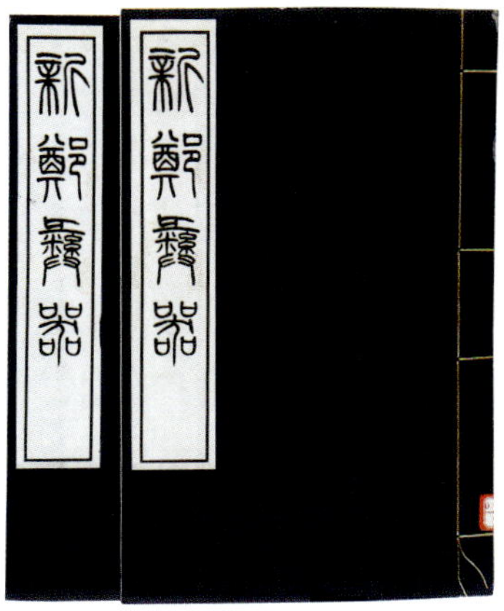

新鄭彝器

等大類。書首有《新鄭彝器概述》一文。每器録有尺寸，並附重要青銅器的紋飾揭片。

濬縣彝器

書名。孫海波著。一册。1937年出版。河南濬縣辛村在1932年曾經四次發掘，清理殘墓八十八座。此書收録爲辛村出土的青銅器，有烹飪器、食器、酒器、兵器、車馬飾、雜器，凡七十六件，記其形制大小、重量、花紋、色澤外，間加按語。書前有郭寶鈞《濬縣彝器概述》一文，記録濬縣辛村古殘墓清理情況。

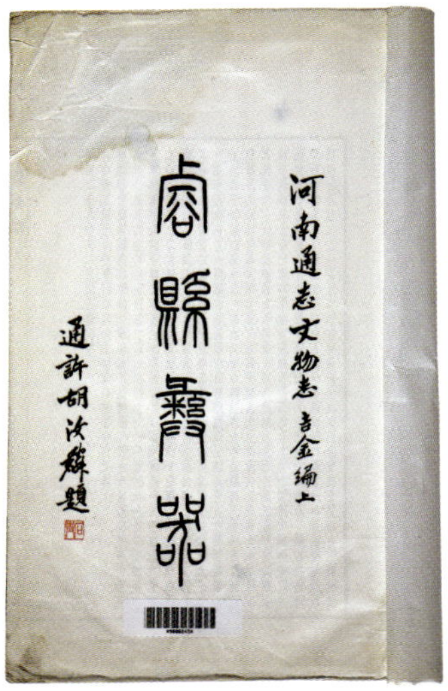

濬縣彝器

歷代著録吉金目

書名。美國福開森編。1939年商務印書館發行。收録至1935年爲止的各種青銅器的著録。器物排列按樂器、酒器、水器、食器、烹飪器、兵

歷代著録吉金目

器、農器、度量衡、車馬飾、雜器、鏡、造像等。書後有器物索引。這是19世紀末，編者在廣泛閱讀宋代以來有關青銅器著作後，彙編成的一部比較詳盡的中國青銅器著録索引。

鄭冢古器圖考

書名。關百益編撰。十二卷。1940年中華書局出版。此書收録河南新鄭春秋時期鄭國墓葬出土的部分精美器物，作者繪有器物的圖像，並對器物作了分析和研究考證。其中青銅器飪食器有鼎、鬲、甗、簋、簠，酒器有尊、壺、罍、觥、舟，水器有盤、匜、洗，兵器有矛、戈、鐓，雜器有爐、盒、車器等。最後附陶器和玉器。

鄭冢古器圖考

河南吉金圖志賸稿

書名。孫海波編撰。1940年出版。此書係作者在1934年利用續修河南省志之時輯成，所收器物多數爲以往國内著作中不曾著録者，共五十器。飪食器有鼎、甗、簋、豆，酒器有爵、角、觶、斝、尊、卣、壺、方彝、盉、勺，其他有鐙、箕、戈、削、軎，盥水器有鑑。有些器物附銘文或紋飾搨片。最後有作者對上列各器的考釋。

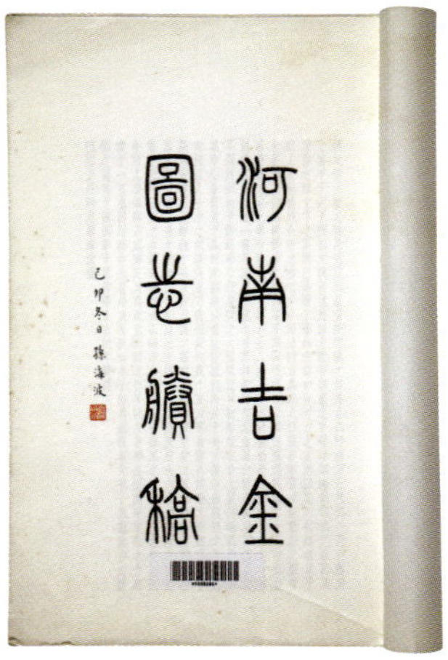
河南吉金圖志賸稿

雙劍誃古器物圖録

書名。于省吾著。二卷。1940年影印本。此書收録作者所收藏的古器物。卷上録商周禮器、兵器四十件，頗多精品。卷下録青銅器十件，其餘爲璽印、石、玉、甲骨、陶器，凡九十七種。其中吴王夫差劍、宋公䜌戈、吴王光戈、楚王酓章戈、鄦伯彪戈之錯金銘文，尤爲絶倫。但未記録紋飾、尺寸，亦無考釋。

雙劍誃古器物圖録

山東金文集存

書名。曾毅公輯。三卷。1940年石印本。此書以搨本影印，所收録的青銅器以山東地區出土之器爲主，卷上、卷中按國名排列。卷上，魯三十九件、邾二十九件、郜十二件、滕六件、薛二件、曾十六件、杞十一件、郜一件；卷中，齊七十七件、莒七件、紀十八件、鑄十件；卷下，商周彝器凡出土於山東者五十一件，附録二十四件。其中青銅器二百四十一件、兵器二十五件、泉幣三十七件，凡三百〇三件，有釋文，並記出土地點。

痴盦藏金

書名。李泰棻編。尚有《續集》一册。此兩書著録自藏青銅器，有商周容器六十九件。除器物外，附銘文搨本，並記尺寸、重量及出土地點等。但多僞器。正集、續集分別有1940年、1941年印本。

痴盦藏金

商周彝器通考

書名。容庚著。二册。1941年哈佛燕京學社出版。第一册爲正文，三十萬字；第二册爲圖版，近千篇。正文部分又分爲上下兩編。上編是通論，内容爲原起、發見、類別、時代、銘文、花紋、鑄法、價值、去銹、搨墨、僞造、辨僞、銷毁、收藏、著録等十五章。下編是分論，分食器、酒器、水器及雜器、樂器等四章，對這四大類的五十七種青銅器逐一論述用途、製作、形狀、名稱、銘文等項，並列舉每種器的典型器物作具體説明，且以下册的圖版佐之。該書詳細地佔有了當時青銅器的資料，並對各種問題作了系統整理，半個世紀來，一直是商周青銅器研究不可替代的著作。

商周彝器通考

巖窟吉金圖録

書名。梁上椿編著。二卷。1944年出版。卷上爲彝器篇，收青銅容器六十六件；卷下收兵器、車馬器和雜器七十六件，共收一百四十二器。每器記有尺寸，銘文有釋文和簡單考證，有的注明出土地點。

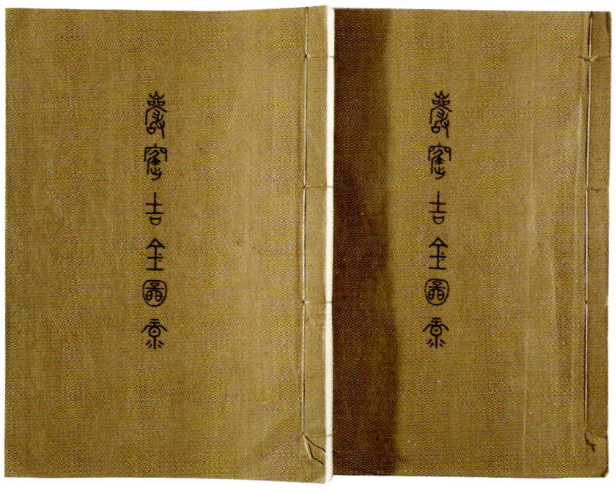

巖窟吉金圖録

海外中國銅器圖録

書名。陳夢家編著。二册。1946年北平圖書館出版。本書著録流傳在海外的中國青銅器，共一百五十件。上册有作者1940年寫就的《中國銅器概述》一文，從時期、地域、國族、分類、形制、紋飾、銘辭、文字、鑄造、鑒定等十個方面綜論中國青銅器，爲建立青銅器學的科學研究體系作出了貢獻。上册並有所録

海外中國銅器圖録

青銅器的目録和説明，器物的尺寸、器形、花紋和銘文，海外收藏家的姓名，以及英文提要。下册爲器物的影印圖。

冠斝樓吉金圖

書名。日本梅原末治著。三册，附補遺一册。昭和二十二年(1947年)出版。收録商周青銅器一百十三件，漢唐四十五件，共收一百五十八件。補遺收録商周青銅器二件，漢唐二件及其他。每器有圖形和銘文搨本，但無説明。

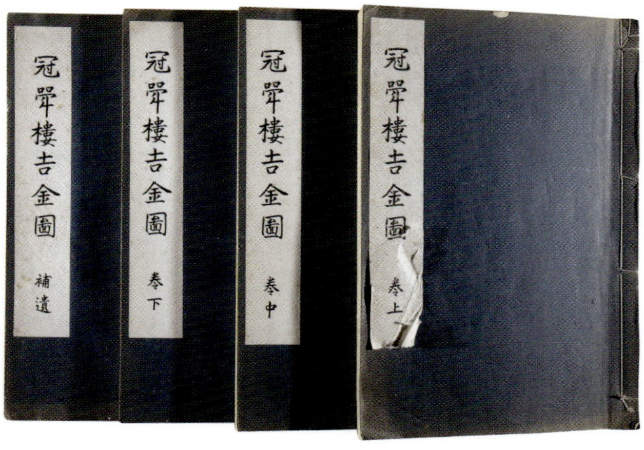

冠斝樓吉金圖

積微居金文説

書名。楊樹達著。1952年中國科學院出版。1959年科學出版社再版，1997年中華書局重版。本書研究銘文的形、音、義，作者以豐富的學識，與古籍互相參照，共考

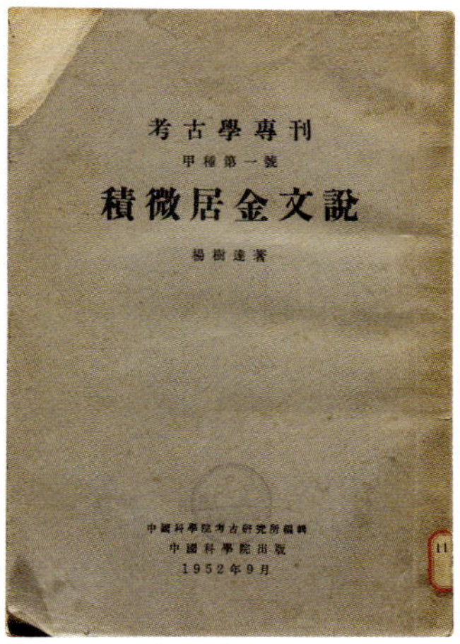

積微居金文説

三百十四器銘文，有的一器數釋，共三百八十一篇，頗多獨到見解。文中間或闡釋自己治學的方法和理論，於治學者甚有裨益。

壽縣蔡侯墓出土遺物

書名。安徽省文物管理委員會、安徽省博物館編著。1956年科學出版社出版。1955年安徽省壽縣西門内出土大量青銅器，大部分器有銘文，多蔡侯字樣，可確定係蔡侯之墓。銘文有的長達九十餘字，反映了蔡國的歷史情況，

壽縣蔡侯墓出土遺物

也提供了春秋晚期蔡、楚、吴三國關係的資料。本書爲考古發掘報告。全書共分四章：一、蔡侯墓的發現與發掘；二、墓葬形制；三、出土器物；四、結語。每器均有圖像、紋飾、銘文搨本。

兩周金文辭大系圖録考釋

書名。郭沫若著。1932年東京文求堂出版《兩周金文辭大系》初版本，後又分爲《兩周金文辭大系圖録》五册(1934年出版)和《兩周金文辭大系考釋》三册(1935年出版)，1957年科學出版社出版增訂合印本，書名爲《兩周金文辭大系圖録考釋》。增訂本共收西周器二百五十件，按王世編次；東周器二百六十一件，按三十二國國别編次。書中作者根據可靠資料，按形制、花紋、文字(包括

文體和字體)三方面的特點,將中國青銅器的發展過程分爲濫觴期(殷商前期)、勃古期(殷商後期及周初成、康、昭、穆)、開放期(恭、懿以後至春秋中期)、新式期(春秋晚期至戰國末年)四期,這使青銅器研究突破舊金石學的窠臼而趨向科學。是書還創造了標準器斷代法,即先選定從銘文可知相對確切年代的器物,以這些銘文中的人名事迹綫索、文辭體裁、文字風格和器物花紋形制爲標尺,對未知年代的器物進行斷代。分期與斷代使"一團混沌"的傳世青銅器,第一次有了完整的科學體系。

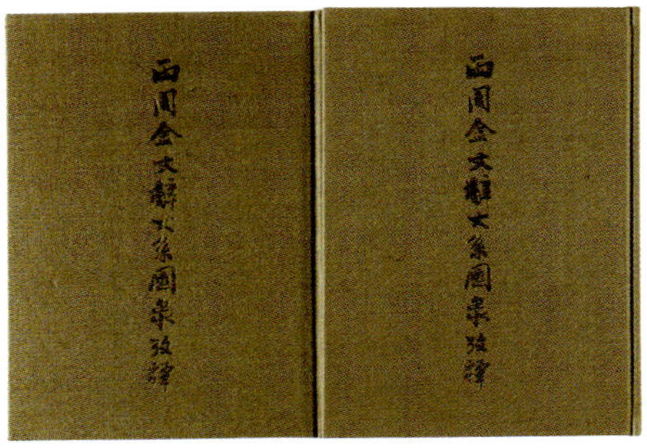

兩周金文辭大系圖録考釋

商周金文録遺

書名。于省吾編著。1957年科學出版社出版。本書收集20世紀50年代前半葉部分新出土商周青銅器銘文資料與未收入《三代吉金文存》的器物銘文,其中一部分揭本是海内青銅器與古文字專家的個人藏品。

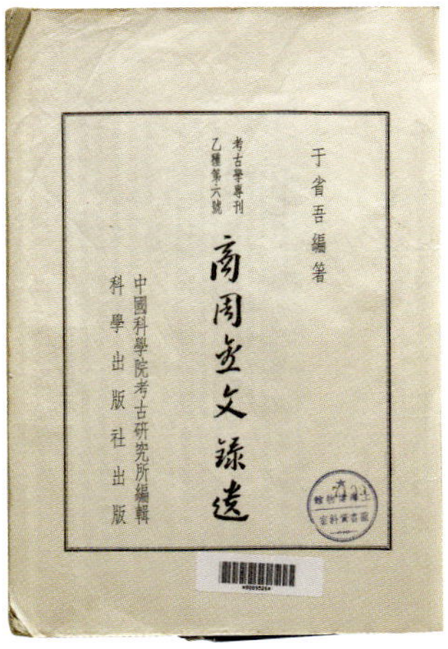

商周金文録遺

殷周青銅器通論

書名。容庚、張維持著。1958年科學出版社出版。該書體例仿照《商周彝器通考》,並擇述其主要内容,又增加了許多新資料,如對"青銅器時代"的討論、"青銅器的年代考訂和分期"、"有關青銅器技術上的問題"等章節皆是《通考》所未言或言之甚少者,然圖録遠少於《通考》。

殷周青銅器通論

故宮銅器圖録

書名。臺北故宮博物院、"中央博物院"聯合管理處編。二册。1958年中華叢書委員會出版。收録原故宮博物院、瀋陽故宮博物院、熱河避暑山莊及國子監舊藏,在1949年運往臺灣的部分青銅器,分上下兩編。上編爲臺北故宮博物院藏器,收録商周青銅器二百五十三件,漢以後七十件,共三百二十三件。下編爲"中央博物院"藏器,收録商周青銅器四百九十七件,漢以後四十八件,共五百四十五件。每器有圖像和銘文揭影,並有尺寸、重量和説明。書前有概説。

山彪鎮與琉璃閣

書名。郭寶鈞著。1959年科學出版社出版。河南汲縣山彪鎮和輝縣琉璃閣都是戰國時代墓地。1935年山彪鎮發掘過一座大墓,琉璃閣發掘過五十座墓,都曾出土不少器物。後因盧溝橋事變,兩地相繼淪陷,作者無法整理墓地遺物及記録。後該材料運至臺灣,作者僅能收集殘餘圖片及副稿,至1957年才將親手發掘的材料公佈於世,取殘稿稍事補綴成書。本書爲考古發掘報告,分上下兩篇。上篇爲山彪鎮的發掘,共分四章:一、紀事;二、第一號墓葬;三、其他各墓;四、小結。下篇爲玻璃閣的發掘,共分四章:一、發掘經過及墓地概述；二、遺物摄紋分墓説明；三、補遺、綜合及時代；四、小結。前有作者引言，後有作者結束語。山彪鎮、琉璃閣二地出土青銅器甚多，從有些器物的紋飾中可以看出晚周圖案演變的過程。其中水陸攻戰圖鑑，描寫當時社會生活情況，尤爲重要，該資料可供考古界、史學界、美術界參考。

山彪鎮與琉璃閣

鄭州二里岡

書名。河南省文化局文物工作隊編著。1959年科學出版社出版。自1953年起河南省文化局文物工作隊在河南鄭州二里岡進行發掘工作。本書主要是1953—1954年初在該地發掘的商代遺址和戰國墓葬的全部材料。商代遺址出土青銅器有鏃、鈎、鑽、刀、筒狀器等。戰國墓葬部分，共二百十二座墓，出土文物五百八十二件，計有劍、戈、鏃、鐏、刀、尖、帶鈎、璜、鏡、環、箍、鈴等。本書共五章：一、序言；二、

鄭州二里岡

二里岡地形和文物分佈；三、商代遺址部分；四、戰國墓葬部分；五、結語。最後附各類器物統計表，共二十一種。

上村嶺虢國墓地

書名。中國科學院考古研究所編著。1959年科學出版社出版。1956—1957年黄河水庫考古工作隊在河南三門峽上村嶺發掘了一處虢國貴族的墓地，包括虢國太子墓共二百三十四座，三座車馬坑和一座馬坑，時代屬西周晚期到東周早期。這一墓地是研究西周和東周之際的重要材料。全部墓葬中有三十八座墓出土青銅器，其中飪食器有鼎、流鼎、鬲、甗、簠、豆、獸形豆、簋；酒器有壺、罐、盉；盥洗器有盤、匜；樂器有鐘、編鐘；工具有斧、錛、刀、鑽；兵器有戈、矛、劍、鏃；車馬器有軎、轄、鑾、軛飾、環、銜、鑣、節約、泡、獸面頭、雙環、輪、合頁；雜器有鏡、鈴、魚。本書爲考古發掘報告，分四章：一、序言；

上村嶺虢國墓地

二、墓葬；三、車馬坑；四、結語。

盂鼎克鼎

書名。1959年上海博物館編輯出版。收録西周著名重器大盂鼎、大克鼎和小克鼎等，收有各器的全形照和特寫照、銘文的摄片和照片、紋飾摄本，每器有詳盡的尺寸和銘文釋文。書首有引言，簡述盂鼎、克鼎的發現和流傳經過及銘文的重要價值。

盂鼎克鼎

殷周青銅器與玉

書名。日本水野清一著。1959年日本經濟新聞社出版。本書收入世界各地收藏的重要青銅器。附表中將商周青銅器分爲殷鄭州後期，安陽前期、中期、後期，西周初期、中期、後期，春秋前期、中期、後期，戰國前期、中期、後期，秦漢期，共十四期，並概括了重要器類在各期的標準器形與紋飾。本書收録的青銅器，飪食器有鼎、鬲、簋、簠、盨、敦、豆、盆；酒器有尊、壺、卣、觥、方彝、罍、爵、觚、觶、斝、盉、瓿、斗；樂器有鐘、鎛、鐃；盥水器有盤、匜、鑑；還有鏡和鉞。全書圖文並茂，有彩色圖版或黑白圖版，圖像清楚，每件器有收藏地、尺寸、時代、名稱。全書按時代順序編排。本書還收入一部分玉器。

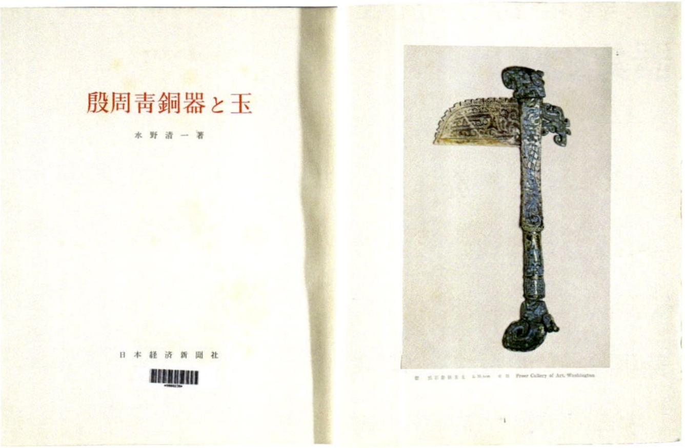

殷周青銅器與玉

日本蒐儲支那古銅精華

日本蒐儲支那古銅精華

書名。日本梅原末治編著。六册。1959—1964年日本山中商會出版。體例同《歐米蒐儲支那古銅精華》。所收器物爲流散在日本的商周至漢代的中國青銅器，共四百三十八器。第一至第三册爲殷、西周初，第四册爲西周中期至春秋，第五册爲戰國，第六册爲漢代。每器有圖像、綫圖、銘文、紋飾搨本、尺寸和收藏地。

青銅器圖釋

書名。陝西省博物館、陝西省文物管理委員會編。1960年文物出版社出版。本書收集陝西地區自1949—1957年間發現的、自商代到戰國時代的青銅器共一百二十九件，每件附有圖版、説明和釋文。書前有唐蘭叙言，論述這些青銅器的重要價值。

古代中國青銅器的鑄造與青銅合金

書名。澳大利亞巴納（Noel Barnard）編。1960年澳大利亞國立大學出版。此書集中外學者研究中國青銅器鑄造技術成果之大成，所引資料除考古發掘品中的青銅器外，還包括世界各博物館收藏的中國青銅器。作者在書中闡明中國青銅器的鑄造技術是由中國本土發展形成的觀點。

美帝國主義劫掠的我國殷周銅器集録

書名。中國科學院考古研究所編。1962年科學出版社出版。此書實爲陳夢家編著。20世紀40年代，陳夢家將在美國各地博物館、圖書館、大學以及私人和古董商肆所收藏的中國殷周青銅器資料彙編成此書，其中收有鼎、鬲、甗、簋、盨、簠、豆、敦、匕、斝、盉、爵、角、尊、觚、觶、卣、方彝、觥、鳥獸尊、壺、罍、缶、罌、皿、檐器、勺、盂、盤、匜、鑑、鋪等，共八百四十五件。每件器物除有圖像、時代、器名、銘文、紋飾外，還有重要族組、鑄造、鑒定等內容。

美帝國主義劫掠的
我國殷周銅器集録

灃西發掘報告

書名。中國科學院考古研究所編著。1962年文物出版社出版。1955—1957年在陝西長安縣灃河

灃西發掘報告

西岸發掘了客省莊和張家坡兩地遺址，其中客省莊第二期文化的西周和戰國的遺存是渭河流域一種富有特徵的文化，張家坡遺址則主要是西周時代的。墓葬的時代爲自西周到戰國晚期。兩地共發掘了一百八十多座西周墓和七十多座東周墓，在張家坡還發掘了四座西周車馬坑。兩地出土的器物主要是陶器、玉器、骨器、石器等，同時也出土了青銅器。客省莊出土的青銅器，飪食器有鼎、甗、簋；酒器有方壺；盥洗器有盤、匜、鑑；兵器有劍、匕首、戈、矛、刀、鏃；工具有斧、錛、錐、鑿；車馬器有鈴、帶飾、環、泡、管；其他有帶鈎、魚鈎。張家坡出土的青銅器，飪食器有鼎、簋、器蓋；兵器有戈、矛、刀、匕首、鏃；工具有斧、錛、錐；車馬器有額飾、絡頭、軎、鑾、銜、管、輨、軛飾、泡、鑣。本書爲考古發掘報告，共分五章：一、1955—1957年灃西發掘概述；二、客省莊居住遺址；三、張家坡居住遺址；四、張家坡和客省莊的西周墓葬；五、張家坡的西周車馬坑。此外尚有《張家坡和客省莊的西周墓葬登記表》《客省莊的東周墓葬登記表》等附録五篇。

扶風齊家村青銅器群

書名。陝西省博物館、陝西省文物管理委員會編。1963年文物出版社出版。1960年陝西扶風齊家村發現窖藏坑，出土各類青銅器三十九件，其中有銘文者二十八件。該書著録此次出土的全部青銅器，每件器有圖録、尺寸和簡要説明。書前有郭沫若《扶風齊家村器群銘文彙釋》和段紹嘉《扶風齊家村出土西周青銅器簡釋》兩篇文章。

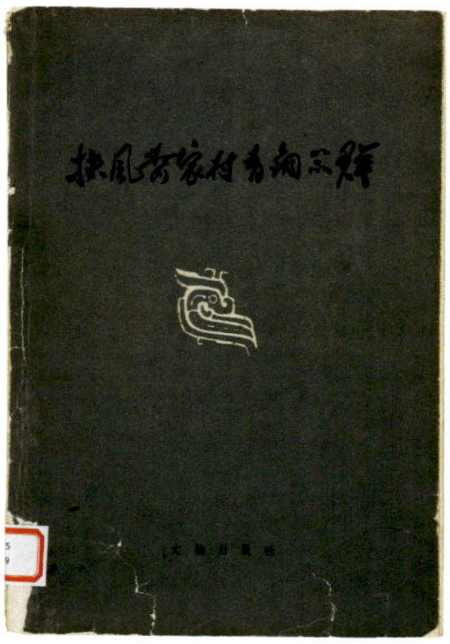

扶風齊家村青銅器群

濬縣辛村

書名。郭寶鈞著。1964年科學出版社出版。河南濬縣辛村是西周衛康叔後裔的墓地。1932—1933年曾四次發掘了八十餘座西周時期墓葬，其中有八座大型的公侯墓，六座中型的公侯墓和侍從墓，十四座車馬坑和五十四座小墓。本書爲考古發掘報告。本書僅報道衛墓的發掘材料。前有作者《叙言》。全書分四部分：一、發掘經過；二、墓葬述略；三、遺物説明；四、時代推證。第三部分記述遺物，有禮器：鼎、甗、簋、尊、卣、爵、盉、方彝；兵器及工具：戈、籥、矛、戟、鈎戟、鏃、甲泡、干盾、斧、刻鏤刀、削等；車器：轂、輨、軔、軝、軎、轄、軏、踵、衡、軛、鑾、馬鑣、馬銜、當盧、馬冠、節約、鈴等；雜器：槨頂飾、管、腰帶、鑾管、魚等。此書根據墓葬的分佈、文獻資料的記載和出土青銅器的研究，認爲濬縣辛村的墓地大致是西周早年到東周初年衛國貴族的墓地。

上海博物館藏青銅器

書名。上海博物館編。1964年上海人民美術出版社出版。此書實爲馬承源編著。本書從上海博物館所藏青銅器中，挑選商代至西漢的一百件精品編爲正附兩册。正册爲一百件青銅器的彩色圖版，這是中國第一本全彩色的青銅器圖録。附册爲每器的説明、銘文和紋飾的搨片。書前有長篇序言，提出青銅器的分期標準，按照青銅器自身的發生發展脉絡，將戰國之前的青銅器史分爲育成期、鼎盛期、轉變期和更新期四大階段，並將漢代作爲青銅藝術的衰退期。

古器物研究專刊

叢書名。臺灣“中央研究院”歷史語言研究所出版。共五本。第一本《殷虚出土青銅觚形器之研究》，李濟、石璋如、高去尋編著，1964年出版。第二本《殷虚出土青銅爵形器之研究》，李濟、石璋如、高去尋編著，1966年出版。第三本《殷虚出

濬縣辛村

上海博物館藏青銅器

古器物研究專刊

土青銅斝形器之研究》，李濟、石璋如、高去尋編著，1968年出版。第四本《殷虛出土青銅鼎形器之研究》，李濟、萬家保編著，1970年出版。第五本《殷虛出土伍拾叁件青銅容器之研究》，李濟、萬家保著，1972年出版，前有李濟序，萬家保《安陽青銅容器的鑄造及其技術的發展》和李濟《殷虛發掘出土伍拾叁件青銅容器的形制和紋飾之分析簡述及概論》二文，後附青銅器圖版和綫描圖共五十九幅。這套專刊的主要研究對象是1949年前殷墟發掘出的一百七十件青銅容器，對各類器物的形制、紋飾、禮器的用途和鑄造技術進行了分析和綜合研究。

金文通釋

書名。日本白川静著。本書自1964年起作爲日本白鶴美術館誌分輯發行，至1984年共出版七卷九册。卷一至卷三爲西周青銅器一百九十八件。卷四爲東周青銅器三十二件。卷五爲金文學史、考古學、金文學、曆法的研究方法、西周斷代年曆譜和列國器編年。卷六爲殷周之際、周初之經營、旁京辟雍、政治的秩序之成立、夷王期與淮夷之動向、貴族社會之盛衰與西周之滅亡等文。卷七是語彙、人名、地名、官制身份、銘文索引等内容。每器有時代、出土、收藏、著録、銘文、考釋、尺寸、器形的説明及有關資料。對兩周青銅器的研究，特别是銘文研究，提供了比較完整的資料。

長安張家坡西周銅器群

書名。中國科學院考古研究所編。1965年文物出版社出版。1961年考古研究所灃西工作隊在陝西長安縣張家坡發掘的西周青銅器窖藏，内有簋、鬲、壺、盤、盉、鎣、豆、杯、斗、匕等五十三器，其中有銘文的三十二器，作器時間有先後，但皆爲西周器。每器皆有圖像、綫圖和銘

長安張家坡西周銅器群

文、紋飾的搨片。書前有郭沫若《長安縣張家坡銅器群銘文彙釋》，並有考古研究所灃西工作隊《長安縣張家坡西周銅器群的説明》詳述發掘經過。

中國青銅時代的禮器

書名。美國羅越(Max Loehr)著。1968年亞洲協會、紐約繪畫協會股份有限公司發行。收録自商至漢的青銅器八十器，每器皆有詳細説明。引言簡論中國青銅器的發展，其中將商代青銅器的造型分爲五式，第一式、第二式相當於商二里岡期，第三式相當於商中期和殷墟早期，第四式相當於殷墟中期，第五式相當於殷墟晚期。有一定見地，但亦間有斷代未確者。其第五圖第二式爵爲贋品。其西周斷代，早期和中期亦間有混淆，東周斷代亦較粗。

新修泉屋清賞

書名。日本泉屋博古館編。二册。1971年泉屋博古館發行。分彝器和鏡鑑兩部分。第一部分有《中國古銅彝器概説》一文和每件器的解説，器物分殷周彝器類、樂器類，戰國時代以降的古銅器類、銅利器類和銅器雜類共二百四十器，佛像類十七件。第二部分有《中國古鏡概

新修泉屋清賞

說》一文和每面銅鏡的解說，古鏡分戰國、漢、三國諸鏡五十七面，仿製諸鏡二十五面，六朝末、隋、唐諸鏡六十四面，宋鏡及高麗鏡十三面，和鏡三面。書前有日本住友友成的前言。

中國殷周時代之武器

書名。日本林巳奈夫著。1972年京都大學人文科學研究所發行。本書考釋商周兩代中國的兵器。書前有作者序，内容分本論和附論。本論有十二章：一、戈與戟；二、矛；三、斧之類；四、刀之類；五、劍附匕首；六、殳；七、弓；八、弩；九、矢；十、干、瞂、櫓；十一、甲、胄；十二、殷周時代之武裝、戰法、變遷。附論有《殷後期文化之基礎的編年》和《春秋戰國時代文化之基礎的編年》二文。前者依據殷墟大司空村1—4期的考古出土資料，參照陶器的分期，探究相應的青銅器分期；後者根據年代可知的有銘器物，尋求春秋戰國時代青銅器器形變遷的大致軌迹。

中國殷周時代之武器

金文詁林

書名。周法高主編。十四卷，附索引一册。1975年香港中文大學出版。這是一套多卷本的金文字典，共收一千八百九十四字，重文一萬三千九百五十字。每一字下皆列舉諸家考證意見，作者或於末尾加按語。20世紀70年代以前已著録的青銅器銘文，基本上可在此書查到考釋。後李孝定、周法高、張日昇編製《金文詁林附録》，1977年香港中文大學出版；周法高編撰《金文詁林補》；李孝定撰《金文詁林讀後記》。

金文詁林

中國古代青銅器、東南亞金屬器和其他文物

書名。澳大利亞巴納(Noel Barnard)編。1976年澳大利亞國立大學出版。這是1975年澳大利亞墨爾本維多利亞美術館召開的“古代中國和東南亞金屬製品的科學研究方法”討論會上的論文彙集，論文中大多是有關中國古代青銅工藝及中國青銅器的年代測定。

中國古青銅器選

書名。1976年文物出版社編輯出版。選録北京、上海、天津、陝西和河南等二十個省、市博物館和文物考古單位收藏的青銅器九十餘件，大部分是1949年以後出土的商代至東漢的珍品，是研究青銅文化藝術和中國歷史的珍貴資料。

中日歐美澳紐所見所搨所摹金文彙編

書名。澳大利亞巴納(Noel Barnard)、中國香港張光裕編。1978年臺北藝文印書館出版。收録流散於中、日、歐、美、澳、紐的中國商周青銅器銘文一千八百十三篇,按銘文字數由多至少排列,每篇有尺寸及著録書目。所收録一部分爲僞器。

中日歐美澳紐所見所搨所摹金文彙編

陝西出土商周青銅器

書名。陝西省考古研究所、陝西省文物管理委員會、陝西省博物館編。

陝西出土商周青銅器

六册。1979年開始由文物出版社陸續出版。該書對陝西省出土的商周青銅器進行了系統的收集和整理:第一册爲各地商代青銅器和岐山出土的西周青銅器共二百〇七件;第二册爲扶風出土的西周青銅器共三百六十九件;第三册爲寶鷄地區出土的西周青銅器共一百九十七件;第四册爲寶鷄市、銅川市、陝北、陝南和咸陽地區出土的西周青銅器共一百九十七件;第五册爲西安市和渭南地區出土的西周青銅器;第六册爲全省各地出土的春秋、戰國青銅器以及附録和補遺等。後兩册尚未出版。每器附器形圖像、銘文、釋文和尺寸、重量以及説明。書前有吴鎮烽《陝西出土商周青銅器概述》一文。

殷虛婦好墓

書名。中國社會科學院考古研究所編纂。1980年文物出版社出版。中國社會科學院考古研究所安陽工作隊1976年於河南安陽市北郊發現婦好墓。墓中出土青銅禮器二百餘件,計有方鼎、圓鼎、偶方彝、三聯甗、簋、尊、方罍、壺、瓿、缶、觥、斝、盉、爵、觚、盤等,青銅兵器一百三十餘件,有鉞、戈。另外還有錛、鑿、刀鏟等四十四件和鈴、鐃、鏡等。不少器物都有銘文“婦好”“好”“司母辛”等。根據墓中所出青銅器,參照甲骨卜辭的有關記載,墓主爲商王武丁配偶“婦好”,廟號“辛”。此墓出土器物豐富,組合完整,對於研究商代歷史、政治、經濟、手工業、文化藝術、方國禮制以及青銅器斷代、殷墟佈局等問題都有重要價值,並提供了實物資料。此書爲考古發掘報告。内容爲:壹、前言。貳、地層簡述。叁、墓葬情况。肆、隨葬器物:一、青銅器;二、玉器;三、石器;四、寶石器;五、骨器;六、象牙器;七、陶器;八、蚌器;九、海螺與海貝。伍、結語:一、五號墓的年代與墓主問題;二、殷虛銅器分期的依據及其相關的問題;三、玉器所反映的一些問題;四、探討殷虛佈局的新綫索。後有

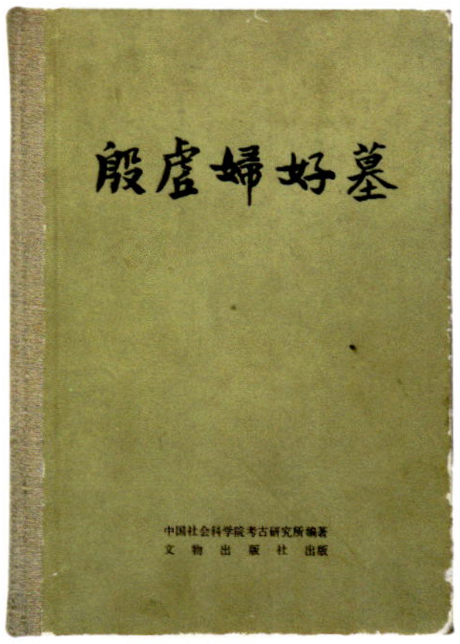

殷虛婦好墓

附表三：銅器登記表、銅爵登記表、銅戈登記表。最後是編後記，記述婦好墓的發掘、資料整理和報告編寫，主要由鄭振香和陳志達二人完成。文中有插圖一百十幅，主要青銅器均有圖版，其中青銅器彩色圖版二十幅，黑白圖版一百五十餘幅。

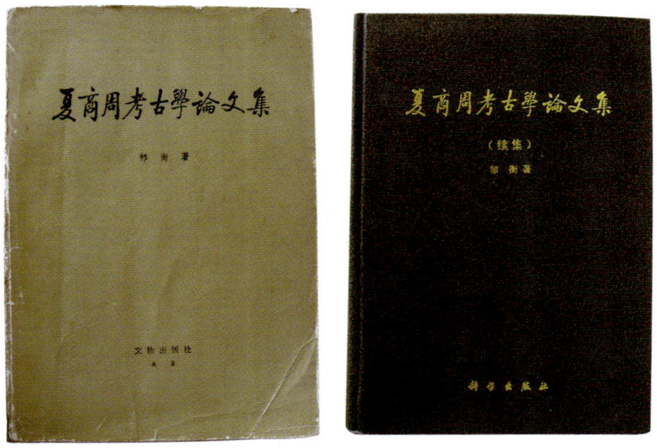

夏商周考古學論文集

論周昭王時代的青銅器銘刻

書名。唐蘭著。上下兩編。收入1981年中華書局出版的《古文字研究》第二輯。上編爲昭王時代青銅器銘五十三篇的考釋，各篇有銘文、釋文及銘辭解釋。下編爲昭王時代青銅器銘五十三篇的綜合研究，內容爲對在五十三篇銘文中所見到的重要事件、重要人物，青銅器的造型、裝飾和圖案，銘辭中的專名、慣用語、文法、文字結構和書法等方面的綜合研究。該文對昭王時代的青銅器作了全面系統的闡述。

夏商周考古學論文集

書名。鄒衡著。共二册，分别於1980年文物出版社和1998年科學出版社出版。第一册前有作者的序《寫在前面》，共收集論文七篇，分爲三部分：一、鄭州與安陽商文化遺址的年代分期；二、夏商文化研究；三、周文化研究。續集爲第二册，是在第一册以後陸續撰寫的五十七篇論文合集，前有作者前言，文章分：一、夏文化；二、商文化；三、周文化；四、其他。

商周銅器群綜合研究

書名。郭寶鈞著。1981年文物出版社出版。此書由鄒衡、徐自强整理完成。書前有作者的緒論。內容分爲六章：一、中商銅器群；二、晚商銅器群；三、西周銅器群；四、東周初年及春秋時期銅器群；五、戰國銅器群；六、商周銅器群總結。書後有五十五則附録，四則補遺和鄒衡、徐自强《整理後記》一文。

商周銅器群綜合研究

金文著録簡目

書名。孫稚雛編。1981年中華書局出版。收録以《三代吉金文存》《商周金文録遺》和《文物》《考古》《考古學報》等刊物以及各種青銅器圖録中有銘文的搨本者爲主，將青銅器形制分爲五十六類，以銘文字數多寡排列先後，共收録青銅器七千三百十二件。

金文著録簡目

河南出土商周青銅器

書名。《河南出土商周青銅器》編輯組編。三册。本書收集1949年以後河南出土的從商代至戰國青銅器，按朝代分編。第一册1981年

河南出土商周青銅器

文物出版社出版，收録商代青銅器三百七十七件，每器記有出土的地點、時間，花紋、銘文及造型特點，書首有《河南出土商代青銅器概述》一文，論述所收商器的發現、分期以及鑄銅遺址等情況。第二、第三册未出。

中國古代青銅器

書名。馬承源著。1982年上海人民出版社出版。這是一部簡要的通論性讀物。分三部分，先概説商周青銅器的鑄造、生産工具與兵器、禮器、造型、紋飾，並論述封建社會初期

中國古代青銅器

青銅器，繼而分生産工具，武器，禮器、樂器及其他用器，貨幣等類，輔以典型器物的圖版，具體説明諸種器類的形制與用途。

上海博物館珍藏中國青銅器

書名。1983年香港藝術館出版。1983年上海博物館首次將重要青銅器赴香港展出，此書爲展覽圖録。前有香港市政局主席張有興、上海市文化局局長李太成和香港藝術節

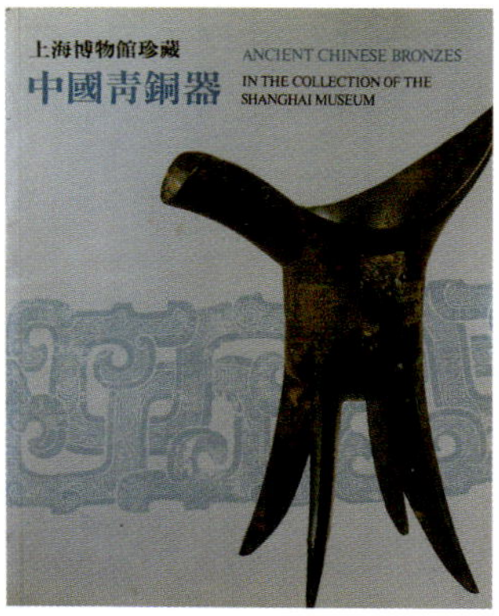

上海博物館珍藏中國青銅器

協會主席邵逸夫的弁言，上海博物館館長沈之瑜前言、香港藝術館館長譚志成序言和馬承源《中國古代青銅藝術》一文。展品由陳佩芬挑選，共五十件青銅器，收自商代早期到戰國。陳佩芬爲圖録編寫説明，每器有彩圖、尺寸、重量。

商周金文集成

書名。邱德修著。1983年臺北五南圖書出版公司發行。是書收集歷代傳世、國内庋藏、流傳海外以及1982年前的出土資料，收録商周金文搨本、影本及摹本共八千九百七十四件，按青銅器器形分五十六類，裝成十册。第一至第九册爲金文資料，第十册爲全書引

商周金文集成

得。銘文是以器類爲主，每類器又以銘文多寡次第排列。本書以銘文爲主，然有部分器附有器形或紋飾。引得部分爲每器編號、名稱、著録，可供查閲。

新出金文分域簡目

書名。中國社會科學院考古研究所編輯。1983年中華書局出版。本書收集1949—1981年各地新出土的商到戰國時期青銅器金文資料。青銅器按出土地點排列，分河南、陝西、甘肅、山西、北京、河北、内蒙古、遼寧、山東、江蘇、安徽、江西、湖北、

湖南、四川、廣西、廣東等省、市、自治區，每省、市、自治區下又有若干地區。每件青銅器都標明年代、性質、出土情況，注明資料來源，並附記同墓出土的其他器物及有關的參

新出金文分域簡目

考文獻。後有附録一、出土地點大體可考的傳世銅器；附録二、各地文博單位歷年發表的收集品。

商周青銅器紋飾

書名。上海博物館青銅器研究組編。1984年文物出版社出版。書中所收紋飾以上海博物館藏青銅器爲主，間收新出土的有斷代價值的紋飾。該書以紋飾的基本特徵分類，以器物的時代先後爲序，收録商代至戰國青銅器紋飾共十大類、圖片一千〇六幅。每類紋飾均有簡

商周青銅器紋飾

要説明，點明各類紋飾的結構特徵。所有紋飾均用中國傳統的墨揭法搨製並加以托裱後製版，極有特色。書首有馬承源《商周青銅器紋飾綜述》一文，論述研究商周青銅器紋飾的重要性，對紋飾的分類標準、紋飾的産生和演變、紋飾的社會學和宗教學的意義進行了深入的探索。

中國古代青銅器簡説

書名。杜廼松著。1984年書目文獻出版社出版。比較全面介紹中國

中國古代青銅器簡説

古代青銅器基本知識，文字簡潔，内容深入淺出。

江陵雨臺山楚墓

書名。湖北省荊州地區博物館編。1984年文物出版社出版。1975年湖北江陵縣爲改造龍橋河時在雨臺山發現一批楚墓，經過兩個月，總計發掘五百五十八座墓，墓葬年代自春秋中期到戰國晚期，出土各類文物四千餘件，其中青銅器近八百件。主要有飪食器：鼎、盒、匕；酒

江陵雨臺山楚墓

器：壺、勺、斗；水器：盤、匜；樂器：鉦；兵器：劍、戈、戟、矛、鏃、戈鐏、戈柲冒、匕首；車馬器：軎、馬銜、節約；其他：帶鈎、鏡、鈴、鳥首飾等。本書爲考古發掘報告，共分六章：一、前言；二、墓葬綜述；三、墓葬分類；四、隨葬器物；五、分期和年代；六、結語。後附雨臺山楚墓分期總表和楚墓登記表等。

殷周金文集録

書名。徐中舒主編。1984年四川人民出版社出版。主要收集1949—1980年底國内出版的書刊中，已著録的商周有銘青銅器及部分未著録的有銘青銅器九百七十三件，絶大部分爲新出土資料，按省、市、縣地域排列。皆係摹本，大部分非原大，然具有檢索價值。

殷周青銅器綜覽

書名。日本林巳奈夫著。三卷。1984—1986年由東京吉川弘文館出版。第一卷爲《殷周時代青銅器之研究》，上下兩册。上册分兩編：第一編爲總論，包括三章：發現、搜集與研究史，器種之命名，禮器之類别與用法；第二編爲“殷—春秋前期的青銅器”，分三章，叙述器形、銘文和紋飾的斷代標準。下册爲圖版，共四千六百餘件器。第二卷爲《殷周時代青銅器紋樣之研究》。第三卷爲《春秋戰國時代青銅器之研究》。全書資料豐富，考證詳密，圖版清晰，使用方便。

殷周金文集成

書名。中國社會科學院考古研究所編。共十八册。1984—1994年中華書局出版。卷首有夏鼐前言、王仲殊出版説明。全書以器類爲綱，按照青銅器銘文字數，從少到多編排。收録自商代到戰國時期各類青銅器銘文揚本一萬一千九百八十三件。第一册，樂器，鐘（一）。第二册，鐘（二）、鐃、鐸、鈴、鉤鑃、鼓座。第三册，食器，鬲、甗、鼎（一）。第四册，鼎（二）。第五册，鼎（三）。第六册，毁（一）。第七册，毁（二）。第八册，毁（三）。第九册，盨、簠、敦、鋪、豆。第十册，酒器，卣。第十一册，尊、觶（一）。第十二册，觶（二）、觚。第十三册，爵角（一）。第十四册，爵角（二）。第十五册，斝、觥、盉、壺、罍。第十六册，方彝、勺、桮、瓿、鐳、瓶、罐、缶。水器，盤、匜、鑑、盂。雜器。類别不明器。第十七册，兵器，戈、戟。第十八册，矛、劍、雜具、車馬器、符節。每册後附器物銘文字數、時代、著録、出土、流傳、揚片來源、收藏地點等項説明。

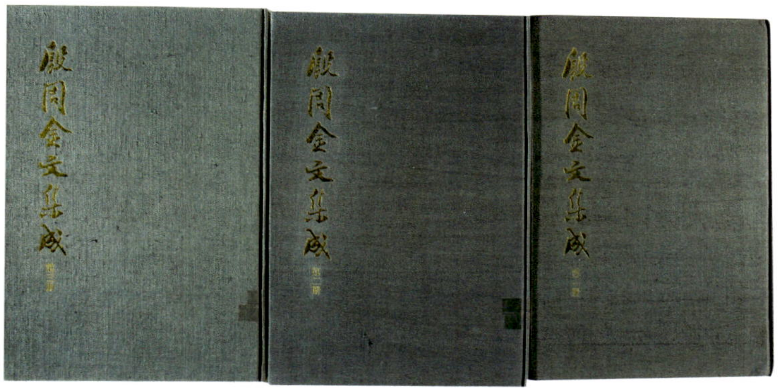

殷周金文集成

殷虛青銅器

書名。中國社會科學院考古研究所編著。1985年文物出版社出版。本書收録1949年以來殷墟出土的具有代表性的青銅器二百餘件，彩色圖版八十四幅，黑白圖版一百六十一幅，主要器皿尚附圖及紋飾和銘文揚片。書後有圖版説明，包括器名、分期、尺寸、著録、出土地及墓葬情況。書前有論文三篇，對殷墟青銅器的分期與年代、禮器的分期與組合、器表的裝飾藝術等進行了較爲全面的探討。

殷虛青銅器

海外遺珍

叢書名。臺北故宫博物院編輯委員會編。其中銅器二册，1985年臺北故宫博物院出版，本書搜集流落在國外的主要青銅器。這些青銅器分别藏在美國、加拿大、瑞士、法國、英國、德國、土耳其、日本等國的博物館、藝術中心、大學、寺院及私人手中，共四百十九件，爲自商代至清代的銅器。每器有黑白或彩色圖版，標明時代、器名、尺寸及收藏地。

商周青銅粢盛器特展圖録

書名。陳芳妹編纂。1985年臺北故宫博物院出版。1985年臺北故宫博物院舉辦商周青銅粢盛器特展，此爲特展圖録。分爲四章：第一章、簋形器器形的分類；第二章、簋形器上的花紋與器耳裝飾；第三章、簋形器風格的發展；第四章、簋在粢盛器發展史中的地位。收録商周青銅器一百〇二件，每器均有彩色圖版及紋飾、銘文搨本，並附各器説明，包括時代、名稱、尺寸及叙述器的特徵。書中大量引用歷年來大陸出土文物資料。前有秦孝儀序、陳芳妹《商周青銅簋形器研究》一文。

鄂爾多斯式青銅器

書名。内蒙古自治區文物工作隊，田廣金、郭素新編著。上下兩編。

鄂爾多斯式青銅器

1986年文物出版社出版。鄂爾多斯式青銅器起源於中國北方地區的鄂爾多斯及其鄰近地區的土著文化，其早期遺物與中原商代青銅器曾同時出土，其下限爲戰國晚期到兩漢時期，之後屬於匈奴遺物，東漢晚期，又被鮮卑族繼承。本書對鄂爾多斯式青銅器作了整理和研究。上編爲鄂爾多斯式青銅器研究，分爲：一、兵器和工具類；二、裝飾品類；三、生活用具類；四、車馬具類；五、鄂爾多斯式青銅器動物紋；六、鄂爾多斯式青銅器的起源；七、鄂爾多斯式青銅器的民族。下編爲鄂爾多斯式青銅墓葬資料彙編，也包括鐵器時代的匈奴墓葬資料，收集了田廣金、鄭隆、李逸友等人的十二篇文章。前有作者前言，後附圖版一百二十頁。

西周金文官制研究

書名。張亞初、劉雨撰。1986年中華書局出版。作者在前人研究西周官制的基礎上，收集了有關職官銘文的銅器近五百件，整理出不同的職官材料近九百條，歸納出西周職官二百十三種。通過全面佔有材料，進行分類排比，新發現職官五十七種。全書分三部分：一、西周銘文職官分類彙考；二、西周銘文職官資料集録；三、總論。前有作者前言，後有附録。

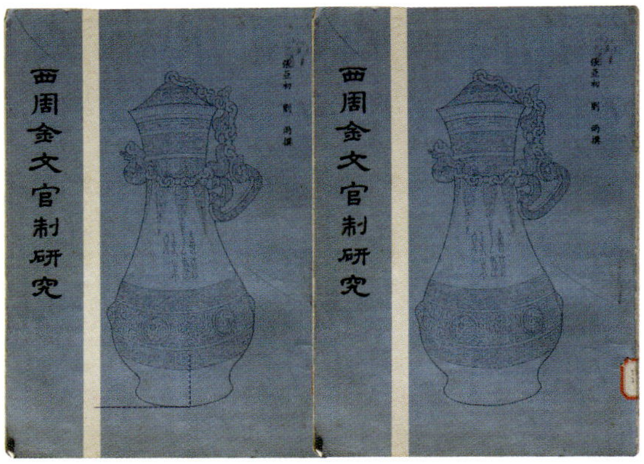

西周金文官制研究

西周青銅器銘文分代史徵

書名。唐蘭著。1986年中華書局出版。本書是唐蘭對西周青銅器進行綜合

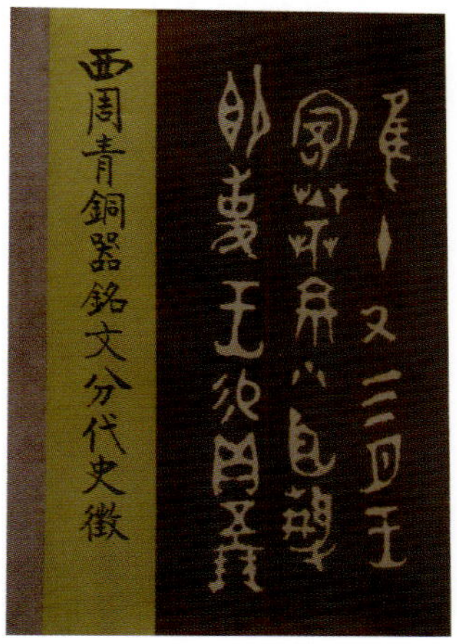

西周青銅器銘文分代史徵

研究所寫的初稿，後由其子唐復年整理出版，其間曾對原稿引文作校勘，並爲原文加注。書後增加了兩個附件：一爲作者在1976年初撰寫本書前所作的目録及釋文，自穆王後期到宣王，實際上是祇列目録未作釋文；二爲爲各器物加配銘文照片五百九十一幅。全書完成五卷：卷一上、武王；卷一下、周公；卷二、成王；卷三、康王；卷四、昭王；卷五、穆王。

信陽楚墓

書名。河南省文物研究所編著。1986年文物出版社出版。1956年農民在河南省信陽市小劉莊後崗土塚打井，發現一號楚墓。1957年着手發掘，5月底田野工作結束，1958年發掘了二號楚墓。一號墓出土隨葬器物，青銅器有編鐘、鼎、敦、壺、盉、盤、鏡、環、匜、鼎鈎、勺、箕、奩、爐、鋪首、方板、彈丸、泡、馬銜、車軎、削、刻刀、錛、錐、鋸等。另有玉器、陶器、漆木器和竹簡。青銅編鐘是最重要的樂器，鐘架以及擊鐘的木槌齊全，使後人得以了解古代編鐘懸掛的方法。二號墓出土隨葬器物，青銅器有車飾、方板、彈丸、帶鈎、鏡、環、馬飾、削、環、轄、鋪首等，此外，尚有木編鐘、木鐘架、木編磬、木磬架等，還有其他漆器、陶器等。本書爲考古發掘報告，具體記述了兩座楚墓的墓葬形制和隨葬器物。共分三章：一、一號墓出土各類隨葬器物九百〇三件；二、二號墓出土各類隨葬器物四百十四件；三、緒論，信陽楚墓屬戰國早期。後附劉雨《信陽楚簡釋文與考釋》一文。

信陽楚墓

中國美術全集·工藝美術編·青銅器

書名。李學勤主編。二册。1986年文物出版社出版。本書爲《中國美術全集》中的“工藝美術編”之“青銅器”卷。收録自夏代晚期到兩漢時期的青銅器和少量的自齊家文化到漢唐時代的青銅鏡共二百五十三件，每件器物有彩色圖版、尺寸、出土地點和收藏單位，並附簡要説明。卷首有李學勤《中國青銅器起源與發展》一文。

中國美術全集 · 工藝美術編 · 青銅器

金文人名彙編

書名。吴鎮烽編。1987年中華書局出版。彙集傳世和考古發掘出土的、自商至戰國青銅器銘文中的人名五千二百二十八條，人名詞頭用字一千五百六十二個，分别按筆畫排列，並根據銘文内容和有關文獻記載，對每個人物作簡要介紹。是一

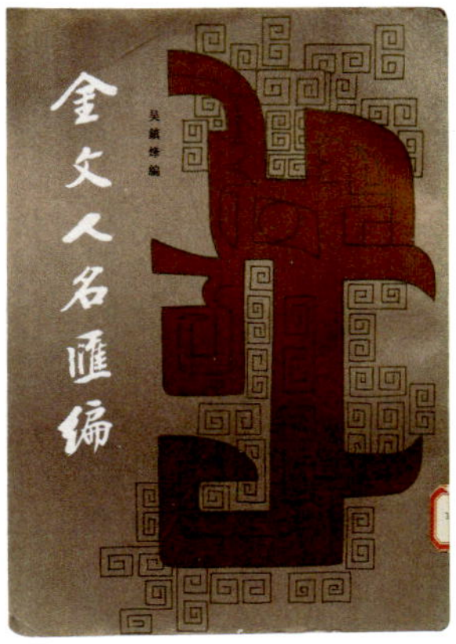

金文人名彙編

本實用性的工具書。

上海博物館藏青銅鏡

書名。陳佩芬編。1987年上海書畫出版社出版。本書選録上海博物館所藏自戰國至唐各個時期的青銅鏡一百面。每面有彩色圖版、紋飾搨本和説明文字。説明文字包括時代、器名、尺寸、重量、紋飾特徵及相關資料。

上海博物館藏青銅鏡

李蔭軒所藏中國青銅器

書名。陳佩芬編著。1987年加拿大出版。收藏家李蔭軒曾把長期收集、保存的青銅器捐贈上海博物館，極大地豐富了上海博物館青銅館的内容，爲昭顯李蔭軒酷愛中華文物的精神，特將其部分器物彙編成

李蔭軒所藏中國青銅器

此册，並提供彩色圖版、每器的説明（包括尺寸、重量）。書前有馬承源序言和綜合介紹。李蔭軒所收青銅器以銘文爲重，如西周的小臣單觶、魯侯尊、師遽簋蓋、吴方彝蓋、趞尊、翏生盨、師嫠簋、史頌鼎和春秋時期的沇兒鐘、儠兒鐘和邵鐘等，有些是今人僅見著録而未見器物者。此書另有李蔭軒之子李爾白編録的内容，李爾白並撰寫《對青銅器研究的概述》一文，具有一定的參考價值。

夏縣東下馮

書名。中國社會科學院考古研究所、中國歷史博物館、山西省考古研究所編。1988年文物出版社出版。1959年中國科學院考古研究所等在調查涑水河流域古文化遺址時，首先發現山西夏縣東下馮遺址。經過調查發掘，出土青銅器爵一件、鏃十九件、刀六件、鑿二件。東下馮遺址相對年代大致爲公元前19世紀—前16世紀。本書爲考古發掘報告，共分四章：一、緒言；二、地層與分期；三、文化遺存；四、結語。後附統計表三十八種，以及《關於夏縣東下馮遺址三件銅器的金相鑒定》和《山西夏縣東下馮遺址和傳説中的“夏墟”與夏年》二文。

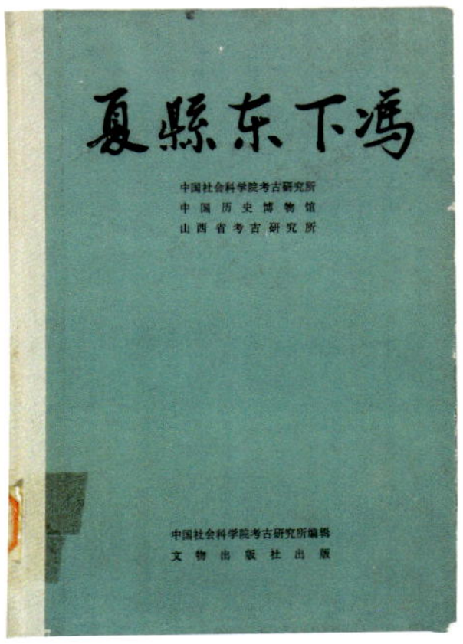

夏縣東下馮

中國青銅器

書名。馬承源主編。1988年上海古籍出版社出版。本書爲青銅器通論性專著。分八章：一、青銅器研究的對象和任務；二、青銅器類别；三、青銅器紋飾；四、青銅器銘文；五、青銅器的斷代和分期；六、華夏族以外地區的青銅器；

中國青銅器

七、青銅器冶煉和鑄造；八、傳世僞作青銅器的鑒定。每一章之下列有很多細目，詳細介紹青銅器的各個方面，器形及演變並附有綫圖，紋飾和銘文附有搨片。在青銅器研究的對象和任務、斷代和分期、冶煉和鑄造、鑒定和辨僞等方面多有學術性與實用性相結合的論述。後附青銅器著録編年簡介。

寶鷄𢐗國墓地

書名。盧連成、胡智生編。二册。1988年文物出版社出版。1974—1981年陝西寶鷄博物館先後在茹家莊、竹園溝、紙坊頭三處西周時期𢐗國墓地進行考古發掘，主要是西周時代的𢐗國遺存，包括墓地和出土遺物。這次發掘揭示了商周時期傳統的周文化同西南地區早期巴族文化、西北地區寺窪文化的有機聯繫，在研究民族關係、文化的交流和融合等方面，具有重要意義。本書是考古發掘報告，具體記述了墓地的情況和隨葬器物。全書上册爲文字，共分五章：一、緒論；二、紙坊頭一號墓，出土青銅器十九件，器形有鬲、甗、簋、罍、觶等；三、竹園溝墓地，出土青銅器有鼎、簋、甗、豆、尊、卣、壺、觶、爵、觚、斗、盤、盉和車馬器等；四、茹家莊墓地，出土青銅器有簋、甗、豆、卣、尊、壺、罍、爵、觶、斗、盤、鎣、編鐘、鈴、三足鳥等；五、結語。後有附表和文章，文章有盧連成、胡智生《陝西地區西周墓葬和窖藏出土的青銅禮器》，蘇榮譽等《𢐗國墓地青銅器鑄造工藝考察和金屬器物檢測》，彭子成等《𢐗國墓地金屬器物鉛同位素比值測定》。下册爲器物圖版。

寶鷄𢐗國墓地

曾侯乙墓

書名。湖北省博物館編。二册。1989年文物出版社出版。1977年中國人民解放軍某部在湖北隨縣（今隨州）城關鎮擂鼓墩附近擴建廠房，平整土地時，發現了一批青灰色土和大石板，文物考古工作者由此發掘了曾侯乙墓。墓内隨葬物十分豐富，其中青銅器飪食器有大鼎、平底鼎、蓋鼎、小口鼎、匜鼎、鼎形器、鼎鈎、鬲、甗、簋、簠、豆、匕；酒器有大尊缶、聯禁大壺、禁、提鏈壺、方鑑和方缶、尊與盤、過濾器、勺、罐、斗；水器有盥缶、鑑、盤、匜；樂器有編鐘；日用器有盆、炭爐、箕、漏鏟、鎮、薰、筒形器、鈎形器、帶鈎、鑿、削刀；兵器有戈、戟、矛、殳、晉杸、矢鏃；車馬器有軎、銜、鑣、馬飾；另有各種形式的青銅附飾。此外，尚有玉器、漆木器、鉛錫器、陶器、皮革、金器、竹器、絲麻器等，大多保存完好。此書爲考古發掘報告，從出土器物、銘文説明墓葬時代是戰國早期，爲東周考古學和湖北地方史研究提供了新的資料。完整的一套編鐘爲首次出土，它的懸掛形式、標音名稱，爲研究中國古代音樂史提供了實物。本

曾侯乙墓

書上册爲文字，分五章：一、序言；二、墓葬形制；三、隨葬器物；四、墓主和年代；五、主要收獲。後附裘錫圭、李家浩《曾侯乙墓竹簡釋文與考釋》和《曾侯乙墓鐘、磬銘文釋文與考釋》，賈雲福、華覺明《曾侯乙編鐘的化學成分及金相組織分析》，華覺明《曾侯乙編鐘及鐘架銅構件的冶鑄技術》等論文二十二篇。下册爲彩色和黑白圖版。

淅川下寺春秋楚墓

書名。河南省文物研究所等編。1991年文物出版社出版。1977年秋河南省淅川下寺一座墓出土了鼎、簠、盤、匜等青銅器和玉器。經清理，發現這是一座春秋中期墓。1978年又對該地深入調查、清理，發現王子午鼎等青銅器，確定是春秋時期楚墓。此墓出土青銅器千餘件。經研究，説明楚文化淵源於中原文化，並在發展過程中深受中原文化的影響。本書爲考古發掘報告，分四章：第一章，墓地的地理環境與墓葬發掘經過；第二章，墓葬；第三章，分期、年代和墓主人的推斷；第四章，結語。書後有趙世綱《淅川下寺春秋楚墓青銅器銘文考索》和《淅川下寺春秋楚墓青銅器鑄造工藝》，李敏生《淅川下寺春秋楚墓部分金屬成分測定》等文章共十一篇。

淅川下寺春秋楚墓

西漢南越王墓

書名。廣州市文物管理委員會等編輯。二册。1991年文物出版社出版。1980年廣東省基建處在廣州象崗山頂平土、開挖墻基時發現墓地，後由考古研究所、廣東省博物館挖掘清理。象崗南越王墓是嶺南地區規模最大、出土文物最豐富、年代最早的一座彩畫石室墓，是中國漢代考古中的重大發現之一。墓内隨葬器物青銅器近三千件，包括矢鏃、蓋弓、帽、泡釘、絡管、節約。本書爲考古發掘報告。上册爲文字，分十二章：一、墓葬位置與墓葬形制；二、墓道與外藏椁；三、前室；四、東耳室；五、西耳室；六、主棺室；七、東側室；八、西側室；九、後藏室；十、出土文字資料彙考；十一、墓主和年代；十二、南越國的考古發現和研究。後附器物登記表三十四種和鑒定報告、技術試析等十八篇。下册爲文物圖版。

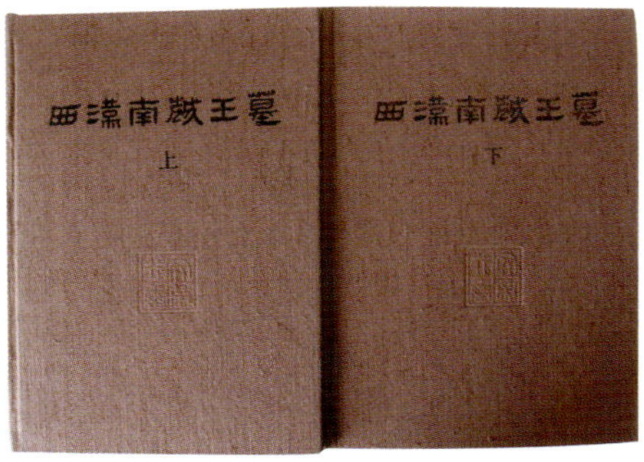

西漢南越王墓

山東省博物館藏品選

書名。山東省博物館編。1991年山東友誼書社出版。共收山東省博物館所藏各類文物一百九十一件，其中青銅器三十六件，每件均附彩色圖版及尺寸。書前有盧傳貞序。

山東省博物館藏品選

西周微氏家族青銅器群研究

書名。陝西周原考古隊尹盛平主

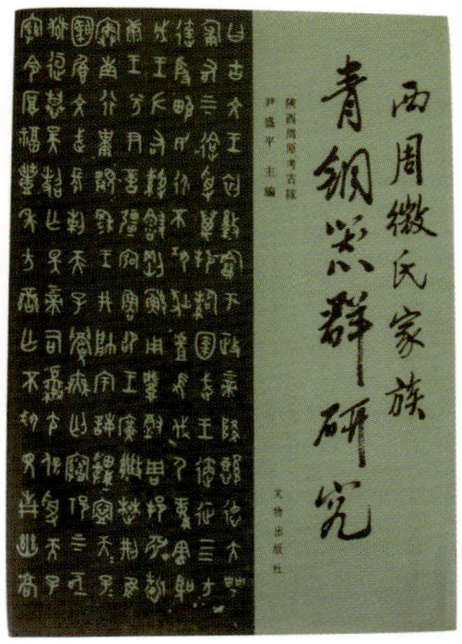

西周微氏家族青銅器群研究

編。1992年文物出版社出版。此書爲青銅器研究論文集。劉士莪、尹盛平《微氏家族青銅器群研究》一文，内容有周原的地理位置、重大的發現、銅器的形制、紋飾和銘文、墻盤銘文考釋、微氏家族考略、微氏家族銅器斷代、關於"周的問題"等。後又選録部分有關西周微氏家族銅器群的論文十五篇，有唐蘭《略論西周微氏家族窖藏銅器群的重要意義》，李學勤《青銅器與周原遺址》《西周中期青銅器的重要標尺》等。

中國銅鏡圖典

書名。孔祥星、劉一曼編著。1992年文物出版社出版。本書收録歷年來考古出土和各文物收藏單位的傳世品銅鏡，自齊家文化至清代共九百五十面，以搨本爲主，每面鏡子除紋飾搨本外，尚有説明，包括時代、器名、紋飾描寫和相關資料。出土器物標注出土的時間、地點和尺寸。

中國銅鏡圖典

中國歷代度量衡考

書名。丘光明編著。1992年科學出版社出版。本書在大量收集中國度量衡資料的基礎上，研究了中國歷代尺度、容量和重量的計量單位，分析了單位量值及其演變，考證了中國歷史上計量器具的製造、管理和檢定制度，反映了中國古代計量科學發展的全貌。全書分尺度、容量、權衡三篇，分别收集自先秦到1949年實物資料七百八十八件，每件有圖形、定名、時代、出土、收藏單位、尺寸、重量、銘文釋文、内容解釋和參考資料等。

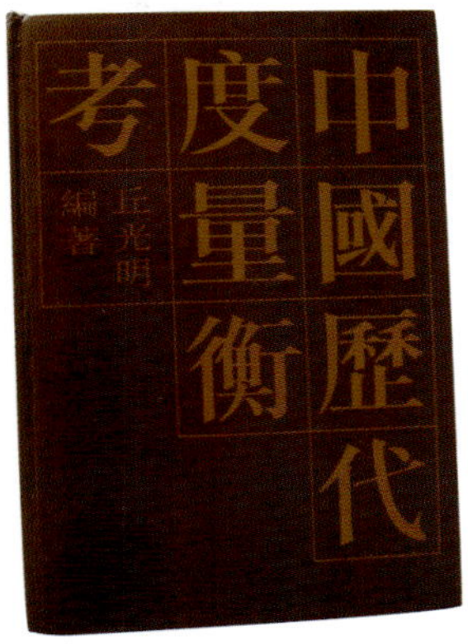

中國歷代度量衡考

長江中游青銅王國：江西新淦出土青銅藝術

書名。江西省博物館、上海博物館合編。1994年香港兩木出版社出版。1989年江西省新干(新淦爲舊縣名，1957年改今名)大洋洲鄉發掘了一座大墓，出土大量文物，其中青銅器四百八十六件，玉器一百〇三件。此書收録青銅器七十六件，玉器二十一件，每件均有彩色圖版、尺寸、重量和對器物的説明文字。書前有馬承源《新淦大洋洲遺址的啓示》和彭適凡《青銅王國的青銅藝術》二文。

陝西青銅器

書名。李西興主編。1994年陝西人民美術出版社出版。彙集1982年和1984年兩届由陝西省文物事業管理局在陝西舉辦的"陝西古代珍貴文物展覽"中的展品，其中以青銅器爲主，共三百二十二件，按烹飪器、食器、酒器、水器、樂器、兵器、其他等七類排列，每件有彩色圖版、時代、尺寸、出土地點和收藏單位，書

陝西青銅器

後每件附圖版說明。書前有李學勤序和李西興前言，後附《陝西出土重要青銅器一覽表》和《1960年以來陝西青銅器研究出版年鑒》。

中國文物精華大辭典·青銅卷

書名。馬承源主編。1995年上海辭書出版社、商務印書館(香港)聯合出版。本書爲國家文物局主編的《中國文物精華大辭典》四個分卷之一。收録國内各博物館、考古研究所等單位，自齊家文化期到明代的銅器，包括佛教造像共計一千三百四十二件。每器附彩色圖像和說明文字，文字包括器名、時代、尺寸、重量、出土地點、器形及紋飾描寫、銘文解釋和收藏地。書前有彭卿雲總序和馬承源序，後有名詞解釋。

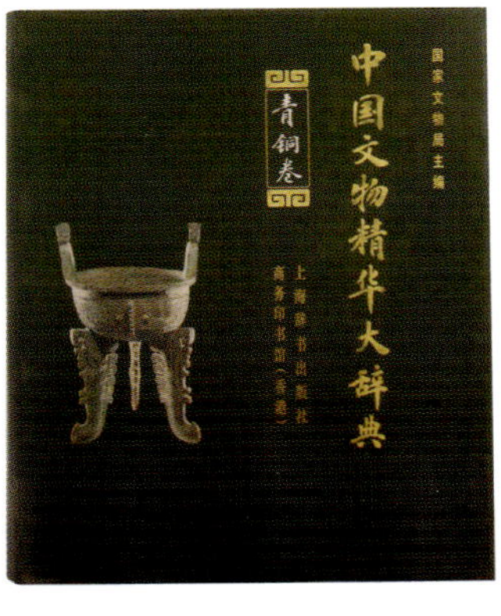

中國文物精華大辭典·青銅卷

認識古代青銅器

書名。陳佩芬編撰。1995年臺北藝術家出版社出版。1995年上海博物館青銅器首次赴臺中自然科學博物館展出，本書即爲此展覽編撰。前有漢寶德序、馬承源前言、陳佩芬《中國古代青銅器》一文。正文有中國的青銅時代、中國古代青銅器類型、青銅器紋飾及演變、青銅器銘文及内容。後有六十三件青銅器的彩色圖版和說明，包括時代、器名、尺寸、重量、器形、紋飾、銘文介紹。

故宮青銅兵器圖録

書名。陳芳妹著。1995年臺北故宫博物院出版。本書收集臺北故宫博物院所藏青銅兵器四十五件，每件影印彩色圖版，有時代、品名、尺寸、重量。作者撰有兩篇論文，一篇爲《商周青銅兵器發展的主要趨勢》作爲書的前言，内容爲：一、青銅兵器器名功能與分類；二、奠定基礎；三、承前啓後；四、蓬勃發展。第二篇論文，作爲附録收入，題爲《故宫所藏殷至周初的異形兵器及其所反映的文化關係問題》，此文曾發表於1992年，以歷史的回顧及探索關係問題的新角度，引用了大量考古發掘材料，敘述商周時代七件異形青銅兵器，論述殷墟與北方關係和殷墟與西南關係的問題。

高家堡戈國墓

書名。陝西省考古研究所編著。1995年三秦出版社出版。1971年陝西省涇陽縣興隆鄉高家堡農民在該地發現青銅器。1986年對高家堡周圍進行普查，1991年發掘了六

高家堡戈國墓

座西周墓葬。出土的四十六件青銅器中，有銘文的爲三十九件。從銘文可知高家堡是戈氏家族的墓地，有可能在高家堡附近地區曾是古戈國的所在地。出土的青銅器有飪食器：鼎、鬲、甗、簋；酒器：尊、盉、卣、斝、觚、爵、觶、罍、瓿；盥水器：盤；兵器：戈、鉞、劍、鏃、弓

形器。本書爲考古發掘報告，共六章：一、概述；二、商周墓葬；三、結語；四、銅器的裝飾藝術；五、銅器鑄造工藝；六、附録文獻。書前有戴應新序言。

歐洲所藏中國青銅器遺珠

書名。李學勤、艾蘭（Sarah Allan）編著。1995年文物出版社出版。本書收集中國流散在比利時、丹麥、法國、德國、英國、意大利、荷蘭、瑞典、瑞士等地公私收藏的青銅器物，計有二百十件。每器有黑白照

歐洲所藏中國青銅器遺珠

片、細部照片，在圖版説明中有時代、器名、尺寸、收藏者、紋飾拓本、銘文照片或拓本。書前有作者前言，後附四篇論文：一、李學勤《中國青銅器的發現和研究》；二、艾蘭《中國青銅器在西方藝術史學者眼中》；三、李學勤、艾蘭《鮮簋的初步研究》；四、艾蘭《一組漢代針刻青銅器》。

琉璃河西周燕國墓地

書名。北京市文物研究所編。1995年文物出版社出版。此書爲北京市房山區琉璃河西周燕國墓地發掘報告。共分四章。一、琉璃河遺址及西周燕國墓地。二、墓葬。三、隨葬器物。器物有青銅器、玉、石、瑪瑙、骨角牙蚌、貝、陶器等，其中青銅器有鼎、鬲、甗、簋、爵、觶、尊、卣、盉、盤，兵器，工具和車馬器等。四、墓葬時代的推斷及幾點認識。後附周建勳《商周青銅鑄造工藝的若干探討》一文，及陶器和青銅器的彩色、黑白圖版。

古代中國青銅器

書名。朱鳳瀚著。上下兩編。1995年南開大學出版社出版。朱鳳瀚在南開大學長期從事青銅器教學，此書對青銅器各類器物及其在不同時期、不同區域特點作了細緻翔實的論述，並以考古發掘材料爲主，深入

古代中國青銅器

淺出，既適合初步了解者，也滿足青銅器研究者的需要。上編通論分八章：一，中國青銅器的起源與青銅時代；二，青銅器的發現與研究史；三、四，青銅器的分類與定名；五，青銅器紋飾；六，青銅器銘文；七，青銅器的鑄造與加工；八，青銅器的仿造、僞造與辨别。下編分論分六章：九，二里頭文化的青銅器；十，商代青銅器；十一，西周青銅器；十二，春秋青銅器；十三，戰國青銅器；十四，東周時期邊遠地區青銅器。書前有李學勤序言，書後有《引書簡稱》《插圖目録》《附圖目録》《圖版目録》和後記。

侯馬陶範藝術

書名。山西省考古研究所編著。1996年美國普林斯頓大學出版社出版。山西侯馬鑄銅遺址是迄今在中國發現的規模最大、出土物最豐富的青銅時代鑄銅作坊遺址，在遺址中出土了大量陶範，體現了春秋晚期晉國鑄銅業的繁榮與興旺，而陶範在造型和紋飾上又顯示了晉國青銅工藝的精湛和高超。本書是侯馬陶範的藝術分類卷，收録紋飾陶範近一千二百塊，有助於了解晉國青銅器紋飾的特點。全書分兩章：一、侯馬

侯馬陶範藝術

陶範藝術概論；二、侯馬陶範造型藝術分類。前有蘇秉琦、黄景略、楊富斗序言，後有彩色圖版和大量黑白圖版、綫圖，圖版目録和編者後記。

太原晉國趙卿墓

書名。山西省考古研究所、太原市文物管理委員會編著。1996年文物出版社出版。1987年山西太原市金勝村發現古墓一千三百五十餘座，清理七百餘座，太原晉國趙卿墓爲其中之一。出土青銅器一千四百九十二件。其中有飪食器：鼎、鬲、甗、簠、豆；酒器：壺、鳥尊、罍；盥洗器：盤、匜、鑑；樂器；兵器：戈、戟、鉞、矛、劍、鏃、鐏、戈柲冒、箍；車馬器：軎、鐸、鈴、轅首飾、衡末飾、馬銜、當盧、帶扣、泡；工具：斧、錛、刀、錐、削、鋸、鑿、針；其他：炭盤、透雕格鐽、肉鈎。本書爲考古發掘報告，共分五章：一、墓地的史地情況及發掘經過；二、墓葬概説；三、隨葬遺物；四、車馬坑；五、結語。書後有孫淑雲《太原晉國趙卿墓青銅器的分析鑒定》，吴坤儀《太原晉國趙卿墓青銅器鑄作技術》，孫淑雲《太原晉國趙卿墓高柄方壺表面塗料的鑒定》，陸金生、劉育玲《太原晉國趙卿墓青銅器表層銹蝕物的結構》，陶正剛《太原晉國趙卿墓銅量研究》等論文十二篇。

太原晉國趙卿墓

青銅禮器

書名。馬承源著。1996年臺北幼獅文化事業公司印行。中國青銅器以禮器爲主，各時代青銅器不盡相同，有的偏重工藝性、藝術性，有的則需要從學術性、考古學的角度去理解和欣賞。作者指出，對文物的欣賞和分析的經驗，都必須出於實踐，知識到了較爲複雜的時候，纔會有簡單的結論出來，没有足够的

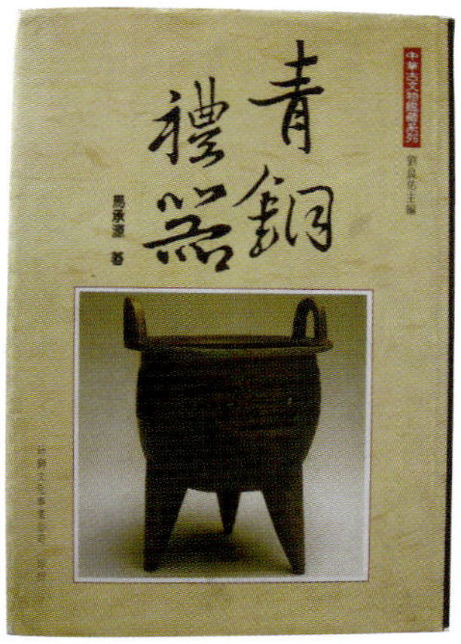

青銅禮器

實踐，恐怕連簡單的結論也不容易形成。所以，在文物鑒賞方面，很少有捷徑可走。本書共分五章：一、總論；二、夏代青銅器；三、商代青銅器；四、西周青銅器；五、春秋戰國青銅器。書前有劉良佑編序和作者自序。

江陵望山沙塚楚墓

書名。湖北省文物考古研究所編著。1996年文物出版社出版。1965年湖北省文物管理委員會等爲配合荆州地區漳河水庫修建渠道工程，對江陵望山和沙塚地區重點發掘、

江陵望山沙塚楚墓

清理，出土了舉世聞名的越王勾踐劍。本書爲考古發掘報告，收集望山、沙塚八座楚墓的全部資料。共分六章：一、前言；二、望山1號墓；三、望山2號墓；四、沙塚1號墓；五、五座小型墓；六、結語。最後有譚維四《關於越王勾踐劍銘文的考釋經過》、陳振裕《精美的吴越青銅劍和矛》等十一篇論文。

中國青銅器全集

書名。中國青銅器全集編輯委員會編，主任馬承源。十六册。1996—1998年文物出版社出版。書前有李學勤序和馬承源《中國青銅藝術總論》一文。該書按時代分地區編排。第一册有楊育彬《夏和商早、中期青銅器概論》一文，收録青銅器一百七十件。第二、第三册有楊錫章《殷墟青銅器概論》、張長壽《流散的殷墟青銅器》和陳志達《婦好墓青銅器的裝飾藝術》三篇文章，收録青銅器分别爲一百四十件和二百十四件。第四册有陳佩芬《殷墟以外的商代晚期青銅器》一文，收録青銅器一百八十九件。第五册有吴鎮烽《岐周、宗周和成周地區青銅器概論》一文，共收青銅器二百〇二件。第六册有王世民《西周時代諸侯方國青銅器概論》一文，收録青銅器一百九十七件。第七册有郝本性《虢、鄭、秦、蔡、黄國等青銅器概述》一文，收録青銅器一百五十件。第八册有陶正剛《晉及韓趙魏青銅器概述》一文，收録青銅器二百〇五件。第九册有杜迺松《東周時代齊、魯、燕、中山國青銅器研究》一文，收録青銅器一百七十九件。第十册有熊傳薪《曾楚諸侯國的青銅藝術》一文，收録青銅器一百七十六件。第十一册有李國樑《吴、越、徐青銅器概述》一文，收録青銅器一百七十八件。第十二册有俞偉超《秦漢青銅器概論》一文，收録青銅器一百七十九件。第十三册有趙殿增《巴蜀青銅器概論》一文，收録青銅器一百九十五件。第十四册有張增祺《絢麗多彩的滇、昆明青銅文化》一文，收録青銅器二百十八件。第十五册有郭素新、田廣金《源遠流長的北方民族青銅文化》一文，收録青銅器二百十八件。第十六册有陳佩芬《中國青銅鏡發展概述》一文，收録青銅鏡二百十二件。所收器物以考古發掘品爲主，兼收有代表性的傳世品。每件器物均有彩色圖版，後有各器的尺寸、出土地、現藏處、器形和紋飾的描寫以及銘文搨本。

中國青銅器全集

吴越地區青銅器研究論文集

書名。馬承源主編。1997年香港兩木出版社出版。20世紀末南方地區出土了一些吴越地區的青銅器，但就其族屬、時代及特徵，學者中存在不同見解，爲此上海博物館曾組織“中國古代青銅器研究叢書編委會”成員參觀和考察了安徽、江蘇、浙江、江西、湖南等地出土的青銅器，在此基礎上1992年召開“吴越地區青銅器研究”座談會，除編委會成員外，還邀請了中國臺灣、

吳越地區青銅器研究論文集

香港地區，以及美、英、日等國的學者。本書是學者們在會上宣讀的論文，彙集了二十八篇。內容有吳越文化青銅器、新干大洋洲出土青銅器、屯溪出土青銅器、煙墩山出土青銅器、安吉三官鄉出土青銅器、徐國青銅器和吳越青銅器的鑄造技術研究等。

新干商代大墓

書名。江西省文物考古研究所、江西省博物館、新干縣博物館編著。1997年文物出版社出版。1989年江西新干大洋洲鄉農民發現大墓後由江西省文物考古研究所等單位發掘。1990年出土器物運抵江西省博物館，共有青銅器四百七十五件，可分爲盛食器、酒器、水器、樂器、兵器、工具、雜器等七類。本書爲考古發掘報告，共四章：一、墓葬的發現與發掘；二、墓室概況與隨葬器物的分佈；三、出土遺物；四、結語。還附新干商代大墓出土器物登記表和分類表。最後有蘇榮譽等《新干商代大墓青銅器鑄造工藝研究》和詹開遜《新干商代大墓青銅器裝飾紋樣初探》等論文十一篇。

新干商代大墓

武王克商之年研究

書名。北京師範大學國學研究所編。1997年北京師範大學出版社出版。夏商周斷代工程叢書之一。武王克商之年，是商周兩個朝代的分界點，對西周來說，影響到列王年代的估算。在戰國時代就已有人嘗試解決克商之年的問題，進入20世紀後，研究者共提出了四十四種不同的計算方法。但這些論著分散在國內外各種刊物上，現將每説都落實到原作，並彙輯成此書，使本書成爲目前有關武王克商之年最齊備的資料。本書收集近現代研究論文五十七篇，包括上述武王克商年代由公元前1127年至公元前1018年之間的四十四種不同結論。書前有李學勤、席澤宗序，後附武王克商之年研究論著要目。

武王克商之年研究

滇國與滇文化

書名。張增祺著。1997年雲南美術出版社出版。作者長期從事雲南邊疆的考古工作，撰寫此書以展現雲南古代民族的歷史面貌。全書共分十一章：一、緒論；二、滇國都城所在和滇國分佈範圍；三、絢麗多姿的滇國青銅文化；四、滇國的民族；五、滇國的經濟；六、滇國的生活；七、滇國的軍事；八、滇國的宗教；九、滇國的文化藝術；十、滇國奴隸制社會及其特徵；十一、滇文化與外來文化的關係。滇國青銅文化以豐富的內容、生動活潑的表現形式、精湛的鑄造工藝和獨特的民族風格著稱，在世界古代青銅器發展史上佔有特殊

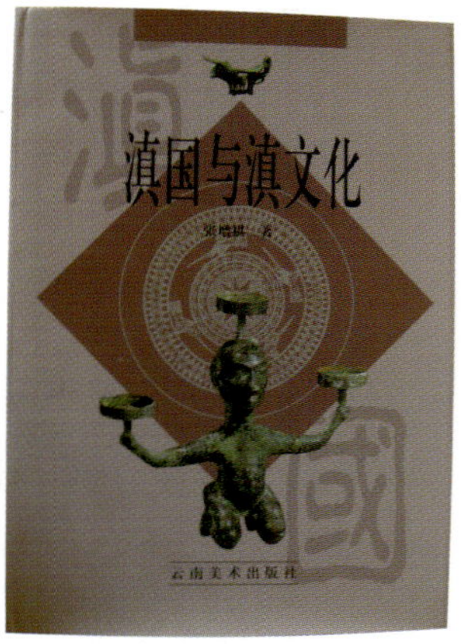

滇國與滇文化

的、不可取代的地位。雲南各地出土滇國青銅器有萬餘件，近百個品種。故本書第三章重點論述滇國青銅文化。書後有《戰國至兩漢時期雲南大事記》《漢代雲南郡縣設置情况》《雲南古代青銅器合金成分》及《滇國與滇文化研究論文目録》作爲附録。

臨淄商王墓地

書名。淄博市博物館、齊故城博物館編著。1997年齊魯書社出版。商王墓地位於山東淄博市臨淄區永流鄉商王村西側。臨淄是上古時期爽鳩氏之墟，歷經夏、商、周各代，東周時成爲齊國的政治、經濟、文化中心，直至元、明、清各代都是山東的重要地區。在淄博市文物局領導下，1992年對該地進行發掘，共發掘一百〇二座墓，其中戰國晚期四座，西漢前期二十座，西漢後期六十四座，東漢前期十座，東漢後期四座。出土的器物有陶器、青銅器、鐵器、金銀器、玉石器、漆器、玻璃器、骨器等。其中戰國晚期墓出土的青銅器有鼎、壺、罍、蒜口瓶、汲酒器、盒、釜、鉢、匕、勺、杯、鐘、盤、匜、鈹、弩機、削、爐、香熏、燈、鏡、帶鈎、璜、環、帽形器、泡、蓋弓帽、銜、節約、鈴、鋪首、帶扣等。本書爲考古發掘報告。後附各墓出土器物統計表、戰國晚期墓出土器物計量測試報告和玻璃器分析報告，及賈振國《試論戰國時期齊國的量制與衡制》《臨淄商王墓地出土器物銘文試析》，徐龍國《從臨淄商王戰國墓出土的陶熨具談我國古代的熨帖術》《商王戰國墓出土銅汲酒器考》等論文。

安徽出土金文訂補

書名。崔恒昇著。1998年黄山書社出版。安徽古籍叢書之一。主要收録安徽出土的自宋代至1987年止，共一百三十九件有銘文的青銅器。將同一年代、同一地點出土的青銅器歸爲一組，每組内容有概述、器物圖像、形制、尺寸、銘文搨片、釋文及有關著録，並集各家之考釋。書前有吴孟復序。

故宮商代青銅禮器圖録

書名。陳芳妹編。1998年臺北故宮博物院出版。本書收集臺北故宮博物院收藏的商代青銅禮器一百

臨淄商王墓地

安徽出土金文訂補

故宮商代青銅禮器圖録

件，每件有時代、器名、尺寸、重量和簡要説明，並附器形和局部放大的彩色圖版、X光片、銘文或紋飾搨片。還收有作者論文《商代青銅藝術的發展——工藝與身份》。書前有秦孝儀序，後附主要參考書目。

西周諸王年代研究

書名。朱鳳瀚、張榮明編。1998年貴州人民出版社出版。夏商周斷代工程叢書之一。作者摘編或摘譯與西周諸王年代有關内容彙編成此書，對探討和研究西周歷史十分重要。其内容主要爲：一、古代文獻中有關西周諸王年代的資料摘編；二、當代學者有關西周諸王年代的論著摘編；三、朱鳳瀚、張榮明《西周諸王年代研究述評》和《西周諸王年代諸説一覽表》，陳絜、劉源《西周諸王年代諸説分王檢索》。前有李學勤序，後附西周年、月、月相、干支俱全的銅器銘文、銘文圖録和銘文具年、月、干支的西周青銅器目録。

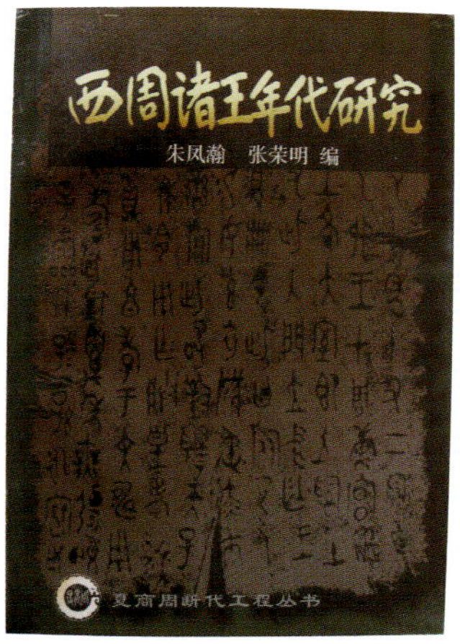

西周諸王年代研究

晉寧石寨山

書名。張增祺著。1998年雲南美術出版社出版。本書爲考古發掘報告，分資料、研究和附録三部分。資料部分：一、滇王墓地——石寨山；二、墓葬概述；三、隨葬器物；四、墓葬分期、墓主身份及滇國與中原王朝的關係。研究部分：一、滇國民族的構成；二、滇國的社會生産；三、滇國的社會生活；四、滇國的文化藝術。附録部分：一、滇國大事記；二、滇國主要墓地簡介；三、雲南古代青銅器合金成分；四、滇文化主要研究論文目録。書後有作者後記。

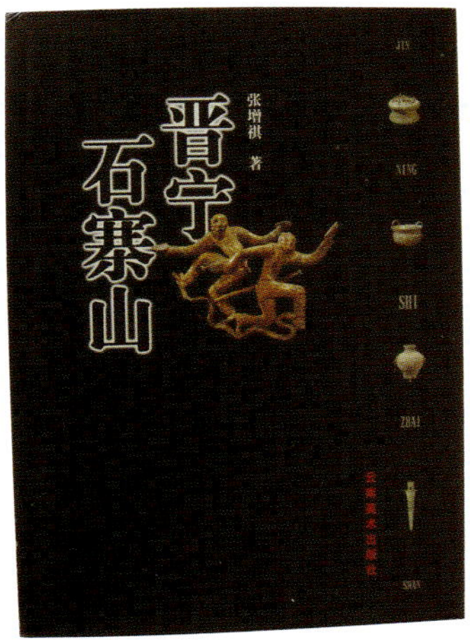

晉寧石寨山

中國青銅文化結構體系研究

書名。李伯謙著。1998年科學出版社出版。收録在中國青銅器文化結構體系方面的研究論文共三十一篇。重點論述中國古代青銅文化的起源、分期、分區、譜系演變及相互關係，闡明以中原夏商周文化爲中心的中國青銅文化發展的全過程及其發展特點。全書分綜論篇、中原篇、北方篇、南方篇及方法篇共五篇。

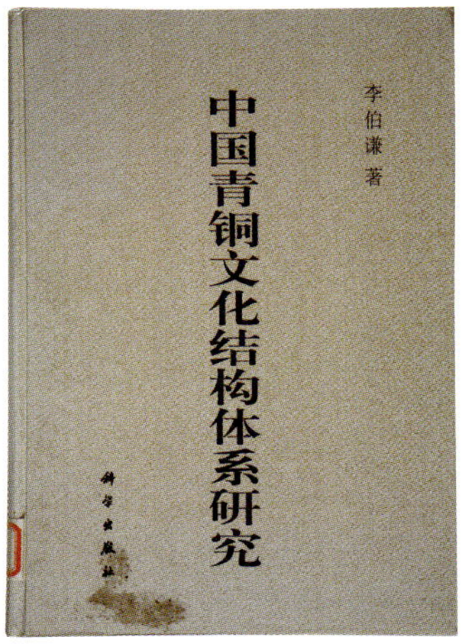

中國青銅文化結構體系研究

安陽殷墟郭家莊商代墓葬

書名。中國社會科學院考古研究所編著。1998年中國大百科全書出版社出版。本書刊載1982—1992年河南安陽郭家莊西南發掘的一百九十一座商代晚期墓葬、陪葬坑的報告及研究成果。這批屬

安陽殷墟郭家莊商代墓葬

於“址”屬的墓葬，提供了研究殷墟族在組織方面的寶貴資料。書中報道的第160號墓，是繼殷墟婦好墓以後又一重要的中型墓葬，墓主是高級武將，墓中出土青銅器近三百件，其中禮器四十一件，大多有“亞址”銘文。所出土的青銅器飪食器有鼎、甗、簋；酒器有尊、罍、卣、盉、斝、觶、方觚、角、斗；水器有盤、方形器；樂器有編鐃；兵器有戈、矛、鉞、鏃、大刀、弓形器；工具有錛、斧、錛；雜器有鈴、策柄、銅片。本書共分五部分：一、概說；二、墓葬綜述；三、第160號墓詳述；四、陪葬坑；五、結語。

西周青銅器分期斷代研究

書名。王世民、陳公柔、張長壽著。1999年文物出版社出版。本書是“夏商周斷代工程”中“西周列王的年代學研究”課題中的一項專題研究成果。提出以五十二件西周青銅器銘文中有王年、月序、月相、干支的條件，作爲分期斷代的標準。內容爲：一、前言；二、西周青銅器典型資料；三、西周青銅器的形制；四、西周青銅器的紋飾；五、西周青銅器的分期斷代。

西周青銅器分期斷代研究

保利藏金

書名。《保利藏金》編輯委員會編著。1999年嶺南美術出版社出版。北京保利集團是國有大型企業，得企業辦博物館風氣之先。保利藝術博物館以古代藝術品爲其主要收藏和展覽的內容，尤以青銅器爲重點，其中絕大部分青銅器是輾轉從海外購回的。本書從館藏精品中選出百餘件青銅器編撰而成，分商代銅器、西周銅器、東周銅器、秦漢銅器、唐代銅器、專論等。每件青銅器有彩色圖版、時代、尺寸、重量、特寫、綫圖和說明文章。書前有賀平序言和俞偉超前言，後附銅器用途簡表和中國歷史年代簡表。

保利藏金

故宮青銅器

書名。故宮博物院編。1999年紫禁城出版社出版。收録故宮博物院所藏主要青銅器，自商代到戰國時期共計三百四十八器。每器有一彩色圖像或銘文搨本，並撰寫說明，記器名、時代、尺寸、重量、器物來源，銘文有內容說明。書前有劉雨、

故宮青銅器

丁孟合寫的序言，後附器物銘文的著録表。

三門峽虢國墓

書名。河南省文物考古研究所、三門峽市文物工作隊編。二册。1999年文物出版社出版。本書爲考古發掘報告，分爲八章：一、緒言；二、虢季墓，隨葬器物五千二百九十三件，其中青銅器二千四百八十七件；三、梁姬墓，隨葬青銅器三百九十四件；四、太子墓，隨葬青銅器一千六百二十六件；五、四座小型墓，出土青銅器十件；六、五座被盜墓，出土青銅器五百九十三件；七、追繳的虢國墓地遺物，其中青銅器七百〇八件；八、結語。下册爲彩色和黑白圖版。後有銅器銘文綜述、墓主身份分析、禮樂器的時代特徵、明器的組合、墓地的特點與性質等文章。

三門峽虢國墓

張家坡西周墓地

書名。中國社會科學院考古研究所編著。1999年中國大百科全書出版社出版。1983—1986年中國社科院考古所在陝西長安張家坡村發掘了三百九十座西周墓葬、車馬坑和馬坑，其中包括四座帶墓道的井叔墓。出土遺物有青銅器、陶器、漆器和玉石器等數千件，其中青銅飪食器、酒器有鼎、簋、爵、觚、觶、卣、尊、盉、斗等，共二十五件；武器有戈、矛、鏃；工具有斧、錛、鑿；車馬器有軎、轄、踵飾、軛飾、鑾、衡飾、當盧、鑣、泡等。本書爲考古發掘報告，分爲：一、前言；二、張家坡西周墓地的地層；三、西周墓葬類型；四、出土遺物；五、墓葬分期研究；六、結語。這批墓葬對於西周時期喪葬制度的對比研究有重要意義。後附彩色及黑白圖版，又附1983—1986年張家坡西周墓地墓葬登記表及碳十四測定數據表等。

張家坡西周墓地

鄭州商代銅器窖藏

書名。河南省文物考古研究所、鄭州市文物考古研究所編著。1999年科學出版社出版。1974—1996年間，鄭州商城的外側清理發掘了三個商代前期晚段的青銅器窖藏坑，出土了大批精美的商王室青銅器，這爲探討鄭州商城的興廢和商前期都城研究提供了重要資料，對了解商前期王室的禮制、青銅鑄造工藝及這一時期手工業發展水平具有重要意義。本書爲青銅器窖藏坑及其周圍情況的報道，共分五章：一、前言；二、鄭州南順城街窖藏坑及周圍遺存；三、鄭州張寨南街窖藏坑；四、鄭州向陽回族食品廠窖藏坑；五、結語。書前有楊育彬序，後有李京華《鄭州商代大方鼎拼鑄技術試析》，李京華、郭移洪

鄭州商代銅器窖藏

《鄭州商代窖藏銅方鼎拼鑄技術試析》，孫淑雲《鄭州南順城街商代窖藏青銅器金相分析及成分分析測試報告》等文章。

洛陽北窑西周墓

書名。洛陽市文物工作隊編著。1999年文物出版社出版。洛陽北窑磚瓦廠在1954年動土時就有零星西周文物出土，以後60和70年代都進行過鑽探和考古發掘。這是一處集中埋葬西周王室貴族的公共墓地。到90年代，作者將以前發現的實物重新整理而成此書。本書共分七章：一、墓地概況；二、西周早期墓，共一百十六座；三、西周中期墓，共五十七座；四、西周晚期墓，共三十四座；五、未分期的西周墓，共一百四十一座；六、西周馬坑，共七座；七、墓葬分期與幾點認識。後附北京鋼鐵學院中國冶金史編寫組等編著的《洛陽北窑西周墓青銅器與原始瓷分析》一文。

洛陽北窑西周墓

河南博物院精品與陳列

書名。田凱主編。2000年大象出版社出版。本書是1998年新建的河南博物院所陳列的精品文物圖録。前有張文軍前言、田凱《中原文明窗口·世界文化寶藏》一文、李宏等介紹陳列體系和內容、王瑋等爲院藏精品撰稿和撰寫《青銅器概述》一文。下爲器物的彩色圖版和説明，收録夏代至唐代青銅器共三十九件，其中獸面紋罍、司母辛觥、且辛卣、父乙角、虢季鼎、王子午鼎等都是20世紀出土的重要青銅器。

鹿邑太清宮長子口墓

書名。河南省文物考古研究所、周口市文化局編。2000年中州古籍出版社出版。1997年爲探尋河南鹿邑太清宮的歷史，决定在遺址周圍進行發掘，出土了豐富的遺物。其中以西周貴族大墓——長子口墓最爲重要。長子口墓出土各種青銅器一百四十三件，其中禮器七十九件，樂器六件，兵器四十四件，生産工具十四件。此外尚有陶器、玉器、牙骨器等出土。本書爲考古發掘報告，共分三章：一、發掘經過與墓葬概況；二、出土遺物；三、結語。書前有張文彬序和編者緒言。後附《鹿邑太清宮長子口墓出土器物一覽表》和黄克映、李京華《鹿邑太清宮長子口墓青銅器鑄造技術試析》一文。

鹿邑太清宮長子口墓

夏商周青銅文明探研

書名。李先登著。2001年科學出版社出版。作者四十年來從事夏商周考古學以及青銅器、古文字研究，本書將其主要論文彙成一輯，共四十篇，分爲三個部分：一、中國古代文明起源與夏商周文化；二、中國古代青銅器研究；三、中國古文字研究。

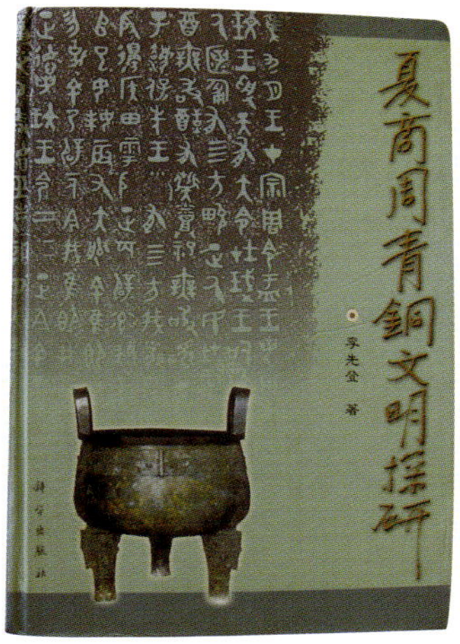

夏商周青銅文明探研

書前有嚴文明序和作者自序。

保利藏金續

書名。保利藝術博物館編著，主任賀平。2001年嶺南美術出版社出版。《保利藏金》續編。共收1999年《保利藏金》出版後所收集的青銅器六十九件。內容分爲商代銅器、西周銅器、東周銅器、其他、專論等章。藏品以犅伯卣、鑲嵌宴樂攻戰紋壺、應侯見工簋、應侯見工鐘和應侯壺爲最，在器形、紋飾、銘文方面都是不可多得的。書前有單亦和前言，後有《中國歷史年代簡表》和《銅器用度簡表》等。

長安瑰寶

書名。長安博物館編，田曉利主編。2002年世界圖書出版公司出版。本書收録陝西長安出土的珍貴文物。有青銅器、陶瓷器、金銀器、玉器等，其中青銅器三十件，每器均有彩色圖版，説明内容主要有時代，器名，尺寸，出土時間、地點和現藏單位。其中西周時代的多友鼎和吴虎鼎等重器還附銘文搨片。説明除中文外，尚有英文和日文。書前有鄭欣淼、劉雲輝序，田曉利前言，還有穆

長安瑰寶

小軍《長安出土文物概述》一文。

考古文選

書名。吴鎮烽著。2002年科學出版社出版。作者在歷年所發表有關考古的文章中，選取論文二十七篇，彙編成册。分爲：一、青銅器篇；二、古文字篇；三、錢幣篇；四、史地篇。青銅器篇對陝西地區出土的青銅器進行了研究。古文字篇考釋了陝西出土的青銅器銘文。錢幣篇對秦漢半兩錢及鑄造遺址進行了研究。史地篇通過考古資料研究西周法律、秦漢官制等。

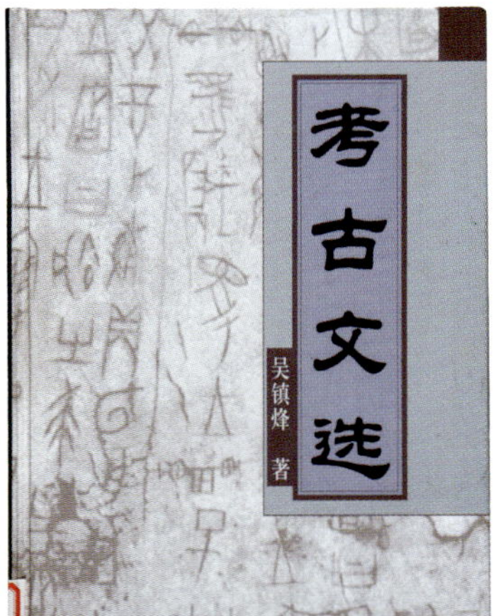

考古文選

晉國奇珍——山西晉侯墓群出土文物精品

書名。上海博物館編，施聯秀、李伯謙、陳燮君、汪慶正主編。2002年上海人民美術出版社出版。1992—2001年北京大學考古學系和山西省考古研究所聯合發掘在山西翼城、曲沃交界處的晉侯墓地，出土了大批珍貴文物，其中青銅器和玉器最

晉國奇珍——山西晉侯墓群出土文物精品

爲豐富。2002年該墓地出土的部分青銅器和玉器精品在上海博物館展出，此書爲展覽圖録。本書主要介紹晉侯墓地十七座墓出土的青銅器二百五十九件和同時出土的玉器，附彩色圖像和尺寸、出土墓號，並有簡單的描述和英文提要。書前有許智宏、施聯秀、陳燮君、張慶捷的序，李伯謙《晉侯墓地發掘與研究》和李朝遠《晉侯墓地出土青

銅器綜覽》二文。

輝煌的歷史記憶——鄭州配合基本建設考古成果展精品圖録

書名。河南省文物管理局、鄭州市文化局編，張霆、申永峰、楊建軍主編。2002年香港國際出版社出版。2002年，河南省文物管理局、鄭州市文化局舉辦二十多年來鄭州地區爲配合基本建設考古工作取得成果的展覽，本書爲展覽圖録。其中有從二千多件各類文物中挑選出的青銅器八十三件，其他尚有陶瓷器和玉器，每器均有彩色圖版，並有尺寸、重量和出土時間、地點的介紹。

輝煌的歷史記憶——鄭州配合基本建設考古成果展精品圖録

泉屋博古·中國古銅器編

書名。日本廣川守執筆。2002年

泉屋博古·中國古銅器編

泉屋博古館發行。本書主要介紹泉屋博古館所收藏的中國商周青銅彝器，共一百七十九件，每件器物有彩色圖版，後附銘文。有廣川守的總説和每件青銅器的説明，包括器名、時代、尺寸、重量、銘文釋文和器物内容解説等。

吉金鑄國史——周原出土西周青銅器精粹

書名。徐天進主編。2002年文物出版社出版。北京大學103周年

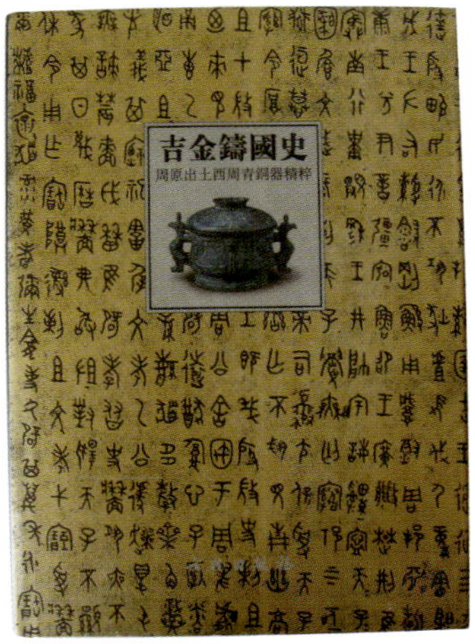

吉金鑄國史——周原出土西周青銅器精粹

校慶時，陝西省考古所將周原出土的青銅器精粹四十八件，在北大賽克勒考古與藝術博物館舉辦展覽。本書爲展覽圖録。所録展品均有彩色圖版、尺寸、重量、銘文揭本、釋文、紋飾揭本、綫圖和詳盡説明。書前有徐天進、張恩賢《西周王朝的發祥地周原》，張懋鎔、魏興興《一座豐富的地下文庫》，李零《重讀史墻盤》等論文。

中國青銅器研究

書名。馬承源著。2002年上海古籍出版社出版。從作者歷年所發表的有關中國青銅器方面的論文中，選取四十一篇彙編成册。内容分爲概論、銘文考釋、形制和紋樣、實驗考古四部分，書前有作者自序。

中國青銅器研究

盛世吉金——陝西寶鷄眉縣青銅器窖藏

書名。陝西省文物局、中華世紀壇藝術館編，張廷皓、王建琪主編。2003年北京出版社出版。2003年陝西寶鷄眉縣馬家鎮楊家村五位農民在爲磚廠取土時，發現一批窖藏青銅器，共二十七件，每件都鑄有銘文，共有三千餘字，對研究西周歷史、制度、文化，乃至文字、書法等都極有價值。中華世紀壇藝術館曾展出該批青銅器，本書爲展覽圖録。本書每器都有彩色圖版及局部特寫、銘文搨片及釋文等。書前有姚引良致辭、馬承源前言、李學勤序。

盛世吉金——陝西寶鷄眉縣青銅器窖藏

新蔡葛陵楚墓

書名。河南省文物考古研究所

新蔡葛陵楚墓

編著。2003年大象出版社出版。1985年河南新蔡縣文物保管所進行文物普查時，在新蔡葛陵村發現兩座古墓，當時曾進行鑽探。1994年進行搶救性發掘，出土青銅器有簠、豆、鈕鐘、兵器、車馬器、竹簡和漆木器等。從較多戈上的銘文"平夜君成"可推斷此人爲該墓主人。本書爲考古發掘報告，分七章：一、前言；二、層位與環境；三、墓葬形制；四、葬具；五、隨葬器物；六、竹簡；七、結語。後附賈連敏《新蔡葛陵楚墓出土竹簡釋文》一文和新蔡葛陵楚墓出土的金屬物件、皮革、甲片等分析報告。

群雄逐鹿——兩周中原列國文物瑰寶

書名。河南博物院編著，張文軍主編。2003年大象出版社出版。本書爲兩周中原列國文物瑰寶展覽圖録。書前有李伯謙、張文軍序，張鍇生《兩周中原列國源流述略》、李宏《兩周中原列國青銅器》、曹漢剛《兩周中原列國玉器》等論文，以下分爲中原周王室、長國、管國、晉國及三晉、應國、虢國、蔡國、鄭國、楚

群雄逐鹿——兩周中原列國文物瑰寶

國、中山國、漢淮間諸小國等十一個部分，每國前有一篇介紹性文章。所收每件青銅器均有彩色圖版、時代、器名、尺寸、出土時間和收藏地，並有簡短説明文字。

固始侯古堆一號墓

書名。河南省文物考古研究所編著。2004年大象出版社出版。1978年河南固始縣侯古堆一號墓發現兩件青銅鎛鐘，後進行搶救性發掘，又發現青銅禮器和生活用具。其中有鼎、盉、簠、罍、壺、三足壺、豆、三足爐、匜、盒、舟、勺、編鐘和編鎛，此外尚有車馬飾件和一批漆木器。從青銅器銘文，結合歷史

情況，證明當時吴王闔閭使太子夫差伐楚取潘，而該墓女主人即夫差夫人。本書爲考古發掘報告，共分四章：一、前言；二、一號墓和陪葬坑；三、出土器物；四、結語。後附趙青雲《固始侯古堆一號墓發掘紀實》，趙青雲、詹漢清《固始古潘國城址的調查報告》，趙世綱《固始侯古堆出土樂器研究》和李京華《固始侯古堆青銅鑄鑲紅銅花紋工藝探討》等論文。

固始侯古堆一號墓

泉屋博古·鏡鑑編

書名。日本樋口隆康、廣川守執筆。2004年泉屋博古館發行。本書介紹泉屋博古館收藏的青銅鏡一百七十八面，包括住友家收藏品、原住友山本信夫收集品和館購入品。每面銅鏡都有彩色圖版。後有《總説——中國鏡概説》一文，又有每器的作品解説，包括器名、時代、尺寸、重量及每面銅鏡的内容解説。

泉屋博古·鏡鑑編

夏商周青銅器研究

書名。陳佩芬著。六册。2004年上海古籍出版社出版。本書彙集上海博物館部分重要青銅器，共六百四十一件(組)。全書分爲夏商、西周、東周三篇，每篇又分爲上、下册，反映了上海博物館收藏青銅器的情況。每件青銅器有彩色圖版或部分特寫、紋飾和銘文搨本。每件器物撰寫説明，包括器名、時代、尺寸、重量、器形、紋飾描寫、銘文釋文及器物内容説明，有些器物並有評價和參考書目。書前有馬承源序和作者自序，後有青銅器器名簡釋。

西周銅器斷代

書名。陳夢家著。上下兩册。2004年中華書局出版。本書是陳夢家生前未能完成的一部書稿，全書總目是作者1964年初擬定的，全部手稿和有關資料由他夫人趙蘿蕤保存並無償捐贈給中國科學院考古研究所。上册分上下兩編，另附外編。上編是西周器銘考釋，共十四個部分：一、武王銅器；二、成王銅器；三、成康銅器；四、康王銅器；五、昭王銅器；六、穆王銅器；七、共王銅器；八、懿王銅器；九、孝王銅器；十、

夏商周青銅器研究

夷王銅器；十一、厲王銅器；十二、宣王銅器；十三、幽王銅器；十四、未完稿。下編爲西周銅器概論，共八個部分：一、略論西周銅器；二、歷史部分；三、地理部分；四、周禮部分；五、銘文、常語；六、土地制度、社會經濟；七、年曆；八、形制、花紋。外編收相關論著：《西周年代考》《中國青銅器的形制》。下册爲目録、圖版。

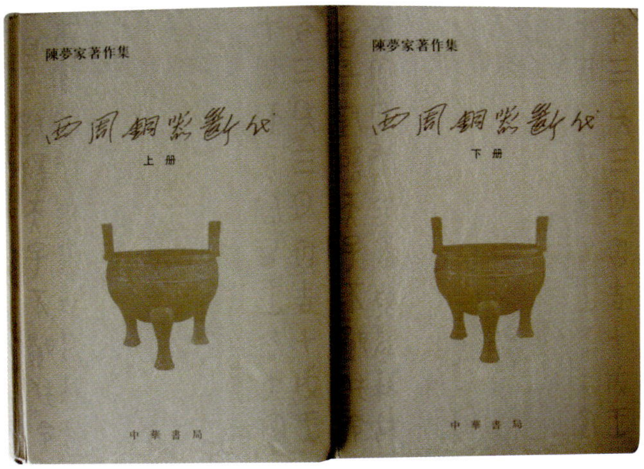

西周銅器斷代

周原遺址與西周銅器研究

書名。曹瑋著。2004年科學出版社出版。作者長期從事周原考古和西周銅器研究，發表多篇論文，本書選取其中二十八篇，分四部分：一、周原遺址與銅器；二、西周銅器研究；三、周原甲骨；四、其他。

周原遺址與西周銅器研究

淅川和尚嶺與徐家嶺楚墓

書名。河南省文物考古研究所、南陽市文物考古研究所、淅川縣博物館編著。2004年大象出版社出版。1990年河南省文物研究所曹桂岑、許天申等對淅川縣和尚嶺和徐家嶺兩地的楚墓進行發掘。和尚嶺有二墓，出土青銅器有飪食器：鼎、簠、敦；酒器：壺、斗、勺；盥洗器：盤、匜、浴缶；樂器：鈕鐘、鎛鐘；車馬器：軎、銜。徐家嶺有九墓，出土青銅器有飪食器：鼎、鬲、簋、簠、敦、豆、匕；酒器：壺、尊缶、斗、勺；盥洗器：盤、匜、鑑、浴缶、盆；樂器：鈕鐘、鎛鐘；武器：劍、戈、戟、矛、鉞、鏃；車馬器：軎、轄、扣飾、合頁、馬銜、環、節約、輨、蓋弓帽、絡飾；其他：神獸座、掛鈎、銷釘、穿釘、帶鈎、器蓋。此外，還出土陶器和玉石器等。本書爲考古發掘報告，共分四章：一、地理環境與發掘經過；二、和尚嶺墓地；三、徐家嶺墓地；四、結語。後有賈連敏《淅川和尚嶺、徐家嶺楚墓銅器銘文簡釋》，黄克映、李京華《淅川和尚嶺、徐家嶺楚墓青銅器鑄造技術》二文。

淅川和尚嶺與徐家嶺楚墓

周原出土青銅器

書名。曹瑋主編。十卷。2005年巴蜀書社出版。本書收録1949—1998年周原地區出土的青銅器，按出土時間先後排列。一—五卷爲窖藏部分，六—九卷爲墓葬部分，十卷爲徵集部分。每件青銅器都按彩色圖版、綫圖、搨片、文字四部分進行表述。文字部分包括器名、編號、尺寸、重量、容積、器物的形制與紋

周原出土青銅器

飾的簡單描述、銘文釋文、出土或徵集時間、收藏情況等。書前爲曹瑋《周原遺址與出土的商周銅器》一文，内容爲：一、周原的地理位置；二、自然環境及歷史沿革；三、周原考古的回顧；四、西周銅器窖藏；五、貴族墓葬；六、周原的性質；七、從周原青銅器看中國青銅器的發展走向。書後有作者後記。

西周青銅器研究

書名。高西省著。2005年陝西人民出版社出版。作者從事西周青銅器研究十餘年，發表文章二十多篇，本書彙集其中二十篇文章，分禮樂器編、兵器編、綜合編三部分。書前有張懋鎔和韓金科序，書後有作者後記。

新鄭鄭國祭祀遺址

書名。河南省文物考古研究所編著。三册。2006年大象出版社出版。1993—1999年間河南新鄭鄭韓故城東城發現三處鄭國祭祀遺址，出土了大量的青銅禮器和樂器，本書即爲以該次考古發掘的資料順序編寫的考古發掘報告。全書除前言外，下分九章：一、概述；二、鄭國祭祀遺址；三、商代二里岡文化；四、西周文化；五、東周文化；六、春秋鑄銅遺址；七、戰國鑄造遺址；八、墓葬；九、結語。後有附録、附表兩部分。附録包括多篇論文：王子初《鄭國祭祀遺址出土編鐘的考察和研究》，李京華《鄭國青銅禮器鑄造遺址發掘與研究》，黄曉娟、李秀輝《鄭國祭祀遺址青銅器的分析研究報告》，李延祥《鄭國祭祀遺址冶鑄遺物檢測報告》，李秀輝《鄭國祭祀遺址出土部分鐵器的金相實驗研究》，王子初《鄭國祭祀遺址陶塤測量報告》，羅運兵、楊夢菲、袁靖《鄭國祭祀遺址動物骨骼研究報告》，中橋孝博、北川賀一《鄭國祭祀遺址人骨鑒定報告》，常宗廣《鄭州祭祀遺址出土的玉石器鑒定報告》，蔡全法《鄭國祭祀遺址出土韓國陶量及其文字研究》等。

新鄭鄭國祭祀遺址

靈石旌介商墓

書名。山西省考古研究所，海金樂、韓炳華編著。上下兩編。2006年科學出版社出版。本書詳細報道1976年和1984—1985年山西靈石旌介村三座商墓出土的器物，有鼎、簋、爵、觚、觶、斝、尊、卣、罍、觥、弓形器、矛、戈、刀、鏃、鉞、鈴、管狀器。其中對青銅器作了詳細的介紹，每器均附精美彩版。上編分四章：

一、地理環境；二、歷史文化背景；三、發現發掘與研究概況；四、墓葬概況及隨葬情況。下編分兩章：一、出土青銅器的綜合考察；二、墓葬的時代與性質。書前有李伯謙序，後有陳坤龍、梅建軍《山西靈石縣旌介村商墓出土銅器的科學分析》一文作爲附録。最後有海金樂的後記。

靈石旌介商墓

周秦文明論叢

書名。第一輯由寶鷄青銅器博物館編，第二輯由段德新主編。2006年、2009年分别由陝西人民出版社和三秦出版社出版。爲陝西寶鷄出土的青銅器中關於周秦文明學術討論會論文集彙編。第一輯收集黄盛璋《眉縣楊家村逨家窖藏銅器初論解要》、彭曦《逨盤銘注譯簡析》、王暉《從單族銅器銘文看單氏家族族屬、分封時間及西周宗族分化問題》、常青倫《眉縣青銅器和西周年代學研究的思路調正》、李先登《眉縣楊家村青銅器窖藏的幾點認識》、王輝《四十二年逨鼎銘文箋釋》等五十七篇論文。第二輯收集李學勤《秦子盉與秦子之謎》、王輝《秦子簋蓋補釋》、李先登《周公製禮作樂與西周青銅鐘的産生》、鄭光《逨鼎銘的幾個問題》等三十八篇論文。這些論文從不同角度對周秦文明作了研究。

周秦文明論叢

湖南出土殷商西周青銅器

書名。湖南省博物館編。2007年岳麓書社出版。本書收集自新中國成立以來有關湖南出土青銅器的論文共一百十三篇。共分六部

湖南出土殷商西周青銅器

分：一、遺址與墓葬資料；二、出土名器集粹；三、青銅器與青銅文化；四、區域體系視角下的湖南青銅器；五、湖南青銅器專題研究；六、青銅樂器專論。湖南出土的商周青銅器是學術界十分關注的課題，本書的出版推動這一研究向縱深開拓。

吴越歷史與考古論叢

書名。曹錦炎著。2007年文物出版社出版。作者從歷年發表的文章

吴越歷史與考古論叢

中，選取二十八篇彙編成册，其中主要是吴越青銅器的銘文考釋和徐、舒等國青銅器的銘文考釋。最後爲《浙江出土商周青銅器初論》一文，内容爲：一、浙江青銅器文化的萌芽和發展；二、頗具地方特色的青銅器；三、餘論。

安陽殷墟花園莊東地商代墓葬

書名。中國社會科學院考古研究所編著。2007年科學出版社出版。本書詳細報道1992—2002年河南安陽花園莊東地發掘的商代晚期墓葬及研究成果，這對於解決殷墟宫殿宗廟區的佈局問題，提供了實物資料和科學依據。其中重點報道第五十四號墓和第六十號墓出土的各類隨葬品。第五十四號墓是一座未被盗掘的貴族墓，保存完好，出土的青銅器有飪食器：鼎、甗、簋、盂；酒器：爵、觚、方斝、方尊、方罍、方彝、觥、牛尊、斗、勺；樂器：鐃；兵器：鉞、矛、戈、卷首刀；工具：錛、鏟、鑿、刀、錐狀器；車馬器：策、弓形器、鈴、泡、鐏；雜器：鋬手、盤形器。第六十號墓出土的青銅容器已全部打碎，原鋪於墓底，無法修復，所見器形大致有鼎、觚、甗、爵、斝、尊、瓿、斧、刻刀。這批器物的發掘，對於墓葬制度和多學科的綜合研究，具有重要的價值。本書爲考古發掘報告，分爲五章：一、緒言；二、花園莊東地墓葬綜述；三、第五十四號墓；四、第六十號墓；五、結語。後有附表、附録和編後記。

安陽殷墟花園莊東地商代墓葬

金文論集

書名。劉雨著。2008年紫禁城出版社出版。作者長期從事青銅器研究工作，此書爲作者將歷年所寫文章，選取四十七篇彙編而成。内容有關西周禮制、曆法及年代學、族徽銘文、銘文考釋、綜合論述、書評及序跋等六部分。書前有作者自序，後附《本書相關文獻一覽表》和《本書使用的西周王年概念》。

金文論集

殷墟青銅器——青銅時代的中國文明

書名。嚴志斌、洪梅編著。2008年上海大學出版社出版。本書所收的殷墟青銅器以河南安陽出土爲限，以期窺殷墟青銅器之一斑。作者認爲殷墟出土的青銅器種類之多、數量之大、造型之奇、紋飾之美都是空前的。全書共分五章：一、總論，介紹殷墟、殷墟文化、殷墟青銅器的基本内容和特徵；二、青銅器種類，分爲禮器、樂器、武器、工具及生活用具、裝飾藝術品及雜器共六類；三、青銅器紋飾，有獸面紋、龍紋、夔紋、圓圈紋、雲雷紋、四瓣花紋、渦紋、三角紋、菱形紋、乳釘紋、瓦棱紋、弦紋、八角星紋；四、青銅器銘文，大多是族氏私名或祖先的人名，銘文筆畫渾厚，首尾出鋒；五、青銅器鑄造工藝流程，介紹陶模、陶芯的製作，陶範原材料的取材及加工，陶範的鑄造，銘文和花紋的製造方法，陶範的干燥、焙燒和裝配，銅液的煉製、熔化及合金配比，脱範後加工和鑲嵌工藝技術等。

首陽吉金——胡盈瑩、范季融藏中國古代青銅器

書名。首陽齋、上海博物館、香港中文大學文物館編。2008年上海古籍出版社出版。美籍華裔收藏家胡盈瑩、范季融伉儷二十餘年來收藏青銅器百餘件，其中挑選自夏代晚期至兩漢各個時期的青銅器七十餘件在中國上海、香港、寧波等地，以及美國展出，此書爲展覽圖録。每器均有彩色圖版及紋飾、銘文搨片，並附尺寸、重量及説明。

首陽吉金——胡盈瑩、范季融藏中國古代青銅器

詞目筆畫索引

説　明

一、本索引收録本書中的全部詞目。詞目右邊的數字爲該詞目所在正文的頁碼。

二、本索引按詞目首字的筆畫排列；首字畫數相同的，按一、丨、丿、丶、乛順序排列；同首字的，按詞目字數多少排列；同首字、同詞目字數的，按第二個字的筆畫排列，餘類推。

三、一、丨、丿、丶、乛以外的筆形作如下處理：提（㇀）歸入横（一），捺（㇏）歸入點（丶），筆形帶鈎或曲折的（如亅乛𠃊乙乁乚）都歸入折（乛）。

一、二畫

三畫

四畫

五畫

六畫

七畫

八畫

九畫

十畫

十一畫

十二畫

十三畫

十四畫

十五畫

十六畫

十七畫

十八畫

十九畫

二十畫

二十一畫

二十二畫

二十三畫

二十四畫

二十五畫

二十七畫以上

其他

圖書在版編目(CIP)數據

中國青銅器辭典 / 陳佩芬編著；丁一民修訂
—修訂版. —上海：上海辭書出版社，2024
ISBN 978-7-5326-6154-1

Ⅰ.①中… Ⅱ.①陳… Ⅲ.①青銅器(考古)-中國-詞典 Ⅳ.①K876.41-61

中國國家版本館 CIP 數據核字(2023)第 221881 號

中國青銅器辭典(修訂版)

陳佩芬 編著 丁一民 修訂

責任編輯 祝雲賽
裝幀設計 姜 明
責任印製 樓微雯

出版發行 上海世紀出版集團
上海辭書出版社®(www.cishu.com.cn)
地 址 上海市閔行區號景路 159 弄 B 座(郵政編碼：201101)
印 刷 上海麗佳製版印刷有限公司
開 本 640 毫米×960 毫米 1/8
印 張 216.5
字 數 1 800 000
版 次 2024 年 1 月第 1 版 2024 年 1 月第 1 次印刷
書 號 ISBN 978-7-5326-6154-1/K・1256
定 價 4980.00 元